TOMO - I

ANTIGUO TESTAMENTO INTERLINEAL HEBREO - ESPAÑOL

PENTATEUCO

Traducción literal al castellano
del texto hebreo del Códice de Leningrado
por

Ricardo Cerni

editorial clie

NOMBRE HEBREO	ESCRITURA FENICIA DEL S. VIII A. C. BAAL LEBANON	KARATEPE	ANTIGUA ESCRITURA GRIEGA DEL S. VIII A. C.	CURSIVO HEBREO DEL 600 A. C.	NOMBRE GRIEGO	ESCRITURA GRIEGA MODERNA	ESC RO MO
ʾĀLEF					ALFA	Α	
BĒT					BETA	Β	
GĪMEL					GAMMA	Γ	
DĀLET					DELTA	Δ	
HĒʾ					ÉPSILON	Ε	
WĀW							
ZAYIN					TSETA	Ζ	
ḤĒT					ETA	Η	
ṬĒT					THETA	Θ	
YŌD					IOTA	Ι	
KĀF					KAPPA	Κ	
LĀMED					LAMBDA	Λ	
MĒM					MU	Μ	
NŪN					NU	Ν	
SĀMEK					XI	Ξ	
ʿAYIN					ÓMICRON	Ο	
PĒʾ					PI	Π	
ṢĀDĒ							
QŌF							
RĒŠ					RO	Ρ	
ŠĪN					SIGMA	Σ	
TĀW					TAU	Τ	

RITURA AÍTICA	DESCRIPCIÓN DEL SIGNO	ESCRITURA CANANEA DEL S. XIII A.C.	ESCRITURA CANANEA DEL S. X A. C.	ESCRITURA SUD-ARÁBICA EDAD HIERRO	ESCRITURA HEBREA MODERNA	VALOR FONÉTICO
	CABEZA DE BUEY				א	ʾ
	CASA				ב	b
?					ג	g
	PEZ				ד	d
	HOMBRE ORANDO				ה	h
?					ו	w
?					ז	z
	?		"		ד	ḏ
	EMPALIZADA				ח	ḥ
	DOBLE NUDO		"		ח	ḫ
?					ט	ṭ
?					י	y
	PALMA DE LA MANO				כ	k
	AGUIJADA				ל	l
	AGUA				מ	m
	SERPIENTE				נ	n
					ס	s
	OJO				ע	ʿ
			"		ע	ǵ
	PALO ARROJADIZO				פ	p
					צ	ṣ
	FLOR		"		צ	ḍ ẓ
	?				ק	q
	CABEZA HUMANA				ר	r
	ARCO				ש	ṯ ś
	?		"		ש	š
	SIGNO DE LA CRUZ				ת	t

ALEFATO

Cananeo	Cuadrada	Raši	Cursiva	Nombre	Transcripción	Valor numérico
𐤀	א	א	א	*'ā̊læf*	'	1
𐤁	ב	ב	ב	*bēṯ*	*b, ḇ*	2
𐤂	ג	ג	ג	*gī́mæl*	*g, ḡ*	3
𐤃	ד	ד	ד	*dā̊́læṯ*	*d, ḏ*	4
𐤄	ה	ה	ה	*hē*	*h*	5
𐤅	ו	ו	ו	*wā̊w*	*w (u̯)*	6
𐤆	ז	ז	ז	*záyin*	*z*	7
𐤇	ח	ח	ח	*ḥēṯ*	*ḥ*	8
𐤈	ט	ט	ט	*ṭēṯ*	*ṭ*	9
𐤉	י	י	י	*yōḏ*	*y (i̯)*	10
𐤊	כ, ך	כ, ך	כ ך	*kaf*	*k, ḵ*	20
𐤋	ל	ל	ל	*lā̊́mæḏ*	*l*	30
𐤌	מ, ם	מ, ם	מ, ם	*mēm*	*m*	40
𐤍	נ, ן	נ, ן	נ, ן	*nūn*	*n*	50
𐤎	ס	ס	ס	*sā̊́mæḵ*	*s*	60
𐤏	ע	ע	ע	*'áyin*	'	70
𐤐	פ, ף	פ, ף	פ, ף	*pē*	*p, f*	80
𐤑	צ, ץ	צ, ץ	צ, ץ	*ṣā̊ḏē*	*ṣ*	90
𐤒	ק	ק	ק	*qōf*	*q*	100
𐤓	ר	ר	ר	*rēš*	*r*	200
𐤔	שׂ	שׂ	שׂ	*śīn*	*ś*	300
	שׁ	שׁ	שׁ	*šīn*	*š*	
𐤕	ת	ת	ת	*tā̊w*	*t, ṯ*	400

Índice

EDITORIAL CLIE
Ferrocarril, 8
08232 VILADECAVALLS (Barcelona) ESPAÑA
E-mail: clie@clie.es
Internet: http:// www.clie.es

ANTIGUO TESTAMENTO INTERLINEAL HEBREO-ESPAÑOL
Tomo I - Pentateuco

Texto castellano: Ricardo Cerni

Traducción literal al castellano del texto hebreo del códice de Leningrado.

Depósito legal: B-54956-2006
ISBN: 978-84-7645-397-1

Impreso en USA / *Printed in USA*

Clasifíquese:
Obras de referencia
Estudios lingüísticos

Referencia: 223516

26 27 28 29 30 TRM 15 14 13 12 11

PREFACIO

Cuando en el año 1978, CLIE, dió luz verde a la idea de un NUEVO TESTAMENTO INTERLINEAL GRIEGO-ESPAÑOL, el proyecto era de no quedarse ahí, sino de seguir adelante con un ANTIGUO TESTAMENTO INTERLINEAL HEBREO-ESPAÑOL, tomo a tomo, hasta completar toda la Biblia.

Sin embargo, cuando en Enero de 1983, presentamos públicamente el primer ejemplar del *Nuevo Testamento Interlineal*, el proyecto de seguir adelante con el Antiguo tuvo que suspenderse a causa de las inmensas dificultades técnicas con que tropezamos en la composición del Griego-Español, que en aquellos años se hizo mediante composición mecánica de plomo, línea a línea, encajando palabra por palabra, lo que hacía prácticamente inviable la posibilidad de asumir un trabajo de las porporciones de todo el Antiguo Testamento.

Siete años después, ha sido posible aportar al mundo de habla castellana, este primer volumen del *Antiguo Testamento Interlineal* que el lector tiene en sus manos. En ello han intervenido cuatro factores:

La buena acogida y la constante demanda del *Nuevo Testamento Interlineal*, lo que demuestra su utilidad.

Las peticiones de parte de Seminarios, Institutos Bíblicos, profesores, pastores y estudiosos de la Biblia para que siguiéramos adelante con el proyecto del Antiguo Testamento.

Las mayores facilidades técnicas que el descubrimiento de los más modernos microcheaps han traído al mundo de la composición electrónica, permitiendo la escritura simultánea de textos en distintos idiomas y alfabetos.

La buena disposición del pastor Ricardo Cerni, de Barcelona, especialista en la lengua Hebrea, para poner manos a la obra y comenzar a trabajar en la traducción y composición del texto, aunque fuera en solitario, sin importarle el tiempo empleado ni el esfuerzo que le pudiera costar.

Por este procedimiento, en solitario, Ricardo Cerni completó este primer volumen, que hoy presentamos. Posteriormente, y ante la magnitud del trabajo a realizar, se unieron al equipo la profesora Judith Targarona y su marido, el profesor Ángel Sáenz-Badillos, ambos catedráticos de Lengua y Literatura Hebrea de la Universidad Complutense de Madrid, que han formado un equipo, no tan sólo para la edición de los siguientes volúmenes, que aparecerán hasta completar la obra, en un plazo no superior a dos años, sino también, simultáneamente, de un completísimo DICCIONARIO DE HEBREO BÍBLICO que, junto a la ya editada GRAMÁTICA DEL HEBREO BÍBLICO, de Rudolf Meyer, completará el grupo de herramientas fundamentales para el estudio del texto bíblico, partiendo de sus lenguas originales.

Estamos, pues, ante una obra magna de investigación textual y exegética que con toda seguridad aportará un auxiliar de valor incalculable al mundo cristiano de habla castellana y que CLIE se honra en presentar A MAYOR GLORIA DE DIOS.

Los editores
Terrassa, enero de 1990

INTRODUCCIÓN

I – Generalidades

La revelación de los textos del Antiguo Testamento fue originalmente hecha en la lengua hebrea y, en algunos fragmentos, en lengua aramea. Ello significa que para acercarnos al sentido real de cada una de las palabras y frases que en su momento fueron inspiradas a los escritores del texto sagrado, tendríamos que ser capaces de leer en la misma lengua que entonces se empleó. Por muchas razones, esto ni es posible ni es exigible, ya que el conocimiento de las lenguas bíblicas requiere una dedicación y unos medios que no están al alcance de todos los interesados. Desde antiguo existen buenas traducciones o «versiones» que suplen eficazmente la necesidad de entender en la lengua vernácula lo que el Dios de Israel habló a su pueblo, Israel y, a través de él, a toda la Humanidad. De esas «versiones» o traducciones del texto bíblico original, unas son más acertadas que otras y, desde luego, carecen del sello de la inspiración y la infabilidad que tanto judíos como cristianos han reconocido generalmente en el texto sagrado.

Una rápida comparación de distintas «versiones» del Antiguo Testamento, vertidas a la misma lengua, nos descubre inmediatamente las diferencias de criterios de los traductores, llegando en algunos momentos a darnos significados muy dispares, cuando no contradictorios. Así pues, aun reconociendo la valía y mérito de las abundantes versiones hoy en uso –también en lengua castellana–, lo cierto es que siempre nos quedamos con la impresión de que existe una forma más directa y exacta de acercarnos al texto original. Nada se había hecho hasta ahora para acercar el texto original del Antiguo Testamento, en su forma original, a los lectores de habla castellana; pero no hay duda de que la necesidad era muy grande, pues la buena hermenéutica y, por ende, la buena exégesis textual, requieren un buen conocimiento de lo que *realmente* nos dice el texto bíblico.

Efectivamente, una buena hermenéutica requiere una buena exégesis; y una buena exégesis exige una buena comprensión del texto *en su forma original.* Cuanto más nos acerquemos al sentido original de las palabras y las frases, más posibilidades tendremos de comprender lo que los autores nos han transmitido por el vehículo de la lengua hebrea y aramea. Así pues, la finalidad de esta traducción literal e interlineal del texto hebreo del Antiguo Testamento, no es otra que darle al lector una perspectiva nueva y mucho más próxima de lo que La Ley, Los profetas y los Escritos nos ofrecen. Si tuviéramos que comparar la diferencia de esta traducción con las versiones normales, podríamos decir que es como si estuviéramos degustando un manjar no elaborado, en estado natural. Es la diferencia entre tomar la miel directamente del panal, o comerla después de haberla procesado y mezclado con colorantes y conservantes. Es como la diferencia, si se quiere, entre la TV en color y la TV en blanco y negro. Nuestra presente traducción es una fotografía en color, que muestra las cosas tal cual son en la realidad, y no en tonos grises.

Pero hay que tomar ciertas precauciones. La literalidad es buena cuando comprendemos el esquema mental y psicológico de aquel que nos proponemos traducir e interpretar. Cada lengua tiene un marco propio de estructuras sintácticas, y una forma peculiar de expresar las relaciones de los individuos con las cosas que les rodean, y de ellos entre sí, así como de las cosas abstractas. Ese marco y esa forma son el resultado de un proceso histórico, de una acumulación de experiencias que van tallando la expresión verbal, como si de un diamante en bruto se tratara, hasta llegar a ser un refinado y pulido brillante al cabo de un largo tiempo.

La lengua hebrea bíblica no es excepción de esta regla. Puesto que el texto bíblico aparece gradualmente a lo largo de muchos siglos, la lengua va cambiando poco a poco. Se va haciendo más pulida y expresiva. Entre el recio y hasta un punto tosco expresarse del, por ejemplo, Pentateuco, y el refinado y complicado lenguaje de un Isaías o un Ezequiel, hay una sustancial diferencia que el lector no dejará de apreciar. Así pues, el conocimiento de la Historia, la cultura y las distintas costumbres que forman el patrimonio vivo de un pueblo, serán de gran ayuda a la hora de hacer una valoración del lenguaje, y de adaptarlo o transportarlo a nuestra propia lengua.

No podemos dejar de hacer una observación negativa de ciertas Versiones modernas que han pretendido «adecuar» el lenguaje de la Biblia al lenguaje actual. Si bien es cierto que toda traducción, incluso la que como la presente quiere ser *muy literal*, requiere una cierta «adaptación» para hacerla inteligible, no es posible aceptar la pretensión de introducir cambios *conceptuales* bajo el pretexto de que la mente del hombre moderno piensa según esquemas diferentes. Lo que la Palabra de Dios nos plantea es que el hombre debe «renovar su entendimiento» y adaptarse a la Palabra de Dios, y no al revés. ¡Nada adelantaremos con cambiar la Biblia! Es tarea de los pastores y maestros explicar y aplicar el texto bíblico, y por ello nada mejor que la herramienta que ponemos en sus manos: una traducción literal, palabra por palabra, del texto del A.T.

II - La lengua hebrea

La lengua hebrea pertenece a la familia de las llamadas lenguas «semíticas» y, concretamente, al grupo nor-occidental, junto con el arameo y el fenicio. El hebreo es un desarrollo de la lengua hablada en Canaán antes de la llegada de los israelitas. Aparte de la evolución normal que a través de los siglos experimentó la lengua hebrea, es necesario resaltar que, en general, nos encontramos ante un caso sorprendente de uniformidad lingüística, dada la distancia temporal entre los primeros y los últimos libros del Antiguo Testamento. A grandes rasgos podemos decir que hay dos épocas en el desarrollo de esta lengua: 1) la época clásica o pre-exílica, y 2) la época aramaizante o post-exílica. A este segundo período pertenecen –siempre desde el punto de vista lingüístico– los libros de Eclesiastés, Ester, Esdras, Nehemías y Crónicas. A partir del retorno del exilio babilónico, el pueblo hebreo se ve afectado por la influencia del arameo, que llega a convertirse en lengua hablada –y escrita– de la generalidad, hasta los tiempos de Jesucristo mismo.

También hay que resaltar las diferencias existentes entre la prosa y la poesía. Al igual que en otras lenguas, la poesía utiliza un estilo más libre, tanto en su sintaxis como en su morfología, y ello añade a veces algunas dificultades a la ya difícil tarea con que se enfrenta el traductor. Así por ejemplo, la poesía utiliza vocablos que no se hallan en la prosa –algunos de clara influencia aramea– y también desempolva formas arcaicas y grafías anómalas. El artículo se usa menos que en la prosa, así como también la partícula del relativo, etc.

Podríamos resumir los caracteres generales de la lengua hebrea, tanto escrita como hablada, diciendo:

1º En cuanto a Fonética

a) El Alefato (o sea, el alfabeto) se compone exclusivamente de consonantes. Aunque por supuesto, los *fonemas* se componen de consonannantes y vocales, la escritura original consistía únicamente de signos consonánticos, hasta que los gramáticos hebreos del s. VII d.J.C. –los llamados Naqdanim o «puntuadores»– vocalizaron el texto bíblico.

b) La escritura y la lectura se hacen de *derecha a izquierda*. El lector deberá tener siempre en cuenta este hecho. Nuestra traducción interlineal emplea el sistema más racional y sencillo posible para hacer una lectura inteligible. Cada palabra castellana, escrita en su orden normal, corresponde a la palabra hebrea inmediatamente superior, de modo que empezando a leer cada línea por la derecha, lo único que hay que hacer es seguir el texto castellano en su orden natural, palabra por palabra. En los numerosos casos en que el hebreo presenta varios vocablos unidos (artículo, preposiciones, pronombres, etc.) hemos indicado la unión por medio de un guión.

c) La lengua hebrea muestra una predilección por las consonantes –y dentro de ellas por las guturales–. Las vocales cambian con la flexión de la palabra, según reglas gramaticales establecidas.

2º En cuanto a Morfología

a) El hebreo prefiere las raíces trilíteras y consonánticas. Estas raíces dan el sentido fundamental de las palabras que de ellas se derivan.

b) Se emplea con gran abundancia la circunlocución del llamado «estado constructo», que es una forma especial que presenta el *nombre* (sustantivo, adjetivo y verbales) cuando se une sintácticamente a otro que lo determina y modifica. Por lo general esta forma sirve para indicar la posesión.

c) Los numerales hebreos presentan una concordancia extraña al oído latino. Así por ejemplo, del 3 al 10 las formas masculinas se unen a nombres femeninos, y viceversa.

d) En cuanto al verbo, hay que destacar la gran abundancia de formas verbales; hay siete formas de conjugación: tres activas, tres pasivas y una reflexiva. Los modos verbales son dos: indicativo e imperativo; y los tiempos son también dos: el pretérito o perfecto, que indica acciones o estados totalmente realizados, y el futuro o imperfecto, que expresa acciones no acabadas. El Presente se suele expresar con el participio, aunque a veces también se emplea el perfecto, y aun el futuro. Como puede deducirse, uno de los principales problemas en la traducción de la lengua hebrea es el de expresar adecuadamente la temporalidad, y por ello puede hablarse de una cierta vaguedad o indefinición temporal.

3º **En cuanto a Sintaxis**

Además de lo dicho acerca del verbo, por la repercusión que tiene en la construcción de las oraciones, debemos decir que el hebreo se caracteriza por una gran abundancia de oraciones coordinadas (por medio de la conjunción «y»), y por una escasez de oraciones subordinadas, o mejor dicho, por una reducida cantidad de medios de coordinación.

III. El texto hebreo del Antiguo Testamento

El texto hebreo que el lector va a encontrar en el presente volumen, y en los posteriores, es el del manuscrito de Leningrado B19^A (L) que es, hoy por hoy, el manuscrito más antiguo de todo el Antiguo Testamento. Este texto, junto con la Masora y el aparato crítico, aparece publicado en la llamada «Biblia Hebraica Stuttgartensia», sucesora de la famosa «Biblia Kittel». El lector que desee explorar las cuestiones de crítica textual, deberá dirigirse a la mencionada edición, *ya que en la presente traducción hemos orillado las cuestiones de crítica textual y nos hemos atenido al texto principal.*

El códice de Leningrado es considerado como el más genuino representante de la escuela masorética tiberiense de Ben Aser. Fue esta familia de eruditos escribas judíos, con sus discípulos, la que nos ha legado la presente vocalización y acentuación del texto del A.T., además de componer la Masora, o notas acerca del texto y de sus diversas variantes y posibles lecturas.

IV. Criterios de traducción

Por todo lo antedicho, es evidente que el traductor se ve enfrentado a ciertos dilemas en algunos lugares. El lector deberá tener presente los criterios que han guiado esta obra:

a) En cuanto al orden de las palabras, como ya hemos indicado, el lector deberá comenzar la lectura por la derecha, leyendo cada palabra o grupo de palabras en el orden normal del castellano. Para facilitar esta tarea se han conectado mediante un guión aquellos grupos de palabras que en hebreo aparecen como un solo bloque.

b) La traducción de cada palabra se ha hecho de la forma más literal posible, a pesar de que algunas veces el sentido no parezca claro al lector. Hay que tener en cuenta que no existen dos lenguas con estructuras gramaticales iguales, o con un significado equivalente para sus palabras. El uso de las palabras depende mucho del contexto en que éstas se hallan y, por tanto, el lector no debe esperar que cada signo hebreo corresponda *siempre* a la misma palabra castellana.

c) El artículo. Sólo existe una forma de artículo determinado y con ella se cubren todas las necesidades de género y número. Así, las formas castellanas «el, la, lo, los, las» corresponden al hebreo «ה» con la vocalización que en cada caso corresponda. Así pues, no hemos empleado el artículo indeterminado «un, una, unos, unas», y el lector deberá suplir esta ausencia cuando el sentido castellano así lo requiera.

d) El sustantivo. En cuanto al género y el número, hay que insistir en que no siempre coinciden con las formas normales castellanas, y será el lector quien deberá adaptar mentalmente la aparente discrepancia. Los duales se traducen normalmente por plurales. Los plurales siempre por plurales, excepto en casos en que la palabra hace referencia a un solo objeto de ser; p. ej.: ELOHIM se traduce por «Dios», excepto en algunos casos en que claramente se refiere a una diversidad de «dioses» de otras naciones.
El género también presenta dificultades de coordinación entre nuestra lengua y la hebrea. Así por ejemplo, la palabra hebrea BERIHIM (Éxodo 26, 27) que significa «barras» está en masculino plural, mientras que en castellano debemos emplear el género femenino. En algunas ocasiones hemos optado por dejar el género hebreo tal cual está, ya porque exista una concordancia múltiple en la frase, o porque es necesario resaltar el hecho de ser masculino o femenino, independientemente de la concordancia en otras palabras.

e) Adjetivos. Es de aplicación lo dicho para el sustantivo, teniendo en cuenta que hemos preservado la presencia del artículo acompañante, aunque en castellano suene raro.

f) Pronombre. En aquellos casos en que el hebreo tiene una forma distinta para el masculino y para el femenino, p. ej. la 2ª persona del singular, y en castellano no hay diferencia, hemos optado por no indicar el género, ya que el contexto aclara suficientemente de quién se trata.

g) Partículas. 1) Preposiciones.– El hebreo tiene muchas menos preposiciones que el castellano, y hemos tratado de mantener la idea básica de la preposición hebrea, a pesar de que en castellano pudiera ir mejor otra preposición. El lector deberá ejercitar una cierta discreción a la hora de valorar el sentido de las preposiciones. 2) Conjunciones.– Otro tanto cabe decir para las conjunciones, pues ya hemos hecho referencia a la parquedad de medios para expresar la subordinacion.

3) Adverbios.– Nada especial debe resaltarse excepto que, una vez más, el castellano tiene una mayor riqueza de formas adverbiales. La partícula indicadora del complemento directo no se traduce normalmente, y en tal caso se coloca el signo ** bajo ella. En algunas ocasiones es posible traducirla por la preposición de acusativo «a».

h) El verbo: Es imposible hacer una equivalencia de las distintas conjugaciones, modos y tiempos hebreos, con las conjugaciones castellanas. Así pues hemos simplificado el esquema verbal, de forma que se transmita con claridad, pero con sencillez, la idea fundamental. Una vez más, el contexto desempeña un importante papel a la hora de interpretar/traducir el verbo en cuestión. Por lo que se refiere al infinitivo, hemos mantenido en muchas ocasiones la preposición «ל» (para) que es característica del hebreo. En cuanto a los participios, una de las dificultades es que en muchas ocasiones son en realidad susantivos normales, y en otras deben traducirse por gerundios. Pero en general hemos mantenido la fórmula «el que...», «los que...».

Por lo que se refiere al Nombre Sagrado, lo hemos traducido por Yahwch, en lugar del conocido Jehová, por estar actualmente reconocido como la más apropiada transcripción.

V. Nociones sobre la Escritura Hebrea

Según queda ya indicado, la escritura hebrea es esencialmente consonántica. El sistema vocálico ideado por los Naqdanim del siglo VII, se caracteriza por reflejar tanto la *cantidad* o *timbre* (abiertas y cerradas). Los signos vocálicos se escriben debajo de la consonante, en tanto que los acentos, que marcan la entonación, se escriben encima de la consonante. El lector puede así distinguir de inmediato el significado de cada uno de los símbolos. Para ello adjuntamos unas tablas que contienen el alefato hebreo, su transcripción y valor númerico –ya que no existen símbolos específicos para indicar los números, excepto las letras mismas–, y la tabla vocálica.

También debe tenerse en cuenta que en hebreo no existen mayúsculas y que, por consiguiente, hemos seguido un criterio convencional para poner mayúsculas. En cuanto a la puntuación, hemos tenido en cuenta los distintos acentos disyuntivos del texto hebreo, hasta donde ha sido posible.

–Ricardo Cerni, Ldo.
Pastor Evangélico

GÉNESIS

בְּרֵאשִׁית בָּרָא אֱלֹהִים אֵת הַשָּׁמַיִם וְאֵת הָאָרֶץ

la tierra ** y los-cielos ** Dios creó En principio (1:1)

וְהָאָרֶץ הָיְתָה תֹהוּ וָבֹהוּ וְחֹשֶׁךְ עַל־ פְּנֵי

faz-del sobre y-oscuridad y-vacía informe estaba Y-la-tierra (2)

תְהוֹם וְרוּחַ אֱלֹהִים מְרַחֶפֶת עַל־ פְּנֵי הַמָּיִם׃ וַיֹּאמֶר

Y-dijo (3) . las-aguas faz-de sobre volaba Dios y-espíritu-de abismo

אֱלֹהִים יְהִי אוֹר וַיְהִי־ אוֹר׃ וַיַּרְא אֱלֹהִים אֶת־ הָאוֹר כִּי־

que la-luz ** Dios Y-vió (4) . luz y-fue luz sea Dios

טוֹב וַיַּבְדֵּל אֱלֹהִים בֵּין הָאוֹר וּבֵין הַחֹשֶׁךְ׃

la-oscuridad y-entre la-luz entre Dios y-separó buena

וַיִּקְרָא אֱלֹהִים ׀ לָאוֹר יוֹם וְלַחֹשֶׁךְ קָרָא לָיְלָה

noche llamó y-a-la-oscuridad día a-la-luz Dios Y-llamó (5)

וַיְהִי־ עֶרֶב וַיְהִי־ בֹקֶר יוֹם אֶחָד׃ וַיֹּאמֶר אֱלֹהִים

Dios Y-dijo (6) . primero día mañana y-fue tarde y-fue

יְהִי רָקִיעַ בְּתוֹךְ הַמָּיִם וִיהִי מַבְדִּיל בֵּין

entre separación y-haya las-aguas entre expansión haya

מַיִם לָמָיִם׃ וַיַּעַשׂ אֱלֹהִים אֶת־ הָרָקִיעַ וַיַּבְדֵּל

y-separó la-expansión ** Dios E-hizo (7) . de-las-aguas aguas

בֵּין הַמַּיִם אֲשֶׁר מִתַּחַת לָרָקִיעַ וּבֵין הַמַּיִם
las-aguas y-entre de-la-expansión de-debajo que las-aguas entre

אֲשֶׁר מֵעַל לָרָקִיעַ וַיְהִי־כֵן׃ וַיִּקְרָא אֱלֹהִים
Dios Y-llamó (8) . así y-fue de-la-expansión de-sobre que

לָרָקִיעַ שָׁמָיִם וַיְהִי־עֶרֶב וַיְהִי־בֹקֶר יוֹם שֵׁנִי׃
. segundo día mañana y-fue tarde y-fue cielos a-la-expansión

וַיֹּאמֶר אֱלֹהִים יִקָּווּ הַמַּיִם מִתַּחַת הַשָּׁמַיִם אֶל־
a los-cielos de-debajo las-aguas reúnanse Dios Y-dijo (9)

מָקוֹם אֶחָד וְתֵרָאֶה הַיַּבָּשָׁה וַיְהִי־כֵן׃ וַיִּקְרָא
Y-llamó (10) . así y-fue la-tierra seca y-aparezca uno lugar

אֱלֹהִים ׀ לַיַּבָּשָׁה אֶרֶץ וּלְמִקְוֵה הַמַּיִם קָרָא יַמִּים
mares llamó las-aguas y-al-conjunto de tierra a-la-tierra seca Dios

וַיַּרְא אֱלֹהִים כִּי־טוֹב׃ וַיֹּאמֶר אֱלֹהִים תַּדְשֵׁא הָאָרֶץ
la-tierra produzca Dios Y-dijo (11) . bueno que Dios y-vio

דֶּשֶׁא עֵשֶׂב מַזְרִיעַ זֶרַע עֵץ פְּרִי עֹשֶׂה פְּרִי לְמִינוֹ
para-su-clase fruto productor frutal árbol semilla, con semilla planta, hierba

אֲשֶׁר זַרְעוֹ־ בוֹ עַל־הָאָרֶץ וַיְהִי־כֵן׃ וַתּוֹצֵא
Y produjo (12) . así y-fue la-tierra sobre en-él su-semilla que

הָאָרֶץ דֶּשֶׁא עֵשֶׂב מַזְרִיעַ זֶרַע לְמִינֵהוּ וְעֵץ
y-árbol para-su-especie semilla , con semilla planta , hierba la-tierra

עֹשֶׂה פְּרִי אֲשֶׁר זַרְעוֹ־ בוֹ לְמִינֵהוּ וַיַּרְא אֱלֹהִים
Dios y-vio , para-su-especie en-él su-semilla que fruto productor

כִּי־טוֹב׃ וַיְהִי־עֶרֶב וַיְהִי־בֹקֶר יוֹם שְׁלִישִׁי׃
. tercero día mañana y-fue tarde Y-fue (13) . bueno que

וַיֹּאמֶר אֱלֹהִים יְהִי מְאֹרֹת בִּרְקִיעַ הַשָּׁמַיִם לְהַבְדִּיל
para-separar los-cielos en-la-expansión-de luces hayan Dios Y-dijo (14)

בֵּין הַיּוֹם וּבֵין הַלָּיְלָה וְהָיוּ לְאֹתֹת וּלְמוֹעֲדִים
y-para-estaciones para-señales y-sean la-noche y-entre el-día entre

וּלְיָמִים וְשָׁנִים׃ וְהָיוּ לִמְאוֹרֹת בִּרְקִיעַ הַשָּׁמַיִם
los-cielos en-la-expansión-de para-luces Y-sean (15) . y-años y-para-días

לְהָאִיר עַל־הָאָרֶץ וַיְהִי־כֵן׃ וַיַּעַשׂ אֱלֹהִים אֶת־שְׁנֵי
dos-de ** Dios E hizo (16) . así y-fue la-ciudad sobre para-alumbrar

הַמְּאֹרֹת הַגְּדֹלִים אֶת־הַמָּאוֹר הַגָּדֹל לְמֶמְשֶׁלֶת הַיּוֹם
el día para-gobernar la-grande la-luz ** las-grandes las-luces

וְאֶת־הַמָּאוֹר הַקָּטֹן לְמֶמְשֶׁלֶת הַלַּיְלָה וְאֵת הַכּוֹכָבִים׃
. las-estrellas y ** la-noche para-gobernar la-pequeña la-luz y **

וַיִּתֵּן אֹתָם אֱלֹהִים בִּרְקִיעַ הַשָּׁמָיִם לְהָאִיר עַל־הָאָרֶץ׃
.la-tierra sobre para-alumbrar los-cielos en-la-expansión Dios ellas Y puso (17)

וְלִמְשֹׁל בַּיּוֹם וּבַלַּיְלָה וּלֲהַבְדִּיל בֵּין
entre y-para-separar y-en-la-noche en-el-día Y-para-gobernar (18)

הָאוֹר וּבֵין הַחֹשֶׁךְ וַיַּרְא אֱלֹהִים כִּי־טוֹב׃ וַיְהִי־
Y-fue (19) . bueno que Dios y-vio , la-oscuridad y-entre la-luz

עֶרֶב וַיְהִי־בֹקֶר יוֹם רְבִיעִי׃ וַיֹּאמֶר אֱלֹהִים יִשְׁרְצוּ
rebosen Dios Y-Dijo (20) . cuarto día mañana y-fue tarde

הַמַּיִם שֶׁרֶץ נֶפֶשׁ חַיָּה וְעוֹף יְעוֹפֵף עַל־הָאָרֶץ
la-tierra sobre vuele y-ave vida aliento-de criatura los-mares

עַל־פְּנֵי רְקִיעַ הַשָּׁמָיִם׃ וַיִּבְרָא אֱלֹהִים אֶת־הַתַּנִּינִם
las-bestias marinas ** Dios Y-creó (21) . los-cielos la-expansión-de faz-de sobre

הַגְּדֹלִים וְאֵת כָּל־נֶפֶשׁ הַחַיָּה ׀ הָרֹמֶשֶׂת אֲשֶׁר שָׁרְצוּ
rebosan que lo-moviente lo-viviente aliento-de todo y ** las-grandes

הַמַּיִם לְמִינֵהֶם וְאֵת כָּל־עוֹף כָּנָף לְמִינֵהוּ
para-su-especie ala ave-de toda y ** para-su-clase las-aguas

וַיַּרְא אֱלֹהִים כִּי־טוֹב׃ וַיְבָרֶךְ אֹתָם אֱלֹהִים לֵאמֹר פְּרוּ
fructificad , diciendo Dios a-ellos Y-bendijo (22) . bueno que Dios y-vio

וּרְבוּ וּמִלְאוּ אֶת־הַמַּיִם בַּיַּמִּים וְהָעוֹף יִרֶב
multiplíquese y-el-ave en-los-mares las-aguas ** y-llenad y-multiplicad

בָּאָרֶץ׃ וַיְהִי־עֶרֶב וַיְהִי־בֹקֶר יוֹם חֲמִישִׁי׃ וַיֹּאמֶר
Y-dijo (24) . quinto día mañana y-fue tarde Y-fue (23) . en-la-tierra

אֱלֹהִים תּוֹצֵא הָאָרֶץ נֶפֶשׁ חַיָּה לְמִינָהּ בְּהֵמָה
ganado para-su-especie vida aliento-de la-tierra produzca Dios

וָרֶמֶשׂ וְחַיְתוֹ־אֶרֶץ לְמִינָהּ וַיְהִי־כֵן׃ וַיַּעַשׂ
E-hizo (25) . así y-fue para-su-especie tierra y-animal-de y-reptiles

אֱלֹהִים אֶת־חַיַּת הָאָרֶץ לְמִינָהּ וְאֶת־הַבְּהֵמָה לְמִינָהּ
para-su-especie el-ganado y ** para-su-especie la-tierra animal-de ** Dios

וְאֵת כָּל־רֶמֶשׂ הָאֲדָמָה לְמִינֵהוּ וַיַּרְא אֱלֹהִים כִּי־טוֹב׃
. bueno que Dios y-vio para-su-especie el-suelo reptil-de todo y **

וַיֹּאמֶר אֱלֹהִים נַעֲשֶׂה אָדָם בְּצַלְמֵנוּ כִּדְמוּתֵנוּ
como-semejanza-nuestra en-imagen-nuestra hombre hagamos Dios Y-dijo (26)

וְיִרְדּוּ בִדְגַת הַיָּם וּבְעוֹף הַשָּׁמַיִם
los-cielos y-en aves-de el-mar en-peces-de y-gobiernen

וּבַבְּהֵמָה וּבְכָל־הָאָרֶץ וּבְכָל־הָרֶמֶשׂ
el-reptil y-en-todo la-tierra y-en-toda y-en-el-ganado

הָרֹמֵשׂ עַל־הָאָרֶץ׃ וַיִּבְרָא אֱלֹהִים ׀ אֶת־הָאָדָם
el-hombre ** Dios Y-creó (27) . la-tierra sobre reptante

בְּצַלְמוֹ בְּצֶלֶם אֱלֹהִים בָּרָא אֹתוֹ זָכָר וּנְקֵבָה בָּרָא
creó y-hembra varón a-él creó Dios en-imagen-de en-su-imagen

אֹתָם׃ וַיְבָרֶךְ אֹתָם אֱלֹהִים וַיֹּאמֶר לָהֶם אֱלֹהִים פְּרוּ
fructificad Dios a-ellos y-dijo Dios a-ellos Y-bendijo (28) . a ellos

וּרְבוּ וּמִלְאוּ אֶת־ הָאָרֶץ וְכִבְשֻׁהָ וּרְדוּ בִּדְגַת
en-pez-de y-dominad y-someted-la la-tierra ** y-llenad y-aumentad

הַיָּם וּבְעוֹף הַשָּׁמַיִם וּבְכָל־ חַיָּה הָרֹמֶשֶׂת עַל־
sobre el-reptante viviente y-en-todo-de los-cielos y-en-ave-de el-mar

הָאָרֶץ׃ וַיֹּאמֶר אֱלֹהִים הִנֵּה נָתַתִּי לָכֶם אֶת־ כָּל־ עֵשֶׂב ׀ זֹרֵעַ
semillosa planta todo-de ** a-vosotros doy ¡mira! Dios Y-dijo (29) . la-tierra

זֶרַע אֲשֶׁר עַל־ פְּנֵי כָל־ הָאָרֶץ וְאֶת־ כָּל־ הָעֵץ אֲשֶׁר־ בּוֹ
en-él que el-árbol todo-de y ** la-tierra toda-de faz-de sobre que semilla

פְרִי־ עֵץ זֹרֵעַ זָרַע לָכֶם יִהְיֶה לְאָכְלָה׃ וּלְכָל־
Y-para-todo (30) . para-alimento será para-vosotros semilla semilleando árbol fruto-de

חַיַּת הָאָרֶץ וּלְכָל־ עוֹף הַשָּׁמַיִם וּלְכֹל ׀ רוֹמֵשׂ
reptil y-para-todo los-cielos ave-de y-para-toda la-tierra animal-de

עַל־ הָאָרֶץ אֲשֶׁר־ בּוֹ נֶפֶשׁ חַיָּה אֶת־ כָּל־ יֶרֶק עֵשֶׂב לְאָכְלָה
para-alimento planta verde todo-de ** vida aliento-de en-él que la-tierra sobre

וַיְהִי־ כֵן׃ וַיַּרְא אֱלֹהִים אֶת־כָּל־אֲשֶׁר עָשָׂה וְהִנֵּה־ טוֹב מְאֹד
muy bueno ¡ y-mira! hizo que todo ** Dios Y-vio (31) . así y-fue

וַיְהִי־ עֶרֶב וַיְהִי־ בֹקֶר יוֹם הַשִּׁשִּׁי׃ וַיְכֻלּוּ
Y-fueron-hechos (2:1) . sexto día mañana y -fue tarde y-fue Cap. 2

הַשָּׁמַיִם וְהָאָרֶץ וְכָל־ צְבָאָם׃ וַיְכַל אֱלֹהִים
Dios Y terminó (2) . su ejército y-todo y-la-tierra los-cielos

בַּיּוֹם הַשְּׁבִיעִי מְלַאכְתּוֹ אֲשֶׁר עָשָׂה וַיִּשְׁבֹּת בַּיּוֹם
en-el-día y-descansó hizo que su-obra el-séptimo en-el-día

הַשְּׁבִיעִי מִכָּל־ מְלַאכְתּוֹ אֲשֶׁר עָשָׂה׃ וַיְבָרֶךְ אֱלֹהִים אֶת־
** Dios Y-bendijo (3) . hizo que su-obra de-toda el-séptimo

יוֹם הַשְּׁבִיעִי וַיְקַדֵּשׁ אֹתוֹ כִּי בוֹ שָׁבַת מִכָּל־
de-toda descansó en-él porque a-él y-santificó el-séptimo día

מְלַאכְתּוֹ אֲשֶׁר־בָּרָא אֱלֹהִים לַעֲשׂוֹת׃ אֵלֶּה תוֹלְדוֹת הַשָּׁמַיִם

los-cielos generaciones-de Estas (4) . para-hacer Dios creó que su-obra

וְהָאָרֶץ בְּהִבָּרְאָם בְּיוֹם עֲשׂוֹת יְהוָה אֱלֹהִים אֶרֶץ וְשָׁמָיִם׃

. y-cielos tierra Dios Yahweh hacer en-día en-su-creación y-la-tierra

וְכֹל ׀ שִׂיחַ הַשָּׂדֶה טֶרֶם יִהְיֶה בָאָרֶץ וְכָל־

y-de-toda en-la-tierra apareciera antes que campo mata-del Y-de-toda (5)

עֵשֶׂב הַשָּׂדֶה טֶרֶם יִצְמָח כִּי לֹא הִמְטִיר יְהוָה אֱלֹהִים עַל־

sobre Dios Yahweh hizo llover no porque brotara antes que del-campo planta

הָאָרֶץ וְאָדָם אַיִן לַעֲבֹד אֶת־הָאֲדָמָה׃ וְאֵד יַעֲלֶה

subía Y-humedad (6) . el-terreno ** para-trabajar no-había y-hombre la-tierra

מִן־הָאָרֶץ וְהִשְׁקָה אֶת־כָּל־פְּנֵי־הָאֲדָמָה׃

. el terreno superficie-de toda ** y-regaba la-tierra de

וַיִּיצֶר יְהוָה אֱלֹהִים אֶת־הָאָדָם עָפָר מִן־הָאֲדָמָה וַיִּפַּח

y-sopló el-terreno de polvo el-hombre ** Dios Yahweh Y-formó (7)

בְּאַפָּיו נִשְׁמַת חַיִּים וַיְהִי הָאָדָם לְנֶפֶשׁ חַיָּה׃

. viviente para-ser el-hombre y-fue vida aliento-de en-sus-narices

וַיִּטַּע יְהוָה אֱלֹהִים גַּן־בְּעֵדֶן מִקֶּדֶם וַיָּשֶׂם שָׁם אֶת־

** allí y-puso en-el Este en-Edén huerto Dios Yahweh Y-plantó (8)

הָאָדָם אֲשֶׁר יָצָר׃ וַיַּצְמַח יְהוָה אֱלֹהִים מִן־הָאֲדָמָה

terreno del Dios Yahweh E-hizo-crecer (9) . formó que el-hombre

כָּל־עֵץ נֶחְמָד לְמַרְאֶה וְטוֹב לְמַאֲכָל וְעֵץ הַחַיִּים

la-vida y-árbol-de para-comer y-bueno para-la-vista agradable árbol todo

בְּתוֹךְ הַגָּן וְעֵץ הַדַּעַת טוֹב וָרָע׃ וְנָהָר

Y-río (10) . y-mal bien el-conocimiento-del y-árbol-de el-huerto en-medio-de

יֹצֵא מֵעֵדֶן לְהַשְׁקוֹת אֶת־הַגָּן וּמִשָּׁם יִפָּרֵד

se dividía y-de-allí el-huerto ** para-regar de-Edén salía

וְהָיָה לְאַרְבָּעָה רָאשִׁים׃ שֵׁם הָאֶחָד פִּישׁוֹן הוּא הַסֹּבֵב
recorre él Pisón el-uno nombre-de (11) . corrientes para-cuatro y-era

אֵת כָּל־אֶרֶץ הַחֲוִילָה אֲשֶׁר־שָׁם הַזָּהָב׃ וּזֲהַב הָאָרֶץ
la-tierra Y-oro-de (12) . el-oro allí que la-Havilah tierra-de toda **

הַהִוא טוֹב שָׁם הַבְּדֹלַח וְאֶבֶן הַשֹּׁהַם׃ וְשֵׁם־הַנָּהָר
el-río y-nombre-de (13) . ónice y-piedra-de resina allí bueno el-aquel

הַשֵּׁנִי גִּיחוֹן הוּא הַסּוֹבֵב אֵת כָּל־אֶרֶץ כּוּשׁ׃ וְשֵׁם
Y nombre-de (14) . Cush tierra-de toda ** el-que rodea él Guijón el-segundo

הַנָּהָר הַשְּׁלִישִׁי חִדֶּקֶל הוּא הַהֹלֵךְ קִדְמַת אַשּׁוּר וְהַנָּהָר
y-el-río Ashur Este-de el-que corre él Jidekel el-tercero el-río

הָרְבִיעִי הוּא פְרָת׃ וַיִּקַּח יְהוָה אֱלֹהִים אֶת־הָאָדָם וַיַּנִּחֵהוּ
y-le-puso el-hombre ** Dios Yahweh Y tomó (15) . Éufrates él el-cuarto

בְגַן־עֵדֶן לְעָבְדָהּ וּלְשָׁמְרָהּ׃ וַיְצַו יְהוָה
Yahweh Y-mandó (16) . y-para-cuidarlo para-trabajarlo Edén en-el-huerto-de

אֱלֹהִים עַל־הָאָדָם לֵאמֹר מִכֹּל עֵץ־הַגָּן אָכֹל תֹּאכֵל׃
; comerás comer el-huerto arbol-de de-todo diciendo el-hombre sobre Dios

וּמֵעֵץ הַדַּעַת טוֹב וָרָע לֹא תֹאכַל מִמֶּנּוּ כִּי
porque de-él comerás no y-mal bien el-conocimiento-de y-de-árbol-de (17)

בְּיוֹם אֲכָלְךָ מִמֶּנּוּ מוֹת תָּמוּת׃ וַיֹּאמֶר יְהוָה אֱלֹהִים
Dios Yahweh Y-dijo (18) . morirás morir de-él tu-comer en-día-de

לֹא־טוֹב הֱיוֹת הָאָדָם לְבַדּוֹ אֶעֱשֶׂה־לּוֹ עֵזֶר כְּנֶגְדּוֹ׃
. que-su-adecuada ayuda para-él haré solo el-hombre estar bueno no

וַיִּצֶר יְהוָה אֱלֹהִים מִן־הָאֲדָמָה כָּל־חַיַּת הַשָּׂדֶה
el-campo viviente-de todo el-terreno de Dios Yahweh Y-formó (19)

וְאֵת כָּל־עוֹף הַשָּׁמַיִם וַיָּבֵא אֶל־הָאָדָם לִרְאוֹת מַה־
lo-que para-ver el-hombre a y-llevó los-cielos ave-de toda y **

יִקְרָא־ לוֹ וְכֹל אֲשֶׁר יִקְרָא־ לוֹ הָאָדָם נֶפֶשׁ חַיָּה
viviente ser el-hombre para-él llamaría que y-todo para-él llamaría

הוּא שְׁמוֹ׃ וַיִּקְרָא הָאָדָם שֵׁמוֹת לְכָל־ הַבְּהֵמָה
los-animales para-todos nombres . el-hombre Y-llamó (20) . su-nombre aquello

וּלְעוֹף הַשָּׁמַיִם וּלְכֹל חַיַּת הַשָּׂדֶה וּלְאָדָם לֹא־
no y-para-Adam el-campo viviente-de y-para-todo los-cielos y-para-aves-de

מָצָא עֵזֶר כְּנֶגְדּוֹ׃ וַיַּפֵּל יְהוָה אֱלֹהִים ׀ תַּרְדֵּמָה עַל־
sobre sueño-profundo Dios Yahweh E-hizo-caer (21) . que-su-adecuada ayuda halló

הָאָדָם וַיִּישָׁן וַיִּקַּח אַחַת מִצַּלְעֹתָיו וַיִּסְגֹּר בָּשָׂר
carne y-cerró de-sus-costillas una-de y-tomó y-durmió el-hombre

תַּחְתֶּנָּה׃ וַיִּבֶן יְהוָה אֱלֹהִים ׀ אֶת־הַצֵּלָע אֲשֶׁר־ לָקַח מִן־
de tomó que la-costilla ** Dios Yahweh E-hizo (22) . su-lugar

הָאָדָם לְאִשָּׁה וַיְבִאֶהָ אֶל־ הָאָדָם׃ וַיֹּאמֶר הָאָדָם
el-hombre Y-dijo (23) . el-hombre a y-la-trajo para-mujer el-hombre

זֹאת הַפַּעַם עֶצֶם מֵעֲצָמַי וּבָשָׂר מִבְּשָׂרִי לְזֹאת
para-ésta de-mi-carne y-carne de-mis-huesos hueso el-ahora está

יִקָּרֵא אִשָּׁה כִּי מֵאִישׁ לֻקְחָה־ זֹּאת׃ עַל־ כֵּן
eso Por (24) . ésta fue-tomada del-varón porque varona será llamado

יַעֲזָב־ אִישׁ אֶת־ אָבִיו וְאֶת־ אִמּוֹ וְדָבַק
y-se unirá su-madre y ** su-padre ** hombre dejará

בְּאִשְׁתּוֹ וְהָיוּ לְבָשָׂר אֶחָד׃ וַיִּהְיוּ שְׁנֵיהֶם
ellos-dos Y-estaban (25) . una para-carne y-serán en-su-mujer

עֲרוּמִּים הָאָדָם וְאִשְׁתּוֹ וְלֹא יִתְבֹּשָׁשׁוּ׃ וְהַנָּחָשׁ
Y-la-serpiente (3:1) . se avergonzaban y-no y-su-mujer el-hombre desnudos

הָיָה עָרוּם מִכֹּל חַיַּת הַשָּׂדֶה אֲשֶׁר עָשָׂה יְהוָה אֱלֹהִים
Dios Yahweh hizo que el-campo animal-de de-todo astuta era

וַיֹּאמֶר אֶל־הָאִשָּׁה אַף כִּי־אָמַר אֱלֹהִים לֹא תֹאכְלוּ מִכֹּל

de-todo comáis no Dios dijo realmente así? la-mujer a y-dijo

עֵץ הַגָּן׃ וַתֹּאמֶר הָאִשָּׁה אֶל־הַנָּחָשׁ מִפְּרִי

del-fruto-del la-serpiente a la-mujer Y-dijo (2) . ¿el-huerto árbol-de

עֵץ־הַגָּן נֹאכֵל׃ וּמִפְּרִי הָעֵץ אֲשֶׁר בְּתוֹךְ־

en medio-de que el-árbol Y-del-fruto-de (3) . comemos el-huerto árbol-de

הַגָּן אָמַר אֱלֹהִים לֹא תֹאכְלוּ מִמֶּנּוּ וְלֹא תִגְּעוּ

tocaréis y-no de-él comeréis no Dios dijo el-huerto

בּוֹ פֶּן־תְּמֻתוּן׃ וַיֹּאמֶר הַנָּחָשׁ אֶל־הָאִשָּׁה לֹא־מוֹת

morir no la-mujer a la-serpiente Y-dijo (4) . moriréis o en-él

תְּמֻתוּן׃ כִּי יֹדֵעַ אֱלֹהִים כִּי בְּיוֹם אֲכָלְכֶם מִמֶּנּוּ

de-él vuestro-comer en-día-de que Dios sabe Porque (5) . moriréis

וְנִפְקְחוּ עֵינֵיכֶם וִהְיִיתֶם כֵּאלֹהִים יֹדְעֵי טוֹב

bien conocedores-de como-Dios y-seréis vuestros-ojos y-serán abiertos

וָרָע׃ וַתֵּרֶא הָאִשָּׁה כִּי טוֹב הָעֵץ לְמַאֲכָל וְכִי

y-que para-comida el-árbol bueno que la-mujer Y-vio (6) . y-mal

תַאֲוָה־הוּא לָעֵינַיִם וְנֶחְמָד הָעֵץ לְהַשְׂכִּיל וַתִּקַּח

y-tomó para-hacerse sabio el-árbol y-deseable a-los-ojos él agradable

מִפִּרְיוֹ וַתֹּאכַל וַתִּתֵּן גַּם־לְאִישָׁהּ עִמָּהּ

con-ella a-su-hombre también y-dio y-comió de-su-fruto

וַיֹּאכַל׃ וַתִּפָּקַחְנָה עֵינֵי שְׁנֵיהֶם וַיֵּדְעוּ כִּי

que y-conocieron ellos-dos ojos-de Y-fueron-abiertos (7) . y-comió

עֵירֻמִּם הֵם וַיִּתְפְּרוּ עֲלֵה תְאֵנָה וַיַּעֲשׂוּ לָהֶם

para-ellos e-hicieron higuera hoja-de y-cosieron ellos desnudos

חֲגֹרֹת׃ וַיִּשְׁמְעוּ אֶת־קוֹל יְהוָה אֱלֹהִים מִתְהַלֵּךְ בַּגָּן

en-el-huerto andando Dios Yahweh voz-de ** Y-oyeron (8) . vestidos

לְרוּחַ הַיּוֹם וַיִּתְחַבֵּא הָאָדָם וְאִשְׁתּוֹ מִפְּנֵי יְהוָה אֱלֹהִים
Dios Yahweh de-la-faz y-su-mujer el-hombre y-se escondió el-día al-viento-de

בְּתוֹךְ עֵץ הַגָּן׃ וַיִּקְרָא יְהוָה אֱלֹהִים אֶל־הָאָדָם וַיֹּאמֶר
y-dijo el-hombre a Dios Yahweh Y-llamó (9) . el huerto árbol-de entre

לוֹ אַיֶּכָּה׃ וַיֹּאמֶר אֶת־קֹלְךָ שָׁמַעְתִּי בַּגָּן
en-el-huerto oí tu-voz ** Y-dijo (10) . ¿dónde-tú? a-él

וָאִירָא כִּי־עֵירֹם אָנֹכִי וָאֵחָבֵא׃ וַיֹּאמֶר מִי הִגִּיד לְךָ
a-ti dijo ¿quién Y-dijo (11) . y-temí yo desnudo porque y-tuve-miedo

כִּי עֵירֹם אָתָּה הֲמִן־הָעֵץ אֲשֶׁר צִוִּיתִיךָ לְבִלְתִּי אֲכָל־מִמֶּנּוּ
de-él comer para-no mandé-a-ti que el-árbol acaso-de ¿tú desnudo que

אָכָלְתָּ׃ וַיֹּאמֶר הָאָדָם הָאִשָּׁה אֲשֶׁר נָתַתָּה עִמָּדִי הִוא נָתְנָה־
dio ella con-migo diste que la-mujer el-hombre Y-dijo (12) . comiste?

לִּי מִן־הָעֵץ וָאֹכֵל׃ וַיֹּאמֶר יְהוָה אֱלֹהִים לָאִשָּׁה מַה־
¿qué a-la-mujer Dios Yahweh Y-dijo (13) . y comí el-árbol de a-mí

זֹּאת עָשִׂית וַתֹּאמֶר הָאִשָּׁה הַנָּחָשׁ הִשִּׁיאַנִי וָאֹכֵל׃
. y-comí me-engañó la-serpiente la-mujer y-dijo ¿hiciste esto

וַיֹּאמֶר יְהוָה אֱלֹהִים ׀ אֶל־הַנָּחָשׁ כִּי עָשִׂיתָ זֹּאת אָרוּר
maldita esto hiciste porque la-serpiente a Dios Yahweh Y-dijo (14)

אַתָּה מִכָּל־הַבְּהֵמָה וּמִכֹּל חַיַּת הַשָּׂדֶה עַל־גְּחֹנְךָ
tu-vientre sobre el-campo bestia-de y-de-toda animal de-todo tú

תֵלֵךְ וְעָפָר תֹּאכַל כָּל־יְמֵי חַיֶּיךָ׃ וְאֵיבָה ׀
Y-enemistad (15) . tu-vida días-de todos comerás y-polvo andarás

אָשִׁית בֵּינְךָ וּבֵין הָאִשָּׁה וּבֵין זַרְעֲךָ
tu-descendencia y-entre la-mujer y-entre entre-ti pondré

וּבֵין זַרְעָהּ הוּא יְשׁוּפְךָ רֹאשׁ וְאַתָּה תְּשׁוּפֶנּוּ
le-herirás y-tú cabeza te-aplastará él su-descendencia y-entre

עָקֵב׃ אֶל־הָאִשָּׁה אָמַר הַרְבָּה אַרְבֶּה עִצְּבוֹנֵךְ
tu-dolor aumentaré aumentar dijo la-mujer A (16) . talón

וְהֵרֹנֵךְ בְּעֶצֶב תֵּלְדִי בָנִים וְאֶל־אִישֵׁךְ
tu-hombre y-para hijos criarás en-dolor y-tu-parto

תְּשׁוּקָתֵךְ וְהוּא יִמְשָׁל־בָּךְ׃ וּלְאָדָם אָמַר כִּי
porque dijo Y-al-hombre (17) . en-ti mandará y-él tu-deseo

שָׁמַעְתָּ לְקוֹל אִשְׁתֶּךָ וַתֹּאכַל מִן־הָעֵץ אֲשֶׁר
que el-árbol de y-comiste tu-mujer a-voz-de escuchaste

צִוִּיתִיךָ לֵאמֹר לֹא תֹאכַל מִמֶּנּוּ אֲרוּרָה הָאֲדָמָה
el terreno maldito de-él comas no para-decir te-mandé

בַּעֲבוּרֶךָ בְּעִצָּבוֹן תֹּאכֲלֶנָּה כֹּל יְמֵי חַיֶּיךָ׃
tu-vida días-de todos lo-comerás en-dolor por-tu-causa

וְקוֹץ וְדַרְדַּר תַּצְמִיחַ לָךְ וְאָכַלְתָּ אֶת־עֵשֶׂב
planta-de ** y-comerás para-ti producirá y-cardos y-espinos

הַשָּׂדֶה׃ בְּזֵעַת אַפֶּיךָ תֹּאכַל לֶחֶם עַד שׁוּבְךָ
tu-regresar hasta pan comerás tu-frente con-sudor-de (19) . el-campo

אֶל־הָאֲדָמָה כִּי מִמֶּנָּה לֻקָּחְתָּ כִּי־עָפָר אַתָּה וְאֶל־עָפָר
polvo y-al tú polvo porque fuiste tomado de-ella porque el-terreno a

תָּשׁוּב׃ וַיִּקְרָא הָאָדָם שֵׁם אִשְׁתּוֹ חַוָּה כִּי הִוא
ella porque Havah (Eva) su-mujer nombre-de el-hombre Y-llamó (20) . volverás

הָיְתָה אֵם כָּל־חָי׃ וַיַּעַשׂ יְהוָה אֱלֹהִים לְאָדָם
para-Adam (hombre) Dios Yahweh E hizo (21) . vivientes todos madre-de sería

וּלְאִשְׁתּוֹ כָּתְנוֹת עוֹר וַיַּלְבִּשֵׁם׃ וַיֹּאמֶר ׀
Y-dijo (22) . y-los-vistió piel vestidos-de y-para-su-mujer

יְהוָה אֱלֹהִים הֵן הָאָדָם הָיָה כְּאַחַד מִמֶּנּוּ לָדַעַת טוֹב וָרָע
y-mal bien para-saber de-nosotros como-uno es el-hombre ¡mira! : Dios Yahweh

וְעַתָּה פֶּן־ יִשְׁלַח יָדוֹ וְלָקַח גַּם מֵעֵץ הַחַיִּים
la-vida del-árbol-de también y-tome su-mano alargue para que no y-ahora

וְאָכַל וָחַי לְעֹלָם׃ וַיְשַׁלְּחֵהוּ יְהוָה אֱלֹהִים מִגַּן־
del-huerto-de Dios Yahweh Y-lo-envió (23) . para-siempre y-viva y-coma

עֵדֶן לַעֲבֹד אֶת־ הָאֲדָמָה אֲשֶׁר לֻקַּח מִשָּׁם׃ וַיְגָרֶשׁ
Y-expulsó (24) . de allí fue tomado (del) que el-terreno ** a-trabajar Edén

אֶת־ הָאָדָם וַיַּשְׁכֵּן מִקֶּדֶם לְגַן־ עֵדֶן אֶת־ הַכְּרֻבִים וְאֵת
y ** los-querubines ** Edén del-huerto-de al-Este y-puso el-hombre **

לַהַט הַחֶרֶב הַמִּתְהַפֶּכֶת לִשְׁמֹר אֶת־ דֶּרֶךְ עֵץ הַחַיִּים׃
. la-vida árbol-de camino-de ** para-guardar la-que daba vueltas la-espada llama-de

וְהָאָדָם יָדַע אֶת־חַוָּה אִשְׁתּוֹ וַתַּהַר וַתֵּלֶד
y-dio a luz y-concibió (ella) su-mujer Eva ** conoció Y-el-hombre (Adam)

אֶת־ קַיִן וַתֹּאמֶר קָנִיתִי אִישׁ אֶת־ יְהוָה׃ וַתֹּסֶף
Y-continuó (2) . Yahweh (a) ** hombre he producido y-dijo (ella) Caín **

לָלֶדֶת אֶת־ אָחִיו אֶת־הָבֶל וַיְהִי־ הֶבֶל רֹעֵה צֹאן וְקַיִן
y-Caín rebaño pastor-de Abel y-fue Abel ** su-hermano ** para-dar a luz

הָיָה עֹבֵד אֲדָמָה׃ וַיְהִי מִקֵּץ יָמִים וַיָּבֵא קַיִן
Caín y-trajo días después-de Y-fue . terreno trabajador-del era

מִפְּרִי הָאֲדָמָה מִנְחָה לַיהוָה׃ וְהֶבֶל הֵבִיא גַם־הוּא
él también trajo Y-Abel (4) . para-Yahweh ofrenda el-terreno del-fruto-de

מִבְּכֹרוֹת צֹאנוֹ וּמֵחֶלְבֵהֶן וַיִּשַׁע יְהוָה
Yahweh y-miró con favor y-de-su-grasa su-rebaño de-primogénitos-de

אֶל־הֶבֶל וְאֶל־ מִנְחָתוֹ׃ וְאֶל־ קַיִן וְאֶל־ מִנְחָתוֹ לֹא
no su-ofrenda y-a Caín Y-a (5) . su-ofrenda y-a Abel a

שָׁעָה וַיִּחַר לְקַיִן מְאֹד וַיִּפְּלוּ פָּנָיו׃
. sus-faces y-decayeron mucho Caín y-se encolerizó miró con favor

וַיֹּאמֶר יְהוָה אֶל־קָיִן לָמָּה חָרָה לָךְ וְלָמָּה

y por qué , para ti hay ira ¿por qué Caín a Yahweh Y-dijo (6)

נָפְלוּ פָנֶיךָ׃ הֲלוֹא אִם־תֵּיטִיב שְׂאֵת

ser levantado haces bien si ¿Acaso no (7) tus-faces? decaen

וְאִם לֹא תֵיטִיב לַפֶּתַח חַטָּאת רֹבֵץ וְאֵלֶיךָ תְּשׁוּקָתוֹ

su deseo? y-para ti yaciente el-pecado a-la-puerta haces bien no y-si

וְאַתָּה תִּמְשָׁל־בּוֹ׃ וַיֹּאמֶר קַיִן אֶל־הֶבֶל אָחִיו

su-hermano Abel a Caín Y dijo (8) . en él dominas y-tú

[נֵלְכָה הַשָּׂדֶה]* וַיְהִי בִּהְיוֹתָם בַּשָּׂדֶה

en-el-campo en-su-estar y-fue el-campo vayamos a

וַיָּקָם קַיִן אֶל־הֶבֶל אָחִיו וַיַּהַרְגֵהוּ׃ וַיֹּאמֶר

Y-dijo (9) . y-le-mató su-hermano Abel contra Caín y-se levantó

יְהוָה אֶל־קַיִן אֵי הֶבֶל אָחִיךָ וַיֹּאמֶר לֹא יָדַעְתִּי

sé no Y-dijo tu-hermano? Abel ¿Dónde : Caín a Yahweh

הֲשֹׁמֵר אָחִי אָנֹכִי׃ וַיֹּאמֶר מֶה עָשִׂיתָ קוֹל

voz-de hiciste? ¿que Y-dijo (10) . yo? mi-hermano ¿Acaso-guarda-de

דְּמֵי אָחִיךָ צֹעֲקִים אֵלַי מִן־הָאֲדָמָה׃ וְעַתָּה

Y ahora (11) . el-terreno desde a-mí clamantes tu-hermano sangres-de

אָרוּר אָתָּה מִן־הָאֲדָמָה אֲשֶׁר פָּצְתָה אֶת־פִּיהָ לָקַחַת

para-coger su-boca ** abrió que el-terreno desde tú maldito

אֶת־דְּמֵי אָחִיךָ מִיָּדֶךָ׃ כִּי תַעֲבֹד אֶת־הָאֲדָמָה

el-terreno ** trabajarás Porque (12) . de-tu-mano tu-hermano las-sangres-de **

לֹא־תֹסֵף תֵּת־כֹּחָהּ לָךְ נָע וָנָד

y-errante inquieto para-ti su-fuerza dando continuará no

תִּהְיֶה בָאָרֶץ׃ וַיֹּאמֶר קַיִן אֶל־יְהוָה גָּדוֹל עֲוֹנִי

mi-castigo grande , Yahwch a Caín Y-dijo (13) . cn-la-tierra serás

מִנְּשֹׂא׃ הֵן גֵּרַשְׁתָּ אֹתִי הַיּוֹם מֵעַל פְּנֵי הָאֲדָמָה
el-terreno faz-de de-sobre hoy a-mí Echas ¡Mira! (14) . de-soportar

וּמִפָּנֶיךָ אֶסָּתֵר וְהָיִיתִי נָע
inquieto y-estaré estaré escondido y-de-tu-faz

וָנָד בָּאָרֶץ וְהָיָה כָל־מֹצְאִי יַהַרְגֵנִי׃
. me matará me-encuentre todo (el que) y-será en-la-tierra y-errante

וַיֹּאמֶר לוֹ יְהוָה לָכֵן כָּל־הֹרֵג קַיִן שִׁבְעָתַיִם
siete veces Caín mate todo (el que) No-así : Yahweh a-él Y-dijo

יֻקָּם וַיָּשֶׂם יְהוָה לְקַיִן אוֹת לְבִלְתִּי הַכּוֹת־אֹתוֹ
a-él matar para-no señal a-Caín Yahweh y-puso ; será vengado

כָּל־מֹצְאוֹ׃ וַיֵּצֵא קַיִן מִלִּפְנֵי יְהוָה
Yahweh de-presencia-de Caín Y salió (16) . encontrándole todo (el que)

וַיֵּשֶׁב בְּאֶרֶץ־נוֹד קִדְמַת־עֵדֶן׃ וַיֵּדַע קַיִן אֶת־אִשְׁתּוֹ
su-mujer ** Caín Y-conoció (17) . Edén Este-de Nod en-tierra-de y-habitó

וַתַּהַר וַתֵּלֶד אֶת־חֲנוֹךְ וַיְהִי בֹּנֶה עִיר
ciudad construyendo y-fue Enoch ** y-dio a luz y-concibió

וַיִּקְרָא שֵׁם הָעִיר כְּשֵׁם בְּנוֹ חֲנוֹךְ׃ וַיִּוָּלֵד
Y-le nació (18) . Enoch su-hijo como-nombre-de la-ciudad nombre-de y-llamó

לַחֲנוֹךְ אֶת־עִירָד וְעִירָד יָלַד אֶת־מְחוּיָאֵל וּמְחִיָּיאֵל יָלַד
engendró y-Mehujael Mehujael a engendró e-Irad Irad ** a-Enoch

אֶת־מְתוּשָׁאֵל וּמְתוּשָׁאֵל יָלַד אֶת־לָמֶךְ׃ וַיִּקַּח־
Y-tomó (19) . Lamech a engendró y-Metusael Metusael a

לוֹ לֶמֶךְ שְׁתֵּי נָשִׁים שֵׁם הָאַחַת עָדָה וְשֵׁם הַשֵּׁנִית
la-segunda y-nombre-de Ada la-una nombre-de , mujeres dos Lamech para-sí

צִלָּה׃ וַתֵּלֶד עָדָה אֶת־יָבָל הוּא הָיָה אֲבִי יֹשֵׁב אֹהֶל
tienda habitante-de padre-de fue él Jabal a Ada Y-dio a luz (20) . Zila

וּמִקְנֶֽה׃ וְשֵׁם אָחִיו יוּבָל הוּא הָיָה אֲבִי
padre-de fue él Jubal su-hermano Y-nombre-de (21) . y-ganadero

כָּל־ תֹּפֵשׂ כִּנּוֹר וְעוּגָֽב׃ וְצִלָּה גַם־הִוא יָֽלְדָה אֶת־תּוּבַל
Tubal a dio a luz ella también Y-Zila (22) . y-flauta arpa tañedor-de todo

קַיִן לֹטֵשׁ כָּל־ חֹרֵשׁ נְחֹשֶׁת וּבַרְזֶל וַאֲחוֹת תּֽוּבַל־ קַיִן
Caín-Tubal y-hermana-de , y-hierro bronce herramienta-de de-toda forjador Caín

נַעֲמָֽה׃ וַיֹּאמֶר לֶמֶךְ לְנָשָׁיו עָדָה וְצִלָּה שְׁמַעַן קוֹלִי
mi-voz escuchad y-Zila Ada a-sus-mujeres Lamech Y-dijo (23) . Naama

נְשֵׁי לֶמֶךְ הַאְזֵנָּה אִמְרָתִי כִּי אִישׁ הָרַגְתִּי לְפִצְעִי וְיֶלֶד
y-un joven por-mi-herida maté hombre que mi-palabra oíd Lamech mujeres-de

לְחַבֻּרָתִֽי׃ כִּי שִׁבְעָתַיִם יֻקַּם־ קָיִן וְלֶמֶךְ שִׁבְעִים
setenta y-Lamech , Caín es vengado siete veces Que (24) . por-mi-golpe

וְשִׁבְעָֽה׃ וַיֵּדַע אָדָם עוֹד אֶת־ אִשְׁתּוֹ וַתֵּלֶד בֵּן
hijo y-dio a luz su-mujer a otra vez Adam Y-conoció (25) . y-siete

וַתִּקְרָא אֶת־ שְׁמוֹ שֵׁת כִּי שָֽׁת־ לִי אֱלֹהִים זֶרַע אַחֵר
otro niño Dios a-mí concedió porque Set su-nombre ** y-llamó

תַּחַת הֶבֶל כִּי הֲרָגוֹ קָֽיִן׃ וּלְשֵׁת גַּם־הוּא יֻלַּד־
fue nacido él también Y-a-Set (26) . Caín le-mató que Abel en vez-de

בֵּן וַיִּקְרָא אֶת־ שְׁמוֹ אֱנוֹשׁ אָז הוּחַל לִקְרֹא בְּשֵׁם
en-nombre-de a-llamar empezó entonces ; Enós su-nombre ** y-llamó hijo

יְהוָֽה׃ זֶה סֵפֶר תּוֹלְדֹת אָדָם בְּיוֹם בְּרֹא אֱלֹהִים אָדָם בִּדְמוּת
en-imagen-de Adam Dios crear en-día-de Adam generaciones-de libro-de Este (1) . Yahweh Cap. 5

אֱלֹהִים עָשָׂה אֹתֽוֹ׃ זָכָר וּנְקֵבָה בְּרָאָם וַיְבָרֶךְ אֹתָם
a-ellos y-bendijo los-creó y-hembra Varón (2) . a-él hizo Dios

וַיִּקְרָא אֶת־ שְׁמָם אָדָם בְּיוֹם הִבָּֽרְאָֽם׃
. crear-de ellos en-día Adam nombre-de ellos ** y-llamó

וַיְחִי אָדָם שְׁלֹשִׁים וּמְאַת שָׁנָה וַיּוֹלֶד
y-engendró año y-ciento-de treinta Adam Y-vivió (3)

בִּדְמוּתוֹ כְּצַלְמוֹ וַיִּקְרָא אֶת־ שְׁמוֹ שֵׁת׃
. Set su-nombre ** y-llamó como-su-imagen en-su-imagen

וַיִּהְיוּ יְמֵי־ אָדָם אַחֲרֵי הוֹלִידוֹ אֶת־ שֵׁת שְׁמֹנֶה מֵאֹת
cientos ocho Set a engendrarle después-de Adam días-de Y-fueron (4)

שָׁנָה וַיּוֹלֶד בָּנִים וּבָנוֹת׃ וַיִּהְיוּ כָּל־ יְמֵי
días-de todos Y-fueron (5) . e hijas hijos y-engendró ; año

אָדָם אֲשֶׁר־ חַי תְּשַׁע מֵאוֹת שָׁנָה וּשְׁלֹשִׁים שָׁנָה וַיָּמֹת׃
. y-murió ; año y-treinta año cientos nueve vida que Adam

וַיְחִי־ שֵׁת חָמֵשׁ שָׁנִים וּמְאַת שָׁנָה וַיּוֹלֶד אֶת־
a y-engendró año y-cien años cinco Set Y-vivió (6)

אֱנוֹשׁ׃ וַיְחִי־ שֵׁת אַחֲרֵי הוֹלִידוֹ אֶת־ אֱנוֹשׁ שֶׁבַע שָׁנִים
años siete Enós a su-engendrar después-de Set Y-vivió (7) . Enós

וּשְׁמֹנֶה מֵאוֹת שָׁנָה וַיּוֹלֶד בָּנִים וּבָנוֹת׃
. e-hijas hijos y-engendró año cientos y-ocho

וַיִּהְיוּ כָּל־ יְמֵי־ שֵׁת שְׁתֵּים עֶשְׂרֵה שָׁנָה וּתְשַׁע מֵאוֹת שָׁנָה
. año cientos y-nueve año diez dos Set días-de todos Y-fueron (8)

וַיָּמֹת׃ וַיְחִי אֱנוֹשׁ תִּשְׁעִים שָׁנָה וַיּוֹלֶד אֶת־ קֵינָן׃
. Cainán a y-engendró año noventa Enós Y-vivió (9) . y-murió

וַיְחִי אֱנוֹשׁ אַחֲרֵי הוֹלִידוֹ אֶת־ קֵינָן חֲמֵשׁ עֶשְׂרֵה שָׁנָה
año diez cinco Cainán a su-engendrar después-de Enós Y-vivió (10)

וּשְׁמֹנֶה מֵאוֹת שָׁנָה וַיּוֹלֶד בָּנִים וּבָנוֹת׃
. e-hijas hijos y-engendró año cientos y-ocho

וַיִּהְיוּ כָּל־ יְמֵי אֱנוֹשׁ חָמֵשׁ שָׁנִים וּתְשַׁע מֵאוֹת שָׁנָה
año cientos y-nueve años cinco Enós días-de todos Y-fueron (11)

וַיָּמֹת׃ וַיְחִי קֵינָן שִׁבְעִים שָׁנָה וַיּוֹלֶד אֶת־
a y-engendró año setenta Cainán Y-vivió (12) . y murió

מַהֲלַלְאֵל׃ וַיְחִי קֵינָן אַחֲרֵי הוֹלִידוֹ אֶת־מַהֲלַלְאֵל אַרְבָּעִים
cuarenta Mahalaleel a su-engendrar después-de Cainán Y-vivió (13) . Mahalaleel

שָׁנָה וּשְׁמֹנֶה מֵאוֹת שָׁנָה וַיּוֹלֶד בָּנִים וּבָנוֹת׃
. e-hijas hijos y-engendró año cientos y-ocho año

וַיִּהְיוּ כָּל־ יְמֵי קֵינָן עֶשֶׂר שָׁנִים וּתְשַׁע מֵאוֹת שָׁנָה
año cientos y-nueve años diez Cainán días-de todos Y-fueron (14)

וַיָּמֹת׃ וַיְחִי מַהֲלַלְאֵל חָמֵשׁ שָׁנִים וְשִׁשִּׁים שָׁנָה
año y-sesenta años cinco Mahalaleel Y-vivió (15) . y-murió

וַיּוֹלֶד אֶת־ יָרֶד׃ וַיְחִי מַהֲלַלְאֵל אַחֲרֵי הוֹלִידוֹ
le-engendrar después-de Mahalaleel Y-vivió (16) . Jared a y-engendró

אֶת־ יֶרֶד שְׁלֹשִׁים שָׁנָה וּשְׁמֹנֶה מֵאוֹת שָׁנָה וַיּוֹלֶד בָּנִים
hijos y-engendró año cientos y-ocho año treinta Jared a

וּבָנוֹת׃ וַיִּהְיוּ כָּל־ יְמֵי מַהֲלַלְאֵל חָמֵשׁ וְתִשְׁעִים
y-noventa cinco Mahalaleel días-de todos Y-fueron (17) . e-hijas

שָׁנָה וּשְׁמֹנֶה מֵאוֹת שָׁנָה וַיָּמֹת׃ וַיְחִי־ יֶרֶד שְׁתַּיִם
dos Jared Y-vivió (18) . y-murió año cientos y-ocho año

וְשִׁשִּׁים שָׁנָה וּמְאַת שָׁנָה וַיּוֹלֶד אֶת־ חֲנוֹךְ׃ וַיְחִי־
Y-vivió (19) . Enoc a y-engendró año y-cien año y-sesenta

יֶרֶד אַחֲרֵי הוֹלִידוֹ אֶת־ חֲנוֹךְ שְׁמֹנֶה מֵאוֹת שָׁנָה וַיּוֹלֶד בָּנִים
hijos y-engendró año cientos ocho Enoc a le-engendrar después-de Jared

וּבָנוֹת׃ וַיִּהְיוּ כָּל־ יְמֵי־ יֶרֶד שְׁתַּיִם וְשִׁשִּׁים שָׁנָה
año y-sesenta dos Jared días-de todos Y-fueron (20) . e-hijas

וּתְשַׁע מֵאוֹת שָׁנָה וַיָּמֹת׃ וַיְחִי חֲנוֹךְ חָמֵשׁ וְשִׁשִּׁים
y-sesenta cinco Enoc Y-vivió (21) . y-murió año cientos y-nueve

שָׁנָה וַיּוֹלֶד אֶת־מְתוּשָׁלַח׃ וַיִּתְהַלֵּךְ חֲנוֹךְ אֶת־הָאֱלֹהִים אַחֲרֵי
después el-Dios ** Enoc Y-caminó (22) . Matusalén a y-engendró año

הוֹלִידוֹ אֶת־מְתוּשֶׁלַח שְׁלֹשׁ מֵאוֹת שָׁנָה וַיּוֹלֶד בָּנִים
hijos y-engendró año cientos tres Matusalén ** le-engendrar

וּבָנוֹת׃ וַיְהִי כָּל־יְמֵי חֲנוֹךְ חָמֵשׁ וְשִׁשִּׁים שָׁנָה
año y-sesenta cinco Enoc días-de todos Y-fue (23 . e-hijas

וּשְׁלֹשׁ מֵאוֹת שָׁנָה׃ וַיִּתְהַלֵּךְ חֲנוֹךְ אֶת־הָאֱלֹהִים וְאֵינֶנּוּ
y-no estuvo el-Dios ** Enoc Y-caminó (24) . año cientos y-tres

כִּי־לָקַח אֹתוֹ אֱלֹהִים׃ וַיְחִי מְתוּשֶׁלַח שֶׁבַע וּשְׁמֹנִים שָׁנָה
año y-ochenta siete Matusalén Y-vivió (25) . Dios a-él tomó porque

וּמְאַת שָׁנָה וַיּוֹלֶד אֶת־לָמֶךְ׃ וַיְחִי מְתוּשֶׁלַח
Matusalén Y-vivió (26) . Lamec a y-engendró año y-cien

אַחֲרֵי הוֹלִידוֹ אֶת־לֶמֶךְ שְׁתַּיִם וּשְׁמוֹנִים שָׁנָה וּשְׁבַע מֵאוֹת שָׁנָה
año cientos y-siete año y-ochenta dos Lamec a le-engendrar después

וַיּוֹלֶד בָּנִים וּבָנוֹת׃ וַיִּהְיוּ כָּל־יְמֵי
días-de todo Y-fueron (27) e-hijas hijos y-engendró

מְתוּשֶׁלַח תֵּשַׁע וְשִׁשִּׁים שָׁנָה וּתְשַׁע מֵאוֹת שָׁנָה וַיָּמֹת׃
. y-murió año cientos y-nueve año y-sesenta nueve Matusalén

וַיְחִי־לֶמֶךְ שְׁתַּיִם וּשְׁמֹנִים שָׁנָה וּמְאַת שָׁנָה וַיּוֹלֶד
y-engendró año y-cien año y-ochenta dos Lamec Y-vivió (28)

בֵּן׃ וַיִּקְרָא אֶת־שְׁמוֹ נֹחַ לֵאמֹר זֶה יְנַחֲמֵנוּ
nos-confortará este para-decir Noé su-nombre ** Y-llamó (29) . hijo

מִמַּעֲשֵׂנוּ וּמֵעִצְּבוֹן יָדֵינוּ מִן־הָאֲדָמָה אֲשֶׁר אֵרְרָהּ
la-maldijo que el-terreno de nuestras-manos y-del-trabajo-de de-nuestras -obras

יְהוָה׃ וַיְחִי־לֶמֶךְ אַחֲרֵי הוֹלִידוֹ אֶת־נֹחַ חָמֵשׁ וְתִשְׁעִים
y-noventa cinco Noé a le-engendrar después-de Lamec Y-vivió (30) . Yahweh

שָׁנָה וַחֲמֵשׁ מֵאֹת שָׁנָה וַיּוֹלֶד בָּנִים וּבָנוֹת׃ וַיְהִי
Y-fue (31) . e-hijas hijos y-engendró año cientos y-cinco año

כָּל־ יְמֵי־ לֶמֶךְ שֶׁבַע וְשִׁבְעִים שָׁנָה וּשְׁבַע מֵאוֹת שָׁנָה
año cientos y-siete año y-setenta siete Lamec días-de todos

וַיָּמֹת׃ וַיְהִי־ נֹחַ בֶּן־ חֲמֵשׁ מֵאוֹת שָׁנָה וַיּוֹלֶד
y-engendró año cientos cinco hijo-de Noé Y-fue (32) . y-murió

נֹחַ אֶת־ שֵׁם אֶת־ חָם וְאֶת־ יָפֶת׃ וַיְהִי כִּי־ הֵחֵל הָאָדָם
el-hombre empezó que Y-fue (1) . Jafet y-a Cam a Sem a Noé Cap. 6

לָרֹב עַל־ פְּנֵי הָאֲדָמָה וּבָנוֹת יֻלְּדוּ לָהֶם׃
a-ellos fueron nacidas e-hijas el-terreno faz-de sobre a-aumentar

וַיִּרְאוּ בְנֵי־ הָאֱלֹהִים אֶת־ בְּנוֹת הָאָדָם כִּי טֹבֹת
hermosas que el-hombre hijas-de a Dios hijos-de Y-vieron (2)

הֵנָּה וַיִּקְחוּ לָהֶם נָשִׁים מִכֹּל אֲשֶׁר בָּחָרוּ׃ וַיֹּאמֶר
Y-dijo (3) . eligieron (lo) que de-todo esposas para-ellos y-tomaron ellas

יְהוָה לֹא־ יָדוֹן רוּחִי בָאָדָם לְעֹלָם בְּשַׁגַּם הוּא
él pues-ciertamente para-siempre con-el-hombre mi-espíritu contenderá no Yahweh

בָשָׂר וְהָיוּ יָמָיו מֵאָה וְעֶשְׂרִים שָׁנָה׃ הַנְּפִלִים
Los-Nefilim (4) . año y-veinte cien sus-días y-serán carne

הָיוּ בָאָרֶץ בַּיָּמִים הָהֵם וְגַם אַחֲרֵי־ כֵן אֲשֶׁר
que después-de y-también los-aquellos en-los-días en-la-tierra estaban

יָבֹאוּ בְּנֵי הָאֱלֹהִים אֶל־ בְּנוֹת הָאָדָם וְיָלְדוּ לָהֶם הֵמָּה
éstos para-ellos y-engendraron el-hombre hijas-de a Dios hijos-de fueron

הַגִּבֹּרִים אֲשֶׁר מֵעוֹלָם אַנְשֵׁי הַשֵּׁם׃ וַיַּרְא יְהוָה כִּי רַבָּה
grande que Yahweh Y-vio (5) . el-nombre hombres-de de-siempre que los-héroes

רָעַת הָאָדָם בָּאָרֶץ וְכָל־ יֵצֶר מַחְשְׁבֹת
pensamientos-de inclinación-de y-toda en-la-tierra el-hombre maldad-de

לִבּוֹ רַק רַע כָּל־ הַיּוֹם׃ וַיִּנָּחֶם יְהוָה כִּי־

que Yahweh Y-lo sintió (6) . el-día todo mal sólo su-corazón

עָשָׂה אֶת־ הָאָדָם בָּאָרֶץ וַיִּתְעַצֵּב אֶל־ לִבּוֹ׃ וַיֹּאמֶר

Y-dijo (7) . su-corazón a y-dolió en-la-tierra el-hombre ** hizo

יְהוָה אֶמְחֶה אֶת־ הָאָדָם אֲשֶׁר־ בָּרָאתִי מֵעַל פְּנֵי הָאֲדָמָה

la-tierra faz-de de-sobre creé que el-hombre ** eliminaré Yahweh

מֵאָדָם עַד־ בְּהֵמָה עַד־ רֶמֶשׂ וְעַד־ עוֹף הַשָּׁמָיִם כִּי נִחַמְתִּי כִּי

que lo siento que los-cielos ave-de y-hasta reptil a animal a del-hombre

עֲשִׂיתִם׃ וְנֹחַ מָצָא חֵן בְּעֵינֵי יְהוָה׃ אֵלֶּה תּוֹלְדֹת

genera-ciones-de Estas (9) . Yahweh en-ojos-de gracia halló y-Noé los-hice

נֹחַ נֹחַ אִישׁ צַדִּיק תָּמִים הָיָה בְּדֹרֹתָיו אֶת־הָאֱלֹהִים

el-Dios con en-sus-contemporáneos era íntegro justo varón Noé : Noé

הִתְהַלֶּךְ־ נֹחַ׃ וַיּוֹלֶד נֹחַ שְׁלֹשָׁה בָנִים אֶת־ שֵׁם אֶת־ חָם וְאֶת־

y ** Cam ** Sem ** hijos tres Noé Y-engendró (10) . Noé caminó

יָפֶת׃ וַתִּשָּׁחֵת הָאָרֶץ לִפְנֵי הָאֱלֹהִים וַתִּמָּלֵא

y-estaba llena el-Dios a-faz-de la-tierra Y-se corrompió (11) . Jafet

הָאָרֶץ חָמָס׃ וַיַּרְא אֱלֹהִים אֶת־ הָאָרֶץ וְהִנֵּה נִשְׁחָתָה

estaba corrompida y-he aquí la-tierra ** Dios Y-miró (12) . violencia la-tierra

כִּי־ הִשְׁחִית כָּל־ בָּשָׂר אֶת־ דַּרְכּוֹ עַל־ הָאָרֶץ׃ וַיֹּאמֶר

Y dijo (13) . la-tierra sobre su-camino ** carne toda corrompió porque

אֱלֹהִים לְנֹחַ קֵץ כָּל־ בָּשָׂר בָּא לְפָנַי כִּי־ מָלְאָה

llena porque a-mi-faz viniendo carne toda fin-de a-Noé Dios

הָאָרֶץ חָמָס מִפְּנֵיהֶם וְהִנְנִי מַשְׁחִיתָם אֶת־ הָאָרֶץ׃

. la-tierra ** destruyéndo-les y-he aquí-yo de-faz-de-ellos violencia la-tierra

עֲשֵׂה לְךָ תֵּבַת עֲצֵי־ גֹפֶר קִנִּים תַּעֲשֶׂה אֶת־ הַתֵּבָה

el-arca ** harás cámaras ciprés madera-de arca-de para-ti Haz (14)

וְכָפַרְתָּ אֹתָהּ מִבַּיִת וּמִחוּץ בַּכֹּפֶר׃ וְזֶה אֲשֶׁר תַּעֲשֶׂה

construirás que Y-así (15) . con-brea y-por-fuera por-dentro a-ella y-recubres

אֹתָהּ שְׁלֹשׁ מֵאוֹת אַמָּה אֹרֶךְ הַתֵּבָה חֲמִשִּׁים אַמָּה רָחְבָּהּ

su-anchura codo cincuenta el-arca longitud-de codo cientos tres a-ella

וּשְׁלֹשִׁים אַמָּה קוֹמָתָהּ׃ צֹהַר ׀ תַּעֲשֶׂה לַתֵּבָה וְאֶל־אַמָּה

codo y-para para-el-arca harás Techo (16) . su-altura codo y-treinta

תְּכַלֶּנָּה מִלְמַעְלָה וּפֶתַח הַתֵּבָה בְּצִדָּהּ תָּשִׂים

pondrás en-su-lado el-arca y-puerta-de desde-arriba la-terminarás

תַּחְתִּיִּם שְׁנִיִּם וּשְׁלִשִׁים תַּעֲשֶׂהָ׃ וַאֲנִי הִנְנִי מֵבִיא

trayendo ahora-yo Y-yo (17) . harás y-tercero segundo bajos

אֶת־הַמַּבּוּל מַיִם עַל־הָאָרֶץ לְשַׁחֵת כָּל־בָּשָׂר אֲשֶׁר־

que carne toda para-destruir la-tierra sobre aguas el-diluvio-de **

בּוֹ רוּחַ חַיִּים מִתַּחַת הַשָּׁמָיִם כֹּל אֲשֶׁר־בָּאָרֶץ

en-la-tierra (lo) que todo los-cielos de-debajo-de vida espíritu-de en-ella

יִגְוָע׃ וַהֲקִמֹתִי אֶת־בְּרִיתִי אִתָּךְ

contigo mi-pacto ** Y-estableceré (18) . perecerá

וּבָאתָ אֶל־הַתֵּבָה אַתָּה וּבָנֶיךָ וְאִשְׁתְּךָ וּנְשֵׁי־

y-mujeres-de y-tu-mujer y-tus hijos tú el-arca a y-entrarás

בָנֶיךָ אִתָּךְ׃ וּמִכָּל־הָחַי מִכָּל־בָּשָׂר

carne de-toda lo-viviente Y-de-todo (19) . contigo tus-hijos

שְׁנַיִם מִכֹּל תָּבִיא אֶל־הַתֵּבָה לְהַחֲיֹת אִתָּךְ זָכָר וּנְקֵבָה

y-hembra macho contigo para-estar-vivos el-arca a traerás de-todo dos

יִהְיוּ׃ מֵהָעוֹף לְמִינֵהוּ וּמִן־הַבְּהֵמָה לְמִינָהּ

para-su-especie el-animal y-de para-su-especie de-el-ave (20) serán

מִכֹּל רֶמֶשׂ הָאֲדָמָה לְמִינֵהוּ שְׁנַיִם מִכֹּל יָבֹאוּ

entrarán de-todo dos para-su-especie el-terreno reptil-de de-todo

אֵלֶיךָ לְהַחֲיוֹת׃ וְאַתָּה קַח־לְךָ מִכָּל־מַאֲכָל אֲשֶׁר
que alimento de-todo para-ti toma Y-tú (21) . para-estar-vivos a-ti

יֵאָכֵל וְאָסַפְתָּ אֵלֶיךָ וְהָיָה לְךָ וְלָהֶם לְאָכְלָה׃
para-alimento. y-para-ellos para-ti y-sea para-ti y-almacena se-come

וַיַּעַשׂ נֹחַ כְּכֹל אֲשֶׁר צִוָּה אֹתוֹ אֱלֹהִים כֵּן עָשָׂה׃
. hizo así Dios a-él mandó que como-todo Noé E-hizo (22)

וַיֹּאמֶר יְהוָה לְנֹחַ בֹּא־אַתָּה וְכָל־בֵּיתְךָ אֶל־הַתֵּבָה
el-arca a tu-casa y-toda tú entra a-Noé Yahweh Y-dijo (1)

כִּי־אֹתְךָ רָאִיתִי צַדִּיק לְפָנַי בַּדּוֹר הַזֶּה׃ מִכֹּל
De-todo (2) . la-esta en-la-generación ante-mi-faz justo hallé a-ti que

הַבְּהֵמָה הַטְּהוֹרָה תִּקַּח־לְךָ שִׁבְעָה שִׁבְעָה אִישׁ וְאִשְׁתּוֹ
y-su-hembra macho siete siete contigo toma el-limpio el-animal

וּמִן־הַבְּהֵמָה אֲשֶׁר לֹא טְהֹרָה הִוא שְׁנַיִם אִישׁ וְאִשְׁתּוֹ׃ גַּם
También . y-su-hembra macho dos éste limpio no que el-animal y-de

מֵעוֹף הַשָּׁמַיִם שִׁבְעָה שִׁבְעָה זָכָר וּנְקֵבָה לְחַיּוֹת זֶרַע עַל־
sobre-especie para-estar-vivas y-hembra macho siete siete los-cielos de-ave-de

פְּנֵי כָל־הָאָרֶץ׃ כִּי לְיָמִים עוֹד שִׁבְעָה אָנֹכִי מַמְטִיר עַל־
sobre haré llover yo siete ahora a-días Que (4) . la-tierra toda faz-de

הָאָרֶץ אַרְבָּעִים יוֹם וְאַרְבָּעִים לָיְלָה וּמָחִיתִי אֶת־כָּל־
toda ** y-borraré noche y-cuarenta día cuarenta la-tierra

הַיְקוּם אֲשֶׁר עָשִׂיתִי מֵעַל פְּנֵי הָאֲדָמָה׃ וַיַּעַשׂ נֹחַ כְּכֹל
como-todo Noé E-hizo (5) . el-terreno faz-de de-sobre hice que criatura

אֲשֶׁר־צִוָּהוּ יְהוָה׃ וְנֹחַ בֶּן־שֵׁשׁ מֵאוֹת שָׁנָה
año cientos seis hijo-de Y-Noé (6) . Yahweh le-mandó que

וְהַמַּבּוּל הָיָה מַיִם עַל־הָאָרֶץ׃ וַיָּבֹא נֹחַ
Noé Y-entró (7) . la-tierra sobre aguas fue y-el-diluvio

וּבָנָיו וְאִשְׁתּוֹ וּנְשֵׁי־ בָנָיו אִתּוֹ אֶל־
a con-él sus-hijos y-mujeres-de y-su-mujer y-sus-hijos

הַתֵּבָה מִפְּנֵי מֵי הַמַּבּוּל׃ מִן־ הַבְּהֵמָה הַטְּהוֹרָה
el-limpio el-animal De (8) . el-diluvio aguas-de de-la-faz-de el-arca

וּמִן־ הַבְּהֵמָה אֲשֶׁר אֵינֶנָּה טְהֹרָה וּמִן־ הָעוֹף וְכֹל אֲשֶׁר־
que y-todo el-ave y-de limpio no es que el-animal y-de

רֹמֵשׂ עַל־ הָאֲדָמָה׃ שְׁנַיִם שְׁנַיִם בָּאוּ אֶל־ נֹחַ אֶל־הַתֵּבָה זָכָר
varón el-arca a Noé a vinieron dos dos (9) . el-terreno sobre moviente

וּנְקֵבָה כַּאֲשֶׁר צִוָּה אֱלֹהִים אֶת־ נֹחַ׃ וַיְהִי לְשִׁבְעַת
al-siete-de Y-fue (10) . Noé a Dios mandó como y-hembra

הַיָּמִים וּמֵי הַמַּבּוּל הָיוּ עַל־ הָאָרֶץ׃ בִּשְׁנַת
En-año-de (11) . la-tierra sobre fueron el-diluvio y-aguas-de los-días

שֵׁשׁ־ מֵאוֹת שָׁנָה לְחַיֵּי־ נֹחַ בַּחֹדֶשׁ הַשֵּׁנִי בְּשִׁבְעָה־עָשָׂר יוֹם
día diez en-siete el-segundo en-el-mes Noé a-vida-de año cientos seis

לַחֹדֶשׁ בַּיּוֹם הַזֶּה נִבְקְעוּ כָּל־ מַעְיְנֹת תְּהוֹם רַבָּה
grande abismo fuentes-de todas se-abrieron el-ese en-el-día a-el-mes

וַאֲרֻבֹּת הַשָּׁמַיִם נִפְתָּחוּ׃ וַיְהִי הַגֶּשֶׁם עַל־
sobre la-lluvia Y-fue (12) . se abrieron los-cielos y-las-compuertas-de

הָאָרֶץ אַרְבָּעִים יוֹם וְאַרְבָּעִים לָיְלָה׃ בְּעֶצֶם הַיּוֹם הַזֶּה
el-aquel el-día En-mismo . noches y-cuarenta días cuarenta la-tierra

בָּא נֹחַ וְשֵׁם־ וְחָם וָיֶפֶת בְּנֵי־ נֹחַ וְאֵשֶׁת נֹחַ
Noé y-mujer-de Noé hijos-de y-Jafet y-Cam y-Sem Noé entró

וּשְׁלֹשֶׁת נְשֵׁי־ בָנָיו אִתָּם אֶל־ הַתֵּבָה׃ הֵמָּה
Ellos (14) . el-arca a con-ellos sus-hijos mujeres-de y-tres-de

וְכָל־ הַחַיָּה לְמִינָהּ וְכָל־ הַבְּהֵמָה
el-ganado y-todo-de a-su-especie el-animal y-todo-de

לְמִינָהּ וְכָל־ הָרֶמֶשׂ הָרֹמֵשׂ עַל־ הָאָרֶץ

la-tierra sobre el-reptante el-reptil y-todo-de a-su-especie

לְמִינֵהוּ וְכָל־ הָעוֹף לְמִינֵהוּ כֹּל צִפּוֹר כָּל־ כָּנָף׃

. ala todo-de pájaro todo a-su-especie el-ave y-todo-de a-su-especie

וַיָּבֹאוּ אֶל־ נֹחַ אֶל־ הַתֵּבָה שְׁנַיִם שְׁנַיִם מִכָּל־ הַבָּשָׂר

la-carne de-toda dos dos el-arca a Noé a Y-vinieron (15)

אֲשֶׁר־ בּוֹ רוּחַ חַיִּים׃ וְהַבָּאִים זָכָר וּנְקֵבָה

y-hembra macho Y-los que entraban (16) . vida espíritu-de en-él que

מִכָּל־ בָּשָׂר בָּאוּ כַּאֲשֶׁר צִוָּה אֹתוֹ אֱלֹהִים וַיִּסְגֹּר

y-cerró Dios a-él mandó como vinieron carne de-toda

יְהוָה בַּעֲדוֹ׃ וַיְהִי הַמַּבּוּל אַרְבָּעִים יוֹם עַל־ הָאָרֶץ

la-tierra sobre día cuarenta el-diluvio Y-fue (17) . tras-él Yahweh

וַיִּרְבּוּ הַמַּיִם וַיִּשְׂאוּ אֶת־ הַתֵּבָה וַתָּרָם

y-se elevó el-arca ** y-levantaron las-aguas y-crecieron

מֵעַל הָאָרֶץ׃ וַיִּגְבְּרוּ הַמַּיִם וַיִּרְבּוּ מְאֹד

mucho y-crecieron las-aguas Y-subieron . la-tierra de-sobre

עַל־ הָאָרֶץ וַתֵּלֶךְ הַתֵּבָה עַל־ פְּנֵי הַמָּיִם׃

. las-aguas faz-de sobre el-arca y-flotó la-tierra sobre

וְהַמַּיִם גָּבְרוּ מְאֹד מְאֹד עַל־ הָאָרֶץ וַיְכֻסּוּ

y-fueron-cubiertas la-tierra sobre mucho mucho crecieron y-las-aguas

כָּל־ הֶהָרִים הַגְּבֹהִים אֲשֶׁר־ תַּחַת כָּל־ הַשָּׁמָיִם׃

. los-cielos todos bajo que las-altas las-montañas todas

חֲמֵשׁ עֶשְׂרֵה אַמָּה מִלְמַעְלָה גָּבְרוּ הַמָּיִם וַיְכֻסּוּ

y-fueron cubiertas las-aguas crecieron desde-arriba codo diez cinco

הֶהָרִים׃ וַיִּגְוַע כָּל־ בָּשָׂר הָרֹמֵשׂ עַל־

sobre la-que se mueve carne toda Y-pereció (21) . las-montañas

הָאָרֶץ בָּעוֹף וּבַבְּהֵמָה וּבַחַיָּה
y-con-el-animal y-con-la-bestia y-con-el-ave la-tierra

וּבְכָל־ הַשֶּׁרֶץ הַשֹּׁרֵץ עַל־ הָאָרֶץ וְכֹל
y-todo la-tierra sobre el-(que) repta el-reptil y-con-todo

הָאָדָם׃ כֹּל אֲשֶׁר נִשְׁמַת־ רוּחַ חַיִּים בְּאַפָּיו
en-sus-narices vida espíritu-de aliento-de que Todo (22) . el-hombre

מִכֹּל אֲשֶׁר בֶּחָרָבָה מֵתוּ׃ וַיִּמַח אֶת־ כָּל־
todo ** Y-fue destruido (23) . murieron en-tierra seca que de-todo

הַיְקוּם ׀ אֲשֶׁר ׀ עַל־ פְּנֵי הָאֲדָמָה מֵאָדָם עַד־ בְּהֵמָה עַד־ רֶמֶשׂ וְעַד־
y-hasta reptil hasta bestia hasta del-hombre la-tierra faz-de sobre que el-viviente

עוֹף הַשָּׁמַיִם וַיִּמָּחוּ מִן־ הָאָרֶץ וַיִּשָּׁאֶר אַךְ־
sólo y-quedó la-tierra de y-fueron-destruidos los-cielos ave-de

נֹחַ וַאֲשֶׁר אִתּוֹ בַּתֵּבָה׃ וַיִּגְבְּרוּ הַמַּיִם עַל־
sobre las-aguas Y-prevalecieron (24) . en-el-arca con-él y-quien Noé

הָאָרֶץ חֲמִשִּׁים וּמְאַת יוֹם׃ וַיִּזְכֹּר אֱלֹהִים אֶת־ נֹחַ וְאֵת
y ** Noé ** Dios Y-recordó (1) . día y-cien cincuenta la-tierra Cap. 8

כָּל־ הַחַיָּה וְאֶת־ כָּל־ הַבְּהֵמָה אֲשֶׁר אִתּוֹ בַּתֵּבָה
en-el-arca con-él que la-bestia todo y ** el-animal todo

וַיַּעֲבֵר אֱלֹהִים רוּחַ עַל־ הָאָרֶץ וַיָּשֹׁכּוּ הַמָּיִם׃
. las-aguas y-retrocedieron la-tierra sobre viento Dios y-envió

וַיִּסָּכְרוּ מַעְיְנֹת תְּהוֹם וַאֲרֻבֹּת הַשָּׁמָיִם
los-cielos y-las-compuertas-de abismo fuentes-de y-fueron cerradas (2)

וַיִּכָּלֵא הַגֶּשֶׁם מִן־ הַשָּׁמָיִם׃ וַיָּשֻׁבוּ הַמַּיִם
las-aguas Y-retrocedieron (3) . los-cielos de la-lluvia y-se detuvo

מֵעַל הָאָרֶץ הָלוֹךְ וָשׁוֹב וַיַּחְסְרוּ הַמָּיִם
las-aguas y-descendieron y-retroceder continuar la-tierra de-sobre

מִקְצֵה חֲמִשִּׁים וּמְאַת יוֹם׃ וַתָּנַח הַתֵּבָה בַּחֹדֶשׁ
en-el-mes el-arca Y-descansó (4) . día y-cien cincuenta al-fin-de

הַשְּׁבִיעִי בְּשִׁבְעָה־עָשָׂר יוֹם לַחֹדֶשׁ עַל הָרֵי אֲרָרָט׃
. Arrat montes-de sobre para-el-mes día diez en-siete el-séptimo

וְהַמַּיִם הָיוּ הָלוֹךְ וְחָסוֹר עַד הַחֹדֶשׁ
el-mes hasta y-retroceder continuar fueron Y-las-aguas (5)

הָעֲשִׂירִי בָּעֲשִׂירִי בְּאֶחָד לַחֹדֶשׁ נִרְאוּ רָאשֵׁי
cabezas-de se-vieron para-el-mes en-primero en-el-décimo el-décimo

הֶהָרִים׃ וַיְהִי מִקֵּץ אַרְבָּעִים יוֹם וַיִּפְתַּח נֹחַ אֶת־
** Noé y-abrió día cuarenta al fin-de Y-fue (6) . las-montañas

חַלּוֹן הַתֵּבָה אֲשֶׁר עָשָׂה׃ וַיְשַׁלַּח אֶת־הָעֹרֵב וַיֵּצֵא
y-salió el-cuervo ** Y-envió (7) . hizo que el-arca ventana-de

יָצוֹא וָשׁוֹב עַד־יְבֹשֶׁת הַמַּיִם מֵעַל הָאָרֶץ׃
. la tierra de-sobre las-aguas secarse hasta y-regresó salir

וַיְשַׁלַּח אֶת־הַיּוֹנָה מֵאִתּוֹ לִרְאוֹת הֲקַלּוּ הַמַּיִם
las-aguas si retrocedían para-ver de-con-él la-paloma ** Y-envió (8)

מֵעַל פְּנֵי הָאֲדָמָה׃ וְלֹא־מָצְאָה הַיּוֹנָה מָנוֹחַ
lugar la-paloma encontró Y-no (9) . el-terreno faz-de de-sobre

לְכַף־רַגְלָהּ וַתָּשָׁב אֵלָיו אֶל־הַתֵּבָה כִּי־מַיִם עַל־
sobre aguas porque el-arca a a-él y-volvió su-pie para-planta-de

פְּנֵי כָל־הָאָרֶץ וַיִּשְׁלַח יָדוֹ וַיִּקָּחֶהָ
y-la-tomó su-mano y-alargó la-tierra toda faz-de

וַיָּבֵא אֹתָהּ אֵלָיו אֶל־הַתֵּבָה׃ וַיָּחֶל עוֹד שִׁבְעַת
siete aún Y-esperó (10) . el-arca a a-él a-ella y-trajo

יָמִים אֲחֵרִים וַיֹּסֶף שַׁלַּח אֶת־הַיּוֹנָה מִן־הַתֵּבָה׃
. el-arca desde la-paloma ** enviar y-repitió además días

וַתָּבֹא אֵלָיו הַיּוֹנָה לְעֵת עֶרֶב וְהִנֵּה עֲלֵה־
hoja-de ¡y-mira! la-tarde al-tiempo la-paloma a-él Y-vino (11)

זַיִת טָרָף בְּפִיהָ וַיֵּדַע נֹחַ כִּי־ קַלּוּ
retrocedieron que Noé y-conoció en-su-pico fresca olivo

הַמַּיִם מֵעַל הָאָרֶץ׃ וַיִּיָּחֶל עוֹד שִׁבְעַת יָמִים אֲחֵרִים
además días siete aún Y-esperó (12) . la-tierra de-sobre las-aguas

וַיְשַׁלַּח אֶת־ הַיּוֹנָה וְלֹא־ יָסְפָה שׁוּב־ אֵלָיו עוֹד׃
. aún a-él volver repitió y-no la-paloma ** y-envió

וַיְהִי בְּאַחַת וְשֵׁשׁ־ מֵאוֹת שָׁנָה בָּרִאשׁוֹן בְּאֶחָד
en-uno en-el-principio año cientos y-seis en-uno Y-fue (13)

לַחֹדֶשׁ חָרְבוּ הַמַּיִם מֵעַל הָאָרֶץ וַיָּסַר נֹחַ
Noé y-quitó la-tierra de-sobre las-aguas se-secaron del-mes

אֶת־ מִכְסֵה הַתֵּבָה וַיַּרְא וְהִנֵּה חָרְבוּ פְּנֵי
faces-de secas ¡y-mira! y-miró el-arca cubierta-de **

הָאֲדָמָה׃ וּבַחֹדֶשׁ הַשֵּׁנִי בְּשִׁבְעָה וְעֶשְׂרִים יוֹם
día y-veinte en-siete el-segundo Y-en-el-mes (14) . el-terreno

לַחֹדֶשׁ יָבְשָׁה הָאָרֶץ׃ וַיְדַבֵּר אֱלֹהִים אֶל־ נֹחַ לֵאמֹר׃
. diciendo Noé a Dios Y-habló (15) . la-tierra se-secó para-el-mes

צֵא מִן־ הַתֵּבָה אַתָּה וְאִשְׁתְּךָ וּבָנֶיךָ וּנְשֵׁי־
y-mujeres-de y-tus-hijos y-tu-mujer tú el-arca de Sal (16)

בָנֶיךָ אִתָּךְ׃ כָּל־ הַחַיָּה אֲשֶׁר־ אִתְּךָ מִכָּל־
de-toda contigo que lo-viviente Todo (17) . contigo tus-hijos

בָּשָׂר בָּעוֹף וּבַבְּהֵמָה וּבְכָל־ הָרֶמֶשׂ
el-reptil y-con-todo y-con-la-bestia con-el-ave carne

הָרֹמֵשׂ עַל־ הָאָרֶץ הוֹצֵא אִתָּךְ וְשָׁרְצוּ
y-multiplíquense contigo saca la-tierra sobre el-que-repta

בָאָרֶץ וּפָרוּ וְרָבוּ עַל־ הָאָרֶץ׃
. la-tierra sobre y-aumenten y-fructifiquen en-la-tierra

(18) וַיֵּצֵא־ נֹחַ וּבָנָיו וְאִשְׁתּוֹ וּנְשֵׁי־ בָנָיו
sus-hijos y-mujeres-de y-su-mujer y-sus-hijos Noé Y-salió (18)

אִתּוֹ׃ (19) כָּל־ הַחַיָּה כָּל־ הָרֶמֶשׂ וְכָל־ הָעוֹף
el-ave y-todo el-reptil todo animal Todo (19) . con-él

כֹּל רוֹמֵשׂ עַל־ הָאָרֶץ לְמִשְׁפְּחֹתֵיהֶם יָצְאוּ מִן־ הַתֵּבָה׃
. el-arca de salieron por-sus-especies la-tierra sobre moviente todo

(20) וַיִּבֶן נֹחַ מִזְבֵּחַ לַיהוָה וַיִּקַּח מִכֹּל ׀ הַבְּהֵמָה
la-bestia de-toda y-tomó a-Yahweh altar Noé Y-edificó (20)

הַטְּהוֹרָה וּמִכֹּל הָעוֹף הַטָּהֹר וַיַּעַל
y-sacrificó el-limpio el-ave y-de-todo la-limpia

עֹלֹת בַּמִּזְבֵּחַ׃ (21) וַיָּרַח יְהוָה אֶת־ רֵיחַ הַנִּיחֹחַ
el-agradable olor ** Yahweh Y-olió (21) . en-el-altar holocausto

וַיֹּאמֶר יְהוָה אֶל־ לִבּוֹ לֹא־ אֹסִף לְקַלֵּל עוֹד אֶת־
** otra-vez a-maldecir repetiré no su-corazón a Yahweh y-dijo

הָאֲדָמָה בַּעֲבוּר הָאָדָם כִּי יֵצֶר לֵב הָאָדָם רַע
mal el-hombre corazón-de inclinación-de que el-hombre a-causa-de el-terreno

מִנְּעֻרָיו וְלֹא־ אֹסִף עוֹד לְהַכּוֹת אֶת־ כָּל־
todo ** para-destruir otra-vez repetiré y-no desde-su-infancia

חַי כַּאֲשֶׁר עָשִׂיתִי׃ (22) עֹד כָּל־ יְמֵי הָאָרֶץ זֶרַע וְקָצִיר
y-siega siembra la-tierra días-de todos Mientras (22) . hice como viviente

וְקֹר וָחֹם וְקַיִץ וָחֹרֶף וְיוֹם וָלַיְלָה לֹא יִשְׁבֹּתוּ׃
. cesarán no y-noche y-día e-invierno y-verano y-calor y-frío

(1) וַיְבָרֶךְ אֱלֹהִים אֶת־ נֹחַ וְאֶת־ בָּנָיו וַיֹּאמֶר לָהֶם
a-ellos y-dijo sus-hijos y ** Noé ** Dios Y-bendijo (1)

פְּרוּ וּרְבוּ וּמִלְאוּ אֶת־הָאָרֶץ׃ וּמוֹרַאֲכֶם
Y-temor-de-vosotros (2) . la-tierra ** y-llenad y-aumentad fructificad

וְחִתְּכֶם יִהְיֶה עַל כָּל־חַיַּת הָאָרֶץ וְעַל כָּל־
todo y-sobre la-tierra animal-de todo sobre será y-miedo-de-vosotros

עוֹף הַשָּׁמָיִם בְּכֹל אֲשֶׁר תִּרְמֹשׂ הָאֲדָמָה וּבְכָל־דְּגֵי
peces-de y-en-todos el-terreno se-mueve que en-todo los-cielos ave-de

הַיָּם בְּיֶדְכֶם נִתָּנוּ׃ כָּל־רֶמֶשׂ אֲשֶׁר הוּא־חַי
vive él que moviente Todo (3) . son-dados en-manos-de vosotros el-mar

לָכֶם יִהְיֶה לְאָכְלָה כְּיֶרֶק עֵשֶׂב נָתַתִּי לָכֶם אֶת־כֹּל׃
. todo ** para-vosotros di planta como-verde para-alimento será para-vosotros

אַךְ־בָּשָׂר בְּנַפְשׁוֹ דָמוֹ לֹא תֹאכֵלוּ׃ וְאַךְ
Y-de-cierto (5) . comeréis no su-sangre con-su-alma (vida) carne Pero (4)

אֶת־דִּמְכֶם לְנַפְשֹׁתֵיכֶם אֶדְרֹשׁ מִיַּד כָּל־חַיָּה
animal todo de-mano-de pediré para-vuestras-vidas vuestra-sangre **

אֶדְרְשֶׁנּוּ וּמִיַּד הָאָדָם מִיַּד אִישׁ אָחִיו
su-hermano varón de-mano-de el-hombre y-de-mano-de le-demandaré

אֶדְרֹשׁ אֶת־נֶפֶשׁ הָאָדָם׃ שֹׁפֵךְ דַּם הָאָדָם בָּאָדָם
por-el -hombre el-hombre sangre -de Derramador -de (6) . el-hombre vida-de ** demandaré

דָּמוֹ יִשָּׁפֵךְ כִּי בְּצֶלֶם אֱלֹהִים עָשָׂה אֶת־הָאָדָם׃
. el hombre ** hizo Dios en-imagen-de pues será-derramada su-sangre

וְאַתֶּם פְּרוּ וּרְבוּ שִׁרְצוּ בָאָרֶץ וּרְבוּ־
y-aumentad en-la-tierra multiplicad y-aumentad fructificad Y-vosotros (7)

בָהּ׃ וַיֹּאמֶר אֱלֹהִים אֶל־נֹחַ וְאֶל־בָּנָיו אִתּוֹ לֵאמֹר׃
. a-decir con-él sus-hijos y-a Noé a Dios Y-dijo (8) . en-ella

וַאֲנִי הִנְנִי מֵקִים אֶת־בְּרִיתִי אִתְּכֶם וְאֶת־
y-con con-vosotros mi-pacto ** establezco ¡mirad yo! Y-yo (9)

זַרְעֲכֶם אַחֲרֵיכֶם׃ וְאֵת כָּל־ נֶפֶשׁ הַחַיָּה אֲשֶׁר
que la-criatura vida-de todo Y-con (10) . después-de vosotros vuestros -descendientes

אִתְּכֶם בָּעוֹף בַּבְּהֵמָה וּבְכָל־ חַיַּת
animal-de y-con-todo con-la-bestia con-el ave con-vosotros

הָאָרֶץ אִתְּכֶם מִכֹּל יֹצְאֵי הַתֵּבָה לְכֹל
a-toda el-arca los-salientes-de de-todo con-vosotros la-tierra

חַיַּת הָאָרֶץ׃ וַהֲקִמֹתִי אֶת־ בְּרִיתִי אִתְּכֶם
con-vosotros mi-pacto ** Y establezco (11) . la tierra criatura-de

וְלֹא־ יִכָּרֵת כָּל־ בָּשָׂר עוֹד מִמֵּי הַמַּבּוּל וְלֹא־
y-no el-diluvio con-aguas-de ya carne toda cortaré y-no

יִהְיֶה עוֹד מַבּוּל לְשַׁחֵת הָאָרֶץ׃ וַיֹּאמֶר אֱלֹהִים זֹאת אוֹת־
señal-de esta Dios Y-dijo (12) . la tierra para-destruir diluvio ya será

הַבְּרִית אֲשֶׁר־ אֲנִי נֹתֵן בֵּינִי וּבֵינֵיכֶם וּבֵין כָּל־
todo y-entre y-entre-vosotros entre-mí dando yo que el-pacto

נֶפֶשׁ חַיָּה אֲשֶׁר אִתְּכֶם לְדֹרֹת עוֹלָם׃ אֶת־ קַשְׁתִּי
Mi-arco ** (13) . venideras por -generaciones con-vosotros que criatura viviente

נָתַתִּי בֶּעָנָן וְהָיְתָה לְאוֹת בְּרִית בֵּינִי וּבֵין
y-entre entre-mí pacto por-señal-de y-será en-la nube he-puesto

הָאָרֶץ׃ וְהָיָה בְּעַנְנִי עָנָן עַל־ הָאָרֶץ
la-tierra sobre nube en-mi-traer Y-será (14) . la tierra

וְנִרְאֲתָה הַקֶּשֶׁת בֶּעָנָן׃ וְזָכַרְתִּי אֶת־
** Y-recordaré (15) . en-la nube el-arco aparecerá

בְּרִיתִי אֲשֶׁר בֵּינִי וּבֵינֵיכֶם וּבֵין כָּל־ נֶפֶשׁ
viviente toda y-entre y-entre-vosotros entre-mí que mi-pacto

חַיָּה בְּכָל־ בָּשָׂר וְלֹא־ יִהְיֶה עוֹד הַמַּיִם לְמַבּוּל
por-diluvio las-aguas otra-vez será y-no carne en-toda criatura

לְשַׁחֵת כָּל־ בָּשָׂר׃ וְהָיְתָה הַקֶּשֶׁת בֶּעָנָן וּרְאִיתִיהָ

y-lo-veré en-la-nube el-arco Y-estará (16) . carne toda para-destruir

לִזְכֹּר בְּרִית עוֹלָם בֵּין אֱלֹהִים וּבֵין כָּל־ נֶפֶשׁ

viviente todo y-entre Dios entre eterno pacto para-recordar

חַיָּה בְּכָל־ בָּשָׂר אֲשֶׁר עַל־ הָאָרֶץ׃ וַיֹּאמֶר אֱלֹהִים אֶל־ נֹחַ

: Noé a Dios Y-dijo (17) . la tierra sobre que carne en-toda criatura

זֹאת אוֹת־ הַבְּרִית אֲשֶׁר הֲקִמֹתִי בֵּינִי וּבֵין כָּל־

toda y-entre entre-mí establecí que el-pacto señal-de Esta

בָּשָׂר אֲשֶׁר עַל־הָאָרֶץ׃ וַיִּהְיוּ בְנֵי־ נֹחַ הַיֹּצְאִים מִן־

del los (que) saliendo Noé hijos-de Y-fueron (18) . la-tierra sobre que carne

הַתֵּבָה שֵׁם וְחָם וָיָפֶת וְחָם הוּא אֲבִי כְנָעַן׃ שְׁלֹשָׁה

Tres (19) . Canaán padre-de él y-Cam y-Jafet y-Cam Sem el-arca

אֵלֶּה בְּנֵי־ נֹחַ וּמֵאֵלֶּה נָפְצָה כָל־ הָאָרֶץ׃

. la-tierra toda se-pobló y-de-éstos Noé hijos-de estos

וַיָּחֶל נֹחַ אִישׁ הָאֲדָמָה וַיִּטַּע כָּרֶם׃

. una-viña y-plantó el-terreno hombre-de Noé Y-empezó (20)

וַיֵּשְׁתְּ מִן־ הַיַּיִן וַיִּשְׁכָּר וַיִּתְגַּל בְּתוֹךְ

en-medio-de y-yació-desnudo y-se-emborrachó el-vino de Y-bebió (21)

אָהֳלֹה׃ וַיַּרְא חָם אֲבִי כְנַעַן אֵת עֶרְוַת אָבִיו

su-padre desnudez-de ** Canaán padre-de Cam Y vio (22) . su-tienda

וַיַּגֵּד לִשְׁנֵי־ אֶחָיו בַּחוּץ׃ וַיִּקַּח שֵׁם

Sem Y-tomó (23) . afuera sus-hermanos a-dos-de y (lo) dijo

וָיֶפֶת אֶת־ הַשִּׂמְלָה וַיָּשִׂימוּ עַל־ שְׁכֶם שְׁנֵיהֶם

ellos-dos hombra-de sobre y-pusieron el-vestido ** Y-Jafet

וַיֵּלְכוּ אֲחֹרַנִּית וַיְכַסּוּ אֵת עֶרְוַת אֲבִיהֶם

su-padre desnudez-de ** y-cubrieron hacia-atrás y-anduvieron

וּפְנֵיהֶם אֲחֹרַנִּית וְעֶרְוַת אֲבִיהֶם לֹא רָאוּ׃

. vieron no su-padre y-desnudez-de hacia-atrás y-sus-rostros

(24) וַיִּיקֶץ נֹחַ מִיֵּינוֹ וַיֵּדַע אֵת אֲשֶׁר־עָשָׂה־

hizo que lo y-conoció de-su-vino Noé Y-despertó (24)

לוֹ בְּנוֹ הַקָּטָן׃ (25) וַיֹּאמֶר אָרוּר כְּנָעַן עֶבֶד

siervo-de Canaán maldito Y-dijo (25) . el-pequeño su-hijo a-él

עֲבָדִים יִהְיֶה לְאֶחָיו׃ (26) וַיֹּאמֶר בָּרוּךְ יְהוָה

Yahweh bendito Y-dijo (26) . a-sus-hermanos será siervos

אֱלֹהֵי שֵׁם וִיהִי כְנַעַן עֶבֶד לָמוֹ׃ (27) יַפְתְּ אֱלֹהִים

Dios Engrandezca (27) . para-él siervo Canaán y-sea Sem Dios-de

לְיֶפֶת וְיִשְׁכֹּן בְּאָהֳלֵי־שֵׁם וִיהִי כְנַעַן עֶבֶד

siervo Canaán y-sea Sem en-tiendas-de y-habite a-Jafet

לָמוֹ׃ (28) וַיְחִי־נֹחַ אַחַר הַמַּבּוּל שְׁלֹשׁ מֵאוֹת שָׁנָה וַחֲמִשִּׁים

y-cincuenta año cientos tres el-diluvio tras Noé Y-vivió (28) . para-él

שָׁנָה׃ (29) וַיִּהְיוּ כָּל־יְמֵי־נֹחַ תְּשַׁע מֵאוֹת שָׁנָה וַחֲמִשִּׁים

y-cincuenta año cientos nueve Noé días-de todos Y-fueron (29) . año

שָׁנָה וַיָּמֹת׃ (1) וְאֵלֶּה תּוֹלְדֹת בְּנֵי־נֹחַ שֵׁם חָם וָיָפֶת

y-Jafet Cam Sem Noé hijos-de generaciones Y-estas (1) . y-murió año

וַיִּוָּלְדוּ לָהֶם בָּנִים אַחַר הַמַּבּוּל׃ (2) בְּנֵי יֶפֶת גֹּמֶר

Gomer Jafet Hijos-de (2) . el-diluvio tras hijos a-ellos y-nacieron

וּמָגוֹג וּמָדַי וְיָוָן וְתֻבָל וּמֶשֶׁךְ וְתִירָס׃ (3) וּבְנֵי

E-hijos-de (3) . y-Tiras y-Mesec y-Tubal Javán y-Madai y-Magog

גֹּמֶר אַשְׁכְּנַז וְרִיפַת וְתֹגַרְמָה׃ (4) וּבְנֵי יָוָן אֱלִישָׁה

Elisa Javán E-hijos-de (4) . y-Togarma y-Rifat Askenaz Gomer

וְתַרְשִׁישׁ כִּתִּים וְדֹדָנִים׃ (5) מֵאֵלֶּה נִפְרְדוּ אִיֵּי

marítimos-de se-esparcieron De-éstos (5) . y-Dodanim Quitim y-Tarsis

הַגּוֹיִם בְּאַרְצֹתָם אִישׁ לִלְשֹׁנוֹ לְמִשְׁפְּחֹתָם
por-sus-familias según-su-lengua cada-uno en-sus-territorios los-pueblos

בְּגוֹיֵהֶם׃ (6) וּבְנֵי חָם כּוּשׁ וּמִצְרַיִם וּפוּט וּכְנָעַן׃
. y-Canaán y-Fut y-Mizraim Cus Cam E-hijos-de (6) . en-sus-naciones

(7) וּבְנֵי כוּשׁ סְבָא וַחֲוִילָה וְסַבְתָּה וְרַעְמָה וְסַבְתְּכָא
y-Sabteca y-Raama y-Sabta y-Havila Seba Cus E-hijos-de (7)

וּבְנֵי רַעְמָה שְׁבָא וּדְדָן׃ (8) וְכוּשׁ יָלַד אֶת־נִמְרֹד הוּא
él Nimrod a engendró Y-Cus (8) . y-Dedán Seba Raama e-hijos-de

הֵחֵל לִהְיוֹת גִּבֹּר בָּאָרֶץ׃ (9) הוּא־הָיָה גִבֹּר־צַיִד לִפְנֵי
ante cazador poderoso fue Él (9) . en-la-tierra poderoso para-ser primero

יְהוָה עַל־כֵּן יֵאָמַר כְּנִמְרֹד גִּבּוֹר צַיִד לִפְנֵי יְהוָה׃
. Yahweh ante cazador poderoso como-Nimrod se-dice eso por Yahweh

(10) וַתְּהִי רֵאשִׁית מַמְלַכְתּוֹ בָּבֶל וְאֶרֶךְ וְאַכַּד
y-Acad y-Erec Babel su-reino principio-de Y-fue (10)

וְכַלְנֵה בְּאֶרֶץ שִׁנְעָר׃ (11) מִן־הָאָרֶץ הַהִוא יָצָא אַשּׁוּר
Asiria salió-a la-que la-tierra De (11) . Sinar en-tierra-de y-Calne

וַיִּבֶן אֶת־נִינְוֵה וְאֶת־רְחֹבֹת עִיר וְאֶת־כָּלַח׃ (12) וְאֶת־רֶסֶן בֵּין
entre Resén Y ** (12) . Cala y ** Ir Rehobot y ** Nínive ** y-edificó

נִינְוֵה וּבֵין כָּלַח הִוא הָעִיר הַגְּדֹלָה׃ (13) וּמִצְרַיִם יָלַד
engendró Y-Mizraim (13) . la-grande la-ciudad él Cala y-entre Nínive

אֶת־לוּדִים וְאֶת־עֲנָמִים וְאֶת־לְהָבִים וְאֶת־נַפְתֻּחִים׃ (14) וְאֶת־פַּתְרֻסִים
Patrusim Y-a (14) . Naftuhim y-a Lehabim y-a Anamim y-a Ludim a

וְאֶת־כַּסְלֻחִים אֲשֶׁר יָצְאוּ מִשָּׁם פְּלִשְׁתִּים וְאֶת־כַּפְתֹּרִים׃
. Caftorim y-a Filisteos de-allí salieron que Casluhim y-a

(15) וּכְנַעַן יָלַד אֶת־צִידֹן בְּכֹרוֹ וְאֶת־חֵת׃ (16) וְאֶת־
Y-a (16) . Het y-a su-primogénito Sidón a engendró Y-Canaán (15)

הַיְבוּסִי וְאֶת־ הָאֱמֹרִי וְאֵת הַגִּרְגָּשִׁי׃ וְאֶת־ הַחִוִּי וְאֶת־
y-a el-heveo Y-a (17) . el-gergesco y-a el-amorreo y-a el-jebuseo

הָעַרְקִי וְאֶת־ הַסִּינִי׃ וְאֶת־ הָאַרְוָדִי וְאֶת־ הַצְּמָרִי וְאֶת־
y-a el-zemarco y-a el-arvadeo Y-a (18) . el-sineo y-a el-araceo

הַחֲמָתִי וְאַחַר נָפֹצוּ מִשְׁפְּחוֹת הַכְּנַעֲנִי׃ וַיְהִי
Y-fue (19) . los-cananeos familias-de se-esparcieron y-después el-hamateo

גְּבוּל הַכְּנַעֲנִי מִצִּידֹן בֹּאֲכָה גְרָרָה עַד־ עַזָּה בֹּאֲכָה
tú-ir a Gaza hasta Gerar tú-ir a de-Sidón el-cananeo frontera-de

סְדֹמָה וַעֲמֹרָה וְאַדְמָה וּצְבֹיִם עַד־ לָשַׁע׃ אֵלֶּה
Estos (20) . Lasa hasta y-Zeboim y-Adma y-Gomorra Sodoma

בְנֵי־ חָם לְמִשְׁפְּחֹתָם לִלְשֹׁנֹתָם בְּאַרְצֹתָם
en-sus-territorios por-sus-lenguas por-sus-familias Cam hijos-de

בְּגוֹיֵהֶם׃ וּלְשֵׁם יֻלַּד גַּם־ הוּא אֲבִי כָּל־ בְּנֵי־
hijos-de todos padre-de él también fue-nacido Y-a-Sem (21) . en sus naciones

עֵבֶר אֲחִי יֶפֶת הַגָּדוֹל׃ בְּנֵי שֵׁם עֵילָם וְאַשּׁוּר
y-Asur Elam Sem Hijos-de (22) . el-grande Jafet hermano-de Eber

וְאַרְפַּכְשַׁד וְלוּד וַאֲרָם׃ וּבְנֵי אֲרָם עוּץ וְחוּל וְגֶתֶר
y-Geter y-Hul Uz Aram E-hijos-de (23) . y-Aram y-Lud y-Arfaxad

וָמַשׁ׃ וְאַרְפַּכְשַׁד יָלַד אֶת־ שָׁלַח וְשֶׁלַח יָלַד אֶת־
a engendró y-Sala Sala a engendró Y-Arfaxad (24) . y-Mas

עֵבֶר׃ וּלְעֵבֶר יֻלַּד שְׁנֵי בָנִים שֵׁם הָאֶחָד פֶּלֶג כִּי
porque Peleg el-uno nombre-de hijos dos fue-nacido Y-a-Eber (25) . Eber

בְיָמָיו נִפְלְגָה הָאָרֶץ וְשֵׁם אָחִיו יָקְטָן׃
. Joctán su-hermano y-nombre-de la-tierra se-dividió en-sus-días

וְיָקְטָן יָלַד אֶת־ אַלְמוֹדָד וְאֶת־ שָׁלֶף וְאֶת־ חֲצַרְמָוֶת וְאֶת־
y-a Hazar-mavet y-a Selef y-a Almodad a engendró Y-Joctán (26)

יָֽרַח׃ וְאֶת־הֲדוֹרָם וְאֶת־אוּזָל וְאֶת־דִּקְלָה׃ וְאֶת־עוֹבָל וְאֶת־אֲבִֽימָאֵל וְאֶת־
y-a Abimael y-a Obal Y-a (28) . Dicla y-a Uzal y-a Adoram Y-a (27) . Jera

שְׁבָא׃ וְאֶת־אוֹפִר וְאֶת־חֲוִילָה וְאֶת־יוֹבָב כָּל־אֵלֶּה בְּנֵי יָקְטָן׃
. Joctán hijos-de éstos todos Jobab y-a Havila y-a Ofir Y-a (29) . Seba

וַיְהִי מוֹשָׁבָם מִמֵּשָׁא בֹּאֲכָה סְפָרָה הַר
monte-de Sefar tú-ir a desde-Mesa su-territorio Y-fue (30)

הַקֶּדֶם׃ אֵלֶּה בְנֵי־שֵׁם לְמִשְׁפְּחֹתָם לִלְשֹׁנֹתָם
por-sus-lenguas por-sus-familias Sem hijos-de Estos (31) . el-oriente

בְּאַרְצֹתָם לְגוֹיֵהֶם׃ אֵלֶּה מִשְׁפְּחֹת בְּנֵי־נֹחַ
Noé hijos-de familias Estas (32) . por-sus-naciones en-sus-territorios

לְתוֹלְדֹתָם בְּגוֹיֵהֶם וּמֵאֵלֶּה נִפְרְדוּ הַגּוֹיִם
las-naciones se-esparcieron y-de-éstas en-sus-naciones por-sus-descendencias

בָּאָרֶץ אַחַר הַמַּבּוּל׃ וַיְהִי כָל־הָאָרֶץ שָׂפָה אֶחָת
única lengua la-tierra toda Y-fue (1) . el-diluvio tras en-la-tierra Cap. 11

וּדְבָרִים אֲחָדִים׃ וַיְהִי בְּנָסְעָם מִקֶּדֶם וַיִּמְצְאוּ
y-hallaron de-oriente en-su-salir Y-fue (2) . únicas y-palabras

בִקְעָה בְּאֶרֶץ שִׁנְעָר וַיֵּשְׁבוּ שָׁם׃ וַיֹּאמְרוּ אִישׁ אֶל־
a cada-uno Y-dijeron (3) . allí y-se-quedaron Sinar en-tierra-de llanura

רֵעֵהוּ הָבָה נִלְבְּנָה לְבֵנִים וְנִשְׂרְפָה לִשְׂרֵפָה וַתְּהִי
y-fue con-fuego y-cozamos ladrillos fabriquemos ¡ven! su-compañero

לָהֶם הַלְּבֵנָה לְאָבֶן וְהַחֵמָר הָיָה לָהֶם לַחֹמֶר׃
. en-vez-de-mortero para-ellos era y-el-asfalto en-vez-de-piedra el-ladrillo para-ellos

וַיֹּאמְרוּ הָבָה ׀ נִבְנֶה־לָּנוּ עִיר וּמִגְדָּל וְרֹאשׁוֹ
y-su-cabeza y-torre ciudad para-nosotros edifiquemos ¡vamos! Y-dijeron (4)

בַשָּׁמַיִם וְנַעֲשֶׂה־לָּנוּ שֵׁם פֶּן־נָפוּץ עַל־פְּנֵי
faz-de sobre seamos esparcidos no sea que nombre para-nosotros y-hagamos en-los-cielos

כָּל־ הָאָרֶץ׃ וַיֵּרֶד יְהוָה לִרְאֹת אֶת־ הָעִיר וְאֶת־
y ** la-ciudad ** para-ver Yahweh Y-descendió (5) . la-tierra toda

הַמִּגְדָּל אֲשֶׁר בָּנוּ בְּנֵי הָאָדָם׃ וַיֹּאמֶר יְהוָה הֵן עַם
pueblo ¡mira! Yahweh Y-dijo (6) . el-hombre hijos-de edificaron que la-torre

אֶחָד וְשָׂפָה אַחַת לְכֻלָּם וְזֶה הַחִלָּם לַעֲשׂוֹת וְעַתָּה
y-ahora a-hacer su-empezar y-éste para-todos-ellos una y-lengua uno

לֹא־ יִבָּצֵר מֵהֶם כֹּל אֲשֶׁר יָזְמוּ לַעֲשׂוֹת׃ הָבָה
Vamos (7) . para-hacer planeen que todo para-ellos será-imposible nada

נֵרְדָה וְנָבְלָה שָׁם שְׂפָתָם אֲשֶׁר לֹא
no (para) que su-lengua allí y-confundamos descendamos

יִשְׁמְעוּ אִישׁ שְׂפַת רֵעֵהוּ׃ וַיָּפֶץ יְהוָה
Yahweh Y-esparció (8) . su-vecino lengua-de uno comprendan

אֹתָם מִשָּׁם עַל־ פְּנֵי כָל־ הָאָרֶץ וַיַּחְדְּלוּ לִבְנֹת
edificar y-dejaron-de la-tierra toda faz-de sobre de-allí a-ellos

הָעִיר׃ עַל־ כֵּן קָרָא שְׁמָהּ בָּבֶל כִּי־ שָׁם בָּלַל
confundió allí porque Babel su-nombre se-llamó esto Por (9) . la-ciudad

יְהוָה שְׂפַת כָּל־ הָאָרֶץ וּמִשָּׁם הֱפִיצָם יְהוָה
Yahweh les-esparció y-desde-allí la-tierra toda lengua-de Yahweh

עַל־ פְּנֵי כָּל־ הָאָרֶץ׃ אֵלֶּה תּוֹלְדֹת שֵׁם שֵׁם בֶּן־
hijo-de Sem : Sem generaciones-de Estas (10) . la-tierra toda faz-de sobre

מְאַת שָׁנָה וַיּוֹלֶד אֶת־אַרְפַּכְשָׁד שְׁנָתַיִם אַחַר הַמַּבּוּל׃ וַיְחִי־
Y-vivió (11) . el-diluvio después-de dos-años Arfaxad a y-engendró año cien

שֵׁם אַחֲרֵי הוֹלִידוֹ אֶת־אַרְפַּכְשָׁד חֲמֵשׁ מֵאוֹת שָׁנָה וַיּוֹלֶד
y-engendró año cientos cinco Arfaxad a su-engendrar después-de Sem

בָּנִים וּבָנוֹת׃ וְאַרְפַּכְשַׁד חַי חָמֵשׁ וּשְׁלֹשִׁים שָׁנָה וַיּוֹלֶד
y-engendró año y-treinta cinco vivió Y-Arfaxad (12) . e-hijas hijos

אֶת־שָׁלַח׃ וַיְחִי אַרְפַּכְשַׁד אַחֲרֵי הוֹלִידוֹ אֶת־שֶׁלַח שָׁלֹשׁ
tres Sala a su-engendrar después-de Arfaxad Y-vivió (13) . Sala a

שָׁנִים וְאַרְבַּע מֵאוֹת שָׁנָה וַיּוֹלֶד בָּנִים וּבָנוֹת׃ וְשֶׁלַח
Y-Sala (14) . e-hijas hijos y-engendró año cientos y-cuatro años

חַי שְׁלֹשִׁים שָׁנָה וַיּוֹלֶד אֶת־עֵבֶר׃ וַיְחִי־שֶׁלַח אַחֲרֵי
después-de Sala Y-vivió (15) . Heber a y-engendró año treinta vivió

הוֹלִידוֹ אֶת־עֵבֶר שָׁלֹשׁ שָׁנִים וְאַרְבַּע מֵאוֹת שָׁנָה וַיּוֹלֶד
y-engendró año cientos y-cuatro años tres Heber a su-engendrar

בָּנִים וּבָנוֹת׃ וַיְחִי־עֵבֶר אַרְבַּע וּשְׁלֹשִׁים שָׁנָה וַיּוֹלֶד
y-engendró año y-treinta cuatro Heber Y-vivió (16) . e-hijas hijos

אֶת־פָּלֶג׃ וַיְחִי־עֵבֶר אַחֲרֵי הוֹלִידוֹ אֶת־פֶּלֶג שְׁלֹשִׁים שָׁנָה
año treinta Peleg a su-engendrar tras Heber Y-vivió (17) . Peleg a

וְאַרְבַּע מֵאוֹת שָׁנָה וַיּוֹלֶד בָּנִים וּבָנוֹת׃ וַיְחִי־
Y-vivió (18) . e-hijas hijos y-engendró año cientos y-cuatro

פֶלֶג שְׁלֹשִׁים שָׁנָה וַיּוֹלֶד אֶת־רְעוּ׃ וַיְחִי־פֶלֶג אַחֲרֵי
tras Peleg Y-vivió (19) . Reu a y-engendró año treinta Peleg

הוֹלִידוֹ אֶת־רְעוּ תֵּשַׁע שָׁנִים וּמָאתַיִם שָׁנָה וַיּוֹלֶד בָּנִים
hijos y-engendró año y-doscientos años nueve Reu a su-engendrar

וּבָנוֹת׃ וַיְחִי רְעוּ שְׁתַּיִם וּשְׁלֹשִׁים שָׁנָה וַיּוֹלֶד אֶת־
a y-engendró año y-treinta dos Reu Y-vivió (20) . e-hijas

שְׂרוּג׃ וַיְחִי רְעוּ אַחֲרֵי הוֹלִידוֹ אֶת־שְׂרוּג שֶׁבַע שָׁנִים
años siete Serug a su-engendrar tras Reu Y-vivió (21) . Serug

וּמָאתַיִם שָׁנָה וַיּוֹלֶד בָּנִים וּבָנוֹת׃ וַיְחִי
Y-vivió (22) . e-hijas hijos y-engendró año y-doscientos

שְׂרוּג שְׁלֹשִׁים שָׁנָה וַיּוֹלֶד אֶת־נָחוֹר׃ וַיְחִי שְׂרוּג אַחֲרֵי
tras Serug Y-vivió (23) . Nacor a y-engendró año treinta Serug

הוֹלִידוֹ אֶת־נָחוֹר מָאתַיִם שָׁנָה וַיּוֹלֶד בָּנִים וּבָנוֹת׃
. e-hijas hijos y-engendró año doscientos Nacor a su-engendrar

וַיְחִי נָחוֹר תֵּשַׁע וְעֶשְׂרִים שָׁנָה וַיּוֹלֶד אֶת־תָּרַח׃
. Taré a y-engendró año y-veinte nueve Nacor Y-vivió (24)

וַיְחִי נָחוֹר אַחֲרֵי הוֹלִידוֹ אֶת־תֶּרַח תְּשַׁע־עֶשְׂרֵה שָׁנָה
año diez nueve Taré a su-engendrar tras Nacor Y-vivió (25)

וּמְאַת שָׁנָה וַיּוֹלֶד בָּנִים וּבָנוֹת׃ וַיְחִי־
Y-vivió (26) . e-hijas hijos y-engendró año y-cien

תֶרַח שִׁבְעִים שָׁנָה וַיּוֹלֶד אֶת־אַבְרָם אֶת־נָחוֹר וְאֶת־הָרָן׃
. Harán y-a Nacor a Abram a y-engendró año setenta Taré

וְאֵלֶּה תּוֹלְדֹת תֶּרַח תֶּרַח הוֹלִיד אֶת־אַבְרָם אֶת־נָחוֹר וְאֶת־
y-a Nacor a Abram a engendró Taré : Taré generaciones-de Y-estas (27)

הָרָן וְהָרָן הוֹלִיד אֶת־לוֹט׃ וַיָּמָת הָרָן עַל־פְּנֵי תֶּרַח
Taré presencia-de en Harán Y-murió (28) . Lot a engendró y-Harán , Harán

אָבִיו בְּאֶרֶץ מוֹלַדְתּוֹ בְּאוּר כַּשְׂדִּים׃ וַיִּקַּח
Y-tomó (29) . Caldeos en-Ur-de su-nacimiento en-tierra-de su-padre

אַבְרָם וְנָחוֹר לָהֶם נָשִׁים שֵׁם אֵשֶׁת־אַבְרָם שָׂרָי וְשֵׁם אֵשֶׁת־
mujer-de y-nombre-de Sarai Abram mujer-de nombre-de mujeres para-ellos Y-Nacor Abram

נָחוֹר מִלְכָּה בַּת־הָרָן אֲבִי־מִלְכָּה וַאֲבִי יִסְכָּה׃
. Isca y-padre-de Milca padre-de Harán hija-de Milca Nacor

וַתְּהִי שָׂרַי עֲקָרָה אֵין לָהּ וָלָד׃ וַיִּקַּח תֶּרַח אֶת־
a Taré Y-tomó (31) . niño para-ella no-había estéril Sarai Y-era (30)

אַבְרָם בְּנוֹ וְאֶת־לוֹט בֶּן־הָרָן בֶּן־בְּנוֹ וְאֵת שָׂרַי
Sarai y-a su-hijo hijo-de Harán hijo-de Lot y-a su-hijo Abram

כַּלָּתוֹ אֵשֶׁת אַבְרָם בְּנוֹ וַיֵּצְאוּ אִתָּם
juntos y-salieron su-hijo Abram mujer-de su-nuera

מֵאוּר כַּשְׂדִּים לָלֶכֶת אַרְצָה כְּנַעַן וַיָּבֹאוּ עַד־חָרָן
Harán a y-vinieron Canaán a-tierra-de para-ir Caldeos de-Ur-de

וַיֵּשְׁבוּ שָׁם׃ וַיִּהְיוּ יְמֵי־תֶרַח חָמֵשׁ שָׁנִים
años cinco Taré días-de Y-fueron (32) . allí y-se-quedaron

וּמָאתַיִם שָׁנָה וַיָּמָת תֶּרַח בְּחָרָן׃ וַיֹּאמֶר יְהוָה
Yahweh Y-dijo (1) . en-Harán Taré y-murió año y-doscientos Cap. 12

אֶל־אַבְרָם לֶךְ־לְךָ מֵאַרְצְךָ וּמִמּוֹלַדְתְּךָ
y-de-tu-familia de-tu-tierra para-ti Marcha : Abram a

וּמִבֵּית אָבִיךָ אֶל־הָאָרֶץ אֲשֶׁר אַרְאֶךָּ׃
. te-mostraré que la-tierra a tu-padre y-de-cada-de

וְאֶעֶשְׂךָ לְגוֹי גָּדוֹל וַאֲבָרֶכְךָ וַאֲגַדְּלָה
y-engrandeceré y-te-bendeciré grande para-nación Y-te-haré (2)

שְׁמֶךָ וֶהְיֵה בְּרָכָה׃ וַאֲבָרְכָה מְבָרְכֶיךָ
tus-bendicientes Y-bendeciré (3) . bendición y-serás tu-nombre

וּמְקַלֶּלְךָ אָאֹר וְנִבְרְכוּ בְךָ כֹּל
todos en-ti y-serán-bendecidas maldeciré y-tu-maldiciente

מִשְׁפְּחֹת הָאֲדָמָה׃ וַיֵּלֶךְ אַבְרָם כַּאֲשֶׁר דִּבֶּר אֵלָיו יְהוָה
Yahweh a-él habló como Abram Y-marchó (4) . la-tierra pueblos-de

וַיֵּלֶךְ אִתּוֹ לוֹט וְאַבְרָם בֶּן־חָמֵשׁ שָׁנִים וְשִׁבְעִים שָׁנָה
año y-setenta años cinco hijo-de y-Abram Lot con-él y-marchó

בְּצֵאתוֹ מֵחָרָן׃ וַיִּקַּח אַבְרָם אֶת־שָׂרַי אִשְׁתּוֹ וְאֶת־לוֹט
Lot y-a su-mujer Sara a Abram Y-tomó (5) . de-Harán en-su-salida

בֶּן־אָחִיו וְאֶת־כָּל־רְכוּשָׁם אֲשֶׁר רָכָשׁוּ
ganaron que sus-posesiones todas y-a su-hermano hijo-de

וְאֶת־הַנֶּפֶשׁ אֲשֶׁר־עָשׂוּ בְחָרָן וַיֵּצְאוּ לָלֶכֶת אַרְצָה
a-tierra-de para-ir y-salieron en-Harán adquirieron que la-gente y-a

כְּנַעַן וַיָּבֹאוּ אַרְצָה כְּנָעַן׃ וַיַּעֲבֹר אַבְרָם בָּאָרֶץ

en-la-tierra Abram y-viajó (6) . Canaán a-tierra-de y-llegaron Canaán

עַד מְקוֹם שְׁכֶם עַד אֵלוֹן מוֹרֶה וְהַכְּנַעֲנִי אָז בָּאָרֶץ׃

en-la-tierra. entonces y-el-Cananeo Moré árbol-de hasta Siquem lugar-de hasta

וַיֵּרָא יְהוָה אֶל־אַבְרָם וַיֹּאמֶר לְזַרְעֲךָ אֶתֵּן

daré a-tu-descendencia y-dijo Abram a Yahweh Y-apareció (7)

אֶת־הָאָרֶץ הַזֹּאת וַיִּבֶן שָׁם מִזְבֵּחַ לַיהוָה הַנִּרְאֶה

el-apareciente a-Yahweh altar allí y-edificó la-esta la-tierra **

אֵלָיו׃ וַיַּעְתֵּק מִשָּׁם הָהָרָה מִקֶּדֶם לְבֵית־אֵל

El a-Bet- al-oriente al-monte de-allí Y-continuó (8) . a él

וַיֵּט אָהֳלֹה בֵּית־אֵל מִיָּם וְהָעַי מִקֶּדֶם וַיִּבֶן־

y-edificó al-este y-Hai al-oeste El Bet- su-tienda y-plantó

שָׁם מִזְבֵּחַ לַיהוָה וַיִּקְרָא בְּשֵׁם יְהוָה׃ וַיִּסַּע

Y-partió (9) . Yahweh en-nombre-de e-invocó a-Yahweh altar allí

אַבְרָם הָלוֹךְ וְנָסוֹעַ הַנֶּגְבָּה׃ וַיְהִי רָעָב בָּאָרֶץ

en-la-tierra hambre Y-hubo (10) . hasta-el-Neguev y-seguir para-ir Abram

וַיֵּרֶד אַבְרָם מִצְרַיְמָה לָגוּר שָׁם כִּי־ כָבֵד הָרָעָב

. el-hambre pesada porque allí a-vivir a-Egipto Abram y-descendió

בָּאָרֶץ׃ וַיְהִי כַּאֲשֶׁר הִקְרִיב לָבוֹא מִצְרָיְמָה

en-Egipto para-entrar se-acercó cuando Y-sucedió (11) . en-la-tierra

וַיֹּאמֶר אֶל־שָׂרַי אִשְׁתּוֹ הִנֵּה־נָא יָדַעְתִּי כִּי אִשָּׁה יְפַת־מַרְאֶה

vista hermosa-de mujer que sé ahora mira : su-mujer Sarai a y-dijo

אָתְּ׃ וְהָיָה כִּי־ יִרְאוּ אֹתָךְ הַמִּצְרִים וְאָמְרוּ

y-dirán los-egipcios a-ti verán que Y-será (12) . tú

אִשְׁתּוֹ זֹאת וְהָרְגוּ אֹתִי וְאֹתָךְ יְחַיּוּ׃ אִמְרִי־נָא

ahora Di (13) . dejarán-vivir y-a-ti a-mí y-matarán esta su-mujer

אֲחֹתִי אָתְּ לְמַעַן יִיטַב־ לִי בַעֲבוּרֵךְ

por-tu-causa a-mí vaya-bien para-que tú mi-hermana

וְחָיְתָה נַפְשִׁי בִּגְלָלֵךְ׃ וַיְהִי כְּבוֹא

cuando-entró Y-sucedió (14) . por-tu-causa mi-alma y-viva

אַבְרָם מִצְרָיְמָה וַיִּרְאוּ הַמִּצְרִים אֶת־ הָאִשָּׁה כִּי־ יָפָה הִוא

ella hermosa que la-mujer ** los-egipcios y-vieron en-Egipto Abram

מְאֹד׃ וַיִּרְאוּ אֹתָהּ שָׂרֵי פַרְעֹה וַיְהַלְלוּ אֹתָהּ אֶל־

a a-ella y-alabaron Faraón príncipes-de a-ella Y-vieron (15) . mucho

פַּרְעֹה וַתֻּקַּח הָאִשָּׁה בֵּית פַּרְעֹה׃ וּלְאַבְרָם

Y-a-Abram (16) . Faraón a-casa-de la-mujer y-fue-llevada Faraón

הֵיטִיב בַּעֲבוּרָהּ וַיְהִי־ לוֹ צֹאן־ וּבָקָר

y-vacuno ovejas para-él y-fue por-causa-de-ella hizo-bien

וַחֲמֹרִים וַעֲבָדִים וּשְׁפָחֹת וַאֲתֹנֹת וּגְמַלִּים׃

. y-camellos y-asnas y-siervas y-siervos y-asnos

וַיְנַגַּע יְהוָה׀ אֶת־ פַּרְעֹה נְגָעִים גְּדֹלִים וְאֶת־

y-** grandes plagas Faraón a Yahweh Y-golpeó (17)

בֵּיתוֹ עַל־ דְּבַר שָׂרַי אֵשֶׁת אַבְרָם׃ וַיִּקְרָא

Y-llamó (18) . Abram mujer-de Sarai razón-de por su-casa

פַרְעֹה לְאַבְרָם וַיֹּאמֶר מַה־ זֹּאת עָשִׂיתָ לִּי לָמָּה לֹא־ הִגַּדְתָּ

dijiste no por qué? ¿a-mí hiciste esto qué ? : y-dijo a-Abram Faraón

לִּי כִּי אִשְׁתְּךָ הִוא׃ לָמָה אָמַרְתָּ אֲחֹתִי הִוא וָאֶקַּח אֹתָהּ

a-ella y-tomé ella mi-hermana dijiste Por qué ? (19) ¿ ella tu-mujer que a-mí

לִי לְאִשָּׁה וְעַתָּה הִנֵּה אִשְׁתְּךָ קַח וָלֵךְ׃ וַיְצַו

Y-ordenó (20) . y-marcha toma tu-mujer ¡mira! y-ahora ¿ para mujer para-mí

עָלָיו פַּרְעֹה אֲנָשִׁים וַיְשַׁלְּחוּ אֹתוֹ וְאֶת־ אִשְׁתּוֹ וְאֶת־ כָּל־ אֲשֶׁר־

lo-que todo y-** su-mujer y-a a-él y-enviaron hombres Faraón sobre-él

לוֹ׃ וַיַּעַל אַבְרָם מִמִּצְרַיִם הוּא וְאִשְׁתּוֹ וְכָל־

y-todo y-su-mujer él de-Egipto Abram Y-subió (1) . para-él

אֲשֶׁר־ לוֹ וְלוֹט עִמּוֹ הַנֶּגְבָּה׃ וְאַבְרָם כָּבֵד

se-enriqueció Y-Abram (2) . hacia-el-Neguev con-él y-Lot para-él lo-que

מְאֹד בַּמִּקְנֶה בַּכֶּסֶף וּבַזָּהָב׃ וַיֵּלֶךְ

Y-marchó (3) . y-en-el-oro en-la-plata en-el-ganado mucho

לְמַסָּעָיו מִנֶּגֶב וְעַד־ בֵּית־אֵל עַד־הַמָּקוֹם אֲשֶׁר־ הָיָה שָׁם

allí estuvo donde el-lugar hasta El Bet y-hasta del-Neguev para-su-viaje

אָהֳלֹה בַּתְּחִלָּה בֵּין בֵּית־ אֵל וּבֵין הָעָי׃ אֶל־ מְקוֹם

lugar-de Al (4) . la Hai y-entre El Bet entre al-principio su-tienda

הַמִּזְבֵּחַ אֲשֶׁר־ עָשָׂה שָׁם בָּרִאשֹׁנָה וַיִּקְרָא שָׁם . אַבְרָם

Abram allí e-invocó en-el-principio allí hizo que el-altar

בְּשֵׁם יְהוָה׃ וְגַם־ לְלוֹט הַהֹלֵךְ אֶת־ אַבְרָם הָיָה צֹאן־

ovejas era Abram con el-que-iba para-Lot Y-también (5) . Yahweh en-nombre-de

וּבָקָר וְאֹהָלִים׃ וְלֹא־ נָשָׂא אֹתָם הָאָרֶץ לָשֶׁבֶת

para-estar la-tierra para-ellos era-suficiente Y-no (6) . y-tiendas y-vacas

יַחְדָּו כִּי־ הָיָה רְכוּשָׁם רָב וְלֹא יָכְלוּ לָשֶׁבֶת

estar podían y-no mucha su-posesión era porque juntos

יַחְדָּו׃ וַיְהִי־ רִיב בֵּין רֹעֵי מִקְנֵה־ אַבְרָם

Abram rebaño-de pastores-de entre contienda Y-hubo (7) . juntos

וּבֵין רֹעֵי מִקְנֵה־ לוֹט וְהַכְּנַעֲנִי וְהַפְּרִזִּי

y-el-Ferezeo Y-el-Cananeo . Lot rebaño-de pastores-de y-entre

אָז יֹשֵׁב בָּאָרֶץ׃ וַיֹּאמֶר אַבְרָם אֶל־לוֹט אַל־נָא תְהִי מְרִיבָה

riña haya ** no Lot a Abram Y-dijo (8) . en-la-tierra estaba entonces

בֵּינִי וּבֵינֶךָ וּבֵין רֹעַי וּבֵין

y-entre mis-pastores y-entre y-entre-ti entre-mí

רֹעֶיךָ כִּי־אֲנָשִׁים אַחִים אֲנָחְנוּ׃ הֲלֹא כָל־הָאָרֶץ לְפָנֶיךָ

¿ante-ti la-tierra toda Acaso (9). nosotros hermanos hombres porque tus-pastores
no?

הִפָּרֶד נָא מֵעָלָי אִם־הַשְּׂמֹאל וְאֵימִנָה וְאִם־הַיָּמִין

la-derecha y-si yo-iré-derecha la-izquierda si de-mí ahora sepárate

וְאַשְׂמְאִילָה׃ וַיִּשָּׂא־לוֹט אֶת־עֵינָיו וַיַּרְא אֶת־

** y-vio sus-ojos ** Lot Y-levantó (10) . yo-iré-izquierda

כָּל־כִּכַּר הַיַּרְדֵּן כִּי כֻלָּהּ מַשְׁקֶה לִפְנֵי ׀ שַׁחֵת

destruir antes-que de-regadío toda-ella que el-Jordán llanura-de toda

יְהוָה אֶת־סְדֹם וְאֶת־עֲמֹרָה כְּגַן־יְהוָה כְּאֶרֶץ מִצְרַיִם

Egipto como-tierra-de Yahweh como-huerto-de Gomorra y-** Sodoma ** Yahweh

בֹּאֲכָה צֹעַר׃ וַיִּבְחַר־לוֹ לוֹט אֵת כָּל־כִּכַּר הַיַּרְדֵּן

el-Jordán llanura-de toda ** Lot para-él Y-eligió (11) . Zoar ir-tú-a

וַיִּסַּע לוֹט מִקֶּדֶם וַיִּפָּרְדוּ אִישׁ מֵעַל אָחִיו׃ אַבְרָם

Abram (12) . su-hermano de-junto-a uno y-se-separaron al-Este Lot y-marchó

יָשַׁב בְּאֶרֶץ־כְּנָעַן וְלוֹט יָשַׁב בְּעָרֵי הַכִּכָּר

la-llanura en-ciudades-de habitó y-Lot Canaán en-tierra-de habitó

וַיֶּאֱהַל עַד־סְדֹם׃ וְאַנְשֵׁי סְדֹם רָעִים וְחַטָּאִים

y-pecadores malos Sodoma Y-hombres-de (13) . Sodoma cerca-de y-plantó-tienda

לַיהוָה מְאֹד׃ וַיהוָה אָמַר אֶל־אַבְרָם אַחֲרֵי הִפָּרֶד־לוֹט

Lot marchó después Abram a dijo Y-Yahweh (14) . mucho contra-Yahweh

מֵעִמּוֹ שָׂא נָא עֵינֶיךָ וּרְאֵה מִן־הַמָּקוֹם אֲשֶׁר־אַתָּה שָׁם

allí tú que el-lugar desde y-mira tus-ojos ahora levanta de-con-él

צָפֹנָה וָנֶגְבָּה וָקֵדְמָה וָיָמָּה׃ כִּי אֶת־כָּל־הָאָרֶץ

la-tierra toda ** Porque (15) . y-al-oeste y-al-este y-al-sur al-norte

אֲשֶׁר־אַתָּה רֹאֶה לְךָ אֶתְּנֶנָּה וּלְזַרְעֲךָ עַד־עוֹלָם׃

. siempre-hasta y-a-tu-descendencia la-daré para-ti viendo tú que

וְשַׂמְתִּי אֶת־ זַרְעֲךָ כַּעֲפַר הָאָרֶץ אֲשֶׁר ׀ אִם־
si que la-tierra como-el-polvo-de tu-descendencia a Y-haré (16)

יוּכַל אִישׁ לִמְנוֹת אֶת־ עֲפַר הָאָרֶץ גַּם־ זַרְעֲךָ
tu-descendencia también la-tierra polvo-de ** contar alguien pudiera

יִמָּנֶה׃ קוּם הִתְהַלֵּךְ בָּאָרֶץ לְאָרְכָּהּ
a-su-largo en-la-tierra anda ¡Ve! (17) . sería-contada

וּלְרָחְבָּהּ כִּי לְךָ אֶתְּנֶנָּה׃ וַיֶּאֱהַל אַבְרָם
Abram Y-quitó-la-tienda (18) . la daré a-ti porque y-a-su-ancho

וַיָּבֹא וַיֵּשֶׁב בְּאֵלֹנֵי מַמְרֵא אֲשֶׁר בְּחֶבְרוֹן וַיִּבֶן־
y-edificó en-Hebrón que Mamre en-el-encinar-de y-se-estableció y-fue

שָׁם מִזְבֵּחַ לַיהוָה׃ וַיְהִי בִּימֵי אַמְרָפֶל מֶלֶךְ־ שִׁנְעָר
Sinar rey-de Amrafel en-días-de Y-fue (1) . a-Yahweh altar allí

אַרְיוֹךְ מֶלֶךְ אֶלָּסָר כְּדָרְלָעֹמֶר מֶלֶךְ עֵילָם וְתִדְעָל מֶלֶךְ גּוֹיִם׃
. Goim rey-de y-Tidal Elam rey-de Quedorlaomer Elasar rey-de Arioc

עָשׂוּ מִלְחָמָה אֶת־ בֶּרַע מֶלֶךְ סְדֹם וְאֶת־ בִּרְשַׁע מֶלֶךְ עֲמֹרָה
Gomorra rey-de Birsa y-contra Sodoma rey-de Bera contra guerra Hicieron (2)

שִׁנְאָב ׀ מֶלֶךְ אַדְמָה וְשֶׁמְאֵבֶר מֶלֶךְ צְבֹיִּים וּמֶלֶךְ בֶּלַע הִיא־צֹעַר׃
. Zoar que Bela y-rey-de Zeboim rey-de y-Semeber Adma rey-de Sinab

כָּל־ אֵלֶּה חָבְרוּ אֶל־ עֵמֶק הַשִּׂדִּים הוּא יָם
Mar que el-Sidim valle-de en se-reunieron éstos Todos (3)

הַמֶּלַח׃ שְׁתֵּים עֶשְׂרֵה שָׁנָה עָבְדוּ אֶת־ כְּדָרְלָעֹמֶר וּשְׁלֹשׁ־עֶשְׂרֵה שָׁנָה
año diez pero-tres Quedorlaomer a sirvieron año diez Dos (4) . el-Salado

מָרָדוּ׃ וּבְאַרְבַּע עֶשְׂרֵה שָׁנָה בָּא כְדָרְלָעֹמֶר וְהַמְּלָכִים
y-los-reyes Quedorlaomer fue año diez Y-en-el-cuatro (5) . se-rebelaron

אֲשֶׁר אִתּוֹ וַיַּכּוּ אֶת־ רְפָאִים בְּעַשְׁתְּרֹת קַרְנַיִם וְאֶת־
y-a Karnaim en-Astarot refaítas * y-derrotaron con-él que

הַזּוּזִים בְּהָם וְאֵת הָאֵימִים בְּשָׁוֵה קִרְיָתָיִם׃ וְאֶת־ הַחֹרִי
los-horeos Y-a (6) . Quiriataim en-Save los-emitas y-a en-Ham los-zuzitas

בְּהַרְרָם שֵׂעִיר עַד אֵיל פָּארָן אֲשֶׁר עַל־ הַמִּדְבָּר׃
. el-desierto en que Parán El hasta Sinar en-su-monte-de

וַיָּשֻׁבוּ וַיָּבֹאוּ אֶל־עֵין מִשְׁפָּט הִוא קָדֵשׁ וַיַּכּוּ
y-conquistaron Cades que Mispat En a y-vinieron Y-volvieron (7)

אֶת־ כָּל־ שְׂדֵה הָעֲמָלֵקִי וְגַם אֶת־ הָאֱמֹרִי
el-amorreo ** y-también el-amalecita territotio-de todo **

הַיֹּשֵׁב בְּחַצְצֹן תָּמָר׃ וַיֵּצֵא מֶלֶךְ־ סְדֹם
Sodoma rey-de Y-salió (8) . Tamar en-Hazezón el-habitante

וּמֶלֶךְ עֲמֹרָה וּמֶלֶךְ אַדְמָה וּמֶלֶךְ צְבֹיִים וּמֶלֶךְ בֶּלַע
Bela y-rey-de Zeboim y-rey-de Adma y-rey-de Gomorra y-rey-de

הִוא־ צֹעַר וַיַּעַרְכוּ אִתָּם מִלְחָמָה בְּעֵמֶק הַשִּׂדִּים׃ אֵת
Contra (9) . el-Sidim en-valle-de batalla con-ellos y-entablaron Zoar que

כְּדָרְלָעֹמֶר מֶלֶךְ עֵילָם וְתִדְעָל מֶלֶךְ גּוֹיִם וְאַמְרָפֶל מֶלֶךְ שִׁנְעָר
Sinar rey-de y-Amrafel Goim rey-de y-Tidal Elam rey-de Quedorlaomer

וְאַרְיוֹךְ מֶלֶךְ אֶלָּסָר אַרְבָּעָה מְלָכִים אֶת־ הַחֲמִשָּׁה׃ וְעֵמֶק
Y-valle-de (10) . los-cinco contra reyes cuatro Elasar rey-de y-Arioc

הַשִּׂדִּים בֶּאֱרֹת בֶּאֱרֹת חֵמָר וַיָּנֻסוּ מֶלֶךְ־ סְדֹם וַעֲמֹרָה
y-Gomorra Sodoma rey-de y-huyeron asfalto pozos-de pozos el-Sidim

וַיִּפְּלוּ־ שָׁמָּה וְהַנִּשְׁאָרִים הֶרָה נָּסוּ׃
. huyeron al-monte y-los-restantes en-allí y-cayeron

וַיִּקְחוּ אֶת־ כָּל־ רְכֻשׁ סְדֹם וַעֲמֹרָה וְאֶת־ כָּל־
toda y-** y-Gomorra Sodoma riqueza-de toda ** Y-tomaron (11)

אָכְלָם וַיֵּלֵכוּ׃ וַיִּקְחוּ אֶת־ לוֹט וְאֶת־
y-** Lot ** Y-se-llevaron (12) . y-se-fueron su-provisión

רְכֻשׁוֹ בֶּן־ אֲחִי אַבְרָם וַיֵּלֵכוּ וְהוּא יֹשֵׁב
habitaba y-él y-se-fueron Abram hermano-de hijo-de su-riqueza

בִּסְדֹם׃ וַיָּבֹא הַפָּלִיט וַיַּגֵּד לְאַבְרָם הָעִבְרִי
el-Hebreo a-Abram e-informó el-escapado Y-vino (13) .en-Sodoma

וְהוּא שֹׁכֵן בְּאֵלֹנֵי מַמְרֵא הָאֱמֹרִי אֲחִי אֶשְׁכֹּל וַאֲחִי
y-hermano-de Escol hermano-de el-amorreo Mamre en-encinas-de moraba y-él

עָנֵר וְהֵם בַּעֲלֵי בְרִית־ אַבְרָם׃ וַיִּשְׁמַע אַבְרָם כִּי
que Abram Y-oyó (14) . Abram pacto-de señores-de y-ellos Aner

נִשְׁבָּה אָחִיו וַיָּרֶק אֶת־ חֲנִיכָיו
sus-servidores ** y-convocó su-hermano estaba-prisionero

יְלִידֵי בֵיתוֹ שְׁמֹנָה עָשָׂר וּשְׁלֹשׁ מֵאוֹת וַיִּרְדֹּף
y-persiguió cientos y-tres diez ocho su-casa nacidos-de

עַד־ דָּן׃ וַיֵּחָלֵק עֲלֵיהֶם ׀ לַיְלָה הוּא וַעֲבָדָיו
y-sus-criados él de-noche contra-ellos Y-se-distribuyó (15) . Dan hasta

וַיַּכֵּם וַיִּרְדְּפֵם עַד־ חוֹבָה אֲשֶׁר מִשְּׂמֹאל
al-norte que Hoba hasta y-les-persiguió y-les-atacó

לְדַמָּשֶׂק׃ וַיָּשֶׁב אֵת כָּל־ הָרְכֻשׁ וְגַם אֶת־ לוֹט
Lot a y-también la-riqueza toda ** Y-recobró (16) . hasta-Damasco

אָחִיו וּרְכֻשׁוֹ הֵשִׁיב וְגַם אֶת־ הַנָּשִׁים
las-mujeres ** y-también devolvió y-su-riqueza su-hermano

וְאֶת־ הָעָם׃ וַיֵּצֵא מֶלֶךְ־ סְדֹם לִקְרָאתוֹ אַחֲרֵי
tras a-encontrarle Sodoma rey-de Y-salió (17) . la-gente y-**

שׁוּבוֹ מֵהַכּוֹת אֶת־ כְּדָר־לָעֹמֶר וְאֶת־ הַמְּלָכִים אֲשֶׁר אִתּוֹ אֶל־
en con-él que los-reyes y-a Quedorlaomer a del-derrotar su-venida

עֵמֶק שָׁוֵה הוּא עֵמֶק הַמֶּלֶךְ׃ וּמַלְכִּי־צֶדֶק מֶלֶךְ
rey-de Y-Melquisedec (18) . el-rey valle-de que Save valle-de

שָׁלֵם הוֹצִיא לֶחֶם וָיָיִן וְהוּא כֹהֵן לְאֵל עֶלְיוֹן׃
. Altísimo para-Dios sacerdote y-él y-vino pan sacó Salem

וַיְבָרְכֵהוּ וַיֹּאמַר בָּרוּךְ אַבְרָם לְאֵל עֶלְיוֹן
Altísimo por-Dios Abram bendito y-dijo Y-le-bendijo (19)

קֹנֵה שָׁמַיִם וָאָרֶץ׃ וּבָרוּךְ אֵל עֶלְיוֹן אֲשֶׁר־
que Altísimo Dios Y-bendito (20) . y-tierra cielos creador-de

מִגֵּן צָרֶיךָ בְּיָדֶךָ וַיִּתֶּן־לוֹ מַעֲשֵׂר
diezmo a-él y-dio en-tu-mano tus-enemigos entregó

מִכֹּל׃ וַיֹּאמֶר מֶלֶךְ־סְדֹם אֶל־אַבְרָם תֶּן־לִי הַנֶּפֶשׁ
la-gente a-mí da Abram a Sodoma rey-de Y-dijo (21) . de-todo

וְהָרְכֻשׁ קַח־לָךְ׃ וַיֹּאמֶר אַבְרָם אֶל־מֶלֶךְ סְדֹם הֲרִימֹתִי
levanté Sodoma rey-de a Abram Y-dijo (22) . para-ti toma y-la-riqueza

יָדִי אֶל־יְהוָה אֵל עֶלְיוֹן קֹנֵה שָׁמַיִם וָאָרֶץ׃ אִם־
Que (23) . y-tierra cielos creador-de Altísimo Dios Yahweh a mi-mano

מִחוּט וְעַד שְׂרוֹךְ־נַעַל וְאִם־אֶקַּח מִכָּל־אֲשֶׁר־
lo-que de-todo tomaré y-no sandalia correa-de hasta desde-hilo

לָךְ וְלֹא תֹאמַר אֲנִי הֶעֱשַׁרְתִּי אֶת־אַבְרָם׃ בִּלְעָדַי רַק
sólo Nada-para-mí (24) . Abram a hice-rico yo dirás y-no ; para-ti

אֲשֶׁר אָכְלוּ הַנְּעָרִים וְחֵלֶק הָאֲנָשִׁים אֲשֶׁר הָלְכוּ אִתִּי עָנֵר
Aner ; conmigo vinieron que los-hombres y-parte-de los-jóvenes comieron lo que

אֶשְׁכֹּל וּמַמְרֵא הֵם יִקְחוּ חֶלְקָם׃ אַחַר הַדְּבָרִים
las-cosas Tras (1) . su-parte tomen ellos , y-Mamre Escol **Cap. 15**

הָאֵלֶּה הָיָה דְבַר־יְהוָה אֶל־אַבְרָם בַּמַּחֲזֶה לֵאמֹר אַל־תִּירָא
temas no para-decir en-la-visión Abram a Yahweh palabra-de fue las-éstas

אַבְרָם אָנֹכִי מָגֵן לָךְ שְׂכָרְךָ הַרְבֵּה מְאֹד׃ וַיֹּאמֶר אַבְרָם אֲדֹנָי
Señor : Abram Y-dijo (2) . mucho ser-grande tu-galardón para-ti escudo yo Abram

יֱהוִה מַה־ תִּתֶּן־ לִי וְאָנֹכִי הוֹלֵךְ עֲרִירִי וּבֶן־

e-hijo-de ; sin hijo ando si-yo a-mí darás ¿qué Yahweh

מֶשֶׁק בֵּיתִי הוּא דַּמֶּשֶׂק אֱלִיעֶזֶר׃ וַיֹּאמֶר אַבְרָם הֵן

¡he aquí! : Abram Y-dijo (3) . Eliezer damasceno este mi-casa herencia-de

לִי לֹא נָתַתָּה זָרַע וְהִנֵּה בֶן־ בֵּיתִי יוֹרֵשׁ אֹתִי׃

. de-mí heredero mi-casa siervo-de y-he-aquí descendencia diste no para-mí

וְהִנֵּה דְבַר־ יְהוָה אֵלָיו לֵאמֹר לֹא יִירָשְׁךָ זֶה

éste te-heredará no para-decir a-él Yahweh palabra-de Y-he-aquí (4)

כִּי־ אִם אֲשֶׁר יֵצֵא מִמֵּעֶיךָ הוּא יִירָשֶׁךָ׃

. te-heredará él de-tu-cuerpo saldrá el-que más-bien sino

וַיּוֹצֵא אֹתוֹ הַחוּצָה וַיֹּאמֶר הַבֶּט־ נָא הַשָּׁמַיְמָה וּסְפֹר

y-cuenta a-los-cielos ahora mira y-dijo afuera a-él Y-sacó (5)

הַכּוֹכָבִים אִם־ תּוּכַל לִסְפֹּר אֹתָם וַיֹּאמֶר לוֹ כֹּה יִהְיֶה

será así a-él y-dijo ; a-ellas contar puedes si las-estrellas

זַרְעֶךָ׃ וְהֶאֱמִן בַּיהוָה וַיַּחְשְׁבֶהָ לּוֹ

para-él y-la-contó en-Yahweh Y-creyó (6) . tu-descendencia

צְדָקָה׃ וַיֹּאמֶר אֵלָיו אֲנִי יְהוָה אֲשֶׁר הוֹצֵאתִיךָ מֵאוּר

de-Ur-de te-saqué que Yahweh Yo : a-él Y-dijo (7) . justicia

כַּשְׂדִּים לָתֶת לְךָ אֶת־ הָאָרֶץ הַזֹּאת לְרִשְׁתָּהּ׃ וַיֹּאמַר

Y-dijo (8) . para-poseerla la-esta la-tierra ** a-ti para-dar Caldeos

אֲדֹנָי יֱהוִה בַּמָּה אֵדַע כִּי אִירָשֶׁנָּה׃ וַיֹּאמֶר אֵלָיו

a-él Y-dijo (9) ¿la poseeré que sabré cómo? Yahweh Señor

קְחָה לִי עֶגְלָה מְשֻׁלֶּשֶׁת וְעֵז מְשֻׁלֶּשֶׁת

de-tres-años y-cabra de-tres-años becerra para-mí trae

וְאַיִל מְשֻׁלָּשׁ וְתֹר וְגוֹזָל׃ וַיִּקַּח־ לוֹ

a-él Y-llevó (10) . y-palomino y-paloma ; de-tres-años y-carnero

אֶת־ כָּל־ אֵלֶּה וַיְבַתֵּר אֹתָם בַּתָּוֶךְ וַיִּתֵּן אִישׁ־

cada y-puso por-la-mitad a-ellas y-partió esto todo **

בִּתְרוֹ לִקְרַאת רֵעֵהוּ וְאֶת־ הַצִּפֹּר לֹא בָתָר׃

. partió no el-ave y-** ; su-otra para-enfrentar mitad-suya

וַיֵּרֶד הָעַיִט עַל־ הַפְּגָרִים וַיַּשֵּׁב

y-ahuyentaba los-cadáveres sobre la-rapaz Y-descendió (11)

אֹתָם אַבְרָם׃ וַיְהִי הַשֶּׁמֶשׁ לָבוֹא וְתַרְדֵּמָה נָפְלָה עַל־אַבְרָם

Abram sobre cayó y-sueño-profundo para-ponerse el-sol Y-fue (12) . Abram a-ellas

וְהִנֵּה אֵימָה חֲשֵׁכָה גְדֹלָה נֹפֶלֶת עָלָיו׃ וַיֹּאמֶר לְאַבְרָם

a-Abram Y-dijo (13) . sobre-él cayó grande oscuridad temible y-he-aquí

יָדֹעַ תֵּדַע כִּי־ גֵר ׀ יִהְיֶה זַרְעֲךָ בְּאֶרֶץ לֹא

no en-tierra tu-descendencia será extranjera que conoces conocer

לָהֶם וַעֲבָדוּם וְעִנּוּ אֹתָם אַרְבַּע מֵאוֹת

cientos cuatro a-ellos y-maltratarán y-les servirán de-ellos

שָׁנָה׃ וְגַם אֶת־ הַגּוֹי אֲשֶׁר יַעֲבֹדוּ דָּן אָנֹכִי וְאַחֲרֵי־

y-después ; yo juzgando servirán que la-nación ** Pero-también (14) . año

כֵן יֵצְאוּ בִּרְכֻשׁ גָּדוֹל׃ וְאַתָּה תָּבוֹא אֶל־

a irás Y-tú (15) . grande con-riqueza saldrán **

אֲבֹתֶיךָ בְּשָׁלוֹם תִּקָּבֵר בְּשֵׂיבָה טוֹבָה׃ וְדוֹר

Y-generación (16) . buena en-vejez serás--sepultado ; en-paz tus-padres

רְבִיעִי יָשׁוּבוּ הֵנָּה כִּי לֹא־שָׁלֵם עֲוֹן הָאֱמֹרִי עַד־הֵנָּה׃

. aquí hasta el-amorreo maldad-de plena no porque ; aquí regresarán cuarta

וַיְהִי הַשֶּׁמֶשׁ בָּאָה וַעֲלָטָה הָיָה וְהִנֵּה תַנּוּר עָשָׁן

humo hornillo y-he-aquí ; fue y-oscuridad se-puso el-sol Y-sucedió (17)

וְלַפִּיד אֵשׁ אֲשֶׁר עָבַר בֵּין הַגְּזָרִים הָאֵלֶּה׃ בַּיּוֹם

En el día (18) . las-estas las-partes entre pasó que fuego y-antorcha

הַהוּא כָּרַת יְהוָה אֶת־אַבְרָם בְּרִית לֵאמֹר לְזַרְעֲךָ נָתַתִּי
daré a-tu-descendencia : para-decir pacto Abram con Yahweh cortó el-este

אֶת־הָאָרֶץ הַזֹּאת מִנְּהַר מִצְרַיִם עַד־הַנָּהָר הַגָּדֹל נְהַר־
río-de el-grande el-río hasta Egipto desde-río-de , la-esta la-tierra **

פְּרָת׃ אֶת־הַקֵּינִי וְאֶת־הַקְּנִזִּי וְאֵת הַקַּדְמֹנִי׃ וְאֶת־
Y-** (20) . el-cadmoneo y-** el-cenezeo y-** el-ceneo ** (19) . Éufrates

הַחִתִּי וְאֶת־הַפְּרִזִּי וְאֶת־הָרְפָאִים׃ וְאֶת־הָאֱמֹרִי וְאֶת־
y-** el-amorreo Y-** (21) . el-refaíta y-** el-ferezeo y-** el-heteo

הַכְּנַעֲנִי וְאֶת־הַגִּרְגָּשִׁי וְאֶת־הַיְבוּסִי׃ וְשָׂרַי אֵשֶׁת
mujer-de Y-Sarai (1) . el-jebuseo y-** el-gergeseo y-** el-cananeo C

אַבְרָם לֹא יָלְדָה לוֹ וְלָהּ שִׁפְחָה מִצְרִית וּשְׁמָהּ
y-su-nombre egipcia sierva y-para-ella ; para-él tenía-hijos no Abram

הָגָר׃ וַתֹּאמֶר שָׂרַי אֶל־אַבְרָם הִנֵּה־נָא עֲצָרַנִי יְהוָה מִלֶּדֶת
de-engendrar Yahweh me-retuvo ahora mira : Abram a Sarai Y-dijo (2) . Hagar

בֹּא־נָא אֶל־שִׁפְחָתִי אוּלַי אִבָּנֶה מִמֶּנָּה
; por-ella seré-edificada (en hijos) quizá mi-sierva a ahora ve

וַיִּשְׁמַע אַבְרָם לְקוֹל שָׂרָי׃ וַתִּקַּח שָׂרַי אֵשֶׁת־אַבְרָם
Abram mujer-de Sarai Y-tomó (3) . Sarai a-voz-de Abram y-escuchó

אֶת־הָגָר הַמִּצְרִית שִׁפְחָתָהּ מִקֵּץ עֶשֶׂר שָׁנִים לְשֶׁבֶת אַבְרָם
Abram de-vivir años diez al-cabo-de su-sierva la-egipcia Hagar a

בְּאֶרֶץ כְּנָעַן וַתִּתֵּן אֹתָהּ לְאַבְרָם אִישָׁהּ לוֹ לְאִשָּׁה׃
. para-mujer a-él su-marido para-Abram a-ella y-dio ; Canaán en-tierra-de

וַיָּבֹא אֶל־הָגָר וַתַּהַר וַתֵּרֶא כִּי הָרָתָה
había-concebido que y-vio ; y-concibió Hagar a Y-fue (4)

וַתֵּקַל גְּבִרְתָּהּ בְּעֵינֶיהָ׃ וַתֹּאמֶר שָׂרַי אֶל־
a Sarai Y-dijo (5) . en-sus-ojos su-ama y-despreció-a

אַבְרָם חֲמָסִי עָלֶיךָ אָנֹכִי נָתַתִּי שִׁפְחָתִי בְּחֵיקֶךָ וַתֵּרֶא
y-ella-ve en-tu-brazo mi-sierva di yo sobre-ti mi-afrenta Abram

כִּי הָרָתָה וָאֵקַל בְּעֵינֶיהָ יִשְׁפֹּט יְהוָה
Yahweh juzgue ; en-sus-ojos y-despreciada está-encinta que

בֵּינִי וּבֵינֶיךָ׃ וַיֹּאמֶר אַבְרָם אֶל־שָׂרַי הִנֵּה שִׁפְחָתֵךְ
tu-sierva he-aquí , Sarai a Abram Y-dijo (6) . y-entre-ti entre-mí

בְּיָדֵךְ עֲשִׂי־לָהּ הַטּוֹב בְּעֵינָיִךְ וַתְּעַנֶּהָ
y-la-maltrató ; en-tus-ojos lo-bueno a-ella haz en-tu-mano

שָׂרַי וַתִּבְרַח מִפָּנֶיהָ׃ וַיִּמְצָאָהּ מַלְאַךְ יְהוָה עַל־
junto-a Yahweh ángel-de Y-la-encontró (7) . de-su-faz y-huyó Sarai

עֵין הַמַּיִם בַּמִּדְבָּר עַל־הָעַיִן בְּדֶרֶךְ שׁוּר׃
. Shur en-camino-de la-fuente junto-a ; en-el-desierto las-aguas fuente-de

וַיֹּאמַר הָגָר שִׁפְחַת שָׂרַי אֵי־מִזֶּה בָאת וְאָנָה
y-adónde viniste de-allí ¿dónde Sarai sierva-de Hagar : Y-dijo (8)

תֵלֵכִי וַתֹּאמֶר מִפְּנֵי שָׂרַי גְּבִרְתִּי אָנֹכִי בֹּרַחַת׃
. huyo yo mi-ama Sarai de-faz-de y-ella-dijo ; vas?

וַיֹּאמֶר לָהּ מַלְאַךְ יְהוָה שׁוּבִי אֶל־גְּבִרְתֵּךְ
; tu-ama a regresa , Yahweh ángel-de a-ella Y-dijo (9)

וְהִתְעַנִּי תַּחַת יָדֶיהָ׃ וַיֹּאמֶר לָהּ מַלְאַךְ יְהוָה
: Yahweh ángel-de a-ella Y-dijo (10) . tu-mano bajo y-sométete

הַרְבָּה אַרְבֶּה אֶת־זַרְעֵךְ וְלֹא יִסָּפֵר
será-contada y-no tu-descendencia ** aumentaré aumentar

מֵרֹב׃ וַיֹּאמֶר לָהּ מַלְאַךְ יְהוָה הִנָּךְ הָרָה
encinta ¡mira-tú! : Yahweh ángel-de a-ella Y-dijo (11) . de-multitud

וְיֹלַדְתְּ בֵּן וְקָרָאת שְׁמוֹ יִשְׁמָעֵאל כִּי־שָׁמַע
oyó porque Ismael su-nombre y-llamarás ; hijo y-darás-a-luz

יְהוָה אֶל־ עָנְיֵךְ׃ וְהוּא יִהְיֶה פֶּרֶא אָדָם יָדוֹ
su-mano , hombre asno-salvaje-de será Y-él (12) . tu-aflicción a Yahweh

בַּכֹּל וְיַד כֹּל בּוֹ וְעַל־ פְּנֵי
faces-de y-contra ; contra-él todos y-mano-de contra-todos

כָל־ אֶחָיו יִשְׁכֹּן׃ וַתִּקְרָא שֵׁם־ יְהוָה
Yahweh nombre-de E-invocó (13) . vivirá sus-hermanos todos

הַדֹּבֵר אֵלֶיהָ אַתָּה אֵל רֳאִי כִּי אָמְרָה הֲגַם הֲלֹם רָאִיתִי אַחֲרֵי
espalda-de vi aquí ¿acaso , dijo porque ; visión Dios-de Tú : a-ella el-que-hablaba

רֹאִי׃ עַל־ כֵּן קָרָא לַבְּאֵר בְּאֵר לַחַי רֹאִי הִנֵּה בֵין־
entre he-aquí ; Roi Lahai Beer al-pozo llamó eso Por (14) el-que-me-ve?

קָדֵשׁ וּבֵין בָּרֶד׃ וַתֵּלֶד הָגָר לְאַבְרָם בֵּן וַיִּקְרָא
y-llamó ; hijo para-Abram Hagar Y-dio-a-luz (15) . Bered y-entre Cades

אַבְרָם שֶׁם־ בְּנוֹ אֲשֶׁר־ יָלְדָה הָגָר יִשְׁמָעֵאל׃ וְאַבְרָם בֶּן־
hijo-de Y-Abram (16) . Ismael Hagar dio-a-luz que su-hijo nombre-de Abram

שְׁמֹנִים שָׁנָה וְשֵׁשׁ שָׁנִים בְּלֶדֶת־ הָגָר אֶת־ יִשְׁמָעֵאל לְאַבְרָם׃
. para-Abram Ismael a Hagar cuando-dio-a-luz ; años y-seis año ochenta

וַיְהִי אַבְרָם בֶּן־ תִּשְׁעִים שָׁנָה וְתֵשַׁע שָׁנִים וַיֵּרָא
y-apareció ; años y-nueve año noventa hijo-de Abram Y-era (1)

יְהוָה אֶל־אַבְרָם וַיֹּאמֶר אֵלָיו אֲנִי־אֵל שַׁדַּי הִתְהַלֵּךְ לְפָנַי וֶהְיֵה
y-sé ante-mí anda , Sadai El Yo : a-él y-dijo Abram a Yahweh
(Todopoderoso Dios)

תָמִים׃ וְאֶתְּנָה בְרִיתִי בֵּינִי וּבֵינֶךָ
y-entre-ti entre-mí mi-pacto Y-confirmaré (2) . íntegro

וְאַרְבֶּה אוֹתְךָ בִּמְאֹד מְאֹד׃ וַיִּפֹּל אַבְרָם עַל־ פָּנָיו
su-faz sobre Abram Y-cayó (3) . mucho en-mucho a-ti y-multiplicaré

וַיְדַבֵּר אִתּוֹ אֱלֹהִים לֵאמֹר׃ אֲנִי הִנֵּה בְרִיתִי אִתָּךְ וְהָיִיתָ
y-serás contigo mi-pacto he-aquí Yo (4) . diciendo Dios a-él y-habló

לְאַב הֲמוֹן גּוֹיִם׃ וְלֹא־ יִקָּרֵא עוֹד אֶת־

** más se-llamará Y-no (5) . naciones muchas por-padre-de

שִׁמְךָ אַבְרָם וְהָיָה שִׁמְךָ אַבְרָהָם כִּי אַב־ הֲמוֹן

muchas padre-de porque Abraham tu-nombre y-será Abram tu-nombre

גּוֹיִם נְתַתִּיךָ׃ וְהִפְרֵתִי אֹתְךָ בִּמְאֹד מְאֹד

mucho en-mucho a-ti Y-haré-fructificar (6) . te-hice naciones

וּנְתַתִּיךָ לְגוֹיִם וּמְלָכִים מִמְּךָ יֵצֵאוּ׃

. saldrán de-ti y-reyes ; para-naciones y-te-haré

וַהֲקִמֹתִי אֶת־ בְּרִיתִי בֵּינִי וּבֵינֶךָ וּבֵין

y-entre y-entre-ti entre-mí mi-pacto ** Y-estableceré (7)

זַרְעֲךָ אַחֲרֶיךָ לְדֹרֹתָם לִבְרִית עוֹלָם

; eterno para-pacto por-sus-generaciones después-de-ti tu-descendencia

לִהְיוֹת לְךָ לֵאלֹהִים וּלְזַרְעֲךָ אַחֲרֶיךָ׃ וְנָתַתִּי

Y-daré (8) . después-de-ti y-para-tu-descendencia por-Dios para-ti para-ser

לְךָ וּלְזַרְעֲךָ אַחֲרֶיךָ אֵת ׀ אֶרֶץ מְגֻרֶיךָ אֵת

** tus-viajes tierra-de ** después-de-ti y-a-tu-descendencia a-ti

כָּל־ אֶרֶץ כְּנַעַן לַאֲחֻזַּת עוֹלָם וְהָיִיתִי לָהֶם

para-ellos y-seré ; siempre para-posesión-de Canaán tierra-de toda

לֵאלֹהִים׃ וַיֹּאמֶר אֱלֹהִים אֶל־אַבְרָהָם וְאַתָּה אֶת־ בְּרִיתִי תִשְׁמֹר

; guardarás mi-pacto ** y-tú : Abram a Dios Y-dijo (9) . por-Dios

אַתָּה וְזַרְעֲךָ אַחֲרֶיךָ לְדֹרֹתָם׃ זֹאת

Éste (10) . por-sus-generaciones después-de-ti y-tu-descendencia tú

בְּרִיתִי אֲשֶׁר תִּשְׁמְרוּ בֵּינִי וּבֵינֵיכֶם וּבֵין

y-entre y-entre-vosotros entre-mí guardarás que mi-pacto

זַרְעֲךָ אַחֲרֶיךָ הִמּוֹל לָכֶם כָּל־ זָכָר׃

. varón todo entre-vosotros ser-cincuncidado ; después-de-ti tu-descendencia

וּנְמַלְתֶּם אֵת בְּשַׂר עָרְלַתְכֶם וְהָיָה
y-será ; vuestro-prepucio carne-de ** Y-seréis-circuncidados (11)

לְאוֹת בְּרִית בֵּינִי וּבֵינֵיכֶם׃ וּבֶן־ שְׁמֹנַת יָמִים
días ocho E-hijo-de (12) . y-entre-vosotros entre-mí pacto para-señal-de

יִמּוֹל לָכֶם כָּל־ זָכָר לְדֹרֹתֵיכֶם יְלִיד
nacido-de por-vuestras-generaciones varón todo entre-vosotros será-circuncidado

בָּיִת וּמִקְנַת־ כֶּסֶף מִכֹּל בֶּן־ נֵכָר אֲשֶׁר לֹא
no que extranjero hijo-de de-todo dinero o-comprado-de tu-casa

מִזַּרְעֲךָ הוּא׃ הִמּוֹל ׀ יִמּוֹל יְלִיד
nacido-de será-circuncidado Ser-circuncidado (13) . él de-tu-descendencia

בֵּיתְךָ וּמִקְנַת כַּסְפֶּךָ וְהָיְתָה בְרִיתִי
mi-pacto y-será ; tu-dinero o-comprado-de tu-casa

בִּבְשַׂרְכֶם לִבְרִית עוֹלָם׃ וְעָרֵל ׀ זָכָר אֲשֶׁר
que varón Pero-incircunciso (14) . eterno para-pacto en-vuestra-carne

לֹא־ יִמּוֹל אֶת־ בְּשַׂר עָרְלָתוֹ וְנִכְרְתָה
y-será-cortada su-prepucio carne-de ** esté-circuncidado no

הַנֶּפֶשׁ הַהִוא מֵעַמֶּיהָ אֶת־ בְּרִיתִי הֵפַר׃
. rompió mi-pacto ** ; de-su-pueblo la-esta la-persona

וַיֹּאמֶר אֱלֹהִים אֶל־אַבְרָהָם שָׂרַי אִשְׁתְּךָ לֹא־ תִקְרָא אֶת־ שְׁמָהּ
su-nombre ** se-llamará no tu-mujer Sarai : Abraham a Dios Y-dijo (15)

שָׂרָי כִּי שָׂרָה שְׁמָהּ׃ וּבֵרַכְתִּי אֹתָהּ וְגַם נָתַתִּי
daré y-también a-ella Y-bendeciré (16) . su-nombre Sara que ; Sarai

מִמֶּנָּה לְךָ בֵּן וּבֵרַכְתִּיהָ וְהָיְתָה לְגוֹיִם מַלְכֵי
reyes-de , por-naciones y-será y-la-bendeciré ; hijo a-ti por-ella

עַמִּים מִמֶּנָּה יִהְיוּ׃ וַיִּפֹּל אַבְרָהָם עַל־ פָּנָיו
su-rostro sobre Abraham Y-cayó (17) . serán de-ella pueblos

וַיִּצְחָק וַיֹּאמֶר בְּלִבּוֹ הַלְּבֶן מֵאָה־שָׁנָה יִוָּלֵד
nacerá (hijo)? año cien ¿A-hijo-de : en-su-corazón y-dijo ; y-se-rió

וְאִם־שָׂרָה הֲבַת תִּשְׁעִים שָׁנָה תֵּלֵד׃ וַיֹּאמֶר אַבְרָהָם
Abraham Y-dijo (18) dará-a-luz? año noventa ¿hija-de Sara Y-aun

אֶל־הָאֱלֹהִים לוּ יִשְׁמָעֵאל יִחְיֶה לְפָנֶיךָ׃ וַיֹּאמֶר אֱלֹהִים אֲבָל
Pero : Dios Y-dijo (19) . ante-tu-faz viviera Ismael si sólo ; el-Dios a

שָׂרָה אִשְׁתְּךָ יֹלֶדֶת לְךָ בֵּן וְקָרָאתָ אֶת־ שְׁמוֹ יִצְחָק
Isaac su-nombre ** y-llamarás hijo para-ti dará-a-luz tu-mujer Sara

וַהֲקִמֹתִי אֶת־ בְּרִיתִי אִתּוֹ לִבְרִית עוֹלָם
eterno como-pacto con-él mi-pacto ** y-estableceré

לְזַרְעוֹ אַחֲרָיו׃ וּלְיִשְׁמָעֵאל שְׁמַעְתִּיךָ הִנֵּה ׀
¡mira! , te-he-escuchado Y-para-Ismael (20) . después-de-él a-su-descendencia

בֵּרַכְתִּי אֹתוֹ וְהִפְרֵיתִי אֹתוֹ וְהִרְבֵּיתִי אֹתוֹ בִּמְאֹד
en-mucho a-él y-multiplicaré a-él y-haré-fructífero a-él bendeciré

מְאֹד שְׁנֵים־עָשָׂר נְשִׂיאִם יוֹלִיד וּנְתַתִּיו לְגוֹי גָּדוֹל׃
. grande en-nación y-le-haré engendrará príncipes diez dos ; mucho

וְאֶת־ בְּרִיתִי אָקִים אֶת־יִצְחָק אֲשֶׁר תֵּלֵד לְךָ
para-ti dará-a-luz el-cual , Isaac con estableceré mi-pacto Pero (21)

שָׂרָה לַמּוֹעֵד הַזֶּה בַּשָּׁנָה הָאַחֶרֶת׃ וַיְכַל
Y-acabó (22) . el-próximo en-el-año el-este por-el-tiempo Sara

לְדַבֵּר אִתּוֹ וַיַּעַל אֱלֹהִים מֵעַל אַבְרָהָם׃ וַיִּקַּח אַבְרָהָם
Abraham Y-tomó (23) . Abraham de-sobre Dios y-se-levantó ; con-él de-hablar

אֶת־יִשְׁמָעֵאל בְּנוֹ וְאֵת כָּל־ יְלִידֵי בֵיתוֹ וְאֵת כָּל־
todo y-** su-casa nacidos-de todos y-** su-hijo Ismael a

מִקְנַת כַּסְפּוֹ כָּל־ זָכָר בְּאַנְשֵׁי בֵּית אַבְרָהָם
Abraham casa-de entre-hombres-de varón todo , su-dinero comprado-de

וַיָּמָל אֶת־ בְּשַׂר עָרְלָתָם בְּעֶצֶם הַיּוֹם הַזֶּה
el-aquel el-día en-mismo su-prepucio carne-de ** y-circuncidó

כַּאֲשֶׁר דִּבֶּר אִתּוֹ אֱלֹהִים׃ וְאַבְרָהָם בֶּן־ תִּשְׁעִים וָתֵשַׁע שָׁנָה
año y-nueve noventa hijo-de Y-Abraham (24) . Dios a-él habló como

בְּהִמֹּלוֹ בְּשַׂר עָרְלָתוֹ׃ וְיִשְׁמָעֵאל בְּנוֹ
su-hijo E-Ismael (25) . su-prepucio carne-de en-su-circuncidar

בֶּן־ שְׁלֹשׁ עֶשְׂרֵה שָׁנָה בְּהִמֹּלוֹ אֵת בְּשַׂר עָרְלָתוֹ׃
. su-prepucio carne-de ** en-su-circuncidar año diez tres hijo-de

בְּעֶצֶם הַיּוֹם הַזֶּה נִמּוֹל אַבְרָהָם וְיִשְׁמָעֵאל
e-Ismael Abraham ser-cincuncidados el-aquel el-día En-mismo (26)

בְּנוֹ׃ וְכָל־ אַנְשֵׁי בֵיתוֹ יְלִיד בָּיִת
casa nacido-de su-casa hombre-de Y-todo (27) . su-hijo

וּמִקְנַת־ כֶּסֶף מֵאֵת בֶּן־ נֵכָר נִמֹּלוּ אִתּוֹ׃
. con-él fueron-circuncidados extranjero hijo-de de-** dinero o-comprado-de

וַיֵּרָא אֵלָיו יְהוָה בְּאֵלֹנֵי מַמְרֵא וְהוּא יֹשֵׁב
sentado en y-él ; Mamre en-encinar-de Yahweh a-él Y-apareció (1)

פֶּתַח־ הָאֹהֶל כְּחֹם הַיּוֹם׃ וַיִּשָּׂא עֵינָיו
sus-ojos Y-levantó (2) . el-día al-calor-de la-tienda puerta-de

וַיַּרְא וְהִנֵּה שְׁלֹשָׁה אֲנָשִׁים נִצָּבִים עָלָיו וַיַּרְא וַיָּרָץ
y-corrió y-miró ; junto a-él de-pie hombres tres y-he-aquí y-miró

לִקְרָאתָם מִפֶּתַח הָאֹהֶל וַיִּשְׁתַּחוּ אָרְצָה׃ וַיֹּאמַר
: Y-dijo (3) . a-tierra y-se-inclinó , la-tienda de-la-puerta-de a-encontrarles

אֲדֹנָי אִם־נָא מָצָאתִי חֵן בְּעֵינֶיךָ אַל־נָא תַעֲבֹר מֵעַל עַבְדֶּךָ׃
. tu-siervo de-sobre pases ahora no en-tus-ojos favor hallo ahora si mi-Señor

יֻקַּח־ נָא מְעַט־ מַיִם וְרַחֲצוּ רַגְלֵיכֶם וְהִשָּׁעֲנוּ
y-descansad ; vuestros-pies y-lavad agua un poco-de ahora Sea traída (4)

תַּחַת הָעֵץ׃ וְאֶקְחָה פַת־ לֶחֶם וְסַעֲדוּ לִבְּכֶם אַחַר
después vuestro corazón y-sustentad pan trozo-de Y-cogeré (5) . el-árbol debajo-de

תַּעֲבֹרוּ כִּי־עַל־כֵּן עֲבַרְתֶּם עַל־ עַבְדְּכֶם וַיֹּאמְרוּ כֵּן
bien : y-dijeron ; vuestro-siervo a vinisteis ya-que marcharéis

תַּעֲשֶׂה כַּאֲשֶׁר דִּבַּרְתָּ׃ וַיְמַהֵר אַבְרָהָם הָאֹהֱלָה אֶל־ שָׂרָה
Sara a a-la-tienda Abraham Y-se-apresuró (6) . dijiste como haz

וַיֹּאמֶר מַהֲרִי שְׁלֹשׁ סְאִים קֶמַח סֹלֶת לוּשִׁי וַעֲשִׂי עֻגוֹת׃
. panes y-haz amasa, fina harina medidas-de tres ¡rápido! Y-dijo

וְאֶל־ הַבָּקָר רָץ אַבְרָהָם וַיִּקַּח בֶּן־ בָּקָר רַךְ
tierno vacuno hijo-de y-tomó ; Abraham corrió el-rebaño Y-al (7)

וָטוֹב וַיִּתֵּן אֶל־ הַנַּעַר וַיְמַהֵר לַעֲשׂוֹת אֹתוֹ׃
. a-él a-preparar y-se-apresuró el-criado a y-dio y-bueno

וַיִּקַּח חֶמְאָה וְחָלָב וּבֶן־ הַבָּקָר אֲשֶׁר עָשָׂה
, hizo que el-vacuno e-hijo-de , y-leche manteca Y-tomó (8)

וַיִּתֵּן לִפְנֵיהֶם וְהוּא־ עֹמֵד עֲלֵיהֶם תַּחַת הָעֵץ וַיֹּאכֵלוּ׃
. y-comieron , el-árbol bajo ante-ellos de pie y-él ; ante-ellos y-puso

וַיֹּאמְרוּ אֵלָיו אַיֵּה שָׂרָה אִשְׁתֶּךָ וַיֹּאמֶר הִנֵּה
he-aquí y-dijo ; tu-mujer? Sara ¿dónde a-él Y-dijeron (9)

בָאֹהֶל׃ וַיֹּאמֶר שׁוֹב אָשׁוּב אֵלֶיךָ כָּעֵת
según-el-tiempo-de a-ti volveré volver Y-dijo (10) en-la-tienda .

חַיָּה וְהִנֵּה־ בֵן לְשָׂרָה אִשְׁתֶּךָ וְשָׂרָה שֹׁמַעַת פֶּתַח
puerta-de escuchaba y-Sara ; tu-mujer para-Sara hijo y-he-aquí , vida

הָאֹהֶל וְהוּא אַחֲרָיו׃ וְאַבְרָהָם וְשָׂרָה זְקֵנִים בָּאִים
entrados viejos y-Sara Y-Abraham (11) . tras-él y-él la-tienda

בַּיָּמִים חָדַל לִהְיוֹת לְשָׂרָה אֹרַח כַּנָּשִׁים׃
. como-mujeres costumbre a-Sara de-ser pasado ; en-días

וַתִּצְחַק שָׂרָה בְּקִרְבָּהּ לֵאמֹר אַחֲרֵי בְלֹתִי הָיְתָה־

habrá mi-desgaste ¿después-de : a-decir en-su-interior Sara Y-se-rió (12)

לִּי עֶדְנָה וַאדֹנִי זָקֵן׃ וַיֹּאמֶר יְהוָה אֶל־אַבְרָהָם

; Abraham a Yahweh Y-dijo (13) viejo? y-mi-señor placer para-mi

לָמָּה זֶּה צָחֲקָה שָׂרָה לֵאמֹר הַאַף אֻמְנָם אֵלֵד וַאֲנִי זָקַנְתִּי׃

soy vieja? y-yo daré a luz de cierto ahora : a-decir Sara rió así ¿por qué

הֲיִפָּלֵא מֵיְהוָה דָּבָר לַמּוֹעֵד אָשׁוּב אֵלֶיךָ

a-ti volveré al-tiempo ; algo? para-Yahweh ¿Acaso es difícil (14)

כָּעֵת חַיָּה וּלְשָׂרָה בֵן׃ וַתְּכַחֵשׁ שָׂרָה ׀ לֵאמֹר לֹא

no : al-decir Sara Y-mintió (15) . hijo y-a-Sara vida al-tiempo-de

צָחַקְתִּי כִּי ׀ יָרֵאָה וַיֹּאמֶר ׀ לֹא כִּי צָחָקְתְּ׃

. te reíste que no : y-dijo ; tuvo miedo porque me-reí

וַיָּקֻמוּ מִשָּׁם הָאֲנָשִׁים וַיַּשְׁקִפוּ עַל־פְּנֵי סְדֹם

; Sodoma hacia abajo y-miraron los-hombres de-allí Y-se levantaron (16)

וְאַבְרָהָם הֹלֵךְ עִמָּם לְשַׁלְּחָם׃ וַיהוָה אָמָר

: dijo Y-Yahweh (17) . para-despedirlos con-ellos anduvo y-Abraham

הַמְכַסֶּה אֲנִי מֵאַבְרָהָם אֲשֶׁר אֲנִי עֹשֶׂה׃ וְאַבְרָהָם הָיוֹ יִהְיֶה

será ser Y-Abraham . haciendo? yo lo que de-Abraham yo ¿ocultaré

לְגוֹי גָּדוֹל וְעָצוּם וְנִבְרְכוּ בוֹ כֹּל

todas en-él y-serán benditas ; y-poderosa grande para-nación

גּוֹיֵי הָאָרֶץ׃ כִּי יְדַעְתִּיו לְמַעַן אֲשֶׁר יְצַוֶּה אֶת־

a dirija que para le-elegí Porque (19) . la-tierra naciones-de

בָּנָיו וְאֶת־בֵּיתוֹ אַחֲרָיו וְשָׁמְרוּ דֶּרֶךְ

camino-de y-guardarán después de-él su-casa y-a sus-hijos

יְהוָה לַעֲשׂוֹת צְדָקָה וּמִשְׁפָּט לְמַעַן הָבִיא יְהוָה עַל־אַבְרָהָם אֵת אֲשֶׁר־

lo que ** Abraham sobre Yahweh traiga para que ; y-juicio justicia para-hacer Yahweh

דִּבֶּר אֵלָיו׃ וַיֹּאמֶר יְהוָה זַעֲקַת סְדֹם וַעֲמֹרָה כִּי־
que y-Gomorra Sodoma clamor-de Yahweh Y-dijo (20) . a-él habló

רָבָּה וְחַטָּאתָם כִּי כָבְדָה מְאֹד׃ אֵרֲדָה־נָּא
ahora Descenderé (21) . mucho es grave que y-su-pecado ; grande

וְאֶרְאֶה הַכְּצַעֲקָתָהּ הַבָּאָה אֵלַי עָשׂוּ ׀
hicieron a-mí el-que llega si-como-su-clamor y-veré

כָּלָה וְאִם־ לֹא אֵדָעָה׃ וַיִּפְנוּ מִשָּׁם הָאֲנָשִׁים
los-hombres de-allí Y-se volvieron (22) . sabré no y-si ; todo

וַיֵּלְכוּ סְדֹמָה וְאַבְרָהָם עוֹדֶנּוּ עֹמֵד לִפְנֵי יְהוָה׃
. Yahweh delante de de pie se quedó y-Abraham ; hacia Sodoma y-fueron

וַיִּגַּשׁ אַבְרָהָם וַיֹּאמַר הַאַף תִּסְפֶּה
barrerás ¿en verdad : y-dijo Abraham Y-se acercó (23)

צַדִּיק עִם־ רָשָׁע׃ אוּלַי יֵשׁ חֲמִשִּׁים צַדִּיקִם בְּתוֹךְ
en justos cincuenta hay Quizá (24) . impío? con justo

הָעִיר הַאַף תִּסְפֶּה וְלֹא־ תִשָּׂא לַמָּקוֹם
al-lugar perdonarás y-no barrerás ¿en verdad ; la-ciudad

לְמַעַן חֲמִשִּׁים הַצַּדִּיקִם אֲשֶׁר בְּקִרְבָּהּ׃ חָלִלָה לְּךָ
de-ti Lejos sea (25) . en-su-interio? que los-justos cincuenta por causa de

מֵעֲשֹׂת ׀ כַּדָּבָר הַזֶּה לְהָמִית צַדִּיק עִם־ רָשָׁע וְהָיָה
y-sea impío con justo para-matar la-esta tal-cosa de-hacer

כַצַּדִּיק כָּרָשָׁע חָלִלָה לָּךְ הֲשֹׁפֵט כָּל־
toda ¿acaso-el juez-de , de-ti lejos sea ; como-el-impío como-el-justo

הָאָרֶץ לֹא יַעֲשֶׂה מִשְׁפָּט׃ וַיֹּאמֶר יְהוָה אִם־אֶמְצָא בִסְדֹם
en-Sodoma hallo si Yahweh Y-dijo (26) . juicio? hará no la-tierra

חֲמִשִּׁים צַדִּיקִם בְּתוֹךְ הָעִיר וְנָשָׂאתִי לְכָל־ הַמָּקוֹם
el-lugar a-todo entonces-perdonaré la-ciudad en justos cincuenta

בַּעֲבוּרָֽם׃ וַיַּ֥עַן אַבְרָהָ֖ם וַיֹּאמַ֑ר הִנֵּה־נָ֤א הוֹאַ֙לְתִּי֙
me atreví ahora he-aquí : y-dijo Abraham Y-respondió (27) . por-su-causa

לְדַבֵּ֣ר אֶל־אֲדֹנָ֔י וְאָנֹכִ֖י עָפָ֥ר וָאֵֽפֶר׃ אוּלַ֡י יַחְסְר֞וּן חֲמִשִּׁ֤ים
de-cincuenta faltarán Quizá (28) . y-ceniza polvo y-yo mi-señor a a-hablar

הַצַּדִּיקִם֙ חֲמִשָּׁ֔ה הֲתַשְׁחִ֥ית בַּחֲמִשָּׁ֖ה אֶת־כָּל־הָעִ֑יר
la ciudad? toda a por-cinco ¿acaso-destruirás cinco los-justos

וַיֹּ֙אמֶר֙ לֹ֣א אַשְׁחִ֔ית אִם־אֶמְצָ֣א שָׁ֔ם אַרְבָּעִ֖ים וַחֲמִשָּֽׁה׃
. y-cinco cuarenta allí hallo si destruiré no y-dijo

וַיֹּ֨סֶף ע֜וֹד לְדַבֵּ֤ר אֵלָיו֙ וַיֹּאמַ֔ר אוּלַ֛י יִמָּצְא֥וּן
se encuentren quizá : y-dijo a-él para-hablar aún Y-repitió (29)

שָׁ֖ם אַרְבָּעִ֑ים וַיֹּ֙אמֶר֙ לֹ֣א אֶֽעֱשֶׂ֔ה בַּעֲב֖וּר הָֽאַרְבָּעִֽים׃ וַ֠יֹּאמֶר
Y-dijo (30) . los-cuarenta por causa-de haré no y-dijo ; cuarenta allí

אַל־נָ֞א יִ֤חַר לַֽאדֹנָי֙ וַאֲדַבֵּ֔רָה אוּלַ֛י יִמָּצְא֥וּן שָׁ֖ם
allí se encuentren quizá : y-hablaré al-señor haya enojo ahora no

שְׁלֹשִׁ֑ים וַיֹּ֙אמֶר֙ לֹ֣א אֶֽעֱשֶׂ֔ה אִם־אֶמְצָ֥א שָׁ֖ם שְׁלֹשִֽׁים׃ וַיֹּ֗אמֶר
Y-dijo (31) . treinta allí hallo si haré no y-dijo ; treinta

הִנֵּה־נָ֤א הוֹאַ֙לְתִּי֙ לְדַבֵּ֣ר אֶל־אֲדֹנָ֔י אוּלַ֛י יִמָּצְא֥וּן שָׁ֖ם עֶשְׂרִ֑ים
veinte allí se hallen quizá , señor al a-hablar me atreví ahora mira

וַיֹּ֙אמֶר֙ לֹ֣א אַשְׁחִ֔ית בַּעֲב֖וּר הָֽעֶשְׂרִֽים׃ וַ֠יֹּאמֶר אַל־נָ֞א
ahora no Y-dijo (32) . los-veinte por causa de destruiré no y-dijo

יִ֤חַר לַֽאדֹנָי֙ וַאֲדַבְּרָ֣ה אַךְ־הַפַּ֔עַם אוּלַ֛י יִמָּצְא֥וּן
se hallen quizá , la-una vez solo y-hablaré al-señor haya enojo

שָׁ֖ם עֲשָׂרָ֑ה וַיֹּ֙אמֶר֙ לֹ֣א אַשְׁחִ֔ית בַּעֲב֖וּר הָעֲשָׂרָֽה׃
. los-diez por causa de destruiré no y-dijo ; diez allí

וַיֵּ֣לֶךְ יְהוָ֔ה כַּאֲשֶׁ֣ר כִּלָּ֔ה לְדַבֵּ֖ר אֶל־אַבְרָהָ֑ם וְאַבְרָהָ֖ם
y-Abraham ; Abraham a de-hablar acabó cuando Yahweh Y-marchó (33)

שָׁב לִמְקֹמוֹ׃ וַיָּבֹאוּ שְׁנֵי הַמַּלְאָכִים סְדֹמָה
a-Sodoma los-ángeles dos-de Y-llegaron (1) . a-su-lugar volvió

בָּעֶרֶב וְלוֹט יֹשֵׁב בְּשַׁעַר־ סְדֹם וַיַּרְא־ לוֹט
Lot y-vio ; Sodoma en-entrada-de estaba sentado y-Lot por-la-tarde

וַיָּקָם לִקְרָאתָם וַיִּשְׁתַּחוּ אַפַּיִם אָרְצָה׃ וַיֹּאמֶר הִנֶּה
he aquí Y-dijo (2) . al suelo rostro e-inclinó a-recibir-los y-se-levantó

נָּא־ אֲדֹנַי סוּרוּ נָא אֶל־ בֵּית עַבְדְּכֶם וְלִינוּ וְרַחֲצוּ
y-lavad y-pernoctad vuestro-siervo casa-de a ahora volved señores-míos ahora

רַגְלֵיכֶם וְהִשְׁכַּמְתֶּם וַהֲלַכְתֶּם לְדַרְכְּכֶם וַיֹּאמְרוּ לֹּא
no y-dijeron ; para-vuestro-camino y-os-marcharéis y-os-levantaréis vuestros-pies

כִּי בָרְחוֹב נָלִין׃ וַיִּפְצַר־ בָּם מְאֹד
mucho con-ellos Y-porfió (3) . pernoctaremos en-la-calle que

וַיָּסֻרוּ אֵלָיו וַיָּבֹאוּ אֶל־ בֵּיתוֹ וַיַּעַשׂ
y-preparó ; su-casa a y-entraron con-él y-fueron

לָהֶם מִשְׁתֶּה וּמַצּוֹת אָפָה וַיֹּאכֵלוּ׃ טֶרֶם
Antes de (4) . y-comieron coció y-panes sin levadura cena para-ellos

יִשְׁכָּבוּ וְאַנְשֵׁי הָעִיר אַנְשֵׁי סְדֹם נָסַבּוּ עַל־
alrededor rodearon Sodoma hombres-de la-ciudad * hombres-de acostarse

הַבַּיִת מִנַּעַר וְעַד־ זָקֵן כָּל־ הָעָם מִקָּצֶה׃
. hasta el último el-pueblo todo ; viejo * hasta de-joven la-casa

וַיִּקְרְאוּ אֶל־לוֹט וַיֹּאמְרוּ לוֹ אַיֵּה הָאֲנָשִׁים אֲשֶׁר־ בָּאוּ
vinieron que los-hombres ¿dónde : a-él y-dijeron Lot a Y-llamaron (5)

אֵלֶיךָ הַלָּיְלָה הוֹצִיאֵם אֵלֵינוּ וְנֵדְעָה אֹתָם׃ וַיֵּצֵא
Y-salió (6) . a-ellos y-conoceremos a-nosotros sácalos , esta-noche? a-ti

אֲלֵהֶם לוֹט הַפֶּתְחָה וְהַדֶּלֶת סָגַר אַחֲרָיו׃ וַיֹּאמַר אַל־נָא
ahora no : Y-dijo (7) . tras-él cerró y-la-puerta ; a-la-entrada Lot a-ellos

אַחַי תָּרֵעוּ׃ הִנֵּה־נָא לִי שְׁתֵּי בָנוֹת אֲשֶׁר לֹא־יָדְעוּ
conocieron no que hijas dos para-mí ahora Mira (8) . hagáis mal hermanos-míos

אִישׁ אוֹצִיאָה־נָּא אֶתְהֶן אֲלֵיכֶם וַעֲשׂוּ לָהֶן כַּטּוֹב בְּעֵינֵיכֶם
en-vuestros ojos ; como-bien a-ellas y-haced a-vosotros a-ellas ahora haré salir , hombre

רַק לָאֲנָשִׁים הָאֵל אַל־תַּעֲשׂוּ דָבָר כִּי־עַל־כֵּן בָּאוּ בְּצֵל
bajo-sombra-de vinieron por-que cosa hagáis no los-estos a-los-hombres pero

קֹרָתִי׃ וַיֹּאמְרוּ ׀ גֶּשׁ־הָלְאָה וַיֹּאמְרוּ הָאֶחָד בָּא־
vino el-éste y-dijeron , allá quita : Y-dijeron (9) .mi-tejado

לָגוּר וַיִּשְׁפֹּט שָׁפוֹט עַתָּה נָרַע לְךָ
a-ti haremos-mal ahora ; juzgar y-juzgará a-habitar

מֵהֶם וַיִּפְצְרוּ בָאִישׁ בְּלוֹט מְאֹד וַיִּגְּשׁוּ
y-se-acercaron mucho contra-Lot contra-el-hombre y-empujaron ; que (a) ellos

לִשְׁבֹּר הַדָּלֶת׃ וַיִּשְׁלְחוּ הָאֲנָשִׁים אֶת־יָדָם
su-mano ** los-hombres Y-alargaron (10) . la-puerta para-romper

וַיָּבִיאוּ אֶת־לוֹט אֲלֵיהֶם הַבָּיְתָה וְאֶת־הַדֶּלֶת סָגָרוּ׃
. cerraron la-puerta y ** a-la-casa con-ellos Lot a y-empujaron

וְאֶת־הָאֲנָשִׁים אֲשֶׁר־פֶּתַח הַבַּיִת הִכּוּ בַּסַּנְוֵרִים
con-la-ceguera golpearon , la-casa puerta-de que los-hombres Y ** (11)

מִקָּטֹן וְעַד־גָּדוֹל וַיִּלְאוּ לִמְצֹא הַפָּתַח׃ וַיֹּאמְרוּ
Y-dijeron (12) . la-puerta de-buscar y-desistieron ; grande hasta desde-pequeño

הָאֲנָשִׁים אֶל־לוֹט עֹד מִי־לְךָ פֹה חָתָן וּבָנֶיךָ
y-tus-hijos yerno aquí contigo quién ¿ aún : Lot a los-hombres

וּבְנֹתֶיךָ וְכֹל אֲשֶׁר־לְךָ בָּעִיר הוֹצֵא מִן־הַמָּקוֹם׃
. el-lugar de saca ; en -la-ciudad contigo lo-que y-todo y-tus-hijas

כִּי־מַשְׁחִתִים אֲנַחְנוּ אֶת־הַמָּקוֹם הַזֶּה כִּי־גָדְלָה צַעֲקָתָם
su-clamor grande porque ; el-éste el-lugar ** nosotros destruyendo Porque (13)

אֶת־ פְּנֵי יְהוָה וַיְשַׁלְּחֵנוּ יְהוָה לְשַׁחֲתָהּ׃ וַיֵּצֵא

Y-salió (14) . a-destruir-la Yahweh y-nos-envió , Yahweh faz-de a

לוֹט וַיְדַבֵּר ׀ אֶל־ חֲתָנָיו ׀ לֹקְחֵי בְנֹתָיו

sus-hijas prometidos-de sus-yernos a y-habló Lot

וַיֹּאמֶר קוּמוּ צְּאוּ מִן־ הַמָּקוֹם הַזֶּה כִּי־ מַשְׁחִית

destruyendo porque el-éste el-lugar de ¡salid! , ¡levantaos! : y-dijo

יְהוָה אֶת־ הָעִיר וַיְהִי כִמְצַחֵק בְּעֵינֵי חֲתָנָיו׃

. sus-yernos en-ojos-de como-burlador y-era ; la-ciudad ** Yahweh

וּכְמוֹ הַשַּׁחַר עָלָה וַיָּאִיצוּ הַמַּלְאָכִים בְּלוֹט לֵאמֹר

: diciendo a-Lot los-ángeles apresuraron llegó la-mañana Y-cuando (15)

קוּם קַח אֶת־ אִשְׁתְּךָ וְאֶת־ שְׁתֵּי בְנֹתֶיךָ הַנִּמְצָאֹת

las-que-se-hallan-aquí tus-hijas dos-de y ** tu-mujer ** toma ¡levanta!

פֶּן־ תִּסָּפֶה בַּעֲוֹן הָעִיר׃ וַיִּתְמַהְמָהּ ׀

Y-vacilando-él (16) . la-ciudad en-el-castigo-de seréis-barridos o

וַיַּחֲזִקוּ הָאֲנָשִׁים בְּיָדוֹ וּבְיַד־ אִשְׁתּוֹ

su-mujer y-por-mano-de por-su-mano los-hombres y-agarraron

וּבְיַד שְׁתֵּי בְנֹתָיו בְּחֶמְלַת יְהוָה עָלָיו

sobre-él Yahweh en-misericordia-de sus-hijas dos-de y-por-mano-de

וַיֹּצִאֻהוּ וַיַּנִּחֻהוּ מִחוּץ לָעִיר׃ וַיְהִי

Y-fue (17) . la-ciudad fuera-de y-le-pusieron y-le-sacaron

כְהוֹצִיאָם אֹתָם הַחוּצָה וַיֹּאמֶר הִמָּלֵט עַל־ נַפְשֶׁךָ אַל־

no tu-vida por ¡huye! y-dijo , al-exterior a-ellos al-sacar-los

תַּבִּיט אַחֲרֶיךָ וְאַל־ תַּעֲמֹד בְּכָל־ הַכִּכָּר הָהָרָה

hasta-el-monte la-llanura en-toda te-detengas y-no tras-ti mires

הִמָּלֵט פֶּן־ תִּסָּפֶה׃ וַיֹּאמֶר לוֹט אֲלֵהֶם אַל־ נָא אֲדֹנָי׃

. señores-míos ahora no ; a-ellos Lot Y-dijo (18) . serás-barrido o ¡huye!

הִנֵּה־נָא מָצָא עַבְדְּךָ חֵן בְּעֵינֶיךָ וַתַּגְדֵּל
y-engrandeciste en-tus-ojos gracia tu-siervo halló ahora He-aquí
(19)

חַסְדְּךָ אֲשֶׁר עָשִׂיתָ עִמָּדִי לְהַחֲיוֹת אֶת־נַפְשִׁי וְאָנֹכִי לֹא אוּכַל
puedo no y-yo ; mi-vida ** para-salvar a-mí mostraste que tu-merced

לְהִמָּלֵט הָהָרָה פֶּן־תִּדְבָּקַנִי הָרָעָה וָמַתִּי׃ הִנֵּה־נָא
ahora ¡Mira! (20) . y-muera el-mal me-alcance no-sea-que al-monte para-huir

הָעִיר הַזֹּאת קְרֹבָה לָנוּס שָׁמָּה וְהִיא מִצְעָר אִמָּלְטָה נָּא שָׁמָּה
allí ahora huiré ; pequeña y-ella allí para-huir cerca la-esta la-ciudad

הֲלֹא מִצְעָר הִוא וּתְחִי נַפְשִׁי׃ וַיֹּאמֶר אֵלָיו הִנֵּה
¡mira! a-él Y-dijo (21) mi-alma? y-vivirá ella pequeña ¿no

נָשָׂאתִי פָנֶיךָ גַּם לַדָּבָר הַזֶּה לְבִלְתִּי הָפְכִּי אֶת־
** destruiré no ; la-ésta para-la-cosa también tu-faz concederé

הָעִיר אֲשֶׁר דִּבַּרְתָּ׃ מַהֵר הִמָּלֵט שָׁמָּה כִּי לֹא אוּכַל לַעֲשׂוֹת
hacer puedo no porque allí huye ¡Rápido! (22) . dices que la-ciudad

דָּבָר עַד־בֹּאֲךָ שָׁמָּה עַל־כֵּן קָרָא שֵׁם־הָעִיר צוֹעַר׃
. Zoar la-ciudad nombre-de llamó esto por ; allí tú-llegar hasta cosa

הַשֶּׁמֶשׁ יָצָא עַל־הָאָרֶץ וְלוֹט בָּא צֹעֲרָה׃ וַיהוָה
Y-Yahweh (24) . en-Zoar entró y-Lot la-tierra sobre salió El-sol (23)

הִמְטִיר עַל־סְדֹם וְעַל־עֲמֹרָה גָּפְרִית וָאֵשׁ מֵאֵת יְהוָה מִן־הַשָּׁמָיִם׃
. el-cielo desde Yahweh de y-fuego azufre Gomorra y-sobre Sodoma sobre hizo llover

וַיַּהֲפֹךְ אֶת־הֶעָרִים הָאֵל וְאֵת כָּל־הַכִּכָּר וְאֵת כָּל־
todo y ** el-llano y-todo y ** las-éstas las-ciudades ** Y-destruyó (25)

יֹשְׁבֵי הֶעָרִים וְצֶמַח הָאֲדָמָה׃ וַתַּבֵּט
Y-miró (26) . el-terreno y-vegetación-de las-ciudades habitantes-de

אִשְׁתּוֹ מֵאַחֲרָיו וַתְּהִי נְצִיב מֶלַח׃ וַיַּשְׁכֵּם
Y-se-levantó (27) . sal pilar-de y-fue detrás-de-él su-mujer

אַבְרָהָם בַּבֹּקֶר אֶל־הַמָּקוֹם אֲשֶׁר־עָמַד שָׁם אֶת־פְּנֵי יְהוָה׃
. Yahweh ante ** allí estuvo donde el-lugar a por-la-mañana Abraham

וַיַּשְׁקֵף עַל־פְּנֵי סְדֹם וַעֲמֹרָה וְעַל־כָּל־פְּנֵי
faz-de toda y-sobre y-Gomorra Sodoma hacia sobre Y-miró (28)

אֶרֶץ הַכִּכָּר וַיַּרְא וְהִנֵּה עָלָה קִיטֹר הָאָרֶץ כְּקִיטֹר
como-humo-de la-tierra humo-de subía y-he-aquí y-vio ; el-llano tierra-de

הַכִּבְשָׁן׃ וַיְהִי בְּשַׁחֵת אֱלֹהִים אֶת־עָרֵי הַכִּכָּר
el-llano ciudades-de ** Dios en-destruir Y-fue (29) . el-horno

וַיִּזְכֹּר אֱלֹהִים אֶת־אַבְרָהָם וַיְשַׁלַּח אֶת־לוֹט מִתּוֹךְ
del-medio-de Lot a y-envió ; Abraham a Dios y-recordó

הַהֲפֵכָה בַּהֲפֹךְ אֶת־הֶעָרִים אֲשֶׁר־יָשַׁב בָּהֵן לוֹט׃
. Lot en-ellas habitaba que las-ciudades ** en-el-destruir la-catástrofe

וַיַּעַל לוֹט מִצּוֹעַר וַיֵּשֶׁב בָּהָר וּשְׁתֵּי
y-dos-de en-la-montaña y-se estableció de-Zoar Lot Y-subió (30)

בְנֹתָיו עִמּוֹ כִּי יָרֵא לָשֶׁבֶת בְּצוֹעַר וַיֵּשֶׁב
y-habitó en-Zoar permanecer temió porque con-él sus-hijas

בַּמְּעָרָה הוּא וּשְׁתֵּי בְנֹתָיו׃ וַתֹּאמֶר הַבְּכִירָה אֶל־
a la-mayor Y-dijo (31) . sus-hijas y-dos-de él en-la-cueva

הַצְּעִירָה אָבִינוּ זָקֵן וְאִישׁ אֵין בָּאָרֶץ לָבוֹא
para-venir en-la-tierra no-hay y-hombre ; viejo nuestro-padre : la-menor

עָלֵינוּ כְּדֶרֶךְ כָּל־הָאָרֶץ׃ לְכָה נַשְׁקֶה אֶת־
a hagamos-beber ¡Ven! (32) . la tierra de-toda según-costumbre según nosotras

אָבִינוּ יַיִן וְנִשְׁכְּבָה עִמּוֹ וּנְחַיֶּה מֵאָבִינוּ
de-nuestro-padre y-conservemos con-él y-acostémonos vino nuestro-padre

זָרַע׃ וַתַּשְׁקֶיןָ אֶת־אֲבִיהֶן יַיִן בַּלַּיְלָה הוּא
aquella en-la-noche vino su-padre a E-hicieron-beber (33) . descendencia

וַתָּבֹא הַבְּכִירָה וַתִּשְׁכַּב אֶת־ אָבִיהָ וְלֹא־ יָדַע
sabía-él y-no su-padre con y-yació la-mayor y-entró

בְּשִׁכְבָהּ וּבְקוּמָהּ׃ וַיְהִי מִמָּחֳרָת
al-día-siguiente Y-fue (34) . y-cuándo-se-levantó cuándo-yació-ella

וַתֹּאמֶר הַבְּכִירָה אֶל־ הַצְּעִירָה הֵן־שָׁכַבְתִּי אֶמֶשׁ אֶת־ אָבִי
; mi-padre con anoche yo-yací ¡eh! : la-menor a la-mayor y-dijo

נַשְׁקֶנּוּ יַיִן גַּם־ הַלַּיְלָה וּבֹאִי שִׁכְבִי עִמּוֹ
con-él yace y-ve esta-noche también vino hagámosle-beber

וּנְחַיֶּה מֵאָבִינוּ זָרַע׃ וַתַּשְׁקֶיןָ גַּם
también E-hicieron-beber (35) . descendencia por-nuestro-padre y-conservemos

בַּלַּיְלָה הַהוּא אֶת־ אֲבִיהֶן יָיִן וַתָּקָם הַצְּעִירָה
la-menor y-fue ; vino su-padre a la-aquella en-la-noche

וַתִּשְׁכַּב עִמּוֹ וְלֹא־ יָדַע בְּשִׁכְבָהּ וּבְקֻמָהּ׃
. y-cuándo-se-levantó cuándo-yació-ella supo-él y-no con-él y-yació

וַתַּהֲרֶיןָ שְׁתֵּי בְנוֹת־ לוֹט מֵאֲבִיהֶן׃
. por-su-padre Lot hijas-de dos Y-concibieron (36)

וַתֵּלֶד הַבְּכִירָה בֵּן וַתִּקְרָא שְׁמוֹ מוֹאָב הוּא אֲבִי־
padre-de él ; Moab su-nombre y-llamó un-hijo la-mayor Y-dio-a-luz (37)

מוֹאָב עַד־ הַיּוֹם׃ וְהַצְּעִירָה גַם־ הִוא יָלְדָה בֵּן וַתִּקְרָא
y-llamó un-hijo dio-a-luz ella también Y-la-menor (38) . hoy hasta Moab

שְׁמוֹ בֶּן־ עַמִּי הוּא אֲבִי בְנֵי־ עַמּוֹן עַד־הַיּוֹם׃ וַיִּסַּע
Y-partió (1) . hoy hasta Amón hijos-de padre-de él ; Ammi-Ben su-nombre

מִשָּׁם אַבְרָהָם אַרְצָה הַנֶּגֶב וַיֵּשֶׁב בֵּין־ קָדֵשׁ
Cades entre y-habitó el-Neguev a-tierra-de Abraham de-allí

וּבֵין שׁוּר וַיָּגָר בִּגְרָר׃ וַיֹּאמֶר אַבְרָהָם אֶל־ שָׂרָה
Sara de Abraham Y-dijo (2) . en-Gerar y-residió ; Shur y-entre

אִשְׁתּוֹ אֲחֹתִי הִוא וַיִּשְׁלַח אֲבִימֶלֶךְ מֶלֶךְ גְּרָר וַיִּקַּח
y-tomó Gerar rey-de Abimelec y-envió ; ella mi-hermana su-mujer

אֶת־שָׂרָה׃ וַיָּבֹא אֱלֹהִים אֶל־אֲבִימֶלֶךְ בַּחֲלוֹם הַלָּיְלָה וַיֹּאמֶר
y-dijo aquella-noche en-sueño Abimelec a Dios Y-vino (3) . Sara a

לוֹ הִנְּךָ מֵת עַל־ הָאִשָּׁה אֲשֶׁר־ לָקַחְתָּ וְהִוא
pues-ella tomaste que la-mujer por-causa-de muerto ¡mira tú! a-él

בְּעֻלַת בָּעַל׃ וַאֲבִימֶלֶךְ לֹא קָרַב אֵלֶיהָ וַיֹּאמַר
y-dijo ; a-ella se-acercó no Y-Abimelec (4) . con-marido casada

אֲדֹנָי הֲגוֹי גַּם־ צַדִּיק תַּהֲרֹג׃ הֲלֹא הוּא אָמַר־ לִי
a-mí dijo él ¿Acaso-no (5) destruirás? justo también ¿acaso pueblo señor-mío

אֲחֹתִי הִוא וְהִיא־ גַם־ הִוא אָמְרָה אָחִי הוּא בְּתָם־
con-sencillez él? mi-hermano dijo ella también y-ella ella mi-hermana

לְבָבִי וּבְנִקְיֹן כַּפַּי עָשִׂיתִי זֹאת׃ וַיֹּאמֶר
Y-dijo , (6) . esto hice mis-manos y-con-limpieza-de de-mi-corazón

אֵלָיו הָאֱלֹהִים בַּחֲלֹם גַּם אָנֹכִי יָדַעְתִּי כִּי בְתָם־ לְבָבְךָ
tu-corazón con-sencillez-de que conocí yo también : en-sueño Dios a-él

עָשִׂיתָ זֹּאת וָאֶחְשֹׂךְ גַּם־ אָנֹכִי אוֹתְךָ מֵחֲטוֹ־ לִי עַל־ כֵּן לֹא־
no eso por contra-mí de-pecar a-ti yo también y-libré ; esto hiciste

נְתַתִּיךָ לִנְגֹּעַ אֵלֶיהָ׃ וְעַתָּה הָשֵׁב אֵשֶׁת־ הָאִישׁ כִּי־ נָבִיא
profeta que el-hombre mujer-de

הוּא וְיִתְפַּלֵּל בַּעַדְךָ וֶחְיֵה וְאִם־ אֵינְךָ מֵשִׁיב דַּע כִּי־
que entiende devuelves tú-no y-si ; y-vivirás por-ti y-orará él

מוֹת תָּמוּת אַתָּה וְכָל־ אֲשֶׁר־ לָךְ׃ וַיַּשְׁכֵּם אֲבִימֶלֶךְ
Abimelec Y-se-levantó (8) . contigo lo-que y-todo tú morirás morir

בַּבֹּקֶר וַיִּקְרָא לְכָל־ עֲבָדָיו וַיְדַבֵּר אֶת־
** y-habló sus-siervos a-todos y-llamó por-la-mañana

כָּל־ הַדְּבָרִים הָאֵלֶּה בְּאָזְנֵיהֶם וַיִּירְאוּ הָאֲנָשִׁים מְאֹד׃
mucho los-hombres y-temieron ; en-sus-oídos las-éstas las-palabras todas

וַיִּקְרָא אֲבִימֶלֶךְ לְאַבְרָהָם וַיֹּאמֶר לוֹ מֶה־ עָשִׂיתָ לָּנוּ
a nosotros? hiciste qué? : a-él y-dijo a-Abraham Abimelec Y-llamó (9)

וּמֶה־ חָטָאתִי לָךְ כִּי־ הֵבֵאתָ עָלַי וְעַל־ מַמְלַכְתִּי חֲטָאָה
pecado mi-reino y-sobre sobre-mí trajiste que contra-ti he-pecado ¿y-qué

גְדֹלָה מַעֲשִׂים אֲשֶׁר לֹא־ יֵעָשׂוּ עָשִׂיתָ עִמָּדִי׃ וַיֹּאמֶר
Y-dijo (10) . conmigo hiciste se-deben-hacer no que hechos ; grande

אֲבִימֶלֶךְ אֶל־ אַבְרָהָם מָה רָאִיתָ כִּי עָשִׂיתָ אֶת־ הַדָּבָר הַזֶּה׃
. la-ésta? la-cosa ** hiciste que pensaste ¿qué ; Abraham a Abimelec

וַיֹּאמֶר אַבְרָהָם כִּי אָמַרְתִּי רַק אֵין־ יִרְאַת אֱלֹהִים
Dios temor-de no-hay ciertamente : dije porque : Abraham Y-dijo (11)

בַּמָּקוֹם הַזֶּה וַהֲרָגוּנִי עַל־ דְּבַר אִשְׁתִּי׃
. mi-mujer asunto-de por y-me-matarán ; el-este en-el-lugar

וְגַם־ אָמְנָה אֲחֹתִי בַת־ אָבִי הִוא אַךְ לֹא
no aunque ella mi-padre hija-de mi-hermana en-verdad Y-además (12)

בַת־ אִמִּי וַתְּהִי־ לִי לְאִשָּׁה׃ וַיְהִי כַּאֲשֶׁר
cuando Y-fue (13) . por-mujer para-mí y-fue ; mi-madre hija-de

הִתְעוּ אֹתִי אֱלֹהִים מִבֵּית אָבִי וָאֹמַר לָהּ זֶה
ésta : a-ella y-dije , mi-padre de-casa-de Dios a-mí hizo-salir

חַסְדֵּךְ אֲשֶׁר תַּעֲשִׂי עִמָּדִי אֶל כָּל־ הַמָּקוֹם אֲשֶׁר נָבוֹא
vayamos que el-lugar todo a ; a-mí harás que la-merced

שָׁמָּה אִמְרִי־ לִי אָחִי הוּא׃ וַיִּקַּח אֲבִימֶלֶךְ צֹאן
ovejas Abimelec Y-tomó (14) . a-él mi-hermano de-mi di allí

וּבָקָר וַעֲבָדִים וּשְׁפָחֹת וַיִּתֵּן לְאַבְרָהָם
; a-Abraham y-dio y-siervas y-siervos y-vacas

וַיָּשֶׁב לוֹ אֵת שָׂרָה אִשְׁתּוֹ׃ וַיֹּאמֶר אֲבִימֶלֶךְ הִנֵּה
he-aquí Abimelec Y-dijo (15) . su-mujer Sara a a-él y-devolvió

אַרְצִי לְפָנֶיךָ בַּטּוֹב בְּעֵינֶיךָ שֵׁב׃ וּלְשָׂרָה
Y-a-Sara (16) . habita en-tus-ojos en-la-buena ; ante-ti mi-tierra

אָמַר הִנֵּה נָתַתִּי אֶלֶף כֶּסֶף לְאָחִיךְ הִנֵּה הוּא־לָךְ
para-ti él he-aquí , a-tu-hermano plata mil-de doy he-aquí : dijo

כְּסוּת עֵינַיִם לְכֹל אֲשֶׁר אִתָּךְ וְאֵת כֹּל וְנֹכָחַת׃
. y-eres-restaurada todos y-ante ; contigo que para-todos ojos velo-de

וַיִּתְפַּלֵּל אַבְרָהָם אֶל־הָאֱלֹהִים וַיִּרְפָּא אֱלֹהִים אֶת־אֲבִימֶלֶךְ וְאֶת־
y-a Abimelec a Dios y-sanó ; Dios a Abraham Y-oró (17)

אִשְׁתּוֹ וְאַמְהֹתָיו וַיֵּלֵדוּ׃ כִּי־עָצֹר עָצַר
cerró cerrar Porque (18) . y-dieron-a-luz y-sus-siervas su-mujer

יְהוָֹה בְּעַד כָּל־רֶחֶם לְבֵית אֲבִימֶלֶךְ עַל־דְּבַר שָׂרָה
Sara asunto-de por ; Abimelec en-casa-de vientre todo después Yahweh

אֵשֶׁת אַבְרָהָם׃ וַיהוָֹה פָּקַד אֶת־שָׂרָה כַּאֲשֶׁר אָמָר
; dijo como Sara a cuidó Y-Yahweh (1) . Abraham mujer-de Cap. 21

וַיַּעַשׂ יְהוָֹה לְשָׂרָה כַּאֲשֶׁר דִּבֵּר׃ וַתַּהַר
Y-concibió (2) . habló como a-Sara Yahweh e-hizo

וַתֵּלֶד שָׂרָה לְאַבְרָהָם בֵּן לִזְקֻנָיו לַמּוֹעֵד אֲשֶׁר־
que en-el-tiempo ; en-su-vejez un-hijo para-Abraham Sara y-dio-a-luz

דִּבֶּר אֹתוֹ אֱלֹהִים׃ וַיִּקְרָא אַבְרָהָם אֶת־שֶׁם־בְּנוֹ
su-hijo nombre-de ** Abraham Y-llamó (3) . Dios a-él habló

הַנּוֹלַד־לוֹ אֲשֶׁר־יָלְדָה־לּוֹ שָׂרָה יִצְחָק׃ וַיָּמָל
Y-circuncidó (4) . Isaac , Sara para-él dio-a-luz que a-él el-nacido

אַבְרָהָם אֶת־יִצְחָק בְּנוֹ בֶּן־שְׁמֹנַת יָמִים כַּאֲשֶׁר צִוָּה אֹתוֹ אֱלֹהִים׃
. Dios a-él ordenó como ; días ocho edad-de su-hijo Isaac a Abraham

וְאַבְרָהָם בֶּן־ מְאַת שָׁנָה בְּהִוָּלֶד לוֹ אֵת יִצְחָק
Isaac ** a-él en-nacer año cien edad-de Y-Abraham (5)

בְּנוֹ׃ וַתֹּאמֶר שָׂרָה צְחֹק עָשָׂה לִי אֱלֹהִים כָּל־
todo ; Dios a-mí hizo risa Sara Y-dijo (6) . su-hijo

הַשֹּׁמֵעַ יִצְחַק־ לִי׃ וַתֹּאמֶר מִי מִלֵּל
dijera ¿quién : Y-dijo (7) . conmigo reirá el-que-oiga

לְאַבְרָהָם הֵינִיקָה בָנִים שָׂרָה כִּי־ יָלַדְתִּי בֵן לִזְקֻנָיו׃
. en-su-vejez un-hijo dio-a-luz que ; Sara hijos amamantará : a-Abraham

וַיִּגְדַּל הַיֶּלֶד וַיִּגָּמַל וַיַּעַשׂ אַבְרָהָם מִשְׁתֶּה גָדוֹל
grande fiesta Abraham e-hizo y-fue-destetado el-niño Y-creció (8)

בְּיוֹם הִגָּמֵל אֶת־יִצְחָק׃ וַתֵּרֶא שָׂרָה אֶת־ בֶּן־ הָגָר
Hagar hijo-de ** Sara Y-vio (9) . Isaac a destetar en-día-de

הַמִּצְרִית אֲשֶׁר־ יָלְדָה לְאַבְרָהָם מְצַחֵק׃ וַתֹּאמֶר לְאַבְרָהָם
a-Abraham Y-dijo (10) . se-burlaba para-Abraham dio-a-luz que la-egipcia

גָּרֵשׁ הָאָמָה הַזֹּאת וְאֶת־ בְּנָהּ כִּי לֹא יִירַשׁ
heredará no porque ; su-hijo y-a la-ésta la-esclava expulsa

בֶּן־ הָאָמָה הַזֹּאת עִם־ בְּנִי עִם־ יִצְחָק׃
. Isaac con mi-hijo con la-ésta la-esclava hijo-de

וַיֵּרַע הַדָּבָר מְאֹד בְּעֵינֵי אַבְרָהָם עַל אוֹדֹת
causa-de por ; Abraham en-ojos-de mucho el-asunto Y-preocupó (11)

בְּנוֹ׃ וַיֹּאמֶר אֱלֹהִים אֶל־ אַבְרָהָם אַל־ יֵרַע בְּעֵינֶיךָ
en-tus-ojos haya-temor no Abraham a Dios Y-dijo (12) . su-hijo

עַל־ הַנַּעַר וְעַל־ אֲמָתֶךָ כֹּל אֲשֶׁר תֹּאמַר אֵלֶיךָ שָׂרָה
Sara a-ti dijo lo-que todo ; tu-sierva y-por el-muchacho por

שְׁמַע בְּקֹלָהּ כִּי בְיִצְחָק יִקָּרֵא לְךָ
a-ti será-llamada en-Isaac porque ; a-su-voz escucha

זָרַע׃ וְגַם אֶת־ בֶּן־ הָאָמָה לְגוֹי אֲשִׂימֶנּוּ

; le-haré para-nación la-esclava hijo-de * Y-también (13) . descen-dencia

כִּי זַרְעֲךָ הוּא׃ וַיַּשְׁכֵּם אַבְרָהָם ׀ בַּבֹּקֶר

por-la-mañana Abraham Y-se-levantó (14) . él tu-descendencia porque

וַיִּקַּח־ לֶחֶם וְחֵמַת מַיִם וַיִּתֵּן אֶל־ הָגָר שָׂם עַל־

sobre puso Hagar a y-dio agua y-pellejo-de pan y-tomó

שִׁכְמָהּ וְאֶת־ הַיֶּלֶד וַיְשַׁלְּחֶהָ וַתֵּלֶךְ וַתֵּתַע

y-anduvo-errante y-marchó ; y-la-despidió el-niño y-a ; su-hombro

בְּמִדְבַּר בְּאֵר שָׁבַע׃ וַיִּכְלוּ הַמַּיִם מִן־ הַחֵמֶת

el-pellejo de las-aguas Y-se-terminaron (15) . Seba Beer en-desierto-de

וַתַּשְׁלֵךְ אֶת־ הַיֶּלֶד תַּחַת אַחַד הַשִּׂיחִם׃ וַתֵּלֶךְ וַתֵּשֶׁב

y-se-sentó Y-marchó (16) . arbusto un bajo el-niño a y-puso

לָהּ מִנֶּגֶד הַרְחֵק כִּמְטַחֲוֵי קֶשֶׁת כִּי אָמְרָה אַל־

no dijo porque , arco como-tiradores-de a-distancia cerca sola

אֶרְאֶה בְּמוֹת הַיָּלֶד וַתֵּשֶׁב מִנֶּגֶד וַתִּשָּׂא אֶת־

** y-elevó cerca y-se-sentó ; el-niño en-muerte-de veré

קֹלָהּ וַתֵּבְךְּ׃ וַיִּשְׁמַע אֱלֹהִים אֶת־ קוֹל הַנַּעַר

el-muchacho voz-de ** Dios Y-oyó (17) . y-sollozó su-voz

וַיִּקְרָא מַלְאַךְ אֱלֹהִים ׀ אֶל־הָגָר מִן־ הַשָּׁמַיִם וַיֹּאמֶר לָהּ מַה־

¿qué a-ella y-dijo los-cielos desde Hagar a Dios ángel-de y-llamó

לָּךְ הָגָר אַל־ תִּירְאִי כִּי־ שָׁמַע אֱלֹהִים אֶל־קוֹל הַנַּעַר בַּאֲשֶׁר

que el-muchacho voz-de * Dios oyó porque temas no Hagar? a-ti

הוּא־שָׁם׃ קוּמִי שְׂאִי אֶת־ הַנַּעַר וְהַחֲזִיקִי אֶת־ יָדֵךְ בּוֹ כִּי־

pues ; de-él tu-mano con y-traba el-muchacho * alza ¡Levanta (18) . allí él

לְגוֹי גָּדוֹל אֲשִׂימֶנּוּ׃ וַיִּפְקַח אֱלֹהִים אֶת־ עֵינֶיהָ

sus-ojos ** Dios Y-abrió (19) . le-haré grande para-nación

וַתֵּרֶא בְּאֵר מָיִם וַתֵּלֶךְ וַתְּמַלֵּא אֶת־הַחֵמֶת מַיִם
aguas el-pellejo ** y-llenó y-fue ; aguas un-pozo-de y-vio

וַתַּשְׁקְ אֶת־הַנָּעַר׃ וַיְהִי אֱלֹהִים אֶת־הַנַּעַר וַיִּגְדָּל
y-creció el-muchacho con Dios Y-fue (20) . el-muchacho a y-dio-a beber

וַיֵּשֶׁב בַּמִּדְבָּר וַיְהִי רֹבֶה קַשָּׁת׃ וַיֵּשֶׁב
Y-habitó (21) . arco tirador-de y-fue en-el-desierto y-habitó

בְּמִדְבַּר פָּארָן וַתִּקַּח־לוֹ אִמּוֹ אִשָּׁה מֵאֶרֶץ מִצְרָיִם׃
. Egipto de-tierra-de una-mujer su-madre para-él y-tomó ; Parán en-desierto-de

וַיְהִי בָּעֵת הַהִוא וַיֹּאמֶר אֲבִימֶלֶךְ וּפִיכֹל
y-Ficol Abimelec y-dijo el-aquel en-el-tiempo Y-fue (22)

שַׂר־צְבָאוֹ אֶל־אַבְרָהָם לֵאמֹר אֱלֹהִים עִמְּךָ בְּכֹל אֲשֶׁר־אַתָּה
tú que en-todo contigo Dios : a-decir Abraham a su-ejército jefe-de

עֹשֶׂה׃ וְעַתָּה הִשָּׁבְעָה לִּי בֵאלֹהִים הֵנָּה אִם־תִּשְׁקֹר
tratarás falsamente no , aquí por-Dios a-mí jura Y-ahora (23) . haciendo

לִי וּלְנִינִי וּלְנֶכְדִּי כַּחֶסֶד אֲשֶׁר־
que como-la-misericordia ; y-a-mi-descendiente y-a-mi-niño , a-mí

עָשִׂיתִי עִמְּךָ תַּעֲשֶׂה עִמָּדִי וְעִם־הָאָרֶץ אֲשֶׁר־גַּרְתָּה בָּהּ׃
. en-ella habitas que la-tierra y-con conmigo muestra contigo hice

וַיֹּאמֶר אַבְרָהָם אָנֹכִי אִשָּׁבֵעַ׃ וְהוֹכִחַ אַבְרָהָם אֶת־
a Abraham Y-se quejó (25) . juro yo , Abraham Y-dijo (24)

אֲבִימֶלֶךְ עַל־אֹדוֹת בְּאֵר הַמַּיִם אֲשֶׁר גָּזְלוּ עַבְדֵי
siervos-de quitaron que las-aguas pozo-de causa de sobre Abimelec

אֲבִימֶלֶךְ׃ וַיֹּאמֶר אֲבִימֶלֶךְ לֹא יָדַעְתִּי מִי עָשָׂה אֶת־הַדָּבָר
la-cosa ** hizo quién sabía no Abimelec Y-dijo (26) . Abimelec

הַזֶּה וְגַם־אַתָּה לֹא־הִגַּדְתָּ לִּי וְגַם אָנֹכִי לֹא שָׁמַעְתִּי בִּלְתִּי הַיּוֹם׃
hasta nada escuché no yo y-también a-mí dijiste no tú y-también la-ésta
hoy .

וַיִּקַּח אַבְרָהָם צֹאן וּבָקָר וַיִּתֵּן לַאֲבִימֶלֶךְ
a-Abimelec y-dio y-vacas ovejas Abraham Y-tomó (27)

וַיִּכְרְתוּ שְׁנֵיהֶם בְּרִית׃ וַיַּצֵּב אַבְרָהָם אֶת־שֶׁבַע
siete ** Abraham Y-separó (28) . pacto ellos-dos e-hicieron

כִּבְשֹׂת הַצֹּאן לְבַדְּהֶן׃ וַיֹּאמֶר אֲבִימֶלֶךְ אֶל־אַבְרָהָם
: Abraham a Abimelec Y-dijo (29) . aparte el-rebaño corderas-de

מָה הֵנָּה שֶׁבַע כְּבָשֹׂת הָאֵלֶּה אֲשֶׁר הִצַּבְתָּ לְבַדָּנָה׃
aparte? separaste que las-éstas corderas siete estas ¿qué

וַיֹּאמֶר כִּי אֶת־שֶׁבַע כְּבָשֹׂת תִּקַּח מִיָּדִי
; de-mi-mano tomarás corderas siete ** que Y-dijo (30)

בַּעֲבוּר תִּהְיֶה־לִּי לְעֵדָה כִּי חָפַרְתִּי אֶת־הַבְּאֵר הַזֹּאת׃
. el-éste el-pozo ** cavé que para-testigo para-mí seas para que

עַל־כֵּן קָרָא לַמָּקוֹם הַהוּא בְּאֵר שָׁבַע כִּי שָׁם
allí porque , Seba Beer el-aquel al-lugar llamó esto Por (31)

נִשְׁבְּעוּ שְׁנֵיהֶם׃ וַיִּכְרְתוּ בְרִית בִּבְאֵר שָׁבַע וַיָּקָם
y-se levantó ; Seba en-Beer pacto E-hicieron (32) . ellos-dos juraron

אֲבִימֶלֶךְ וּפִיכֹל שַׂר־צְבָאוֹ וַיָּשֻׁבוּ אֶל־אֶרֶץ
tierra-de a y-volvieron su-ejército jefe-de y-Ficol Abimelec

פְּלִשְׁתִּים׃ וַיִּטַּע אֶשֶׁל בִּבְאֵר שָׁבַע וַיִּקְרָא־
e-invocó ; Seba en-Beer un tamarisco Y-plantó (33) . filisteos

שָׁם בְּשֵׁם יְהוָה אֵל עוֹלָם׃ וַיָּגָר אַבְרָהָם בְּאֶרֶץ
en-tierra-de Abraham Y-moró (34) . eterno Dios Yahweh en-nombre-de allí

פְּלִשְׁתִּים יָמִים רַבִּים׃ וַיְהִי אַחַר הַדְּבָרִים הָאֵלֶּה
las-éstas las-cosas tras Y-fue (1) . muchos días filisteos Cap. 22

וְהָאֱלֹהִים נִסָּה אֶת־אַבְרָהָם וַיֹּאמֶר אֵלָיו אַבְרָהָם וַיֹּאמֶר
Y-dijo . Abraham : a-él y-dijo ; Abraham a probó que-el-Dios

הִנֵּֽנִי׃ וַיֹּ֡אמֶר קַח־נָ֠א אֶת־בִּנְךָ֨ אֶת־יְחִֽידְךָ֤ אֲשֶׁר־
que tu-único ** tu-hijo ** ahora toma Y-dijo (2) . heme-aquí

אָהַ֙בְתָּ֙ אֶת־יִצְחָ֔ק וְלֶךְ־לְךָ֔ אֶל־אֶ֖רֶץ הַמֹּרִיָּ֑ה וְהַעֲלֵ֤הוּ
y-sacrifica-lo ; el Moriah tierra-de a tú-mismo y-ve Isaac a , amas

שָׁם֙ לְעֹלָ֔ה עַ֚ל אַחַ֣ד הֶֽהָרִ֔ים אֲשֶׁ֖ר אֹמַ֥ר אֵלֶֽיךָ׃
. a-ti diré que las-montañas una-de sobre para-holocausto allí

וַיַּשְׁכֵּ֨ם אַבְרָהָ֜ם בַּבֹּ֗קֶר וַֽיַּחֲבֹשׁ֙ אֶת־חֲמֹר֔וֹ
su-asno ** y-enalbardó por-la-montaña Abraham Y-se-levantó (3)

וַיִּקַּ֞ח אֶת־שְׁנֵ֤י נְעָרָיו֙ אִתּ֔וֹ וְאֵ֖ת יִצְחָ֣ק בְּנ֑וֹ
su-hijo Isaac y-a con-él sus-servidores dos-de ** y-tomó

וַיְבַקַּע֙ עֲצֵ֣י עֹלָ֔ה וַיָּ֣קָם וַיֵּ֔לֶךְ אֶל־הַמָּק֖וֹם
el-lugar a y-marchó y-se-levantó holocausto madera-de y-cortó

אֲשֶׁר־אָֽמַר־ל֥וֹ הָאֱלֹהִֽים׃ בַּיּ֣וֹם הַשְּׁלִישִׁ֗י וַיִּשָּׂ֨א אַבְרָהָ֧ם
Abraham levantó el-tercero En-el-día (4) . el-Dios a-él dijo que

אֶת־עֵינָ֛יו וַיַּ֥רְא אֶת־הַמָּק֖וֹם מֵרָחֹֽק׃ וַיֹּ֨אמֶר אַבְרָהָ֜ם
Abraham Y-dijo (5) . de-lejos el-lugar ** y-vio sus-ojos **

אֶל־נְעָרָ֗יו שְׁבוּ־לָכֶ֥ם פֹּה֙ עִֽם־הַחֲמ֔וֹר וַאֲנִ֣י וְהַנַּ֔עַר
y-el-joven y-yo el-asno con aquí vosotros quedad : sus-servidores a

נֵלְכָ֖ה עַד־כֹּ֑ה וְנִֽשְׁתַּחֲוֶ֖ה וְנָשׁ֥וּבָה אֲלֵיכֶֽם׃
. a-vosotros y-volveremos y-adoraremos ; allí hasta vamos

וַיִּקַּ֨ח אַבְרָהָ֜ם אֶת־עֲצֵ֣י הָעֹלָ֗ה וַיָּ֙שֶׂם֙ עַל־
sobre y-puso el-holocausto leña-de ** Abraham Y-tomó (6)

יִצְחָ֣ק בְּנ֔וֹ וַיִּקַּ֣ח בְּיָד֔וֹ אֶת־הָאֵ֖שׁ וְאֶת־הַמַּאֲכֶ֑לֶת
el-cuchillo y-** el-fuego ** en-su-mano y-tomó su-hijo Isaac

וַיֵּלְכ֥וּ שְׁנֵיהֶ֖ם יַחְדָּֽו׃ וַיֹּ֨אמֶר יִצְחָ֜ק אֶל־אַבְרָהָ֤ם
Abraham a Isaac Y-dijo (7) . juntos ellos-dos y-marcharon

אָבִיו וַיֹּאמֶר אָבִי וַיֹּאמֶר הִנֶּנִּי בְנִי

; hijo-mío heme-aquí y-dijo ; padre-mío : y-dijo su-padre

וַיֹּאמֶר הִנֵּה הָאֵשׁ וְהָעֵצִים וְאַיֵּה הַשֶּׂה לְעֹלָה׃

para-holocausto? el-cordero ¿y-dónde , y-las maderas el-fuego he-aquí : y-dijo

וַיֹּאמֶר אַבְרָהָם אֱלֹהִים יִרְאֶה־ לּוֹ הַשֶּׂה

el-cordero para-él proveerá .Dios : Abraham Y-dijo (8)

לְעֹלָה בְּנִי וַיֵּלְכוּ שְׁנֵיהֶם יַחְדָּו׃

. juntos ellos-dos y-anduvieron ; hijo-mío para-holocausto

וַיָּבֹאוּ אֶל־ הַמָּקוֹם אֲשֶׁר אָמַר־ לוֹ הָאֱלֹהִים וַיִּבֶן

y-edificó el-Dios a-él dijo que el-lugar a Y-llegaron (9)

שָׁם אַבְרָהָם אֶת־ הַמִּזְבֵּחַ וַיַּעֲרֹךְ אֶת־ הָעֵצִים וַיַּעֲקֹד אֶת־

a y-ató las-maderas ** y-arregló el-altar ** Abraham allí

יִצְחָק בְּנוֹ וַיָּשֶׂם אֹתוֹ עַל־ הַמִּזְבֵּחַ מִמַּעַל לָעֵצִים׃

. las-maderas encima-de el-altar sobre a-él y-puso su-hijo Isaac

וַיִּשְׁלַח אַבְרָהָם אֶת־ יָדוֹ וַיִּקַּח אֶת־הַמַּאֲכֶלֶת לִשְׁחֹט אֶת־

** para-degollar el-cuchillo ** y-tomó , su-mano ** Abraham Y-extendió (10)

בְּנוֹ׃ וַיִּקְרָא אֵלָיו מַלְאַךְ יְהוָה מִן־ הַשָּׁמַיִם

los-cielos desde Yahweh ángel-de a-él Y-llamó (11) . su-hijo

וַיֹּאמֶר אַבְרָהָם ׀ אַבְרָהָם וַיֹּאמֶר הִנֵּנִי׃ וַיֹּאמֶר אַל־

no Y-dijo (12) . heme-aquí y-dijo ; Abraham , Abraham : y-dijo

תִּשְׁלַח יָדְךָ אֶל־ הַנַּעַר וְאַל־ תַּעַשׂ לוֹ מְאוּמָה כִּי ׀ עַתָּה יָדַעְתִּי

sé ahora pues ; nada a-él hagas y-no , el-joven a tu-mano extiendas

כִּי־ יְרֵא אֱלֹהִים אַתָּה וְלֹא חָשַׂכְתָּ אֶת־ בִּנְךָ אֶת־ יְחִידְךָ

tu-único ** tu-hijo ** retuviste pues-no , tú Dios temor-de pues

מִמֶּנִּי׃ וַיִּשָּׂא אַבְרָהָם אֶת־ עֵינָיו וַיַּרְא וְהִנֵּה־

y-he-aquí y-miró sus-ojos ** Abraham Y-alzó (13) . de-mí

אַיִל אַחַר נֶאֱחַז בַּסְּבַךְ בְּקַרְנָיו וַיֵּלֶךְ אַבְרָהָם

Abraham y-fue por-sus-cuernos en-el-zarzal trabado tras un-carnero

וַיִּקַּח אֶת־הָאַיִל וַיַּעֲלֵהוּ לְעֹלָה תַּחַת

en-lugar-de para-holocausto y-lo-sacrificó el-carnero ** y-tomó

בְּנוֹ׃ וַיִּקְרָא אַבְרָהָם שֵׁם־הַמָּקוֹם הַהוּא יְהוָה ׀

Yahweh el-aquel el-lugar nombre-de Abraham Y-llamó (14) . su-hijo

יִרְאֶה אֲשֶׁר יֵאָמֵר הַיּוֹם בְּהַר יְהוָה יֵרָאֶה׃

. será-provisto Yahweh en-monte-de : hoy se-dice por-eso ; proveerá

וַיִּקְרָא מַלְאַךְ יְהוָה אֶל־אַבְרָהָם שֵׁנִית מִן־הַשָּׁמָיִם׃

. los-cielos desde segunda (vez) ; Abraham a Yahweh ángel-de Y-llamó (15)

וַיֹּאמֶר בִּי נִשְׁבַּעְתִּי נְאֻם־יְהוָה כִּי יַעַן אֲשֶׁר עָשִׂיתָ

hiciste así porque que , Yahweh declara juro por-mí Y-dijo (16)

אֶת־הַדָּבָר הַזֶּה וְלֹא חָשַׂכְתָּ אֶת־בִּנְךָ אֶת־יְחִידֶךָ׃

. tu-único ** tu-hijo ** retuviste y-no la-ésta la-cosa **

כִּי־בָרֵךְ אֲבָרֶכְךָ וְהַרְבָּה אַרְבֶּה אֶת־

** multiplicaré y-multiplicar bendeciré bendecir Que (17)

זַרְעֲךָ כְּכוֹכְבֵי הַשָּׁמַיִם וְכַחוֹל אֲשֶׁר עַל־שְׂפַת

orilla-de sobre que y-como-la-arena los-cielos como-estrellas-de tu-descendencia

הַיָּם וְיִרַשׁ זַרְעֲךָ אֵת שַׁעַר אֹיְבָיו׃

. sus-enemigos puerta-de ** tu-descendencia y-poseerá ; el-mar

וְהִתְבָּרְכוּ בְזַרְעֲךָ כֹּל גּוֹיֵי הָאָרֶץ

, la-tierra naciones-de todas en-tu-descendencia Y-serán-benditas (18)

עֵקֶב אֲשֶׁר שָׁמַעְתָּ בְּקֹלִי׃ וַיָּשָׁב אַבְרָהָם אֶל־

a Abraham Y-volvió (19) . a-mi-voz escuchaste así porque

נְעָרָיו וַיָּקֻמוּ וַיֵּלְכוּ יַחְדָּו אֶל־בְּאֵר שָׁבַע

Seba Beer a juntos y-marcharon y-se-levantaron sus-servidores

וַיֵּשֶׁב אַבְרָהָם בִּבְאֵר שָׁבַע׃ וַיְהִי אַחֲרֵי הַדְּבָרִים הָאֵלֶּה
las-éstas las-cosas tras Y-fue (20) . Seba en-Beer Abraham y-habitó

וַיֻּגַּד לְאַבְרָהָם לֵאמֹר הִנֵּה יָלְדָה מִלְכָּה גַם־הִוא בָּנִים לְנָחוֹר
a-Nacor hijos ella también Milca parió ¡mira! : a-decir a-Abraham y-fue-dicho

אָחִיךָ׃ אֶת־עוּץ בְּכֹרוֹ וְאֶת־בּוּז אָחִיו וְאֶת־קְמוּאֵל
Kemuel y-** su-hermano Buz y-** su-primogénito Uz A (21) . tu-hermano

אֲבִי אֲרָם׃ וְאֶת־כֶּשֶׂד וְאֶת־חֲזוֹ וְאֶת־פִּלְדָּשׁ וְאֶת־יִדְלָף וְאֵת בְּתוּאֵל׃
. Betuel y-** Jidlaf y-** Pildas y-** Hazo y-** Quesed Y (22) . Aram padre-de

וּבְתוּאֵל יָלַד אֶת־רִבְקָה שְׁמֹנָה אֵלֶּה יָלְדָה מִלְכָּה לְנָחוֹר
a-Nacor Milca dio-a-luz éstos ocho ; Rebeca a engendró Y-Betuel (23)

אֲחִי אַבְרָהָם׃ וּפִילַגְשׁוֹ וּשְׁמָהּ רְאוּמָה
; Reúma y-su-nombre Y-su-concubina (24) . Abraham hermano-de

וַתֵּלֶד גַּם־הִוא אֶת־טֶבַח וְאֶת־גַּחַם וְאֶת־תַּחַשׁ וְאֶת־מַעֲכָה׃
. Maaca y-a Tahas y-a Gaham y-a Teba a ella también y-dio-a-luz

וַיִּהְיוּ חַיֵּי שָׂרָה מֵאָה שָׁנָה וְעֶשְׂרִים שָׁנָה וְשֶׁבַע
y-siete año y-veinte año cien Sara vidas-de Y-fueron (1) Cap. 23

שָׁנִים שְׁנֵי חַיֵּי שָׂרָה׃ וַתָּמָת שָׂרָה בְּקִרְיַת אַרְבַּע הִוא
que Arba en-Quiriat Sara Y-murió (2) . Sara vidas-de años-de ; años

חֶבְרוֹן בְּאֶרֶץ כְּנָעַן וַיָּבֹא אַבְרָהָם לִסְפֹּד לְשָׂרָה
a-Sara a-hacer-duelo Abraham y-vino ; Canaán en-tierra-de Hebrón

וְלִבְכֹּתָהּ׃ וַיָּקָם אַבְרָהָם מֵעַל פְּנֵי מֵתוֹ
; su-muerto junto-a de-** Abraham Y-se-levantó (3) . y-a-llorar-la

וַיְדַבֵּר אֶל־בְּנֵי־חֵת לֵאמֹר׃ גֵּר־וְתוֹשָׁב אָנֹכִי עִמָּכֶם
entre vosotros yo y-forastero Extranjero (4) . a-decir Het hijos-de a y-habló

תְּנוּ לִי אֲחֻזַּת־קֶבֶר עִמָּכֶם וְאֶקְבְּרָה מֵתִי
mi-muerta y-sepultaré con-vosotros sepultura propiedad-de a-mí dad

מִלְּפָנָי׃ וַיַּעֲנוּ בְנֵי־ חֵת אֶת־ אַבְרָהָם לֵאמֹר לוֹ׃
. a-él a-decir Abraham a Het hijos-de Y-respondieron (5) . de-delante-de-mí

שְׁמָעֵנוּ ׀ אֲדֹנִי נְשִׂיא אֱלֹהִים אַתָּה בְּתוֹכֵנוּ בְּמִבְחַר קְבָרֵינוּ
nuestros sepulcros en-lo-mejor-de entre-nosotros tú Dios príncipe-de señor-mío Óyenos (6)

קְבֹר אֶת־ מֵתֶךָ אִישׁ מִמֶּנּוּ אֶת־ קִבְרוֹ לֹא־ יִכְלֶה
negará no su-sepulcro ** de-nosotros hombre ; tu-muerta a sepulta

מִמְּךָ מִקְּבֹר מֵתֶךָ׃ וַיָּקָם אַבְרָהָם וַיִּשְׁתַּחוּ
y-se-inclinó Abraham Y-se-levantó (7) . tu-muerta para-sepultar de-ti

לְעַם־ הָאָרֶץ לִבְנֵי־ חֵת׃ וַיְדַבֵּר אִתָּם לֵאמֹר
; a-decir a-ellos Y-habló (8) . Het a-los-hijos-de la-tierra ante-el-pueblo-de

אִם־ יֵשׁ אֶת־ נַפְשְׁכֶם לִקְבֹּר אֶת־ מֵתִי מִלְּפָנַי
de-delante-de-mí mi-muerta a para-sepultar vuestra-voluntad en hay si

שְׁמָעוּנִי וּפִגְעוּ־ לִי בְּעֶפְרוֹן בֶּן־ צֹחַר׃
. Zohar hijo-de con-Efrón por-mí e-interceded escuchadme

וְיִתֶּן־ לִי אֶת־מְעָרַת הַמַּכְפֵּלָה אֲשֶׁר־ לוֹ אֲשֶׁר בִּקְצֵה
en-final-de que a-él que la-Macpela cueva-de a-mí Y-entregue (9)

שָׂדֵהוּ בְּכֶסֶף מָלֵא יִתְּנֶנָּה לִּי בְּתוֹכְכֶם לַאֲחֻזַּת־ קָבֶר׃
. sepultura para lugar-de entre-vosotros a-mí la-entregue cumplido por-dinero su-campo

וְעֶפְרוֹן יֹשֵׁב בְּתוֹךְ בְּנֵי־ חֵת וַיַּעַן עֶפְרוֹן הַחִתִּי
el-heteo Efrón y-respondió ; Het hijos-de entre habitaba Y-Efrón (10)

אֶת־ אַבְרָהָם בְּאָזְנֵי בְנֵי־ חֵת לְכֹל בָּאֵי שַׁעַר־
puerta-de entrantes-de a-todos , Het hijos-de a-oídos-de Abraham a

עִירוֹ לֵאמֹר׃ לֹא־ אֲדֹנִי שְׁמָעֵנִי הַשָּׂדֶה נָתַתִּי לָךְ
a-ti doy el-campo , escúchame señor-mío No (11) . a-decir su-ciudad

וְהַמְּעָרָה אֲשֶׁר־ בּוֹ לְךָ נְתַתִּיהָ לְעֵינֵי בְנֵי־ עַמִּי
mi-pueblo hijos-de ante-ojos-de la-doy para-ti en-él que y-la-cueva

נְתַתִּיהָ לָּךְ קְבֹר מֵתֶךָ׃ וַיִּשְׁתַּחוּ אַבְרָהָם לִפְנֵי
ante Abraham Y-se-inclinó (12) . tu-muerta entierra ; a-ti la-doy

עַם הָאָרֶץ׃ וַיְדַבֵּר אֶל־עֶפְרוֹן בְּאָזְנֵי עַם־הָאָרֶץ
la-tierra pueblo-de en-oídos-de Efrón a Y-habló (13) . la-tierra pueblo-de

לֵאמֹר אַךְ אִם־אַתָּה לוּ שְׁמָעֵנִי נָתַתִּי כֶּסֶף הַשָּׂדֶה קַח
toma ; el-campo dinero-de daré , escúchame quieres tú si ahora : a-decir

מִמֶּנִּי וְאֶקְבְּרָה אֶת־מֵתִי שָׁמָּה׃ וַיַּעַן עֶפְרוֹן
Efrón Y-respondió (14) . allí mi-muerta a y-sepultaré de-mí

אֶת־אַבְרָהָם לֵאמֹר לוֹ׃ אֲדֹנִי שְׁמָעֵנִי אֶרֶץ אַרְבַּע מֵאֹת
cientos cuatro tierra : escúchame Señor-mío (15) . a-él a-decir Abraham a

שֶׁקֶל־כֶּסֶף בֵּינִי וּבֵינְךָ מַה־הִוא וְאֶת־מֵתְךָ
tu-muerta y-** eso? ¿qué y-entre-ti entre-mí , plata siclos-de

קְבֹר׃ וַיִּשְׁמַע אַבְרָהָם אֶל־עֶפְרוֹן וַיִּשְׁקֹל אַבְרָהָם לְעֶפְרֹן
a-Efrón Abraham y-pesó Efrón a Abraham Y-oyó (16) . sepulta

אֶת־הַכֶּסֶף אֲשֶׁר דִּבֶּר בְּאָזְנֵי בְנֵי־חֵת אַרְבַּע מֵאוֹת
cientos cuatro ; Het hijos-de a-oídos-de dijo que la-plata **

שֶׁקֶל כֶּסֶף עֹבֵר לַסֹּחֵר׃ וַיָּקָם ׀ שְׂדֵה
campo-de Y-quedó (17) . a-los-comerciantes según plata siclos-de

עֶפְרוֹן אֲשֶׁר בַּמַּכְפֵּלָה אֲשֶׁר לִפְנֵי מַמְרֵא הַשָּׂדֶה וְהַמְּעָרָה אֲשֶׁר־
que y-la-cueva el-campo ; Mamre frente-a que en-él-Macpela que Efrón

בּוֹ וְכָל־הָעֵץ אֲשֶׁר בַּשָּׂדֶה אֲשֶׁר בְּכָל־גְּבֻלוֹ
. su-linde . en-toda que en-el-campo que la-arboleda y-toda en-él

סָבִיב׃ לְאַבְרָהָם לְמִקְנָה לְעֵינֵי בְנֵי־חֵת בְּכֹל
ante-todos ; Het hijos-de a-ojos-de para-propiedad Para-Abraham (18) . alrededor

בָּאֵי שַׁעַר־עִירוֹ׃ וְאַחֲרֵי־כֵן קָבַר אַבְרָהָם אֶת־
a Abraham sepultó esto Y-tras (19) . su-ciudad puerta-de entrantes-de

שָׂרָה אִשְׁתּוֹ אֶל־מְעָרַת שְׂדֵה הַמַּכְפֵּלָה עַל־פְּנֵי מַמְרֵא הִוא
que Mamre frente-a la-Macpela campo-de cueva-de en su-mujer Sara

חֶבְרוֹן בְּאֶרֶץ כְּנָעַן׃ וַיָּקָם הַשָּׂדֶה וְהַמְּעָרָה אֲשֶׁר־
que y-la-cueva el-campo Y-quedó (20) . Canaán en-tierra-de ; Hebrón

בּוֹ לְאַבְרָהָם לַאֲחֻזַּת־קָבֶר מֵאֵת בְּנֵי־חֵת׃ וְאַבְרָהָם
Y-Abraham (1) . Het hijos-de por entierro para-lugar para-Abraham en-él C

זָקֵן בָּא בַּיָּמִים וַיהוָה בֵּרַךְ אֶת־אַבְרָהָם
Abraham a bendijo y-Yahweh ; en-días entrado viejo

בַּכֹּל׃ וַיֹּאמֶר אַבְרָהָם אֶל־עַבְדּוֹ זְקַן
antiguo-de su-siervo a Abraham Y-dijo (2) . en-todo

בֵּיתוֹ הַמֹּשֵׁל בְּכָל־אֲשֶׁר־לוֹ שִׂים־נָא
ahora pon ; para-él lo-que en-todo el-gobernante : su-casa

יָדְךָ תַּחַת יְרֵכִי׃ וְאַשְׁבִּיעֲךָ בַּיהוָה אֱלֹהֵי
Dios-de por-Yahweh Y-te-haré-jurar (3) . mi-muslo bajo tu-mano

הַשָּׁמַיִם וֵאלֹהֵי הָאָרֶץ אֲשֶׁר לֹא־תִקַּח אִשָּׁה לִבְנִי
para-mi-hijo mujer tomarás no que ; la-tierra y-Dios-de los-cielos

מִבְּנוֹת הַכְּנַעֲנִי אֲשֶׁר אָנֹכִי יוֹשֵׁב בְּקִרְבּוֹ׃ כִּי אֶל־
a Que (4) . en-medio de-él habito yo que el Cananeo de-hijas-de

אַרְצִי וְאֶל־מוֹלַדְתִּי תֵּלֵךְ וְלָקַחְתָּ אִשָּׁה לִבְנִי
para-mi-hijo mujer y-tomarás ; irás mi-parentela y-a mi-tierra

לְיִצְחָק׃ וַיֹּאמֶר אֵלָיו הָעֶבֶד אוּלַי לֹא־תֹאבֶה הָאִשָּׁה
la-mujer quiera no quizá : el-siervo a-él Y-dijo (5) . para-Isaac

לָלֶכֶת אַחֲרַי אֶל־הָאָרֶץ הַזֹּאת הֶהָשֵׁב אָשִׁיב אֶת־
a haré-volver ¿hacer-volver ; la-ésta la-tierra a tras-mí venir

בִּנְךָ אֶל־הָאָרֶץ אֲשֶׁר־יָצָאתָ מִשָּׁם׃ וַיֹּאמֶר אֵלָיו
a-él Y-dijo (6) de-ella? saliste que la-tierra a tu-hijo

אַבְרָהָם הִשָּׁמֶר לְךָ פֶּן־ תָּשִׁיב אֶת־ בְּנִי שָׁמָּה׃ יְהוָה ׀
Yahweh (7) . allí mi-hijo a haces-volver que-no para-ti Cuida : Abraham

אֱלֹהֵי הַשָּׁמַיִם אֲשֶׁר לְקָחַנִי מִבֵּית אָבִי וּמֵאֶרֶץ
y-de-tierra-de mi-padre de-casa-de me-tomó que los-cielos Dios-de

מוֹלַדְתִּי וַאֲשֶׁר דִּבֶּר־ לִי וַאֲשֶׁר נִשְׁבַּע־ לִי לֵאמֹר
a-decir a-mí juró y-que a-mí habló y-que mi-parentela

לְזַרְעֲךָ אֶתֵּן אֶת־ הָאָרֶץ הַזֹּאת הוּא יִשְׁלַח
enviará él , la-ésta la-tierra ** daré a-tu-descendencia

מַלְאָכוֹ לְפָנֶיךָ וְלָקַחְתָּ אִשָּׁה לִבְנִי מִשָּׁם׃ וְאִם־
Y-si (8) . de-allí para-mi-hijo mujer y-tomará delante-de-ti su-ángel

לֹא תֹאבֶה הָאִשָּׁה לָלֶכֶת אַחֲרֶיךָ וְנִקִּיתָ מִשְּׁבֻעָתִי זֹאת
éste de-mi-juramento entonces-eres-libre tras-ti venir la-mujer quiere no

רַק אֶת־ בְּנִי לֹא תָשֵׁב שָׁמָּה׃ וַיָּשֶׂם הָעֶבֶד אֶת־ יָדוֹ
su-mano ** el-siervo Y-puso (9) . allá lleves no mi-hijo ** sólo

תַּחַת יֶרֶךְ אַבְרָהָם אֲדֹנָיו וַיִּשָּׁבַע לוֹ עַל־ הַדָּבָר
el-asunto acerca-de a-él y-juró ; su-señor Abraham muslo-de bajo

הַזֶּה׃ וַיִּקַּח הָעֶבֶד עֲשָׂרָה גְמַלִּים מִגְּמַלֵּי אֲדֹנָיו
su-señor de-los-camellos-de camellos diez el-siervo Y-tomó (10) . el-éste

וַיֵּלֶךְ וְכָל־ טוּב אֲדֹנָיו בְּיָדוֹ וַיָּקָם
y-se-levantó ; en-su-mano su-señor bueno-de y-todo-de y-marchó

וַיֵּלֶךְ אֶל־ אֲרַם נַהֲרַיִם אֶל־ עִיר נָחוֹר׃ וַיַּבְרֵךְ
E-hizo-arrodillar (11) . Nacor ciudad-de a Nahariam Aram a y-marchó

הַגְּמַלִּים מִחוּץ לָעִיר אֶל־ בְּאֵר הַמָּיִם לְעֵת עֶרֶב
atardecer al-tiempo-de ; las-aguas pozo-de junto-a la-ciudad fuera-de los-camellos

לְעֵת צֵאת הַשֹּׁאֲבֹת׃ וַיֹּאמַר ׀ יְהוָה אֱלֹהֵי
Dios-de Yahweh : Y-dijo (12) . las-aguadoras salir al-tiempo-de

אֲדֹנִי אַבְרָהָם הַקְרֵה־ נָא לְפָנַי הַיּוֹם וַעֲשֵׂה־ חֶסֶד עִם
con gracia y-haz ; hoy a-mí ahora da-éxito , Abraham mi-señor

אֲדֹנִי אַבְרָהָם׃ הִנֵּה אָנֹכִי נִצָּב עַל־ עֵין הַמָּיִם
; las-aguas fuente-de junto-a estoy yo He-aquí (13) . Abraham mi-señor

וּבְנוֹת אַנְשֵׁי הָעִיר יֹצְאֹת לִשְׁאֹב מָיִם׃
. aguas a-sacar salen la-ciudad hombres-de e-hijas-de

וְהָיָה הַנַּעֲרָ אֲשֶׁר אֹמַר אֵלֶיהָ הַטִּי־ נָא כַדֵּךְ
tu-cántaro ahora baja : a-ella diga que la-muchacha Y-sea (14)

וְאֶשְׁתֶּה וְאָמְרָה שְׁתֵה וְגַם־ גְּמַלֶּיךָ אַשְׁקֶה אֹתָהּ
a-ella ; abrevaré tus-camellos y-también bebe y-ella-diga ; y-beberé

הֹכַחְתָּ לְעַבְדְּךָ לְיִצְחָק וּבָהּ אֵדַע כִּי־ עָשִׂיתָ
mostraste que sabré y-por-ella para-Isaac para-tu-siervo elegiste

חֶסֶד עִם־ אֲדֹנִי׃ וַיְהִי־ הוּא טֶרֶם כִּלָּה לְדַבֵּר
de-hablar acabara antes-que esto Y-fue (15) . mi-señor con gracia

וְהִנֵּה רִבְקָה יֹצֵאת אֲשֶׁר יֻלְּדָה לִבְתוּאֵל בֶּן־ מִלְכָּה אֵשֶׁת
mujer-de Milca hijo-de a-Betuel fue-nacida la-cual llegando Rebeca y-he-aquí

נָחוֹר אֲחִי אַבְרָהָם וְכַדָּהּ עַל־ שִׁכְמָהּ׃ וְהַנַּעֲרָ
Y-la-muchacha (16) . su-hombro sobre y-su-cántaro ; Abraham hermano-de Nacor

טֹבַת מַרְאֶה מְאֹד בְּתוּלָה וְאִישׁ לֹא יְדָעָהּ וַתֵּרֶד
y-descendió ; la conoció no y-hombre virgen , mucho aspecto hermosa-de

הָעַיְנָה וַתְּמַלֵּא כַדָּהּ וַתָּעַל׃ וַיָּרָץ
Y-se-apresuró (17) . y-subió su-cántaro y-llenó a-la-fuente

הָעֶבֶד לִקְרָאתָהּ וַיֹּאמֶר הַגְמִיאִינִי נָא מְעַט־ מַיִם
aguas un-poco-de por-favor dame y-dijo a-su-encuentro el-siervo

מִכַּדֵּךְ׃ וַתֹּאמֶר שְׁתֵה אֲדֹנִי וַתְּמַהֵר
y-se apresuró ; señor-mío bebe Y-dijo (18) . de-tu-cántaro

וַתֹּרֶד כַּדָּהּ עַל־ יָדָהּ וַתַּשְׁקֵהוּ׃

. y-le-dio-de-beber su-mano sobre su-cántaro y-bajó

וַתְּכַל לְהַשְׁקֹתוֹ וַתֹּאמֶר גַּם לִגְמַלֶּיךָ

a-tus-camellos también y-dijo de-dar-de-beber-a-él Y-acabó (19)

אֶשְׁאָב עַד אִם־ כִּלּוּ לִשְׁתֹּת׃ וַתְּמַהֵר

Y-se-apresuró (20) . a-beber terminen cuando hasta sacaré

וַתְּעַר כַּדָּהּ אֶל־ הַשֹּׁקֶת וַתָּרָץ עוֹד אֶל־ הַבְּאֵר

el-pozo a aún y-corrió la-pila en su-cántaro y-vació

לִשְׁאֹב וַתִּשְׁאַב לְכָל־ גְּמַלָּיו׃ וְהָאִישׁ מִשְׁתָּאֵה לָהּ

a-ella observaba Y-el-hombre (21) . sus-camellos para-todos y-sacó ; para-sacar

מַחֲרִישׁ לָדַעַת הַהִצְלִיחַ יְהוָה דַּרְכּוֹ אִם־לֹא׃

. no o su-camino Yahweh si-había-prosperado para-saber callado

וַיְהִי כַּאֲשֶׁר כִּלּוּ הַגְּמַלִּים לִשְׁתּוֹת וַיִּקַּח הָאִישׁ

el-hombre y-tomó de-beber los-camellos terminaron cuando Y-fue (22)

נֶזֶם זָהָב בֶּקַע מִשְׁקָלוֹ וּשְׁנֵי צְמִידִים עַל־ יָדֶיהָ עֲשָׂרָה

diez , sus-brazos para brazaletes y-dos ; su-peso un-beka oro zarcillo-de

זָהָב מִשְׁקָלָם׃ וַיֹּאמֶר בַּת־ מִי אַתְּ הַגִּידִי נָא לִי

; a-mí ahora di tú quién hija-de Y-dijo (23) . su-peso oro

הֲיֵשׁ בֵּית־ אָבִיךְ מָקוֹם לָנוּ לָלִין׃ וַתֹּאמֶר

Y-dijo (24) para-pernoctar? para-nosotros lugar tu-padre en-casa-de ¿acaso-hay

אֵלָיו בַּת־ בְּתוּאֵל אָנֹכִי בֶּן־ מִלְכָּה אֲשֶׁר יָלְדָה לְנָחוֹר׃

. a-Nacor dio-a-luz que Milca hijo-de , yo Betuel hija-de a-él

וַתֹּאמֶר אֵלָיו גַּם־ תֶּבֶן גַּם־מִסְפּוֹא רַב עִמָּנוּ גַּם־ מָקוֹם

lugar también con-nosotros mucho forraje también paja también : a-él Y-dijo (25)

לָלוּן׃ וַיִּקֹּד הָאִישׁ וַיִּשְׁתַּחוּ לַיהוָה׃

. a-Yahweh y-adoró el-hombre Y-se-inclinó (26) . para-pernoctar

וַיֹּאמֶר בָּרוּךְ יְהוָה אֱלֹהֵי אֲדֹנִי אַבְרָהָם אֲשֶׁר לֹא־
no que Abraham mi-señor Dios-de Yahweh bendito : Y-dijo (27)

עָזַב חַסְדּוֹ וַאֲמִתּוֹ מֵעִם אֲדֹנִי אָנֹכִי
yo ; mi-señor de-con y-su-verdad su-misericordia apartó

בַּדֶּרֶךְ נָחַנִי יְהוָה בֵּית אֲחֵי אֲדֹנִי׃
. mi-señor los-hermanos-de a-casa-de Yahweh me-guió en-el-camino

וַתָּרָץ הַנַּעֲרָ וַתַּגֵּד לְבֵית אִמָּהּ
; su-madre a-casa-de y-contó la-muchacha Y-se-apresuró (28)

כַּדְּבָרִים הָאֵלֶּה׃ וּלְרִבְקָה אָח וּשְׁמוֹ לָבָן
; Labán y-su-nombre hermano Y-a-Rebeca (29) . las-éstas sobre-las-cosas

וַיָּרָץ לָבָן אֶל־הָאִישׁ הַחוּצָה אֶל־הָעָיִן׃ וַיְהִי ׀
Y-fue (30) . la-fuente a afuera el-hombre a Labán y-se-apresuró

כִּרְאֹת אֶת־הַנֶּזֶם וְאֶת־הַצְּמִדִים עַל־יְדֵי אֲחֹתוֹ
su-hermana brazos-de sobre los-brazaletes y-** el-zarcillo ** cuando-vio

וּכְשָׁמְעוֹ אֶת־דִּבְרֵי רִבְקָה אֲחֹתוֹ לֵאמֹר כֹּה־דִבֶּר
habló lo-que a-decir su-hermana Rebeca palabras-de ** y-que-le-oyó

אֵלַי הָאִישׁ וַיָּבֹא אֶל־הָאִישׁ וְהִנֵּה עֹמֵד עַל־הַגְּמַלִּים עַל־
junto-a los-camellos junto-a de-pie y-he-aquí el-hombre a y-fue ; el-hombre a-mí

הָעָיִן׃ וַיֹּאמֶר בּוֹא בְּרוּךְ יְהוָה לָמָּה תַעֲמֹד
estás-de-pie ¿por-qué , Yahweh bendito-de ven , Y-dijo (31) . la-fuente

בַּחוּץ וְאָנֹכִי פִּנִּיתִי הַבַּיִת וּמָקוֹם לַגְּמַלִּים׃ וַיָּבֹא
Y-fue (32) . para-los-camellos y-lugar la-casa preparé yo , fuera?

הָאִישׁ הַבַּיְתָה וַיְפַתַּח הַגְּמַלִּים וַיִּתֵּן תֶּבֶן
paja y-dio ; los-camellos y-descargó a-la-casa el-hombre

וּמִסְפּוֹא לַגְּמַלִּים וּמַיִם לִרְחֹץ רַגְלָיו וְרַגְלֵי הָאֲנָשִׁים
los-hombres y-pies-de sus-pies para-lavar y-agua a-los-camellos y-forraje

אֲשֶׁר אִתּוֹ׃ וַיּוּשַׂם לְפָנָיו לֶאֱכֹל וַיֹּאמֶר לֹא אֹכַל

comeré no y-dijo , para-comer ante-él Y-fue-puesto (33) . con-él que

עַד אִם־דִּבַּרְתִּי דְּבָרָי וַיֹּאמֶר דַּבֵּר׃ וַיֹּאמַר עֶבֶד

siervo-de Y-dijo (34) ¡habla! : y-dijo , mis-palabras diga cuando hasta

אַבְרָהָם אָנֹכִי׃ וַיהוָה בֵּרַךְ אֶת־אֲדֹנִי מְאֹד וַיִּגְדָּל

y-se-engrandeció mucho mi-señor a bendijo Y-Yahweh (35) . yo Abraham

וַיִּתֶּן־לוֹ צֹאן וּבָקָר וְכֶסֶף וְזָהָב וַעֲבָדִם

y-siervos y-oro y-plata y-vacas ovejas a-él y-dio

וּשְׁפָחֹת וּגְמַלִּים וַחֲמֹרִים׃ וַתֵּלֶד שָׂרָה אֵשֶׁת

mujer-de Sara Y-dio-a-luz (36) . y-asnos y-camellos y-siervas

אֲדֹנִי בֵן לַאדֹנִי אַחֲרֵי זִקְנָתָהּ וַיִּתֶּן־לוֹ אֶת־כָּל־

todo ** a-él y-entregó envejeció después-que a-mi-señor un-hijo mi-señor

אֲשֶׁר־לוֹ׃ וַיַּשְׁבִּעֵנִי אֲדֹנִי לֵאמֹר לֹא־תִקַּח אִשָּׁה

mujer tomarás no : a-decir mi-señor Y-me-hizo-jurar (37) . para-él lo-que

לִבְנִי מִבְּנוֹת הַכְּנַעֲנִי אֲשֶׁר אָנֹכִי יֹשֵׁב בְּאַרְצוֹ׃

. en-su-tierra habitante yo que el-cananeo de-hijas-de para-mi-hijo

אִם־לֹא אֶל־בֵּית־אָבִי תֵּלֵךְ וְאֶל־מִשְׁפַּחְתִּי וְלָקַחְתָּ

y-tomarás mi-parentela y-a irás mi-padre casa-de a no Si (38)

אִשָּׁה לִבְנִי׃ וָאֹמַר אֶל־אֲדֹנִי אֻלַי לֹא־תֵלֵךְ

venga no quizá ; mi-señor a Y-dije (39) . para-mi-hijo mujer

הָאִשָּׁה אַחֲרָי׃ וַיֹּאמֶר אֵלָי יְהוָה אֲשֶׁר־הִתְהַלַּכְתִּי לְפָנָיו

ante-él camino que Yahweh : a-mí Y-dijo (40) . tras-mí la-mujer

יִשְׁלַח מַלְאָכוֹ אִתָּךְ וְהִצְלִיחַ דַּרְכֶּךָ

, tu-camino y-prosperará contigo su-ángel enviará

וְלָקַחְתָּ אִשָּׁה לִבְנִי מִמִּשְׁפַּחְתִּי וּמִבֵּית

y-de-cada-de de-mi-parentela para-mi-hijo mujer y-tomarás

אָבִי׃ אָז תִּנָּקֶה מֵאָלָתִי כִּי תָבוֹא אֶל־
a vayas cuando de-mi-juramento serás-libre Entonces (41) . mi-padre

מִשְׁפַּחְתִּי וְאִם־לֹא יִתְּנוּ לָךְ וְהָיִיתָ נָקִי מֵאָלָתִי׃
. de-mi-juramento libre y-serás a-ti dan no y-si ; mi-parentela

וָאָבֹא הַיּוֹם אֶל־הָעָיִן וָאֹמַר יְהוָה אֱלֹהֵי אֲדֹנִי
mi-señor Dios-de Yahweh : y-dije la-fuente a hoy Y-vine (42)

אַבְרָהָם אִם־יֶשְׁךָ־נָּא מַצְלִיחַ דַּרְכִּי אֲשֶׁר אָנֹכִי הֹלֵךְ
ando yo que mi-senda prosperando ahora tu-voluntad si , Abraham

עָלֶיהָ׃ הִנֵּה אָנֹכִי נִצָּב עַל־עֵין הַמָּיִם וְהָיָה הָעַלְמָה
la-muchacha y-sea ; el-agua fuente-de junto-a estoy yo He-aquí (43). en-ella

הַיֹּצֵאת לִשְׁאֹב וְאָמַרְתִּי אֵלֶיהָ הַשְׁקִינִי־נָא מְעַט־מַיִם
agua un-poco-de ahora dame-de-beber a-ella y-diga a-sacar la-que-salga

מִכַּדֵּךְ׃ וְאָמְרָה אֵלַי גַּם־אַתָּה שְׁתֵה וְגַם
y-también bebe tú también a-mí Y-diga (44) . de-tu-cántaro

לִגְמַלֶּיךָ אֶשְׁאָב הִוא הָאִשָּׁה אֲשֶׁר־הֹכִיחַ יְהוָה לְבֶן־
para-hijo-de Yahweh eligió que la-mujer ella ; sacaré para-tus-camellos

אֲדֹנִי׃ אֲנִי טֶרֶם אֲכַלֶּה לְדַבֵּר אֶל־לִבִּי וְהִנֵּה רִבְקָה
Rebeca y-he-aquí mi-corazón en de-orar acabara antes-que Yo (45) . mi-señor

יֹצֵאת וְכַדָּהּ עַל־שִׁכְמָהּ וַתֵּרֶד הָעַיְנָה
a-la-fuente y-descendió su-hombro sobre y-su-cántaro saliendo

וַתִּשְׁאָב וָאֹמַר אֵלֶיהָ הַשְׁקִינִי נָא׃ וַתְּמַהֵר
Y-se-apresuró (46) . por-favor dame-de-beber a-ella y-dije ; y-sacó

וַתּוֹרֶד כַּדָּהּ מֵעָלֶיהָ וַתֹּאמֶר שְׁתֵה וְגַם־
y-también bebe : y-dijo de-sobre-ella su-cántaro y-bajó

גְּמַלֶּיךָ אַשְׁקֶה וָאֵשְׁתְּ וְגַם הַגְּמַלִּים הִשְׁקָתָה׃
. abrevó los-camellos y-también y-bebí ; abrevaré tus-camellos

וָאֶשְׁאַל אֹתָהּ וָאֹמַר בַּת־ מִי אַתְּ וַתֹּאמֶר
: Y-dijo tú? quién ¿hija-de : y-dije a-ella Y-pregunté (47)

בַּת־ בְּתוּאֵל בֶּן־ נָחוֹר אֲשֶׁר יָלְדָה־ לּוֹ מִלְכָּה וָאָשִׂם
y-puse ; Milca para-él dio-a-luz que Nacor hijo-de Betuel hija-de

הַנֶּזֶם עַל־ אַפָּהּ וְהַצְּמִידִים עַל־ יָדֶיהָ׃ וָאֶקֹּד
Y-me-incliné (48) . sus-brazos en y-los-brazaletes su-nariz en el-zarcillo

וָאֶשְׁתַּחֲוֶה לַיהוָה וָאֲבָרֵךְ אֶת־ יְהוָה אֱלֹהֵי אֲדֹנִי
mi-señor Dios-de Yahweh a y-bendije a-Yahweh y-adoré

אַבְרָהָם אֲשֶׁר הִנְחַנִי בְּדֶרֶךְ אֱמֶת לָקַחַת אֶת־ בַּת־ אֲחִי
hermano-de hija-de ** para-tomar verdad en-camino-de me-condujo que Abraham

אֲדֹנִי לִבְנוֹ׃ וְעַתָּה אִם־ יֶשְׁכֶם עֹשִׂים חֶסֶד
favor haciendo vuestra-voluntad si Y-ahora (49) . para-su-hijo mi-señor

וֶאֱמֶת אֶת־ אֲדֹנִי הַגִּידוּ לִי וְאִם־ לֹא הַגִּידוּ לִי
a-mí decid , no y-si ; a-mí decid , mi-señor a y-fidelidad

וְאֶפְנֶה עַל־ יָמִין אוֹ עַל־שְׂמֹאל׃ וַיַּעַן לָבָן וּבְתוּאֵל
y-Betuel Labán Y-contestó (50) . izquierda a o derecha a y-me-volveré

וַיֹּאמְרוּ מֵיְהוָה יָצָא הַדָּבָר לֹא נוּכַל דַּבֵּר אֵלֶיךָ רַע
mal a-ti decir podemos no ; el asunto salió de-Yahweh : y-dijeron

אוֹ־ טוֹב׃ הִנֵּה־ רִבְקָה לְפָנֶיךָ קַח וָלֵךְ וּתְהִי אִשָּׁה
mujer y-sea ; y-marcha toma ante-ti Rebeca He-aquí (51) . bien o

לְבֶן־ אֲדֹנֶיךָ כַּאֲשֶׁר דִּבֶּר יְהוָה׃ וַיְהִי כַּאֲשֶׁר
cuando Y-fue (52) . Yahweh dijo como tu-señor para-hijo-de

שָׁמַע עֶבֶד אַבְרָהָם אֶת־ דִּבְרֵיהֶם וַיִּשְׁתַּחוּ אַרְצָה
a-tierra y-se-inclinó ; sus-palabras ** Abraham siervo-de oyó

לַיהוָה׃ וַיּוֹצֵא הָעֶבֶד כְּלֵי־ כֶסֶף וּכְלֵי
y-alhajas-de plata alhajas-de el-siervo Y-sacó (53) . a-Yahweh

זָהָב וּבְגָדִים וַיִּתֵּן לְרִבְקָה וּמִגְדָּנֹת נָתַן לְאָחִיהָ

a-su-hermano dio y-regalos ; a Rebeca y-dio , y-vestidos oro

וּלְאִמָּהּ׃ וַיֹּאכְלוּ וַיִּשְׁתּוּ הוּא וְהָאֲנָשִׁים אֲשֶׁר־

que y-los-hombres él y-bebieron Y-comieron (54) . y-a-su-madre

עִמּוֹ וַיָּלִינוּ וַיָּקוּמוּ בַבֹּקֶר וַיֹּאמֶר

y-dijo , por-la-mañana y-se-levantaron y-pernoctaron con-él

שַׁלְּחֻנִי לַאדֹנִי׃ וַיֹּאמֶר אָחִיהָ וְאִמָּהּ

: y-su-madre su-hermano Y-dijo (55) . a-mi-señor enviadme

תֵּשֵׁב הַנַּעֲרָ אִתָּנוּ יָמִים אוֹ עָשׂוֹר אַחַר תֵּלֵךְ׃

. marchará después ; diez unos días con-nosotros la-muchacha permanezca

וַיֹּאמֶר אֲלֵהֶם אַל־תְּאַחֲרוּ אֹתִי וַיהוָה הִצְלִיחַ דַּרְכִּי

; mi-camino prosperó pues Yahweh ; a-mí detengáis no a-ellos Y-dijo (56)

שַׁלְּחוּנִי וְאֵלְכָה לַאדֹנִי׃ וַיֹּאמְרוּ נִקְרָא

llamemos Y-dijeron (57) . a-mi-señor e-iré enviadme

לַנַּעֲרָ וְנִשְׁאֲלָה אֶת־ פִּיהָ׃ וַיִּקְרְאוּ לְרִבְקָה

a-Rebeca Y-llamaron (58) . su-boca de y-preguntemos a-la-muchacha

וַיֹּאמְרוּ אֵלֶיהָ הֲתֵלְכִי עִם־ הָאִישׁ הַזֶּה וַתֹּאמֶר

Y-dijo el-éste? el-hombre con ¿irás a-ella y-dijeron

אֵלֵךְ׃ וַיְשַׁלְּחוּ אֶת־ רִבְקָה אֲחֹתָם וְאֶת־ מֵנִקְתָּהּ

su-nodriza y-a su-hermana Rebeca a Y-enviaron (59) . iré

וְאֶת־ עֶבֶד אַבְרָהָם וְאֶת־ אֲנָשָׁיו׃ וַיְבָרְכוּ אֶת־ רִבְקָה

Rebeca a Y-bendijeron (60) . sus-hombres y-a Abraham siervo-de y-al

וַיֹּאמְרוּ לָהּ אֲחֹתֵנוּ אַתְּ הֲיִי לְאַלְפֵי רְבָבָה

; diez-miles a-miles-de ¡crece! , tú nuestra-hermana a-ella y-dijeron

וְיִירַשׁ זַרְעֵךְ אֵת שַׁעַר שֹׂנְאָיו׃

. su-enemigo puerta-de ** tu-descendencia y-posea

וַתָּקָם רִבְקָה וְנַעֲרֹתֶיהָ וַתִּרְכַּבְנָה עַל־הַגְּמַלִּים
los-camellos sobre y-montaron y-sus-servidoras Rebeca Y-se-levantó (61)

וַתֵּלַכְנָה אַחֲרֵי הָאִישׁ וַיִּקַּח הָעֶבֶד אֶת־רִבְקָה וַיֵּלַךְ׃
. y-marchó Rebeca a el-siervo y-tomó ; el hombre tras y-marcharon

וְיִצְחָק בָּא מִבּוֹא בְּאֵר לַחַי רֹאִי וְהוּא יוֹשֵׁב בְּאֶרֶץ
en-tierra-de habitaba y-él Roi Lahai Beer de-ir-a venía E-Isaac (62)

הַנֶּגֶב׃ וַיֵּצֵא יִצְחָק לָשׂוּחַ בַּשָּׂדֶה לִפְנוֹת עָרֶב
; tarde al-ser al-campo a-meditar Isaac Y-salió (63) . el-Neguev

וַיִּשָּׂא עֵינָיו וַיַּרְא וְהִנֵּה גְמַלִּים בָּאִים׃
que-venían camellos y-he-aquí y-miró sus-ojos y-levantó

וַתִּשָּׂא רִבְקָה אֶת־עֵינֶיהָ וַתֵּרֶא אֶת־יִצְחָק וַתִּפֹּל
y-descendió Isaac a y-vio sus-ojos ** Rebeca Y-levantó (64)

מֵעַל הַגָּמָל׃ וַתֹּאמֶר אֶל־הָעֶבֶד מִי־הָאִישׁ הַלָּזֶה
el-aquel el-hombre ¿quién : el-siervo a Y-dijo (65) . el-camello de-sobre

הַהֹלֵךְ בַּשָּׂדֶה לִקְרָאתֵנוּ וַיֹּאמֶר הָעֶבֶד הוּא
él el-siervo y-dijo a-encontramos? por-el-campo el-que-viene

אֲדֹנִי וַתִּקַּח הַצָּעִיף וַתִּתְכָּס׃ וַיְסַפֵּר
Y-explicó (66) . y-se-cubrió el-velo y-tomó ; mi-señor

הָעֶבֶד לְיִצְחָק אֵת כָּל־הַדְּבָרִים אֲשֶׁר עָשָׂה׃ וַיְבִאֶהָ
Y-la-llevó (67) . hizo que las-cosas todas ** a-Isaac el-siervo

יִצְחָק הָאֹהֱלָה שָׂרָה אִמּוֹ וַיִּקַּח אֶת־רִבְקָה
Rebeca a y-tomó su-madre Sara a-la-tienda-de Isaac

וַתְּהִי־ לוֹ לְאִשָּׁה וַיֶּאֱהָבֶהָ וַיִּנָּחֵם יִצְחָק
Isaac y-se-confortó ; y-la-amó para-mujer para-él y-ella-fue

אַחֲרֵי אִמּוֹ׃ וַיֹּסֶף אַבְרָהָם וַיִּקַּח אִשָּׁה
mujer y-tomó Abraham Y-repitió (1) . su-madre después-de **Cap. 25**

וּשְׁמָהּ קְטוּרָה׃ וַתֵּלֶד לוֹ אֶת־זִמְרָן וְאֶת־יָקְשָׁן וְאֶת־
y-a Jocsán y-a Zimram a zpara-él Y-dio-a-luz (2) . Cetura y-su-nombre

מְדָן וְאֶת־מִדְיָן וְאֶת־יִשְׁבָּק וְאֶת־שׁוּחַ׃ וְיָקְשָׁן יָלַד אֶת־שְׁבָא
Seba a engendró Y-Jocsán (3) . Súa y-a Isbac y-a Madián y-a Medán

וְאֶת־דְּדָן וּבְנֵי דְדָן הָיוּ אַשּׁוּרִם וּלְטוּשִׁם
y-Letumim Asurim fueron Dedán e-hijos-de ; Dedán y-a

וּלְאֻמִּים׃ וּבְנֵי מִדְיָן עֵיפָה וָעֵפֶר וַחֲנֹךְ וַאֲבִידָע
y-Abida y-Hanoc y-Efer Efa Madián E-hijos-de (4) . y-Leumim

וְאֶלְדָּעָה כָּל־אֵלֶּה בְּנֵי קְטוּרָה׃ וַיִּתֵּן אַבְרָהָם אֶת־
a Abraham Y-dio (5) . Cetura hijos-de éstos todos ; y-Elda

כָּל־אֲשֶׁר־לוֹ לְיִצְחָק׃ וְלִבְנֵי הַפִּילַגְשִׁים אֲשֶׁר לְאַבְרָהָם
para-Abraham que las-concubinas Y-a-hijos-de (6) . A-Isaac a-él lo-que todo

נָתַן אַבְרָהָם מַתָּנֹת וַיְשַׁלְּחֵם מֵעַל יִצְחָק בְּנוֹ בְּעוֹדֶנּוּ
mientras-él su-hijo Isaac lejos-de y-les-envió presentes Abraham dio

חַי קֵדְמָה אֶל־אֶרֶץ קֶדֶם׃ וְאֵלֶּה יְמֵי שְׁנֵי־ חַיֵּי אַבְרָהָם
Abraham vidas-de años-de días-de Y-estos (7) . este tierra-del en al-este vivía

אֲשֶׁר־חָי מְאַת שָׁנָה וְשִׁבְעִים שָׁנָה וְחָמֵשׁ שָׁנִים׃
. años y-cinco año y-setenta-de año cien-de ; vivo que

וַיִּגְוַע וַיָּמָת אַבְרָהָם בְּשֵׂיבָה טוֹבָה זָקֵן וְשָׂבֵעַ
y-lleno viejo buena en-vejez Abraham y-murió Y-expiró (8)

וַיֵּאָסֶף אֶל־ עַמָּיו׃ וַיִּקְבְּרוּ אֹתוֹ יִצְחָק
Isaac a-él Y-enterraron (9) . su-pueblo a y-fue-reunido

וְיִשְׁמָעֵאל בָּנָיו אֶל־מְעָרַת הַמַּכְפֵּלָה אֶל־ שְׂדֵה עֶפְרֹן בֶּן־
hijo-de Efrón campo-de en ; la Macpela cueva-de en sus-hijos e-Ismael

צֹחַר הַחִתִּי אֲשֶׁר עַל־ פְּנֵי מַמְרֵא׃ הַשָּׂדֶה אֲשֶׁר־קָנָה
compró que El-campo (10) . Mamre zona-de junto que el-heteo Zohar

אַבְרָהָם מֵאֵת בְּנֵי־חֵת שָׁמָּה קֻבַּר אַבְרָהָם וְשָׂרָה אִשְׁתּוֹ׃

. su-mujer y-Sara Abraham fue-enterrado allí ; Het hijos-de de Abraham

וַיְהִי אַחֲרֵי מוֹת אַבְרָהָם וַיְבָרֶךְ אֱלֹהִים אֶת־יִצְחָק

Isaac a Dios y-bendijo Abraham muerte-de después-de Y-fue (11)

בְּנוֹ וַיֵּשֶׁב יִצְחָק עִם־בְּאֵר לַחַי רֹאִי׃ וְאֵלֶּה תֹּלְדֹת

generaciones de Y-estas (12) . Roi Lahai Beer en Isaac y-habitó ; su-hijo

יִשְׁמָעֵאל בֶּן־אַבְרָהָם אֲשֶׁר יָלְדָה הָגָר הַמִּצְרִית שִׁפְחַת שָׂרָה

Sara sierva-de la-egipcia Hagar dio-a-luz que ; Abraham hijo-de Ismael

לְאַבְרָהָם׃ וְאֵלֶּה שְׁמוֹת בְּנֵי יִשְׁמָעֵאל בִּשְׁמֹתָם

por-sus-nombres Ismael hijos-de nombres-de Y-estos (13) . a-Abraham

לְתוֹלְדֹתָם בְּכֹר יִשְׁמָעֵאל נְבָיֹת וְקֵדָר וְאַדְבְּאֵל

y-Abdeel y-Cedar Nebalot Ismael Primogénito-de : por-su-nacimiento

וּמִבְשָׂם׃ וּמִשְׁמָע וְדוּמָה וּמַשָּׂא׃ חֲדַד וְתֵימָא יְטוּר

Jetur y-Tema Hadar (15) . y-Massa y-Duma Y-Misma (14) . y-Mibsam

נָפִישׁ וָקֵדְמָה׃ אֵלֶּה הֵם בְּנֵי יִשְׁמָעֵאל וְאֵלֶּה שְׁמֹתָם

sus-nombres y-éstos Ismael hijos-de ellos Éstos (16) . y-Cedema Nafis

בְּחַצְרֵיהֶם וּבְטִירֹתָם שְׁנֵים־עָשָׂר נְשִׂיאִם לְאֻמֹּתָם׃

. por-sus-familias príncipes diez dos y-por-sus-campamentos por-sus-poblados

וְאֵלֶּה שְׁנֵי חַיֵּי יִשְׁמָעֵאל מְאַת שָׁנָה וּשְׁלֹשִׁים שָׁנָה

año y-treinta año cien-de Ismael vidas-de años-de Y-estos (17)

וְשֶׁבַע שָׁנִים וַיִּגְוַע וַיָּמָת וַיֵּאָסֶף אֶל־

a y-fue-reunido y-murió y-expiró ; años y-siete

עַמָּיו׃ וַיִּשְׁכְּנוּ מֵחֲוִילָה עַד־שׁוּר אֲשֶׁר עַל־פְּנֵי

frente a que Shur hasta desde-Havila Y-se-establecieron (18) . su-pueblo

מִצְרַיִם בֹּאֲכָה אַשּׁוּרָה עַל־פְּנֵי כָל־אֶחָיו נָפָל׃

. se opuso sus-hermanos todos frente a a-Ashur yendo-tú Egipto

וְאֵלֶּה תּוֹלְדֹת יִצְחָק בֶּן־אַבְרָהָם אַבְרָהָם הוֹלִיד אֶת־יִצְחָק׃
. Isaac a engendró Abraham ; Abraham hijo-de Isaac familias-de Y-éstas (19)

וַיְהִי יִצְחָק בֶּן־אַרְבָּעִים שָׁנָה בְּקַחְתּוֹ אֶת־רִבְקָה
Rebeca a en-su-tomar año cuarenta hijo-de Isaac Y-fue (20)

בַּת־בְּתוּאֵל הָאֲרַמִּי מִפַּדַּן אֲרָם אֲחוֹת לָבָן הָאֲרַמִּי
el-arameo Labán hermana-de ; Aram de-Padán el-arameo Betuel hija-de

לוֹ לְאִשָּׁה׃ וַיֶּעְתַּר יִצְחָק לַיהוָה לְנֹכַח אִשְׁתּוֹ
su-mujer en-favor-de a-Yahweh Isaac Y-oró (21) . para-mujer para-él

כִּי עֲקָרָה הִוא וַיֵּעָתֶר לוֹ יְהוָה וַתַּהַר רִבְקָה
Rebeca y-concibió Yahweh a-él y-aceptó ; ella estéril porque

אִשְׁתּוֹ׃ וַיִּתְרֹצְצוּ הַבָּנִים בְּקִרְבָּהּ וַתֹּאמֶר אִם־כֵּן
así Si : y-dijo , dentro-de-ella los-hijos Y-luchaban (22) . su-mujer

לָמָּה זֶּה אָנֹכִי וַתֵּלֶךְ לִדְרֹשׁ אֶת־יְהוָה׃ וַיֹּאמֶר יְהוָה לָהּ
a-ella Yahweh Y-dijo (23) . Yahweh a a-preguntar y-fue ¿yo esto por qué

שְׁנֵי גֹיִים בְּבִטְנֵךְ וּשְׁנֵי לְאֻמִּים מִמֵּעַיִךְ
de-tu-interior pueblos y-dos en-tu-vientre naciones dos

יִפָּרֵדוּ וּלְאֹם מִלְאֹם יֶאֱמָץ וְרַב
y-el-mayor será-más-fuerte de-pueblo y-pueblo serán-separados

יַעֲבֹד צָעִיר׃ וַיִּמְלְאוּ יָמֶיהָ לָלֶדֶת
para-dar-a-luz sus-días Y-se-cumplieron (24) . al-menor servirá

וְהִנֵּה תוֹמִם בְּבִטְנָהּ׃ וַיֵּצֵא הָרִאשׁוֹן אַדְמוֹנִי
rubio el-primero Y-salió (25) . en-su-vientre gemelos y-he-aquí

כֻּלּוֹ כְּאַדֶּרֶת שֵׂעָר וַיִּקְרְאוּ שְׁמוֹ עֵשָׂו׃
. Esaú su-nombre y-llamaron ; pelo como-pelliza-de todo-él

וְאַחֲרֵי־כֵן יָצָא אָחִיו וְיָדוֹ אֹחֶזֶת
trabada y-su-mano su-hermano salió esto Y-tras (26)

בַּעֲקֵב עֵשָׂו וַיִּקְרָא שְׁמוֹ יַעֲקֹב וְיִצְחָק בֶּן־שִׁשִּׁים שָׁנָה
año sesenta hijo-de e-Isaac ; Jacob su-nombre y-llamó , Esaú en-talón-de

בְּלֶדֶת אֹתָם׃ וַיִּגְדְּלוּ הַנְּעָרִים וַיְהִי עֵשָׂו אִישׁ
hombre Esaú y-fue los-muchachos Y-crecieron (27) . a-ellos en-su-engendrar

יֹדֵעַ צַיִד אִישׁ שָׂדֶה וְיַעֲקֹב אִישׁ תָּם יֹשֵׁב אֹהָלִים׃
. tiendas morador-de quieto hombre y-Jacob ; campo hombre-de caza diestro

וַיֶּאֱהַב יִצְחָק אֶת־עֵשָׂו כִּי־צַיִד בְּפִיו וְרִבְקָה אֹהֶבֶת
amaba y-Rebeca ; a-su-gusto caza pues Esaú a Isaac Y-amó (28)

אֶת־יַעֲקֹב׃ וַיָּזֶד יַעֲקֹב נָזִיד וַיָּבֹא עֵשָׂו מִן־הַשָּׂדֶה
el-campo del Esaú y-volvió ; potaje Jacob Y-guisó (29) . Jacob a

וְהוּא עָיֵף׃ וַיֹּאמֶר עֵשָׂו אֶל־יַעֲקֹב הַלְעִיטֵנִי נָא מִן
de por-favor dame-de-comer : Jacob a Esaú Y-dijo (30) . hambriento y-él

הָאָדֹם הָאָדֹם הַזֶּה כִּי עָיֵף אָנֹכִי עַל־כֵּן קָרָא־
llamó esto por ; yo hambriento porque el-éste el-potaje-rojo el-potaje-rojo

שְׁמוֹ אֱדוֹם׃ וַיֹּאמֶר יַעֲקֹב מִכְרָה כַיּוֹם אֶת־בְּכֹרָתְךָ
tu-primogenitura ** hoy vende : Jacob Y-dijo (31) . Edom su-nombre

לִי׃ וַיֹּאמֶר עֵשָׂו הִנֵּה אָנֹכִי הוֹלֵךְ לָמוּת וְלָמָּה־זֶּה לִי בְּכֹרָה׃
primogenitura? a-mí esto ¿y-qué ; a-morir voy yo he aquí : Esaú Y-dijo (32) . a-mí

וַיֹּאמֶר יַעֲקֹב הִשָּׁבְעָה לִּי כַּיּוֹם וַיִּשָּׁבַע לוֹ וַיִּמְכֹּר
y-vendió ; a-él y-juró . hoy a-mí jura Jacob Y-dijo (33)

אֶת־בְּכֹרָתוֹ לְיַעֲקֹב׃ וְיַעֲקֹב נָתַן לְעֵשָׂו לֶחֶם
pan a-Esaú dio Y-Jacob (34) . a-Jacob su-primogenitura **

וּנְזִיד עֲדָשִׁים וַיֹּאכַל וַיֵּשְׁתְּ וַיָּקָם וַיֵּלַךְ
; y-marchó y-se-levantó y-bebió y-comió , lentejas y-potaje-de

וַיִּבֶז עֵשָׂו אֶת־הַבְּכֹרָה׃ וַיְהִי רָעָב בָּאָרֶץ
en-la-tierra hambre Y-fue (1) . la-primogenitura ** Esaú y-despreció Cap. 2

מִלְּבַד הָרָעָב הָרִאשׁוֹן אֲשֶׁר הָיָה בִּימֵי אַבְרָהָם וַיֵּלֶךְ
y-fue ; Abraham en-días-de fue que la-primera el-hambre además-de

יִצְחָק אֶל־אֲבִימֶלֶךְ מֶלֶךְ־פְּלִשְׁתִּים גְּרָרָה׃ וַיֵּרָא אֵלָיו
a-él Y-apareció (2) . de-Gerar filisteos rey-de Abimelec a Isaac

יְהוָה וַיֹּאמֶר אַל־תֵּרֵד מִצְרָיְמָה שְׁכֹן בָּאָרֶץ אֲשֶׁר אֹמַר
diré que en-la-tierra vive ; a Egipto desciendas no y-dijo Yahweh

אֵלֶיךָ׃ גּוּר בָּאָרֶץ הַזֹּאת וְאֶהְיֶה עִמְּךָ וַאֲבָרְכֶךָּ
y-te-bendeciré contigo y-seré la-ésta en-la-tierra Habita (3) . a-ti

כִּי־לְךָ וּלְזַרְעֲךָ אֶתֵּן אֶת־כָּל־הָאֲרָצֹת
las-tierras todas ** daré y-a-tu-descendencia a-ti porque

הָאֵל וַהֲקִמֹתִי אֶת־הַשְּׁבֻעָה אֲשֶׁר נִשְׁבַּעְתִּי לְאַבְרָהָם
a-Abraham juré que el-juramento ** y-confirmaré , las-éstas

אָבִיךָ׃ וְהִרְבֵּיתִי אֶת־זַרְעֲךָ כְּכוֹכְבֵי
como-estrellas-de tu-descendencia ** Y-aumentaré (4) . tu-padre

הַשָּׁמַיִם וְנָתַתִּי לְזַרְעֲךָ אֵת כָּל־הָאֲרָצֹת הָאֵל
las-éstas las-tierras todas ** a-tu-descendencia y-daré , los-cielos

וְהִתְבָּרְכוּ בְזַרְעֲךָ כֹּל גּוֹיֵי הָאָרֶץ׃
. la-tierra naciones-de todas en-tu-descendencia y-serán-benditas

עֵקֶב אֲשֶׁר־שָׁמַע אַבְרָהָם בְּקֹלִי וַיִּשְׁמֹר מִשְׁמַרְתִּי
mis-preceptos y-guardó ; a-mi-voz Abraham oyó que Porque (5)

מִצְוֹתַי חֻקּוֹתַי וְתוֹרֹתָי׃ וַיֵּשֶׁב יִצְחָק בִּגְרָר׃
. en-Gerar Isaac Y-se-quedó (6) . y-mis-leyes mis-decretos mis-mandamientos

וַיִּשְׁאֲלוּ אַנְשֵׁי הַמָּקוֹם לְאִשְׁתּוֹ וַיֹּאמֶר
: y-dijo , sobre-su-mujer el-lugar hombres-de Y-preguntaron (7)

אֲחֹתִי הִוא כִּי יָרֵא לֵאמֹר אִשְׁתִּי פֶּן־יַהַרְגֻנִי אַנְשֵׁי
hombres-de me-maten no sea mi-mujer decir temía porque, ella mi-hermana

הַמָּקוֹם עַל־ רִבְקָה כִּי־ טוֹבַת מַרְאֶה הִיא׃ וַיְהִי

Y-fue (8) . ella vista hermosa-de porque Rebeca por-causa-de el-lugar

כִּי אָרְכוּ־ לוֹ שָׁם הַיָּמִים וַיַּשְׁקֵף אֲבִימֶלֶךְ מֶלֶךְ

rey-de Abimelec y-miró , los-días allí para-él se-alargaron que

פְּלִשְׁתִּים בְּעַד הַחַלּוֹן וַיַּרְא וְהִנֵּה יִצְחָק מְצַחֵק אֵת

a acariciando Isaac y-he-aquí y-vio ; la-ventana por filisteos

רִבְקָה אִשְׁתּוֹ׃ וַיִּקְרָא אֲבִימֶלֶךְ לְיִצְחָק וַיֹּאמֶר אַךְ

De-cierto : y-dijo a-Isaac Abimelec Y-llamó (9) . su-mujer Rebeca

הִנֵּה אִשְׁתְּךָ הִוא וְאֵיךְ אָמַרְתָּ אֲחֹתִי הִוא וַיֹּאמֶר אֵלָיו

a-él y-dijo ; ella mi-hermana dijiste ¿y-por-qué , ella tu-mujer he-aquí

יִצְחָק כִּי אָמַרְתִּי פֶּן־ אָמוּת עָלֶיהָ׃ וַיֹּאמֶר

Y-dijo (10) . por-causa-de-ella moriré quizá dije porque , Isaac

אֲבִימֶלֶךְ מַה־ זֹּאת עָשִׂיתָ לָּנוּ כִּמְעַט שָׁכַב אַחַד הָעָם אֶת־

con del-pueblo uno durmió por-poco a-nosotros hiciste esto ¿qué : Abimelec

אִשְׁתֶּךָ וְהֵבֵאתָ עָלֵינוּ אָשָׁם׃ וַיְצַו אֲבִימֶלֶךְ אֶת־

a Abimelec Y-ordenó (11) . culpa sobre-nosotros y-trajiste , tu-mujer

כָּל־ הָעָם לֵאמֹר הַנֹּגֵעַ בָּאִישׁ הַזֶּה

el-éste al-hombre el-molestador : a-decir el-pueblo todo

וּבְאִשְׁתּוֹ מוֹת יוּמָת׃ וַיִּזְרַע יִצְחָק

Isaac Y-sembró (12) . morirá morir y-a-su-mujer

בָּאָרֶץ הַהִוא וַיִּמְצָא בַּשָּׁנָה הַהִוא מֵאָה שְׁעָרִים

veces cien el-aquel en-el-año y-cosechó , la-aquella en-la-tierra

וַיְבָרְכֵהוּ יְהוָה׃ וַיִּגְדַּל הָאִישׁ וַיֵּלֶךְ הָלוֹךְ

crecer y-creció el-hombre Y-se-enriqueció (13) . Yahweh y-le-bendijo

וְגָדֵל עַד כִּי־ גָדַל מְאֹד׃ וַיְהִי־ לוֹ

para-él Y-fue (14) . mucho se-enriqueció que hasta y-fue-rico

מִקְנֵה־ צֹאן וּמִקְנֵה בָקָר וַעֲבֻדָּה רַבָּה וַיְקַנְאוּ
y-envidiaron mucha y-servidumbre vacas y-posesión-de ovejas posesión-de

אֹתוֹ פְּלִשְׁתִּים׃ (15) וְכָל־ הַבְּאֵרֹת אֲשֶׁר חָפְרוּ עַבְדֵי אָבִיו
su-padre siervos-de excavaron que los-pozos Y-todos (15) . filisteos a-él

בִּימֵי אַבְרָהָם אָבִיו סִתְּמוּם פְּלִשְׁתִּים
filisteos los-cegaron· , su-padre Abraham en-días-de

וַיְמַלְאוּם עָפָר׃ (16) וַיֹּאמֶר אֲבִימֶלֶךְ אֶל־ יִצְחָק לֵךְ
marcha , Isaac a Abimelcc Y-dijo (16) . tierra y-los-llenaron

מֵעִמָּנוּ כִּי־ עָצַמְתָּ מִמֶּנּוּ מְאֹד׃ (17) וַיֵּלֶךְ מִשָּׁם יִצְחָק
Isaac de-allí Y-marchó (17) . mucho que-nosotros eres-poderoso porque de-nosotros

וַיִּחַן בְּנַחַל־ גְּרָר וַיֵּשֶׁב שָׁם׃ (18) וַיָּשָׁב
Y-volvió (18) . allí y-habitó Gerar en-valle-de y-acampó

יִצְחָק וַיַּחְפֹּר ׀ אֶת־ בְּאֵרֹת הַמַּיִם אֲשֶׁר חָפְרוּ בִּימֵי אַבְרָהָם
Abraham en-días-de abrieron que el-agua pozos-de ** y-reabrió Isaac

אָבִיו וַיְסַתְּמוּם פְּלִשְׁתִּים אַחֲרֵי מוֹת אַבְרָהָם
Abraham muerte-de tras filisteos y-cegaron su-padre

וַיִּקְרָא לָהֶן שֵׁמוֹת כַּשֵּׁמֹת אֲשֶׁר־ קָרָא לָהֶן
a-ellos llamó que como-los-nombres nombres a-ellos y-llamó

אָבִיו׃ (19) וַיַּחְפְּרוּ עַבְדֵי־ יִצְחָק בַּנָּחַל וַיִּמְצְאוּ־
y-hallaron en-el-valle Isaac siervos-de Y-excavaron (19) . su-padre

שָׁם בְּאֵר מַיִם חַיִּים׃ (20) וַיָּרִיבוּ רֹעֵי גְרָר עִם־
con Gerar pastores-de Y-riñeron (20) . viva agua pozo-de allí

רֹעֵי יִצְחָק לֵאמֹר לָנוּ הַמָּיִם וַיִּקְרָא שֵׁם־ הַבְּאֵר
el-pozo nombre-de y-llamó ; el-agua para-nosotros decir Isaac pastores-de

עֵשֶׂק כִּי הִתְעַשְּׂקוּ עִמּוֹ׃ (21) וַיַּחְפְּרוּ בְּאֵר אַחֶרֶת
otro pozo Y-excavaron (21) . por-él disputaron porque Esek

וַיָּרִיבוּ גַּם־עָלֶיהָ וַיִּקְרָא שְׁמָהּ שִׂטְנָה׃
. Sitna su-nombre y-llamó sobre-él también y-riñeron

וַיַּעְתֵּק מִשָּׁם וַיַּחְפֹּר בְּאֵר אַחֶרֶת וְלֹא רָבוּ
disputaron y-no otro pozo y-excavó de-allí Y-se-apartó (22)

עָלֶיהָ וַיִּקְרָא שְׁמָהּ רְחֹבוֹת וַיֹּאמֶר כִּי־עַתָּה הִרְחִיב
dio-lugar ahora porque : y-dijo , Rehobot su-nombre y-llamó ; sobre-él

יְהוָה לָנוּ וּפָרִינוּ בָאָרֶץ׃ וַיַּעַל מִשָּׁם בְּאֵר
Beer de-allí Y-fue (23) . en-la-tierra y-fructificaremos a-nosotros Yahweh

שָׁבַע׃ וַיֵּרָא אֵלָיו יְהוָה בַּלַּיְלָה הַהוּא וַיֹּאמֶר
y-dijo la-aquella en-la-noche Yahweh a-él Y-apareció (24) . Sheba

אָנֹכִי אֱלֹהֵי אַבְרָהָם אָבִיךָ אַל־תִּירָא כִּי־אִתְּךָ אָנֹכִי וּבֵרַכְתִּיךָ
y-te-bendeciré , yo contigo porque temas no , tu-padre Abraham Dios-de yo

וְהִרְבֵּיתִי אֶת־זַרְעֲךָ בַּעֲבוּר אַבְרָהָם עַבְדִּי׃
. tu-padre Abraham por-causa-de tu-descendencia ** y-multiplicaré

וַיִּבֶן שָׁם מִזְבֵּחַ וַיִּקְרָא בְּשֵׁם יְהוָה וַיֶּט־
y-plantó , Yahweh en-nombre-de e-invocó altar allí Y-edificó (25)

שָׁם אָהֳלוֹ וַיִּכְרוּ־שָׁם עַבְדֵי־יִצְחָק בְּאֵר׃ וַאֲבִימֶלֶךְ
Y-Abimelec (26) . pozo Isaac siervos-de allí y-excavaron su-tienda allí

הָלַךְ אֵלָיו מִגְּרָר וַאֲחֻזַּת מֵרֵעֵהוּ וּפִיכֹל שַׂר־
príncipe-de y-Ficol su-consejero y-Ahuzat ; de-Gerar a-él fue

צְבָאוֹ׃ וַיֹּאמֶר אֲלֵהֶם יִצְחָק מַדּוּעַ בָּאתֶם אֵלָי וְאַתֶּם
y-vosotros ; a-mí vinisteis ¿por-qué : Isaac a-ellos Y-dijo (27) . su-ejército

שְׂנֵאתֶם אֹתִי וַתְּשַׁלְּחוּנִי מֵאִתְּכֶם׃ וַיֹּאמְרוּ
Y-dijeron (28) de-con-vosotros? y-me-expulsasteis , a-mí fuisteis-hostiles

רָאוֹ רָאִינוּ כִּי־הָיָה יְהוָה ׀ עִמָּךְ וַנֹּאמֶר תְּהִי נָא אָלָה
juramento ahora haya : y-dijimos contigo Yahweh estaba que vimos ver

בֵּינוֹתֵינוּ בֵּינֵינוּ וּבֵינֶךָ וְנִכְרְתָה בְרִית עִמָּךְ׃

. contigo pacto y-hagamos ; y-entre-ti entre-nosotros entre-nosotros

אִם־תַּעֲשֵׂה עִמָּנוּ רָעָה כַּאֲשֶׁר לֹא נְגַעֲנוּךָ וְכַאֲשֶׁר

y-como te-molestamos no como mal con-nosotros harás No (29)

עָשִׂינוּ עִמְּךָ רַק־טוֹב וַנְּשַׁלֵּחֲךָ בְּשָׁלוֹם אַתָּה עַתָּה בְּרוּךְ

bendito-de ahora tú ; en-paz y-te-enviamos , bien solo contigo hicimos

יְהוָה׃ וַיַּעַשׂ לָהֶם מִשְׁתֶּה וַיֹּאכְלוּ וַיִּשְׁתּוּ׃

. y-bebieron y-comieron fiesta para-ellos E-hizo (30) . Yahweh

וַיַּשְׁכִּימוּ בַבֹּקֶר וַיִּשָּׁבְעוּ אִישׁ לְאָחִיו

a-su-semejante hombre y-juraron en-la-mañana Y-se-levantaron (31)

וַיְשַׁלְּחֵם יִצְחָק וַיֵּלְכוּ מֵאִתּוֹ בְּשָׁלוֹם׃ וַיְהִי ׀

Y-fue (32) . en-paz de-con-él y-marcharon Isaac y-les-envió

בַּיּוֹם הַהוּא וַיָּבֹאוּ עַבְדֵי יִצְחָק וַיַּגִּדוּ לוֹ

a-él y-dijeron Isaac siervos-de y-vinieron el-aquel en-el-día

עַל־אֹדוֹת הַבְּאֵר אֲשֶׁר חָפָרוּ וַיֹּאמְרוּ לוֹ מָצָאנוּ מָיִם׃

. agua hallamos , a-él y-dijeron ; excavaron que el-pozo tema-de sobre

וַיִּקְרָא אֹתָהּ שִׁבְעָה עַל־כֵּן שֵׁם־הָעִיר בְּאֵר שֶׁבַע עַד הַיּוֹם

hoy hasta Seba Beer la-ciudad nombre-de por esto ; Seba a-ella Y-llamó (33)

הַזֶּה׃ וַיְהִי עֵשָׂו בֶּן־אַרְבָּעִים שָׁנָה וַיִּקַּח אִשָּׁה אֶת־יְהוּדִית

Judit a mujer y-tomó año cuarenta hijo-de Esaú Y-fue (34) . el-éste

בַּת־בְּאֵרִי הַחִתִּי וְאֶת־בָּשְׂמַת בַּת־אֵילֹן הַחִתִּי׃

. el-heteo Elón hija-de Basemat y-a el-heteo Beerí hija-de

וַתִּהְיֶיןָ מֹרַת רוּחַ לְיִצְחָק וּלְרִבְקָה׃ וַיְהִי

Y-fue (1) . y-a-Rebeca a-Isaac espíritu tristeza-de Y-fueron (35)

כִּי־זָקֵן יִצְחָק וַתִּכְהֶיןָ עֵינָיו מֵרְאֹת

de-ver sus-ojos y-se-debilitaron , Isaac viejo que

וַיִּקְרָא אֶת־עֵשָׂו בְּנוֹ הַגָּדֹל וַיֹּאמֶר אֵלָיו בְּנִי

hijo-mío a-él y-dijo el-mayor su-hijo Esaú a y-llamó

וַיֹּאמֶר אֵלָיו הִנֵּנִי׃ וַיֹּאמֶר הִנֵּה־נָא זָקַנְתִּי לֹא יָדַעְתִּי

sé no ; yo-viejo he-aquí : Y-dijo (2) . heme-aquí a-él y-dijo

יוֹם מוֹתִי׃ וְעַתָּה שָׂא־נָא כֵלֶיךָ תֶּלְיְךָ

tu-aljaba , tus-armas por-favor-coge Y-ahora (3) . mi-muerte día-de

וְקַשְׁתֶּךָ וְצֵא הַשָּׂדֶה וְצוּדָה לִּי צֵידָה׃ וַעֲשֵׂה־

Y-haz (4) . caza para-mí y-caza el-campo y-sal y-tu-arco

לִי מַטְעַמִּים כַּאֲשֶׁר אָהַבְתִּי וְהָבִיאָה לִּי וְאֹכֵלָה בַּעֲבוּר

para-que ; y-comeré para-mí y-trae me-gusta como guisados para-mí

תְּבָרֶכְךָ נַפְשִׁי בְּטֶרֶם אָמוּת׃ וְרִבְקָה שֹׁמַעַת בְּדַבֵּר

hablar-de escuchó Y-Rebeca (5) . muera antes-que mi-alma te-bendiga

יִצְחָק אֶל־עֵשָׂו בְּנוֹ וַיֵּלֶךְ עֵשָׂו הַשָּׂדֶה לָצוּד צַיִד

caza a-cazar al-campo Esaú y-fue ; su-hijo Esaú a Isaac

לְהָבִיא׃ וְרִבְקָה אָמְרָה אֶל־יַעֲקֹב בְּנָהּ לֵאמֹר הִנֵּה

he-aquí : diciendo su-hijo Jacob a dijo Y-Rebeca (6) . para-traer

שָׁמַעְתִּי אֶת־אָבִיךָ מְדַבֵּר אֶל־עֵשָׂו אָחִיךָ לֵאמֹר׃ הָבִיאָה

Trae (7) . diciendo tu-hermano Esaú a hablando tu-padre a escuché

לִי צַיִד וַעֲשֵׂה־לִי מַטְעַמִּים וְאֹכֵלָה וַאֲבָרֶכְכָה

y-te-bendeciré ; y-comeré guisados para-mí y-haz caza para-mí

לִפְנֵי יְהוָה לִפְנֵי מוֹתִי׃ וְעַתָּה בְנִי שְׁמַע בְּקֹלִי

a-mi-voz escucha hijo-mío Y-ahora (8) . mi-muerte antes-de Yahweh ante

לַאֲשֶׁר אֲנִי מְצַוָּה אֹתָךְ׃ לֶךְ־נָא אֶל־הַצֹּאן וְקַח־לִי מִשָּׁם

de-allí para-ti y-toma el-rebaño a ahora Ve (9) . a-ti mando yo lo-que

שְׁנֵי גְּדָיֵי עִזִּים טֹבִים וְאֶעֱשֶׂה אֹתָם מַטְעַמִּים

guisados con-ellas y-haré ; buenas cabras crías-de dos

לְאָבִיךָ כַּאֲשֶׁר אָהֵב׃ וְהֵבֵאתָ לְאָבִיךָ
a-tu-padre Y-llevarás (10) . gusta como para-tu-padre

וְאָכָל בַּעֲבֻר אֲשֶׁר יְבָרֶכְךָ לִפְנֵי מוֹתוֹ׃
. su-muerte antes-de te-bendiga entonces para-que y-comerá

וַיֹּאמֶר יַעֲקֹב אֶל־רִבְקָה אִמּוֹ הֵן עֵשָׂו אָחִי אִישׁ שָׂעִר
velludo hombre mi-hermano Esaú he-aquí : su-madre Rebeca a Jacob Y-dijo (11)

וְאָנֹכִי אִישׁ חָלָק׃ אוּלַי יְמֻשֵּׁנִי אָבִי וְהָיִיתִי
y-seré mi-padre me-tocará Quizá (12) . lampiño hombre y-yo

בְעֵינָיו כִּמְתַעְתֵּעַ וְהֵבֵאתִי עָלַי קְלָלָה וְלֹא בְרָכָה׃
. bendición y-no maldición sobre-mí y-traeré como-tramposo en-sus-ojos

וַתֹּאמֶר לוֹ אִמּוֹ עָלַי קִלְלָתְךָ בְּנִי אַךְ
sólo ; hijo-mío tu-maldición sobre-mí su-madre a-él Y-dijo (13)

שְׁמַע בְּקֹלִי וְלֵךְ קַח־לִי׃ וַיֵּלֶךְ וַיִּקַּח
y-tomó Y-fue (14) . para-mí coge y-ve a-mi-voz escucha

וַיָּבֵא לְאִמּוֹ וַתַּעַשׂ אִמּוֹ מַטְעַמִּים
guisados su-madre e-hizo a-su-madre y-llevó

כַּאֲשֶׁר אָהֵב אָבִיו׃ וַתִּקַּח רִבְקָה אֶת־בִּגְדֵי עֵשָׂו
Esaú ropas-de ** Rebeca Y-cogió (15) . su-padre gustaba como

בְּנָהּ הַגָּדֹל הַחֲמֻדֹת אֲשֶׁר אִתָּהּ בַּבָּיִת וַתַּלְבֵּשׁ
y-vistió en-la-casa con-ella que los-mejores el-mayor su-hijo

אֶת־יַעֲקֹב בְּנָהּ הַקָּטָן׃ וְאֵת עֹרֹת גְּדָיֵי הָעִזִּים
las-cabras crías-de pieles-de Y-** (16) . el-pequeño su-hijo Jacob a

הִלְבִּישָׁה עַל־יָדָיו וְעַל חֶלְקַת צַוָּארָיו׃
. su-cuello parte-lisa-de y-sobre sus-manos sobre y-cubrió

וַתִּתֵּן אֶת־הַמַּטְעַמִּים וְאֶת־הַלֶּחֶם אֲשֶׁר עָשָׂתָה
hizo que el-pan y ** los-guisados ** Y-entregó (17)

בְּיַד יַעֲקֹב בְּנָהּ׃ וַיָּבֹא אֶל־אָבִיו וַיֹּאמֶר
y-dijo su-padre a Y-fue (18) . su-hijo Jacob en-mano-de

אָבִי וַיֹּאמֶר הִנֶּנִּי מִי אַתָּה בְּנִי׃ וַיֹּאמֶר
Y-dijo (19) . hijo-mío tú ¿quién , heme-aquí y-dijo ; padre-mío

יַעֲקֹב אֶל־אָבִיו אָנֹכִי עֵשָׂו בְּכֹרֶךָ עָשִׂיתִי כַּאֲשֶׁר דִּבַּרְתָּ אֵלָי
; a-mí dijiste como hice , tu-primogénito Esaú yo : su-padre a Jacob

קוּם־נָא שְׁבָה וְאָכְלָה מִצֵּידִי בַּעֲבוּר תְּבָרֲכַנִּי
me-bendigas para-que de-mi-caza y-come siéntate ahora levántate

נַפְשֶׁךָ׃ וַיֹּאמֶר יִצְחָק אֶל־בְּנוֹ מַה־זֶּה מִהַרְתָּ
fuiste-rápido esto ¿cómo : su-hijo a Isaac Y-dijo (20) . tu-alma

לִמְצֹא בְּנִי וַיֹּאמֶר כִּי הִקְרָה יְהוָה אֱלֹהֶיךָ לְפָנָי׃
. ante-mí tu-Dios Yahweh dio-éxito porque y-dijo ; hijo-mío para-hallar

וַיֹּאמֶר יִצְחָק אֶל־יַעֲקֹב גְּשָׁה־נָּא וַאֲמֻשְׁךָ בְּנִי
hijo-mío y-te-tocaré por-favor acércate : Jacob a Isaac Y-dijo (21)

הַאַתָּה זֶה בְּנִי עֵשָׂו אִם־לֹא׃ וַיִּגַּשׁ יַעֲקֹב אֶל־יִצְחָק
Isaac a Jacob Y-se-acercó (22) . no o Esaú mi-hijo éste si-tú

אָבִיו וַיְמֻשֵּׁהוּ וַיֹּאמֶר הַקֹּל קוֹל יַעֲקֹב
Jacob voz-de la-voz : y-dijo y-le-tocó su-padre

וְהַיָּדַיִם יְדֵי עֵשָׂו׃ וְלֹא הִכִּירוֹ כִּי־הָיוּ
eran-porque le-reconoció Y-no (23) . Esaú manos-de y-las-manos

יָדָיו כִּידֵי עֵשָׂו אָחִיו שְׂעִרֹת וַיְבָרְכֵהוּ׃
. y-le-bendijo ; vellosas su-hermano Esaú como-manos-de sus-manos

וַיֹּאמֶר אַתָּה זֶה בְּנִי עֵשָׂו וַיֹּאמֶר אָנִי׃ וַיֹּאמֶר
Y-dijo (25) . yo : y-dijo ; Esaú mi-hijo éste tú Y-dijo (24)

הַגִּשָׁה לִּי וְאֹכְלָה מִצֵּיד בְּנִי לְמַעַן תְּבָרֶכְךָ
te-bendiga para-que mi-hijo de-caza-de y-comeré a-mí trae

נַפְשִׁי וַיַּגֶּשׁ־ לוֹ וַיֹּאכַל וַיָּבֵא לוֹ יַיִן
vino para-él y-trajo y-comió a-él y-acercó ; mi-alma

וַיֵּשְׁתְּ׃ וַיֹּאמֶר אֵלָיו יִצְחָק אָבִיו גְּשָׁה־ נָּא
ahora acércate , su-padre Isaac a-él Y-dijo (26) . y-bebió

וּשְׁקָה־ לִּי בְּנִי׃ וַיִּגַּשׁ וַיִּשַּׁק־ לוֹ וַיָּרַח
y-olió a-él y-besó Y-fue (27) . hijo-mío a-mí y-besa

אֶת־ רֵיחַ בְּגָדָיו וַיְבָרְכֵהוּ וַיֹּאמֶר רְאֵה רֵיחַ
olor-de mira : y-dijo ; y-le-bendijo sus-ropas olor-de **

בְּנִי כְּרֵיחַ שָׂדֶה אֲשֶׁר בֵּרְכוֹ יְהוָה׃ וְיִתֶּן־
Y-dé (28) . Yahweh le-bendijo que campo como-olor-de , mi-hijo

לְךָ הָאֱלֹהִים מִטַּל הַשָּׁמַיִם וּמִשְׁמַנֵּי הָאָרֶץ
la-tierra y-de-las-riquezas-de los-cielos del-rocío-de el-Dios a-ti

וְרֹב דָּגָן וְתִירֹשׁ׃ יַעַבְדוּךָ עַמִּים
pueblos Sirvan-a-ti (29) . y-mosto grano y-abundancia-de

וְיִשְׁתַּחֲוֻ לְךָ לְאֻמִּים הֱוֵה גְבִיר לְאַחֶיךָ
para-tus-hermanos dueño sé , naciones a-ti y-se-inclinen

וְיִשְׁתַּחֲווּ לְךָ בְּנֵי אִמֶּךָ אֹרְרֶיךָ
tus-maldicientes ; tu-madre hijos-de a-ti y-se-inclinen

אָרוּר וּמְבָרְכֶיךָ בָּרוּךְ׃ וַיְהִי כַּאֲשֶׁר
cuando Y-fue (30) . benditos y-tus-bendicientes , malditos

כִּלָּה יִצְחָק לְבָרֵךְ אֶת־יַעֲקֹב וַיְהִי אַךְ יָצֹא יָצָא
salió salir apenas y-fue , Jacob a de-bendecir Isaac acabó

יַעֲקֹב מֵאֵת פְּנֵי יִצְחָק אָבִיו וְעֵשָׂו אָחִיו בָּא
llegó su-hermano y-Esaú ; su-padre Isaac presencia-de de-** Jacob

מִצֵּידוֹ׃ וַיַּעַשׂ גַּם־ הוּא מַטְעַמִּים וַיָּבֵא
y-llevó guisados él también E-hizo (31) . de-su-caza

לְאָבִיו וַיֹּאמֶר לְאָבִיו יָקֻם אָבִי

padre-mío levántese : a-su-padre y-dijo ; a-su-padre

וְיֹאכַל מִצֵּיד בְּנוֹ בַּעֲבוּר תְּבָרְכַנִּי נַפְשֶׁךָ׃

. tu-alma me-bendiga para-que su-hijo de-caza-de y-coma

וַיֹּאמֶר לוֹ יִצְחָק אָבִיו מִי־אָתָּה וַיֹּאמֶר אֲנִי

yo y-dijo ; tú ¿quién , su-padre Isaac a-él Y-dijo (32)

בִּנְךָ בְכֹרְךָ עֵשָׂו׃ וַיֶּחֱרַד יִצְחָק חֲרָדָה גְּדֹלָה

grande temblor Isaac Y-tembló (33) . Esaú tu-primogénito tu-hijo

עַד־מְאֹד וַיֹּאמֶר מִי־אֵפוֹא הוּא הַצָּד־צַיִד וַיָּבֵא

y-trajo caza cazando él entonces ¿quién : y-dijo mucho hasta

לִי וָאֹכַל מִכֹּל בְּטֶרֶם תָּבוֹא וָאֲבָרְכֵהוּ גַּם־

cierto ; y-le-bendije llegarás antes-que de-todo y-comí a-mí

בָּרוּךְ יִהְיֶה׃ כִּשְׁמֹעַ עֵשָׂו אֶת־דִּבְרֵי אָבִיו

su-padre palabras-de ** Esaú Cuando-oír (34) . será bendito

וַיִּצְעַק צְעָקָה גְּדֹלָה וּמָרָה עַד־מְאֹד וַיֹּאמֶר לְאָבִיו

a-su-padre y-dijo ; mucho hasta y-amargo grande clamor y-clamó

בָּרְכֵנִי גַם־אָנִי אָבִי׃ וַיֹּאמֶר בָּא אָחִיךָ

tu-hermano vino : Y-dijo (35) . padre-mío yo también bendíceme

בְּמִרְמָה וַיִּקַּח בִּרְכָתֶךָ׃ וַיֹּאמֶר הֲכִי קָרָא

llamó bien : Y-dijo (36) . tu-bendición y-tomó en-engaño

שְׁמוֹ יַעֲקֹב וַיַּעְקְבֵנִי זֶה פַעֲמַיִם אֶת־בְּכֹרָתִי

mi-primogenitura ** dos-veces éste pues-me-engañó : Jacob su-nombre

לָקָח וְהִנֵּה עַתָּה לָקַח בִּרְכָתִי וַיֹּאמַר הֲלֹא־אָצַלְתָּ

reservaste ¿acaso-no : y-dijo ; mi-bendición tomó ahora y-he-aquí tomó

לִּי בְּרָכָה׃ וַיַּעַן יִצְחָק וַיֹּאמֶר לְעֵשָׂו הֵן גְּבִיר

dueño ¡mira! a-Esaú y-dijo Isaac Y-respondió (37) . bendición para-mí

שַׂמְתִּיו לָךְ וְאֶת־כָּל־אֶחָיו נָתַתִּי לוֹ לַעֲבָדִים
por-siervos a-él di sus-hermanos todos y-** para-ti le-puse

וְדָגָן וְתִירֹשׁ סְמַכְתִּיו וּלְכָה אֵפוֹא מָה אֶעֱשֶׂה בְּנִי׃
. hijo-mío haré ¿qué entonces y-para-ti ; le-he-provisto y-mosto y-grano

וַיֹּאמֶר עֵשָׂו אֶל־אָבִיו הַבְרָכָה אַחַת הִוא־לְךָ אָבִי
padre-mío para-ti ella una ¿acaso bendición : su-padre a Esaú Y-dijo (38)

בָּרְכֵנִי גַם־אָנִי אָבִי וַיִּשָּׂא עֵשָׂו קֹלוֹ וַיֵּבְךְּ׃
. y-lloró su-voz Esaú y-alzó ; padre-mío yo también bendíceme

וַיַּעַן יִצְחָק אָבִיו וַיֹּאמֶר אֵלָיו הִנֵּה מִשְׁמַנֵּי
de-riqueza-de he-aquí ; a-él y-dijo su-padre Isaac Y-respondió (39)

הָאָרֶץ יִהְיֶה מוֹשָׁבֶךָ וּמִטַּל הַשָּׁמַיִם מֵעָל׃
. arriba los-cielos y-del-rocío-de tu-morada será la-tierra

וְעַל־חַרְבְּךָ תִחְיֶה וְאֶת־אָחִיךָ תַּעֲבֹד
' servirás tu-hermano y-a vivirás tu-espada Y-por (40)

וְהָיָה כַּאֲשֶׁר תָּרִיד וּפָרַקְתָּ עֻלּוֹ
su-yugo descargarás te-fortalezcas cuando y-será

מֵעַל צַוָּארֶךָ׃ וַיִּשְׂטֹם עֵשָׂו אֶת־יַעֲקֹב עַל־
por Jacob a Esaú Y-aborreció (41) . tu-cerviz de-sobre

הַבְּרָכָה אֲשֶׁר בֵּרְכוֹ אָבִיו וַיֹּאמֶר עֵשָׂו בְּלִבּוֹ
en-su-corazón Esaú y-dijo ; su-padre le-bendijo que la-bendición

יִקְרְבוּ יְמֵי אֵבֶל אָבִי וְאַהַרְגָה אֶת־יַעֲקֹב
Jacob a y-mataré mi-padre luto-de días-de están-cerca

אָחִי׃ וַיֻּגַּד לְרִבְקָה אֶת־דִּבְרֵי עֵשָׂו בְּנָהּ
su-hijo Esaú palabras-de ** a-Rebeca Y-fue-dicho (42) . mi-hermano

הַגָּדֹל וַתִּשְׁלַח וַתִּקְרָא לְיַעֲקֹב בְּנָהּ הַקָּטָן
el-pequeño su-hijo a-Jacob y-llamó y-envió ; el-mayor

וַתֹּאמֶר אֵלָיו הִנֵּה עֵשָׂו אָחִיךָ מִתְנַחֵם לְךָ

de-ti se-consuela tu-hermano Esaú he-aquí a-él y-dijo

לְהָרְגֶךָ׃ וְעַתָּה בְנִי שְׁמַע בְּקֹלִי וְקוּם בְּרַח־

y-huye y-levántate a-mi-voz escucha hijo-mío Y-ahora (43) . para-matarte

לְךָ אֶל־לָבָן אָחִי חָרָנָה׃ וְיָשַׁבְתָּ עִמּוֹ יָמִים

días con-él Y-habita (44) . en-Harán mi-hermano Labán a por-ti

אֲחָדִים עַד אֲשֶׁר־תָּשׁוּב חֲמַת אָחִיךָ׃ עַד־שׁוּב

remita Cuando (45) . tu-hermano ira-de remita que hasta ; pocos

אַף־אָחִיךָ מִמְּךָ וְשָׁכַח אֵת אֲשֶׁר־עָשִׂיתָ לּוֹ

a-él hiciste lo-que ** y-olvide de-ti tu-hermano cólera-de

וְשָׁלַחְתִּי וּלְקַחְתִּיךָ מִשָּׁם לָמָה אֶשְׁכַּל גַּם־

también perderé ¿por qué ; de-allí y-te-tomaré y-enviaré

שְׁנֵיכֶם יוֹם אֶחָד׃ וַתֹּאמֶר רִבְקָה אֶל־יִצְחָק קַצְתִּי

estoy-disgustada : Isaac a Rebeca Y-dijo (46) . uno día vosotros-dos

בְחַיַּי מִפְּנֵי בְּנוֹת חֵת אִם־לֹקֵחַ יַעֲקֹב אִשָּׁה

mujer Jacob tomando si ; Het hijas-de a-causa-de de-mi-vida

מִבְּנוֹת־חֵת כָּאֵלֶּה מִבְּנוֹת הָאָרֶץ לָמָּה לִּי חַיִּים׃

. vidas para-mí ¿por qué la-tierra de-hijas-de como-éstas Het de-hijas-de

וַיִּקְרָא יִצְחָק אֶל־יַעֲקֹב וַיְבָרֶךְ אֹתוֹ וַיְצַוֵּהוּ

y-le-ordenó ; a-él y-bendijo Jacob a Isaac Y-llamó (1) Cap. 28

וַיֹּאמֶר לוֹ לֹא־תִקַּח אִשָּׁה מִבְּנוֹת כְּנָעַן׃ קוּם לֵךְ

ve , Levanta (2) . Canaán de-hijas-de mujer tomes no : a-él y-dijo

פַּדֶּנָה אֲרָם בֵּיתָה בְתוּאֵל אֲבִי אִמֶּךָ וְקַח־

y-toma ; tu-madre padre-de Betuel a-casa-de Aram a-Padán

לְךָ מִשָּׁם אִשָּׁה מִבְּנוֹת לָבָן אֲחִי אִמֶּךָ׃

. tu-madre hermano-de Labán de-hijas-de mujer de-allí para-ti

וְאֵל שַׁדַּי יְבָרֵךְ אֹתְךָ וְיַפְרְךָ
y-te-fructifique , a-ti bendiga Todopoderoso Y-Dios (3)

וְיַרְבֶּךָ וְהָיִיתָ לִקְהַל עַמִּים׃
. pueblos para-comunidad-de y-seas y-te-multiplique

וְיִתֶּן־לְךָ אֶת־בִּרְכַּת אַבְרָהָם לְךָ וּלְזַרְעֲךָ
y-a-tu-descendencia a-ti Abraham bendición-de ** a-ti Y-dé (4)

אִתָּךְ לְרִשְׁתְּךָ אֶת־אֶרֶץ מְגֻרֶיךָ אֲשֶׁר־נָתַן אֱלֹהִים
Dios dio que tu-peregrinación tierra-de ** para-poseer contigo

לְאַבְרָהָם׃ וַיִּשְׁלַח יִצְחָק אֶת־יַעֲקֹב וַיֵּלֶךְ פַּדֶּנָה אֲרָם
; Aram a-Padán y-marchó Jacob a Isaac Y-envió (5) . a-Abraham

אֶל־לָבָן בֶּן־בְּתוּאֵל הָאֲרַמִּי אֲחִי רִבְקָה אֵם יַעֲקֹב
Jacob madre-de Rebeca hermano-de el-arameo Betuel hijo-de Labán a

וְעֵשָׂו׃ וַיַּרְא עֵשָׂו כִּי־בֵרַךְ יִצְחָק אֶת־יַעֲקֹב וְשִׁלַּח
y-envió Jacob a Isaac bendijo que Esaú Y-vio (6) . y-Esaú

אֹתוֹ פַּדֶּנָה אֲרָם לָקַחַת־לוֹ מִשָּׁם אִשָּׁה בְּבָרְכוֹ אֹתוֹ
a-él en-bendecirle ; mujer de-allí para-él para-tomar Aram a-Padán a-él

וַיְצַו עָלָיו לֵאמֹר לֹא־תִקַּח אִשָּׁה מִבְּנוֹת כְּנָעַן׃
. Canaán de-hijas-de mujer tomes no : diciendo a-él y-mandó

וַיִּשְׁמַע יַעֲקֹב אֶל־אָבִיו וְאֶל־אִמּוֹ וַיֵּלֶךְ
y-marchó ; su-madre y-a su-padre a Jacob Y-obedeció (7)

פַּדֶּנָה אֲרָם׃ וַיַּרְא עֵשָׂו כִּי רָעוֹת בְּנוֹת כְּנָעַן
Canaán hijas-de malas que Esaú Y-vio (8) . Aram a-Padán

בְּעֵינֵי יִצְחָק אָבִיו׃ וַיֵּלֶךְ עֵשָׂו אֶל־יִשְׁמָעֵאל וַיִּקַּח
y-tomó Ismael a Esaú Y-marchó (9) . su-padre Isaac en-ojos-de

אֶת־מָחֲלַת ׀ בַּת־יִשְׁמָעֵאל בֶּן־אַבְרָהָם אֲחוֹת נְבָיוֹת עַל־
junto-a Nebaiot hermana-de Abraham hijo-de Ismael hija-de Mahalat a

נָשָׁיו לוֹ לְאִשָּׁה׃ וַיֵּצֵא יַעֲקֹב מִבְּאֵר שָׁבַע

Seba de-Beer Jacob Y-salió (10) . por-mujer para-él sus-mujeres

וַיֵּלֶךְ חָרָנָה׃ וַיִּפְגַּע בַּמָּקוֹם וַיָּלֶן

y-se-detuvo al-lugar Y-llegó (11) . a-Harán y-marchó

שָׁם כִּי־בָא הַשֶּׁמֶשׁ וַיִּקַּח מֵאַבְנֵי הַמָּקוֹם וַיָּשֶׂם

y-puso , el-lugar de-piedras-de y-tomó el-sol se-puso porque allí

מְרַאֲשֹׁתָיו וַיִּשְׁכַּב בַּמָּקוֹם הַהוּא׃ וַיַּחֲלֹם

Y-soñó (12) . el-aquel en-el-lugar y-durmió por-su-cabecera

וְהִנֵּה סֻלָּם מֻצָּב אַרְצָה וְרֹאשׁוֹ מַגִּיעַ הַשָּׁמָיְמָה

; los-cielos alcanzando y-su-cabeza en-tierra apoyada escalera y-he-aquí

וְהִנֵּה מַלְאֲכֵי אֱלֹהִים עֹלִים וְיֹרְדִים בּוֹ׃ וְהִנֵּה

Y-he-aquí (13) . por-ella y-bajando subiendo Dios ángeles-de y-he-aquí

יְהוָה נִצָּב עָלָיו וַיֹּאמַר אֲנִי יְהוָה אֱלֹהֵי אַבְרָהָם אָבִיךָ

tu-padre Abraham Dios-de Yahweh yo : y-dijo sobre-él estaba Yahweh

וֵאלֹהֵי יִצְחָק הָאָרֶץ אֲשֶׁר אַתָּה שֹׁכֵב עָלֶיהָ לְךָ אֶתְּנֶנָּה

te-daré a-ti sobre-ella recostado tú que la-tierra , Isaac y-Dios-de

וּלְזַרְעֶךָ׃ וְהָיָה זַרְעֲךָ כַּעֲפַר

como-polvo-de tu-descendencia Y-será (14) . y-a-tu-descendencia

הָאָרֶץ וּפָרַצְתָּ יָמָּה וָקֵדְמָה וְצָפֹנָה וָנֶגְבָּה

y-al-sur al-norte al-este al-oeste y-te-esparcirás , la-tierra

וְנִבְרְכוּ בְךָ כָּל־ מִשְׁפְּחֹת הָאֲדָמָה

la-tierra pueblos-de todos en-ti y-serán-benditas

וּבְזַרְעֶךָ׃ וְהִנֵּה אָנֹכִי עִמָּךְ וּשְׁמַרְתִּיךָ

y-te-protegeré contigo yo Y-he-aquí (15) . y-en-tu-descendencia

בְּכֹל אֲשֶׁר־ תֵּלֵךְ וַהֲשִׁבֹתִיךָ אֶל־הָאֲדָמָה הַזֹּאת כִּי

que ; la-ésta la-tierra a y-te-volveré-a-traer vayas que en-todo

לֹא אֶעֱזָבְךָ עַד אֲשֶׁר אִם־ עָשִׂיתִי אֵת אֲשֶׁר־ דִּבַּרְתִּי לָךְ׃
. a-ti dije que lo haga cuando ** hasta te-abandonaré no

וַיִּיקַץ יַעֲקֹב מִשְּׁנָתוֹ וַיֹּאמֶר אָכֵן יֵשׁ יְהוָה
Yahweh está cierto : y-dijo de-su-dormir Jacob Y-despertó (16)

בַּמָּקוֹם הַזֶּה וְאָנֹכִי לֹא יָדָעְתִּי׃ וַיִּירָא וַיֹּאמַר
y-dijo Y-temió (17) . sabía no y-yo ; el-éste en-el-lugar

מַה־ נּוֹרָא הַמָּקוֹם הַזֶּה אֵין זֶה כִּי אִם־ בֵּית אֱלֹהִים
Dios casa-de que otro éste no-es ; el-éste el-lugar terrible cuán

וְזֶה שַׁעַר הַשָּׁמָיִם׃ וַיַּשְׁכֵּם יַעֲקֹב בַּבֹּקֶר וַיִּקַּח
y-tomó por-la-mañana Jacob Y-se-levantó (18) . los-cielos puerta-de y-esto

אֶת־ הָאֶבֶן אֲשֶׁר־ שָׂם מְרַאֲשֹׁתָיו וַיָּשֶׂם אֹתָהּ מַצֵּבָה
de-señal a-ella y-alzó por-su-cabecera colocó que la-piedra **

וַיִּצֹק שֶׁמֶן עַל־ רֹאשָׁהּ׃ וַיִּקְרָא אֶת־ שֵׁם־ הַמָּקוֹם
el-lugar nombre-de ** Y-llamó (19) . su-cima sobre aceite y-derramó

הַהוּא בֵּית־אֵל וְאוּלָם לוּז שֵׁם־ הָעִיר לָרִאשֹׁנָה׃ וַיִּדַּר
E-hizo (20) . al-principio la-ciudad nombre-de Luz aunque ; El Bet el-aquel

יַעֲקֹב נֶדֶר לֵאמֹר אִם־ יִהְיֶה אֱלֹהִים עִמָּדִי וּשְׁמָרַנִי בַּדֶּרֶךְ
en-el-camino y-me-protege conmigo Dios está si : diciendo voto Jacob

הַזֶּה אֲשֶׁר אָנֹכִי הוֹלֵךְ וְנָתַן־ לִי לֶחֶם לֶאֱכֹל וּבֶגֶד לִלְבֹּשׁ׃
. para-vestir y-ropa para-comer pan a-mí y-da ando yo que el-éste

וְשַׁבְתִּי בְשָׁלוֹם אֶל־ בֵּית אָבִי וְהָיָה יְהוָה
Yahweh entonces-será , mi-padre casa-de a en-paz Y-vuelvo (21)

לִי לֵאלֹהִים׃ וְהָאֶבֶן הַזֹּאת אֲשֶׁר־ שַׂמְתִּי מַצֵּבָה יִהְיֶה
será por-señal puse que la-ésta Y-la-piedra (22) . por-Dios para-mí

בֵּית אֱלֹהִים וְכֹל אֲשֶׁר תִּתֶּן־ לִי עַשֵּׂר אֲעַשְּׂרֶנּוּ לָךְ׃
. a-ti lo-daré diezmo a-mí des lo-que y-todo ; Dios casa-de

וַיִּשָּׂא יַעֲקֹב רַגְלָיו וַיֵּלֶךְ אַרְצָה בְנֵי־
hijos-de a-la-tierra-de y-marchó sus-pies Jacob Y-alzó (1)

קֶדֶם׃ וַיַּרְא וְהִנֵּה בְאֵר בַּשָּׂדֶה וְהִנֵּה־שָׁם שְׁלֹשָׁה עֶדְרֵי־
rebaños-de tres allí y-he-aquí en-el-campo pozo y-he-aquí Y-miró (2) . oriente

צֹאן רֹבְצִים עָלֶיהָ כִּי מִן־הַבְּאֵר הַהִוא יַשְׁקוּ
abrevaban el-aquel el-pozo de porque junto-a-él recostadas ovejas

הָעֲדָרִים וְהָאֶבֶן גְּדֹלָה עַל־פִּי הַבְּאֵר׃ וְנֶאֶסְפוּ־
Y-se-juntaban (3) . el-pozo boca-de sobre grande y-la-piedra los-ganados

שָׁמָּה כָל־הָעֲדָרִים וְגָלֲלוּ אֶת־הָאֶבֶן מֵעַל פִּי
boca-de de-sobre la-piedra ** y-removían los-ganados todos allí

הַבְּאֵר וְהִשְׁקוּ אֶת־הַצֹּאן וְהֵשִׁיבוּ אֶת־הָאֶבֶן
la-piedra ** y-volvían-a-poner ; las-ovejas ** y-abrevaban , el-pozo

עַל־פִּי הַבְּאֵר לִמְקֹמָהּ׃ וַיֹּאמֶר לָהֶם יַעֲקֹב
Jacob a-ellos Y-dijo (4) . a-su-lugar el-pozo boca-de sobre

אַחַי מֵאַיִן אַתֶּם וַיֹּאמְרוּ מֵחָרָן אֲנָחְנוּ׃ וַיֹּאמֶר
Y-dijo (5) . nosotros de-Harán y-dijeron ; vosotros ¿de-dónde hermanos-míos

לָהֶם הַיְדַעְתֶּם אֶת־לָבָן בֶּן־נָחוֹר וַיֹּאמְרוּ יָדָעְנוּ׃
. conocemos : y-dijeron ; Nacor hijo-de Labán a ¿acaso conocéis a-ellos

וַיֹּאמֶר לָהֶם הֲשָׁלוֹם לוֹ וַיֹּאמְרוּ שָׁלוֹם וְהִנֵּה רָחֵל
Raquel y-he-aquí , paz y-dijeron ; a-él la-paz : a-ellos Y-dijo (6)

בִּתּוֹ בָּאָה עִם־הַצֹּאן׃ וַיֹּאמֶר הֵן עוֹד הַיּוֹם
el-día todavía mira : Y-dijo (7) . las-ovejas con viene su-hija

גָּדוֹל לֹא־עֵת הֵאָסֵף הַמִּקְנֶה הַשְׁקוּ הַצֹּאן וּלְכוּ רְעוּ׃
. apacentad e-id las-ovejas abrevad ; el-ganado recoger tiempo-de no , largo

וַיֹּאמְרוּ לֹא נוּכַל עַד אֲשֶׁר יֵאָסְפוּ כָּל־הָעֲדָרִים
los-rebaños todos se-recojan que hasta podemos no Y-dijeron (8)

וְגָלְלוּ אֶת־ הָאֶבֶן מֵעַל פִּי הַבְּאֵר וְהִשְׁקִינוּ
y-abrevaremos ; el-pozo boca-de de-sobre la-piedra ** y-remuevan

הַצֹּאן׃ עוֹדֶנּוּ מְדַבֵּר עִמָּם וְרָחֵל ׀ בָּאָה עִם־ הַצֹּאן
las-ovejas con venía y-Raquel con-ellos hablando Aún-él (9) . las-ovejas

אֲשֶׁר לְאָבִיהָ כִּי רֹעָה הִוא׃ וַיְהִי כַּאֲשֶׁר רָאָה
vio cuando Y-fue (10) . ella pastora porque de-su-padre que

יַעֲקֹב אֶת־ רָחֵל בַּת־ לָבָן אֲחִי אִמּוֹ וְאֶת־ צֹאן
ovejas-de y-** , su-madre hermano-de Labán hija-de Raquel a Jacob

לָבָן אֲחִי אִמּוֹ וַיִּגַּשׁ יַעֲקֹב וַיָּגֶל אֶת־
** y-removió Jacob y-se-acercó ; su-madre hermano-de Labán

הָאֶבֶן מֵעַל פִּי הַבְּאֵר וַיַּשְׁקְ אֶת־ צֹאן לָבָן
Labán ovejas-de ** y-abrevó , el-pozo boca-de de-sobre la-piedra

אֲחִי אִמּוֹ׃ וַיִּשַּׁק יַעֲקֹב לְרָחֵל וַיִּשָּׂא
y-alzó ; a Raquel Jacob Y-besó (11) . su-madre hermano-de

אֶת־ קֹלוֹ וַיֵּבְךְּ׃ וַיַּגֵּד יַעֲקֹב לְרָחֵל כִּי אֲחִי
hermano-de que a-Raquel Jacob Y-dijo (12) . y-lloró su-voz **

אָבִיהָ הוּא וְכִי בֶן־ רִבְקָה הוּא וַתָּרָץ וַתַּגֵּד
y-contó y-corrió ; él Rebeca hijo-de y-que él su-padre

לְאָבִיהָ׃ וַיְהִי כִשְׁמֹעַ לָבָן אֶת־ שֵׁמַע ׀ יַעֲקֹב
Jacob nueva-de ** Labán cuando-oyó Y-fue (13) . a-su-padre

בֶּן־ אֲחֹתוֹ וַיָּרָץ לִקְרָאתוֹ וַיְחַבֶּק־ לוֹ
a-él y-abrazó a-encontrarle y-corrió su-hermana hijo-de

וַיְנַשֶּׁק־ לוֹ וַיְבִיאֵהוּ אֶל־ בֵּיתוֹ וַיְסַפֵּר לְלָבָן
a-Labán y-explicó ; su-casa en y-le-hizo-entrar a-él y-besó

אֵת כָּל־ הַדְּבָרִים הָאֵלֶּה׃ וַיֹּאמֶר לוֹ לָבָן אַךְ
cierto : Labán a-él Y-dijo (14) . las-éstas las-cosas todas **

עַצְמִי וּבְשָׂרִי אָתָּה וַיֵּשֶׁב עִמּוֹ חֹדֶשׁ יָמִים׃
. días mes-de con-él y-habitó ; tú y-mi-carne mi-hueso

וַיֹּאמֶר לָבָן לְיַעֲקֹב הֲכִי־ אָחִי אַתָּה וַעֲבַדְתַּנִי
y-me-servirás tú mi-hermano ¿por-qué : a-Jacob Labán Y-dijo (15)

חִנָּם הַגִּידָה לִּי מַה־ מַּשְׂכֻּרְתֶּךָ׃ וּלְלָבָן שְׁתֵּי בָנוֹת
hijas dos Y-para-Labán (16) . tu-salario cuál a-mí di ; gratis

שֵׁם הַגְּדֹלָה לֵאָה וְשֵׁם הַקְּטַנָּה רָחֵל׃ וְעֵינֵי לֵאָה
Lea Y-ojos-de (17) . Raquel la-menor y-nombre-de Lea la-mayor nombre-de

רַכּוֹת וְרָחֵל הָיְתָה יְפַת־ תֹּאַר וִיפַת מַרְאֶה׃
. aspecto y-hermosa-de forma hermosa-de era y-Raquel , débiles

וַיֶּאֱהַב יַעֲקֹב אֶת־ רָחֵל וַיֹּאמֶר אֶעֱבָדְךָ שֶׁבַע שָׁנִים
años siete te-serviré : y-dijo Raquel a Jacob Y-amó (18)

בְּרָחֵל בִּתְּךָ הַקְּטַנָּה׃ וַיֹּאמֶר לָבָן טוֹב תִּתִּי
darme mejor : Labán Y-dijo (19) . la-menor tu-hija por-Raquel

אֹתָהּ לָךְ מִתִּתִּי אֹתָהּ לְאִישׁ אַחֵר שְׁבָה עִמָּדִי׃ וַיַּעֲבֹד
Y-sirvió (20) . conmigo habita ; otro a-hombre ella que-darme a-ti ella

יַעֲקֹב בְּרָחֵל שֶׁבַע שָׁנִים וַיִּהְיוּ בְעֵינָיו כְּיָמִים אֲחָדִים
pocos como-días en-sus-ojos y-fueron ; años siete por-Raquel Jacob

בְּאַהֲבָתוֹ אֹתָהּ׃ וַיֹּאמֶר יַעֲקֹב אֶל־ לָבָן הָבָה אֶת־ אִשְׁתִּי
mi-mujer ** entrega : Labán a Jacob Y-dijo (21) . a-ella en-su-amar

כִּי מָלְאוּ יָמָי וְאָבוֹאָה אֵלֶיהָ׃ וַיֶּאֱסֹף
Y-reunió (22) . con-ella y-yaceré ; mis-días cumplidos porque

לָבָן אֶת־ כָּל־ אַנְשֵׁי הַמָּקוֹם וַיַּעַשׂ מִשְׁתֶּה׃ וַיְהִי
Y-fue (23) . fiesta e-hizo el-lugar hombres-de todos a Labán

בָעֶרֶב וַיִּקַּח אֶת־ לֵאָה בִתּוֹ וַיָּבֵא אֹתָהּ אֵלָיו
a-él a-ella y-llevó su-hija Lea a y-tomó al-atardecer

וַיָּבֹא אֵלֶיהָ׃ וַיִּתֵּן לָבָן לָהּ אֶת־זִלְפָּה שִׁפְחָתוֹ
su-criada Zilpa a a-ella Labán Y-dio (24) . a-ella y-se-llegó

לְלֵאָה בִתּוֹ שִׁפְחָה׃ וַיְהִי בַבֹּקֶר וְהִנֵּה־
y-he-aquí por-la-mañana Y-fue (25) . servidora su-hija a-Lea

הִוא לֵאָה וַיֹּאמֶר אֶל־לָבָן מַה־זֹּאת עָשִׂיתָ לִּי הֲלֹא בְרָחֵל
por-Raquel , acaso-no a-mí hiciste esto ¿qué Labán a y-dijo ; Lea ella

עָבַדְתִּי עִמָּךְ וְלָמָּה רִמִּיתָנִי׃ וַיֹּאמֶר לָבָן לֹא־
no : Labán Y-dijo (26) . me-engañaste ¿y-por-qué para-ti serví

יֵעָשֶׂה כֵן בִּמְקוֹמֵנוּ לָתֵת הַצְּעִירָה לִפְנֵי הַבְּכִירָה׃
. la-primogénita antes-que la-joven dar ; en-nuestro-lugar así se-hace

מַלֵּא שְׁבֻעַ זֹאת וְנִתְּנָה לְךָ גַּם־אֶת־זֹאת בַּעֲבֹדָה אֲשֶׁר
que por-trabajo ésta ** también a-ti y-daremos ésta semana-de Cumple (27)

תַּעֲבֹד עִמָּדִי עוֹד שֶׁבַע־שָׁנִים אֲחֵרוֹת׃ וַיַּעַשׂ יַעֲקֹב כֵּן
así Jacob E-hizo (28) . otros años siete aún para-mí trabajes

וַיְמַלֵּא שְׁבֻעַ זֹאת וַיִּתֶּן־לוֹ אֶת־רָחֵל בִּתּוֹ
su-hija Raquel a a-él y-dio ; ésta semana-de y-cumplió

לוֹ לְאִשָּׁה׃ וַיִּתֵּן לָבָן לְרָחֵל בִּתּוֹ אֶת־בִּלְהָה
Bilha a su-hija a-Raquel Labán Y-dio (29) . para-mujer a-él

שִׁפְחָתוֹ לָהּ לְשִׁפְחָה׃ וַיָּבֹא גַּם אֶל־רָחֵל
Raquel a también Y-se-llegó (30) . por-servidora a-ella ; su-sierva

וַיֶּאֱהַב גַּם־אֶת־רָחֵל מִלֵּאָה וַיַּעֲבֹד עִמּוֹ עוֹד שֶׁבַע־שָׁנִים
años siete aún con-él y-trabajó ; que-a-Lea Raquel a más y-amó

אֲחֵרוֹת׃ וַיַּרְא יְהוָה כִּי־שְׂנוּאָה לֵאָה וַיִּפְתַּח
y-abrió Lea menospreciada que Yahweh Y-vio (31) . otros

אֶת־רַחְמָהּ וְרָחֵל עֲקָרָה׃ וַתַּהַר לֵאָה וַתֵּלֶד
y-dio a luz Lea Y-concibió (32) . estéril y-Raquel ; su-vientre **

בֵּ֑ן וַתִּקְרָ֥א שְׁמ֖וֹ רְאוּבֵ֑ן כִּ֣י אָֽמְרָ֗ה כִּֽי־רָאָ֤ה יְהוָה֙
Yahweh vio que dijo porque ; Rubén su-nombre y-llamó , hijo

בְּעָנְיִ֔י כִּ֥י עַתָּ֖ה יֶאֱהָבַ֥נִי אִישִֽׁי׃ וַתַּ֣הַר
Y-concibió (33) . mi-marido me-amará ahora porque en-mi-miseria

ע֜וֹד וַתֵּ֣לֶד בֵּ֗ן וַתֹּ֙אמֶר֙ כִּֽי־שָׁמַ֤ע יְהוָה֙ כִּֽי־שְׂנוּאָ֣ה
menospreciada que Yahweh oyó porque : y-dijo , hijo y-dio-a-luz otra-vez

אָנֹ֔כִי וַיִּתֶּן־לִ֖י גַּם־אֶת־זֶ֑ה וַתִּקְרָ֥א שְׁמ֖וֹ שִׁמְעֽוֹן׃
. Simeón su-nombre y-llamó ; éste ** también a-mí y-dio , yo

וַתַּ֣הַר ע֗וֹד וַתֵּ֣לֶד בֵּ֔ן וַתֹּ֗אמֶר עַתָּ֤ה הַפַּ֙עַם֙
esta-vez ahora : y-dijo hijo y-dio-a-luz otra-vez Y-concibió (34)

יִלָּוֶ֤ה אִישִׁי֙ אֵלַ֔י כִּֽי־יָלַ֥דְתִּי ל֖וֹ שְׁלֹשָׁ֣ה בָנִ֑ים עַל־
por , hijos tres para-él di-a-luz pues , a-mí mi-marido se-unirá

כֵּ֥ן קָרָֽא־שְׁמ֖וֹ לֵוִֽי׃ וַתַּ֨הַר ע֜וֹד וַתֵּ֣לֶד
y-dio-a-luz otra-vez Y-concibió (35) . Leví su-nombre llamó eso

בֵּ֗ן וַתֹּ֙אמֶר֙ הַפַּ֙עַם֙ אוֹדֶ֣ה אֶת־יְהוָ֔ה עַל־כֵּ֛ן קָרְאָ֥ה
llamó eso por , Yahweh a alabaré esta-vez y-dijo , hijo

שְׁמ֖וֹ יְהוּדָ֑ה וַֽתַּעֲמֹ֖ד מִלֶּֽדֶת׃ וַתֵּ֣רֶא רָחֵ֗ל
Raquel Y-vio (1) . dar-a-luz y-cesó-de ; Judá su-nombre Cap. 30

כִּ֣י לֹ֤א יָֽלְדָה֙ לְיַעֲקֹ֔ב וַתְּקַנֵּ֥א רָחֵ֖ל בַּאֲחֹתָ֑הּ
de-su-hermana Raquel y-tuvo-celos para-Jacob engendraba no que

וַתֹּ֤אמֶר אֶֽל־יַעֲקֹב֙ הָֽבָה־לִּ֣י בָנִ֔ים וְאִם־אַ֖יִן מֵתָ֥ה אָנֹֽכִי׃ וַיִּֽחַר־
Y-ardió (2) . yo muriendo no y-si hijos a-mí da : Jacob a y-dijo

אַ֥ף יַעֲקֹ֖ב בְּרָחֵ֑ל וַיֹּ֗אמֶר הֲתַ֤חַת אֱלֹהִים֙ אָנֹ֔כִי אֲשֶׁר־מָנַ֥ע מִמֵּ֖ךְ
de-ti impidió que yo Dios ¿acaso : y-dijo contra-Raquel Jacob ira-de

פְּרִי־בָֽטֶן׃ וַתֹּ֕אמֶר הִנֵּ֛ה אֲמָתִ֥י בִלְהָ֖ה בֹּ֣א אֵלֶ֑יהָ
a-ella ve , Bilha mi-sierva he-aquí Y-dijo (3) . vientre fruto-de

וְתֵלֵד עַל־ בִּרְכַּי וְאִבָּנֶה גַם־ אָנֹכִי מִמֶּנָּה׃
. de-ella yo también y-edificaré mis-rodillas sobre y-dará-a-luz

וַתִּתֶּן־ לוֹ אֶת־בִּלְהָה שִׁפְחָתָהּ לְאִשָּׁה וַיָּבֹא אֵלֶיהָ
a-ella y-se-llegó ; por-mujer su-servidora Bilha a a-él Y-dio (4)

יַעֲקֹב׃ וַתַּהַר בִּלְהָה וַתֵּלֶד לְיַעֲקֹב בֵּן׃ וַתֹּאמֶר
Y-dijo (6) . hijo para-Jacob y-dio-a-luz Bilha Y-concibió (5) . Jacob

רָחֵל דָּנַנִּי אֱלֹהִים וְגַם שָׁמַע בְּקֹלִי וַיִּתֶּן־
y-dio a-mi-voz oyó y-también Dios me-vindicó Raquel

לִי בֵּן עַל־ כֵּן קָרְאָה שְׁמוֹ דָּן׃ וַתַּהַר עוֹד
otra-vez Y-concibió (7) . Dan su-nombre llamó eso por , hijo a-mí

וַתֵּלֶד בִּלְהָה שִׁפְחַת רָחֵל בֵּן שֵׁנִי לְיַעֲקֹב׃ וַתֹּאמֶר
Y-dijo (8) . para-Jacob segundo hijo Raquel sierva-de Bilha y-dio-a-luz

רָחֵל נַפְתּוּלֵי אֱלֹהִים ׀ נִפְתַּלְתִּי עִם־ אֲחֹתִי גַּם־ יָכֹלְתִּי
he-vencido cierto , mi-hermana con luché Dios luchas-de : Raquel

וַתִּקְרָא שְׁמוֹ נַפְתָּלִי׃ וַתֵּרֶא לֵאָה כִּי עָמְדָה
cesó-de que Lea Y-vio (9) . Naftalí su-nombre y-llamó

מִלֶּדֶת וַתִּקַּח אֶת־ זִלְפָּה שִׁפְחָתָהּ וַתִּתֵּן אֹתָהּ
a-ella y-dio su-servidora Zilpa a y-tomó engendrar

לְיַעֲקֹב לְאִשָּׁה׃ וַתֵּלֶד זִלְפָּה שִׁפְחַת לֵאָה לְיַעֲקֹב בֵּן׃
. hijo para-Jacob Lea sierva-de Zilpa Y-dio-a-luz (10) . para-mujer a-Jacob

וַתֹּאמֶר לֵאָה בָּגָד וַתִּקְרָא אֶת־ שְׁמוֹ גָּד׃
. Gad su-nombre ** y-llamó vino-ventura Lea Y-dijo (11)

וַתֵּלֶד זִלְפָּה שִׁפְחַת לֵאָה בֵּן שֵׁנִי לְיַעֲקֹב׃ וַתֹּאמֶר
Y-dijo (13) . para-Jacob segundo hijo Lea sierva-de Zilpa Y-dio-a-luz (12)

לֵאָה בְּאָשְׁרִי כִּי אִשְּׁרוּנִי בָּנוֹת וַתִּקְרָא אֶת־
** y-llamó , mujeres me-felicitarán porque cuán-feliz : Lea

שְׁמוֹ אָשֵׁר׃ וַיֵּלֶךְ רְאוּבֵן בִּימֵי קְצִיר־חִטִּים
trigo siega-de en-días-de Rubén Y-fue (14) . Aser su-nombre

וַיִּמְצָא דוּדָאִים בַּשָּׂדֶה וַיָּבֵא אֹתָם אֶל־לֵאָה אִמּוֹ
; su-madre Lea a ellas y-llevó en-el-campo mandrágoras y-encontró

וַתֹּאמֶר רָחֵל אֶל־לֵאָה תְּנִי־נָא לִי מִדּוּדָאֵי בְּנֵךְ׃
. tu-hijo mandrágoras-de para-mí por-favor da : Lea a Raquel y-dijo

וַתֹּאמֶר לָהּ הַמְעַט קַחְתֵּךְ אֶת־אִישִׁי וְלָקַחַת
y-tomas mi-marido ** tomarte ¿acaso-poco : a-ella Y-dijo (15)

גַּם אֶת־דּוּדָאֵי בְּנִי וַתֹּאמֶר רָחֵל לָכֵן יִשְׁכַּב
yacerá , bien : Raquel y-dijo ; mi-hijo mandrágoras-de ** también

עִמָּךְ הַלַּיְלָה תַּחַת דּוּדָאֵי בְנֵךְ׃ וַיָּבֹא יַעֲקֹב
Jacob Y-llegó (16) . tu-hijo mandrágoras-de por esta-noche contigo

מִן־הַשָּׂדֶה בָּעֶרֶב וַתֵּצֵא לֵאָה לִקְרָאתוֹ וַתֹּאמֶר
y-dijo , a-llamarle Lea y-salió por-la-tarde el-campo de

אֵלַי תָּבוֹא כִּי שָׂכֹר שְׂכַרְתִּיךָ בְּדוּדָאֵי בְּנִי
; mi-hijo por-mandrágoras-de te-alquilé alquilar porque llégate conmigo

וַיִּשְׁכַּב עִמָּהּ בַּלַּיְלָה הוּא׃ וַיִּשְׁמַע אֱלֹהִים אֶל־לֵאָה
Lea a Dios Y-oyó (17) . aquella en-la-noche con-ella y-yació

וַתַּהַר וַתֵּלֶד לְיַעֲקֹב בֵּן חֲמִישִׁי׃ וַתֹּאמֶר לֵאָה
Lea Y-dijo (18) . quinto hijo para-Jacob y-dio-a-luz y-concibió

נָתַן אֱלֹהִים שְׂכָרִי אֲשֶׁר־נָתַתִּי שִׁפְחָתִי לְאִישִׁי
a-mi-marido mi-sierva di porque mi-recompensa Dios dio

וַתִּקְרָא שְׁמוֹ יִשָּׂשכָר׃ וַתַּהַר עוֹד לֵאָה
Lea otra-vez Y-concibió (19) . Isacar su-nombre y-llamó

וַתֵּלֶד בֵּן־שִׁשִּׁי לְיַעֲקֹב׃ וַתֹּאמֶר לֵאָה זְבָדַנִי אֱלֹהִים ׀
Dios me-regaló Lea Y-dijo (20) . para-Jacob sexto hijo y-dio-a-luz

אֹתִי זֵבֶד טוֹב הַפַּעַם יִזְבְּלֵנִי אִישִׁי כִּֽי־יָלַדְתִּי לוֹ
para-él di-a-luz porque mi-marido me-honrará esta-vez , bueno regalo a-mí

שִׁשָּׁה בָנִים וַתִּקְרָא אֶת־ שְׁמוֹ זְבֻלוּן׃ וְאַחַר יָלְדָה
dio-a-luz Y-después (21) . Zabulón su-nombre ** y-llamó ; hijos seis

בַּת וַתִּקְרָא אֶת־ שְׁמָהּ דִּינָה׃ וַיִּזְכֹּר אֱלֹהִים
Dios Y-recordó (22) . Dina su-nombre ** y-llamó , hija

אֶת־ רָחֵל וַיִּשְׁמַע אֵלֶיהָ אֱלֹהִים וַיִּפְתַּח אֶת־ רַחְמָהּ׃
. su-vientre ** y-abrió Dios a-ella y-oyó , Raquel a

וַתַּהַר וַתֵּלֶד בֵּן וַתֹּאמֶר אָסַף אֱלֹהִים אֶת־
** Dios quitó y-dijo ; hijo y-dio-a-luz Y-concibió (23)

חֶרְפָּתִי׃ וַתִּקְרָא אֶת־ שְׁמוֹ יוֹסֵף לֵאמֹר יֹסֵף
añada : al-decir José su-nombre ** Y-llamó (24) . mi-desgracia

יְהוָה לִי בֵּן אַחֵר׃ וַיְהִי כַּאֲשֶׁר יָלְדָה רָחֵל אֶת־ יוֹסֵף
José a Raquel dio-a-luz cuando Y-fue (25) . otro hijo a-mí Yahweh

וַיֹּאמֶר יַעֲקֹב אֶל־ לָבָן שַׁלְּחֵנִי וְאֵלְכָה אֶל־ מְקוֹמִי
mi-lugar a e-iré envíame : Labán a Jacob y-dijo

וּלְאַרְצִי׃ תְּנָה אֶת־ נָשַׁי וְאֶת־ יְלָדַי אֲשֶׁר
por-quienes mis-niños y-** mis-mujeres ** Entrega (26) . y-a-mi-tierra

עָבַדְתִּי אֹתְךָ בָּהֵן וְאֵלֵכָה כִּי אַתָּה יָדַעְתָּ אֶת־ עֲבֹדָתִי אֲשֶׁר
que mi-trabajo ** conoces tú pues e-iré por-ellos a-ti serví

עֲבַדְתִּיךָ׃ וַיֹּאמֶר אֵלָיו לָבָן אִם־ נָא מָצָאתִי חֵן
gracia encontré ahora si : Labán a-él Y-dijo (27) . te-trabajé

בְּעֵינֶיךָ נִחַשְׁתִּי וַיְבָרְכֵנִי יְהוָה בִּגְלָלֶךָ׃
. por-tu-causa Yahweh que-me-bendijo he-adivinado ; en-tus-ojos

וַיֹּאמַר נָקְבָה שְׂכָרְךָ עָלַי וְאֶתֵּנָה׃ וַיֹּאמֶר
Y-dijo (29) . y-pagaré a-mí tu-salario señala : Y-dijo (28)

אֵלָיו אַתָּה יָדַעְתָּ אֵת אֲשֶׁר עֲבַדְתִּיךָ וְאֵת אֲשֶׁר־הָיָה מִקְנְךָ

tu-ganado fue cómo y-** te-trabajé cómo ** sabes tú : a-él

אִתִּי׃ כִּי מְעַט אֲשֶׁר־הָיָה לְךָ לְפָנַי וַיִּפְרֹץ

y-aumentó antes-de-mí para-ti era que poco Pues (30) . conmigo

לָרֹב וַיְבָרֶךְ יְהוָה אֹתְךָ לְרַגְלִי וְעַתָּה מָתַי אֶעֱשֶׂה

haré ¿cuándo , y-ahora a-mis-pies a-ti Yahweh y-ha-bendecido en-mucho

גַם־אָנֹכִי לְבֵיתִי׃ וַיֹּאמֶר מָה אֶתֶּן־לָךְ

a-ti daré ¿qué : Y-dijo (31) . para-mi-casa yo también

וַיֹּאמֶר יַעֲקֹב לֹא־תִתֶּן־לִי מְאוּמָה אִם־תַּעֲשֶׂה־לִּי

para-mí haces si , nada a-mí des no : Jacob y-dijo

הַדָּבָר הַזֶּה אָשׁוּבָה אֶרְעֶה צֹאנְךָ אֶשְׁמֹר׃

. vigilaré tus-ovejas apacentaré volveré : la-ésta la-cosa

אֶעֱבֹר בְּכָל־צֹאנְךָ הַיּוֹם הָסֵר מִשָּׁם

de-allí separando , hoy tus-ovejas por-todas Pasaré (32)

כָּל־שֶׂה ׀ נָקֹד וְטָלוּא וְכָל־שֶׂה־חוּם בַּכְּשָׂבִים

de-los-corderos oscura oveja y-toda , y-moteada manchada oveja toda

וְטָלוּא וְנָקֹד בָּעִזִּים וְהָיָה שְׂכָרִי׃

. mi-salario y-será ; de-las-cabras y-manchado moteado

וְעָנְתָה־בִּי צִדְקָתִי בְּיוֹם מָחָר כִּי־תָבוֹא

compruebes cuando futuro en-día mi-integridad por-mí Y-responderá (33)

עַל־שְׂכָרִי לְפָנֶיךָ כֹּל אֲשֶׁר־אֵינֶנּוּ נָקֹד וְטָלוּא

y-moteado manchado no-es-él lo-que todo ; delante-de-ti mi-salario sobre

בָּעִזִּים וְחוּם בַּכְּשָׂבִים גָּנוּב הוּא אִתִּי׃

. a-mí él robado , de-los-corderos y-oscuro de-las-cabras

וַיֹּאמֶר לָבָן הֵן לוּ יְהִי כִדְבָרֶךָ׃ וַיָּסַר

Y-separó (35) . como-tu-palabra sea ahora , bien Labán Y-dijo (34)

בַּיּוֹם הַהוּא אֶת־ הַתְּיָשִׁים הָעֲקֻדִּים וְהַטְּלֻאִים
y-los-moteados los-manchados los-machos-cabríos ** el-aquel en-el-día

וְאֵת כָּל־ הָעִזִּים הַנְּקֻדּוֹת וְהַטְּלֻאֹת כֹּל
todo y-las-moteadas las-manchadas las-cabras todas y-**

אֲשֶׁר־ לָבָן בּוֹ וְכָל־ חוּם בַּכְּשָׂבִים וַיִּתֵּן בְּיַד־
en-mano-de y-entregó de-los-corderos oscuro y-todo en-él blanco que

בָּנָיו׃ וַיָּשֶׂם דֶּרֶךְ שְׁלֹשֶׁת יָמִים בֵּינוֹ וּבֵין
y-entre entre-él días tres camino-de Y-puso (36) . sus-hijos

יַעֲקֹב וְיַעֲקֹב רֹעֶה אֶת־ צֹאן לָבָן הַנּוֹתָרֹת׃ וַיִּקַּח־
Y-tomó (37) . las-restantes Labán ovejas-de ** pastoreando y-Jacob ; Jacob

לוֹ יַעֲקֹב מַקַּל לִבְנֶה לַח וְלוּז וְעַרְמוֹן וַיְפַצֵּל
y-descortezó ; y-castaño y-almendro recién-cortada álamo de-la-rama-de Jacob para-él

בָּהֵן פְּצָלוֹת לְבָנוֹת מַחְשֹׂף הַלָּבָן אֲשֶׁר עַל־ הַמַּקְלוֹת׃
. las-ramas en que lo-blanco mostrando blancas mondaduras en-ellas

וַיַּצֵּג אֶת־ הַמַּקְלוֹת אֲשֶׁר פִּצֵּל בָּרֳהָטִים בְּשִׁקֲתוֹת
en-canales-de en-los-abrevaderos mondó que las-ramas ** Y-colocó (38)

הַמַּיִם אֲשֶׁר תָּבֹאןָ הַצֹּאן לִשְׁתּוֹת לְנֹכַח הַצֹּאן
las-ovejas delante-de a-beber las-ovejas venían que el-agua

וַיֵּחַמְנָה בְּבֹאָן לִשְׁתּוֹת׃ וַיֶּחֱמוּ הַצֹּאן
las-ovejas Y-se-ayuntaban (39) . a-beber cuando-venían y-se-calentaban

אֶל־ הַמַּקְלוֹת וַתֵּלַדְןָ הַצֹּאן עֲקֻדִּים נְקֻדִּים
moteados listados las-ovejas y-parían las-ramas junto-a

וּטְלֻאִים׃ וְהַכְּשָׂבִים הִפְרִיד יַעֲקֹב וַיִּתֵּן
y-ponía Jacob separaba Y-los-corderos (40) . y-manchados

פְּנֵי הַצֹּאן אֶל־ עָקֹד וְכָל־ חוּם בְּצֹאן לָבָן וַיָּשֶׁת־
e-hizo ; Labán en-ovejas-de oscuro y-todo listado a las-ovejas faces-de

לוֹ עֲדָרִים לְבַדּוֹ וְלֹא שָׁתָם עַל־ צֹאן לָבָן׃
. Labán ovejas-de junto-a los-ponía y-no propios rebaños para-él

וְהָיָה בְּכָל־ יַחֵם הַצֹּאן הַמְקֻשָּׁרוֹת
las-más-fuertes las-ovejas se-calentaban cuando Y-fue (41)

וְשָׂם יַעֲקֹב אֶת־ הַמַּקְלוֹת לְעֵינֵי הַצֹּאן בָּרְהָטִים
en-los-abrevaderos las-ovejas a-ojos-de las-ramas ** Jacob y-ponía

לְיַחְמֵנָּה בַּמַּקְלוֹת׃ וּבְהַעֲטִיף הַצֹּאן לֹא
no la-oveja Pero-si-era-débil (42) . junto-a-las-ramas para-ayuntarlas

יָשִׂים וְהָיָה הָעֲטֻפִים לְלָבָן וְהַקְּשֻׁרִים
y-las-más-fuertes para-Labán las-débiles y-era ; ponía

לְיַעֲקֹב׃ וַיִּפְרֹץ הָאִישׁ מְאֹד מְאֹד וַיְהִי־ לוֹ
para-él y-fue ; mucho mucho el-hombre Y-se-enriqueció (43) . para-Jacob

צֹאן רַבּוֹת וּשְׁפָחוֹת וַעֲבָדִים וּגְמַלִּים וַחֲמֹרִים׃
. y-asnos y-camellos y-siervos y-siervas muchas ovejas

וַיִּשְׁמַע אֶת־ דִּבְרֵי בְנֵי־ לָבָן לֵאמֹר לָקַח יַעֲקֹב אֵת
** Jacob tomó : a-decir Labán hijos-de palabras-de ** Y-oyó (1) Cap. 31

כָּל־ אֲשֶׁר לְאָבִינוּ וּמֵאֲשֶׁר לְאָבִינוּ עָשָׂה אֵת כָּל־
todo ** hizo de-nuestro-padre y-de-lo-que de-nuestro-padre lo-que todo

הַכָּבֹד הַזֶּה׃ וַיַּרְא יַעֲקֹב אֶת־ פְּנֵי לָבָן וְהִנֵּה
y-he-aquí Labán faz-de ** Jacob Y-vio (2) . la-ésta la-riqueza

אֵינֶנּוּ עִמּוֹ כִּתְמוֹל שִׁלְשׁוֹם׃ וַיֹּאמֶר יְהוָה אֶל־ יַעֲקֹב שׁוּב
regresa : Jacob a Yahweh Y-dijo (3) . antiguamente como-antes con-él él-no-era

אֶל־ אֶרֶץ אֲבוֹתֶיךָ וּלְמוֹלַדְתֶּךָ וְאֶהְיֶה עִמָּךְ׃
. contigo y-seré y-a-tu-pariente tus-padres tierra-de a

וַיִּשְׁלַח יַעֲקֹב וַיִּקְרָא לְרָחֵל וּלְלֵאָה הַשָּׂדֶה אֶל־
a el-campo y-a-Lea a-Raquel y-llamó Jacob Y-envió (4)

צֹאנֽוֹ׃ וַיֹּאמֶר לָהֶן רֹאֶה אָנֹכִי֙ אֶת־ פְּנֵי אֲבִיכֶן
vuestro-padre faz-de ** yo viendo a-ellas Y-dijo (5) . su-rebaño

כִּֽי־ אֵינֶנּוּ אֵלַי כִּתְמֹל שִׁלְשֹׁם וֵֽאלֹהֵי אָבִי הָיָה עִמָּדִֽי׃
. conmigo está mi-padre pero-Dios-de ;antiguamente como-antes para-mí él-no-es que

וְאַתֵּנָה יְדַעְתֶּן כִּי בְּכָל־ כֹּחִי עָבַדְתִּי אֶת־ אֲבִיכֶֽן׃
. vuestro-padre a serví mi-fuerza con-toda que sabéis Y-vosotras (6)

וַאֲבִיכֶן֙ הֵתֶל בִּי וְהֶחֱלִף אֶת־ מַשְׂכֻּרְתִּי
mi-salario ** y-cambió a-mí engañó Y-vuestro-padre (7)

עֲשֶׂרֶת מֹנִים וְלֹֽא־ נְתָנוֹ אֱלֹהִים לְהָרַע עִמָּדִֽי׃ אִם־ כֹּה יֹאמַר
decía así Si (8) . a-mí dañar Dios le-concedió y-no ; veces diez

נְקֻדִּים֙ יִהְיֶה שְׂכָרֶךָ וְיָלְדוּ כָל־ הַצֹּאן
el-rebaño todo entonces-parían , tu-salario serán manchadas

נְקֻדִּים וְאִם־ כֹּה יֹאמַר עֲקֻדִּים֙ יִהְיֶה שְׂכָרֶךָ
tu-salario serán moteadas : decía así y-si manchadas

וְיָלְדוּ כָל־ הַצֹּאן עֲקֻדִּֽים׃ וַיַּצֵּל אֱלֹהִים אֶת־ מִקְנֵה
ganado-de ** Dios Y-quitó (9) . moteadas el-rebaño todo entonces-parían

אֲבִיכֶם וַיִּתֶּן־ לִֽי׃ וַיְהִי בְּעֵת֙ יַחֵם
celo en-tiempo-de Y-fue (10) . a-mí y-dio vuestro-padre

הַצֹּאן וָאֶשָּׂא עֵינַי וָאֵרֶא בַּחֲלוֹם וְהִנֵּה הָֽעַתֻּדִים֙
los-machos-cabríos y-he-aquí ; en-sueño y-vi mis-ojos y-alcé las-ovejas

הָעֹלִים עַל־ הַצֹּאן עֲקֻדִּים נְקֻדִּים וּבְרֻדִּֽים׃
. y-moteados manchados listados las-ovejas sobre los-que-montaban

וַיֹּאמֶר אֵלַי מַלְאַךְ הָאֱלֹהִים בַּחֲלוֹם יַעֲקֹב וָאֹמַר הִנֵּֽנִי׃
. heme-aquí y-dije ; Jacob en-sueño el-Dios ángel-de a-mí Y-dijo (11)

וַיֹּאמֶר שָׂא־ נָא עֵינֶיךָ וּרְאֵה֙ כָּל־ הָעַתֻּדִים֙
los-machos cabríos todos y-mira tus-ojos ahora alza : Y-dijo (12)

הָעֹלִים עַל־ הַצֹּאן עֲקֻדִּים נְקֻדִּים וּבְרֻדִּים
y-moteados manchados listados , las-ovejas sobre los-que-montan

כִּי רָאִיתִי אֵת כָּל־אֲשֶׁר לָבָן עֹשֶׂה לָּךְ׃ אָנֹכִי הָאֵל בֵּית־אֵל אֲשֶׁר
donde El Bet el-Dios Yo (13) . a-ti hizo Labán lo-que todo ** vi pues

מָשַׁחְתָּ שָּׁם מַצֵּבָה אֲשֶׁר נָדַרְתָּ לִּי שָׁם נֶדֶר עַתָּה קוּם צֵא
sal levanta ahora ; voto allí a-mí hiciste-voto donde pilar allí ungiste

מִן־ הָאָרֶץ הַזֹּאת וְשׁוּב אֶל־ אֶרֶץ מוֹלַדְתֶּךָ׃ וַתַּעַן
Y-contestó (14) . tu-nacimiento tierra-de a y-regresa la-ésta la-tierra de

רָחֵל וְלֵאָה וַתֹּאמַרְנָה לוֹ הַעוֹד לָנוּ חֵלֶק וְנַחֲלָה
y-herencia parte para-nosotras ¿Todavía : a-él y-dijoron y-Lea Raquel

בְּבֵית אָבִינוּ׃ הֲלוֹא נָכְרִיּוֹת נֶחְשַׁבְנוּ לוֹ כִּי
porque por-él somos-consideradas extranjeras ¿Acaso-no (15) . nuestro-padre en-casa-de

מְכָרָנוּ וַיֹּאכַל גַּם־ אָכוֹל אֶת־ כַּסְפֵּנוּ׃ כִּי כָל־
toda Pues (16) . nuestro-precio ** comer cierto y-se-comió nos-vendió

הָעֹשֶׁר אֲשֶׁר הִצִּיל אֱלֹהִים מֵאָבִינוּ לָנוּ הוּא וּלְבָנֵינוּ
y-para-nuestros-hijos esa para-nosotras de-nuestro-padre Dios quitó que la-riqueza

וְעַתָּה כֹּל אֲשֶׁר אָמַר אֱלֹהִים אֵלֶיךָ עֲשֵׂה׃ וַיָּקָם יַעֲקֹב וַיִּשָּׂא אֶת־
** y-puso Jacob Y-se-levantó (17) . haz a-ti Dios dijo lo-que todo y-ahora

בָּנָיו וְאֶת־ נָשָׁיו עַל־ הַגְּמַלִּים׃ וַיִּנְהַג אֶת־ כָּל־
todo ** Y-condujo (18) . los-camellos sobre sus-mujeres y-** sus-hijos

מִקְנֵהוּ וְאֶת־ כָּל־ רְכֻשׁוֹ אֲשֶׁר רָכָשׁ מִקְנֵה
ganado-de , acumuló que su-ganancia todo y-** su-ganado

קִנְיָנוֹ אֲשֶׁר רָכַשׁ בְּפַדַּן אֲרָם לָבוֹא אֶל־ יִצְחָק
Isaac a para-ir Aram en-Padán acumuló que su-posesión

אָבִיו אַרְצָה כְּנָעַן׃ וְלָבָן הָלַךְ לִגְזֹז אֶת־
** a-trasquilar fue Y-Labán (19) . Canaán a-tierra-de su-padre

צֹאנוֹ וַתִּגְנֹב רָחֵל אֶת־הַתְּרָפִים אֲשֶׁר לְאָבִיהָ׃
. a-su-padre que los-ídolos ** Raquel y-hurtó ; sus-ovejas

וַיִּגְנֹב יַעֲקֹב אֶת־לֵב לָבָן הָאֲרַמִּי עַל־בְּלִי הִגִּיד
decir no por el-arameo Labán corazón-de ** Jacob Y-engaño (20)

לוֹ כִּי בֹרֵחַ הוּא׃ וַיִּבְרַח הוּא וְכָל־אֲשֶׁר־לוֹ
a-él lo-que y-todo él Y-huyó (21) . él marchaba que a-él

וַיָּקָם וַיַּעֲבֹר אֶת־הַנָּהָר וַיָּשֶׂם אֶת־פָּנָיו
su-rostro ** y-puso ; el-río ** y-cruzó y-se-levantó

הַר הַגִּלְעָד׃ וַיֻּגַּד לְלָבָן בַּיּוֹם הַשְּׁלִישִׁי
; el-tercero en-el-día a-Labán Y-fue-dicho (22) . el Gilead monte-de

כִּי בָרַח יַעֲקֹב׃ וַיִּקַּח אֶת־אֶחָיו עִמּוֹ וַיִּרְדֹּף
y-persiguió con-él sus-hermanos ** Y-tomó (23) . Jacob marchó que

אַחֲרָיו דֶּרֶךְ שִׁבְעַת יָמִים וַיַּדְבֵּק אֹתוֹ בְּהַר הַגִּלְעָד׃
. en-Gilead en-monte-de a-él y-alcanzó ; días siete camino-de tras-él

וַיָּבֹא אֱלֹהִים אֶל־לָבָן הָאֲרַמִּי בַּחֲלֹם הַלָּיְלָה וַיֹּאמֶר
y-dijo la-noche en-sueño el-arameo Labán a Dios Y-vino (24)

לוֹ הִשָּׁמֶר לְךָ פֶּן־תְּדַבֵּר עִם־יַעֲקֹב מִטּוֹב עַד־רָע׃
. malo ni ni-bueno Jacob con hables que-no para-ti cuidado : a-él

וַיַּשֵּׂג לָבָן אֶת־יַעֲקֹב וְיַעֲקֹב תָּקַע אֶת־אָהֳלוֹ
su-tienda ** plantó y-Jacob ; Jacob ** Labán Y-alcanzó (25)

בָּהָר וְלָבָן תָּקַע אֶת־אֶחָיו בְּהַר
en-monte-de sus-hermanos con acampó y- Labán , en-el-monte

הַגִּלְעָד׃ וַיֹּאמֶר לָבָן לְיַעֲקֹב מֶה עָשִׂיתָ וַתִּגְנֹב
y-engañaste hiciste ¿qué : a-Jacob Labán Y-dijo (26) . el-Gilead

אֶת־לְבָבִי וַתְּנַהֵג אֶת־בְּנֹתַי כִּשְׁבֻיוֹת
como-cautivas-de mis-hijas ** y-te-llevaste a-mi-corazón **

חָרֶב׃ לָמָּה נַחְבֵּאתָ לִבְרֹחַ וַתִּגְנֹב אֹתִי וְלֹא־הִגַּדְתָּ
dijiste y-no a-mí y-engañaste para-huir te-escondiste ¿Por qué (27) . espada

לִּי וָאֲשַׁלֵּחֲךָ בְּשִׂמְחָה וּבְשִׁרִים בְּתֹף
con-tamboril y-con-canciones con-alegría y-te-habría-enviado a-mí

וּבְכִנּוֹר׃ וְלֹא נְטַשְׁתַּנִי לְנַשֵּׁק לְבָנַי
a-mis-nietos besar me-permitiste Y-no (28) . y-con-arpa

וְלִבְנֹתָי עַתָּה הִסְכַּלְתָּ עֲשׂוֹ׃ יֶשׁ־לְאֵל יָדִי
mi-mano en Está (29) . hacer fuiste-insensato , ahora ; y-a-mis-hijas

לַעֲשׂוֹת עִמָּכֶם רָע וֵאלֹהֵי אֲבִיכֶם אֶמֶשׁ ׀ אָמַר אֵלַי לֵאמֹר
: diciendo a-mí habló anoche vuestro-padre pero-Dios-de ; mal a-vosotros el-hacer

הִשָּׁמֶר לְךָ מִדַּבֵּר עִם־יַעֲקֹב מִטּוֹב עַד־רָע׃ וְעַתָּה
Y-ahora (30) . malo ni ni-bueno Jacob a que-decir para-ti cuidado

הָלֹךְ הָלַכְתָּ כִּי־נִכְסֹף נִכְסַפְתָּה לְבֵית אָבִיךָ לָמָּה
¿por qué . ; tu-padre a-casa-de añoraste añorar porque fuiste ir

גָנַבְתָּ אֶת־אֱלֹהָי׃ וַיַּעַן יַעֲקֹב וַיֹּאמֶר לְלָבָן
: a-Labán y-dijo Jacob Y-respondió (31) . mis-dioses ** hurtaste

כִּי יָרֵאתִי כִּי אָמַרְתִּי פֶּן־תִּגְזֹל אֶת־
** quitarías-por-la-fuerza que dije porque temí porque

בְּנוֹתֶיךָ מֵעִמִּי׃ עִם אֲשֶׁר תִּמְצָא אֶת־אֱלֹהֶיךָ לֹא
no tus-dioses ** encuentres quien Con (32) . de-conmigo tus-hijas

יִחְיֶה נֶגֶד אַחֵינוּ הַכֶּר־לְךָ מָה עִמָּדִי וְקַח־
y-toma conmigo qué por-ti-mismo mira nuestros-hermanos ante ; vivirá

לָךְ וְלֹא־יָדַע יַעֲקֹב כִּי רָחֵל גְּנָבָתַם׃ וַיָּבֹא
Y-entró (33) . los-hurtó Raquel que Jacob sabía y-no ; si-tuyo

לָבָן בְּאֹהֶל יַעֲקֹב ׀ וּבְאֹהֶל לֵאָה וּבְאֹהֶל שְׁתֵּי
dos-de y-en-tienda-de Lea y-en-tienda-de Jacob en-tienda-de Labán

הָאֲמָהֹת וְלֹא מָצָא וַיֵּצֵא מֵאֹהֶל לֵאָה וַיָּבֹא
y-entró Lea de-tienda-de y-salió ; halló y-no las-servidoras

בְּאֹהֶל רָחֵל׃ וְרָחֵל לָקְחָה אֶת־הַתְּרָפִים וַתְּשִׂמֵם
y-los-puso los-ídolos ** cogió Y-Raquel (34) . Raquel en-tienda-de

בְּכַר הַגָּמָל וַתֵּשֶׁב עֲלֵיהֶם וַיְמַשֵּׁשׁ לָבָן אֶת־ כָּל־
toda por Labán y-buscó , sobre-ellos y-se-sentó el-camello en-albarda-de

הָאֹהֶל וְלֹא מָצָא׃ וַתֹּאמֶר אֶל־ אָבִיהָ אַל־
no : su-padre a Y-dijo (ella) (35) . halló y-no la-tienda

יִחַר בְּעֵינֵי אֲדֹנִי כִּי לוֹא אוּכַל לָקוּם מִפָּנֶיךָ
en-tu-presencia levantarme puedo no que , mi-señor en-ojos-de haya-enojo

כִּי־ דֶרֶךְ נָשִׁים לִי וַיְחַפֵּשׂ וְלֹא מָצָא אֶת־ הַתְּרָפִים׃
. los-ídolos ** halló y-no y-registró ; para-mí mujeres uso-de porque

וַיִּחַר לְיַעֲקֹב וַיָּרֶב בְּלָבָן וַיַּעַן יַעֲקֹב
Jacob y-preguntó ; con-Labán y-riñó Jacob Y-se-enfadó (36)

וַיֹּאמֶר לְלָבָן מַה־ פִּשְׁעִי מַה חַטָּאתִי כִּי דָלַקְתָּ
perseguiste que mi-pecado cuál , mi-crimen ¿cuál : Labán y-dijo

אַחֲרָי׃ כִּי־ מִשַּׁשְׁתָּ אֶת־ כָּל־ כֵּלַי מַה־ מָּצָאתָ
hallaste ¿qué , mis-bienes todos ** registraste Pues (37) . tras-mí

מִכֹּל כְּלֵי־ בֵיתֶךָ שִׂים כֹּה נֶגֶד אַחַי
mis-hermanos delante-de aquí pon , tu-casa bienes-de de-todos

וְאַחֶיךָ וְיוֹכִיחוּ בֵּין שְׁנֵינוּ׃ זֶה עֶשְׂרִים
veinte Ahora (38) . nosotros-dos entre y-juzguen y-tus-hermanos

שָׁנָה אָנֹכִי עִמָּךְ רְחֵלֶיךָ וְעִזֶּיךָ לֹא שִׁכֵּלוּ וְאֵילֵי
y-carneros-de ; abortaron no y-tus-cabras tus-ovejas contigo yo año

צֹאנְךָ לֹא אָכָלְתִּי׃ טְרֵפָה לֹא־ הֵבֵאתִי אֵלֶיךָ אָנֹכִי אֲחַטֶּנָּה
lo-pagaba yo , a-ti traje no Desgarrado (39) . comí no tu-rebaño

מִיָּדִי תְּבַקְשֶׁנָּה גְּנֻבְתִי יוֹם וּגְנֻבְתִי לָיְלָה׃
. noche y-robado-de día robado-de ; lo-requerías de-mi-mano

הָיִיתִי בַיּוֹם אֲכָלַנִי חֹרֶב וְקֶרַח בַּלָּיְלָה וַתִּדַּד
y-huía ; por-la-noche y-frío calor me-consumía de-día Estaba (40)

שְׁנָתִי מֵעֵינָי׃ זֶה־לִּי עֶשְׂרִים שָׁנָה בְּבֵיתֶךָ
en-tu-casa año veinte para-mí Esto (41) . de-mis-ojos mi-sueño

עֲבַדְתִּיךָ אַרְבַּע־עֶשְׂרֵה שָׁנָה בִּשְׁתֵּי בְנֹתֶיךָ וְשֵׁשׁ שָׁנִים
años y-seis , tus-hijas por-dos-de año diez cuatro te-serví

בְּצֹאנֶךָ וַתַּחֲלֵף אֶת־מַשְׂכֻּרְתִּי עֲשֶׂרֶת מֹנִים׃ לוּלֵי אֱלֹהֵי
Dios-de Si-no (42) . veces diez mi-salario ** y-cambiaste ; por-tu-rebaño

אָבִי אֱלֹהֵי אַבְרָהָם וּפַחַד יִצְחָק הָיָה לִי כִּי עַתָּה
ahora cierto , para-mí fue Isaac y-temor-de Abraham Dios-de mi-padre

רֵיקָם שִׁלַּחְתָּנִי אֶת־עָנְיִי וְאֶת־יְגִיעַ
trabajo-de y ** mi-aflicción ** ; me-enviarías con-manos-vacías

כַּפַּי רָאָה אֱלֹהִים וַיּוֹכַח אָמֶשׁ׃ וַיַּעַן לָבָן
Labán Y-respondió (43) . anoche y-reprendió Dios vio mis-manos

וַיֹּאמֶר אֶל־יַעֲקֹב הַבָּנוֹת בְּנֹתַי וְהַבָּנִים
y-los-niños mis-hijas las-mujeres : Jacob a y-dijo

בָּנַי וְהַצֹּאן צֹאנִי וְכֹל אֲשֶׁר־אַתָּה רֹאֶה לִי־הוּא
; él para-mí viendo tú lo-que y-todo mi-rebaño y-el-rebaño mis-hijos

וְלִבְנֹתַי מָה־אֶעֱשֶׂה לָאֵלֶּה הַיּוֹם אוֹ
o , hoy sobre-éstas haré qué y-acerca-de-mis-hijas

לִבְנֵיהֶן אֲשֶׁר יָלָדוּ׃ וְעַתָּה לְכָה נִכְרְתָה בְרִית
pacto cortemos ven Y-ahora (44) . engendraron que acerca-de-sus-hijos

אֲנִי וָאָתָּה וְהָיָה לְעֵד בֵּינִי וּבֵינֶךָ׃ וַיִּקַּח
Y-tomó (45) . y-entre-ti entre-mí por-testigo y-será y-tú yo

יַעֲקֹב אָבֶן וַיְרִימֶהָ מַצֵּבָה׃ וַיֹּאמֶר יַעֲקֹב לְאֶחָיו

a-sus-hermanos Jacob Y-dijo (46) . pilar y-la-levantó ; piedra Jacob

לִקְטוּ אֲבָנִים וַיִּקְחוּ אֲבָנִים וַיַּעֲשׂוּ־ גָל וַיֹּאכְלוּ שָׁם

allí y-comieron montón e-hicieron piedras y-cogieron piedras recoged

עַל־ הַגָּל׃ וַיִּקְרָא־ לוֹ לָבָן יְגַר שָׂהֲדוּתָא וְיַעֲקֹב

y-Jacob Sahaduta Jegar Labán a-él Y-llamó (47) . el-montón junto-a

קָרָא לוֹ גַּלְעֵד׃ וַיֹּאמֶר לָבָן הַגַּל הַזֶּה עֵד

testigo el-éste el-montón : Labán Y-dijo (48) . Galaad a-él llamó

בֵּינִי וּבֵינְךָ הַיּוֹם עַל־ כֵּן קָרָא־ שְׁמוֹ גַּלְעֵד׃

. Galaad su-nombre llamó esto por ; hoy y-entre-ti entre-mí

וְהַמִּצְפָּה אֲשֶׁר אָמַר יִצֶף יְהוָה בֵּינִי וּבֵינֶךָ

y-entre-ti entre-mí Yahweh vigile dijo pues Y-la-Mizpa (49)

כִּי נִסָּתֵר אִישׁ מֵרֵעֵהוּ׃ אִם־ תְּעַנֶּה אֶת־

** maltratas Si (50) . de-su-otro uno nos-separemos cuando

בְּנֹתַי וְאִם־ תִּקַּח נָשִׁים עַל־ בְּנֹתַי אֵין אִישׁ עִמָּנוּ

con-nosotros hombre no-hay , mis-hijas además-de mujeres tomas y-si mis-hijas

רְאֵה אֱלֹהִים עֵד בֵּינִי וּבֵינֶךָ׃ וַיֹּאמֶר לָבָן

Labán Y-dijo (51) . y-entre-ti entre-mí testigo Dios mira

לְיַעֲקֹב הִנֵּה הַגַּל הַזֶּה וְהִנֵּה הַמַּצֵּבָה אֲשֶׁר יָרִיתִי בֵּינִי

entre-mí levanté que el-pilar y-he-aquí el-éste el-montón he-aquí a-Jacob

וּבֵינֶךָ׃ עֵד הַגַּל הַזֶּה וְעֵדָה הַמַּצֵּבָה אִם־

que el-pilar y-testigo el-éste el-montón Testigo (52) . y-entre-ti

אָנִי לֹא־ אֶעֱבֹר אֵלֶיךָ אֶת־ הַגַּל הַזֶּה וְאִם־ אַתָּה לֹא־

no tú y-que el-éste el-montón ** hasta-ti pasaré no yo

תַעֲבֹר אֵלַי אֶת־ הַגַּל הַזֶּה וְאֶת־ הַמַּצֵּבָה הַזֹּאת לְרָעָה׃

. para-dañar el-éste el-pilar y-** el-éste el-montón ** a-mí pasarás

אֱלֹהֵי אַבְרָהָם וֵאלֹהֵי נָחוֹר יִשְׁפְּטוּ בֵינֵינוּ אֱלֹהֵי
Dios-de entre-nosotros juzguen Nacor y-Dios-de Abraham Dios-de (53)

אֲבִיהֶם וַיִּשָּׁבַע יַעֲקֹב בְּפַחַד אָבִיו יִצְחָק׃
. Isaac su-padre por-temor-de Jacob y-juró ; su-padre

וַיִּזְבַּח יַעֲקֹב זֶבַח בָּהָר וַיִּקְרָא
y-llamó en-el-monte sacrificio Jacob Y-ofreció (54)

לְאֶחָיו לֶאֱכָל־לָחֶם וַיֹּאכְלוּ לֶחֶם וַיָּלִינוּ בָּהָר׃
. en-el-monte y-pernoctaron , pan y-comieron ; pan para-comer a-sus-hermanos

וַיַּשְׁכֵּם לָבָן בַּבֹּקֶר וַיְנַשֵּׁק לְבָנָיו
a-sus-hijos y-besó por-la-mañana Labán Y-se-levantó (55)

וְלִבְנוֹתָיו וַיְבָרֶךְ אֶתְהֶם וַיֵּלֶךְ וַיָּשָׁב
y-regresó y-marchó ; a-ellos y-bendijo y-a-sus-hijas

לָבָן לִמְקֹמוֹ׃ וְיַעֲקֹב הָלַךְ לְדַרְכּוֹ וַיִּפְגְּעוּ־בוֹ
de-él y-salieron-al-encuentro en-su-camino marchó Y-Jacob (1) . a-su-lugar Labán Cap. 32

מַלְאֲכֵי אֱלֹהִים׃ וַיֹּאמֶר יַעֲקֹב כַּאֲשֶׁר רָאָם מַחֲנֵה אֱלֹהִים זֶה
; éste Dios campamento-de : les-vio cuando Jacob Y-dijo (2) . Dios ángeles-de

וַיִּקְרָא שֵׁם־הַמָּקוֹם הַהוּא מַחֲנָיִם׃ וַיִּשְׁלַח יַעֲקֹב
Jacob Y-envió (3) . Mahanaim aquel el-lugar nombre-de y-llamó

מַלְאָכִים לְפָנָיו אֶל־עֵשָׂו אָחִיו אַרְצָה שֵׂעִיר שְׂדֵה אֱדוֹם׃
. Edom campo-de Seir a-tierra-de ; su-hermano Esaú a delante-de-él mensajeros

וַיְצַו אֹתָם לֵאמֹר כֹּה תֹאמְרוּן לַאדֹנִי לְעֵשָׂו
a-Esaú a-mi-señor diréis así : diciendo a-ellos E-instruyó (4)

כֹּה אָמַר עַבְדְּךָ יַעֲקֹב עִם־לָבָן גַּרְתִּי וָאֵחַר עַד־
hasta y-permanecí habité Labán con : Jacob tu-siervo dice así

עָתָּה׃ וַיְהִי־לִי שׁוֹר וַחֲמוֹר צֹאן וְעֶבֶד
y-siervo y-rebaño y-asno ganado para-mí Y-es (5) . ahora

וְשִׁפְחָה וָאֶשְׁלְחָה לְהַגִּיד לַאדֹנִי לִמְצֹא־ חֵן בְּעֵינֶיךָ׃

en-tus-ojos favor encontrar a-mi-señor a-decir y-envié y-sierva

וַיָּשֻׁבוּ הַמַּלְאָכִים אֶל־יַעֲקֹב לֵאמֹר בָּאנוּ אֶל־ אָחִיךָ

tu-hermano a fuimos : diciendo Jacob a los-mensajeros Y-volvieron (6)

אֶל־ עֵשָׂו וְגַם הֹלֵךְ לִקְרָאתְךָ וְאַרְבַּע־ מֵאוֹת אִישׁ עִמּוֹ׃

. con-él hombres cientos y-cuatro a-tu-encuentro viniente y-también Esaú a

וַיִּירָא יַעֲקֹב מְאֹד וַיֵּצֶר לוֹ וַיַּחַץ

y-dividió ; a-él y-se-angustió mucho Jacob Y-temió (7)

אֶת־ הָעָם אֲשֶׁר־ אִתּוֹ וְאֶת־ הַצֹּאן וְאֶת־ הַבָּקָר וְהַגְּמַלִּים

y-los-camellos las-vacas y-** las-ovejas y-** con-él que el-pueblo **

לִשְׁנֵי מַחֲנוֹת׃ וַיֹּאמֶר אִם־ יָבוֹא עֵשָׂו אֶל־הַמַּחֲנֶה הָאַחַת

el-uno el-grupo a Esaú viene si Y-dijo (9) . grupos para-dos

וְהִכָּהוּ וְהָיָה הַמַּחֲנֶה הַנִּשְׁאָר לִפְלֵיטָה׃

. a-escapar el-que-quede el-grupo y-sea ; y-le-ataca

וַיֹּאמֶר יַעֲקֹב אֱלֹהֵי אָבִי אַבְרָהָם וֵאלֹהֵי אָבִי

mi-padre y-Dios-de Abraham mi-padre Dios-de : Jacob Y-dijo (10)

יִצְחָק יְהוָה הָאֹמֵר אֵלַי שׁוּב לְאַרְצְךָ וּלְמוֹלַדְתְּךָ

a-tu-parentela a-tu-tierra regresa a-mí el-que-dijo Yahweh ; Isaac

וְאֵיטִיבָה עִמָּךְ׃ קָטֹנְתִּי מִכֹּל הַחֲסָדִים

las-mercedes que-todas Soy-menor (11) . a-ti y-haré-prosperar

וּמִכָּל־ הָאֱמֶת אֲשֶׁר עָשִׂיתָ אֶת־ עַבְדֶּךָ כִּי

pues ; tu-siervo a hiciste que la-fidelidad y-que-toda

בְמַקְלִי עָבַרְתִּי אֶת־ הַיַּרְדֵּן הַזֶּה וְעַתָּה הָיִיתִי לִשְׁנֵי

para-dos soy y-ahora el-éste el-Jordán ** crucé con-mi-cayado

מַחֲנוֹת׃ הַצִּילֵנִי נָא מִיַּד אָחִי מִיַּד עֵשָׂו כִּי־

pues Esaú de-la-mano-de mi-hermano de-la-mano-de ahora Sálvame (12) . grupos

יָרֵא אָנֹכִי אֹתוֹ פֶּן־ יָבוֹא וְהִכַּנִי אֵם עַל־ בָּנִים׃
. niños con madre y-me-ataque venga que a-él yo temiendo

וְאַתָּה אָמַרְתָּ הֵיטֵב אֵיטִיב עִמָּךְ וְשַׂמְתִּי
y-haré ; a-ti haré-prosperar prosperar dijiste Y-tú (13)

אֶת־ זַרְעֲךָ כְּחוֹל הַיָּם אֲשֶׁר לֹא־ יִסָּפֵר
puede-contarse no que el-mar como-arena-de tu-descendencia a

מֵרֹב׃ וַיָּלֶן שָׁם בַּלַּיְלָה הַהוּא וַיִּקַּח
y-tomó ; la-aquella por-la-noche allí Y-se-quedó (14) . de-cantidad

מִן־ הַבָּא בְיָדוֹ מִנְחָה לְעֵשָׂו אָחִיו׃
. su-hermano para-Esaú presente en-su-mano lo-que-vino de

עִזִּים מָאתַיִם וּתְיָשִׁים עֶשְׂרִים רְחֵלִים מָאתַיִם וְאֵילִים
y-carneros doscientas ovejas ; veinte y-machos-cabríos doscientas Cabras (15)

עֶשְׂרִים׃ גְּמַלִּים מֵינִיקוֹת וּבְנֵיהֶם שְׁלֹשִׁים פָּרוֹת אַרְבָּעִים
cuarenta vacas ; treinta y-sus-crías hembras Camellos (16) . veinte

וּפָרִים עֲשָׂרָה אֲתֹנֹת עֶשְׂרִים וַעְיָרִם עֲשָׂרָה׃ וַיִּתֵּן
Y-dio (17) . diez y-asnos veinte asnas ; diez y-toros

בְּיַד־ עֲבָדָיו עֵדֶר עֵדֶר לְבַדּוֹ וַיֹּאמֶר אֶל־ עֲבָדָיו
sus-siervos a y-dijo ; por-sí-mismo rebaño rebaño sus-siervos en-mano-de

עִבְרוּ לְפָנַי וְרֶוַח תָּשִׂימוּ בֵּין עֵדֶר וּבֵין עֵדֶר׃
. rebaño y-entre rebaño entre guardad y-espacio delante-de-mí id

וַיְצַו אֶת־הָרִאשׁוֹן לֵאמֹר כִּי יִפְגָּשְׁךָ עֵשָׂו אָחִי
mi-hermano Esaú te-encuentre cuando : diciendo el-principal a Y-mandó (18)

וּשְׁאֵלְךָ לֵאמֹר לְמִי־ אַתָּה וְאָנָה תֵלֵךְ וּלְמִי אֵלֶּה
estos y-a-quién vas y-adónde tú a-quién : diciendo y-te-pregunte

לְפָנֶיךָ׃ וְאָמַרְתָּ לְעַבְדְּךָ לְיַעֲקֹב מִנְחָה הִוא
este regalo a-Jacob a-tu-siervo : Y-dirás (19) . delante-de-ti

שְׁלוּחָה לַאדֹנִי לְעֵשָׂו וְהִנֵּה גַם־הוּא אַחֲרֵינוּ׃
. tras-nosotros él también y-he-aquí ; a-Esaú a-mi-señor enviado

וַיְצַו גַּם אֶת־הַשֵּׁנִי גַּם אֶת־הַשְּׁלִישִׁי גַּם אֶת־כָּל־
todos a también el-tercero a también el-segundo a también Y-ordenó (20)

הַהֹלְכִים אַחֲרֵי הָעֲדָרִים לֵאמֹר כַּדָּבָר הַזֶּה תְּדַבְּרוּן
diréis la-ésta como-la-palabra : diciendo los-rebaños tras los-que-fueron

אֶל־עֵשָׂו בְּמֹצַאֲכֶם אֹתוֹ׃ וַאֲמַרְתֶּם גַּם הִנֵּה עַבְדְּךָ יַעֲקֹב
Jacob tu-siervo he-aquí : también Y-diréis (21) . con-él al-encontraros , Esaú a

אַחֲרֵינוּ כִּי־אָמַר אֲכַפְּרָה פָנָיו בַּמִּנְחָה
con-el-regalo su-rostro apaciguaré dijo pues ; tras-nosotros

הַהֹלֶכֶת לְפָנָי וְאַחֲרֵי־כֵן אֶרְאֶה פָנָיו אוּלַי
quizá su-rostro veré que y-tras-mí ante-mí el-que-va

יִשָּׂא פָנָי׃ וַתַּעֲבֹר הַמִּנְחָה עַל־פָּנָיו וְהוּא
y-he-aquí delante-de-él por el-regalo Y-pasó (22) . mi-rostro recibirá

לָן בַּלַּיְלָה־הַהוּא בַּמַּחֲנֶה׃ וַיָּקָם ׀
Y-se-levantó (23) . en-el campamento la-aquella por-la-noche se-quedó

בַּלַּיְלָה הוּא וַיִּקַּח אֶת־שְׁתֵּי נָשָׁיו וְאֶת־שְׁתֵּי
dos y-** sus-mujeres dos ** y-cogió él por-la-noche

שִׁפְחֹתָיו וְאֶת־אַחַד עָשָׂר יְלָדָיו וַיַּעֲבֹר אֵת מַעֲבַר יַבֹּק׃
. Jabbok vado-de ** y-pasó ; sus-niños diez uno y-** sus-servidoras

וַיִּקָּחֵם וַיַּעֲבִרֵם אֶת־הַנָּחַל וַיַּעֲבֵר
e-hizo-pasar el-arroyo ** y-les-hizo-pasar Y-los-cogió (24)

אֶת־אֲשֶׁר־לוֹ׃ וַיִּוָּתֵר יַעֲקֹב לְבַדּוֹ וַיֵּאָבֵק אִישׁ
varón y-luchó a-solas Jacob Y-se-quedó-sólo (25) . a-él lo-que **

עִמּוֹ עַד עֲלוֹת הַשָּׁחַר׃ וַיַּרְא כִּי לֹא יָכֹל
podía no que Y-vio (26) . el-alba llegar hasta con-él

לוֹ וַיִּגַּע בְּכַף־ יְרֵכוֹ וַתֵּקַע כַּף־

encaje-de y-se-descoyuntó ; su-muslo en-encaje-de y-tocó con-él

יֶרֶךְ יַעֲקֹב בְּהֵאָבְקוֹ עִמּוֹ׃ וַיֹּאמֶר שַׁלְּחֵנִי כִּי

pues déjame-ir Y-dijo (27) . con-él en-su-lucha , Jacob muslo-de

עָלָה הַשָּׁחַר וַיֹּאמֶר לֹא אֲשַׁלֵּחֲךָ כִּי אִם־ בֵּרַכְתָּנִי׃

. me-bendigas si que te-dejaré-ir no y-dijo ; el-alba vino

וַיֹּאמֶר אֵלָיו מַה־ שְּׁמֶךָ וַיֹּאמֶר יַעֲקֹב׃

. Jacob y-dijo ; tu-nombre ¿cuál a-él Y-dijo (28)

וַיֹּאמֶר לֹא יַעֲקֹב יֵאָמֵר עוֹד שִׁמְךָ כִּי אִם־יִשְׂרָאֵל

Israel ahora pero tu-nombre más será-llamado Jacob no Y-dijo (29)

כִּי־ שָׂרִיתָ עִם־אֱלֹהִים וְעִם־ אֲנָשִׁים וַתּוּכָל׃ וַיִּשְׁאַל

Y-preguntó (30) . y-venciste hombres y-con Dios con luchaste pues

יַעֲקֹב וַיֹּאמֶר הַגִּידָה־ נָּא שְׁמֶךָ וַיֹּאמֶר לָמָּה זֶּה תִּשְׁאַל

preguntas esto ¿por qué y-dijo , tu-nombre por-favor di : y-dijo Jacob

לִשְׁמִי וַיְבָרֶךְ אֹתוֹ שָׁם׃ וַיִּקְרָא יַעֲקֹב שֵׁם

nombre-de Jacob Y-llamó (31) . allí a-él y-bendeciré ; por-mi-nombre

הַמָּקוֹם פְּנִיאֵל כִּי־ רָאִיתִי אֱלֹהִים פָּנִים אֶל־ פָּנִים וַתִּנָּצֵל נַפְשִׁי׃

. mi-alma y-fue-librada cara a cara Dios vi pues Peni-El el-lugar

וַיִּזְרַח־ לוֹ הַשֶּׁמֶשׁ כַּאֲשֶׁר עָבַר אֶת־ פְּנוּאֵל וְהוּא צֹלֵעַ

cojeando y-él Peni-El por pasó cuando el-sol sobre-él Y-se-elevó (32)

עַל־ יְרֵכוֹ׃ עַל־ כֵּן לֹא־ יֹאכְלוּ בְנֵי־ יִשְׂרָאֵל אֶת־ גִּיד

fibra-de ** Israel hijos-de comen no esto Por (33) . su-muslo por-causa-de

הַנָּשֶׁה אֲשֶׁר עַל־ כַּף הַיָּרֵךְ עַד הַיּוֹם הַזֶּה כִּי נָגַע

tocó pues ; el-éste el-día hasta el-muslo articulación-de sobre que el-tendón

בְּכַף־ יֶרֶךְ יַעֲקֹב בְּגִיד הַנָּשֶׁה׃ וַיִּשָּׂא יַעֲקֹב

Jacob Y-alzó (1) . el-tendón en-fibra-de Jacob muslo-de en-articulación-de Cap. 3

עֵינָיו וַיַּרְא וְהִנֵּה עֵשָׂו בָּא וְעִמּוֹ אַרְבַּע מֵאוֹת אִישׁ
hombres cientos cuatro y-con-él , venía Esaú y-he-aquí y-miró sus-ojos

וַיַּחַץ אֶת־ הַיְלָדִים עַל־ לֵאָה וְעַל־ רָחֵל וְעַל שְׁתֵּי
dos-de y-de Raquel y-de Lea de los-niños ** y-repartió

הַשְּׁפָחוֹת׃ וַיָּשֶׂם אֶת־ הַשְּׁפָחוֹת וְאֶת־ יַלְדֵיהֶן
sus-niños y-** las-siervas ** Y-puso (2) . sus-siervas

רִאשֹׁנָה וְאֶת־לֵאָה וִילָדֶיהָ אַחֲרֹנִים וְאֶת־ רָחֵל וְאֶת־ יוֹסֵף אַחֲרֹנִים׃
. siguientes José y-** Raquel y-** siguientes y-sus-niños Lea y-** delante

וְהוּא עָבַר לִפְנֵיהֶם וַיִּשְׁתַּחוּ אַרְצָה שֶׁבַע פְּעָמִים עַד־
al veces siete al-suelo y-se-inclinó delante-de-ellos pasó Y-él (3)

גִּשְׁתּוֹ עַד־ אָחִיו׃ וַיָּרָץ עֵשָׂו לִקְרָאתוֹ
a-encontrarle Esaú Y-corrió (4) . su-hermano hasta acercarse

וַיְחַבְּקֵהוּ וַיִּפֹּל עַל־ צַוָּארָו וַיִּשָּׁקֵהוּ
y-le-besó su-cuello por y-le-rodeó y-le-abrazó

וַיִּבְכּוּ׃ וַיִּשָּׂא אֶת־ עֵינָיו וַיַּרְא אֶת־ הַנָּשִׁים
las-mujeres ** y-vio sus-ojos ** Y-alzó (5) . y-lloraron

וְאֶת־ הַיְלָדִים וַיֹּאמֶר מִי־ אֵלֶּה לָּךְ וַיֹּאמַר הַיְלָדִים
los-niños y-dijo ; contigo éstos ¿quién : y-dijo los-niños y-**

אֲשֶׁר־ חָנַן אֱלֹהִים אֶת־ עַבְדֶּךָ׃ וַתִּגַּשְׁןָ
Y-se-acercaron (6) . tu-siervo a Dios por-gracia-ha-dado que

הַשְּׁפָחוֹת הֵנָּה וְיַלְדֵיהֶן וַתִּשְׁתַּחֲוֶיןָ׃ וַתִּגַּשׁ
Y-se acercó (7) . y-se inclinaron y-sus-niños ellas las-siervas

גַּם־ לֵאָה וִילָדֶיהָ וַיִּשְׁתַּחֲווּ וְאַחַר נִגַּשׁ יוֹסֵף
José se acercó y-después ; y-se-inclinaron y-sus-niños Lea también

וְרָחֵל וַיִּשְׁתַּחֲווּ׃ וַיֹּאמֶר מִי לְךָ כָּל־ הַמַּחֲנֶה
el-grupo todo para-ti ¿qué : Y-dijo (8) . y-se-inclinaron y-Raquel

הִנֵּה אֲשֶׁר פָּגָשְׁתִּי וַיֹּאמֶר לִמְצֹא־ חֵן בְּעֵינֵי אֲדֹנִי׃

señor-mío en-tus-ojos gracia para-hallar y-dijo ; me-encontré que el-éste

וַיֹּאמֶר עֵשָׂו יֶשׁ־ לִי רָב אָחִי יְהִי לְךָ

para-ti sea , hermano-mío , mucho para-mí hay Esaú Y-dijo (9)

אֲשֶׁר־ לָךְ׃ וַיֹּאמֶר יַעֲקֹב אַל־ נָא אִם־ נָא מָצָאתִי חֵן

gracia hallé ahora si , por-favor no : Jacob Y-dijo (10) . para-ti lo-que

בְּעֵינֶיךָ וְלָקַחְתָּ מִנְחָתִי מִיָּדִי כִּי עַל־ כֵּן

eso por pues ; de-mi-mano mi-regalo y-tomes en-tus-ojos

רָאִיתִי פָנֶיךָ כִּרְאֹת פְּנֵי אֱלֹהִים וַתִּרְצֵנִי׃ קַח־

Toma (11) . pues-me-recibiste Dios cara-de como-veo tu-cara veo

נָא אֶת־ בִּרְכָתִי אֲשֶׁר הֻבָאת לָךְ כִּי־ חַנַּנִי

me-ha-hecho-favor pues para-ti ha-sido-traído que mi-presente ** por-favor

אֱלֹהִים וְכִי יֶשׁ־ לִי־ כֹל וַיִּפְצַר־ בּוֹ וַיִּקָּח׃

. y-tomó con-él e-insistió ; todo para-mí hay y-pues Dios

וַיֹּאמֶר נִסְעָה וְנֵלֵכָה וְאֵלְכָה לְנֶגְדֶּךָ׃

. delante-de-ti y-marcharé y-marchemos andemos Y-dijo (12)

וַיֹּאמֶר אֵלָיו אֲדֹנִי יֹדֵעַ כִּי־ הַיְלָדִים רַכִּים

tiernos los-niños que conociendo señor-mío a-él Y-dijo (13)

וְהַצֹּאן וְהַבָּקָר עָלוֹת עָלָי וּדְפָקוּם

y-agotándolas ; a-mi-cuidado paridas y-las-vacas y-las-ovejas

יוֹם אֶחָד וָמֵתוּ כָּל־ הַצֹּאן׃ יַעֲבָר־ נָא

por-favor Pase (14) . las-ovejas todas y-morirán uno día

אֲדֹנִי לִפְנֵי עַבְדּוֹ וַאֲנִי אֶתְנָהֲלָה לְאִטִּי לְרֶגֶל

al-paso-de con-mi-lentitud marcharé y-yo ; su-siervo delante-de mi-señor

הַמְּלָאכָה אֲשֶׁר־ לְפָנַי וּלְרֶגֶל הַיְלָדִים עַד אֲשֶׁר־ אָבֹא אֶל־

a llegue que hasta los-niños y-al-paso-de ante-mí que la-vanguardia

אֲדֹנִי שֵׂעִירָה׃ וַיֹּאמֶר עֵשָׂו אַצִּיגָה־נָּא עִמְּךָ מִן־
de contigo ahora Dejaré : Esaú Y-dijo (15) . en-Seir mi-señor

הָעָם אֲשֶׁר אִתִּי וַיֹּאמֶר לָמָּה זֶּה אֶמְצָא־חֵן בְּעֵינֵי
en-ojos-de gracia halle , esto por-qué : y-dijo ; conmigo que la-gente

אֲדֹנִי׃ וַיָּשָׁב בַּיּוֹם הַהוּא עֵשָׂו לְדַרְכּוֹ
a-su-camino Esaú el-aquel en-el-día Y-regresó (16) . mi-señor

שֵׂעִירָה׃ וְיַעֲקֹב נָסַע סֻכֹּתָה וַיִּבֶן לוֹ בָּיִת
casa para-él y-construyó a-Sucot se-fue Y-Jacob (17) . a Seir

וּלְמִקְנֵהוּ עָשָׂה סֻכֹּת עַל־כֵּן קָרָא שֵׁם־הַמָּקוֹם
el-lugar nombre-de llamó eso por , cobertizos hizo y-para-su-ganado

סֻכּוֹת׃ וַיָּבֹא יַעֲקֹב שָׁלֵם עִיר שְׁכֶם אֲשֶׁר בְּאֶרֶץ
en-tierra-de que Siquem ciudad-de en-paz Jacob Y-llegó (18) . Sucot

כְּנַעַן בְּבֹאוֹ מִפַּדַּן אֲרָם וַיִּחַן אֶת־פְּנֵי הָעִיר׃
. la-ciudad frente-a ** y-acampó ; Aram de-Padán en-su-venir Canaán

וַיִּקֶן אֶת־חֶלְקַת הַשָּׂדֶה אֲשֶׁר נָטָה־שָׁם אָהֳלוֹ
su-tienda allí plantó que el-campo parcela-de ** Y-compró (19)

מִיַּד בְּנֵי־חֲמוֹר אֲבִי שְׁכֶם בְּמֵאָה קְשִׂיטָה׃
. monedas en-cien ; Siquem padre-de Hamor hijos-de de-mano-de

וַיַּצֶּב־שָׁם מִזְבֵּחַ וַיִּקְרָא־לוֹ אֵל אֱלֹהֵי יִשְׂרָאֵל׃
. Israel Elohe El a-él y-llamó altar allí Y-levantó (20)

וַתֵּצֵא דִינָה בַּת־לֵאָה אֲשֶׁר יָלְדָה לְיַעֲקֹב
a-Jacob dio-a-luz que Lea hija-de Dina Y-salió (1) Cap. 3

לִרְאוֹת בִּבְנוֹת הָאָרֶץ׃ וַיַּרְא אֹתָהּ שְׁכֶם בֶּן־חֲמוֹר
Hamor hijo-de Siquem a-ella Y-vio (2) . el-país a-mujeres-de a-mirar

הַחִוִּי נְשִׂיא הָאָרֶץ וַיִּקַּח אֹתָהּ וַיִּשְׁכַּב אֹתָהּ
con-ella y-yació a-ella y-tomó , el-país jefe-de el-heveo

וַיְעַנֶּהָ׃ וַתִּדְבַּק נַפְשׁוֹ בְּדִינָה בַּת־

hija-de a-Dina su-alma Y-se-unió (3) . y-la-violó

יַעֲקֹב וַיֶּאֱהַב אֶת־הַנַּעֲרָ וַיְדַבֵּר עַל־לֵב הַנַּעֲרָ׃

. la-muchacha corazón-de a y-habló la-muchacha a y-amó Jacob

וַיֹּאמֶר שְׁכֶם אֶל־חֲמוֹר אָבִיו לֵאמֹר קַח־לִי אֶת־הַיַּלְדָּה

la-muchacha para-mí toma : diciendo su-padre Hamor a Siquem Y-dijo (4)

הַזֹּאת לְאִשָּׁה׃ וְיַעֲקֹב שָׁמַע כִּי טִמֵּא אֶת־דִּינָה

Dina a deshonró que oyó Y-Jacob (5) . para-mujer la-ésta

בִתּוֹ וּבָנָיו הָיוּ אֶת־מִקְנֵהוּ בַּשָּׂדֶה

en-el-campo su-ganado con estaban y-sus-hijos , su-hija

וְהֶחֱרִשׁ יַעֲקֹב עַד־בֹּאָם׃ וַיֵּצֵא חֲמוֹר

Hamor Y-salió (6) . su-venida hasta Jacob y-calló

אֲבִי־שְׁכֶם אֶל־יַעֲקֹב לְדַבֵּר אִתּוֹ׃ וּבְנֵי יַעֲקֹב בָּאוּ

vinieron Jacob E-hijos-de (7) . a-él para-hablar Jacob a Siquem padre-de

מִן־הַשָּׂדֶה כְּשָׁמְעָם וַיִּתְעַצְּבוּ הָאֲנָשִׁים

los-hombres y-se-entristecieron cuando-les-oyeron el-campo de

וַיִּחַר לָהֶם מְאֹד כִּי־נְבָלָה עָשָׂה בְיִשְׂרָאֵל לִשְׁכַּב אֶת־

con al-yacer en-Israel hizo vileza pues ; mucho a-ellos y-se-enfureció

בַּת־יַעֲקֹב וְכֵן לֹא יֵעָשֶׂה׃ וַיְדַבֵּר חֲמוֹר

Hamor Y-dijo (8) . se-hacía no pues-así , Jacob hija-de

אִתָּם לֵאמֹר שְׁכֶם בְּנִי חָשְׁקָה נַפְשׁוֹ בְּבִתְּכֶם

a-vuestra-hija · su-alma se-ha-apegado mi-hijo Siquem : a-decir a-ellos

תְּנוּ נָא אֹתָהּ לוֹ לְאִשָּׁה׃ וְהִתְחַתְּנוּ אֹתָנוּ בְּנֹתֵיכֶם תִּתְּנוּ־

dad vuestras-hijas con-nosotros Y-emparentad (9) . para-mujer a-él a-ella ahora dad

לָנוּ וְאֶת־בְּנֹתֵינוּ תִּקְחוּ לָכֶם׃ וְאִתָּנוּ תֵּשֵׁבוּ

; habitad Y-con-nosotros (10) . para vosotros tomad nuestras-hijas y a-nosotros

וְהָאָרֶץ תִּהְיֶה לִפְנֵיכֶם שְׁבוּ וּסְחָרוּהָ וְהֵאָחֲזוּ בָּהּ׃

. en-ella y-adquirid y-negociad-en-ella habitad , ante-vosotros está y-la-tierra

וַיֹּאמֶר שְׁכֶם אֶל־ אָבִיהָ וְאֶל־ אַחֶיהָ אֶמְצָא־

halle : hermanos-de-ella y-a padre-de-ella a Siquem Y-dijo (11)

חֵן בְּעֵינֵיכֶם וַאֲשֶׁר תֹּאמְרוּ אֵלַי אֶתֵּן׃ הַרְבּוּ

Aumentad (12) . daré a-mí digáis y-lo-que en-vuestros-ojos gracia

עָלַי מְאֹד מֹהַר וּמַתָּן וְאֶתְּנָה כַּאֲשֶׁר תֹּאמְרוּ אֵלָי וּתְנוּ־

y-dad ; a-mí digáis conforme y-daré , y-presentes dote mucho a-mí

לִי אֶת־ הַנַּעֲרָ לְאִשָּׁה׃ וַיַּעֲנוּ בְנֵי־ יַעֲקֹב אֶת־ שְׁכֶם

Siquem a Jacob hijos-de Y-contestaron (13) . para-mujer la-muchacha ** a-mí

וְאֶת־חֲמוֹר אָבִיו בְּמִרְמָה וַיְדַבֵּרוּ אֲשֶׁר טִמֵּא אֵת דִּינָה

Dina a amancilló pues ; y-hablaron con-engaño su-padre Hamor y-a

אֲחֹתָם׃ וַיֹּאמְרוּ אֲלֵיהֶם לֹא נוּכַל לַעֲשׂוֹת הַדָּבָר הַזֶּה

la-ésta la-cosa hacer podemos no : a-ellos Y-dijeron (14) . hermana-de-ellos

לָתֵת אֶת־ אֲחֹתֵנוּ לְאִישׁ אֲשֶׁר־ לוֹ עָרְלָה כִּי־ חֶרְפָּה הִוא לָנוּ׃

. para nosotros eso desgracia pues prepucio a-él que a-hombre nuestra-hermana ** para-dar

אַךְ־ בְּזֹאת נֵאוֹת לָכֶם אִם תִּהְיוּ כָמֹנוּ לְהִמֹּל

ser-circuncidado como-nosotros sois si ; a-vosotros consentiremos con-esto Sólo (15)

לָכֶם כָּל־ זָכָר׃ וְנָתַנּוּ אֶת־ בְּנֹתֵינוּ לָכֶם וְאֶת־

y-** a-vosotros nuestras-hijas ** Y-daremos (16) . varón todo de-vosotros

בְּנֹתֵיכֶם נִקַּח־ לָנוּ וְיָשַׁבְנוּ אִתְּכֶם

con-vosotros y-habitaremos ; para-nosotros tomaremos vuestras-hijas

וְהָיִינוּ לְעַם אֶחָד׃ וְאִם־ לֹא תִשְׁמְעוּ אֵלֵינוּ

a-nosotros escucháis no Y-si (17) . uno para-pueblo y-seremos

לְהִמּוֹל וְלָקַחְנוּ אֶת־ בִּתֵּנוּ וְהָלָכְנוּ׃

. y-marcharemos nuestra-hija ** entonces-tomaremos para-circuncidar

וַיִּיטְבוּ דִבְרֵיהֶם בְּעֵינֵי חֲמוֹר וּבְעֵינֵי
y-en-ojos-de ; Hamor en-ojos-de palabras-de-ellos Y-parecieron-bien (18)

שְׁכֶם בֶּן־חֲמוֹר׃ וְלֹא־אֵחַר הַנַּעַר לַעֲשׂוֹת הַדָּבָר
la-cosa para-hacer el-joven tardó Y-no (19) . Hamor hijo-de Siquem

כִּי חָפֵץ בְּבַת־יַעֲקֹב וְהוּא נִכְבָּד מִכֹּל
de-toda distinguido y-él Jacob en-hija-de se-deleitaba pues

בֵּית אָבִיו׃ וַיָּבֹא חֲמוֹר וּשְׁכֶם בְּנוֹ
su-hijo y-Siquem Hamor Y-fueron (20) . su-padre casa-de

אֶל־שַׁעַר עִירָם וַיְדַבְּרוּ אֶל־אַנְשֵׁי עִירָם לֵאמֹר׃
. diciendo su-ciudad hombres-de a y-hablaron ; su-ciudad puerta-de a

הָאֲנָשִׁים הָאֵלֶּה שְׁלֵמִים הֵם אִתָּנוּ וְיֵשְׁבוּ
y-habiten , con-nosotros ellos pacíficos los-éstos Los-hombres (21)

בָאָרֶץ וְיִסְחֲרוּ אֹתָהּ וְהָאָרֶץ הִנֵּה רַחֲבַת־יָדַיִם
medidas grande-de he-aquí y-la-tierra , en-ella y-comercien en-la-tierra

לִפְנֵיהֶם אֶת־בְּנֹתָם נִקַּח־לָנוּ לְנָשִׁים וְאֶת־
y-** por-mujeres para-nosotros tomemos sus-hijas ** ; ante-ellos

בְּנֹתֵינוּ נִתֵּן לָהֶם׃ אַךְ־בְּזֹאת יֵאֹתוּ לָנוּ
a-nosotros consentirán en-esto Sólo (22) . a-ellos demos nuestras-hijas

הָאֲנָשִׁים לָשֶׁבֶת אִתָּנוּ לִהְיוֹת לְעַם אֶחָד בְּהִמּוֹל לָנוּ
a-nosotros en-ser-circuncidado ; uno por-pueblo para-ser con-nosotros para habitar los-hombres

כָּל־זָכָר כַּאֲשֶׁר הֵם נִמֹּלִים׃ מִקְנֵהֶם
Sus-ganados (23) . están-circuncidados ellos como varón todo

וְקִנְיָנָם וְכָל־בְּהֶמְתָּם הֲלוֹא לָנוּ הֵם אַךְ
así ; ellos para-nosotros ¿acaso-no , animal-de-ellos y-todo y-sus-bienes

נֵאוֹתָה לָהֶם וְיֵשְׁבוּ אִתָּנוּ׃ וַיִּשְׁמְעוּ אֶל־
a Y-escucharon (24) . con-nosotros y-habiten a-ellos consintamos

חֲמוֹר וְאֶל־ שְׁכֶם בְּנוֹ כָּל־ יֹצְאֵי שַׁעַר

puerta-de salientes todos su-hijo Siquem y-a Hamor

עִירוֹ וַיִּמֹּלוּ כָּל־ זָכָר כָּל־ יֹצְאֵי

salientes todos varón todo y-se-circuncidaron ; su-ciudad

שַׁעַר עִירוֹ׃ וַיְהִי בַיּוֹם הַשְּׁלִישִׁי בִּהְיוֹתָם

en-ser-a-ellos el-tercero en-el-día Y-fue (25) . su-ciudad puerta-de

כֹּאֲבִים וַיִּקְחוּ שְׁנֵי־ בְנֵי־ יַעֲקֹב שִׁמְעוֹן וְלֵוִי

y-Leví Simeón Jacob hijos-de dos-de y-tomaron , dolorosos

אֲחֵי דִינָה אִישׁ חַרְבּוֹ וַיָּבֹאוּ עַל־ הָעִיר בֶּטַח

desprevenida la-ciudad a y-fueron su-espada cada-uno , Dina hermanos-de

וַיַּהַרְגוּ כָּל־ זָכָר׃ וְאֶת־ חֲמוֹר וְאֶת־ שְׁכֶם בְּנוֹ

su-hijo Siquem y-** Hamor Y-** (26) . varón todo y-mataron

הָרְגוּ לְפִי־ חָרֶב וַיִּקְחוּ אֶת־ דִּינָה מִבֵּית שְׁכֶם

Siquem de-casa-de Dina a y-tomaron ; espada a-fila-de mataron

וַיֵּצֵאוּ׃ בְּנֵי יַעֲקֹב בָּאוּ עַל־ הַחֲלָלִים וַיָּבֹזּוּ

y-saquearon los-muertos sobre vinieron Jacob Hijos-de (27) . y-salieron

הָעִיר אֲשֶׁר טִמְּאוּ אֲחוֹתָם׃ אֶת־ צֹאנָם וְאֶת־

y-** sus-rebaños ** (28) . hermana-de-ellos afrentaron que la-ciudad

בְּקָרָם וְאֶת־ חֲמֹרֵיהֶם וְאֵת אֲשֶׁר־ בָּעִיר וְאֶת־ אֲשֶׁר בַּשָּׂדֶה

en-el-campo lo-que y-** en-la-ciudad lo-que y-** sus-asnos y-** su-rebaño

לָקָחוּ׃ וְאֶת־ כָּל־ חֵילָם וְאֶת־ כָּל־ טַפָּם וְאֶת־

y-** sus-niños todos y-** su-riqueza toda Y-** (29) . cogieron

נְשֵׁיהֶם שָׁבוּ וַיָּבֹזּוּ וְאֵת כָּל־ אֲשֶׁר בַּבָּיִת׃

. en-la-casa lo-que todo también y-robaron se-llevaron sus-mujeres

וַיֹּאמֶר יַעֲקֹב אֶל־ שִׁמְעוֹן וְאֶל־ לֵוִי עֲכַרְתֶּם אֹתִי

a-mí turbasteis Leví y- * Simeón a Jacob Y-dijo (30)

לְהַבְאִישֵׁנִי בְּיֹשֵׁב הָאָרֶץ בַּכְּנַעֲנִי

al-cananeo , la-tierra a-habitante-de al-hacerme-odioso

וּבַפְּרִזִּי וַאֲנִי מְתֵי מִסְפָּר וְנֶאֶסְפוּ עָלַי

contra-mí y-se-juntarán , número hombres-de y-yo ; y-al-ferezeo

וְהִכּוּנִי וְנִשְׁמַדְתִּי אֲנִי וּבֵיתִי׃

. y-mi-casa yo y-seré-destruido ; y-me-atacarán

(31) וַיֹּאמְרוּ הַכְזוֹנָה יַעֲשֶׂה אֶת־ אֲחוֹתֵנוּ׃

. nuestra-hermana a haría ¿acaso-como-a-ramera : Y-dijeron (31)

Cap. 35 (1) וַיֹּאמֶר אֱלֹהִים אֶל־יַעֲקֹב קוּם עֲלֵה בֵית־ אֵל וְשֶׁב־ שָׁם

allí y-queda El Bet sube-a , levanta : Jacob a Dios Y-dijo (1) Cap. 35

וַעֲשֵׂה־ שָׁם מִזְבֵּחַ לָאֵל הַנִּרְאֶה אֵלֶיךָ בְּבָרְחֲךָ

en-tu-huida a-ti el-que-apareció a-Dios altar allí y-haz

(2) מִפְּנֵי עֵשָׂו אָחִיךָ׃ וַיֹּאמֶר יַעֲקֹב אֶל־ בֵּיתוֹ

su-casa a Jacob Y-dijo (2) . tu-hermano Esaú de-faz-de

וְאֶל כָּל־ אֲשֶׁר עִמּוֹ הָסִרוּ אֶת־ אֱלֹהֵי הַנֵּכָר אֲשֶׁר בְּתֹכְכֶם

entre-vosotros que el-extraño dioses-de ** quitad , con-él el-que todo y-a

(3) וְהִטַּהֲרוּ וְהַחֲלִיפוּ שִׂמְלֹתֵיכֶם׃ וְנָקוּמָה

Y-levantémonos (3) . vuestros-vestidos y-cambiad y-purificaos

וְנַעֲלֶה בֵּית־ אֵל וְאֶעֱשֶׂה־ שָּׁם מִזְבֵּחַ לָאֵל הָעֹנֶה

el-que-responde a-Dios altar allí y-haré El Bet y-subamos

אֹתִי בְּיוֹם צָרָתִי וַיְהִי עִמָּדִי בַּדֶּרֶךְ אֲשֶׁר הָלָכְתִּי׃

. anduve que en-el-camino conmigo y-fue mi-angustia en-día-de a-mí

(4) וַיִּתְּנוּ אֶל־ יַעֲקֹב אֵת כָּל־ אֱלֹהֵי הַנֵּכָר אֲשֶׁר בְּיָדָם

en-sus-manos que el-extraño dioses-de todos ** Jacob a Y-dieron (4)

וְאֶת־ הַנְּזָמִים אֲשֶׁר בְּאָזְנֵיהֶם וַיִּטְמֹן אֹתָם יַעֲקֹב תַּחַת הָאֵלָה

la-encima bajo Jacob a-ellos y-enterró en-sus-orejas que los-zarcillos y **

אֲשֶׁר עִם־ שְׁכֶם׃ וַיִּסָּעוּ וַיְהִי ׀ חִתַּת אֱלֹהִים עַל־ הֶעָרִים
las-ciudades sobre Dios terror-de y-fue Y-se-fueron (5) . Siquem en que

אֲשֶׁר סְבִיבֹתֵיהֶם וְלֹא רָדְפוּ אַחֲרֵי בְּנֵי יַעֲקֹב׃ וַיָּבֹא
Y-llegó (6) . Jacob hijos-de tras persiguieron y-no en-torno-a-ellos que

יַעֲקֹב לוּזָה אֲשֶׁר בְּאֶרֶץ כְּנַעַן הִוא בֵּית־אֵל הוּא וְכָל־ הָעָם
el-pueblo y-todo él , El Bet que Canaán en-tierra-de que a-Luz Jacob

אֲשֶׁר־ עִמּוֹ׃ וַיִּבֶן שָׁם מִזְבֵּחַ וַיִּקְרָא לַמָּקוֹם אֵל בֵּית־
Bet El al-lugar y-llamó altar allí Y-edificó (7) . con-él que

אֵל כִּי שָׁם נִגְלוּ אֵלָיו הָאֱלֹהִים בְּבָרְחוֹ מִפְּנֵי
de-faz-de en-su-huir el-Dios a-él se-revelaron allí pues El

אָחִיו׃ וַתָּמָת דְּבֹרָה מֵינֶקֶת רִבְקָה
Rebeca ama-de-cría-de Débora Y-murió (8) . su-hermano

וַתִּקָּבֵר מִתַּחַת לְבֵית־ אֵל תַּחַת הָאַלּוֹן וַיִּקְרָא שְׁמוֹ
su-nombre y-llamó la-encina bajo El a-Bet debajo-de y-fue-enterrada

אַלּוֹן בָּכוּת׃ וַיֵּרָא אֱלֹהִים אֶל־ יַעֲקֹב עוֹד בְּבֹאוֹ
en-su-volver aún Jacob a Dios Y-apareció (9) . Bacut Alón

מִפַּדַּן אֲרָם וַיְבָרֶךְ אֹתוֹ׃ וַיֹּאמֶר־ לוֹ אֱלֹהִים שִׁמְךָ
tu-nombre Dios a-él Y-dijo (10) . a-él y-bendijo ; Aram de-Padán

יַעֲקֹב לֹא־ יִקָּרֵא שִׁמְךָ עוֹד יַעֲקֹב כִּי אִם־יִשְׂרָאֵל יִהְיֶה
será Israel ahora pues Jacob más tu-nombre se-llamará no , Jacob

שְׁמֶךָ וַיִּקְרָא אֶת־ שְׁמוֹ יִשְׂרָאֵל׃ וַיֹּאמֶר לוֹ אֱלֹהִים
Dios a-él Y-dijo (11) . Israel su-nombre ** y-llamó tu-nombre

אֲנִי אֵל שַׁדַּי פְּרֵה וּרְבֵה גּוֹי וּקְהַל גּוֹיִם
naciones y-asamblea-de nación y-multiplica fructifica , Todopoderoso Dios yo

יִהְיֶה מִמֶּךָּ וּמְלָכִים מֵחֲלָצֶיךָ יֵצֵאוּ׃ וְאֶת־
Y ** (12) . saldrán de-tus-lomos y-reyes de-ti será

הָאָרֶץ אֲשֶׁר נָתַתִּי לְאַבְרָהָם וּלְיִצְחָק לְךָ אֶתְּנֶנָּה
; la-daré para-ti y-a-Isaac a-Abraham di que la-tierra

וּלְזַרְעֲךָ אַחֲרֶיךָ אֶתֵּן אֶת־הָאָרֶץ׃ וַיַּעַל
Y-subió (13) . la-tierra ** daré después-de-ti y-a-tu-descendencia

מֵעָלָיו אֱלֹהִים בַּמָּקוֹם אֲשֶׁר־דִּבֶּר אִתּוֹ׃ וַיַּצֵּב יַעֲקֹב
Jacob Y-erigió (14) . a-él dijo que en-el-lugar Dios de-sobre-él

מַצֵּבָה בַּמָּקוֹם אֲשֶׁר־דִּבֶּר אִתּוֹ מַצֶּבֶת אָבֶן וַיַּסֵּךְ
y-derramó ; piedra pilar-de con-él habló que en-el-lugar pilar

עָלֶיהָ נֶסֶךְ וַיִּצֹק עָלֶיהָ שָׁמֶן׃ וַיִּקְרָא יַעֲקֹב אֶת־
** Jacob Y-llamó (15) . aceite sobre-ella y-derramó libación sobre-ella

שֵׁם הַמָּקוֹם אֲשֶׁר דִּבֶּר אִתּוֹ שָׁם אֱלֹהִים בֵּית־אֵל׃ וַיִּסְעוּ
Y-marcharon (16) . El Bet Dios allí a-él habló que el-lugar nombre-de

מִבֵּית אֵל וַיְהִי־עוֹד כִּבְרַת־הָאָרֶץ לָבוֹא אֶפְרָתָה
a-Efrata para-ir la-tierra distante-de aún y-era El de-Bet

וַתֵּלֶד רָחֵל וַתְּקַשׁ בְּלִדְתָּהּ׃ וַיְהִי
Y-fue (17) . en-su-dar-a-luz y-tuvo-dificultad Raquel y-dio-a-luz

בְהַקְשֹׁתָהּ בְּלִדְתָּהּ וַתֹּאמֶר לָהּ הַמְיַלֶּדֶת
la-comadrona a-ella y-dijo ; en-su-dar-a-luz en-su-tener-dificultad

אַל־תִּירְאִי כִּי־גַם־זֶה לָךְ בֵּן׃ וַיְהִי בְּצֵאת
en-irse Y-fue (18) . hijo para-ti este otro pues temas no

נַפְשָׁהּ כִּי מֵתָה וַתִּקְרָא שְׁמוֹ בֶּן־אוֹנִי וְאָבִיו
y-su-padre , Oní Ben su-nombre y-llamó murió pues su-alma

קָרָא־לוֹ בִנְיָמִין׃ וַתָּמָת רָחֵל וַתִּקָּבֵר בְּדֶרֶךְ
en-camino-de y-fue-enterrada Raquel Y-murió (19) . Benjamín a-él llamó

אֶפְרָתָה הִוא בֵּית לָחֶם׃ וַיַּצֵּב יַעֲקֹב מַצֵּבָה עַל־קְבֻרָתָהּ
su-tumba sobre pilar Jacob Y-erigió (20) . Lehem Bet que Efrata

הִוא מַצֶּבֶת קְבֻרַת־רָחֵל עַד־הַיּוֹם׃ וַיִּסַּע יִשְׂרָאֵל

, Israel Y-partió (21) . hoy hasta Raquel tumba-de pilar-de que

וַיֵּט אָהֳלֹה מֵהָלְאָה לְמִגְדַּל־עֵדֶר׃ וַיְהִי בִּשְׁכֹּן

al-morar Y-fue (22) . Eber a-Migdal más-allá su-tienda y-plantó

יִשְׂרָאֵל בָּאָרֶץ הַהִוא וַיֵּלֶךְ רְאוּבֵן וַיִּשְׁכַּב אֶת־בִּלְהָה

Bilha con y-yació Rubén y-fue la-aquella en-la-tierra Israel

פִּילֶגֶשׁ אָבִיו וַיִּשְׁמַע יִשְׂרָאֵל וַיִּהְיוּ בְנֵי־יַעֲקֹב

Jacob hijos-de y-eran ; Israel y-oyó , su-padre concubina-de

שְׁנֵים עָשָׂר׃ בְּנֵי לֵאָה בְּכוֹר יַעֲקֹב רְאוּבֵן וְשִׁמְעוֹן וְלֵוִי

y-Leví y-Simeón ; Rubén Jacob primogénito-de Lea Hijos-de (23) . diez dos

וִיהוּדָה וְיִשָּׂשכָר וּזְבוּלֻן׃ בְּנֵי רָחֵל יוֹסֵף וּבִנְיָמִן׃

. y-Benjamín José Raquel Hijos-de (24) . y-Zabulón e-Isacar y-Judá

וּבְנֵי בִלְהָה שִׁפְחַת רָחֵל דָּן וְנַפְתָּלִי׃

. y-Neftalí Dan , Raquel sierva-de Bilha E-hijos-de (25)

וּבְנֵי זִלְפָּה שִׁפְחַת לֵאָה גָּד וְאָשֵׁר אֵלֶּה בְּנֵי יַעֲקֹב

Jacob hijos-de éstos , y-Aser Gad , Lea sierva-de Zilpa E-hijos-de (26)

אֲשֶׁר יֻלַּד־לוֹ בְּפַדַּן אֲרָם׃ וַיָּבֹא יַעֲקֹב אֶל־יִצְחָק

Isaac a Jacob Y-vino (27) . Aram en-Padán a-él fue-nacido que

אָבִיו מַמְרֵא קִרְיַת הָאַרְבַּע הִוא חֶבְרוֹן אֲשֶׁר־גָּר־שָׁם

allí habitó donde Hebrón que el-Arba Kiriat Mamre su-padre

אַבְרָהָם וְיִצְחָק׃ וַיִּהְיוּ יְמֵי יִצְחָק מְאַת שָׁנָה וּשְׁמֹנִים

y-ochenta año cien Isaac días-de Y-fueron (28) . e-Isaac Abraham

שָׁנָה׃ וַיִּגְוַע יִצְחָק וַיָּמָת וַיֵּאָסֶף אֶל־

a y-fue-reunido y-murió Isaac Y-expiró (29) . año

עַמָּיו זָקֵן וּשְׂבַע יָמִים וַיִּקְבְּרוּ אֹתוֹ עֵשָׂו וְיַעֲקֹב

y-Jacob Esaú a-él y-enterraron , días y-lleno-de viejo , su-pueblo

בָּנָיו׃ וְאֵלֶּה תֹּלְדוֹת עֵשָׂו הוּא אֱדוֹם׃ עֵשָׂו לָקַח אֶת־
** tomó Esaú (2) . Edom que Esaú generaciones-de Y-estas (1) . sus-hijos

נָשָׁיו מִבְּנוֹת כְּנָעַן אֶת־עָדָה בַּת־אֵילוֹן הַחִתִּי וְאֶת־
y-** el-heteo Elón hija-de Ada ** Canaán de-hijas-de sus-mujeres

אָהֳלִיבָמָה בַּת־עֲנָה בַּת־צִבְעוֹן הַחִוִּי׃ וְאֶת־
Y-** (3) . el-heveo Zibeón hija-de Anán hija-de Aholibama

בָּשְׂמַת בַּת־יִשְׁמָעֵאל אֲחוֹת נְבָיוֹת׃ וַתֵּלֶד עָדָה לְעֵשָׂו
a-Esaú Ada Y-dio-a-luz (4) . Nebaiot hermana-de Ismael hija-de Basemat

אֶת־אֱלִיפָז וּבָשְׂמַת יָלְדָה אֶת־רְעוּאֵל׃ וְאָהֳלִיבָמָה יָלְדָה אֶת־
a dio-a-luz Y-Aholibama (5) . Reuel a dio-a-luz y-Basemat Elifaz a

יְעוּשׁ וְאֶת־יַעְלָם וְאֶת־קֹרַח אֵלֶּה בְּנֵי עֵשָׂו אֲשֶׁר יֻלְּדוּ־לוֹ
a-él fueron-nacidos que Esaú hijos-de éstos , Coré y-a Jaalam y-a Jesús

בְּאֶרֶץ כְּנָעַן׃ וַיִּקַּח עֵשָׂו אֶת־נָשָׁיו וְאֶת־בָּנָיו וְאֶת־
y-** sus-hijos y-** sus-mujeres ** Esaú Y-tomó (6) . Canaán en-tierra-de

בְּנֹתָיו וְאֶת־כָּל־נַפְשׁוֹת בֵּיתוֹ וְאֶת־מִקְנֵהוּ וְאֶת־כָּל־
todo y-** su-ganado y-** su-casa personas-de todas y-** y-sus-hijas

בְּהֶמְתּוֹ וְאֵת כָּל־קִנְיָנוֹ אֲשֶׁר רָכַשׁ בְּאֶרֶץ כְּנָעַן
Canaán en-tierra-de adquirió que bien-suyo todo y-** animal-suyo

וַיֵּלֶךְ אֶל־אֶרֶץ מִפְּנֵי יַעֲקֹב אָחִיו׃ כִּי־הָיָה
era Pues (7) . su-hermano Jacob de-delante-de tierra a y-marchó

רְכוּשָׁם רָב מִשֶּׁבֶת יַחְדָּו וְלֹא יָכְלָה אֶרֶץ
tierra-de podía y-no ; juntos que-para-habitar mayor posesión-de-ellos

מְגוּרֵיהֶם לָשֵׂאת אֹתָם מִפְּנֵי מִקְנֵיהֶם׃ וַיֵּשֶׁב
Y-habitó (8) . su-ganado a-causa-de a-ellos para-sostener sus-viajes

עֵשָׂו בְּהַר שֵׂעִיר עֵשָׂו הוּא אֱדוֹם׃ וְאֵלֶּה תֹּלְדוֹת עֵשָׂו
Esaú generaciones-de Y-estas (9) . Edom que Esaú , Seir en-monte-de Esaú

אֲבִי אֱדוֹם בְּהַר שֵׂעִיר׃ אֵלֶּה שְׁמוֹת בְּנֵי־עֵשָׂו
Esaú hijos-de nombres-de Éstos (10) . Seir en-monte-de ; Edom padre-de

אֱלִיפַז בֶּן־עָדָה אֵשֶׁת עֵשָׂו רְעוּאֵל בֶּן־בָּשְׂמַת אֵשֶׁת עֵשָׂו׃
. Esaú mujer-de Basemat hijo-de Reuel , Esaú mujer-de Ada hijo-de Elifaz

וַיִּהְיוּ בְּנֵי אֱלִיפָז תֵּימָן אוֹמָר צְפוֹ וְגַעְתָּם וּקְנַז׃
. y-Cenaz y-Gatam Zefo Omar , Temán Elifaz hijos-de Y-fueron (11)

וְתִמְנַע ׀ הָיְתָה פִילֶגֶשׁ לֶאֱלִיפַז בֶּן־עֵשָׂו וַתֵּלֶד
y-dio-a-luz , Esaú hijo-de para-Elifaz concubina fue Y-Timna (12)

לֶאֱלִיפַז אֶת־עֲמָלֵק אֵלֶּה בְּנֵי עָדָה אֵשֶׁת עֵשָׂו׃ וְאֵלֶּה
Y-éstos (13) . Esaú mujer-de Ada hijos-de éstos ; Amalec ** a-Elifaz

בְּנֵי רְעוּאֵל נַחַת וָזֶרַח שַׁמָּה וּמִזָּה אֵלֶּה הָיוּ בְּנֵי
hijos-de fueron éstos ; y-Miza Sama y-Zera Nahat Reuel hijos-de

בָשְׂמַת אֵשֶׁת עֵשָׂו׃ וְאֵלֶּה הָיוּ בְּנֵי אָהֳלִיבָמָה בַת־
hija-de Aholibama hijos-de fueron Y-éstos (14) . Esaú mujer-de Basemat

עֲנָה בַּת־צִבְעוֹן אֵשֶׁת עֵשָׂו וַתֵּלֶד לְעֵשָׂו אֶת־יְעִישׁ וְאֶת־
y-a Jeús a para-Esaú y-dio-a-luz , Esaú mujer-de Zibeón hija-de Ana

יַעְלָם וְאֶת־קֹרַח׃ אֵלֶּה אַלּוּפֵי בְנֵי־עֵשָׂו בְּנֵי אֱלִיפַז
Elifaz hijos-de , Esaú hijos-de jefes-de Éstos (15) . Coré y-** Jaalam

בְּכוֹר עֵשָׂו אַלּוּף תֵּימָן אַלּוּף אוֹמָר אַלּוּף צְפוֹ אַלּוּף קְנַז׃ אַלּוּף
Jefe (16) . Cenaz jefe , Zefo jefe Omar jefe Temán jefe , Esaú primogénito-de

קֹרַח אַלּוּף גַּעְתָּם אַלּוּף עֲמָלֵק אֵלֶּה אַלּוּפֵי אֱלִיפַז בְּאֶרֶץ אֱדוֹם אֵלֶּה
éstos , Edom en-tierra-de Elifaz jefes-de éstos , Amalec jefe , Gatam jefe , Coré

בְּנֵי עָדָה׃ וְאֵלֶּה בְּנֵי רְעוּאֵל בֶּן־עֵשָׂו אַלּוּף נַחַת אַלּוּף
jefe , Nahat jefe , Esaú hijo-de Reuel hijos-de Y-éstos (17) . Ada hijos-de

זֶרַח אַלּוּף שַׁמָּה אַלּוּף מִזָּה אֵלֶּה אַלּוּפֵי רְעוּאֵל בְּאֶרֶץ אֱדוֹם אֵלֶּה
éstos, Edom en-tierra-de Reuel jefes-de éstos , Miza jefe , Sama jefe , Zera

בְּנֵי בָשְׂמַת אֵשֶׁת עֵשָׂו׃ וְאֵלֶּה בְּנֵי אָהֳלִיבָמָה אֵשֶׁת
mujer-de Aholibama hijos-de Y-éstos (18) . Esaú mujer-de Basemat hijos-de

עֵשָׂו אַלּוּף יְעוּשׁ אַלּוּף יַעְלָם אַלּוּף קֹרַח אֵלֶּה אַלּוּפֵי אָהֳלִיבָמָה
Aholibama jefes-de éstos , Coré jefe , Jalaam jefe , Jeús jefe , Esaú

בַּת־ עֲנָה אֵשֶׁת עֵשָׂו׃ אֵלֶּה בְנֵי־ עֵשָׂו וְאֵלֶּה אַלּוּפֵיהֶם
jefes-de-ellos y-éstos , Esaú hijos-de Y-éstos (19) . Esaú mujer-de Ana hija-de

הוּא אֱדוֹם׃ אֵלֶּה בְנֵי־ שֵׂעִיר הַחֹרִי יֹשְׁבֵי הָאָרֶץ
la-tierra moradores-de el-horeo Seir hijos-de Éstos (20) . Edom que

לוֹטָן וְשׁוֹבָל וְצִבְעוֹן וַעֲנָה׃ וְדִשׁוֹן וְאֵצֶר וְדִישָׁן
y-Disán y-Ezer Y-Disón (21) . y-Aná y-Zibeón y-Sobal Lotán

אֵלֶּה אַלּוּפֵי הַחֹרִי בְּנֵי שֵׂעִיר בְּאֶרֶץ אֱדוֹם׃ וַיִּהְיוּ
Y-fueron (22) . Edom en-tierra-de Seir hijos-de los-horeos jefes-de éstos

בְנֵי־ לוֹטָן חֹרִי וְהֵימָם וַאֲחוֹת לוֹטָן תִּמְנָע׃ וְאֵלֶּה בְּנֵי
hijos-de Y-éstos (23) . Timna Lotán y-hermana-de ; y-Hemam horeo Lotán hijos-de

שׁוֹבָל עַלְוָן וּמָנַחַת וְעֵיבָל שְׁפוֹ וְאוֹנָם׃ וְאֵלֶּה בְנֵי־
hijos-de Y-éstos (24) . y-Onam Sefo , y-Ebal y-Manahat Alván , Sobal

צִבְעוֹן וְאַיָּה וַעֲנָה הוּא עֲנָה אֲשֶׁר מָצָא אֶת־ הַיֵּמִם
los-manantiales ** halló que Aná este , y-Aná y-Aja Zibeón

בַּמִּדְבָּר בִּרְעֹתוֹ אֶת־ הַחֲמֹרִים לְצִבְעוֹן אָבִיו׃
. su-padre para-Zibeón los-asnos ** en-su-apacentar , en-el-desierto

וְאֵלֶּה בְנֵי־ עֲנָה דִּשֹׁן וְאָהֳלִיבָמָה בַּת־ עֲנָה׃
. Aná hija-de y-Aholibama Disón Aná hijos-de Y-éstos (25)

וְאֵלֶּה בְּנֵי דִישָׁן חֶמְדָּן וְאֶשְׁבָּן וְיִתְרָן וּכְרָן׃
. y-Querán e-Itrán y-Esbán Hemdan , Disón hijos-de Y-éstos (26)

אֵלֶּה בְּנֵי־ אֵצֶר בִּלְהָן וְזַעֲוָן וַעֲקָן׃ אֵלֶּה בְנֵי־ דִישָׁן
Disán hijos-de Éstos (28) . y-Akán y-Zaaván Bilhan Ezer hijos-de Éstos (27)

עוּץ וַאֲרָן׃ אֵלֶּה אַלּוּפֵי הַחֹרִי אַלּוּף לוֹטָן אַלּוּף שׁוֹבָל אַלּוּף
jefe , Sobal jefe , Lotán jefe , los-horeos jefes-de Éstos (29) . y-Arán Uz

צִבְעוֹן אַלּוּף עֲנָה׃ אַלּוּף דִּשֹׁן אַלּוּף אֵצֶר אַלּוּף דִּישָׁן אֵלֶּה אַלּוּפֵי
jefes-de éstos , Disán jefe , Ezer jefe , Disón Jefe (30) . Aná jefe Zibeón

הַחֹרִי לְאַלֻּפֵיהֶם בְּאֶרֶץ שֵׂעִיר׃ וְאֵלֶּה הַמְּלָכִים אֲשֶׁר
que los-reyes Y-éstos (31) . Seir en-tierra-de por-sus-divisiones los-horeos

מָלְכוּ בְּאֶרֶץ אֱדוֹם לִפְנֵי מְלָךְ־מֶלֶךְ לִבְנֵי יִשְׂרָאֵל׃
Israel de-hijos-de rey reinar antes-de , Edom en-tierra-de reinaron

וַיִּמְלֹךְ בֶּאֱדוֹם בֶּלַע בֶּן־בְּעוֹר וְשֵׁם עִירוֹ דִּנְהָבָה׃
. Dinaba su-ciudad y-nombre-de , Beor hijo-de Bela en-Edom Y-reinó (32)

וַיָּמָת בָּלַע וַיִּמְלֹךְ תַּחְתָּיו יוֹבָב בֶּן־זֶרַח
Zera hijo-de Jobab después-de-él y-reinó Bela Y-murió (33)

מִבָּצְרָה׃ וַיָּמָת יוֹבָב וַיִּמְלֹךְ תַּחְתָּיו חֻשָׁם
Husam después-de-él y-reinó , Jobab Y-murió (34) . de-Bosra

מֵאֶרֶץ הַתֵּימָנִי׃ וַיָּמָת חֻשָׁם וַיִּמְלֹךְ תַּחְתָּיו
después-de-él y-reinó , Husam Y-murió (35) . el-temanita de-tierra-de

הֲדַד בֶּן־בְּדַד הַמַּכֶּה אֶת־מִדְיָן בִּשְׂדֵה מוֹאָב וְשֵׁם
y-nombre Moab en-campo-de Madián a el-que-derrotó , Bedad hijo-de Hadad

עִירוֹ עֲוִית׃ וַיָּמָת הֲדָד וַיִּמְלֹךְ תַּחְתָּיו שַׂמְלָה
Samla después-de-él y-reinó Hadad Y-murió (36) . Avit su-ciudad

מִמַּשְׂרֵקָה׃ וַיָּמָת שַׂמְלָה וַיִּמְלֹךְ תַּחְתָּיו שָׁאוּל
Saúl después-de-él y-reinó Samla Y-murió (37) . de-Masreca

מֵרְחֹבוֹת הַנָּהָר׃ וַיָּמָת שָׁאוּל וַיִּמְלֹךְ תַּחְתָּיו
después-de-él y-reinó Saúl Y-murió (38) . el-río de-Rehobot-de

בַּעַל חָנָן בֶּן־עַכְבּוֹר׃ וַיָּמָת בַּעַל חָנָן בֶּן־עַכְבּוֹר
Acbor hijo-de Hanán Baal Y-murió (39) . Acbor hijo-de Hanán Baal

וַיִּמְלֹךְ תַּחְתָּיו הֲדַר וְשֵׁם עִירוֹ פָּעוּ וְשֵׁם
en-nombre-de , Pau su-ciudad y-nombre-de Hadar después-de-él y-reinó

אִשְׁתּוֹ מְהֵיטַבְאֵל בַּת־ מַטְרֵד בַּת מֵי זָהָב׃ וְאֵלֶּה
Y-éstos (40) . Zaab Me hija-de Matred hija-de Mehetabel su-mujer

שְׁמוֹת אַלּוּפֵי עֵשָׂו לְמִשְׁפְּחֹתָם לִמְקֹמֹתָם בִּשְׁמֹתָם
por-sus-nombres por-sus-lugares por-sus-familias Esaú jefes-de nombres-de

אַלּוּף תִּמְנָע אַלּוּף עַלְוָה אַלּוּף יְתֵת׃ אַלּוּף אָהֳלִיבָמָה אַלּוּף אֵלָה אַלּוּף
jefe , Ela jefe , Aholibama Jefe (41) . Jetet jefe , Alva jefe , Timna jefe

פִּינֹן׃ אַלּוּף קְנַז אַלּוּף תֵּימָן אַלּוּף מִבְצָר׃ אַלּוּף מַגְדִּיאֵל אַלּוּף עִירָם
Iram jefe , Magdiel Jefe (43) . Mizbar jefe , Temán jefe , Cenaz Jefe (42). Pinón

אֵלֶּה ׀ אַלּוּפֵי אֱדוֹם לְמֹשְׁבֹתָם בְּאֶרֶץ אֲחֻזָּתָם הוּא
éste , su-posesión en-tierra-de por-sus-moradas Edom jefes-de éstos

עֵשָׂו אֲבִי אֱדוֹם׃ וַיֵּשֶׁב יַעֲקֹב בְּאֶרֶץ מְגוּרֵי
viajes-de en-tierra-de Jacob Y-habitó (1) . Edom padre-de Esaú Cap. 37

אָבִיו בְּאֶרֶץ כְּנָעַן׃ אֵלֶּה ׀ תֹּלְדוֹת יַעֲקֹב יוֹסֵף בֶּן־ שְׁבַע־
siete hijo-de José : Jacob generaciones-de Estas (2) . Canaán en-tierra-de , su-padre

עֶשְׂרֵה שָׁנָה הָיָה רֹעֶה אֶת־ אֶחָיו בַּצֹּאן וְהוּא נַעַר
joven y-él , de-el-rebaño sus-hermanos con pastor era año diez

אֶת־ בְּנֵי בִלְהָה וְאֶת־בְּנֵי זִלְפָּה נְשֵׁי אָבִיו וַיָּבֵא
y-llevaba ; su-padre esposas-de Zilpa hijos-de y-** Bilha hijos-de con

יוֹסֵף אֶת־ דִּבָּתָם רָעָה אֶל־ אֲבִיהֶם׃ וְיִשְׂרָאֵל אָהַב אֶת־
a amaba E-Israel (3) . padre-de-ellos a malo informe-de-ellos ** José

יוֹסֵף מִכָּל־ בָּנָיו כִּי־ בֶן־ זְקֻנִים הוּא לוֹ וְעָשָׂה
e-hizo , para-él él vejez hijo-de pues sus-hijos más-que-a-todos José

לוֹ כְּתֹנֶת פַּסִּים׃ וַיִּרְאוּ אֶחָיו כִּי־ אֹתוֹ אָהַב
amaba , a-él que sus-hermanos Y-vieron (4) . adornos túnica-de para-él

אֲבִיהֶם מִכָּל־ אֶחָיו וַיִּשְׂנְאוּ אֹתוֹ וְלֹא
y-no , a-él y-aborrecieron , sus-hermanos más-que-a-todos padre-de-ellos

יָכְלוּ דַּבְּרוֹ לְשָׁלֹם׃ וַיַּחֲלֹם יוֹסֵף חֲלוֹם
sueño José Y-soñó (5) . con-paz hablar-le podían

וַיַּגֵּד לְאֶחָיו וַיּוֹסִפוּ עוֹד שְׂנֹא אֹתוֹ׃
. a-él aborrecer aún y-aumentaron , a-sus-hermanos y-explicó

וַיֹּאמֶר אֲלֵיהֶם שִׁמְעוּ־נָא הַחֲלוֹם הַזֶּה אֲשֶׁר חָלָמְתִּי׃
. soñé que el-éste el-sueño ahora-escuchad : a-ellos Y-dijo (6)

וְהִנֵּה אֲנַחְנוּ מְאַלְּמִים אֲלֻמִּים בְּתוֹךְ הַשָּׂדֶה וְהִנֵּה קָמָה
se-levantó y-he-aquí el-campo en-medio-de gavillas atando nosotros Y-he-aquí (7)

אֲלֻמָּתִי וְגַם־ נִצָּבָה וְהִנֵּה תְסֻבֶּינָה אֲלֻמֹּתֵיכֶם
vuestras-gavillas se-reunieron y-he-aquí estaba-derecho y-también mi-gavilla

וַתִּשְׁתַּחֲוֶיןָ לַאֲלֻמָּתִי׃ וַיֹּאמְרוּ לוֹ אֶחָיו
sus-hermanos a-él Y-dijeron (8) . a-mi-gavilla y-se-inclinaron

הֲמָלֹךְ תִּמְלֹךְ עָלֵינוּ אִם־ מָשׁוֹל תִּמְשֹׁל בָּנוּ
en-nosotros señorearás señorear o sobre-nosotros reinarás ¿acaso-reinar

וַיּוֹסִפוּ עוֹד שְׂנֹא אֹתוֹ עַל־ חֲלֹמֹתָיו וְעַל־
y-por sus-sueños por a-él odiar más y-aumentaron

דְּבָרָיו׃ וַיַּחֲלֹם עוֹד חֲלוֹם אַחֵר וַיְסַפֵּר אֹתוֹ
**-éste y-contó otro sueño aún Y-soñó (9) . sus-palabras

לְאֶחָיו וַיֹּאמֶר הִנֵּה חָלַמְתִּי חֲלוֹם עוֹד וְהִנֵּה הַשֶּׁמֶשׁ
el-sol y-he-aquí , aún sueño soñé he-aquí : y-dijo , a-sus-hermanos

וְהַיָּרֵחַ וְאַחַד עָשָׂר כּוֹכָבִים מִשְׁתַּחֲוִים לִי׃ וַיְסַפֵּר אֶל־
a Y-contó (10) . a-mí inclinándose estrellas diez y-una y-la-luna

אָבִיו וְאֶל־ אֶחָיו וַיִּגְעַר־ בּוֹ אָבִיו
su-padre a-él y-reprendió sus-hermanos y-a su-padre

וַיֹּאמֶר לוֹ מָה הַחֲלוֹם הַזֶּה אֲשֶׁר חָלָמְתָּ הֲבוֹא
acaso-venir ; soñaste que el-éste el-sueño ¿qué : a-él y-dijo

נָבוֹא אֲנִי וְאִמְּךָ וְאַחֶיךָ לְהִשְׁתַּחֲוֺת לְךָ
a-ti a-inclinarnos y-tus-hermanos y-tu-madre yo vendremos

אָרְצָה׃ (11) וַיְקַנְאוּ־ בוֹ אֶחָיו וְאָבִיו
pero-su-padre ; sus-hermanos de-él Y-tuvieron-celos (11) . a-tierra

שָׁמַר אֶת־ הַדָּבָר׃ (12) וַיֵּלְכוּ אֶחָיו לִרְעוֹת
a-pastorear sus-hermanos Y-fueron (12) . el-asunto ** recordó

אֶת־ צֹאן אֲבִיהֶם בִּשְׁכֶם׃ (13) וַיֹּאמֶר יִשְׂרָאֵל אֶל־ יוֹסֵף
José a Israel Y-dijo (13) . en-Siquem su-padre rebaño-de **

הֲלוֹא אַחֶיךָ רֹעִים בִּשְׁכֶם לְכָה וְאֶשְׁלָחֲךָ
y-te-enviaré ven , en-Siquem pastoreando tus-hermanos ¿acaso-no

אֲלֵיהֶם וַיֹּאמֶר לוֹ הִנֵּנִי׃ (14) וַיֹּאמֶר לוֹ לֶךְ־ נָא רְאֵה אֶת־
** mira ** ve : a-él Y-dijo (14) . heme-aquí a-él y-dijo ; a-ellos

שְׁלוֹם אַחֶיךָ וְאֶת־ שְׁלוֹם הַצֹּאן וַהֲשִׁבֵנִי דָּבָר
; palabra y-trae-me el-rebaño paz-de y-** tus-hermanos paz-de

וַיִּשְׁלָחֵהוּ מֵעֵמֶק חֶבְרוֹן וַיָּבֹא שְׁכֶמָה׃
. a-Siquem y-fue Hebrón del-valle-de y-le-envió

(15) וַיִּמְצָאֵהוּ אִישׁ וְהִנֵּה תֹעֶה בַּשָּׂדֶה וַיִּשְׁאָלֵהוּ הָאִישׁ
el-hombre y-le-preguntó ; en-el-campo errante y-he-aquí hombre Y-le-halló (15)

לֵאמֹר מַה־ תְּבַקֵּשׁ׃ (16) וַיֹּאמֶר אֶת־ אַחַי אָנֹכִי מְבַקֵּשׁ
buscando yo mis-hermanos a : Y-dijo (16) . buscas ¿qué : a-decir

הַגִּידָה־נָּא לִי אֵיפֹה הֵם רֹעִים׃ (17) וַיֹּאמֶר הָאִישׁ נָסְעוּ
marcharon , el-hombre Y-dijo (17) . pastoreando ellos dónde a-mí ahora di

מִזֶּה כִּי שָׁמַעְתִּי אֹמְרִים נֵלְכָה דֹּתָיְנָה וַיֵּלֶךְ יוֹסֵף אַחַר
tras José y-fue ; a-Dothan vayamos diciendo oí pues de-aquí

אֶחָיו וַיִּמְצָאֵם בְּדֹתָן׃ וַיִּרְאוּ אֹתוֹ
a-él Y-vieron (18) . en-Dotán y-les-halló sus-hermanos

מֵרָחֹק וּבְטֶרֶם יִקְרַב אֲלֵיהֶם וַיִּתְנַכְּלוּ אֹתוֹ לַהֲמִיתוֹ׃
. a-matar a-él y-tramaron , a-ellos llegó y-antes-que de-lejos

וַיֹּאמְרוּ אִישׁ אֶל־ אָחִיו הִנֵּה בַּעַל הַחֲלֹמוֹת הַלָּזֶה
el-éste los-sueños señor-de he-aquí , su-hermano a cada-uno Y-dijeron (19)

בָּא׃ וְעַתָּה ׀ לְכוּ וְנַהַרְגֵהוּ וְנַשְׁלִכֵהוּ
y-arrojémosle y-matémosle venid Y-ahora (20) . viene

בְּאַחַד הַבֹּרוֹת וְאָמַרְנוּ חַיָּה רָעָה אֲכָלָתְהוּ
le-devoró malo animal y-diremos las-cisternas en-una-de

וְנִרְאֶה מַה־ יִּהְיוּ חֲלֹמֹתָיו׃ וַיִּשְׁמַע רְאוּבֵן
Rubén Y-oyó (21) . sus-sueños son qué y-veremos

וַיַּצִּלֵהוּ מִיָּדָם וַיֹּאמֶר לֹא נַכֶּנּוּ נָפֶשׁ׃
. vida tomemos no : y-dijo , de-mano-de-ellos y-lo-libró

וַיֹּאמֶר אֲלֵהֶם ׀ רְאוּבֵן אַל־ תִּשְׁפְּכוּ־ דָם הַשְׁלִיכוּ אֹתוֹ אֶל־ הַבּוֹר
el-pozo en a-él echad sangre derraméis no : Rubén a-ellos Y-dijo (22)

הַזֶּה אֲשֶׁר בַּמִּדְבָּר וְיָד אַל־ תִּשְׁלְחוּ־ בוֹ לְמַעַן הַצִּיל
librar a-fin-de ; en-él pongáis no y-mano en-el-desierto que el-éste

אֹתוֹ מִיָּדָם לַהֲשִׁיבוֹ אֶל־ אָבִיו׃ וַיְהִי
Y-fue (23) . su-padre a para-hacerle-volver , de-mano-de-ellos a-él

כַּאֲשֶׁר־ בָּא יוֹסֵף אֶל־ אֶחָיו וַיַּפְשִׁיטוּ אֶת־ יוֹסֵף אֶת־
de José a y-despojaron sus-hermanos a José llegó cuando

כֻּתָּנְתּוֹ אֶת־ כְּתֹנֶת הַפַּסִּים אֲשֶׁר עָלָיו׃ וַיִּקָּחֻהוּ
Y-le-cogieron (24) . sobre-él que adornos ropa-de ** su-ropa

וַיַּשְׁלִכוּ אֹתוֹ הַבֹּרָה וְהַבּוֹר רֵק אֵין בּוֹ מָיִם׃
. agua en-él no-había , vacío y-el-pozo ; al-pozo a-él y-arrojaron

וַיֵּשְׁבוּ לֶאֱכָל־לֶחֶם וַיִּשְׂאוּ עֵינֵיהֶם וַיִּרְאוּ
y-miraron sus-ojos y-levantaron pan a-comer Y-se-sentaron (25)

וְהִנֵּה אֹרְחַת יִשְׁמְעֵאלִים בָּאָה מִגִּלְעָד וּגְמַלֵּיהֶם
y-camellos-de-ellos , de-Galaad viniendo ismaelitas caravana-de y-he-aquí

נֹשְׂאִים נְכֹאת וּצְרִי וָלֹט הוֹלְכִים לְהוֹרִיד מִצְרָיְמָה׃
. a-Egipto a-llevar yendo , y-mirra y-bálsamo especias cargados

וַיֹּאמֶר יְהוּדָה אֶל־אֶחָיו מַה־בֶּצַע כִּי נַהֲרֹג אֶת־
** matemos que provecho ¿qué , sus-hermanos a Judá Y-dijo (26)

אָחִינוּ וְכִסִּינוּ אֶת־דָּמוֹ׃ לְכוּ וְנִמְכְּרֶנּוּ
vendamos-le Venid (27) . su-sangre ** y-encubramos nuestro-hermano

לַיִּשְׁמְעֵאלִים וְיָדֵנוּ אַל־תְּהִי־בוֹ כִּי־אָחִינוּ
nuestro-hermano pues contra-él será no y-nuestra-mano a-los-israelitas

בְשָׂרֵנוּ הוּא וַיִּשְׁמְעוּ אֶחָיו׃ וַיַּעַבְרוּ אֲנָשִׁים
hombres , Y-se-acercaron (28) . sus-hermanos y-convinieron ; él carne-nuestra

מִדְיָנִים סֹחֲרִים וַיִּמְשְׁכוּ וַיַּעֲלוּ אֶת־יוֹסֵף מִן־
de José a y-subieron y-sacaron mercaderes madianitas

הַבּוֹר וַיִּמְכְּרוּ אֶת־יוֹסֵף לַיִּשְׁמְעֵאלִים בְּעֶשְׂרִים כָּסֶף
; plata en-veinte a-los-ismaelitas José a y-vendieron , el-pozo

וַיָּבִיאוּ אֶת־יוֹסֵף מִצְרָיְמָה׃ וַיָּשָׁב רְאוּבֵן אֶל־הַבּוֹר
el-pozo a Rubén Y-volvió (29) . a-Egipto José a y-llevaron

וְהִנֵּה אֵין־יוֹסֵף בַּבּוֹר וַיִּקְרַע אֶת־בְּגָדָיו׃
. sus-vestidos ** y-rasgó ; en-el-pozo José no-estaba y-he-aquí

וַיָּשָׁב אֶל־אֶחָיו וַיֹּאמַר הַיֶּלֶד אֵינֶנּוּ וַאֲנִי אָנָה
adónde y-yo no-está el-niño : y-dijo sus-hermanos a Y-fue (30)

אֲנִי־בָא׃ וַיִּקְחוּ אֶת־כְּתֹנֶת יוֹסֵף וַיִּשְׁחֲטוּ שְׂעִיר
macho-de y-degollaron José túnica-de ** Y-cogieron (31) . yendo yo

עִזִּים וַיִּטְבְּלוּ אֶת־הַכֻּתֹּנֶת בַּדָּם׃ (32) וַיְשַׁלְּחוּ אֶת־ כְּתֹנֶת
túnica-de ** Y-enviaron (32) . en-la-sangre la-túnica ** y-tiñeron , cabras

הַפַּסִּים וַיָּבִיאוּ אֶל־ אֲבִיהֶם וַיֹּאמְרוּ זֹאת מָצָאנוּ
hallamos esto : y-dijeron , su-padre a y-llevaron los-adornos

הַכֶּר־ נָא הַכְּתֹנֶת בִּנְךָ הִוא אִם־לֹא׃ (33) וַיַּכִּירָהּ
Y-la-reconoció (33) . no o él tu-hijo la-túnica-de ahora reconoce

וַיֹּאמֶר כְּתֹנֶת בְּנִי חַיָּה רָעָה אֲכָלָתְהוּ טָרֹף
despedazar , le-devoró malo animal ; mi-hijo túnica-de y-dijo

טֹרַף יוֹסֵף׃ (34) וַיִּקְרַע יַעֲקֹב שִׂמְלֹתָיו וַיָּשֶׂם
y-puso sus-vestidos Jacob Y-rasgó (34) . José despedazó-a

שַׂק בְּמָתְנָיו וַיִּתְאַבֵּל עַל־ בְּנוֹ יָמִים רַבִּים׃
. muchos días su-hijo por y-lamentó en-sus-lomos sacó

(35) וַיָּקֻמוּ כָל־ בָּנָיו וְכָל־ בְּנֹתָיו
sus-hijas y-todas sus-hijos todos Y-vinieron (35)

לְנַחֲמוֹ וַיְמָאֵן לְהִתְנַחֵם וַיֹּאמֶר כִּי־ אֵרֵד
descenderé pues , y-dijo , ser-confortado y-rehusó , a-confortar-le

אֶל־ בְּנִי אָבֵל שְׁאֹלָה וַיֵּבְךְּ אֹתוֹ אָבִיו׃
. su-padre por-él y-lloró , al-Seol lamentando mi-hijo a

(36) וְהַמְּדָנִים מָכְרוּ אֹתוֹ אֶל־מִצְרָיִם לְפוֹטִיפַר סְרִיס פַּרְעֹה
Faraón oficial-de a-Potifar Egipto en a-él vendieron Y-los-madianitas (36)

שַׂר הַטַּבָּחִים׃ (1) וַיְהִי בָּעֵת הַהִוא וַיֵּרֶד
y-descendió , el aquel en-el-tiempo Y-fue (1) . los-guardas capitán-de Cap.

יְהוּדָה מֵאֵת אֶחָיו וַיֵּט עַד־ אִישׁ עֲדֻלָּמִי
adulamita hombre con y-estuvo ; sus-hermanos de-con Judá

וּשְׁמוֹ חִירָה׃ (2) וַיַּרְא־ שָׁם יְהוּדָה בַּת־ אִישׁ כְּנַעֲנִי
cananeo hombre hija-de Judá allí Y-vio (2) . Hira y-su-nombre

וּשְׁמוֹ שׁוּעַ וַיִּקָּחֶהָ וַיָּבֹא אֵלֶיהָ׃

. a-ella y-fue y-la-tomó , Súa y-su-nombre

וַתַּהַר וַתֵּלֶד בֵּן וַיִּקְרָא אֶת־ שְׁמוֹ עֵר׃

. Er su-nombre ** y-llamó , hijo y-dio-a-luz Y-concibió (3)

וַתַּהַר עוֹד וַתֵּלֶד בֵּן וַתִּקְרָא אֶת־ שְׁמוֹ

su-nombre ** y-llamó , hijo y-dio-a-luz otra-vez Y-concibió (4)

אוֹנָן׃ וַתֹּסֶף עוֹד וַתֵּלֶד בֵּן וַתִּקְרָא אֶת־

** y-llamó hijo y-dio-a-luz todavía Y-continuó (5) Onán

שְׁמוֹ שֵׁלָה וְהָיָה בִכְזִיב בְּלִדְתָּהּ אֹתוֹ׃ וַיִּקַּח

Y-tomó (6) . a-él en-su-dar-a-luz en-Quezib y-fue ; Sela su-nombre

יְהוּדָה אִשָּׁה לְעֵר בְּכוֹרוֹ וּשְׁמָהּ תָּמָר׃ וַיְהִי עֵר

Er Y-era (7) . Tamar y-nombre-de-ella su-primogénito para-Er mujer Judá

בְּכוֹר יְהוּדָה רַע בְּעֵינֵי יְהוָה וַיְמִתֵהוּ יְהוָה׃

. Yahweh y-le-mató ; Yahweh en-ojos-de malo Judá primogénito-de

וַיֹּאמֶר יְהוּדָה לְאוֹנָן בֹּא אֶל־ אֵשֶׁת אָחִיךָ

tu-hermano mujer-de a ve : a-Onán Judá Y-dijo (8)

וְיַבֵּם אֹתָהּ וְהָקֵם זֶרַע לְאָחִיךָ׃

. a-tu-hermano descendencia y-produce ; con-ella y-cumple

וַיֵּדַע אוֹנָן כִּי לֹּא לוֹ יִהְיֶה הַזָּרַע וְהָיָה אִם־

cuando y-era , la-descendencia sería para-él no que Onán Y-sabía (9)

בָּא אֶל־ אֵשֶׁת אָחִיו וְשִׁחֵת אַרְצָה לְבִלְתִּי

para-que-no en-tierra y-derramaba su-hermano mujer-de a iba

נְתָן־ זֶרַע לְאָחִיו׃ וַיֵּרַע בְּעֵינֵי

en-ojos-de Y-fue-malo (10) . a-su-hermano descendencia diera

יְהוָה אֲשֶׁר עָשָׂה וַיָּמֶת גַּם־ אֹתוֹ׃ וַיֹּאמֶר יְהוּדָה לְתָמָר

a-Tamar Judá Y-dijo (11) . a-él también y-mató ; hizo lo-que Yahweh

כַּלָּתוֹ שְׁבִי אַלְמָנָה בֵית־ אָבִיךְ עַד־ יִגְדַּל
crezca hasta-que tu-padre casa-de viuda permanece : su-nuera

שֵׁלָה בְנִי כִּי אָמַר פֶּן־ יָמוּת גַּם־הוּא כְּאֶחָיו
como-su-hermano él también morirá quizá dijo pues , mi-hijo Sela

וַתֵּלֶךְ תָּמָר וַתֵּשֶׁב בֵּית אָבִיהָ׃ וַיִּרְבּוּ
Y-fueron-muchos (12) . su-padre casa-de y-permaneció Tamar y-marchó

הַיָּמִים וַתָּמָת בַּת־ שׁוּעַ אֵשֶׁת־ יְהוּדָה וַיִּנָּחֶם
y-se-consoló , Judá mujer-de Súa hija-de y-murió los-días

יְהוּדָה וַיַּעַל עַל־ גֹּזְזֵי צֹאנוֹ הוּא וְחִירָה
y-Hira él , sus-ovejas trasquiladores-de a y-subió Judá

רֵעֵהוּ הָעֲדֻלָּמִי תִּמְנָתָה׃ וַיֻּגַּד לְתָמָר לֵאמֹר
: diciendo a-Tamar Y-fue-dicho (13) . a-Timna el-adulamita su-amigo

הִנֵּה חָמִיךְ עֹלֶה תִמְנָתָה לָגֹז צֹאנוֹ׃
. sus-ovejas a-trasquilar a-Timna subió tu-suegro he-aquí

וַתָּסַר בִּגְדֵי אַלְמְנוּתָהּ מֵעָלֶיהָ וַתְּכַס
y-se-cubrió de-sobre-ella su-viudez ropas-de Y-se-quitó (14)

בַּצָּעִיף וַתִּתְעַלָּף וַתֵּשֶׁב בְּפֶתַח עֵינַיִם אֲשֶׁר
que Enaim en-puerta-de y-se-sentó , y-se-disfrazó con-el-velo

עַל־ דֶּרֶךְ תִּמְנָתָה כִּי רָאֲתָה כִּי־ גָדַל שֵׁלָה וְהִוא לֹא־
no y-ella Sela creció que ella-vio pues a-Timna camino en

נִתְּנָה לוֹ לְאִשָּׁה׃ וַיִּרְאֶהָ יְהוּדָה וַיַּחְשְׁבֶהָ
y-la-consideró Judá Y-la-vio (15) . por-mujer a-él fue-dada

לְזוֹנָה כִּי כִסְּתָה פָּנֶיהָ׃ וַיֵּט אֵלֶיהָ אֶל־
por a-ella Y-fue (16) . su-rostro cubría pues , por-ramera

הַדֶּרֶךְ וַיֹּאמֶר הָבָה־ נָּא אָבוֹא אֵלַיִךְ כִּי לֹא יָדַע
sabía no pues , con-tigo yaceré , ahora ven : y-dijo , el-camino

כִּ֣י כַלָּת֖וֹ הִ֑וא וַתֹּ֙אמֶר֙ מַה־תִּתֶּן־לִּ֔י כִּ֥י
para-que a-mí darás qué y-dijo , ella su-nuera que

תָב֖וֹא אֵלָֽי׃ וַיֹּ֗אמֶר אָנֹכִ֛י אֲשַׁלַּ֥ח גְּדִֽי־עִזִּ֖ים מִן־הַצֹּ֑אן
el-rebaño de cabras cría-de enviaré yo , Y-dijo (17) . con-migo yazcas

וַתֹּ֕אמֶר אִם־תִּתֵּ֥ן עֵרָב֖וֹן עַ֥ד שָׁלְחֶֽךָ׃ וַיֹּ֗אמֶר
Y-dijo (18) . tu-envío hasta prenda entrega ahora , y-dijo

מָ֣ה הָעֵרָבוֹן֮ אֲשֶׁ֣ר אֶתֶּן־לָךְ֒ וַתֹּ֗אמֶר חֹתָמְךָ֙
tu-sello : y-dijo-ella , a-ti daré que la-prenda cuál

וּפְתִילֶ֔ךָ וּמַטְּךָ֖ אֲשֶׁ֣ר בְּיָדֶ֑ךָ וַיִּתֶּן־לָ֛הּ
a-ella y-entregó , en-tu-mano que y-tu-cayado , y-tu-cinto

וַיָּבֹ֥א אֵלֶ֖יהָ וַתַּ֥הַר לֽוֹ׃ וַתָּ֣קָם וַתֵּ֔לֶךְ
y-marchó Y-se-levantó-ella (19) . de-él y-concibió con-ella y-yació

וַתָּ֥סַר צְעִיפָ֖הּ מֵעָלֶ֑יהָ וַתִּלְבַּ֖שׁ בִּגְדֵ֥י
ropas-de y-se-vistió , de-sobre-ella su-velo y-se-quitó

אַלְמְנוּתָֽהּ׃ וַיִּשְׁלַ֨ח יְהוּדָ֜ה אֶת־גְּדִ֣י הָעִזִּ֗ים בְּיַד֙
por-mano-de las-cabras cría-de ** Judá Y-envió (20) . su-viudez

רֵעֵ֣הוּ הָעֲדֻלָּמִ֔י לָקַ֥חַת הָעֵרָב֖וֹן מִיַּ֣ד הָאִשָּׁ֑ה
la-mujer de-mano-de la-prenda para-recuperar el-adulamita su-amigo

וְלֹ֖א מְצָאָֽהּ׃ וַיִּשְׁאַ֞ל אֶת־אַנְשֵׁ֤י מְקֹמָהּ֙ לֵאמֹ֔ר אַיֵּ֧ה
dónde : a-decir su-lugar hombres-de ** Y-preguntó (21) . la-halló y-no

הַקְּדֵשָׁ֛ה הִ֥וא בָעֵינַ֖יִם עַל־הַדָּ֑רֶךְ וַיֹּ֣אמְר֔וּ לֹא־הָיְתָ֥ה
estuvo no : y-dijeron ; el-camino junto-a en-el Enaim que la-ramera

בָזֶ֖ה קְדֵשָֽׁה׃ וַיָּ֙שָׁב֙ אֶל־יְהוּדָ֔ה וַיֹּ֖אמֶר לֹ֣א
no : y-dijo Judá a Y-regresó (22) . ramera por-aquí

מְצָאתִ֑יהָ וְגַ֨ם אַנְשֵׁ֤י הַמָּקוֹם֙ אָֽמְר֔וּ לֹא־הָיְתָ֥ה בָזֶ֖ה
por-aquí estuvo no : dijeron el-lugar hombres-de y-también , la-hallé

קְדֵשָׁה׃ וַיֹּאמֶר יְהוּדָה תִּקַּח־ לָהּ פֶּן נִהְיֶה

seremos o para-ella tome : Judá Y-dijo (23) . ramera

לָבוּז הִנֵּה שָׁלַחְתִּי הַגְּדִי הַזֶּה וְאַתָּה לֹא מְצָאתָהּ׃

. la-hallaste no y-tú el-éste el-cabrito envié he-aquí , para-burla

וַיְהִי ׀ כְּמִשְׁלֹשׁ חֳדָשִׁים וַיֻּגַּד לִיהוּדָה לֵאמֹר

: a-decir a-Judá y-fue-dicho meses como-tres Y-fue (24)

זָנְתָה תָּמָר כַּלָּתֶךָ וְגַם הִנֵּה הָרָה

encinta he-aquí y-también tu-nuera Tamar hizo-la-ramera

לִזְנוּנִים וַיֹּאמֶר יְהוּדָה הוֹצִיאוּהָ וְתִשָּׂרֵף׃

. y-sea-quemada sacad-la : Judá y-dijo , por-fornicación

הִוא מוּצֵאת וְהִיא שָׁלְחָה אֶל־ חָמִיהָ לֵאמֹר

a-decir su-suegro a envió y-ella , fue-sacada Ella (25)

לְאִישׁ אֲשֶׁר־ אֵלֶּה לּוֹ אָנֹכִי הָרָה וַתֹּאמֶר הַכֶּר־ נָא לְמִי הַחֹתֶמֶת

el-sello ¿de-quién ahora he-aquí y-dijo ; encinta yo ; a-él éstas cuyas por-hombre

וְהַפְּתִילִים וְהַמַּטֶּה הָאֵלֶּה׃ וַיַּכֵּר יְהוּדָה וַיֹּאמֶר

y-dijo , Judá Y-reconoció (26) . los-éstos y-el-cayado y-los-cintos

צָדְקָה מִמֶּנִּי כִּי־עַל־כֵּן לֹא־ נְתַתִּיהָ לְשֵׁלָה בְנִי וְלֹא־

y-no ; mi-hijo a-Shela le-di no por-que más-que-yo justa

יָסַף עוֹד לְדַעְתָּהּ׃ וַיְהִי בְּעֵת לִדְתָּהּ

su-dar-a-luz en-tiempo-de Y-fue (27) . yacer-con-ella más repitió

וְהִנֵּה תְאוֹמִים בְּבִטְנָהּ׃ וַיְהִי בְלִדְתָּהּ וַיִּתֶּן־

y-él-sacó en-su-dar-a-luz Y-fue (28) . en-su-vientre gemelos y-he-aquí

יָד וַתִּקַּח הַמְיַלֶּדֶת וַתִּקְשֹׁר עַל־ יָדוֹ

su-mano en y-ató la-partera y-tomó ; mano

שָׁנִי לֵאמֹר זֶה יָצָא רִאשֹׁנָה׃ וַיְהִי ׀ כְּמֵשִׁיב

al-retirar Y-fue (29) . primero salió éste : diciendo cinta-roja

יָדוֹ וְהִנֵּה יָצָא אָחִיו וַתֹּאמֶר מַה־
cómo : y-dijo-ella , su-hermano salió y-he-aquí su-mano

פָּרַצְתָּ עָלֶיךָ פָּרֶץ וַיִּקְרָא שְׁמוֹ פָּרֶץ׃ וְאַחַר
Y-después (30) . Fares su-nombre y-llamó , rasgar para-ti rasgaste

יָצָא אָחִיו אֲשֶׁר עַל־ יָדוֹ הַשָּׁנִי וַיִּקְרָא
y-llamó ; cinta-roja su-mano en que su-hermano salió

שְׁמוֹ זָרַח׃ וְיוֹסֵף הוּרַד מִצְרָיְמָה וַיִּקְנֵהוּ
y-le-compró a-Egipto fue-llevado Y-José (1) . Zara su-nombre Cap. 39

פּוֹטִיפַר סְרִיס פַּרְעֹה שַׂר הַטַּבָּחִים אִישׁ מִצְרִי מִיַּד
de-mano-de egipcio hombre los-guardas capitán-de Faraón oficial-de Potifar

הַיִּשְׁמְעֵאלִים אֲשֶׁר הוֹרִדֻהוּ שָׁמָּה׃ וַיְהִי יְהוָה אֶת־ יוֹסֵף
José con Yahweh Y-fue (2) . allí le-llevaron que los-ismaelitas

וַיְהִי אִישׁ מַצְלִיחַ וַיְהִי בְּבֵית אֲדֹנָיו הַמִּצְרִי׃
. el-egipcio su-señor en-casa-de y-fue próspero hombre y-fue

וַיַּרְא אֲדֹנָיו כִּי יְהוָה אִתּוֹ וְכֹל אֲשֶׁר־הוּא עֹשֶׂה
haciendo él que y-todo ; con-él Yahweh que su-señor Y-vio (3)

יְהוָה מַצְלִיחַ בְּיָדוֹ׃ וַיִּמְצָא יוֹסֵף חֵן
gracia José Y-halló (4) . en-su-mano prosperaba Yahweh

בְּעֵינָיו וַיְשָׁרֶת אֹתוֹ וַיַּפְקִדֵהוּ עַל־ בֵּיתוֹ
su-casa sobre y-le-puso-al-cargo , a-él y-servía en-sus-ojos

וְכָל־ יֶשׁ־ לוֹ נָתַן בְּיָדוֹ׃ וַיְהִי מֵאָז
desde-que Y-fue (5) . en-su-mano entregó de-él que-tenía y-todo

הִפְקִיד אֹתוֹ בְּבֵיתוֹ וְעַל כָּל־ אֲשֶׁר יֶשׁ־ לוֹ
de-él tenía que todo y-sobre en-su-casa a-él puso-al-cargo

וַיְבָרֶךְ יְהוָה אֶת־ בֵּית הַמִּצְרִי בִּגְלַל יוֹסֵף
José a-causa-de el-egipcio casa-de ** Yahweh y-bendijo

וַיְהִי בִּרְכַּת יְהוָה בְּכָל־אֲשֶׁר יֶשׁ־לוֹ בַּבַּיִת
en-la-casa-de de-él tenía que en-todo Yahweh bendición-de y-fue

וּבַשָּׂדֶה׃ וַיַּעֲזֹב כָּל־אֲשֶׁר־לוֹ בְּיַד־יוֹסֵף וְלֹא־
y-no José en-mano-de de-él lo-que todo Y-dejó (6) . y-en-el-campo

יָדַע אִתּוֹ מְאוּמָה כִּי אִם־הַלֶּחֶם אֲשֶׁר־הוּא אוֹכֵל וַיְהִי
y-fue , comía él que el-pan sólo excepto de-nada con-él se-preocupaba

יוֹסֵף יְפֵה־תֹאַר וִיפֵה מַרְאֶה׃ וַיְהִי אַחַר הַדְּבָרִים
las-cosas tras Y-fue (7) . vista y-bello-de aspecto hermoso-de José

הָאֵלֶּה וַתִּשָּׂא אֵשֶׁת־אֲדֹנָיו אֶת־עֵינֶיהָ אֶל־יוֹסֵף
, José a sus-ojos ** su-señor mujer-de y-elevó las-éstas

וַתֹּאמֶר שִׁכְבָה עִמִּי׃ וַיְמָאֵן ׀ וַיֹּאמֶר אֶל־אֵשֶׁת
mujer-de a y-dijo Y-rehusó (8) . con-migo yace : y-dijo

אֲדֹנָיו הֵן אֲדֹנִי לֹא־יָדַע אִתִּי מַה־בַּבָּיִת
en-la-casa que con-migo se-preocupa no mi-señor mira : su-señor

וְכֹל אֲשֶׁר־יֶשׁ־לוֹ נָתַן בְּיָדִי׃ אֵינֶנּוּ גָדוֹל
mayor No-hay (9) . en-mi-mano entregó de-él hay lo-que y-todo

בַּבַּיִת הַזֶּה מִמֶּנִּי וְלֹא־חָשַׂךְ מִמֶּנִּי מְאוּמָה כִּי
excepto nada de-mí retuvo y-no que-yo la-ésta en-la-casa

אִם־אוֹתָךְ בַּאֲשֶׁר אַתְּ־אִשְׁתּוֹ וְאֵיךְ אֶעֱשֶׂה הָרָעָה
el-mal haré y-cómo , su-mujer tú porque a-ti sólo

הַגְּדֹלָה הַזֹּאת וְחָטָאתִי לֵאלֹהִים׃ וַיְהִי כְּדַבְּרָהּ
aunque-hablar-ella Y-fue (10) . contra-Dios y-pecaré el-éste el-grande

אֶל־יוֹסֵף יוֹם ׀ יוֹם וְלֹא־שָׁמַע אֵלֶיהָ לִשְׁכַּב אֶצְלָהּ לִהְיוֹת עִמָּהּ׃
. con-ella para estar con-ella para-yacer a-ella escuchó y-no , día día José a

וַיְהִי כְּהַיּוֹם הַזֶּה וַיָּבֹא הַבַּיְתָה לַעֲשׂוֹת
para-hacer en-la-casa y-entró el-aquel en-el-día Y-ocurrió (11)

מְלַאכְתּוֹ וְאֵין אִישׁ מֵאַנְשֵׁי הַבַּיִת שָׁם בַּבָּיִת׃
. en-la-casa allí la-casa de-los-hombres-de hombre y-no-había , su-tarea

וַתִּתְפְּשֵׂהוּ בְּבִגְדוֹ לֵאמֹר שִׁכְבָה עִמִּי וַיַּעֲזֹב
y-él-dejó , conmigo yace : diciendo por-su-ropa Y-le-asió-ella (12)

בִּגְדוֹ בְּיָדָהּ וַיָּנָס וַיֵּצֵא הַחוּצָה׃
. afuera y-salió y-corrió , en-mano-de-ella su-ropa

וַיְהִי כִּרְאוֹתָהּ כִּי־עָזַב בִּגְדוֹ בְּיָדָהּ
en-mano-de-ella su-ropa dejó que cuando-ver-a-ella Y-fue (13)

וַיָּנָס הַחוּצָה׃ וַתִּקְרָא לְאַנְשֵׁי בֵיתָהּ
su-casa a-los-hombres-de Y-llamó-ella (14) . afuera y-corrió

וַתֹּאמֶר לָהֶם לֵאמֹר רְאוּ הֵבִיא לָנוּ אִישׁ עִבְרִי לְצַחֶק
para-burlarse hebreo hombre a-nosotros trajo , mirad : diciendo a-ellos y-dijo

בָּנוּ בָּא אֵלַי לִשְׁכַּב עִמִּי וָאֶקְרָא בְּקוֹל גָּדוֹל׃
. grande · con-voz y-grité con-migo a-yacer a-mí vino ; de-nosotros

וַיְהִי כְשָׁמְעוֹ כִּי־הֲרִימֹתִי קוֹלִי וָאֶקְרָא
; y-grité mi-voz levanté que cuando-oír-le Y-sucedió (15)

וַיַּעֲזֹב בִּגְדוֹ אֶצְלִי וַיָּנָס וַיֵּצֵא הַחוּצָה׃
. afuera y-salió y-corrió junto-a-mí su-ropa y-él-dejó

וַתַּנַּח בִּגְדוֹ אֶצְלָהּ עַד־בּוֹא אֲדֹנָיו אֶל־
a señores-de-él vino hasta-que junto-a-ella ropa-de-él Y-ella-retuvo (16)

בֵּיתוֹ׃ וַתְּדַבֵּר אֵלָיו כַּדְּבָרִים הָאֵלֶּה לֵאמֹר
: diciendo las-éstas según-las-palabras a-él Y-dijo-ella (17) . casa-de-él

בָּא־אֵלַי הָעֶבֶד הָעִבְרִי אֲשֶׁר־הֵבֵאתָ לָּנוּ לְצַחֶק בִּי׃
. de-mí a-burlarse a-nosotros trajiste que el-hebreo el-siervo a-mí vino

וַיְהִי כַּהֲרִימִי קוֹלִי וָאֶקְרָא וַיַּעֲזֹב
y-dejó ; y-grité mi-voz al-levantar-me Y-sucedió (18)

בִּגְדוֹ אֶצְלִי וַיָּנָס הַחוּצָה׃ וַיְהִי כִשְׁמֹעַ
cuando-oyó Y-sucedió (19) . afuera y-corrió junto-a-mí su-ropa

אֲדֹנָיו אֶת־ דִּבְרֵי אִשְׁתּוֹ אֲשֶׁר דִּבְּרָה אֵלָיו לֵאמֹר
diciendo a-él habló que su-mujer palabras-de ** sus-señores

כַּדְּבָרִים הָאֵלֶּה עָשָׂה לִי עַבְדֶּךָ וַיִּחַר אַפּוֹ׃
. su-ira y-se-incendió , tu-siervo a-mí hizo las-éstas como-las-cosas

וַיִּקַּח אֲדֹנֵי יוֹסֵף אֹתוֹ וַיִּתְּנֵהוּ אֶל־ בֵּית הַסֹּהַר
la-cárcel casa-de en y-le-puso a-él José señores-de Y-tomó (20)

מְקוֹם אֲשֶׁר־ אֲסוּרֵי הַמֶּלֶךְ אֲסוּרִים וַיְהִי־ שָׁם
allí y-estuvo , encarcelados el-rey presos-de que lugar-de

בְּבֵית הַסֹּהַר׃ וַיְהִי יְהוָה אֶת־ יוֹסֵף וַיֵּט
y-mostró José con Yahweh Y-fue (21) . la-prisión en-casa-de

אֵלָיו חָסֶד וַיִּתֵּן חִנּוֹ בְּעֵינֵי שַׂר בֵּית־
casa-de capitán-de en-ojos-de gracia y-le-concedió misericordia a-él

הַסֹּהַר׃ וַיִּתֵּן שַׂר בֵּית־ הַסֹּהַר בְּיַד־ יוֹסֵף
José en-mano-de la-cárcel casa-de capitán-de Y-entregó (22) . la-cárcel

אֵת כָּל־ הָאֲסִירִם אֲשֶׁר בְּבֵית הַסֹּהַר וְאֵת כָּל־אֲשֶׁר עֹשִׂים
haciendo lo-que todo y-** la-cárcel en-casa-de que los-presos todos **

שָׁם הוּא הָיָה עֹשֶׂה׃ אֵין | שַׂר בֵּית־ הַסֹּהַר רֹאֶה
atendiendo la-cárcel casa-de capitán-de No-estaba (23) . haciendo estaba él allí

אֶת־ כָּל־ מְאוּמָה בְּיָדוֹ בַּאֲשֶׁר יְהוָה אִתּוֹ וַאֲשֶׁר־הוּא
él y-lo-que con-él Yahweh porque en-su-mano cada-cosa todo **

עֹשֶׂה יְהוָה מַצְלִיחַ׃ וַיְהִי אַחַר הַדְּבָרִים הָאֵלֶּה
las-éstas las-cosas después-de Y-fue (1) . prosperaba Yahweh haciendo Cap.

חָטְאוּ מַשְׁקֵה מֶלֶךְ־ מִצְרַיִם וְהָאֹפֶה לַאֲדֹנֵיהֶם
al-señor-de-ellos y-el-panadero Egipto rey-de copero-de ofendieron

לְמֶלֶךְ מִצְרָיִם׃ וַיִּקְצֹף פַּרְעֹה עַל שְׁנֵי סָרִיסָיו
oficiales-suyos dos con Faraón Y-se-enojó (2) . Egipto al-rey-de

עַל שַׂר הַמַּשְׁקִים וְעַל שַׂר הָאוֹפִים׃ וַיִּתֵּן
Y-puso (3) . los-panaderos jefe-de y-con los-coperos jefe-de con

אֹתָם בְּמִשְׁמַר בֵּית שַׂר הַטַּבָּחִים אֶל־ בֵּית הַסֹּהַר
; la-cárcel casa-de en los-guardas capitán-de casa-de en-custodia-de a-ellos

מְקוֹם אֲשֶׁר יוֹסֵף אָסוּר שָׁם׃ וַיִּפְקֹד שַׂר
capitán-de Y-encargó (4) . allí encerrado José donde lugar-de

הַטַּבָּחִים אֶת־ יוֹסֵף אִתָּם וַיְשָׁרֶת אֹתָם וַיִּהְיוּ יָמִים
días y-fueron ; a-ellos y-servía a-ellos José donde lugar-de

בְּמִשְׁמָר׃ וַיַּחַלְמוּ חֲלוֹם שְׁנֵיהֶם אִישׁ חֲלֹמוֹ בְּלַיְלָה
en-la-noche su-sueño cada-uno ellos-dos sueño Y-soñaron (5) . en-custodia

אֶחָד אִישׁ כְּפִתְרוֹן חֲלֹמוֹ הַמַּשְׁקֶה וְהָאֹפֶה אֲשֶׁר
que y-el-panadero el-copero ; su-sueño propio-sentido-de cada-uno misma

לְמֶלֶךְ מִצְרַיִם אֲשֶׁר אֲסוּרִים בְּבֵית הַסֹּהַר׃ וַיָּבֹא
Y-vino (6) . la-cárcel en-casa-de arrestados que Egipto al-rey-de

אֲלֵיהֶם יוֹסֵף בַּבֹּקֶר וַיַּרְא אֹתָם וְהִנָּם זֹעֲפִים׃
. entristecidos y-he-aquí-que-ellos a-ellos y-vio en-la-mañana José a-ellos

וַיִּשְׁאַל אֶת־ סְרִיסֵי פַרְעֹה אֲשֶׁר אִתּוֹ בְמִשְׁמַר בֵּית
casa-de en-custodia-de con-él que Faraón oficiales-de a Y-preguntó (7)

אֲדֹנָיו לֵאמֹר מַדּוּעַ פְּנֵיכֶם רָעִים הַיּוֹם׃ וַיֹּאמְרוּ
Y-dijeron (8) . hoy malos vuestros-rostros ¿por-qué : diciendo sus-señores

אֵלָיו חֲלוֹם חָלַמְנוּ וּפֹתֵר אֵין אֹתוֹ וַיֹּאמֶר
y-dijo , para-él no-hay e-intérprete soñamos sueño : a-él

אֲלֵהֶם יוֹסֵף הֲלוֹא לֵאלֹהִים פִּתְרֹנִים סַפְּרוּ־ נָא לִי׃ וַיְסַפֵּר
Y-explicó (9) . a-mí ahora decid, interpretaciones a-Dios ¿acaso-no José a-ellos

שַׂר־ הַמַּשְׁקִים אֶת־ חֲלֹמוֹ לְיוֹסֵף וַיֹּאמֶר לוֹ
a-él y-dijo ; a-José su-sueño ** los-coperos jefe-de

בַּחֲלוֹמִי וְהִנֵּה־ גֶפֶן לְפָנָי׃ וּבַגֶּפֶן שְׁלֹשָׁה
tres Y-en-la-vid (10) . frente-a-mí vid y-he-aquí en-mi-sueño

שָׂרִיגִם וְהִוא כְפֹרַחַת עָלְתָה נִצָּהּ הִבְשִׁילוּ
maduraban su-flor sacaba como-brotando y-ella , sarmientos

אַשְׁכְּלֹתֶיהָ עֲנָבִים׃ וְכוֹס פַּרְעֹה בְּיָדִי וָאֶקַּח אֶת־
** y-cogí , en-mi-mano Faraón Y-copa-de (11) . uvas sus-racimos-de

הָעֲנָבִים וָאֶשְׂחַט אֹתָם אֶל־ כּוֹס פַּרְעֹה וָאֶתֵּן אֶת־ הַכּוֹס
la-copa ** y-puse , Faraón copa-de en a-ellas y-exprimí las-uvas

עַל־ כַּף פַּרְעֹה׃ וַיֹּאמֶר לוֹ יוֹסֵף זֶה פִּתְרֹנוֹ
su-significado éste : José a-él Y-dijo (12) . Faraón mano-de en

שְׁלֹשֶׁת הַשָּׂרִגִים שְׁלֹשֶׁת יָמִים הֵם׃ בְּעוֹד ׀ שְׁלֹשֶׁת יָמִים יִשָּׂא
levantará días tres Dentro-de (13) . ellos días tres sarmientos tres

פַרְעֹה אֶת־ רֹאשֶׁךָ וַהֲשִׁיבְךָ עַל־ כַּנֶּךָ
tu-posición a y-te-restaurará , tu-cabeza ** Faraón

וְנָתַתָּ כוֹס־ פַּרְעֹה בְּיָדוֹ כַּמִּשְׁפָּט הָרִאשׁוֹן אֲשֶׁר
cuando la-primera como-la-costumbre en-su-mano Faraón copa-de y-darás

הָיִיתָ מַשְׁקֵהוּ׃ כִּי אִם־ זְכַרְתַּנִי אִתְּךָ כַּאֲשֶׁר
cuando con-tigo recuerda-me ahora Pues (14) . su-copero eras

יִיטַב לָךְ וְעָשִׂיתָ־ נָּא עִמָּדִי חָסֶד וְהִזְכַּרְתַּנִי
y-recuérdame gracia con-migo por-favor y-haz , a-ti vaya-bien

אֶל־ פַּרְעֹה וְהוֹצֵאתַנִי מִן־ הַבַּיִת הַזֶּה׃ כִּי־ גֻנֹּב
ser-forzado Pues (15) . la-ésta la-casa de y-me-harás-salir Faraón a

גֻּנַּבְתִּי מֵאֶרֶץ הָעִבְרִים וְגַם־ פֹּה לֹא־ עָשִׂיתִי מְאוּמָה כִּי־
que nada hice no aquí y-tampoco , los-hebreos de-tierra-de fui-forzado

שָׂמוּ אֹתִי בַּבּוֹר׃ וַיַּרְא שַׂר־הָאֹפִים
los-panaderos jefe-de Y-vio (16) . en-el-pozo a-mí pusieran

כִּי טוֹב פָּתָר וַיֹּאמֶר אֶל־יוֹסֵף אַף־אֲנִי בַּחֲלוֹמִי
en-mi-sueño yo también : José a y-dijo , interpretó bien que

וְהִנֵּה שְׁלֹשָׁה סַלֵּי חֹרִי עַל־רֹאשִׁי׃ וּבַסַּל
Y-en-la-cesta (17) . mi-cabeza en pan cestas-de tres y-he-aquí

הָעֶלְיוֹן מִכֹּל מַאֲכַל פַּרְעֹה מַעֲשֵׂה אֹפֶה וְהָעוֹף אֹכֵל
comía y-el-ave , panadero obra-de Faraón alimento-de de-todos el-superior

אֹתָם מִן־הַסַּל מֵעַל רֹאשִׁי׃ וַיַּעַן יוֹסֵף וַיֹּאמֶר
y-dijo José Y-contestó (18) . mi-cabeza de-sobre la-cesta de ellos

זֶה פִּתְרֹנוֹ שְׁלֹשֶׁת הַסַּלִּים שְׁלֹשֶׁת יָמִים הֵם׃ בְּעוֹד
Dentro-de (19) . ellos días tres cestas tres : su-significado éste

שְׁלֹשֶׁת יָמִים יִשָּׂא פַרְעֹה אֶת־רֹאשְׁךָ מֵעָלֶיךָ
de-sobre-ti tu-cabeza ** Faraón quitará días tres

וְתָלָה אוֹתְךָ עַל־עֵץ וְאָכַל הָעוֹף אֶת־בְּשָׂרְךָ
tu-carne ** el-ave y-comerá ; árbol en a-ti y-colgará

מֵעָלֶיךָ׃ וַיְהִי ׀ בַּיּוֹם הַשְּׁלִישִׁי יוֹם הֻלֶּדֶת אֶת־פַּרְעֹה
Faraón ** ser-nacido día-de el-tercero en-el-día Y-fue (20) . de-sobre-ti

וַיַּעַשׂ מִשְׁתֶּה לְכָל־עֲבָדָיו וַיִּשָּׂא אֶת־רֹאשׁ ׀
cabeza-de ** y-levantó sus-siervos para-todos banquete e-hizo

שַׂר הַמַּשְׁקִים וְאֶת־רֹאשׁ שַׂר הָאֹפִים בְּתוֹךְ
cn-presencia-de panaderos jefe-de cabeza-de y-** coperos jefe-de

עֲבָדָיו׃ וַיָּשֶׁב אֶת־שַׂר הַמַּשְׁקִים עַל־
a los-coperos jefe-de al Y-devolvió (21) . sus-servidores

מַשְׁקֵהוּ וַיִּתֵּן הַכּוֹס עַל־כַּף פַּרְעֹה׃ וְאֵת שַׂר
jefe-de Y ** (22) . Faraón mano-de en la-copa y-dio su-posición

הָאֹפִים תָּלָה כַּאֲשֶׁר פָּתַר לָהֶם יוֹסֵף׃ וְלֹא־
Y-no (23) . José a-ellos interpretó conforme ; colgó los-panaderos

זָכַר שַׂר־ הַמַּשְׁקִים אֶת־ יוֹסֵף וַיִּשְׁכָּחֵהוּ׃
. y-le-olvidó José a los-coperos jefe-de recordó

וַיְהִי מִקֵּץ שְׁנָתַיִם יָמִים וּפַרְעֹה חֹלֵם וְהִנֵּה
y-he-aquí soñó y-Faraón , completos dos-años al-fin-de Y-fue (1) Cap.

עֹמֵד עַל־ הַיְאֹר׃ וְהִנֵּה מִן־ הַיְאֹר עֹלֹת שֶׁבַע פָּרוֹת
vacas siete subían el-río de Y-he-aquí (2) . el-río junto-a él-de-pie

יְפוֹת מַרְאֶה וּבְרִיאֹת בָּשָׂר וַתִּרְעֶינָה בָּאָחוּ׃
. en-el-cañaveral y-pacían ; carne y-gruesas-de aspecto hermosas-de

וְהִנֵּה שֶׁבַע פָּרוֹת אֲחֵרוֹת עֹלוֹת אַחֲרֵיהֶן מִן־ הַיְאֹר
el-río de tras-ellas subían otras vacas siete Y-he-aquí (3)

רָעוֹת מַרְאֶה וְדַקּוֹת בָּשָׂר וַתַּעֲמֹדְנָה אֵצֶל הַפָּרוֹת
las-vacas junto-a y-se-pararon ; carne y-enjutas-de aspecto feas-de

עַל־ שְׂפַת הַיְאֹר׃ וַתֹּאכַלְנָה הַפָּרוֹת רָעוֹת הַמַּרְאֶה
el-aspecto feas-de las-vacas Y-devoraron (4) . el-río orilla-de en

וְדַקֹּת הַבָּשָׂר אֵת שֶׁבַע הַפָּרוֹת יְפֹת הַמַּרְאֶה
el-aspecto hermosas-de las-vacas siete ** la-carne y-enjutas-de

וְהַבְּרִיאֹת וַיִּיקַץ פַּרְעֹה׃ וַיִּישָׁן וַיַּחֲלֹם שֵׁנִית
; segunda y-soñó Y-durmió (5) . Faraón y-despertó ; y-las-gordas

וְהִנֵּה׀ שֶׁבַע שִׁבֳּלִים עֹלוֹת בְּקָנֶה אֶחָד בְּרִיאוֹת וְטֹבוֹת׃
. y-buenas gordas uno en-tallo crecían espigas siete y-he-aquí

וְהִנֵּה שֶׁבַע שִׁבֳּלִים דַּקּוֹת וּשְׁדוּפֹת
y-resecas-de delgadas espigas siete Y-he-aquí (6)

קָדִים צֹמְחוֹת אַחֲרֵיהֶן׃ וַתִּבְלַעְנָה הַשִּׁבֳּלִים
las-espigas Y-devoraron (7) . tras-ellas brotando viento-solano

הַדַּקּוֹת אֵת שֶׁבַע הַשִּׁבֳּלִים הַבְּרִיאוֹת וְהַמְּלֵאוֹת
y-las-llenas las-gordas las-espigas siete ** las-delgadas

וַיִּיקַץ פַּרְעֹה וְהִנֵּה חֲלוֹם׃ וַיְהִי בַבֹּקֶר
en-la-mañana Y-fue (8) . sueño y-he-aquí Faraón y-despertó

וַתִּפָּעֶם רוּחוֹ וַיִּשְׁלַח וַיִּקְרָא אֶת־ כָּל־
todos a y-llamó y-envió su-espíritu y-se-turbó

חַרְטֻמֵּי מִצְרַיִם וְאֶת־ כָּל־ חֲכָמֶיהָ וַיְסַפֵּר פַּרְעֹה לָהֶם
a-ellos Faraón y-explicó ; sus-sabios todos y-a Egipto magos-de

אֶת־ חֲלֹמוֹ וְאֵין־ פּוֹתֵר אוֹתָם לְפַרְעֹה׃
. para-Faraón a-ellos intérprete y-no-había su-sueño **

וַיְדַבֵּר שַׂר הַמַּשְׁקִים אֶת־ פַּרְעֹה לֵאמֹר אֶת־ חֲטָאַי
mis-pecados ** : diciendo Faraón ** los-coperos jefe-de Y-habló (9)

אֲנִי מַזְכִּיר הַיּוֹם׃ פַּרְעֹה קָצַף עַל־ עֲבָדָיו
; sus-siervos con se-enojó Faraón (10) . hoy recuerdo yo

וַיִּתֵּן אֹתִי בְּמִשְׁמַר בֵּית שַׂר הַטַּבָּחִים אֹתִי וְאֵת שַׂר
jefe-de y-a a-mí , los-guardas jefe-de casa-de en-custodia-de a-mí y-echó

הָאֹפִים׃ וַנַּחַלְמָה חֲלוֹם בְּלַיְלָה אֶחָד אֲנִי וָהוּא אִישׁ
cada-uno y-él yo una en-noche sueño Y-soñamos (11) . los-panaderos

כְּפִתְרוֹן חֲלֹמוֹ חָלָמְנוּ׃ וְשָׁם אִתָּנוּ נַעַר
joven con-nosotros Y-allí (12) . soñamos su-sueño significado-de

עִבְרִי עֶבֶד לְשַׂר הַטַּבָּחִים וַנְּסַפֶּר־ לוֹ וַיִּפְתָּר־
e-interpretó a-él y-explicamos los-guardas al-jefe-de siervo hebreo

לָנוּ אֶת־ חֲלֹמֹתֵינוּ אִישׁ כַּחֲלֹמוֹ פָּתָר׃ וַיְהִי
Y-fue (13) . interpretó su-propio-sueño cada-uno ; nuestros-sueños ** a-nosotros

כַּאֲשֶׁר פָּתַר־ לָנוּ כֵּן הָיָה אֹתִי הֵשִׁיב עַל־ כַּנִּי
mi-puesto a devolvió a-mí , fue así a-nosotros interpretó conforme

וְאֹתוֹ תָּלָה׃ וַיִּשְׁלַח פַּרְעֹה וַיִּקְרָא אֶת־יוֹסֵף
José a y-llamó Faraón Y-envió (14) . colgó y-a-él

וַיְרִיצֻהוּ מִן־הַבּוֹר וַיְגַלַּח וַיְחַלֵּף
y-se-mudó y-se-afeitó ; la-cárcel de y-le-sacaron

שִׂמְלֹתָיו וַיָּבֹא אֶל־פַּרְעֹה׃ וַיֹּאמֶר פַּרְעֹה אֶל־יוֹסֵף
José a Faraón Y-dijo (15) . Faraón a y-fue sus-ropas

חֲלוֹם חָלַמְתִּי וּפֹתֵר אֵין אֹתוֹ וַאֲנִי שָׁמַעְתִּי
he-oído y-yo ; a-él no-hay e-intérprete soñé sueño

עָלֶיךָ לֵאמֹר תִּשְׁמַע חֲלוֹם לִפְתֹּר אֹתוֹ׃ וַיַּעַן יוֹסֵף אֶת־
a José Y-contestó (16) . a-él interpretar sueño escucha : diciendo de-ti

פַּרְעֹה לֵאמֹר בִּלְעָדָי אֱלֹהִים יַעֲנֶה אֶת־שְׁלוֹם פַּרְעֹה׃
. Faraón paz ** responderá Dios ; no-en-mí : diciendo Faraón

וַיְדַבֵּר פַּרְעֹה אֶל־יוֹסֵף בַּחֲלֹמִי הִנְנִי עֹמֵד עַל־שְׂפַת
orilla-de en de-pie he-aquí-yo en-mi-sueño ; José a Faraón Y-dijo (17)

הַיְאֹר׃ וְהִנֵּה מִן־הַיְאֹר עֹלֹת שֶׁבַע פָּרוֹת בְּרִיאוֹת
gordas-de vacas siete subiendo el-río de Y-he-aquí (18) . el-río

בְּשָׂר וִיפֹת תֹּאַר וַתִּרְעֶינָה בָּאָחוּ׃ וְהִנֵּה
Y-he-aquí (19) . en-el-cañaveral y-pacían ; aspecto y-hermosas-de carne

שֶׁבַע־פָּרוֹת אֲחֵרוֹת עֹלוֹת אַחֲרֵיהֶן דַּלּוֹת וְרָעוֹת
y-feas-de flacas tras-ellas subiendo otras vacas siete

תֹּאַר מְאֹד וְרַקּוֹת בָּשָׂר לֹא־רָאִיתִי כָהֵנָּה בְּכָל־אֶרֶץ
tierra-de en-toda como-ellas vi no ; carne y-enjutas-de mucho aspecto

מִצְרַיִם לָרֹעַ׃ וַתֹּאכַלְנָה הַפָּרוֹת הָרַקּוֹת וְהָרָעוֹת אֵת
a y-las-feas las-flacas las-vacas Y-devoraron (20) . tan-feas Egipto

שֶׁבַע הַפָּרוֹת הָרִאשֹׁנוֹת הַבְּרִיאֹת׃ וַתָּבֹאנָה אֶל־קִרְבֶּנָה
su-interior a Y-fueron (21) . las-gordas las-primeras las-vacas siete

וְלֹא נוֹדַע כִּי־בָאוּ אֶל־קִרְבֶּנָה וּמַרְאֵיהֶן
y-su-aspecto , su-interior a fueron que se-conocía y-no

רַע כַּאֲשֶׁר בַּתְּחִלָּה וָאִיקָץ׃ וָאֵרֶא בַּחֲלֹמִי וְהִנֵּה
y-he-aquí ; en-mi-sueño Y-vi (22) . y-desperté ; al-principio como feo

שֶׁבַע שִׁבֳּלִים עֹלֹת בְּקָנֶה אֶחָד מְלֵאֹת וְטֹבוֹת׃
. y-buenas llenas uno en-tallo subiendo espigas siete

וְהִנֵּה שֶׁבַע שִׁבֳּלִים צְנֻמוֹת דַּקּוֹת
delgadas marchitas espigas siete Y-he-aquí (23)

שְׁדֻפוֹת קָדִים צֹמְחוֹת אַחֲרֵיהֶם׃
. tras-ellas brotando ; viento-solano resecas-de

וַתִּבְלַעְןָ הַשִּׁבֳּלִים הַדַּקֹּת אֵת שֶׁבַע הַשִּׁבֳּלִים
las-espigas siete a las-delgadas las-espigas Y-devoraron (24)

הַטֹּבוֹת וָאֹמַר אֶל־הַחַרְטֻמִּים וְאֵין מַגִּיד לִי׃
. para-mí explicación y-no-hay los-magos a y-dije ; las-buenas

וַיֹּאמֶר יוֹסֵף אֶל־פַּרְעֹה חֲלוֹם פַּרְעֹה אֶחָד הוּא אֵת אֲשֶׁר
que lo ; él uno Faraón sueño-de , Faraón a José Y-dijo (25)

הָאֱלֹהִים עֹשֶׂה הִגִּיד לְפַרְעֹה׃ שֶׁבַע פָּרֹת הַטֹּבֹת שֶׁבַע שָׁנִים
años siete las-buenas vacas Siete (26) . a-Faraón reveló haciendo Dios

הֵנָּה וְשֶׁבַע הַשִּׁבֳּלִים הַטֹּבֹת שֶׁבַע שָׁנִים הֵנָּה חֲלוֹם אֶחָד
uno sueño ; ellas años siete las-buenas las-espigas y-siete , ellas

הוּא׃ וְשֶׁבַע הַפָּרוֹת הָרַקּוֹת וְהָרָעֹת הָעֹלֹת
las-que-subían y-las-feas las-flacas las-vacas Y-siete (27) . él

אַחֲרֵיהֶן שֶׁבַע שָׁנִים הֵנָּה וְשֶׁבַע הַשִּׁבֳּלִים הָרֵקוֹת
delgadas espigas y-siete ellas años siete tras-ellas

שְׁדֻפוֹת הַקָּדִים יִהְיוּ שֶׁבַע שְׁנֵי רָעָב׃
. hambre años-de siete son ; el-viento-solano resecas-de

הוּא הַדָּבָר אֲשֶׁר דִּבַּרְתִּי אֶל־פַּרְעֹה אֲשֶׁר הָאֱלֹהִים עֹשֶׂה הֶרְאָה אֶת־

a mostró hacedor el-Dios que Faraón a hablé que la-cosa Esta (28)

פַּרְעֹה׃ הִנֵּה שֶׁבַע שָׁנִים בָּאוֹת שָׂבָע גָּדוֹל בְּכָל־

en-toda grande abundancia ; viniendo años siete He-aquí (29) . Faraón

אֶרֶץ מִצְרָיִם׃ וְקָמוּ שֶׁבַע שְׁנֵי רָעָב אַחֲרֵיהֶן

tras-ellos hambre años-de siete Y-vendrán (30) . Egipto tierra-de

וְנִשְׁכַּח כָּל־ הַשָּׂבָע בְּאֶרֶץ מִצְרָיִם

; Egipto en-tierra-de la-abundancia toda y-se-olvidará

וְכִלָּה הָרָעָב אֶת־ הָאָרֶץ׃ וְלֹא־ יִוָּדַע

se-recordará Y-no (31) . la-tierra ** el-hambre y-consumirá

הַשָּׂבָע בָּאָרֶץ מִפְּנֵי הָרָעָב הַהוּא אַחֲרֵי־ כֵן כִּי־

pues ; esto tras la-aquella el-hambre a-causa-de en-la-tierra la-abundancia

כָבֵד הוּא מְאֹד׃ וְעַל הִשָּׁנוֹת הַחֲלוֹם אֶל־ פַּרְעֹה פַּעֲמָיִם כִּי־

porque , dos-veces Faraón a el-sueño el-repetir Y-sobre (32) . mucho ella grave

נָכוֹן הַדָּבָר מֵעִם הָאֱלֹהִים וּמְמַהֵר הָאֱלֹהִים לַעֲשֹׂתוֹ׃

. lo-hará el-Dios y-pronto , el-Dios por la-cosa decidida

וְעַתָּה יֵרֶא פַרְעֹה אִישׁ נָבוֹן וְחָכָם וִישִׁיתֵהוּ

y-ponga-a-él ; y-sabio prudente hombre Faraón busque Y-ahora (33)

עַל־ אֶרֶץ מִצְרָיִם׃ יַעֲשֶׂה פַרְעֹה וְיַפְקֵד

y-nombre Faraón Haga (34) . Egipto tierra-de sobre

פְּקִדִים עַל־ הָאָרֶץ וְחִמֵּשׁ אֶת־ אֶרֶץ מִצְרַיִם בְּשֶׁבַע

en-siete Egipto tierra-de ** y-quinte ; la-tierra sobre gobernadores

שְׁנֵי הַשָּׂבָע׃ וְיִקְבְּצוּ אֶת־ כָּל־ אֹכֶל הַשָּׁנִים

los-años alimento-de todo ** Y-recogerán (35) . el-hambre años-de

הַטֹּבֹת הַבָּאֹת הָאֵלֶּה וְיִצְבְּרוּ־ בָר תַּחַת

bajo grano y-almacenarán ; los-éstos los-que-vienen los-buenos

יַד־ פַּרְעֹה אֹכֶל בֶּעָרִים וְשָׁמָרוּ׃ וְהָיָה
Y-será (36) . y-guardarán en-las-ciudades alimento Faraón mano-de

הָאֹכֶל לְפִקָּדוֹן לָאָרֶץ לְשֶׁבַע שְׁנֵי הָרָעָב אֲשֶׁר
que el-hambre años-de para-siete para-la-tierra para-reserva el-alimento

תִּהְיֶיןָ בְּאֶרֶץ מִצְרָיִם וְלֹא־ תִכָּרֵת הָאָרֶץ
la-tierra perecerá y-no ; Egipto en-tierra-de vendrán

בָּרָעָב׃ וַיִּיטַב הַדָּבָר בְּעֵינֵי פַרְעֹה
; Faraón en-ojos-de la-cosa Y-pareció-bien (37) . por-el-hambre

וּבְעֵינֵי כָּל־ עֲבָדָיו׃ וַיֹּאמֶר פַּרְעֹה אֶל־
a Faraón Y-dijo (38) . sus-servidores todos y-en-ojos-de

עֲבָדָיו הֲנִמְצָא כָזֶה אִישׁ אֲשֶׁר רוּחַ אֱלֹהִים בּוֹ׃
. en-él Dios espíritu-de que varón como-este ¿acaso-encontraremos : sus-siervos

וַיֹּאמֶר פַּרְעֹה אֶל־ יוֹסֵף אַחֲרֵי הוֹדִיעַ אֱלֹהִים אוֹתְךָ אֶת־ כָּל־
todo ** a-ti Dios mostrar ya-que : José a Faraón Y-dijo (39)

זֹאת אֵין־ נָבוֹן וְחָכָם כָּמוֹךָ׃ אַתָּה תִּהְיֶה עַל־
sobre serás Tú (40) . como-tú y-sabio prudente no-hay esto

בֵּיתִי וְעַל־ פִּיךָ יִשַּׁק כָּל־ עַמִּי רַק
sólo ; mi-pueblo todo se-someterá tu-orden y-sobre mi-casa

הַכִּסֵּא אֶגְדַּל מִמֶּךָּ׃ וַיֹּאמֶר פַּרְעֹה אֶל־ יוֹסֵף
José a Faraón Y-dijo (41) . que-tú seré-mayor el-trono

רְאֵה נָתַתִּי אֹתְךָ עַל כָּל־ אֶרֶץ מִצְרָיִם׃ וַיָּסַר פַּרְעֹה
Faraón Y-tomó (42) . Egipto tierra-de toda sobre a-ti te-doy , mira

אֶת־ טַבַּעְתּוֹ מֵעַל יָדוֹ וַיִּתֵּן אֹתָהּ עַל־ יַד
mano-de en a-ella y-puso su-mano de-en su-sello **

יוֹסֵף וַיַּלְבֵּשׁ אֹתוֹ בִּגְדֵי־ שֵׁשׁ וַיָּשֶׂם רְבִד הַזָּהָב
el-oro cadena-de y-puso lino ropas-de a-él y-vistió ; José

עַל־צַוָּארוֹ׃ וַיַּרְכֵּב אֹתוֹ בְּמִרְכֶּבֶת הַמִּשְׁנֶה אֲשֶׁר־
que el-segundo en-carro-de a-él E-hizo-subir (43) . su-cuello en-torno-a

לוֹ וַיִּקְרְאוּ לְפָנָיו אַבְרֵךְ וְנָתוֹן אֹתוֹ עַל כָּל־
toda sobre a-él y-poner ; ¡paso! : delante-de-él y-proclamaron , a-él

אֶרֶץ מִצְרָיִם׃ וַיֹּאמֶר פַּרְעֹה אֶל־יוֹסֵף אֲנִי פַרְעֹה וּבִלְעָדֶיךָ
y-sin-ti ; Faraón yo José a Faraón Y-dijo (44) . Egipto tierra-de

לֹא־יָרִים אִישׁ אֶת־יָדוֹ וְאֶת־רַגְלוֹ בְּכָל־אֶרֶץ מִצְרָיִם׃
. Egipto tierra-de en-toda su-pie o-** su-mano ** hombre alzará no

וַיִּקְרָא פַרְעֹה שֵׁם־יוֹסֵף צָפְנַת פַּעְנֵחַ וַיִּתֶּן־לוֹ
a-él y-dio , Paneha Zafnat José nombre-de Faraón Y-llamó (45)

אֶת־אָסְנַת בַּת־פּוֹטִי פֶרַע כֹּהֵן אֹן לְאִשָּׁה וַיֵּצֵא יוֹסֵף
José y-salió ; por-mujer On sacerdote-de Fera Poti hija-de Asenat a

עַל־אֶרֶץ מִצְרָיִם׃ וְיוֹסֵף בֶּן־שְׁלֹשִׁים שָׁנָה בְּעָמְדוֹ
en-su-servir año treinta hijo-de Y-José (46) . Egipto tierra-de por

לִפְנֵי פַּרְעֹה מֶלֶךְ־מִצְרָיִם וַיֵּצֵא יוֹסֵף מִלִּפְנֵי פַרְעֹה
Faraón de-ante José y-salió : Egipto rey-de Faraón ante

וַיַּעֲבֹר בְּכָל־אֶרֶץ מִצְרָיִם׃ וַתַּעַשׂ הָאָרֶץ
la-tierra Y-produjo (47) . Egipto tierra-de por-toda y-viajó

בְּשֶׁבַע שְׁנֵי הַשָּׂבָע לִקְמָצִים׃ וַיִּקְבֹּץ אֶת־
** Y-recogió (48) . a-montones ; la-abundancia años-de en-siete

כָּל־אֹכֶל ׀ שֶׁבַע שָׁנִים אֲשֶׁר הָיוּ בְּאֶרֶץ מִצְרַיִם וַיִּתֶּן־
y-puso Egipto en-tierra-de produjeron que años siete alimento-de todo

אֹכֶל בֶּעָרִים אֹכֶל שְׂדֵה־הָעִיר אֲשֶׁר סְבִיבֹתֶיהָ נָתַן
puso la-rodea que la-ciudad campo-de comida-de ; en-las-ciudades comida

בְּתוֹכָהּ׃ וַיִּצְבֹּר יוֹסֵף בָּר כְּחוֹל הַיָּם הַרְבֵּה
aumentar el-mar como-arena-de trigo José Y-almacenó (49) . en-su-interior

מְאֹד עַד כִּי־ חָדַל לִסְפֹּר כִּי־ אֵין מִסְפָּר׃
. número no-hay porque contar paró-de que hasta ; mucho

וּלְיוֹסֵף יֻלַּד שְׁנֵי בָנִים בְּטֶרֶם תָּבוֹא שְׁנַת הָרָעָב
el-hambre año-de viniera antes-que hijos dos fue-nacido Y-para-José (50)

אֲשֶׁר יָלְדָה־ לּוֹ אָסְנַת בַּת־ פּוֹטִי פֶרַע כֹּהֵן אוֹן׃
. On sacerdote-de Fera Poti hija-de Asenat para-él dio-a-luz que

וַיִּקְרָא יוֹסֵף אֶת־ שֵׁם הַבְּכוֹר מְנַשֶּׁה כִּי־ נַשַּׁנִי
me-hizo-olvidar pues ; Manasés el-primogénito nombre-de ** José Y-llamó (51)

אֱלֹהִים אֶת־כָּל־ עֲמָלִי וְאֵת כָּל־ בֵּית אָבִי׃ וְאֵת
Y-** (52) . mi-padre casa-de toda y-** mi-turbación toda ** Dios

שֵׁם הַשֵּׁנִי קָרָא אֶפְרָיִם כִּי־ הִפְרַנִי אֱלֹהִים בְּאֶרֶץ
en-tierra-de Dios me-hizo-fructífero pues , Efraím llamó el-segundo nombre-de

עָנְיִי׃ וַתִּכְלֶינָה שֶׁבַע שְׁנֵי הַשָּׂבָע אֲשֶׁר הָיָה
fue que la-abundancia años-de siete Y-terminaron (53) . mi-sufrimiento

בְּאֶרֶץ מִצְרָיִם׃ וַתְּחִלֶּינָה שֶׁבַע שְׁנֵי הָרָעָב לָבוֹא
a-venir el-hambre años-de siete Y-empezaron (54) . Egipto en-tierra-de

כַּאֲשֶׁר אָמַר יוֹסֵף וַיְהִי רָעָב בְּכָל־ הָאֲרָצוֹת וּבְכָל־
y-en-toda , los-países en-todos hambre y-fue ; José dijo como

אֶרֶץ מִצְרַיִם הָיָה לָחֶם׃ וַתִּרְעַב כָּל־ אֶרֶץ מִצְרַיִם
Egipto tierra-de toda Y-tuvo-hambre (55) . pan hubo Egipto tierra-de

וַיִּצְעַק הָעָם אֶל־ פַּרְעֹה לַלָּחֶם וַיֹּאמֶר פַּרְעֹה לְכָל־
a-todo Faraón y-dijo ; por-pan Faraón a el-pueblo y-clamó

מִצְרַיִם לְכוּ אֶל־יוֹסֵף אֲשֶׁר־ יֹאמַר לָכֶם תַּעֲשׂוּ׃ וְהָרָעָב הָיָה
fue Y-el-hambre (56) . haced a-vosotros diga lo-que , José a id : Egipto

עַל כָּל־ פְּנֵי הָאָרֶץ וַיִּפְתַּח יוֹסֵף אֶת־ כָּל־ אֲשֶׁר
lo-que todo ** José y-abrió ; la-tierra faz-de toda sobre

בָּהֶם וַיִּשְׁבֹּר לְמִצְרַיִם וַיֶּחֱזַק הָרָעָב בְּאֶרֶץ

en-tierra-de el-hambre y-fue-severa , a-los-egipcios y-vendió en-ellos

מִצְרָיִם׃ וְכָל־ הָאָרֶץ בָּאוּ מִצְרַיְמָה לִשְׁבֹּר אֶל־ יוֹסֵף כִּי־

pues ; José a a-comprar a-Egipto fue la-tierra Y-toda (57) . Egipto

חָזַק הָרָעָב בְּכָל־ הָאָרֶץ׃ וַיַּרְא יַעֲקֹב

Jacob Y-vio (1) . la-tierra en-toda el-hambre fue-severa Cap

כִּי יֶשׁ־ שֶׁבֶר בְּמִצְרָיִם וַיֹּאמֶר יַעֲקֹב לְבָנָיו לָמָּה

por-qué : a-sus-hijos Jacob y-dijo ; en-Egipto grano había que

תִּתְרָאוּ׃ וַיֹּאמֶר הִנֵּה שָׁמַעְתִּי כִּי יֶשׁ־ שֶׁבֶר

grano hay que he-oído he-aquí : Y-dijo (2) . os-miráis?

בְּמִצְרָיִם רְדוּ־ שָׁמָּה וְשִׁבְרוּ־ לָנוּ מִשָּׁם וְנִחְיֶה וְלֹא

y-no y-vivamos de-allí para-nosotros y-comprad allá descended ; en-Egipto

נָמוּת׃ וַיֵּרְדוּ אֲחֵי־ יוֹסֵף עֲשָׂרָה לִשְׁבֹּר בָּר מִמִּצְרָיִם׃

. de-Egipto grano a-comprar diez José hermanos-de Y-descendieron (3) . muramos

וְאֶת־ בִּנְיָמִין אֲחִי יוֹסֵף לֹא־ שָׁלַח יַעֲקֹב אֶת־ אֶחָיו

sus-hermanos con Jacob envió no José hermano-de Benjamín Y-a (4)

כִּי אָמַר פֶּן־ יִקְרָאֶנּוּ אָסוֹן׃ וַיָּבֹאוּ בְּנֵי

hijos-de Y-fueron (5) . daño le-acontezca quizá : dijo pues

יִשְׂרָאֵל לִשְׁבֹּר בְּתוֹךְ הַבָּאִים כִּי־ הָיָה הָרָעָב בְּאֶרֶץ כְּנָעַן׃

. Canaán en-tierra-de el-hambre era pues ; los-que-iban entre a-comprar Israel

וְיוֹסֵף הוּא הַשַּׁלִּיט עַל־ הָאָרֶץ הוּא הַמַּשְׁבִּיר לְכָל־

a-todo el-vendedor él , la-tierra sobre el-gobernador él Y-José (6)

עַם הָאָרֶץ וַיָּבֹאוּ אֲחֵי יוֹסֵף וַיִּשְׁתַּחֲווּ־ לוֹ

a-él y-se-inclinaron José hermanos-de y-vinieron la-tierra pueblo-de

אַפַּיִם אָרְצָה׃ וַיַּרְא יוֹסֵף אֶת־ אֶחָיו וַיַּכִּרֵם

y-les-reconoció sus-hermanos ** José Y-vio (7) . a-tierra rostros

וַיִּתְנַכֵּר אֲלֵיהֶם וַיְדַבֵּר אִתָּם קָשׁוֹת וַיֹּאמֶר
y-dijo duramente a-ellos y-habló a-ellos y-se-hizo-extraño

אֲלֵהֶם מֵאַיִן בָּאתֶם וַיֹּאמְרוּ מֵאֶרֶץ כְּנַעַן לִשְׁבָּר־
a-comprar Canaán de-tierra-de y-dijeron ; venís ¿de-dónde : a-ellos

אֹכֶל׃ וַיַּכֵּר יוֹסֵף אֶת־ אֶחָיו וְהֵם לֹא
no y-ellos ; sus-hermanos a José Y-reconoció (8) . alimento

הִכִּרֻהוּ׃ וַיִּזְכֹּר יוֹסֵף אֵת הַחֲלֹמוֹת אֲשֶׁר
que los-sueños ** José Y-recordó (9) . le-reconocieron

חָלַם לָהֶם וַיֹּאמֶר אֲלֵהֶם מְרַגְּלִים אַתֶּם לִרְאוֹת אֶת־
** para-ver vosotros espias a-ellos y-dijo ; sobre-ellos soñó

עֶרְוַת הָאָרֶץ בָּאתֶם׃ וַיֹּאמְרוּ אֵלָיו לֹא אֲדֹנִי
señor-mío no : a-él Y-dijeron (10) . vinisteis la-tierra debilidad-de

וַעֲבָדֶיךָ בָּאוּ לִשְׁבָּר־אֹכֶל׃ כֻּלָּנוּ בְּנֵי אִישׁ־אֶחָד נָחְנוּ
nosotros ;uno varón hijos-de Todos nosotros (11) . comida a-comprar vinieron sino-que-tus-siervos

כֵּנִים אֲנַחְנוּ לֹא־ הָיוּ עֲבָדֶיךָ מְרַגְּלִים׃ וַיֹּאמֶר
Y-dijo (12) . espías tus-siervos son no nosotros honrados

אֲלֵהֶם לֹא כִּי־ עֶרְוַת הָאָרֶץ בָּאתֶם לִרְאוֹת׃ וַיֹּאמְרוּ
Y-dijeron (13) . a-ver vinisteis la-tierra debilidad-de pues no : a-ellos

שְׁנֵים עָשָׂר עֲבָדֶיךָ אַחִים ׀ אֲנַחְנוּ בְּנֵי אִישׁ־אֶחָד בְּאֶרֶץ כְּנָעַן
Canaán en-tierra-de uno varón hijos-de nosotros hermanos tus-siervos diez dos

וְהִנֵּה הַקָּטֹן אֶת־ אָבִינוּ הַיּוֹם וְהָאֶחָד אֵינֶנּוּ׃
. no-está y-el-uno , hoy nuestro-padre con el-pequeño y-he-aquí

וַיֹּאמֶר אֲלֵהֶם יוֹסֵף הוּא אֲשֶׁר דִּבַּרְתִּי אֲלֵכֶם לֵאמֹר מְרַגְּלִים
espías : diciendo a-vosotros dije lo-que esto : José a-ellos Y-dijo (14)

אַתֶּם׃ בְּזֹאת תִּבָּחֵנוּ חֵי פַרְעֹה אִם־ תֵּצְאוּ
saldréis no Faraón vida-de : seréis-probados En-esto (15) . vosotros

מִזֶּה כִּי אִם־בְּבוֹא אֲחִיכֶם הַקָּטֹן הֵנָּה׃ שִׁלְחוּ מִכֶּם
de-vosotros Enviad (16) . aquí el-pequeño vuestro-hermano venir si excepto de-esto

אֶחָד וְיִקַּח אֶת־אֲחִיכֶם וְאַתֶּם הֵאָסְרוּ וְיִבָּחֲנוּ
y-se-comprobarán id-a-prisión y-vosotros vuestro-hermano a y-tome uno

דִּבְרֵיכֶם הַאֱמֶת אִתְּכֶם וְאִם־לֹא חֵי פַרְעֹה כִּי מְרַגְּלִים
espías que Faraón vive no y-si en-vosotros si-verdad , vuestras-palabras

אַתֶּם׃ וַיֶּאֱסֹף אֹתָם אֶל־מִשְׁמָר שְׁלֹשֶׁת יָמִים׃ וַיֹּאמֶר אֲלֵהֶם
a-ellos Y-dijo (18) . días tres vigilancia en a-ellos Y-puso (17) . vosotros

יוֹסֵף בַּיּוֹם הַשְּׁלִישִׁי זֹאת עֲשׂוּ וִחְיוּ אֶת־הָאֱלֹהִים אֲנִי יָרֵא׃
. temo yo el-Dios a : y-viviréis haced esto : el-tercero en-el-día José

אִם־כֵּנִים אַתֶּם אֲחִיכֶם אֶחָד יֵאָסֵר בְּבֵית
en-casa-de se-quede uno vuestro-hermano vosotros honrados Si (19)

מִשְׁמַרְכֶם וְאַתֶּם לְכוּ הָבִיאוּ שֶׁבֶר רַעֲבוֹן בָּתֵּיכֶם׃
. vuestras-casas hambre-de grano llevad id y-vosotros ; vuestra-cárcel

וְאֶת־אֲחִיכֶם הַקָּטֹן תָּבִיאוּ אֵלַי וְיֵאָמְנוּ
y-serán-verificadas , a-mí traed el-pequeño vuestro-hermano Y-a (20)

דִבְרֵיכֶם וְלֹא תָמוּתוּ וַיַּעֲשׂוּ־כֵן׃ וַיֹּאמְרוּ אִישׁ אֶל־
a cada-uno Y-dijeron (21) . así e-hicieron ; moriréis y-no vuestras-palabras

אָחִיו אֲבָל אֲשֵׁמִים ׀ אֲנַחְנוּ עַל־אָחִינוּ אֲשֶׁר רָאִינוּ
vimos al-cual nuestro-hermano por nosotros castigados cierto : su-hermano

צָרַת נַפְשׁוֹ בְּהִתְחַנְנוֹ אֵלֵינוּ וְלֹא שָׁמָעְנוּ עַל־
por , escuchamos y-no a-nosotros en-su-rogar su-alma angustia-de

כֵּן בָּאָה אֵלֵינוּ הַצָּרָה הַזֹּאת׃ וַיַּעַן רְאוּבֵן אֹתָם
a-ellos Rubén Y-respondió (22) . la-ésta la-angustia a-nosotros vino esto

לֵאמֹר הֲלוֹא אָמַרְתִּי אֲלֵיכֶם ׀ לֵאמֹר אַל־תֶּחֶטְאוּ בַיֶּלֶד וְלֹא
y-no contra-el-niño pequéis no diciendo a-vosotros dije ¿acaso-no : diciendo

שְׁמַעְתֶּם וְגַם־ דָּמוֹ הִנֵּה נִדְרָשׁ׃ וְהֵם לֹא יָדְעוּ
sabían no Y-ellos (23) . se-demanda he-aquí su-sangre y-también ; escuchasteis

כִּי שֹׁמֵעַ יוֹסֵף כִּי הַמֵּלִיץ בֵּינֹתָם׃
. entre-ellos el-intérprete pues , José comprendiendo que

וַיִּסֹּב מֵעֲלֵיהֶם וַיֵּבְךְּ וַיָּשָׁב אֲלֵהֶם וַיְדַבֵּר
y-dijo a-ellos y-volvió ; y-lloró de-ellos Y-se-apartó (24)

אֲלֵהֶם וַיִּקַּח מֵאִתָּם אֶת־ שִׁמְעוֹן וַיֶּאֱסֹר אֹתוֹ לְעֵינֵיהֶם׃
. ante-sus-ojos a-él y-ató Simeón a de-ellos y-tomó a-ellos

וַיְצַו יוֹסֵף וַיְמַלְאוּ אֶת־ כְּלֵיהֶם בָּר וּלְהָשִׁיב
y-a-poner grano sus-sacos ** y-llenaron José Y mandó (25)

כַּסְפֵּיהֶם אִישׁ אֶל־ שַׂקּוֹ וְלָתֵת לָהֶם צֵדָה לַדָּרֶךְ
para-el-camino provisión a-ellos y-dar su-saco en cada-uno sus-dineros

וַיַּעַשׂ לָהֶם כֵּן׃ וַיִּשְׂאוּ אֶת־ שִׁבְרָם עַל־
sobre , su-trigo ** Y-pusieron (26) . así para-ellos e-hizo

חֲמֹרֵיהֶם וַיֵּלְכוּ מִשָּׁם׃ וַיִּפְתַּח הָאֶחָד אֶת־
** el-uno Y-abrió (27) . de-allí y-marcharon ; sus-asnos

שַׂקּוֹ לָתֵת מִסְפּוֹא לַחֲמֹרוֹ בַּמָּלוֹן וַיַּרְא אֶת־
** y-vio , en-el-lugar a-su-asno pienso para-dar su-saco

כַּסְפּוֹ וְהִנֵּה־ הוּא בְּפִי אַמְתַּחְתּוֹ׃ וַיֹּאמֶר אֶל־
a Y-dijo (28) . su-saco en-boca-de él y-he-aquí su-dinero

אֶחָיו הוּשַׁב כַּסְפִּי וְגַם הִנֵּה בְאַמְתַּחְתִּי
; en-mi-saco he-aquí y-también mi-dinero fue-devuelto : sus-hermanos

וַיֵּצֵא לִבָּם וַיֶּחֶרְדוּ אִישׁ אֶל־ אָחִיו לֵאמֹר
diciendo su-hermano con cada-uno y-temblaron su-corazón y-se-salió

מַה־ זֹּאת עָשָׂה אֱלֹהִים לָנוּ׃ וַיָּבֹאוּ אֶל־ יַעֲקֹב אֲבִיהֶם
su-padre Jacob a Y-fueron (29) . a-nosotros? Dios hizo esto ¿qué

אַ֣רְצָה כְּנָ֑עַן וַיַּגִּ֣ידוּ ל֔וֹ אֵ֛ת כָּל־הַקֹּרֹ֥ת אֹתָ֖ם
a-ellos los-sucedidos todos ** a-él y-explicaron ; Canaán a-tierra-de

לֵאמֹֽר׃ דִּ֠בֶּר הָאִ֨ישׁ אֲדֹנֵ֥י הָאָ֛רֶץ אִתָּ֖נוּ קָשׁ֑וֹת וַיִּתֵּ֣ן
y-trató duramente a-nosotros la-tierra señores-de el-hombre Habló (30) . diciendo

אֹתָ֔נוּ כִּֽמְרַגְּלִ֖ים אֶת־הָאָֽרֶץ׃ וַנֹּ֥אמֶר אֵלָ֖יו כֵּנִ֣ים אֲנָ֑חְנוּ לֹ֥א
no nosotros honrados a-él Y-dijimos (31) . la-tierra de como-espías a-nosotros

הָיִ֖ינוּ מְרַגְּלִֽים׃ שְׁנֵים־עָשָׂ֥ר אֲנַ֛חְנוּ אַחִ֖ים בְּנֵ֣י אָבִ֑ינוּ הָאֶחָ֣ד
el-uno ; nuestro-padre hijos-de hermanos nosotros diez Dos (32) . espías somos

אֵינֶ֔נּוּ וְהַקָּטֹ֥ן הַיּ֛וֹם אֶת־אָבִ֖ינוּ בְּאֶ֥רֶץ כְּנָֽעַן׃
. Canaán en-tierra-de nuestro-padre con hoy y-el-pequeño no-está

וַיֹּ֣אמֶר אֵלֵ֗ינוּ הָאִישׁ֙ אֲדֹנֵ֣י הָאָ֔רֶץ בְּזֹ֣את אֵדַ֔ע כִּ֥י
que sabré en-esto : la-tierra señores-de el-hombre a-nosotros Y-dijo (33)

כֵנִ֖ים אַתֶּ֑ם אֲחִיכֶ֣ם הָאֶחָ֗ד הַנִּ֣יחוּ אִתִּ֔י וְאֶת־רַעֲב֥וֹן
hambre-de y-para con-migo dejad el-uno vuestro-hermano : vosotros honrados

בָּתֵּיכֶ֖ם קְח֥וּ וָלֵֽכוּ׃ וְ֠הָבִיאוּ אֶת־אֲחִיכֶ֣ם הַקָּטֹן֮
el-pequeño vuestro-hermano a Y-traed (34) . y-marchad tomad vuestras-casas

אֵלַי֒ וְאֵֽדְעָ֗ה כִּ֣י לֹ֤א מְרַגְּלִים֙ אַתֶּ֔ם כִּ֥י כֵנִ֖ים אַתֶּ֑ם אֶת־אֲחִיכֶם֙
vuestro-hermano * vosotros honrados sino vosotros espías no que y-sabré a-mí

אֶתֵּ֣ן לָכֶ֔ם וְאֶת־הָאָ֖רֶץ תִּסְחָֽרוּ׃ וַיְהִ֗י הֵ֚ם
ellos Y-fue (35) . negociaréis la-tierra y-en a-vosotros daré

מְרִיקִ֣ים שַׂקֵּיהֶ֔ם וְהִנֵּה־אִ֥ישׁ צְרוֹר־כַּסְפּ֖וֹ בְּשַׂקּ֑וֹ
; en-su-saco su-dinero bolsa-de cada y-he-aquí sus-sacos vaciando

וַיִּרְא֞וּ אֶת־צְרֹר֧וֹת כַּסְפֵּיהֶ֛ם הֵ֥מָּה וַאֲבִיהֶ֖ם
y-su-padre ellos su-dinero bolsas-de ** y-vieron

וַיִּירָֽאוּ׃ וַיֹּ֤אמֶר אֲלֵהֶם֙ יַעֲקֹ֣ב אֲבִיהֶ֔ם אֹתִ֖י
a-mí : su-padre Jacob a-ellos Y-dijo (36) . y-temieron

שִׁכַּלְתֶּם יוֹסֵף אֵינֶנּוּ וְשִׁמְעוֹן אֵינֶנּוּ וְאֶת־בִּנְיָמִן תִּקָּחוּ
, tomáis Benjamín y-a no-está y-Simeón no-está José ; privasteis

עָלַי הָיוּ כֻלָּנָה׃ וַיֹּאמֶר רְאוּבֵן אֶל־אָבִיו
su-padre a Rubén Y-dijo (37) . todas-las-cosas están contra-mí

לֵאמֹר אֶת־שְׁנֵי בָנַי תָּמִית אִם־לֹא אֲבִיאֶנּוּ אֵלֶיךָ תְּנָה
entrega ; a-ti le-traigo no si mata mis-hijos dos-de ** : diciendo

אֹתוֹ עַל־יָדִי וַאֲנִי אֲשִׁיבֶנּוּ אֵלֶיךָ׃ וַיֹּאמֶר לֹא־
no : Y-dijo (38) . a-ti le-devolveré y-yo , mi-mano en a-él

יֵרֵד בְּנִי עִמָּכֶם כִּי־אָחִיו מֵת וְהוּא
y-él está-muerto su-hermano pues , con-vosotros mi-hijo descenderá

לְבַדּוֹ נִשְׁאָר וּקְרָאָהוּ אָסוֹן בַּדֶּרֶךְ אֲשֶׁר תֵּלְכוּ־בָהּ
en-él marcháis que en-el-camino daño y-le-sobreviene queda sólo-él

וְהוֹרַדְתֶּם אֶת־שֵׂיבָתִי בְּיָגוֹן שְׁאוֹלָה׃
. al-Seol con-dolor mis-canas ** y-haréis-descender

וְהָרָעָב כָּבֵד בָּאָרֶץ׃ וַיְהִי כַּאֲשֶׁר כִּלּוּ
terminaron cuando Y-fue (2) . en-la-tierra grave Y-el-hambre (1) Cap. 43

לֶאֱכֹל אֶת־הַשֶּׁבֶר אֲשֶׁר הֵבִיאוּ מִמִּצְרָיִם וַיֹּאמֶר אֲלֵיהֶם
a-ellos y-dijo ; de-Egipto trajeron que el-grano ** de-comer

אֲבִיהֶם שֻׁבוּ שִׁבְרוּ־לָנוּ מְעַט־אֹכֶל׃ וַיֹּאמֶר אֵלָיו
a-él Y-dijo (3) . comida un-poco-de para-nosotros comprad volved : su-padre

יְהוּדָה לֵאמֹר הָעֵד הֵעִד בָּנוּ הָאִישׁ לֵאמֹר לֹא־תִרְאוּ פָנַי
mi-rostro veréis no : diciendo el-varón a-nosotros avisó avisar : diciendo Judá

בִּלְתִּי אֲחִיכֶם אִתְּכֶם׃ אִם־יֶשְׁךָ מְשַׁלֵּחַ אֶת־אָחִינוּ
nuestro-hermano ** enviando tu-deseo Si (4) . con-vosotros vuestro-hermano a-menos -que

אִתָּנוּ נֵרְדָה וְנִשְׁבְּרָה לְךָ אֹכֶל׃ וְאִם־אֵינְךָ
tú-no Y-si (5) . alimento para-ti y-compraremos descenderemos , con-nosotros

מְשַׁלֵּחַ לֹא נֵרֵד כִּֽי־הָאִישׁ אָמַר אֵלֵינוּ לֹא־תִרְאוּ
veréis no : a-nosotros dijo el-varón pues , descenderemos no enviando

פָנַי בִּלְתִּי אֲחִיכֶם אִתְּכֶם׃ וַיֹּאמֶר יִשְׂרָאֵל לָמָה
¿por qué : Israel Y-dijo (6) . con-vosotros vuestro-hermano excepto-que mi-rostro

הֲרֵעֹתֶם לִי לְהַגִּיד לָאִישׁ הַעוֹד לָכֶם אָח׃
. hermano para-vosotros otro al-varón al-decir , a-mí causáis-mal

וַיֹּאמְרוּ שָׁאוֹל שָׁאַל־הָאִישׁ לָנוּ וּלְמוֹלַדְתֵּנוּ
y-por-nuestra-familia por-nosotros el-varón preguntó preguntar Y-dijeron (7)

לֵאמֹר הַעוֹד אֲבִיכֶם חַי הֲיֵשׁ לָכֶם אָח וַנַּגֶּד־
y-dijimos ; hermano para-vosotros hay , vivo vuestro-padre ¿aún : diciendo

לוֹ עַל־פִּי הַדְּבָרִים הָאֵלֶּה הֲיָדוֹעַ נֵדַע כִּי יֹאמַר
diría que sabíamos ¿saber ; las-éstas las-palabras boca-de según a-él

הוֹרִידוּ אֶת־אֲחִיכֶם׃ וַיֹּאמֶר יְהוּדָה אֶל־יִשְׂרָאֵל אָבִיו
su-padre Israel a Judá Y-dijo (8) . vuestro-hermano ** haced-bajar

שִׁלְחָה הַנַּעַר אִתִּי וְנָקוּמָה וְנֵלֵכָה וְנִחְיֶה וְלֹא
y-no y-viviremos e-iremos y-nos-levantaremos con-migo el-muchacho envía

נָמוּת גַּם־אֲנַחְנוּ גַם־אַתָּה גַּם־טַפֵּנוּ׃ אָנֹכִי אֶעֶרְבֶנּוּ
le-garantizo Yo (9) . nuestros-niños cierto tú cierto nosotros cierto moriremos

מִיָּדִי תְּבַקְשֶׁנּוּ אִם־לֹא הֲבִיאֹתִיו אֵלֶיךָ
a-ti le-devuelvo no si ; le-requerirás de-mi-mano

וְהִצַּגְתִּיו לְפָנֶיךָ וְחָטָאתִי לְךָ כָּל־הַיָּמִים׃
. los-días todos ante-ti seré-culpable ante-ti y-le-presento

כִּי לוּלֵא הִתְמַהְמָהְנוּ כִּי־עַתָּה שַׁבְנוּ זֶה פַעֲמָיִם׃
. dos-veces aquí habríamos-vuelto ahora , antes nos-hubiéramos-detenido si-no Pues (10)

וַיֹּאמֶר אֲלֵהֶם יִשְׂרָאֵל אֲבִיהֶם אִם־כֵּן ׀ אֵפוֹא זֹאת עֲשׂוּ קְחוּ
tomad, haced, esto pues así si : su-padre Israel a-ellos Y-dijo (11)

מִזִּמְרַת הָאָרֶץ בִּכְלֵיכֶם וְהוֹרִידוּ לָאִישׁ מִנְחָה
regalo al-varón y-llevad en-vuestras-bolsas la-tierra del-mejor-producto-de

מְעַט צֳרִי וּמְעַט דְּבַשׁ נְכֹאת וָלֹט בָּטְנִים וּשְׁקֵדִים׃
. y-almendras nueces , y-mirra especias , miel un-poco-de bálsamo un-poco-de

וְכֶסֶף מִשְׁנֶה קְחוּ בְיֶדְכֶם וְאֶת־ הַכֶּסֶף הַמּוּשָׁב
la-devuelta la-plata y-** en-vuestras-manos tomad doble Y-plata (12)

בְּפִי אַמְתְּחֹתֵיכֶם תָּשִׁיבוּ בְיֶדְכֶם אוּלַי מִשְׁגֶּה הוּא׃
. ello error quizá , en-vuestra-mano devolved vuestros-sacos en-boca-de

וְאֶת־ אֲחִיכֶם קָחוּ וְקוּמוּ שׁוּבוּ אֶל־ הָאִישׁ׃ וְאֵל
Y-Dios (14) . el-varón a id y-levantaos ; tomad vuestro-hermano Y-** (13)

שַׁדַּי יִתֵּן לָכֶם רַחֲמִים לִפְנֵי הָאִישׁ וְשִׁלַּח לָכֶם
con-vosotros y-envíe el-varón ante mercedes a-vosotros dé Omnipotente

אֶת־ אֲחִיכֶם אַחֵר וְאֶת־ בִּנְיָמִין וַאֲנִי כַּאֲשֶׁר שָׁכֹלְתִּי שָׁכָלְתִּי׃
. que-sufra sufro si y-yo ; Benjamín y-a otro vuestro-hermano a

וַיִּקְחוּ הָאֲנָשִׁים אֶת־ הַמִּנְחָה הַזֹּאת וּמִשְׁנֶה־ כֶּסֶף לָקְחוּ
tomaron plata y-doble el-éste el-regalo ** los-hombres Y-tomaron (15)

בְיָדָם וְאֶת־ בִּנְיָמִן וַיָּקֻמוּ וַיֵּרְדוּ מִצְרַיִם
a-Egipto y-descendieron y-se-levantaron ; Benjamín y-a en-su-mano

וַיַּעַמְדוּ לִפְנֵי יוֹסֵף׃ וַיַּרְא יוֹסֵף אִתָּם אֶת־ בִּנְיָמִין
Benjamín a con-ellos José Y-vio (16) . José ante y-se-presentaron

וַיֹּאמֶר לַאֲשֶׁר עַל־ בֵּיתוֹ הָבֵא אֶת־ הָאֲנָשִׁים הַבָּיְתָה
a-la-casa los-hombres a lleva : su-casa sobre al-que y-dijo

וּטְבֹחַ טֶבַח וְהָכֵן כִּי אִתִּי יֹאכְלוּ הָאֲנָשִׁים
los-hombres comerán con-migo porque , y-prepara animal y-degüella

בַּצָּהֳרָיִם׃ וַיַּעַשׂ הָאִישׁ כַּאֲשֶׁר אָמַר יוֹסֵף וַיָּבֵא הָאִישׁ
el-hombre y-llevó , José dijo como el-hombre E-hizo (17) . a-mediodía

אֶת־הָאֲנָשִׁים בֵּיתָה יוֹסֵף׃ וַיִּירְאוּ הָאֲנָשִׁים כִּי
cuando los-hombres Y-temieron (18) . José a-casa-de los-hombres-a

הוּבְאוּ בֵּית יוֹסֵף וַיֹּאמְרוּ עַל־ דְּבַר
asunto-de acerca-de y-dijeron José casa-de fueron-llevados

הַכֶּסֶף הַשָּׁב בְּאַמְתְּחֹתֵינוּ בַּתְּחִלָּה אֲנַחְנוּ
nosotros en-la-primera-vez en-nuestros-sacos la-devolución el-dinero

מוּבָאִים לְהִתְגֹּלֵל עָלֵינוּ וּלְהִתְנַפֵּל עָלֵינוּ וְלָקַחַת
y-apoderarse a-nosotros y-vencer a-nosotros para-atacar ; somos-llevados

אֹתָנוּ לַעֲבָדִים וְאֶת־ חֲמֹרֵינוּ׃ וַיִּגְּשׁוּ אֶל־ הָאִישׁ אֲשֶׁר עַל־
sobre que el-varón a Y-se-acercaron (19) . nuestros-asnos y-de para-esclavos de nosotros

בֵּית יוֹסֵף וַיְדַבְּרוּ אֵלָיו פֶּתַח הַבָּיִת׃ וַיֹּאמְרוּ
Y-dijeron (20) . la-casa entrada-de a-él y-hablaron José casa-de

בִּי אֲדֹנִי יָרֹד יָרַדְנוּ בַּתְּחִלָּה לִשְׁבָּר־אֹכֶל׃
. alimento a-comprar en-la-primera-vez descendimos descender , señor-mío oh

וַיְהִי כִּי־ בָאנוּ אֶל־ הַמָּלוֹן וַנִּפְתְּחָה אֶת־ אַמְתְּחֹתֵינוּ
nuestros-sacos ** y-abrimos el-lugar a llegamos que Y-fue (21)

וְהִנֵּה כֶסֶף־ אִישׁ בְּפִי אַמְתַּחְתּוֹ כַּסְפֵּנוּ
nuestra-plata su-saco en-boca-de cada-uno plata-de y-he-aquí

בְּמִשְׁקָלוֹ וַנָּשֶׁב אֹתוֹ בְּיָדֵנוּ׃ וְכֶסֶף
Y-plata (22) . en-nuestra-mano ello y-traemos , en-su-peso-exacto

אַחֵר הוֹרַדְנוּ בְיָדֵנוּ לִשְׁבָּר־אֹכֶל לֹא יָדַעְנוּ מִי־ שָׂם
puso quién sabemos no , comida para-comprar en-nuestra-mano hemos-bajado otra

כַּסְפֵּנוּ בְּאַמְתְּחֹתֵינוּ׃ וַיֹּאמֶר שָׁלוֹם לָכֶם אַל־ תִּירָאוּ
temáis no , a-vosotros paz : Y-dijo (23) . en-nuestros-sacos nuestra-plata

אֱלֹהֵיכֶם וֵאלֹהֵי אֲבִיכֶם נָתַן לָכֶם מַטְמוֹן בְּאַמְתְּחֹתֵיכֶם
en-vuestros-sacos tesoro a-vosotros dio vuestro-padre y-Dios-de vuestro-Dios

כַּסְפְּכֶם בָּא אֵלָי וַיּוֹצֵא אֲלֵהֶם אֶת־שִׁמְעוֹן׃
. Simeón a a-ellos y-sacó ; a-mí vino vuestra-plata

וַיָּבֵא הָאִישׁ אֶת־הָאֲנָשִׁים בֵּיתָה יוֹסֵף וַיִּתֶּן־מַיִם
agua y-dio ; José a-casa-de los-hombres a el-hombre Y-llevó (24)

וַיִּרְחֲצוּ רַגְלֵיהֶם וַיִּתֵּן מִסְפּוֹא לַחֲמֹרֵיהֶם׃
. a-sus-asnos forraje y-dio sus-pies y-se-lavaron

וַיָּכִינוּ אֶת־הַמִּנְחָה עַד־בּוֹא יוֹסֵף בַּצָּהֳרָיִם כִּי
pues , al-mediodía José venir para el-regalo ** Y-prepararon (25)

שָׁמְעוּ כִּי־שָׁם יֹאכְלוּ לָחֶם׃ וַיָּבֹא יוֹסֵף הַבַּיְתָה
a-la-casa José Y-vino (26) . pan comerían allí que oyeron

וַיָּבִיאוּ לוֹ אֶת־הַמִּנְחָה אֲשֶׁר־בְּיָדָם הַבָּיְתָה
; a-la-casa en-su-mano que el-regalo ** a-él e-hicieron-llegar

וַיִּשְׁתַּחֲווּ־לוֹ אָרְצָה׃ וַיִּשְׁאַל לָהֶם לְשָׁלוֹם
por-bienestar a-ellos Y-preguntó (27) . a-tierra a-él y-se-inclinaron

וַיֹּאמֶר הֲשָׁלוֹם אֲבִיכֶם הַזָּקֵן אֲשֶׁר אֲמַרְתֶּם הַעוֹדֶנּוּ חָי׃
. vivo todavía-él dijisteis que el-anciano vuestro-padre ¿tiene-paz : y-dijo

וַיֹּאמְרוּ שָׁלוֹם לְעַבְדְּךָ לְאָבִינוּ עוֹדֶנּוּ חָי
vivo todavía-él a-nuestro-padre a-tu-siervo paz Y-dijeron (28)

וַיִּקְּדוּ וַיִּשְׁתַּחֲוּ׃ וַיִּשָּׂא עֵינָיו
sus-ojos Y-alzó (29) . y-se-inclinaron e-hicieron-reverencia

וַיַּרְא אֶת־בִּנְיָמִין אָחִיו בֶּן־אִמּוֹ וַיֹּאמֶר
y-dijo , su-madre hijo-de su-hermano Benjamín a y-vio

הֲזֶה אֲחִיכֶם הַקָּטֹן אֲשֶׁר אֲמַרְתֶּם אֵלָי וַיֹּאמַר אֱלֹהִים
Dios : y-dijo ; a-mí dijisteis que el-pequeño vuestro-hermano el-éste

יָחְנְךָ בְּנִי׃ וַיְמַהֵר יוֹסֵף כִּי־
porque José Y-se-apresuró (30) . hijo-mío te-haga-misericordia

נִכְמְרוּ רַחֲמָיו אֶל־אָחִיו וַיְבַקֵּשׁ לִבְכּוֹת
para-llorar y-buscó su-hermano por sus-entrañas se-conmovieron

וַיָּבֹא הַחַדְרָה וַיֵּבְךְּ שָׁמָּה׃ (31) וַיִּרְחַץ
Y-se-lavó (31) . allí y-lloró a-la-cámara y-fue

פָּנָיו וַיֵּצֵא וַיִּתְאַפַּק וַיֹּאמֶר שִׂימוּ לָחֶם׃
. pan poned y-dijo y-se-contuvo ; y-salió su-rostro

(32) וַיָּשִׂימוּ לוֹ לְבַדּוֹ וְלָהֶם לְבַדָּם
aparte y-para-ellos aparte para-él Y-pusieron (32)

וְלַמִּצְרִים הָאֹכְלִים אִתּוֹ לְבַדָּם כִּי לֹא יוּכְלוּן
podían no pues , aparte con-él los-que-comían y-para-los-egipcios

הַמִּצְרִים לֶאֱכֹל אֶת־הָעִבְרִים לֶחֶם כִּי־תוֹעֵבָה הִוא לְמִצְרָיִם׃
. para-los-egipcios esto abominable pues pan los-hebreos con comer los-egipcios

(33) וַיֵּשְׁבוּ לְפָנָיו הַבְּכֹר כִּבְכֹרָתוֹ
según-su-primogenitura el-primogénito ante-él Y-se-sentaron (33)

וְהַצָּעִיר כִּצְעִרָתוֹ וַיִּתְמְהוּ הָאֲנָשִׁים
los-hombres y-se-asombraron , según-su-juventud y-el-joven

אִישׁ אֶל־רֵעֵהוּ׃ (34) וַיִּשָּׂא מַשְׂאֹת מֵאֵת פָּנָיו אֲלֵהֶם
para-ellos ante-él de porciones Y-puso (34) . su-vecino con cada-uno

וַתֵּרֶב מַשְׂאַת בִּנְיָמִן מִמַּשְׂאֹת כֻּלָּם חָמֵשׁ
cinco todos-ellos que-porciones-de Benjamín porción-de y-fue-más-grande

יָדוֹת וַיִּשְׁתּוּ וַיִּשְׁכְּרוּ עִמּוֹ׃ (1) וַיְצַו אֶת־
a Y-ordenó (1) . con-él y-se-alegraron y-bebieron veces Cap.

אֲשֶׁר עַל־בֵּיתוֹ לֵאמֹר מַלֵּא אֶת־אַמְתְּחֹת הָאֲנָשִׁים אֹכֶל כַּאֲשֶׁר
cuanta comida los-hombres sacos-de ** llena : diciendo su-casa sobre quien

יוּכְלוּן שְׂאֵת וְשִׂים כֶּסֶף־אִישׁ בְּפִי אַמְתַּחְתּוֹ׃ (2) וְאֶת־
Y-** (2) . su-saco boca-de cada plata y-pon ; llevar puedan

גְּבִיעִי גְּבִיעַ הַכֶּסֶף תָּשִׂים בְּפִי אַמְתַּחַת הַקָּטֹן וְאֵת
y ** el-pequeño saco-de en-boca-de pon la-plata copa-de mi-copa

כֶּסֶף שִׁבְרוֹ וַיַּעַשׂ כִּדְבַר יוֹסֵף אֲשֶׁר דִּבֵּר׃
. habló que José según-palabra-de e-hizo ; su-grano plata-de

הַבֹּקֶר אוֹר וְהָאֲנָשִׁים שֻׁלְּחוּ הֵמָּה וַחֲמֹרֵיהֶם׃
. y-sus-asnos ellos fueron-enviados y-los-hombres ; luz La-mañana (3)

הֵם יָצְאוּ אֶת־הָעִיר לֹא הִרְחִיקוּ וְיוֹסֵף אָמַר
dijo y-José fueron-lejos no la-ciudad de salieron Ellos (4)

לַאֲשֶׁר עַל־בֵּיתוֹ קוּם רְדֹף אַחֲרֵי הָאֲנָשִׁים וְהִשַּׂגְתָּם
y-alcanza-les ; los-hombres tras ve ¡levanta! : su-casa sobre a-quien

וְאָמַרְתָּ אֲלֵהֶם לָמָּה שִׁלַּמְתֶּם רָעָה תַּחַת טוֹבָה׃ הֲלוֹא זֶה אֲשֶׁר
lo-que esto ¿No (5) . bien por mal devolvisteis ¿por-qué : a-ellos y-di

יִשְׁתֶּה אֲדֹנִי בּוֹ וְהוּא נַחֵשׁ יְנַחֵשׁ בּוֹ
; por-ello adivina adivinar y-él ; en-ello mi-señor bebe

הֲרֵעֹתֶם אֲשֶׁר עֲשִׂיתֶם׃ וַיַּשִּׂגֵם וַיְדַבֵּר אֲלֵהֶם
a-ellos y-dijo Y-les-alcanzó (6) . hicisteis lo-que obrasteis-mal

אֶת־הַדְּבָרִים הָאֵלֶּה׃ וַיֹּאמְרוּ אֵלָיו לָמָּה יְדַבֵּר אֲדֹנִי
mi-señor habla ¿por-qué : a-él Y-dijeron (7) . las-éstas las-palabras **

כַּדְּבָרִים הָאֵלֶּה חָלִילָה לַעֲבָדֶיךָ מֵעֲשׂוֹת
de-hacer de-tus-siervos lejos-sea ; las-éstas según-las-cosas

כַּדָּבָר הַזֶּה׃ הֵן כֶּסֶף אֲשֶׁר מָצָאנוּ בְּפִי אַמְתְּחֹתֵינוּ
nuestros-sacos en-boca-de hallamos que plata He-aquí (8) . la-ésta tal-cosa

הֱשִׁיבֹנוּ אֵלֶיךָ מֵאֶרֶץ כְּנָעַן וְאֵיךְ נִגְנֹב
robaríamos y-por-qué? ; Canaán de-tierra-de a-ti devolvimos

מִבֵּית אֲדֹנֶיךָ כֶּסֶף אוֹ זָהָב׃ אֲשֶׁר יִמָּצֵא אִתּוֹ
con-él se-halle A-quien (9) . oro u plata tu-señor de-casa-de

מֵעֲבָדֶיךָ וָמֵת וְגַם־אֲנַחְנוּ נִהְיֶה לַאדֹנִי
a-mi-señor seremos nosotros y-también ; y-morirá de-tus-siervos

לַעֲבָדִים׃ וַיֹּאמֶר גַּם־עַתָּה כְדִבְרֵיכֶם כֶּן־הוּא אֲשֶׁר
quien , él así según-vuestras-palabras ahora bien : Y-dijo (10) . por-siervos

יִמָּצֵא אִתּוֹ יִהְיֶה־לִּי עָבֶד וְאַתֶּם תִּהְיוּ נְקִיִּם׃
. inocentes seréis y-vosotros siervo para-mí sea en-él se-encuentre

וַיְמַהֲרוּ וַיּוֹרִדוּ אִישׁ אֶת־אַמְתַּחְתּוֹ אָרְצָה
; a-tierra su-saco ** cada-uno y-bajaron Y-se-apresuraron (11)

וַיִּפְתְּחוּ אִישׁ אַמְתַּחְתּוֹ׃ וַיְחַפֵּשׂ בַּגָּדוֹל
en-la-mayor Y-buscó (12) . su-saco cada-uno y-abrieron

הֵחֵל וּבַקָּטֹן כִּלָּה וַיִּמָּצֵא הַגָּבִיעַ בְּאַמְתַּחַת
en-saco-de la-copa y-se-encontró acabó y-en-el-pequeño empezó

בִּנְיָמִן׃ וַיִּקְרְעוּ שִׂמְלֹתָם וַיַּעֲמֹס אִישׁ עַל־
en cada-uno y-cargaron ; sus-vestidos Y-rasgaron (13) . Benjamín

חֲמֹרוֹ וַיָּשֻׁבוּ הָעִירָה׃ וַיָּבֹא יְהוּדָה
Judá Y-entró (14) . a-la-ciudad y-regresaron su-asno

וְאֶחָיו בֵּיתָה יוֹסֵף וְהוּא עוֹדֶנּוּ שָׁם וַיִּפְּלוּ
y-cayeron ; allí aún-él y-él José en-casa-de y-sus-hermanos

לְפָנָיו אָרְצָה׃ וַיֹּאמֶר לָהֶם יוֹסֵף מָה־הַמַּעֲשֶׂה הַזֶּה
la-ésta la-acción ¿qué : José a-ellos Y-dijo (15) . a-tierra ante-él

אֲשֶׁר עֲשִׂיתֶם הֲלוֹא יְדַעְתֶּם כִּי־נַחֵשׁ יְנַחֵשׁ אִישׁ אֲשֶׁר כָּמֹנִי׃
. como-yo que hombre adivina adivinar que sabéis no ; hicisteis que

וַיֹּאמֶר יְהוּדָה מַה־נֹּאמַר לַאדֹנִי מַה־נְּדַבֵּר
hablaremos qué , a-mi-señor diremos qué : Judá Y-dijo (16)

וּמַה־נִּצְטַדָּק הָאֱלֹהִים מָצָא אֶת־עֲוֹן
culpa-de ** descubrió el-Dios ; nos-justificaremos y-cómo

עֲבָדֶיךָ הִנֶּנּוּ עֲבָדִים לַאדֹנִי גַּם־אֲנַחְנוּ גַּם אֲשֶׁר־נִמְצָא
se-encontró a-quien y nosotros así , a-mi-señor siervos henos-aquí , tus-siervos

הַגָּבִיעַ בְּיָדוֹ׃ וַיֹּאמֶר חָלִילָה לִּי מֵעֲשׂוֹת זֹאת
; esto de-hacer de-mí lejos-sea Y-dijo (17) . en-su-mano la-copa

הָאִישׁ אֲשֶׁר נִמְצָא הַגָּבִיעַ בְּיָדוֹ הוּא יִהְיֶה־לִּי
para-mí será él en-su-mano la-copa se-encontró a-quien el-hombre

עָבֶד וְאַתֶּם עֲלוּ לְשָׁלוֹם אֶל־אֲבִיכֶם׃ וַיִּגַּשׁ אֵלָיו
a-él Y-se-acercó (18) . vuestro-padre a en-paz subid y-vosotros , siervo

יְהוּדָה וַיֹּאמֶר בִּי אֲדֹנִי יְדַבֶּר־נָא עַבְדְּךָ דָבָר
palabra tu-siervo ahora hablará mi-señor oh : y-dijo Judá

בְּאָזְנֵי אֲדֹנִי וְאַל־יִחַר אַפְּךָ בְּעַבְדֶּךָ
contra-tu-siervo tu-ira arda y-no mi-señor a-oídos-de

כִּי כָמוֹךָ כְּפַרְעֹה׃ אֲדֹנִי שָׁאַל אֶת־עֲבָדָיו
sus-siervos a preguntó Señor-mío (19) . que-Faraón tú-igual pues

לֵאמֹר הֲיֵשׁ־לָכֶם אָב אוֹ־אָח׃ וַנֹּאמֶר אֶל־אֲדֹנִי
mi-señor a Y-dijimos (20) . hermano o padre para-vosotros ¿hay : diciendo

יֶשׁ־לָנוּ אָב זָקֵן וְיֶלֶד זְקֻנִים קָטָן וְאָחִיו
y-su-hermano , pequeño vejeces e-hijo-de viejo padre para-nosotros hay

מֵת וַיִּוָּתֵר הוּא לְבַדּוֹ לְאִמּוֹ וְאָבִיו
y-su-padre , para-su-madre sólo él y-quedó muerto

אֲהֵבוֹ׃ וַתֹּאמֶר אֶל־עֲבָדֶיךָ הוֹרִדֻהוּ אֵלָי
; a-mí haced-le-bajar tus-siervos a Y-dijiste (21) . le-ama

וְאָשִׂימָה עֵינִי עָלָיו׃ וַנֹּאמֶר אֶל־אֲדֹנִי לֹא־יוּכַל
puede no mi-señor a Y-dijimos (22) . en-él mis-ojos y pondré

הַנַּעַר לַעֲזֹב אֶת־אָבִיו וְעָזַב אֶת־אָבִיו וָמֵת׃
. moriría su-padre a si-dejara ; su-padre a dejar el-joven

וַתֹּאמֶר אֶל־ עֲבָדֶיךָ אִם־ לֹא יֵרֵד אֲחִיכֶם
vuestro-hermano desciende no si tus-siervos a Y-dijiste (23)

הַקָּטֹן אִתְּכֶם לֹא תֹסִפוּן לִרְאוֹת פָּנָי׃ וַיְהִי כִּי
que Y-fue (24) . mi-rostro ver otra-vez no con-vosotros el-pequeño

עָלִינוּ אֶל־ עַבְדְּךָ אָבִי וַנַּגֶּד־ לוֹ אֵת דִּבְרֵי
palabras-de ** a-él y-explicamos , mi-padre tu-siervo a subimos

אֲדֹנִי׃ וַיֹּאמֶר אָבִינוּ שֻׁבוּ שִׁבְרוּ־ לָנוּ מְעַט־ אֹכֶל׃
. comida poco-de para-nosotros comprad volved : nuestro-padre Y-dijo (25) . mi-señor

וַנֹּאמֶר לֹא נוּכַל לָרֶדֶת אִם־ יֵשׁ אָחִינוּ הַקָּטֹן
el-pequeño nuestro-hermano está si ; descender podemos no Y-dijimos (26)

אִתָּנוּ וְיָרַדְנוּ כִּי־ לֹא נוּכַל לִרְאוֹת פְּנֵי הָאִישׁ וְאָחִינוּ
si-nuestro-hermano el-varón rostro-de ver podemos no pues bajaremos con-nosotros

הַקָּטֹן אֵינֶנּוּ אִתָּנוּ׃ וַיֹּאמֶר עַבְדְּךָ אָבִי אֵלֵינוּ
. a-nosotros mi-padre tu-siervo Y-dijo (27) . con-nosotros no-está el-pequeño

אַתֶּם יְדַעְתֶּם כִּי שְׁנַיִם יָלְדָה־ לִּי אִשְׁתִּי׃ וַיֵּצֵא הָאֶחָד
el-uno Y-salió (28) . mi-mujer para-mí dio-a-luz dos que sabéis vosotros

מֵאִתִּי וָאֹמַר אַךְ טָרֹף טֹרָף וְלֹא רְאִיתִיו עַד־ הֵנָּה׃
. ahora hasta le-vi y-no ; se-destrozó destrozar cierto : y-dije de-conmigo

וּלְקַחְתֶּם גַּם־ אֶת־ זֶה מֵעִם פָּנַי וְקָרָהוּ אָסוֹן
; daño y-le-ocurre mi-presencia de éste ** también Y-tomáis (29)

וְהוֹרַדְתֶּם אֶת־ שֵׂיבָתִי בְּרָעָה שְׁאֹלָה׃ וְעַתָּה
Y-ahora (30) . al-Seol con-mal mis-canas ** y-haréis-descender

כְּבֹאִי אֶל־ עַבְדְּךָ אָבִי וְהַנַּעַר אֵינֶנּוּ אִתָּנוּ
con-nosotros no-esté y-el-joven mi-padre tu-siervo a cuando-mí-volver

וְנַפְשׁוֹ קְשׁוּרָה בְנַפְשׁוֹ׃ וְהָיָה כִּרְאוֹתוֹ
cuando-ver-lo Y-será (31) . con-su-alma ligada y-su-alma

כִּי־ אֵין הַנַּעַר וָמֵת וְהוֹרִידוּ עֲבָדֶיךָ

tus-siervos y-harán-descender ; y-morirá el-joven no-está que

אֶת־ שֵׂיבַת עַבְדְּךָ אָבִינוּ בְּיָגוֹן שְׁאֹלָה׃ כִּי

Pues (32) . al-Seol en-dolor nuestro-padre tu-siervo canas-de **

עַבְדְּךָ עָרַב אֶת־ הַנַּעַר מֵעִם אָבִי לֵאמֹר אִם־ לֹא

no si : diciendo mi-padre a el-muchacho ** garantizó tu-siervo

אֲבִיאֶנּוּ אֵלֶיךָ וְחָטָאתִי לְאָבִי כָּל־ הַיָּמִים׃

. los-días todos ante-mi-padre y-culpable a-ti le-traigo

וְעַתָּה יֵשֶׁב־ נָא עַבְדְּךָ תַּחַת הַנַּעַר עֶבֶד

siervo , el joven en-lugar-de tu-siervo por-favor quede Y-ahora (33)

לַאדֹנִי וְהַנַּעַר יַעַל עִם־ אֶחָיו׃ כִּי־ אֵיךְ

¿cómo Pues (34) . sus-hermanos con suba y-el-joven ; para-mi-señor

אֶעֱלֶה אֶל־ אָבִי וְהַנַּעַר אֵינֶנּוּ אִתִּי פֶּן אֶרְאֶה

vea para-que-no con-migo él-no y-el-joven mi-padre a subiré

בָרָע אֲשֶׁר יִמְצָא אֶת־ אָבִי׃ וְלֹא־ יָכֹל

pudo Y-no (1) . mi-padre a vendrá que en-el-mal Cap. 45

יוֹסֵף לְהִתְאַפֵּק לְכֹל הַנִּצָּבִים עָלָיו

a-él los-asistentes ante-todos controlarse José

וַיִּקְרָא הוֹצִיאוּ כָל־ אִישׁ מֵעָלָי וְלֹא־ עָמַד אִישׁ אִתּוֹ

con-él hombre quedó y-no de-junto-a-mí hombre todo haced-salir : y-clamó

בְּהִתְוַדַּע יוֹסֵף אֶל־ אֶחָיו׃ וַיִּתֵּן אֶת־

** Y-alzó (2) . sus-hermanos a José al-darse-a-conocer

קֹלוֹ בִּבְכִי וַיִּשְׁמְעוּ מִצְרַיִם וַיִּשְׁמַע בֵּית

casa-de y-oyó egipcios y-oyeron en-llanto su-voz

פַּרְעֹה׃ וַיֹּאמֶר יוֹסֵף אֶל־ אֶחָיו אֲנִי יוֹסֵף הַעוֹד אָבִי

mi-padre ¿todavía ; José yo , sus-hermanos a José Y-dijo (3) . Faraón

חַי וְלֹא־יָכְלוּ אֶחָיו לַעֲנוֹת אֹתוֹ כִּי נִבְהֲלוּ
espantados pues a-él responder sus-hermanos pudieron y-no ; vivo

מִפָּנָיו׃ וַיֹּאמֶר יוֹסֵף אֶל־אֶחָיו גְּשׁוּ־
acercaos sus-hermanos a José Y-dijo (4) . de-su-presencia

נָא אֵלַי וַיִּגָּשׁוּ וַיֹּאמֶר אֲנִי יוֹסֵף אֲחִיכֶם אֲשֶׁר־
que vuestro-hermano José yo : y-dijo ; y-se-acercaron a-mí ahora

מְכַרְתֶּם אֹתִי מִצְרָיְמָה׃ וְעַתָּה ׀ אַל־תֵּעָצְבוּ וְאַל־
y-no estéis-tristes no Y-ahora (5) . a-Egipto a-mí vendisteis

יִחַר בְּעֵינֵיכֶם כִּי־מְכַרְתֶּם אֹתִי הֵנָּה כִּי לְמִחְיָה
para-salvar-la-vida pues , aquí a-mí vendisteis que en-vuestros-ojos os-duela

שְׁלָחַנִי אֱלֹהִים לִפְנֵיכֶם׃ כִּי־זֶה שְׁנָתַיִם הָרָעָב בְּקֶרֶב
en-medio-de el-hambre dos-años ahora Pues (6) . delante-de-vosotros Dios me-envió

הָאָרֶץ וְעוֹד חָמֵשׁ שָׁנִים אֲשֶׁר אֵין־חָרִישׁ וְקָצִיר׃ וַיִּשְׁלָחֵנִי אֱלֹהִים
Dios Y-me-envió (7) . y cosecha siembra no-hay que años cinco y-aún , la-tierra

לִפְנֵיכֶם לָשׂוּם לָכֶם שְׁאֵרִית בָּאָרֶץ וּלְהַחֲיוֹת
y-para-dar-vida en-la-tierra posteridad para-vosotros para-preservar delante-de-vosotros

לָכֶם לִפְלֵיטָה גְּדֹלָה׃ וְעַתָּה לֹא־אַתֶּם שְׁלַחְתֶּם אֹתִי הֵנָּה כִּי
pues , aquí a-mí enviasteis vosotros no Y-ahora (8) . grande para-liberación a-vosotros

הָאֱלֹהִים וַיְשִׂימֵנִי לְאָב לְפַרְעֹה וּלְאָדוֹן לְכָל־
para-toda y-como-señor para-Faraón como-padre y-me-hizo , el-Dios

בֵּיתוֹ וּמֹשֵׁל בְּכָל־אֶרֶץ מִצְרָיִם׃ מַהֲרוּ וַעֲלוּ
y-subid Apresuraos (9) . Egipto tierra-de de-toda y-gobernador , su-casa

אֶל־אָבִי וַאֲמַרְתֶּם אֵלָיו כֹּה אָמַר בִּנְךָ יוֹסֵף שָׂמַנִי
me-hizo : José tu-hijo dijo así : a-él y-decid mi-padre a

אֱלֹהִים לְאָדוֹן לְכָל־מִצְרָיִם רְדָה אֵלַי אַל־תַּעֲמֹד׃ וְיָשַׁבְתָּ
Y-habita (10) . tardes no , a-mí desciende , Egipto de-todo por-señor Dios

בְּאֶרֶץ־גֹּשֶׁן וְהָיִיתָ קָרוֹב אֵלַי אַתָּה וּבָנֶיךָ
y-tus-hijos tú de-mí cerca y-está Gosén en-tierra-de

וּבְנֵי בָנֶיךָ וְצֹאנְךָ וּבְקָרְךָ וְכָל־אֲשֶׁר־
lo-que y-todo y-tus-vacas y-tus-ovejas ; tus-hijos e-hijos-de

לָךְ׃ וְכִלְכַּלְתִּי אֹתְךָ שָׁם כִּי־עוֹד חָמֵשׁ שָׁנִים רָעָב
hambre años cinco aún pues , allí para-ti Y-yo-proveeré (11) . contigo

פֶּן־תִּוָּרֵשׁ אַתָּה וּבֵיתְךָ וְכָל־אֲשֶׁר־לָךְ׃
. contigo lo-que y-todo y-tu-casa tú perecerás de-lo-contrario

וְהִנֵּה עֵינֵיכֶם רֹאוֹת וְעֵינֵי אָחִי בִנְיָמִין
Benjamín mi-hermano y-ojos-de viendo vuestros-ojos Y-he-aquí (12)

כִּי־פִי הַמְדַבֵּר אֲלֵיכֶם׃ וְהִגַּדְתֶּם לְאָבִי
a-mi-padre Y-decid (13) . a-vosotros la-que-habla mi-boca que

אֶת־כָּל־כְּבוֹדִי בְּמִצְרַיִם וְאֵת כָּל־אֲשֶׁר רְאִיתֶם וּמִהַרְתֶּם
y-apresuraos ; visteis lo-que todo y-** en-Egipto mi-gloria toda **

וְהוֹרַדְתֶּם אֶת־אָבִי הֵנָּה׃ וַיִּפֹּל עַל־צַוְּארֵי
su-cuello sobre Y-se-echó (14) . aquí mi-padre a y-haced-bajar

בִנְיָמִן־אָחִיו וַיֵּבְךְּ וּבִנְיָמִן בָּכָה עַל־צַוָּארָיו׃
. su-cuello sobre lloró y-Benjamín y-lloró su-hermano Benjamín

וַיְנַשֵּׁק לְכָל־אֶחָיו וַיֵּבְךְּ עֲלֵהֶם וְאַחֲרֵי
y-después sobre-ellos y-lloró sus-hermanos a-todos Y-besó (15)

כֵן דִּבְּרוּ אֶחָיו אִתּוֹ׃ וְהַקֹּל נִשְׁמַע
se-oyó Y-la-noticia (16) . con-él sus-hermanos hablaron de-esto

בֵּית פַּרְעֹה לֵאמֹר בָּאוּ אֲחֵי יוֹסֵף וַיִּיטַב
y-agradó , José hermanos-de Vinieron : diciendo Faraón casa-de

בְּעֵינֵי פַרְעֹה וּבְעֵינֵי עֲבָדָיו׃ וַיֹּאמֶר פַּרְעֹה
Faraón Y-dijo (17) sus-servidores y-en-ojos-de Faraón en-ojos-de

אֶל־יוֹסֵף אֱמֹר אֶל־אַחֶיךָ זֹאת עֲשׂוּ טַעֲנוּ אֶת־בְּעִירְכֶם וּלְכוּ־

y-marchad vuestra-bestia ** cargad : haced esto tus-hermanos a di : José a

בֹאוּ אַרְצָה כְּנָעַן׃ וּקְחוּ אֶת־אֲבִיכֶם וְאֶת־

y-a vuestro-padre a Y-tomad (18) . Canaán a-tierra-de regresad

בָּתֵּיכֶם וּבֹאוּ אֵלָי וְאֶתְּנָה לָכֶם אֶת־טוּב אֶרֶץ

tierra-de lo-mejor-de ** a-vosotros y-daré a-mí y-regresad vuestras-casas

מִצְרַיִם וְאִכְלוּ אֶת־חֵלֶב הָאָרֶץ׃ וְאַתָּה צֻוֵּיתָה זֹאת עֲשׂוּ

haced : esto manda Y-tú (19) . la-tierra grosura-de ** y-comed , Egipto

קְחוּ־לָכֶם מֵאֶרֶץ מִצְרַיִם עֲגָלוֹת לְטַפְּכֶם וְלִנְשֵׁיכֶם

y-para-vuestras-mujeres para-vuestros-niños carros Egipto de-tierra-de para-vosotros tomad

וּנְשָׂאתֶם אֶת־אֲבִיכֶם וּבָאתֶם׃ וְעֵינְכֶם אַל־תָּחֹס

piense no Y-vuestro-ojo (20) . y-venid vuestro-padre a y-coged

עַל־כְּלֵיכֶם כִּי־טוּב כָּל־אֶרֶץ מִצְרַיִם לָכֶם הוּא׃

. ello para-vosotros Egipto tierra-de toda lo-mejor-de pues vuestras-posesiones acerca-de

וַיַּעֲשׂוּ־כֵן בְּנֵי יִשְׂרָאֵל וַיִּתֵּן לָהֶם יוֹסֵף עֲגָלוֹת עַל־

por carros José a-ellos y-dio Israel hijos-de así E-hicieron (21)

פִּי פַרְעֹה וַיִּתֵּן לָהֶם צֵדָה לַדָּרֶךְ׃

. para-el-camino provisión a-ellos y-dio ; Faraón boca-de

לְכֻלָּם נָתַן לָאִישׁ חֲלִפוֹת שְׂמָלֹת וּלְבִנְיָמִן

y-a-Benjamín ; vestidos mudas-de a-cada-uno dio A-todos-ellos (22)

נָתַן שְׁלֹשׁ מֵאוֹת כֶּסֶף וְחָמֵשׁ חֲלִפֹת שְׂמָלֹת׃

. ropas juegos-de y-cinco , plata cientos tres dio

וּלְאָבִיו שָׁלַח כְּזֹאת עֲשָׂרָה חֲמֹרִים נֹשְׂאִים מִטּוּב

de-lo-mejor cargados asnos diez como-esto envió Y-a-su-padre (23)

מִצְרָיִם וְעֶשֶׂר אֲתֹנֹת נֹשְׂאֹת בָּר וָלֶחֶם וּמָזוֹן

y-provisión y-pan grano cargadas asnas y-diez de-Egipto

לְאָבִיו לַדָּרֶךְ׃ וַיְשַׁלַּח אֶת־ אֶחָיו

sus-hermanos a Y-envió (24) . para-el-camino para-su-padre

וַיֵּלֵכוּ וַיֹּאמֶר אֲלֵהֶם אַל־ תִּרְגְּזוּ בַּדָּרֶךְ׃ וַיַּעֲלוּ

Y-subieron (25) . en-el-camino disputéis no : a-ellos y-dijo ; y-marcharon

מִמִּצְרָיִם וַיָּבֹאוּ אֶרֶץ כְּנַעַן אֶל־ יַעֲקֹב אֲבִיהֶם׃

. su-padre Jacob a Canaán tierra-de y-llegaron ; de-Egipto

וַיַּגִּדוּ לוֹ לֵאמֹר עוֹד יוֹסֵף חַי וְכִי־ הוּא מֹשֵׁל

gobernador él y-de-cierto vivo José aún : diciendo a-él Y-explicaron (26)

בְּכָל־ אֶרֶץ מִצְרָיִם וַיָּפָג לִבּוֹ כִּי לֹא־ הֶאֱמִין

creyó no porque su-corazón y-se-conmovió , Egipto tierra-de en-toda-de

לָהֶם׃ וַיְדַבְּרוּ אֵלָיו אֵת כָּל־ דִּבְרֵי יוֹסֵף אֲשֶׁר דִּבֶּר

habló que José palabras-de todas-de ** a-él Y-dijeron (27) . a-ellos

אֲלֵהֶם וַיַּרְא אֶת־ הָעֲגָלוֹת אֲשֶׁר־ שָׁלַח יוֹסֵף לָשֵׂאת אֹתוֹ

; a-él para-llevar José envió que los-carros ** y-vio a-ellos

וַתְּחִי רוּחַ יַעֲקֹב אֲבִיהֶם׃ וַיֹּאמֶר יִשְׂרָאֵל רַב

, basta : Israel Y-dijo (28) . padre-de-ellos Jacob espíritu-de y-revivió

עוֹד־ יוֹסֵף בְּנִי חָי אֵלְכָה וְאֶרְאֶנּוּ בְּטֶרֶם אָמוּת׃

. muera antes-que y-le-veré iré ; vivo mi-hijo José todavía

וַיִּסַּע יִשְׂרָאֵל וְכָל־ אֲשֶׁר־ לוֹ וַיָּבֹא בְּאֵרָה שָּׁבַע

; Sheba a-Beer y-fue , de-él lo-que y-todo Israel Y-salió (1) Cap. 46

וַיִּזְבַּח זְבָחִים לֵאלֹהֵי אָבִיו יִצְחָק׃ וַיֹּאמֶר

Y-dijo (2) . Isaac su-padre al-Dios-de sacrificios y-ofreció

אֱלֹהִים ׀ לְיִשְׂרָאֵל בְּמַרְאֹת הַלַּיְלָה וַיֹּאמֶר יַעֲקֹב ׀ יַעֲקֹב וַיֹּאמֶר

y-dijo , Jacob Jacob y-dijo : la-noche en-visiones-de a-Israel Dios

הִנֵּנִי׃ וַיֹּאמֶר אָנֹכִי הָאֵל אֱלֹהֵי אָבִיךָ אַל־ תִּירָא

temas no ; tu-padre Dios-de el-Dios Yo : Y-dijo (3) . heme-aquí

מֵרְדָה מִצְרַיְמָה כִּי־ לְגוֹי גָּדוֹל אֲשִׂימְךָ שָׁם׃
. allí te-haré grande para-nación porque a-Egipto de-descender

אָנֹכִי אֵרֵד עִמְּךָ מִצְרַיְמָה וְאָנֹכִי אַעַלְךָ גַם־
ciertamente te-subiré y-yo a-Egipto contigo descenderé Yo (4)

עָלֹה וְיוֹסֵף יָשִׁית יָדוֹ עַל־ עֵינֶיךָ׃ וַיָּקָם
Y-se-levantó (5) . tus-ojos sobre su-mano pondrá y-José ; subir

יַעֲקֹב מִבְּאֵר שָׁבַע וַיִּשְׂאוּ בְנֵי־ יִשְׂרָאֵל אֶת־יַעֲקֹב אֲבִיהֶם
padre-de-ellos Jacob a Israel hijos-de y-tomaron Sheba de-Beer Jacob

וְאֶת־ טַפָּם וְאֶת־ נְשֵׁיהֶם בָּעֲגָלוֹת אֲשֶׁר־ שָׁלַח פַּרְעֹה
Faraón envió que en-los-carros esposas-de-ellos y-a niños-de-ellos y-a

לָשֵׂאת אֹתוֹ׃ וַיִּקְחוּ אֶת־ מִקְנֵיהֶם וְאֶת־ רְכוּשָׁם
sus-posesiones y-** su-ganado ** Y-tomaron (6) . a-él para-llevar

אֲשֶׁר רָכְשׁוּ בְּאֶרֶץ כְּנַעַן וַיָּבֹאוּ מִצְרָיְמָה יַעֲקֹב וְכָל־
y-toda-de Jacob , a-Egipto y-fueron , Canaán en-tierra-de adquirieron que

זַרְעוֹ אִתּוֹ׃ בָּנָיו וּבְנֵי בָנָיו אִתּוֹ
con-él sus-hijos e-hijos-de Sus-hijos (7) . con-él su-descendencia

בְּנֹתָיו וּבְנוֹת בָּנָיו וְכָל־ זַרְעוֹ
; su-descendencia y-toda-de sus-hijos e-hijas-de sus-hijas

הֵבִיא אִתּוֹ מִצְרָיְמָה׃ וְאֵלֶּה שְׁמוֹת בְּנֵי־ יִשְׂרָאֵל הַבָּאִים
los-que-fueron Israel hijos-de nombres-de Y-estos (8) . a-Egipto con-él llevó

מִצְרַיְמָה יַעֲקֹב וּבָנָיו בְּכֹר יַעֲקֹב רְאוּבֵן׃ וּבְנֵי
E-hijos-de (9) . Rubén Jacob primogénito-de ; y-sus-hijos Jacob a-Egipto

רְאוּבֵן חֲנוֹךְ וּפַלּוּא וְחֶצְרוֹן וְכַרְמִי׃ וּבְנֵי שִׁמְעוֹן יְמוּאֵל
Jemuel : Simeón E-hijos-de (10) . y-Carmi y-Hezrón y-Falú Hanoc : Rubén

וְיָמִין וְאֹהַד וְיָכִין וְצֹחַר וְשָׁאוּל בֶּן־ הַכְּנַעֲנִית׃
. la-cananea hijo-de y-Saúl y-Zoar y-Jaquín y-Ohad y-Jamín

וּבְנֵי לֵוִי גֵּרְשׁוֹן קְהָת וּמְרָרִי׃ וּבְנֵי יְהוּדָה עֵר
Er Judá E-hijos-de (12) . y-Merari Coat Gersón : Leví E-hijos-de (11)

וְאוֹנָן וְשֵׁלָה וָפֶרֶץ וָזָרַח וַיָּמָת עֵר וְאוֹנָן בְּאֶרֶץ
en-tierra-de y-Onán Er y-murió ; y-Zara y-Fares y-Sela y-Onán

כְּנַעַן וַיִּהְיוּ בְנֵי־פֶרֶץ חֶצְרֹן וְחָמוּל׃ וּבְנֵי יִשָּׂשכָר
Isacar E-hijos-de (13) . y-Hamul Hezrón Fares hijos-de y-fueron , Canaán

תּוֹלָע וּפֻוָּה וְיוֹב וְשִׁמְרֹן׃ וּבְנֵי זְבוּלֻן סֶרֶד וְאֵלוֹן
y-Elón Sered Zabulón E-hijos-de (14) . y-Simrón y-Job y-Puva Tola

וְיַחְלְאֵל׃ אֵלֶּה ׀ בְּנֵי לֵאָה אֲשֶׁר יָלְדָה לְיַעֲקֹב בְּפַדַּן אֲרָם
Aram en-Padán a-Jacob dio-a-luz que Lea hijos-de Estos (15) . y-Jahleel

וְאֵת דִּינָה בִתּוֹ כָּל־נֶפֶשׁ בָּנָיו וּבְנוֹתָיו
y-sus-hijas sus-hijos almas todas , su-hija Dina y-**

שְׁלֹשִׁים וְשָׁלֹשׁ׃ וּבְנֵי גָד צִפְיוֹן וְחַגִּי שׁוּנִי וְאֶצְבֹּן עֵרִי
Eri , y-Ezbón Suni y-Hagui Zifión Gad E-hijos-de (16) . y-tres treinta

וַאֲרוֹדִי וְאַרְאֵלִי׃ וּבְנֵי אָשֵׁר יִמְנָה וְיִשְׁוָה וְיִשְׁוִי
e-Isúi e-Isúa Imna : Aser E-hijos-de (17) . y-Areli y-Arodi

וּבְרִיעָה וְשֶׂרַח אֲחֹתָם וּבְנֵי בְרִיעָה חֶבֶר וּמַלְכִּיאֵל׃
. y-Malquiel Jeber Beria e-hijos-de ; hermana-de-ellos y-Sera y-Beria

אֵלֶּה בְּנֵי זִלְפָּה אֲשֶׁר־נָתַן לָבָן לְלֵאָה בִתּוֹ
: su-hija a-Lea Labán dio que Zilpa hijos-de Estos (18)

וַתֵּלֶד אֶת־אֵלֶּה לְיַעֲקֹב שֵׁשׁ עֶשְׂרֵה נָפֶשׁ׃ בְּנֵי רָחֵל אֵשֶׁת
mujer-de Raquel Hijos-de (19) . personas diez seis a-Jacob éstos a y-dio-a-luz

יַעֲקֹב יוֹסֵף וּבִנְיָמִן׃ וַיִּוָּלֵד לְיוֹסֵף בְּאֶרֶץ מִצְרַיִם
Egipto en-tierra-de a-José Y-fue-nacido (20) . y-Benjamín José : Jacob

אֲשֶׁר יָלְדָה־לּוֹ אָסְנַת בַּת־פּוֹטִי פֶרַע כֹּהֵן אֹן אֶת־מְנַשֶּׁה
Manasés a , On sacerdote-de Fera Poti hija-de Asenat para-él dio-a-luz que

וְאֶת־אֶפְרָיִם׃ וּבְנֵי בִנְיָמִן בֶּלַע וָבֶכֶר וְאַשְׁבֵּל גֵּרָא
Gera y-Asbel y-Bequer Bela : Benjamín E-hijos-de (21) . Efraím y-a

וְנַעֲמָן אֵחִי וָרֹאשׁ מֻפִּים וְחֻפִּים וָאָרְדְּ׃ אֵלֶּה בְּנֵי רָחֵל
Raquel hijos-de Estos (22) . y-Hared y-Hupim Mupim , y-Ros Ehi y-Naamán

אֲשֶׁר יֻלַּד לְיַעֲקֹב כָּל־ נֶפֶשׁ אַרְבָּעָה עָשָׂר׃ וּבְנֵי־ דָן חֻשִׁים׃
. Husim Dan E-hijos-de (23) . diez cuatro personas todas : a-Jacob dio-a-luz que

וּבְנֵי נַפְתָּלִי יַחְצְאֵל וְגוּנִי וְיֵצֶר וְשִׁלֵּם׃ אֵלֶּה
Estos (25) . y-Silem y-Jezer y-Guni Jahzeel : Naftalí E-hijos-de (24)

בְּנֵי בִלְהָה אֲשֶׁר־ נָתַן לָבָן לְרָחֵל בִּתּוֹ וַתֵּלֶד אֶת־
** y-dio-a-luz ; su-hija a-Raquel Labán dio que Bilha hijos-de

אֵלֶּה לְיַעֲקֹב כָּל־ נֶפֶשׁ שִׁבְעָה׃ כָּל־ הַנֶּפֶשׁ הַבָּאָה
las-que-fueron las-personas Todas (26) . siete personas todas , para-Jacob estos

לְיַעֲקֹב מִצְרַיְמָה יֹצְאֵי יְרֵכוֹ מִלְּבַד נְשֵׁי בְנֵי־
hijos-de esposas-de sin su-cuerpo salientes-de a-Egipto con-Jacob

יַעֲקֹב כָּל־ נֶפֶשׁ שִׁשִּׁים וָשֵׁשׁ׃ וּבְנֵי יוֹסֵף אֲשֶׁר־ יֻלַּד־
fue-nacido que José E-hijos-de (27) . y-seis sesenta personas todas , Jacob

לוֹ בְמִצְרַיִם נֶפֶשׁ שְׁנָיִם כָּל־ הַנֶּפֶשׁ לְבֵית־ יַעֲקֹב הַבָּאָה
el-que-fue Jacob de-casa-de la-persona todas ; dos persona en-Egipto para-él

מִצְרַיְמָה שִׁבְעִים׃ וְאֶת־יְהוּדָה שָׁלַח לְפָנָיו אֶל־ יוֹסֵף לְהוֹרֹת
para-guiar José a ante-él envió Judá Y-a (28) . setenta a-Egipto

לְפָנָיו גֹּשְׁנָה וַיָּבֹאוּ אַרְצָה גֹּשֶׁן׃
. Gosén a-tierra-de y-fueron ; a-Gosén ante-él

וַיֶּאְסֹר יוֹסֵף מֶרְכַּבְתּוֹ וַיַּעַל לִקְרַאת־יִשְׂרָאֵל
Israel a-encontrar-a y-subió su-carro José Y-preparó (29)

אָבִיו גֹּשְׁנָה וַיֵּרָא אֵלָיו וַיִּפֹּל עַל־
sobre y-abrazó a-él y-se-presentó ; a-Gosén su-padre

צַוָּארָיו וַיֵּבְךְּ עַל־ צַוָּארָיו עוֹד׃ וַיֹּאמֶר יִשְׂרָאֵל אֶל־

a Israel Y-dijo (30) . largamente su-cuello sobre y-lloró su-cuello

יוֹסֵף אָמוּתָה הַפָּעַם אַחֲרֵי רְאוֹתִי אֶת־ פָּנֶיךָ כִּי עוֹדְךָ חָי׃

. vivo aún-tú que tu-rostro ** vi pues el-ahora muera-yo : José

וַיֹּאמֶר יוֹסֵף אֶל־ אֶחָיו וְאֶל־ בֵּית אָבִיו

su-padre casa-de y-a sus-hermanos a José Y-dijo (31)

אֶעֱלֶה וְאַגִּידָה לְפַרְעֹה וְאֹמְרָה אֵלָיו אַחַי

mis-hermanos a-él y-diré a-Faraón y-hablaré subiré

וּבֵית־ אָבִי אֲשֶׁר בְּאֶרֶץ־ כְּנַעַן בָּאוּ אֵלָי׃

. a-mí vinieron Canaán en-tierra-de que mi-padre y-casa-de

וְהָאֲנָשִׁים רֹעֵי צֹאן כִּי־ אַנְשֵׁי מִקְנֶה הָיוּ

; son ganado cuidadores-de pues ovejas pastores-de Y-los-hombres (32)

וְצֹאנָם וּבְקָרָם וְכָל־ אֲשֶׁר לָהֶם הֵבִיאוּ׃

. trajeron de-ellos lo-que y-todo y-sus-manadas y-sus-rebaños

וְהָיָה כִּי־ יִקְרָא לָכֶם פַּרְעֹה וְאָמַר מַה־

¿cuál : y-diga Faraón a-vosotros llame cuando Y-será (33)

מַּעֲשֵׂיכֶם׃ וַאֲמַרְתֶּם אַנְשֵׁי מִקְנֶה הָיוּ

son ganado cuidadores-de Y-diréis (34) . vuestro-quehacer

עֲבָדֶיךָ מִנְּעוּרֵינוּ וְעַד־ עַתָּה גַּם־ אֲנַחְנוּ גַּם־ אֲבֹתֵינוּ

nuestros-padres; también nosotros también ahora y-hasta desde-nuestras-juventudes tus-siervos

בַּעֲבוּר תֵּשְׁבוּ בְּאֶרֶץ גֹּשֶׁן כִּי־ תוֹעֲבַת מִצְרַיִם כָּל־

todo egipcios abominación-de pues Gosén en-tierra-de os-asentéis para-que

רֹעֵה צֹאן׃ וַיָּבֹא יוֹסֵף וַיַּגֵּד לְפַרְעֹה וַיֹּאמֶר

: y-dijo a-Faraón y-contó José Y-fue (1) . ovejas pastor-de Cap. 47

אָבִי וְאַחַי וְצֹאנָם וּבְקָרָם וְכָל־

y-todo y-su-vacuno y-sus-ovejas y-mis-hermanos mi-padre

אֲשֶׁר לָהֶם בָּאוּ מֵאֶרֶץ כְּנָעַן וְהִנָּם בְּאֶרֶץ גֹּשֶׁן׃
. Gosén en-tierra-de y-ahora-ellos Canaán de-tierra-de vinieron de-ellos lo-que

וּמִקְצֵה אֶחָיו לָקַח חֲמִשָּׁה אֲנָשִׁים וַיַּצִּגֵם
y-los-presentó varones cinco tomó sus-hermanos Y-de-entre (2)

לִפְנֵי פַרְעֹה׃ וַיֹּאמֶר פַּרְעֹה אֶל־אֶחָיו מַה־
¿cuál : sus-hermanos a Faraón Y-dijo (3) . Faraón ante

מַּעֲשֵׂיכֶם וַיֹּאמְרוּ אֶל־פַּרְעֹה רֹעֵה צֹאן עֲבָדֶיךָ
tus-siervos ovejas pastores-de : Faraón a y-dijeron ; vuestra-ocupación

גַּם־אֲנַחְנוּ גַּם־אֲבוֹתֵינוּ׃ וַיֹּאמְרוּ אֶל־פַּרְעֹה לָגוּר
para-habitar : Faraón a Y-dijeron (4) . nuestros-padres como nosotros tanto

בָּאָרֶץ בָּאנוּ כִּי־אֵין מִרְעֶה לַצֹּאן אֲשֶׁר
que para-las-ovejas pasto no-hay pues vinimos en-la-tierra

לַעֲבָדֶיךָ כִּי־כָבֵד הָרָעָב בְּאֶרֶץ כְּנָעַן וְעַתָּה
y-ahora Canaán en-tierra-de el-hambre pesada pues para-tus-siervos

יֵשְׁבוּ־נָא עֲבָדֶיךָ בְּאֶרֶץ גֹּשֶׁן׃ וַיֹּאמֶר
Y-dijo (5) . Gosén en-tierra-de tus-siervos por-favor se-establezcan

פַּרְעֹה אֶל־יוֹסֵף לֵאמֹר אָבִיךָ וְאַחֶיךָ בָּאוּ אֵלֶיךָ׃
. a-ti vinieron y-tus-hermanos tu-padre : diciendo José a Faraón

אֶרֶץ מִצְרַיִם לְפָנֶיךָ הִוא בְּמֵיטַב הָאָרֶץ הוֹשֵׁב אֶת־אָבִיךָ
tu-padre ** habite la-tierra en-lo-mejor-de ella ante-ti Egipto Tierra-de (6)

וְאֶת־אַחֶיךָ יֵשְׁבוּ בְּאֶרֶץ גֹּשֶׁן וְאִם־יָדַעְתָּ
sabes y-si Gosén en-tierra-de se-establezcan ; tus-hermanos y-**

וְיֶשׁ־בָּם אַנְשֵׁי־חַיִל וְשַׂמְתָּם
pon-los capaces hombres entre-ellos que-hay

שָׂרֵי מִקְנֶה עַל־אֲשֶׁר־לִי׃ וַיָּבֵא יוֹסֵף אֶת־יַעֲקֹב
Jacob a José Y-llevó (7) . mío lo-que sobre ganado encargados-de

אָבִיו וַיַּעֲמִדֵהוּ לִפְנֵי פַרְעֹה וַיְבָרֶךְ יַעֲקֹב אֶת־
a Jacob y-bendijo ; Faraón ante y-le-presentó su-padre

פַּרְעֹה׃ וַיֹּאמֶר פַּרְעֹה אֶל־יַעֲקֹב כַּמָּה יְמֵי שְׁנֵי
años-de días-de ¿cuántos : Jacob a Faraón Y-dijo (8) . Faraón

חַיֶּיךָ׃ וַיֹּאמֶר יַעֲקֹב אֶל־פַּרְעֹה יְמֵי שְׁנֵי מְגוּרַי
mi-peregrinación años-de días-de Faraón a Jacob Y-dijo (9) . tus-vidas

שְׁלֹשִׁים וּמְאַת שָׁנָה מְעַט וְרָעִים הָיוּ יְמֵי שְׁנֵי
años-de días-de son y-malos pocos ; año y-cien treinta

חַיַּי וְלֹא הִשִּׂיגוּ אֶת־יְמֵי שְׁנֵי חַיֵּי אֲבֹתַי
mis-padres vidas-de años-de días-de ** igualan y-no , mi-vida

בִּימֵי מְגוּרֵיהֶם׃ וַיְבָרֶךְ יַעֲקֹב אֶת־פַּרְעֹה וַיֵּצֵא
y-salió ; Faraón a Jacob Y-bendijo (10) . su-peregrinación en-días-de

מִלִּפְנֵי פַרְעֹה׃ וַיּוֹשֵׁב יוֹסֵף אֶת־אָבִיו וְאֶת־
y-a su-padre a José Y-estableció (11) . Faraón de-delante-de

אֶחָיו וַיִּתֵּן לָהֶם אֲחֻזָּה בְּאֶרֶץ מִצְרַיִם בְּמֵיטַב
en-lo-mejor-de Egipto en-tierra-de propiedad a-ellos y-dio sus-hermanos

הָאָרֶץ בְּאֶרֶץ רַעְמְסֵס כַּאֲשֶׁר צִוָּה פַרְעֹה׃
. Faraón mandó como ; Rameses en-tierra-de la-tierra

וַיְכַלְכֵּל יוֹסֵף אֶת־אָבִיו וְאֶת־אֶחָיו וְאֵת כָּל־
toda y-a sus-hermanos y-a su-padre a José Y-alimentó (12)

בֵּית אָבִיו לֶחֶם לְפִי הַטָּף׃
. los-niños según-el-número pan ; su-padre casa-de

וְלֶחֶם אֵין בְּכָל־הָאָרֶץ כִּי־כָבֵד הָרָעָב מְאֹד
mucho el-hambre grave pues la-tierra en-toda no-había Y-pan (13)

וַתֵּלַהּ אֶרֶץ מִצְרַיִם וְאֶרֶץ כְּנַעַן מִפְּנֵי הָרָעָב׃
. el hambre a-causa-de Canaán y-tierra-de Egipto tierra-de y-desfalleció

וַיְלַקֵּט יוֹסֵף אֶת־ כָּל־ הַכֶּסֶף הַנִּמְצָא בְאֶרֶץ־
en-tierra-de el-que-se-hallaba el-dinero todo ** José Y-recogió (14)

מִצְרַיִם וּבְאֶרֶץ כְּנַעַן בַּשֶּׁבֶר אֲשֶׁר־ הֵם שֹׁבְרִים וַיָּבֵא
y-llevó ; compraban ellos que por-el-grano Canaán y-en-tierra-de Egipto

יוֹסֵף אֶת־ הַכֶּסֶף בֵּיתָה פַרְעֹה׃ וַיִּתֹּם הַכֶּסֶף
el-dinero Y-se-acabó (15) . Faraón a-casa-de el-dinero ** José

מֵאֶרֶץ מִצְרַיִם וּמֵאֶרֶץ כְּנַעַן וַיָּבֹאוּ כָל־מִצְרַיִם אֶל־
a Egipto todo y-fueron Canaán y-de-tierra-de Egipto de-tierra-de

יוֹסֵף לֵאמֹר הָבָה־ לָּנוּ לֶחֶם וְלָמָּה נָמוּת נֶגְדֶּךָ כִּי
pues ; ante-ti moriremos y-por-qué , pan a-nosotros da : diciendo José

אָפֵס כָּסֶף׃ וַיֹּאמֶר יוֹסֵף הָבוּ מִקְנֵיכֶם
vuestro-ganado traed José Y-dijo (16) . dinero se-acabó

וְאֶתְּנָה לָכֶם בְּמִקְנֵיכֶם אִם־ אָפֵס כָּסֶף׃
. dinero se-acabó pues ; por-vuestro-ganado a-vosotros y-venderé

וַיָּבִיאוּ אֶת־ מִקְנֵיהֶם אֶל־יוֹסֵף וַיִּתֵּן לָהֶם יוֹסֵף לֶחֶם
pan José a-ellos y-dio José a su-ganado ** Y-llevaron (17)

בַּסּוּסִים וּבְמִקְנֵה הַצֹּאן וּבְמִקְנֵה הַבָּקָר
las-vacas y-para-el-ganado-de las-ovejas y-para-el-ganado para-los-caballos

וּבַחֲמֹרִים וַיְנַהֲלֵם בַּלֶּחֶם בְּכָל־ מִקְנֵהֶם
ganado para-todo con-el-pan y-les-proveyó ; y-para-los-asnos

בַּשָּׁנָה הַהִוא׃ וַתִּתֹּם הַשָּׁנָה הַהִוא וַיָּבֹאוּ
y-vinieron el-aquel el-año Y-acabó (18) . el-aquel en-el-año

אֵלָיו בַּשָּׁנָה הַשֵּׁנִית וַיֹּאמְרוּ לוֹ לֹא־ נְכַחֵד
encubrimos no : a-él y-dijeron el-segundo en-el-año a-él

מֵאֲדֹנִי כִּי אִם־ תַּם הַכֶּסֶף וּמִקְנֵה הַבְּהֵמָה אֶל־
a las-bestias y-ganado-de el-dinero se-acabó ya-que que de-mi-señor

אֲדֹנִי לֹא נִשְׁאַר לִפְנֵי אֲדֹנִי בִּלְתִּי אִם־ גְּוִיָּתֵנוּ

nuestro-cuerpo excepto nada mi-señor ante queda no , mi-señor

וְאַדְמָתֵנוּ׃ לָמָּה נָמוּת לְעֵינֶיךָ גַּם־ אֲנַחְנוּ גַּם

como nosotros tanto , ante-tus-ojos moriremos Por-qué (19) . y-nuestra-tierra

אַדְמָתֵנוּ קְנֵה־ אֹתָנוּ וְאֶת־ אַדְמָתֵנוּ בַּלָּחֶם וְנִהְיֶה אֲנַחְנוּ

nosotros y-seremos ; por-el-pan nuestra-tierra y-a a-nosotros compra nuestra-tierra

וְאַדְמָתֵנוּ עֲבָדִים לְפַרְעֹה וְתֶן־ זֶרַע וְנִחְיֶה וְלֹא נָמוּת

moriremos y-no y-viviremos semilla y-da , a Faraón siervos y-nuestra-tierra

וְהָאֲדָמָה לֹא תֵשָׁם׃ וַיִּקֶן יוֹסֵף אֶת־ כָּל־ אַדְמַת

tierra-de toda ** José Y-compró (20) . será-asolada no y-la-tierra

מִצְרַיִם לְפַרְעֹה כִּי־ מָכְרוּ מִצְרַיִם אִישׁ שָׂדֵהוּ כִּי־ חָזַק

dura pues su-campo cada-uno egipcios vendieron pues para-Faraón Egipto

עֲלֵהֶם הָרָעָב וַתְּהִי הָאָרֶץ לְפַרְעֹה׃ וְאֶת־ הָעָם

el-pueblo Y-** (21) . para-Faraón la-tierra y-fue ; el-hambre sobre-ellos

הֶעֱבִיר אֹתוֹ לֶעָרִים מִקְצֵה גְבוּל־ מִצְרַיִם וְעַד־ קָצֵהוּ׃

. otro-extremo hasta Egipto frontera-de de-extremo , a-las-ciudades a-él trasladó

רַק אַדְמַת הַכֹּהֲנִים לֹא קָנָה כִּי חֹק לַכֹּהֲנִים

a-los-sacerdotes ración pues compró no los-sacerdotes tierra-de Solamente (22)

מֵאֵת פַּרְעֹה וְאָכְלוּ אֶת־ חֻקָּם אֲשֶׁר נָתַן לָהֶם פַּרְעֹה

Faraón a-ellos daba que su-ración ** y-comían Faraón de-**

עַל־ כֵּן לֹא מָכְרוּ אֶת־ אַדְמָתָם׃ וַיֹּאמֶר יוֹסֵף אֶל־ הָעָם

el-pueblo a José Y-dijo (23) . su-tierra ** vendieron no eso por

הֵן קָנִיתִי אֶתְכֶם הַיּוֹם וְאֶת־ אַדְמַתְכֶם לְפַרְעֹה הֵא־ לָכֶם זֶרַע

semilla para vosotros aquí ; para-Faraón vuestra-tierra y ** hoy a-vosotros compré mira

וּזְרַעְתֶּם אֶת־ הָאֲדָמָה׃ וְהָיָה בַּתְּבוּאֹת

en-las cosechas Y-será (24) . la-tierra ** y-sembraréis

וּנְתַתֶּם הַחֲמִישִׁית לְפַרְעֹה וְאַרְבַּע הַיָּדֹת יִהְיֶה לָכֶם לְזֶרַע
por-semilla para-vosotros será las-partes y-cuatro a-Faraón el-quinto y-daréis

הַשָּׂדֶה וּלְאָכְלְכֶם וְלַאֲשֶׁר בְּבָתֵּיכֶם וְלֶאֱכֹל
y-para-comer en-vuestras-casas y-para-quien y-para-alimento-vuestro el-campo

לְטַפְּכֶם׃ וַיֹּאמְרוּ הֶחֱיִתָנוּ נִמְצָא־חֵן
gracia hallemos ; nos-diste-la-vida : Y-dijeron (25) . para-vuestros-niños

בְּעֵינֵי אֲדֹנִי וְהָיִינוּ עֲבָדִים לְפַרְעֹה׃ וַיָּשֶׂם
Y-estableció (26) . para-Faraón siervos y-seremos mi-señor en-ojos-de

אֹתָהּ יוֹסֵף לְחֹק עַד־הַיּוֹם הַזֶּה עַל־אַדְמַת מִצְרַיִם לְפַרְעֹה
para-Faraón Egipto tierra-de sobre la-ésta hoy hasta por-ley José a-ella

לַחֹמֶשׁ רַק אַדְמַת הַכֹּהֲנִים לְבַדָּם לֹא הָיְתָה לְפַרְעֹה׃
. para-Faraón fue no, para-sí-mismos los-sacerdotes tierra-de sólo ; el-quinto

וַיֵּשֶׁב יִשְׂרָאֵל בְּאֶרֶץ מִצְרַיִם בְּאֶרֶץ גֹּשֶׁן
Gosén en-tierra-de Egipto en-tierra-de Israel Y-se-estableció (27)

וַיֵּאָחֲזוּ בָהּ וַיִּפְרוּ וַיִּרְבּוּ
y-se-multiplicaron y-fructificaron en-ella y-tomaron-posesión

מְאֹד׃ וַיְחִי יַעֲקֹב בְּאֶרֶץ מִצְרַיִם שְׁבַע עֶשְׂרֵה שָׁנָה וַיְהִי
y-fue ; año diez siete Egipto en-tierra-de Jacob Y-vivió (28) . mucho

יְמֵי־יַעֲקֹב שְׁנֵי חַיָּיו שֶׁבַע שָׁנִים וְאַרְבָּעִים וּמְאַת שָׁנָה׃
. año y-cien y-cuarenta años siete sus-vidas años-de Jacob días-de

וַיִּקְרְבוּ יְמֵי־יִשְׂרָאֵל לָמוּת וַיִּקְרָא ׀ לִבְנוֹ
a-su-hijo y-llamó para-morir Israel días-de Y-llegaron (29)

לְיוֹסֵף וַיֹּאמֶר לוֹ אִם־נָא מָצָאתִי חֵן בְּעֵינֶיךָ שִׂים־נָא
ahora pon en-tus-ojos gracia hallé ahora si : a-él y-dijo a-José

יָדְךָ תַּחַת יְרֵכִי וְעָשִׂיתָ עִמָּדִי חֶסֶד וֶאֱמֶת
y-fidelidad merced con-migo y-harás mi-muslo bajo tu-mano

אַל־ נָא תִקְבְּרֵנִי בְּמִצְרָיִם׃ וְשָׁכַבְתִּי עִם־ אֲבֹתַי
mis-padres con Cuando-descanse (30) . en-Egipto me-entierres por-favor no

וּנְשָׂאתַנִי מִמִּצְרַיִם וּקְבַרְתַּנִי בִּקְבֻרָתָם וַיֹּאמַר אָנֹכִי
yo : y-dijo ; en-tumba-de-ellos y-me-enterrarás de-Egipto y-me-llevarás

אֶעֱשֶׂה כִדְבָרֶךָ׃ וַיֹּאמֶר הִשָּׁבְעָה לִי וַיִּשָּׁבַע לוֹ
; a-él y-juró , a-mí jura : Y-dijo (31) . según-tu-palabra haré

וַיִּשְׁתַּחוּ יִשְׂרָאֵל עַל־ רֹאשׁ הַמִּטָּה׃ וַיְהִי אַחֲרֵי הַדְּבָרִים
las-cosas tras Y-fue (1) . la-cama cabeza-de sobre Israel y-se-inclinó Cap. 48

הָאֵלֶּה וַיֹּאמֶר לְיוֹסֵף הִנֵּה אָבִיךָ חֹלֶה וַיִּקַּח אֶת־
** y-tomó , enfermo tu-padre he-aquí : a-José y-dijo las éstas

שְׁנֵי בָנָיו עִמּוֹ אֶת־ מְנַשֶּׁה וְאֶת־ אֶפְרָיִם׃ וַיַּגֵּד לְיַעֲקֹב
a-Jacob Y-dijo (2) . Efraím y-a Manasés a , con-él sus-hijos dos-de

וַיֹּאמֶר הִנֵּה בִּנְךָ יוֹסֵף בָּא אֵלֶיךָ וַיִּתְחַזֵּק יִשְׂרָאֵל
Israel y-se-esforzó ; a-ti vino José tu-hijo he-aquí y-dijo

וַיֵּשֶׁב עַל־ הַמִּטָּה׃ וַיֹּאמֶר יַעֲקֹב אֶל־ יוֹסֵף אֵל שַׁדַּי
Todopoderoso Dios : José a Jacob Y-dijo (3) . la-cama sobre y-se-sentó

נִרְאָה־ אֵלַי בְּלוּז בְּאֶרֶץ כְּנָעַן וַיְבָרֶךְ אֹתִי׃ וַיֹּאמֶר
Y-dijo (4) . a-mí y-bendijo Canaán en-tierra-de en-Luz a-mí apareció

אֵלַי הִנְנִי מַפְרְךָ וְהִרְבִּיתִךָ וּנְתַתִּיךָ
y-te-pondré y-te-multiplicaré te-haré-fructificar heme-aquí : a-mí

לִקְהַל עַמִּים וְנָתַתִּי אֶת־ הָאָרֶץ הַזֹּאת
la-ésta la-tierra ** y-daré pueblos por-comunidad-de

לְזַרְעֲךָ אַחֲרֶיךָ אֲחֻזַּת עוֹלָם׃ וְעַתָּה שְׁנֵי־
dos-de Y-ahora (5) . perpetua posesión después-de-ti a-tu-descendencia

בָנֶיךָ הַנּוֹלָדִים לְךָ בְּאֶרֶץ מִצְרַיִם עַד־ בֹּאִי
mi-venida hasta Egipto en-tierra-de a-ti los-nacidos tus-hijos

אֵלֶיךָ מִצְרַיְמָה לִי־ הֵם אֶפְרַיִם וּמְנַשֶּׁה כִּרְאוּבֵן וְשִׁמְעוֹן
y-Simeón como-Rubén y-Manasés Efraím ; ellos para-mí a-Egipto a-ti

יִהְיוּ־ לִי׃ וּמוֹלַדְתְּךָ אֲשֶׁר־ הוֹלַדְתָּ אַחֲרֵיהֶם לְךָ
para-ti tras-ellos engendraste que Y-tus-hijos (6) . para-mí son

יִהְיוּ עַל שֵׁם אֲחֵיהֶם יִקָּרְאוּ
serán-llamados sus-hermanos nombre-de por ; son

בְּנַחֲלָתָם׃ וַאֲנִי בְּבֹאִי מִפַּדָּן מֵתָה עָלַי
junto-a-mí murió de-Padán en-mi-regreso Y-yo (7) . en-su-herencia

רָחֵל בְּאֶרֶץ כְּנַעַן בַּדֶּרֶךְ בְּעוֹד כִּבְרַת־ אֶרֶץ לָבֹא
para-ir tierra lejos-de cuando-aún , en-el-camino Canaán en-tierra-de Raquel

אֶפְרָתָה וָאֶקְבְּרֶהָ שָּׁם בְּדֶרֶךְ אֶפְרָת הִוא בֵּית לָחֶם׃
. Lehem Bet que Efrata en-camino-de allí y-la-enterré ; a-Efrata

וַיַּרְא יִשְׂרָאֵל אֶת־ בְּנֵי יוֹסֵף וַיֹּאמֶר מִי־ אֵלֶּה׃
. éstos ¿quién : y-dijo ; José hijos-de ** Israel Y-vio (8)

וַיֹּאמֶר יוֹסֵף אֶל־ אָבִיו בָּנַי הֵם אֲשֶׁר־ נָתַן־ לִי אֱלֹהִים
Dios a-mí dio que ellos mis-hijos : su-padre a José Y-dijo (9)

בָּזֶה וַיֹּאמַר קָחֶם־ נָא אֵלַי וַאֲבָרְכֵם׃ וְעֵינֵי
Y-ojos-de (10) . y-les-bendeciré a-mí ahora tráelos : y-dijo ; aquí

יִשְׂרָאֵל כָּבְדוּ מִזֹּקֶן לֹא יוּכַל לִרְאוֹת וַיַּגֵּשׁ אֹתָם
a-ellos y-llevó ver podía no , de-edad pesados Israel

אֵלָיו וַיִּשַּׁק לָהֶם וַיְחַבֵּק לָהֶם׃ וַיֹּאמֶר
Y-dijo (11) . a-ellos y-abrazó a-ellos y-besó a-él

יִשְׂרָאֵל אֶל־יוֹסֵף רְאֹה פָנֶיךָ לֹא פִלָּלְתִּי וְהִנֵּה הֶרְאָה אֹתִי
a-mí hace-ver y-he-aquí esperaba no tu-rostro ver : José a Israel

אֱלֹהִים גַּם אֶת־ זַרְעֶךָ׃ וַיּוֹצֵא יוֹסֵף אֹתָם מֵעִם
de-entre a-ellos José Y-sacó (12) . tu-descendencia ** también Dios

בִּרְכָּיו וַיִּשְׁתַּחוּ לְאַפָּיו אָרְצָה׃ וַיִּקַּח יוֹסֵף
José Y-tomó (13) . a-tierra con-su-rostro y-se-inclinó sus-rodillas

אֶת־שְׁנֵיהֶם אֶת־אֶפְרַיִם בִּימִינוֹ מִשְּׂמֹאל יִשְׂרָאֵל וְאֶת־
y-a Israel a-la-izquierda-de a-su-derecha Efraím a ellos-dos a

מְנַשֶּׁה בִשְׂמֹאלוֹ מִימִין יִשְׂרָאֵל וַיַּגֵּשׁ אֵלָיו׃
. a-él y-llevó ; Israel a-la-derecha-de a-su-izquierda Manasés

וַיִּשְׁלַח יִשְׂרָאֵל אֶת־יְמִינוֹ וַיָּשֶׁת עַל־רֹאשׁ
cabeza-de sobre y-puso su-mano-derecha ** Israel Y-alargó (14)

אֶפְרַיִם וְהוּא הַצָּעִיר וְאֶת־שְׂמֹאלוֹ עַל־רֹאשׁ מְנַשֶּׁה
Manasés cabeza-de sobre su-mano-izquierda y-** el-menor y él Efraím

שִׂכֵּל אֶת־יָדָיו כִּי מְנַשֶּׁה הַבְּכוֹר׃ וַיְבָרֶךְ
Y-bendijo (15) . el-primogénito Manasés aunque sus-manos ** cruzó

אֶת־יוֹסֵף וַיֹּאמַר הָאֱלֹהִים אֲשֶׁר הִתְהַלְּכוּ אֲבֹתַי לְפָנָיו
delante-de-él mis-padres anduvieron con-quien el-Dios : y-dijo José a

אַבְרָהָם וְיִצְחָק הָאֱלֹהִים הָרֹעֶה אֹתִי מֵעוֹדִי עַד־הַיּוֹם
hoy hasta toda-mi-vida a-mí que-pastorea el-Dios e-Isaac Abraham

הַזֶּה׃ הַמַּלְאָךְ הַגֹּאֵל אֹתִי מִכָּל־רָע יְבָרֵךְ
bendiga mal de-todo a-mí el-liberador El-ángel (16) . el-éste

אֶת־הַנְּעָרִים וְיִקָּרֵא בָהֶם שְׁמִי וְשֵׁם אֲבֹתַי
mis-padres y-nombre-de mi-nombre en-ellos y-sea-invocado los-jóvenes a

אַבְרָהָם וְיִצְחָק וְיִדְגּוּ לָרֹב בְּקֶרֶב הָאָרֶץ׃
. la-tierra en-medio-de mucho y-aumenten e-Isaac Abraham

וַיַּרְא יוֹסֵף כִּי־יָשִׁית אָבִיו יַד־יְמִינוֹ
su-derecha mano-de su-padre colocó que José Y-vio (17)

עַל־רֹאשׁ אֶפְרַיִם וַיֵּרַע בְּעֵינָיו וַיִּתְמֹךְ
y-cogió en-sus-ojos y-desagradó Efraím cabeza-de sobre

יַד־אָבִיו לְהָסִיר אֹתָהּ מֵעַל רֹאשׁ־אֶפְרַיִם עַל־רֹאשׁ מְנַשֶּׁה׃

. Manasés cabeza-de sobre Efraím cabeza-de de-sobre a-ella para-retirar su-padre mano-de

וַיֹּאמֶר יוֹסֵף אֶל־אָבִיו לֹא־כֵן אָבִי כִּי־זֶה

éste pues , padre-mío así no su-padre a José Y-dijo (18)

הַבְּכֹר שִׂים יְמִינְךָ עַל־רֹאשׁוֹ׃ וַיְמָאֵן

Y-rehusó (19) . su-cabeza sobre tu-mano-derecha pon , el primogénito

אָבִיו וַיֹּאמֶר יָדַעְתִּי בְנִי יָדַעְתִּי גַּם־הוּא יִהְיֶה־

será él también yo-sé hijo-mío yo-sé : y-dijo su-padre

לְעָם וְגַם־הוּא יִגְדָּל וְאוּלָם אָחִיו הַקָּטֹן

el-menor su-hermano y-sin-embargo se-engrandecerá él y-también por-pueblo

יִגְדַּל מִמֶּנּוּ וְזַרְעוֹ יִהְיֶה מְלֹא־

multitud-de será y-su-descendencia que-él será-más-grande

הַגּוֹיִם׃ וַיְבָרְכֵם בַּיּוֹם הַהוּא לֵאמוֹר בְּךָ

por-ti : diciendo el-aquel en-el-día Y-les-bendijo (20) . las-naciones

יְבָרֵךְ יִשְׂרָאֵל לֵאמֹר יְשִׂמְךָ אֱלֹהִים כְּאֶפְרַיִם וְכִמְנַשֶּׁה

y-como-Manasés como-Efraím Dios te-haga diciendo Israel bendecirá

וַיָּשֶׂם אֶת־אֶפְרַיִם לִפְנֵי מְנַשֶּׁה׃ וַיֹּאמֶר יִשְׂרָאֵל אֶל־יוֹסֵף

José a Israel Y-dijo (21) . Manasés delante-de Efraím a y-puso

הִנֵּה אָנֹכִי מֵת וְהָיָה אֱלֹהִים עִמָּכֶם וְהֵשִׁיב אֶתְכֶם אֶל־אֶרֶץ

tierra-de a a-vosotros y-hará-volver con-vosotros Dios y-será muero yo mira

אֲבֹתֵיכֶם׃ וַאֲנִי נָתַתִּי לְךָ שְׁכֶם אַחַד עַל־אַחֶיךָ

tus-hermanos sobre una porción a-ti daré Y-yo (22) . vuestros-padres

אֲשֶׁר לָקַחְתִּי מִיַּד הָאֱמֹרִי בְּחַרְבִּי וּבְקַשְׁתִּי׃

. y-con-mi-arco con-mi-espada el-amorita de-mano-de cogí que

וַיִּקְרָא יַעֲקֹב אֶל־בָּנָיו וַיֹּאמֶר הֵאָסְפוּ וְאַגִּידָה

y-contaré reuníos : y-dijo sus-hijos a Jacob Y-llamó (1) Cap.

לָכֶם אֵת אֲשֶׁר־יִקְרָא אֶתְכֶם בְּאַחֲרִית הַיָּמִים׃ הִקָּבְצוּ
Juntaos (2) . los-días en-posteriores a-vosotros acontecerá lo-que ** a-vosotros

וְשִׁמְעוּ בְּנֵי יַעֲקֹב וְשִׁמְעוּ אֶל־יִשְׂרָאֵל אֲבִיכֶם׃ רְאוּבֵן
Rubén (3) . vuestro-padre Israel a y-escuchad Jacob hijos-de y-escuchad

בְּכֹרִי אַתָּה כֹּחִי וְרֵאשִׁית אוֹנִי יֶתֶר
principal-de , mi-vigor y-primero-de mi-fuerza , tú mi-primogénito

שְׂאֵת וְיֶתֶר עָז׃ פַּחַז כַּמַּיִם אַל־תּוֹתַר
serás-principal no como-las-aguas Impetuoso (4) . poder y-principal-de honor

כִּי עָלִיתָ מִשְׁכְּבֵי אָבִיךָ אָז חִלַּלְתָּ יְצוּעִי עָלָה׃
. subió mi-estrado te-degradaste entonces ; tu-padre lechos-de subiste pues

שִׁמְעוֹן וְלֵוִי אַחִים כְּלֵי חָמָס מְכֵרֹתֵיהֶם׃
. sus-espadas violencia armas-de hermanos y-Leví Simeón (5)

בְּסֹדָם אַל־תָּבֹא נַפְשִׁי בִּקְהָלָם אַל־
no en-su-compañía mi-alma entra no En-su-consejo (6)

תֵּחַד כְּבֹדִי כִּי בְאַפָּם הָרְגוּ אִישׁ
hombre mataron en-su-ira pues mi-gloria se-junte

וּבִרְצֹנָם עִקְּרוּ־שׁוֹר׃ אָרוּר אַפָּם כִּי
tan su-ira Maldita (7) . toro desjarretaron y-por-su-placer

עָז וְעֶבְרָתָם כִּי קָשָׁתָה אֲחַלְּקֵם בְּיַעֲקֹב
en-Jacob los-esparciré ; cruel tan y-su-furor fiero

וַאֲפִיצֵם בְּיִשְׂרָאֵל׃ יְהוּדָה אַתָּה יוֹדוּךָ
te-alabarán tú Judá (8) . en-Israel y-los-dispersaré

אַחֶיךָ יָדְךָ בְּעֹרֶף אֹיְבֶיךָ יִשְׁתַּחֲווּ לְךָ
a-ti se-inclinarán ; tus-enemigos en-cuello-de tu-mano tus-hermanos

בְּנֵי אָבִיךָ׃ גּוּר אַרְיֵה יְהוּדָה מִטֶּרֶף בְּנִי עָלִיתָ
subiste hijo-mío de-presa Judá león Cachorro-de (9) . tu-padre hijos-de

כָּרַע רָבַץ כְּאַרְיֵה וּכְלָבִיא מִי יְקִימֶנּוּ׃ לֹא־
No (10) . le-despertará quién , y-como-leona como-león se-echó se-encorvó

יָסוּר שֵׁבֶט מִיהוּדָה וּמְחֹקֵק מִבֵּין רַגְלָיו
sus-pies de-entre mi-vara-de-mando de-Judá cetro partirá

עַד כִּי־ יָבֹא שִׁילֹה וְלוֹ יִקְּהַת עַמִּים׃
. pueblos obediencia-de y-a-él Silo-** venga que hasta

אֹסְרִי לַגֶּפֶן עִירֹה וְלַשֹּׂרֵקָה בְּנִי
hijo-de y-al-sarmiento su-pollino a-la-vid Atando (11)

אֲתֹנוֹ כִּבֵּס בַּיַּיִן לְבֻשׁוֹ וּבְדַם־ עֲנָבִים
uvas y-en-sangre-de su-vestido en-el-vino lavó ; su-asna

סוּתֹה׃ חַכְלִילִי עֵינַיִם מִיָּיִן וּלְבֶן־ שִׁנַּיִם מֵחָלָב׃ זְבוּלֻן
Zabulón (13) . que-leche dientes y-más-blancos que-vino ojos Más-oscuros (12) . su-ropa

לְחוֹף יַמִּים יִשְׁכֹּן וְהוּא לְחוֹף אֳנִיֹּת וְיַרְכָתוֹ
y-su-frontera , naves para-puerto-de y-él habitará mar a-orilla-de

עַל־ צִידֹן׃ יִשָּׂשכָר חֲמֹר גָּרֶם רֹבֵץ בֵּין הַמִּשְׁפְּתָיִם׃
. las-dos-albardas entre echado fuerte asno Isacar (14) . Sidón hasta

וַיַּרְא מְנֻחָה כִּי טוֹב וְאֶת־ הָאָרֶץ כִּי נָעֵמָה
agradable cuán la-tierra y-** bueno cuán descanso Y-vio (15)

וַיֵּט שִׁכְמוֹ לִסְבֹּל וַיְהִי לְמַס־
a-tributo y-será para-llevar su-hombro y-doblará

עֹבֵד׃ דָּן יָדִין עַמּוֹ כְּאַחַד שִׁבְטֵי
tribus-de como-una-de su-pueblo juzgará Dan (16) . sometido

יִשְׂרָאֵל׃ יְהִי־ דָן נָחָשׁ עֲלֵי־ דֶרֶךְ שְׁפִיפֹן עֲלֵי־ אֹרַח הַנֹּשֵׁךְ
la-mordedora senda junto víbora camino junto serpiente Dan Será (17) . Israel

עִקְּבֵי־ סוּס וַיִּפֹּל רֹכְבוֹ אָחוֹר׃ לִישׁוּעָתְךָ
Por-tu-salvación (18) . hacia-atrás jinete y-derriba caballo talones-de

קִוִּיתִי יְהוָה׃ גָּד גְּדוּד יְגוּדֶנּוּ וְהוּא יָגֻד עָקֵב׃
. talón atacará y-él le-atacará banda Gad (19) . Yahweh esperó

מֵאָשֵׁר שְׁמֵנָה לַחְמוֹ וְהוּא יִתֵּן מַעֲדַנֵּי־מֶלֶךְ׃
. rey delicias-de dará y-él su-pan sustancioso De-Aser (20)

נַפְתָּלִי אַיָּלָה שְׁלֻחָה הַנֹּתֵן אִמְרֵי־שָׁפֶר׃ בֵּן
Hijo-de (22) . hermosura halagos-de la-que-lleva suelta cierva Neftalí (21)

פֹּרָת יוֹסֵף בֵּן פֹּרָת עֲלֵי־עָיִן בָּנוֹת צָעֲדָה
subiendo ramas ; fuente junto-a fructífero hijo José fructífero

עֲלֵי־שׁוּר׃ וַיְמָרְרֻהוּ וָרֹבּוּ וַיִּשְׂטְמֻהוּ
y-le-hostigaron y-dispararon Le-amargaron (23) . muro sobre

בַּעֲלֵי חִצִּים׃ וַתֵּשֶׁב בְּאֵיתָן קַשְׁתּוֹ וַיָּפֹזּוּ
y-fueron-flexibles su-arco firme Y-permaneció (24) flechas señores-de

זְרֹעֵי יָדָיו מִידֵי אֲבִיר יַעֲקֹב מִשָּׁם
por-causa-de Jacob Poderoso-de por-manos-de sus-manos fuertes-de

רֹעֶה אֶבֶן יִשְׂרָאֵל׃ מֵאֵל אָבִיךָ
tu-padre Por-Dios-de (25) . Israel Roca-de Pastor-de

וְיַעְזְרֶךָּ וְאֵת שַׁדַּי וִיבָרְכֶךָּ בִּרְכֹת שָׁמַיִם מֵעָל
arriba cielos bendiciones-de te-bendice Todopoderoso y-** y-te-ayuda

בִּרְכֹת תְּהוֹם רֹבֶצֶת תָּחַת בִּרְכֹת שָׁדַיִם וָרָחַם׃ בִּרְכֹת
Bendiciones-de (26) . y-vientre pechos bendiciones-de , abajo está abismo bendiciones-de

אָבִיךָ גָּבְרוּ עַל־ בִּרְכֹת הוֹרַי עַד־
antiguas montañas bendiciones-de que mayores tu-padre

תַּאֲוַת גִּבְעֹת עוֹלָם תִּהְיֶיןָ לְרֹאשׁ יוֹסֵף וּלְקָדְקֹד
y-en-frente-de José en-cabeza-de reposen ; eternas colinas plenitud-de

נְזִיר אֶחָיו׃ בִּנְיָמִין זְאֵב יִטְרָף בַּבֹּקֶר
por-la-mañana , depredador lobo Benjamín (27) . sus-hermanos príncipe-de

יֹאכַל עַד וְלָעֶרֶב יְחַלֵּק שָׁלָל׃ כָּל־ אֵלֶּה
estas Todas (28) . despojos repartirá y-por-la-tarde presa devora

שִׁבְטֵי יִשְׂרָאֵל שְׁנֵים עָשָׂר וְזֹאת אֲשֶׁר־ דִּבֶּר לָהֶם אֲבִיהֶם
su-padre a-ellos habló lo-que y-esto diez dos Israel tribus-de

וַיְבָרֶךְ אוֹתָם אִישׁ אֲשֶׁר כְּבִרְכָתוֹ בֵּרַךְ אֹתָם׃
. a-ellos bendijo según-su-bendición cuya cada-uno a-ellos y-bendijo

וַיְצַו אוֹתָם וַיֹּאמֶר אֲלֵהֶם אֲנִי נֶאֱסָף אֶל־ עַמִּי
mi-pueblo a soy-reunido yo a-ellos y-dijo a-ellos Y-ordenó (29)

קִבְרוּ אֹתִי אֶל־ אֲבֹתָי אֶל־הַמְּעָרָה אֲשֶׁר בִּשְׂדֵה עֶפְרוֹן הַחִתִּי׃
. el-hitita Efrón en-campo-de que la-cueva en mi-padre con a-mí enterrad

בַּמְּעָרָה אֲשֶׁר בִּשְׂדֵה הַמַּכְפֵּלָה אֲשֶׁר עַל־ פְּנֵי־ מַמְרֵא
Mamré lugar-de cerca que la-Macpela en-campo-de que En-la-cueva (30)

בְּאֶרֶץ כְּנָעַן אֲשֶׁר קָנָה אַבְרָהָם אֶת־ הַשָּׂדֶה מֵאֵת עֶפְרֹן
Efrón de el-campo ** Abraham compró que Canaán en-tierra-de

הַחִתִּי לַאֲחֻזַּת־ קָבֶר׃ שָׁמָּה קָבְרוּ אֶת־ אַבְרָהָם וְאֵת
y-a Abraham a enterraron Allí (31) . sepulcro para-sitio-de el-hitita

שָׂרָה אִשְׁתּוֹ שָׁמָּה קָבְרוּ אֶת־ יִצְחָק וְאֵת רִבְקָה אִשְׁתּוֹ
su-mujer Rebeca y-a Isaac a enterraron allí , su-mujer Sara

וְשָׁמָּה קָבַרְתִּי אֶת־ לֵאָה׃ מִקְנֵה הַשָּׂדֶה וְהַמְּעָרָה אֲשֶׁר־
que y-la-cueva el-campo Compra-de (32) . Lea a enterré y-allí

בּוֹ מֵאֵת בְּנֵי־ חֵת׃ וַיְכַל יַעֲקֹב לְצַוֹּת אֶת־
a de-ordenar Jacob Y-acabó (33) . Het hijos-de de en-él

בָּנָיו וַיֶּאֱסֹף רַגְלָיו אֶל־ הַמִּטָּה וַיִּגְוַע
y-expiró la-cama en sus-pies y-encogió sus-hijos

וַיֵּאָסֶף אֶל־ עַמָּיו׃ וַיִּפֹּל יוֹסֵף עַל־ פְּנֵי
rostro-de sobre José Y-cayó (1) . su-pueblo a y-fue-reunido Cap

אָבִיו וַיֵּבְךְּ עָלָיו וַיִּשַּׁק־ לוֹ׃ וַיְצַו

Y-ordenó (2) . a-él y-besó sobre-él y-lloró su-padre

יוֹסֵף אֶת־ עֲבָדָיו אֶת־ הָרֹפְאִים לַחֲנֹט אֶת־ אָבִיו

su-padre a para-embalsamar los-médicos ** sus-siervos a José

וַיַּחַנְטוּ הָרֹפְאִים אֶת־ יִשְׂרָאֵל׃ וַיִּמְלְאוּ־ לוֹ אַרְבָּעִים

cuarenta para-él Y-tomaron (3) . Israel a los-médicos y-embalsamaron

יוֹם כִּי כֵּן יִמְלְאוּ יְמֵי הַחֲנֻטִים וַיִּבְכּוּ אֹתוֹ

a-él y-lloraron el-embalsamamiento días-de tomaban así pues días

מִצְרַיִם שִׁבְעִים יוֹם׃ וַיַּעַבְרוּ יְמֵי בְכִיתוֹ וַיְדַבֵּר

y-dijo su-luto días-de Y-pasaron (4) . día setenta egipcios

יוֹסֵף אֶל־ בֵּית פַּרְעֹה לֵאמֹר אִם־ נָא מָצָאתִי חֵן בְּעֵינֵיכֶם

en-vuestros-ojos gracia hallé ahora si : diciendo Faraón casa-de a José

דַּבְּרוּ־נָא בְּאָזְנֵי פַרְעֹה לֵאמֹר׃ אָבִי הִשְׁבִּיעַנִי

me-hizo-jurar Mi-padre (5) . diciendo Faraón en-oídos-de ahora hablad

לֵאמֹר הִנֵּה אָנֹכִי מֵת בְּקִבְרִי אֲשֶׁר כָּרִיתִי לִי בְּאֶרֶץ כְּנַעַן

Canaán en-tierra-de para-mí excavé que en-mi-tumba muerto yo he-aquí diciendo

שָׁמָּה תִּקְבְּרֵנִי וְעַתָּה אֶעֱלֶה־ נָּא וְאֶקְבְּרָה אֶת־ אָבִי

mi-padre a y-enterraré por-favor subiré y-ahora ; me-enterrarás allí

וְאָשׁוּבָה׃ וַיֹּאמֶר פַּרְעֹה עֲלֵה וּקְבֹר אֶת־ אָבִיךָ

tu-padre a y-entierra sube : Faraón Y-dijo (6) . y-regresaré

כַּאֲשֶׁר הִשְׁבִּיעֶךָ׃ וַיַּעַל יוֹסֵף לִקְבֹּר אֶת־ אָבִיו

su-padre a a-enterrar José Y-subió (7) . te-hizo-jurar como

וַיַּעֲלוּ אִתּוֹ כָּל־ עַבְדֵי פַרְעֹה זִקְנֵי

ancianos-de Faraón siervos-de todos con-él y-subieron

בֵיתוֹ וְכֹל זִקְנֵי אֶרֶץ־ מִצְרָיִם׃ וְכֹל בֵּית

casa-de Y-toda (8) . Egipto tierra-de ancianos-de y-todos su-casa

יוֹסֵף וְאֶחָיו וּבֵית אָבִיו רַק טַפָּם

sus-niños sólo ; su-padre y-casa-de y-sus-hermanos José

וְצֹאנָם וּבְקָרָם עָזְבוּ בְּאֶרֶץ גֹּשֶׁן׃

. Gosén en-tierra-de dejaron y-sus-vacas y-sus-ovejas

וַיַּעַל עִמּוֹ גַּם־ רֶכֶב גַּם־ פָּרָשִׁים וַיְהִי הַמַּחֲנֶה

el-grupo y-fue ; jinetes también carro también con-él Y-subió (9)

כָּבֵד מְאֹד׃ וַיָּבֹאוּ עַד־ גֹּרֶן הָאָטָד אֲשֶׁר בְּעֵבֶר

cerca-de que el-Atad era-de hasta Y-llegaron (10) . mucho grande

הַיַּרְדֵּן וַיִּסְפְּדוּ־ שָׁם מִסְפֵּד גָּדוֹל וְכָבֵד מְאֹד

mucho y-amargo grande con-lamento allí y-lamentaron el-Jordán

וַיַּעַשׂ לְאָבִיו אֵבֶל שִׁבְעַת יָמִים׃ וַיַּרְא

Y-vieron (11) . días siete luto por-su-padre y-guardó

יוֹשֵׁב הָאָרֶץ הַכְּנַעֲנִי אֶת־ הָאֵבֶל בְּגֹרֶן

en-era-de el-luto ** el-cananeo la-tierra habitante-de

הָאָטָד וַיֹּאמְרוּ אֵבֶל־ כָּבֵד זֶה לְמִצְרָיִם עַל־ כֵּן קָרָא

llamó eso por , por-egipcios este grave luto : y-dijeron el-Atad

שְׁמָהּ אָבֵל מִצְרַיִם אֲשֶׁר בְּעֵבֶר הַיַּרְדֵּן׃ וַיַּעֲשׂוּ בָנָיו

sus-hijos E-hicieron (12) . el-Jordán cerca-de que Mizraim Abel allí

לוֹ כֵּן כַּאֲשֶׁר צִוָּם׃ וַיִּשְׂאוּ אֹתוֹ בָנָיו

sus-hijos a-él Y-llevaron (13) . mandó como así para-él

אַרְצָה כְּנַעַן וַיִּקְבְּרוּ אֹתוֹ בִּמְעָרַת שְׂדֵה הַמַּכְפֵּלָה אֲשֶׁר

que la-Macpela campo-de en-cueva-de a-él y-enterraron Canaán a-tierra-de

קָנָה אַבְרָהָם אֶת־ הַשָּׂדֶה לַאֲחֻזַּת־ קֶבֶר מֵאֵת עֶפְרֹן הַחִתִּי

el-hitita Efrón de sepulcro para-sitio-de el-campo ** Abraham compró

עַל־ פְּנֵי מַמְרֵא׃ וַיָּשָׁב יוֹסֵף מִצְרַיְמָה הוּא וְאֶחָיו

y-sus-hermanos él a-Egipto José Y-regresó (14) . Mamré lugar-de junto

וְכָל־ הָעֹלִים אִתּוֹ לִקְבֹּר אֶת־ אָבִיו אַחֲרֵי
después-de , su-padre a a-enterrar con-él los-que-subieron y-todo

קָבְרוֹ אֶת־ אָבִיו׃ וַיִּרְאוּ אֲחֵי־ יוֹסֵף כִּי־
que José hermanos-de Y-vieron (15) . su-padre a enterrar-le

מֵת אֲבִיהֶם וַיֹּאמְרוּ לוּ יִשְׂטְמֵנוּ
nos-aborrecerá quizá : y-dijeron su-padre muerto

יוֹסֵף וְהָשֵׁב יָשִׁיב לָנוּ אֵת כָּל־ הָרָעָה אֲשֶׁר גָּמַלְנוּ אֹתוֹ׃
. a-él hicimos que el-mal todo ** a-nosotros pagará y-pagar ; José

וַיְצַוּוּ אֶל־ יוֹסֵף לֵאמֹר אָבִיךָ צִוָּה לִפְנֵי
antes-de ordenó tu-padre : diciendo José a Y avisaron (16)

מוֹתוֹ לֵאמֹר׃ כֹּה־ תֹאמְרוּ לְיוֹסֵף אָנָּא שָׂא נָא פֶּשַׁע
maldad-de ahora perdona por-favor : a-José diréis Así (17) : diciendo su-muerte

אַחֶיךָ וְחַטָּאתָם כִּי־ רָעָה גְמָלוּךָ וְעַתָּה שָׂא
perdona y-ahora , te-trataron mal porque y-su-pecado tus-hermanos

נָא לְפֶשַׁע עַבְדֵי אֱלֹהֵי אָבִיךָ וַיֵּבְךְּ יוֹסֵף
José y-lloró ; tu-padre Dios-de siervos-de maldad-de por-favor

בְּדַבְּרָם אֵלָיו׃ וַיֵּלְכוּ גַּם־ אֶחָיו
sus-hermanos también Y-vinieron (18) . a-él por-hablar-de-ellos

וַיִּפְּלוּ לְפָנָיו וַיֹּאמְרוּ הִנֶּנּוּ לְךָ לַעֲבָדִים׃
. por-siervos para-ti henos-aquí : y-dijeron ante-él y-cayeron

וַיֹּאמֶר אֲלֵהֶם יוֹסֵף אַל־ תִּירָאוּ כִּי הֲתַחַת אֱלֹהִים אָנִי׃
. yo Dios ¿acaso en-lugar-de porque temáis no : José a-ellos Y-dijo (19)

וְאַתֶּם חֲשַׁבְתֶּם עָלַי רָעָה אֱלֹהִים חֲשָׁבָהּ לְטֹבָה
para-bien lo-pensó Dios , mal contra-mí pensasteis Y-vosotros (20)

לְמַעַן עֲשֹׂה כַּיּוֹם הַזֶּה לְהַחֲיֹת עַם־ רָב׃
. mucho pueblo para-hacer-vivir el-éste como-el-día hacer a-fin-de

וְעַתָּה֙ אַל־ תִּירָ֔אוּ אָנֹכִ֛י אֲכַלְכֵּ֥ל אֶתְכֶ֖ם וְאֶת־ טַפְּכֶ֑ם
vuestros-niños y-a a-vosotros sustentaré yo , temáis no Y-ahora (21)

וַיְנַחֵ֣ם אוֹתָ֔ם וַיְדַבֵּ֖ר עַל־ לִבָּֽם׃ וַיֵּ֤שֶׁב יוֹסֵף֙
José Y-permaneció (22) . su-corazón a y-habló a-ellos y-reconfortó

בְּמִצְרַ֔יִם ה֖וּא וּבֵ֣ית אָבִ֑יו וַיְחִ֣י יוֹסֵ֔ף מֵאָ֥ה וָעֶ֖שֶׂר
y-diez cien José y-vivió ; su-padre y-casa-de él , en-Egipto

שָׁנִֽים׃ וַיַּ֤רְא יוֹסֵף֙ לְאֶפְרַ֔יִם בְּנֵ֖י שִׁלֵּשִׁ֑ים גַּ֗ם
también tercera-generación hijos-de a-Efraím José Y-vio (23) . años

בְּנֵ֤י מָכִיר֙ בֶּן־ מְנַשֶּׁ֔ה יֻלְּד֖וּ עַל־ בִּרְכֵּ֥י יוֹסֵֽף׃
. José rodillas-de sobre fueron-nacidos Manasés hijo-de Maquir hijos-de

וַיֹּ֤אמֶר יוֹסֵף֙ אֶל־ אֶחָ֔יו אָנֹכִ֖י מֵ֑ת וֵֽאלֹהִ֞ים פָּקֹ֧ד
ayudar y-Dios muriendo yo : sus-hermanos a José Y-dijo (24)

יִפְקֹ֣ד אֶתְכֶ֗ם וְהֶעֱלָ֤ה אֶתְכֶם֙ מִן־ הָאָ֣רֶץ הַזֹּ֔את אֶל־ הָאָ֕רֶץ
la-tierra a la-ésta la-tierra de a-vosotros y-hará-subir a-vosotros ayudará

אֲשֶׁ֥ר נִשְׁבַּ֛ע לְאַבְרָהָ֥ם לְיִצְחָ֖ק וּֽלְיַעֲקֹֽב׃ וַיַּשְׁבַּ֣ע
E-hizo-jurar (25) . y-a-Jacob a-Isaac a-Abraham prometió que

יוֹסֵ֔ף אֶת־ בְּנֵ֥י יִשְׂרָאֵ֖ל לֵאמֹ֑ר פָּקֹ֨ד יִפְקֹ֤ד אֱלֹהִים֙ אֶתְכֶ֔ם וְהַעֲלִתֶ֥ם
y-llevaréis a-vosotros Dios ayudará ayudar : diciendo Israel hijos-de a José

אֶת־ עַצְמֹתַ֖י מִזֶּֽה׃ וַיָּ֣מָת יוֹסֵ֔ף בֶּן־ מֵאָ֥ה וָעֶ֖שֶׂר
y-diez cien hijo-de José Y-murió (26) . de-aquí mis-huesos **

שָׁנִ֑ים וַיַּחַנְט֣וּ אֹת֔וֹ וַיִּ֥ישֶׂם בָּאָר֖וֹן בְּמִצְרָֽיִם׃
. en-Egipto en-el ataúd y-fue-puesto a-él y-embalsamaron ; años

ÉXODO

וְאֵלֶּה שְׁמוֹת בְּנֵי יִשְׂרָאֵל הַבָּאִים מִצְרָיְמָה אֵת
con a-Egipto los (que) fueron Israel hijos-de nombres-de Y-éstos (1)

יַעֲקֹב אִישׁ וּבֵיתוֹ בָּאוּ׃ רְאוּבֵן שִׁמְעוֹן לֵוִי וִיהוּדָה׃
. y-Judá Leví Simeón Rubén (2) . fueron y-su-casa cada-uno Jacob

יִשָּׂשכָר זְבוּלֻן וּבִנְיָמִן׃ דָּן וְנַפְתָּלִי גָּד וְאָשֵׁר׃
. y-Aser Gad y-Neftalí Dan (4) . y-Benjamín Zabulón Isacar (3)

וַיְהִי כָּל־ נֶפֶשׁ יֹצְאֵי יֶרֶךְ־ יַעֲקֹב שִׁבְעִים נָפֶשׁ
persona setenta Jacob cuerpo-de salientes-de persona toda Y-fue (5)

וְיוֹסֵף הָיָה בְמִצְרָיִם׃ וַיָּמָת יוֹסֵף וְכָל־ אֶחָיו
sus-hermanos y-todos José Y-murió (6) . en-Egipto estaba y-José

וְכֹל הַדּוֹר הַהוּא׃ וּבְנֵי יִשְׂרָאֵל פָּרוּ
fructificaron Israel E-hijos-de (7) . la-aquella la-generación y-toda

וַיִּשְׁרְצוּ וַיִּרְבּוּ וַיַּעַצְמוּ בִּמְאֹד מְאֹד
; mucho en-mucho y-crecieron y-aumentaron y-se-multiplicaron

וַתִּמָּלֵא הָאָרֶץ אֹתָם׃ וַיָּקָם מֶלֶךְ־ חָדָשׁ
nuevo rey Y-se-levantó (8) . con-ellos la-tierra y-se-llenó

עַל־מִצְרָיִם אֲשֶׁר לֹא־יָדַע אֶת־יוֹסֵף׃ וַיֹּאמֶר אֶל־ עַמּוֹ הִנֵּה
he-aquí : su-pueblo a Y-dijo (9) . José a conocía no que Egipto sobre

עַם בְּנֵי יִשְׂרָאֵל רַב וְעָצוּם מִמֶּנּוּ׃ הָבָה
Venid (10) . que-nosotros y (más) poderoso mucho Israel casa-de pueblo-de

נִתְחַכְּמָה לוֹ פֶּן־ יִרְבֶּה וְהָיָה כִּי־
que y-será crecerá o ; con-él seamos-astutos

תִקְרֶאנָה מִלְחָמָה וְנוֹסַף גַּם־ הוּא עַל־ שֹׂנְאֵינוּ
nuestros-enemigos con él también y-se-unirán guerra declararán

וְנִלְחַם־ בָּנוּ וְעָלָה מִן־ הָאָרֶץ׃
. la-tierra de y-se-irá contra-nosotros y-lucharán

וַיָּשִׂימוּ עָלָיו שָׂרֵי מִסִּים לְמַעַן עַנֹּתוֹ
afligirle para esclavos capataces-de sobre-él Y-pusieron (11)

בְּסִבְלֹתָם וַיִּבֶן עָרֵי מִסְכְּנוֹת לְפַרְעֹה אֶת־ פִּתֹם
Pitom ** para-Faraón almacenaje ciudades-de y-edificó ; con-obras-de-ellos

וְאֶת־ רַעַמְסֵס׃ וְכַאֲשֶׁר יְעַנּוּ אֹתוֹ כֵּן יִרְבֶּה וְכֵן
y-más crecía más a-él afligían Y-cuanto-más (12) . Ramesés y-**

יִפְרֹץ וַיָּקֻצוּ מִפְּנֵי בְּנֵי יִשְׂרָאֵל׃ וַיַּעֲבִדוּ
E-hicieron-servir (13) . Israel hijos-de por-presencia-de y-temían ; se-esparcía

מִצְרַיִם אֶת־ בְּנֵי יִשְׂרָאֵל בְּפָרֶךְ׃ וַיְמָרְרוּ אֶת־
** Y-amargaron (14) . con-dureza Israel hijos-de a egipcios

חַיֵּיהֶם בַּעֲבֹדָה קָשָׁה בְּחֹמֶר וּבִלְבֵנִים וּבְכָל־ עֲבֹדָה
trabajo y-con-todo y-con-ladrillos con-barro duro con-trabajo vidas-de-ellos

בַּשָּׂדֶה אֵת כָּל־ עֲבֹדָתָם אֲשֶׁר־ עָבְדוּ בָהֶם בְּפָרֶךְ׃
. con-dureza en-ellos imponían que su-trabajo todo ** en-el-campo

וַיֹּאמֶר מֶלֶךְ מִצְרַיִם לַמְיַלְּדֹת הָעִבְרִיֹּת אֲשֶׁר
que , los-hebreos a-las-comadronas Egipto rey-de Y-dijo (15)

שֵׁם הָאַחַת שִׁפְרָה וְשֵׁם הַשֵּׁנִית פּוּעָה׃ וַיֹּאמֶר
Y-dijo (16) . Fúa la-segunda y-nombre-de Sifra la-primera nombre-de

בְּיַלֶּדְכֶן אֶת־ הָעִבְרִיּוֹת וּרְאִיתֶן עַל־
sobre y-veáis las-hebreas a en-vuestro-asistir-al-parto

הָאָבְנָיִם אִם־ בֵּן הוּא וַהֲמִתֶּן אֹתוֹ וְאִם־ בַּת הִיא וָחָיָה׃
. que-viva ella hija y-si , a-él **-matáis él hijo si la-mesa-de-parto

וַתִּירֶאןָ הַמְיַלְּדֹת אֶת־ הָאֱלֹהִים וְלֹא עָשׂוּ כַּאֲשֶׁר
conforme hicieron y-no el-Dios a las-parteras Y-temieron (17)

דִּבֶּר אֲלֵיהֶן מֶלֶךְ מִצְרָיִם וַתְּחַיֶּיןָ אֶת־ הַיְלָדִים׃ וַיִּקְרָא
Y-llamó (18) . los-niños a y-dejaron-vivir Egipto rey-de a-ellas habló

מֶלֶךְ־ מִצְרַיִם לַמְיַלְּדֹת וַיֹּאמֶר לָהֶן מַדּוּעַ עֲשִׂיתֶן

hicisteis ¿por-qué : a-ellas y-dijo a-las-parteras Egipto rey-de

הַדָּבָר הַזֶּה וַתְּחַיֶּיןָ אֶת־ הַיְלָדִים׃ וַתֹּאמַרְןָ

Y-dijeron (19) . los-niños a y-dejáis-vivir la-ésta la-cosa

הַמְיַלְּדֹת אֶל־ פַּרְעֹה כִּי לֹא כַנָּשִׁים הַמִּצְרִיֹּת הָעִבְרִיֹּת

las-hebreas las-egipcias como-las-mujeres no porque : Faraón a las-parteras

כִּי־ חָיוֹת הֵנָּה בְּטֶרֶם תָּבוֹא אֲלֵהֶן הַמְיַלֶּדֶת

la-comadrona a-ellas va antes (que) , ellas robustas pues

וְיָלָדוּ׃ וַיֵּיטֶב אֱלֹהִים לַמְיַלְּדֹת

a-las-comadronas Dios E-hizo-bien (20) . ya-da-a-luz

וַיִּרֶב הָעָם וַיַּעַצְמוּ מְאֹד׃ וַיְהִי

Y-fue (21) . mucho y-crecieron el-pueblo y-aumentó

כִּי־ יָרְאוּ הַמְיַלְּדֹת אֶת־ הָאֱלֹהִים וַיַּעַשׂ לָהֶם

para-ellas 'e-hizo , el-Dios a las-comadronas temieron que

בָּתִּים׃ וַיְצַו פַּרְעֹה לְכָל־ עַמּוֹ לֵאמֹר כָּל־

todo : diciendo su-pueblo a-todo Faraón Y-ordenó (22) . casas

הַבֵּן הַיִּלּוֹד הַיְאֹרָה תַּשְׁלִיכֻהוּ וְכָל־ הַבַּת

la-hija y-toda le-echaréis al-río el-nacido el-hijo

תְּחַיּוּן׃ וַיֵּלֶךְ אִישׁ מִבֵּית לֵוִי וַיִּקַּח אֶת־

** y-tomó , Leví de-casa-de hombre Y-fue (1) . dejad-vivir Cap. 2

בַּת־ לֵוִי׃ וַתַּהַר הָאִשָּׁה וַתֵּלֶד בֵּן וַתֵּרֶא

y-vio ; hijo y-dio-a-luz la-mujer Y-concibió (2) . Leví hija-de

אֹתוֹ כִּי־ טוֹב הוּא וַתִּצְפְּנֵהוּ שְׁלֹשָׁה יְרָחִים׃ וְלֹא־ יָכְלָה עוֹד

más podía Y-no (3) . meses tres y-le-escondió él bueno que a-él

הַצְּפִינוֹ וַתִּקַּח־ לוֹ תֵּבַת גֹּמֶא וַתַּחְמְרָה

y-la-calafateó caña-de-papiro cesta-de para-él y-cogió esconder-lo

בַּחֵמָר וּבַזָּפֶת וַתָּשֶׂם בָּהּ אֶת־הַיֶּלֶד
el-niño a en-ella y-colocó y-con-la-brea con-el-alquitrán

וַתָּשֶׂם בַּסּוּף עַל־שְׂפַת הַיְאֹר׃ וַתֵּתַצַּב
Y-se-situó (4) . el-río ribera-de junto-a entre-las-cañas y-puso

אֲחֹתוֹ מֵרָחֹק לְדֵעָה מַה־יֵּעָשֶׂה לוֹ׃
. a-él sucedería qué para-ver ; de-lejos su-hermana

וַתֵּרֶד בַּת־פַּרְעֹה לִרְחֹץ עַל־הַיְאֹר וְנַעֲרֹתֶיהָ
y-sus-servidoras , el-río en a-bañarse Faraón hija-de Y-descendió (5)

הֹלְכֹת עַל־יַד הַיְאֹר וַתֵּרֶא אֶת־הַתֵּבָה בְּתוֹךְ הַסּוּף
las-cañas entre la-cesta ** y-vio el-río orilla-de junto-a andando

וַתִּשְׁלַח אֶת־אֲמָתָהּ וַתִּקָּחֶהָ וַתִּפְתַּח
y-abrió (6) y-la-cogió su-esclava a y-envió

וַתִּרְאֵהוּ אֶת־הַיֶּלֶד וְהִנֵּה־נַעַר בֹּכֶה וַתַּחְמֹל עָלָיו
de-él y-se-apiadó ; llorando bebé y-he-aquí el-niño a y-lo-vio

וַתֹּאמֶר מִיַּלְדֵי הָעִבְרִים זֶה׃ וַתֹּאמֶר אֲחֹתוֹ
su-hermana Y-dijo (7) . éste los-hebreos de-niños-de : y-dijo

אֶל־בַּת־פַּרְעֹה הַאֵלֵךְ וְקָרָאתִי לָךְ אִשָּׁה מֵינֶקֶת מִן
de de-cría mujer para-ti y-llamaré ¿acaso-iré : Faraón hija-de a

הָעִבְרִיֹּת וְתֵינִק לָךְ אֶת־הַיָּלֶד׃ וַתֹּאמֶר־לָהּ
a-ella Y-dijo (8) . el-niño a por-ti y-amamantará las-hebreas

בַּת־פַּרְעֹה לֵכִי וַתֵּלֶךְ הָעַלְמָה וַתִּקְרָא אֶת־אֵם
madre-de a y-llamó la-muchacha y-fue ; ve : Faraón hija-de

הַיָּלֶד׃ וַתֹּאמֶר לָהּ בַּת־פַּרְעֹה הֵילִיכִי אֶת־הַיֶּלֶד
el-niño a toma : Faraón hija-de a-ella Y-dijo (9) . el-niño

הַזֶּה וְהֵינִקִהוּ לִי וַאֲנִי אֶתֵּן אֶת־שְׂכָרֵךְ וַתִּקַּח
y-tomó ; tu-salario ** daré y-yo para-mí y-amamanta-lo el-éste

הָאִשָּׁה הַיֶּלֶד וַתְּנִיקֵהוּ׃ וַיִּגְדַּל הַיֶּלֶד
el-niño Y-creció (10) . y-lo-amamantó el-niño la-mujer

וַתְּבִאֵהוּ לְבַת־ פַּרְעֹה וַיְהִי־ לָהּ לְבֵן
por-hijo para-ella y-fue Faraón a-hija-de y-lo-llevó

וַתִּקְרָא שְׁמוֹ מֹשֶׁה וַתֹּאמֶר כִּי מִן־ הַמַּיִם מְשִׁיתִהוּ׃
. lo-saqué las-aguas de pues y-dijo , Moisés su-nombre y-llamó

וַיְהִי ׀ בַּיָּמִים הָהֵם וַיִּגְדַּל מֹשֶׁה וַיֵּצֵא
y-salió Moisés y-creció los-aquellos en-los-días Y-fue (11)

אֶל־ אֶחָיו וַיַּרְא בְּסִבְלֹתָם וַיַּרְא אִישׁ מִצְרִי
egipcio hombre . y-vio ; en-sus-trabajos y-vio sus-hermanos a

מַכֶּה אִישׁ־ עִבְרִי מֵאֶחָיו׃ וַיִּפֶן כֹּה וָכֹה
y-acullá allá Y-observó (12) . de-sus-hermanos hebreo hombre golpeando

וַיַּרְא כִּי אֵין אִישׁ וַיַּךְ אֶת־ הַמִּצְרִי וַיִּטְמְנֵהוּ
y-lo-escondió el-egipcio a y-mató ; hombre no-había que y-vio

בַּחוֹל׃ וַיֵּצֵא בַּיּוֹם הַשֵּׁנִי וְהִנֵּה שְׁנֵי־ אֲנָשִׁים
hombres dos y-he-aquí el-segundo en-el-día Y-salió (13) . en-la-arena

עִבְרִים נִצִּים וַיֹּאמֶר לָרָשָׁע לָמָּה תַכֶּה
pegas-a ¿por-qué : al-malhechor y-dijo ; riñendo hebreos

רֵעֶךָ׃ וַיֹּאמֶר מִי שָׂמְךָ לְאִישׁ שַׂר וְשֹׁפֵט
y-juez jefe por-hombre te-puso quién : Y-dijo (14) . tu-prójimo

עָלֵינוּ הַלְהָרְגֵנִי אַתָּה אֹמֵר כַּאֲשֶׁר הָרַגְתָּ אֶת־ הַמִּצְרִי
el-egipcio a mataste cómo diciendo tú ¿acaso-para-matar-a-mí : sobre-nosotros

וַיִּירָא מֹשֶׁה וַיֹּאמַר אָכֵן נוֹדַע הַדָּבָר׃
. el-asunto conocido ciertamente : y dijo Moisés y-temió

וַיִּשְׁמַע פַּרְעֹה אֶת־ הַדָּבָר הַזֶּה וַיְבַקֵּשׁ לַהֲרֹג אֶת־
a matar e intentó el-éste el-asunto ** Faraón Y-oyó (15)

מֹשֶׁה וַיִּבְרַח מֹשֶׁה מִפְּנֵי פַרְעֹה וַיֵּשֶׁב בְּאֶרֶץ־מִדְיָן

Madián a-tierra-de y-fue Faraón de-delante-de Moisés y-huyó ; Moisés

וַיֵּשֶׁב עַל־הַבְּאֵר׃ וּלְכֹהֵן מִדְיָן שֶׁבַע בָּנוֹת

hijas siete Madián Y-al-sacerdote-de (16) . el-pozo junto-a y-se-detuvo

וַתָּבֹאנָה וַתִּדְלֶנָה וַתְּמַלֶּאנָה אֶת־הָרְהָטִים לְהַשְׁקוֹת

para-abrevar los-cántaros ** y-llenaron y-sacaron y-vinieron

צֹאן אֲבִיהֶן׃ וַיָּבֹאוּ הָרֹעִים וַיְגָרְשׁוּם

y-las-expulsaron los-pastores Y-vinieron (17) . su-padre ovejas-de

וַיָּקָם מֹשֶׁה וַיּוֹשִׁעָן וַיַּשְׁקְ אֶת־צֹאנָם׃

. sus-ovejas ** y-abrevó y-las-socorrió Moisés y-se-levantó

וַתָּבֹאנָה אֶל־רְעוּאֵל אֲבִיהֶן וַיֹּאמֶר מַדּוּעַ מִהַרְתֶּן

os-adelantáis ¿por-qué : y-dijo ; su-padre Rehuel a Y-regresaron (18)

בֹּא הַיּוֹם׃ וַתֹּאמַרְןָ אִישׁ מִצְרִי הִצִּילָנוּ

nos-socorrió egipcio hombre Y-dijeron (19) . hoy a-volver

מִיַּד הָרֹעִים וְגַם־דָּלֹה דָלָה לָנוּ וַיַּשְׁקְ

y-abrevó para-nosotras sacó sacar y-también los-pastores de-mano-de

אֶת־הַצֹּאן׃ וַיֹּאמֶר אֶל־בְּנֹתָיו וְאַיּוֹ לָמָּה זֶּה

así ¿por-qué ¿y-dónde-él : sus-hijas a Y-dijo (20) . las-ovejas **

עֲזַבְתֶּן אֶת־הָאִישׁ קִרְאֶן לוֹ וְיֹאכַל לָחֶם׃ וַיּוֹאֶל

Y-aceptó (21) . pan y-coma a-él invitad , el-hombre a dejasteis

מֹשֶׁה לָשֶׁבֶת אֶת־הָאִישׁ וַיִּתֵּן אֶת־צִפֹּרָה בִתּוֹ לְמֹשֶׁה׃

. a-Moisés su-hija Zéfora a y-dio el-hombre con para-estar Moisés

וַתֵּלֶד בֵּן וַיִּקְרָא אֶת־שְׁמוֹ גֵּרְשֹׁם כִּי אָמַר גֵּר

forastero dijo pues ; Gersón su-nombre ** y-llamó hijo Y-dio-a-luz (22)

הָיִיתִי בְּאֶרֶץ נָכְרִיָּה׃ וַיְהִי בַיָּמִים הָרַבִּים הָהֵם

los-aquellos los-muchos en-los-días Y-fue (23) . extraña en-tierra fui

וַיָּמָת מֶלֶךְ מִצְרַיִם וַיֵּאָנְחוּ בְנֵי־יִשְׂרָאֵל מִן־הָעֲבֹדָה
la-esclavitud de Israel hijos-de y-gemían ; Egipto rey-de y-murió

וַיִּזְעָקוּ וַתַּעַל שַׁוְעָתָם אֶל־הָאֱלֹהִים מִן־הָעֲבֹדָה׃
. la-esclavitud de el-Dios a su-grito y-subió y-clamaron

וַיִּשְׁמַע אֱלֹהִים אֶת־נַאֲקָתָם וַיִּזְכֹּר אֱלֹהִים אֶת־
** Dios y-recordó su-clamor ** Dios Y-oyó (24)

בְּרִיתוֹ אֶת־אַבְרָהָם אֶת־יִצְחָק וְאֶת־יַעֲקֹב׃ וַיַּרְא
Y-vio (25) . Jacob y-con Isaac con Abraham con su-pacto

אֱלֹהִים אֶת־בְּנֵי יִשְׂרָאֵל וַיֵּדַע אֱלֹהִים׃ וּמֹשֶׁה הָיָה
fue Y-Moisés (1) Dios y-conoció Israel hijos-de a Dios Cap. 3

רֹעֶה אֶת־צֹאן יִתְרוֹ חֹתְנוֹ כֹּהֵן מִדְיָן וַיִּנְהַג
y-llevó ; Madián sacerdote-de su-suegro Jetro ovejas-de de pastor

אֶת־הַצֹּאן אַחַר הַמִּדְבָּר וַיָּבֹא אֶל־הַר הָאֱלֹהִים חֹרֵבָה׃
. a-Horeb el-Dios monte-de a y-llegó el-desierto por las-ovejas **

וַיֵּרָא מַלְאַךְ יְהוָה אֵלָיו בְּלַבַּת־אֵשׁ מִתּוֹךְ
en-medio-de fuego en-llama-de a-él Yahweh ángel-de Y-apareció (2)

הַסְּנֶה וַיַּרְא וְהִנֵּה הַסְּנֶה בֹּעֵר בָּאֵשׁ וְהַסְּנֶה
y-el-zarzal en-el-fuego ardiendo el-zarzal y-he-aquí y-miró el-zarzal

אֵינֶנּוּ אֻכָּל׃ וַיֹּאמֶר מֹשֶׁה אָסֻרָה־נָּא
ahora pasaré : Moisés Y-dijo (3) . se-consumía él-no

וְאֶרְאֶה אֶת־הַמַּרְאֶה הַגָּדֹל הַזֶּה מַדּוּעַ לֹא־יִבְעַר הַסְּנֶה׃
. el-zarzal se-consume no por-qué ; la-ésta la-grande la-aparición ** y-veré

וַיַּרְא יְהוָה כִּי סָר לִרְאוֹת וַיִּקְרָא אֵלָיו
a-él y-llamó ; para-mirar pasaba que Yahweh Y-vio (4)

אֱלֹהִים מִתּוֹךְ הַסְּנֶה וַיֹּאמֶר מֹשֶׁה מֹשֶׁה וַיֹּאמֶר הִנֵּנִי׃
. heme-aquí : y-dijo Moisés Moisés : y-dijo el-zarzal de-en-medio-de Dios

וַיֹּאמֶר אַל־תִּקְרַב הֲלֹם שַׁל־נְעָלֶיךָ מֵעַל
de-sobre tus-sandalias quita ; más acerques no Y-dijo (5)

רַגְלֶיךָ כִּי הַמָּקוֹם אֲשֶׁר אַתָּה עוֹמֵד עָלָיו אַדְמַת־קֹדֶשׁ הוּא׃
. él santa tierra sobre-él de-pie tú que el-lugar porque tus-pies

וַיֹּאמֶר אָנֹכִי אֱלֹהֵי אָבִיךָ אֱלֹהֵי אַבְרָהָם אֱלֹהֵי יִצְחָק וֵאלֹהֵי
y-Dios-de Isaac Dios-de Abraham Dios-de tu-padre Dios-de yo Y-dijo (6)

יַעֲקֹב וַיַּסְתֵּר מֹשֶׁה פָּנָיו כִּי יָרֵא מֵהַבִּיט אֶל־הָאֱלֹהִים׃
. el-Dios a de-mirar temió pues su-rostro Moisés y-escondió ; Jacob

וַיֹּאמֶר יְהוָה רָאֹה רָאִיתִי אֶת־עֳנִי עַמִּי אֲשֶׁר בְּמִצְרָיִם
en-Egipto que mi-pueblo miseria-de ** vi ver : Yahweh Y-dijo (7)

וְאֶת־צַעֲקָתָם שָׁמַעְתִּי מִפְּנֵי נֹגְשָׂיו כִּי יָדַעְתִּי
conocí pues sus-opresores a-causa-de escuché su-clamor y-**

אֶת־מַכְאֹבָיו׃ וָאֵרֵד לְהַצִּילוֹ ׀ מִיַּד מִצְרַיִם
egipcios de-mano-de para-librarlos Y-descendí (8) . sus-sufrimientos **

וּלְהַעֲלֹתוֹ מִן־הָאָרֶץ הַהִוא אֶל־אֶרֶץ טוֹבָה וּרְחָבָה אֶל־
a y-ancha buena tierra a la-ésta la-tierra de y-para-hacerle-subir

אֶרֶץ זָבַת חָלָב וּדְבָשׁ אֶל־מְקוֹם הַכְּנַעֲנִי וְהַחִתִּי
y-el-hitita el-cananeo territorio-de a ; y-miel leche fluyendo-de tierra

וְהָאֱמֹרִי וְהַפְּרִזִּי וְהַחִוִּי וְהַיְבוּסִי׃ וְעַתָּה
Y-ahora (9) . y-el-jebusita y-el-hivita y-el-ferizita y-el-amorita

הִנֵּה צַעֲקַת בְּנֵי־יִשְׂרָאֵל בָּאָה אֵלָי וְגַם־רָאִיתִי אֶת־הַלַּחַץ
la-opresión ** vi y-también a-mí vino Israel hijos-de clamor he-aquí

אֲשֶׁר מִצְרַיִם לֹחֲצִים אֹתָם׃ וְעַתָּה לְכָה וְאֶשְׁלָחֲךָ אֶל־
a y-te-envío ve Y-ahora (10) . a-ellos oprimiendo egipcios que

פַּרְעֹה וְהוֹצֵא אֶת־עַמִּי בְנֵי־יִשְׂרָאֵל מִמִּצְרָיִם׃ וַיֹּאמֶר
Y-dijo (11) . de-Egipto Israel hijos-de mi-pueblo a y-saca Faraón

מֹשֶׁה אֶל־הָאֱלֹהִים מִי אָנֹכִי כִּי אֵלֵךְ אֶל־פַּרְעֹה וְכִי אוֹצִיא
saque y-que Faraón a vaya que yo ¿quién : el-Dios a Moisés

אֶת־בְּנֵי יִשְׂרָאֵל מִמִּצְרָיִם׃ וַיֹּאמֶר כִּי־אֶהְיֶה עִמָּךְ
con-tigo estaré de-cierto : Y-dijo (12) . de-Egipto Israel hijos-de a

וְזֶה־לְּךָ הָאוֹת כִּי אָנֹכִי שְׁלַחְתִּיךָ בְּהוֹצִיאֲךָ אֶת־הָעָם
el-pueblo a en-tu-sacar te-envío yo pues la-señal para-ti y-esto

מִמִּצְרַיִם תַּעַבְדוּן אֶת־הָאֱלֹהִים עַל הָהָר הַזֶּה׃
. el-éste el-monte sobre el-Dios a serviréis ; de-Egipto

וַיֹּאמֶר מֹשֶׁה אֶל־הָאֱלֹהִים הִנֵּה אָנֹכִי בָא אֶל־בְּנֵי יִשְׂרָאֵל וְאָמַרְתִּי
y-digo Israel hijos-de a voy yo he-aquí : el-Dios a Moisés Y-dijo (13)

לָהֶם אֱלֹהֵי אֲבוֹתֵיכֶם שְׁלָחַנִי אֲלֵיכֶם וְאָמְרוּ־לִי מַה־
¿cuál : a-mí y-dirán ; a-vosotros me-envía vuestros-padres Dios-de a-ellos

שְּׁמוֹ מָה אֹמַר אֲלֵהֶם׃ וַיֹּאמֶר אֱלֹהִים אֶל־מֹשֶׁה אֶהְיֶה
Yo-soy : Moisés a Dios Y-dijo (14) . a-ellos diré qué , su-nombre

אֲשֶׁר אֶהְיֶה וַיֹּאמֶר כֹּה תֹאמַר לִבְנֵי יִשְׂרָאֵל אֶהְיֶה שְׁלָחַנִי
me-envía yo-soy : Israel a-hijos-de dirás así y-dijo : yo-soy el-que

אֲלֵיכֶם׃ וַיֹּאמֶר עוֹד אֱלֹהִים אֶל־מֹשֶׁה כֹּה־תֹאמַר אֶל־בְּנֵי
hijos-de a dirás así : Moisés a Dios aún Y-dijo (15) . a-vosotros

יִשְׂרָאֵל יְהוָה אֱלֹהֵי אֲבֹתֵיכֶם אֱלֹהֵי אַבְרָהָם אֱלֹהֵי יִצְחָק וֵאלֹהֵי
y-Dios-de Isaac Dios-de Abraham Dios-de vuestros-padres Dios-de Yahweh : Israel

יַעֲקֹב שְׁלָחַנִי אֲלֵיכֶם זֶה־שְּׁמִי לְעֹלָם וְזֶה זִכְרִי
mi-memorial y-éste para-siempre mi-nombre éste : a-vosotros me-envió Jacob

לְדֹר דֹּר׃ לֵךְ וְאָסַפְתָּ אֶת־זִקְנֵי יִשְׂרָאֵל
Israel ancianos-de ** y-reúne Ve (16) . generación para-generación

וְאָמַרְתָּ אֲלֵהֶם יְהוָה אֱלֹהֵי אֲבֹתֵיכֶם נִרְאָה אֵלַי אֱלֹהֵי
Dios-de , a-mí apareció vuestros-padres Dios-de Yahweh : a-ellos y-di

אַבְרָהָם יִצְחָק וְיַעֲקֹב לֵאמֹר פָּקֹד פָּקַדְתִּי אֶתְכֶם וְאֶת־ הֶעָשׂוּי

lo-hecho y-** a-vosotros vigilé vigilar : diciendo y-Jacob Isaac Abraham

לָכֶם בְּמִצְרָיִם׃ וָאֹמַר אַעֲלֶה אֶתְכֶם מֵעֳנִי מִצְרַיִם

Egipto de-miseria-de a-vosotros haré-subir : Y-dije (17) . en-Egipto a-vosotros

אֶל־ אֶרֶץ הַכְּנַעֲנִי וְהַחִתִּי וְהָאֱמֹרִי וְהַפְּרִזִּי

y-el-ferizita y-el-amorita y-el-hitita el-cananeo tierra-de a

וְהַחִוִּי וְהַיְבוּסִי אֶל־ אֶרֶץ זָבַת חָלָב וּדְבָשׁ׃

. y-miel leche fluyendo tierra a ; y-el-jebusita y-el-hivita

וְשָׁמְעוּ לְקֹלֶךָ וּבָאתָ אַתָּה וְזִקְנֵי

y-ancianos-de tú e-irás a-tu-voz Y-escucharán (18)

יִשְׂרָאֵל אֶל־מֶלֶךְ מִצְרַיִם וַאֲמַרְתֶּם אֵלָיו יְהוָה אֱלֹהֵי הָעִבְרִיִּים

los-hebreos Dios-de Yahweh : a-él y-diréis Egipto rey-de a Israel

נִקְרָה עָלֵינוּ וְעַתָּה נֵלֲכָה־ נָּא דֶּרֶךְ שְׁלֹשֶׁת יָמִים

días tres camino-de ya iremos y-ahora a-nosotros encontró

בַּמִּדְבָּר וְנִזְבְּחָה לַיהוָה אֱלֹהֵינוּ׃ וַאֲנִי יָדַעְתִּי

sé Y-yo (19) . nuestro-Dios a-Yahweh y-sacrificaremos en-el-desierto

כִּי לֹא־ יִתֵּן אֶתְכֶם מֶלֶךְ מִצְרַיִם לַהֲלֹךְ וְלֹא בְּיָד חֲזָקָה׃

. poderosa por-mano sino para-ir Egipto rey-de a-vosotros dará no que

וְשָׁלַחְתִּי אֶת־ יָדִי וְהִכֵּיתִי אֶת־ מִצְרַיִם

Egipto a y-golpearé mi-mano ** Y-enviaré (20)

בְּכֹל נִפְלְאֹתַי אֲשֶׁר אֶעֱשֶׂה בְּקִרְבּוֹ וְאַחֲרֵי־

y-después en-medio-de-él haré que mis-maravillas con-todas

כֵּן יְשַׁלַּח אֶתְכֶם׃ וְנָתַתִּי אֶת־ חֵן הָעָם־

el-pueblo gracia ** Y-daré (21) . a-vosotros hará-ir eso

הַזֶּה בְּעֵינֵי מִצְרָיִם וְהָיָה כִּי תֵלֵכוּן לֹא תֵלְכוּ

marcharéis no marchéis cuando y-será ; Egipto en-ojos-de el-éste

רֵיקָם׃ (22) וְשָׁאֲלָה אִשָּׁה מִשְּׁכֶנְתָּהּ
de-su-vecina mujer Y-pedirá (22) . de-vacío

וּמִגָּרַת בֵּיתָהּ כְּלֵי־ כֶסֶף וּכְלֵי זָהָב
oro y-alhajas-de plata alhajas-de su-casa y-de-huéspeda-de

וּשְׂמָלֹת וְשַׂמְתֶּם עַל־ בְּנֵיכֶם וְעַל־ בְּנֹתֵיכֶם
vuestras-hijas y-sobre vuestros-hijos sobre y-pondréis ; y-vestidos

וְנִצַּלְתֶּם אֶת־ מִצְרָיִם׃ (1) וַיַּעַן מֹשֶׁה וַיֹּאמֶר
: y-dijo Moisés Y-respondió (1) . Egipto a y-despojaréis Cap.4

וְהֵן לֹא־ יַאֲמִינוּ לִי וְלֹא יִשְׁמְעוּ בְּקֹלִי כִּי
sino-que ; a-mi-voz escuchan y-no a-mí creen no Y-qué-si

יֹאמְרוּ לֹא־ נִרְאָה אֵלֶיךָ יְהוָה׃ (2) וַיֹּאמֶר אֵלָיו יְהוָה
Yahweh a-él Y-dijo (2) . Yahweh a-ti apareció no dicen

מַזֶּה בְיָדֶךָ וַיֹּאמֶר מַטֶּה׃ (3) וַיֹּאמֶר הַשְׁלִיכֵהוּ
tira-la : Y-dijo (3) . vara : y-dijo ; en-tu-mano ¿qué-esto

אַרְצָה וַיַּשְׁלִיכֵהוּ אַרְצָה וַיְהִי לְנָחָשׁ וַיָּנָס מֹשֶׁה
Moisés y-corrió en-serpiente y-fue a-tierra y-la-tiró ; a-tierra

מִפָּנָיו׃ (4) וַיֹּאמֶר יְהוָה אֶל־ מֹשֶׁה שְׁלַח יָדְךָ
tu-mano extiende Moisés a Yahweh Y-dijo (4) . de-delante-de-él

וֶאֱחֹז בִּזְנָבוֹ וַיִּשְׁלַח יָדוֹ וַיַּחֲזֶק בּוֹ
a-él y-tomó su-mano y-extendió ; por-su-cola y-coge

וַיְהִי לְמַטֶּה בְּכַפּוֹ׃ (5) לְמַעַן יַאֲמִינוּ כִּי־
que creerán Así-que (5) . en-su-mano en-vara y-fue

נִרְאָה אֵלֶיךָ יְהוָה אֱלֹהֵי אֲבֹתָם אֱלֹהֵי אַבְרָהָם אֱלֹהֵי יִצְחָק
Isaac Dios-de Abraham Dios-de ; sus-padres Dios-de Yahweh a-ti apareció

וֵאלֹהֵי יַעֲקֹב׃ (6) וַיֹּאמֶר יְהוָה לוֹ עוֹד הָבֵא־נָא יָדְךָ
tu-mano ahora mete : aún a-él Yahweh Y-dijo (6) . Jacob y-Dios-de

בְּחֵיקֶךָ וַיָּבֵא יָדוֹ בְּחֵיקוֹ וַיּוֹצִאָהּ
y-la-sacó ; en-su-túnica su-mano y-metió en-tu-túnica

וְהִנֵּה יָדוֹ מְצֹרַעַת כַּשָּׁלֶג׃ וַיֹּאמֶר הָשֵׁב
mete Y-dijo (7) . como-la-nieve leprosa su-mano y-he-aquí

יָדְךָ אֶל־ חֵיקֶךָ וַיָּשֶׁב יָדוֹ אֶל־ חֵיקוֹ
su-túnica en su-mano y-metió ; tu-túnica en tu-mano

וַיּוֹצִאָהּ מֵחֵיקוֹ וְהִנֵּה־ שָׁבָה
restaurada y-he-aquí de-su-túnica y-la-sacó

כִּבְשָׂרוֹ׃ וְהָיָה אִם־ לֹא יַאֲמִינוּ לָךְ וְלֹא
y-no a-ti creen no si Y-será (8) . como-su-carne

יִשְׁמְעוּ לְקֹל הָאֹת הָרִאשׁוֹן וְהֶאֱמִינוּ
entonces-creerán , la-primera la-señal a-voz-de escuchan

לְקֹל הָאֹת הָאַחֲרוֹן׃ וְהָיָה אִם־ לֹא יַאֲמִינוּ
creen no si Y-será (9) . la-última la-señal a-voz-de

גַּם לִשְׁנֵי הָאֹתוֹת הָאֵלֶּה וְלֹא יִשְׁמְעוּן לְקֹלֶךָ
a-tu-voz escuchan y-no las-éstas las-señales a-dos-de tampoco

וְלָקַחְתָּ מִמֵּימֵי הַיְאֹר וְשָׁפַכְתָּ הַיַּבָּשָׁה
al-suelo y-derramarás el-río del-agua-de entonces-tomarás

וְהָיוּ הַמַּיִם אֲשֶׁר תִּקַּח מִן־ הַיְאֹר וְהָיוּ
y-serán el-río de tomes que las-aguas y-serán

לְדָם בַּיַּבָּשֶׁת׃ וַיֹּאמֶר מֹשֶׁה אֶל־ יְהוָה בִּי אֲדֹנָי
Señor oh : Yahweh a Moisés Y-dijo (10) . en-el-suelo en-sangre

לֹא אִישׁ דְּבָרִים אָנֹכִי גַּם מִתְּמוֹל גַּם מִשִּׁלְשֹׁם גַּם מֵאָז דַּבֶּרְךָ
hablaste desde-que ni desde-antes ni desde-ayer ni , yo palabras hombre-de no

אֶל־ עַבְדֶּךָ כִּי כְבַד־ פֶּה וּכְבַד לָשׁוֹן אָנֹכִי׃
. yo lengua y-lento-de habla lento-de pues ; tu-siervo a

וַיֹּאמֶר יְהוָה אֵלָיו מִי שָׂם פֶּה לָאָדָם אוֹ מִי־יָשׂוּם אִלֵּם
mudo hizo ¿quién o al-hombre boca puso ¿quién : a-él Yahweh Y-dijo (11)

אוֹ חֵרֵשׁ אוֹ פִקֵּחַ אוֹ עִוֵּר הֲלֹא אָנֹכִי יְהוָה׃ וְעַתָּה לֵךְ וְאָנֹכִי אֶהְיֶה
estaré y-yo ve Y-ahora (12) . Yahweh yo ¿acaso-no ; ciego o vidente o sordo o

עִם־פִּיךָ וְהוֹרֵיתִיךָ אֲשֶׁר תְּדַבֵּר׃ וַיֹּאמֶר
Y-dijo (13) . hablarás lo-que y-te-enseñaré tu-boca con

בִּי אֲדֹנָי שְׁלַח־נָא בְּיַד־תִּשְׁלָח׃ וַיִּחַר־אַף יְהוָה
Yahweh cólera-de Y-ardió (14) . envía por-otro ahora envía , Señor oh

בְּמֹשֶׁה וַיֹּאמֶר הֲלֹא אַהֲרֹן אָחִיךָ הַלֵּוִי יָדַעְתִּי כִּי־
que sé el-levita tu-hermano Aarón ¿acaso-no : y-dijo contra-Moisés

דַבֵּר יְדַבֵּר הוּא וְגַם הִנֵּה־הוּא יֹצֵא לִקְרָאתֶךָ וְרָאֲךָ
y-te-verá a-recibirte saliendo he-aquí él y-también ; él habla hablar

וְשָׂמַח בְּלִבּוֹ׃ וְדִבַּרְתָּ אֵלָיו וְשַׂמְתָּ
y-pondrás a-él Y-hablarás (15) . en-su-corazón y-se-alegrará

אֶת־הַדְּבָרִים בְּפִיו וְאָנֹכִי אֶהְיֶה עִם־פִּיךָ וְעִם־
y-con tu-boca con estaré yo ; en-su-boca las-palabras **

פִּיהוּ וְהוֹרֵיתִי אֶתְכֶם אֵת אֲשֶׁר תַּעֲשׂוּן׃ וְדִבֶּר־
Y-hablará (16) . haréis que lo a-vosotros y-enseñaré su-boca

הוּא לְךָ אֶל־הָעָם וְהָיָה הוּא יִהְיֶה־לְּךָ לְפֶה
por-boca para-ti será él y-será el-pueblo a por-ti él

וְאַתָּה תִּהְיֶה־לּוֹ לֵאלֹהִים׃ וְאֶת־הַמַּטֶּה הַזֶּה תִּקַּח
toma la-ésta la-vara Y-** (17) . por-Dios para-él serás y-tú

בְּיָדֶךָ אֲשֶׁר תַּעֲשֶׂה־בּוֹ אֶת־הָאֹתֹת׃ וַיֵּלֶךְ
Y-fue (18) . las-señales ** con-él hagas que en-tu-mano

מֹשֶׁה וַיָּשָׁב אֶל־יֶתֶר חֹתְנוֹ וַיֹּאמֶר לוֹ
a-él y-dijo su-suegro Jetro a y-volvió Moisés

אֵלְכָה נָּא וְאָשׁוּבָה אֶל־אַחַי אֲשֶׁר־בְּמִצְרַיִם וְאֶרְאֶה

y-veré en-Egipto que mis-hermanos a y-volveré ahora iré

הַעוֹדָם חַיִּים וַיֹּאמֶר יִתְרוֹ לְמֹשֶׁה לֵךְ לְשָׁלוֹם׃

. en-paz ve a-Moisés Jetro y-dijo ; vivos si-aún-ellos

וַיֹּאמֶר יְהוָה אֶל־מֹשֶׁה בְּמִדְיָן לֵךְ שֻׁב מִצְרָיִם כִּי־מֵתוּ

murieron pues Egipto vuelve ve : en-Madián Moisés a Yahweh Y-dijo (19)

כָּל־הָאֲנָשִׁים הַמְבַקְשִׁים אֶת־נַפְשֶׁךָ׃ וַיִּקַּח מֹשֶׁה אֶת־

** Moisés Y-tomó (20) . tu-vida ** lo-que-buscan los-hombres todos

אִשְׁתּוֹ וְאֶת־בָּנָיו וַיַּרְכִּבֵם עַל־הַחֲמֹר וַיָּשָׁב

y-regresó el-asno sobre y-los-puso su-hijo y-** su-mujer

אַרְצָה מִצְרָיִם וַיִּקַּח מֹשֶׁה אֶת־מַטֵּה הָאֱלֹהִים בְּיָדוֹ׃

. en-su-mano el-Dios vara-de ** Moisés y-cogió ; Egipto a-tierra-de

וַיֹּאמֶר יְהוָה אֶל־מֹשֶׁה בְּלֶכְתְּךָ לָשׁוּב מִצְרַיְמָה רְאֵה

mira a-Egipto para-volver en-tu-marcha : Moisés a Yahweh Y-dijo (21)

כָּל־הַמֹּפְתִים אֲשֶׁר־שַׂמְתִּי בְיָדֶךָ וַעֲשִׂיתָם לִפְנֵי

delante-de y-hazlas en-tu-mano puse que las-maravillas todas

פַרְעֹה וַאֲנִי אֲחַזֵּק אֶת־לִבּוֹ וְלֹא יְשַׁלַּח אֶת־

** enviará y-no su-corazón ** endureceré y-yo Faraón

הָעָם׃ וְאָמַרְתָּ אֶל־פַּרְעֹה כֹּה אָמַר יְהוָה בְּנִי

mi-hijo : Yahweh dice así : Faraón a Y-dirás (22) . el-pueblo

בְכֹרִי יִשְׂרָאֵל׃ וָאֹמַר אֵלֶיךָ שַׁלַּח אֶת־בְּנִי

mi-hijo a envía : a-ti Y-dije (23) . Israel mi-primogénito

וְיַעַבְדֵנִי וַתְּמָאֵן לְשַׁלְּחוֹ הִנֵּה אָנֹכִי הֹרֵג אֶת־

** matando yo he-aquí ; enviar-lo pero-rehusaste ; y-me-servirá

בִּנְךָ בְּכֹרֶךָ׃ וַיְהִי בַדֶּרֶךְ בַּמָּלוֹן

en-la-posada en-el-camino Y-fue (24) . tu-primogénito tu-hijo

וַיִּפְגְּשֵׁהוּ יְהוָה וַיְבַקֵּשׁ הֲמִיתוֹ׃ וַתִּקַּח צִפֹּרָה
Séfora Y-cogió (25) . matar-lo y-quiso Yahweh y-se-le-encontró

צֹר וַתִּכְרֹת אֶת־ עָרְלַת בְּנָהּ וַתַּגַּע
y-echó su-hijo prepucio-de ** y-cortó cuchillo-de-sílex

לְרַגְלָיו וַתֹּאמֶר כִּי חֲתַן־ דָּמִים אַתָּה לִי׃
. para-mí tú sangres esposo-de ciertamente : y-dijo a-sus-pies

וַיִּרֶף מִמֶּנּוּ אָז אָמְרָה חֲתַן דָּמִים לַמּוּלֹת׃
. por-la-circuncisión sangres esposo-de : dijo entonces ; de-él Y-se-apartó (26)

וַיֹּאמֶר יְהוָה אֶל־אַהֲרֹן לֵךְ לִקְרַאת מֹשֶׁה הַמִּדְבָּרָה וַיֵּלֶךְ
y-fue ; al-desierto Moisés a-recibir-a ve : Aarón a Yahweh Y-dijo (27)

וַיִּפְגְּשֵׁהוּ בְּהַר הָאֱלֹהִים וַיִּשַּׁק־ לוֹ׃ וַיַּגֵּד
Y-dijo (28) . a-él y-besó el-Dios en-monte-de y-le-recibió

מֹשֶׁה לְאַהֲרֹן אֵת כָּל־ דִּבְרֵי יְהוָה אֲשֶׁר שְׁלָחוֹ וְאֵת כָּל־
todas y-** ; le-envió que Yahweh palabras-de todas ** a-Aarón Moisés

הָאֹתֹת אֲשֶׁר צִוָּהוּ׃ וַיֵּלֶךְ מֹשֶׁה וְאַהֲרֹן
y-Aarón Moisés Y-marchó (29) . le-mandó que las-señales

וַיַּאַסְפוּ אֶת־ כָּל־ זִקְנֵי בְּנֵי יִשְׂרָאֵל׃ וַיְדַבֵּר
Y-habló (30) . Israel hijos-de ancianos-de todos ** y-reunieron

אַהֲרֹן אֵת כָּל־ הַדְּבָרִים אֲשֶׁר־ דִּבֶּר יְהוָה אֶל־מֹשֶׁה וַיַּעַשׂ
e-hizo ; Moisés a Yahweh habló que las-palabras todas ** Aarón

הָאֹתֹת לְעֵינֵי הָעָם׃ וַיַּאֲמֵן הָעָם
el-pueblo Y-creyó (31) . el-pueblo a-ojos-de las-señales

וַיִּשְׁמְעוּ כִּי־ פָקַד יְהוָה אֶת־ בְּנֵי יִשְׂרָאֵל וְכִי
y-que Israel hijos-de a Yahweh visitó que y-oyeron

רָאָה אֶת־ עָנְיָם וַיִּקְּדוּ וַיִּשְׁתַּחֲווּ׃ וְאַחַר
Y-después (1) . y-adoraron y-se-inclinaron , su-miseria ** vio Cap. 5

בָּאוּ מֹשֶׁה וְאַהֲרֹן וַיֹּאמְרוּ אֶל־פַּרְעֹה כֹּה־אָמַר יְהוָה
Yahweh dice así : Faraón a y-dijeron y-Aarón Moisés fueron

אֱלֹהֵי יִשְׂרָאֵל שַׁלַּח אֶת־עַמִּי וְיָחֹגּוּ לִי
a-mí y-celebren-fiesta mi-pueblo a envía : Israel Dios-de

בַּמִּדְבָּר׃ וַיֹּאמֶר פַּרְעֹה מִי יְהוָה אֲשֶׁר אֶשְׁמַע
obedezca que Yahweh ¿quién : Faraón Y-dijo (2) . en-el-desierto

בְּקֹלוֹ לְשַׁלַּח אֶת־יִשְׂרָאֵל לֹא יָדַעְתִּי אֶת־יְהוָה וְגַם אֶת־יִשְׂרָאֵל
Israel a y-también , Yahweh a conozco no ; Israel a para-enviar a-su-voz

לֹא אֲשַׁלֵּחַ׃ וַיֹּאמְרוּ אֱלֹהֵי הָעִבְרִים נִקְרָא עָלֵינוּ
con-nosotros se-encontró los-hebreos Dios-de : Y-dijeron (3) . enviaré no

נֵלֲכָה נָּא דֶּרֶךְ שְׁלֹשֶׁת יָמִים בַּמִּדְבָּר וְנִזְבְּחָה
y-sacrificaremos en-el-desierto días tres camino-de ahora tomaremos

לַיהוָה אֱלֹהֵינוּ פֶּן־יִפְגָּעֵנוּ בַּדֶּבֶר אוֹ בֶחָרֶב׃
. con-la-espada o con-la-plaga nos-golpeará o nuestro-Dios a-Yahweh

וַיֹּאמֶר אֲלֵהֶם מֶלֶךְ מִצְרַיִם לָמָּה מֹשֶׁה וְאַהֲרֹן תַּפְרִיעוּ אֶת־
a hacéis-parar y-Aarón Moisés ¿por-qué : Egipto rey-de a-ellos Y-dijo (4)

הָעָם מִמַּעֲשָׂיו לְכוּ לְסִבְלֹתֵיכֶם׃ וַיֹּאמֶר
Y-dijo (5) . a-vuestras-tareas id ; de-sus-labores el-pueblo

פַּרְעֹה הֵן־רַבִּים עַתָּה עַם הָאָרֶץ וְהִשְׁבַּתֶּם אֹתָם
a-ellos y-detenéis la-tierra pueblo-de ahora muchos he-aquí : Faraón

מִסִּבְלֹתָם׃ וַיְצַו פַּרְעֹה בַּיּוֹם הַהוּא אֶת־
a el-aquel en-el-día Faraón Y-ordenó (6) . de-sus-tareas

הַנֹּגְשִׂים בָּעָם וְאֶת־שֹׁטְרָיו לֵאמֹר׃ לֹא
No (7) . diciendo sus-capataces y-a del-pueblo los-cuadrilleros

תֹאסִפוּן לָתֵת תֶּבֶן לָעָם לִלְבֹּן הַלְּבֵנִים כִּתְמוֹל
como-ayer los-ladrillos para-hacer a-el-pueblo paja para-dar continuéis

שִׁלְשֹׁם הֵם יֵלְכוּ וְקֹשְׁשׁוּ לָהֶם תֶּבֶן׃ וְאֶת־

Y ** (8) . paja para-ellos y-recojan vayan ellos ; antes

מַתְכֹּנֶת הַלְּבֵנִים אֲשֶׁר הֵם עֹשִׂים תְּמוֹל שִׁלְשֹׁם תָּשִׂימוּ עֲלֵיהֶם

de-ellos exigiréis antes ayer haciendo ellos que los-ladrillos número-de

לֹא תִגְרְעוּ מִמֶּנּוּ כִּי־ נִרְפִּים הֵם עַל־ כֵּן הֵם צֹעֲקִים

exclaman ellos eso por ellos perezosos pues de-él reduciréis no

לֵאמֹר נֵלְכָה נִזְבְּחָה לֵאלֹהֵינוּ׃ תִּכְבַּד הָעֲבֹדָה

el-trabajo Agrávese (9) . a-nuestro-Dios a-sacrificar vayamos diciendo

עַל־ הָאֲנָשִׁים וְיַעֲשׂוּ־ בָהּ וְאַל־ יִשְׁעוּ בְּדִבְרֵי־

a-palabras-de atiendan y-no , en-ella y-trabajen los-hombres sobre

שָׁקֶר׃ וַיֵּצְאוּ נֹגְשֵׂי הָעָם וְשֹׁטְרָיו

y-sus-capataces el-pueblo cuadrilleros-de Y-salieron (10) . mentira

וַיֹּאמְרוּ אֶל־ הָעָם לֵאמֹר כֹּה אָמַר פַּרְעֹה אֵינֶנִּי נֹתֵן לָכֶם

a-vosotros dando yo-no : Faraón dice así : diciendo el-pueblo a y-dijeron

תֶּבֶן׃ אַתֶּם לְכוּ קְחוּ לָכֶם תֶּבֶן מֵאֲשֶׁר תִּמְצָאוּ כִּי אֵין

no pero ; encontréis de-donde paja para-vosotros coged id Vosotros (11) . paja

נִגְרָע מֵעֲבֹדַתְכֶם דָּבָר׃ וַיָּפֶץ הָעָם

el-pueblo Y-esparció (12) . nada de-vuestro-trabajo se-reduce

בְּכָל־ אֶרֶץ מִצְרָיִם לְקֹשֵׁשׁ קַשׁ לַתֶּבֶן׃

. por-paja rastrojo para-recoger ; Egipto tierra-de por-toda

וְהַנֹּגְשִׂים אָצִים לֵאמֹר כַּלּוּ מַעֲשֵׂיכֶם דְּבַר־

cosa-de vuestra-obra acabad : diciendo apremiaban Y-los-cuadrilleros (13)

יוֹם בְּיוֹמוֹ כַּאֲשֶׁר בִּהְיוֹת הַתֶּבֶן׃ וַיֻּכּוּ

Y-azotaban (14) . la-paja en-tener como en-su-día día

שֹׁטְרֵי בְּנֵי יִשְׂרָאֵל אֲשֶׁר־ שָׂמוּ עֲלֵהֶם נֹגְשֵׂי

cuadrilleros-de sobre-ellos ponían que , Israel hijos-de capataces-de

פַּרְעֹה לֵאמֹר מַדּוּעַ לֹא כִלִּיתֶם חָקְכֶם לִלְבֹּן כִּתְמוֹל

como-ayer ladrillo vuestra-cuota-de cumplisteis no por-qué : diciendo Faraón

שִׁלְשֹׁם גַּם־תְּמוֹל גַּם־הַיּוֹם׃ וַיָּבֹאוּ שֹׁטְרֵי בְּנֵי

hijos-de capataces-de Y-vinieron (15) . hoy ni ayer ni , antes

יִשְׂרָאֵל וַיִּצְעֲקוּ אֶל־פַּרְעֹה לֵאמֹר לָמָּה תַעֲשֶׂה כֹה לַעֲבָדֶיךָ׃

. a-tus-siervos así haces por-qué : diciendo Faraón a y-se-quejaron Israel

תֶּבֶן אֵין נִתָּן לַעֲבָדֶיךָ וּלְבֵנִים אֹמְרִים לָנוּ

a-nosotros diciendo y-ladrillos a-tus-siervos dada no-es Paja (16)

עֲשׂוּ וְהִנֵּה עֲבָדֶיךָ מֻכִּים וְחָטָאת

y-culpable azotados tus-siervos y-he-aquí ; haced

עַמֶּךָ׃ וַיֹּאמֶר נִרְפִּים אַתֶּם נִרְפִּים עַל־כֵּן

eso por perezosos vosotros perezosos : Y-dijo (17) . tu-pueblo

אַתֶּם אֹמְרִים נֵלְכָה נִזְבְּחָה לַיהוָה׃ וְעַתָּה לְכוּ עִבְדוּ

trabajad id Y-ahora (18) . a-Yahweh sacrifiquemos vayamos : diciendo vosotros

וְתֶבֶן לֹא־יִנָּתֵן לָכֶם וְתֹכֶן לְבֵנִים תִּתֵּנוּ׃

. daréis ladrillos y-cuota-de ; a-vosotros será-dada no y-paja

וַיִּרְאוּ שֹׁטְרֵי בְנֵי־יִשְׂרָאֵל אֹתָם בְּרָע לֵאמֹר

al-decir en-mal a-ellos Israel hijos-de capataces-de Y-vieron (19)

לֹא־תִגְרְעוּ מִלִּבְנֵיכֶם דְּבַר־יוֹם בְּיוֹמוֹ׃

. en-su-día día tarea-de de-vuestros-ladrillos reduciréis no

וַיִּפְגְּעוּ אֶת־מֹשֶׁה וְאֶת־אַהֲרֹן נִצָּבִים לִקְרָאתָם

para-recibir-les esperando Aarón y-a Moisés a Y-encontraron (20)

בְּצֵאתָם מֵאֵת פַּרְעֹה׃ וַיֹּאמְרוּ אֲלֵהֶם יֵרֶא

mire : a-ellos Y-dijeron (21) . Faraón de-** a-su-salida

יְהוָה עֲלֵיכֶם וְיִשְׁפֹּט אֲשֶׁר הִבְאַשְׁתֶּם אֶת־רֵיחֵנוּ

nuestro olor ** habéis-hecho-oler pues y-juzgue sobre-vosotros Yahweh

בְּעֵינֵי פַרְעֹה וּבְעֵינֵי עֲבָדָיו לָתֶת־חֶרֶב בְּיָדָם
en-su-mano espada para-dar sus-siervos y-en-ojos-de Faraón en-ojos-de

לְהָרְגֵנוּ׃ וַיָּשָׁב מֹשֶׁה אֶל־יְהוָה וַיֹּאמַר אֲדֹנָי לָמָה
por-qué Señor-mío : y-dijo Yahweh a Moisés Y-regresó (22) . para-matarnos

הֲרֵעֹתָה לָעָם הַזֶּה לָמָּה זֶּה שְׁלַחְתָּנִי׃
. me-enviaste esto ¿por-qué : el-éste al-pueblo trajiste-mal

וּמֵאָז בָּאתִי אֶל־פַּרְעֹה לְדַבֵּר בִּשְׁמֶךָ הֵרַע
ha-afligido en-tu-nombre a-hablar Faraón a fui Y-desde-que (23)

לָעָם הַזֶּה וְהַצֵּל לֹא־הִצַּלְתָּ אֶת־עַמֶּךָ׃
. tu-pueblo a libraste no y-librar ; el-éste al-pueblo

וַיֹּאמֶר יְהוָה אֶל־מֹשֶׁה עַתָּה תִרְאֶה אֲשֶׁר אֶעֱשֶׂה לְפַרְעֹה
; a-Faraón haré lo-que verás ahora : Moisés a Yahweh Y-dijo (1) Cap. 6

כִּי בְיָד חֲזָקָה יְשַׁלְּחֵם וּבְיָד חֲזָקָה
poderosa y-por-mano les-enviará poderosa por-mano que

יְגָרְשֵׁם מֵאַרְצוֹ׃ וַיְדַבֵּר אֱלֹהִים אֶל־מֹשֶׁה
: Moisés a Dios Y-habló (2) . de-su-tierra los-echará

וַיֹּאמֶר אֵלָיו אֲנִי יְהוָה׃ וָאֵרָא אֶל־אַבְרָהָם אֶל־יִצְחָק וְאֶל־
y-a Isaac a Abraham a Y-aparecí (3) . Yahweh yo : a-él y-dijo

יַעֲקֹב בְּאֵל שַׁדָּי וּשְׁמִי יְהוָה לֹא נוֹדַעְתִּי לָהֶם׃
. a-ellos hice-conocer no Yahweh y-mi-nombre Poderoso por-Dios Jacob

וְגַם הֲקִמֹתִי אֶת־בְּרִיתִי אִתָּם לָתֵת לָהֶם אֶת־
** a-ellos para-dar con-ellos mi-pacto ** establecí Y-también (4)

אֶרֶץ כְּנָעַן אֵת אֶרֶץ מְגֻרֵיהֶם אֲשֶׁר־גָּרוּ בָהּ׃
. en-ella habitaron que sus-peregrinaciones tierra-de ** Canaán tierra-de

וְגַם ׀ אֲנִי שָׁמַעְתִּי אֶת־נַאֲקַת בְּנֵי יִשְׂרָאֵל אֲשֶׁר מִצְרַיִם
egipcios que Israel hijos-de gemido-de ** escuché yo Y-también (5)

מַעֲבִדִים אֹתָם וָאֶזְכֹּר אֶת־ בְּרִיתִי׃ לָכֵן אֱמֹר

di Por-tanto (6) . mi-pacto ** y-recordé ; a-ellos esclavizan

לִבְנֵי־ יִשְׂרָאֵל אֲנִי יְהוָה וְהוֹצֵאתִי אֶתְכֶם מִתַּחַת סִבְלֹת

yugos-de de-bajo a-vosotros y-sacaré Yahweh yo : Israel a-hijos-de

מִצְרַיִם וְהִצַּלְתִּי אֶתְכֶם מֵעֲבֹדָתָם וְגָאַלְתִּי אֶתְכֶם

a-vosotros y-redimiré de-su-servidumbre a-vosotros y-libraré Egipto

בִּזְרוֹעַ נְטוּיָה וּבִשְׁפָטִים גְּדֹלִים׃

. grandes y-con-juicios extendido con-brazo

וְלָקַחְתִּי אֶתְכֶם לִי לְעָם וְהָיִיתִי לָכֶם לֵאלֹהִים

; por-Dios a-vosotros y-seré por-pueblo para-mí a-vosotros Y-tomaré (7)

וִידַעְתֶּם כִּי אֲנִי יְהוָה אֱלֹהֵיכֶם הַמּוֹצִיא אֶתְכֶם מִתַּחַת

de-bajo a-vosotros el-que-saca vuestro-Dios Yahweh yo que y-conoceréis

סִבְלוֹת מִצְרָיִם׃ וְהֵבֵאתִי אֶתְכֶם אֶל־הָאָרֶץ אֲשֶׁר נָשָׂאתִי אֶת־

** levanté que la-tierra a a-vosotros Y-llevaré (8) . Egipto yugos-de

יָדִי לָתֵת אֹתָהּ לְאַבְרָהָם לְיִצְחָק וּלְיַעֲקֹב וְנָתַתִּי אֹתָהּ

a-ella y-daré ; y-a-Jacob a-Isaac a-Abraham a-ella para-dar mi-mano

לָכֶם מוֹרָשָׁה אֲנִי יְהוָה׃ וַיְדַבֵּר מֹשֶׁה כֵּן אֶל־ בְּנֵי יִשְׂרָאֵל

; Israel hijos-de a así Moisés Y-habló (9) . Yahweh yo posesión a-vosotros

וְלֹא שָׁמְעוּ אֶל־ מֹשֶׁה מִקֹּצֶר רוּחַ וּמֵעֲבֹדָה קָשָׁה׃

. dura y-por-servidumbre espíritu por-congoja-de . Moisés a escucharon y-no

וַיְדַבֵּר יְהוָה אֶל־מֹשֶׁה לֵּאמֹר׃ בֹּא דַבֵּר אֶל־פַּרְעֹה מֶלֶךְ

rey-de Faraón a di , Ve (11) . diciendo Moisés a Yahweh Y-habló (10)

מִצְרָיִם וִישַׁלַּח אֶת־ בְּנֵי־ יִשְׂרָאֵל מֵאַרְצוֹ׃ וַיְדַבֵּר

Y-habló (12) . de-su-tierra Israel hijos-de ** y-enviará ; Egipto

מֹשֶׁה לִפְנֵי יְהוָה לֵאמֹר הֵן בְּנֵי־ יִשְׂרָאֵל לֹא־ שָׁמְעוּ אֵלַי וְאֵיךְ

¿por-qué ; a-mí escuchan no Israel hijos-de he-aquí : diciendo Yahweh ante Moisés

יִשְׁמָעֵנִי פַרְעֹה וַאֲנִי עֲרַל שְׂפָתָיִם׃ וַיְדַבֵּר
Y-habló (13) . labios incircunciso-de y-yo Faraón me-escuchará

יְהוָה אֶל־מֹשֶׁה וְאֶל־אַהֲרֹן וַיְצַוֵּם אֶל־בְּנֵי יִשְׂרָאֵל
Israel hijos-de acerca-de y-les-mandó Aarón y-a Moisés a Yahweh

וְאֶל־פַּרְעֹה מֶלֶךְ מִצְרָיִם לְהוֹצִיא אֶת־בְּנֵי־יִשְׂרָאֵל מֵאֶרֶץ
de-tierra-de Israel hijos-de a para-sacar ; Egipto rey-de Faraón y-acerca-de

מִצְרָיִם׃ אֵלֶּה רָאשֵׁי בֵית־אֲבֹתָם בְּנֵי רְאוּבֵן בְּכֹר
primogénito-de Rubén hijos-de ; sus-padres casa-de cabezas-de Estas (14) . Egipto

יִשְׂרָאֵל חֲנוֹךְ וּפַלּוּא חֶצְרֹן וְכַרְמִי אֵלֶּה מִשְׁפְּחֹת רְאוּבֵן׃ וּבְנֵי
E-hijos-de (15) . Rubén familias-de éstos , y-Carmi Hezrón y-Falú Hanoc : Israel

שִׁמְעוֹן יְמוּאֵל וְיָמִין וְאֹהַד וְיָכִין וְצֹחַר וְשָׁאוּל בֶּן־
hijo-de y-Saúl y-Zohar y-Jaquín y-Ohad y-Jamín Jemuel : Simeón

הַכְּנַעֲנִית אֵלֶּה מִשְׁפְּחֹת שִׁמְעוֹן׃ וְאֵלֶּה שְׁמוֹת בְּנֵי־
hijos-de nombres-de Y-estos (16) . Simeón familias-de éstas ; la-cananea

לֵוִי לְתֹלְדֹתָם גֵּרְשׁוֹן וּקְהָת וּמְרָרִי וּשְׁנֵי חַיֵּי
vidas-de y-años-de ; y-Merari y-Coat Gersón : por-sus-linajes Leví

לֵוִי שֶׁבַע וּשְׁלֹשִׁים וּמְאַת שָׁנָה׃ בְּנֵי גֵרְשׁוֹן לִבְנִי
Libni Gersón Hijos-de (17) . año y-cien y-treinta siete Leví

וְשִׁמְעִי לְמִשְׁפְּחֹתָם׃ וּבְנֵי קְהָת עַמְרָם וְיִצְהָר
e-Izhar Amram : Coat E-hijos-de (18) . por-sus-familias y-Simeí

וְחֶבְרוֹן וְעֻזִּיאֵל וּשְׁנֵי חַיֵּי קְהָת שָׁלֹשׁ וּשְׁלֹשִׁים
y-treinta tres Coat vidas-de y-años-de ; y-Uziel y-Hebrón

וּמְאַת שָׁנָה׃ וּבְנֵי מְרָרִי מַחְלִי וּמוּשִׁי אֵלֶּה מִשְׁפְּחֹת
familias-de estas ; y-Musi Mahli Merari E-hijos-de (19) . año y-cien

הַלֵּוִי לְתֹלְדֹתָם׃ וַיִּקַּח עַמְרָם אֶת־יוֹכֶבֶד
Jocabed a Amram Y-tomó (20) . por-sus-linajes el-Leví

דֹּדָתוֹ לוֹ לְאִשָּׁה וַתֵּלֶד לוֹ אֶת־אַהֲרֹן וְאֶת־
y-a Aharón a para-él y-dio-a-luz por-mujer para-él su-tía

מֹשֶׁה וּשְׁנֵי חַיֵּי עַמְרָם שֶׁבַע וּשְׁלֹשִׁים וּמְאַת שָׁנָה׃
. año y-cien y-treinta siete Amram vidas-de y-años-de ; Moisés

וּבְנֵי יִצְהָר קֹרַח וָנֶפֶג וְזִכְרִי׃ וּבְנֵי עֻזִּיאֵל
Uziel E-hijos-de (22) . y-Zicri y-Néfeg Coré : Izhar E-hijos-de (21)

מִישָׁאֵל וְאֶלְצָפָן וְסִתְרִי׃ וַיִּקַּח אַהֲרֹן אֶת־אֱלִישֶׁבַע
Elisabet a Aharón Y-tomó (23) . y-Sitri y-Elzafán Misael

בַּת־עַמִּינָדָב אֲחוֹת נַחְשׁוֹן לוֹ לְאִשָּׁה וַתֵּלֶד לוֹ
para-él y-dio-a-luz por-mujer para-él Nahasón hermana-de Aminadab hija-de

אֶת־נָדָב וְאֶת־אֲבִיהוּא אֶת־אֶלְעָזָר וְאֶת־אִיתָמָר׃ וּבְנֵי קֹרַח אַסִּיר
Asir Coré E-hijos-de (24) . Itamar y-a Eleazar a Abihú y-a Nadab a

וְאֶלְקָנָה וַאֲבִיאָסָף אֵלֶּה מִשְׁפְּחֹת הַקָּרְחִי׃ וְאֶלְעָזָר בֶּן־
hijo-de Y-Eleazar (25) . el-coraíta familias-de éstas ; y-Abiasaf y-Elcaná

אַהֲרֹן לָקַח־לוֹ מִבְּנוֹת פּוּטִיאֵל לוֹ לְאִשָּׁה וַתֵּלֶד
y-dio-a-luz por-mujer para-él Futiel de-hijas-de para-él tomó Aharón

לוֹ אֶת־פִּינְחָס אֵלֶּה רָאשֵׁי אֲבוֹת הַלְוִיִּם לְמִשְׁפְּחֹתָם׃
. por-sus-familias los-levitas padres-de cabezas-de estas ; Finees a para-él

הוּא אַהֲרֹן וּמֹשֶׁה אֲשֶׁר אָמַר יְהוָה לָהֶם הוֹצִיאוּ אֶת־בְּנֵי
hijos-de ** sacad : a-ellos Yahweh dijo que ; y-Moisés Aharón Este (26)

יִשְׂרָאֵל מֵאֶרֶץ מִצְרַיִם עַל־צִבְאֹתָם׃ הֵם הַמְדַבְּרִים
los-que-hablaron Ellos (27) . sus-grupos por Egipto de-tierra-de Israel

אֶל־פַּרְעֹה מֶלֶךְ־מִצְרַיִם לְהוֹצִיא אֶת־בְּנֵי־יִשְׂרָאֵל מִמִּצְרָיִם הוּא מֹשֶׁה
Moisés él ; de-Egipto Israel hijos-de a para-sacar Egipto rey-de Faraón a

וְאַהֲרֹן׃ וַיְהִי בְּיוֹם דִּבֶּר יְהוָה אֶל־מֹשֶׁה בְּאֶרֶץ מִצְרָיִם׃
. de-Egipto en-tierra-de Moisés a Yahweh habló en-día Y-fue (28) . y-Aharón

וַיְדַבֵּר יְהוָה אֶל־מֹשֶׁה לֵּאמֹר אֲנִי יְהוָה דַּבֵּר אֶל־פַּרְעֹה מֶלֶךְ
rey-de Faraón a habla : Yahweh yo : diciendo Moisés a Yahweh Y-habló (29)

מִצְרַיִם אֵת כָּל־אֲשֶׁר אֲנִי דֹּבֵר אֵלֶיךָ׃ וַיֹּאמֶר מֹשֶׁה לִפְנֵי יְהוָה הֵן
he-aquí : Yahweh ante Moisés Y-dijo (30) . a-ti hablando yo lo-que todo ** Egipto

אֲנִי עֲרַל שְׂפָתַיִם וְאֵיךְ יִשְׁמַע אֵלַי פַּרְעֹה׃ וַיֹּאמֶר
Y-dijo (1) . Faraón a-mí escuchará ¿y-cómo , labios incircunciso-de yo Cap. 7

יְהוָה אֶל־מֹשֶׁה רְאֵה נְתַתִּיךָ אֱלֹהִים לְפַרְעֹה וְאַהֲרֹן אָחִיךָ
tu-hermano y-Aharón ; para-Faraón Dios te-hice mira : Moisés a Yahweh

יִהְיֶה נְבִיאֶךָ׃ אַתָּה תְדַבֵּר אֵת כָּל־אֲשֶׁר אֲצַוֶּךָּ וְאַהֲרֹן
y-Aarón ; te-ordene lo-que todo ** dirás Tú (2) . tu-profeta será

אָחִיךָ יְדַבֵּר אֶל־פַּרְעֹה וְשִׁלַּח אֶת־בְּנֵי־יִשְׂרָאֵל
. Israel hijos-de ** y-enviará Faraón a hablará tu-hermano

מֵאַרְצוֹ׃ וַאֲנִי אַקְשֶׁה אֶת־לֵב פַּרְעֹה
; Faraón corazón-de ** endureceré Y-yo (3) . de-su-tierra

וְהִרְבֵּיתִי אֶת־אֹתֹתַי וְאֶת־מוֹפְתַי בְּאֶרֶץ מִצְרָיִם׃
. Egipto en-tierra-de mis-maravillas y-** mis-señales ** y-multiplicaré

וְלֹא־יִשְׁמַע אֲלֵכֶם פַּרְעֹה וְנָתַתִּי אֶת־יָדִי
mi-mano ** y-pondré Faraón a-vosotros escuchará Y-no (4)

בְּמִצְרָיִם וְהוֹצֵאתִי אֶת־צִבְאֹתַי אֶת־עַמִּי בְנֵי־
hijos-de mi-pueblo a mis-ejércitos a y-sacaré ; en-Egipto

יִשְׂרָאֵל מֵאֶרֶץ מִצְרַיִם בִּשְׁפָטִים גְּדֹלִים׃
. grandes en-juicios , Egipto de-tierra-de Israel

וְיָדְעוּ מִצְרַיִם כִּי־אֲנִי יְהוָה בִּנְטֹתִי אֶת־
** en-mi-extender Yahweh yo que egipcios Y-conocerán (5)

יָדִי עַל־מִצְרָיִם וְהוֹצֵאתִי אֶת־בְּנֵי־יִשְׂרָאֵל מִתּוֹכָם׃
. de-en-medio-de-ellos Israel hijos-de a y-sacaré ; Egipto sobre mi-mano

וַיַּעַשׂ מֹשֶׁה וְאַהֲרֹן כַּאֲשֶׁר צִוָּה יְהוָה אֹתָם כֵּן
así a-ellos Yahweh mandó como y-Aarón Moisés E-hizo (6)

עָשׂוּ׃ וּמֹשֶׁה בֶּן־שְׁמֹנִים שָׁנָה וְאַהֲרֹן בֶּן־שָׁלֹשׁ וּשְׁמֹנִים
y-ochenta tres hijo-de y-Aarón años ochenta hijo-de Y-Moisés (7) . hicieron

שָׁנָה בְּדַבְּרָם אֶל־פַּרְעֹה׃ וַיֹּאמֶר יְהוָה אֶל־מֹשֶׁה וְאֶל־
y-a Moisés a Yahweh Y-dijo (8) . Faraón a en-su-hablar ; año

אַהֲרֹן לֵאמֹר׃ כִּי יְדַבֵּר אֲלֵכֶם פַּרְעֹה לֵאמֹר תְּנוּ לָכֶם מוֹפֵת
; milagro para-vosotros haced : diciendo Faraón a-vosotros hable Cuando (8) . diciendo Aarón

וְאָמַרְתָּ אֶל־אַהֲרֹן קַח אֶת־מַטְּךָ וְהַשְׁלֵךְ לִפְנֵי־פַרְעֹה
Faraón ante y-echa tu-vara ** coge : Aarón a entonces-dirás

יְהִי לְתַנִּין׃ וַיָּבֹא מֹשֶׁה וְאַהֲרֹן אֶל־פַּרְעֹה
Faraón a y-Aarón Moisés Y-fue (10) . para-serpiente será

וַיַּעֲשׂוּ כֵן כַּאֲשֶׁר צִוָּה יְהוָה וַיַּשְׁלֵךְ אַהֲרֹן אֶת־
** Aarón y-echó Yahweh mandó como así e-hicieron

מַטֵּהוּ לִפְנֵי פַרְעֹה וְלִפְנֵי עֲבָדָיו וַיְהִי
y-fue sus-siervos y-ante Faraón ante su-vara

לְתַנִּין׃ וַיִּקְרָא גַּם־פַּרְעֹה לַחֲכָמִים
a-los-sabios Faraón también Y-llamó (11) . para-serpiente

וְלַמְכַשְּׁפִים וַיַּעֲשׂוּ גַם־הֵם חַרְטֻמֵּי מִצְרַיִם
Egipto magos-de ellos también e-hicieron y-a-los-encantadores

בְּלַהֲטֵיהֶם כֵּן׃ וַיַּשְׁלִיכוּ אִישׁ מַטֵּהוּ
su-vara cada-uno Y-arrojaron (12) . así con-sus-encantamientos

וַיִּהְיוּ לְתַנִּינִם וַיִּבְלַע מַטֵּה־אַהֲרֹן אֶת־מַטֹּתָם׃
. vara-de-ellos ** Aarón vara-de y-devoró ; para-serpientes y-fueron

וַיֶּחֱזַק לֵב פַּרְעֹה וְלֹא שָׁמַע אֲלֵהֶם כַּאֲשֶׁר
como ; a-ellos escuchó y-no Faraón corazón-de Y-se-endureció (13)

דִּבֶּר יְהוָה׃ וַיֹּאמֶר יְהוָה אֶל־מֹשֶׁה כָּבֵד לֵב

corazón-de pesado : Moisés a Yahweh Y-dijo (14) . Yahweh habló

פַּרְעֹה מֵאֵן לְשַׁלַּח הָעָם׃ לֵךְ אֶל־פַּרְעֹה בַּבֹּקֶר

por-la-mañana Faraón a Ve (15) . el-pueblo enviar no-quiere ; Faraón

הִנֵּה יֹצֵא הַמַּיְמָה וְנִצַּבְתָּ לִקְרָאתוֹ עַל־שְׂפַת הַיְאֹר

; el-río orilla-de en para-recibir-le y-espera ; a-las-aguas saliendo he-aquí

וְהַמַּטֶּה אֲשֶׁר־נֶהְפַּךְ לְנָחָשׁ תִּקַּח בְּיָדֶךָ׃

. en-tu-mano coge en-culebra se-volvió que y-la-vara

וְאָמַרְתָּ אֵלָיו יְהוָה אֱלֹהֵי הָעִבְרִים שְׁלָחַנִי אֵלֶיךָ לֵאמֹר

diciendo a-ti me-envió los-hebreos Dios-de Yahweh a-el Y-dirás (16)

שַׁלַּח אֶת־עַמִּי וְיַעַבְדֻנִי בַּמִּדְבָּר וְהִנֵּה לֹא־

no y-he-aquí ; en-el-desierto y-me-servirán mi-pueblo a envía

שָׁמַעְתָּ עַד־כֹּה׃ כֹּה אָמַר יְהוָה בְּזֹאת תֵּדַע כִּי

que conocerás en-esto Yahweh dice Así (17) . ahora hasta escuchaste

אֲנִי יְהוָה הִנֵּה אָנֹכִי מַכֶּה ׀ בַּמַּטֶּה אֲשֶׁר־בְּיָדִי עַל־הַמַּיִם

las-aguas sobre en-mi-mano que con-la-vara golpeando yo he-aquí : Yahweh yo

אֲשֶׁר בַּיְאֹר וְנֶהֶפְכוּ לְדָם׃ וְהַדָּגָה אֲשֶׁר־

que Y-el-pez (18) . en-sangre y-se-convertirán en-el-río que

בַּיְאֹר תָּמוּת וּבָאַשׁ הַיְאֹר וְנִלְאוּ

y-no-podrán el-río y-hederá morirá en-el-río

מִצְרַיִם לִשְׁתּוֹת מַיִם מִן־הַיְאֹר׃ וַיֹּאמֶר יְהוָה אֶל־מֹשֶׁה

Moisés a Yahweh Y-dijo (19) . el-río de agua beber egipcios

אֱמֹר אֶל־אַהֲרֹן קַח מַטְּךָ וּנְטֵה־יָדְךָ עַל־מֵימֵי

aguas-de sobre tu-mano y-extiende tu-vara coge Aarón a di

מִצְרַיִם עַל־נַהֲרֹתָם ׀ עַל־יְאֹרֵיהֶם וְעַל־אַגְמֵיהֶם

sus-estanques y-sobre sus-canales sobre sus-corrientes sobre Egipto

וְעַל כָּל־ מִקְוֵה מֵימֵיהֶם וְיִהְיוּ־ דָם
sangre y-serán sus-aguas depósito-de todo y-sobre

וְהָיָה דָם בְּכָל־ אֶרֶץ מִצְרַיִם וּבָעֵצִים
y-en-los-cubos-de-madera Egipto tierra-de en-toda sangre y-será

וּבָאֲבָנִים׃ וַיַּעֲשׂוּ־ כֵן מֹשֶׁה וְאַהֲרֹן כַּאֲשֶׁר ׀ צִוָּה
mandó como y-Aarón Moisés así E-hicieron (20) . y-en-las-vasijas-de-piedra

יְהוָה וַיָּרֶם בַּמַּטֶּה וַיַּךְ אֶת־ הַמַּיִם אֲשֶׁר
que las-aguas ** y-golpeó con-la-vara y-alzó Yahweh

בַּיְאֹר לְעֵינֵי פַרְעֹה וּלְעֵינֵי עֲבָדָיו
sus-siervos y-a-ojos-de Faraón a-ojos-de en-el-río

וַיֵּהָפְכוּ כָּל־ הַמַּיִם אֲשֶׁר־ בַּיְאֹר לְדָם׃
. en-sangre en-el-río que las-aguas todas y-se-convirtieron

וְהַדָּגָה אֲשֶׁר־ בַּיְאֹר מֵתָה וַיִּבְאַשׁ הַיְאֹר וְלֹא־
y-no el-río y-hedió murió en-el-río que Y-el-pez (21)

יָכְלוּ מִצְרַיִם לִשְׁתּוֹת מַיִם מִן־ הַיְאֹר וַיְהִי הַדָּם
la-sangre y-fue el-río de agua beber egipcios podían

בְּכָל־ אֶרֶץ מִצְרָיִם׃ וַיַּעֲשׂוּ־ כֵן חַרְטֻמֵּי מִצְרַיִם
Egipto magos-de igual E-hicieron (22) . Egipto tierra-de en-toda

בְּלָטֵיהֶם וַיֶּחֱזַק לֵב־ פַּרְעֹה וְלֹא־ שָׁמַע אֲלֵהֶם
a-ellos escuchó y-no Faraón corazón-de y-se-endureció por-sus-encantos

כַּאֲשֶׁר דִּבֶּר יְהוָה׃ וַיִּפֶן פַּרְעֹה וַיָּבֹא אֶל־ בֵּיתוֹ
su-casa a y-fue Faraón Y-se-volvió (23) . Yahweh habló como

וְלֹא־ שָׁת לִבּוֹ גַּם־ לָזֹאת׃ וַיַּחְפְּרוּ כָל־ מִצְרַיִם
egipcios todos Y-excavaron (24) . para-esto tampoco su-corazón puso y-no

סְבִיבֹת הַיְאֹר מַיִם לִשְׁתּוֹת כִּי לֹא יָכְלוּ לִשְׁתֹּת מִמֵּימֵי
de-aguas-de beber podían no pues para-beber agua el-río a-lo-largo-de

הַיְאֹר׃ וַיִּמָּלֵא שִׁבְעַת יָמִים אַחֲרֵי הַכּוֹת־ יְהוָה אֶת־ הַיְאֹר׃

. el-río ** Yahweh golpear tras días siete Y-se-cumplieron (25) . el-río

וַיֹּאמֶר יְהוָה אֶל־מֹשֶׁה בֹּא אֶל־ פַּרְעֹה וְאָמַרְתָּ אֵלָיו כֹּה

así : a-él y-di Faraón a ve : Moisés a Yahweh Y-dijo (1) Cap. 8

אָמַר יְהוָה שַׁלַּח אֶת־ עַמִּי וְיַעַבְדֻנִי׃ וְאִם־

Y-si (2) . y-me-servirán mi-pueblo a envía : Yahweh dice

מָאֵן אַתָּה לְשַׁלֵּחַ הִנֵּה אָנֹכִי נֹגֵף אֶת־ כָּל־ גְּבוּלְךָ בַּצְפַרְדְּעִים׃

. con-las-ranas tu-país todo a traeré plaga yo he-aquí enviar tú rehúsas

וְשָׁרַץ הַיְאֹר צְפַרְדְּעִים וְעָלוּ וּבָאוּ

e-irán y-subirán ranas el-río Y-criará (3)

בְּבֵיתֶךָ וּבַחֲדַר מִשְׁכָּבְךָ וְעַל־ מִטָּתֶךָ

tu-cama y-sobre sueño-tuyo y-a-la-habitación-de en-tu-casa

וּבְבֵית עֲבָדֶיךָ וּבְעַמֶּךָ וּבְתַנּוּרֶיךָ

y-en-tus-hornos y-en-tu-pueblo tus-servidores y-en-casa-de

וּבְמִשְׁאֲרוֹתֶיךָ׃ וּבְכָה וּבְעַמְּךָ

y-en-tu-pueblo Y-en-ti (4) . y-en-tus-artesas

וּבְכָל־ עֲבָדֶיךָ יַעֲלוּ הַצְפַרְדְּעִים׃ וַיֹּאמֶר

Y-dijo (5) . las-ranas subirán tu-pueblo y-en-todo

יְהוָה אֶל־מֹשֶׁה אֱמֹר אֶל־ אַהֲרֹן נְטֵה אֶת־ יָדְךָ בְּמַטֶּךָ

con-tu-vara tu-mano ** extiende : Aarón a di : Moisés a Yahweh

עַל־ הַנְּהָרֹת עַל־ הַיְאֹרִים וְעַל־ הָאֲגַמִּים וְהַעַל אֶת־

** y-haz-subir los-estanques y-sobre los-canales sobre los-arroyos sobre

הַצְפַרְדְּעִים עַל־אֶרֶץ מִצְרָיִם׃ וַיֵּט אַהֲרֹן אֶת־ יָדוֹ עַל

sobre su-mano ** Aarón Y-extendió (6) . Egipto tierra-de sobre las-ranas

מֵימֵי מִצְרָיִם וַתַּעַל הַצְּפַרְדֵּעַ וַתְּכַס אֶת־ אֶרֶץ מִצְרָיִם׃

. Egipto tierra-de ** y-cubrió la-rana y-subió Egipto aguas-de

וַיַּעֲשׂוּ־ כֵן הַחַרְטֻמִּים בְּלָטֵיהֶם וַיַּעֲלוּ

y-subieron en-sus-encantamientos los-magos igual E-hicieron (7)

אֶת־הַצְפַרְדְּעִים עַל־ אֶרֶץ מִצְרָיִם׃ וַיִּקְרָא פַרְעֹה לְמֹשֶׁה

a-Moisés Faraón Y-llamó (8) . Egipto tierra-de sobre las-ranas **

וּלְאַהֲרֹן וַיֹּאמֶר הַעְתִּירוּ אֶל־ יְהוָה וְיָסֵר הַצְפַרְדְּעִים מִמֶּנִּי

de-mí las-ranas y-quite Yahweh a orad : y-dijo y-a-Aarón

וּמֵעַמִּי וַאֲשַׁלְּחָה אֶת־ הָעָם וְיִזְבְּחוּ

y-sacrificarán el-pueblo a y-enviaré y-de-mi-pueblo

לַיהוָה׃ וַיֹּאמֶר מֹשֶׁה לְפַרְעֹה הִתְפָּאֵר עָלַי לְמָתַי

cuándo a-mí declara : a-Faraón Moisés Y-dijo (9) . a-Yahweh

אַעְתִּיר לְךָ וְלַעֲבָדֶיךָ וּלְעַמְּךָ לְהַכְרִית

para-quitar y-por-tu pueblo y-por-tus-siervos por-ti oraré

הַצְפַרְדְּעִים מִמְּךָ וּמִבָּתֶּיךָ רַק בַּיְאֹר תִּשָּׁאַרְנָה׃

. permanecerán en-el-río sólo ; y-de-tu-casa de-ti las-ranas

וַיֹּאמֶר לְמָחָר וַיֹּאמֶר כִּדְבָרְךָ לְמַעַן

para-que según-tu-palabra : y-dijo ; para-mañana Y-dijo (10)

תֵּדַע כִּי־ אֵין כַּיהוָה אֱלֹהֵינוּ׃

. nuestro-Dios como-Yahweh no-hay que sepas

וְסָרוּ הַצְפַרְדְּעִים מִמְּךָ וּמִבָּתֶּיךָ

y-de-tus-casas de-ti las-ranas Y-se-irán (11)

וּמֵעֲבָדֶיךָ וּמֵעַמֶּךָ רַק בַּיְאֹר תִּשָּׁאַרְנָה׃

. quedarán en-el-río sólo ; y-de-tu-pueblo y-de-tus-servidores

וַיֵּצֵא מֹשֶׁה וְאַהֲרֹן מֵעִם פַּרְעֹה וַיִּצְעַק מֹשֶׁה

Moisés y-clamó ; Faraón de-con y-Aarón Moisés Y-salió (12)

אֶל־ יְהוָה עַל־ דְּבַר הַצְפַרְדְּעִים אֲשֶׁר־ שָׂם לְפַרְעֹה׃

. a-Faraón mandó que las-ranas asunto-de sobre Yahweh a

וַיַּעַשׂ יְהוָה כִּדְבַר מֹשֶׁה וַיָּמֻתוּ הַצְפַרְדְּעִים מִן־הַבָּתִּים

las-casas de las-ranas y-murieron ; Moisés según-palabra-de Yahweh E-hizo (13)

מִן־הַחֲצֵרֹת וּמִן־הַשָּׂדֹת׃ וַיִּצְבְּרוּ אֹתָם חֳמָרִם חֳמָרִם

montones montones a-ellas Y-amontonaron (14) . los-campos y-de los-patios de

וַתִּבְאַשׁ הָאָרֶץ׃ וַיַּרְא פַּרְעֹה כִּי הָיְתָה הָרְוָחָה

el-reposo estaba que Faraón Y-vio (15) . la-tierra y-apestaba

וְהַכְבֵּד אֶת־לִבּוֹ וְלֹא שָׁמַע אֲלֵהֶם כַּאֲשֶׁר

como a-ellos escuchó y-no su-corazón ** y-endureció

דִּבֶּר יְהוָה׃ וַיֹּאמֶר יְהוָה אֶל־מֹשֶׁה אֱמֹר אֶל־אַהֲרֹן

Aarón a di : Moisés a Yahweh Y-dijo (16) . Yahweh habló

נְטֵה אֶת־מַטְּךָ וְהַךְ אֶת־עֲפַר הָאָרֶץ

; la-tierra polvo-de ** y-golpea tu-vara ** extiende

וְהָיָה לְכִנִּם בְּכָל־אֶרֶץ מִצְרָיִם׃ וַיַּעֲשׂוּ־

E-hicieron (17) . Egipto tierra-de en-toda en-piojos y-será

כֵן וַיֵּט אַהֲרֹן אֶת־יָדוֹ בְמַטֵּהוּ וַיַּךְ

y-golpeó con-su-vara su-mano ** Aarón y-extendió así

אֶת־עֲפַר הָאָרֶץ וַתְּהִי הַכִּנָּם בָּאָדָם וּבַבְּהֵמָה

y-en-la-bestia en-el-hombre el-piojo y-fue la-tierra polvo-de **

כָּל־עֲפַר הָאָרֶץ הָיָה כִנִּים בְּכָל־אֶרֶץ מִצְרָיִם׃

. Egipto tierra-de en-toda piojos fue la-tierra polvo-de todo

וַיַּעֲשׂוּ־כֵן הַחַרְטֻמִּים בְּלָטֵיהֶם לְהוֹצִיא אֶת־הַכִּנִּים

los-piojos ** para-producir en-sus-artes los-magos igual E-hicieron (18)

וְלֹא יָכֹלוּ וַתְּהִי הַכִּנָּם בָּאָדָם וּבַבְּהֵמָה׃

. y-en-la-bestia en-el-hombre el-piojo y-fue ; pudieron y-no

וַיֹּאמְרוּ הַחַרְטֻמִּם אֶל־פַּרְעֹה אֶצְבַּע אֱלֹהִים הִוא

; esto Dios dedo-de : Faraón a los-magos Y-dijeron (19)

וַיֶּחֱזַק לֵב־ פַּרְעֹה וְלֹא־ שָׁמַע אֲלֵהֶם כַּאֲשֶׁר דִּבֶּר
habló como a-ellos escuchó y-no Faraón corazón-de y-se-endureció

יְהוָה׃ וַיֹּאמֶר יְהוָה אֶל־ מֹשֶׁה הַשְׁכֵּם בַּבֹּקֶר
en-la-mañana madruga : Moisés a Yahweh Y-dijo (20) . Yahweh

וְהִתְיַצֵּב לִפְנֵי פַרְעֹה הִנֵּה יוֹצֵא הַמָּיְמָה וְאָמַרְתָּ אֵלָיו
a-él y-dirás a-las-aguas saliendo he-aquí , Faraón ante y-preséntate

כֹּה אָמַר יְהוָה שַׁלַּח עַמִּי וְיַעַבְדֻנִי׃ כִּי
Pues (21) . y-me-servirá mi-pueblo envía : Yahweh dice así

אִם־ אֵינְךָ מְשַׁלֵּחַ אֶת־ עַמִּי הִנְנִי מַשְׁלִיחַ בְּךָ
contra-ti enviando he-aquí mi-pueblo ** enviando tú-no si

וּבַעֲבָדֶיךָ וּבְעַמְּךָ וּבְבָתֶּיךָ אֶת־
** y-contra-tu-casa y-contra-tu-pueblo y-contra-tus-siervos

הֶעָרֹב וּמָלְאוּ בָּתֵּי מִצְרַיִם אֶת־הֶעָרֹב וְגַם הָאֲדָמָה
la-tierra y-también la-mosca ** egipcios casas-de y-se-llenarán ; la-mosca

אֲשֶׁר־ הֵם עָלֶיהָ׃ וְהִפְלֵיתִי בַיּוֹם הַהוּא
el-aquel en-el-día Y-apartaré (22) . sobre-ella ellas que

אֶת־ אֶרֶץ גֹּשֶׁן אֲשֶׁר עַמִּי עֹמֵד עָלֶיהָ לְבִלְתִּי הֱיוֹת־שָׁם עָרֹב
mosca allí será no en-ella habitando mi-pueblo que Gosén tierra-de **

לְמַעַן תֵּדַע כִּי אֲנִי יְהוָה בְּקֶרֶב הָאָרֶץ׃
. la-tierra en-medio-de Yahweh yo que sabrás de-modo-que

וְשַׂמְתִּי פְדֻת בֵּין עַמִּי וּבֵין עַמֶּךָ
tu-pueblo y-entre mi-pueblo entre diferencia Y-haré (23)

לְמָחָר יִהְיֶה הָאֹת הַזֶּה׃ וַיַּעַשׂ יְהוָה כֵּן
así Yahweh E-hizo (24) . el-éste el-signo sucederá para-mañana

וַיָּבֹא עָרֹב כָּבֵד בֵּיתָה פַרְעֹה וּבֵית עֲבָדָיו
sus-servidores y-casa-de Faraón en-casa-de mucha mosca y-vino

וּבְכָל־ אֶרֶץ מִצְרַיִם תִּשָּׁחֵת הָאָרֶץ מִפְּנֵי הֶעָרֹב׃
. la-mosca a-causa-de la-tierra se-arruinó Egipto tierra-de y-en-toda

וַיִּקְרָא פַרְעֹה אֶל־ מֹשֶׁה וּלְאַהֲרֹן וַיֹּאמֶר לְכוּ
id : y-dijo , y-a-Aarón Moisés a Faraón Y-llamó (25)

זִבְחוּ לֵאלֹהֵיכֶם בָּאָרֶץ׃ וַיֹּאמֶר מֹשֶׁה לֹא
no : Moisés Y-dijo (26) . en-la-tierra a-vuestro-Dios sacrificad

נָכוֹן לַעֲשׂוֹת כֵּן כִּי תּוֹעֲבַת מִצְרַיִם נִזְבַּח
sacrificaríamos egipcios abominación-de pues así hacer conviene

לַיהוָה אֱלֹהֵינוּ הֵן נִזְבַּח אֶת־ תּוֹעֲבַת מִצְרַיִם לְעֵינֵיהֶם
ante-sus-ojos egipcios abominación-de ** sacrificamos si ; nuestro-Dios a-Yahweh

וְלֹא יִסְקְלֻנוּ׃ דֶּרֶךְ שְׁלֹשֶׁת יָמִים נֵלֵךְ
iremos días tres Camino-de (27) . nos-apedrearían ¿y-no

בַּמִּדְבָּר וְזָבַחְנוּ לַיהוָה אֱלֹהֵינוּ כַּאֲשֶׁר יֹאמַר
dice como nuestro-Dios a-Yahweh y-sacrificaremos ; en-el-desierto

אֵלֵינוּ׃ וַיֹּאמֶר פַּרְעֹה אָנֹכִי אֲשַׁלַּח אֶתְכֶם וּזְבַחְתֶּם
y-sacrificaréis a-vosotros enviaré yo : Faraón Y-dijo (28) . a-nosotros

לַיהוָה אֱלֹהֵיכֶם בַּמִּדְבָּר רַק הַרְחֵק לֹא־ תַרְחִיקוּ לָלֶכֶת
para-ir alejaréis no alejar pero en-el-desierto vuestro-Dios a-Yahweh

הַעְתִּירוּ בַּעֲדִי׃ וַיֹּאמֶר מֹשֶׁה הִנֵּה אָנֹכִי יוֹצֵא מֵעִמָּךְ
de-con-tigo salgo yo he-aquí Moisés Y-dijo (29) . por-mí orad

וְהַעְתַּרְתִּי אֶל־ יְהוָה וְסָר הֶעָרֹב מִפַּרְעֹה
de-Faraón la-mosca y-quitará Yahweh a y-oraré

מֵעֲבָדָיו וּמֵעַמּוֹ מָחָר רַק אַל־ יֹסֵף
repita no pero , mañana y-de-su-pueblo de-sus-servidores

פַּרְעֹה הָתֵל לְבִלְתִּי שַׁלַּח אֶת־ הָעָם לִזְבֹּחַ לַיהוָה׃
. a-Yahweh a-sacrificar el pueblo ** enviar para-no engañar Faraón

וַיֵּצֵא מֹשֶׁה מֵעִם פַּרְעֹה וַיֶּעְתַּר אֶל־יְהוָה׃
Yahweh a y-oró Faraón de-con Moisés Y-salió (30)

וַיַּעַשׂ יְהוָה כִּדְבַר מֹשֶׁה וַיָּסַר הֶעָרֹב
la-mosca y-quitó Moisés como-habló Yahweh E-hizo (31)

מִפַּרְעֹה מֵעֲבָדָיו וּמֵעַמּוֹ. לֹא נִשְׁאַר
quedó no ; y-de-su-pueblo de-sus-servidores de-Faraón

אֶחָד׃ וַיַּכְבֵּד פַּרְעֹה אֶת־לִבּוֹ גַּם בַּפַּעַם
en-la-vez también su-corazón ** Faraón Y-endureció (32) una

הַזֹּאת וְלֹא שִׁלַּח אֶת־הָעָם׃ וַיֹּאמֶר יְהוָה אֶל־מֹשֶׁה
Moisés a Yahweh Y-dijo (1) . el-pueblo ** envió y-no la-ésta Ca

בֹּא אֶל־פַּרְעֹה וְדִבַּרְתָּ אֵלָיו כֹּה־אָמַר יְהוָה אֱלֹהֵי הָעִבְרִים
los-hebreos Dios-de Yahweh dice así : a-él y-habla Faraón a ve

שַׁלַּח אֶת־עַמִּי וְיַעַבְדֻנִי׃ כִּי אִם־מָאֵן אַתָּה
tú rehúsas si Pues (2) . y-me-servirá mi-pueblo ** envía

לְשַׁלֵּחַ וְעוֹדְךָ מַחֲזִיק בָּם׃ הִנֵּה יַד־יְהוָה הוֹיָה
estará Yahweh mano-de He-aquí (3) . a-ellos retienes y-todavía-tú enviar

בְּמִקְנְךָ אֲשֶׁר בַּשָּׂדֶה בַּסּוּסִים בַּחֲמֹרִים בַּגְּמַלִּים
en-los-camellos en-los-asnos en-los-caballos en-el-campo que en-tu-ganado

בַּבָּקָר וּבַצֹּאן דֶּבֶר כָּבֵד מְאֹד׃ וְהִפְלָה
Y-separará (4) . mucho grave plaga ; y-en-las-ovejas en-las-vacas

יְהוָה בֵּין מִקְנֵה יִשְׂרָאֵל וּבֵין מִקְנֵה מִצְרָיִם וְלֹא יָמוּת
morirá y-no ; Egipto ganado-de y-entre Israel ganado-de entre Yahweh

מִכָּל־לִבְנֵי יִשְׂרָאֵל דָּבָר׃ וַיָּשֶׂם יְהוָה מוֹעֵד לֵאמֹר
diciendo tiempo Yahweh Y-puso (5) . cosa Israel a-hijos-de de-nada

מָחָר יַעֲשֶׂה יְהוָה הַדָּבָר הַזֶּה בָּאָרֶץ׃ וַיַּעַשׂ
E-hizo (6) . en-la-tierra la-ésta la-cosa Yahweh hará mañana

יְהוָה אֶת־ הַדָּבָר הַזֶּה מִמָּחֳרָת וַיָּמָת כֹּל מִקְנֵה
ganado-de todo y-murió al-día-siguiente la-ésta la-cosa ** Yahweh

מִצְרָיִם וּמִמִּקְנֵה בְנֵי־ יִשְׂרָאֵל לֹא־ מֵת אֶחָד׃ וַיִּשְׁלַח
Y-envió (7) . uno murió no Israel hijos-de y-del-ganado-de ; Egipto

פַּרְעֹה וְהִנֵּה לֹא־ מֵת מִמִּקְנֵה יִשְׂרָאֵל עַד־ אֶחָד וַיִּכְבַּד
y-se-endureció ; uno aún Israel del-ganado-de murió no y-he-aquí Faraón

לֵב פַּרְעֹה וְלֹא שִׁלַּח אֶת־ הָעָם׃ וַיֹּאמֶר יְהוָה
Yahweh Y-dijo (8) . el-pueblo ** envió y-no Faraón corazón-de

אֶל־ מֹשֶׁה וְאֶל־ אַהֲרֹן קְחוּ לָכֶם מְלֹא חָפְנֵיכֶם פִּיחַ כִּבְשָׁן
horno ceniza-de , vuestros-puños lleno-de para-vosotros tomad : Aarón y-a Moisés a

וּזְרָקוֹ מֹשֶׁה הַשָּׁמַיְמָה לְעֵינֵי פַרְעֹה׃
. Faraón a-ojos-de a-los-cielos Moisés y-esparza-la

וְהָיָה לְאָבָק עַל כָּל־ אֶרֶץ מִצְרָיִם וְהָיָה
y-será ; Egipto tierra-de toda sobre en-polvo Y-será (9)

עַל־ הָאָדָם וְעַל־ הַבְּהֵמָה לִשְׁחִין פֹּרֵחַ אֲבַעְבֻּעֹת בְּכָל־ אֶרֶץ
tierra-de en-toda úlceras saliendo en-grano la-bestia y-sobre el-hombre sobre

מִצְרָיִם׃ וַיִּקְחוּ אֶת־ פִּיחַ הַכִּבְשָׁן וַיַּעַמְדוּ לִפְנֵי
ante y-se-presentaron el-horno ceniza-de ** Y-tomaron (10) . Egipto

פַרְעֹה וַיִּזְרֹק אֹתוֹ מֹשֶׁה הַשָּׁמָיְמָה וַיְהִי שְׁחִין אֲבַעְבֻּעֹת
ulcerosos grano y-fue ; a-los-cielos Moisés a-él y-esparció Faraón

פֹּרֵחַ בָּאָדָם וּבַבְּהֵמָה׃ וְלֹא־ יָכְלוּ
pudieron Y-no (11) . y-en-la-bestia en-el-hombre eruptando

הַחַרְטֻמִּים לַעֲמֹד לִפְנֵי מֹשֶׁה מִפְּנֵי הַשְּׁחִין כִּי־ הָיָה הַשְּׁחִין
el-grano estaba pues el-grano a-causa-de Moisés ante tenerse los-magos

בַּחַרְטֻמִּם וּבְכָל־ מִצְרָיִם׃ וַיְחַזֵּק יְהוָה אֶת־
** Yahweh Y-endureció (12) Egipto y-en-todo en-los-magos

לֵב פַּרְעֹה וְלֹא שָׁמַע אֲלֵהֶם כַּאֲשֶׁר דִּבֶּר יְהוָה אֶל־מֹשֶׁה׃
Moisés a Yahweh habló como a-ellos escuchó y-no Faraón corazón-de

וַיֹּאמֶר יְהוָה אֶל־ מֹשֶׁה הַשְׁכֵּם בַּבֹּקֶר וְהִתְיַצֵּב
y-preséntate por-la-mañana madruga : Moisés a Yahweh Y-dijo (13)

לִפְנֵי פַרְעֹה וְאָמַרְתָּ אֵלָיו כֹּה־ אָמַר יְהוָה אֱלֹהֵי הָעִבְרִים
los-hebreos Dios-de Yahweh dice así : a-él y-di Faraón ante

שַׁלַּח אֶת־ עַמִּי וְיַעַבְדֻנִי׃ כִּי ׀ בַּפַּעַם
en-la-vez Pues (14) . y-me-servirá mi-pueblo ** envía

הַזֹּאת אֲנִי שֹׁלֵחַ אֶת־ כָּל־ מַגֵּפֹתַי אֶל־ לִבְּךָ
tu-corazón contra mis-plagas todas ** enviando yo la-ésta

וּבַעֲבָדֶיךָ וּבְעַמֶּךָ בַּעֲבוּר תֵּדַע
conozcas para-que y-contra-tu-pueblo y-contra-tus-servidores

כִּי אֵין כָּמֹנִי בְּכָל־ הָאָרֶץ׃ כִּי עַתָּה שָׁלַחְתִּי
envié ahora Pues (15) . la-tierra en-toda como-yo no-hay que

אֶת־ יָדִי וָאַךְ אוֹתְךָ וְאֶת־ עַמְּךָ בַּדָּבֶר
con-la-plaga tu-pueblo y-a a-ti y-golpeo mi-mano **

וַתִּכָּחֵד מִן־ הָאָרֶץ׃ וְאוּלָם בַּעֲבוּר זֹאת
éste para-propósito Y-sin-embargo (16) . la-tierra de y-serás-barrido

הֶעֱמַדְתִּיךָ בַּעֲבוּר הַרְאֹתְךָ אֶת־ כֹּחִי וּלְמַעַן סַפֵּר
proclamar y-para mi-poder ** mostrar-te a-fin-de te-levanté

שְׁמִי בְּכָל־ הָאָרֶץ׃ עוֹדְךָ מִסְתּוֹלֵל
te-enfrentas ¿Todavía-tú (17) . la-tierra en-toda mi-nombre

בְּעַמִּי לְבִלְתִּי שַׁלְּחָם׃ הִנְנִי מַמְטִיר כָּעֵת
a-este-tiempo enviando He-aquí-yo (18) . enviar-les para-no , contra-mi-pueblo

מָחָר בָּרָד כָּבֵד מְאֹד אֲשֶׁר לֹא־ הָיָה כָמֹהוּ בְּמִצְרַיִם לְמִן־
desde en-Egipto como-él fue no que mucho fuerte granizo mañana

הַיּוֹם הִוָּסְדָה וְעַד־ עָתָּה׃ וְעַתָּה שְׁלַח הָעֵז אֶת־

** resguarda envía Y-ahora (19) . ahora y-hasta se-fundó el-día

מִקְנְךָ וְאֵת כָּל־אֲשֶׁר לְךָ בַּשָּׂדֶה כָּל־ הָאָדָם וְהַבְּהֵמָה

y-la-bestia el-hombre todo ; en-el-campo para-ti lo-que todo y-** tu-ganado

אֲשֶׁר־ יִמָּצֵא בַשָּׂדֶה וְלֹא יֵאָסֵף הַבַּיְתָה

a-la-casa sea-llevado y-no en-el-campo se-encuentra que

וְיָרַד עֲלֵהֶם הַבָּרָד וָמֵתוּ׃ הַיָּרֵא

El-que-temió (20) . y-morirán el-granizo sobre-ellos y-caerá

אֶת־ דְּבַר יְהוָה מֵעַבְדֵי פַּרְעֹה הֵנִיס אֶת־ עֲבָדָיו

sus-siervos ** llevó Faraón de-los-servidores-de Yahweh palabra-de **

וְאֶת־ מִקְנֵהוּ אֶל־ הַבָּתִּים׃ וַאֲשֶׁר לֹא־ שָׂם לִבּוֹ

su-corazón puso no Y-el-que (21) . las-casas a su-ganado y-**

אֶל־ דְּבַר יְהוָה וַיַּעֲזֹב אֶת־ עֲבָדָיו וְאֶת־ מִקְנֵהוּ

su-ganado y-** sus-siervos ** y-dejó Yahweh palabra-de a

בַּשָּׂדֶה׃ וַיֹּאמֶר יְהוָה אֶל־ מֹשֶׁה נְטֵה אֶת־ יָדְךָ

tu-mano ** extiende : Moisés a Yahweh Y-dijo (22) . en-el-campo

עַל־ הַשָּׁמַיִם וִיהִי בָרָד בְּכָל־ אֶרֶץ מִצְרָיִם עַל־ הָאָדָם

el-hombre sobre Egipto tierra-de en-toda granizo y-será los-cielos a

וְעַל־ הַבְּהֵמָה וְעַל כָּל־ עֵשֶׂב הַשָּׂדֶה בְּאֶרֶץ מִצְרָיִם׃

. Egipto en-tierra-de el-campo planta-de toda y-sobre la-bestia y-sobre

וַיֵּט מֹשֶׁה אֶת־ מַטֵּהוּ עַל־ הַשָּׁמַיִם וַיהוָה נָתַן

dio y-Yahweh los-cielos a su-vara ** Moisés Y-extendió (23)

קֹלֹת וּבָרָד וַתִּהֲלַךְ אֵשׁ אַרְצָה וַיַּמְטֵר

y-llovió a-tierra fuego y-relampagueó y-granizo truenos

יְהוָה בָּרָד עַל־ אֶרֶץ מִצְרָיִם׃ וַיְהִי בָרָד וְאֵשׁ מִתְלַקַּחַת

relampagueando y-fuego granizo Y-fue (24) . Egipto tierra-de en granizo Yahweh

בְּתוֹךְ הַבָּרָד כָּבֵד מְאֹד אֲשֶׁר לֹא־ הָיָה כָמֹהוּ בְּכָל־ אֶרֶץ

tierra-de en-toda como-él fue no que mucho fuerte el-granizo en-medio-de

מִצְרַיִם מֵאָז הָיְתָה לְגוֹי׃ וַיַּךְ הַבָּרָד

el-granizo Y-golpeó (25) . nación fue desde-que Egipto

בְּכָל־ אֶרֶץ מִצְרַיִם אֵת כָּל־ אֲשֶׁר בַּשָּׂדֶה מֵאָדָם וְעַד־

y-hasta desde-hombre en-el-campo lo-que todos a Egipto tierra-de en-toda

בְּהֵמָה וְאֵת כָּל־ עֵשֶׂב הַשָּׂדֶה הִכָּה הַבָּרָד וְאֶת־ כָּל־

todo y-** el-granizo destrozó el-campo planta-de toda y-** ; bestia

עֵץ הַשָּׂדֶה שִׁבֵּר׃ רַק בְּאֶרֶץ גֹּשֶׁן אֲשֶׁר־ שָׁם בְּנֵי

hijos-de allí que Gosén en-tierra-de Sólo (26) . desgajó el-campo árbol-de

יִשְׂרָאֵל לֹא הָיָה בָּרָד׃ וַיִּשְׁלַח פַּרְעֹה וַיִּקְרָא לְמֹשֶׁה

a-Moisés y-llamó Faraón Y-envió (27) . granizo hubo no Israel

וּלְאַהֲרֹן וַיֹּאמֶר אֲלֵהֶם חָטָאתִי הַפָּעַם יְהוָה הַצַּדִּיק וַאֲנִי

y-yo el-justo Yahweh , esta-vez pequé : a-ellos y-dijo y-a-Aarón

וְעַמִּי הָרְשָׁעִים׃ הַעְתִּירוּ אֶל־ יְהוָה וְרַב מִהְיֹת

de-ser pues-mucho Yahweh a Orad (28) . impíos y-mi-pueblo

קֹלֹת אֱלֹהִים וּבָרָד וַאֲשַׁלְּחָה אֶתְכֶם וְלֹא

y-no a-vosotros y-enviaré ; y-granizo Dios truenos-de

תֹסִפוּן לַעֲמֹד׃ וַיֹּאמֶר אֵלָיו מֹשֶׁה כְּצֵאתִי

cuando-mi-salida Moisés a-él Y-dijo (29) . quedando seguiréis

אֶת־ הָעִיר אֶפְרֹשׂ אֶת־ כַּפַּי אֶל־ יְהוָה הַקֹּלוֹת

los-truenos , Yahweh a mis-manos ** extenderé la-ciudad de

יֶחְדָּלוּן וְהַבָּרָד לֹא יִהְיֶה־ עוֹד לְמַעַן תֵּדַע

conozcas para-que más será no y-el-granizo cesarán

כִּי לַיהוָה הָאָרֶץ׃ וְאַתָּה וַעֲבָדֶיךָ יָדַעְתִּי כִּי

que conozco y-tus-servidores Y-tú (30) . la-tierra para-Yahweh que

טֶרֶם תִּירְאוּן מִפְּנֵי יְהוָה אֱלֹהִים׃ וְהַפִּשְׁתָּה וְהַשְּׂעֹרָה

y-la-cebada Y-el-lino (31) . Dios Yahweh ante teméis todavía-no

נֻכָּתָה כִּי הַשְּׂעֹרָה אָבִיב וְהַפִּשְׁתָּה גִּבְעֹל׃ וְהַחִטָּה

Y-el-trigo (32) . caña y-el-lino espigada la-cebada pues fue-destruida

וְהַכֻּסֶּמֶת לֹא נֻכּוּ כִּי אֲפִילֹת הֵנָּה׃ וַיֵּצֵא

Y-salió (33) . ellas tardíos pues fueron-destruidos no y-el-centeno

מֹשֶׁה מֵעִם פַּרְעֹה אֶת־הָעִיר וַיִּפְרֹשׂ כַּפָּיו אֶל־יְהוָה

Yahweh a sus-manos y-extendió , la-ciudad de Faraón de-con Moisés

וַיַּחְדְּלוּ הַקֹּלוֹת וְהַבָּרָד וּמָטָר לֹא־נִתַּךְ אָרְצָה׃

. a-tierra cayó no y-lluvia y-el-granizo los-truenos y-cesaron

וַיַּרְא פַּרְעֹה כִּי־חָדַל הַמָּטָר וְהַבָּרָד

y-el-granizo la-lluvia cesó que Faraón Y-vio (34)

וְהַקֹּלֹת וַיֹּסֶף לַחֲטֹא וַיַּכְבֵּד לִבּוֹ הוּא

él su-corazón y-endureció a-pecar y-volvió y-los-truenos

וַעֲבָדָיו׃ וַיֶּחֱזַק לֵב פַּרְעֹה וְלֹא שִׁלַּח

envió y-no Faraón corazón-de Y-se-endureció (35) . y-sus-servidores

אֶת־בְּנֵי יִשְׂרָאֵל כַּאֲשֶׁר דִּבֶּר יְהוָה בְּיַד־מֹשֶׁה׃ וַיֹּאמֶר

Y-dijo (1) . Moisés por-mano-de Yahweh habló como Israel hijos-de a Cap. 10

יְהוָה אֶל־מֹשֶׁה בֹּא אֶל־פַּרְעֹה כִּי־אֲנִי הִכְבַּדְתִּי אֶת־לִבּוֹ וְאֶת־

y-** su-corazón ** endurecí yo pues Faraón a ve Moisés a Yahweh

לֵב עֲבָדָיו לְמַעַן שִׁתִי אֹתֹתַי אֵלֶּה בְּקִרְבּוֹ׃

. entre-él éstas mis-señales mi-mostrar para sus-siervos corazón-de

וּלְמַעַן תְּסַפֵּר בְּאָזְנֵי בִנְךָ וּבֶן־בִּנְךָ

tu-hijo e-hijo-de tu-hijo a-oídos-de expliques Y-para-que (2)

אֵת אֲשֶׁר הִתְעַלַּלְתִּי בְּמִצְרַיִם וְאֶת־אֹתֹתַי אֲשֶׁר־שַׂמְתִּי

realicé que mis-señales y-** a-Egipto castigué que **

בָּם וִידַעְתֶּם כִּי־אֲנִי יְהוָה׃ וַיָּבֹא מֹשֶׁה וְאַהֲרֹן
y-Aarón Moisés Y-fue (3) . Yahweh yo que y-conoceréis ; en-ellos

אֶל־פַּרְעֹה וַיֹּאמְרוּ אֵלָיו כֹּה־אָמַר יְהוָה אֱלֹהֵי הָעִבְרִים עַד־
hasta : los-hebreos Dios-de Yahweh dijo así : a-él y-dijeron Faraón a

מָתַי מֵאַנְתָּ לֵעָנֹת מִפָּנָי שַׁלַּח עַמִּי
mi-pueblo envía ; ante-mí humillarte rehusarás cuándo

וְיַעַבְדֻנִי׃ כִּי אִם־מָאֵן אַתָּה לְשַׁלֵּחַ אֶת־עַמִּי
mi-pueblo ** enviar tú rehúsas si Pues (4) . y-me-servirá

הִנְנִי מֵבִיא מָחָר אַרְבֶּה בִּגְבֻלֶךָ׃ וְכִסָּה
Y-cubrirá (5) . en-tu-país langosta mañana trayendo he-aquí

אֶת־עֵין הָאָרֶץ וְלֹא יוּכַל לִרְאֹת אֶת־הָאָרֶץ וְאָכַל ׀
y-se-comerá la-tierra a ver se-podrá y-no la-tierra faz-de **

אֶת־יֶתֶר הַפְּלֵטָה הַנִּשְׁאֶרֶת לָכֶם מִן־הַבָּרָד וְאָכַל
y-se-comerá el-granizo de a-vosotros lo-dejado lo-sobrante resto-de

אֶת־כָּל־הָעֵץ הַצֹּמֵחַ לָכֶם מִן־הַשָּׂדֶה׃ וּמָלְאוּ
Y-llenarán (6) . el-campo de para-vosotros el-que-crece árbol todo **

בָתֶּיךָ וּבָתֵּי כָל־עֲבָדֶיךָ וּבָתֵּי כָל־
todos y-casas-de tus-siervos todos y-casas-de tus-casas

מִצְרַיִם אֲשֶׁר לֹא־רָאוּ אֲבֹתֶיךָ וַאֲבוֹת אֲבֹתֶיךָ
tus-padres y-padres-de tus-padres vieron no que egipcios

מִיּוֹם הֱיוֹתָם עַל־הָאֲדָמָה עַד הַיּוֹם הַזֶּה וַיִּפֶן
y-se-volvió ; el-éste el-día hasta la-tierra en su-establecer desde-día

וַיֵּצֵא מֵעִם פַּרְעֹה׃ וַיֹּאמְרוּ עַבְדֵי פַרְעֹה אֵלָיו
a-él Faraón servidores-de Y-dijeron (7) . Faraón de-con y-salió

עַד־מָתַי יִהְיֶה זֶה לָנוּ לְמוֹקֵשׁ שַׁלַּח אֶת־הָאֲנָשִׁים
los-hombres ** envía , por-lazo a-nosotros esto será cuándo hasta

וַיַּעַבְדוּ אֶת־ יְהוָה אֱלֹהֵיהֶם הֲטֶרֶם תֵּדַע כִּי

que conoces todavía-no ; Dios-de-ellos Yahweh a y-sirvan

אָבְדָה מִצְרָיִם׃ וַיּוּשַׁב אֶת־ מֹשֶׁה וְאֶת־ אַהֲרֹן אֶל־

a Aarón y-a Moisés a E-hicieron-volver (8) . Egipto arruinada

פַּרְעֹה וַיֹּאמֶר אֲלֵהֶם לְכוּ עִבְדוּ אֶת־ יְהוָה אֱלֹהֵיכֶם מִי וָמִי

y-quién quién ; vuestro-Dios Yahweh a servid id : a-ellos y-dijo , Faraón

הַהֹלְכִים׃ וַיֹּאמֶר מֹשֶׁה בִּנְעָרֵינוּ

con-nuestros-jóvenes Moisés Y-dijo (9) . los-que-van

וּבִזְקֵנֵינוּ נֵלֵךְ בְּבָנֵינוּ וּבִבְנוֹתֵנוּ

y-con-nuestras-hijas con-nuestros-hijos ; iremos y-con-nuestros-viejos

בְּצֹאנֵנוּ וּבִבְקָרֵנוּ נֵלֵךְ כִּי חַג־ יְהוָה לָנוּ׃

. para-nosotros Yahweh fiesta-de pues iremos y-con-nuestras-vacas con-nuestras-ovejas

וַיֹּאמֶר אֲלֵהֶם יְהִי כֵן יְהוָה עִמָּכֶם כַּאֲשֶׁר אֲשַׁלַּח אֶתְכֶם

a-vosotros envíe-yo como con-vosotros Yahweh así sea : a-ellos Y-dijo (10)

וְאֶת־ טַפְּכֶם רְאוּ כִּי רָעָה נֶגֶד פְּנֵיכֶם׃ לֹא כֵן לְכוּ־

id , así No (11) . vuestro-rostro ante mal que mirad ; vuestros-niños y-a

נָא הַגְּבָרִים וְעִבְדוּ אֶת־ יְהוָה כִּי אֹתָהּ אַתֶּם מְבַקְשִׁים

solicitadores vosotros a-ella pues Yahweh a y-servid los-adultos ahora

וַיְגָרֶשׁ אֹתָם מֵאֵת פְּנֵי פַרְעֹה׃ וַיֹּאמֶר יְהוָה אֶל־

a Yahweh Y-dijo (12) . Faraón presencia-de de-** a-ellos y-echaron

מֹשֶׁה נְטֵה יָדְךָ עַל־ אֶרֶץ מִצְרַיִם בָּאַרְבֶּה

para-la-langosta Egipto tierra-de sobre tu-mano extiende : Moisés

וְיַעַל עַל־ אֶרֶץ מִצְרָיִם וְיֹאכַל אֶת־ כָּל־ עֵשֶׂב

planta-de toda ** y-se-comerá Egipto tierra-de sobre y-subirá

הָאָרֶץ אֵת כָּל־ אֲשֶׁר הִשְׁאִיר הַבָּרָד׃ וַיֵּט מֹשֶׁה אֶת־

** Moisés Y-extendió (13) . el-granizo dejó lo-que todo ** la-tierra

מַטֵּהוּ עַל־ אֶרֶץ מִצְרַיִם וַיהוָה נִהַג רוּחַ קָדִים
este viento-del hizo-soplar y-Yahweh Egipto tierra-de sobre su-vara

בָּאָרֶץ כָּל־ הַיּוֹם הַהוּא וְכָל־ הַלָּיְלָה הַבֹּקֶר
la-mañana ; la-noche y-toda el-aquel el-día todo en-la-tierra

הָיָה וְרוּחַ הַקָּדִים נָשָׂא אֶת־ הָאַרְבֶּה׃ וַיַּעַל
Y-subió (14) . la-langosta ** trajo el-este y-viento-de fue

הָאַרְבֶּה עַל כָּל־ אֶרֶץ מִצְרַיִם וַיָּנַח בְּכֹל גְּבוּל מִצְרָיִם
; Egipto región-de en-toda y-se-asentó Egipto tierra-de toda sobre la-langosta

כָּבֵד מְאֹד לְפָנָיו לֹא־ הָיָה כֵן אַרְבֶּה כָּמֹהוּ וְאַחֲרָיו לֹא
no y-tras-él como-él langosta así fue no ante-él muy muchas

יִהְיֶה־ כֵּן׃ וַיְכַס אֶת־ עֵין כָּל־ הָאָרֶץ
la-tierra toda superficie-de ** Y-cubrió (15) . así será

וַתֶּחְשַׁךְ הָאָרֶץ וַיֹּאכַל אֶת־ כָּל־ עֵשֶׂב הָאָרֶץ
la-tierra planta-de toda ** y-se-comió la-tierra y-se-ennegreció

וְאֵת כָּל־ פְּרִי הָעֵץ אֲשֶׁר הוֹתִיר הַבָּרָד וְלֹא־ נוֹתַר
quedó y-no el-granizo dejó que el-árbol fruto-de todo y-**

כָּל־ יֶרֶק בָּעֵץ וּבְעֵשֶׂב הַשָּׂדֶה בְּכָל־ אֶרֶץ מִצְרָיִם׃
. Egipto tierra-de en-toda el-campo y-en-planta-de en-el-árbol verde nada

וַיְמַהֵר פַּרְעֹה לִקְרֹא לְמֹשֶׁה וּלְאַהֲרֹן וַיֹּאמֶר
y-dijo y-a-Aarón a-Moisés para-llamar Faraón Y-se-apresuró (16)

חָטָאתִי לַיהוָה אֱלֹהֵיכֶם וְלָכֶם׃ וְעַתָּה שָׂא נָא
ahora perdona Y-ahora (17) . y-contra-vosotros vuestro-Dios contra-Yahweh pequé

חַטָּאתִי אַךְ הַפַּעַם וְהַעְתִּירוּ לַיהוָה אֱלֹהֵיכֶם וְיָסֵר
y-quite vuestro-Dios a-Yahweh y-orad esta-vez de-nuevo mi-pecado

מֵעָלַי רַק אֶת־ הַמָּוֶת הַזֶּה׃ וַיֵּצֵא מֵעִם
de-con Y-salió (18) . la-ésta la-muerte ** también de-sobre-mí

פַּרְעֹה וַיֶּעְתַּר אֶל־ יְהוָה׃ וַיַּהֲפֹךְ יְהוָה רוּחַ־ יָם
oeste viento-de Yahweh Y-cambió (19) . Yahweh a y-oró Faraón

חָזָק מְאֹד וַיִּשָּׂא אֶת־ הָאַרְבֶּה וַיִּתְקָעֵהוּ יָמָּה סּוּף
; Caña al-Mar-de y-lo-arrojó la-langosta ** y-cogió mucho fuerte

לֹא נִשְׁאַר אַרְבֶּה אֶחָד בְּכֹל גְּבוּל מִצְרָיִם׃ וַיְחַזֵּק
Y-endureció (20) . Egipto región-de en-toda una langosta quedó no

יְהוָה אֶת־ לֵב פַּרְעֹה וְלֹא שִׁלַּח אֶת־ בְּנֵי יִשְׂרָאֵל׃
. Israel hijos-de ** envió y-no Faraón corazón-de ** Yahweh

וַיֹּאמֶר יְהוָה אֶל־ מֹשֶׁה נְטֵה יָדְךָ עַל־ הַשָּׁמַיִם
los-cielos a tu-mano extiende : Moisés a Yahweh Y-dijo (21)

וִיהִי חֹשֶׁךְ עַל־ אֶרֶץ מִצְרָיִם וְיָמֵשׁ חֹשֶׁךְ׃
. oscuridad y-se-palpará ; Egipto tierra-de sobre oscuridad y-sea

וַיֵּט מֹשֶׁה אֶת־ יָדוֹ עַל־ הַשָּׁמָיִם וַיְהִי
y-fue los-cielos a su-mano ** Moisés Y-extendió (22)

חֹשֶׁךְ־ אֲפֵלָה בְּכָל־ אֶרֶץ מִצְרַיִם שְׁלֹשֶׁת יָמִים׃ לֹא־ רָאוּ
vieron No (23) . días tres Egipto tierra-de en-toda espesa oscuridad

אִישׁ אֶת־ אָחִיו וְלֹא־ קָמוּ אִישׁ מִתַּחְתָּיו שְׁלֹשֶׁת יָמִים
; días tres de-su-lugar nadie se-levantó y-no su-hermano ** nadie

וּלְכָל־ בְּנֵי יִשְׂרָאֵל הָיָה אוֹר בְּמוֹשְׁבֹתָם׃
. en-sus-viviendas luz era Israel hijos-de y-para-todos

וַיִּקְרָא פַרְעֹה אֶל־מֹשֶׁה וַיֹּאמֶר לְכוּ עִבְדוּ אֶת־ יְהוָה רַק
sólo , Yahweh a servid id : y-dijo Moisés a Faraón Y-llamó (24)

צֹאנְכֶם וּבְקַרְכֶם יֻצָּג גַּם־ טַפְּכֶם יֵלֵךְ
vayan vuestros-niños también ; quede y-vuestras-vacas vuestras-ovejas

עִמָּכֶם׃ וַיֹּאמֶר מֹשֶׁה גַּם־ אַתָּה תִּתֵּן בְּיָדֵנוּ
en-nuestra-mano darás tú también : Moisés Y-dijo (25) . con-vosotros

זְבָחִים וְעֹלוֹת וְעָשִׂינוּ לַיהוָה אֱלֹהֵינוּ׃ וְגַם־
Y-también (26) . nuestro-Dios a-Yahweh y-haremos y-holocaustos sacrificios

מִקְנֵנוּ יֵלֵךְ עִמָּנוּ לֹא תִשָּׁאֵר פַּרְסָה כִּי מִמֶּנּוּ
de-él pues pezuña quedará no , con-nosotros irá nuestro-ganado

נִקַּח לַעֲבֹד אֶת־ יְהוָה אֱלֹהֵינוּ וַאֲנַחְנוּ לֹא־ נֵדַע מַה־
qué sabemos no y-nosotros , nuestro-Dios Yahweh a para-servir tomaremos

נַּעֲבֹד אֶת־ יְהוָה עַד־ בֹּאֵנוּ שָׁמָּה׃ וַיְחַזֵּק
Y-endureció (27) . allí llegar-nos hasta Yahweh a serviremos

יְהוָה אֶת־ לֵב פַּרְעֹה וְלֹא אָבָה לְשַׁלְּחָם׃
. enviar-les quiso y-no ; Faraón corazón-de ** Yahweh

וַיֹּאמֶר־ לוֹ פַרְעֹה לֵךְ מֵעָלָי הִשָּׁמֶר לְךָ אַל־
no para-ti asegura , de-mí marcha : Faraón a-él Y-dijo (28)

תֹּסֶף רְאוֹת פָּנַי כִּי בְּיוֹם רְאֹתְךָ פָנַי תָּמוּת׃
. morirás mi-rostro ver-tú en-día pues mi-rostro ver repitiendo

וַיֹּאמֶר מֹשֶׁה כֵּן דִּבַּרְתָּ לֹא־ אֹסִף עוֹד רְאוֹת פָּנֶיךָ׃
. tu-rostro ver otra-vez volveré no , dices así : Moisés Y-dijo (29)

וַיֹּאמֶר יְהוָה אֶל־ מֹשֶׁה עוֹד נֶגַע אֶחָד אָבִיא עַל־ פַּרְעֹה
Faraón sobre traeré una plaga aún : Moisés a Yahweh Y-dijo (1) Cap.

וְעַל־ מִצְרָיִם אַחֲרֵי־ כֵן יְשַׁלַּח אֶתְכֶם מִזֶּה כְּשַׁלְּחוֹ
cuando-su-enviar ; de-aquí a-vosotros enviará esto tras Egipto y-sobre

כָּלָה גָּרֵשׁ יְגָרֵשׁ אֶתְכֶם מִזֶּה׃ דַּבֶּר־ נָא
ahora Habla (2) . de-aquí a-vosotros expulsará expulsar completamente

בְּאָזְנֵי הָעָם וְיִשְׁאֲלוּ אִישׁ מֵאֵת רֵעֵהוּ וְאִשָּׁה
y-cada-una su-vecino de cada-uno y-pedirán el-pueblo en-oídos-de

מֵאֵת רְעוּתָהּ כְּלֵי־ כֶסֶף וּכְלֵי זָהָב׃ וַיִּתֵּן
Y-dio (3) . oro y-alhajas-de plata alhajas-de su-vecina de

יְהוָה אֶת־ חֵן הָעָם בְּעֵינֵי מִצְרָיִם גַּם ׀ הָאִישׁ מֹשֶׁה
Moisés el-varón también ; egipcios en-ojos-de el-pueblo gracia ** Yahweh

גָּדוֹל מְאֹד בְּאֶרֶץ מִצְרַיִם בְּעֵינֵי עַבְדֵי־ פַרְעֹה
Faraón siervos-de en-ojos-de Egipto en-tierra-de mucho grande

וּבְעֵינֵי הָעָם׃ וַיֹּאמֶר מֹשֶׁה כֹּה אָמַר יְהוָה
Yahweh dice así Moisés Y-dijo (4) . el-pueblo y-en-ojos-de

כַּחֲצֹת הַלַּיְלָה אֲנִי יוֹצֵא בְּתוֹךְ מִצְרָיִם׃ וּמֵת כָּל־
todo Y-morirá (5) . Egipto en-medio-de saliendo yo la-noche como-mitad-de

בְּכוֹר בְּאֶרֶץ מִצְרַיִם מִבְּכוֹר פַּרְעֹה הַיֹּשֵׁב עַל־
sobre el-que-se-sienta Faraón del-primogénito-de Egipto en-tierra-de primogénito

כִּסְאוֹ עַד בְּכוֹר הַשִּׁפְחָה אֲשֶׁר אַחַר הָרֵחָיִם וְכֹל
y-todo los-molinos tras que la-esclava primogénito-de hasta su-trono

בְּכוֹר בְּהֵמָה׃ וְהָיְתָה צְעָקָה גְדֹלָה בְּכָל־ אֶרֶץ
tierra-de en-toda grande lamento Y-será (6) . bestia primogénito-de

מִצְרָיִם אֲשֶׁר כָּמֹהוּ לֹא נִהְיָתָה וְכָמֹהוּ לֹא תֹסִף׃
. volverá no y-como-él fue no como-él que Egipto

וּלְכֹל ׀ בְּנֵי יִשְׂרָאֵל לֹא יֶחֱרַץ־ כֶּלֶב לְשֹׁנוֹ
su-lengua perro ladrará no Israel hijos-de Y-de-todos (7)

לְמֵאִישׁ וְעַד־ בְּהֵמָה לְמַעַן תֵּדְעוּן אֲשֶׁר יַפְלֶה
diferencia que conozcáis para-que ; bestia y-hasta desde-hombre

יְהוָה בֵּין מִצְרַיִם וּבֵין יִשְׂרָאֵל׃ וְיָרְדוּ כָל־
todos Y-descenderán (8) . Israel y-entre Egipto entre Yahweh

עֲבָדֶיךָ אֵלֶּה אֵלַי וְהִשְׁתַּחֲווּ־ לִי לֵאמֹר צֵא אַתָּה
tú sal : diciendo a-mí y-se-inclinarán a-mí éstos tus-servidores

וְכָל־ הָעָם אֲשֶׁר־ בְּרַגְלֶיךָ וְאַחֲרֵי־ כֵן אֵצֵא
; saldré esto y-después-de a-tus-pies que el-pueblo y-todo

וַיֵּצֵא מֵעִם־ פַּרְעֹה בָּחֳרִי־ אָף׃ וַיֹּאמֶר יְהוָה אֶל־

a Yahweh Y-dijo (9) . cólera en-ardor-de Faraón de-con y-salió

מֹשֶׁה לֹא־ יִשְׁמַע אֲלֵיכֶם פַּרְעֹה לְמַעַן רְבוֹת מוֹפְתַי

mis-maravillas multiplicarse para-que ; Faraón a-vosotros escuchará no Moisés

בְּאֶרֶץ מִצְרָיִם׃ וּמֹשֶׁה וְאַהֲרֹן עָשׂוּ אֶת־ כָּל־ הַמֹּפְתִים

las-maravillas todas ** hicieron y-Aarón Y-Moisés (10) . Egipto en-tierra-de

הָאֵלֶּה לִפְנֵי פַרְעֹה וַיְחַזֵּק יְהוָה אֶת־ לֵב פַּרְעֹה וְלֹא־

y-no Faraón corazón-de ** Yahweh y-endureció ; Faraón ante las-éstas

שִׁלַּח אֶת־ בְּנֵי־ יִשְׂרָאֵל מֵאַרְצוֹ׃ וַיֹּאמֶר יְהוָה

Yahweh Y-dijo (1) . de-su-tierra Israel hijos-de ** envió Ca

אֶל־מֹשֶׁה וְאֶל־ אַהֲרֹן בְּאֶרֶץ מִצְרַיִם לֵאמֹר׃ הַחֹדֶשׁ הַזֶּה לָכֶם

para-vosotros el-éste El-mes (2) . diciendo Egipto en-tierra-de Aarón y-a Moisés a

רֹאשׁ חֳדָשִׁים רִאשׁוֹן הוּא לָכֶם לְחָדְשֵׁי הַשָּׁנָה׃ דַּבְּרוּ אֶל־

a Hablad (3) . el-año para-meses-de para-vosotros él primero meses cabeza-de

כָּל־ עֲדַת יִשְׂרָאֵל לֵאמֹר בֶּעָשֹׂר לַחֹדֶשׁ הַזֶּה

el-éste del-mes en-diez : diciendo Israel comunidad-de toda

וְיִקְחוּ לָהֶם אִישׁ שֶׂה לְבֵית־ אָבֹת שֶׂה לַבָּיִת׃

. para-la-casa cordero padres para-casa-de cordero cada-uno para-ellos y-tomen

וְאִם־ יִמְעַט הַבַּיִת מִהְיֹת מִשֶּׂה

cordero-entero de-tener la-casa es-pequeña Y-si (4)

וְלָקַח הוּא וּשְׁכֵנוֹ הַקָּרֹב אֶל־ בֵּיתוֹ

su-casa con el-cercano y-su-vecino él entonces-tomará

בְּמִכְסַת נְפָשֹׁת אִישׁ לְפִי אָכְלוֹ תָּכֹסּוּ עַל־

sobre decidiréis su-comer según cada-uno personas por-número-de

הַשֶּׂה׃ שֶׂה תָמִים זָכָר בֶּן־ שָׁנָה יִהְיֶה לָכֶם מִן־

de para-vosotros será año hijo-de macho perfecto Cordero (5) . el-cordero

הַכְּבָשִׂים וּמִן־הָעִזִּים תִּקָּחוּ׃ וְהָיָה לָכֶם֙
con-vosotros Y-estará (6) . tomaréis las-cabras o-de las-ovejas

לְמִשְׁמֶרֶת עַד אַרְבָּעָה עָשָׂר יוֹם לַחֹדֶשׁ הַזֶּה וְשָׁחֲטוּ
e-inmolarán ; el-éste de-el-mes día diez cuatro hasta para-guarda

אֹתוֹ כֹּל קְהַל עֲדַת־יִשְׂרָאֵל בֵּין הָעַרְבָּיִם׃ וְלָקְחוּ֙
Y-tomen (7) . los-dos-atardeceres entre Israel comunidad-de asamblea-de toda a-él

מִן־הַדָּם וְנָתְנוּ עַל־שְׁתֵּי הַמְּזוּזֹת וְעַל־
y-sobre los-postes dos-de sobre y-pongan la-sangre de

הַמַּשְׁקוֹף עַל הַבָּתִּים אֲשֶׁר־יֹאכְלוּ אֹתוֹ בָּהֶם׃ וְאָכְלוּ
Y-coman (8) . en-ellas a-él comen donde las-casas sobre el-dintel

אֶת־הַבָּשָׂר בַּלַּיְלָה הַזֶּה צְלִי־אֵשׁ וּמַצּוֹת
y-ácimos fuego asado-de la-esa en-la-noche la-carne **

עַל־מְרֹרִים יֹאכְלֻהוּ׃ אַל־תֹּאכְלוּ מִמֶּנּוּ נָא וּבָשֵׁל
o-hervido crudo de-él comeréis No (9) . lo-comerán hierbas-amargas con

מְבֻשָּׁל בַּמָּיִם כִּי אִם־צְלִי־אֵשׁ רֹאשׁוֹ עַל־
con su-cabeza fuego asado-de sólo sino , en-el-agua cocido

כְּרָעָיו וְעַל־קִרְבּוֹ׃ וְלֹא־תוֹתִירוּ מִמֶּנּוּ עַד־
hasta de-él dejaréis Y-no (10) . sus-entrañas y-con sus-piernas

בֹּקֶר וְהַנֹּתָר מִמֶּנּוּ עַד־בֹּקֶר בָּאֵשׁ תִּשְׂרֹפוּ׃
. quemaréis en-el-fuego (la)-mañana hasta de-él y-la-sobra (la)-mañana

וְכָכָה תֹּאכְלוּ אֹתוֹ מָתְנֵיכֶם חֲגֻרִים
ceñidos vuestros-lomos a-él comeréis Y-así (11)

נַעֲלֵיכֶם֙ בְּרַגְלֵיכֶם וּמַקֶּלְכֶם בְּיֶדְכֶם וַאֲכַלְתֶּם
y-comeréis en-vuestra-mano y-vuestro-cayado en-vuestros-pies vuestras-sandalias

אֹתוֹ֙ בְּחִפָּזוֹן פֶּסַח הוּא לַיהוָה׃ וְעָבַרְתִּי בְאֶרֶץ־
por-tierra-de Y-pasaré (12) . a-Yahweh él Pascua con-prisa a-él

מִצְרַיִם בַּלַּיְלָה הַזֶּה וְהִכֵּיתִי כָל־ בְּכוֹר בְּאֶרֶץ

en-tierra-de primogénito todo y-golpearé la-esa por-la-noche Egipto

מִצְרַיִם מֵאָדָם וְעַד־ בְּהֵמָה וּבְכָל־ אֱלֹהֵי מִצְרַיִם אֶעֱשֶׂה

traeré Egipto dioses-de y-en-todos , bestia y-hasta de-hombre Egipto

שְׁפָטִים אֲנִי יְהוָה׃ וְהָיָה הַדָּם לָכֶם לְאֹת עַל

sobre por-señal para-vosotros la-sangre Y-será (13) . Yahweh yo juicios

הַבָּתִּים אֲשֶׁר אַתֶּם שָׁם וְרָאִיתִי אֶת־ הַדָּם וּפָסַחְתִּי עֲלֵכֶם

sobre-vosotros y-pasaré la-sangre ** y-veré allí vosotros donde las-casas

וְלֹא־ יִהְיֶה בָכֶם נֶגֶף לְמַשְׁחִית בְּהַכֹּתִי בְּאֶרֶץ

en-tierra-de en-mi-golpear para-destruir plaga en-vosotros será y-no

מִצְרָיִם׃ וְהָיָה הַיּוֹם הַזֶּה לָכֶם לְזִכָּרוֹן וְחַגֹּתֶם

y-celebraréis para-recuerdo para-vosotros el-ese el-día Y-será (14) . Egipto

אֹתוֹ חַג לַיהוָה לְדֹרֹתֵיכֶם חֻקַּת עוֹלָם

perpetuo estatuto por-vuestras-generaciones a-Yahweh fiesta a-él

תְּחָגֻּהוּ׃ שִׁבְעַת יָמִים מַצּוֹת תֹּאכֵלוּ אַךְ

de-cierto comeréis ácimos días Siete (15) . lo-celebraréis

בַּיּוֹם הָרִאשׁוֹן תַּשְׁבִּיתוּ שְּׂאֹר מִבָּתֵּיכֶם כִּי ׀ כָּל־ אֹכֵל

comiendo todo-el-que pues de-vuestras-casas levadura quitaréis el-primero en-el-día

חָמֵץ וְנִכְרְתָה הַנֶּפֶשׁ הַהִוא מִיִּשְׂרָאֵל מִיּוֹם

desde-día de-Israel la-aquella la-persona será-cortado leudado

הָרִאשֹׁן עַד־ יוֹם הַשְּׁבִעִי׃ וּבַיּוֹם הָרִאשׁוֹן מִקְרָא־

asamblea el-primero Y-en-el-día (16) . el-séptimo día hasta el-primero

קֹדֶשׁ וּבַיּוֹם הַשְּׁבִיעִי מִקְרָא־ קֹדֶשׁ יִהְיֶה לָכֶם כָּל־

todo ; para-vosotros será santa asamblea el-séptimo y-en-el-día santa

מְלָאכָה לֹא־ יֵעָשֶׂה בָהֶם אַךְ אֲשֶׁר יֵאָכֵל לְכָל־ נֶפֶשׁ

persona por-toda se-come lo-que excepto en-ellos se-hará no trabajo

הוּא לְבַדּוֹ יֵעָשֶׂה לָכֶם׃ (17) וּשְׁמַרְתֶּם אֶת־

** Y-celebraréis (17) . para-vosotros se-hará para-sí-mismo eso

הַמַּצּוֹת כִּי בְּעֶצֶם הַיּוֹם הַזֶּה הוֹצֵאתִי

saqué el-ese el-día en-mismo pues los-ácimos

אֶת־ צִבְאוֹתֵיכֶם מֵאֶרֶץ מִצְרָיִם וּשְׁמַרְתֶּם אֶת־ הַיּוֹם הַזֶּה

el-éste el-día ** y-celebraréis Egipto de-tierra-de vuestras-multitudes **

לְדֹרֹתֵיכֶם חֻקַּת עוֹלָם׃ (18) בָּרִאשֹׁן בְּאַרְבָּעָה עָשָׂר

diez en-cuatro En-el-primero (18) . perpetuo estatuto por-vuestras-generaciones

יוֹם לַחֹדֶשׁ בָּעֶרֶב תֹּאכְלוּ מַצֹּת עַד יוֹם

día hasta ácimos comeréis por-la-tarde del-mes día

הָאֶחָד וְעֶשְׂרִים לַחֹדֶשׁ בָּעָרֶב׃ (19) שִׁבְעַת יָמִים שְׂאֹר לֹא

no levadura días Siete (19) . por-la-tarde del-mes y-veinte el-uno

יִמָּצֵא בְּבָתֵּיכֶם כִּי ׀ כָּל־ אֹכֵל מַחְמֶצֶת

leudado el-que-come todo pues en-vuestras-casas se-hallará

וְנִכְרְתָה הַנֶּפֶשׁ הַהִוא מֵעֲדַת יִשְׂרָאֵל

Israel de-comunidad-de la-aquella la-persona será-cortada

בַּגֵּר וּבְאֶזְרַח הָאָרֶץ׃ (20) כָּל־ מַחְמֶצֶת לֹא

no leudado Todo (20) . la-tierra y-en-nacido-de en-el-extranjero

תֹאכֵלוּ בְּכֹל מוֹשְׁבֹתֵיכֶם תֹּאכְלוּ מַצּוֹת׃

. ácimos comeréis vuestras-viviendas en-todas , comeréis

(21) וַיִּקְרָא מֹשֶׁה לְכָל־ זִקְנֵי יִשְׂרָאֵל וַיֹּאמֶר אֲלֵהֶם

a-ellos y-dijo Israel ancianos-de a-todos Moisés Y-llamó (21)

מִשְׁכוּ וּקְחוּ לָכֶם צֹאן לְמִשְׁפְּחֹתֵיכֶם וְשַׁחֲטוּ

e-inmolad para-vuestras-familias corderos para-vosotros y-tomad elegid

הַפָּסַח׃ (22) וּלְקַחְתֶּם אֲגֻדַּת אֵזוֹב וּטְבַלְתֶּם בַּדָּם

en-la-sangre y-mojad hisopo manojo-de Y-tomad (22) la-Pascua

אֲשֶׁר־ בַּסַּף וְהִגַּעְתֶּם אֶל־ הַמַּשְׁקוֹף וְאֶל־ שְׁתֵּי
dos y-en el-dintel en y-poned en-el-lebrillo que

הַמְּזוּזֹת מִן־ הַדָּם אֲשֶׁר בַּסָּף וְאַתֶּם לֹא תֵצְאוּ אִישׁ
nadie saldréis no y-vosotros en-el-lebrillo que la-sangre de los-postes

מִפֶּתַח־ בֵּיתוֹ עַד־ בֹּקֶר׃ וְעָבַר יְהוָה לִנְגֹּף
a-golpear Yahweh Y-pasará (23) . (la) mañana hasta su-casa de-puerta-de

אֶת־ מִצְרַיִם וְרָאָה אֶת־ הַדָּם עַל־ הַמַּשְׁקוֹף וְעַל
y-sobre los-dinteles sobre la-sangre ** y-verá egipcios a

שְׁתֵּי הַמְּזוּזֹת וּפָסַח יְהוָה עַל־ הַפֶּתַח וְלֹא
y-no la-puerta sobre Yahweh y-pasará postes dos

יִתֵּן הַמַּשְׁחִית לָבֹא אֶל־ בָּתֵּיכֶם לִנְגֹּף׃
. para-golpear vuestras-casas a entrar el-destructor dejará

וּשְׁמַרְתֶּם אֶת־ הַדָּבָר הַזֶּה לְחָק־ לְךָ
para-ti por-estatuto , la-ésta la-palabra ** Y-guardaréis (24)

וּלְבָנֶיךָ עַד־ עוֹלָם׃ וְהָיָה כִּי־ תָבֹאוּ אֶל־
a vayas cuando Y-será (25) . siempre hasta y-para-tus-hijos

הָאָרֶץ אֲשֶׁר יִתֵּן יְהוָה לָכֶם כַּאֲשֶׁר דִּבֵּר וּשְׁמַרְתֶּם
y-guardaréis , habló como a-vosotros Yahweh dará que la-tierra

אֶת־ הָעֲבֹדָה הַזֹּאת׃ וְהָיָה כִּי־ יֹאמְרוּ אֲלֵיכֶם
a-vosotros digan cuando Y-será (26) . la-ésta la-ceremonia **

בְּנֵיכֶם מָה הָעֲבֹדָה הַזֹּאת לָכֶם׃ וַאֲמַרְתֶּם
Y-diréis (27) . para-vosotros la-ésta la-ceremonia que vuestros-hijos

זֶבַח־ פֶּסַח הוּא לַיהוָה אֲשֶׁר פָּסַח עַל־ בָּתֵּי בְנֵי־
hijos-de casas-de sobre pasó que para-Yahweh esto Pascua sacrificio-de

יִשְׂרָאֵל בְּמִצְרַיִם בְּנָגְפּוֹ אֶת־ מִצְרַיִם וְאֶת־ בָּתֵּינוּ הִצִּיל
; libró nuestras-casas y-** egipcios ** en-su-golpear en-Egipto Israel

וַיִּקֹּד הָעָם וַיִּשְׁתַּחֲוּוּ׃ וַיֵּלְכוּ וַיַּעֲשׂוּ
e-hicieron Y-fueron (28) . y-adoraron el-pueblo y-se-inclinó

בְּנֵי יִשְׂרָאֵל כַּאֲשֶׁר צִוָּה יְהוָה אֶת־מֹשֶׁה וְאַהֲרֹן כֵּן עָשׂוּ׃
. hicieron así y-Aarón Moisés a Yahweh mandó como Israel hijos-de

וַיְהִי ׀ בַּחֲצִי הַלַּיְלָה וַיהוָה הִכָּה כָל־ בְּכוֹר
primogénito todo golpeó y-Yahweh la-noche en-medio-de Y-fue (29)

בְּאֶרֶץ מִצְרַיִם מִבְּכֹר פַּרְעֹה הַיֹּשֵׁב עַל־ כִּסְאוֹ
su-trono sobre el-que-se-sienta Faraón del-primogénito-de Egipto en-tierra-de

עַד בְּכוֹר הַשְּׁבִי אֲשֶׁר בְּבֵית הַבּוֹר וְכֹל
y-todo la-cárcel en-casa-de que el-preso primogénito-de hasta

בְּכוֹר בְּהֵמָה׃ וַיָּקָם פַּרְעֹה לַיְלָה הוּא וְכָל־
y-todos él de-noche Faraón Y-se-levantó (30) . bestia primogénito-de

עֲבָדָיו וְכָל־ מִצְרַיִם וַתְּהִי צְעָקָה גְדֹלָה בְּמִצְרָיִם כִּי־
pues en-Egipto grande lamento y-fue Egipto y-todo sus-servidores

אֵין בַּיִת אֲשֶׁר אֵין־ שָׁם מֵת׃ וַיִּקְרָא לְמֹשֶׁה
a-Moisés Y-llamó (31) . muerto allí no que casa no-había

וּלְאַהֲרֹן לַיְלָה וַיֹּאמֶר קוּמוּ צְּאוּ מִתּוֹךְ עַמִּי גַּם־
también mi-pueblo de-entre salid , levantad : y-dijo de-noche y-a-Aarón

אַתֶּם גַּם־ בְּנֵי יִשְׂרָאֵל וּלְכוּ עִבְדוּ אֶת־ יְהוָה כְּדַבֶּרְכֶם׃
. según-vuestra-palabra Yahweh a servid e-id , Israel hijos-de también vosotros

גַּם־ צֹאנְכֶם גַּם־ בְּקַרְכֶם קְחוּ כַּאֲשֶׁר דִּבַּרְתֶּם וָלֵכוּ
y-marchad dijisteis como coged vuestras-vacas también vuestras-ovejas También (32)

וּבֵרַכְתֶּם גַּם־ אֹתִי׃ וַתֶּחֱזַק מִצְרַיִם עַל־ הָעָם לְמַהֵר
a-apresurarse el-pueblo a Egipto Y-apremiaba (33) . a-mí también y-bendecid

לְשַׁלְּחָם מִן־ הָאָרֶץ כִּי אָמְרוּ כֻּלָּנוּ מֵתִים׃
. muertos todos-nosotros decían pues la-tierra de para-enviar-les

וַיִּשָּׂא הָעָם אֶת־ בְּצֵקוֹ טֶרֶם יֶחְמָץ
; leudase antes-que su-masa ** el-pueblo Y-puso (34)

מִשְׁאֲרֹתָם צְרֻרֹת בְּשִׂמְלֹתָם עַל־
sobre en-sus-sábanas envueltas sus-artesas

שִׁכְמָם׃ וּבְנֵי־ יִשְׂרָאֵל עָשׂוּ כִּדְבַר מֹשֶׁה
Moisés según-palabra-de hicieron Israel E-hijos-de (35) . su-hombro

וַיִּשְׁאֲלוּ מִמִּצְרַיִם כְּלֵי־ כֶסֶף וּכְלֵי זָהָב
oro y-alhajas-de plata alhajas-de de-egipcios y-pidieron

וּשְׂמָלֹת׃ וַיהוָה נָתַן אֶת־ חֵן הָעָם בְּעֵינֵי
en-ojos-de al-pueblo gracia ** dio Y-Yahweh (36) . y-ropas

מִצְרַיִם וַיַּשְׁאִלוּם וַיְנַצְּלוּ אֶת־ מִצְרָיִם׃
egipcios a y-despojaron ; y-les-otorgaron egipcios

וַיִּסְעוּ בְנֵי־ יִשְׂרָאֵל מֵרַעְמְסֵס סֻכֹּתָה כְּשֵׁשׁ־
como-seis a-Sucot de-Rameses Israel hijos-de Y-partieron (37)

מֵאוֹת אֶלֶף רַגְלִי הַגְּבָרִים לְבַד מִטָּף׃ וְגַם־
Y-también (38) . de-niños además los-varones a-pie mil cientos

עֵרֶב רַב עָלָה אִתָּם וְצֹאן וּבָקָר מִקְנֶה כָּבֵד מְאֹד׃
. mucho grande ganado y-vacas y-ovejas con-ellos subió grande multitud

וַיֹּאפוּ אֶת־ הַבָּצֵק אֲשֶׁר הוֹצִיאוּ מִמִּצְרַיִם עֻגֹת
tortas-de de-Egipto sacaron que la-masa ** Y-cocieron (39)

מַצּוֹת כִּי לֹא חָמֵץ כִּי־ גֹרְשׁוּ מִמִּצְרַיִם
de-Egipto fueron-expulsados pues había-leudado no pues ácimos

וְלֹא יָכְלוּ לְהִתְמַהְמֵהַּ וְגַם־ צֵדָה לֹא־ עָשׂוּ לָהֶם׃
. para-ellos hicieron no comida y-también tomar-tiempo podían y-no

וּמוֹשַׁב בְּנֵי יִשְׂרָאֵל אֲשֶׁר יָשְׁבוּ בְּמִצְרַיִם שְׁלֹשִׁים שָׁנָה וְאַרְבַּע
y-cuatro año treinta en-Egipto habitaron que Israel hijos-de Y-tiempo-de (40)

מֵאוֹת שָׁנָה׃ וַיְהִי מִקֵּץ שְׁלֹשִׁים שָׁנָה וְאַרְבַּע מֵאוֹת שָׁנָה
; año cientos y-cuatro año treinta al-fin-de Y-fue (41) . año cientos

וַיְהִי בְּעֶצֶם הַיּוֹם הַזֶּה יָצְאוּ כָּל־ צִבְאוֹת יְהוָה
Yahweh multitudes-de todas salieron el-ese el-día en-mismo y-fue

מֵאֶרֶץ מִצְרָיִם׃ לֵיל שִׁמֻּרִים הוּא לַיהוָה לְהוֹצִיאָם
por-sacar-los para-Yahweh aquel vigilia Noche-de (42) . Egipto de-tierra-de

מֵאֶרֶץ מִצְרָיִם הוּא־ הַלַּיְלָה הַזֶּה לַיהוָה שִׁמֻּרִים לְכָל־
de-todos vigilias a-Yahweh el-este la-noche este , Egipto de-tierra-de

בְּנֵי יִשְׂרָאֵל לְדֹרֹתָם׃ וַיֹּאמֶר יְהוָה אֶל־ מֹשֶׁה
Moisés a Yahweh Y-dijo (43) . por-sus-generaciones Israel hijos-de

וְאַהֲרֹן זֹאת חֻקַּת הַפָּסַח כָּל־ בֶּן־ נֵכָר לֹא־
no extranjero hijo-de todo : la-Pascua ordenanza-de esta y-Aarón

יֹאכַל בּוֹ׃ וְכָל־ עֶבֶד אִישׁ מִקְנַת־ כָּסֶף
dinero comprado-de varón siervo Y-todo (44) . en-ella comerá

וּמַלְתָּה אֹתוֹ אָז יֹאכַל בּוֹ׃ תּוֹשָׁב
Transeúnte (45) . en-él coma entonces a-él y-circuncidaste

וְשָׂכִיר לֹא־ יֹאכַל־ בּוֹ׃ בְּבַיִת אֶחָד יֵאָכֵל
se-comerá una En-casa (46) . en-él coman no y-jornalero

לֹא־ תוֹצִיא מִן־ הַבַּיִת מִן־ הַבָּשָׂר חוּצָה וְעֶצֶם לֹא תִשְׁבְּרוּ־
quebraréis no y-hueso afuera la-carne de la-casa de sacarás no

בוֹ׃ כָּל־ עֲדַת יִשְׂרָאֵל יַעֲשׂוּ אֹתוֹ׃ וְכִי־
Y-si (48) . ello hará Israel comunidad-de Toda (47) . en-él

יָגוּר אִתְּךָ גֵּר וְעָשָׂה פֶסַח לַיהוָה הִמּוֹל
circuncida a-Yahweh Pascua y-celebre extranjero contigo mora

לוֹ כָל־ זָכָר וְאָז יִקְרַב לַעֲשֹׂתוֹ וְהָיָה
y-será para-su-celebrar participe y-entonces varón todo a-él

כְּאֶזְרַח הָאָרֶץ וְכָל־ עָרֵל לֹא־ יֹאכַל בּוֹ׃
. en-él coma no incircunciso y-todo la-tierra como-nacido-de

תּוֹרָה אַחַת יִהְיֶה לָאֶזְרָח וְלַגֵּר הַגָּר
el-que-habita y-al-extranjero al-natural será una Ley (49)

בְּתוֹכְכֶם׃ וַיַּעֲשׂוּ כָּל־ בְּנֵי יִשְׂרָאֵל כַּאֲשֶׁר צִוָּה יְהוָה
Yahweh mandó como Israel hijos-de todos E-hicieron (50) . entre-vosotros

אֶת־ מֹשֶׁה וְאֶת־אַהֲרֹן כֵּן עָשׂוּ׃ וַיְהִי בְּעֶצֶם הַיּוֹם הַזֶּה
el-aquel el-día en-mismo Y-fue (51) . hicieron así Aarón y-a Moisés a

הוֹצִיא יְהוָה אֶת־ בְּנֵי יִשְׂרָאֵל מֵאֶרֶץ מִצְרַיִם עַל־ צִבְאֹתָם׃
sus-multitudes por Egipto de-tierra-de Israel hijos-de a Yahweh hizo-salir

וַיְדַבֵּר יְהוָה אֶל־ מֹשֶׁה לֵּאמֹר׃ קַדֶּשׁ לִי כָל־
todo para-mí Consagra (2) . diciendo Moisés a Yahweh Y-habló (1) Cap

בְּכוֹר פֶּטֶר כָּל־ רֶחֶם בִּבְנֵי יִשְׂרָאֵל בָּאָדָם
en-el-hombre Israel en-hijos-de matriz toda que-abre primogénito

וּבַבְּהֵמָה לִי הוּא׃ וַיֹּאמֶר מֹשֶׁה אֶל־ הָעָם
el-pueblo a Moisés Y-dijo (3) . él para-mí o-en-la-bestia

זָכוֹר אֶת־ הַיּוֹם הַזֶּה אֲשֶׁר יְצָאתֶם מִמִּצְרַיִם מִבֵּית
de-casa-de de-Egipto salisteis que el-éste el-día ** a-recordar

עֲבָדִים כִּי בְּחֹזֶק יָד הוֹצִיא יְהוָה אֶתְכֶם מִזֶּה וְלֹא
y-no de-esto a-vosotros Yahweh sacó mano con-fuerte pues servidumbres

יֵאָכֵל חָמֵץ׃ הַיּוֹם אַתֶּם יֹצְאִים בְּחֹדֶשׁ הָאָבִיב׃
. el Abib en-mes-de , saliendo vosotros El-día (4) . leudado se-comerá

וְהָיָה כִי־ יְבִיאֲךָ יְהוָה אֶל־ אֶרֶץ הַכְּנַעֲנִי
el-cananeo tierra-de a Yahweh te-meta cuando Y-será (5)

וְהַחִתִּי וְהָאֱמֹרִי וְהַחִוִּי וְהַיְבוּסִי אֲשֶׁר
que y-el-jebusita y-el-hivita y-el-amorita y-el-hitita

נִשְׁבַּע לַאֲבֹתֶיךָ לָתֶת לָךְ אֶרֶץ זָבַת חָלָב וּדְבָשׁ

, y-miel leche fluyendo tierra a-ti para-dar a-tus-padres juró

וְעָבַדְתָּ אֶת־ הָעֲבֹדָה הַזֹּאת בַּחֹדֶשׁ הַזֶּה׃ שִׁבְעַת

Siete (6) . el-éste en-el-mes la-ésta la-celebración ** observarás

יָמִים תֹּאכַל מַצֹּת וּבַיּוֹם הַשְּׁבִיעִי חַג

fiesta el-séptimo y-en-el-día ázimos comerás días

לַיהוָה׃ מַצּוֹת יֵאָכֵל אֵת שִׁבְעַת הַיָּמִים וְלֹא־

y-no , los-días siete ** se-comerá Ázimos (7) . a-Yahweh

יֵרָאֶה לְךָ חָמֵץ וְלֹא־ יֵרָאֶה לְךָ שְׂאֹר

levadura para-ti se-verá y-no leudado para-ti se-verá

בְּכָל־ גְּבֻלֶךָ׃ וְהִגַּדְתָּ לְבִנְךָ בַּיּוֹם

en-el-día a-tu-hijo Y-explica (8) . tu-término en-todo

הַהוּא לֵאמֹר בַּעֲבוּר זֶה עָשָׂה יְהוָה לִי בְּצֵאתִי

en-mi-salida a-mí Yahweh hizo lo-que A-causa-de : diciendo el-aquel

מִמִּצְרָיִם׃ וְהָיָה לְךָ לְאוֹת עַל־ יָדְךָ וּלְזִכָּרוֹן

y-por-recordatorio tu-mano sobre por-señal para-ti Y-será (9) . de-Egipto

בֵּין עֵינֶיךָ לְמַעַן תִּהְיֶה תּוֹרַת יְהוָה בְּפִיךָ כִּי

pues en-tu-boca Yahweh ley-de sea para-que tus-ojos entre

בְּיָד חֲזָקָה הוֹצִאֲךָ יְהוָה מִמִּצְרָיִם׃ וְשָׁמַרְתָּ אֶת־

** Y-guardarás (10) . de-Egipto Yahweh te-sacó fuerte con-mano

הַחֻקָּה הַזֹּאת לְמוֹעֲדָהּ מִיָּמִים יָמִימָה׃ וְהָיָה

Y-será (11) . a-días de-días a-su-tiempo la-ésta la-ordenanza

כִּי־ יְבִאֲךָ יְהוָה אֶל־ אֶרֶץ הַכְּנַעֲנִי כַּאֲשֶׁר נִשְׁבַּע לְךָ

a-ti juró como el-cananeo tierra-de a Yahweh te-meta cuando

וְלַאֲבֹתֶיךָ וּנְתָנָהּ לָךְ׃ וְהַעֲבַרְתָּ

entonces-dedicarás (12) . a-ti y-la-dé y-a-tus-padres

כָל־ פֶּטֶר־ רֶחֶם לַיהוָה וְכָל־ פֶּטֶר ׀ שֶׁגֶר בְּהֵמָה אֲשֶׁר

que bestia nacido-de primer y-todo , a-Yahweh matriz que-abre todo

יִהְיֶה לְךָ הַזְּכָרִים לַיהוָה׃ וְכָל־ פֶּטֶר חֲמֹר

asno primer-nacido-de Y-todo (13) . para-Yahweh el-macho para-ti sea

תִּפְדֶּה בְשֶׂה וְאִם־ לֹא תִפְדֶּה וַעֲרַפְתּוֹ

desnuca-lo redimes no y-si con-cordero redime

וְכֹל בְּכוֹר אָדָם בְּבָנֶיךָ תִּפְדֶּה׃ וְהָיָה

Y-será (14) . redime en-tus-hijos hombre primogénito-de y-todo

כִּי־ יִשְׁאָלְךָ בִנְךָ מָחָר לֵאמֹר מַה־ זֹּאת וְאָמַרְתָּ אֵלָיו

a-él y-dirás , esto ¿qué : diciendo mañana tu-hijo te-pregunte cuando

בְּחֹזֶק יָד הוֹצִיאָנוּ יְהוָה מִמִּצְרַיִם מִבֵּית עֲבָדִים׃

. servidumbres de-casa-de de-Egipto Yahweh nos-sacó mano con-fuerza-de

וַיְהִי כִּי־ הִקְשָׁה פַרְעֹה לְשַׁלְּחֵנוּ וַיַּהֲרֹג יְהוָה

Yahweh y-mató enviarnos Faraón rehusó cuando Y-fue (15)

כָּל־ בְּכוֹר בְּאֶרֶץ מִצְרַיִם מִבְּכֹר אָדָם וְעַד־ בְּכוֹר

primogénito-de hasta hombre de-primogénito-de Egipto en-tierra-de primogénito todo

בְּהֵמָה עַל־ כֵּן אֲנִי זֹבֵחַ לַיהוָה כָּל־ פֶּטֶר רֶחֶם הַזְּכָרִים

los-machos matriz que-abre todo a-Yahweh sacrificando yo eso por , bestia

וְכָל־ בְּכוֹר בָּנַי אֶפְדֶּה׃ וְהָיָה לְאוֹת

por-señal Y-será (16) . redimo mis-hijos primogénito-de y-todo

עַל־ יָדְכָה וּלְטוֹטָפֹת בֵּין עֵינֶיךָ כִּי בְּחֹזֶק יָד

mano con-fuerte pues tus-ojos entre y-por-símbolos tu-mano sobre

הוֹצִיאָנוּ יְהוָה מִמִּצְרָיִם׃ וַיְהִי בְּשַׁלַּח פַּרְעֹה אֶת־

** Faraón en-enviar Y-fue (17) . de-Egipto Yahweh nos-sacó

הָעָם וְלֹא־ נָחָם אֱלֹהִים דֶּרֶךְ אֶרֶץ פְּלִשְׁתִּים כִּי

aunque filisteos tierra-de camino-de Dios les-condujo y-no el-pueblo

קָר֣וֹב ה֑וּא כִּ֣י ׀ אָמַ֣ר אֱלֹהִ֗ים פֶּֽן־יִנָּחֵ֥ם הָעָ֛ם בִּרְאֹתָ֥ם

al-enfrentarse-a el-pueblo cambie quizá : Dios dijo pues , él corto

מִלְחָמָ֖ה וְשָׁ֥בוּ מִצְרָֽיְמָה׃ וַיַּסֵּ֨ב אֱלֹהִ֧ים ׀ אֶת־הָעָ֛ם

el-pueblo a Dios Y-desvió (18) . a-Egipto y-vuelven batalla

דֶּ֥רֶךְ הַמִּדְבָּ֖ר יַם־ס֑וּף וַחֲמֻשִׁ֛ים עָל֥וּ בְנֵי־יִשְׂרָאֵ֖ל

Israel hijos-de subieron y-armados , Juncos Mar-de el-desierto camino-de

מֵאֶ֥רֶץ מִצְרָֽיִם׃ וַיִּקַּ֥ח מֹשֶׁ֛ה אֶת־עַצְמ֥וֹת יוֹסֵ֖ף עִמּ֑וֹ כִּי֩

pues con-él José huesos-de ** Moisés Y-tomó (19) . Egipto de-tierra-de

הַשְׁבֵּ֨עַ הִשְׁבִּ֜יעַ אֶת־בְּנֵ֤י יִשְׂרָאֵל֙ לֵאמֹ֔ר פָּקֹ֨ד יִפְקֹ֤ד

ayudará ayudar : diciendo Israel hijos-de a hizo-jurar hacer-jurar

אֱלֹהִים֙ אֶתְכֶ֔ם וְהַעֲלִיתֶ֧ם אֶת־עַצְמֹתַ֛י מִזֶּ֖ה אִתְּכֶֽם׃

. con-vosotros de-aquí mis-huesos ** y-haréis-subir a-vosotros Dios

וַיִּסְע֖וּ מִסֻּכֹּ֑ת וַיַּחֲנ֣וּ בְאֵתָ֔ם בִּקְצֵ֖ה הַמִּדְבָּֽר׃

. el-desierto en-borde-de en-Etam y-acamparon de-Sucot Y-partieron (20)

וַֽיהוָ֡ה הֹלֵךְ֩ לִפְנֵיהֶ֨ם יוֹמָ֜ם בְּעַמּ֤וּד עָנָן֙ לַנְחֹתָ֣ם

para-guiar-les nube en-pilar-de de-día delante-de-ellos yendo Y-Yahweh (21)

הַדֶּ֔רֶךְ וְלַ֛יְלָה בְּעַמּ֥וּד אֵ֖שׁ לְהָאִ֣יר לָהֶ֑ם לָלֶ֖כֶת יוֹמָ֥ם

de-día para-viajar ; a-ellos para-alumbrar fuego en-pilar-de y-de-noche el-camino

וָלָֽיְלָה׃ לֹֽא־יָמִ֞ישׁ עַמּ֤וּד הֶֽעָנָן֙ יוֹמָ֔ם וְעַמּ֥וּד הָאֵ֖שׁ

el-fuego y-pilar-de de-día la-nube pilar-de se-apartó No (22) . y-de-noche

לָ֑יְלָה לִפְנֵ֖י הָעָֽם׃ וַיְדַבֵּ֥ר יְהוָ֖ה אֶל־מֹשֶׁ֥ה לֵּאמֹֽר׃

. diciendo Moisés a Yahweh Y-habló (1) . el-pueblo delante-de de-noche Cap. 14

דַּבֵּר֮ אֶל־בְּנֵ֣י יִשְׂרָאֵל֒ וְיָשֻׁ֗בוּ וְיַחֲנוּ֙ לִפְנֵי֙ פִּ֣י

Pi frente-a y-acampen y-regresen Israel hijos-de a Habla (2)

הַחִירֹ֔ת בֵּ֥ין מִגְדֹּ֖ל וּבֵ֣ין הַיָּ֑ם לִפְנֵי֙ בַּ֣עַל צְפֹ֔ן נִכְח֥וֹ

enfrente Zefón Baal junto-a el-mar y-entre Migdal entre Hahirot

תַּחֲנוּ עַל־הַיָּם׃ וְאָמַר פַּרְעֹה לִבְנֵי
sobre-hijos-de Faraón Y-dirá (3) . el-mar junto-a acamparéis

יִשְׂרָאֵל נְבֻכִים הֵם בָּאָרֶץ סָגַר עֲלֵיהֶם הַמִּדְבָּר׃
. el-desierto sobre-ellos cerró , en-la-tierra ellos perdidos : Israel

וְחִזַּקְתִּי אֶת־לֵב־פַּרְעֹה וְרָדַף אַחֲרֵיהֶם
tras-ellos y-perseguirá Faraón corazón-de ** Y-endureceré (4)

וְאִכָּבְדָה בְּפַרְעֹה וּבְכָל־חֵילוֹ
su-ejército y-en-todo en-Faraón y-me-glorificará

וְיָדְעוּ מִצְרַיִם כִּי־אֲנִי יְהוָה וַיַּעֲשׂוּ־כֵן׃ וַיֻּגַּד
Y-fue-avisado (5) . así e-hicieron ; Yahweh yo que egipcios y-conocerán

לְמֶלֶךְ מִצְרַיִם כִּי בָרַח הָעָם וַיֵּהָפֵךְ לְבַב פַּרְעֹה
Faraón corazón-de y-cambió , el-pueblo huyó que Egipto al-rey-de

וַעֲבָדָיו אֶל־הָעָם וַיֹּאמְרוּ מַה־זֹּאת עָשִׂינוּ כִּי־
pues hicimos esto ¿qué : y-dijeron el-pueblo contra y-sus-servidores

שִׁלַּחְנוּ אֶת־יִשְׂרָאֵל מֵעָבְדֵנוּ׃ וַיֶּאְסֹר אֶת־רִכְבּוֹ
su-carro ** Y-preparó (6) . de-servir-nos Israel a enviamos

וְאֶת־עַמּוֹ לָקַח עִמּוֹ׃ וַיִּקַּח שֵׁשׁ־מֵאוֹת רֶכֶב
carros cientos seis Y-tomó (7) . con-él tomó su-pueblo y-**

בָּחוּר וְכֹל רֶכֶב מִצְרָיִם וְשָׁלִשִׁם עַל־כֻּלּוֹ׃
. cada-uno sobre y-capitanes , Egipto carro-de y-todo escogidos

וַיְחַזֵּק יְהוָה אֶת־לֵב פַּרְעֹה מֶלֶךְ מִצְרַיִם וַיִּרְדֹּף
y-persiguió Egipto rey-de Faraón corazón-de ** Yahweh Y-endureció (8)

אַחֲרֵי בְּנֵי יִשְׂרָאֵל וּבְנֵי יִשְׂרָאֵל יֹצְאִים בְּיָד
con-mano marchando Israel e-hijos-de ; Israel hijos-de tras

רָמָה׃ וַיִּרְדְּפוּ מִצְרַיִם אַחֲרֵיהֶם וַיַּשִּׂיגוּ
y-alcanzaron tras-ellos egipcios Y-persiguieron (9) . alzada

אוֹתָם֙ חֹנִ֣ים עַל־ הַיָּ֔ם כָּל־ ס֙וּס֙ רֶ֣כֶב פַּרְעֹ֔ה
Faraón carro-de caballo-de todo el-mar junto-a acampando a-ellos

וּפָרָשָׁ֖יו וְחֵיל֑וֹ עַל־ פִּי֙ הַֽחִירֹ֔ת לִפְנֵ֖י בַּ֥עַל צְפֹֽן׃
. Zefón Baal frente-a Hahirot Pi junto-a , y-ejército-de-él y-jinetes-de-él

(10) וּפַרְעֹ֖ה הִקְרִ֑יב וַיִּשְׂא֩וּ בְנֵי־ יִשְׂרָאֵ֨ל אֶת־ עֵינֵיהֶ֜ם
sus-ojos ** Israel hijos-de y-alzaron se-aproximó Y-Faraón (10)

וְהִנֵּ֥ה מִצְרַ֣יִם ׀ נֹסֵ֣עַ אַחֲרֵיהֶ֗ם וַיִּֽירְאוּ֙ מְאֹ֔ד
mucho y-se-asustaron tras-ellos marchando egipcios y-he-aquí

וַיִּצְעֲק֥וּ בְנֵֽי־ יִשְׂרָאֵ֖ל אֶל־ יְהוָֽה׃ (11) וַיֹּאמְרוּ֮ אֶל־ מֹשֶׁה֒ הֲמִבְּלִ֤י
¿ por-qué : Moisés a Y-dijeron (11) . Yahweh a Israel hijos-de y-clamaron

אֵין־ קְבָרִים֙ בְּמִצְרַ֔יִם לְקַחְתָּ֖נוּ לָמ֣וּת בַּמִּדְבָּ֑ר מַה־ זֹּאת֙ עָשִׂ֣יתָ
hiciste esto qué , en-el-desierto a-morir nos-trajiste en-Egipto sepulcros no-hay

לָּ֔נוּ לְהוֹצִיאָ֖נוּ מִמִּצְרָֽיִם׃ (12) הֲלֹא־ זֶ֣ה הַדָּבָ֗ר אֲשֶׁר֩ דִּבַּ֨רְנוּ אֵלֶ֤יךָ
a-ti dijimos que la-palabra esto ¿Acaso-no (12) . de-Egipto para-sacarnos a-nosotros

בְמִצְרַ֙יִם֙ לֵאמֹ֔ר חֲדַ֥ל מִמֶּ֖נּוּ וְנַעַבְדָ֣ה אֶת־ מִצְרָ֑יִם כִּ֣י
pues Egipto a y-serviremos de-nosotros deja : diciendo en-Egipto

ט֥וֹב לָ֙נוּ֙ עֲבֹ֣ד אֶת־ מִצְרַ֔יִם מִמֻּתֵ֖נוּ בַּמִּדְבָּֽר׃
. en-el-desierto que-morir-nos Egipto a servir para-nosotros mejor

(13) וַיֹּ֨אמֶר מֹשֶׁ֥ה אֶל־ הָעָם֮ אַל־ תִּירָאוּ֒ הִֽתְיַצְּב֗וּ וּרְאוּ֙
y-ved estad-firmes temáis no : el-pueblo a Moisés Y-dijo (13)

אֶת־ יְשׁוּעַ֣ת יְהוָ֔ה אֲשֶׁר־ יַעֲשֶׂ֥ה לָכֶ֖ם הַיּ֑וֹם כִּ֗י אֲשֶׁ֨ר רְאִיתֶ֤ם
veis lo-que pues ; hoy para-vosotros hará que Yahweh salvación-de **

אֶת־ מִצְרַ֙יִם֙ הַיּ֔וֹם לֹ֥א תֹסִ֛פוּ לִרְאֹתָ֥ם ע֖וֹד עַד־ עוֹלָֽם׃
. siempre para más a-ver volveréis no hoy egipcios **

(14) יְהוָ֖ה יִלָּחֵ֣ם לָכֶ֑ם וְאַתֶּ֖ם תַּחֲרִשֽׁוּן׃ (15) וַיֹּ֥אמֶר
Y-dijo (15) . estad-quietos y-vosotros por-vosotros luchará Yahweh (14)

יְהוָה֙ אֶל־ מֹשֶׁ֔ה מַה־ תִּצְעַ֖ק אֵלָ֑י דַּבֵּ֥ר אֶל־ בְּנֵי־ יִשְׂרָאֵ֖ל וְיִסָּֽעוּ׃
. y-anden Israel hijos-de a habla , a-mí clamas ¿por-qué : Moisés a Yahweh

(16) וְאַתָּ֞ה הָרֵ֣ם אֶֽת־ מַטְּךָ֗ וּנְטֵ֛ה אֶת־ יָדְךָ֥ עַל־
sobre tu-mano ** y-extiende tu-vara ** alza Y-tú (16)

הַיָּ֖ם וּבְקָעֵ֑הוּ וְיָבֹ֧אוּ בְנֵֽי־ יִשְׂרָאֵ֛ל בְּת֥וֹךְ הַיָּ֖ם
el-mar en-medio-de Israel hijos-de y-pasen , y-divídelo el-mar

בַּיַּבָּשָֽׁה׃ (17) וַאֲנִ֗י הִנְנִ֤י מְחַזֵּק֙ אֶת־ לֵ֣ב מִצְרַ֔יִם
egipcios corazón-de ** endureciendo he-aquí Y-yo (17) . a-tierra-seca

וְיָבֹ֖אוּ אַחֲרֵיהֶ֑ם וְאִכָּבְדָ֤ה בְּפַרְעֹה֙
en-Faraón y-me-glorificaré tras-ellos e-irán

וּבְכָל־ חֵיל֔וֹ בְּרִכְבּ֖וֹ וּבְפָרָשָֽׁיו׃
. y-en-sus-jinetes en-su-carro su-ejército y-en-todo

(18) וְיָדְע֥וּ מִצְרַ֖יִם כִּֽי־ אֲנִ֣י יְהוָ֑ה בְּהִכָּֽבְדִי֙
en-mi-glorificarme Yahweh yo que los-egipcios Y-conocerán (18)

בְּפַרְעֹ֔ה בְּרִכְבּ֖וֹ וּבְפָרָשָֽׁיו׃
. y-en-sus-jinetes en-su-carro en-Faraón

(19) וַיִּסַּ֞ע מַלְאַ֣ךְ הָאֱלֹהִ֗ים הַהֹלֵךְ֙ לִפְנֵי֙ מַחֲנֵ֣ה
multitud-de ante el-que-marchaba el-Dios ángel-de Y-se-retiró (19)

יִשְׂרָאֵ֔ל וַיֵּ֖לֶךְ מֵאַחֲרֵיהֶ֑ם וַיִּסַּ֞ע עַמּ֤וּד הֶֽעָנָן֙
la-nube pilar-de y-se-apartó ; a-su-retaguardia y-fue Israel

מִפְּנֵיהֶ֔ם וַיַּעֲמֹ֖ד מֵאַחֲרֵיהֶֽם׃ (20) וַיָּבֹ֞א בֵּ֣ין ׀
entre Y-vino (20) . detrás-de-ellos y-se-colocó de-delante-de-ellos

מַחֲנֵ֣ה מִצְרַ֗יִם וּבֵין֙ מַחֲנֵ֣ה יִשְׂרָאֵ֔ל וַיְהִ֤י הֶֽעָנָן֙
la-nube y-fue Israel campamento-de y-entre Egipto campamento-de

וְהַחֹ֔שֶׁךְ וַיָּ֥אֶר אֶת־ הַלָּ֑יְלָה וְלֹא־ קָרַ֥ב
se-acercó y-no , la-noche ** e-iluminó y-la-oscuridad

זֶה אֶל־זֶה כָּל־הַלָּיְלָה׃ וַיֵּט מֹשֶׁה אֶת־יָדוֹ
su-mano ** Moisés Y-extendió (21) . la-noche toda otro a éste

עַל־הַיָּם וַיּוֹלֶךְ יְהוָה אֶת־הַיָּם בְּרוּחַ קָדִים עַזָּה
fuerte Este con-viento-del el-mar ** Yahweh y-retiró el-mar sobre

כָּל־הַלַּיְלָה וַיָּשֶׂם אֶת־הַיָּם לֶחָרָבָה
en-tierra-seca el-mar ** y-volvió la-noche toda

וַיִּבָּקְעוּ הַמָּיִם׃ וַיָּבֹאוּ בְנֵי־יִשְׂרָאֵל בְּתוֹךְ
en-medio-de Israel hijos-de Y-entraron (22) . las-aguas y-se-dividieron

הַיָּם בַּיַּבָּשָׁה וְהַמַּיִם לָהֶם חוֹמָה מִימִינָם
a-su-derecha pared para-ellos y-las-aguas en-la-tierra-seca el-mar

וּמִשְּׂמֹאלָם׃ וַיִּרְדְּפוּ מִצְרַיִם וַיָּבֹאוּ אַחֲרֵיהֶם
tras-ellos y-fueron egipcios Y-persiguieron (23) . y-a-su-izquierda

כֹּל סוּס פַּרְעֹה רִכְבּוֹ וּפָרָשָׁיו אֶל־תּוֹךְ
medio-de en , y-sus-jinetes su-carro Faraón caballo-de todo

הַיָּם׃ וַיְהִי בְּאַשְׁמֹרֶת הַבֹּקֶר וַיַּשְׁקֵף יְהוָה
Yahweh y-miró la-mañana en-vigilia-de Y-fue (24) . el-mar

אֶל־מַחֲנֵה מִצְרַיִם בְּעַמּוּד אֵשׁ וְעָנָן וַיָּהָם אֵת מַחֲנֵה
ejército-de ** y-confundió , y-nube fuego desde-pilar-de Egipto ejército-de al

מִצְרָיִם׃ וַיָּסַר אֵת אֹפַן מַרְכְּבֹתָיו וַיְנַהֲגֵהוּ
y-le-llevó sus-carros rueda-de ** E-hizo-caer (25) . Egipto

בִּכְבֵדֻת וַיֹּאמֶר מִצְרַיִם אָנוּסָה מִפְּנֵי יִשְׂרָאֵל כִּי
pues Israel de-delante-de huiré Egipto y-dijo ; con-dificultad

יְהוָה נִלְחָם לָהֶם בְּמִצְרָיִם׃ וַיֹּאמֶר יְהוָה אֶל־מֹשֶׁה
Moisés a Yahweh Y-dijo (26) . contra-egipcios por-ellos lucha Yahweh

נְטֵה אֶת־יָדְךָ עַל־הַיָּם וְיָשֻׁבוּ הַמַּיִם עַל־
sobre las-aguas y-volverán , el-mar sobre tu-mano ** extiende

מִצְרַיִם עַל־ רִכְבּוֹ וְעַל־ פָּרָשָׁיו׃ וַיֵּט

Y-extendió (27) . sus-jinetes y-sobre su-carro sobre egipcios

מֹשֶׁה אֶת־ יָדוֹ עַל־ הַיָּם וַיָּשָׁב הַיָּם לִפְנוֹת

al-amanecer el-mar y-retornó el-mar sobre su-mano ** Moisés

בֹּקֶר לְאֵיתָנוֹ וּמִצְרַיִם נָסִים לִקְרָאתוֹ וַיְנַעֵר

y-derribó , a-su-encuentro huyendo y-egipcios a-su-lugar mañana

יְהוָה אֶת־ מִצְרַיִם בְּתוֹךְ הַיָּם׃ וַיָּשֻׁבוּ הַמַּיִם

las-aguas Y-volvieron (28) . el-mar en-medio-de egipcios ** Yahweh

וַיְכַסּוּ אֶת־ הָרֶכֶב וְאֶת־ הַפָּרָשִׁים לְכֹל חֵיל פַּרְעֹה

Faraón ejército-de de-todo los-jinetes y-** el-carro ** y-cubrieron

הַבָּאִים אַחֲרֵיהֶם בַּיָּם לֹא־ נִשְׁאַר בָּהֶם עַד־אֶחָד׃

. uno ni de-ellos sobrevivió no , en-el-mar tras-ellos los-seguidores

וּבְנֵי יִשְׂרָאֵל הָלְכוּ בַיַּבָּשָׁה בְּתוֹךְ הַיָּם

el-mar en-medio-de en-la-tierra-seca marcharon Israel E-hijos-de (29)

וְהַמַּיִם לָהֶם חֹמָה מִימִינָם וּמִשְּׂמֹאלָם׃

y-a-su-izquierda a-su-derecha muro para-ellos y-las-aguas

וַיּוֹשַׁע יְהוָה בַּיּוֹם הַהוּא אֶת־יִשְׂרָאֵל מִיַּד מִצְרָיִם

; Egipto de-mano-de Israel a el-aquel en-el-día Yahweh Y-salvó (30)

וַיַּרְא יִשְׂרָאֵל אֶת־ מִצְרַיִם מֵת עַל־ שְׂפַת הַיָּם׃

. el-mar orilla-de sobre muertos egipcios a Israel y-vio

וַיַּרְא יִשְׂרָאֵל אֶת־ הַיָּד הַגְּדֹלָה אֲשֶׁר עָשָׂה יְהוָה

Yahweh hizo que la-grande la-mano ** Israel Y-vio (31)

בְּמִצְרַיִם וַיִּירְאוּ הָעָם אֶת־ יְהוָה וַיַּאֲמִינוּ

y-creyeron Yahweh a el-pueblo y-temieron contra-egipcios

בַּיהוָה וּבְמֹשֶׁה עַבְדּוֹ׃ אָז יָשִׁיר־ מֹשֶׁה וּבְנֵי

e-hijos-de Moisés cantó Entonces (1) . su-siervo y-en-Moisés en-Yahweh Cap. 1

יִשְׂרָאֵל אֶת־ הַשִּׁירָה הַזֹּאת לַיהוָה וַיֹּאמְרוּ לֵאמֹר אָשִׁירָה
Cantaré : para-decir y-dijeron a-Yahweh el-éste el-cántico ** Israel

לַיהוָה כִּי־ גָאֹה גָּאָה סוּס וְרֹכְבוֹ רָמָה
echó y-su-jinete caballo , se-exaltó exaltar pues a-Yahweh

בַיָּם׃ עָזִּי וְזִמְרָת יָהּ וַיְהִי־ לִי לִישׁוּעָה
por-salvación para-mí y-fue Yah y-mi-canto Mi-fortaleza (2) . en-el-mar

זֶה אֵלִי וְאַנְוֵהוּ אֱלֹהֵי אָבִי וַאֲרֹמְמֶנְהוּ׃
. y-le-ensalzaré mi-padre Dios-de y-le-alabaré mi-Dios este

יְהוָה אִישׁ מִלְחָמָה יְהוָה שְׁמוֹ׃ מַרְכְּבֹת פַּרְעֹה
Faraón Carros-de (4) . su-nombre Yahweh , guerra hombre-de Yahweh

וְחֵילוֹ יָרָה בַיָּם וּמִבְחַר שָׁלִשָׁיו
sus-capitanes y-lo-mejor-de en-el-mar echó y-su-ejército

טֻבְּעוּ בְיַם־ סוּף׃ תְּהֹמֹת יְכַסְיֻמוּ יָרְדוּ
se-hundieron les-cubrieron Profundidades (5) . Juncos en-Mar-de se-ahogaron

בִמְצוֹלֹת כְּמוֹ־ אָבֶן׃ יְמִינְךָ יְהוָה נֶאְדָּרִי
magnificada Yahweh Tu-diestra (6) . piedra como en-honduras

בַּכֹּחַ יְמִינְךָ יְהוָה תִּרְעַץ אוֹיֵב׃
. enemigo quebrantó Yahweh tu-diestra ; en-el-poder

וּבְרֹב גְּאוֹנְךָ תַּהֲרֹס קָמֶיךָ
, tus-oponentes derribaste tu-majestad Y-en-grandeza-de (7)

תְּשַׁלַּח חֲרֹנְךָ יֹאכְלֵמוֹ כַּקַּשׁ׃ וּבְרוּחַ
Y-con-viento-de (8) . como-hojarasca los-consumió tu-ira enviaste

אַפֶּיךָ נֶעֶרְמוּ מַיִם נִצְּבוּ כְמוֹ־ נֵד נֹזְלִים
, fluidos muro como se-mantuvieron aguas se-amontonaron tus-narices

קָפְאוּ תְהֹמֹת בְּלֶב־ יָם׃ אָמַר אוֹיֵב
enemigo Dijo (9) . mar en-corazón-de abismos se-cuajaron

אֶרְדֹּף אַשִּׂיג אֲחַלֵּק שָׁלָל תִּמְלָאֵמוֹ
se-saciará , despojo repartiré alcanzaré perseguiré

נַפְשִׁי אָרִיק חַרְבִּי תּוֹרִישֵׁמוֹ יָדִי׃
. mi-mano les-destruirá mi-espada desenvainaré mi-alma

נָשַׁפְתָּ בְרוּחֲךָ כִּסָּמוֹ יָם צָלֲלוּ כַּעוֹפֶרֶת
como-plomo se-hundieron mar les-cubrió con-tu-viento Soplaste (10)

בְּמַיִם אַדִּירִים׃ מִי־כָמֹכָה בָּאֵלִם יְהוָה מִי כָּמֹכָה
como-tú quién Yahweh entre-los-dioses como-tú ¿Quién (11) . impetuosas en-aguas

נֶאְדָּר בַּקֹּדֶשׁ נוֹרָא תְהִלֹּת עֹשֵׂה פֶלֶא׃
. prodigios obrador-de maravillas terrible en-santidad magnífico

נָטִיתָ יְמִינְךָ תִּבְלָעֵמוֹ אָרֶץ׃ נָחִיתָ
Condujiste (13) . tierra les-tragó tu-mano Extendiste (12)

בְחַסְדְּךָ עַם־זוּ גָּאָלְתָּ נֵהַלְתָּ בְעָזְּךָ
en-tu-poder guiaste , redimiste que pueblo en-tu-misericordia

אֶל־נְוֵה קָדְשֶׁךָ׃ שָׁמְעוּ עַמִּים יִרְגָּזוּן
temblarán pueblos Oirán (14) . tu-santidad morada-de a

חִיל אָחַז יֹשְׁבֵי פְּלָשֶׁת׃ אָז נִבְהֲלוּ
se-aterrorizarán Entonces (15) . Filistia moradores-de atenazará angustia

אַלּוּפֵי אֱדוֹם אֵילֵי מוֹאָב יֹאחֲזֵמוֹ רָעַד נָמֹגוּ
se-derretirán , temblor les-atenazará Moab caudillos-de Edom jefes-de

כֹּל יֹשְׁבֵי כְנָעַן׃ תִּפֹּל עֲלֵיהֶם אֵימָתָה וָפַחַד
y-miedo terror sobre-ellos Caerá (16) . Canaán moradores-de todos

בִּגְדֹל זְרוֹעֲךָ יִדְּמוּ כָּאָבֶן עַד־יַעֲבֹר
pase hasta-que como-la-piedra enmudecerán tu-brazo por-grandeza-de

עַמְּךָ יְהוָה עַד־יַעֲבֹר עַם־זוּ קָנִיתָ׃
. compraste que pueblo pase hasta-que Yahweh tu-pueblo

תְּבִאֵמוֹ וְתִטָּעֵמוֹ בְּהַר
en-monte-de y-los-plantarás Los-introducirás (17)

נַחֲלָתְךָ מָכוֹן לְשִׁבְתְּךָ פָּעַלְתָּ יְהוָה מִקְּדָשׁ אֲדֹנָי
Señor santuario , Yahweh hiciste para-tu-morada lugar tu-heredad

כּוֹנְנוּ יָדֶיךָ׃ יְהוָה׀ יִמְלֹךְ לְעֹלָם וָעֶד׃
. y-siempre por-siempre reinará Yahweh (18) . tus-manos establecieron

כִּי בָא סוּס פַּרְעֹה בְּרִכְבּוֹ וּבְפָרָשָׁיו
y-con-sus-jinetes con-su-carro Faraón caballo-de entró Pues (19)

בַּיָּם וַיָּשֶׁב יְהוָה עֲלֵהֶם אֶת־ מֵי הַיָּם
; el-mar aguas-de ** sobre-ellos Yahweh y-volvió en-el-mar

וּבְנֵי יִשְׂרָאֵל הָלְכוּ בַיַּבָּשָׁה בְּתוֹךְ הַיָּם׃
. el-mar en-medio-de en-la-tierra-seca anduvieron Israel e-hijos-de

וַתִּקַּח מִרְיָם הַנְּבִיאָה אֲחוֹת אַהֲרֹן אֶת־ הַתֹּף
la-pandereta ** Aarón hermana-de la-profetisa Miriam Y-cogió (20)

בְּיָדָהּ וַתֵּצֶאןָ כָל־ הַנָּשִׁים אַחֲרֶיהָ בְּתֻפִּים
con-panderetas tras-ella las-mujeres todas y-salieron en-su-mano

וּבִמְחֹלֹת׃ וַתַּעַן לָהֶם מִרְיָם שִׁירוּ לַיהוָה כִּי־
pues a-Yahweh cantad : Miriam a-ellos Y-contestaba (21) . y-con-danzas

גָאֹה גָּאָה סוּס וְרֹכְבוֹ רָמָה בַיָּם׃
. en-el-mar echó y-jinete caballo , se-exaltó exaltar

וַיַּסַּע מֹשֶׁה אֶת־ יִשְׂרָאֵל מִיַּם־ סוּף וַיֵּצְאוּ אֶל־
a y-salieron Juncos del-Mar-de Israel a Moisés Y-guió (22)

מִדְבַּר־ שׁוּר וַיֵּלְכוּ שְׁלֹשֶׁת־ יָמִים בַּמִּדְבָּר וְלֹא־
y-no por-el-desierto días tres y-anduvieron ; Shur desierto-de

מָצְאוּ מָיִם׃ וַיָּבֹאוּ מָרָתָה וְלֹא יָכְלוּ לִשְׁתֹּת
beber pudieron y-no a-Marta Y-llegaron (23) . agua hallaron

מַיִם מִמָּרָה כִּי מָרִים הֵם עַל־ כֵּן קָרָא־ שְׁמָהּ מָרָה׃
. Mara su-nombre llamó eso por , ellas amargas pues de-Mara agua

וַיִּלֹּנוּ הָעָם עַל־ מֹשֶׁה לֵּאמֹר מַה־ נִּשְׁתֶּה׃
. beberemos ¿qué : diciendo Moisés contra el-pueblo Y-murmuraron (24)

וַיִּצְעַק אֶל־ יְהוָה וַיּוֹרֵהוּ יְהוָה עֵץ וַיַּשְׁלֵךְ אֶל־
a y-echó madera Yahweh y-le-mostró Yahweh a Y-clamó (25)

הַמַּיִם וַיִּמְתְּקוּ הַמָּיִם שָׁם שָׂם לוֹ חֹק
decreto para-él puso allí ; las-aguas y-se-endulzaron las-aguas

וּמִשְׁפָּט וְשָׁם נִסָּהוּ׃ וַיֹּאמֶר אִם־ שָׁמוֹעַ תִּשְׁמַע
escuchas escuchar si Y-dijo (26) . les-probó y-allí y-mandamiento

לְקוֹל יְהוָה אֱלֹהֶיךָ וְהַיָּשָׁר בְּעֵינָיו תַּעֲשֶׂה
haces en-sus-ojos y-lo-recto tu-Dios Yahweh a-voz-de

וְהַאֲזַנְתָּ לְמִצְוֺתָיו וְשָׁמַרְתָּ כָּל־ חֻקָּיו כָּל־
toda , sus-decretos todos y-guardas a-sus-mandamientos y-dieres-oído

הַמַּחֲלָה אֲשֶׁר־ שַׂמְתִּי בְמִצְרַיִם לֹא־ אָשִׂים עָלֶיךָ כִּי אֲנִי
yo pues sobre-ti pondré no en-egipcios puse que la-enfermedad

יְהוָה רֹפְאֶךָ׃ וַיָּבֹאוּ אֵילִמָה וְשָׁם שְׁתֵּים עֶשְׂרֵה
diez dos y-allí a-Elim Y-llegaron (27) . tu-sanador Yahweh

עֵינֹת מַיִם וְשִׁבְעִים תְּמָרִים וַיַּחֲנוּ־ שָׁם עַל־ הַמָּיִם׃
. las-aguas junto-a allí y-acamparon , palmeras y-setenta agua fuentes-de

וַיִּסְעוּ מֵאֵילִם וַיָּבֹאוּ כָּל־ עֲדַת
comunidad-de todo y-llegaron de-Elim Y-partieron (1) Cap

בְּנֵי־ יִשְׂרָאֵל אֶל־מִדְבַּר־ סִין אֲשֶׁר בֵּין־ אֵילִם וּבֵין סִינָי בַּחֲמִשָּׁה
en-cinco , Sinaí y-entre Elim entre que Sin desierto-de a Israel hijos-de

עָשָׂר יוֹם לַחֹדֶשׁ הַשֵּׁנִי לְצֵאתָם מֵאֶרֶץ מִצְרָיִם׃
. Egipto de-tierra-de de-su-salir el-segundo de-el-mes día diez

וַיִּלֹּנוּ כָּל־ עֲדַת בְּנֵי־ יִשְׂרָאֵל עַל־ מֹשֶׁה
Moisés contra Israel hijos-de comunidad-de toda Y-murmuraron (2)

וְעַל־ אַהֲרֹן בַּמִּדְבָּר׃ וַיֹּאמְרוּ אֲלֵהֶם בְּנֵי יִשְׂרָאֵל
Israel hijos-de a-ellos Y-dijeron (3) . en-el-desierto Aarón y-contra

מִי־ יִתֵּן מוּתֵנוּ בְיַד־ יְהוָה בְּאֶרֶץ מִצְרַיִם בְּשִׁבְתֵּנוּ
cuando-sentamos Egipto en-tierra-de Yahweh por-mano-de morir-nos diera quien

עַל־ סִיר הַבָּשָׂר בְּאָכְלֵנוּ לֶחֶם לָשֹׂבַע כִּי־ הוֹצֵאתֶם אֹתָנוּ
a-nosotros sacaste pues , a-saciar pan en-nuestro-comer la-carne olla-de junto-a

אֶל־ הַמִּדְבָּר הַזֶּה לְהָמִית אֶת־ כָּל־ הַקָּהָל הַזֶּה
la-ésta la-asamblea toda ** para-matar el-éste el-desierto a

בָּרָעָב׃ וַיֹּאמֶר יְהוָה אֶל־מֹשֶׁה הִנְנִי מַמְטִיר לָכֶם לֶחֶם
pan para-vosotros lloviendo he-aquí : Moisés a Yahweh Y-dijo (4) . de-hambre

מִן־ הַשָּׁמָיִם וְיָצָא הָעָם וְלָקְטוּ דְבַר־
cantidad-de y-recogerán el-pueblo y-saldrá ; los-cielos de

יוֹם בְּיוֹמוֹ לְמַעַן אֲנַסֶּנּוּ הֲיֵלֵךְ בְּתוֹרָתִי
en-mi-instrucción si-anda le-pruebe para-que , en-su-día día

אִם־לֹא׃ וְהָיָה בַּיּוֹם הַשִּׁשִּׁי וְהֵכִינוּ אֵת
** y-prepararán el-sexto en-el-día Y-será (5) . no o

אֲשֶׁר־ יָבִיאוּ וְהָיָה מִשְׁנֶה עַל אֲשֶׁר־ יִלְקְטוּ יוֹם ׀ יוֹם׃
. día día recogen lo-que que doble y-será ; meten lo-que

וַיֹּאמֶר מֹשֶׁה וְאַהֲרֹן אֶל־כָּל־ בְּנֵי יִשְׂרָאֵל עֶרֶב וִידַעְתֶּם
y-conoceréis atardecer : Israel hijos-de todos a y-Aarón Moisés Y-dijo (6)

כִּי יְהוָה הוֹצִיא אֶתְכֶם מֵאֶרֶץ מִצְרָיִם׃ וּבֹקֶר וּרְאִיתֶם
también-veréis Y-por-la-mañana (7) . Egipto de-tierra-de a-vosotros sacó Yahweh que

אֶת־ כְּבוֹד יְהוָה בְּשָׁמְעוֹ אֶת־ תְּלֻנֹּתֵיכֶם עַל־ יְהוָה
; Yahweh contra vuestras-murmuraciones ** por-su-oír Yahweh gloria-de **

וְנַחְנוּ מָה כִּי תַלּוֹנוּ עָלֵינוּ׃ וַיֹּאמֶר מֹשֶׁה בְּתֵת

Dará : Moisés Y-dijo (8) . contra-nosotros murmuréis que quién y-nosotros

יְהוָה לָכֶם בָּעֶרֶב בָּשָׂר לֶאֱכֹל וְלֶחֶם בַּבֹּקֶר לִשְׂבֹּעַ

para-saciar en-la-mañana y-pan para-comer carne en-la-tarde a-vosotros Yahweh

בִּשְׁמֹעַ יְהוָה אֶת־ תְּלֻנֹּתֵיכֶם אֲשֶׁר־ אַתֶּם מַלִּינִם

murmurando vosotros que vuestras-murmuraciones ** Yahweh por-oír

עָלָיו וְנַחְנוּ מָה לֹא־ עָלֵינוּ תְלֻנֹּתֵיכֶם כִּי עַל־ יְהוָה׃

. Yahweh contra sino murmurasteis contra-nosotros no , quién y-nosotros ; contra-él

וַיֹּאמֶר מֹשֶׁה אֶל־אַהֲרֹן אֱמֹר אֶל־ כָּל־ עֲדַת בְּנֵי יִשְׂרָאֵל

Israel hijos-de comunidad-de toda a di : Aarón a Moisés Y-dijo (9)

קִרְבוּ לִפְנֵי יְהוָה כִּי שָׁמַע אֵת תְּלֻנֹּתֵיכֶם׃ וַיְהִי

Y-fue (10) . vuestras-murmuraciones ** escuchó pues Yahweh ante venid

כְּדַבֵּר אַהֲרֹן אֶל־ כָּל־ עֲדַת בְּנֵי־ יִשְׂרָאֵל וַיִּפְנוּ

y-miraron Israel hijos-de comunidad-de toda a Aharón mientras-hablaba

אֶל־ הַמִּדְבָּר וְהִנֵּה כְּבוֹד יְהוָה נִרְאָה בֶּעָנָן׃

. en-la-nube apareciendo Yahweh gloria-de y-he-aquí , el-desierto hacia

וַיְדַבֵּר יְהוָה אֶל־ מֹשֶׁה לֵּאמֹר׃ שָׁמַעְתִּי אֶת־ תְּלוּנֹּת

murmuraciones-de ** Escuché (12) . diciendo Moisés a Yahweh Y-habló (11)

בְּנֵי יִשְׂרָאֵל דַּבֵּר אֲלֵהֶם לֵאמֹר בֵּין הָעַרְבַּיִם תֹּאכְלוּ בָשָׂר

carne comeréis el-atardecer a : diciendo a-ellos di : Israel hijos-de

וּבַבֹּקֶר תִּשְׂבְּעוּ־ לָחֶם וִידַעְתֶּם כִּי אֲנִי יְהוָה

Yahweh yo que y-conoceréis , pan os-saciaréis-de y-en-la-mañana

אֱלֹהֵיכֶם׃ וַיְהִי בָעֶרֶב וַתַּעַל הַשְּׂלָו

la-codorniz y-subió por-la-tarde Y-fue (13) . vuestro-Dios

וַתְּכַס אֶת־ הַמַּחֲנֶה וּבַבֹּקֶר הָיְתָה שִׁכְבַת הַטַּל

el-rocío capa-de fue y-por-la-mañana el-campamento ** y-cubrió

סָבִיב לַמַּחֲנֶה׃ וַתַּעַל שִׁכְבַת הַטָּל וְהִנֵּה עַל־פְּנֵי

faz-de sobre y-he-aquí ; el-rocío capa-de Y-subió (14) . del-campamento en-torno

הַמִּדְבָּר דַּק מְחֻסְפָּס דַּק כַּכְּפֹר עַל־הָאָרֶץ׃ וַיִּרְאוּ

Y-vieron (15) . la-tierra sobre como-escarcha fino copo fino el-desierto

בְנֵי־יִשְׂרָאֵל וַיֹּאמְרוּ אִישׁ אֶל־אָחִיו מָן הוּא כִּי לֹא

no pues , esto qué? : su-hermano a cada-uno y-dijeron Israel hijos-de

יָדְעוּ מַה־הוּא וַיֹּאמֶר מֹשֶׁה אֲלֵהֶם הוּא הַלֶּחֶם אֲשֶׁר נָתַן

dio que el-pan eso : a-ellos Moisés y-dijo ; aquello qué sabían

יְהוָה לָכֶם לְאָכְלָה׃ זֶה הַדָּבָר אֲשֶׁר צִוָּה יְהוָה לִקְטוּ

recoged : Yahweh mandó que la-cosa Esta (16) . por-comida a-vosotros Yahweh

מִמֶּנּוּ אִישׁ לְפִי אָכְלוֹ עֹמֶר לַגֻּלְגֹּלֶת מִסְפַּר

número-de por-cada-uno gomer ; su-comer según cada-uno de-él

נַפְשֹׁתֵיכֶם אִישׁ לַאֲשֶׁר בְּאָהֳלוֹ תִּקָּחוּ׃ וַיַּעֲשׂוּ־כֵן

así E-hicieron (17) . tomad en-su-tienda para-quien cada-uno vuestras-personas

בְּנֵי יִשְׂרָאֵל וַיִּלְקְטוּ הַמַּרְבֶּה וְהַמַּמְעִיט׃

. y-el-que-poco el-que-mucho y-recogieron , Israel hijos-de

וַיָּמֹדּוּ בָעֹמֶר וְלֹא הֶעְדִּיף הַמַּרְבֶּה

el-que-mucho tuvo-demasiado y-no por-el-gomer Y-midieron (18)

וְהַמַּמְעִיט לֹא הֶחְסִיר אִישׁ לְפִי־אָכְלוֹ

su-comer según cada-uno ; faltó no y-el-que-poco

לָקָטוּ׃ וַיֹּאמֶר מֹשֶׁה אֲלֵהֶם אִישׁ אַל־יוֹתֵר מִמֶּנּוּ

de-él guardando no cada-uno : a-ellos Moisés Y-dijo (19) . recogieron

עַד־בֹּקֶר׃ וְלֹא־שָׁמְעוּ אֶל־מֹשֶׁה וַיּוֹתִרוּ אֲנָשִׁים מִמֶּנּוּ

de-él hombres y-guardaron Moisés a escucharon Y-no (20) . (la) mañana hasta

עַד־בֹּקֶר וַיָּרֻם תּוֹלָעִים וַיִּבְאַשׁ וַיִּקְצֹף עֲלֵהֶם

con-ellos y-se-enfadó ; y-hedió gusanos y-crió mañana hasta

מֹשֶׁה׃ וַיִּלְקְטוּ אֹתוֹ בַּבֹּקֶר בַּבֹּקֶר אִישׁ
cada-uno por-la-mañana por-la-mañana a-él Y-recogieron (21) . Moisés

כְּפִי אָכְלוֹ וְחַם הַשֶּׁמֶשׁ וְנָמָס׃ וַיְהִי ׀
Y-fue (22) . y-se-derritió el-sol y-calentó ; su-comer según

בַּיּוֹם הַשִּׁשִּׁי לָקְטוּ לֶחֶם מִשְׁנֶה שְׁנֵי הָעֹמֶר לָאֶחָד
; para-cada-uno el-gomer dos doble pan recogieron el-sexto en-el-día

וַיָּבֹאוּ כָּל־ נְשִׂיאֵי הָעֵדָה וַיַּגִּידוּ לְמֹשֶׁה׃
. a-Moisés e-informaron la-comunidad jefes-de todos y-vinieron

וַיֹּאמֶר אֲלֵהֶם הוּא אֲשֶׁר דִּבֶּר יְהוָה שַׁבָּתוֹן שַׁבַּת־
sábado día-de-descanso Yahweh habló lo-que esto : a-ellos Y-dijo (23)

קֹדֶשׁ לַיהוָה מָחָר אֵת אֲשֶׁר־ תֹּאפוּ אֵפוּ וְאֵת אֲשֶׁר־ תְּבַשְּׁלוּ
hirváis lo-que y-** , coced cozáis lo-que ** ; mañana a-Yahweh santo

בַּשֵּׁלוּ וְאֵת כָּל־ הָעֹדֵף הַנִּיחוּ לָכֶם לְמִשְׁמֶרֶת עַד־ הַבֹּקֶר׃
. la-mañana hasta para-mantener para-vosotros guardad el-sobrante todo y-** , hervid

וַיַּנִּיחוּ אֹתוֹ עַד־ הַבֹּקֶר כַּאֲשֶׁר צִוָּה מֹשֶׁה וְלֹא
y-no Moisés mandó como la-mañana hasta a-él Y-guardaron (24)

הִבְאִישׁ וְרִמָּה לֹא־ הָיְתָה בּוֹ׃ וַיֹּאמֶר מֹשֶׁה אִכְלֻהוּ
comed-lo : Moisés Y-dijo (25) . en-él estaba no y-gusano hedió

הַיּוֹם כִּי־ שַׁבָּת הַיּוֹם לַיהוָה הַיּוֹם לֹא תִמְצָאֻהוּ
lo-hallaréis no hoy ; para-Yahweh hoy sábado pues hoy

בַּשָּׂדֶה׃ שֵׁשֶׁת יָמִים תִּלְקְטֻהוּ וּבַיּוֹם הַשְּׁבִיעִי
el-séptimo y-en-el-día lo-recogeréis días Seis (26) . en-el-campo

שַׁבָּת לֹא יִהְיֶה־ בּוֹ׃ וַיְהִי בַּיּוֹם הַשְּׁבִיעִי
el-séptimo en-el-día Y-fue (27) . en-él será no sábado

יָצְאוּ מִן־ הָעָם לִלְקֹט וְלֹא מָצָאוּ׃ וַיֹּאמֶר
Y-dijo (28) . hallaron y-no a-recoger el-pueblo de salieron

יְהוָה אֶל־ מֹשֶׁה עַד־ אָנָה מֵאַנְתֶּם לִשְׁמֹר מִצְוֹתַי
mis-mandamientos guardar rehusaréis cuándo hasta , Moisés a Yahweh

וְתוֹרֹתָי׃ רְאוּ כִּי־ יְהוָה נָתַן לָכֶם
a-vosotros dio Yahweh que Ved (29) . y-mis-instrucciones

הַשַּׁבָּת עַל־ כֵּן הוּא נֹתֵן לָכֶם בַּיּוֹם הַשִּׁשִּׁי לֶחֶם יוֹמָיִם
; dos-días pan el-sexto en-el-día a-vosotros dando él eso por , el-sábado

שְׁבוּ ׀ אִישׁ תַּחְתָּיו אַל־ יֵצֵא אִישׁ מִמְּקֹמוֹ בַּיּוֹם
en-el-día de-su-sitio nadie salga no su-lugar cada-uno quedad

הַשְּׁבִיעִי׃ וַיִּשְׁבְּתוּ הָעָם בַּיּוֹם הַשְּׁבִעִי׃
. el-séptimo en-el-dia el-pueblo Y-descansó (30) . el-séptimo

וַיִּקְרְאוּ בֵית־ יִשְׂרָאֵל אֶת־ שְׁמוֹ מָן וְהוּא כְּזֶרַע
como-semilla-de y-él maná su-nombre ** Israel casa-de Y-llamaron (31)

גַּד לָבָן וְטַעְמוֹ כְּצַפִּיחִת בִּדְבָשׁ׃ וַיֹּאמֶר מֹשֶׁה
Moisés Y-dijo (32) . con-miel como-hojuela y-su-sabor blanco culantro

זֶה הַדָּבָר אֲשֶׁר צִוָּה יְהוָה מְלֹא הָעֹמֶר מִמֶּנּוּ לְמִשְׁמֶרֶת
para-guardar de-él el-gomer llena : Yahweh mandó que la-cosa ésta

לְדֹרֹתֵיכֶם לְמַעַן ׀ יִרְאוּ אֶת־ הַלֶּחֶם אֲשֶׁר הֶאֱכַלְתִּי אֶתְכֶם
a-vosotros di-a-comer que el-pan ** vean para-que por-tus-generaciones

בַּמִּדְבָּר בְּהוֹצִיאִי אֶתְכֶם מֵאֶרֶץ מִצְרָיִם׃ וַיֹּאמֶר מֹשֶׁה
Moisés Y-dijo (33) . Egipto de-tierra-de a-vosotros en-mi-sacar en-el-desierto

אֶל־ אַהֲרֹן קַח צִנְצֶנֶת אַחַת וְתֶן־ שָׁמָּה מְלֹא־ הָעֹמֶר מָן
; maná el-gomer completo allí y-pon una vasija toma : Aarón a

וְהַנַּח אֹתוֹ לִפְנֵי יְהוָה לְמִשְׁמֶרֶת לְדֹרֹתֵיכֶם׃ כַּאֲשֶׁר
Como (34) . para-vuestras-generaciones para-guardar Yahweh ante a-él y-coloca

צִוָּה יְהוָה אֶל־ מֹשֶׁה וַיַּנִּיחֵהוּ אַהֲרֹן לִפְנֵי הָעֵדֻת
el-Testimonio ante Aarón y-lo-puso , Moisés a Yahweh mandó

לְמִשְׁמָֽרֶת׃ וּבְנֵי יִשְׂרָאֵל אָֽכְלוּ אֶת־ הַמָּן אַרְבָּעִים שָׁנָה עַד־
hasta año cuarenta el-maná ** comieron Israel E-hijos-de (35) . para-guardar

בֹּאָם אֶל־ אֶרֶץ נוֹשָׁבֶת אֶת־ הַמָּן אָֽכְלוּ עַד־
hasta comieron el-maná ** ; habitamiento tierra-de a su-llegada

בֹּאָם אֶל־ קְצֵה אֶרֶץ כְּנָֽעַן׃ וְהָעֹמֶר עֲשִׂרִית הָאֵיפָה
el-efa décimo-de Y-el-gomer (36) . Canaán tierra-de borde-de a su-llegar

הֽוּא׃ וַיִּסְעוּ כָּל־ עֲדַת בְּנֵֽי־ יִשְׂרָאֵל מִמִּדְבַּר־
del-desierto Israel hijos-de comunidad-de toda Y-partieron (1) . él Cap.

סִין לְמַסְעֵיהֶם עַל־ פִּי יְהוָה וַֽיַּחֲנוּ בִּרְפִידִים
en-Refidim y-acamparon ; Yahweh orden según por-sus-jornadas Sin

וְאֵין מַיִם לִשְׁתֹּת הָעָֽם׃ וַיָּרֶב הָעָם עִם־
con el-pueblo Y-altercó (2) . el-pueblo para-beber agua y-no-había

מֹשֶׁה וַיֹּאמְרוּ תְּנוּ־ לָנוּ מַיִם וְנִשְׁתֶּה וַיֹּאמֶר
y-dijo ; y-bebamos agua a-nosotros da : y-dijeron Moisés

לָהֶם מֹשֶׁה מַה־ תְּרִיבוּן עִמָּדִי מַה־ תְּנַסּוּן אֶת־ יְהוָֽה׃
. Yahweh a probáis por-qué , con-migo altercáis por-qué? : Moisés a-ellos

וַיִּצְמָא שָׁם הָעָם לַמַּיִם וַיָּלֶן הָעָם
el-pueblo y-murmuró para-agua el-pueblo allí Y-tuvo-sed (3)

עַל־ מֹשֶׁה וַיֹּאמֶר לָמָּה זֶּה הֶֽעֱלִיתָנוּ מִמִּצְרַיִם לְהָמִית אֹתִי
a-mí para-matar de-Egipto nos-hiciste-subir esto por-qué? : y-dijo ; Moisés contra

וְאֶת־ בָּנַי וְאֶת־ מִקְנַי בַּצָּמָֽא׃ וַיִּצְעַק מֹשֶׁה
Moisés Y-clamó (4) . con-la-sed mi-ganado y-a mis-hijos y-a

אֶל־ יְהוָה לֵאמֹר מָה אֶֽעֱשֶׂה לָעָם הַזֶּה עוֹד מְעַט
un-poco aún ; el-éste al-pueblo haré qué? : diciendo Yahweh a

וּסְקָלֻֽנִי׃ וַיֹּאמֶר יְהוָה אֶל־ מֹשֶׁה עֲבֹר לִפְנֵי
delante-de pasa : Moisés a Yahweh Y-dijo (5) . y-me-apredrearán

הָעָם וְקַח אִתְּךָ מִזִּקְנֵי יִשְׂרָאֵל וּמַטְּךָ אֲשֶׁר

que y-tu-vara , Israel de-ancianos-de con-tigo y-toma el-pueblo

הִכִּיתָ בּוֹ אֶת־ הַיְאֹר קַח בְּיָדְךָ וְהָלָכְתָּ׃ הִנְנִי

He-aquí (6) . y-marcha en-tu-mano toma , el-río ** con-él golpeaste

עֹמֵד לְפָנֶיךָ שָּׁם ׀ עַל־ הַצּוּר בְּחֹרֵב וְהִכִּיתָ בַצּוּר

la-roca y-golpea en-Horeb la-roca en allí ante-ti estoy

וְיָצְאוּ מִמֶּנּוּ מַיִם וְשָׁתָה הָעָם וַיַּעַשׂ

e-hizo ; el-pueblo y-beba aguas de-él y-saldrán

כֵּן מֹשֶׁה לְעֵינֵי זִקְנֵי יִשְׂרָאֵל׃ וַיִּקְרָא שֵׁם

nombre-de Y-llamó (7) . Israel ancianos-de a-ojos-de Moisés así

הַמָּקוֹם מַסָּה וּמְרִיבָה עַל־ רִיב ׀ בְּנֵי יִשְׂרָאֵל וְעַל

y-porque Israel hijos-de altercar porque y-Meriba Masa el-lugar

נַסֹּתָם אֶת־ יְהוָה לֵאמֹר הֲיֵשׁ יְהוָה בְּקִרְבֵּנוּ אִם־ אָיִן׃ וַיָּבֹא

Y-vino ' (8) . no o entre-nosotros Yahweh está? : diciendo Yahweh a probar-de-ellos

עֲמָלֵק וַיִּלָּחֶם עִם־ יִשְׂרָאֵל בִּרְפִידִם׃ וַיֹּאמֶר מֹשֶׁה אֶל־

a Moisés Y-dijo (9) . en-Refidim Israel contra y-atacó Amalec

יְהוֹשֻׁעַ בְּחַר־ לָנוּ אֲנָשִׁים וְצֵא הִלָּחֵם בַּעֲמָלֵק מָחָר אָנֹכִי נִצָּב

estaré yo mañana ; contra-Amalec lucha y-sal varones para-nosotros escoge : Josué

עַל־ רֹאשׁ הַגִּבְעָה וּמַטֵּה הָאֱלֹהִים בְּיָדִי׃ וַיַּעַשׂ יְהוֹשֻׁעַ

Josué E-hizo (10) . en-mi-mano el-Dios y-vara-de la-colina cima-de sobre

כַּאֲשֶׁר אָמַר־ לוֹ מֹשֶׁה לְהִלָּחֵם בַּעֲמָלֵק וּמֹשֶׁה אַהֲרֹן וְחוּר

y-Hur Aarón y-Moisés ; contra-Amalec para-luchar Moisés a-él dijo como

עָלוּ רֹאשׁ הַגִּבְעָה׃ וְהָיָה כַּאֲשֶׁר יָרִים מֹשֶׁה

Moisés alzaba cuando Y-fue (11) . la-colina cima-de subieron

יָדוֹ וְגָבַר יִשְׂרָאֵל וְכַאֲשֶׁר יָנִיחַ יָדוֹ

su-mano bajaba y-cuando ; Israel entonces-vencía su-mano

וְגָבַר עֲמָלֵק׃ וִידֵי מֹשֶׁה כְּבֵדִים וַיִּקְחוּ אֶבֶן
piedra y-tomaron pesadas Moisés Y-manos-de (12) . Amalec vencía

וַיָּשִׂימוּ תַחְתָּיו וַיֵּשֶׁב עָלֶיהָ וְאַהֲרֹן וְחוּר תָּמְכוּ
sostenían y-Hur y-Aarón sobre-ella y-se-sentó bajo-él y-pusieron

בְיָדָיו מִזֶּה אֶחָד וּמִזֶּה אֶחָד וַיְהִי יָדָיו
sus-manos y-fue , uno y-de-éste uno de-éste en-sus-manos

אֱמוּנָה עַד־ בֹּא הַשָּׁמֶשׁ׃ וַיַּחֲלֹשׁ יְהוֹשֻׁעַ אֶת־עֲמָלֵק וְאֶת־
y-a Amalec a Josué Y-venció (13) . el-sol ponerse hasta firme

עַמּוֹ לְפִי־ חָרֶב׃ וַיֹּאמֶר יְהוָה אֶל־ מֹשֶׁה כְּתֹב
escribe : Moisés a Yahweh Y-dijo (14) . espada a-filo-de su-pueblo

זֹאת זִכָּרוֹן בַּסֵּפֶר וְשִׂים בְּאָזְנֵי יְהוֹשֻׁעַ כִּי־ מָחֹה
borrar que Josué a-oídos-de y-di en-el-libro memorial este

אֶמְחֶה אֶת־ זֵכֶר עֲמָלֵק מִתַּחַת הַשָּׁמָיִם׃ וַיִּבֶן
Y-construyó (15) . los-cielos de-bajo Amalec memoria-de ** borraré

מֹשֶׁה מִזְבֵּחַ וַיִּקְרָא שְׁמוֹ יְהוָה ׀ נִסִּי׃ וַיֹּאמֶר
Y-dijo (16) . Nisi Yahweh su-nombre y-llamó ; altar Moisés

כִּי־ יָד עַל־ כֵּס יָהּ מִלְחָמָה לַיהוָה בַּעֲמָלֵק מִדֹּר
de-generación contra-Amalec de-Yahweh guerra Yah trono-de contra mano pues

דֹּר׃ וַיִּשְׁמַע יִתְרוֹ כֹהֵן מִדְיָן חֹתֵן מֹשֶׁה
Moisés suegro-de Madián sacerdote-de Jetro Y-oyó (1) . generación Cap.

אֵת כָּל־ אֲשֶׁר עָשָׂה אֱלֹהִים לְמֹשֶׁה וּלְיִשְׂרָאֵל עַמּוֹ כִּי־ הוֹצִיא
sacó cómo , su-pueblo y-a-Israel a-Moisés Dios hizo lo-que todo **

יְהוָה אֶת־ יִשְׂרָאֵל מִמִּצְרָיִם׃ וַיִּקַּח יִתְרוֹ חֹתֵן
suegro-de Jetro Y-recibió (2) . de-Egipto Israel a Yahweh

מֹשֶׁה אֶת־ צִפֹּרָה אֵשֶׁת מֹשֶׁה אַחַר שִׁלּוּחֶיהָ׃ וְאֵת שְׁנֵי
dos-de Y-** (3) . salida-de-ella tras Moisés mujer-de Séfora a Moisés

בָנֶיהָ אֲשֶׁר שֵׁם הָאֶחָד גֵּרְשֹׁם כִּי אָמַר גֵּר הָיִיתִי בְּאֶרֶץ

en-tierra soy extranjero dijo pues Gersón el-uno nombre-de cuyo sus-hijos

נָכְרִיָּה׃ וְשֵׁם הָאֶחָד אֱלִיעֶזֶר כִּי־ אֱלֹהֵי אָבִי

mi-padre Dios-de pues Eliezer el-otro Y-nombre-de (4) . extraña

בְּעֶזְרִי וַיַּצִּלֵנִי מֵחֶרֶב פַּרְעֹה׃ וַיָּבֹא יִתְרוֹ

Jetro Y-vino (5) . Faraón de-espada-de y-me-libró en-mi-ayudador

חֹתֵן מֹשֶׁה וּבָנָיו וְאִשְׁתּוֹ אֶל־ מֹשֶׁה אֶל־ הַמִּדְבָּר

el-desierto a Moisés a y-su-mujer y-sus-hijos Moisés suegro-de

אֲשֶׁר־ הוּא חֹנֶה שָׁם הַר הָאֱלֹהִים׃ וַיֹּאמֶר אֶל־ מֹשֶׁה אֲנִי

yo Moisés a Y-dijo (6) . el-Dios monte-de allí acampó él que

חֹתֶנְךָ יִתְרוֹ בָּא אֵלֶיךָ וְאִשְׁתְּךָ וּשְׁנֵי

y-dos y-tu-mujer a-ti viene Jetro tu-suegro

בָנֶיהָ עִמָּהּ׃ וַיֵּצֵא מֹשֶׁה לִקְרַאת חֹתְנוֹ

Jetro a-recibir-a Moisés Y-salió (7) . con-ella hijos-suyos

וַיִּשְׁתַּחוּ וַיִּשַּׁק־ לוֹ וַיִּשְׁאֲלוּ אִישׁ־ לְרֵעֵהוּ

a-su-prójimo cada-uno y-preguntaron a-él y-besó y-se-inclinó

לְשָׁלוֹם וַיָּבֹאוּ הָאֹהֱלָה׃ וַיְסַפֵּר מֹשֶׁה

Moisés Y-contó (8) . a-la-tienda y-entraron ; por-bienestar

לְחֹתְנוֹ אֵת כָּל־ אֲשֶׁר עָשָׂה יְהוָה לְפַרְעֹה וּלְמִצְרַיִם

y-a-egipcios a-Faraón Yahweh hizo lo-que tódo ** a-su-suegro

עַל אוֹדֹת יִשְׂרָאֵל אֵת כָּל־ הַתְּלָאָה אֲשֶׁר מְצָאָתַם בַּדֶּרֶךְ

en-el-camino les-salió-al-paso que la-molestia toda ** ; Israel causa-de por

וַיַּצִּלֵם יְהוָה׃ וַיִּחַדְּ יִתְרוֹ עַל כָּל־

todo por Jetro Y-se-alegró (9) . Yahweh y-les-libró

הַטּוֹבָה אֲשֶׁר־ עָשָׂה יְהוָה לְיִשְׂרָאֵל אֲשֶׁר הִצִּילוֹ מִיַּד

de-mano-de le-libró que a-Israel Yahweh hizo que el-bien

מִצְרָיִם׃ וַיֹּאמֶר יִתְרוֹ בָּרוּךְ יְהוָה אֲשֶׁר הִצִּיל אֶתְכֶם
a-vosotros libró que Yahweh bendito : Jetro Y-dijo (10) . egipcios

מִיַּד מִצְרַיִם וּמִיַּד פַּרְעֹה אֲשֶׁר הִצִּיל אֶת־ הָעָם
el-pueblo a libró que ; Faraón y-de-mano-de egipcios de-mano-de

מִתַּחַת יַד־ מִצְרָיִם׃ עַתָּה יָדַעְתִּי כִּי־ גָדוֹל יְהוָה מִכָּל־
que-todo Yahweh mayor que conozco Ahora (11) . egipcios mano-de de-debajo-de

הָאֱלֹהִים כִּי בַדָּבָר אֲשֶׁר זָדוּ עֲלֵיהֶם׃
. sobre-ellos , se-ensoberbecieron que en-la-cuestión pues los-dioses

וַיִּקַּח יִתְרוֹ חֹתֵן מֹשֶׁה עֹלָה וּזְבָחִים
y-sacrificios holocausto Moisés suegro-de Jetro Y-tomó (12)

לֵאלֹהִים וַיָּבֹא אַהֲרֹן וְכֹל ׀ זִקְנֵי יִשְׂרָאֵל לֶאֱכָל־ לֶחֶם עִם־
con pan a-comer Israel ancianos-de y-todos Aarón y-fue , para-Dios

חֹתֵן מֹשֶׁה לִפְנֵי הָאֱלֹהִים׃ וַיְהִי מִמָּחֳרָת
al-día-siguiente Y-fue (13) . el-Dios delante-de Moisés suegro-de

וַיֵּשֶׁב מֹשֶׁה לִשְׁפֹּט אֶת־ הָעָם וַיַּעֲמֹד הָעָם עַל־
junto-a el-pueblo y-estuvo el-pueblo a a-juzgar Moisés y-se-sentó

מֹשֶׁה מִן־ הַבֹּקֶר עַד־ הָעָרֶב׃ וַיַּרְא חֹתֵן
suegro-de Y-vio (14) . la-tarde hasta la-mañana desde Moisés

מֹשֶׁה אֵת כָּל־ אֲשֶׁר־ הוּא עֹשֶׂה לָעָם וַיֹּאמֶר מָה־ הַדָּבָר
la-cosa qué : y-dijo al-pueblo haciendo él lo-que todo ** Moisés

הַזֶּה אֲשֶׁר אַתָּה עֹשֶׂה לָעָם מַדּוּעַ אַתָּה יוֹשֵׁב לְבַדֶּךָ
por-ti-mismo sentado tú por-qué? : al-pueblo haciendo tú que la-ésta

וְכָל־ הָעָם נִצָּב עָלֶיךָ מִן־ בֹּקֶר עַד־ עָרֶב׃
. tarde hasta mañana desde junto-a-ti en-pie el-pueblo y-todo

וַיֹּאמֶר מֹשֶׁה לְחֹתְנוֹ כִּי־ יָבֹא אֵלַי
a-mí viene porque : a-su-suegro Moisés Y-dijo (15)

הָעָם לִדְרֹשׁ אֱלֹהִים׃ כִּי־יִהְיֶה לָהֶם דָּבָר בָּא אֵלַי
a-mí viene asunto para-ellos es Cuando (16) . Dios a-consultar-a el-pueblo

וְשָׁפַטְתִּי בֵּין אִישׁ וּבֵין רֵעֵהוּ וְהוֹדַעְתִּי אֶת־
** y-hago-saber su-vecino y-entre hombre entre y-juzgo

חֻקֵּי הָאֱלֹהִים וְאֶת־תּוֹרֹתָיו׃ וַיֹּאמֶר חֹתֵן מֹשֶׁה
Moisés suegro-de Y-dijo (17) . sus-instrucciones y-** el-Dios decretos-de

אֵלָיו לֹא־טוֹב הַדָּבָר אֲשֶׁר אַתָּה עֹשֶׂה׃ נָבֹל תִּבֹּל
desfallecerás Desfallecer (18) . haciendo tú que la-cosa bueno no : a-él

גַּם־אַתָּה גַּם־הָעָם הַזֶּה אֲשֶׁר עִמָּךְ כִּי־כָבֵד מִמְּךָ הַדָּבָר
; la cosa para ti pesada pues , con-tigo que el-éste el-pueblo tanto tú tanto

לֹא־תוּכַל עֲשֹׂהוּ לְבַדֶּךָ׃ עַתָּה שְׁמַע בְּקֹלִי
a-mi-voz escucha Ahora (19) . por-ti-mismo hacer-lo podrás no

אִיעָצְךָ וִיהִי אֱלֹהִים עִמָּךְ הֱיֵה אַתָּה לָעָם מוּל
delante-de , por-el-pueblo tú está ; con-tigo Dios y-sea te-aconsejaré

הָאֱלֹהִים וְהֵבֵאתָ אַתָּה אֶת־הַדְּבָרִים אֶל־הָאֱלֹהִים׃ וְהִזְהַרְתָּה
Y-enseña (20) . el-Dios a los-asuntos ** tú y-lleva el-Dios

אֶתְהֶם אֶת־הַחֻקִּים וְאֶת־הַתּוֹרֹת וְהוֹדַעְתָּ לָהֶם אֶת־הַדֶּרֶךְ
el-camino ** a-ellos y-muestra las-instrucciones y-** los-decretos ** a-ellos

יֵלְכוּ בָהּ וְאֶת־הַמַּעֲשֶׂה אֲשֶׁר יַעֲשׂוּן׃ וְאַתָּה
Y-tú (21) . deben-hacer que la-obra y-** en-ella deben-andar

תֶחֱזֶה מִכָּל־הָעָם אַנְשֵׁי־חַיִל יִרְאֵי אֱלֹהִים
Dios temerosos-de capaces hombres el-pueblo de-todo elige

אַנְשֵׁי אֱמֶת שֹׂנְאֵי בָצַע וְשַׂמְתָּ עֲלֵהֶם שָׂרֵי
jefes-de sobre-ellos y-pon soborno aborrecedores-de confianza hombres-de

אֲלָפִים שָׂרֵי מֵאוֹת שָׂרֵי חֲמִשִּׁים וְשָׂרֵי עֲשָׂרֹת׃
. decenas y-jefes-de cincuentenas jefes-de centenas jefes-de millares

וְשָׁפְטוּ אֶת־ הָעָם בְּכָל־ עֵת וְהָיָה

y-será tiempo en-todo el-pueblo a Y-juzguen (22)

כָּל־ הַדָּבָר הַגָּדֹל יָבִיאוּ אֵלֶיךָ וְכָל־ הַדָּבָר

la-cuestión y-toda a-ti traerán la-grande cuestión toda

הַקָּטֹן יִשְׁפְּטוּ־ הֵם וְהָקֵל מֵעָלֶיךָ

de-sobre-ti y-se-aliviará , ellos juzgarán la-pequeña

וְנָשְׂאוּ אִתָּךְ׃ אִם אֶת־ הַדָּבָר הַזֶּה תַּעֲשֶׂה

haces la-ésta la-cosa ** Si (23) . con-tigo y-compartirán

וְצִוְּךָ אֱלֹהִים וְיָכָלְתָּ עֲמֹד וְגַם כָּל־

todo y-también , continuar entonces-podrás Dios y-te-manda

הָעָם הַזֶּה עַל־ מְקֹמוֹ יָבֹא בְשָׁלוֹם׃

. con-paz irá su-lugar a el-éste el-pueblo

וַיִּשְׁמַע מֹשֶׁה לְקוֹל חֹתְנוֹ וַיַּעַשׂ כֹּל אֲשֶׁר

lo-que todo e-hizo ; su-suegro a-voz-de Moisés Y-escuchó (24)

אָמָר׃ וַיִּבְחַר מֹשֶׁה אַנְשֵׁי־ חַיִל מִכָּל־ יִשְׂרָאֵל וַיִּתֵּן

y-constituyó Israel de-todo capaces hombres Moisés Y-eligió (25) . dijo

אֹתָם רָאשִׁים עַל־ הָעָם שָׂרֵי אֲלָפִים שָׂרֵי מֵאוֹת

cientos jefes-de ' miles jefes-de ; el-pueblo sobre cabezas a-ellos

שָׂרֵי חֲמִשִּׁים וְשָׂרֵי עֲשָׂרֹת׃ וְשָׁפְטוּ אֶת־ הָעָם

el-pueblo a Y-juzgaron (26) . decenas . jefes-de cincuentenas jefes-de

בְּכָל־ עֵת אֶת־ הַדָּבָר הַקָּשֶׁה יְבִיאוּן אֶל־ מֹשֶׁה וְכָל־

y-todo Moisés a llevaban la-difícil la-cosa ** ; tiempo en-todo

הַדָּבָר הַקָּטֹן יִשְׁפּוּטוּ הֵם׃ וַיְשַׁלַּח מֹשֶׁה אֶת־

** Moisés Y-envió (27) . ellos juzgaban el-pequeño el-asunto

חֹתְנוֹ וַיֵּלֶךְ לוֹ אֶל־ אַרְצוֹ׃ בַּחֹדֶשׁ

En-el-mes (1) . su-tierra a a-él y-fue su-suegro Cap.

הַשְּׁלִישִׁי לְצֵאת בְּנֵי־ יִשְׂרָאֵל מֵאֶרֶץ מִצְרָיִם בַּיּוֹם
en-el-día Egipto de-tierra-de Israel hijos-de de-salida-de el-tercero

הַזֶּה בָּאוּ מִדְבַּר סִינָי׃ וַיִּסְעוּ מֵרְפִידִים
de-Refidim Y-partieron (2) . Sinaí desierto-de llegaron-a el-aquel

וַיָּבֹאוּ מִדְבַּר סִינַי וַיַּחֲנוּ בַּמִּדְבָּר וַיִּחַן־
y-acampó , en-el-desierto y-acamparon Sinaí desierto-de y-entraron-en

שָׁם יִשְׂרָאֵל נֶגֶד הָהָר׃ וּמֹשֶׁה עָלָה אֶל־הָאֱלֹהִים
; el-Dios a subió Y-Moisés (3) . la-montaña frente-a Israel allí

וַיִּקְרָא אֵלָיו יְהוָה מִן־ הָהָר לֵאמֹר כֹּה תֹאמַר לְבֵית
a-casa-de dirás así : diciendo la-montaña desde Yahweh a-él y-llamó

יַעֲקֹב וְתַגֵּיד לִבְנֵי יִשְׂרָאֵל׃ אַתֶּם רְאִיתֶם אֲשֶׁר עָשִׂיתִי לְמִצְרָיִם
a-Egipto hice lo-que visteis Vosotros (4) . Israel a-hijos-de y-anunciarás Jacob

וָאֶשָּׂא אֶתְכֶם עַל־ כַּנְפֵי נְשָׁרִים וָאָבִא אֶתְכֶם אֵלָי׃ וְעַתָּה
Y-ahora (5) . a-mí a-vosotros y-traje águilas alas-de sobre a-vosotros y-tomé

אִם־ שָׁמוֹעַ תִּשְׁמְעוּ בְּקֹלִי וּשְׁמַרְתֶּם אֶת־ בְּרִיתִי
mi-pacto ** y-guardáis a-mi-voz obedecéis obedecer si

וִהְיִיתֶם לִי סְגֻלָּה מִכָּל־ הָעַמִּים כִּי־ לִי
para-mí pues , los-pueblos de-todos posesión para-mí y-seréis

כָּל־ הָאָרֶץ׃ וְאַתֶּם תִּהְיוּ־ לִי מַמְלֶכֶת כֹּהֲנִים וְגוֹי
y-nación sacerdotes reino-de para-mí seréis Y-vosotros (6) . la-tierra toda

קָדוֹשׁ אֵלֶּה הַדְּבָרִים אֲשֶׁר תְּדַבֵּר אֶל־ בְּנֵי יִשְׂרָאֵל׃ וַיָּבֹא
Y-regresó (7) . Israel hijos-de a hablarás que las-palabras éstas ; santo

מֹשֶׁה וַיִּקְרָא לְזִקְנֵי הָעָם וַיָּשֶׂם לִפְנֵיהֶם אֵת
** ante-ellos y-puso ; el-pueblo a-ancianos-de y-llamó Moisés

כָּל־ הַדְּבָרִים הָאֵלֶּה אֲשֶׁר צִוָּהוּ יְהוָה׃ וַיַּעֲנוּ
Y-respondieron (8) . Yahweh le-mandó que las-éstas las-palabras todas

כָּל־ הָעָם יַחְדָּו וַיֹּאמְרוּ כֹּל אֲשֶׁר־ דִּבֶּר יְהוָה נַעֲשֶׂה
; haremos Yahweh habló lo-que todo : y-dijeron junto el-pueblo todo

וַיָּשֶׁב מֹשֶׁה אֶת־ דִּבְרֵי הָעָם אֶל־ יְהוָה׃ וַיֹּאמֶר
Y-dijo (9) . Yahweh a el-pueblo palabras-de ** Moisés y-llevó

יְהוָה אֶל־ מֹשֶׁה הִנֵּה אָנֹכִי בָּא אֵלֶיךָ בְּעַב הֶעָנָן בַּעֲבוּר
de-modo-que la-nube en-espesa a-ti vengo yo he-aquí : Moisés a Yahweh

יִשְׁמַע הָעָם בְּדַבְּרִי עִמָּךְ וְגַם־ בְּךָ
en-ti y-también con-tigo en-mi-hablar el-pueblo oiga

יַאֲמִינוּ לְעוֹלָם וַיַּגֵּד מֹשֶׁה אֶת־ דִּבְרֵי הָעָם אֶל־
a el-pueblo palabras-de ** Moisés y-contó ; para-siempre confiarán

יְהוָה׃ וַיֹּאמֶר יְהוָה אֶל־ מֹשֶׁה לֵךְ אֶל־ הָעָם
el-pueblo a ve : Moisés a Yahweh Y-dijo (10) . Yahweh

וְקִדַּשְׁתָּם הַיּוֹם וּמָחָר וְכִבְּסוּ שִׂמְלֹתָם׃
. sus-vestidos y-laven ; y-mañana hoy y-santifica-los

וְהָיוּ נְכֹנִים לַיּוֹם הַשְּׁלִישִׁי כִּי ׀ בַּיּוֹם
en-el-día pues el-tercero para-el-día preparados Y-estén (11)

הַשְּׁלִשִׁי יֵרֵד יְהוָה לְעֵינֵי כָל־ הָעָם עַל־
sobre el-pueblo todo a-ojos-de Yahweh descenderá el-tercero

הַר סִינָי׃ וְהִגְבַּלְתָּ אֶת־ הָעָם סָבִיב לֵאמֹר הִשָּׁמְרוּ
guardaos : diciendo alrededor el-pueblo a Y-limitarás (12) . Sinaí monte-de

לָכֶם עֲלוֹת בָּהָר וּנְגֹעַ בְּקָצֵהוּ כָּל־
todo ; su-borde y-tocar a-la-montaña subir a-vosotros

הַנֹּגֵעַ בָּהָר מוֹת יוּמָת׃ לֹא־ תִגַּע בּוֹ
en-él pongas No (13) . morirá morir en-la-montaña el-que-toque

יָד כִּי־ סָקוֹל יִסָּקֵל אוֹ־ יָרֹה יִיָּרֶה
será-asaeteado asaetear o será-apedreado apedrear pues mano

אִם־ בְּהֵמָה אִם־ אִישׁ לֹא יִחְיֶה בִּמְשֹׁךְ הַיֹּבֵל הֵמָּה
ellos la-trompeta en-sonar ; vivirá no hombre si bestia si

יַעֲלוּ בָהָר׃ וַיֵּרֶד מֹשֶׁה מִן־ הָהָר
la-montaña de Moisés Y-descendió (14) . a-la-montaña subirán

אֶל־ הָעָם וַיְקַדֵּשׁ אֶת־ הָעָם וַיְכַבְּסוּ
y-lavaron el-pueblo a y-santificó el-pueblo a

שִׂמְלֹתָם׃ וַיֹּאמֶר אֶל־ הָעָם הֱיוּ נְכֹנִים
preparados estad : el-pueblo a Y-dijo (15) . sus-vestidos

לִשְׁלֹשֶׁת יָמִים אַל־ תִּגְּשׁוּ אֶל־ אִשָּׁה׃ וַיְהִי
Y-fue (16) . mujer a toquéis no ; días para-tercero-de

בַיּוֹם הַשְּׁלִישִׁי בִּהְיֹת הַבֹּקֶר וַיְהִי קֹלֹת
truenos y-fue la-mañana al-venir el-tercero en-el-día

וּבְרָקִים וְעָנָן כָּבֵד עַל־ הָהָר וְקֹל שֹׁפָר חָזָק
fuerte trompeta y-voz-de la-montaña sobre espesa y-nube y-relámpagos

מְאֹד וַיֶּחֱרַד כָּל־ הָעָם אֲשֶׁר בַּמַּחֲנֶה׃ וַיּוֹצֵא
E-hizo-salir (17) . en-el-campamento que el-pueblo todo y-tembló ; mucho

מֹשֶׁה אֶת־ הָעָם לִקְרַאת הָאֱלֹהִים מִן־ הַמַּחֲנֶה וַיִּתְיַצְּבוּ בְּתַחְתִּית
al-pie-de y-se-pusieron el-campamento desde el-Dios a-recibir el-pueblo a Moisés

הָהָר׃ וְהַר סִינַי עָשַׁן כֻּלּוֹ מִפְּנֵי אֲשֶׁר
** porque todo-él humeaba Sinaí Y-monte-de (18) . el-monte

יָרַד עָלָיו יְהוָה בָּאֵשׁ וַיַּעַל עֲשָׁנוֹ
humo y-ascendía en-el-fuego Yahweh sobre-él descendió

כְּעֶשֶׁן הַכִּבְשָׁן וַיֶּחֱרַד כָּל־ הָהָר מְאֹד׃
. mucho el-monte todo y-tembló el-horno como-humo-de

וַיְהִי קוֹל הַשּׁוֹפָר הוֹלֵךְ וְחָזֵק מְאֹד מֹשֶׁה
Moisés ; mucho y-fuerte creciente la-trompeta voz-de Y-fue (19)

יְדַבֵּר וְהָאֱלֹהִים יַעֲנֶנּוּ בְקוֹל׃ וַיֵּרֶד
Y-descendió (20) . con-voz le-respondió y-el-Dios habló

יְהוָה עַל־הַר סִינַי אֶל־רֹאשׁ הָהָר וַיִּקְרָא יְהוָה לְמֹשֶׁה
a-Moisés Yahweh y-llamó ; el-monte cima-de a Sinaí monte-de sobre Yahweh

אֶל־רֹאשׁ הָהָר וַיַּעַל מֹשֶׁה׃ וַיֹּאמֶר יְהוָה אֶל־מֹשֶׁה
Moisés a Yahweh Y-dijo (21) . Moisés y-subió el-monte cima-de a

רֵד הָעֵד בָּעָם פֶּן־יֶהֶרְסוּ אֶל־יְהוָה לִרְאוֹת
para-ver Yahweh a traspasen para-que-no a-el-pueblo avisa , desciende

וְנָפַל מִמֶּנּוּ רָב׃ וְגַם הַכֹּהֲנִים הַנִּגָּשִׁים
los-que-se-acercan los-sacerdotes Y-también (22) . muchos de-él y-caiga

אֶל־יְהוָה יִתְקַדָּשׁוּ פֶּן־יִפְרֹץ בָּהֶם
contra-ellos haga-estrago para-que-no se-santificarán Yahweh a

יְהוָה׃ וַיֹּאמֶר מֹשֶׁה אֶל־יְהוָה לֹא־יוּכַל הָעָם לַעֲלֹת
subir el-pueblo puede no Yahweh a Moisés Y-dijo (23) . Yahweh

אֶל־הַר סִינָי כִּי־אַתָּה הַעֵדֹתָה בָּנוּ לֵאמֹר הַגְבֵּל אֶת־
** delimita : diciendo a-nosotros avisaste tú pues ; Sinaí monte-de a

הָהָר וְקִדַּשְׁתּוֹ׃ וַיֹּאמֶר אֵלָיו יְהוָה לֶךְ־
ve : Yahweh a-él Y-dijo (24) . y-santifica-lo el-monte

רֵד וְעָלִיתָ אַתָּה וְאַהֲרֹן עִמָּךְ וְהַכֹּהֲנִים וְהָעָם
y-el-pueblo y-los-sacerdotes ; con-tigo y-Aarón tú y-haz-subir desciende

אַל־יֶהֶרְסוּ לַעֲלֹת אֶל־יְהוָה פֶּן־יִפְרָץ־
haga-estrago para-que-no Yahweh a para-subir traspasen no

בָּם׃ וַיֵּרֶד מֹשֶׁה אֶל־הָעָם וַיֹּאמֶר אֲלֵהֶם׃
. a-ellos y-dijo ; el-pueblo a Moisés Y-descendió (25) . en-ellos

וַיְדַבֵּר אֱלֹהִים אֵת כָּל־הַדְּבָרִים הָאֵלֶּה לֵאמֹר׃ אָנֹכִי יְהוָה
Yahweh Yo (2) . diciendo las-éstas las-palabras todas ** Dios Y-habló (1) Cap.

אֱלֹהֶיךָ אֲשֶׁר הוֹצֵאתִיךָ מֵאֶרֶץ מִצְרַיִם מִבֵּית עֲבָדִים׃

. servidumbre de-casa-de Egipto de-tierra-de te-sacó que tu-Dios

לֹא יִהְיֶה־ לְךָ אֱלֹהִים אֲחֵרִים עַל־ פָּנָיַ׃ לֹא

No (4) . mi-faz ante otros dioses para-ti será No (3)

תַעֲשֶׂה־ לְךָ פֶסֶל ׀ וְכָל־ תְּמוּנָה אֲשֶׁר בַּשָּׁמַיִם ׀

en-los-cielos que imagen y-toda ídolo para-ti harás

מִמַּעַל וַאֲשֶׁר בָּאָרֶץ מִתָּחַת וַאֲשֶׁר בַּמַּיִם ׀

en-las-aguas y-que de-abajo en-la-tierra y-que de-arriba

מִתַּחַת לָאָרֶץ לֹא־ תִשְׁתַּחֲוֶה לָהֶם וְלֹא

y-no a-ellas te-inclinarás no (5) a-la-tierra de-abajo

תָעָבְדֵם כִּי אָנֹכִי יְהוָה אֱלֹהֶיךָ אֵל קַנָּא פֹּקֵד עֲוֺן

maldad-de que-castiga celoso Dios tu-Dios Yahweh yo pues les-serviréis

אָבֹת עַל־ בָּנִים עַל־ שִׁלֵּשִׁים וְעַל־ רִבֵּעִים לְשֹׂנְאָי׃

. a-los-que-me-aborrecen cuartos y-hasta terceros hasta hijos sobre padres

וְעֹשֶׂה חֶסֶד לַאֲלָפִים לְאֹהֲבַי וּלְשֹׁמְרֵי

y-a-los-que-guardan a-los-que-me-aman a-miles misericordia Y-que-hace (6)

מִצְוֺתָי׃ לֹא תִשָּׂא אֶת־ שֵׁם־ יְהוָה אֱלֹהֶיךָ

tu-Dios Yahweh nombre-de ** tomarás No (7) . mis-mandamientos

לַשָּׁוְא כִּי לֹא יְנַקֶּה יְהוָה אֵת אֲשֶׁר־ יִשָּׂא אֶת־

** tome quien a Yahweh considerará-inocente no pues , en-vano

שְׁמוֹ לַשָּׁוְא׃ זָכוֹר אֶת־ יוֹם הַשַּׁבָּת

el-sábado día-de ** Recuerda (8) . en-vano su-nombre

לְקַדְּשׁוֹ׃ שֵׁשֶׁת יָמִים תַּעֲבֹד וְעָשִׂיתָ כָּל־

toda y-harás trabajarás días seis (9) , para-santificar-lo

מְלַאכְתֶּךָ׃ וְיוֹם הַשְּׁבִיעִי שַׁבָּת ׀ לַיהוָה אֱלֹהֶיךָ לֹא־

no , tu-Dios para-Yahweh descanso el-séptimo y-día (10) tu-obra

תַעֲשֶׂה כָל־ מְלָאכָה אַתָּה׀ וּבִנְךָֽ־ וּבִתֶּךָ

y-tu-hija y-tu-hijo tú obra ninguna harás

עַבְדְּךָ וַאֲמָתְךָ וּבְהֶמְתֶּךָ וְגֵרְךָ אֲשֶׁר

que y-tu-forastero y-tu-bestia y-tu-sierva y-tu-siervo

בִּשְׁעָרֶיךָ׃ כִּי שֵׁשֶׁת־ יָמִים עָשָׂה יְהוָה אֶת־ הַשָּׁמַיִם וְאֶת־

y-** los-cielos ** Yahweh hizo días seis Pues (11) . dentro-de-tus-puertas

הָאָרֶץ אֶת־ הַיָּם וְאֶת־ כָּל־ אֲשֶׁר־ בָּם וַיָּנַח בַּיּוֹם

en-el-día y-descansó en-ellos lo-que todo y-** el-mar ** , la-tierra

הַשְּׁבִיעִי עַל־ כֵּן בֵּרַךְ יְהוָה אֶת־ יוֹם הַשַּׁבָּת

el-sábado día-de ** Yahweh bendijo eso por , el-séptimo

וַיְקַדְּשֵׁהוּ׃ כַּבֵּד אֶת־ אָבִיךָ וְאֶת־ אִמֶּךָ לְמַעַן

para-que tu-madre y-** tu-padre ** Honra (12) . y-lo-santificó

יַאֲרִכוּן יָמֶיךָ עַל הָאֲדָמָה אֲשֶׁר־ יְהוָה אֱלֹהֶיךָ נֹתֵן

dando tu-Dios Yahweh que la-tierra sobre tus-días se-alarguen

לָךְ׃ לֹא תִּרְצָח׃ לֹא תִּנְאָף׃ לֹא

No (15) . adulterarás No (14) . matarás No (13) . a-ti

תִּגְנֹב׃ לֹא־ תַעֲנֶה בְרֵעֲךָ עֵד

testimonio-de contra-tu-prójimo darás No (16) . hurtarás

שָׁקֶר׃ לֹא תַחְמֹד בֵּית רֵעֶךָ לֹא־ תַחְמֹד

codiciarás no , tu-prójimo casa-de codiciarás No (17) . falso

אֵשֶׁת רֵעֶךָ וְעַבְדּוֹ וַאֲמָתוֹ

y-su-sierva y-su-siervo tu-prójimo mujer-de

וְשׁוֹרוֹ וַחֲמֹרוֹ וְכֹל אֲשֶׁר לְרֵעֶךָ׃

. tu-vecino lo-que y-todo y-su-asno y-su-buey

וְכָל־ הָעָם רֹאִים אֶת־ הַקּוֹלֹת וְאֶת־ הַלַּפִּידִם וְאֵת

y-** los-relámpagos y-** los-truenos ** viendo el-pueblo Y-todo (18)

קוֹל הַשֹּׁפָר וְאֶת־הָהָר עָשֵׁן וַיַּרְא הָעָם
el-pueblo y-vio ; humeante la-montaña y-** la-trompeta voz-de

וַיָּנֻעוּ וַיַּעַמְדוּ מֵרָחֹק׃ וַיֹּאמְרוּ אֶל־מֹשֶׁה
Moisés a Y-dijeron (19) . de-lejos y-se-pararon y-temblaron

דַּבֵּר־אַתָּה עִמָּנוּ וְנִשְׁמָעָה וְאַל־יְדַבֵּר עִמָּנוּ אֱלֹהִים
Dios con-nosotros hable y-no y-escucharemos con-nosotros tú habla

פֶּן־נָמוּת׃ וַיֹּאמֶר מֹשֶׁה אֶל־הָעָם אַל־תִּירָאוּ כִּי
pues temáis no el-pueblo a Moisés Y-dijo (20) . moriremos o

לְבַעֲבוּר נַסּוֹת אֶתְכֶם בָּא הָאֱלֹהִים וּבַעֲבוּר תִּהְיֶה יִרְאָתוֹ
temor-de-él haya y-para-que el-Dios vino a-vosotros probar a-fin-de

עַל־פְּנֵיכֶם לְבִלְתִּי תֶחֱטָאוּ׃ וַיַּעֲמֹד הָעָם
el-pueblo Y-estuvo-parado (21) . pequéis para-que-no vuestros-rostros ante

מֵרָחֹק וּמֹשֶׁה נִגַּשׁ אֶל־הָעֲרָפֶל אֲשֶׁר־שָׁם הָאֱלֹהִים׃
. el-Dios allí que la-oscuridad a se-acercó y-Moisés ; de-lejos

וַיֹּאמֶר יְהוָה אֶל־מֹשֶׁה כֹּה תֹאמַר אֶל־בְּנֵי יִשְׂרָאֵל אַתֶּם רְאִיתֶם
visteis vosotros : Israel hijos-de a dirás así : Moisés a Yahweh Y-dijo (22)

כִּי מִן־הַשָּׁמַיִם דִּבַּרְתִּי עִמָּכֶם׃ לֹא תַעֲשׂוּן אִתִּי אֱלֹהֵי
dioses-de junto-a-mí hagáis No (23) . con-vosotros hablé los-cielos desde que

כֶּסֶף וֵאלֹהֵי זָהָב לֹא תַעֲשׂוּ לָכֶם׃ מִזְבַּח אֲדָמָה תַּעֲשֶׂה־
harás tierra Altar-de (24) . para-vosotros hagáis no , oro y-dioses-de plata

לִּי וְזָבַחְתָּ עָלָיו אֶת־עֹלֹתֶיךָ וְאֶת־
y-** tus-holocaustos ** sobre-él y-sacrificarás para-mí

שְׁלָמֶיךָ אֶת־צֹאנְךָ וְאֶת־בְּקָרֶךָ בְּכָל־
y-todo tu-vacuno y-** tus-ovejas ** ofrendas-de-paz

הַמָּקוֹם אֲשֶׁר אַזְכִּיר אֶת־שְׁמִי אָבוֹא אֵלֶיךָ
a-ti vendré mi-nombre de yo-hiciere-memoria que el-lugar

וּבֵרַכְתִּיךָ׃ וְאִם־ מִזְבַּח אֲבָנִים תַּעֲשֶׂה־ לִּי לֹא־

no para-mí haces piedras altar-de Y-si (25) . y-te-bendeciré

תִבְנֶה אֶתְהֶן גָּזִית כִּי חַרְבְּךָ הֵנַפְתָּ עָלֶיהָ

sobre-ella usas tu-herramienta pues-si labrado a-ellas construyas

וַתְּחַלְלֶהָ׃ וְלֹא־ תַעֲלֶה בְמַעֲלֹת עַל־ מִזְבְּחִי אֲשֶׁר לֹא־

no que , mi-altar a en-gradas subas Y-no (26) . entonces-la-envilecerás

תִגָּלֶה עֶרְוָתְךָ עָלָיו׃ וְאֵלֶּה הַמִּשְׁפָּטִים אֲשֶׁר

que los-mandamientos Y-éstos (1) . sobre-ti tu-desnudez se-descubra Cap.

תָּשִׂים לִפְנֵיהֶם׃ כִּי תִקְנֶה עֶבֶד עִבְרִי שֵׁשׁ שָׁנִים יַעֲבֹד

servirá años seis hebreo siervo compras Si (2) . ante-ellos pones

וּבַשְּׁבִעִת יֵצֵא לַחָפְשִׁי חִנָּם׃ אִם־

Si (3) . de-balde a-la-libertad saldrá y-en-el-séptimo

בְּגַפּוֹ יָבֹא בְּגַפּוֹ יֵצֵא אִם־ בַּעַל אִשָּׁה הוּא וְיָצְאָה

y-saldrá él mujer señor-de si ; salga él-solo vino él-solo

אִשְׁתּוֹ עִמּוֹ׃ אִם־ אֲדֹנָיו יִתֶּן־ לוֹ אִשָּׁה וְיָלְדָה־

y-da-a-luz mujer a-él da su-dueño Si (4) . con-él su-mujer

לוֹ בָנִים אוֹ בָנוֹת הָאִשָּׁה וִילָדֶיהָ תִּהְיֶה לַאדֹנֶיהָ

para-dueño-de-ella será y-sus-niños la-mujer hijas o hijos para-él

וְהוּא יֵצֵא בְגַפּוֹ׃ וְאִם־ אָמֹר יֹאמַר הָעֶבֶד

el-siervo dice decir Y-si (5) . él-solo saldrá y-él

אָהַבְתִּי אֶת־ אֲדֹנִי אֶת־ אִשְׁתִּי וְאֶת־ בָּנָי לֹא אֵצֵא

saldré no mis-hijos y-a mi-mujer a mi-dueño a amo

חָפְשִׁי׃ וְהִגִּישׁוֹ אֲדֹנָיו אֶל־ הָאֱלֹהִים

el-Dios a sus-dueños Y-lo-llevará (6) . libre

וְהִגִּישׁוֹ אֶל־ הַדֶּלֶת אוֹ אֶל־ הַמְּזוּזָה וְרָצַע

y-horadará al-poste a o la-puerta a y-le-llevará

אֲדֹנָיו אֶת־ אָזְנוֹ בַּמַּרְצֵעַ וַעֲבָדוֹ לְעֹלָם׃
. para-siempre y-le-servirá con-lesna su-oreja ** su-dueño

וְכִי־ יִמְכֹּר אִישׁ אֶת־ בִּתּוֹ לְאָמָה לֹא תֵצֵא
saldrá no para-sierva su-hija ** hombre vende Y-si (7)

כְּצֵאת הָעֲבָדִים׃ אִם־ רָעָה בְּעֵינֵי אֲדֹנֶיהָ
su-dueño en-ojos-de desagrada Si (8) . los siervos como-salir

אֲשֶׁר־ לֹא יְעָדָהּ וְהֶפְדָּהּ לְעַם נָכְרִי לֹא־
no extraño a-pueblo ; entonces-la-dejará-rescatar la-eligió no que

יִמְשֹׁל לְמָכְרָהּ בְּבִגְדוֹ־ בָהּ׃ וְאִם־
Y-si (9) con-ella en-su-romper a-vender-la tiene-derecho

לִבְנוֹ יִיעָדֶנָּה כְּמִשְׁפַּט הַבָּנוֹת יַעֲשֶׂה־ לָּהּ׃
a-ella hará las-hijas como-derecho-de la-elige por-su-hijo

אִם־ אַחֶרֶת יִקַּח־ לוֹ שְׁאֵרָהּ כְּסוּתָהּ
su-ropa su-alimento para-él toma otra Si (10)

וְעֹנָתָהּ לֹא יִגְרָע׃ וְאִם־ שְׁלָשׁ־ אֵלֶּה לֹא
no estos tres Y-si (11) . retirará no y-su-derecho-conyugal

יַעֲשֶׂה לָהּ וְיָצְאָה חִנָּם אֵין כָּסֶף׃ מַכֵּה אִישׁ
hombre El-que-hiere (12) . dinero sin libre se-irá a-ella hace

וָמֵת מוֹת יוּמָת׃ וַאֲשֶׁר לֹא צָדָה וְהָאֱלֹהִים
y-el-Dios tiene-intención no Y-el-que (13) . morirá morir y-muere

אִנָּה לְיָדוֹ וְשַׂמְתִּי לְךָ מָקוֹם אֲשֶׁר
que lugar para-ti y-señalaré ; a-su-mano puso

יָנוּס שָׁמָּה׃ וְכִי־ יָזִד אִישׁ עַל־ רֵעֵהוּ
su-prójimo sobre hombre delibera Y-si (14) . allí huya

לְהָרְגוֹ בְעָרְמָה מֵעִם מִזְבְּחִי תִּקָּחֶנּוּ לָמוּת׃
. para-morir le-tomarás mi-altar de-con , con-alevosía para-matar-lo

וּמַכֵּה אָבִיו וְאִמּוֹ מוֹת יוּמָת׃
. morirá morir o-su-madre a-su-padre Y-el-que-hiriere (15)

וְגֹנֵב אִישׁ וּמְכָרוֹ וְנִמְצָא
o-es-hallado y-lo-vende hombre Y-el-que-secuestra (16)

בְיָדוֹ מוֹת יוּמָת׃ וּמְקַלֵּל אָבִיו
su-padre Y-el-que-maldijere (17) . morirá morir en-su-mano

וְאִמּוֹ מוֹת יוּמָת׃ וְכִי־ יְרִיבֻן אֲנָשִׁים וְהִכָּה־
e-hiriere hombres riñeren Y-si (18) . morirá morir o-su-madre

אִישׁ אֶת־ רֵעֵהוּ בְּאֶבֶן אוֹ בְאֶגְרֹף וְלֹא יָמוּת וְנָפַל
y-cae muere y-no con-puño o con-piedra su-prójimo a hombre

לְמִשְׁכָּב׃ אִם־ יָקוּם וְהִתְהַלֵּךְ בַּחוּץ עַל־ מִשְׁעַנְתּוֹ
su-bastón con en-el-exterior y-anda se-levanta Si (19) . en-cama

וְנִקָּה הַמַּכֶּה רַק שִׁבְתּוֹ יִתֵּן
dará su-tiempo-perdido solamente , el-que-hirió entonces-será-absuelto

וְרַפֹּא יְרַפֵּא׃ וְכִי־ יַכֶּה אִישׁ אֶת־
a hombre hiere Y-si (20) . curará y-curar

עַבְדּוֹ אוֹ אֶת־ אֲמָתוֹ בַּשֵּׁבֶט וּמֵת תַּחַת
bajo y-muere con-la-vara su-sierva a o su-siervo

יָדוֹ נָקֹם יִנָּקֵם׃ אַךְ אִם־ יוֹם אוֹ יוֹמַיִם
dos-días o día si Pero (21) . será-castigado castigar , su-mano

יַעֲמֹד לֹא יֻקַּם כִּי כַסְפּוֹ הוּא׃ וְכִי־
Y-si (22) . él su-propiedad pues será-castigado no , está-en-pie

יִנָּצוּ אֲנָשִׁים וְנָגְפוּ אִשָּׁה הָרָה וְיָצְאוּ יְלָדֶיהָ
sus-hijos y-salen encinta mujer y-hieren hombres riñen

וְלֹא יִהְיֶה אָסוֹן עָנוֹשׁ יֵעָנֵשׁ כַּאֲשֶׁר יָשִׁית עָלָיו
de-él demande según será-multado multar , daño hay y-no

בַּעַל הָאִשָּׁה וְנָתַן בִּפְלִלִים׃ וְאִם־ אָסוֹן יִהְיֶה
hay daño Y-si (23) . por-jueces y-sea-dado la-mujer marido-de

וְנָתַתָּה נֶפֶשׁ תַּחַת נָפֶשׁ׃ עַיִן תַּחַת עַיִן שֵׁן תַּחַת שֵׁן יָד
mano , diente por diente , ojo por Ojo (24) . vida por vida entonces-darás

תַּחַת יָד רֶגֶל תַּחַת רָגֶל׃ כְּוִיָּה תַּחַת כְּוִיָּה פֶּצַע תַּחַת פָּצַע חַבּוּרָה תַּחַת חַבּוּרָה׃
. golpe por golpe herida por herida quema-dura por Quema-dura (25) . pie por pie , mano por

וְכִי־ יַכֶּה אִישׁ אֶת־ עֵין עַבְדּוֹ אוֹ־ אֶת־ עֵין
ojo-de ** u su-siervo ojo-de ** hombre hiere Y-si (26)

אֲמָתוֹ וְשִׁחֲתָהּ לַחָפְשִׁי יְשַׁלְּחֶנּוּ
le-enviará a-la-libertad y-los-destruye su-sierva

תַּחַת עֵינוֹ׃ וְאִם־ שֵׁן עַבְדּוֹ אוֹ־ שֵׁן
diente-de o su-siervo diente-de Y-si (27) . su-ojo por

אֲמָתוֹ יַפִּיל לַחָפְשִׁי יְשַׁלְּחֶנּוּ
le-enviará a-libertad hiciere-caer su-sierva

תַּחַת שִׁנּוֹ׃ וְכִי־ יִגַּח שׁוֹר אֶת־ אִישׁ אוֹ אֶת־ אִשָּׁה
mujer a o hombre a toro acornea Y-si (28) . su-diente por

וָמֵת סָקוֹל יִסָּקֵל הַשּׁוֹר וְלֹא יֵאָכֵל
se-comerá y-no el-toro se-apedreará apedrear , y-muere

אֶת־ בְּשָׂרוֹ וּבַעַל הַשּׁוֹר נָקִי׃ וְאִם שׁוֹר נַגָּח
acorneó toro Y-si (29) . absuelto el-toro y-dueño-de su-carne **

הוּא מִתְּמֹל שִׁלְשֹׁם וְהוּעַד בִּבְעָלָיו וְלֹא יִשְׁמְרֶנּוּ
lo-ha-encerrado y-no a-su-dueño y-fue-avisado pasado desde-ayer él

וְהֵמִית אִישׁ אוֹ אִשָּׁה הַשּׁוֹר יִסָּקֵל וְגַם־ בְּעָלָיו
su-dueño y-también será-apedreado el-toro , mujer o hombre y-mata

יוּמָת׃ אִם־ כֹּפֶר יוּשַׁת עָלָיו וְנָתַן
entonces-dará de-él es-demandado pago Si (30) . morirá

פִּדְיֹן נַפְשׁוֹ כְּכֹל אֲשֶׁר־יוּשַׁת עָלָיו׃ אוֹ־בֵן
hijo Si (31) . a-él es-demandado lo-que por-todo su-vida rescate-de

יִגָּח אוֹ־בַת יִגָּח כַּמִּשְׁפָּט הַזֶּה יֵעָשֶׂה לּוֹ׃
. para-él será la-ésta también-la-ley acornea hija o acornea

אִם־עֶבֶד יִגַּח הַשּׁוֹר אוֹ אָמָה כֶּסֶף ׀ שְׁלֹשִׁים
treinta dinero-de , sierva o el-toro acornea siervo Si (32)

שְׁקָלִים יִתֵּן לַאדֹנָיו וְהַשּׁוֹר יִסָּקֵל׃
. será-apedreado y-el-toro a-su-amo dará siclos

וְכִי־יִפְתַּח אִישׁ בּוֹר אוֹ כִּי־יִכְרֶה אִישׁ בֹּר וְלֹא
y-no pozo hombre excava si o pozo hombre abre Y-si (33)

יְכַסֶּנּוּ וְנָפַל־שָׁמָּה שּׁוֹר אוֹ חֲמוֹר׃ בַּעַל הַבּוֹר
el-pozo amo-de (34) ; asno o toro allí y-cae , lo-cubre

יְשַׁלֵּם כֶּסֶף יָשִׁיב לִבְעָלָיו וְהַמֵּת
y-el-cadáver a-su-amo pagará dinero , resarcirá

יִהְיֶה־לּוֹ׃ וְכִי־יִגֹּף שׁוֹר־אִישׁ אֶת־שׁוֹר רֵעֵהוּ
su-prójimo toro-de a hombre toro-de hiere Y-si (35) . para-él será

וָמֵת וּמָכְרוּ אֶת־הַשּׁוֹר הַחַי וְחָצוּ
y-partirán el-vivo el-toro ** entonces-venderán , y-muere

אֶת־כַּסְפּוֹ וְגַם אֶת־הַמֵּת יֶחֱצוּן׃ אוֹ
Pero (36) . dividirán el-cadáver ** y-también , el-dinero **

נוֹדַע כִּי שׁוֹר נַגָּח הוּא מִתְּמוֹל שִׁלְשֹׁם וְלֹא יִשְׁמְרֶנּוּ
le-guardó y-no pasado de-ayer él acorneador toro que siendo-conocido

בְּעָלָיו שַׁלֵּם יְשַׁלֵּם שׁוֹר תַּחַת הַשּׁוֹר וְהַמֵּת יִהְיֶה־
será y-el-cadáver el-toro por toro pagará pagar , sus-dueños

לּוֹ׃ כִּי יִגְנֹב־אִישׁ שׁוֹר אוֹ־שֶׂה וּטְבָחוֹ אוֹ
o y-lo-degüella oveja u toro hombre hurtare Si (1) . para-él Cap.

מְכָרוֹ חֲמִשָּׁה בָקָר יְשַׁלֵּם תַּחַת הַשּׁוֹר וְאַרְבַּע־ צֹאן תַּחַת
por ovejas y-cuatro el-toro por pagará bueyes cinco ; lo-vende

הַשֶּׂה׃ אִם־ בַּמַּחְתֶּרֶת יִמָּצֵא הַגַּנָּב וְהֻכָּה
y-es-golpeado el-ladrón se-sorprende en-el-robo Si (2) . la-oveja

וָמֵת אֵין לוֹ דָּמִים׃ אִם־ זָרְחָה הַשֶּׁמֶשׁ עָלָיו דָּמִים
sangres sobre-él el-sol se-levanta Si (3) . sangres para-él no , y-muere

לוֹ שַׁלֵּם יְשַׁלֵּם אִם־ אֵין לוֹ וְנִמְכַּר
entonces-será-vendido para-él no-hay si , restituirá restituir , para-él

בִּגְנֵבָתוֹ׃ אִם־ הִמָּצֵא תִמָּצֵא בְיָדוֹ הַגְּנֵבָה
lo-robado en-su-mano se-halla hallar Si (4) . por-su-robo

מִשּׁוֹר עַד־ חֲמוֹר עַד־ שֶׂה חַיִּים שְׁנַיִם יְשַׁלֵּם׃ כִּי
Si (5) . pagará doble , vivos oveja u asno o de-toro

יַבְעֶר־ אִישׁ שָׂדֶה אוֹ־ כֶרֶם וְשִׁלַּח אֶת־ בְּעִירֹה
su-bestia ** y-envía viña o campo hombre pasta

וּבִעֵר בִּשְׂדֵה אַחֵר מֵיטַב שָׂדֵהוּ וּמֵיטַב
o-de-lo-mejor-de su-campo de-lo-mejor-de otro en-campo-de y-pasta

כַּרְמוֹ יְשַׁלֵּם׃ כִּי־ תֵצֵא אֵשׁ וּמָצְאָה
y-se-encuentra fuego sale Si (6) . pagará su-viña

קֹצִים וְנֶאֱכַל גָּדִישׁ אוֹ הַקָּמָה אוֹ הַשָּׂדֶה
el-campo o gavillas-de-pie o montón-de-grano y-se-quema espinos

שַׁלֵּם יְשַׁלֵּם הַמַּבְעִר אֶת־ הַבְּעֵרָה׃ כִּי־ יִתֵּן
entrega Si (7) . el-incendio ** el-que-empezó pagará pagar

אִישׁ אֶל־ רֵעֵהוּ כֶּסֶף אוֹ־ כֵלִים לִשְׁמֹר וְגֻנַּב
y-es-robado para-guardar alhajas o dinero su-vecino a hombre

מִבֵּית הָאִישׁ אִם־ יִמָּצֵא הַגַּנָּב יְשַׁלֵּם שְׁנָיִם׃
. doble pagará el-ladrón se-halla si , el-hombre de-casa-de

אִם־לֹא יִמָּצֵא הַגַּנָּב וְנִקְרַב בַּעַל־הַבַּיִת
la-casa dueño-de entonces-se-presentará el-ladrón se-halla no Si (8)

אֶל־הָאֱלֹהִים אִם־לֹא שָׁלַח יָדוֹ בִּמְלֶאכֶת רֵעֵהוּ׃
. su-vecino en-propiedad-de su-mano envió no si , los-jueces a

עַל־כָּל־דְּבַר־פֶּשַׁע עַל־שׁוֹר עַל־חֲמוֹר עַל־שֶׂה
oveja sobre asno sobre toro sobre posesión-ilegal asunto-de todo En (9)

עַל־שַׂלְמָה עַל־כָּל־אֲבֵדָה אֲשֶׁר יֹאמַר כִּי־הוּא זֶה עַד
ante , esto él que diga que cosa-perdida toda sobre ropa sobre

הָאֱלֹהִים יָבֹא דְּבַר־שְׁנֵיהֶם אֲשֶׁר יַרְשִׁיעֻן
condenaren quien , ellos-dos asunto-de llevará los-jueces

אֱלֹהִים יְשַׁלֵּם שְׁנַיִם לְרֵעֵהוּ׃ כִּי־יִתֵּן אִישׁ אֶל־
a hombre entrega Si (10) . a-su-vecino doble pagará jueces

רֵעֵהוּ חֲמוֹר אוֹ־שׁוֹר אוֹ־שֶׂה וְכָל־בְּהֵמָה לִשְׁמֹר
para-guardar bestia y-cualquier oveja u toro o asno su-prójimo

וּמֵת אוֹ־נִשְׁבַּר אוֹ־נִשְׁבָּה אֵין רֹאֶה׃ שְׁבֻעַת
juramento-de (11) , mirando nadie desaparece o se-hiere o y-muere

יְהוָה תִּהְיֶה בֵּין שְׁנֵיהֶם אִם־לֹא שָׁלַח יָדוֹ
su-mano envió no si , ellos-dos entre será Yahweh

בִּמְלֶאכֶת רֵעֵהוּ וְלָקַח בְּעָלָיו וְלֹא
y-no su-dueño entonces-aceptará su-prójimo en-propiedad-de

יְשַׁלֵּם׃ וְאִם־גָּנֹב יִגָּנֵב מֵעִמּוֹ
de-con-él fue-robado robar Y-si (12) . pagará

יְשַׁלֵּם לִבְעָלָיו׃ אִם־טָרֹף יִטָּרֵף
desgarró desgarrar Si (13) . a-su-dueño pagará

יְבִאֵהוּ עֵד הַטְּרֵפָה לֹא יְשַׁלֵּם׃ וְכִי־
Y-si (14) . pagará no lo-desgarrado , prueba le-llevará

יִשְׁאַל אִישׁ מֵעִם רֵעֵהוּ וְנִשְׁבַּר אוֹ־מֵת
muere o y-es-herido su-prójimo de-con hombre pide

בְּעָלָיו אֵין־עִמּוֹ שַׁלֵּם יְשַׁלֵּם׃ אִם־בְּעָלָיו
su-dueño Si (15) . pagará pagar , con-él no-estando su-dueño

עִמּוֹ לֹא יְשַׁלֵּם אִם־שָׂכִיר הוּא בָּא בִּשְׂכָרוֹ׃ וְכִי־
Y-si (16) . en-su-alquiler entre él alquilado si , pagará no con-él

יְפַתֶּה אִישׁ בְּתוּלָה אֲשֶׁר לֹא־אֹרָשָׂה וְשָׁכַב עִמָּהּ מָהֹר
pagar , con-ella y-yace prometida no que virgen hombre seduce

יִמְהָרֶנָּה לּוֹ לְאִשָּׁה׃ אִם־מָאֵן יְמָאֵן
rehúsa rehusar Si (17) . para-mujer para-él pagará

אָבִיהָ לְתִתָּהּ לוֹ כֶּסֶף יִשְׁקֹל כְּמֹהַר
por-dote-de pagará dinero , a-él dar-la su-padre

הַבְּתוּלֹת׃ מְכַשֵּׁפָה לֹא תְחַיֶּה׃ כָּל־
Todo (19) . vivirá no Hechicera (18) . vírgenes

שֹׁכֵב עִם־בְּהֵמָה מוֹת יוּמָת׃ זֹבֵחַ
Sacrificador (20) . morirá morir bestia con cohabitante

לָאֱלֹהִים יָחֳרָם בִּלְתִּי לַיהוָה לְבַדּוֹ׃ וְגֵר
Y-extranjero (21) . sólo a-Yahweh excepto , sea-destruido a-los-dioses

לֹא־תוֹנֶה וְלֹא תִלְחָצֶנּוּ כִּי־גֵרִים הֱיִיתֶם בְּאֶרֶץ
en-tierra-de fuisteis extranjeros pues , oprimas y-no maltrates no

מִצְרָיִם׃ כָּל־אַלְמָנָה וְיָתוֹם לֹא תְעַנּוּן׃ אִם־
Si (23) . abusarás no o-huérfano viuda Toda (22) . Egipto

עַנֵּה תְעַנֶּה אֹתוֹ כִּי אִם־צָעֹק יִצְעַק אֵלַי
a-mí clama clamar si entonces , de-él abusas abusar

שָׁמֹעַ אֶשְׁמַע צַעֲקָתוֹ׃ וְחָרָה אַפִּי
mi-ira Y-se-encenderá (24) . su-clamor escucharé escuchar

וְהָרַגְתִּי אֶתְכֶם בֶּחָרֶב וְהָיוּ נְשֵׁיכֶם אַלְמָנוֹת
viudas vuestras-mujeres y-serán ; con-espada a-vosotros y-mataré

וּבְנֵיכֶם יְתֹמִים׃ אִם־כֶּסֶף ׀ תַּלְוֶה אֶת־עַמִּי
mi-pueblo a prestas dinero Si (25) . huérfanos y-vuestros-hijos

אֶת־הֶעָנִי עִמָּךְ לֹא־תִהְיֶה לוֹ כְּנֹשֶׁה לֹא־
no , como-usurero para-él serás no , con-tigo el-pobre a

תְשִׂימוּן עָלָיו נֶשֶׁךְ׃ אִם־חָבֹל תַּחְבֹּל
tomas-en-prenda tomar-en-prenda Si (26) . interés sobre-él impondrás

שַׂלְמַת רֵעֶךָ עַד־בֹּא הַשֶּׁמֶשׁ תְּשִׁיבֶנּוּ לוֹ׃ כִּי
Pues (27) . a-él devolverás el-sol puesta-de hasta , tu-prójimo vestido-de

הִוא כְסוּתֹה לְבַדָּהּ הִוא שִׂמְלָתוֹ לְעֹרוֹ בַּמֶּה
con-qué? ; para-su-cuerpo su-vestido ella sólo-ella su-cubierta ella

יִשְׁכָּב וְהָיָה כִּי־יִצְעַק אֵלַי וְשָׁמַעְתִּי כִּי־
pues escucharé a-mí clame cuando y-será dormirá

חַנּוּן אָנִי׃ אֱלֹהִים לֹא תְקַלֵּל וְנָשִׂיא בְעַמְּךָ לֹא
no en-tu-pueblo y-dirigente , injuriarás no Jueces (28) . yo compasivo

תָאֹר׃ מְלֵאָתְךָ וְדִמְעֲךָ לֹא תְאַחֵר
; retraerás no y-tu-abundancia Tu-plenitud (29) . maldecirás

בְּכוֹר בָּנֶיךָ תִּתֶּן־לִי׃ כֵּן תַּעֲשֶׂה
harás Así (30) . a-mí darás tus-hijos primogénito-de

לְשֹׁרְךָ לְצֹאנֶךָ שִׁבְעַת יָמִים יִהְיֶה עִם־
con estará días siete-de con-tus-ovejas con-tu-ganado

אִמּוֹ בַּיּוֹם הַשְּׁמִינִי תִּתְּנוֹ־לִי׃ וְאַנְשֵׁי־
Y-hombres-de (31) . a-mí lo-darás el-octavo en-el-día , su-madre

קֹדֶשׁ תִּהְיוּן לִי וּבָשָׂר בַּשָּׂדֶה טְרֵפָה לֹא תֹאכֵלוּ
comeréis no desgarrada en-el-campo y-carne ; para-mí seréis santidad

לַכֶּלֶב תַּשְׁלִכוּן אֹתוֹ׃ לֹא תִשָּׂא שֵׁמַע שָׁוְא אַל־
no , falsa noticia esparcirás No (1) . a-él echaréis a-el-perro

תָּשֶׁת יָדְךָ עִם־רָשָׁע לִהְיֹת עֵד חָמָס׃ לֹא־
No (2) . falso testigo para-ser impío con tu-mano unirás

תִהְיֶה אַחֲרֵי־רַבִּים לְרָעֹת וְלֹא־תַעֲנֶה עַל־רִב לִנְטֹת אַחֲרֵי
tras para-ir litigio en responderás y-no ; para-mal muchos tras estarás

רַבִּים לְהַטֹּת׃ וְדָל לֹא תֶהְדַּר בְּרִיבוֹ׃
. en-su-pleito favorecerás no Y-pobre (3) . para-injusticia muchos

כִּי תִפְגַּע שׁוֹר אֹיִבְךָ אוֹ חֲמֹרוֹ תֹּעֶה
, perdido asno-suyo o tu-enemigo toro-de encuentras Si (4)

הָשֵׁב תְּשִׁיבֶנּוּ לוֹ׃ כִּי־תִרְאֶה חֲמוֹר שֹׂנַאֲךָ
tu-aborrecedor asno-de ves Si (5) . a-él devolverás devolver

רֹבֵץ תַּחַת מַשָּׂאוֹ וְחָדַלְתָּ מֵעֲזֹב לוֹ עָזֹב
ayudar , a-él de-abandonar entonces-abstente , su-carga bajo yaciendo

תַּעֲזֹב עִמּוֹ׃ לֹא תַטֶּה מִשְׁפַּט אֶבְיֹנְךָ בְּרִיבוֹ׃
. en-su-pleito tu-pobre justicia-de niegues No (6) . con-él ayudarás

מִדְּבַר־שֶׁקֶר תִּרְחָק וְנָקִי וְצַדִּיק אַל־תַּהֲרֹג
matarás no y-justo e-inocente , te-apartarás mentira De-palabra-de (7)

כִּי לֹא־אַצְדִּיק רָשָׁע׃ וְשֹׁחַד לֹא תִקָּח כִּי הַשֹּׁחַד
el-soborno pues , tomarás no Y-soborno (8) . impío justificaré no pues

יְעַוֵּר פִּקְחִים וִיסַלֵּף דִּבְרֵי צַדִּיקִים׃ וְגֵר
Y-extranjero (9) . justos palabras-de y-tuerce los-que-ven ciega

לֹא תִלְחָץ וְאַתֶּם יְדַעְתֶּם אֶת־נֶפֶשׁ הַגֵּר כִּי־גֵרִים הֱיִיתֶם
fuisteis extranjeros pues el-extranjero sentir-de ** conocéis y-vosotros , oprimirás no

בְּאֶרֶץ מִצְרָיִם׃ וְשֵׁשׁ שָׁנִים תִּזְרַע אֶת־אַרְצֶךָ וְאָסַפְתָּ
y-recogerás tu-tierra ** sembrarás años Y-seis (10) . Egipto en-tierra-de

אֶת־ תְּבוּאָתָהּ׃ וְהַשְּׁבִיעִת תִּשְׁמְטֶנָּה
la-dejarás-sin-labrar Y-el-séptimo (11) . su-cosecha **

וּנְטַשְׁתָּהּ וְאָכְלוּ אֶבְיֹנֵי עַמֶּךָ
tu-pueblo pobres-de y-comerán , y-la-dejarás-libre

וְיִתְרָם תֹּאכַל חַיַּת הַשָּׂדֶה כֵּן־ תַּעֲשֶׂה
harás así ; el-campo animal-de comerá y-sus-sobras

לְכַרְמְךָ לְזֵיתֶךָ׃ שֵׁשֶׁת יָמִים תַּעֲשֶׂה מַעֲשֶׂיךָ
tus-obras harás días Seis (12) . a-tu-olivar a-tu-viña

וּבַיּוֹם הַשְּׁבִיעִי תִּשְׁבֹּת לְמַעַן יָנוּחַ שׁוֹרְךָ
tu-buey descanse para-que , descansarás el-séptimo y-en-el-día

וַחֲמֹרֶךָ וְיִנָּפֵשׁ בֶּן־ אֲמָתְךָ וְהַגֵּר׃
. y-tu-extranjero tu-sierva hijo-de y-se-reanime y-tu-asno

וּבְכֹל אֲשֶׁר־ אָמַרְתִּי אֲלֵיכֶם תִּשָּׁמֵרוּ וְשֵׁם אֱלֹהִים
dioses y-nombre-de ; obedeced a-vosotros dije lo-que Y-en-todo (13)

אֲחֵרִים לֹא תַזְכִּירוּ לֹא יִשָּׁמַע עַל־ פִּיךָ׃
. tu-boca en se-oiga no , invocarás no otros

שָׁלֹשׁ רְגָלִים תָּחֹג לִי בַּשָּׁנָה׃ אֶת־ חַג
fiesta-de ** (15) . en-el-año para-mí celebraréis-fiesta veces Tres (14)

הַמַּצּוֹת תִּשְׁמֹר שִׁבְעַת יָמִים תֹּאכַל מַצּוֹת
ázimos comerás días siete , guardarás los-Ázimos

כַּאֲשֶׁר צִוִּיתִךָ לְמוֹעֵד חֹדֶשׁ הָאָבִיב כִּי־ בוֹ
en-él pues el-Abib mes-de al-tiempo te-mandé como

יָצָאתָ מִמִּצְרָיִם וְלֹא־ יֵרָאוּ פָנַי רֵיקָם׃
. de-vacío ante-mí se-presentará y-no ; de-Egipto saliste

וְחַג הַקָּצִיר בִּכּוּרֵי מַעֲשֶׂיךָ אֲשֶׁר תִּזְרַע
siembras que tus-labores primeros-frutos-de , la Cosecha Y-Fiesta-de (16)

בַּשָּׂדֶה וְחַג הָאָסִף בְּצֵאת הַשָּׁנָה

el-año en-fin-de la-Recolección y-Fiesta-de ; en-el-campo

בְּאָסְפְּךָ אֶת־ מַעֲשֶׂיךָ מִן־ הַשָּׂדֶה׃ שָׁלֹשׁ פְּעָמִים

veces Tres (17) . el-campo de tus-cosechas ** en-tu-recolectar

בַּשָּׁנָה יֵרָאֶה כָּל־ זְכוּרְךָ אֶל־ פְּנֵי הָאָדֹן ׀

el-Señor presencia-de a varón-tuyo todo comparecerá , en-el-año

יְהוָה׃ לֹא־ תִזְבַּח עַל־ חָמֵץ דַּם־ זִבְחִי וְלֹא־

y-no mi-sacrificio sangre-de leudado con ofrecerás No (18) . Yahweh

יָלִין חֵלֶב־ חַגִּי עַד־ בֹּקֶר׃ רֵאשִׁית בִּכּוּרֵי

primeros-frutos-de Primicias-de (19) . mañana hasta mi-ofrenda grasa-de quedará

אַדְמָתְךָ תָּבִיא בֵּית יְהוָה אֱלֹהֶיךָ לֹא־ תְבַשֵּׁל גְּדִי

cabrito cocerás no ; tu-Dios Yahweh casa-de llevarás-a tu-tierra

בַּחֲלֵב אִמּוֹ׃ הִנֵּה אָנֹכִי שֹׁלֵחַ מַלְאָךְ לְפָנֶיךָ לִשְׁמָרְךָ

para-guardar-te ante-ti ángel enviando yo He-aquí (20) . su-madre en-la-leche-de

בַּדָּרֶךְ וְלַהֲבִיאֲךָ אֶל־ הַמָּקוֹם אֲשֶׁר הֲכִנֹתִי׃ הִשָּׁמֶר

Atiende (21) . preparé que el-lugar a y-para-meter-te ; en-el-camino

מִפָּנָיו וּשְׁמַע בְּקֹלוֹ אַל־ תַּמֵּר בּוֹ כִּי לֹא

no pues ; a-él desobedezcas no a-su-voz y-escucha ante-él

יִשָּׂא לְפִשְׁעֲכֶם כִּי שְׁמִי בְּקִרְבּוֹ׃ כִּי אִם־

si Pues (22) . está-en-él mi-nombre pues vuestra-rebelión perdonará

שָׁמוֹעַ תִּשְׁמַע בְּקֹלוֹ וְעָשִׂיתָ כֹּל אֲשֶׁר אֲדַבֵּר

digo lo-que todo y-haces a-su-voz escuchas escuchar

וְאָיַבְתִּי אֶת־ אֹיְבֶיךָ וְצַרְתִּי אֶת־

a y-afligiré tus-enemigos de entonces-seré-enemigo

צֹרְרֶיךָ׃ כִּי־ יֵלֵךְ מַלְאָכִי לְפָנֶיךָ וֶהֱבִיאֲךָ

y-te-llevará ante-ti mi-ángel irá Pues (23) . tus-aflictores

אֶל־ הָאֱמֹרִי וְהַחִתִּי וְהַפְּרִזִּי וְהַכְּנַעֲנִי
y-el-cananita y-el-ferizita y-el-hivita el-amorita a

הַחִוִּי וְהַיְבוּסִי וְהִכְחַדְתִּיו׃ לֹא־ תִשְׁתַּחֲוֶה
te-inclines No (24) . y-le-destruiré y-el-jebusita el-hivita

לֵאלֹהֵיהֶם וְלֹא תָעָבְדֵם וְלֹא תַעֲשֶׂה
hagas y-no les-sirvas y-no a-sus-dioses

כְּמַעֲשֵׂיהֶם כִּי הָרֵס תְּהָרְסֵם וְשַׁבֵּר תְּשַׁבֵּר
romperás y-romper destruirás destruir sino , como-obras-de-ellos

מַצֵּבֹתֵיהֶם׃ וַעֲבַדְתֶּם אֵת יְהוָה אֱלֹהֵיכֶם וּבֵרַךְ
y-bendecirá vuestro-Dios Yahweh a Y-serviréis (25) . sus-estatuas

אֶת־ לַחְמְךָ וְאֶת־ מֵימֶיךָ וַהֲסִרֹתִי מַחֲלָה מִקִּרְבֶּךָ׃
. de-en-medio-de-ti enfermedad y-quitaré , tus-aguas y-** tu-pan **

לֹא תִהְיֶה מְשַׁכֵּלָה וַעֲקָרָה בְּאַרְצֶךָ אֶת־ מִסְפַּר
número-de ** ; en-tu-tierra y-estéril abortante tendrás No (26)

יָמֶיךָ אֲמַלֵּא׃ אֶת־ אֵימָתִי אֲשַׁלַּח לְפָנֶיךָ
delante-de-ti enviaré mi-terror ** (27) . completaré tus-días

וְהַמֹּתִי אֶת־ כָּל־ הָעָם אֲשֶׁר תָּבֹא בָּהֶם
contra-ellos vayas que el-pueblo todo ** y-confundiré

וְנָתַתִּי אֶת־ כָּל־ אֹיְבֶיךָ אֵלֶיךָ עֹרֶף׃
. huyendo contra-ti tus-enemigos todos a y-daré

וְשָׁלַחְתִּי אֶת־ הַצִּרְעָה לְפָנֶיךָ וְגֵרְשָׁה אֶת־
** y-expulsará delante-de-ti la-avispa ** Y-enviaré (28)

הַחִוִּי אֶת־ הַכְּנַעֲנִי וְאֶת־ הַחִתִּי מִלְּפָנֶיךָ׃ לֹא
No (29) . de-delante-de-ti el-hitita y-** el-cananita ** el-hivita

אֲגָרְשֶׁנּוּ מִפָּנֶיךָ בְּשָׁנָה אֶחָת פֶּן־ תִּהְיֶה
sería o , uno en-año de-delante-de-ti le-expulsaré

הָאָרֶץ שְׁמָמָה וְרַבָּה עָלֶיךָ חַיַּת הַשָּׂדֶה׃ מְעַט
Poco (30) . el-campo animales-de para-ti y-muchos desolada la-tierra

מְעַט אֲגָרְשֶׁנּוּ מִפָּנֶיךָ עַד אֲשֶׁר תִּפְרֶה
aumentes que hasta de-delante-de-ti le-expulsaré poco

וְנָחַלְתָּ אֶת־ הָאָרֶץ׃ וְשַׁתִּי אֶת־ גְּבֻלְךָ
tu-frontera ** Y-estableceré (31) . la-tierra ** y-poseas

מִיַּם־ סוּף וְעַד־ יָם פְּלִשְׁתִּים וּמִמִּדְבָּר עַד־ הַנָּהָר
el-Río hasta y-desde-desierto Filisteos Mar-de y-hasta Juncos Mar-de

כִּי ׀ אֶתֵּן בְּיֶדְכֶם אֵת יֹשְׁבֵי הָאָרֶץ
la-tierra habitantes-de ** en-vuestras-manos entregaré pues

וְגֵרַשְׁתָּמוֹ מִפָּנֶיךָ׃ לֹא־ תִכְרֹת לָהֶם
con-ellos establezcas No (32) . de-delante-de-ti y-le-expulsarás

וְלֵאלֹהֵיהֶם בְּרִית׃ לֹא יֵשְׁבוּ בְּאַרְצְךָ פֶּן־
o en-tu-tierra habiten No (33) . pacto y-con-sus-dioses

יַחֲטִיאוּ אֹתְךָ לִי כִּי תַעֲבֹד אֶת־ אֱלֹהֵיהֶם כִּי־
cierto dioses-de-ellos a sirves si ; contra-mí a-ti harán-pecar

יִהְיֶה לְךָ לְמוֹקֵשׁ׃ וְאֶל־ מֹשֶׁה אָמַר עֲלֵה אֶל־ יְהוָה
Yahweh a sube : dijo Moisés Y-a (1) . para-tropiezo para-ti será Cap. 2

אַתָּה וְאַהֲרֹן נָדָב וַאֲבִיהוּא וְשִׁבְעִים מִזִּקְנֵי יִשְׂרָאֵל
; Israel de-ancianos-de y-setenta y-Abihú Nadab y-Aarón tú

וְהִשְׁתַּחֲוִיתֶם מֵרָחֹק׃ וְנִגַּשׁ מֹשֶׁה לְבַדּוֹ אֶל־
a solo Moisés Y-se-acercará (2) . de-lejos y-adoraréis

יְהוָה וְהֵם לֹא יִגָּשׁוּ וְהָעָם לֹא יַעֲלוּ
subirán no y-el-pueblo ; se-acercarán no y-ellos Yahweh

עִמּוֹ׃ וַיָּבֹא מֹשֶׁה וַיְסַפֵּר לָעָם אֵת כָּל־ דִּבְרֵי
palabras-de todas ** a-el-pueblo y-contó Moisés Y-fue (3) . con-él

יְהוָ֔ה וְאֵ֖ת כָּל־הַמִּשְׁפָּטִ֑ים וַיַּ֨עַן כָּל־הָעָ֜ם ק֤וֹל אֶחָד֙
una voz el-pueblo todo y-respondió ; las-leyes todas y-** Yahweh

וַיֹּאמְר֔וּ כָּל־הַדְּבָרִ֛ים אֲשֶׁר־דִּבֶּ֥ר יְהוָ֖ה נַעֲשֶֽׂה׃ וַיִּכְתֹּ֣ב
Y-escribió (4) . haremos Yahweh habló que las-cosas todas : y-dijeron

מֹשֶׁ֗ה אֵ֚ת כָּל־דִּבְרֵ֣י יְהוָ֔ה וַיַּשְׁכֵּ֣ם בַּבֹּ֔קֶר וַיִּ֥בֶן
y-construyó por-la-mañana y-se-levantó , Yahweh palabras-de todas ** Moisés

מִזְבֵּ֖חַ תַּ֣חַת הָהָ֑ר וּשְׁתֵּ֤ים עֶשְׂרֵה֙ מַצֵּבָ֔ה לִשְׁנֵ֥ים עָשָׂ֖ר שִׁבְטֵ֥י
tribus-de diez para-dos mojones diez y-dos la-montaña pie-de altar

יִשְׂרָאֵֽל׃ וַיִּשְׁלַ֗ח אֶֽת־נַעֲרֵי֙ בְּנֵ֣י יִשְׂרָאֵ֔ל וַיַּעֲל֖וּ
y-ofrecieron Israel hijos-de jóvenes-de ** Y-envió (5) . Israel

עֹלֹ֑ת וַֽיִּזְבְּח֞וּ זְבָחִ֧ים שְׁלָמִ֛ים לַיהוָ֖ה
a-Yahweh ofrendas-de-paz sacrificios y-sacrificaron holocaustos

פָּרִֽים׃ וַיִּקַּ֤ח מֹשֶׁה֙ חֲצִ֣י הַדָּ֔ם וַיָּ֖שֶׂם בָּאַגָּנֹ֑ת
en-los-tazones y-puso la-sangre mitad-de Moisés Y-tomó (6) . becerros

וַחֲצִ֣י הַדָּ֔ם זָרַ֖ק עַל־הַמִּזְבֵּֽחַ׃ וַיִּקַּח֙ סֵ֣פֶר
Libro-de Y-tomó (7) . el-altar sobre roció la-sangre y-mitad-de

הַבְּרִ֔ית וַיִּקְרָ֖א בְּאָזְנֵ֣י הָעָ֑ם וַיֹּ֣אמְר֔וּ כֹּ֛ל אֲשֶׁר־
lo-que todo : y-dijeron ; el-pueblo a-oídos-de y-leyó el-Pacto

דִּבֶּ֥ר יְהוָ֖ה נַעֲשֶׂ֥ה וְנִשְׁמָֽע׃ וַיִּקַּ֤ח מֹשֶׁה֙ אֶת־הַדָּ֔ם
la-sangre ** Moisés Y-tomó (8) . y-obedeceremos haremos Yahweh dijo

וַיִּזְרֹ֖ק עַל־הָעָ֑ם וַיֹּ֗אמֶר הִנֵּ֤ה דַם־הַבְּרִית֙ אֲשֶׁ֨ר
que el-pacto sangre-de he-aquí : y-dijo el-pueblo sobre y-roció

כָּרַ֤ת יְהוָה֙ עִמָּכֶ֔ם עַ֥ל כָּל־הַדְּבָרִ֖ים הָאֵֽלֶּה׃
. las-éstas las-palabras todas según con-vosotros Yahweh hizo

וַיַּ֥עַל מֹשֶׁ֖ה וְאַהֲרֹ֑ן נָדָב֙ וַאֲבִיה֔וּא וְשִׁבְעִ֖ים מִזִּקְנֵ֥י
de-ancianos-de y-setenta y-Abihú Nadab y-Aarón Moisés Y-subió (9)

יִשְׂרָאֵל׃ וַיִּרְאוּ אֵת אֱלֹהֵי יִשְׂרָאֵל וְתַחַת רַגְלָיו
sus-pies y-bajo ; Israel Dios-de ** Y-vieron (10) . Israel

כְּמַעֲשֵׂה לִבְנַת הַסַּפִּיר וּכְעֶצֶם הַשָּׁמַיִם לָטֹהַר׃
. en-claridad los-cielos y-como-semejanza-de , el-zafiro piedra-de como-suelo-de

וְאֶל־ אֲצִילֵי בְּנֵי יִשְׂרָאֵל לֹא שָׁלַח יָדוֹ
; su-mano extendió no Israel hijos-de príncipes-de Y-contra (11)

וַיֶּחֱזוּ אֶת־ הָאֱלֹהִים וַיֹּאכְלוּ וַיִּשְׁתּוּ׃ וַיֹּאמֶר יְהוָה
Yahweh Y-dijo (12) . y-bebieron y-comieron el-Dios a y-vieron

אֶל־ מֹשֶׁה עֲלֵה אֵלַי הָהָרָה וֶהְיֵה־ שָׁם וְאֶתְּנָה
y-daré ; allí y-está a-la-montaña a-mí sube : Moisés a

לְךָ אֶת־ לֻחֹת הָאֶבֶן וְהַתּוֹרָה וְהַמִּצְוָה אֲשֶׁר כָּתַבְתִּי
escribí que y-el-mandamiento y-la-ley la-piedra tablas-de ** a-ti

לְהוֹרֹתָם׃ וַיָּקָם מֹשֶׁה וִיהוֹשֻׁעַ מְשָׁרְתוֹ
; su-ayudante y-Josué Moisés Y-se-levantó (13) . para-instruir-les

וַיַּעַל מֹשֶׁה אֶל־ הַר הָאֱלֹהִים׃ וְאֶל־ הַזְּקֵנִים אָמַר
: dijo los-ancianos Y-a (14) . el-Dios montaña-de a Moisés y-subió

שְׁבוּ־ לָנוּ בָזֶה עַד אֲשֶׁר־ נָשׁוּב אֲלֵיכֶם וְהִנֵּה אַהֲרֹן וְחוּר
y-Hur Aarón y-he-aquí ; a-vosotros volvamos que hasta en-aquí a-nosotros esperad

עִמָּכֶם מִי־ בַעַל דְּבָרִים יִגַּשׁ אֲלֵהֶם׃ וַיַּעַל
Y-subió (15) . a-ellos vaya asuntos tenga quien , con-vosotros

מֹשֶׁה אֶל־ הָהָר וַיְכַס הֶעָנָן אֶת־ הָהָר׃
. la-montaña ** la-nube y-cubrió ; la-montaña a Moisés

וַיִּשְׁכֹּן כְּבוֹד־ יְהוָה עַל־ הַר סִינַי וַיְכַסֵּהוּ הֶעָנָן
la-nube y-lo-cubrió Sinaí monte sobre Yahweh gloria-de Y-reposó (16)

שֵׁשֶׁת יָמִים וַיִּקְרָא אֶל־ מֹשֶׁה בַּיּוֹם הַשְּׁבִיעִי מִתּוֹךְ
de-dentro-de el-séptimo en-el-día Moisés a y-llamó ; días seis

הֶעָנָן׃ וּמַרְאֵה כְּבוֹד יְהוָה כְּאֵשׁ אֹכֶלֶת
consumidor como-fuego Yahweh gloria-de Y-aspecto-de (17) . la-nube

בְּרֹאשׁ הָהָר לְעֵינֵי בְּנֵי יִשְׂרָאֵל׃ וַיָּבֹא מֹשֶׁה
Moisés Y-entró (18) . Israel hijos-de a-ojos-de el-monte en-cima-de

בְּתוֹךְ הֶעָנָן וַיַּעַל אֶל־הָהָר וַיְהִי מֹשֶׁה בָּהָר
en-el-monte Moisés y-estuvo el-monte a y-subió la-nube dentro-de

אַרְבָּעִים יוֹם וְאַרְבָּעִים לָיְלָה׃ וַיְדַבֵּר יְהוָה אֶל־מֹשֶׁה לֵּאמֹר׃
: diciendo Moisés a Yahweh Y-habló (1) . noches y-cuarenta días cuarenta Cap.

דַּבֵּר אֶל־בְּנֵי יִשְׂרָאֵל וְיִקְחוּ־לִי תְּרוּמָה מֵאֵת כָּל־אִישׁ
hombre todo de , ofrenda para-mí y-tomen Israel hijos-de a Habla (2)

אֲשֶׁר יִדְּבֶנּוּ לִבּוֹ תִּקְחוּ אֶת־תְּרוּמָתִי׃ וְזֹאת
Y-ésta (3) . mi-ofrenda ** tomaréis su-corazón le-mueva que

הַתְּרוּמָה אֲשֶׁר תִּקְחוּ מֵאִתָּם זָהָב וָכֶסֶף וּנְחֹשֶׁת׃
. y-bronce y-plata oro ; de-ellos tomaréis que la-ofrenda

וּתְכֵלֶת וְאַרְגָּמָן וְתוֹלַעַת שָׁנִי וְשֵׁשׁ וְעִזִּים׃
. y-pelo-de-cabras y-lino hilado y-carmesí-de y-púrpura Azul (4)

וְעֹרֹת אֵילִם מְאָדָּמִים וְעֹרֹת תְּחָשִׁים וַעֲצֵי
y-maderas-de tejones y-pieles-de enrojecidos carneros Y-pieles-de (5)

שִׁטִּים׃ שֶׁמֶן לַמָּאֹר בְּשָׂמִים לְשֶׁמֶן הַמִּשְׁחָה
la-unción para-aceite-de especias ; para-la-luz Aceite (6) . acacias

וְלִקְטֹרֶת הַסַּמִּים׃ אַבְנֵי־שֹׁהַם וְאַבְנֵי
y-piedras-de ónice Piedras-de (7) . los-aromas y-para-incienso-de

מִלֻּאִים לָאֵפֹד וְלַחֹשֶׁן׃ וְעָשׂוּ
Y-harán (8) . y-para-el-pectoral para-el-efod engaste

לִי מִקְדָּשׁ וְשָׁכַנְתִּי בְּתוֹכָם׃ כְּכֹל אֲשֶׁר אֲנִי מַרְאֶה
mostrando yo lo-que Como-todo (9) . entre-ellos y-habitaré santuario para-mí

אוֹתְךָ אֵת תַּבְנִית הַמִּשְׁכָּן וְאֵת תַּבְנִית כָּל־ כֵּלָיו

, sus-utensilios todos modelo-de y-** el-tabernáculo modelo-de ** a-ti

וְכֵן תַּעֲשׂוּ׃ וְעָשׂוּ אֲרוֹן עֲצֵי שִׁטִּים

; acacias maderas-de arca-de Y-harán (10) . haréis y-así

אַמָּתַיִם וָחֵצִי אָרְכּוֹ וְאַמָּה וָחֵצִי רָחְבּוֹ וְאַמָּה

y-codo su-anchura y-medio y-codo su-longitud y-medio dos-codos

וָחֵצִי קֹמָתוֹ׃ וְצִפִּיתָ אֹתוֹ זָהָב טָהוֹר מִבַּיִת

de-dentro puro oro a-él Y-recubrirás (11) . su-altura y-medio

וּמִחוּץ תְּצַפֶּנּוּ וְעָשִׂיתָ עָלָיו זֵר זָהָב סָבִיב׃

. alrededor oro moldura-de sobre-él y-harás , lo-recubrirás y-de-fuera

וְיָצַקְתָּ לּוֹ אַרְבַּע טַבְּעֹת זָהָב וְנָתַתָּה עַל אַרְבַּע פַּעֲמֹתָיו

esquinas-suyas cuatro en y-sujetarás oro anillos-de cuatro para-él Y-fundirás (12)

וּשְׁתֵּי טַבָּעֹת עַל־ צַלְעוֹ הָאֶחָת וּשְׁתֵּי טַבָּעֹת עַל־ צַלְעוֹ

su-lado en anillas y-dos el-uno su-lado en anillas y-dos

הַשֵּׁנִית׃ וְעָשִׂיתָ בַדֵּי עֲצֵי שִׁטִּים וְצִפִּיתָ אֹתָם

a-ellas y-recubrirás ; acacias maderas-de varas-de Y-haréis (13) . el-otro

זָהָב׃ וְהֵבֵאתָ אֶת־ הַבַּדִּים בַּטַּבָּעֹת עַל צַלְעֹת הָאָרֹן

; el-arca lados-de en en-las-anillas las-varas ** Y-meterás (14) . oro

לָשֵׂאת אֶת־ הָאָרֹן בָּהֶם׃ בְּטַבְּעֹת הָאָרֹן יִהְיוּ

estarán el-arca En-anillas-de (15) . con-ellos el-arca ** para-llevar

הַבַּדִּים לֹא יָסֻרוּ מִמֶּנּוּ׃ וְנָתַתָּ אֶל־ הָאָרֹן

el-arca en Y-pondrás (16) . de-él serán-quitadas no , las-varas

אֵת הָעֵדֻת אֲשֶׁר אֶתֵּן אֵלֶיךָ׃ וְעָשִׂיתָ כַפֹּרֶת

propiciatorio Y-harás (17) . a-ti daré que el-testimonio **

זָהָב טָהוֹר אַמָּתַיִם וָחֵצִי אָרְכָּהּ וְאַמָּה וָחֵצִי רָחְבָּהּ׃

. su-anchura y-medio y-codo su-longitud y-medio dos-codos , puro oro

וְעָשִׂיתָ שְׁנַיִם כְּרֻבִים זָהָב מִקְשָׁה תַּעֲשֶׂה אֹתָם מִשְּׁנֵי קְצוֹת
extremos-de en-dos a-ellos harás labrado , oro querubines-de dos Y-harás (18)

הַכַּפֹּרֶת׃ וַעֲשֵׂה כְּרוּב אֶחָד מִקָּצָה מִזֶּה וּכְרוּב־ אֶחָד מִקָּצָה
de-extremo uno y-querubín de-este de-extremo uno querubín Y-haz (19) . el-propiciatorio

מִזֶּה מִן־ הַכַּפֹּרֶת תַּעֲשׂוּ אֶת־ הַכְּרֻבִים עַל־ שְׁנֵי קְצוֹתָיו׃
. sus-extremos dos en los-querubines ** haréis el-propiciatorio de , de-este

וְהָיוּ הַכְּרֻבִים פֹּרְשֵׂי כְנָפַיִם לְמַעְלָה
hacia-arriba alas desplegando los-querubines Y-estarán (20)

סֹכְכִים בְּכַנְפֵיהֶם עַל־ הַכַּפֹּרֶת וּפְנֵיהֶם
y-sus-rostros el-propiciatorio sobre con-sus-alas cubriendo

אִישׁ אֶל־ אָחִיו אֶל־ הַכַּפֹּרֶת יִהְיוּ פְּנֵי
rostros-de estarán el-propiciatorio hacia ; su-otro hacia cada-uno

הַכְּרֻבִים׃ וְנָתַתָּ אֶת־ הַכַּפֹּרֶת עַל־ הָאָרֹן מִלְמָעְלָה וְאֶל־
y-en , encima el-arca sobre el-propiciatorio ** Y-pondrás (21) . los-querubines

הָאָרֹן תִּתֵּן אֶת־ הָעֵדֻת אֲשֶׁר אֶתֵּן אֵלֶיךָ׃
. a-ti di que el-testimonio ** pondrás el-arca

וְנוֹעַדְתִּי לְךָ שָׁם וְדִבַּרְתִּי אִתְּךָ מֵעַל הַכַּפֹּרֶת
el-propiciatorio de-sobre a-ti y-hablaré allí a-ti Y-me-revelaré (22)

מִבֵּין שְׁנֵי הַכְּרֻבִים אֲשֶׁר עַל־ אֲרֹן הָעֵדֻת אֵת כָּל־
todo ** , el-testimonio arca-de sobre que los-querubines dos de-entre

אֲשֶׁר אֲצַוֶּה אוֹתְךָ אֶל־ בְּנֵי יִשְׂרָאֵל׃ וְעָשִׂיתָ שֻׁלְחָן עֲצֵי
maderas-de mesa Y-haz (23) . Israel hijos-de a a-ti mande lo-que

שִׁטִּים אַמָּתַיִם אָרְכּוֹ וְאַמָּה רָחְבּוֹ וְאַמָּה וָחֵצִי
y-medio y-codo su-anchura y-codo su-longitud dos-codos , acacias

קֹמָתוֹ׃ וְצִפִּיתָ אֹתוֹ זָהָב טָהוֹר וְעָשִׂיתָ לּוֹ
para-él y-harás puro oro a-él Y-recubrirás (24) . su-altura

זֵר זָהָב סָבִיב׃ וְעָשִׂיתָ לּוֹ מִסְגֶּרֶת טֹפַח סָבִיב
alrededor palmo reborde-de para-él Y-harás (25) . alrededor oro moldura

וְעָשִׂיתָ זֵר־ זָהָב לְמִסְגַּרְתּוֹ סָבִיב׃ וְעָשִׂיתָ לּוֹ
para-él Y-harás (26) . alrededor en-su-reborde oro moldura-de y-harás

אַרְבַּע טַבְּעֹת זָהָב וְנָתַתָּ אֶת־ הַטַּבָּעֹת עַל אַרְבַּע הַפֵּאֹת אֲשֶׁר
que las-esquinas cuatro a las-anillas ** y-sujetarás , oro anillas-de cuatro

לְאַרְבַּע רַגְלָיו׃ לְעֻמַּת הַמִּסְגֶּרֶת תִּהְיֶיןָ הַטַּבָּעֹת לְבָתִּים
para-sujetadore las-anillas estarán el-reborde Debajo-de (27) . patas en-cuatro

לְבַדִּים לָשֵׂאת אֶת־ הַשֻּׁלְחָן׃ וְעָשִׂיתָ אֶת־ הַבַּדִּים עֲצֵי
maderas-de las-varas ** Y-harás (28) . la-mesa ** para-llevar a-varas

שִׁטִּים וְצִפִּיתָ אֹתָם זָהָב וְנִשָּׂא־ בָם אֶת־
** con-ellas y-será-transportada ; oro a-ellas y-recubrirás acacias

הַשֻּׁלְחָן׃ וְעָשִׂיתָ קְּעָרֹתָיו וְכַפֹּתָיו וּקְשׂוֹתָיו
y-sus-jarros y-sus-cucharones sus-platos Y-harás (29) . la-mesa

וּמְנַקִּיֹּתָיו אֲשֶׁר יֻסַּךְ בָּהֵן זָהָב טָהוֹר תַּעֲשֶׂה אֹתָם׃
. a-ellos harás puro oro en-ellas se-libará que y-sus-tazones

וְנָתַתָּ עַל־ הַשֻּׁלְחָן לֶחֶם פָּנִים לְפָנַי תָּמִיד׃
. siempre ante-mí proposición pan-de la-mesa sobre Y-pondrás (30)

וְעָשִׂיתָ מְנֹרַת זָהָב טָהוֹר מִקְשָׁה תֵּעָשֶׂה
será-hecha labrado , puro oro candelabro-de Y-harás (31)

הַמְּנוֹרָה יְרֵכָהּ וְקָנָהּ גְּבִיעֶיהָ כַּפְתֹּרֶיהָ
sus-brotes y-sus-copas y-su-caña su-base el-candelabro

וּפְרָחֶיהָ מִמֶּנָּה יִהְיוּ׃ וְשִׁשָּׁה קָנִים
ramas Y-seis (32) . serán de-ella y-sus-flores

יֹצְאִים מִצִּדֶּיהָ שְׁלֹשָׁה ׀ קְנֵי מְנֹרָה מִצִּדָּהּ
de-su-lado candelabro brazos-de tres ; de-sus-lados saliendo

הָאֶחָד וּשְׁלֹשָׁה קְנֵי מְנֹרָה מִצִּדָּהּ הַשֵּׁנִי׃ שְׁלֹשָׁה
Tres (33) . el-segundo de-su-lado candelabro brazos-de y-tres el-uno

גְּבִעִים מְשֻׁקָּדִים בַּקָּנֶה הָאֶחָד כַּפְתֹּר וָפֶרַח וּשְׁלֹשָׁה גְבִעִים
copas y-tres y-flor capullo el-uno en-el-brazo como-almendras copas

מְשֻׁקָּדִים בַּקָּנֶה הָאֶחָד כַּפְתֹּר וָפָרַח כֵּן לְשֵׁשֶׁת
para-seis así , y-flor . capullo el-uno en-el-brazo como-almendras

הַקָּנִים הַיֹּצְאִים מִן־ הַמְּנֹרָה׃ וּבַמְּנֹרָה
Y-en-el-candelabro (34) . el-candelabro de los-salientes los-brazos

אַרְבָּעָה גְבִעִים מְשֻׁקָּדִים כַּפְתֹּרֶיהָ וּפְרָחֶיהָ׃ וְכַפְתֹּר
Y-capullo (35) . y-sus-flores sus-capullos como-almendras ; copas cuatro

תַּחַת שְׁנֵי הַקָּנִים מִמֶּנָּה וְכַפְתֹּר תַּחַת שְׁנֵי הַקָּנִים
los-brazos dos-de bajo y-capullo de-ella los-brazos dos-de bajo

מִמֶּנָּה וְכַפְתֹּר תַּחַת־ שְׁנֵי הַקָּנִים מִמֶּנָּה לְשֵׁשֶׁת הַקָּנִים
los-brazos para-seis-de , de-ella los-brazos dos-de bajo y-capullo de-ella

הַיֹּצְאִים מִן־ הַמְּנֹרָה׃ כַּפְתֹּרֵיהֶם וּקְנֹתָם
y-sus-brazos Sus-capullos (36) . el-candelabro de los-salientes

מִמֶּנָּה יִהְיוּ כֻּלָּהּ מִקְשָׁה אַחַת זָהָב טָהוֹר׃
. puro oro un labrada toda-ella serán de-ella

וְעָשִׂיתָ אֶת־ נֵרֹתֶיהָ שִׁבְעָה וְהֶעֱלָה אֶת־
** y-colocarás ; siete sus-lámparas ** Y-harás (37)

נֵרֹתֶיהָ וְהֵאִיר עַל־ עֵבֶר פָּנֶיהָ׃ וּמַלְקָחֶיהָ
Y-sus-despabiladeras (38) . frente-a-ella espacio sobre e-iluminará sus-lámparas

וּמַחְתֹּתֶיהָ זָהָב טָהוֹר׃ כִּכָּר זָהָב טָהוֹר יַעֲשֶׂה אֹתָהּ אֵת
** a-ella hará puro oro Talento (39) . puro oro y-sus-platillos

כָּל־ הַכֵּלִים הָאֵלֶּה׃ וּרְאֵה וַעֲשֵׂה בְּתַבְנִיתָם
en-modelo-de-ellos y-haz Y-mira (40) . los-éstos los-utensilios todos

אֲשֶׁר־אַתָּה מָרְאֶה בָּהָר׃ וְאֶת־הַמִּשְׁכָּן תַּעֲשֶׂה עֶשֶׂר

diez harás el-tabernáculo Y-** (1) . en-el-monte fue-mostrado tú que

יְרִיעֹת שֵׁשׁ מָשְׁזָר וּתְכֵלֶת וְאַרְגָּמָן וְתֹלַעַת שָׁנִי

, hilado y-escarlata y-púrpura y-azul torcido lino-fino cortinas

כְּרֻבִים מַעֲשֵׂה חֹשֵׁב תַּעֲשֶׂה אֹתָם׃ אֹרֶךְ ׀ הַיְרִיעָה הָאַחַת

la-una la-cortina Longitud-de (2) . a-ellos harás perito obra-de querubines

שְׁמֹנֶה וְעֶשְׂרִים בָּאַמָּה וְרֹחַב אַרְבַּע בָּאַמָּה הַיְרִיעָה

la-cortina por-el-codo cuatro y-ancho por-el-codo y-veinte ocho

הָאֶחָת מִדָּה אַחַת לְכָל־הַיְרִיעֹת׃ חֲמֵשׁ הַיְרִיעֹת

las-cortinas Cinco-de (3) . las-cortinas para-todas una medida , la-una

תִּהְיֶיןָ חֹבְרֹת אִשָּׁה אֶל־אֲחֹתָהּ וְחָמֵשׁ יְרִיעֹת

cortinas y-cinco , su-otra a cada-una unidas estarán

חֹבְרֹת אִשָּׁה אֶל־אֲחֹתָהּ׃ וְעָשִׂיתָ לֻלְאֹת תְּכֵלֶת

azul lazadas-de Y-harás (4) . su-otra a cada-una unidas

עַל שְׂפַת הַיְרִיעָה הָאֶחָת מִקָּצָה בַּחֹבָרֶת וְכֵן תַּעֲשֶׂה

harás y-así , de-el-juego al-final la-una la-cortina orilla-de sobre

בִּשְׂפַת הַיְרִיעָה הַקִּיצוֹנָה בַּמַּחְבֶּרֶת הַשֵּׁנִית׃ חֲמִשִּׁים לֻלָאֹת

lazos Cincuenta (5) . el-segundo de-el-juego la-última la-cortina en-orilla-de

תַּעֲשֶׂה בַּיְרִיעָה הָאֶחָת וַחֲמִשִּׁים לֻלָאֹת תַּעֲשֶׂה בִּקְצֵה הַיְרִיעָה

la-cortina al-final-de harás lazos y-cincuenta la-una en-la-cortina harás

אֲשֶׁר בַּמַּחְבֶּרֶת הַשֵּׁנִית מַקְבִּילֹת הַלֻּלָאֹת אִשָּׁה אֶל־אֲחֹתָהּ׃

. su-otra a cada-uno los-lazos enfrentados ; el-segundo de-el-juego que

וְעָשִׂיתָ חֲמִשִּׁים קַרְסֵי זָהָב וְחִבַּרְתָּ אֶת־הַיְרִיעֹת אִשָּׁה

cada-una las-cortinas ** y-sujetarás , oro corchetes-de cincuenta Y-harás (6)

אֶל־אֲחֹתָהּ בַּקְּרָסִים וְהָיָה הַמִּשְׁכָּן אֶחָד׃ וְעָשִׂיתָ

Y-harás (7) . uno el-tabernáculo y-será con-los-corchetes su-otra a

יְרִיעֹת עִזִּים לְאֹהֶל עַל־הַמִּשְׁכָּן עַשְׁתֵּי־עֶשְׂרֵה יְרִיעֹת
cortinas diez una , el-tabernáculo sobre para-tienda pelo-de-cabra cortinas-de

תַּעֲשֶׂה אֹתָם׃ אֹרֶךְ ׀ הַיְרִיעָה הָאַחַת שְׁלֹשִׁים בָּאַמָּה
por-el-codo treinta la-una la-cortina Longitud-de (8) . a-ellas harás

וְרֹחַב אַרְבַּע בָּאַמָּה הַיְרִיעָה הָאֶחָת מִדָּה אַחַת לְעַשְׁתֵּי עֶשְׂרֵה
diez para-una una medida , la-otra la-cortina por-el-codo cuatro y-anchura

יְרִיעֹת׃ וְחִבַּרְתָּ אֶת־חֲמֵשׁ הַיְרִיעֹת לְבָד וְאֶת־שֵׁשׁ
seis-de y-** en-una las-cortinas cinco-de ** Y-unirás (9) . cortinas

הַיְרִיעֹת לְבָד וְכָפַלְתָּ אֶת־הַיְרִיעָה הַשִּׁשִּׁית אֶל־מוּל
frente al la-sexta ** y-doblarás , en-una las-cortinas

פְּנֵי הָאֹהֶל׃ וְעָשִׂיתָ חֲמִשִּׁים לֻלָאֹת עַל שְׂפַת הַיְרִיעָה
la-cortina orilla-de sobre lazos cincuenta Y-harás (10) . la-tienda cara-de

הָאֶחָת הַקִּיצֹנָה בַּחֹבָרֶת וַחֲמִשִּׁים לֻלָאֹת עַל שְׂפַת הַיְרִיעָה
la-cortina orilla-de sobre lazos y-cincuenta , en-el-juego la-última , la-una

הַחֹבֶרֶת הַשֵּׁנִית׃ וְעָשִׂיתָ קַרְסֵי נְחֹשֶׁת חֲמִשִּׁים וְהֵבֵאתָ אֶת־
** y-pondrás cincuenta bronce corchetes-de Y-harás (11) . el-segundo el-juego

הַקְּרָסִים בַּלֻּלָאֹת וְחִבַּרְתָּ אֶת־הָאֹהֶל וְהָיָה אֶחָד׃
. una y-será la-tienda ** y-sujetarás en-los-lazos los-corchetes

וְסֶרַח הָעֹדֵף בִּירִיעֹת הָאֹהֶל חֲצִי הַיְרִיעָה
la-cortina mitad-de la-tienda en-cortinas-de el-sobrante Y-longitud-de (12)

הָעֹדֶפֶת תִּסְרַח עַל אֲחֹרֵי הַמִּשְׁכָּן׃
. el-tabernáculo trasero-de sobre colgará la-sobrante

וְהָאַמָּה מִזֶּה וְהָאַמָּה מִזֶּה בָּעֹדֵף
en-el-sobrante de-aquél y-el-codo de-éste Y-el-codo (13)

בְּאֹרֶךְ יְרִיעֹת הָאֹהֶל יִהְיֶה סָרוּחַ עַל־צִדֵּי
lados-de sobre colgando estará ; la-tienda cortinas-de en-longitud-de

הַמִּשְׁכָּן מִזֶּה וּמִזֶּה לְכַסֹּתוֹ׃ וְעָשִׂיתָ
Y-harás (14) . para-cubrir-lo y-de-aquél de-éste el-tabernáculo

מִכְסֶה לָאֹהֶל עֹרֹת אֵילִם מְאָדָּמִים וּמִכְסֵה עֹרֹת
pieles-de y-cubierta-de enrojecidas carneros pieles-de para-la-tienda cubierta

תְּחָשִׁים מִלְמָעְלָה׃ וְעָשִׂיתָ אֶת־הַקְּרָשִׁים לַמִּשְׁכָּן עֲצֵי
maderas-de para-el-tabernáculo los-tablones ** Y-harás (15) . de-encima tejones

שִׁטִּים עֹמְדִים׃ עֶשֶׂר אַמּוֹת אֹרֶךְ הַקָּרֶשׁ וְאַמָּה
y-codo los-tablones longitud-de codos Diez (16) . rectas acacias

וַחֲצִי הָאַמָּה רֹחַב הַקֶּרֶשׁ הָאֶחָד׃ שְׁתֵּי יָדוֹת
espigas Dos (17) . el-uno el-tablón anchura-de el-codo y-medio-de

לַקֶּרֶשׁ הָאֶחָד מְשֻׁלָּבֹת אִשָּׁה אֶל־אֲחֹתָהּ כֵּן תַּעֲשֶׂה לְכֹל
a-todos harás así , su-otro a cada-uno haciendo-paralelo el-uno para-el-tablón

קַרְשֵׁי הַמִּשְׁכָּן׃ וְעָשִׂיתָ אֶת־הַקְּרָשִׁים לַמִּשְׁכָּן
para-el-tabernáculo los-tablones ** Y-harás (18) . el-tabernáculo tablones-de

עֶשְׂרִים קֶרֶשׁ לִפְאַת נֶגְבָּה תֵימָנָה׃ וְאַרְבָּעִים אַדְנֵי־כֶסֶף תַּעֲשֶׂה
harás plata basas-de Y-cuarenta (19) . al-sur mediodía para-lado tablones veinte

תַּחַת עֶשְׂרִים הַקָּרֶשׁ שְׁנֵי אֲדָנִים תַּחַת־הַקֶּרֶשׁ הָאֶחָד לִשְׁתֵּי
para-dos-de el-uno el-tablón bajo basas dos-de ; el-tablón veinte bajo

יְדֹתָיו וּשְׁנֵי אֲדָנִים תַּחַת־הַקֶּרֶשׁ הָאֶחָד לִשְׁתֵּי
para-dos-de el-uno el-tablón bajo basas y-dos sus-espigas

יְדֹתָיו׃ וּלְצֶלַע הַמִּשְׁכָּן הַשֵּׁנִית לִפְאַת
al-lado-de el-otro el-tabernáculo Y-al-lado-de (20) . sus-espigas

צָפוֹן עֶשְׂרִים קָרֶשׁ׃ וְאַרְבָּעִים אַדְנֵיהֶם כָּסֶף שְׁנֵי אֲדָנִים תַּחַת
bajo bases dos ; plata base-de-ellos Y-cuarenta (21) . tablón veinte , norte

הַקֶּרֶשׁ הָאֶחָד וּשְׁנֵי אֲדָנִים תַּחַת הַקֶּרֶשׁ הָאֶחָד׃
. el-uno el-tablón bajo bases y-dos el-uno el-tablón

וּלְיַרְכְּתֵי הַמִּשְׁכָּן יָמָּה תַּעֲשֶׂה שִׁשָּׁה קְרָשִׁים׃

tablones seis harás , oeste el-tabernáculo Y-para-el-posterior-de (22)

וּשְׁנֵי קְרָשִׁים תַּעֲשֶׂה לִמְקֻצְעֹת הַמִּשְׁכָּן בַּיַּרְכָתָיִם׃

. en el-final el-tabernáculo para-esquinas-de harás tablones Y-dos (23)

וְיִהְיוּ תֹאֲמִים מִלְּמַטָּה וְיַחְדָּו יִהְיוּ

serán y-unidas desde-abajo dobles Y-serán (24)

תַמִּים עַל־ רֹאשׁוֹ אֶל־ הַטַּבַּעַת הָאֶחָת כֵּן יִהְיֶה

será así , la-una la-anilla a su-cima en completas

לִשְׁנֵיהֶם לִשְׁנֵי הַמִּקְצֹעֹת יִהְיוּ׃ וְהָיוּ

Y-serán (25) . serán las-esquinas para-dos-de para-ambos

שְׁמֹנָה קְרָשִׁים וְאַדְנֵיהֶם כֶּסֶף שִׁשָּׁה עָשָׂר אֲדָנִים שְׁנֵי אֲדָנִים תַּחַת

bajo bases dos bases diez seis plata y-sus-bases tablones ocho

הַקֶּרֶשׁ הָאֶחָד וּשְׁנֵי אֲדָנִים תַּחַת הַקֶּרֶשׁ הָאֶחָד׃ וְעָשִׂיתָ

Y-harás (26) . el-uno el-tablón bajo bases y-dos el-uno el-tablón

בְרִיחִם עֲצֵי שִׁטִּים חֲמִשָּׁה לְקַרְשֵׁי צֶלַע־ הַמִּשְׁכָּן הָאֶחָד׃

. el-uno el-tabernáculo lado-de para-tablones-de cinco , acacias maderas-de barras

וַחֲמִשָּׁה בְרִיחִם לְקַרְשֵׁי צֶלַע־ הַמִּשְׁכָּן הַשֵּׁנִית

el-segundo el-tabernáculo lado-de para-tablones-de barras Y-cinco (27)

וַחֲמִשָּׁה בְרִיחִם לְקַרְשֵׁי צֶלַע הַמִּשְׁכָּן לַיַּרְכָתָיִם

a-los-finales el-tabernáculo lado-de para-tablones-de barras y-cinco

יָמָּה׃ וְהַבְּרִיחַ הַתִּיכֹן בְּתוֹךְ הַקְּרָשִׁים מַבְרִחַ מִן־

de abarcando los-tablones por-medio-de la-central Y-la-barra (28) . oeste

הַקָּצֶה אֶל־ הַקָּצֶה׃ וְאֶת־ הַקְּרָשִׁים תְּצַפֶּה זָהָב וְאֶת־ טַבְּעֹתֵיהֶם

sus-anillas y-** oro recubrirás los-tablones Y-** (29) . el-fin a el-fin

תַּעֲשֶׂה זָהָב בָּתִּים לַבְּרִיחִם וְצִפִּיתָ אֶת־ הַבְּרִיחִם

las-barras ** y-recubrirás ; para-las-barras sujetadores oro harás

זָהָב׃ וַהֲקֵמֹתָ אֶת־ הַמִּשְׁכָּן כְּמִשְׁפָּטוֹ אֲשֶׁר הָרְאֵיתָ
fuiste-mostrado que como-modelo el-tabernáculo ** Y-alzarás (30) . oro

בָּהָר׃ וְעָשִׂיתָ פָרֹכֶת תְּכֵלֶת וְאַרְגָּמָן וְתוֹלַעַת שָׁנִי
hilado y-carmesí y-púrpura azul cortina Y-harás (31) . en-el-monte

וְשֵׁשׁ מָשְׁזָר מַעֲשֵׂה חֹשֵׁב יַעֲשֶׂה אֹתָהּ כְּרֻבִים׃
. querubín a-ella hará experto obra-de , torcido y-lino

וְנָתַתָּה אֹתָהּ עַל־אַרְבָּעָה עַמּוּדֵי שִׁטִּים מְצֻפִּים זָהָב
oro recubiertos-de , acacias postes-de cuatro sobre a-ella Y-pondrás (32)

וָוֵיהֶם זָהָב עַל־אַרְבָּעָה אַדְנֵי־כָסֶף׃ וְנָתַתָּה אֶת־ הַפָּרֹכֶת
la-cortina ** Y-pondrás (33) . plata bases-de cuatro sobre oro sus-ganchos

תַּחַת הַקְּרָסִים וְהֵבֵאתָ שָׁמָּה מִבֵּית לַפָּרֹכֶת אֵת אֲרוֹן
arca-de ** a-la-cortina detrás-de allí y-colocarás los-corchetes bajo

הָעֵדוּת וְהִבְדִּילָה הַפָּרֹכֶת לָכֶם בֵּין
entre para-vosotros la-cortina y-hará-separación ; el-testimonio

הַקֹּדֶשׁ וּבֵין קֹדֶשׁ הַקֳּדָשִׁים׃ וְנָתַתָּ אֶת־
** Y-pondrás (34) . de-lugares-santos santísimo y-entre el-lugar-santo

הַכַּפֹּרֶת עַל אֲרוֹן הָעֵדֻת בְּקֹדֶשׁ הַקֳּדָשִׁים׃
. los-lugares-santos en-santísimo-de ; el-testimonio arca-de sobre el-propiciatorio

וְשַׂמְתָּ אֶת־ הַשֻּׁלְחָן מִחוּץ לַפָּרֹכֶת וְאֶת־ הַמְּנֹרָה
el-candelabro y-** de-la-cortina fuera la-mesa ** Y-pondrás (35)

נֹכַח הַשֻּׁלְחָן עַל צֶלַע הַמִּשְׁכָּן תֵּימָנָה וְהַשֻּׁלְחָן תִּתֵּן
pon y-la-mesa ; al-sur el-tabernáculo lado-de sobre la-mesa frente-a

עַל־ צֶלַע צָפוֹן׃ וְעָשִׂיתָ מָסָךְ לְפֶתַח הָאֹהֶל תְּכֵלֶת
azul la-tienda para-puerta-de cortina Y-harás (36) . norte lado-de en

וְאַרְגָּמָן וְתוֹלַעַת שָׁנִי וְשֵׁשׁ מָשְׁזָר מַעֲשֵׂה
trabajo-de torcido y-lino hilado y-carmesí y-púrpura

רֹקֵם׃ וְעָשִׂיתָ לַמָּסָךְ חֲמִשָּׁה עַמּוּדֵי שִׁטִּים
acacias postes-de cinco para-la-cortina Y-harás (37) . recamador

וְצִפִּיתָ אֹתָם זָהָב וָוֵיהֶם זָהָב וְיָצַקְתָּ לָהֶם חֲמִשָּׁה
cinco para-ellos y-fundirás oro sus-ganchos oro a-ellos y-recubrirás

אַדְנֵי נְחֹשֶׁת׃ וְעָשִׂיתָ אֶת־ הַמִּזְבֵּחַ עֲצֵי שִׁטִּים חָמֵשׁ
cinco acacias maderas-de el-altar ** Y-harás (1) . bronce bases-de Cap.

אַמּוֹת אֹרֶךְ וְחָמֵשׁ אַמּוֹת רֹחַב רָבוּעַ יִהְיֶה הַמִּזְבֵּחַ וְשָׁלֹשׁ
y-tres el-altar será cuadrado , ancho codos y-cinco largo codos

אַמּוֹת קֹמָתוֹ׃ וְעָשִׂיתָ קַרְנֹתָיו עַל אַרְבַּע פִּנֹּתָיו
esquinas-de-él cuatro en sus-cuernos Y-harás (2) . su-altura codos

מִמֶּנּוּ תִּהְיֶיןָ קַרְנֹתָיו וְצִפִּיתָ אֹתוֹ נְחֹשֶׁת׃
. bronce a-él y-recubrirás sus-cuernos serán de-él

וְעָשִׂיתָ סִּירֹתָיו לְדַשְּׁנוֹ וְיָעָיו
y-sus-palas para-recoger-su-ceniza sus-calderos Y-harás (3)

וּמִזְרְקֹתָיו וּמִזְלְגֹתָיו וּמַחְתֹּתָיו
y-sus-braseros y-sus-garfios y-sus-tazones

לְכָל־ כֵּלָיו תַּעֲשֶׂה נְחֹשֶׁת׃ וְעָשִׂיתָ לּוֹ מִכְבָּר
enrejado para-él Y-harás (4) . de-bronce harás sus-utensilios todos

מַעֲשֵׂה רֶשֶׁת נְחֹשֶׁת וְעָשִׂיתָ עַל־ הָרֶשֶׁת אַרְבַּע טַבְּעֹת נְחֹשֶׁת עַל אַרְבַּע
cuatro en bronce anillas-de cuatro la-rejilla en y-harás bronce rejilla-de obra-de

קְצוֹתָיו׃ וְנָתַתָּה אֹתָהּ תַּחַת כַּרְכֹּב הַמִּזְבֵּחַ מִלְּמָטָּה וְהָיְתָה
y-será , debajo el-altar cerco-de bajo a-ella Y-pondrás (5) . sus-esquinas

הָרֶשֶׁת עַד חֲצִי הַמִּזְבֵּחַ׃ וְעָשִׂיתָ בַדִּים לַמִּזְבֵּחַ בַּדֵּי
varas-de para-el-altar varas Y-harás (6) . el-altar mitad-de hasta la-rejilla

עֲצֵי שִׁטִּים וְצִפִּיתָ אֹתָם נְחֹשֶׁת׃ וְהוּבָא
Y-se-meterán (7) . bronce a-ellos y-recubrirás acacias maderas-de

אֶת־ בַּדָּיו בַּטַּבָּעֹת וְהָיוּ הַבַּדִּים עַל־ שְׁתֵּי צַלְעֹת
lados-de dos en las-varas y-estarán en-las-anillas sus-varas **

הַמִּזְבֵּחַ בִּשְׂאֵת אֹתוֹ׃ נְבוּב לֻחֹת תַּעֲשֶׂה אֹתוֹ כַּאֲשֶׁר
como a-él harás tablas Hueco-de (8) . a-él en-llevar el-altar

הֶרְאָה אֹתְךָ בָּהָר כֵּן יַעֲשׂוּ׃ וְעָשִׂיתָ אֵת
** Y-harás (9) . harán así en-el-monte a-ti se-mostró

חֲצַר הַמִּשְׁכָּן לִפְאַת נֶגֶב־ תֵּימָנָה קְלָעִים לֶחָצֵר
para-el-atrio cortinas sur meridional al-lado ; el-tabernáculo atrio-de

שֵׁשׁ מָשְׁזָר מֵאָה בָאַמָּה אֹרֶךְ לַפֵּאָה הָאֶחָת׃
. el-uno para-el-lado largo por-el-codo cien torcido lino

וְעַמֻּדָיו עֶשְׂרִים וְאַדְנֵיהֶם עֶשְׂרִים נְחֹשֶׁת וָוֵי
ganchos-de , bronce veinte y-sus-bases veinte Y-sus-postes (10)

הָעַמֻּדִים וַחֲשֻׁקֵיהֶם כָּסֶף׃ וְכֵן לִפְאַת צָפוֹן
norte para-lado-de Y-así (11) . plata y-sus-molduras los-postes

בָּאֹרֶךְ קְלָעִים מֵאָה אֹרֶךְ וְעַמֻּדָו עֶשְׂרִים וְאַדְנֵיהֶם
y-sus-bases veinte y-sus-postes , longitud cien cortinas a-lo-largo

עֶשְׂרִים נְחֹשֶׁת וָוֵי הָעַמֻּדִים וַחֲשֻׁקֵיהֶם כָּסֶף׃ וְרֹחַב
Y-ancho-de (12) . plata y-sus-molduras los-postes ganchos-de bronce veinte

הֶחָצֵר לִפְאַת־ יָם קְלָעִים חֲמִשִּׁים אַמָּה עַמֻּדֵיהֶם עֲשָׂרָה
diez sus-postes , codo cincuenta cortinas oeste al-extremo-de el-atrio

וְאַדְנֵיהֶם עֲשָׂרָה׃ וְרֹחַב הֶחָצֵר לִפְאַת קֵדְמָה
Este al-extremo-de el-atrio Y-ancho-de (13) . diez y-sus-bases

מִזְרָחָה חֲמִשִּׁים אַמָּה׃ וַחֲמֵשׁ עֶשְׂרֵה אַמָּה קְלָעִים לַכָּתֵף
en-el-lado cortinas codo diez Y-cinco (14) . codo cincuenta hacia-oriente

עַמֻּדֵיהֶם שְׁלֹשָׁה וְאַדְנֵיהֶם שְׁלֹשָׁה׃ וְלַכָּתֵף הַשֵּׁנִית
el-otro Y-al-lado (15) . tres y-sus-bases tres sus-postes

חָמֵשׁ עֶשְׂרֵה קְלָעִים עַמֻּדֵיהֶם שְׁלֹשָׁה וְאַדְנֵיהֶם שְׁלֹשָׁה׃

. tres y-sus-bases tres sus-postes , cortinas diez cinco

וּלְשַׁעַר הֶחָצֵר מָסָךְ ׀ עֶשְׂרִים אַמָּה תְּכֵלֶת וְאַרְגָּמָן

y-púrpura azul codo veinte cortina el-atrio Y-para-entrada-de (16)

וְתוֹלַעַת שָׁנִי וְשֵׁשׁ מָשְׁזָר מַעֲשֵׂה רֹקֵם

; recamador obra-de torcido y-lino hilado y-carmesí

עַמֻּדֵיהֶם אַרְבָּעָה וְאַדְנֵיהֶם אַרְבָּעָה׃ כָּל־ עַמּוּדֵי הֶחָצֵר

el-atrio postes-de Todos (17) . cuatro y-sus-bases cuatro sus-postes

סָבִיב מְחֻשָּׁקִים כֶּסֶף וָוֵיהֶם כֶּסֶף וְאַדְנֵיהֶם נְחֹשֶׁת׃

. bronce y-sus-bases plata y-sus-ganchos plata ceñidas alrededor

אֹרֶךְ הֶחָצֵר מֵאָה בָאַמָּה וְרֹחַב ׀ חֲמִשִּׁים בַּחֲמִשִּׁים

por-el-cincuenta cincuenta y-anchura por-el-codo cien el-atrio Longitud-de (18)

וְקֹמָה חָמֵשׁ אַמּוֹת שֵׁשׁ מָשְׁזָר וְאַדְנֵיהֶם נְחֹשֶׁת׃

. bronce y-sus-bases torcido lino codos cinco y-altura

לְכֹל כְּלֵי הַמִּשְׁכָּן בְּכֹל עֲבֹדָתוֹ

su-sevicio en-todo el-tabernáculo utensilios-de Y-todos (19)

וְכָל־ יְתֵדֹתָיו וְכָל־ יִתְדֹת הֶחָצֵר נְחֹשֶׁת׃

. bronce el-atrio estacas-de y-todas sus-estacas y-todas

וְאַתָּה תְּצַוֶּה ׀ אֶת־ בְּנֵי יִשְׂרָאֵל וְיִקְחוּ אֵלֶיךָ שֶׁמֶן

aceite-de a-ti y-traigan Israel hijos-de a ordena Y-tú (20)

זַיִת זָךְ כָּתִית לַמָּאוֹר לְהַעֲלֹת נֵר תָּמִיד׃ בְּאֹהֶל

En-tienda-de (21) . siempre lámpara para-arder para-la-luz machacada puro oliva

מוֹעֵד מִחוּץ לַפָּרֹכֶת אֲשֶׁר עַל־ הָעֵדֻת יַעֲרֹךְ אֹתוֹ

a-él guardará el-testimonio ante que de-la-cortina fuera reunión

אַהֲרֹן וּבָנָיו מֵעֶרֶב עַד־ בֹּקֶר לִפְנֵי יְהוָה חֻקַּת

estatuto , Yahweh ante mañana hasta desde-tarde y-sus-hijos Aarón

עוֹלָם לְדֹרֹתָם מֵאֵת בְּנֵי יִשְׂרָאֵל׃ וְאַתָּה הַקְרֵב
acerca Y-tú (1) . Israel hijos-de entre para-sus-generaciones perpetuo

אֵלֶיךָ אֶת־אַהֲרֹן אָחִיךָ וְאֶת־בָּנָיו אִתּוֹ מִתּוֹךְ בְּנֵי
hijos-de de-entre con-él sus-hijos y-a tu-hermano Aarón a a-ti

יִשְׂרָאֵל לְכַהֲנוֹ־לִי אַהֲרֹן נָדָב וַאֲבִיהוּא אֶלְעָזָר וְאִיתָמָר
e-Itamar Eleazar y-Abihú Nadab Aarón , para-mí para-ser-sacerdotes Israel

בְּנֵי אַהֲרֹן׃ וְעָשִׂיתָ בִגְדֵי־קֹדֶשׁ לְאַהֲרֹן אָחִיךָ
tu-hermano para-Aarón santidad vestidos-de Y-harás (2) . Aarón hijos-de

לְכָבוֹד וּלְתִפְאָרֶת׃ וְאַתָּה תְּדַבֵּר אֶל־כָּל־חַכְמֵי־
expertos-de todos a dirás Y-tú (3) . y-para-honor para-honra

לֵב אֲשֶׁר מִלֵּאתִיו רוּחַ חָכְמָה וְעָשׂוּ אֶת־בִּגְדֵי אַהֲרֹן
Aarón vestidos-de ** y-hagan , sabiduría espíritu-de le-llené que corazón

לְקַדְּשׁוֹ לְכַהֲנוֹ־לִי׃ וְאֵלֶּה הַבְּגָדִים
los-vestidos Y-éstos (4) . para-mí para-ser-sacerdote-él para-santificar-le

אֲשֶׁר יַעֲשׂוּ חֹשֶׁן וְאֵפוֹד וּמְעִיל וּכְתֹנֶת תַּשְׁבֵּץ מִצְנֶפֶת
mitra bordada y-túnica y-manto y-efod pectoral : harán que

וְאַבְנֵט וְעָשׂוּ בִגְדֵי־קֹדֶשׁ לְאַהֲרֹן אָחִיךָ
tu-hermano para-Aarón santidad vestidos-de y-harán , y-cinto

וּלְבָנָיו לְכַהֲנוֹ־לִי׃ וְהֵם יִקְחוּ
tomarán Y-ellos (5) . para-mí para-ser-sacerdotes y-para-sus-hijos

אֶת־הַזָּהָב וְאֶת־הַתְּכֵלֶת וְאֶת־הָאַרְגָּמָן וְאֶת־תּוֹלַעַת הַשָּׁנִי וְאֶת־
y-** el-hilado carmesí-de y-** la-púrpura y-** el-azul y-** el-oro **

הַשֵּׁשׁ׃ וְעָשׂוּ אֶת־הָאֵפֹד זָהָב תְּכֵלֶת וְאַרְגָּמָן
y-púrpura azul oro el-efod ** Y-harán (6) . el-lino

תּוֹלַעַת שָׁנִי וְשֵׁשׁ מָשְׁזָר מַעֲשֵׂה חֹשֵׁב׃ שְׁתֵּי
Dos (7) . experto obra-de torcido y-lino hilado y-carmesí

כְּתֵפֹת חֹבְרֹת יִהְיֶה־ לּוֹ אֶל־ שְׁנֵי

dos en para-él será unidas hombreras

קְצוֹתָיו וְחֻבָּר׃ וְחֵשֶׁב אֲפֻדָּתוֹ אֲשֶׁר

que su-efod Y-bordado (8) . y-sujeto sus-extremos

עָלָיו כְּמַעֲשֵׂהוּ מִמֶּנּוּ יִהְיֶה זָהָב תְּכֵלֶת וְאַרְגָּמָן

y-púrpura azul oro , será de-él como-obra-de-él sobre-él

וְתוֹלַעַת שָׁנִי וְשֵׁשׁ מָשְׁזָר׃ וְלָקַחְתָּ אֶת־

** Y-tomarás (9) . torcido y-lino hilado y-carmesí-de

שְׁתֵּי אַבְנֵי־ שֹׁהַם וּפִתַּחְתָּ עֲלֵיהֶם שְׁמוֹת בְּנֵי יִשְׂרָאֵל׃

Israel hijos-de nombres-de en-ellas y-grabarás ónice piedras-de dos

שִׁשָּׁה מִשְּׁמֹתָם עַל הָאֶבֶן הָאֶחָת וְאֶת־ שְׁמוֹת הַשִּׁשָּׁה

los-seis nombres-de y-** la-una la-piedra sobre de-sus-nombres Seis (10)

הַנּוֹתָרִים עַל־ הָאֶבֶן הַשֵּׁנִית כְּתוֹלְדֹתָם׃ מַעֲשֵׂה

Obra-de (11) . según-sus-nacimientos la-otra la-piedra sobre los-restantes

חָרַשׁ אֶבֶן פִּתּוּחֵי חֹתָם תְּפַתַּח אֶת־ שְׁתֵּי הָאֲבָנִים עַל־

con las-piedras dos ** grabarás sello grabadura-de piedra cortador-de

שְׁמֹת בְּנֵי יִשְׂרָאֵל מֻסַבֹּת מִשְׁבְּצוֹת זָהָב תַּעֲשֶׂה אֹתָם׃

. a-ellos harás oro filigranas-de engastes-de , Israel hijos-de nombres-de

וְשַׂמְתָּ אֶת־ שְׁתֵּי הָאֲבָנִים עַל כִּתְפֹת הָאֵפֹד

el-efod hombreras-de sobre las-piedras dos ** Y-sujetarás (12)

אַבְנֵי זִכָּרֹן לִבְנֵי יִשְׂרָאֵל וְנָשָׂא אַהֲרֹן אֶת־

** Aarón y-llevará , Israel para-hijos-de memorial piedras-de

שְׁמוֹתָם לִפְנֵי יְהוָה עַל־ שְׁתֵּי כְתֵפָיו לְזִכָּרֹן׃

. para-memorial hombreras-de-él dos en Yahweh ante sus-nombres

וְעָשִׂיתָ מִשְׁבְּצֹת זָהָב׃ וּשְׁתֵּי שַׁרְשְׁרֹת זָהָב טָהוֹר

puro oro cordones-de Y-dos (14) . oro filigranas-de Y-harás (13)

מִגְבָּלֹת תַּעֲשֶׂה אֹתָם מַעֲשֵׂה עֲבֹת וְנָתַתָּה אֶת־ שַׁרְשְׁרֹת
cordones-de ** y-fijarás , cuerdas obra-de a-ellos harás trenzados

הָעֲבֹתֹת עַל־ הַמִּשְׁבְּצֹת׃ וְעָשִׂיתָ חֹשֶׁן מִשְׁפָּט
juicio pectoral-de Y-harás (15) . las-filigranas a las-cuerdas

מַעֲשֵׂה חֹשֵׁב כְּמַעֲשֵׂה אֵפֹד תַּעֲשֶׂנּוּ זָהָב תְּכֵלֶת וְאַרְגָּמָן
y-púrpura azul oro ; lo-harás efod como-obra-de , experto obra-de

וְתוֹלַעַת שָׁנִי וְשֵׁשׁ מָשְׁזָר תַּעֲשֶׂה אֹתוֹ׃
. a-él harás torcido y-lino hilado y-carmesí-de

רָבוּעַ יִהְיֶה כָּפוּל זֶרֶת אָרְכּוֹ וְזֶרֶת
y-palmo su-longitud palmo , doble será Cuadrado (16)

רָחְבּוֹ׃ וּמִלֵּאתָ בוֹ מִלֻּאַת אֶבֶן אַרְבָּעָה טוּרִים אָבֶן
piedra filas cuatro , piedra engaste-de en-él Y-llenarás (17) . su-ancho

טוּר אֹדֶם פִּטְדָה וּבָרֶקֶת הַטּוּר הָאֶחָד׃ וְהַטּוּר הַשֵּׁנִי
la-segunda Y-la-fila (18) . la-una la-fila y-berilo topacio rubí fila-de

נֹפֶךְ סַפִּיר וְיָהֲלֹם׃ וְהַטּוּר הַשְּׁלִישִׁי לֶשֶׁם שְׁבוֹ
ágata jacinto la-tercera Y-la-fila (19) . y-esmeralda zafiro turquesa

וְאַחְלָמָה׃ וְהַטּוּר הָרְבִיעִי תַּרְשִׁישׁ וְשֹׁהַם וְיָשְׁפֵה
; y-jaspe y-ónice crisólito la-cuarta Y-la fila (20) . y-amatista

מְשֻׁבָּצִים זָהָב יִהְיוּ בְּמִלּוּאֹתָם׃ וְהָאֲבָנִים
Y-las-piedras (21) . en-sus-engastes estarán oro montadas

תִּהְיֶיןָ עַל־ שְׁמֹת בְּנֵי־ יִשְׂרָאֵל שְׁתֵּים עֶשְׂרֵה עַל־ שְׁמֹתָם
; sus-nombres para diez dos Israel hijos-de nombres-de para serán

פִּתּוּחֵי חוֹתָם אִישׁ עַל־ שְׁמוֹ תִּהְיֶיןָ לִשְׁנֵי עָשָׂר שָׁבֶט׃
. tribus diez para-dos serán su-nombre para cada-una sello grabaduras-de

וְעָשִׂיתָ עַל־ הַחֹשֶׁן שַׁרְשֹׁת גַּבְלֻת מַעֲשֵׂה עֲבֹת זָהָב
oro ; cuerdas obra-de trenza cordones-de el-pectoral para Y-harás (22)

טָהוֹר׃ וְעָשִׂיתָ עַל־ הַחֹשֶׁן שְׁתֵּי טַבְּעוֹת זָהָב וְנָתַתָּ
y-sujetarás ; oro anillas-de dos el-pectoral para Y-harás (23) . puro

אֶת־ שְׁתֵּי הַטַּבָּעוֹת עַל־ שְׁנֵי קְצוֹת הַחֹשֶׁן׃ וְנָתַתָּה
Y-fijarás (24) . el-pectoral extremos-de dos a las-anillas dos **

אֶת־ שְׁתֵּי עֲבֹתֹת הַזָּהָב עַל־ שְׁתֵּי הַטַּבָּעֹת אֶל־ קְצוֹת הַחֹשֶׁן׃
. el-pectoral extremos-de a ; las-anillas dos a el-oro cordones-de dos **

וְאֵת שְׁתֵּי קְצוֹת שְׁתֵּי הָעֲבֹתֹת תִּתֵּן עַל־ שְׁתֵּי הַמִּשְׁבְּצוֹת
; las-filigranas dos a atarás los-cordones dos puntas-de dos Y-** (25)

וְנָתַתָּה עַל־ כִּתְפוֹת הָאֵפֹד אֶל־ מוּל פָּנָיו׃
. su-delantera frontal a el-efod hombreras-de a y-sujetarás

וְעָשִׂיתָ שְׁתֵּי טַבְּעוֹת זָהָב וְשַׂמְתָּ אֹתָם עַל־ שְׁנֵי
dos a a-ellas y-fijarás oro anillas-de dos Y-harás (26)

קְצוֹת הַחֹשֶׁן עַל־ שְׂפָתוֹ אֲשֶׁר אֶל־ עֵבֶר הָאֵפֹד בָּיְתָה׃
. adentro el-efod lado-de en que su-orilla en el-pectoral extremos-de

וְעָשִׂיתָ שְׁתֵּי טַבְּעוֹת זָהָב וְנָתַתָּה אֹתָם עַל־ שְׁתֵּי
dos en a-ellas y-fijarás oro anillas-de dos Y-harás (27)

כִתְפוֹת הָאֵפוֹד מִלְּמַטָּה מִמּוּל פָּנָיו לְעֻמַּת
junto-a su-cara frontal abajo el-efod hombreras-de

מֶחְבַּרְתּוֹ מִמַּעַל לְחֵשֶׁב הָאֵפוֹד׃ וְיִרְכְּסוּ אֶת־
** Y-atarán (28) . el-efod al-cinto-de de-arriba su-costura

הַחֹשֶׁן מִטַּבְּעֹתָו אֶל־ טַבַּעַת הָאֵפֹד בִּפְתִיל תְּכֵלֶת
azul con-cordón-de el-efod anillas-de a de-sus-anillas el-pectoral

לִהְיוֹת עַל־ חֵשֶׁב הָאֵפוֹד וְלֹא־ יִזַּח הַחֹשֶׁן
el-pectoral se-moverá y-no el-efod cinto-de sobre para-estar

מֵעַל הָאֵפוֹד׃ וְנָשָׂא אַהֲרֹן אֶת־ שְׁמוֹת בְּנֵי־ יִשְׂרָאֵל
Israel hijos-de nombres-de ** Aarón Y-llevará (29) . el-efod de-sobre

בְּחֹשֶׁן הַמִּשְׁפָּט עַל־ לִבּוֹ בְּבֹאוֹ אֶל־
a en-su-entrar su-corazón sobre el-juicio en-pectoral-de

הַקֹּדֶשׁ לְזִכָּרֹן לִפְנֵי־ יְהוָה תָּמִיד׃ וְנָתַתָּ אֶל־
en Y-pondrás (30) . continuamente Yahweh ante por-memorial el-lugar-santo

חֹשֶׁן הַמִּשְׁפָּט אֶת־ הָאוּרִים וְאֶת־ הַתֻּמִּים וְהָיוּ עַל־
sobre y-estarán el-tumim y-** el-urim ** el-juicio pectoral-de

לֵב אַהֲרֹן בְּבֹאוֹ לִפְנֵי יְהוָה וְנָשָׂא אַהֲרֹן
Aarón y-llevará , Yahweh ante en-su-entrar Aarón corazón-de

אֶת־ מִשְׁפַּט בְּנֵי־ יִשְׂרָאֵל עַל־ לִבּוֹ לִפְנֵי יְהוָה תָּמִיד׃
. continuamente Yahweh ante su-corazón sobre Israel hijos-de juicio-de **

וְעָשִׂיתָ אֶת־ מְעִיל הָאֵפוֹד כְּלִיל תְּכֵלֶת׃
. azul totalmente el-efod manto-de ** Y-harás (31)

וְהָיָה פִי־ רֹאשׁוֹ בְּתוֹכוֹ שָׂפָה יִהְיֶה
será borde , en-su-centro su-cabeza abertura-de Y-será (32)

לְפִיו סָבִיב מַעֲשֵׂה אֹרֵג כְּפִי תַחְרָא
collar como-abertura-de tejido obra-de alrededor para-su-abertura

יִהְיֶה־ לּוֹ לֹא יִקָּרֵעַ׃ וְעָשִׂיתָ עַל־ שׁוּלָיו
sus-orlas para Y-harás (33) . se-romperá no para-él será

רִמֹּנֵי תְּכֵלֶת וְאַרְגָּמָן וְתוֹלַעַת שָׁנִי עַל־ שׁוּלָיו סָבִיב
alrededor sus-orlas para tejido y-carmesí y-púrpura azul granada-de

וּפַעֲמֹנֵי זָהָב בְּתוֹכָם סָבִיב׃ פַּעֲמֹן זָהָב וְרִמּוֹן
y-granada oro Campana-de (34) . alrededor entre-ellas oro y-campanas-de

פַּעֲמֹן זָהָב וְרִמּוֹן עַל־ שׁוּלֵי הַמְּעִיל סָבִיב׃ וְהָיָה
Y-estará (35) . alrededor el-manto orlas-de en ; y-granada oro campana-de

עַל־אַהֲרֹן לְשָׁרֵת וְנִשְׁמַע קוֹלוֹ בְּבֹאוֹ אֶל־
a en-su-entrar su-sonido y-será-oído para-ministrar Aarón sobre

הַקֹּדֶשׁ לִפְנֵי יְהוָה וּבְצֵאתוֹ וְלֹא יָמוּת׃
. morirá y-no y-en-su-salir Yahweh ante el-lugar-santo

וְעָשִׂיתָ צִּיץ זָהָב טָהוֹר וּפִתַּחְתָּ עָלָיו פִּתּוּחֵי
grabados-de sobre-él y-grabarás puro oro plancha-de Y-harás (36)

חֹתָם קֹדֶשׁ לַיהוָה׃ וְשַׂמְתָּ אֹתוֹ עַל־פְּתִיל תְּכֵלֶת וְהָיָה
y-será azul cordón-de en a-él Y-sujetarás (37) . a-Yahweh santo sello

עַל־הַמִּצְנָפֶת אֶל־מוּל פְּנֵי־הַמִּצְנֶפֶת יִהְיֶה׃ וְהָיָה
Y-estará (38) . estará la-mitra frente-de delante en la-mitra en

עַל־מֵצַח אַהֲרֹן וְנָשָׂא אַהֲרֹן אֶת־עֲוֹן הַקֳּדָשִׁים
los-dones-santos culpa-de ** Aarón y-llevará Aarón frente-de sobre

אֲשֶׁר יַקְדִּישׁוּ בְּנֵי יִשְׂרָאֵל לְכָל־מַתְּנֹת קָדְשֵׁיהֶם
sagradas-de-ellos ofrendas en-todas Israel hijos-de consagran que

וְהָיָה עַל־מִצְחוֹ תָּמִיד לְרָצוֹן לָהֶם
a-ellos para-hacer-aceptables continuamente su-frente en y-estará

לִפְנֵי יְהוָה׃ וְשִׁבַּצְתָּ הַכְּתֹנֶת שֵׁשׁ וְעָשִׂיתָ מִצְנֶפֶת
mitra y-harás lino la-túnica Y-tejerás (39) . Yahweh ante

שֵׁשׁ וְאַבְנֵט תַּעֲשֶׂה מַעֲשֵׂה רֹקֵם׃ וְלִבְנֵי אַהֲרֹן
Aarón Y-para-hijos-de (40) . bordador obra-de harás y-cinto , lino

תַּעֲשֶׂה כֻתֳּנֹת וְעָשִׂיתָ לָהֶם אַבְנֵטִים וּמִגְבָּעוֹת תַּעֲשֶׂה לָהֶם
para-ellos harás y-tiaras , cintos para-ellos y-harás túnicas harás

לְכָבוֹד וּלְתִפְאָרֶת׃ וְהִלְבַּשְׁתָּ אֹתָם אֶת־אַהֲרֹן אָחִיךָ
tu-hermano Aarón a con-ellas Y-vestirás (41) . y-para-honor para-dignidad

וְאֶת־בָּנָיו אִתּוֹ וּמָשַׁחְתָּ אֹתָם וּמִלֵּאתָ אֶת־יָדָם
su-mano ** y-consagrarás a-ellos y-ungirás , con-él sus-hijos y-a

וְקִדַּשְׁתָּ אֹתָם וְכִהֲנוּ לִי׃ וַעֲשֵׂה
Y-haz (42) . para-mí y-serán-sacerdotes a-ellos y-santificarás

לָהֶם מִכְנְסֵי־ בָד לְכַסּוֹת בְּשַׂר עֶרְוָה מִמָּתְנַיִם וְעַד־
y-hasta de-cintura ; desnudo cuerpo-de para-cubrir lino calzones-de para-ellos

יְרֵכַיִם יִהְיוּ׃ (43) וְהָיוּ עַל־ אַהֲרֹן וְעַל־ בָּנָיו
sus-hijos y-en Aarón en Y-estarán (43) . serán muslos

בְּבֹאָם ׀ אֶל־ אֹהֶל מוֹעֵד אוֹ בְגִשְׁתָּם אֶל־הַמִּזְבֵּחַ
el-altar a en-su-acercarse o reunión tienda-de a en-su-entrar

לְשָׁרֵת בַּקֹּדֶשׁ וְלֹא־ יִשְׂאוּ עָוֺן וָמֵתוּ
; y-morirán culpa llevarán y-no en-el-lugar-santo para-ministrar

חֻקַּת עוֹלָם לוֹ וּלְזַרְעוֹ אַחֲרָיו׃
. después-de-él y-para-su-descendencia para-él perpetuo estatuto

(1) וְזֶה הַדָּבָר אֲשֶׁר־ תַּעֲשֶׂה לָהֶם לְקַדֵּשׁ אֹתָם לְכַהֵן
para-ser-sacerdotes a-ellos para-consagrar a-ellos harás que la-cosa Y-ésta (1) Cap. 29

לִי לְקַח פַּר אֶחָד בֶּן־ בָּקָר וְאֵילִם שְׁנַיִם תְּמִימִם׃
. perfectos dos y-carneros vacada hijo-de uno becerro toma ; para-mí

(2) וְלֶחֶם מַצּוֹת וְחַלֹּת מַצֹּת בְּלוּלֹת
amasadas ázimas y-tortas ázimos Y-pan-de (2)

בַּשֶּׁמֶן וּרְקִיקֵי מַצּוֹת מְשֻׁחִים בַּשָּׁמֶן
con-el-aceite untados ázimos y-hojaldres con-el-aceite

סֹלֶת חִטִּים תַּעֲשֶׂה אֹתָם׃ (3) וְנָתַתָּ אוֹתָם עַל־ סַל אֶחָד
una cesta en a-ellos Y-pondrás (3) . a-ellos harás trigo harina-de

וְהִקְרַבְתָּ אֹתָם בַּסָּל וְאֶת־ הַפָּר וְאֵת שְׁנֵי הָאֵילִם׃
. los-carneros dos y-con el-becerro y-con ; en-cesta a-ellos y-ofrecerás

(4) וְאֶת־ אַהֲרֹן וְאֶת־ בָּנָיו תַּקְרִיב אֶל־ פֶּתַח אֹהֶל מוֹעֵד
reunión tienda-de puerta-de a acerca sus-hijos y-a Aarón Y-a (4)

וְרָחַצְתָּ אֹתָם בַּמָּיִם׃ (5) וְלָקַחְתָּ אֶת־ הַבְּגָדִים
las-ropas ** Y-toma (5) . con-agua a-ellos y-lava

וְהִלְבַּשְׁתָּ אֶת־ אַהֲרֹן אֶת־הַכֻּתֹּנֶת וְאֵת מְעִיל הָאֵפֹד וְאֶת־ הָאֵפֹד
el-efod y-** el-efod manto-de y-** la-túnica ** Aarón a y-viste

וְאֶת־ הַחֹשֶׁן וְאָפַדְתָּ לוֹ בְּחֵשֶׁב הָאֵפֹד׃
. el-efod con-cinto-de a-él y-ceñirás ; el-pectoral y-**

וְשַׂמְתָּ הַמִּצְנֶפֶת עַל־ רֹאשׁוֹ וְנָתַתָּ אֶת־ נֵזֶר
diadema ** y-sujetarás su-cabeza en la-mitra Y-pondrás (6)

הַקֹּדֶשׁ עַל־ הַמִּצְנָפֶת׃ וְלָקַחְתָּ אֶת־ שֶׁמֶן הַמִּשְׁחָה
la-unción aceite-de ** Y-tomarás (7) . la-mitra sobre la-sagrada

וְיָצַקְתָּ עַל־ רֹאשׁוֹ וּמָשַׁחְתָּ אֹתוֹ׃ וְאֶת־ בָּנָיו תַּקְרִיב
traerás sus-hijos Y-** (8) . a-él y-ungirás ; su-cabeza en y-derramarás

וְהִלְבַּשְׁתָּם כֻּתֳּנֹת׃ וְחָגַרְתָּ אֹתָם אַבְנֵט אַהֲרֹן וּבָנָיו
y-sus-hijos Aarón cinto a-ellos Y-ceñirás (9) . túnicas y-les-vestirás

וְחָבַשְׁתָּ לָהֶם מִגְבָּעֹת וְהָיְתָה לָהֶם כְּהֻנָּה
sacerdocio para-ellos y-será tiaras a-ellos y-atarás

לְחֻקַּת עוֹלָם וּמִלֵּאתָ יַד־ אַהֲרֹן וְיַד־
y-mano-de Aarón mano-de y-consagrarás ; perpetuo para-estatuto

בָּנָיו׃ וְהִקְרַבְתָּ אֶת־ הַפָּר לִפְנֵי אֹהֶל מוֹעֵד
; reunión tienda-de ante el-becerro ** Y-acercarás (10) . sus-hijos

וְסָמַךְ אַהֲרֹן וּבָנָיו אֶת־ יְדֵיהֶם עַל־ רֹאשׁ הַפָּר׃
. el-becerro cabeza-de sobre sus-manos ** y-sus-hijos Aarón y-pondrá

וְשָׁחַטְתָּ אֶת־ הַפָּר לִפְנֵי יְהוָה פֶּתַח אֹהֶל
tienda-de puerta-de Yahweh ante el-becerro ** Y-degollarás (11)

מוֹעֵד׃ וְלָקַחְתָּ מִדַּם הַפָּר וְנָתַתָּה עַל־ קַרְנֹת
cuernos-de en y-pondrás el-becerro de-sangre-de Y-tomarás (12) . reunión

הַמִּזְבֵּחַ בְּאֶצְבָּעֶךָ וְאֶת־ כָּל־ הַדָּם תִּשְׁפֹּךְ אֶל־ יְסוֹד
base-de a derramarás la-sangre toda y-** con-tu-dedo el-altar

הַמִּזְבֵּחַ׃ וְלָקַחְתָּ אֶת־ כָּל־ הַחֵלֶב הַֽמְכַסֶּה אֶת־
** la-que-cubre la-grasa toda ** Y-tomarás (13) . el-altar

הַקֶּרֶב וְאֵת הַיֹּתֶרֶת עַל־ הַכָּבֵד וְאֵת שְׁתֵּי הַכְּלָיֹת וְאֶת־
y-** los-riñones dos y-** el-hígado sobre el-recubrimiento y-** la-entraña

הַחֵלֶב אֲשֶׁר עֲלֵיהֶן וְהִקְטַרְתָּ הַמִּזְבֵּחָה׃ וְאֶת־ בְּשַׂר
carne-de Y-** (14) . en-el-altar y-quemas ; sobre-ellas que la-grasa

הַפָּר וְאֶת־ עֹרוֹ וְאֶת־ פִּרְשׁוֹ תִּשְׂרֹף בָּאֵשׁ מִחוּץ
fuera con-fuego quemarás su-estiércol y-** su-piel y-** el-becerro

לַֽמַּחֲנֶה חַטָּאת הוּא׃ וְאֶת־ הָאַיִל הָאֶחָד תִּקָּח
tomarás el-uno el-carnero Y-** (15) . ello ofrenda-por-pecado ; de-el-campamento

וְסָמְכוּ אַהֲרֹן וּבָנָיו אֶת־ יְדֵיהֶם עַל־ רֹאשׁ הָאָיִל׃
. el-carnero cabeza-de sobre sus-manos ** y-sus-hijos Aarón y-pondrán

וְשָׁחַטְתָּ אֶת־ הָאָיִל וְלָֽקַחְתָּ אֶת־ דָּמוֹ
su-sangre ** y-tomarás el-carnero y-** Y-degollarás (16)

וְזָרַקְתָּ עַל־ הַמִּזְבֵּחַ סָבִיב׃ וְאֶת־ הָאַיִל תְּנַתֵּחַ
cortarás el-carnero Y-** (17) . alrededor el-altar sobre y-rociarás

לִנְתָחָיו וְרָחַצְתָּ קִרְבּוֹ וּכְרָעָיו וְנָתַתָּ
y-pondrás y-sus-piernas sus-intestinos y-lavarás ; en-sus-pedazos

עַל־ נְתָחָיו וְעַל־ רֹאשׁוֹ׃ וְהִקְטַרְתָּ אֶת־ כָּל־
todo ** Y-quemarás (18) . su-cabeza y-con sus-trozos con

הָאַיִל הַמִּזְבֵּחָה עֹלָה הוּא לַיהוָה רֵיחַ נִיחוֹחַ אִשֶּׁה
de-fuego grato olor a-Yahweh él holocausto en-el-altar el-carnero

לַיהוָה הוּא׃ וְלָֽקַחְתָּ אֵת הָאַיִל הַשֵּׁנִי וְסָמַךְ אַהֲרֹן
Aarón y-pondrá el-otro el-carnero ** Y-tomarás (19) . él a-Yahweh

וּבָנָיו אֶת־ יְדֵיהֶם עַל־ רֹאשׁ הָאָיִל׃ וְשָׁחַטְתָּ
Y-degollarás (20) . el carnero cabeza-de sobre sus-manos ** y-sus-hijos

אֶת־הָאַ֫יִל וְלָקַחְתָּ֫ מִדָּמוֹ֙ וְנָתַתָּ֫ה עַל־תְּנ֫וּךְ אֹ֫זֶן

oreja-de lóbulo-de en y-pondrás de-su-sangre y-tomarás el-carnero **

אַהֲרֹ֗ן וְעַל־תְּנוּךְ֙ אֹ֣זֶן בָּנָ֔יו הַיְמָנִ֑ית וְעַל־בֹּ֤הֶן

pulgar-de y-en la-derecha sus-hijos oreja-de lóbulo-de y-en Aarón

יָדָם֙ הַיְמָנִ֔ית וְעַל־בֹּ֥הֶן רַגְלָ֖ם הַיְמָנִ֑ית

el-derecho pie-de-ellos pulgar-de y-en la-derecha mano-de-ellos

וְזָרַקְתָּ֧ אֶת־הַדָּ֛ם עַל־הַמִּזְבֵּ֖חַ סָבִֽיב׃ וְלָקַחְתָּ֞

Y-tomarás (21) . alrededor el-altar en la-sangre ** y-rociarás

מִן־הַדָּ֨ם אֲשֶׁ֥ר עַל־הַמִּזְבֵּ֮חַ֮ וּמִשֶּׁ֣מֶן הַמִּשְׁחָה֒ וְהִזֵּיתָ֙

y-rociarás la-unción y-del-aceite-de el-altar en que la-sangre de

עַֽל־אַהֲרֹן֙ וְעַל־בְּגָדָ֔יו וְעַל־בָּנָ֛יו וְעַל־בִּגְדֵ֥י

ropas-de y-sobre sus-hijos y-sobre sus-ropas y-sobre Aarón sobre

בָנָ֖יו אִתּ֑וֹ וְקָדַ֣שׁ ה֗וּא וּבְגָדָ֔יו

y-sus-ropas él y-será-santificado ; con-él sus-hijos

וּבָנָ֛יו וּבִגְדֵ֥י בָנָ֖יו אִתּֽוֹ׃ וְלָקַחְתָּ֣ מִן־

de Y-tomarás (22) . con-él sus-hijos y-ropas-de y-sus-hijos

הָ֠אַיִל הַחֵ֨לֶב וְהָאַלְיָ֜ה וְאֶת־הַחֵ֣לֶב ׀ הַֽמְכַסֶּ֣ה אֶת־הַקֶּ֗רֶב

el-intestino ** la-que-cubre la-grasa y-** el-hígado cubierta-de y-**

וְאֵת֩ יֹתֶ֨רֶת הַכָּבֵ֜ד וְאֵ֣ת ׀ שְׁתֵּ֣י הַכְּלָיֹ֗ת וְאֶת־הַחֵ֙לֶב֙ אֲשֶׁ֣ר עֲלֵיהֶ֔ן

sobre-ellas que la-grasa y-** los-riñones dos y-** el-hígado cubierta-de y-**

וְאֵ֖ת שׁ֣וֹק הַיָּמִ֑ין כִּ֛י אֵ֥יל מִלֻּאִ֖ים הֽוּא׃ וְכִכַּ֨ר לֶ֜חֶם

pan Y-barra-de (23) . él consagraciones carnero-de así ; la-derecha espaldilla y-**

אַחַ֗ת וְחַלַּ֨ת לֶ֥חֶם שֶׁ֛מֶן אַחַ֖ת וְרָקִ֣יק אֶחָ֑ד מִסַּל֙ הַמַּצּ֔וֹת

los-ázimos de-cesta-de uno y-hojaldre uno aceite pan y-torta-de una

אֲשֶׁ֖ר לִפְנֵ֥י יְהוָֽה׃ וְשַׂמְתָּ֣ הַכֹּ֔ל עַ֚ל כַּפֵּ֣י אַהֲרֹ֔ן וְעַ֖ל כַּפֵּ֣י

manos-de y-en Aarón manos-de en el-todo Y-pondrás (24) . Yahweh ante que

בָּנָיו וְהֵנַפְתָּ אֹתָם תְּנוּפָה לִפְנֵי יְהוָה׃ וְלָקַחְתָּ
Y-tomarás (25) . Yahweh ante ofrenda-mecida a-ellos y-mecerás ; sus-hijos

אֹתָם מִיָּדָם וְהִקְטַרְתָּ הַמִּזְבֵּחָה עַל־ הָעֹלָה
el-holocausto con en-el-altar y-quemarás de-mano-de-ellos a-ellos

לְרֵיחַ נִיחוֹחַ לִפְנֵי יְהוָה אִשֶּׁה הוּא לַיהוָה׃ וְלָקַחְתָּ
Y-tomarás (26) . para-Yahweh él por-fuego Yahweh ante grato para-olor

אֶת־ הֶחָזֶה מֵאֵיל הַמִּלֻּאִים אֲשֶׁר לְאַהֲרֹן וְהֵנַפְתָּ אֹתוֹ
a-él y-mecerás para-Aarón que las-consagraciones del-carnero-de el-pecho **

תְּנוּפָה לִפְנֵי יְהוָה וְהָיָה לְךָ לְמָנָה׃
. por-porción para-ti y-será Yahweh ante ofrenda-mecida

וְקִדַּשְׁתָּ אֵת ׀ חֲזֵה הַתְּנוּפָה וְאֵת שׁוֹק
espaldilla-de y-** la-ofrenda-mecida pecho-de ** Y-santificarás (27)

הַתְּרוּמָה אֲשֶׁר הוּנַף וַאֲשֶׁר הוּרָם מֵאֵיל
del-carnero-de , fue-presentada y-que fue-mecida que la-presentación

הַמִּלֻּאִים מֵאֲשֶׁר לְאַהֲרֹן וּמֵאֲשֶׁר לְבָנָיו׃
. para-sus-hijos y-de para-Aarón de de-las-consagraciones

וְהָיָה לְאַהֲרֹן וּלְבָנָיו לְחָק־ עוֹלָם מֵאֵת בְּנֵי
hijos-de de perpetuo porción-de y-para-sus-hijos para-Aarón Y-será (28)

יִשְׂרָאֵל כִּי תְרוּמָה הוּא וּתְרוּמָה יִהְיֶה מֵאֵת בְּנֵי־יִשְׂרָאֵל
Israel hijos-de de será y-ofrenda-elevada ; él ofrenda-elevada por , Israel

מִזִּבְחֵי שַׁלְמֵיהֶם תְּרוּמָתָם לַיהוָה׃
. a-Yahweh ofrenda-elevada-de-ellos paces-de-ellos de-ofrendas-de

וּבִגְדֵי הַקֹּדֶשׁ אֲשֶׁר לְאַהֲרֹן יִהְיוּ לְבָנָיו
para-sus-hijos serán para-Aarón que la-santidad Y-vestiduras-de (29)

אַחֲרָיו לְמָשְׁחָה בָהֶם וּלְמַלֵּא־ בָם אֶת־ יָדָם׃
. mano-de-ellos ** en-ellos y-ser-ordenados en-ellos para-ser-ungidos ; después-de-él

שִׁבְעַת יָמִים יִלְבָּשָׁם הַכֹּהֵן תַּחְתָּיו מִבָּנָיו
; de-sus-hijos su-sucesor el-sacerdote vestirá días Siete (30)

אֲשֶׁר יָבֹא אֶל־ אֹהֶל מוֹעֵד לְשָׁרֵת בַּקֹּדֶשׁ׃ וְאֵת
Y-** (31) . en-lugar-santo para-ministrar reunión tienda-de a entre que

אֵיל הַמִּלֻּאִים תִּקָּח וּבִשַּׁלְתָּ אֶת־ בְּשָׂרוֹ בְּמָקֹם
en-lugar su-carne ** y-cocerás ; tomarás las-consagraciones carnero-de

קָדֹשׁ׃ וְאָכַל אַהֲרֹן וּבָנָיו אֶת־ בְּשַׂר הָאַיִל וְאֶת־
y-** el-carnero carne-de ** y-sus-hijos Aarón Y-comerá (32) . santo

הַלֶּחֶם אֲשֶׁר בַּסָּל פֶּתַח אֹהֶל מוֹעֵד׃ וְאָכְלוּ
Y-comerán (33) . reunión tienda-de entrada-de ; en-la-cesta que el-pan

אֹתָם אֲשֶׁר כֻּפַּר בָּהֶם לְמַלֵּא אֶת־ יָדָם לְקַדֵּשׁ
para-santificar mano-de-ellos ** para-ordenar por-ellos fue-hecha-expiación que a-ellos

אֹתָם וְזָר לֹא־ יֹאכַל כִּי־ קֹדֶשׁ הֵם׃ וְאִם־ יִוָּתֵר
sobra Y-si (34) . ellos santo pues comerá no y-extraño ; a-ellos

מִבְּשַׂר הַמִּלֻּאִים וּמִן־ הַלֶּחֶם עַד־ הַבֹּקֶר וְשָׂרַפְתָּ
entonces-quemarás , la-mañana hasta el-pan y-de las-consagraciones de-carne-de

אֶת־ הַנּוֹתָר בָּאֵשׁ לֹא יֵאָכֵל כִּי־ קֹדֶשׁ הוּא׃
. él santo porque se-comerá no ; en-el-fuego lo-restante **

וְעָשִׂיתָ לְאַהֲרֹן וּלְבָנָיו כָּכָה כְּכֹל אֲשֶׁר־
lo-que como-todo así y-para-sus-hijos para-Aarón Y-harás (35)

צִוִּיתִי אֹתָכָה שִׁבְעַת יָמִים תְּמַלֵּא יָדָם׃ וּפַר
Y-becerro-de (36) . mano-de-ellos ordenarás días siete ; a-ti mandé

חַטָּאת תַּעֲשֶׂה לַיּוֹם עַל־ הַכִּפֻּרִים וְחִטֵּאתָ
y-purificarás las-expiaciones para al-día sacrificarás ofrenda-de-pecado

עַל־הַמִּזְבֵּחַ בְּכַפֶּרְךָ עָלָיו וּמָשַׁחְתָּ אֹתוֹ לְקַדְּשׁוֹ׃
. para-santificarlo a-él y-ungirás ; sobre-él en-tu-expiación el-altar en

שִׁבְעַת יָמִים תְּכַפֵּר עַל־ הַמִּזְבֵּחַ וְקִדַּשְׁתָּ אֹתוֹ
; a-él y-santificarás el-altar por harás-expiación días Siete (37)

וְהָיָה הַמִּזְבֵּחַ קֹדֶשׁ קָדָשִׁים כָּל־ הַנֹּגֵעַ
lo-que-toque todo santos santo-de el-altar y-será

בַּמִּזְבֵּחַ יִקְדָּשׁ׃ וְזֶה אֲשֶׁר תַּעֲשֶׂה עַל־ הַמִּזְבֵּחַ כְּבָשִׂים
corderos , el-altar sobre ofrecerás lo-que Y-esto (38) será-santo en-el-altar

בְּנֵי־ שָׁנָה שְׁנַיִם לַיּוֹם תָּמִיד׃ אֶת־ הַכֶּבֶשׂ הָאֶחָד
el-uno el-cordero ** (39) . siempre al-día dos año hijos-de

תַּעֲשֶׂה בַבֹּקֶר וְאֵת הַכֶּבֶשׂ הַשֵּׁנִי תַּעֲשֶׂה בֵּין הָעַרְבָּיִם׃
. los-crepúsculos entre ofrecerás el-otro el-cordero y-** por-la-mañana ofrecerás

וְעִשָּׂרֹן סֹלֶת בָּלוּל בְּשֶׁמֶן כָּתִית רֶבַע הַהִין
el-hin cuarto-de amasada con-aceite mezclada flor-de-harina Y-décima (40)

וְנֵסֶךְ רְבִעִית הַהִין יָיִן לַכֶּבֶשׂ הָאֶחָד׃ וְאֵת
Y-** (41) el-uno para-el-cordero , vino el-hin cuarto-de y-libación

הַכֶּבֶשׂ הַשֵּׁנִי תַּעֲשֶׂה בֵּין הָעַרְבָּיִם כְּמִנְחַת הַבֹּקֶר
la-mañana como-ofrenda-de , los-crepúsculos entre ofrecerás el-otro cordero

וּכְנִסְכָּהּ תַּעֲשֶׂה־ לָּהּ לְרֵיחַ נִיחֹחַ אִשֶּׁה
de-fuego grato para-olor , a-ella ofrecerás y-como-su-libación

לַיהוָה׃ עֹלַת תָּמִיד לְדֹרֹתֵיכֶם פֶּתַח
puerta-de por-vuestras-generaciones continuo Holocausto (42) . a-Yahweh

אֹהֶל־ מוֹעֵד לִפְנֵי יְהוָה אֲשֶׁר אִוָּעֵד לָכֶם שָׁמָּה לְדַבֵּר
para-hablar , allí a-vosotros me-reuniré donde Yahweh ante reunión tienda-de

אֵלֶיךָ שָׁם׃ וְנֹעַדְתִּי שָׁמָּה לִבְנֵי יִשְׂרָאֵל
; Israel con-hijos-de allí Y-me-reuniré (43) . allí a-ti

וְנִקְדַּשׁ בִּכְבֹדִי׃ וְקִדַּשְׁתִּי אֶת־
** Y-santificaré (44) . con-mi-gloria y-será-santificado

אֹ֥הֶל מוֹעֵ֖ד וְאֶת־הַמִּזְבֵּ֑חַ וְאֶת־אַהֲרֹ֧ן וְאֶת־בָּנָ֛יו אֲקַדֵּ֖שׁ
santificaré sus-hijos y-a Aarón y-a ; al-altar y-** reunión tienda-de

לְכַהֵ֥ן לִֽי׃ וְשָׁ֣כַנְתִּ֔י בְּת֖וֹךְ בְּנֵ֣י יִשְׂרָאֵ֑ל וְהָיִ֥יתִי
y-seré , Israel hijos-de entre Y-habitaré (45) . para-mí para-ser-sacerdotes

לָהֶ֖ם לֵאלֹהִֽים׃ וְיָֽדְע֗וּ כִּ֣י אֲנִ֤י יְהוָה֙ אֱלֹ֣הֵיהֶ֔ם אֲשֶׁ֨ר
que su-Dios Yahweh yo que Y-conocerán (46) . por-Dios para-ellos

הוֹצֵ֧אתִי אֹתָ֛ם מֵאֶ֥רֶץ מִצְרַ֖יִם לְשָׁכְנִ֣י בְתוֹכָ֑ם אֲנִ֖י יְהוָ֥ה
Yahweh yo ; entre-ellos para-mi-habitar Egipto de-tierra-de a-ellos saqué

אֱלֹהֵיהֶֽם׃ וְעָשִׂ֥יתָ מִזְבֵּ֖חַ מִקְטַ֣ר קְטֹ֑רֶת עֲצֵ֥י שִׁטִּ֖ים
acacias maderas-de ; incienso quemador-de altar Y-harás (1) . Dios-de-ellos Cap.

תַּעֲשֶׂ֥ה אֹתֽוֹ׃ אַמָּ֨ה אָרְכּ֜וֹ וְאַמָּ֤ה רָחְבּוֹ֙ רָב֣וּעַ
cuadrado , su-anchura y-codo su-longitud Codo (2) . a-él harás

יִֽהְיֶ֔ה וְאַמָּתַ֖יִם קֹמָת֑וֹ מִמֶּ֖נּוּ קַרְנֹתָֽיו׃
: sus-cuernos de-él ; su-altura y-dos-codos será

וְצִפִּיתָ֨ אֹת֜וֹ זָהָ֣ב טָה֗וֹר אֶת־גַּגּ֛וֹ וְאֶת־קִירֹתָ֥יו סָבִ֖יב וְאֶת־
y-** alrededor sus-lados y-** y-su-parte superior ** puro oro a-él Y-recubrirás (3)

קַרְנֹתָ֑יו וְעָשִׂ֥יתָ לּ֛וֹ זֵ֥ר זָהָ֖ב סָבִֽיב׃ וּשְׁתֵּי֩
Y-dos (4) . alrededor oro moldura-de para-él y-harás ; sus-cuernos

טַבְּעֹ֨ת זָהָ֜ב תַּֽעֲשֶׂה־לּ֣וֹ ׀ מִתַּ֣חַת לְזֵר֗וֹ עַ֚ל שְׁתֵּ֣י
dos en para-su-moldura para-debajo-de para-él harás oro anillas-de

צַלְעֹתָ֔יו תַּעֲשֶׂ֖ה עַל־שְׁנֵ֣י צִדָּ֑יו וְהָיָה֙ לְבָתִּ֣ים
por-asideros y-será ; lados-de-él dos en harás extremos-de-él

לְבַדִּ֔ים לָשֵׂ֥את אֹת֖וֹ בָּהֵֽמָּה׃ וְעָשִׂ֥יתָ אֶת־הַבַּדִּ֖ים עֲצֵ֣י
maderas-de las-varas ** Y-harás (5) . con-ellos a-él para-llevar para-varas

שִׁטִּ֑ים וְצִפִּיתָ֥ אֹתָ֖ם זָהָֽב׃ וְנָתַתָּ֤ה אֹתוֹ֙ לִפְנֵ֣י הַפָּרֹ֔כֶת
la-cortina ante a-él Y-pondrás (6) . oro a-ellas y-recubrirás ; acacias

אֲשֶׁר עַל־ אֲרֹן הָעֵדֻת לִפְנֵי הַכַּפֹּרֶת אֲשֶׁר עַל־

sobre que el-propiciatorio delante-de el-testimonio arca-de frente que

הָעֵדֻת אֲשֶׁר אִוָּעֵד לְךָ שָׁמָּה׃ וְהִקְטִיר עָלָיו

sobre-él Y-quemará (7) . allí contigo me-encontrará donde el-testimonio

אַהֲרֹן קְטֹרֶת סַמִּים בַּבֹּקֶר בַּבֹּקֶר בְּהֵיטִיבוֹ

en-su-preparar por-la-mañana por-la-mañana aromas incienso-de Aarón

אֶת־ הַנֵּרֹת יַקְטִירֶנָּה׃ וּבְהַעֲלֹת אַהֲרֹן אֶת־ הַנֵּרֹת

las-lámparas ** Aarón Y-al-encender (8) . la-quemará las-lámparas **

בֵּין הָעַרְבַּיִם יַקְטִירֶנָּה קְטֹרֶת תָּמִיד לִפְנֵי יְהוָה

Yahweh ante continuamente incienso ; la-quemará el-atardecer entre

לְדֹרֹתֵיכֶם׃ לֹא־ תַעֲלוּ עָלָיו קְטֹרֶת זָרָה

otro incienso-de sobre-él ofrecerás No (9) . por-vuestras-generaciones

וְעֹלָה וּמִנְחָה וְנֶסֶךְ לֹא תִסְּכוּ עָלָיו׃

. sobre-él derramaréis no y-libación ; ni-ofrenda ni-holocausto

וְכִפֶּר אַהֲרֹן עַל־ קַרְנֹתָיו אַחַת בַּשָּׁנָה מִדַּם

de-sangre-de en-el-año una sus-cuernos sobre Aarón Y-expiará (10)

חַטַּאת הַכִּפֻּרִים אַחַת בַּשָּׁנָה יְכַפֵּר עָלָיו

sobre-él expiará en-el-año una expiaciones ofrenda-del-pecado-de

לְדֹרֹתֵיכֶם קֹדֶשׁ־ קָדָשִׁים הוּא לַיהוָה׃ וַיְדַבֵּר

Y-habló (11) . a-Yahweh él santos santo-de , por-vuestras-generaciones

יְהוָה אֶל־ מֹשֶׁה לֵּאמֹר׃ כִּי תִשָּׂא אֶת־ רֹאשׁ בְּנֵי־יִשְׂרָאֵל

Israel hijos-de censo-de ** tomes Cuando (12) : diciendo Moisés a Yahweh

לִפְקֻדֵיהֶם וְנָתְנוּ אִישׁ כֹּפֶר נַפְשׁוֹ לַיהוָה

a-Yahweh su-persona rescate-de cada-uno entonces-pagarán para-recuento-de-ellos

בִּפְקֹד אֹתָם וְלֹא־ יִהְיֶה בָהֶם נֶגֶף בִּפְקֹד אֹתָם׃

. a-ellos al-contar plaga en-ellos será y-no , a-ellos al-contar

זֶה ׀ יִתְּנוּ כָּל־ הָעֹבֵר עַל־ הַפְּקֻדִים

los-contados a el-que-pase todo darán Esto (13)

מַחֲצִית הַשֶּׁקֶל בְּשֶׁקֶל הַקֹּדֶשׁ עֶשְׂרִים גֵּרָה הַשֶּׁקֶל

el-siclo geras veinte ; el-santuario según-siclo-de el-siclo medio

מַחֲצִית הַשֶּׁקֶל תְּרוּמָה לַיהוָה׃ כֹּל הָעֹבֵר עַל־

a el-que-pase Todo (14) . a-Yahweh ofrenda el-siclo medio

הַפְּקֻדִים מִבֶּן עֶשְׂרִים שָׁנָה וָמָעְלָה יִתֵּן

dará y-arriba año veinte de-hijo-de los-contados

תְּרוּמַת יְהוָה׃ הֶעָשִׁיר לֹא־ יַרְבֶּה וְהַדַּל לֹא

no y-el-pobre aumentará no El-rico (15) . Yahweh ofrenda-de

יַמְעִיט מִמַּחֲצִית הַשָּׁקֶל לָתֵת אֶת־ תְּרוּמַת יְהוָה לְכַפֵּר

para-expiar Yahweh ofrenda ** para-dar ; el-siclo del-medio disminuirá

עַל־ נַפְשֹׁתֵיכֶם׃ וְלָקַחְתָּ אֶת־ כֶּסֶף הַכִּפֻּרִים מֵאֵת

de-** las-expiaciones plata-de ** Y-tomarás (16) . vuestras-personas por

בְּנֵי יִשְׂרָאֵל וְנָתַתָּ אֹתוֹ עַל־ עֲבֹדַת אֹהֶל מוֹעֵד וְהָיָה

y-será ; reunión tienda-de servicio-de por a-él y-darás Israel hijos-de

לִבְנֵי יִשְׂרָאֵל לְזִכָּרוֹן לִפְנֵי יְהוָה לְכַפֵּר עַל־ נַפְשֹׁתֵיכֶם׃

. vuestras-personas por para-expiar Yahweh ante para-memorial Israel para-hijos-de

וַיְדַבֵּר יְהוָה אֶל־ מֹשֶׁה לֵּאמֹר׃ וְעָשִׂיתָ כִּיּוֹר נְחֹשֶׁת

bronce fuente-de Y-harás (18) . diciendo Moisés a Yahweh Y-habló (17)

וְכַנּוֹ נְחֹשֶׁת לְרָחְצָה וְנָתַתָּ אֹתוֹ בֵּין־ אֹהֶל מוֹעֵד

reunión tienda-de entre a-él y-pondrás ; para-lavar bronce y-su-base

וּבֵין הַמִּזְבֵּחַ וְנָתַתָּ שָׁמָּה מָיִם׃ וְרָחֲצוּ

Y-se-lavarán (19) . agua allí y-pondrás el-altar y-entre

אַהֲרֹן וּבָנָיו מִמֶּנּוּ אֶת־ יְדֵיהֶם וְאֶת־ רַגְלֵיהֶם׃

. sus-pies y-** sus-manos ** ; en-él y-sus-hijos Aarón

בְּבֹאָם אֶל־אֹהֶל מוֹעֵד יִרְחֲצוּ־מַיִם וְלֹא
y-no agua se-lavarán-con reunión tienda-de a En-su-entrar (20)

יָמֻתוּ אוֹ בְגִשְׁתָּם אֶל־הַמִּזְבֵּחַ לְשָׁרֵת לְהַקְטִיר
para-ofrecer para-ministrar el-altar a en-su-acercarse también ; morirán

אִשֶּׁה לַיהוָה׃ וְרָחֲצוּ יְדֵיהֶם
manos-de-ellos Y-se-lavarán (21) . a-Yahweh ofrenda-encendida

וְרַגְלֵיהֶם וְלֹא יָמֻתוּ וְהָיְתָה לָהֶם חָק־
estatuto para-ellos y-será ; morirán y-no y-pies-de-ellos

עוֹלָם לוֹ וּלְזַרְעוֹ לְדֹרֹתָם׃
. para-generaciones-de-ellos y-para-sus-descendientes para-él perpetuo

וַיְדַבֵּר יְהוָה אֶל־מֹשֶׁה לֵּאמֹר׃ וְאַתָּה קַח־לְךָ בְּשָׂמִים רֹאשׁ
fina especia para-ti toma Y-tú (23) . diciendo Moisés a Yahweh Y-habló (22)

מָר־דְּרוֹר חֲמֵשׁ מֵאוֹת וְקִנְּמָן־בֶּשֶׂם מַחֲצִיתוֹ חֲמִשִּׁים
cincuenta su-mitad aromática y-canela , cientos cinco líquido mirra-de

וּמָאתָיִם וּקְנֵה־בֹשֶׂם חֲמִשִּׁים וּמָאתָיִם׃ וְקִדָּה
Y-casia (24) . y-doscientos cincuenta aromática y-caña y-dos-cientos

חֲמֵשׁ מֵאוֹת בְּשֶׁקֶל הַקֹּדֶשׁ וְשֶׁמֶן זַיִת הִין׃
. hin oliva y-aceite-de el-santuario en-siclo-de cientos cinco

וְעָשִׂיתָ אֹתוֹ שֶׁמֶן מִשְׁחַת־קֹדֶשׁ רֹקַח מִרְקַחַת מַעֲשֵׂה
obra-de fragancia perfume-de santa unción aceite-de para-él Y-harás (25)

רֹקֵחַ שֶׁמֶן מִשְׁחַת־קֹדֶשׁ יִהְיֶה׃ וּמָשַׁחְתָּ
Y-ungirás (26) . será santa unción aceite-de ; perfumista

בוֹ אֶת־אֹהֶל מוֹעֵד וְאֵת אֲרוֹן הָעֵדֻת׃ וְאֶת־הַשֻּׁלְחָן וְאֶת־
y-** la-mesa Y-** (27) . testimonio arca-de y-** reunión tienda-de ** con-él

כָּל־כֵּלָיו וְאֶת־הַמְּנֹרָה וְאֶת־כֵּלֶיהָ וְאֵת מִזְבַּח
altar-de y-** sus-utensilios y-** el-candelabro y-** utensilios-suyos todos

הַקְּטֹרֶת׃ וְאֶת־ מִזְבַּח הָעֹלָה וְאֶת־ כָּל־ כֵּלָיו

sus-utensilios todos y-** el-holocausto altar-de y-** (28) , el-incienso

וְאֶת־ הַכִּיֹּר וְאֶת־ כַּנּוֹ׃ וְקִדַּשְׁתָּ אֹתָם

a-ellos Y-santificarás (29) . su-soporte y-** la-fuente y-**

וְהָיוּ קֹדֶשׁ קָדָשִׁים כָּל־ הַנֹּגֵעַ בָּהֶם

en-ellos lo-que-tocare todo ; santos santo-de y-serán

יִקְדָּשׁ׃ וְאֶת־ אַהֲרֹן וְאֶת־ בָּנָיו תִּמְשָׁח וְקִדַּשְׁתָּ

y-consagrarás ungirás sus-hijos y-a Aarón Y-a (30) . será-santo

אֹתָם לְכַהֵן לִי׃ וְאֶל־ בְּנֵי יִשְׂרָאֵל תְּדַבֵּר לֵאמֹר שֶׁמֶן

aceite-de : diciendo habla Israel hijos-de Y-a (31) . para-mí para-ser-sacerdotes a-ellos

מִשְׁחַת־ קֹדֶשׁ יִהְיֶה זֶה לִי לְדֹרֹתֵיכֶם׃ עַל־ בְּשַׂר

cuerpo-de Sobre (32) . por-vuestras-generaciones para-mí éste es santo unción

אָדָם לֹא יִיסָךְ וּבְמַתְכֻּנְתּוֹ לֹא תַעֲשׂוּ כָּמֹהוּ קֹדֶשׁ

santo , como-él haréis no y-con-su-composición se-derramará no hombre

הוּא קֹדֶשׁ יִהְיֶה לָכֶם׃ אִישׁ אֲשֶׁר יִרְקַח כָּמֹהוּ וַאֲשֶׁר

y-que como-él mezcle que Cualquiera (33) . para-vosotros es santo él

יִתֵּן מִמֶּנּוּ עַל־ זָר וְנִכְרַת מֵעַמָּיו׃

. de-su-pueblo será-cortado , extraño sobre de-él ponga

וַיֹּאמֶר יְהֹוָה אֶל־ מֹשֶׁה קַח־ לְךָ סַמִּים נָטָף ׀ וּשְׁחֵלֶת

y-estacte aromáticas especias para-ti toma : Moisés a Yahweh Y-dijo (34)

וְחֶלְבְּנָה סַמִּים וּלְבֹנָה זַכָּה בַּד בְּבַד יִהְיֶה׃

. será por-peso peso , puro e-incienso especias y-gálbano

וְעָשִׂיתָ אֹתָהּ קְטֹרֶת רֹקַח מַעֲשֵׂה רוֹקֵחַ מְמֻלָּח טָהוֹר

puro mezclado , perfumista obra-de perfume incienso a-ella Y-harás (35)

קֹדֶשׁ׃ וְשָׁחַקְתָּ מִמֶּנָּה הָדֵק וְנָתַתָּה מִמֶּנָּה

de-ella y-pondrás pulverizar de-ella Y-molerás (36) . santo

לִפְנֵי הָעֵדֻת בְּאֹהֶל מוֹעֵד אֲשֶׁר אִוָּעֵד לְךָ
con-tigo me-reuniré donde reunión en-tienda-de el-testimonio ante

שָׁמָּה קֹדֶשׁ קָדָשִׁים תִּהְיֶה לָכֶם׃ וְהַקְּטֹרֶת אֲשֶׁר
que Y-el-incienso (37) . para-vosotros será santos santo-de allí

תַּעֲשֶׂה בְּמַתְכֻּנְתָּהּ לֹא תַעֲשׂוּ לָכֶם קֹדֶשׁ תִּהְיֶה לְךָ
para-ti será santo ; para-vosotros haréis no con-su-composición harás

לַיהוָה׃ אִישׁ אֲשֶׁר־יַעֲשֶׂה כָמוֹהָ לְהָרִיחַ בָּהּ
de-ella para-oler como-ella haga que Cualquiera (38) . para-Yahweh

וְנִכְרַת מֵעַמָּיו׃ וַיְדַבֵּר יְהוָה אֶל־
a Yahweh Y-habló (1) . de-su-pueblo entonces-será-cortado Cap. 31

מֹשֶׁה לֵּאמֹר׃ רְאֵה קָרָאתִי בְשֵׁם בְּצַלְאֵל בֶּן־אוּרִי בֶן־חוּר
Ur hijo-de Uri hijo-de Bezaleel por-nombre elegí Mira (2) : diciendo Moisés

לְמַטֵּה יְהוּדָה׃ וָאֲמַלֵּא אֹתוֹ רוּחַ אֱלֹהִים בְּחָכְמָה
en-sabiduría , Dios espíritu-de a-él Y-llené (3) . Judá de-tribu-de

וּבִתְבוּנָה וּבְדַעַת וּבְכָל־מְלָאכָה׃ לַחְשֹׁב
Para-hacer (4) . arte y-en-todo y-en-conocimiento y-en-inteligencia

מַחֲשָׁבֹת לַעֲשׂוֹת בַּזָּהָב וּבַכֶּסֶף וּבַנְּחֹשֶׁת׃
. y-en-el-bronce y-en-la-plata en-el-oro para-hacer , diseños

וּבַחֲרֹשֶׁת אֶבֶן לְמַלֹּאת וּבַחֲרֹשֶׁת עֵץ לַעֲשׂוֹת בְּכָל־
en-todo para-hacer madera y-en-labrar para-engastar piedra Y-en-labrar-de (5)

מְלָאכָה׃ וַאֲנִי הִנֵּה נָתַתִּי אִתּוֹ אֵת אָהֳלִיאָב בֶּן־
hijo-de Aholiab a con-él he-puesto he-aquí Y-yo (6) . oficio

אֲחִיסָמָךְ לְמַטֵּה־דָן וּבְלֵב כָּל־חֲכַם־לֵב נָתַתִּי
puse corazón sabio-de todo y-en-corazón-de , Dan de-la-tribu-de Ahisamac

חָכְמָה וְעָשׂוּ אֵת כָּל־אֲשֶׁר צִוִּיתִךָ׃ אֵת ׀ אֹהֶל מוֹעֵד
reunión tienda-de ** (7) . te-mandé lo-que todo ** y-harán , sabiduría

וְאֶת־הָאָרֹן לָעֵדֻת וְאֶת־הַכַּפֹּרֶת אֲשֶׁר עָלָיו וְאֵת כָּל־

todo y-** ; sobre-él que el-propiciatorio y-** para-el-testimonio el-arca y-**

כְּלֵי הָאֹהֶל׃ וְאֶת־הַשֻּׁלְחָן וְאֶת־כֵּלָיו וְאֶת־הַמְּנֹרָה

el-candelabro y-** sus-utensilios y-** la-mesa Y-** (8) . la-tienda utensilios-de

הַטְּהֹרָה וְאֶת־כָּל־כֵּלֶיהָ וְאֵת מִזְבַּח הַקְּטֹרֶת׃ וְאֶת־

Y-** (9) . el-incienso altar-de y-** sus-utensilios todos y-** el-puro

מִזְבַּח הָעֹלָה וְאֶת־כָּל־כֵּלָיו וְאֶת־הַכִּיּוֹר וְאֶת־

y-** la-fuente y-** , sus-utensilios todos y-** el-holocausto altar-de

כַּנּוֹ׃ וְאֵת בִּגְדֵי הַשְּׂרָד וְאֶת־בִּגְדֵי הַקֹּדֶשׁ

la-santidad vestidos-de y-** el-servicio vestidos-de Y-** (10) . su-base

לְאַהֲרֹן הַכֹּהֵן וְאֶת־בִּגְדֵי בָנָיו לְכַהֵן׃ וְאֵת

Y-** (11) . para-ser-sacerdotes sus-hijos vestidos-de y-** el-sacerdote para-Aarón

שֶׁמֶן הַמִּשְׁחָה וְאֶת־קְטֹרֶת הַסַּמִּים לַקֹּדֶשׁ כְּכֹל

como-todo para-el-santuario los-aromas incienso-de y-** la-unción aceite-de

אֲשֶׁר־צִוִּיתִךָ יַעֲשׂוּ׃ וַיֹּאמֶר יְהוָה אֶל־מֹשֶׁה

Moisés a Yahweh Y-dijo (12) . harán te-mandé lo-que

לֵּאמֹר׃ וְאַתָּה דַּבֵּר אֶל־בְּנֵי יִשְׂרָאֵל לֵאמֹר אַךְ אֶת־שַׁבְּתֹתַי

mis-sábados ** cierto : diciendo Israel hijos-de a habla Y-tú (13) . diciendo

תִּשְׁמֹרוּ כִּי אוֹת הִוא בֵּינִי וּבֵינֵיכֶם

y-entre-vosotros entre-mí esto señal pues ; guardaréis

לְדֹרֹתֵיכֶם לָדַעַת כִּי אֲנִי יְהוָה מְקַדִּשְׁכֶם׃

. el-que-os-santifica Yahweh yo que para-conocer por-vuestras-generaciones

וּשְׁמַרְתֶּם אֶת־הַשַּׁבָּת כִּי קֹדֶשׁ הִוא לָכֶם מְחַלְלֶיהָ

el-que-la-profane ; para-vosotros él santo pues el-sábado ** Y-guardaréis (14)

מוֹת יוּמָת כִּי כָּל־הָעֹשֶׂה בָהּ מְלָאכָה וְנִכְרְתָה

y-será-cortada trabajo en-ella el-que-haga todo pues morirá morir

הַנֶּפֶשׁ הַהִוא מִקֶּרֶב עַמֶּיהָ׃ שֵׁשֶׁת יָמִים יֵעָשֶׂה
se-hará días Seis (15) . su-pueblo de-entre la-aquella la-persona

מְלָאכָה וּבַיּוֹם הַשְּׁבִיעִי שַׁבַּת שַׁבָּתוֹן קֹדֶשׁ לַיהוָה כָּל־
todo ; para-Yahweh santo reposo sábado-de el-séptimo y-en-el-día trabajo

הָעֹשֶׂה מְלָאכָה בְּיוֹם הַשַּׁבָּת מוֹת יוּמָת׃
. morirá morir el-sábado en-día trabajo el-que-haga

וְשָׁמְרוּ בְנֵי־יִשְׂרָאֵל אֶת־הַשַּׁבָּת לַעֲשׂוֹת אֶת־
** para-hacer el-sábado ** Israel hijos-de Y-guardarán (16)

הַשַּׁבָּת לְדֹרֹתָם בְּרִית עוֹלָם׃ בֵּינִי
Entre-mí (17) . perpetuo pacto por-generaciones-de-ellos el-sábado

וּבֵין בְּנֵי יִשְׂרָאֵל אוֹת הִוא לְעֹלָם כִּי־שֵׁשֶׁת יָמִים עָשָׂה יְהוָה
Yahweh hizo días seis pues para-siempre él señal Israel hijos-de y-entre

אֶת־הַשָּׁמַיִם וְאֶת־הָאָרֶץ וּבַיּוֹם הַשְּׁבִיעִי שָׁבַת
cesó el séptimo y-en-el-día la-tierra y-** los-cielos **

וַיִּנָּפַשׁ׃ וַיִּתֵּן אֶל־מֹשֶׁה כְּכַלֹּתוֹ לְדַבֵּר אִתּוֹ
a-él de-hablar cuando-su-terminar Moisés ** Y-dio (18) . y-descansó

בְּהַר סִינַי שְׁנֵי לֻחֹת הָעֵדֻת לֻחֹת אֶבֶן
piedra tablas-de ; el-testimonio tablas-de dos Sinaí en-monte

כְּתֻבִים בְּאֶצְבַּע אֱלֹהִים׃ וַיַּרְא הָעָם כִּי־
que el-pueblo Y-vio (1) . Dios por-dedo-de escritas Cap. 32

בֹשֵׁשׁ מֹשֶׁה לָרֶדֶת מִן־הָהָר וַיִּקָּהֵל הָעָם
el-pueblo y-se-reunió ; el-monte de a-descender Moisés tardaba

עַל־אַהֲרֹן וַיֹּאמְרוּ אֵלָיו קוּם ׀ עֲשֵׂה־לָנוּ אֱלֹהִים אֲשֶׁר יֵלְכוּ
vayan que dioses para-nosotros haz ven : a-él y-dijeron Aarón en-torno

לְפָנֵינוּ כִּי־זֶה ׀ מֹשֶׁה הָאִישׁ אֲשֶׁר הֶעֱלָנוּ מֵאֶרֶץ מִצְרַיִם
Egipto de-tierra-de nos-trajo que el-hombre Moisés éste pues ante-nosotros

לֹא יָדַעְנוּ מֶה־הָיָה לוֹ׃ וַיֹּאמֶר אֲלֵהֶם אַהֲרֹן פָּרְקוּ
quitad : Aarón a-ellos Y-dijo (2) . a-él fue qué sabemos no

נִזְמֵי הַזָּהָב אֲשֶׁר בְּאָזְנֵי נְשֵׁיכֶם בְּנֵיכֶם
vuestros-hijos vuestras-mujeres en-orejas-de que el-oro zarcillos-de

וּבְנֹתֵיכֶם וְהָבִיאוּ אֵלָי׃ וַיִּתְפָּרְקוּ כָּל־הָעָם
el-pueblo todo Y-se-quitaron (3) . a-mí y-traed ; y-vuestras-hijas

אֶת־נִזְמֵי הַזָּהָב אֲשֶׁר בְּאָזְנֵיהֶם וַיָּבִיאוּ אֶל־אַהֲרֹן׃
Aarón a y-llevaron ; en-orejas-de-ellos que el-oro zarcillos-de **

וַיִּקַּח מִיָּדָם וַיָּצַר אֹתוֹ בַּחֶרֶט
con-el-buril a-él y-dio-forma de-mano-de-ellos Y-tomó (4)

וַיַּעֲשֵׂהוּ עֵגֶל מַסֵּכָה וַיֹּאמְרוּ אֵלֶּה אֱלֹהֶיךָ יִשְׂרָאֵל אֲשֶׁר
que , Israel tus-dioses éstos : y-dijeron ; fundición becerro-de y-lo-hizo

הֶעֱלוּךָ מֵאֶרֶץ מִצְרָיִם׃ וַיַּרְא אַהֲרֹן וַיִּבֶן
, y-edificó Aarón Y-vio (5) . Egipto de-tierra-de te-sacaron

מִזְבֵּחַ לְפָנָיו וַיִּקְרָא אַהֲרֹן וַיֹּאמַר חַג לַיהוָה
a-Yahweh fiesta : y-dijo Aarón y-llamó ; delante-de-él altar

מָחָר׃ וַיַּשְׁכִּימוּ מִמָּחֳרָת וַיַּעֲלוּ עֹלֹת
holocaustos y-sacrificaron al-día-siguiente Y-madrugaron (6) . mañana

וַיַּגִּשׁוּ שְׁלָמִים וַיֵּשֶׁב הָעָם לֶאֱכֹל
a-comer el-pueblo y-se-sentó ofrendas-de-paces y-ofrecieron

וְשָׁתוֹ וַיָּקֻמוּ לְצַחֵק׃ וַיְדַבֵּר יְהוָה אֶל־מֹשֶׁה לֶךְ־
ve : Moisés ** Yahweh Y-habló (7) . a-divertirse y-se-levantó y-beber

רֵד כִּי שִׁחֵת עַמְּךָ אֲשֶׁר הֶעֱלֵיתָ מֵאֶרֶץ
de-tierra-de sacaste que tu-pueblo se-ha-corrompido porque desciende

מִצְרָיִם׃ סָרוּ מַהֵר מִן־הַדֶּרֶךְ אֲשֶׁר צִוִּיתִם עָשׂוּ
han-hecho mandé que el-camino de rápido Se-apartaron (8) . Egipto

לָהֶם עֵגֶל מַסֵּכָה וַיִּשְׁתַּחֲווּ־ לוֹ וַיִּזְבְּחוּ־ לוֹ

a-él y-han-sacrificado a-él y-han-adorado ; fundición becerro-de para-ellos

וַיֹּאמְרוּ אֵלֶּה אֱלֹהֶיךָ יִשְׂרָאֵל אֲשֶׁר הֶעֱלוּךָ מֵאֶרֶץ

de-tierra-de te-sacaron que , Israel tus-dioses éstos : y-dijeron

מִצְרָיִם׃ וַיֹּאמֶר יְהוָה אֶל־מֹשֶׁה רָאִיתִי אֶת־ הָעָם הַזֶּה וְהִנֵּה

y-he-aquí el-éste el-pueblo ** he-visto : Moisés a Yahweh Y-dijo (9) . Egipto

עַם־ קְשֵׁה־ עֹרֶף הוּא׃ וְעַתָּה הַנִּיחָה לִּי וְיִחַר־

y-arderá a-mí deja Y-ahora (10) . él cerviz duro-de pueblo

אַפִּי בָהֶם וַאֲכַלֵּם וְאֶעֱשֶׂה אוֹתְךָ

a-ti y-haré y-destruiré-a-ellos contra-ellos mi-ira

לְגוֹי גָּדוֹל׃ וַיְחַל מֹשֶׁה אֶת־ פְּנֵי יְהוָה אֱלֹהָיו

su-Dios Yahweh rostro-de ** Moisés Y-buscó (11) . grande para-nación

וַיֹּאמֶר לָמָה יְהוָה יֶחֱרֶה אַפְּךָ בְּעַמֶּךָ

contra-tu-pueblo tu-ira arderá Yahweh por-qué? y-dijo

אֲשֶׁר הוֹצֵאתָ מֵאֶרֶץ מִצְרַיִם בְּכֹחַ גָּדוֹל וּבְיָד חֲזָקָה׃

. fuerte y-con-mano grande con-poder Egipto de-tierra-de sacaste que

לָמָּה יֹאמְרוּ מִצְרַיִם לֵאמֹר בְּרָעָה הוֹצִיאָם

sacó-a-ellos para-mal : diciendo egipcios dirán Por-qué? (12)

לַהֲרֹג אֹתָם בֶּהָרִים וּלְכַלֹּתָם מֵעַל פְּנֵי הָאֲדָמָה

la-tierra faz-de de-sobre y-para-raer-a-ellos en-las-montañas a-ellos para-matar

שׁוּב מֵחֲרוֹן אַפֶּךָ וְהִנָּחֵם עַל־ הָרָעָה

el-mal sobre y-retente tu-ira del-ardor-de vuelve

לְעַמֶּךָ׃ זְכֹר לְאַבְרָהָם לְיִצְחָק וּלְיִשְׂרָאֵל

a-Israel a-Isaac a-Abraham Recuerda (13) . a-tu-pueblo

עֲבָדֶיךָ אֲשֶׁר נִשְׁבַּעְתָּ לָהֶם בָּךְ וַתְּדַבֵּר אֲלֵהֶם

a-ellos y-hablaste por-ti-mismo a-ellos juraste que tus-siervos

אַרְבֶּה֙ אֶת־ זַרְעֲכֶ֔ם כְּכוֹכְבֵ֖י הַשָּׁמָ֑יִם וְכָל־ הָאָ֨רֶץ
la-tierra y-toda los-cielos como-estrellas-de vuestra-descendencia ** multiplicaré

הַזֹּ֜את אֲשֶׁ֣ר אָמַ֗רְתִּי אֶתֵּן֙ לְזַרְעֲכֶ֔ם וְנָחֲל֖וּ
y-heredarán a-vuestra-descendencia daré : dijiste que la-ésta

לְעֹלָֽם׃ וַיִּנָּ֖חֶם יְהוָ֑ה עַל־ הָ֣רָעָ֔ה אֲשֶׁ֥ר דִּבֶּ֖ר
habló que el-mal sobre Yahweh Y-se-retuvo (14) . para-siempre

לַעֲשׂ֥וֹת לְעַמּֽוֹ׃ וַיִּ֜פֶן וַיֵּ֤רֶד מֹשֶׁה֙ מִן־
de Moisés y-descendió Y-volvió (15) . a-su-pueblo para-hacer

הָהָ֔ר וּשְׁנֵ֛י לֻחֹ֥ת הָעֵדֻ֖ת בְּיָד֑וֹ לֻחֹ֗ת
tablas ; en-su-mano el-testimonio tablas-de y-dos el-monte

כְּתֻבִים֙ מִשְּׁנֵ֣י עֶבְרֵיהֶ֔ם מִזֶּ֥ה וּמִזֶּ֖ה הֵ֥ם
ellos y-de-aquél de-éste sus-lados de-dos-de escritas

כְּתֻבִֽים׃ וְהַ֨לֻּחֹ֔ת מַעֲשֵׂ֥ה אֱלֹהִ֖ים הֵ֑מָּה וְהַמִּכְתָּ֗ב
y-la-escritura ; ellas Dios obra-de Y-las-tablas (16) . escritos

מִכְתַּ֤ב אֱלֹהִים֙ ה֔וּא חָר֖וּת עַל־ הַלֻּחֹֽת׃ וַיִּשְׁמַ֧ע יְהוֹשֻׁ֛עַ
Josué Y-oyó (17) . las-tablas sobre grabado , él Dios escritura-de

אֶת־ ק֥וֹל הָעָ֖ם בְּרֵעֹ֑ה וַיֹּ֙אמֶר֙ אֶל־ מֹשֶׁ֔ה ק֥וֹל
ruido-de : Moisés a y-dijo en-clamor-de-él el-pueblo voz-de **

מִלְחָמָ֖ה בַּֽמַּחֲנֶֽה׃ וַיֹּ֗אמֶר אֵ֥ין קוֹל֙ עֲנ֣וֹת גְּבוּרָ֔ה
victoria gritar ruido-de no-es Y-dijo (18) . en-el-campamento batalla

וְאֵ֥ין ק֖וֹל עֲנ֣וֹת חֲלוּשָׁ֑ה ק֣וֹל עַנּ֔וֹת אָנֹכִ֖י שֹׁמֵֽעַ׃
. oigo yo cantar ruido-de ; derrota gritar ruido-de y-no-es

וַיְהִ֗י כַּאֲשֶׁ֤ר קָרַב֙ אֶל־ הַֽמַּחֲנֶ֔ה וַיַּ֥רְא אֶת־ הָעֵ֖גֶל
el-becerro ** y-vio el-campamento a se-aproximó cuando Y-fue (19)

וּמְחֹלֹ֑ת וַיִּֽחַר־ אַ֣ף מֹשֶׁ֗ה וַיַּשְׁלֵ֤ךְ מִיָּדָו֙ אֶת־
** de-su-mano y-tiró Moisés ira-de y-ardió ; y-danzas

הַלֻּחֹת וַיְשַׁבֵּר אֹתָם תַּחַת הָהָר׃ וַיִּקַּח אֶת־
** Y-tomó (20) . el-monte a-pie-de a-ellas y-rompió las-tablas

הָעֵגֶל אֲשֶׁר עָשׂוּ וַיִּשְׂרֹף בָּאֵשׁ וַיִּטְחַן עַד אֲשֶׁר־
que hasta y-molió en-el-fuego y-quemó hicieron que el-becerro

דָּק וַיִּזֶר עַל־ פְּנֵי הַמַּיִם וַיַּשְׁקְ אֶת־
a e-hizo-beber las-aguas superficie-de sobre y-esparció polvo

בְּנֵי יִשְׂרָאֵל׃ וַיֹּאמֶר מֹשֶׁה אֶל־ אַהֲרֹן מֶה־ עָשָׂה לְךָ
a-ti hizo qué? : Aarón a Moisés Y-dijo (21) . Israel hijos-de

הָעָם הַזֶּה כִּי־ הֵבֵאתָ עָלָיו חֲטָאָה גְדֹלָה׃ וַיֹּאמֶר
Y-dijo (22) . grande pecado sobre-él trajiste que el-éste el-pueblo

אַהֲרֹן אַל־ יִחַר אַף אֲדֹנִי אַתָּה יָדַעְתָּ אֶת־ הָעָם כִּי
que el-pueblo ** conoces tú ; mi-señor enojo-de arda no Aarón

בְרָע הוּא׃ וַיֹּאמְרוּ לִי עֲשֵׂה־ לָנוּ אֱלֹהִים אֲשֶׁר יֵלְכוּ
vayan que dioses a-nosotros haz : a-mí Y-dijeron (23) . él hacia-mal

לְפָנֵינוּ כִּי־ זֶה ׀ מֹשֶׁה הָאִישׁ אֲשֶׁר הֶעֱלָנוּ מֵאֶרֶץ מִצְרַיִם
Egipto de-tierra-de nos-sacó que el-hombre Moisés éste pues ante-nosotros

לֹא יָדַעְנוּ מֶה־ הָיָה לוֹ׃ וָאֹמַר לָהֶם לְמִי זָהָב
oro a-quien : a-ellos Y-dije (24) . a-él fue qué sabemos no

הִתְפָּרָקוּ וַיִּתְּנוּ־ לִי וָאַשְׁלִכֵהוּ בָאֵשׁ וַיֵּצֵא
y-salió en-el-fuego y-lo-eché ; a-mí y-dieron , quitaos

הָעֵגֶל הַזֶּה׃ וַיַּרְא מֹשֶׁה אֶת־ הָעָם כִּי פָרֻעַ הוּא
él desenfrenado que el-pueblo ** Moisés Y-vio (25) . el-éste el-becerro

כִּי־ פְרָעֹה אַהֲרֹן לְשִׁמְצָה בְּקָמֵיהֶם׃
. entre-enemigos-de-ellos para-vergüenza Aarón le-dejó-desenfrenar pues

וַיַּעֲמֹד מֹשֶׁה בְּשַׁעַר הַמַּחֲנֶה וַיֹּאמֶר מִי לַיהוָה
para-Yahweh quién? : y-dijo el-campamento en-entrada-de Moisés Y-se-puso (26)

אֵלָי וַיֵּאָסְפוּ אֵלָיו כָּל־בְּנֵי לֵוִי׃ וַיֹּאמֶר לָהֶם
: a-ellos Y-dijo (27) . Leví hijos-de todos a-él y-se-unieron ; con-migo

כֹּה־אָמַר יְהוָה אֱלֹהֵי יִשְׂרָאֵל שִׂימוּ אִישׁ־חַרְבּוֹ עַל־יְרֵכוֹ
; su-costado sobre su-espada cada-uno poned : Israel Dios-de Yahweh dice así

עִבְרוּ וָשׁוּבוּ מִשַּׁעַר לָשַׁעַר בַּמַּחֲנֶה וְהִרְגוּ אִישׁ־אֶת־
** cada-uno y-mate en-el-campamento a-puerta de-puerta y-volved pasad

אָחִיו וְאִישׁ אֶת־רֵעֵהוּ וְאִישׁ אֶת־קְרֹבוֹ׃
. su-vecino ** y-cada-uno su-amigo ** y-cada-uno su-hermano

וַיַּעֲשׂוּ בְנֵי־לֵוִי כִּדְבַר מֹשֶׁה וַיִּפֹּל מִן־הָעָם
el-pueblo de y-cayó Moisés según-palabra-de Leví hijos-de E-hicieron (28)

בַּיּוֹם הַהוּא כִּשְׁלֹשֶׁת אַלְפֵי אִישׁ׃ וַיֹּאמֶר
Y-dijo (29) . hombre mil como-tres el-aquel en-el-día

מֹשֶׁה מִלְאוּ יֶדְכֶם הַיּוֹם לַיהוָה כִּי אִישׁ בִּבְנוֹ
contra-su-hijo cada-uno pues a-Yahweh hoy vuestra-mano dedicaron : Moisés

וּבְאָחִיו וְלָתֵת עֲלֵיכֶם הַיּוֹם בְּרָכָה׃ וַיְהִי
Y-fue (30) . bendición hoy a-vosotros y-dar y-contra-su-hermano

מִמָּחֳרָת וַיֹּאמֶר מֹשֶׁה אֶל־הָעָם אַתֶּם חֲטָאתֶם חֲטָאָה גְדֹלָה
grande pecado pecasteis vosotros : el-pueblo a Moisés y-dijo al-día-siguiente

וְעַתָּה אֶעֱלֶה אֶל־יְהוָה אוּלַי אֲכַפְּרָה בְּעַד חַטַּאתְכֶם׃
. vuestro-pecado por propiciaré quizá , Yahweh a subiré y-ahora

וַיָּשָׁב מֹשֶׁה אֶל־יְהוָה וַיֹּאמַר אָנָּא חָטָא הָעָם
el-pueblo pecó : te-ruego : y-dijo Yahweh a Dios Y-regresó (31)

הַזֶּה חֲטָאָה גְדֹלָה וַיַּעֲשׂוּ לָהֶם אֱלֹהֵי זָהָב׃ וְעַתָּה
Y-ahora (32) . oro dioses-de para-ellos pues-hicieron grande pecado el-éste

אִם־תִּשָּׂא חַטָּאתָם וְאִם־אַיִן מְחֵנִי נָא מִסִּפְרְךָ
de-tu-libro ahora rae-me no y-si pecado-de-ellos perdona por-favor

אֲשֶׁר כָּתָבְתָּ׃ וַיֹּאמֶר יְהוָה אֶל־מֹשֶׁה מִי אֲשֶׁר חָטָא־
pecó el-que quien : Moisés a Yahweh Y-dijo (33) . escribiste que

לִי אֶמְחֶנּוּ מִסִּפְרִי׃ וְעַתָּה לֵךְ ׀ נְחֵה אֶת־
** guía , ve Y-ahora (34) . de-mi-libro le-raeré contra-mí

הָעָם אֶל אֲשֶׁר־דִּבַּרְתִּי לָךְ הִנֵּה מַלְאָכִי יֵלֵךְ לְפָנֶיךָ
delante-de-ti va mi-ángel he-aquí : a-ti hablé donde a el-pueblo

וּבְיוֹם פָּקְדִי וּפָקַדְתִּי עֲלֵיהֶם חַטָּאתָם׃
. pecado-de-ellos sobre-ellos entonces-castigaré mi-castigar y-en-día-de

וַיִּגֹּף יְהוָה אֶת־הָעָם עַל אֲשֶׁר עָשׂוּ אֶת־הָעֵגֶל אֲשֶׁר
que el-becerro con hicieron lo-que por el-pueblo ** Yahweh E-hirió (35)

עָשָׂה אַהֲרֹן׃ וַיְדַבֵּר יְהוָה אֶל־מֹשֶׁה לֵךְ עֲלֵה מִזֶּה אַתָּה
tú de-aquí sube anda : Moisés a Yahweh Y-habló (1) . Aarón hizo Cap. 33

וְהָעָם אֲשֶׁר הֶעֱלִיתָ מֵאֶרֶץ מִצְרָיִם אֶל־הָאָרֶץ אֲשֶׁר נִשְׁבַּעְתִּי
juré que la-tierra a Egipto de-tierra-de trajiste que y-el-pueblo

לְאַבְרָהָם לְיִצְחָק וּלְיַעֲקֹב לֵאמֹר לְזַרְעֲךָ אֶתְּנֶנָּה׃
. la-daré a-tu-descendencia : diciendo y-a-Jacob a-Isaac a-Abraham

וְשָׁלַחְתִּי לְפָנֶיךָ מַלְאָךְ וְגֵרַשְׁתִּי אֶת־הַכְּנַעֲנִי
el-cananita ** y-expulsaré , ángel delante-de-ti Y-enviaré (2)

הָאֱמֹרִי וְהַחִתִּי וְהַפְּרִזִּי הַחִוִּי וְהַיְבוּסִי׃
. y-el-jebusita el-hivita el-ferizita el-hitita el-amorita

אֶל־אֶרֶץ זָבַת חָלָב וּדְבָשׁ כִּי לֹא אֶעֱלֶה בְּקִרְבְּךָ כִּי
pues en-medio-de-ti subiré no pero ; y-miel leche fluyendo tierra a

עַם־קְשֵׁה־עֹרֶף אַתָּה פֶּן־אֲכֶלְךָ בַּדָּרֶךְ׃ וַיִּשְׁמַע
Y-oyó (4) . en-el-camino te-destruya no-sea-que tú cerviz dura pueblo-de

הָעָם אֶת־הַדָּבָר הָרָע הַזֶּה וַיִּתְאַבָּלוּ וְלֹא־
y-no y-lamentaron la-ésta la-adversa la-palabra ** el-pueblo

שָׁתוּ אִישׁ עֶדְיוֹ עָלָיו׃ וַיֹּאמֶר יְהוָה אֶל־מֹשֶׁה אֱמֹר

di : Moisés a Yahweh Y-dijo (5) . sobre-él sus-atavíos cada-uno pusieron

אֶל־בְּנֵי־יִשְׂרָאֵל אַתֶּם עַם־קְשֵׁה־עֹרֶף רֶגַע אֶחָד אֶעֱלֶה בְקִרְבְּךָ

en-medio-de-ti subiré uno momento ; cerviz duro-de pueblo vosotros : Israel hijos-de a

וְכִלִּיתִיךָ וְעַתָּה הוֹרֵד עֶדְיְךָ מֵעָלֶיךָ

de-sobre-ti tus-atavíos quita y-ahora ; y-te-consumiré

וְאֵדְעָה מָה אֶעֱשֶׂה־לָּךְ׃ וַיִּתְנַצְּלוּ בְנֵי־

hijos-de Y-se-despojaron (6) . a-ti haré qué y-conoceré

יִשְׂרָאֵל אֶת־עֶדְיָם מֵהַר חוֹרֵב׃ וּמֹשֶׁה יִקַּח אֶת־

** tomó Y-Moisés (7) . Horeb en-monte atavíos-de-ellos ** Israel

הָאֹהֶל וְנָטָה־לוֹ מִחוּץ לַמַּחֲנֶה הַרְחֵק מִן־

de distanciar el-campamento fuera-de para-él y-plantó la-tienda

הַמַּחֲנֶה וְקָרָא לוֹ אֹהֶל מוֹעֵד וְהָיָה כָּל־מְבַקֵּשׁ

inquiridor todo y-fue ; testimonio tienda-de a-él y-llamó , el-campamento

יְהוָה יֵצֵא אֶל־אֹהֶל מוֹעֵד אֲשֶׁר מִחוּץ לַמַּחֲנֶה׃ וְהָיָה

Y-fue (8) . el-campamento en-medio-de que testimonio tienda-de a salía Yahweh

כְּצֵאת מֹשֶׁה אֶל־הָאֹהֶל יָקוּמוּ כָּל־הָעָם וְנִצְּבוּ

y-estaba-en-pie el-pueblo todo se-levantaba la-tienda a Moisés cuando-salir

אִישׁ פֶּתַח אָהֳלוֹ וְהִבִּיטוּ אַחֲרֵי מֹשֶׁה עַד־בֹּאוֹ

entraba hasta-que Moisés tras y-miraban ; su-tienda puerta-de cada-uno

הָאֹהֱלָה׃ וְהָיָה כְּבֹא מֹשֶׁה הָאֹהֱלָה יֵרֵד

descendía , en-la-tienda Moisés cuando-entraba Y-fue (9) . en-la-tienda

עַמּוּד הֶעָנָן וְעָמַד פֶּתַח הָאֹהֶל וְדִבֶּר עִם־

con y-habló , la-tienda entrada-de y-permanecía , la-nube columna-de

מֹשֶׁה׃ וְרָאָה כָל־הָעָם אֶת־עַמּוּד הֶעָנָן עֹמֵד

estando la-nube columna-de ** el-pueblo todo Y-vio (10) . Moisés

פֶּתַח הָאֹהֶל וְקָם כָּל־ הָעָם וְהִֽשְׁתַּחֲוּוּ אִישׁ
cada-uno y-adoraron el-pueblo todo y-se-levantó la-tienda puerta-de

פֶּתַח אָהֳלוֹ׃ וְדִבֶּר יְהוָה אֶל־ מֹשֶׁה פָּנִים אֶל־פָּנִים
cara a cara Moisés a Yahweh Y-habló (11) . su-tienda puerta-de

כַּאֲשֶׁר יְדַבֵּר אִישׁ אֶל־ רֵעֵהוּ וְשָׁב אֶל־ הַֽמַּחֲנֶה
el-campamento a y-volvió ; su-compañero a hombre habla como

וּמְשָׁרְתוֹ יְהוֹשֻׁעַ בִּן־ נוּן נַעַר לֹא יָמִישׁ מִתּוֹךְ הָאֹהֶל׃
. la-tienda de se-separaba no , joven Nun hijo-de Josué y-su-ayudante

וַיֹּאמֶר מֹשֶׁה אֶל־ יְהוָה רְאֵה אַתָּה אֹמֵר אֵלַי הַעַל אֶת־ הָעָם
el-pueblo a lleva a-mí diciendo tú , mira : Yahweh a Moisés Y-dijo (12)

הַזֶּה וְאַתָּה לֹא הֽוֹדַעְתַּנִי אֵת אֲשֶׁר־ תִּשְׁלַח עִמִּי וְאַתָּה
y-tú con-migo enviarás quién ** me-hiciste-saber no y-tú , el-éste

אָמַרְתָּ יְדַעְתִּיךָ בְשֵׁם וְגַם־ מָצָאתָ חֵן בְּעֵינָי׃
. en-mis-ojos gracia hallaste y-también por-nombre te-conozco dijiste

וְעַתָּה אִם־נָא מָצָאתִי חֵן בְּעֵינֶיךָ הוֹדִעֵנִי נָא אֶת־ דְּרָכֶךָ
tu-camino ** ** muestra-me en-tus-ojos gracia hallé ** si Y-ahora (13)

וְאֵדָעֲךָ לְמַעַן אֶמְצָא־ חֵן בְּעֵינֶיךָ וּרְאֵה כִּי
que y-mira ; en-tus-ojos gracia halle para-que y-te-conoceré

עַמְּךָ הַגּוֹי הַזֶּה׃ וַיֹּאמַר פָּנַי
mi-rostro : Y-dijo (14) . la-ésta la-nación tu-pueblo

יֵלֵכוּ וַהֲנִחֹתִי לָךְ׃ וַיֹּאמֶר אֵלָיו אִם־אֵין
no si : a-él Y-dijo (15) . a-ti y-daré-descanso irán

פָּנֶיךָ הֹלְכִים אַל־ תַּעֲלֵנוּ מִזֶּה׃ וּבַמֶּה ׀
Y-en-qué (16) . de-aquí nos-hagas-subir no vienen tu-rostro

יִוָּדַע אֵפוֹא כִּי־ מָצָאתִי חֵן בְּעֵינֶיךָ אֲנִי וְעַמֶּךָ
y-tu-pueblo yo , en-tus-ojos gracia hallé que aquí se-conocerá

הֲלוֹא בְּלֶכְתְּךָ עִמָּנוּ וְנִפְלֵינוּ אֲנִי וְעַמְּךָ מִכָּל־
de-todo y-tu-pueblo yo y-apartados , con-nosotros en-tu-andar sino

הָעָם אֲשֶׁר עַל־פְּנֵי הָאֲדָמָה׃ וַיֹּאמֶר יְהוָה אֶל־מֹשֶׁה גַּם
también : Moisés a Yahweh Y-dijo (17) . la-tierra faz-de sobre que el-pueblo

אֶת־הַדָּבָר הַזֶּה אֲשֶׁר דִּבַּרְתָּ אֶעֱשֶׂה כִּי־מָצָאתָ חֵן
gracia hallaste pues , haré hablaste que la-ésta la-palabra **

בְּעֵינַי וָאֵדָעֲךָ בְּשֵׁם׃ וַיֹּאמַר הַרְאֵנִי נָא אֶת־
** ahora muestra-me Y-dijo (18) . por-nombre y-te-conozco , en-mis-ojos

כְּבֹדֶךָ׃ וַיֹּאמֶר אֲנִי אַעֲבִיר כָּל־טוּבִי עַל־
ante mi-bondad toda haré-pasar yo Y-dijo (19) . tu-gloria

פָּנֶיךָ וְקָרָאתִי בְשֵׁם יְהוָה לְפָנֶיךָ
en-tu-presencia Yahweh en-nombre-de y-proclamaré , tu-rostro

וְחַנֹּתִי אֶת־אֲשֶׁר אָחֹן וְרִחַמְתִּי
y-me-compadeceré tenga-misericordia de-quien ** y-tendré-misericordia

אֶת־אֲשֶׁר אֲרַחֵם׃ וַיֹּאמֶר לֹא תוּכַל לִרְאֹת אֶת־
** ver puedes no : Y-dijo (20) . me-compadezca de-quien **

פָּנָי כִּי לֹא־יִרְאַנִי הָאָדָם וָחָי׃ וַיֹּאמֶר
Y-dijo (21) . y-vivirá el-hombre me-verá no pues , mi-rostro

יְהוָה הִנֵּה מָקוֹם אִתִּי וְנִצַּבְתָּ עַל־הַצּוּר׃ וְהָיָה
Y-será (22) . la-roca sobre y-estarás , junto-a-mí lugar he Yahweh

בַּעֲבֹר כְּבֹדִי וְשַׂמְתִּיךָ בְּנִקְרַת הַצּוּר
; la-roca en-hendidura-de entonces-te-pondré mi-gloria al-pasar

וְשַׂכֹּתִי כַפִּי עָלֶיךָ עַד־עָבְרִי׃ וַהֲסִרֹתִי
Y-apartaré (23) . mi-pasar hasta sobre-ti mi-mano y-pondré

אֶת־כַּפִּי וְרָאִיתָ אֶת־אֲחֹרָי וּפָנַי לֹא
no pero-mi-rostro mi-espalda ** y-verás mi-mano **

יֵרָאוּ׃ וַיֹּאמֶר יְהוָה אֶל־מֹשֶׁה פְּסָל־לְךָ שְׁנֵי־

dos para-ti talla : Moisés a Yahweh Y-dijo (1) . serán-vistos

לֻחֹת אֲבָנִים כָּרִאשֹׁנִים וְכָתַבְתִּי עַל־הַלֻּחֹת אֶת־

** las-tablas sobre y-escribe como-las-primeras piedras tablas-de

הַדְּבָרִים אֲשֶׁר הָיוּ עַל־הַלֻּחֹת הָרִאשֹׁנִים אֲשֶׁר שִׁבַּרְתָּ׃

rompiste que las-primeras las-tablas en estaban que las-palabras

וֶהְיֵה נָכוֹן לַבֹּקֶר וְעָלִיתָ בַבֹּקֶר אֶל־

a por-la-mañana y-subirás ; para-la-mañana preparado Y-está (2)

הַר סִינַי וְנִצַּבְתָּ לִי שָׁם עַל־רֹאשׁ הָהָר׃ וְאִישׁ

Y-hombre (3) . el-monte cima-de en allí a-mí y-preséntate Sinaí monte-de

לֹא־יַעֲלֶה עִמָּךְ וְגַם־אִישׁ אַל־יֵרָא בְּכָל־

en-todo se-verá no hombre y-también con-tigo subirá no

הָהָר גַּם־הַצֹּאן וְהַבָּקָר אַל־יִרְעוּ אֶל־מוּל

frente-de en pacerán no ni-vacuno las-ovejas y-tampoco el-monte

הָהָר הַהוּא׃ וַיִּפְסֹל שְׁנֵי־לֻחֹת אֲבָנִים

piedras tablas-de dos Y-talló (4) . el-éste el-monte

כָּרִאשֹׁנִים וַיַּשְׁכֵּם מֹשֶׁה בַבֹּקֶר וַיַּעַל אֶל־

al y-subió por-la-mañana Moisés y-se-levantó como-las-primeras

הַר סִינַי כַּאֲשֶׁר צִוָּה יְהוָה אֹתוֹ וַיִּקַּח בְּיָדוֹ

en-su-mano y-tomó ; a-él Yahweh mandó como Sinaí monte-de

שְׁנֵי לֻחֹת אֲבָנִים׃ וַיֵּרֶד יְהוָה בֶּעָנָן וַיִּתְיַצֵּב

y-estuvo en-la-nube Yahweh Y-descendió (5) . piedras tablas-de dos

עִמּוֹ שָׁם וַיִּקְרָא בְשֵׁם יְהוָה׃ וַיַּעֲבֹר יְהוָה ׀

Yahweh Y-pasó (6) . Yahweh en-nombre-de e-invocó ; allí con-él

עַל־פָּנָיו וַיִּקְרָא יְהוָה ׀ יְהוָה אֵל רַחוּם וְחַנּוּן

; y-gracioso misericordioso Dios Yahweh Yahweh : y-clamó delante-de-él por

אֶרֶךְ אַפַּיִם וְרַב־ חֶסֶד וֶאֱמֶת׃ נֹצֵר חֶסֶד
amor que-mantiene (7) , y-fidelidad amor y-abundante-de iras lento-de

לָאֲלָפִים נֹשֵׂא עָוֺן וָפֶשַׁע וְחַטָּאָה
; y-el-pecado y-rebeldía maldad que-perdona a-los-millares

וְנַקֵּה לֹא יְנַקֶּה פֹּקֵד ׀ עֲוֺן אָבוֹת
padres pecado-de castigando dejará-impune no y-dejar-impune

עַל־ בָּנִים וְעַל־ בְּנֵי בָנִים עַל־ שִׁלֵּשִׁים וְעַל־ רִבֵּעִים׃
. cuartos y-sobre terceros sobre hijos hijos-de y-en hijos en

וַיְמַהֵר מֹשֶׁה וַיִּקֹּד אַרְצָה וַיִּשְׁתָּחוּ׃
. y-adoró a-tierra y-se-postró Moisés Y-se-apresuró (8)

וַיֹּאמֶר אִם־ נָא מָצָאתִי חֵן בְּעֵינֶיךָ אֲדֹנָי יֵלֶךְ־ נָא
ahora vaya señor-mío en-tus-ojos gracia hallé ahora si Y-dijo (9)

אֲדֹנָי בְּקִרְבֵּנוּ כִּי עַם־ קְשֵׁה־ עֹרֶף הוּא וְסָלַחְתָּ
y-perdona él cerviz duro-de pueblo-de pues con-nosotros mi-señor

לַעֲוֺנֵנוּ וּלְחַטָּאתֵנוּ וּנְחַלְתָּנוּ׃
. y-tómanos-por-heredad y-a-nuestro-pecado a-nuestra-iniquidad

וַיֹּאמֶר הִנֵּה אָנֹכִי כֹּרֵת בְּרִית נֶגֶד כָּל־ עַמְּךָ
tu-pueblo todo delante-de pacto hago yo he-aquí Y-dijo (10)

אֶעֱשֶׂה נִפְלָאֹת אֲשֶׁר לֹא־ נִבְרְאוּ בְּכָל־ הָאָרֶץ
la-tierra en-toda fueron-hechas no que maravillas haré

וּבְכָל־ הַגּוֹיִם וְרָאָה כָל־ הָעָם אֲשֶׁר־ אַתָּה
tú que el-pueblo todo y-verá las-naciones y-en-todas

בְקִרְבּוֹ אֶת־ מַעֲשֵׂה יְהוָה כִּי־ נוֹרָא הוּא אֲשֶׁר אֲנִי עֹשֶׂה עִמָּךְ׃
. contigo haciendo yo que lo admirable que Yahweh obra-de ** entre-él

שְׁמָר־ לְךָ אֵת אֲשֶׁר אָנֹכִי מְצַוְּךָ הַיּוֹם הִנְנִי גֹרֵשׁ
expulsando he-aquí ; hoy te-mando yo que lo para-ti Guarda (11)

מִפָּנֶיךָ אֶת־ הָאֱמֹרִי וְהַכְּנַעֲנִי וְהַחִתִּי

y-el-hitita y-el-cananita el-amorita ** de-delante-de-ti

וְהַפְּרִזִּי וְהַחִוִּי וְהַיְבוּסִי׃ הִשָּׁמֶר לְךָ

a-ti Guarda (12) . y-el-jebusita y-el-hivita y-el-ferizita

פֶּן־ תִּכְרֹת בְּרִית לְיוֹשֵׁב הָאָרֶץ אֲשֶׁר אַתָּה בָּא עָלֶיהָ

a-ella entras tú que la-tierra con-moradores-de pacto hagas que-no

פֶּן־ יִהְיֶה לְמוֹקֵשׁ בְּקִרְבֶּךָ׃ כִּי אֶת־ מִזְבְּחֹתָם תִּתֹּצוּן

derribaréis altares-de-ellos ** Pero (13) . entre-ti por-trampa sea que-no

וְאֶת־ מַצֵּבֹתָם תְּשַׁבֵּרוּן וְאֶת־ אֲשֵׁרָיו תִּכְרֹתוּן׃

. cortaréis y-Asera-de-él y-** romperéis estatuas-de-ellos y-**

כִּי לֹא תִשְׁתַּחֲוֶה לְאֵל אַחֵר כִּי יְהוָה קַנָּא שְׁמוֹ אֵל

Dios su-nombre celoso Yahweh pues , otro a-dios adorarás no Pues (14)

קַנָּא הוּא׃ פֶּן־ תִּכְרֹת בְּרִית לְיוֹשֵׁב הָאָרֶץ

la-tierra con-morador-de pacto hagas Que-no (15) . él celoso

וְזָנוּ ׀ אַחֲרֵי אֱלֹהֵיהֶם וְזָבְחוּ לֵאלֹהֵיהֶם

a-dioses-de-ellos y-sacrifican dioses-de-ellos tras pues-se-prostituyen

וְקָרָא לְךָ וְאָכַלְתָּ מִזִּבְחוֹ׃

. de-sacrificio-de-él y-comerás a-ti e-invitará

וְלָקַחְתָּ מִבְּנֹתָיו לְבָנֶיךָ וְזָנוּ

y-prostituyéndose para-tus-hijos de-hijas-de-él Y-tomarás (16)

בְנֹתָיו אַחֲרֵי אֱלֹהֵיהֶן וְהִזְנוּ אֶת־

** y-harán-prostituirse dioses-de-ellas tras hijas-de-él

בָּנֶיךָ אַחֲרֵי אֱלֹהֵיהֶן׃ אֱלֹהֵי מַסֵּכָה לֹא תַעֲשֶׂה־ לָּךְ׃ אֶת־

** (18) . para-ti hagas no fundición Dioses-de (17) . dioses-de-ellas tras tus-hijos

חַג הַמַּצּוֹת תִּשְׁמֹר שִׁבְעַת יָמִים תֹּאכַל

comerás días siete , guardarás ázimos Fiesta-de

מַצּוֹת אֲשֶׁר צִוִּיתִךָ לְמוֹעֵד חֹדֶשׁ הָאָבִיב
el-Abib mes-de al-tiempo-señalado te-mandé como ázimos

כִּי בְּחֹדֶשׁ הָאָבִיב יָצָאתָ מִמִּצְרָיִם׃ כָּל־ פֶּטֶר
primer-nacido-de Todo (19) . de-Egipto saliste el-Abib en-mes-de pues

רֶחֶם לִי וְכָל־ מִקְנְךָ תִּזָּכָר פֶּטֶר שׁוֹר וָשֶׂה׃
. o-rebaño manada primer-nacido-de macho tu-ganado y-todo-de , para-mí vientre

וּפֶטֶר חֲמוֹר תִּפְדֶּה בְשֶׂה וְאִם־ לֹא תִפְדֶּה
redimes no y-si con-cordero redimirás asno Y-primer-nacido-de (20)

וַעֲרַפְתּוֹ כֹּל בְּכוֹר בָּנֶיךָ תִּפְדֶּה וְלֹא־
y-no redimirás tus-hijos primogénito-de todo ; entonces-quebrarás-cerviz-de-él

יֵרָאוּ פָנַי רֵיקָם׃ שֵׁשֶׁת יָמִים תַּעֲבֹד
trabajarás días Seis (21) . con-manos-vacías ante-mí comparecerán

וּבַיּוֹם הַשְּׁבִיעִי תִּשְׁבֹּת בֶּחָרִישׁ
en-la-arada ; descansarás el-séptimo y-en-el-día

וּבַקָּצִיר תִּשְׁבֹּת׃ וְחַג שָׁבֻעֹת תַּעֲשֶׂה לְךָ
para-ti celebrarás Semanas Y-Fiesta-de (22) . descansarás y-en-la-siega

בִּכּוּרֵי קְצִיר חִטִּים וְחַג הָאָסִיף תְּקוּפַת
final-de la-Cosecha y-Fiesta-de ; trigos cosecha-de primicias-de

הַשָּׁנָה׃ שָׁלֹשׁ פְּעָמִים בַּשָּׁנָה יֵרָאֶה כָּל־ זְכוּרְךָ אֶת־
** varón-tuyo todo comparecerá en-el-año veces Tres (23) . el-año

פְּנֵי הָאָדֹן ׀ יְהוָה אֱלֹהֵי יִשְׂרָאֵל׃ כִּי־ אוֹרִישׁ גּוֹיִם
naciones expulsaré Pues (24) . Israel Dios-de Yahweh el-Señor ante

מִפָּנֶיךָ וְהִרְחַבְתִּי אֶת־ גְּבוּלֶךָ וְלֹא־ יַחְמֹד
codiciará y-no tu-territorio ** y-aumentaré delante-de-ti

אִישׁ אֶת־ אַרְצְךָ בַּעֲלֹתְךָ לֵרָאוֹת אֶת־ פְּנֵי יְהוָה
Yahweh ante ** para-comparecer en-tu-subir tu-tierra ** nadie

אֱלֹהֶיךָ שָׁלֹשׁ פְּעָמִים בַּשָּׁנָה׃ לֹא־תִשְׁחַט עַל־חָמֵץ דַּם־

sangre-de leudado con ofrecerás No (25) . en-el-año veces tres tu-Dios

זִבְחִי וְלֹא־יָלִין לַבֹּקֶר זֶבַח

sacrificio-de hasta-la-mañana quedará y-no , mi-sacrificio

חַג הַפָּסַח׃ רֵאשִׁית בִּכּוּרֵי אַדְמָתְךָ תָּבִיא

llevarás tu-tierra primeros-frutos-de Lo-mejor-de (26) . la-Pascua Fiesta-de

בֵּית יְהוָה אֱלֹהֶיךָ לֹא־תְבַשֵּׁל גְּדִי בַּחֲלֵב אִמּוֹ׃

. su-madre en-la-leche-de cabrito cocerás no ; tu-Dios Yahweh casa-de

וַיֹּאמֶר יְהוָה אֶל־מֹשֶׁה כְּתָב־לְךָ אֶת־הַדְּבָרִים הָאֵלֶּה

las-éstas las-palabras ** para-ti escribe : Moisés a Yahweh Y-dijo (27)

כִּי עַל־פִּי ׀ הַדְּבָרִים הָאֵלֶּה כָּרַתִּי אִתְּךָ בְּרִית וְאֶת־

y-con pacto con-tigo hice las-éstas las-palabras según ** pues

יִשְׂרָאֵל׃ וַיְהִי־שָׁם עִם־יְהוָה אַרְבָּעִים יוֹם וְאַרְבָּעִים לַיְלָה לֶחֶם

pan noches y-cuarenta días cuarenta Yahweh con allí Y-estuvo (28) . Israel

לֹא אָכַל וּמַיִם לֹא שָׁתָה וַיִּכְתֹּב עַל־הַלֻּחֹת אֵת דִּבְרֵי

palabras-de ** las-tablas sobre y-escribió , bebió no y-agua comió no

הַבְּרִית עֲשֶׂרֶת הַדְּבָרִים׃ וַיְהִי בְּרֶדֶת מֹשֶׁה

Moisés al-descender Y-fue (29) . las-Palabras Diez , el-pacto

מֵהַר סִינַי וּשְׁנֵי לֻחֹת הָעֵדֻת בְּיַד־מֹשֶׁה

Moisés en-mano-de el-testimonio tablas-de y-dos Sinaí de-monte

בְּרִדְתּוֹ מִן־הָהָר וּמֹשֶׁה לֹא־יָדַע כִּי

que sabía no y-Moisés el-monte de en-su-descender

קָרַן עוֹר פָּנָיו בְּדַבְּרוֹ אִתּוֹ׃

. con-él por-su-hablar su-rostro piel-de resplandecía

וַיַּרְא אַהֲרֹן וְכָל־בְּנֵי יִשְׂרָאֵל אֶת־מֹשֶׁה וְהִנֵּה

y-he-aquí Moisés a Israel hijos-de y-todos Aarón Y-vio (30)

קָרַן עוֹר פָּנָיו וַיִּירְאוּ מִגֶּשֶׁת
de-acercarse y-temieron su-rostro piel-de resplandecía

אֵלָיו׃ (31) וַיִּקְרָא אֲלֵהֶם מֹשֶׁה וַיָּשֻׁבוּ אֵלָיו אַהֲרֹן
Aarón a-él y-regresaron Moisés a-ellos Y-llamó (31) a-él

וְכָל־ הַנְּשִׂאִים בָּעֵדָה וַיְדַבֵּר מֹשֶׁה אֲלֵהֶם׃
. a-ellos Moisés y-habló ; en-la-comunidad los-jefes y-todos

(32) וְאַחֲרֵי־ כֵן נִגְּשׁוּ כָּל־ בְּנֵי יִשְׂרָאֵל וַיְצַוֵּם
y-mandó-a-ellos ; Israel hijos-de todos se-acercaron esto Y-tras (32)

אֵת כָּל־ אֲשֶׁר דִּבֶּר יְהוָה אִתּוֹ בְּהַר סִינָי׃ (33) וַיְכַל
Y-acabó (33) . Sinaí en-monte a-él Yahweh habló lo-que todo **

מֹשֶׁה מִדַּבֵּר אִתָּם וַיִּתֵּן עַל־ פָּנָיו מַסְוֶה׃
. velo su-rostro sobre y-puso ; a-ellos de-hablar Moisés

(34) וּבְבֹא מֹשֶׁה לִפְנֵי יְהוָה לְדַבֵּר אִתּוֹ יָסִיר
quitó , a-él para-hablar Yahweh ante Moisés Y-al-entrar (34)

אֶת־הַמַּסְוֶה עַד־ צֵאתוֹ וְיָצָא וְדִבֶּר אֶל־ בְּנֵי
hijos-de a y-hablaba y-salía ; su-salir hasta el-velo **

יִשְׂרָאֵל אֵת אֲשֶׁר יְצֻוֶּה׃ (35) וְרָאוּ בְנֵי־ יִשְׂרָאֵל אֶת־פְּנֵי
faz-de ** Israel hijos-de Y-vieron (35) . fue-ordenado lo-que ** Israel

מֹשֶׁה כִּי קָרַן עוֹר פְּנֵי מֹשֶׁה וְהֵשִׁיב מֹשֶׁה אֶת־
** Moisés volvía-a-poner Moisés faz-de piel-de resplandecía que Moisés

הַמַּסְוֶה עַל־ פָּנָיו עַד־ בֹּאוֹ לְדַבֵּר אִתּוֹ׃
. con-él a-hablar su-entrar hasta su-rostro sobre el-velo

Cap. (1) וַיַּקְהֵל מֹשֶׁה אֶת־ כָּל־ עֲדַת בְּנֵי־יִשְׂרָאֵל וַיֹּאמֶר
y-dijo Israel hijos-de comunidad-de toda a Moisés Y-congregó (1) Cap.

אֲלֵהֶם אֵלֶּה הַדְּבָרִים אֲשֶׁר־ צִוָּה יְהוָה לַעֲשֹׂת אֹתָם׃ (2) שֵׁשֶׁת
Seis (2) . a-ellas para-hacer Yahweh mandó que las-palabras éstas : a-ellos

יָמִים תֵּעָשֶׂה מְלָאכָה וּבַיּוֹם הַשְּׁבִיעִי יִהְיֶה לָכֶם
para-vosotros será el-séptimo y-en-el-día trabajo harás días

קֹדֶשׁ שַׁבַּת שַׁבָּתוֹן לַיהוָה כָּל־ הָעֹשֶׂה בוֹ מְלָאכָה יוּמָת׃
. morirá trabajo en-él el-que-haga todo ; para-Yahweh descanso sábado-de santo

לֹא־ תְבַעֲרוּ אֵשׁ בְּכֹל מֹשְׁבֹתֵיכֶם בְּיוֹם הַשַּׁבָּת׃
. el-sábado en-día vuestras-moradas en-todas fuego enciendas No (3)

וַיֹּאמֶר מֹשֶׁה אֶל־ כָּל־ עֲדַת בְּנֵי־ יִשְׂרָאֵל לֵאמֹר זֶה
ésta : diciendo Israel hijos-de comunidad-de toda a Moisés Y-dijo (4)

הַדָּבָר אֲשֶׁר־ צִוָּה יְהוָה לֵאמֹר׃ קְחוּ מֵאִתְּכֶם תְּרוּמָה
ofrenda de-entre-vosotros Tomad (5) . diciendo Yahweh mandó que la-cosa

לַיהוָה כֹּל נְדִיב לִבּוֹ יְבִיאֶהָ אֵת תְּרוּמַת
ofrenda-de ** traiga su-corazón generoso-de todo , para-Yahweh

יְהוָה זָהָב וָכֶסֶף וּנְחֹשֶׁת׃ וּתְכֵלֶת וְאַרְגָּמָן וְתוֹלַעַת
y-carmesí y-púrpura Y-azul (6) . y-bronce y-plata oro ; Yahweh

שָׁנִי וְשֵׁשׁ וְעִזִּים׃ וְעֹרֹת אֵילִם מְאָדָּמִים
enrojecidas carneros Y-pieles-de (7) . y-pelos-de-cabra y-lino hilado

וְעֹרֹת תְּחָשִׁים וַעֲצֵי שִׁטִּים׃ וְשֶׁמֶן לַמָּאוֹר
para-la-luz Y-aceite (8) . acacias y-maderas-de tejones y-pieles-de

וּבְשָׂמִים לְשֶׁמֶן הַמִּשְׁחָה וְלִקְטֹרֶת הַסַּמִּים׃
. los-aromas y-para-incienso-de la-unción para-aceite-de y-especias

וְאַבְנֵי־ שֹׁהַם וְאַבְנֵי מִלֻּאִים לָאֵפוֹד
para-el-efod engaste y-piedras-de ónice Y-piedras-de (9)

וְלַחֹשֶׁן׃ וְכָל־ חֲכַם־ לֵב בָּכֶם
entre-vosotros corazón sabio-de Y-todo (10) . y-para-el-pectoral

יָבֹאוּ וְיַעֲשׂוּ אֵת כָּל־ אֲשֶׁר צִוָּה יְהוָה׃ אֶת־
** (11) . Yahweh mandó lo-que todo ** y-hagan vengan

הַמִּשְׁכָּן אֶת־ אָהֳלוֹ וְאֶת־ מִכְסֵהוּ אֶת־ קְרָסָיו וְאֶת־
y-** sus-corchetes ** ; su-cubierta y-** su-tienda ** , el-tabernáculo

קְרָשָׁיו אֶת־ בְּרִיחָו אֶת־ עַמֻּדָיו וְאֶת־ אֲדָנָיו׃
. sus-bases y-** sus-postes ** sus-barras ** sus-tablones

אֶת־ הָאָרֹן וְאֶת־ בַּדָּיו אֶת־ הַכַּפֹּרֶת וְאֵת פָּרֹכֶת
cortina-de y-** el-propiciatorio ** sus-varas y-** el-arca ** (12)

הַמָּסָךְ׃ אֶת־ הַשֻּׁלְחָן וְאֶת־ בַּדָּיו וְאֶת־ כָּל־ כֵּלָיו
; sus-utensilios todos y-** sus-varas y-** la-mesa ** (13) . la-cubierta

וְאֵת לֶחֶם הַפָּנִים׃ וְאֶת־ מְנֹרַת הַמָּאוֹר וְאֶת־
y-** la-luz el-candelabro-de Y-** (14) . la-preposición pan-de y-**

כֵּלֶיהָ וְאֶת־ נֵרֹתֶיהָ וְאֵת שֶׁמֶן הַמָּאוֹר׃ וְאֶת־ מִזְבַּח
altar-de Y-** (15) . la-luz aceite-de y-** sus-lámparas y-** y-sus-utensilios

הַקְּטֹרֶת וְאֶת־ בַּדָּיו וְאֵת שֶׁמֶן הַמִּשְׁחָה וְאֵת קְטֹרֶת
incienso-de y-** la-unción aceite-de y-** sus-varas y-** el-incienso

הַסַּמִּים וְאֶת־ מָסַךְ הַפֶּתַח לְפֶתַח הַמִּשְׁכָּן׃
. el-tabernáculo a-entrada-de la-puerta cortina-de y-** los-aromas

אֵת ׀ מִזְבַּח הָעֹלָה וְאֶת־ מִכְבַּר הַנְּחֹשֶׁת אֲשֶׁר־ לוֹ
para-él que el-bronce rejilla-de y-** el-holocausto altar-de ** (16)

אֶת־ בַּדָּיו וְאֶת־ כָּל־ כֵּלָיו אֶת־ הַכִּיֹּר וְאֶת־ כַּנּוֹ׃
. su-soporte y-** la-fuente ** ; sus-utensilios todos y-** sus-varas **

אֵת קַלְעֵי הֶחָצֵר אֶת־ עַמֻּדָיו וְאֶת־ אֲדָנֶיהָ וְאֵת
y-** sus-bases y-** sus-postes ** el-atrio cortinas-de ** (17)

מָסַךְ שַׁעַר הֶחָצֵר׃ אֶת־ יִתְדֹת הַמִּשְׁכָּן
el-tabernáculo estacas-de ** (18) . el-atrio entrada-de cortina-de

וְאֶת־יִתְדֹת הֶחָצֵר וְאֶת־ מֵיתְרֵיהֶם׃ אֶת־ בִּגְדֵי הַשְּׂרָד
el-servicio vestiduras-de ** (19) . sus-cuerdas y-** el-atrio estacas-de y-**

לְשָׁרֵת בַּקֹּדֶשׁ אֶת־ בִּגְדֵי הַקֹּדֶשׁ לְאַהֲרֹן
para-Aarón la-consagración vestiduras-de ** ; en-el-santuario para-ministrar

הַכֹּהֵן וְאֶת־ בִּגְדֵי בָנָיו לְכַהֵן׃ וַיֵּצְאוּ
Y-salieron (20) . para-ser-sacerdotes sus-hijos vestiduras-de y-** el-sacerdote

כָּל־ עֲדַת בְּנֵי־ יִשְׂרָאֵל מִלִּפְנֵי מֹשֶׁה׃ וַיָּבֹאוּ
Y-vinieron (21) . Moisés de-delante-de Israel hijos-de comunidad-de toda

כָּל־ אִישׁ אֲשֶׁר־ נְשָׂאוֹ לִבּוֹ וְכֹל אֲשֶׁר נָדְבָה
estimuló el-que y-todo ; su-corazón le-movió que aquel todo

רוּחוֹ אֹתוֹ הֵבִיאוּ אֶת־ תְּרוּמַת יְהוָה לִמְלֶאכֶת אֹהֶל
tienda-de para-obra-de Yahweh ofrenda-de ** llevaron a-él su-espíritu

מוֹעֵד וּלְכָל־ עֲבֹדָתוֹ וּלְבִגְדֵי הַקֹּדֶשׁ׃
. la-consagración y-para-vestiduras-de su-servicio y-para-todo testimonio

וַיָּבֹאוּ הָאֲנָשִׁים עַל־ הַנָּשִׁים כֹּל ׀ נְדִיב לֵב הֵבִיאוּ
llevaron corazón voluntario todos , las-mujeres con los-hombres Y-vinieron (22)

חָח וָנֶזֶם וְטַבַּעַת וְכוּמָז כָּל־ כְּלִי זָהָב וְכָל־
y-todo oro alhaja-de toda y-brazalete y-anillo y-zarcillo broche

אִישׁ אֲשֶׁר הֵנִיף תְּנוּפַת זָהָב לַיהוָה׃ וְכָל־ אִישׁ
aquel Y-todo (23) . a-Yahweh oro ofrenda-mecida-de presentaba que aquel

אֲשֶׁר־ נִמְצָא אִתּוֹ תְּכֵלֶת וְאַרְגָּמָן וְתוֹלַעַת שָׁנִי וְשֵׁשׁ
y-lino hilado y-carmesí y-púrpura azul con-él se-halló que

וְעִזִּים וְעֹרֹת אֵילִם מְאָדָּמִים וְעֹרֹת תְּחָשִׁים
tejones y-pieles-de enrojecidos carneros y-pieles-de y-pelos-de-cabra

הֵבִיאוּ׃ כָּל־ מֵרִים תְּרוּמַת כֶּסֶף וּנְחֹשֶׁת
y-bronce plata ofrenda-de los-que-presentaban Todos (24) . llevaron

הֵבִיאוּ אֵת תְּרוּמַת יְהוָה וְכֹל אֲשֶׁר נִמְצָא אִתּוֹ
con-él se-halló el-que y-todo Yahweh ofrenda-de ** llevaron

עֲצֵי שִׁטִּים לְכָל־ מְלֶאכֶת הָעֲבֹדָה הֵבִיאוּ׃ וְכָל־

Y-toda (25) . llevaron la-obra parte-de para-toda acacias maderas-de

אִשָּׁה חַכְמַת־ לֵב בְּיָדֶיהָ טָווּ וַיָּבִיאוּ מַטְוֶה

producto y-llevaron ; hilaban con-sus-manos corazón sabia-de mujer

אֶת־ הַתְּכֵלֶת וְאֶת־ הָאַרְגָּמָן אֶת־ תּוֹלַעַת הַשָּׁנִי וְאֶת־ הַשֵּׁשׁ׃

. el-lino y-** el-hilado carmesí-de ** la-púrpura y-** el-azul **

וְכָל־ הַנָּשִׁים אֲשֶׁר נָשָׂא לִבָּן אֹתָנָה בְּחָכְמָה

con-sabiduría a-ellas su-corazón movió que las-mujeres Y-todas (26)

טָווּ אֶת־ הָעִזִּים׃ וְהַנְּשִׂאִם הֵבִיאוּ אֵת אַבְנֵי

piedras-de ** llevaron Y-los-jefes (27) . los-pelos-de-cabra ** hilaron

הַשֹּׁהַם וְאֵת אַבְנֵי הַמִּלֻּאִים לָאֵפוֹד וְלַחֹשֶׁן׃

. y-para-el-pectoral para-el-efod engastes piedras-de y-** ónice

וְאֶת־ הַבֹּשֶׂם וְאֶת־ הַשָּׁמֶן לְמָאוֹר וּלְשֶׁמֶן הַמִּשְׁחָה

la-unción y-para-aceite-de para-luz el-aceite y-** la-especia Y-** (28)

וְלִקְטֹרֶת הַסַּמִּים׃ כָּל־ אִישׁ וְאִשָּׁה אֲשֶׁר נָדַב

movió que y-mujer hombre Todo (29) . las-fragancias y-para-incienso-de

לִבָּם אֹתָם לְהָבִיא לְכָל־ הַמְּלָאכָה אֲשֶׁר צִוָּה יְהוָה

Yahweh mandó que la-obra para-toda para-llevar a-ellos su-corazón

לַעֲשׂוֹת בְּיַד־ מֹשֶׁה הֵבִיאוּ בְנֵי־ יִשְׂרָאֵל נְדָבָה

ofrenda-voluntaria Israel hijos-de llevaron ; Moisés por-mano-de para-hacer

לַיהוָה׃ וַיֹּאמֶר מֹשֶׁה אֶל־ בְּנֵי יִשְׂרָאֵל רְאוּ קָרָא יְהוָה

Yahweh eligió ved : Israel hijos-de a Moisés Y-dijo (30) . a-Yahweh

בְשֵׁם בְּצַלְאֵל בֶּן־ אוּרִי בֶן־ חוּר לְמַטֵּה יְהוּדָה׃ וַיְמַלֵּא

Y-llenó (31) . Judá de-tribu-de Hur hijo-de Uri hijo-de Bezaleel por-nombre

אֹתוֹ רוּחַ אֱלֹהִים בְּחָכְמָה בִּתְבוּנָה וּבְדַעַת וּבְכָל־מְלָאכָה׃

. obra y-con-toda y-con-conocimiento con-habilidad con-sabiduría ; Dios espíritu-de a-él

וְלַחְשֹׁב מַחֲשָׁבֹת לַעֲשֹׂת בַּזָּהָב וּבַכֶּסֶף

y-en-la-plata en-el-oro para-trabajar diseños Y-hacer (32)

וּבַנְּחֹשֶׁת׃ וּבַחֲרֹשֶׁת אֶבֶן לְמַלֹּאת וּבַחֲרֹשֶׁת

y-para-corte-de para-engastar piedra Y-en-la-talla-de (33) . y-en-el-bronce

עֵץ לַעֲשׂוֹת בְּכָל־מְלֶאכֶת מַחֲשָׁבֶת׃ וּלְהוֹרֹת נָתַן

puso Y-para-enseñar (34) . oficio clase-de en-toda para-hacer , madera

בְּלִבּוֹ הוּא וְאָהֳלִיאָב בֶּן־אֲחִיסָמָךְ לְמַטֵּה־דָן׃

. Dan de-tribu-de Ahisamac hijo-de y-Aholiab él ; en-su-corazón

מִלֵּא אֹתָם חָכְמַת־לֵב לַעֲשׂוֹת כָּל־מְלֶאכֶת חָרָשׁ ׀

perito obra-de toda para-hacer corazón sabiduría-de a-ellos Llenó (35)

וְחֹשֵׁב וְרֹקֵם בַּתְּכֵלֶת וּבָאַרְגָּמָן בְּתוֹלַעַת

y-en-carmesí-de y-en-la-púrpura en-el-azul y-bordador y-diseñador

הַשָּׁנִי וּבַשֵּׁשׁ וְאֹרֵג עֹשֵׂי כָּל־מְלָאכָה

obra toda hacedores-de ; y-tejido y-en-el-lino el-hilado

וְחֹשְׁבֵי מַחֲשָׁבֹת׃ וְעָשָׂה בְצַלְאֵל וְאָהֳלִיאָב

y-Aholiab Bezaleel Y-hará (1) . diseños y-diseñadores-de Cap. 36

וְכֹל ׀ אִישׁ חֲכַם־לֵב אֲשֶׁר נָתַן יְהוָה חָכְמָה וּתְבוּנָה

y-habilidad sabiduría Yahweh dio que corazón sabio-de hombre y-todo

בָּהֵמָּה לָדַעַת לַעֲשֹׂת אֶת־כָּל־מְלֶאכֶת עֲבֹדַת הַקֹּדֶשׁ

el-santuario construcción-de obra-de toda ** hacer para-saber en-ellos

לְכֹל אֲשֶׁר־צִוָּה יְהוָה׃ וַיִּקְרָא מֹשֶׁה אֶל־בְּצַלְאֵל

Bezaleel a Moisés Y-llamó (2) . Yahweh mandó lo-que para-todo

וְאֶל־אָהֳלִיאָב וְאֶל כָּל־אִישׁ חֲכַם־לֵב אֲשֶׁר נָתַן יְהוָה

Yahweh dio que corazón sabio-de varón todo y-a Aholiab y-a

חָכְמָה בְּלִבּוֹ כֹּל אֲשֶׁר נְשָׂאוֹ לִבּוֹ לְקָרְבָה

para-ir su-corazón le-movió el-que todo ; en-su-corazón sabiduría

אֶל־הַמְּלָאכָה לַעֲשֹׂת אֹתָהּ׃ וַיִּקְחוּ מִלִּפְנֵי מֹשֶׁה אֵת כָּל־
toda ** Moisés de-delante-de Y-tomaron (3) . a-ella para-hacer la-obra a

הַתְּרוּמָה אֲשֶׁר הֵבִיאוּ בְּנֵי יִשְׂרָאֵל לִמְלֶאכֶת עֲבֹדַת
construcción-de para-obra-de Israel hijos-de llevaron que la-ofrenda

הַקֹּדֶשׁ לַעֲשֹׂת אֹתָהּ וְהֵם הֵבִיאוּ אֵלָיו עוֹד נְדָבָה
ofrenda-voluntaria incluso a-él llevaron y-ellos ; a-ella para-hacer el-santuario

בַּבֹּקֶר בַּבֹּקֶר׃ וַיָּבֹאוּ כָּל־ הַחֲכָמִים
los-expertos todos Y-fueron (4) . por-la-mañana por-la-mañana

הָעֹשִׂים אֵת כָּל־ מְלֶאכֶת הַקֹּדֶשׁ אִישׁ־אִישׁ מִמְּלַאכְתּוֹ
de-su-trabajo cada cada el-santuario obra-de toda ** los-que-hacían

אֲשֶׁר־הֵמָּה עֹשִׂים׃ וַיֹּאמְרוּ אֶל־ מֹשֶׁה לֵּאמֹר מַרְבִּים
mucho-más : diciendo Moisés a Y-dijeron (5) . haciendo ellos que

הָעָם לְהָבִיא מִדֵּי הָעֲבֹדָה לַמְּלָאכָה אֲשֶׁר־ צִוָּה
mandó que para-el-trabajo la-obra que-necesidad-de a-traer el-pueblo

יְהוָה לַעֲשֹׂת אֹתָהּ׃ וַיְצַו מֹשֶׁה וַיַּעֲבִירוּ קוֹל
voz y-esparcieron Moisés Y-ordenó (6) . a-ella para-hacer Yahweh

בַּמַּחֲנֶה לֵאמֹר אִישׁ וְאִשָּׁה אַל־ יַעֲשׂוּ־ עוֹד מְלָאכָה
trabajo más harán no y-mujer hombre : diciendo en-el-campamento

לִתְרוּמַת הַקֹּדֶשׁ וַיִּכָּלֵא הָעָם מֵהָבִיא׃
. de-llevar el-pueblo y-se-impidió-a , el-santuario para-ofrenda-de

וְהַמְּלָאכָה הָיְתָה דַיָּם לְכָל־ הַמְּלָאכָה לַעֲשׂוֹת אֹתָהּ
a-ella para-hacer la-obra para-toda bastante-para-ellos era Y-el-material (7)

וְהוֹתֵר׃ וַיַּעֲשׂוּ כָל־ חֲכַם־ לֵב בְּעֹשֵׂי
entre-hacedores-de corazón sabio-de todo E-hicieron (8) . y-ser-más

הַמְּלָאכָה אֶת־ הַמִּשְׁכָּן עֶשֶׂר יְרִיעֹת שֵׁשׁ מָשְׁזָר וּתְכֵלֶת
y-azul torcido lino cortinas diez el-tabernáculo ** la-obra

וְאַרְגָּמָן וְתוֹלַעַת שָׁנִי כְּרֻבִים מַעֲשֵׂה חֹשֵׁב עָשָׂה אֹתָם׃

. a-ellos hizo experto obra-de querubines hilado y-carmesí y-púrpura

אֹרֶךְ הַיְרִיעָה הָאַחַת שְׁמֹנֶה וְעֶשְׂרִים בָּאַמָּה וְרֹחַב

y-ancho por-el-codo y-veinte ocho la-una la-cortina Longitud-de (9)

אַרְבַּע בָּאַמָּה הַיְרִיעָה הָאֶחָת מִדָּה אַחַת לְכָל־הַיְרִיעֹת׃

. las-cortinas para-todas una medida la-una la-cortina por-el-codo cuatro

וַיְחַבֵּר אֶת־חֲמֵשׁ הַיְרִיעֹת אַחַת אֶל־אֶחָת וְחָמֵשׁ יְרִיעֹת

·cortinas y-cinco una a una cortinas cinco ** Y-unió (10)

חִבַּר אַחַת אֶל־אֶחָת׃ וַיַּעַשׂ לֻלְאֹת תְּכֵלֶת עַל שְׂפַת

orilla-de en azul lazadas-de E-hizo (11) . una a una unió

הַיְרִיעָה הָאֶחָת מִקָּצָה בַּמַּחְבָּרֶת כֵּן עָשָׂה בִּשְׂפַת הַיְרִיעָה

la-cortina en-orilla-de hizo así , en-el-juego al-extremo la-una la-cortina

הַקִּיצוֹנָה בַּמַּחְבֶּרֶת הַשֵּׁנִית׃ חֲמִשִּׁים לֻלָאֹת עָשָׂה בַּיְרִיעָה הָאֶחָת

la-una en-la-cortina hizo lazadas Cincuenta (12) . el-otro en-el-juego la-última

וַחֲמִשִּׁים לֻלָאֹת עָשָׂה בִּקְצֵה הַיְרִיעָה אֲשֶׁר בַּמַּחְבֶּרֶת הַשֵּׁנִית

; el-otro en-el-juego que la-cortina al-final-de hizo lazadas y-cincuenta

מַקְבִּילֹת הַלֻּלָאֹת אַחַת אֶל־אֶחָת׃ וַיַּעַשׂ חֲמִשִּׁים קַרְסֵי

corchetes cincuenta E-hizo (13) . una a una las-lazadas enfrentadas

זָהָב וַיְחַבֵּר אֶת־הַיְרִעֹת אַחַת אֶל־אַחַת בַּקְּרָסִים

con-los-corchetes una a una las-cortinas ** y-enlazó , oro

וַיְהִי הַמִּשְׁכָּן אֶחָד׃ וַיַּעַשׂ יְרִיעֹת עִזִּים לְאֹהֶל

para-tienda pelos-de-cabra cortinas-de E-hizo (14) . uno el-tabernáculo y-fue

עַל־הַמִּשְׁכָּן עַשְׁתֵּי־עֶשְׂרֵה יְרִיעֹת עָשָׂה אֹתָם׃ אֹרֶךְ הַיְרִיעָה

la-cortina Largo-de (15) . a-ellas hizo cortinas diez uno ; el-tabernáculo sobre

הָאַחַת שְׁלֹשִׁים בָּאַמָּה וְאַרְבַּע אַמּוֹת רֹחַב הַיְרִיעָה הָאֶחָת

; la-una la-cortina ancho-de codos y-cuatro , por-el-codo treinta la-una

מִדָּה אַחַת לְעַשְׁתֵּי עֶשְׂרֵה יְרִיעֹת׃ וַיְחַבֵּר אֶת־חֲמֵשׁ הַיְרִיעֹת

las-cortinas cinco-de ** Y-unió (16) . cortinas diez para-una uno tamaño

לְבָד וְאֶת־שֵׁשׁ הַיְרִיעֹת לְבָד׃ וַיַּעַשׂ לֻלָאֹת חֲמִשִּׁים עַל

en cincuenta lazadas E-hizo (17) . en-juego las-cortinas seis-de y-** ; en-juego

שְׂפַת הַיְרִיעָה הַקִּיצֹנָה בַּמַּחְבָּרֶת וַחֲמִשִּׁים לֻלָאֹת עָשָׂה עַל־שְׂפַת

orilla-de en hizo lazadas y-cincuenta ; el-juego la-última-de la-cortina orilla-de

הַיְרִיעָה הַחֹבֶרֶת הַשֵּׁנִית׃ וַיַּעַשׂ קַרְסֵי נְחֹשֶׁת חֲמִשִּׁים

cincuenta bronce corchetes-de E-hizo (18) . el-segundo el-juego la-cortina

לְחַבֵּר אֶת־הָאֹהֶל לִהְיֹת אֶחָד׃ וַיַּעַשׂ מִכְסֶה לָאֹהֶל

para-la-tienda cubierta E-hizo (19) . una para-ser la-tienda ** para-sujetar

עֹרֹת אֵילִם מְאָדָּמִים וּמִכְסֵה עֹרֹת תְּחָשִׁים מִלְמָעְלָה׃

. para-arriba tejones pieles-de y-cubierta-de ; enrojecidos carneros pieles-de

וַיַּעַשׂ אֶת־הַקְּרָשִׁים לַמִּשְׁכָּן עֲצֵי שִׁטִּים

acacias maderas-de , para-el-tabernáculo las-tablas ** E-hizo (20)

עֹמְדִים׃ עֶשֶׂר אַמֹּת אֹרֶךְ הַקָּרֶשׁ וְאַמָּה וַחֲצִי

y-medio y-codo ; la-tabla largo-de codos Diez (21) . rectas

הָאַמָּה רֹחַב הַקֶּרֶשׁ הָאֶחָד׃ שְׁתֵּי יָדֹת לַקֶּרֶשׁ

para-la-tabla espigas Dos-de (22) . la-una la-tabla ancho-de el-codo

הָאֶחָד מְשֻׁלָּבֹת אַחַת אֶל־אֶחָת כֵּן עָשָׂה לְכֹל קַרְשֵׁי

tablas-de para-todas hizo así ; una a una haciendo-paralelas la-una

הַמִּשְׁכָּן׃ וַיַּעַשׂ אֶת־הַקְּרָשִׁים לַמִּשְׁכָּן עֶשְׂרִים קְרָשִׁים

tablas veinte para-el-tabernáculo las-tablas ** E-hizo (23) . el-tabernáculo

לִפְאַת נֶגֶב תֵּימָנָה׃ וְאַרְבָּעִים אַדְנֵי־כֶסֶף עָשָׂה תַּחַת עֶשְׂרִים

veinte bajo hizo plata bases-de Y-cuarenta (24) . a-sur sur para-lado-de

הַקְּרָשִׁים שְׁנֵי אֲדָנִים תַּחַת־הַקֶּרֶשׁ הָאֶחָד לִשְׁתֵּי יְדֹתָיו

sus-espigas para-dos-de la-una la-tabla bajo bases dos-de , las-tablas

וּשְׁנֵי אֲדָנִים תַּחַת־ הַקֶּרֶשׁ הָאֶחָד לִשְׁתֵּי יְדֹתָיו׃

. sus-espigas para-dos-de la-una la-tabla bajo bases y-dos-de

וּלְצֶלַע הַמִּשְׁכָּן הַשֵּׁנִית לִפְאַת צָפוֹן עָשָׂה

hizo , norte para-lado-de el-segundo el-tabernáculo Y-para-lado-de (25)

עֶשְׂרִים קְרָשִׁים׃ וְאַרְבָּעִים אַדְנֵיהֶם כֶּסֶף שְׁנֵי אֲדָנִים תַּחַת

bajo bases dos-de , plata sus-bases Y-cuarenta (26) . tablas diez

הַקֶּרֶשׁ הָאֶחָד וּשְׁנֵי אֲדָנִים תַּחַת הַקֶּרֶשׁ הָאֶחָד׃

. la-una la-tabla bajo bases y-dos-de la-una la-tabla

וּלְיַרְכְּתֵי הַמִּשְׁכָּן יָמָּה עָשָׂה שִׁשָּׁה קְרָשִׁים׃ וּשְׁנֵי

Y-dos-de (28) . tablas seis hizo oeste el-tabernáculo Y-para-extremos-de (27)

קְרָשִׁים עָשָׂה לִמְקֻצְעֹת הַמִּשְׁכָּן בַּיַּרְכָתָיִם׃ וְהָיוּ

Y-fueron (29) . en-los-extremos el-tabernáculo para-esquinas-de hizo tablas

תוֹאֲמִם מִלְּמַטָּה וְיַחְדָּו יִהְיוּ תַמִּים אֶל־

por juntadas estaban y-juntas desde-abajo unidas

רֹאשׁוֹ אֶל־ הַטַּבַּעַת הָאֶחָת כֵּן עָשָׂה לִשְׁנֵיהֶם

para-dos-de-ellas hizo así , el-uno el-gozne en su-cabeza

לִשְׁנֵי הַמִּקְצֹעֹת׃ וְהָיוּ שְׁמֹנָה קְרָשִׁים וְאַדְנֵיהֶם

y-bases-de-ellas tablas ocho Y-eran (30) . las-esquinas para-dos

כֶּסֶף שִׁשָּׁה עָשָׂר אֲדָנִים שְׁנֵי אֲדָנִים שְׁנֵי אֲדָנִים תַּחַת הַקֶּרֶשׁ הָאֶחָד׃

. la-una la-tabla bajo bases dos bases dos , bases diez seis , plata

וַיַּעַשׂ בְּרִיחֵי עֲצֵי שִׁטִּים חֲמִשָּׁה לְקַרְשֵׁי צֶלַע־

lado-de para-tablas-de cinco , acacias maderas-de barras-de E-hizo (31)

הַמִּשְׁכָּן הָאֶחָת׃ וַחֲמִשָּׁה בְרִיחִם לְקַרְשֵׁי צֶלַע־

lado-de para-tablas-de barras Y-cinco (32) . el-uno el-tabernáculo

הַמִּשְׁכָּן הַשֵּׁנִית וַחֲמִשָּׁה בְרִיחִם לְקַרְשֵׁי הַמִּשְׁכָּן

el-tabernáculo para-tablas-de barras y-cinco , el-otro el-tabernáculo

לַיַּרְכָתַיִם יָמָּה׃ וַיַּעַשׂ אֶת־הַבְּרִיחַ הַתִּיכֹן
la-central la-barra ** E-hizo (33) . oeste a-los-extremos

לִבְרֹחַ בְּתוֹךְ הַקְּרָשִׁים מִן־הַקָּצֶה אֶל־הַקָּצֶה׃ וְאֶת־הַקְּרָשִׁים
las-tablas Y-** (34) . el-extremo a el-extremo de las-tablas por-medio-de pasar

צִפָּה זָהָב וְאֶת־טַבְּעֹתָם עָשָׂה זָהָב בָּתִּים לַבְּרִיחִם
para-las-barras pasadores , de-oro hizo sus-anillos y-** oro recubrió-de

וַיְצַף אֶת־הַבְּרִיחִם זָהָב׃ וַיַּעַשׂ אֶת־הַפָּרֹכֶת
la-cortina ** E-hizo (35) . de-oro las-barras ** y-cubrió

תְּכֵלֶת וְאַרְגָּמָן וְתוֹלַעַת שָׁנִי וְשֵׁשׁ מָשְׁזָר מַעֲשֵׂה
obra-de torcido y-lino hilado y-carmesí-de y-púrpura azul

חֹשֵׁב עָשָׂה אֹתָהּ כְּרֻבִים׃ וַיַּעַשׂ לָהּ אַרְבָּעָה עַמּוּדֵי
postes-de cuatro para-ella E-hizo (36) . querubines a-ella hizo experto

שִׁטִּים וַיְצַפֵּם זָהָב וָוֵיהֶם זָהָב וַיִּצֹק לָהֶם
para-ellos y-fundió ; de-oro sus-ganchos oro y-las-recubrió-de acacias

אַרְבָּעָה אַדְנֵי־כָסֶף׃ וַיַּעַשׂ מָסָךְ לְפֶתַח הָאֹהֶל תְּכֵלֶת
azul la-tienda para-entrada-de cortina E-hizo (37) . plata bases-de cuatro

וְאַרְגָּמָן וְתוֹלַעַת שָׁנִי וְשֵׁשׁ מָשְׁזָר מַעֲשֵׂה
obra-de torcido y-lino hilado y-carmesí-de y-púrpura

רֹקֵם׃ וְאֶת־עַמּוּדָיו חֲמִשָּׁה וְאֶת־וָוֵיהֶם וְצִפָּה
y-recubrió , sus-ganchos y-** cinco sus-postes Y-** (38) recamador

רָאשֵׁיהֶם וַחֲשֻׁקֵיהֶם זָהָב וְאַדְנֵיהֶם חֲמִשָּׁה נְחֹשֶׁת׃
. bronce . cinco y-sus-bases , oro y-sus-molduras sus-capiteles

וַיַּעַשׂ בְּצַלְאֵל אֶת־הָאָרֹן עֲצֵי שִׁטִּים אַמָּתַיִם וָחֵצִי
y-medio dos-codos , acacias maderas-de el-arca ** Bezaleel E-hizo (1) Cap

אָרְכּוֹ וְאַמָּה וָחֵצִי רָחְבּוֹ וְאַמָּה וָחֵצִי
y-medio y-codo su-ancho y-medio y-codo su-longitud

קֹמָתוֹ׃ וַיְצַפֵּהוּ זָהָב טָהוֹר מִבַּיִת וּמִחוּץ
y-de-fuera de-dentro puro oro Y-lo-recubrió (2) . su-altura

וַיַּעַשׂ לוֹ זֵר זָהָב סָבִיב׃ וַיִּצֹק לוֹ אַרְבַּע
cuatro para-él Y-fundió (3) . alrededor oro moldura-de para-él e-hizo

טַבְּעֹת זָהָב עַל אַרְבַּע פַּעֲמֹתָיו וּשְׁתֵּי טַבָּעֹת עַל־צַלְעוֹ הָאֶחָת
el-uno su-lado para anillas y-dos esquinas-de-él cuatro para oro anillos-de

וּשְׁתֵּי טַבָּעוֹת עַל־צַלְעוֹ הַשֵּׁנִית׃ וַיַּעַשׂ בַּדֵּי עֲצֵי
maderas-de varas-de E-hizo (4) . el-dos su-lado para anillas y-dos

שִׁטִּים וַיְצַף אֹתָם זָהָב׃ וַיָּבֵא אֶת־הַבַּדִּים
las-varas ** Y-metió (5) . oro a-ellos y-recubrió acacias

בַּטַּבָּעֹת עַל צַלְעֹת הָאָרֹן לָשֵׂאת אֶת־הָאָרֹן׃ וַיַּעַשׂ
E-hizo (6) . el-arca ** para-llevar , el-arca lados-de en en-las-anillas

כַּפֹּרֶת זָהָב טָהוֹר אַמָּתַיִם וָחֵצִי אָרְכָּהּ וְאַמָּה וָחֵצִי
y-medio y-codo su-longitud y-medio dos-codos , puro oro propiciatorio

רָחְבָּהּ׃ וַיַּעַשׂ שְׁנֵי כְרֻבִים זָהָב מִקְשָׁה עָשָׂה אֹתָם
a-ellos hizo labrados , oro querubines dos E-hizo (7) . su-ancho

מִשְּׁנֵי קְצוֹת הַכַּפֹּרֶת׃ כְּרוּב־אֶחָד מִקָּצָה מִזֶּה וּכְרוּב־אֶחָד
uno y-querubín éste en-extremo uno Querubín (8) . el-propiciatorio extremos-de en-dos

מִקָּצָה מִזֶּה מִן־הַכַּפֹּרֶת עָשָׂה אֶת־הַכְּרֻבִים מִשְּׁנֵי קְצוֹוֹתָו׃
. sus-extremos en-dos los-querubines ** hizo el-propiciatorio de ; aquel en-extremo

וַיִּהְיוּ הַכְּרֻבִים פֹּרְשֵׂי כְנָפַיִם לְמַעְלָה
hacia-arriba sus-alas extendiendo los-querubines Y-estaban (9)

סֹכְכִים בְּכַנְפֵיהֶם עַל־הַכַּפֹּרֶת וּפְנֵיהֶם אִישׁ
cada-uno y-sus-rostros el-propiciatorio sobre con-alas-de-ellos cubriendo

אֶל־אָחִיו אֶל־הַכַּפֹּרֶת הָיוּ פְּנֵי הַכְּרֻבִים׃
. los-querubines rostros-de estaban el-propiciatorio hacia su-otro hacia

וַיַּעַשׂ אֶת־הַשֻּׁלְחָן עֲצֵי שִׁטִּים אַמָּתַיִם אָרְכּוֹ

su-longitud dos-codos ; acacias maderas-de la-mesa ** E-hizo (10)

וְאַמָּה רָחְבּוֹ וְאַמָּה וָחֵצִי קֹמָתוֹ׃ וַיְצַף

Y-recubrió (11) . su-altura y-medio y-codo su-anchura y-codo

אֹתוֹ זָהָב טָהוֹר וַיַּעַשׂ לוֹ זֵר זָהָב סָבִיב׃ וַיַּעַשׂ

E-hizo (12) . alrededor oro moldura-de para-él e-hizo puro oro a-él

לוֹ מִסְגֶּרֶת טֹפַח סָבִיב וַיַּעַשׂ זֵר־זָהָב לְמִסְגַּרְתּוֹ

en-su-reborde oro moldura-de e-hizo , alrededor palmo reborde-de a-él

סָבִיב׃ וַיִּצֹק לוֹ אַרְבַּע טַבְּעֹת זָהָב וַיִּתֵּן אֶת־

** y-puso , oro anillas-de cuatro para-él Y-fundió (13) . alrededor

הַטַּבָּעֹת עַל אַרְבַּע הַפֵּאֹת אֲשֶׁר לְאַרְבַּע רַגְלָיו׃ לְעֻמַּת

Junto-a (14) . sus-patas a-cuatro-de que las-esquinas cuatro en las-anillas

הַמִּסְגֶּרֶת הָיוּ הַטַּבָּעֹת בָּתִּים לַבַּדִּים לָשֵׂאת אֶת־הַשֻּׁלְחָן׃

. la-mesa ** para-llevar para-las-varas sujetadores las-anillas estaban el-reborde

וַיַּעַשׂ אֶת־הַבַּדִּים עֲצֵי שִׁטִּים וַיְצַף אֹתָם זָהָב

oro a-ellos y-recubrió acacias maderas-de las-varas ** E-hizo (15)

לָשֵׂאת אֶת־הַשֻּׁלְחָן׃ וַיַּעַשׂ אֶת־הַכֵּלִים ׀ אֲשֶׁר עַל־הַשֻּׁלְחָן

la-mesa sobre que los-utensilios ** E-hizo (16) . la-mesa ** para-llevar

אֶת־קְעָרֹתָיו וְאֶת־כַּפֹּתָיו וְאֵת מְנַקִּיֹּתָיו וְאֶת־הַקְּשָׂוֹת אֲשֶׁר

que las-vasijas y-** sus-tazones y-** sus-cucharas y-** sus-platos **

יֻסַּךְ בָּהֵן זָהָב טָהוֹר׃ וַיַּעַשׂ אֶת־הַמְּנֹרָה

el-candelabro ** E-hizo (17) . puro oro , con-ellas se-libaba

זָהָב טָהוֹר מִקְשָׁה עָשָׂה אֶת־הַמְּנֹרָה יְרֵכָהּ וְקָנָהּ

y-su-caña su-base el-candelabro ** hizo labrado , puro oro

גְּבִיעֶיהָ כַּפְתֹּרֶיהָ וּפְרָחֶיהָ מִמֶּנָּה הָיוּ׃ וְשִׁשָּׁה

Y-seis (18) . eran de-ella y-sus-flores sus-capullos sus-copas

קָנִים יֹצְאִים מִצִּדֶּיהָ שְׁלֹשָׁה ׀ קְנֵי מְנֹרָה
candelabro ramas-de tres ; de-sus-lados salientes ramas

מִצִּדָּהּ הָאֶחָד וּשְׁלֹשָׁה קְנֵי מְנֹרָה מִצִּדָּהּ
de-su-lado candelabro ramas-de y-tres el-uno de-su-lado

הַשֵּׁנִי׃ שְׁלֹשָׁה גְבִעִים מְשֻׁקָּדִים בַּקָּנֶה הָאֶחָד כַּפְתֹּר
capullo la-una en-la-rama como-flores-de-almendro copas y-tres (19) . el-otro

וָפֶרַח וּשְׁלֹשָׁה גְבִעִים מְשֻׁקָּדִים בְּקָנֶה אֶחָד כַּפְתֹּר וָפָרַח
; y-flor capullo una en-rama como-almendras copas y-tres y-flor

כֵּן לְשֵׁשֶׁת הַקָּנִים הַיֹּצְאִים מִן־ הַמְּנֹרָה׃
. el-candelabro de las-salientes las-ramas para-seis-de así

וּבַמְּנֹרָה אַרְבָּעָה גְבִעִים מְשֻׁקָּדִים כַּפְתֹּרֶיהָ
sus-capullos como-flor-de-almendra copas cuatro Y-en-el-candelabro (20)

וּפְרָחֶיהָ׃ וְכַפְתֹּר תַּחַת שְׁנֵי הַקָּנִים מִמֶּנָּה וְכַפְתֹּר
y-capullo de-ella las-ramas dos-de bajo Y-capullo (21) . y-sus-flores

תַּחַת שְׁנֵי הַקָּנִים מִמֶּנָּה וְכַפְתֹּר תַּחַת־ שְׁנֵי הַקָּנִים
las-ramas dos-de bajo y-capullo , de-ella las-ramas dos-de bajo

מִמֶּנָּה לְשֵׁשֶׁת הַקָּנִים הַיֹּצְאִים מִמֶּנָּה׃ כַּפְתֹּרֵיהֶם
Sus-capullos (22) . de-ella las-salientes las-ramas para-seis-de ; de-ella

וּקְנֹתָם מִמֶּנָּה הָיוּ כֻּלָּהּ מִקְשָׁה אַחַת זָהָב
oro uno-de labrada toda-ella , eran de-ella y-sus-ramas

טָהוֹר׃ וַיַּעַשׂ אֶת־ נֵרֹתֶיהָ שִׁבְעָה וּמַלְקָחֶיהָ
y-sus-despabiladeras , siete sus-lámparas ** E-hizo (23) . puro

וּמַחְתֹּתֶיהָ זָהָב טָהוֹר׃ כִּכָּר זָהָב טָהוֹר עָשָׂה אֹתָהּ וְאֵת כָּל־
todos y-** a-ella hizo puro oro Talento (24) . puro oro y-sus-platillos

כֵּלֶיהָ׃ וַיַּעַשׂ אֶת־ מִזְבַּח הַקְּטֹרֶת עֲצֵי
maderas-de el-incienso altar-de ** E-hizo (25) . sus-utensilios

שִׁטִּים אַמָּה אָרְכּוֹ וְאַמָּה רָחְבּוֹ רָבוּעַ וְאַמָּתַיִם
y-dos-codos , cuadrado su-anchura y-codo su-longitud codo ; acacias

קֹמָתוֹ מִמֶּנּוּ הָיוּ קַרְנֹתָיו׃ וַיְצַף אֹתוֹ זָהָב
oro a-él Y-recubrió (26) . sus-cuernos eran de-él su-altura

טָהוֹר אֶת־ גַּגּוֹ וְאֶת־ קִירֹתָיו סָבִיב וְאֶת־ קַרְנֹתָיו וַיַּעַשׂ
e-hizo sus-cuernos y-** alrededor sus-lados y-** su-tapa ** puro

לוֹ זֵר זָהָב סָבִיב׃ וּשְׁתֵּי טַבְּעֹת זָהָב עָשָׂה־ לוֹ
para-él hizo oro anillas-de Y-dos (27) . alrededor oro moldura-de para-él

מִתַּחַת לְזֵרוֹ עַל שְׁתֵּי צַלְעֹתָיו עַל שְׁנֵי צִדָּיו
; sus-lados dos-de en sus-lados dos-de en su-moldura para-debajo-de

לְבָתִּים לְבַדִּים לָשֵׂאת אֹתוֹ בָּהֶם׃ וַיַּעַשׂ אֶת־ הַבַּדִּים
las-varas ** E-hizo (28) . con-ellas a-él para-llevar para-varas para-sujetadores

עֲצֵי שִׁטִּים וַיְצַף אֹתָם זָהָב׃ וַיַּעַשׂ אֶת־ שֶׁמֶן
aceite-de ** E-hizo (29) . oro a-ellas y-recubrió , acacias maderas-de

הַמִּשְׁחָה קֹדֶשׁ וְאֶת־ קְטֹרֶת הַסַּמִּים טָהוֹר מַעֲשֵׂה רֹקֵחַ׃
. perfumista obra-de , puro los-aromas incienso-de y-** sagrado la-unción

וַיַּעַשׂ אֶת־ מִזְבַּח הָעֹלָה עֲצֵי שִׁטִּים חָמֵשׁ
cinco acacias maderas-de el-holocausto altar-de ** E-hizo (1) Cap. 38

אַמּוֹת אָרְכּוֹ וְחָמֵשׁ־ אַמּוֹת רָחְבּוֹ רָבוּעַ וְשָׁלֹשׁ
y-tres cuadrado su-anchura codos y-cinco su-longitud codos

אַמּוֹת קֹמָתוֹ׃ וַיַּעַשׂ קַרְנֹתָיו עַל אַרְבַּע פִּנֹּתָיו
sus-esquinas cuatro en sus-cuernos E-hizo (2) . su-altura codos

מִמֶּנּוּ הָיוּ קַרְנֹתָיו וַיְצַף אֹתוֹ נְחֹשֶׁת׃ וַיַּעַשׂ
E-hizo (3) . bronce a-él y-recubrió , sus-cuernos estaban de-él

אֶת־ כָּל־ כְּלֵי הַמִּזְבֵּחַ אֶת־ הַסִּירֹת וְאֶת־ הַיָּעִים וְאֶת־
y-** las-palas y-** los-calderos ** el-altar utensilios-de todos **

הַמִּזְרָקֹת אֶת־ הַמִּזְלָגֹת וְאֶת־ הַמַּחְתֹּת כָּל־ כֵּלָיו
sus-utensilios todos ; las-sartenes y-** los-garfios ** los-tazones

עָשָׂה נְחֹשֶׁת׃ וַיַּעַשׂ לַמִּזְבֵּחַ מִכְבָּר מַעֲשֵׂה רֶשֶׁת נְחֹשֶׁת
; bronce enrejado-de obra-de parrilla para-el-altar E-hizo (4) . bronce hizo

תַּחַת כַּרְכֻּבּוֹ מִלְּמַטָּה עַד־ חֶצְיוֹ׃ וַיִּצֹק אַרְבַּע טַבָּעֹת
anillas cuatro Y-fundió (5) . su-mitad hasta hacia-abajo su-cerco bajo

בְּאַרְבַּע הַקְּצָוֹת לְמִכְבַּר הַנְּחֹשֶׁת בָּתִּים לַבַּדִּים׃
. para-las-varas sujetadores ; el-bronce para-rejilla-de las-esquinas para-cuatro-de

וַיַּעַשׂ אֶת־ הַבַּדִּים עֲצֵי שִׁטִּים וַיְצַף אֹתָם נְחֹשֶׁת׃
. bronce a-ellas y-recubrió acacias maderas-de las-varas ** E-hizo (6)

וַיָּבֵא אֶת־ הַבַּדִּים בַּטַּבָּעֹת עַל צַלְעֹת הַמִּזְבֵּחַ
el-altar lados-de en en-las-anillas las-varas ** E-introdujo (7)

לָשֵׂאת אֹתוֹ בָּהֶם נְבוּב לֻחֹת עָשָׂה אֹתוֹ׃ וַיַּעַשׂ
E-hizo (8) . a-él hizo tablas hueco-de ; con-ellas a-él para-llevar

אֵת הַכִּיּוֹר נְחֹשֶׁת וְאֵת כַּנּוֹ נְחֹשֶׁת בְּמַרְאֹת הַצֹּבְאֹת
las-mujeres-veladoras de-espejos-de , bronce su-soporte y-** bronce la-fuente **

אֲשֶׁר צָבְאוּ פֶּתַח אֹהֶל מוֹעֵד׃ וַיַּעַשׂ אֶת־
** E-hizo (9) . reunión tienda-de puerta-de servían que

הֶחָצֵר לִפְאַת ׀ נֶגֶב תֵּימָנָה קַלְעֵי הֶחָצֵר שֵׁשׁ
lino el-atrio cortinas-de , al-mediodía sur para-lado-de el-atrio

מָשְׁזָר מֵאָה בָּאַמָּה׃ עַמּוּדֵיהֶם עֶשְׂרִים וְאַדְנֵיהֶם
y-sus-bases veinte Sus-postes (10) . por-el-codo cien torcido

עֶשְׂרִים נְחֹשֶׁת וָוֵי הָעַמֻּדִים וַחֲשֻׁקֵיהֶם כָּסֶף׃ וְלִפְאַת
Y-para-lado-de (11) . plata y-sus-molduras los-postes ganchos-de bronce veinte

צָפוֹן מֵאָה בָאַמָּה עַמּוּדֵיהֶם עֶשְׂרִים וְאַדְנֵיהֶם עֶשְׂרִים
veinte y-sus-bases veinte sus-postes por-el-codo cien norte

נְחֹשֶׁת וָוֵי הָעַמּוּדִים וַחֲשֻׁקֵיהֶם כָּסֶף׃ וְלִפְאַת־ יָם
oeste Y-para-lado-de (12) . plata y-sus-molduras los-postes ganchos-de , bronce

קְלָעִים חֲמִשִּׁים בָּאַמָּה עַמּוּדֵיהֶם עֲשָׂרָה וְאַדְנֵיהֶם עֲשָׂרָה וָוֵי
ganchos-de diez y-sus-bases diez sus-postes por-el-codo cincuenta cortinas

הָעַמֻּדִים וַחֲשׁוּקֵיהֶם כָּסֶף׃ וְלִפְאַת קֵדְמָה מִזְרָחָה
del-este oriente Y-al-lado-de (13) . plata y-sus-molduras los-postes

חֲמִשִּׁים אַמָּה׃ קְלָעִים חֲמֵשׁ־ עֶשְׂרֵה אַמָּה אֶל־ הַכָּתֵף עַמּוּדֵיהֶם
sus-postes , el-lado en codo diez cinco-de Cortinas (14) . codo cincuenta

שְׁלֹשָׁה וְאַדְנֵיהֶם שְׁלֹשָׁה׃ וְלַכָּתֵף הַשֵּׁנִית מִזֶּה
de-éste el-otro Y-para-el-lado (15) . tres y-sus-bases tres

וּמִזֶּה לְשַׁעַר הֶחָצֵר קְלָעִים חֲמֵשׁ עֶשְׂרֵה אַמָּה
codo diez cinco cortinas el-atrio a-la-entrada-de y-de-aquel

עַמֻּדֵיהֶם שְׁלֹשָׁה וְאַדְנֵיהֶם שְׁלֹשָׁה׃ כָּל־ קַלְעֵי
cortinas-de Todas (16) . tres y-sus-bases tres sus-postes

הֶחָצֵר סָבִיב שֵׁשׁ מָשְׁזָר׃ וְהָאֲדָנִים לָעַמֻּדִים
para-los-postes Y-las-bases (17) . torcido lino alrededor el-atrio

נְחֹשֶׁת וָוֵי הָעַמּוּדִים וַחֲשׁוּקֵיהֶם כֶּסֶף וְצִפּוּי
y-cubierta-de plata y-sus-molduras los-postes ganchos-de bronce

רָאשֵׁיהֶם כָּסֶף וְהֵם מְחֻשָּׁקִים כֶּסֶף כֹּל עַמֻּדֵי
postes-de todos plata moldurados-de y-ellos ; plata sus-cabezas

הֶחָצֵר׃ וּמָסַךְ שַׁעַר הֶחָצֵר מַעֲשֵׂה
obra-de el-atrio entrada-de Y-cortina-de (18) . el-atrio

רֹקֵם תְּכֵלֶת וְאַרְגָּמָן וְתוֹלַעַת שָׁנִי וְשֵׁשׁ מָשְׁזָר
torcido y-lino hilado y-carmesí-de y-púrpura azul recamador

וְעֶשְׂרִים אַמָּה אֹרֶךְ וְקוֹמָה בְרֹחַב חָמֵשׁ אַמּוֹת לְעֻמַּת קַלְעֵי
cortinas-de tal-como codos cinco en-ancho y-alto largo codo y-veinte

הֶחָצֵר׃ וְעַמֻּדֵיהֶם אַרְבָּעָה וְאַדְנֵיהֶם אַרְבָּעָה נְחֹשֶׁת

; bronce cuatro sus-bases cuatro Y-sus-postes (19) el-atrio

וָוֵיהֶם כֶּסֶף וְצִפּוּי רָאשֵׁיהֶם וַחֲשֻׁקֵיהֶם כָּסֶף׃

. plata y-sus-molduras sus-cabezas y-cubierta-de plata sus-ganchos

וְכָל־ הַיְתֵדֹת לַמִּשְׁכָּן וְלֶחָצֵר סָבִיב

alrededor y-para-el-atrio para-el-tabernáculo las-estacas Y-todas (20)

נְחֹשֶׁת׃ אֵלֶּה פְקוּדֵי הַמִּשְׁכָּן מִשְׁכַּן הָעֵדֻת אֲשֶׁר

que el-testimonio el-tabernáculo-de el-tabernáculo cuentas-de Estas (21) . bronce

פֻּקַּד עַל־ פִּי מֹשֶׁה עֲבֹדַת הַלְוִיִּם בְּיַד

por-mano-de los-levitas obra-de ; Moisés orden-de por fue-registrado

אִיתָמָר בֶּן־ אַהֲרֹן הַכֹּהֵן׃ וּבְצַלְאֵל בֶּן־ אוּרִי בֶן־ חוּר

Hur hijo-de Uri hijo-de Y-Bezaleel (22) . el-sacerdote Aarón hijo-de Itamar

לְמַטֵּה יְהוּדָה עָשָׂה אֵת כָּל־ אֲשֶׁר־ צִוָּה יְהוָה אֶת־

a Yahweh mandó lo-que todo ** hizo Judá de-tribu-de

מֹשֶׁה׃ וְאִתּוֹ אָהֳלִיאָב בֶּן־ אֲחִיסָמָךְ לְמַטֵּה־ דָן חָרָשׁ

artífice Dan de-la-tribu-de Ahisamac hijo-de Aholiab Y-con-él (23) . Moisés

וְחֹשֵׁב וְרֹקֵם בַּתְּכֵלֶת וּבָאַרְגָּמָן

y-en-la-púrpura en-el-azul y-recamador ; y-diseñador

וּבְתוֹלַעַת הַשָּׁנִי וּבַשֵּׁשׁ׃ כָּל־ הַזָּהָב

el-oro Todo-de (24) . y-en-el-lino el-hilado y-en-carmesí-de

הֶעָשׂוּי לַמְּלָאכָה בְּכֹל מְלֶאכֶת הַקֹּדֶשׁ וַיְהִי ׀

y-fue ; el-santuario obra-de en-toda para-la-obra el-usado

זְהַב הַתְּנוּפָה תֵּשַׁע וְעֶשְׂרִים כִּכָּר וּשְׁבַע מֵאוֹת

cientos y-siete talento y-veinte nueve la-ofrenda-mecida oro-de

וּשְׁלֹשִׁים שֶׁקֶל בְּשֶׁקֶל הַקֹּדֶשׁ׃ וְכֶסֶף פְּקוּדֵי

contados-de Y-plata-de (25) . el-santuario por-siclo-de siclos y-treinta

הָעֵדָה מְאַת כִּכָּר וְאֶלֶף וּשְׁבַע מֵאוֹת וַחֲמִשָּׁה
y-cinco cientos y-siete y-mil talento cien la-comunidad

וְשִׁבְעִים שֶׁקֶל בְּשֶׁקֶל הַקֹּדֶשׁ׃ בֶּקַע לַגֻּלְגֹּלֶת
por-persona Medio-siclo (26) . el-santuario por-siclo-de siclo y-setenta

מַחֲצִית הַשֶּׁקֶל בְּשֶׁקֶל הַקֹּדֶשׁ לְכֹל הָעֹבֵר
los-que-pasan de-todos el-santuario por-el-siclo-de el-siclo mitad-de

עַל־ הַפְּקֻדִים מִבֶּן עֶשְׂרִים שָׁנָה וָמַעְלָה לְשֵׁשׁ־
por-seis , y-arriba año veinte de-hijo-de el-censo por

מֵאוֹת אֶלֶף וּשְׁלֹשֶׁת אֲלָפִים וַחֲמֵשׁ מֵאוֹת וַחֲמִשִּׁים׃
. y-cincuenta cientos y-cinco mil y-tres mil cientos

וַיְהִי מְאַת כִּכַּר הַכֶּסֶף לָצֶקֶת אֵת אַדְנֵי
bases-de ** para-fundir la-plata talento-de cien Y-fue (27)

הַקֹּדֶשׁ וְאֵת אַדְנֵי הַפָּרֹכֶת מְאַת אֲדָנִים לִמְאַת
por-cien-de bases cien la-cortina bases-de y-** el-santuario

הַכִּכָּר כִּכָּר לָאָדֶן׃ וְאֶת־ הָאֶלֶף וּשְׁבַע הַמֵּאוֹת
los-cientos y-siete-de el-mil Y-** (28) . por-base talento el-talento

וַחֲמִשָּׁה וְשִׁבְעִים עָשָׂה וָוִים לָעַמּוּדִים וְצִפָּה רָאשֵׁיהֶם
sus-cabezas y-recubrió para-los-postes ganchos hizo y-setenta y-cinco

וְחִשַּׁק אֹתָם׃ וּנְחֹשֶׁת הַתְּנוּפָה שִׁבְעִים כִּכָּר
; talento setenta la-ofrenda-mecida Y-bronce-de (29) . a-ellos e-hizo-molduras

וְאַלְפַּיִם וְאַרְבַּע־ מֵאוֹת שָׁקֶל׃ וַיַּעַשׂ בָּהּ אֶת־
** de-ella E-hizo (30) . siclos cientos y-cuatro y-dos-mil

אַדְנֵי פֶּתַח אֹהֶל מוֹעֵד וְאֵת מִזְבַּח הַנְּחֹשֶׁת וְאֶת־ מִכְבַּר
rejilla-de y-** el-bronce altar-de y-** reunión tienda-de puerta-de bases-de

הַנְּחֹשֶׁת אֲשֶׁר־ לוֹ וְאֵת כָּל־ כְּלֵי הַמִּזְבֵּחַ׃ וְאֶת־ אַדְנֵי
bases-de Y-** (31) . el-altar utensilio-de todo y-** ; para-él que el-bronce

הֶחָצֵר סָבִיב וְאֶת־ אַדְנֵי שַׁעַר הֶחָצֵר וְאֵת כָּל־
todo y-** el-atrio entrada-de bases-de y-** alrededor el-atrio

יִתְדֹת הַמִּשְׁכָּן וְאֶת־ כָּל־ יִתְדֹת הֶחָצֵר סָבִיב׃
. alrededor el-atrio estacas-de todas y-** el-tabernáculo estacas-de

וּמִן־ הַתְּכֵלֶת וְהָאַרְגָּמָן וְתוֹלַעַת הַשָּׁנִי עָשׂוּ
hicieron el-hilado y-carmesí-de y-la-púrpura el-azul Y-de (1)

בִגְדֵי־ שְׂרָד לְשָׁרֵת בַּקֹּדֶשׁ וַיַּעֲשׂוּ אֶת־ בִּגְדֵי
vestidos-de ** e-hicieron en-el-santuario para-servir tejido vestidos-de

הַקֹּדֶשׁ אֲשֶׁר לְאַהֲרֹן כַּאֲשֶׁר צִוָּה יְהוָה אֶת־ מֹשֶׁה׃
. Moisés a Yahweh mandó como para-Aarón que lo-sagrado

וַיַּעַשׂ אֶת־ הָאֵפֹד זָהָב תְּכֵלֶת וְאַרְגָּמָן וְתוֹלַעַת שָׁנִי
hilado y-carmesí-de y-púrpura azul oro ; el-efod ** E-hizo (2)

וְשֵׁשׁ מָשְׁזָר׃ וַיְרַקְּעוּ אֶת־ פַּחֵי הַזָּהָב
el-oro láminas-de ** Y-batieron (3) . torcido y-lino

וְקִצֵּץ פְּתִילִם לַעֲשׂוֹת בְּתוֹךְ הַתְּכֵלֶת וּבְתוֹךְ הָאַרְגָּמָן וּבְתוֹךְ
y-dentro-de la-púrpura y-dentro-de el-azul dentro-de para-hacer hilos y-cortó

תּוֹלַעַת הַשָּׁנִי וּבְתוֹךְ הַשֵּׁשׁ מַעֲשֵׂה חֹשֵׁב׃
. experto obra-de ; el-lino y-dentro-de el-hilado carmesí-de

כְּתֵפֹת עָשׂוּ־ לוֹ חֹבְרֹת עַל־ שְׁנֵי קְצוֹוֹתָו
sus-extremos dos-de sobre , unidas para-él hicieron Hombreras (4)

חֻבָּר׃ וְחֵשֶׁב אֲפֻדָּתוֹ אֲשֶׁר עָלָיו מִמֶּנּוּ
de-él sobre-él que su-efod Y-cinto-de (5) . estaba-sujeto

הוּא כְּמַעֲשֵׂהוּ זָהָב תְּכֵלֶת וְאַרְגָּמָן וְתוֹלַעַת שָׁנִי וְשֵׁשׁ
y-lino hilado y-carmesí-de y-púrpura azul oro como-su-labor él

מָשְׁזָר כַּאֲשֶׁר צִוָּה יְהוָה אֶת־ מֹשֶׁה׃ וַיַּעֲשׂוּ אֶת־
** E-hicieron (6) . Moisés a Yahweh mandó como ; torcido

אַבְנֵי הַשֹּׁהַם מֻסַבֹּת מִשְׁבְּצֹת זָהָב מְפֻתָּחֹת
grabadas oro filigranas-de engastadas-de el-ónice piedras-de

פִּתּוּחֵי חוֹתָם עַל־ שְׁמוֹת בְּנֵי יִשְׂרָאֵל׃ (7) וַיָּשֶׂם אֹתָם
a-ellos Y-sujetó (7) . Israel hijos-de nombres-de con sello grabaduras-de

עַל כִּתְפֹת הָאֵפֹד אַבְנֵי זִכָּרוֹן לִבְנֵי יִשְׂרָאֵל כַּאֲשֶׁר
como , Israel para-hijos-de memorial piedras-de el-efod hombreras-de en

צִוָּה יְהוָה אֶת־ מֹשֶׁה׃ (8) וַיַּעַשׂ אֶת־ הַחֹשֶׁן מַעֲשֵׂה
obra-de el-pectoral ** E-hizo (8) . Moisés a Yahweh mandó

חֹשֵׁב כְּמַעֲשֵׂה אֵפֹד זָהָב תְּכֵלֶת וְאַרְגָּמָן וְתוֹלַעַת
y-carmesí-de y-púrpura azul oro , efod como-obra-de experto

שָׁנִי וְשֵׁשׁ מָשְׁזָר׃ (9) רָבוּעַ הָיָה כָּפוּל
doble era Cuadrado (9) . torcido y-lino hilado

עָשׂוּ אֶת־ הַחֹשֶׁן זֶרֶת אָרְכּוֹ וְזֶרֶת רָחְבּוֹ
su-ancho y-palmo su-largo palmo ; el-pectoral ** hicieron

כָּפוּל׃ (10) וַיְמַלְאוּ־ בוֹ אַרְבָּעָה טוּרֵי אָבֶן טוּר אֹדֶם
rubí fila ; piedras filas-de cuatro en-él Y-montaron (10) . doble

פִּטְדָה וּבָרֶקֶת הַטּוּר הָאֶחָד׃ (11) וְהַטּוּר הַשֵּׁנִי נֹפֶךְ
turquesa , la-segunda Y-la-fila (11) . la-una la-fila , y-berilo topacio

סַפִּיר וְיָהֲלֹם׃ (12) וְהַטּוּר הַשְּׁלִישִׁי לֶשֶׁם שְׁבוֹ וְאַחְלָמָה׃
. y-amatista ágata jacinto la-tercera Y-la-fila (12) . y-esmeralda zafiro

(13) וְהַטּוּר הָרְבִיעִי תַּרְשִׁישׁ שֹׁהַם וְיָשְׁפֵה מוּסַבֹּת
engastadas-de y-jaspe ónice crisólito la-cuarta Y-la-fila (13)

מִשְׁבְּצוֹת זָהָב בְּמִלֻּאֹתָם׃ (14) וְהָאֲבָנִים עַל־ שְׁמֹת
nombres-de con Y-las-piedras (14) . en-sus-encajes oro filigranas-de

בְּנֵי־ יִשְׂרָאֵל הֵנָּה שְׁתֵּים עֶשְׂרֵה עַל־ שְׁמֹתָם פִּתּוּחֵי חֹתָם אִישׁ
cada-una sello grabados-de nombres-de con diez dos ellas Israel hijos-de

עַל־ שְׁמוֹ לִשְׁנֵים עָשָׂר שָׁבֶט׃ וַיַּעֲשׂוּ עַל־ הַחֹשֶׁן
el-pectoral para E-hicieron (15) . tribu diez para-dos su-nombre con

שַׁרְשְׁרֹת גַּבְלֻת מַעֲשֵׂה עֲבֹת זָהָב טָהוֹר׃ וַיַּעֲשׂוּ שְׁתֵּי מִשְׁבְּצֹת
engastes-de dos E-hicieron (16) . puro oro cuerda obra-de trenza cordones-de

זָהָב וּשְׁתֵּי טַבְּעֹת זָהָב וַיִּתְּנוּ אֶת־ שְׁתֵּי הַטַּבָּעֹת עַל־
en las-anillas dos-de ** y-pusieron , oro anillas-de y-dos oro

שְׁנֵי קְצוֹת הַחֹשֶׁן׃ וַיִּתְּנוּ שְׁתֵּי הָעֲבֹתֹת
los-cordones dos-de Y-pusieron (17) . el-pectoral extremos-de dos

הַזָּהָב עַל־ שְׁתֵּי הַטַּבָּעֹת עַל־ קְצוֹת הַחֹשֶׁן׃ וְאֵת שְׁתֵּי
dos-de Y-** (18) . el-pectoral extremos-de en , las-anillas dos-de en el-oro

קְצוֹת שְׁתֵּי הָעֲבֹתֹת נָתְנוּ עַל־ שְׁתֵּי הַמִּשְׁבְּצֹת
; los-engastes dos-de en sujetaron los-cordones dos-de extremos-de

וַיִּתְּנֻם עַל־ כִּתְפֹת הָאֵפֹד אֶל־ מוּל פָּנָיו׃
. su-delantera frente al el-efod hombreras-de a y-los-fijaron

וַיַּעֲשׂוּ שְׁתֵּי טַבְּעֹת זָהָב וַיָּשִׂימוּ עַל־ שְׁנֵי
dos-de a y-las-fijaron oro anillas-de dos-de E-hicieron (19)

קְצוֹת הַחֹשֶׁן עַל־ שְׂפָתוֹ אֲשֶׁר אֶל־ עֵבֶר הָאֵפֹד בָּיְתָה׃
. dentro el-efod lado-de en que su-orilla en ; el-pectoral extremos-de

וַיַּעֲשׂוּ שְׁתֵּי טַבְּעֹת זָהָב וַיִּתְּנֻם עַל־ שְׁתֵּי
dos-de a y-las-fijaron oro anillas-de dos-de E-hicieron (20)

כִתְפֹת הָאֵפֹד מִלְּמַטָּה מִמּוּל פָּנָיו לְעֻמַּת
cerca-de su-delantera de-frente abajo el-efod hombreras-de

מַחְבַּרְתּוֹ מִמַּעַל לְחֵשֶׁב הָאֵפֹד׃ וַיִּרְכְּסוּ אֶת־
** Y-ataron (21) . el-efod cinto-de encima-de ; sus-costuras

הַחֹשֶׁן מִטַּבְּעֹתָיו אֶל־ טַבְּעֹת הָאֵפֹד בִּפְתִיל תְּכֵלֶת
azul con-cordón-de el-efod anillas-de a por-sus-anillas el-pectoral

לִהְיֹת עַל־ חֵשֶׁב הָאֵפֹד וְלֹא־ יִזַּח הַחֹשֶׁן

el-pectoral se-moviera y-no el-efod cinto-de sobre para-estar

מֵעַל הָאֵפֹד כַּאֲשֶׁר צִוָּה יְהוָה אֶת־ מֹשֶׁה׃ וַיַּעַשׂ

E-hizo (22) . Moisés a Yahweh mandó conforme , el-efod de-sobre

אֶת־ מְעִיל הָאֵפֹד מַעֲשֵׂה אֹרֵג כְּלִיל תְּכֵלֶת׃ וּפִי־

Y-abertura-de (23) . azul totalmente-de ; tejedor obra-de el-efod manto-de **

הַמְּעִיל בְּתוֹכוֹ כְּפִי תַחְרָא שָׂפָה לְפִיו

para-su-abertura reborde , cuello como-abertura-de en-su-mitad el-manto

סָבִיב לֹא יִקָּרֵעַ׃ וַיַּעֲשׂוּ עַל־ שׁוּלֵי הַמְּעִיל

el-manto orillas-de sobre E-hicieron (24) . se-rompiera no alrededor

רִמּוֹנֵי תְּכֵלֶת וְאַרְגָּמָן וְתוֹלַעַת שָׁנִי מָשְׁזָר׃

. torcido hilado y-carmesí y-púrpura azul granadas-de

וַיַּעֲשׂוּ פַעֲמֹנֵי זָהָב טָהוֹר וַיִּתְּנוּ אֶת־הַפַּעֲמֹנִים בְּתוֹךְ

entre las-campanas ** y-pusieron , puro oro campanas-de E-hicieron (25)

הָרִמֹּנִים עַל־ שׁוּלֵי הַמְּעִיל סָבִיב בְּתוֹךְ הָרִמֹּנִים׃

. las-granadas entre alrededor-de el-manto orillas-de en las-granadas

פַּעֲמֹן וְרִמֹּן פַּעֲמֹן וְרִמֹּן עַל־ שׁוּלֵי הַמְּעִיל סָבִיב

alrededor el-manto orillas-de en y-granada campana y-granada Campana (26)

לְשָׁרֵת כַּאֲשֶׁר צִוָּה יְהוָה אֶת־ מֹשֶׁה׃ וַיַּעֲשׂוּ אֶת־

** E-hicieron (27) . Moisés a Yahweh mandó como para-ministrar

הַכָּתְנֹת שֵׁשׁ מַעֲשֵׂה אֹרֵג לְאַהֲרֹן וּלְבָנָיו׃

. y-para-sus-hijos para-Aarón tejedor obra-de lino las-túnicas

וְאֵת הַמִּצְנֶפֶת שֵׁשׁ וְאֶת־ פַּאֲרֵי הַמִּגְבָּעֹת שֵׁשׁ וְאֶת־

y-** lino las-tiaras adornos-de y-** lino la-mitra Y-** (28)

מִכְנְסֵי הַבָּד שֵׁשׁ מָשְׁזָר׃ וְאֶת־ הָאַבְנֵט

el-cinto Y-** (29) . torcido lino el-interior prendas-de

שֵׁשׁ מָשְׁזָר וּתְכֵלֶת וְאַרְגָּמָן וְתוֹלַעַת שָׁנִי מַעֲשֵׂה
obra-de hilado y-carmesí y-púrpura y-azul torcido lino

רֹקֵם כַּאֲשֶׁר צִוָּה יְהוָה אֶת־מֹשֶׁה׃ וַיַּעֲשׂוּ אֶת־
** E-hicieron (30) . Moisés a Yahweh mandó como recamador

צִיץ נֵזֶר־הַקֹּדֶשׁ זָהָב טָהוֹר וַיִּכְתְּבוּ עָלָיו מִכְתַּב
inscripción-de sobre-él y-escribieron , puro oro el-santo diadema-de lámina

פִּתּוּחֵי חוֹתָם קֹדֶשׁ לַיהוָה׃ וַיִּתְּנוּ עָלָיו פְּתִיל
cordón-de en-él Y-pusieron (31) . a-Jehová santo : sello grabados-de

תְּכֵלֶת לָתֵת עַל־הַמִּצְנֶפֶת מִלְמָעְלָה כַּאֲשֶׁר צִוָּה יְהוָה אֶת־מֹשֶׁה׃
. Moisés a Yahweh mandó como de-arriba la-mitra a para-unir azul

וַתֵּכֶל כָּל־עֲבֹדַת מִשְׁכַּן אֹהֶל מוֹעֵד וַיַּעֲשׂוּ
e-hicieron testimonio tienda-de tabernáculo obra-de toda Y-terminó (32)

בְּנֵי יִשְׂרָאֵל כְּכֹל אֲשֶׁר צִוָּה יְהוָה אֶת־מֹשֶׁה כֵּן עָשׂוּ׃
. hicieron así Moisés a Yahweh mandó que como-todo Israel hijos-de

וַיָּבִיאוּ אֶת־הַמִּשְׁכָּן אֶל־מֹשֶׁה אֶת־הָאֹהֶל וְאֶת־כָּל־
todos y-** la-tienda ** , Moisés a el-tabernáculo ** Y-llevaron (33)

כֵּלָיו קְרָסָיו קְרָשָׁיו בְּרִיחָו
sus-barras sus-tablas sus-corchetes ; sus-utensilios

וְעַמֻּדָיו וַאֲדָנָיו׃ וְאֶת־מִכְסֵה עוֹרֹת הָאֵילִם
carneros pieles-de cubierta-de Y-** (34) . y-sus-bases y-sus-postes

הַמְאָדָּמִים וְאֶת־מִכְסֵה עֹרֹת הַתְּחָשִׁים וְאֵת פָּרֹכֶת
cortina-de y-** ; los-tejones pieles-de cubierta-de y-** enrojecidas

הַמָּסָךְ׃ אֶת־אֲרוֹן הָעֵדֻת וְאֶת־בַּדָּיו וְאֵת
y-** sus-varas y-** el-testimonio arca-de ** (35) . la-cubierta

הַכַּפֹּרֶת׃ אֶת־הַשֻּׁלְחָן אֶת־כָּל־כֵּלָיו וְאֵת
y-** sus-artículos todos ** la-mesa ** (36) . el-propiciatorio

לֶחֶם הַפָּנִים׃ אֶת־הַמְּנֹרָה הַטְּהֹרָה אֶת־נֵרֹתֶיהָ
sus-lámparas ** el-puro el-candelabro ** (37) . las-proposiciones pan-de

נֵרֹת הַמַּעֲרָכָה וְאֶת־כָּל־כֵּלֶיהָ וְאֵת שֶׁמֶן הַמָּאוֹר׃
. la-luz aceite-de y-** sus-utensilios todos y-** la-fila lámparas-de

וְאֵת מִזְבַּח הַזָּהָב וְאֵת שֶׁמֶן הַמִּשְׁחָה וְאֵת קְטֹרֶת
incienso-de y-** la-unción aceite-de y-** el-oro altar-de Y-** (38)

הַסַּמִּים וְאֵת מָסַךְ פֶּתַח הָאֹהֶל׃ אֵת ׀ מִזְבַּח
altar-de ** (39) . la-tienda puerta-de cortina-de y-** ; los-aromas

הַנְּחֹשֶׁת וְאֶת־מִכְבַּר הַנְּחֹשֶׁת אֲשֶׁר־לוֹ אֶת־בַּדָּיו וְאֶת־כָּל־
todos y-** sus-varas ** para-él que el-bronce rejilla-de y-** el-bronce

כֵּלָיו אֶת־הַכִּיֹּר וְאֶת־כַּנּוֹ׃ אֵת קַלְעֵי
cortinas-de ** (40) . su-soporte y-** la-fuente ** ; sus-utensilios

הֶחָצֵר אֶת־עַמֻּדֶיהָ וְאֶת־אֲדָנֶיהָ וְאֶת־הַמָּסָךְ
la-cortina y-** sus-bases y-** sus-postes ** el-atrio

לְשַׁעַר הֶחָצֵר אֶת־מֵיתָרָיו וִיתֵדֹתֶיהָ וְאֵת
y-** y-sus-estacas sus-cuerdas ** el-atrio para-entrada-de

כָּל־כְּלֵי עֲבֹדַת הַמִּשְׁכָּן לְאֹהֶל מוֹעֵד׃ אֶת־
** (41) . reunión para-tienda-de el-tabernáculo servicio-de utensilios-de todos

בִּגְדֵי הַשְּׂרָד לְשָׁרֵת בַּקֹּדֶשׁ אֶת־בִּגְדֵי הַקֹּדֶשׁ
el-sagrado vestidos-de ** en-el-santuario para-servir el-tejido vestidos-de

לְאַהֲרֹן הַכֹּהֵן וְאֶת־בִּגְדֵי בָנָיו לְכַהֵן׃ כְּכֹל
Como-todo (42) . para-ser-sacerdote sus-hijos vestidos-de y-** el-sacerdote para-Aarón

אֲשֶׁר־צִוָּה יְהוָה אֶת־מֹשֶׁה כֵּן עָשׂוּ בְּנֵי יִשְׂרָאֵל אֵת כָּל־
todo ** , Israel hijos-de hicieron así , Moisés a Yahweh mandó lo-que

הָעֲבֹדָה׃ וַיַּרְא מֹשֶׁה אֶת־כָּל־הַמְּלָאכָה וְהִנֵּה עָשׂוּ
hicieron y-he-aquí la-obra toda ** Moisés Y-miró (43) . el-trabajo

אֹתָהּ כַּאֲשֶׁר צִוָּה יְהוָה כֵּן עָשׂוּ וַיְבָרֶךְ אֹתָם מֹשֶׁה׃
. Moisés a-ellos y-bendijo , hicieron así Yahweh mandó como ella

וַיְדַבֵּר יְהוָה אֶל־מֹשֶׁה לֵּאמֹר׃ בְּיוֹם־הַחֹדֶשׁ הָרִאשׁוֹן
el-primero el-mes En-día-de (2) . diciendo Moisés a Yahweh Y-habló (1)

בְּאֶחָד לַחֹדֶשׁ תָּקִים אֶת־מִשְׁכַּן אֹהֶל מוֹעֵד׃
reunión tienda-de el-tabernáculo ** levantáis del-mes en-uno

וְשַׂמְתָּ שָׁם אֵת אֲרוֹן הָעֵדוּת וְסַכֹּתָ עַל־הָאָרֹן
el-arca sobre y-cubrirás el-testimonio arca-de ** allí Y-pondrás (3)

אֶת־הַפָּרֹכֶת׃ וְהֵבֵאתָ אֶת־הַשֻּׁלְחָן וְעָרַכְתָּ אֶת־
** y-arreglarás la-mesa ** Y-meterás (4) . la-cortina con

עֶרְכּוֹ וְהֵבֵאתָ אֶת־הַמְּנֹרָה וְהַעֲלֵיתָ אֶת־
** y-prepararás el-candelabro ** y-meterás ; su-material

נֵרֹתֶיהָ׃ וְנָתַתָּה אֶת־מִזְבַּח הַזָּהָב לִקְטֹרֶת לִפְנֵי
frente-a de-incienso el-oro altar-de ** Y-pondrás (5) . sus-lámparas

אֲרוֹן הָעֵדֻת וְשַׂמְתָּ אֶת־מָסַךְ הַפֶּתַח לַמִּשְׁכָּן׃
. para-el-tabernáculo la-puerta cortina-de ** y-pondrás ; el-testimonio arca-de

וְנָתַתָּה אֵת מִזְבַּח הָעֹלָה לִפְנֵי פֶּתַח
puerta-de frente-a ; el-holocausto altar-de ** Y-pondrás (6)

מִשְׁכַּן אֹהֶל־מוֹעֵד׃ וְנָתַתָּ אֶת־הַכִּיֹּר בֵּין־אֹהֶל
tienda-de entre la-fuente ** Y-pondrás (7) . reunión tienda-de tabernáculo

מוֹעֵד וּבֵין הַמִּזְבֵּחַ וְנָתַתָּ שָׁם מָיִם׃ וְשַׂמְתָּ
Y-pondrás (8) . agua allí y-pondrás el-altar y-entre reunión

אֶת־הֶחָצֵר סָבִיב וְנָתַתָּ אֶת־מָסַךְ שַׁעַר הֶחָצֵר׃
. el-atrio entrada-de cortina-de ** y-pondrás alrededor el-atrio **

וְלָקַחְתָּ אֶת־שֶׁמֶן הַמִּשְׁחָה וּמָשַׁחְתָּ אֶת־הַמִּשְׁכָּן
el-tabernáculo ** y-ungirás la-unción aceite-de ** Y-tomarás (9)

וְאֶת־כָּל־אֲשֶׁר־בּוֹ וְקִדַּשְׁתָּ אֹתוֹ וְאֶת־כָּל־כֵּלָיו
sus-utensilios todos y-** a-él y-consagrarás ; en-él lo-que todo y-**

וְהָיָה קֹדֶשׁ׃ וּמָשַׁחְתָּ אֶת־מִזְבַּח הָעֹלָה וְאֶת־
y-** holocausto altar-de ** Y-ungirás (10) . santo y-será

כָּל־כֵּלָיו וְקִדַּשְׁתָּ אֶת־הַמִּזְבֵּחַ וְהָיָה
y-será el-altar ** y-consagrarás sus-utensilios todos

הַמִּזְבֵּחַ קֹדֶשׁ קָדָשִׁים׃ וּמָשַׁחְתָּ אֶת־הַכִּיֹּר וְאֶת־
y-** la-fuente ** Y-ungirás (11) . santos santo-de el-altar

כַּנּוֹ וְקִדַּשְׁתָּ אֹתוֹ׃ וְהִקְרַבְתָּ אֶת־אַהֲרֹן וְאֶת־
y-a Aarón a Y-acercarás (12) . a-él y-consagrarás ; su-soporte

בָּנָיו אֶל־פֶּתַח אֹהֶל מוֹעֵד וְרָחַצְתָּ אֹתָם בַּמָּיִם׃
. con-agua a-ellos y-lavarás ; reunión tienda-de puerta-de a sus-hijos

וְהִלְבַּשְׁתָּ אֶת־אַהֲרֹן אֵת בִּגְדֵי הַקֹּדֶשׁ וּמָשַׁחְתָּ אֹתוֹ
a-él y-ungirás ; el-sagrado vestidos-de ** Aarón a Y-vestirás (13)

וְקִדַּשְׁתָּ אֹתוֹ וְכִהֵן לִי׃ וְאֶת־בָּנָיו
sus-hijos Y-** (14) . para-mí y-será-sacerdote a-él y-consagrarás

תַּקְרִיב וְהִלְבַּשְׁתָּ אֹתָם כֻּתֳּנֹת׃ וּמָשַׁחְתָּ אֹתָם כַּאֲשֶׁר
como a-ellos Y-ungirás (15) . túnicas a-ellos y-vestirás traerás

מָשַׁחְתָּ אֶת־אֲבִיהֶם וְכִהֲנוּ לִי וְהָיְתָה
y-será , para-mí y-serán-sacerdotes padre-de-ellos ** ungiste

לִהְיֹת לָהֶם מָשְׁחָתָם לִכְהֻנַּת עוֹלָם לְדֹרֹתָם׃
. para-sus-generaciones perpetuo para-sacerdocio su-ungir para-ellos ser

וַיַּעַשׂ מֹשֶׁה כְּכֹל אֲשֶׁר צִוָּה יְהוָה אֹתוֹ כֵּן עָשָׂה׃
. hizo así , a-él Yahweh mandó lo-que como-todo Moisés E-hizo (16)

וַיְהִי בַּחֹדֶשׁ הָרִאשׁוֹן בַּשָּׁנָה הַשֵּׁנִית בְּאֶחָד
en-uno el-segundo en-el-año el-primero en-el-mes Y-fue (17)

לַחֹדֶשׁ הוּקַם הַמִּשְׁכָּן׃ וַיָּקֶם מֹשֶׁה אֶת־
** Moisés Y-levantó (18) . el-tabernáculo fue-levantado ; de-el-mes

הַמִּשְׁכָּן וַיִּתֵּן אֶת־ אֲדָנָיו וַיָּשֶׂם אֶת־ קְרָשָׁיו
sus-tablas ** y-colocó sus-bases ** y-puso el-tabernáculo

וַיִּתֵּן אֶת־ בְּרִיחָיו וַיָּקֶם אֶת־ עַמּוּדָיו׃
. sus-postes ** y-levantó ; sus-barras ** y-puso

וַיִּפְרֹשׂ אֶת־ הָאֹהֶל עַל־ הַמִּשְׁכָּן וַיָּשֶׂם אֶת־ מִכְסֵה
cubierta-de ** y-puso el-tabernáculo sobre la-tienda ** Y-extendió (19)

הָאֹהֶל עָלָיו מִלְמָעְלָה כַּאֲשֶׁר צִוָּה יְהוָה אֶת־ מֹשֶׁה׃
. Moisés a Yahweh mandó como encima sobre-él la-tienda

וַיִּקַּח וַיִּתֵּן אֶת־ הָעֵדֻת אֶל־הָאָרֹן וַיָּשֶׂם אֶת־
** y-puso , el-arca en el-testimonio ** y-puso Y-tomó (20)

הַבַּדִּים עַל־ הָאָרֹן וַיִּתֵּן אֶת־ הַכַּפֹּרֶת עַל־ הָאָרֹן מִלְמָעְלָה׃
. encima el-arca sobre el-propiciatorio ** y-puso el-arca en las-varas

וַיָּבֵא אֶת־ הָאָרֹן אֶל־ הַמִּשְׁכָּן וַיָּשֶׂם אֵת פָּרֹכֶת
cortina-de ** y-colgó el-tabernáculo en el-arca ** Y-metió (21)

הַמָּסָךְ וַיָּסֶךְ עַל אֲרוֹן הָעֵדוּת כַּאֲשֶׁר צִוָּה
mandó como el-testimonio arca-de sobre y-tapó la-tapadera

יְהוָה אֶת־ מֹשֶׁה׃ וַיִּתֵּן אֶת־ הַשֻּׁלְחָן בְּאֹהֶל מוֹעֵד עַל
en reunión en-tienda-de la-mesa ** Y-puso (22) . Moisés a Yahweh

יֶרֶךְ הַמִּשְׁכָּן צָפֹנָה מִחוּץ לַפָּרֹכֶת׃ וַיַּעֲרֹךְ
Y-colocó (23) . la-cortina fuera-de al-norte el-tabernáculo lado-de

עָלָיו עֵרֶךְ לֶחֶם לִפְנֵי יְהוָה כַּאֲשֶׁר צִוָּה יְהוָה אֶת־ מֹשֶׁה׃
. Moisés a Yahweh mandó como Yahweh ante pan juego-de sobre-él

וַיָּשֶׂם אֶת־ הַמְּנֹרָה בְּאֹהֶל מוֹעֵד נֹכַח הַשֻּׁלְחָן
la-mesa frente-a reunión en-tienda-de el-candelabro ** Y-puso (24)

עַל יֶרֶךְ הַמִּשְׁכָּן נֶגְבָּה׃ וַיַּעַל הַנֵּרֹת לִפְנֵי יְהוָה
Yahweh ante las-lámparas Y-preparó (25) . al-sur el-tabernáculo lado-de en

כַּאֲשֶׁר צִוָּה יְהוָה אֶת־מֹשֶׁה׃ וַיָּשֶׂם אֶת־מִזְבַּח הַזָּהָב
el-oro altar-de ** Y-puso (26) . Moisés a Yahweh mandó como

בְּאֹהֶל מוֹעֵד לִפְנֵי הַפָּרֹכֶת׃ וַיַּקְטֵר עָלָיו
sobre-él Y-quemó (27) . la-cortina delante-de reunión en-tienda-de

קְטֹרֶת סַמִּים כַּאֲשֶׁר צִוָּה יְהוָה אֶת־מֹשֶׁה׃ וַיָּשֶׂם
Y-puso (28) . Moisés a Yahweh mandó como aromas incienso-de

אֶת־מָסַךְ הַפֶּתַח לַמִּשְׁכָּן׃ וְאֵת מִזְבַּח הָעֹלָה
el-holocausto altar-de Y-** (29) . al-tabernáculo la-puerta cortina-de **

שָׂם פֶּתַח מִשְׁכַּן אֹהֶל־מוֹעֵד וַיַּעַל עָלָיו אֶת־
** sobre-él y-ofreció reunión tienda-de tabernáculo puerta-de puso

הָעֹלָה וְאֶת־הַמִּנְחָה כַּאֲשֶׁר צִוָּה יְהוָה אֶת־מֹשֶׁה׃
. Moisés a Yahweh mandó como la-ofrenda-vegetal y-** el-holocausto

וַיָּשֶׂם אֶת־הַכִּיֹּר בֵּין־אֹהֶל מוֹעֵד וּבֵין הַמִּזְבֵּחַ
; el-altar y-entre reunión tienda-de entre la-fuente ** Y-colocó (30)

וַיִּתֵּן שָׁמָּה מַיִם לְרָחְצָה׃ וְרָחֲצוּ מִמֶּנּוּ מֹשֶׁה וְאַהֲרֹן
y-Aarón Moisés en-él Y-se-lavaron (31) . para-lavarse agua allí y-puso

וּבָנָיו אֶת־יְדֵיהֶם וְאֶת־רַגְלֵיהֶם׃ בְּבֹאָם
En-entrar-de-ellos (32) . sus-pies y-** sus-manos ** y-sus-hijos

אֶל־אֹהֶל מוֹעֵד וּבְקָרְבָתָם אֶל־הַמִּזְבֵּחַ יִרְחָצוּ כַּאֲשֶׁר
como ; se-lavaron el-altar a y-en-acercarse-de-ellos reunión tienda-de a

צִוָּה יְהוָה אֶת־מֹשֶׁה׃ וַיָּקֶם אֶת־הֶחָצֵר סָבִיב
alrededor el-atrio ** Y-erigió (33) . Moisés a Yahweh mandó

לַמִּשְׁכָּן וְלַמִּזְבֵּחַ וַיִּתֵּן אֶת־מָסַךְ שַׁעַר
entrada-de cortina-de ** y-puso y-al-altar a-el-tabernáculo

הֶחָצֵר וַיְכַל מֹשֶׁה אֶת־ הַמְּלָאכָה׃ וַיְכַס

Y-cubrió (34) . la-obra ** Moisés y-terminó ; el-atrio

הֶעָנָן אֶת־ אֹהֶל מוֹעֵד וּכְבוֹד יְהוָה מָלֵא אֶת־

** llenó Yahweh y-gloria-de reunión tienda-de ** la-nube

הַמִּשְׁכָּן׃ וְלֹא־ יָכֹל מֹשֶׁה לָבוֹא אֶל־ אֹהֶל מוֹעֵד כִּי־

porque reunión tienda-de a entrar Moisés podía Y-no (35) . el-tabernáculo

שָׁכַן עָלָיו הֶעָנָן וּכְבוֹד יְהוָה מָלֵא אֶת־ הַמִּשְׁכָּן׃

. el-tabernáculo ** llenó Yahweh y-gloria-de la-nube sobre-él reposaba

וּבְהֵעָלוֹת הֶעָנָן מֵעַל הַמִּשְׁכָּן יִסְעוּ בְּנֵי

hijos-de partían el-tabernáculo de-sobre la-nube Y-al-elevarse (36)

יִשְׂרָאֵל בְּכֹל מַסְעֵיהֶם׃ וְאִם־ לֹא יֵעָלֶה הֶעָנָן

, la-nube ascendía no Y-si (37) . viajes-de-ellos en-todos ; Israel

וְלֹא יִסְעוּ עַד־ יוֹם הֵעָלֹתוֹ׃ כִּי עֲנַן יְהוָה עַל־

sobre Yahweh nube-de Pues (37) . su-ascender día hasta partían entonces-no

הַמִּשְׁכָּן יוֹמָם וְאֵשׁ תִּהְיֶה לַיְלָה בּוֹ לְעֵינֵי כָל־

toda a-ojos-de ; en-él de-noche estaba y-fuego de-día el-tabernáculo

בֵּית־ יִשְׂרָאֵל בְּכָל־ מַסְעֵיהֶם׃

viajes-de-ellos en-todos Israel casa-de

LEVÍTICO

וַיִּקְרָא אֶל־מֹשֶׁה וַיְדַבֵּר יְהוָה אֵלָיו מֵאֹהֶל מוֹעֵד

reunión desde-tienda-de a-él Yahweh y-habló Moisés a Y-llamó (1)

לֵאמֹר׃ דַּבֵּר אֶל־בְּנֵי יִשְׂרָאֵל וְאָמַרְתָּ אֲלֵהֶם אָדָם כִּי־יַקְרִיב

traiga que cualquiera : a-ellos y-dirás Israel hijos-de a Habla (2) . diciendo

מִכֶּם קָרְבָּן לַיהוָה מִן־הַבְּהֵמָה מִן־הַבָּקָר וּמִן־הַצֹּאן

las-ovejas y-de el-vacuno de , el-ganado de a-Yahweh ofrenda de-vosotros

תַּקְרִיבוּ אֶת־קָרְבַּנְכֶם׃ אִם־עֹלָה קָרְבָּנוֹ מִן־

de su-ofrenda holocausto Si (3) . vuestras-ofrendas ** ofrendad

הַבָּקָר זָכָר תָּמִים יַקְרִיבֶנּוּ אֶל־פֶּתַח אֹהֶל מוֹעֵד

reunión tienda-de puerta-de en , lo-ofrecerá perfecto macho el-vacuno

יַקְרִיב אֹתוֹ לִרְצֹנוֹ לִפְנֵי יְהוָה׃ וְסָמַךְ

Y-pondrá (4) . Yahweh ante para-su-aceptación a-él presentará

יָדוֹ עַל רֹאשׁ הָעֹלָה וְנִרְצָה לוֹ

para-él y-será-aceptado , el-holocausto cabeza-de sobre su-mano

לְכַפֵּר עָלָיו׃ וְשָׁחַט אֶת־בֶּן הַבָּקָר לִפְנֵי

ante el-vacuno hijo-de ** Y-degollará (5) . por-él para-expiación

יְהוָה וְהִקְרִיבוּ בְּנֵי אַהֲרֹן הַכֹּהֲנִים אֶת־הַדָּם

la-sangre ** los-sacerdotes Aarón hijos-de y-traerán ; Yahweh

וְזָרְקוּ אֶת־הַדָּם עַל־הַמִּזְבֵּחַ סָבִיב אֲשֶׁר־פֶּתַח

puerta-de en alrededor el-altar sobre la-sangre ** y-rociarán

אֹהֶל מוֹעֵד׃ וְהִפְשִׁיט אֶת־הָעֹלָה וְנִתַּח

y-descuartizará el-holocausto ** Y-desollará (6) . reunión tienda-de

אֹתָהּ לִנְתָחֶיהָ׃ וְנָתְנוּ בְּנֵי אַהֲרֹן הַכֹּהֵן אֵשׁ

fuego el-sacerdote Aarón hijos-de Y-pondrán (7) . en-sus-pedazos a-ella

עַל־הַמִּזְבֵּחַ וְעָרְכוּ עֵצִים עַל־הָאֵשׁ׃ וְעָרְכוּ

Y-colocarán (8) . el-fuego sobre maderas y-colocarán ; el-altar en

בְּנֵי אַהֲרֹן הַכֹּהֲנִים אֵת הַנְּתָחִים אֶת־ הָרֹאשׁ וְאֶת־ הַפָּדֶר עַל־
sobre la-grasa y-** la-cabeza ** los-trozos ** los-sacerdotes Aarón hijos-de

הָעֵצִים אֲשֶׁר עַל־ הָאֵשׁ אֲשֶׁר עַל־ הַמִּזְבֵּחַ׃ וְקִרְבּוֹ
Y-sus-entrañas (9) . el-altar sobre que el-fuego sobre que las-maderas

וּכְרָעָיו יִרְחַץ בַּמָּיִם וְהִקְטִיר הַכֹּהֵן אֶת־
** el-sacerdote y-quemará ; con-agua lavará y-sus-patas

הַכֹּל הַמִּזְבֵּחָה עֹלָה אִשֵּׁה רֵיחַ־ נִיחוֹחַ לַיהוָה׃
. a-Yahweh grata fragancia de-fuego holocausto en-el-altar el-todo

וְאִם־ מִן־ הַצֹּאן קָרְבָּנוֹ מִן־ הַכְּשָׂבִים אוֹ מִן־
de o los-corderos de su-ofrenda las-ovejas de Y-si (10)

הָעִזִּים לְעֹלָה זָכָר תָּמִים יַקְרִיבֶנּוּ׃
. lo-ofrecerá perfecto macho ; para-holocausto las-cabras

וְשָׁחַט אֹתוֹ עַל יֶרֶךְ הַמִּזְבֵּחַ צָפֹנָה לִפְנֵי יְהוָה
; Yahweh ante al-norte el-altar lado-de en a-él Y-degollará (11)

וְזָרְקוּ בְּנֵי אַהֲרֹן הַכֹּהֲנִים אֶת־ דָּמוֹ עַל־
sobre su-sangre ** los-sacerdotes Aarón hijos-de y-rociarán

הַמִּזְבֵּחַ סָבִיב׃ וְנִתַּח אֹתוֹ לִנְתָחָיו וְאֶת־ רֹאשׁוֹ
su-cabeza y-** en-sus-trozos a-él Y-descuartizará (12) . alrededor el-altar

וְאֶת־ פִּדְרוֹ וְעָרַךְ הַכֹּהֵן אֹתָם עַל־ הָעֵצִים אֲשֶׁר עַל־
en que las-maderas sobre a-ellos el-sacerdote y-arreglará ; su-grasa y-**

הָאֵשׁ אֲשֶׁר עַל־ הַמִּזְבֵּחַ׃ וְהַקֶּרֶב וְהַכְּרָעַיִם יִרְחַץ
lavará y-las-patas Y-el-intestino (13) . el-altar sobre que el-fuego

בַּמָּיִם וְהִקְרִיב הַכֹּהֵן אֶת־ הַכֹּל וְהִקְטִיר
y-quemará el-todo ** el-sacerdote y-traerá ; con-agua

הַמִּזְבֵּחָה עֹלָה הוּא אִשֵּׁה רֵיחַ נִיחֹחַ לַיהוָה׃
. a-Yahweh grata fragancia con-fuego él holocausto en-el-altar

וְאִם מִן־ הָעוֹף עֹלָה קָרְבָּנוֹ לַיהוָה
a-Yahweh su-ofrenda holocausto el-ave de Y-si (14)

וְהִקְרִיב מִן־ הַתֹּרִים אוֹ מִן־ בְּנֵי הַיּוֹנָה אֶת־
** la-paloma hijos-de de o las-tórtolas de entonces-ofrecerá

קָרְבָּנוֹ׃ וְהִקְרִיבוֹ הַכֹּהֵן אֶל־ הַמִּזְבֵּחַ
el-altar a el-sacerdote Y-lo-traerá (15) . su-ofrenda

וּמָלַק אֶת־ רֹאשׁוֹ וְהִקְטִיר הַמִּזְבֵּחָה
, en-el-altar y-quemará su-cabeza ** y-quitará

וְנִמְצָה דָמוֹ עַל קִיר הַמִּזְבֵּחַ׃
. el-altar lado-de en su-sangre y-exprimirá

וְהֵסִיר אֶת־ מֻרְאָתוֹ בְּנֹצָתָהּ וְהִשְׁלִיךְ
y-arrojará con-plumas-de-ella su-buche ** Y-quitará (16)

אֹתָהּ אֵצֶל הַמִּזְבֵּחַ קֵדְמָה אֶל־ מְקוֹם הַדָּשֶׁן׃ וְשִׁסַּע
Y-henderá (17) . la-ceniza lugar-de en al-este el-altar lado-de a-ella

אֹתוֹ בִכְנָפָיו לֹא יַבְדִּיל וְהִקְטִיר אֹתוֹ הַכֹּהֵן
el-sacerdote a-él y-quemará dividirá no por-sus-alas a-él

הַמִּזְבֵּחָה עַל־ הָעֵצִים אֲשֶׁר עַל־ הָאֵשׁ עֹלָה הוּא אִשֵּׁה רֵיחַ
aroma de-fuego él holocausto , el-fuego sobre que las-maderas sobre en-el-altar

נִיחֹחַ לַיהוָה׃ וְנֶפֶשׁ כִּי־ תַקְרִיב קָרְבַּן מִנְחָה
vegetal ofrenda-de traiga que Y-persona (1) . a-Yahweh grato Ca

לַיהוָה סֹלֶת יִהְיֶה קָרְבָּנוֹ וְיָצַק עָלֶיהָ שֶׁמֶן
aceite en-ella y-derramará , su-ofrenda será flor-de-harina a-Yahweh

וְנָתַן עָלֶיהָ לְבֹנָה׃ וֶהֱבִיאָהּ אֶל־ בְּנֵי אַהֲרֹן
Aarón hijos-de a Y-la-llevará (2) . incienso en-ella y-pondrá

הַכֹּהֲנִים וְקָמַץ מִשָּׁם מְלֹא קֻמְצוֹ מִסָּלְתָּהּ
de-su-flor-de-harina su-puño lleno de-allí y-cogerá los-sacerdotes

וּמִשַּׁמְנָהּ עַל כָּל־ לְבֹנָתָהּ וְהִקְטִיר הַכֹּהֵן
el-sacerdote y-quemará su-incienso todo con y-de-su-aceite

אֶת־ אַזְכָּרָתָהּ הַמִּזְבֵּחָה אִשֵּׁה רֵיחַ נִיחֹחַ לַיהוָה׃
. a-Yahweh grato aroma por-fuego en-el-altar su-poción-memorial **

(3) וְהַנּוֹתֶרֶת מִן־ הַמִּנְחָה לְאַהֲרֹן וּלְבָנָיו
y-para-sus-hijos para-Aarón la-ofrenda-vegetal de Y-la-sobra (3)

קֹדֶשׁ קָדָשִׁים מֵאִשֵּׁי יְהוָה׃ (4) וְכִי תַקְרִב
traes Y-si (4) . Yahweh de-ofrenda-quemada-de santos santo-de

קָרְבַּן מִנְחָה מַאֲפֵה תַנּוּר סֹלֶת חַלּוֹת מַצֹּת
ázimos tortas-de flor-de-harina ; horno cocida-de vegetal ofrenda

בְּלוּלֹת בַּשֶּׁמֶן וּרְקִיקֵי מַצּוֹת מְשֻׁחִים
untados ázimos y-hojaldres-de con-el-aceite mezcladas

בַּשָּׁמֶן׃ (5) וְאִם־ מִנְחָה עַל־ הַמַּחֲבַת קָרְבָּנֶךָ
, tu-ofrenda la-sartén en ofrenda-vegetal Y-si (5) . con-el-aceite

סֹלֶת בְּלוּלָה בַשֶּׁמֶן מַצָּה תִהְיֶה׃ (6) פָּתוֹת
Desmenuzar (6) . será ázimo con-el-aceite mezclada flor-de-harina

אֹתָהּ פִּתִּים וְיָצַקְתָּ עָלֶיהָ שָׁמֶן מִנְחָה הִוא׃ (7) וְאִם־
Y-si (7) . él ofrenda-vegetal , aceite sobre-ella y-echarás trozos a-ella

מִנְחַת מַרְחֶשֶׁת קָרְבָּנֶךָ סֹלֶת בַּשֶּׁמֶן תֵּעָשֶׂה׃
. harás con-el-aceite flor-de-harina tu-ofrenda pan-cocido ofrenda-vegetal-de

(8) וְהֵבֵאתָ אֶת־ הַמִּנְחָה אֲשֶׁר יֵעָשֶׂה מֵאֵלֶּה
de-éstas hizo que la-ofrenda-vegetal ** Y-traerás (8)

לַיהוָה וְהִקְרִיבָהּ אֶל־ הַכֹּהֵן וְהִגִּישָׁהּ אֶל־
a y-la-llevará el-sacerdote a y-la-ofrecerá a-Yahweh

הַמִּזְבֵּחַ׃ (9) וְהֵרִים הַכֹּהֵן מִן־ הַמִּנְחָה אֶת־
** la-ofrenda-vegetal de el-sacerdote Y-tomará (9) . el-altar

אַזְכָּרָתָהּ וְהִקְטִיר הַמִּזְבֵּחָה אִשֵּׁה רֵיחַ
aroma ofrenda-encendida , en-el-altar y-quemará su-porción-memorial

נִיחֹחַ לַיהוָה׃ וְהַנּוֹתֶרֶת מִן־ הַמִּנְחָה לְאַהֲרֹן
para-Aarón la-ofrenda-vegetal de Y-la-sobra (10) . a-Yahweh grato

וּלְבָנָיו קֹדֶשׁ קָדָשִׁים מֵאִשֵּׁי יְהוָה׃
Yahweh de-ofrendas-encendidas-a santos santo-de y-para-sus-hijos

כָּל־ הַמִּנְחָה אֲשֶׁר תַּקְרִיבוּ לַיהוָה לֹא תֵעָשֶׂה
se-hará no a-Yahweh traigas que la-ofrenda-vegetal Toda (11)

חָמֵץ כִּי כָל־ שְׂאֹר וְכָל־ דְּבַשׁ לֹא־ תַקְטִירוּ מִמֶּנּוּ אִשֶּׁה
ofrenda-encendida de-él quemarás no miel y-toda levadura toda pues , leudado

לַיהוָה׃ קָרְבַּן רֵאשִׁית תַּקְרִיבוּ אֹתָם לַיהוָה וְאֶל־
y-en , a-Yahweh ellas traerás primicias Ofrenda-de (12) . a-Yahweh

הַמִּזְבֵּחַ לֹא־ יַעֲלוּ לְרֵיחַ נִיחֹחַ׃ וְכָל־
Y-toda (13) . grato para-aroma subirán-en-holocausto no el-altar

קָרְבַּן מִנְחָתְךָ בַּמֶּלַח תִּמְלָח וְלֹא תַשְׁבִּית
excluirás y-no sazonarás con-la-sal tu-ofrenda-vegetal ofrenda-de

מֶלַח בְּרִית אֱלֹהֶיךָ מֵעַל מִנְחָתֶךָ עַל כָּל־
toda en tu-ofrenda-vegetal de-en tu-Dios pacto-de sal-de

קָרְבָּנְךָ תַּקְרִיב מֶלַח׃ וְאִם־ תַּקְרִיב מִנְחַת בִּכּוּרִים
primicias ofrenda-de presentas Y-si (14) . sal ofrecerás tu-ofrenda

לַיהוָה אָבִיב קָלוּי בָּאֵשׁ גֶּרֶשׂ כַּרְמֶל תַּקְרִיב אֵת
** ofrecerás grano molido en-el-fuego tostada espiga a-Yahweh

מִנְחַת בִּכּוּרֶיךָ׃ וְנָתַתָּ עָלֶיהָ שֶׁמֶן וְשַׂמְתָּ עָלֶיהָ
en-ella y-pondrás aceite en-ella Y-pondrás (15) . tus-primicias ofrenda-de

לְבֹנָה מִנְחָה הִוא׃ וְהִקְטִיר הַכֹּהֵן אֶת־
** el-sacerdote Y-quemará (16) . él ofrenda-vegetal , incienso

אַזְכָּרָתָהּ מִגִּרְשָׂהּ וּמִשַּׁמְנָהּ עַל כָּל־
todo con y-del-aceite-de-ella del-grano-de-ella su-porción-memorial

לְבֹנָתָהּ אִשֶּׁה לַיהוָה׃ וְאִם־ זֶבַח שְׁלָמִים
paces ofrenda-de Y-si (1) . a-Yahweh ofrenda-encendida ; incienso-de-ella

קָרְבָּנוֹ אִם מִן־ הַבָּקָר הוּא מַקְרִיב אִם־ זָכָר אִם־נְקֵבָה
hembra si macho si ofreciendo él el-vacuno de si ; su-ofrenda

תָּמִים יַקְרִיבֶנּוּ לִפְנֵי יְהוָה׃ וְסָמַךְ
Y-pondrá (2) . Yahweh ante lo-presentará perfecto

יָדוֹ עַל־ רֹאשׁ קָרְבָּנוֹ וּשְׁחָטוֹ פֶּתַח
entrada-de y-lo-degollará su-ofrenda cabeza-de sobre su-mano

אֹהֶל מוֹעֵד וְזָרְקוּ בְּנֵי אַהֲרֹן הַכֹּהֲנִים אֶת־
** los-sacerdotes Aarón hijos-de y-rociarán , reunión tienda-de

הַדָּם עַל־ הַמִּזְבֵּחַ סָבִיב׃ וְהִקְרִיב מִזֶּבַח
de-ofrenda-de Y-traerá (3) . alrededor el-altar sobre la-sangre

הַשְּׁלָמִים אִשֶּׁה לַיהוָה אֶת־ הַחֵלֶב הַמְכַסֶּה אֶת־
** la-que-cubre la-grasa ** , a-Yahweh ofrenda-encendida las-paces

הַקֶּרֶב וְאֵת כָּל־ הַחֵלֶב אֲשֶׁר עַל־ הַקֶּרֶב׃ וְאֵת שְׁתֵּי
dos Y-** (4) . las-entrañas sobre que la-grasa toda y-** el-intestino

הַכְּלָיֹת וְאֶת־הַחֵלֶב אֲשֶׁר עֲלֵהֶן אֲשֶׁר עַל־הַכְּסָלִים וְאֶת־ הַיֹּתֶרֶת
la-cubierta y-** ; los-ijares sobre que sobre-ellos que la-grasa y-** los-riñones

עַל־הַכָּבֵד עַל־ הַכְּלָיוֹת יְסִירֶנָּה׃ וְהִקְטִירוּ אֹתוֹ
a-él Y-quemarán (5) . la-quitará los-riñones con el-hígado sobre

בְנֵי־ אַהֲרֹן הַמִּזְבֵּחָה עַל־ הָעֹלָה אֲשֶׁר עַל־ הָעֵצִים אֲשֶׁר
que las-maderas sobre que el-holocausto sobre en-el-altar Aarón hijos-de

עַל־ הָאֵשׁ אִשֵּׁה רֵיחַ נִיחֹחַ לַיהוָה׃ וְאִם־ מִן־
de Y-si (6) . a-Yahweh grato aroma ofrenda-encendida el-fuego sobre

הַצֹּאן קָרְבָּנוֹ לְזֶבַח שְׁלָמִים לַיהוָה זָכָר אוֹ
o macho a-Yahweh paces como-ofrenda-de su-ofrenda las-ovejas

נְקֵבָה תָּמִים יַקְרִיבֶנּוּ׃ אִם־כֶּשֶׂב הוּא־מַקְרִיב אֶת־
** ofreciendo él cordero Si (7) . lo-ofrecerá perfecto hembra

קָרְבָּנוֹ וְהִקְרִיב אֹתוֹ לִפְנֵי יְהוָה׃ וְסָמַךְ
Y-pondrá (8) . Yahweh ante a-él y-presentará , su-ofrenda

אֶת־ יָדוֹ עַל־ רֹאשׁ קָרְבָּנוֹ וְשָׁחַט אֹתוֹ לִפְנֵי
ante a-él y-degollará su-ofrenda cabeza-de sobre su-mano **

אֹהֶל מוֹעֵד וְזָרְקוּ בְּנֵי אַהֲרֹן אֶת־ דָּמוֹ
su-sangre ** Aarón hijos-de y-rociarán ; reunión tienda-de

עַל־ הַמִּזְבֵּחַ סָבִיב׃ וְהִקְרִיב מִזֶּבַח
de-ofrenda-de Y-traerá (9) . alrededor el-altar sobre

הַשְּׁלָמִים אִשֶּׁה לַיהוָה חֶלְבּוֹ הָאַלְיָה תְמִימָה
entera la-cola su-grasa a-Yahweh ofrenda-encendida las-paces

לְעֻמַּת הֶעָצֶה יְסִירֶנָּה וְאֶת־ הַחֵלֶב הַמְכַסֶּה אֶת־
** la-que-cubre la-grasa y-** , se-la-cortará el-espinazo cerca-de

הַקֶּרֶב וְאֵת כָּל־ הַחֵלֶב אֲשֶׁר עַל־ הַקֶּרֶב׃ וְאֵת שְׁתֵּי
ambos Y-** (10) . las-entrañas sobre que la-grasa toda y-** el-intestino

הַכְּלָיֹת וְאֶת־ הַחֵלֶב אֲשֶׁר עֲלֵהֶן אֲשֶׁר עַל־ הַכְּסָלִים וְאֶת־הַיֹּתֶרֶת
la-cubierta y-** los-ijares sobre que sobre-ellas que la-grasa y-** los-riñones

עַל־ הַכָּבֵד עַל־ הַכְּלָיֹת יְסִירֶנָּה׃ וְהִקְטִירוֹ
Y-lo-quemará (11) . la-quitará los-riñones con el-hígado sobre

הַכֹּהֵן הַמִּזְבֵּחָה לֶחֶם אִשֶּׁה לַיהוָה׃ וְאִם־ עֵז
cabra Y-si (12) . a-Yahweh ofrenda-encendida pan en-el-altar el-sacerdote

קָרְבָּנוֹ וְהִקְרִיבוֹ לִפְנֵי יְהוָה׃ וְסָמַךְ
Y-pondrá (13) . Yahweh ante entonces-lo-presentará , su-ofrenda

אֶת־ יָדוֹ עַל־ רֹאשׁוֹ וְשָׁחַט אֹתוֹ לִפְנֵי אֹהֶל
tienda-de ante a-él y-degollará su-cabeza sobre su-mano **

מוֹעֵד וְזָרְקוּ בְּנֵי אַהֲרֹן אֶת־ דָּמוֹ עַל־
sobre su-sangre ** Aarón hijos-de y-rociarán , reunión

הַמִּזְבֵּחַ סָבִיב׃ וְהִקְרִיב מִמֶּנּוּ קָרְבָּנוֹ אִשֶּׁה
de-fuego su-ofrenda de-él Y-ofrecerá (14) . alrededor el-altar

לַיהוָה אֶת־ הַחֵלֶב הַמְכַסֶּה אֶת־ הַקֶּרֶב וְאֵת כָּל־ הַחֵלֶב
la-grasa toda y-** el-intestino ** la-cubierta la-grasa ** a-Yahweh

אֲשֶׁר עַל־ הַקֶּרֶב׃ וְאֵת שְׁתֵּי הַכְּלָיֹת וְאֶת־ הַחֵלֶב אֲשֶׁר
que la-grasa y-** los-riñones ambos Y-** (15) . las-entrañas sobre que

עֲלֵהֶן אֲשֶׁר עַל־הַכְּסָלִים וְאֶת־ הַיֹּתֶרֶת עַל־ הַכָּבֵד עַל־ הַכְּלָיוֹת
los-riñones con el-hígado en la-cubierta y-** los-ijares sobre que sobre-ellas

יְסִירֶנָּה׃ וְהִקְטִירָם הַכֹּהֵן הַמִּזְבֵּחָה לֶחֶם
pan , en-el-altar el-sacerdote Y-los-quemará (16) . la-quitará

אִשֶּׁה לְרֵיחַ נִיחֹחַ כָּל־ חֵלֶב לַיהוָה׃ חֻקַּת
Estatuto (17) . a-Yahweh grasa toda grato para-aroma ofrenda-encendida

עוֹלָם לְדֹרֹתֵיכֶם בְּכֹל מוֹשְׁבֹתֵיכֶם כָּל־ חֵלֶב וְכָל־
de-toda grasa toda , vuestras-moradas en-todas por-vuestras-generaciones perpetuo

דָּם לֹא תֹאכֵלוּ׃ וַיְדַבֵּר יְהוָה אֶל־מֹשֶׁה לֵּאמֹר׃ דַּבֵּר
Di (2) . diciendo Moisés a Yahweh Y-habló (1) . comeréis no sangre Cap. 4

אֶל־ בְּנֵי יִשְׂרָאֵל לֵאמֹר נֶפֶשׁ כִּי־ תֶחֱטָא בִשְׁגָגָה מִכֹּל
contra-cualquiera sin-intención peque que cualquiera : diciendo Israel hijos-de a

מִצְוֺת יְהוָה אֲשֶׁר לֹא תֵעָשֶׂינָה וְעָשָׂה מֵאַחַת
contra-uno y-hace se-pueden-hacer no que Yahweh mandamientos-de

מֵהֵנָּה׃ אִם הַכֹּהֵן הַמָּשִׁיחַ יֶחֱטָא לְאַשְׁמַת הָעָם
, el-pueblo según-culpa-de peca el-ungido el-sacerdote Si (3) . de-ellas

וְהִקְרִיב עַל חַטָּאתוֹ אֲשֶׁר חָטָא פַּר בֶּן־בָּקָר
vacuno hijo-de toro pecó que su-pecado para entonces-traerá

תָּמִים לַיהוָה לְחַטָּאת׃ וְהֵבִיא אֶת־הַפָּר
el-becerro ** Y-traerá (4) para-expiación para-Yahweh perfecto

אֶל־פֶּתַח אֹהֶל מוֹעֵד לִפְנֵי יְהוָה וְסָמַךְ אֶת־יָדוֹ
su-mano ** y-pondrá , Yahweh ante reunión tienda puerta-de a

עַל־רֹאשׁ הַפָּר וְשָׁחַט אֶת־הַפָּר לִפְנֵי יְהוָה׃
. Yahweh ante el-becerro ** y-degollará el-becerro cabeza-de sobre

וְלָקַח הַכֹּהֵן הַמָּשִׁיחַ מִדַּם הַפָּר
el-becerro de-la-sangre-de el-ungido el-sacerdote Y-tomará (5)

וְהֵבִיא אֹתוֹ אֶל־אֹהֶל מוֹעֵד׃ וְטָבַל הַכֹּהֵן
el-sacerdote Y-mojará (6) . reunión tienda-de a a-él y-llevará

אֶת־אֶצְבָּעוֹ בַּדָּם וְהִזָּה מִן־הַדָּם שֶׁבַע
siete la-sangre de y-rociará en-la-sangre su-dedo **

פְּעָמִים לִפְנֵי יְהוָה אֶת־פְּנֵי פָּרֹכֶת הַקֹּדֶשׁ׃ וְנָתַן
Y-pondrá (7) . el-santuario cortina-de frente-a ** Yahweh ante veces

הַכֹּהֵן מִן־הַדָּם עַל־קַרְנוֹת מִזְבַּח קְטֹרֶת הַסַּמִּים
los-aromas incienso-de altar-de cuernos-de sobre la-sangre de el-sacerdote

לִפְנֵי יְהוָה אֲשֶׁר בְּאֹהֶל מוֹעֵד וְאֵת ׀ כָּל־דַּם הַפָּר
el-becerro sangre-de toda y-** reunión en-tienda-de que Yahweh ante

יִשְׁפֹּךְ אֶל־יְסוֹד מִזְבַּח הָעֹלָה אֲשֶׁר־פֶּתַח
puerta-de que el-holocausto altar-de base-de en derramará

אֹהֶל מוֹעֵד׃ וְאֶת־כָּל־חֵלֶב פַּר הַחַטָּאת יָרִים
quitará expiación becerro-de grasa-de toda Y-** (8) . reunión tienda-de

מִמֶּנּוּ אֶת־הַחֵלֶב הַמְכַסֶּה עַל־הַקֶּרֶב וְאֵת כָּל־הַחֵלֶב אֲשֶׁר
que la-grasa toda y-** el-intestino sobre la-cubierta la-grasa ** , de-él

עַל־ הַקֶּרֶב׃ וְאֵת֙ שְׁתֵּי הַכְּלָיֹת וְאֶת־הַחֵלֶב֙ אֲשֶׁר עֲלֵיהֶן אֲשֶׁר

que en-ellas que la-grasa y-** los-riñones ambos Y-** (9) . el-intestino sobre

עַל־הַכְּסָלִים וְאֶת־הַיֹּתֶרֶת֙ עַל־ הַכָּבֵד עַל־ הַכְּלָיוֹת יְסִירֶנָּה׃

. la-quitará los-riñones con el-hígado sobre la-cubierta y-** los-ijares en

כַּאֲשֶׁר יוּרַם מִשּׁוֹר זֶבַח הַשְּׁלָמִים

las-paces sacrificio-de del-buey-de se-quita Como (10)

וְהִקְטִירָם֙ הַכֹּהֵן עַל מִזְבַּח הָעֹלָה׃ וְאֶת־

Y-** (11) . el-holocausto altar-de sobre el-sacerdote y-las-quemará

עוֹר הַפָּר֙ וְאֶת־ כָּל־ בְּשָׂרוֹ עַל־ רֹאשׁוֹ וְעַל־ כְּרָעָיו

; sus-patas y-con su-cabeza con su-carne toda y-** el-becerro piel-de

וְקִרְבּוֹ וּפִרְשׁוֹ׃ וְהוֹצִיא אֶת־ כָּל־

todo ** Y-tomará (12) . y-su-estiércol y-su-intestino

הַפָּר אֶל־ מִחוּץ לַמַּחֲנֶה אֶל־ מָקוֹם טָהוֹר֙ אֶל־ שֶׁפֶךְ הַדֶּשֶׁן

la-ceniza montón-de a limpio lugar a el-campamento fuera-de a el-becerro

וְשָׂרַף אֹתוֹ עַל־עֵצִים בָּאֵשׁ עַל־ שֶׁפֶךְ הַדֶּשֶׁן יִשָּׂרֵף׃

. será-quemado la-ceniza montón-de en , en-el-fuego leños sobre a-él y-quemará

וְאִם כָּל־ עֲדַת יִשְׂרָאֵל֙ יִשְׁגּוּ

errare-sin-intención Israel comunidad-de toda Y-si (13)

וְנֶעְלַם דָּבָר מֵעֵינֵי הַקָּהָל וְעָשׂוּ אַחַת

algo e-hicieren la-comunidad de-ojos-de asunto y-estuviere-oculto

מִכָּל־ מִצְוֹת יְהוָה אֲשֶׁר לֹא־ תֵעָשֶׂינָה וְאָשֵׁמוּ׃

. entonces-será-culpable se-debe-hacer no que Yahweh mandamientos-de de-cualquier

וְנוֹדְעָה֙ הַחַטָּאת אֲשֶׁר חָטְאוּ עָלֶיהָ וְהִקְרִיבוּ

entonces-traerán , por-ella pecaron que el-pecado Cuando-sea-conocido (14)

הַקָּהָל פַּר בֶּן־ בָּקָר֙ לְחַטָּאת וְהֵבִיאוּ אֹתוֹ

a-él y-presentarán por-expiación vacuno hijo-de toro la-comunidad

לִפְנֵי אֹהֶל מוֹעֵד׃ וְסָמְכוּ זִקְנֵי הָעֵדָה אֶת־
** la-comunidad ancianos-de Y-pondrán (15) . reunión tienda-de ante

יְדֵיהֶם עַל־רֹאשׁ הַפָּר לִפְנֵי יְהוָה וְשָׁחַט אֶת־
** y-degollará , Yahweh ante el-toro cabeza-de sobre sus-manos

הַפָּר לִפְנֵי יְהוָה׃ וְהֵבִיא הַכֹּהֵן הַמָּשִׁיחַ
el-ungido el-sacerdote Y-tomará (16) . Yahweh ante el-toro

מִדַּם הַפָּר אֶל־אֹהֶל מוֹעֵד׃ וְטָבַל הַכֹּהֵן
el-sacerdote Y-mojará (17) . reunión tienda-de en el-toro de-sangre-de

אֶצְבָּעוֹ מִן־הַדָּם וְהִזָּה שֶׁבַע פְּעָמִים לִפְנֵי יְהוָה
Yahweh ante veces siete y-rociará la-sangre de su-dedo

אֶת פְּנֵי הַפָּרֹכֶת׃ וּמִן־הַדָּם יִתֵּן ׀ עַל־קַרְנֹת
cuernos-de sobre pondrá la-sangre Y-de (18) . la-cortina frente-a **

הַמִּזְבֵּחַ אֲשֶׁר לִפְנֵי יְהוָה אֲשֶׁר בְּאֹהֶל מוֹעֵד וְאֵת כָּל־הַדָּם
la-sangre toda y-** , reunión en-tienda-de que Yahweh ante que el-altar

יִשְׁפֹּךְ אֶל־יְסוֹד מִזְבַּח הָעֹלָה אֲשֶׁר־פֶּתַח
puerta-de que el-holocausto altar-de base-de en derramará

אֹהֶל מוֹעֵד׃ וְאֵת כָּל־חֶלְבּוֹ יָרִים מִמֶּנּוּ
, de-él quitará su-grasa toda Y-** (19) . reunión tienda-de

וְהִקְטִיר הַמִּזְבֵּחָה׃ וְעָשָׂה לַפָּר כַּאֲשֶׁר
como con-el-toro Y-hará (20) . en-el-altar y-quemará

עָשָׂה לְפַר הַחַטָּאת כֵּן יַעֲשֶׂה־לּוֹ
, a-él hará así la-expiación con-toro-de hizo

וְכִפֶּר עֲלֵהֶם הַכֹּהֵן וְנִסְלַח לָהֶם׃
. a-ellos y-será-perdonado el-sacerdote por-ellos y-expiará

וְהוֹצִיא אֶת־הַפָּר אֶל־מִחוּץ לַמַּחֲנֶה וְשָׂרַף
y-quemará el-campamento fuera-de a el-toro ** Y-sacará (21)

אֹתוֹ כַּאֲשֶׁר שָׂרַף אֵת הַפָּר הָרִאשׁוֹן חַטַּאת הַקָּהָל
la-comunidad expiación-de , el-primero el-toro ** quemó como a-él

הוּא׃ אֲשֶׁר נָשִׂיא יֶחֱטָא וְעָשָׂה אַחַת מִכָּל־ מִצְוֹת יְהוָה
Yahweh mandamientos-de de-todos algo e-hiciere pecare jefe Cuando (22) . él

אֱלֹהָיו אֲשֶׁר לֹא־ תֵעָשֶׂינָה בִּשְׁגָגָה וְאָשֵׁם׃
.entonces-es-culpable sin-intención debe-hacer no que su-Dios

אוֹ־ הוֹדַע אֵלָיו חַטָּאתוֹ אֲשֶׁר חָטָא בָּהּ
, por-ella pecó que su-pecado a-él sea-conocido Cuando (23)

וְהֵבִיא אֶת־ קָרְבָּנוֹ שְׂעִיר עִזִּים זָכָר תָּמִים׃
. perfecto macho cabras macho-cabrío-de su-ofrenda ** entonces-traerá

וְסָמַךְ יָדוֹ עַל־ רֹאשׁ הַשָּׂעִיר וְשָׁחַט
y-degollará macho-cabrío cabeza-de sobre su-mano Y-pondrá (24)

אֹתוֹ בִּמְקוֹם אֲשֶׁר־ יִשְׁחַט אֶת־ הָעֹלָה לִפְנֵי יְהוָה
, Yahweh ante el-holocausto ** degolló que en-lugar a-él

חַטָּאת הוּא׃ וְלָקַח הַכֹּהֵן מִדַּם
de-sangre-de el-sacerdote Y-tomará (25) . él expiación

הַחַטָּאת בְּאֶצְבָּעוֹ וְנָתַן עַל־ קַרְנֹת מִזְבַּח
altar-de cuernos-de en y-pondrá con-su-dedo la-expiación

הָעֹלָה וְאֶת־ דָּמוֹ יִשְׁפֹּךְ אֶל־ יְסוֹד מִזְבַּח
altar-de base-de en derramará su-sangre y-** , el-holocausto

הָעֹלָה׃ וְאֶת־ כָּל־ חֶלְבּוֹ יַקְטִיר הַמִּזְבֵּחָה
en-el-altar quemará su-grasa toda Y-** (26) . el-holocausto

כְּחֵלֶב זֶבַח הַשְּׁלָמִים וְכִפֶּר עָלָיו הַכֹּהֵן
el-sacerdote por-él y-expiará , las-paces ofrenda-de como-grasa-de

מֵחַטָּאתוֹ וְנִסְלַח לוֹ׃ וְאִם־ נֶפֶשׁ אַחַת
una persona Y-si (27) . a-él y-será-perdonado por-su-pecado

תֶּחֱטָא בִשְׁגָגָה מֵעַם הָאָרֶץ בַּעֲשֹׂתָהּ אַחַת

uno en-su-hacer la-tierra del-pueblo-de sin-intención pecare

מִמִּצְוֺת יְהוָה אֲשֶׁר לֹא־ תֵעָשֶׂינָה וְאָשֵׁם׃ אוֹ

Si (28) . entonces-será-culpable debe-hacer no que Yahweh de-mandamientos-de

הוֹדַע אֵלָיו חַטָּאתוֹ אֲשֶׁר חָטָא וְהֵבִיא

entonces-traerá pecó que su-pecado a-él es-conocido

קָרְבָּנוֹ שְׂעִירַת עִזִּים תְּמִימָה נְקֵבָה עַל־ חַטָּאתוֹ

su-pecado por hembra perfecta cabras cabra-de su-ofrenda

אֲשֶׁר חָטָא׃ וְסָמַךְ אֶת־ יָדוֹ עַל רֹאשׁ

cabeza-de sobre su-mano ** Y-pondrá (29) . pecó que

הַחַטָּאת וְשָׁחַט אֶת־ הַחַטָּאת בִּמְקוֹם

en-lugar-de la-ofrenda-de-expiación ** y-degollará , la-expiación

הָעֹלָה׃ וְלָקַח הַכֹּהֵן מִדָּמָהּ

de-sangre-de-ella el-sacerdote Y-tomará (30) . el-holocausto

בְּאֶצְבָּעוֹ וְנָתַן עַל־ קַרְנֹת מִזְבַּח הָעֹלָה

, el-holocausto altar-de cuernos-de en y-pondrá con-su-dedo

וְאֶת־ כָּל־ דָּמָהּ יִשְׁפֹּךְ אֶל־ יְסוֹד הַמִּזְבֵּחַ׃ וְאֶת־

Y-** (31) . el-altar base-de en derramará su-sangre toda y-**

כָּל־ חֶלְבָּהּ יָסִיר כַּאֲשֶׁר הוּסַר חֵלֶב מֵעַל

de-sobre grasa quitó como quitará su-grasa toda

זֶבַח הַשְּׁלָמִים וְהִקְטִיר הַכֹּהֵן הַמִּזְבֵּחָה

en-el-altar el-sacerdote y-quemará , las-paces ofrenda-de

לְרֵיחַ נִיחֹחַ לַיהוָה וְכִפֶּר עָלָיו הַכֹּהֵן

el-sacerdote por-él y-expiará a-Yahweh grato como-aroma

וְנִסְלַח לוֹ׃ וְאִם־ כֶּבֶשׂ יָבִיא קָרְבָּנוֹ

su-ofrenda trae cordero Y-si (32) . a-él y-será-perdonado

לְחַטָּאת נְקֵבָה תְמִימָה יְבִיאֶנָּה׃ וְסָמַךְ
Y-pondrá (33) . la-traerá perfecta hembra , para-expiación

אֶת־ יָדוֹ עַל רֹאשׁ הַחַטָּאת וְשָׁחַט אֹתָהּ
a-ella y-degollará ofrenda-por-el-pecado cabeza-de sobre su-mano **

לְחַטָּאת בִּמְקוֹם אֲשֶׁר יִשְׁחַט אֶת־ הָעֹלָה׃
. el-holocausto ** degüella que en-lugar para-expiación

וְלָקַח הַכֹּהֵן מִדַּם הַחַטָּאת
la-expiación de-sangre-de el-sacerdote Y-tomará (34)

בְּאֶצְבָּעוֹ וְנָתַן עַל־ קַרְנֹת מִזְבַּח הָעֹלָה
el-holocausto altar-de cuernos-de sobre y-pondrá con-su-dedo

וְאֶת־ כָּל־ דָּמָהּ יִשְׁפֹּךְ אֶל־ יְסוֹד הַמִּזְבֵּחַ׃ וְאֶת־
Y-** (35) . el-altar base-de en derramará su-sangre toda y-**

כָּל־ חֶלְבָּהּ יָסִיר כַּאֲשֶׁר יוּסַר חֵלֶב־ הַכֶּשֶׂב
el-cordero grasa-de quitó como quitará su-grasa toda

מִזֶּבַח הַשְּׁלָמִים וְהִקְטִיר הַכֹּהֵן אֹתָם
a-ellas el-sacerdote y-quemará las-paces de-sacrificio-de

הַמִּזְבֵּחָה עַל אִשֵּׁי יְהוָה וְכִפֶּר עָלָיו
por-él y-expiará , Yahweh fuego-de sobre en-el-altar

הַכֹּהֵן עַל־ חַטָּאתוֹ אֲשֶׁר־ חָטָא וְנִסְלַח לוֹ׃
. a-él y-será-perdonado pecó que su-pecado por el-sacerdote

וְנֶפֶשׁ כִּי־ תֶחֱטָא וְשָׁמְעָה קוֹל אָלָה וְהוּא
y-él acusación voz-de cuando-oyere pecare si Y-alguno (1) Cap. 5

עֵד אוֹ רָאָה אוֹ יָדָע אִם־ לוֹא יַגִּיד וְנָשָׂא
llevará denuncia no si , conoció o vio o testigo

עֲוֺנוֹ׃ אוֹ נֶפֶשׁ אֲשֶׁר תִּגַּע בְּכָל־ דָּבָר טָמֵא
inmunda cosa en-cualquier toque que alguno O (2) . su-culpa

אוֹ בְנִבְלַת חַיָּה טְמֵאָה אוֹ בְּנִבְלַת בְּהֵמָה טְמֵאָה אוֹ
o inmundo ganado en-cadáver-de o inmundo animal en-cadáver-de o

בְּנִבְלַת שֶׁרֶץ טָמֵא וְנֶעְלַם מִמֶּנּוּ וְהוּא טָמֵא
inmundo entonces-él , de-él y-es-inconsciente inmundo reptil en-cadáver-de

וְאָשֵׁם׃ אוֹ כִּי יִגַּע בְּטֻמְאַת אָדָם לְכֹל
en-toda hombre en-inmundicia-de toca si O (3) . y-culpable

טֻמְאָתוֹ אֲשֶׁר יִטְמָא בָּהּ וְנֶעְלַם מִמֶּנּוּ
de-ello y-es-inconsciente , por-ella sería-inmundo que su-inmundicia

וְהוּא יָדַע וְאָשֵׁם׃ אוֹ נֶפֶשׁ כִּי תִשָּׁבַע
jurare˙ si alguien O (4) . entonces-es-culpable sabe y-él

לְבַטֵּא בִשְׂפָתַיִם לְהָרַע ׀ אוֹ לְהֵיטִיב לְכֹל אֲשֶׁר יְבַטֵּא
es-ligero que para-todo para-bien o para-mal con-labios ser-ligero

הָאָדָם בִּשְׁבֻעָה וְנֶעְלַם מִמֶּנּוּ וְהוּא־ יָדַע
sabe cuando-él , de-ello y-es-inconsciente con-juramento el-hombre

וְאָשֵׁם לְאַחַת מֵאֵלֶּה׃ וְהָיָה כִי־ יֶאְשַׁם
es-culpable cuando Y-será (5) . de-éstos en-cualquiera entonces-es-culpable

לְאַחַת מֵאֵלֶּה וְהִתְוַדָּה אֲשֶׁר חָטָא עָלֶיהָ׃
. en-ello pecó que entonces-confesará , de-éstos en-uno

וְהֵבִיא אֶת־ אֲשָׁמוֹ לַיהוָה עַל חַטָּאתוֹ אֲשֶׁר חָטָא
pecó que el-pecado por a-Yahweh su-expiación ** Y-traerá (6)

נְקֵבָה מִן־ הַצֹּאן כִּשְׂבָּה אוֹ־ שְׂעִירַת עִזִּים לְחַטָּאת
por-pecado cabra cabra-de o cordero , las-ovejas de hembra

וְכִפֶּר עָלָיו הַכֹּהֵן מֵחַטָּאתוֹ׃ וְאִם־ לֹא
no Y-si (7) . de-su-pecado el-sacerdote por-él y-expiará

תַגִּיעַ יָדוֹ דֵּי שֶׂה וְהֵבִיא אֶת־ אֲשָׁמוֹ
su-expiación ** entonces-traerá cordero suficiente (para) su-mano dispone

אֲשֶׁר חָטָא שְׁתֵּי תֹרִים אוֹ־שְׁנֵי בְנֵי־יוֹנָה לַיהוָה אֶחָד
uno a-Yahweh paloma hijos-de dos o tórtolas dos pecó que

לְחַטָּאת וְאֶחָד לְעֹלָה׃ וְהֵבִיא אֹתָם אֶל־
a ellas Y-traerá (8) . por-holocausto y-uno por-pecado

הַכֹּהֵן וְהִקְרִיב אֶת־אֲשֶׁר לַחַטָּאת רִאשׁוֹנָה
, primero por-el-pecado que ** y-ofrecerá el-sacerdote

וּמָלַק אֶת־רֹאשׁוֹ מִמּוּל עָרְפּוֹ וְלֹא יַבְדִּיל׃
. separará pero-no su-cuello de-sobre su-cabeza ** y-arrancará

וְהִזָּה מִדַּם הַחַטָּאת עַל־קִיר הַמִּזְבֵּחַ
el-altar lado-de en ofrenda-de-pecado de-sangre-de Y-rociará (9)

וְהַנִּשְׁאָר בַּדָּם יִמָּצֵה אֶל־יְסוֹד הַמִּזְבֵּחַ
, el-altar base-de en exprimirá de-la-sangre y-el-resto

חַטָּאת הוּא׃ וְאֶת־הַשֵּׁנִי יַעֲשֶׂה עֹלָה
holocausto ofrecerá el-segundo Y-** (10) . él ofrenda-por-pecado

כַּמִּשְׁפָּט וְכִפֶּר עָלָיו הַכֹּהֵן מֵחַטָּאתוֹ אֲשֶׁר־
que por-su-pecado el-sacerdote por-él y-expiará según-el-mandamiento

חָטָא וְנִסְלַח לוֹ׃ וְאִם־לֹא תַשִּׂיג
tuviere-suficiente no Y-si (11) . a-él y-será-perdonado pecó

יָדוֹ לִשְׁתֵּי תֹרִים אוֹ לִשְׁנֵי בְנֵי־יוֹנָה
paloma hijos-de para-dos o tórtolas para-dos su-mano

וְהֵבִיא אֶת־קָרְבָּנוֹ אֲשֶׁר חָטָא עֲשִׂירִת הָאֵפָה
el-efa décimo-de pecó que su-ofrenda ** entonces-traerá

סֹלֶת לְחַטָּאת לֹא־יָשִׂים עָלֶיהָ שֶׁמֶן וְלֹא־יִתֵּן עָלֶיהָ
en-ella pondrá y-no aceite en-ella pondrá no , por-pecado harina

לְבֹנָה כִּי חַטָּאת הִיא׃ וֶהֱבִיאָהּ אֶל־הַכֹּהֵן
el-sacerdote a Y-la-llevará (12) . ella por-pecado pues incienso

וְקָמַץ הַכֹּהֵן ׀ מִמֶּנָּה מְלוֹא קֻמְצוֹ אֶת־ אַזְכָּרָתָהּ
porción-memorial-suya ** su-puño lleno-de de-ella el-sacerdote y-cogerá

וְהִקְטִיר הַמִּזְבֵּחָה עַל אִשֵּׁי יְהוָה חַטָּאת הִוא׃
. ella por-pecado Yahweh ofrendas-encendidas-a sobre en-el-altar y-quemará

וְכִפֶּר עָלָיו הַכֹּהֵן עַל־ חַטָּאתוֹ אֲשֶׁר־ חָטָא
pecó que su-pecado por el-sacerdote por-él Y-expiará (13)

מֵאַחַת מֵאֵלֶּה וְנִסְלַח לוֹ וְהָיְתָה לַכֹּהֵן
para-el-sacerdote y-será , a-él y-será-perdonado de-éstos por-uno

כַּמִּנְחָה׃ וַיְדַבֵּר יְהוָה אֶל־מֹשֶׁה לֵּאמֹר׃ נֶפֶשׁ
Persona (15) . diciendo Moisés a Yahweh Y-habló (14) . como-ofrenda-vegetal

כִּי־ תִמְעֹל מַעַל וְחָטְאָה בִּשְׁגָגָה מִקָּדְשֵׁי
en-cosas-santas-de sin-intención y-pecare falta cometa que

יְהוָה וְהֵבִיא אֶת־ אֲשָׁמוֹ לַיהוָה אַיִל תָּמִים
perfecto carnero a-Yahweh ofrenda-por-culpa ** entonces-traerá , Yahweh

מִן־ הַצֹּאן בְּעֶרְכְּךָ כֶּסֶף־ שְׁקָלִים בְּשֶׁקֶל־ הַקֹּדֶשׁ
el-santuario según-siclo-de siclos plata en-tu-valoración el-rebaño de

לְאָשָׁם׃ וְאֵת אֲשֶׁר חָטָא מִן־ הַקֹּדֶשׁ
cosas-santas de faltó lo-que Y-** (16) . por-ofrenda-de-la-culpa

יְשַׁלֵּם וְאֶת־ חֲמִישִׁתוֹ יוֹסֵף עָלָיו וְנָתַן אֹתוֹ
a-él y-dará sobre-él añadirá su-quinta y-** restituirá

לַכֹּהֵן וְהַכֹּהֵן יְכַפֵּר עָלָיו בְּאֵיל
con-carnero-de por-él expiará y-el-sacerdote , al-sacerdote

הָאָשָׁם וְנִסְלַח לוֹ׃ וְאִם־ נֶפֶשׁ כִּי
cuando alguien Y-si (17) . a-él y-será-perdonado ofrenda-de-la-culpa

תֶחֱטָא וְעָשְׂתָה אַחַת מִכָּל־ מִצְוֹת יְהוָה אֲשֶׁר לֹא
no que Yahweh mandamientos-de de-alguno-de uno y-haga peque

תֵעָשֶׂינָה וְלֹא־ יָדַע וְאָשֵׁם וְנָשָׂא
y-llevará entonces-será-culpable sabía y-no se-debían-hacer

עֲוֺנוֹ׃ (18) וְהֵבִיא אַיִל תָּמִים מִן־
de perfecto carnero Y-traerá (18) . su-responsabilidad

הַצֹּאן בְּעֶרְכְּךָ לְאָשָׁם אֶל־ הַכֹּהֵן וְכִפֶּר
y-expiará , el-sacerdote a por-ofrenda-de-culpa por-tu-valoración el-rebaño

עָלָיו הַכֹּהֵן עַל שִׁגְגָתוֹ אֲשֶׁר־ שָׁגָג וְהוּא לֹא־ יָדַע
supo no pero-él cometió que su-falta por el-sacerdote por-él

וְנִסְלַח לוֹ׃ (19) אָשָׁם הוּא אָשֹׁם
ofender , ello Ofrenda-por-culpa (19) . a-él y-será-perdonado

אָשַׁם לַיהוָה׃ (1) וַיְדַבֵּר יְהוָה אֶל־ מֹשֶׁה לֵּאמֹר׃
: diciendo Moisés a Yahweh Y-habló (1) . a-Yahweh ofendió Cap. 6

(2) נֶפֶשׁ כִּי תֶחֱטָא וּמָעֲלָה מַעַל בַּיהוָה
contra-Yahweh falta y-comete pecare cuando Persona (2)

וְכִחֵשׁ בַּעֲמִיתוֹ בְּפִקָּדוֹן אוֹ־ בִתְשׂוּמֶת
sobre-prenda-de o sobre-depósito contra-su-prójimo y-engañare

יָד אוֹ בְגָזֵל אוֹ עָשַׁק אֶת־ עֲמִיתוֹ׃ (3) אוֹ־ מָצָא
halla O (3) . su-prójimo a estafa o sobre-robado o mano

אֲבֵדָה וְכִחֶשׁ בָּהּ וְנִשְׁבַּע עַל־ שָׁקֶר עַל־ אַחַת
una sobre falsedad con y-jura sobre-ella y-miente cosa-perdida

מִכֹּל אֲשֶׁר־ יַעֲשֶׂה הָאָדָם לַחֲטֹא בָהֵנָּה׃ (4) וְהָיָה כִּי־
cuando Y-será (4) . en-ellas para-pecar el-hombre hace lo-que de-todo

יֶחֱטָא וְאָשֵׁם וְהֵשִׁיב אֶת־ הַגְּזֵלָה אֲשֶׁר
que lo-robado ** entonces-devolverá y-es-culpable peque

גָּזָל אוֹ אֶת־ הָעֹשֶׁק אֲשֶׁר עָשָׁק אוֹ אֶת־ הַפִּקָּדוֹן אֲשֶׁר הָפְקַד
fue-dejado que el-depósito ** o defraudó que el-objeto ** o robó

אֹתוֹ אוֹ אֶת־ הָאֲבֵדָה אֲשֶׁר מָצָא׃ אוֹ מִכֹּל אֲשֶׁר־
lo-que de-todo O (5) . halló que lo-perdido ** o a-él

יִשָּׁבַע עָלָיו לַשֶּׁקֶר וְשִׁלַּם אֹתוֹ בְּרֹאשׁוֹ
por-entero a-él y-restituirá con-la-falsedad sobre-él juró

וַחֲמִשִׁתָיו יֹסֵף עָלָיו לַאֲשֶׁר הוּא לוֹ יִתְּנֶנּוּ
le-dará a-él él a-quien , sobre-él añadirá y-su-quinto

בְּיוֹם אַשְׁמָתוֹ׃ וְאֶת־ אֲשָׁמוֹ יָבִיא
traerá su-expiación Y-** (6) . su-expiación en-día-de

לַיהוָה אַיִל תָּמִים מִן־ הַצֹּאן בְּעֶרְכְּךָ לְאָשָׁם
por-ofrenda-de-culpa por-tu-valoración el-rebaño de perfecto carnero , a-Yahweh

אֶל־ הַכֹּהֵן׃ וְכִפֶּר עָלָיו הַכֹּהֵן לִפְנֵי יְהוָה
Yahweh ante el-sacerdote por-él Y-expiará (7) . el-sacerdote a

וְנִסְלַח לוֹ עַל־ אַחַת מִכֹּל אֲשֶׁר־ יַעֲשֶׂה לְאַשְׁמָה בָהּ׃
. por-ella para-culpa hace lo-que de-todo cualquiera por , a-él y-será-perdonado

וַיְדַבֵּר יְהוָה אֶל־ מֹשֶׁה לֵּאמֹר׃ צַו אֶת־ אַהֲרֹן
Aarón a Manda (9) : diciendo Moisés a Yahweh Y-habló (8)

וְאֶת־ בָּנָיו לֵאמֹר זֹאת תּוֹרַת הָעֹלָה הִוא
ella : el-holocausto ley-de ésta : diciendo sus-hijos y-a

הָעֹלָה עַל מוֹקְדָה עַל־ הַמִּזְבֵּחַ כָּל־ הַלַּיְלָה עַד־ הַבֹּקֶר
la-mañana hasta la-noche toda el-altar sobre fuego sobre el-holocausto

וְאֵשׁ הַמִּזְבֵּחַ תּוּקַד בּוֹ׃ וְלָבַשׁ
Y-se-vestirá (10) . en-él arderá el-altar y-fuego-de

הַכֹּהֵן מִדּוֹ בַד וּמִכְנְסֵי־ בַד יִלְבַּשׁ עַל־
en se-vestirá lino y-ropa-interior-de lino su-vestido el-sacerdote

בְּשָׂרוֹ וְהֵרִים אֶת־ הַדֶּשֶׁן אֲשֶׁר תֹּאכַל הָאֵשׁ
el-fuego consumió que la-ceniza ** y-quitará su-cuerpo

אֶת־ הָעֹלָה עַל־ הַמִּזְבֵּחַ וְשָׂמוֹ אֵצֶל הַמִּזְבֵּחַ׃
. el-altar junto-a y-lo-pondrá el-altar sobre el-holocausto **

וּפָשַׁט אֶת־ בְּגָדָיו וְלָבַשׁ בְּגָדִים
vestidos y-se-vestirá sus-vestidos ** Y-se-quitará (11)

אֲחֵרִים וְהוֹצִיא אֶת־ הַדֶּשֶׁן אֶל־ מִחוּץ לַמַּחֲנֶה אֶל־ מָקוֹם
lugar a del-campamento fuera a la-ceniza ** y-sacará , otros

טָהוֹר׃ וְהָאֵשׁ עַל־ הַמִּזְבֵּחַ תּוּקַד־ בּוֹ לֹא
no en-él arderá el-altar en Y-el-fuego (12) . limpio

תִכְבֶּה וּבִעֵר עָלֶיהָ הַכֹּהֵן עֵצִים בַּבֹּקֶר
en-la-mañana maderas el-sacerdote en-ella y-quemará se-apagará

בַּבֹּקֶר וְעָרַךְ עָלֶיהָ הָעֹלָה וְהִקְטִיר
y-quemará el-holocausto sobre-ella y-colocará , en-la-mañana

עָלֶיהָ חֶלְבֵי הַשְּׁלָמִים׃ אֵשׁ תָּמִיד
continuamente Fuego (13) . ofrendas-de-paces grasas-de sobre-ella

תּוּקַד עַל־ הַמִּזְבֵּחַ לֹא תִכְבֶּה׃ וְזֹאת תּוֹרַת
ley-de Y-esto (14) . se-apagará no el-altar en arderá

הַמִּנְחָה הַקְרֵב אֹתָהּ בְּנֵי־ אַהֲרֹן לִפְנֵי יְהוָה אֶל־ פְּנֵי
delante-de a Yahweh ante Aarón hijos-de **-ella traerá : ofrenda-vegetal

הַמִּזְבֵּחַ׃ וְהֵרִים מִמֶּנּוּ בְּקֻמְצוֹ מִסֹּלֶת
de-harina-de con-su-puñado de-él Y-cogerá (15) . el-altar

הַמִּנְחָה וּמִשַּׁמְנָהּ וְאֵת כָּל־ הַלְּבֹנָה אֲשֶׁר עַל־
sobre que el-incienso todo y-** y-de-su-aceite la-ofrenda-vegetal

הַמִּנְחָה וְהִקְטִיר הַמִּזְבֵּחַ רֵיחַ נִיחֹחַ
grato aroma el-altar y-quemará , la-ofrenda-vegetal

אַזְכָּרָתָהּ לַיהוָה׃ וְהַנּוֹתֶרֶת מִמֶּנָּה
de-ella Y-el-sobrante (16) . para-Yahweh porción-memorial-suya

יֹאכְלוּ אַהֲרֹן וּבָנָיו מַצּוֹת תֵּאָכֵל בְּמָקוֹם
en-lugar se-comerá ázimos , y-sus-hijos Aarón comerán

קָדֹשׁ בַּחֲצַר אֹהֶל־ מוֹעֵד יֹאכְלוּהָ׃ (17) לֹא
No (17) . la-comerán reunión tienda-de en-atrio-de santo

תֵאָפֶה חָמֵץ חֶלְקָם נָתַתִּי אֹתָהּ מֵאִשָּׁי
de-mis-ofrendas-encendidas **-ella di porción-de-ellos , levadura se-cocerá

קֹדֶשׁ קָדָשִׁים הִוא כַּחַטָּאת וְכָאָשָׁם׃
. y-como-ofrenda-de-culpa como-ofrenda-del-pecado , ella santos santo-de

(18) כָּל־ זָכָר בִּבְנֵי אַהֲרֹן יֹאכֲלֶנָּה חָק־ עוֹלָם
perpetuo estatuto la-comerán Aarón de-hijos-de varón Todo (18)

לְדֹרֹתֵיכֶם מֵאִשֵּׁי יְהוָה כֹּל אֲשֶׁר־ יִגַּע
toca lo-que todo , Yahweh de-ofrendas-encendidas-de por-vuestras-generaciones

בָּהֶם יִקְדָּשׁ׃ (19) וַיְדַבֵּר יְהוָה אֶל־ מֹשֶׁה לֵּאמֹר׃
. diciendo Moisés a Yahweh Y-habló (19) . será-santificada en-ellos

(20) זֶה קָרְבַּן אַהֲרֹן וּבָנָיו אֲשֶׁר־ יַקְרִיבוּ
traerán que y-sus-hijos Aarón ofrenda-de Ésta (20)

לַיהוָה בְּיוֹם הִמָּשַׁח אֹתוֹ עֲשִׂירִת הָאֵפָה סֹלֶת
flor-de-harina el-efa décimo-de a-él su-ungir en-día a-Yahweh

מִנְחָה תָּמִיד מַחֲצִיתָהּ בַּבֹּקֶר וּמַחֲצִיתָהּ
y-mitad-de-ella en-la-mañana mitad-de-ella , perpetua ofrenda-vegetal

בָּעָרֶב׃ (21) עַל־ מַחֲבַת בַּשֶּׁמֶן תֵּעָשֶׂה
se-hará con-el-aceite sartén En (21) . en-la-tarde

מֻרְבֶּכֶת תְּבִיאֶנָּה תֻּפִינֵי מִנְחַת פִּתִּים תַּקְרִיב
presentarás trozos ofrenda-vegetal-de pedazos-de , la-traerás mezclada

רֵיחַ־ נִיחֹחַ לַיהוָה׃ (22) וְהַכֹּהֵן הַמָּשִׁיחַ תַּחְתָּיו
tras-él el-ungido Y-el-sacerdote (22) . a-Yahweh grato aroma

מִבָּנָיו יַעֲשֶׂה אֹתָהּ חָק־ עוֹלָם לַיהוָה כָּלִיל
totalmente a-Yahweh perpetuo estatuto , **-ella hará de-sus-hijos

תָּקְטָר׃ וְכָל־ מִנְחַת כֹּהֵן כָּלִיל
totalmente sacerdote ofrenda-vegetal-de Y-toda (23) . será-quemado

תִּהְיֶה לֹא תֵאָכֵל׃ וַיְדַבֵּר יְהוָה אֶל־ מֹשֶׁה
Moisés a Yahweh Y-habló (24) . se-comerá no será

לֵאמֹר׃ דַּבֵּר אֶל־ אַהֲרֹן וְאֶל־ בָּנָיו לֵאמֹר זֹאת תּוֹרַת
ley-de ésta : diciendo sus-hijos y-a Aarón a Habla (25) . diciendo

הַחַטָּאת בִּמְקוֹם אֲשֶׁר תִּשָּׁחֵט הָעֹלָה
el-holocausto se-degüella donde en-lugar : la-ofrenda-de-pecado

תִּשָּׁחֵט הַחַטָּאת לִפְנֵי יְהוָה קֹדֶשׁ קָדָשִׁים הִוא׃
. ella santos santo-de Yahweh ante la-ofrenda-por-pecado se-degollará

הַכֹּהֵן הַמְחַטֵּא אֹתָהּ יֹאכְלֶנָּה בְּמָקוֹם קָדֹשׁ
santo en-lugar , la-comerá ella el-que-ofrece El-sacerdote (26)

תֵּאָכֵל בַּחֲצַר אֹהֶל מוֹעֵד׃ כֹּל אֲשֶׁר־
lo-que Todo (27) . reunión tienda-de en-el-atrio-de se-comerá

יִגַּע בִּבְשָׂרָהּ יִקְדָּשׁ וַאֲשֶׁר יִזֶּה
es-salpicado y-lo-que , será-santificado en-su-carne toque

מִדָּמָהּ עַל־ הַבֶּגֶד אֲשֶׁר יִזֶּה עָלֶיהָ תְּכַבֵּס
lavarás sobre-ella es-salpicado que el-vestido sobre de-su-sangre

בְּמָקוֹם קָדֹשׁ׃ וּכְלִי־ חֶרֶשׂ אֲשֶׁר תְּבֻשַּׁל־ בּוֹ
en-él es-cocida que barro Y-vasija-de (28) . santo en-lugar

יִשָּׁבֵר וְאִם־ בִּכְלִי נְחֹשֶׁת בֻּשָּׁלָה וּמֹרַק
se-fregará se-cuece bronce en-vasija-de y-si , se-romperá

וְשֻׁטַּף בַּמָּיִם׃ כָּל־ זָכָר בַּכֹּהֲנִים
en-los-sacerdotes varón Todo (29) . con-el-agua y-será-enjuagada

יֹאכַל אֹתָהּ קֹדֶשׁ קָדָשִׁים הִוא׃ וְכָל־חַטָּאת

ofrenda-por-pecado Pero-toda (30) . ella santos santo-de , ella comerá

אֲשֶׁר יוּבָא מִדָּמָהּ אֶל־אֹהֶל מוֹעֵד לְכַפֵּר

para-expiar reunión tienda-de a de-su-sangre es-llevada que

בַּקֹּדֶשׁ לֹא תֵאָכֵל בָּאֵשׁ תִּשָּׂרֵף׃

. se-quemará en-el-fuego ; se-comerá no en-el-lugar-santo

וְזֹאת תּוֹרַת הָאָשָׁם קֹדֶשׁ קָדָשִׁים הוּא׃

. él santos santísima-de ; ofrenda-por-la-culpa ley-de Y-esto (1)

בִּמְקוֹם אֲשֶׁר יִשְׁחֲטוּ אֶת־הָעֹלָה יִשְׁחֲטוּ

degollarán el-holocausto ** degollaron que En-lugar (2)

אֶת־הָאָשָׁם וְאֶת־דָּמוֹ יִזְרֹק עַל־הַמִּזְבֵּחַ

el-altar sobre rociará su-sangre y-** la-ofrenda-por-la-culpa **

סָבִיב׃ וְאֵת כָּל־חֶלְבּוֹ יַקְרִיב מִמֶּנּוּ אֵת הָאַלְיָה

la-cola ** , de-él ofrecerá su-grasa toda Y-** (3) . alrededor

וְאֶת־הַחֵלֶב הַמְכַסֶּה אֶת־הַקֶּרֶב׃ וְאֵת שְׁתֵּי הַכְּלָיֹת וְאֶת־

y-** riñones ambos Y-** (4) . el-intestino ** la-capa-de la-grasa-de y-**

הַחֵלֶב אֲשֶׁר עֲלֵיהֶן אֲשֶׁר עַל־הַכְּסָלִים וְאֶת־הַיֹּתֶרֶת עַל־הַכָּבֵד

el-hígado sobre la-capa y-** ; los-ijares sobre que sobre-ellas que la-grasa

עַל־הַכְּלָיֹת יְסִירֶנָּה׃ וְהִקְטִיר אֹתָם הַכֹּהֵן

el-sacerdote ellos Y-quemará (5) . la-quitará los-riñones con

הַמִּזְבֵּחָה אִשֶּׁה לַיהוָה אָשָׁם הוּא׃ כָּל־זָכָר

varón Todo (6) . él ofrenda-de-culpa , a-Yahweh ofrenda-encendida , en-el-altar

בַּכֹּהֲנִים יֹאכְלֶנּוּ בְּמָקוֹם קָדוֹשׁ יֵאָכֵל קֹדֶשׁ

santísimo-de , comerá santo en-lugar , la-comerá en-los-sacerdotes

קָדָשִׁים הוּא׃ כַּחַטָּאת כָּאָשָׁם תּוֹרָה אַחַת

una ley , así-ofrenda-por-la-culpa Como-ofrenda-por-el-pecado (7) . él santos

לָהֶם הַכֹּהֵן אֲשֶׁר יְכַפֶּר־ בּוֹ לוֹ יִהְיֶה׃ וְהַכֹּהֵן
Y-el-sacerdote (8) . será para-él con-él expíe que el-sacerdote , para-ellos

הַמַּקְרִיב אֶת־ עֹלַת אִישׁ עוֹר הָעֹלָה
el-holocausto piel-de , alguien holocausto-de ** el-que-ofrece

אֲשֶׁר הִקְרִיב לַכֹּהֵן לוֹ יִהְיֶה׃ וְכָל־ מִנְחָה
ofrenda-vegetal Y-toda (9) . será para-él para-el-sacerdote ofrece que

אֲשֶׁר תֵּאָפֶה בַּתַּנּוּר וְכָל־ נַעֲשָׂה בַמַּרְחֶשֶׁת וְעַל־ מַחֲבַת
cazuela y-en en-la-sartén cocinado y-todo en-el-horno se-cuece que

לַכֹּהֵן הַמַּקְרִיב אֹתָהּ לוֹ תִהְיֶה׃ וְכָל־
Y-todo (10) . será para-él ella el-que-ofrece para-el-sacerdote

מִנְחָה בְלוּלָה־ בַשֶּׁמֶן וַחֲרֵבָה לְכָל־ בְּנֵי אַהֲרֹן
Aarón hijos-de para-todos , o-seca con-el-aceite mezclada ofrenda-vegetal

תִּהְיֶה אִישׁ כְּאָחִיו׃ וְזֹאת תּוֹרַת זֶבַח
ofrenda-de ley-de Y-esto (11) . como-su-hermano cada-uno será

הַשְּׁלָמִים אֲשֶׁר יַקְרִיב לַיהוָה׃ אִם עַל־ תּוֹדָה
acción-de-gracias por Si (12) . a-Yahweh ofrecerá que las-paces

יַקְרִיבֶנּוּ וְהִקְרִיב ׀ עַל־ זֶבַח הַתּוֹדָה חַלּוֹת
tortas acción-de-gracias sacrificio-de con entonces-ofrecerá lo-ofrece

מַצּוֹת בְּלוּלֹת בַּשֶּׁמֶן וּרְקִיקֵי
y-hojaldres-de con-el-aceite mezcladas ázimas

מַצּוֹת מְשֻׁחִים בַּשָּׁמֶן וְסֹלֶת מֻרְבֶּכֶת
amasada y-flor-de-harina con-el-aceite untados ázimos

חַלֹּת בְּלוּלֹת בַּשָּׁמֶן׃ עַל־ חַלֹּת לֶחֶם חָמֵץ
leudo pan tortas-de Con (13) . con-el-aceite mezcladas tortas

יַקְרִיב קָרְבָּנוֹ עַל־ זֶבַח תּוֹדַת
acción-de-gracias ofrenda-de con , su-ofrenda ofrecerá

שְׁלָמָיו׃ וְהִקְרִיב מִמֶּנּוּ אֶחָד מִכָּל־ קָרְבָּן
ofrenda de-toda uno de-él Y-traerá (14) . sus-paces

תְּרוּמָה לַיהוָה לַכֹּהֵן הַזֹּרֵק אֶת־ דַּם
sangre-de ** el-que-rocía para-el-sacerdote a-Yahweh contribución

הַשְּׁלָמִים לוֹ יִהְיֶה׃ וּבְשַׂר זֶבַח
ofrenda-de Y-carne-de (15) . será para-él la-ofrenda-de-paces

תּוֹדַת שְׁלָמָיו בְּיוֹם קָרְבָּנוֹ יֵאָכֵל
se-comerá su-ofrenda en-día-de sus-paces acción-de-gracias

לֹא־ יַנִּיחַ מִמֶּנּוּ עַד־ בֹּקֶר׃ וְאִם־ נֶדֶר ׀ אוֹ נְדָבָה
voluntario o voto Y-si (16) . mañana hasta de-ello dejará no

זֶבַח קָרְבָּנוֹ בְּיוֹם הַקְרִיבוֹ אֶת־ זִבְחוֹ
su-sacrificio ** su-ofrecer en-día-de su-ofrenda sacrificio-de

יֵאָכֵל וּמִמָּחֳרָת וְהַנּוֹתָר מִמֶּנּוּ
de-él y-el-sobrante y-al-día-siguiente , se-comerá

יֵאָכֵל׃ וְהַנּוֹתָר מִבְּשַׂר הַזָּבַח בַּיּוֹם
en-día , el-sacrificio de-carne-de Y-el-sobrante (17) . se-comerá

הַשְּׁלִישִׁי בָּאֵשׁ יִשָּׂרֵף׃ וְאִם הֵאָכֹל יֵאָכֵל
se-come comer Y-si (18) . se-quemará en-el-fuego el-tercero

מִבְּשַׂר־ זֶבַח שְׁלָמָיו בַּיּוֹם הַשְּׁלִישִׁי לֹא
no el-tercero en-el-día sus-paces ofrenda-de de-carne-de

יֵרָצֶה הַמַּקְרִיב אֹתוֹ לֹא יֵחָשֵׁב לוֹ
a-él será-contado no a-él el-que-ofrece será-aceptado

פִּגּוּל יִהְיֶה וְהַנֶּפֶשׁ הָאֹכֶלֶת מִמֶּנּוּ עֲוֺנָהּ
su-iniquidad de-él la-que-coma y-la-persona , será impuro

תִּשָּׂא׃ וְהַבָּשָׂר אֲשֶׁר־ יִגַּע בְּכָל־ טָמֵא לֹא
no inmundo de-todo toque que Y-la-carne (19) . llevará

יֵאָכֵל בָּאֵשׁ יִשָּׂרֵף וְהַבָּשָׂר כָּל־טָהוֹר
limpio cualquiera y-la-carne , se-quemará en-el-fuego se-comerá

יֹאכַל בָּשָׂר׃ וְהַנֶּפֶשׁ אֲשֶׁר־תֹּאכַל בָּשָׂר מִזֶּבַח
de-ofrenda-de carne coma que. Y-la-persona (20) . carne comerá

הַשְּׁלָמִים אֲשֶׁר לַיהוָה וְטֻמְאָתוֹ עָלָיו
, sobre-él y-su-inmundicia para-Yahweh que las-paces

וְנִכְרְתָה הַנֶּפֶשׁ הַהִוא מֵעַמֶּיהָ׃ וְנֶפֶשׁ
Y-alguien (21) . de-su-pueblo la-aquella la-persona y-será-cortada

כִּי־תִגַּע בְּכָל־טָמֵא בְּטֻמְאַת אָדָם אוֹ ׀ בִּבְהֵמָה טְמֵאָה
inmundo en-animal o hombre en-inmundicia-de inmundo en-cualquier toque que

אוֹ בְּכָל־שֶׁקֶץ טָמֵא וְאָכַל מִבְּשַׂר־זֶבַח
ofrenda-de de-carne-de y-come , inmunda abominación en-cualquier o

הַשְּׁלָמִים אֲשֶׁר לַיהוָה וְנִכְרְתָה הַנֶּפֶשׁ הַהִוא
la-aquella la-persona será-cortada , para-Yahweh que las-paces

מֵעַמֶּיהָ׃ וַיְדַבֵּר יְהוָה אֶל־מֹשֶׁה לֵּאמֹר׃ דַּבֵּר אֶל־
a Di (23) : diciendo Moisés a Yahweh Y-habló (22) . de-su-pueblo

בְּנֵי יִשְׂרָאֵל לֵאמֹר כָּל־חֵלֶב שׁוֹר וְכֶשֶׂב וָעֵז לֹא תֹאכֵלוּ׃
. comeréis no o-cabra u-oveja ganado grasa-de toda : diciendo Israel hijos-de

וְחֵלֶב נְבֵלָה וְחֵלֶב טְרֵפָה יֵעָשֶׂה לְכָל־
para-cualquier se-usará animal-desgarrado y-grasa-de animal-muerto Y-grasa-de (24)

מְלָאכָה וְאָכֹל לֹא תֹאכְלֻהוּ׃ כִּי כָּל־אֹכֵל חֵלֶב מִן־
de grasa come alguien Si (25) . será-comido no y-comer actividad

הַבְּהֵמָה אֲשֶׁר יַקְרִיב מִמֶּנָּה אִשֶּׁה לַיהוָה וְנִכְרְתָה
entonces-será-cortada a Yahweh ofrenda-encendida de-él presenta que el-animal

הַנֶּפֶשׁ הָאֹכֶלֶת מֵעַמֶּיהָ׃ וְכָל־דָּם לֹא
no sangre Y-nada-de (26) . de-su-pueblo la-que-come la-persona

תֹּאכְלוּ בְּכֹל מוֹשְׁבֹתֵיכֶם לָעוֹף וְלַבְּהֵמָה׃
. y-de-bestia de-ave vuestras-moradas en-todas comeréis

כָּל־ נֶפֶשׁ אֲשֶׁר־ תֹּאכַל כָּל־ דָּם וְנִכְרְתָה
entonces-será-cortada , sangre algo-de coma que persona Toda (27)

הַנֶּפֶשׁ הַהִוא מֵעַמֶּיהָ׃ וַיְדַבֵּר יְהוָה אֶל־ מֹשֶׁה
Moisés a Yahweh Y-habló (28) . de-su-pueblo la-aquella la-persona

לֵּאמֹר׃ דַּבֵּר אֶל־ בְּנֵי יִשְׂרָאֵל לֵאמֹר הַמַּקְרִיב אֶת־ זֶבַח
ofrenda-de ** el-que-traiga : diciendo Israel hijos-de a Di (29) . diciendo

שְׁלָמָיו לַיהוָה יָבִיא אֶת־ קָרְבָּנוֹ לַיהוָה
a-Yahweh. su-ofrenda ** traerá a-Yahweh sus-paces

מִזֶּבַח שְׁלָמָיו׃ יָדָיו תְּבִיאֶינָה אֵת
** traerán Sus-manos (30) . su-paz de-ofrenda-de

אִשֵּׁי יְהוָה אֶת־ הַחֵלֶב עַל־ הֶחָזֶה יְבִיאֶנּוּ אֵת
** lo-traerá el-pecho con la-grasa ** Yahweh ofrendas-encendidas-de

הֶחָזֶה לְהָנִיף אֹתוֹ תְּנוּפָה לִפְנֵי יְהוָה׃ וְהִקְטִיר
Y-quemará (31) . Yahweh ante ofrenda-mecida a-él para-mecer el-pecho

הַכֹּהֵן אֶת־ הַחֵלֶב הַמִּזְבֵּחָה וְהָיָה הֶחָזֶה לְאַהֲרֹן
para-Aarón el-pecho y-será , en-el-altar la-grasa ** el-sacerdote

וּלְבָנָיו׃ וְאֵת שׁוֹק הַיָּמִין תִּתְּנוּ תְרוּמָה
donativo daréis la-derecha muslo-de Y-** (32) . y-para-sus-hijos

לַכֹּהֵן מִזִּבְחֵי שַׁלְמֵיכֶם׃ הַמַּקְרִיב אֶת־
** El-que-ofrece (33) . vuestras-paces de-ofrendas-de , al-sacerdote

דַּם הַשְּׁלָמִים וְאֶת־ הַחֵלֶב מִבְּנֵי אַהֲרֹן לוֹ
para-él , Aarón de-hijos-de la-grasa y-** . las-ofrendas-de-paces sangre-de

תִּהְיֶה שׁוֹק הַיָּמִין לְמָנָה׃ כִּי אֶת־ חֲזֵה הַתְּנוּפָה וְאֵת ׀
y-** el-que-se-mece pecho-de ** Pues (34) . por-porción la-derecha muslo-de será

שׁוֹק הַתְּרוּמָה לָקַחְתִּי מֵאֵת בְּנֵי־יִשְׂרָאֵל מִזִּבְחֵי
de-ofrendas-de Israel hijos-de de-** tomé el-donativo muslo-de

שַׁלְמֵיהֶם וָאֶתֵּן אֹתָם לְאַהֲרֹן הַכֹּהֵן וּלְבָנָיו
y-a-sus-hijos el-sacerdote a-Aarón a-ellos y-di paces-de-ellos

לְחָק־עוֹלָם מֵאֵת בְּנֵי יִשְׂרָאֵל׃ זֹאת מִשְׁחַת אַהֲרֹן
Aarón porción-de Ésta (35) . Israel hijos-de de-** perpetuo por-estatuto

וּמִשְׁחַת בָּנָיו מֵאִשֵּׁי יְהוָה בְּיוֹם הִקְרִיב
presentó en-día , Yahweh de-ofrenda-encendida-de sus-hijos y-porción-de

אֹתָם לְכַהֵן לַיהוָה׃ אֲשֶׁר צִוָּה יְהוָה לָתֵת לָהֶם
a-ellos para-dar Yahweh mandó Que (36) . para-Yahweh para-ser sacerdotes a-ellos

בְּיוֹם מָשְׁחוֹ אֹתָם מֵאֵת בְּנֵי יִשְׂרָאֵל חֻקַּת עוֹלָם
perpetuo estatuto , Israel hijos-de de-** a-ellos su-ungir en-día-de

לְדֹרֹתָם׃ זֹאת הַתּוֹרָה לָעֹלָה
para-el-holocausto la-ley Ésta (37) . por-sus-generaciones

לַמִּנְחָה וְלַחַטָּאת וְלָאָשָׁם
y-para-la-ofrenda-de-la-culpa , y-para-la-ofrenda-del-pecado para-la-ofrenda-vegetal

וְלַמִּלּוּאִים וּלְזֶבַח הַשְּׁלָמִים׃ אֲשֶׁר
Que (38) . las-paces y-para-ofrenda-de y-para-ofrendas-de-ordenación

צִוָּה יְהוָה אֶת־מֹשֶׁה בְּהַר סִינָי בְּיוֹם צַוֹּתוֹ אֶת־
** su-ordenar en-día , Sinaí en-monte Moisés a Yahweh mandó

בְּנֵי יִשְׂרָאֵל לְהַקְרִיב אֶת־קָרְבְּנֵיהֶם לַיהוָה בְּמִדְבַּר סִינָי׃
. Sinaí en-desierto-de a-Yahweh sus-ofrendas ** para-traer Israel hijos-de

וַיְדַבֵּר יְהוָה אֶל־מֹשֶׁה לֵּאמֹר׃ קַח אֶת־אַהֲרֹן וְאֶת־
y-a Aarón a Toma (2) . diciendo Moisés a Yahweh Y-habló (1) Cap. 8

בָּנָיו אִתּוֹ וְאֵת הַבְּגָדִים וְאֵת שֶׁמֶן הַמִּשְׁחָה וְאֵת ׀ פַּר
toro-de y-** , la-unción aceite-de y-** las-vestiduras y-** con-él sus-hijos

הַֽחַטָּ֔את וְאֵת֙ שְׁנֵ֣י הָֽאֵילִ֔ים וְאֵ֖ת סַ֥ל הַמַּצּֽוֹת׃
. los-ázimos canasta-de y-** los-carneros dos-de y-** la-ofrenda-del-pecado

וְאֵ֥ת כָּל־ הָעֵדָ֖ה הַקְהֵ֑ל אֶל־ פֶּ֖תַח אֹ֥הֶל מוֹעֵֽד׃
. reunión tienda-de puerta-de en reúne la-comunidad toda Y-** (3)

וַיַּ֣עַשׂ מֹשֶׁ֔ה כַּאֲשֶׁ֛ר צִוָּ֥ה יְהוָ֖ה אֹת֑וֹ וַתִּקָּהֵל֙
y-se-reunió , a-él Yahweh mandó como Moisés E-hizo (4)

הָֽעֵדָ֔ה אֶל־ פֶּ֖תַח אֹ֥הֶל מוֹעֵֽד׃ וַיֹּ֥אמֶר מֹשֶׁ֖ה אֶל־
a Moisés Y-dijo (5) . reunión tienda-de puerta-de en la-comunidad

הָעֵדָ֑ה זֶ֣ה הַדָּבָ֔ר אֲשֶׁר־ צִוָּ֥ה יְהוָ֖ה לַעֲשֽׂוֹת׃ וַיַּקְרֵ֣ב
Y-trajo (6) . para-hacer Yahweh mandó que la-palabra ésta : la-comunidad

מֹשֶׁ֔ה אֶֽת־ אַהֲרֹ֖ן וְאֶת־ בָּנָ֑יו וַיִּרְחַ֥ץ אֹתָ֖ם בַּמָּֽיִם׃
. con-el-agua a-ellos y-lavó , sus-hijos y-a Aarón a Moisés

וַיִּתֵּ֨ן עָלָ֜יו אֶת־ הַכֻּתֹּ֗נֶת וַיַּחְגֹּ֤ר אֹתוֹ֙ בָּֽאַבְנֵ֔ט
con-el-cinto a-él y-ciñó la-túnica ** sobre-él Y-puso (7)

וַיַּלְבֵּ֤שׁ אֹתוֹ֙ אֶת־הַמְּעִ֔יל וַיִּתֵּ֥ן עָלָ֖יו אֶת־ הָאֵפֹ֑ד וַיַּחְגֹּ֣ר
y-ciñó el-efod ** sobre-él y-puso el-manto ** a-él y-vistió

אֹת֗וֹ בְּחֵ֙שֶׁב֙ הָֽאֵפֹ֔ד וַיֶּאְפֹּ֥ד ל֖וֹ בּֽוֹ׃ וַיָּ֤שֶׂם
Y-puso (8) . con-él a-él y-ajustó el-efod con-cinto-de a-él

עָלָ֖יו אֶת־ הַחֹ֑שֶׁן וַיִּתֵּן֙ אֶל־ הַחֹ֔שֶׁן אֶת־ הָאוּרִ֖ים וְאֶת־
y-** el-Urim ** el-pectoral en y-puso el-pectoral ** sobre-él

הַתֻּמִּֽים׃ וַיָּ֥שֶׂם אֶת־הַמִּצְנֶ֖פֶת עַל־ רֹאשׁ֑וֹ וַיָּ֨שֶׂם עַֽל־
en y-puso su-cabeza sobre la-mitra ** Y-colocó (9) . el-Tumim

הַמִּצְנֶ֜פֶת אֶל־ מ֣וּל פָּנָ֗יו אֵ֣ת צִ֤יץ הַזָּהָב֙ נֵ֣זֶר הַקֹּ֔דֶשׁ
la-santa diadema el-oro placa-de ** su-rostro frente-de en la-mitra

כַּאֲשֶׁ֛ר צִוָּ֥ה יְהוָ֖ה אֶת־ מֹשֶֽׁה׃ וַיִּקַּ֤ח מֹשֶׁה֙ אֶת־ שֶׁ֣מֶן
aceite-de ** Moisés Y-tomó (10) . Moisés a Yahweh mandó como

הַמִּשְׁחָה וַיִּמְשַׁח אֶת־ הַמִּשְׁכָּן וְאֶת־ כָּל־ אֲשֶׁר־ בּוֹ
en-él lo-que todo y-** el-tabernáculo ** y-ungió la-unción

וַיְקַדֵּשׁ אֹתָם׃ וַיַּז מִמֶּנּוּ עַל־ הַמִּזְבֵּחַ שֶׁבַע פְּעָמִים
veces siete el-altar en de-él Y-roció (11) . a-ellos y-consagró

וַיִּמְשַׁח אֶת־ הַמִּזְבֵּחַ וְאֶת־ כָּל־ כֵּלָיו וְאֶת־ הַכִּיֹּר וְאֶת־
y-** la-fuente y-** sus-utensilios todos y-** el-altar ** y-ungió

כַּנּוֹ לְקַדְּשָׁם׃ וַיִּצֹק מִשֶּׁמֶן הַמִּשְׁחָה
la-unción de-aceite-de Y-derramó (12) . para-consagrar-los su-soporte

עַל רֹאשׁ אַהֲרֹן וַיִּמְשַׁח אֹתוֹ לְקַדְּשׁוֹ׃ וַיַּקְרֵב
Y-trajo (13) . para-consagrar-lo a-él y-ungió Aarón cabeza-de sobre

מֹשֶׁה אֶת־ בְּנֵי אַהֲרֹן וַיַּלְבִּשֵׁם כֻּתֳּנֹת וַיַּחְגֹּר אֹתָם
a-ellos y-ciñó túnicas y-les-vistió Aarón hijos-de a Moisés

אַבְנֵט וַיַּחֲבֹשׁ לָהֶם מִגְבָּעוֹת כַּאֲשֶׁר צִוָּה יְהוָה אֶת־ מֹשֶׁה׃
. Moisés a Yahweh mandó como , tiaras a-ellos y-puso cinto

וַיַּגֵּשׁ אֵת פַּר הַחַטָּאת וַיִּסְמֹךְ אַהֲרֹן
Aarón y-puso , la-expiación becerro-de ** Y-presentó (14)

וּבָנָיו אֶת־ יְדֵיהֶם עַל־ רֹאשׁ פַּר הַחַטָּאת׃
. la-expiación becerro-de cabeza-de sobre sus-manos ** y-sus-hijos

וַיִּשְׁחָט וַיִּקַּח מֹשֶׁה אֶת־ הַדָּם וַיִּתֵּן עַל־ קַרְנוֹת
cuernos-de en y-puso la-sangre ** Moisés y-tomó Y-degolló (15)

הַמִּזְבֵּחַ סָבִיב בְּאֶצְבָּעוֹ וַיְחַטֵּא אֶת־ הַמִּזְבֵּחַ וְאֶת־
y-** , el-altar ** y-purificó con-su-dedo alrededor el-altar

הַדָּם יָצַק אֶל־ יְסוֹד הַמִּזְבֵּחַ וַיְקַדְּשֵׁהוּ לְכַפֵּר
para-expiar y-lo-consagró el-altar base-de en derramó la-sangre

עָלָיו׃ וַיִּקַּח אֶת־ כָּל־ הַחֵלֶב אֲשֶׁר עַל־ הַקֶּרֶב וְאֵת
y-** el-intestino sobre que la-grasa toda ** Y-tomó (16) . sobre-él

יֹתֶרֶת הַכָּבֵד וְאֶת־ שְׁתֵּי הַכְּלָיֹת וְאֶת־ חֶלְבְּהֶן וַיַּקְטֵר

y-quemó , su-grasa y-** los-riñones dos y-** el-hígado capa-de

מֹשֶׁה הַמִּזְבֵּחָה׃ וְאֶת־ הַפָּר וְאֶת־ עֹרוֹ וְאֶת־ בְּשָׂרוֹ וְאֶת־

y-** su-carne y-** su-piel y-** el-becerro Y-** (17) . en-el-altar Moisés

פִּרְשׁוֹ שָׂרַף בָּאֵשׁ מִחוּץ לַמַּחֲנֶה כַּאֲשֶׁר צִוָּה

mandó como del-campamento fuera en-el-fuego quemó su-estiércol

יְהוָה אֶת־ מֹשֶׁה׃ וַיַּקְרֵב אֵת אֵיל הָעֹלָה

el-holocausto carnero-de ** E-hizo-traer (18) . Moisés a Yahweh

וַיִּסְמְכוּ אַהֲרֹן וּבָנָיו אֶת־ יְדֵיהֶם עַל־ רֹאשׁ הָאָיִל׃

. el-carnero cabeza-de sobre sus-manos ** y-sus-hijos Aarón y-pusieron

וַיִּשְׁחָט וַיִּזְרֹק מֹשֶׁה אֶת־ הַדָּם עַל־ הַמִּזְבֵּחַ

el-altar en la-sangre ** Moisés y-roció Y-degolló (19)

סָבִיב׃ וְאֶת־ הָאַיִל נִתַּח לִנְתָחָיו וַיַּקְטֵר מֹשֶׁה אֶת־

** Moisés y-quemó en-sus-piezas cortó el-carnero Y-** (20) . alrededor

הָרֹאשׁ וְאֶת־ הַנְּתָחִים וְאֶת־ הַפָּדֶר׃ וְאֶת־ הַקֶּרֶב וְאֶת־ הַכְּרָעַיִם

las-patas y-** el-intestino Y-** (21) . la-grasa y-** los-trozos y-** la-cabeza

רָחַץ בַּמָּיִם וַיַּקְטֵר מֹשֶׁה אֶת־ כָּל־ הָאַיִל

el-carnero todo ** Moisés y-quemó en-el-agua lavó

הַמִּזְבֵּחָה עֹלָה הוּא לְרֵיחַ־ נִיחֹחַ אִשֶּׁה הוּא

él ofrenda-encendida grato para-aroma él holocausto en-el-altar

לַיהוָה כַּאֲשֶׁר צִוָּה יְהוָה אֶת־ מֹשֶׁה׃ וַיַּקְרֵב אֶת־

** E-hizo-traer (22) . Moisés a Yahweh mandó como a-Yahweh

הָאַיִל הַשֵּׁנִי אֵיל הַמִּלֻּאִים וַיִּסְמְכוּ אַהֲרֹן וּבָנָיו

y-sus-hijos Aarón y-pusieron las-consagraciones carnero-de el-segundo el-carnero

אֶת־ יְדֵיהֶם עַל־ רֹאשׁ הָאָיִל׃ וַיִּשְׁחָט ׀ וַיִּקַּח

y-tomó Y-degolló (23) . el carnero cabeza-de sobre sus-manos **

מֹשֶׁה מִדָּמוֹ וַיִּתֵּן עַל־תְּנוּךְ אֹזֶן־אַהֲרֹן הַיְמָנִית וְעַל־

y-en , la-derecha Aarón oreja-de lóbulo-de en y-puso de-su-sangre Moisés

בֹּהֶן יָדוֹ הַיְמָנִית וְעַל־בֹּהֶן רַגְלוֹ הַיְמָנִית׃

el-derecho su-pie pulgar-de y-en la-derecha su-mano pulgar-de

וַיַּקְרֵב אֶת־בְּנֵי אַהֲרֹן וַיִּתֵּן מֹשֶׁה מִן־הַדָּם עַל־

en la-sangre de Moisés y-puso Aarón hijos-de ** E-hizo-acercarse (24)

תְּנוּךְ אָזְנָם הַיְמָנִית וְעַל־בֹּהֶן יָדָם הַיְמָנִית וְעַל־

y-en la-derecha su-mano pulgar-de y-en la-derecha su-oreja lóbulo-de

בֹּהֶן רַגְלָם הַיְמָנִית וַיִּזְרֹק מֹשֶׁה אֶת־הַדָּם

la-sangre ** Moisés y-roció , el-derecho su-pie pulgar-de

עַל־הַמִּזְבֵּחַ סָבִיב׃ וַיִּקַּח אֶת־הַחֵלֶב וְאֶת־הָאַלְיָה וְאֶת־

y-** la-cola y-** la-grasa ** Y-tomó (25) . alrededor el-altar en

כָּל־הַחֵלֶב אֲשֶׁר עַל־הַקֶּרֶב וְאֵת יֹתֶרֶת הַכָּבֵד וְאֶת־שְׁתֵּי

ambos y-** el-hígado capa-de y-** el-intestino en que la-grasa toda

הַכְּלָיֹת וְאֶת־חֶלְבְּהֶן וְאֵת שׁוֹק הַיָּמִין׃ וּמִסַּל

Y-el-cesto-de (26) . el-derecho muslo-de y-** , su-grasa y-** los-riñones

הַמַּצּוֹת אֲשֶׁר ׀ לִפְנֵי יְהוָה לָקַח חַלַּת מַצָּה אַחַת

una ázimo torta-de tomó Yahweh ante que los-ázimos

וְחַלַּת לֶחֶם שֶׁמֶן אַחַת וְרָקִיק אֶחָד וַיָּשֶׂם עַל־הַחֲלָבִים

los-trozos-de-grasa en y-puso uno y-hojaldre uno aceite pan y-torta-de

וְעַל שׁוֹק הַיָּמִין׃ וַיִּתֵּן אֶת־הַכֹּל עַל כַּפֵּי אַהֲרֹן

Aarón manos-de en el-todo ** Y-puso (27) . el-derecho muslo-de y-en

וְעַל כַּפֵּי בָנָיו וַיָּנֶף אֹתָם תְּנוּפָה לִפְנֵי יְהוָה׃

. Yahweh ante ofrenda-mecida a-ellas y-meció , sus-hijos manos-de y-en

וַיִּקַּח מֹשֶׁה אֹתָם מֵעַל כַּפֵּיהֶם וַיַּקְטֵר הַמִּזְבֵּחָה

en-el-altar y-quemó sus-manos de-en a-ellos Moisés Y-tomó (28)

עַל־ הָעֹלָה מִלֻּאִים הֵם לְרֵיחַ נִיחֹחַ
grato para-aroma ellos ofrendas-de-consagraciones el-holocausto sobre

אִשֶּׁה הוּא לַיהוָה׃ וַיִּקַּח מֹשֶׁה אֶת־ הֶחָזֶה
el-pecho ** Moisés Y-tomó (29) . a-Yahweh él ofrenda-encendida

וַיְנִיפֵהוּ תְנוּפָה לִפְנֵי יְהוָה מֵאֵיל הַמִּלֻּאִים
las-consagraciones de-carnero-de , Yahweh ante ofrenda-mecida y-lo-meció

לְמֹשֶׁה הָיָה לְמָנָה כַּאֲשֶׁר צִוָּה יְהוָה אֶת־ מֹשֶׁה׃
. Moisés a Yahweh mandó como por-porción era para-Moisés

וַיִּקַּח מֹשֶׁה מִשֶּׁמֶן הַמִּשְׁחָה וּמִן־ הַדָּם אֲשֶׁר עַל־
en que la-sangre y-de la-unción de-aceite-de Moisés Y-tomó (30)

הַמִּזְבֵּחַ וַיַּז עַל־ אַהֲרֹן עַל־ בְּגָדָיו וְעַל־ בָּנָיו
sus-hijos y-sobre sus-vestidos sobre Aarón sobre y-roció el-altar

וְעַל־ בִּגְדֵי בָנָיו אִתּוֹ וַיְקַדֵּשׁ אֶת־ אַהֲרֹן אֶת־
a Aarón a y-consagró , con-él sus-hijos . vestidos-de y-sobre

בְּגָדָיו וְאֶת־ בָּנָיו וְאֶת־ בִּגְדֵי בָנָיו אִתּוֹ׃
. con-él sus-hijos vestidos-de y-a sus-hijos vestidos-de y-sobre

וַיֹּאמֶר מֹשֶׁה אֶל־ אַהֲרֹן וְאֶל־ בָּנָיו בַּשְּׁלוּ אֶת־ הַבָּשָׂר
la-carne ** coced : sus-hijos y-a Aarón a Moisés Y-dijo (31)

פֶּתַח אֹהֶל מוֹעֵד וְשָׁם תֹּאכְלוּ אֹתוֹ וְאֶת־ הַלֶּחֶם אֲשֶׁר
que el-pan y-** ello comed y-allí reunión tienda-de puerta-de

בְּסַל הַמִּלֻּאִים כַּאֲשֶׁר צִוֵּיתִי לֵאמֹר אַהֲרֹן
Aarón decir mandé como , ofrenda-de-ordenación en-canasta-de

וּבָנָיו יֹאכְלֻהוּ׃ וְהַנּוֹתָר בַּבָּשָׂר
de-la-carne Y-el-sobrante (32) . lo-comerán y-sus-hijos

וּבַלָּחֶם בָּאֵשׁ תִּשְׂרֹפוּ׃ וּמִפֶּתַח אֹהֶל
tienda-de Y-desde-puerta-de (33) . quemarás en-el-fuego y-de-el-pan

מוֹעֵד לֹא תֵצְאוּ שִׁבְעַת יָמִים עַד יוֹם מְלֹאת יְמֵי
días-de completar día hasta días siete saldrás no reunión

מִלֻּאֵיכֶם כִּי שִׁבְעַת יָמִים יְמַלֵּא אֶת־ יֶדְכֶם׃
. vuestra-mano ** llenará días siete pues vuestras-ordenaciones

כַּאֲשֶׁר עָשָׂה בַּיּוֹם הַזֶּה צִוָּה יְהוָה לַעֲשֹׂת לְכַפֵּר
expiar hacer Yahweh mandó , el-éste en-el-día hizo Como (34)

עֲלֵיכֶם׃ וּפֶתַח אֹהֶל מוֹעֵד תֵּשְׁבוּ יוֹמָם וָלַיְלָה
y-de-noche de-día estaréis reunión tienda-de Y-puerta-de (35) . por-vosotros

שִׁבְעַת יָמִים וּשְׁמַרְתֶּם אֶת־ מִשְׁמֶרֶת יְהוָה וְלֹא תָמוּתוּ כִּי־ כֵן
así pues moriréis y-no Yahweh ordenanza-de ** y-guardaréis días siete

צֻוֵּיתִי׃ וַיַּעַשׂ אַהֲרֹן וּבָנָיו אֵת כָּל־ הַדְּבָרִים
las-cosas todas ** y-sus-hijos Aarón E-hizo (36) . mandé

אֲשֶׁר־ צִוָּה יְהוָה בְּיַד־ מֹשֶׁה׃ וַיְהִי בַּיּוֹם
en-el-día Y-fue (1) . Moisés por-mano-de Yahweh mandó que Cap. 9

הַשְּׁמִינִי קָרָא מֹשֶׁה לְאַהֲרֹן וּלְבָנָיו וּלְזִקְנֵי
y-ancianos-de y-a-sus-hijos a-Aarón Moisés llamó el-octavo

יִשְׂרָאֵל׃ וַיֹּאמֶר אֶל־ אַהֲרֹן קַח־ לְךָ עֵגֶל בֶּן־ בָּקָר
vacuno hijo-de becerro para-ti toma : Aarón a Y-dijo (2) . Israel

לְחַטָּאת וְאַיִל לְעֹלָה תְּמִימִם וְהַקְרֵב
y-tráelos , perfectos para-holocausto y-carnero para-ofrenda-del-pecado

לִפְנֵי יְהוָה׃ וְאֶל־ בְּנֵי יִשְׂרָאֵל תְּדַבֵּר לֵאמֹר קְחוּ שְׂעִיר־
cabra-de tomad : diciendo habla Israel hijos-de Y-a (3) . Yahweh ante

עִזִּים לְחַטָּאת וְעֵגֶל וָכֶבֶשׂ בְּנֵי־ שָׁנָה תְּמִימִם
perfectos año hijos-de y-cordero y-becerro para-ofrenda-del-pecado cabras

לְעֹלָה׃ וְשׁוֹר וָאַיִל לִשְׁלָמִים לִזְבֹּחַ
para-sacrificar para-ofrenda-de-paces y-carnero Y-vaca (4) . para-holocausto

לִפְנֵי יְהוָה וּמִנְחָה בְּלוּלָה בַשָּׁמֶן כִּי הַיּוֹם יְהוָה
Yahweh hoy pues con-el-aceite mezclada y-ofrenda-vegetal Yahweh ante

נִרְאָה אֲלֵיכֶם׃ וַיִּקְחוּ אֵת אֲשֶׁר צִוָּה מֹשֶׁה אֶל־
a Moisés mandó lo-que ** Y-tomaron (5) . a-vosotros aparecerá

פְּנֵי אֹהֶל מוֹעֵד וַיִּקְרְבוּ כָּל־ הָעֵדָה וַיַּעַמְדוּ
y-se-pusieron la-comunidad toda y-se-acercaron , reunión tienda-de frente-de

לִפְנֵי יְהוָה׃ וַיֹּאמֶר מֹשֶׁה זֶה הַדָּבָר אֲשֶׁר־ צִוָּה
mandó que la-palabra ésta : Moisés Y-dijo (6) . Yahweh ante

יְהוָה תַּעֲשׂוּ וְיֵרָא אֲלֵיכֶם כְּבוֹד יְהוָה׃ וַיֹּאמֶר
Y-dijo (7) . Yahweh gloria-de a-vosotros y-aparecerá , haréis Yahweh

מֹשֶׁה אֶל־אַהֲרֹן קְרַב אֶל־ הַמִּזְבֵּחַ וַעֲשֵׂה אֶת־ חַטָּאתְךָ
tu-ofrenda-del-pecado ** y-sacrifica el-altar a ven : Aarón a Moisés

וְאֶת־ עֹלָתֶךָ וְכַפֵּר בַּעַדְךָ וּבְעַד הָעָם וַעֲשֵׂה
y-sacrifica el-pueblo y-por por-ti y-expía tu-holocausto y-**

אֶת־ קָרְבַּן הָעָם וְכַפֵּר בַּעֲדָם כַּאֲשֶׁר צִוָּה יְהוָה׃
. Yahweh mandó como por-ellos y-expía el-pueblo ofrenda-de **

וַיִּקְרַב אַהֲרֹן אֶל־ הַמִּזְבֵּחַ וַיִּשְׁחַט אֶת־ עֵגֶל
becerro-de ** y-degolló , el-altar a Aarón Y-se-acercó (8)

הַחַטָּאת אֲשֶׁר־ לוֹ׃ וַיַּקְרִבוּ בְּנֵי אַהֲרֹן אֶת־
** Aarón hijos-de Y-trajeron (9) por-él que la-ofrenda-del-pecado

הַדָּם אֵלָיו וַיִּטְבֹּל אֶצְבָּעוֹ בַּדָּם וַיִּתֵּן עַל־
en y-puso en-la-sangre su-dedo y-mojó a-él la-sangre

קַרְנוֹת הַמִּזְבֵּחַ וְאֶת־ הַדָּם יָצַק אֶל־ יְסוֹד הַמִּזְבֵּחַ׃ וְאֶת־
Y-** (10) . el-altar base-de en derramó la-sangre y-** el-altar cuernos-de

הַחֵלֶב וְאֶת־ הַכְּלָיֹת וְאֶת־ הַיֹּתֶרֶת מִן־ הַכָּבֵד מִן־ הַחַטָּאת
la-ofrenda-del-pecado de el-hígado de la-capa y-** los-riñones y-** la-grasa

הִקְטִיר הַמִּזְבֵּחָה כַּאֲשֶׁר צִוָּה יְהוָה אֶת־מֹשֶׁה׃ וְאֶת־
Y-** (11) . Moisés a Yahweh mandó como en-el-altar quemó

הַבָּשָׂר וְאֶת־הָעוֹר שָׂרַף בָּאֵשׁ מִחוּץ לַמַּחֲנֶה׃
. de-el-campamento fuera en-el-fuego quemó la-piel y-** la-carne

וַיִּשְׁחַט אֶת־הָעֹלָה וַיַּמְצִאוּ בְּנֵי אַהֲרֹן
Aarón hijos-de y-presentaron , el-holocausto ** Y-degolló (12)

אֵלָיו אֶת־הַדָּם וַיִּזְרְקֵהוּ עַל־הַמִּזְבֵּחַ סָבִיב׃
. alrededor el-altar en y-la-roció la-sangre ** a-él

וְאֶת־הָעֹלָה הִמְצִיאוּ אֵלָיו לִנְתָחֶיהָ וְאֶת־הָרֹאשׁ
la-cabeza y-** por-sus-trozos , a-él presentaron el-holocausto Y-** (13)

וַיַּקְטֵר עַל־הַמִּזְבֵּחַ׃ וַיִּרְחַץ אֶת־הַקֶּרֶב וְאֶת־
y-** el-intestino ** Y-lavó (14) . el-altar en quemó

הַכְּרָעָיִם וַיַּקְטֵר עַל־הָעֹלָה הַמִּזְבֵּחָה׃
. en-el-altar el-holocausto en quemó las-patas

וַיַּקְרֵב אֵת קָרְבַּן הָעָם וַיִּקַּח אֶת־שְׂעִיר
macho-cabrío de y-tomó el-pueblo ofrenda-de ** Y-trajo (15)

הַחַטָּאת אֲשֶׁר לָעָם וַיִּשְׁחָטֵהוּ וַיְחַטְּאֵהוּ
y-lo-ofreció-por-el pecado y-lo-degolló por-el-pueblo que la-ofrenda-del-pecado

כָּרִאשׁוֹן׃ וַיַּקְרֵב אֶת־הָעֹלָה וַיַּעֲשֶׂהָ
y-la-ofreció el-holocausto ** Y-trajo (16) . como-el-primero

כַּמִּשְׁפָּט׃ וַיַּקְרֵב אֶת־הַמִּנְחָה וַיְמַלֵּא
y-llenó la-ofrenda-vegetal ** Y-trajo (17) . como-la-ordenanza

כַפּוֹ מִמֶּנָּה וַיַּקְטֵר עַל־הַמִּזְבֵּחַ מִלְּבַד עֹלַת
holocausto-de además-de el-altar en y-quemó de-ella su-mano

הַבֹּקֶר׃ וַיִּשְׁחַט אֶת־הַשּׁוֹר וְאֶת־הָאַיִל זֶבַח
ofrenda-de el-carnero y-** el-buey ** Y-degolló (18) . la-mañana

הַשְּׁלָמִים אֲשֶׁר לָעָם וַיַּמְצִאוּ בְּנֵי אַהֲרֹן אֶת־
** Aarón hijos-de y-presentaron por-el-pueblo que las-paces

הַדָּם אֵלָיו וַיִּזְרְקֵהוּ עַל־הַמִּזְבֵּחַ סָבִיב׃ וְאֶת־
Y-** (19) . alrededor el-altar sobre y-lo-roció , a-él la-sangre

הַחֲלָבִים מִן־הַשּׁוֹר וּמִן־הָאַיִל הָאַלְיָה וְהַמְכַסֶּה
y-la-capa-de-grasa la-cola el-carnero y-de , el-buey de los-trozos-de-grasa

וְהַכְּלָיֹת וְיֹתֶרֶת הַכָּבֵד׃ וַיָּשִׂימוּ אֶת־הַחֲלָבִים
los-trozos-de-grasa ** Y-pusieron (20) . el-hígado y-capa-de y-los-riñones

עַל־הֶחָזוֹת וַיַּקְטֵר הַחֲלָבִים הַמִּזְבֵּחָה׃ וְאֵת
Y-** (21) . en-el-altar los-trozos-de-grasa y-quemó los-pechos sobre

הֶחָזוֹת וְאֵת שׁוֹק הַיָּמִין הֵנִיף אַהֲרֹן תְּנוּפָה לִפְנֵי
ante ofrenda-mecida Aarón meció la-derecha muslo-de y-** los-pechos

יְהוָה כַּאֲשֶׁר צִוָּה מֹשֶׁה׃ וַיִּשָּׂא אַהֲרֹן אֶת־יָדָו
su-mano ** Aarón Y-alzó (22) . Moisés mandó como Yahweh

אֶל־הָעָם וַיְבָרְכֵם וַיֵּרֶד מֵעֲשֹׂת
de-sacrificar y-descendió y-les-bendijo el-pueblo hacia

הַחַטָּאת וְהָעֹלָה וְהַשְּׁלָמִים׃
. y-la-ofrenda-de-paces y-el-holocausto la-ofrenda-por-el-pecado

וַיָּבֹא מֹשֶׁה וְאַהֲרֹן אֶל־אֹהֶל מוֹעֵד וַיֵּצְאוּ
y-salieron reunión tienda-de a y-Aarón Moisés Y-fue (23)

וַיְבָרְכוּ אֶת־הָעָם וַיֵּרָא כְבוֹד־יְהוָה אֶל־כָּל־
todo a Yahweh gloria-de y-apareció el-pueblo ** y-bendijeron

הָעָם׃ וַתֵּצֵא אֵשׁ מִלִּפְנֵי יְהוָה וַתֹּאכַל
y-consumió Yahweh de-la-presencia-de fuego Y-salió (24) . el-pueblo

עַל־הַמִּזְבֵּחַ אֶת־הָעֹלָה וְאֶת־הַחֲלָבִים וַיַּרְא כָּל־
todo y-vio los-trozos-de-grasa y-** el-holocausto ** el-altar en

הָעָם וַיָּרֹנּוּ וַיִּפְּלוּ עַל־ פְּנֵיהֶם׃
sus-rostros sobre y-cayeron y-gritaron el-pueblo

(1) וַיִּקְחוּ בְנֵי־ אַהֲרֹן נָדָב וַאֲבִיהוּא אִישׁ מַחְתָּתוֹ וַיִּתְּנוּ
y-pusieron su-incensario cada-uno y-Abiú Nadab Aarón hijos-de Y-tomaron (1)

בָהֵן אֵשׁ וַיָּשִׂימוּ עָלֶיהָ קְטֹרֶת וַיַּקְרִבוּ לִפְנֵי יְהוָה
Yahweh ante y-ofrecieron , incienso en-ella y-pusieron fuego en-ellas

אֵשׁ זָרָה אֲשֶׁר לֹא צִוָּה אֹתָם׃ (2) וַתֵּצֵא אֵשׁ
fuego Y-salió (2) . a-ellos mandó no que extraño fuego

מִלִּפְנֵי יְהוָה וַתֹּאכַל אוֹתָם וַיָּמֻתוּ לִפְנֵי יְהוָה׃
Yahweh ante y-murieron a-ellos y-consumió Yahweh de-presencia-de

(3) וַיֹּאמֶר מֹשֶׁה אֶל־ אַהֲרֹן הוּא אֲשֶׁר־ דִּבֶּר יְהוָה ׀ לֵאמֹר
diciendo Yahweh habló lo-que esto : Aarón a Moisés Y-dijo (3)

בִּקְרֹבַי אֶקָּדֵשׁ וְעַל־ פְּנֵי כָל־ הָעָם
el-pueblo todo presencia-de y-en me-santificaré en-los-que-se-me-acercan

אֶכָּבֵד וַיִּדֹּם אַהֲרֹן׃ (4) וַיִּקְרָא מֹשֶׁה אֶל־
a Moisés Y-llamó (4) . Aarón y-calló , seré-glorificado

מִישָׁאֵל וְאֶל אֶלְצָפָן בְּנֵי עֻזִּיאֵל דֹּד אַהֲרֹן וַיֹּאמֶר אֲלֵהֶם
: a-ellos y-dijo , Aarón tío-de Uziel hijos-de Elzafán y-a Misael

קִרְבוּ שְׂאוּ אֶת־ אֲחֵיכֶם מֵאֵת פְּנֵי־ הַקֹּדֶשׁ אֶל־ מִחוּץ
fuera a el-santuario delante-de de-** vuestros-hermanos ** llevad , venid

לַמַּחֲנֶה׃ (5) וַיִּקְרְבוּ וַיִּשָּׂאֻם בְּכֻתֳּנֹתָם אֶל־
a en-sus-túnicas y-les-llevaron Y-se-acercaron (5) . de-el-campamento

מִחוּץ לַמַּחֲנֶה כַּאֲשֶׁר דִּבֶּר מֹשֶׁה׃ (6) וַיֹּאמֶר מֹשֶׁה אֶל־
a Moisés Y-dijo (6) . Moisés habló como del-campamento fuera

אַהֲרֹן וּלְאֶלְעָזָר וּלְאִיתָמָר ׀ בָּנָיו רָאשֵׁיכֶם אַל־ תִּפְרָעוּ ׀
descubráis no vuestras-cabezas sus-hijos y-a-Itamar y-a-Eleazar Aarón

וּבִגְדֵיכֶם לֹא־ תִפְרֹמוּ וְלֹא תָמֻתוּ וְעַל כָּל־
toda y-con moriréis y-no rasguéis no y-vuestros-vestidos

הָעֵדָה יִקְצֹף וַאֲחֵיכֶם כָּל־ בֵּית יִשְׂרָאֵל
Israel casa-de toda pero-vuestros-hermanos ; se-enfurecerá la-comunidad

יִבְכּוּ אֶת־ הַשְּׂרֵפָה אֲשֶׁר שָׂרַף יְהוָה׃
. Yahweh encendió que el-incendio ** lamentarán

וּמִפֶּתַח אֹהֶל מוֹעֵד לֹא תֵצְאוּ פֶּן־ תָּמֻתוּ כִּי־
pues , muráis para-que-no saldréis no reunión tienda-de Y-desde-entrada-de (7)

שֶׁמֶן מִשְׁחַת יְהוָה עֲלֵיכֶם וַיַּעֲשׂוּ כִּדְבַר מֹשֶׁה׃
. Moisés como-dijo e-hicieron , en-vosotros Yahweh unción-de aceite-de

וַיְדַבֵּר יְהוָה אֶל־אַהֲרֹן לֵאמֹר׃ יַיִן וְשֵׁכָר אַל־
no y-licor Vino (9) . diciendo Aarón a Yahweh Y-habló (8)

תֵּשְׁתְּ ׀ אַתָּה ׀ וּבָנֶיךָ אִתָּךְ בְּבֹאֲכֶם אֶל־ אֹהֶל מוֹעֵד
reunión tienda-de en en-tu-entrar con-tigo y-tus-hijos tú bebas

וְלֹא תָמֻתוּ חֻקַּת עוֹלָם לְדֹרֹתֵיכֶם׃
. por-vuestras-generaciones perpetuo estatuto , moriréis y-no

וּלְהַבְדִּיל בֵּין הַקֹּדֶשׁ וּבֵין הַחֹל וּבֵין
y-entre , lo-profano y-entre lo-santo entre Y-para-distinguir (10)

הַטָּמֵא וּבֵין הַטָּהוֹר׃ וּלְהוֹרֹת אֶת־ בְּנֵי יִשְׂרָאֵל אֵת
** Israel hijos-de a Y-para-enseñar (11) . lo-limpio y-entre lo-inmundo

כָּל־ הַחֻקִּים אֲשֶׁר דִּבֶּר יְהוָה אֲלֵיהֶם בְּיַד־ מֹשֶׁה׃
. Moisés por-mano-de a-ellos Yahweh habló que los-estatutos todos

וַיְדַבֵּר מֹשֶׁה אֶל־אַהֲרֹן וְאֶל אֶלְעָזָר וְאֶל־ אִיתָמָר ׀ בָּנָיו
sus-hijos Itamar y-a Eleazar y-a Aarón a Moisés Y-habló (12)

הַנּוֹתָרִים קְחוּ אֶת־ הַמִּנְחָה הַנּוֹתֶרֶת
la-sobrante la-ofrenda-vegetal ** tomad : los-que-quedaron

מֵאִשֵּׁי יְהוָה וְאִכְלוּהָ מַצּוֹת אֵצֶל הַמִּזְבֵּחַ
; el-altar junto-a sin-levadura y-comed-la Yahweh de-ofrendas-encendidas-de

כִּי קֹדֶשׁ קָדָשִׁים הִוא׃ וַאֲכַלְתֶּם אֹתָהּ בְּמָקוֹם קָדֹשׁ כִּי
pues santo en-lugar a-ella Y-comeréis (13) . ella santos santísimo-de pues

חָקְךָ וְחָק־ בָּנֶיךָ הִוא מֵאִשֵּׁי יְהוָה כִּי־
pues , Yahweh de-ofrenda-encendida-de ella tus-hijos y-porción-de tu-porción

כֵן צֻוֵּיתִי׃ וְאֵת חֲזֵה הַתְּנוּפָה וְאֵת ׀ שׁוֹק הַתְּרוּמָה
la-presentación muslo-de y-** el-mecido pecho Y-** (14) . se-me-ordenó así

תֹּאכְלוּ בְּמָקוֹם טָהוֹר אַתָּה וּבָנֶיךָ וּבְנֹתֶיךָ אִתָּךְ
con-tigo y-tus-hijas y-tus-hijos tú limpio en-lugar comeréis

כִּי־ חָקְךָ וְחָק־ בָּנֶיךָ נִתְּנוּ מִזִּבְחֵי
de-ofrendas-de dados tus-hijos y-porción-de tu-porción pues

שַׁלְמֵי בְּנֵי יִשְׂרָאֵל׃ שׁוֹק הַתְּרוּמָה וַחֲזֵה
y-pecho-de la-presentación Muslo-de (15) . Israel hijos-de paces-de

הַתְּנוּפָה עַל אִשֵּׁי הַחֲלָבִים יָבִיאוּ לְהָנִיף
para-mecer traerán los-trozos-de-grasa ofrendas-encendidas-de con la-mecida

תְּנוּפָה לִפְנֵי יְהוָה וְהָיָה לְךָ וּלְבָנֶיךָ
y-para-tus-hijos para-ti y-será Yahweh ante ofrenda-mecida

אִתְּךָ לְחָק־ עוֹלָם כַּאֲשֶׁר צִוָּה יְהוָה׃ וְאֵת ׀ שְׂעִיר
macho-cabrío-de Y-** (16) . Yahweh mandó como perpetuo por-estatuto con-tigo

הַחַטָּאת דָּרֹשׁ דָּרַשׁ מֹשֶׁה וְהִנֵּה שֹׂרָף
, quemado y-he-aquí Moisés preguntó preguntar la-ofrenda-del-pecado

וַיִּקְצֹף עַל־ אֶלְעָזָר וְעַל־ אִיתָמָר בְּנֵי אַהֲרֹן הַנּוֹתָרִם
los-que-quedaban , Aarón hijos-de Itamar y-contra Eleazar contra y-se-enojó

לֵאמֹר׃ מַדּוּעַ לֹא־ אֲכַלְתֶּם אֶת־ הַחַטָּאת בִּמְקוֹם הַקֹּדֶשׁ
el-santuario en-sitio-de la-ofrenda-del-pecado ** comisteis no Por-qué (17) : diciendo

כִּ֣י קֹ֧דֶשׁ קָֽדָשִׁ֛ים הִ֖וא וְאֹתָ֣הּ ׀ נָתַ֣ן לָכֶ֗ם לָשֵׂאת֙ אֶת־
** para-quitar a-vosotros dio y-ella ella santos santísimo-de pues

עֲוֺ֣ן הָֽעֵדָ֔ה לְכַפֵּ֥ר עֲלֵיהֶ֖ם לִפְנֵ֥י יְהוָֽה׃ הֵ֚ן לֹֽא־
no Pues (18) . Yahweh ante por-ellos para-expiar la-comunidad culpa-de

הוּבָ֣א אֶת־ דָּמָ֔הּ אֶל־ הַקֹּ֖דֶשׁ פְּנִ֑ימָה אָכ֨וֹל
comer , dentro el-santuario a su-sangre ** fue-llevada

תֹּאכְל֥וּ אֹתָ֛הּ בַּקֹּ֖דֶשׁ כַּאֲשֶׁ֥ר צִוֵּֽיתִי׃
. mandé como en-el-santuario a-ella debisteis-comer

וַיְדַבֵּ֨ר אַהֲרֹ֜ן אֶל־ מֹשֶׁ֗ה הֵ֣ן הַ֠יּוֹם הִקְרִ֨יבוּ אֶת־
** sacrificaron hoy he-aquí : Moisés a Aarón Y-habló (19)

חַטָּאתָ֤ם וְאֶת־ עֹֽלָתָם֙ לִפְנֵ֣י יְהוָ֔ה
Yahweh ante su-holocausto y-** su-ofrenda-del-pecado

וַתִּקְרֶ֥אנָה אֹתִ֖י כָּאֵ֑לֶּה וְאָכַ֤לְתִּי חַטָּאת֙ הַיּ֔וֹם
, hoy ofrenda-de-pecado si-comiera , tal-como-éstas a-mí y-sucedieron

הַיִּיטַ֖ב בְּעֵינֵ֥י יְהוָֽה׃ וַיִּשְׁמַ֣ע מֹשֶׁ֔ה
Moisés Y-escuchó (20) . Yahweh en-ojos-de sería-bueno?

וַיִּיטַ֖ב בְּעֵינָֽיו׃ וַיְדַבֵּ֧ר יְהוָ֛ה אֶל־ מֹשֶׁ֥ה
Moisés a Yahweh Y-habló (1) . en-sus-ojos y-fue-bueno Cap

וְאֶֽל־ אַהֲרֹ֖ן לֵאמֹ֥ר אֲלֵהֶֽם׃ דַּבְּר֛וּ אֶל־ בְּנֵ֥י יִשְׂרָאֵ֖ל לֵאמֹ֑ר זֹ֤את הַֽחַיָּה֙
el-animal éste : diciendo Israel hijos-de a Habla (2) . a-ellos diciendo Aarón y-a

אֲשֶׁ֣ר תֹּֽאכְל֔וּ מִכָּל־ הַבְּהֵמָ֖ה אֲשֶׁ֥ר עַל־ הָאָֽרֶץ׃ כֹּ֣ל ׀
Todo (3) . la-tierra sobre que la-bestia de-toda comeréis que

מַפְרֶ֣סֶת פַּרְסָ֗ה וְשֹׁסַ֤עַת שֶׁ֙סַע֙ פְּרָסֹ֔ת מַעֲלַ֥ת גֵּרָ֖ה בַּבְּהֵמָ֑ה
entre-la-bestia rumía mastica pezuñas división-de y-dividiendo pezuña hendida

אֹתָ֖הּ תֹּאכֵֽלוּ׃ אַ֤ךְ אֶת־ זֶה֙ לֹ֣א תֹֽאכְל֔וּ מִֽמַּעֲלֵי֙
de-masticadores-de : comeréis no ésta ** Sólo (4) . comeréis ella

הַגֵּרָה וּמִמַּפְרִיסֵי הַפַּרְסָה אֶת־הַגָּמָל כִּי־מַעֲלֵה
masticador-de aunque el-camello ** la-pezuña y-de-los-de-hendidura-de la-rumía

גֵרָה הוּא וּפַרְסָה אֵינֶנּוּ מַפְרִיס טָמֵא הוּא לָכֶם׃ וְאֶת־הַשָּׁפָן כִּי־
pues el-conejo Y-** (5) . para-vosotros él inmundo , hendida él-no y-pezuña él rumia

מַעֲלֵה גֵרָה הוּא וּפַרְסָה לֹא יַפְרִיס טָמֵא הוּא לָכֶם׃ וְאֶת־
Y-** (6) . para-vosotros él inmundo , hendida no y-pezuña él rumia masticador-de

הָאַרְנֶבֶת כִּי־מַעֲלַת גֵּרָה הִוא וּפַרְסָה לֹא הִפְרִיסָה טְמֵאָה הִוא
ella inmunda , hiende no y-pezuña ella rumia masticador-de pues la-liebre

לָכֶם׃ וְאֶת־הַחֲזִיר כִּי־מַפְרִיס פַּרְסָה הוּא וְשֹׁסַע שֶׁסַע
división-de y-dividida él pezuña hendida pues el-cerdo Y-** (7) . para-vosotros

פַּרְסָה וְהוּא גֵּרָה לֹא־יִגָּר טָמֵא הוּא לָכֶם׃ מִבְּשָׂרָם לֹא
no De-su-carne (8) . para-vosotros él inmundo , mastica no rumia pero-él pezuña

תֹאכֵלוּ וּבְנִבְלָתָם לֹא תִגָּעוּ טְמֵאִים הֵם לָכֶם׃
. para-vosotros ellos inmundos tocaréis no y-en-su-cadáver comeréis

אֶת־זֶה תֹּאכְלוּ מִכֹּל אֲשֶׁר בַּמָּיִם כֹּל אֲשֶׁר־לוֹ סְנַפִּיר
aleta para-él lo-que todo : en-las-aguas lo-que de-todo comeréis esto ** (9)

וְקַשְׂקֶשֶׂת בַּמַּיִם בַּיַּמִּים וּבַנְּחָלִים אֹתָם תֹּאכֵלוּ׃
. comeréis a-ellos y-en-los-ríos en-los-mares en-las-aguas y-escama

וְכֹל אֲשֶׁר אֵין־לוֹ סְנַפִּיר וְקַשְׂקֶשֶׂת בַּיַּמִּים וּבַנְּחָלִים
y-en-los-ríos en-los-mares y-escama aleta para-él no lo-que Y-todo (10)

מִכֹּל שֶׁרֶץ הַמַּיִם וּמִכֹּל נֶפֶשׁ הַחַיָּה
el-viviente criatura-de y-de-toda las-aguas semoviente-de de-todo

אֲשֶׁר בַּמָּיִם שֶׁקֶץ הֵם לָכֶם׃ וְשֶׁקֶץ יִהְיוּ
serán Y-abominable (11) . para-vosotros ellos abominable en-las-aguas que

לָכֶם מִבְּשָׂרָם לֹא תֹאכֵלוּ וְאֶת־נִבְלָתָם תְּשַׁקֵּצוּ׃
. detestaréis su-cadáver y-** comeréis no de-su-carne , para-vosotros

כֹּל אֲשֶׁר אֵין־ לוֹ סְנַפִּיר וְקַשְׂקֶשֶׂת בַּמָּיִם שֶׁקֶץ הוּא לָכֶם׃

. para-vosotros él abominable en-las-aguas y-escama aleta para-él no lo-que Todo (12)

וְאֶת־ אֵלֶּה תְּשַׁקְּצוּ מִן־ הָעוֹף לֹא יֵאָכְלוּ

comeréis no : el-ave de detestaréis éstos Y-** (13)

שֶׁקֶץ הֵם אֶת־ הַנֶּשֶׁר וְאֶת־ הַפֶּרֶס וְאֵת הָעָזְנִיָּה׃

. el-azor y-** el-quebrantahuesos y-** el-aguila ** : ellos detestable

וְאֶת־ הַדָּאָה וְאֶת־ הָאַיָּה לְמִינָהּ׃ אֵת כָּל־

todo ** (15) . cualquier-clase el-milano y-** el-gallinazo Y-** (14)

עֹרֵב לְמִינוֹ׃ וְאֵת בַּת הַיַּעֲנָה וְאֶת־ הַתַּחְמָס

la-lechuza y-** el-avestruz hija-de E-** (16) . de-cualquier-clase cuervo

וְאֶת־ הַשָּׁחַף וְאֶת־ הַנֵּץ לְמִינֵהוּ׃ וְאֶת־ הַכּוֹס וְאֶת־

y-** el-búho Y-** (17) . según-su-especie el-gavilán y-** la-gaviota y-**

הַשָּׁלָךְ וְאֶת־ הַיַּנְשׁוּף׃ וְאֶת־ הַתִּנְשֶׁמֶת וְאֶת־ הַקָּאָת

el-pelícano y-** el-calamón Y-** (18) . el-ibis y-** el-somormujo

וְאֶת־ הָרָחָם׃ וְאֵת הַחֲסִידָה הָאֲנָפָה לְמִינָהּ וְאֶת־ הַדּוּכִיפַת

la-abubilla y-** según-su-clase la-garza la-cigüeña Y-** (19) . el-buitre y-**

וְאֶת־ הָעֲטַלֵּף׃ כֹּל שֶׁרֶץ הָעוֹף הַהֹלֵךְ עַל־אַרְבַּע

cuatro sobre el-andador el-volador insecto-de Todo (20) . el-murciélago y-**

שֶׁקֶץ הוּא לָכֶם׃ אַךְ אֶת־ זֶה תֹּאכְלוּ מִכֹּל

de-todo comeréis esto ** Pero (21) . a-vosotros él detestable

שֶׁרֶץ הָעוֹף הַהֹלֵךְ עַל־ אַרְבַּע אֲשֶׁר־ לֹא כְרָעַיִם מִמַּעַל

de-arriba patas a-él que cuatro sobre el-que-anda el-ala insecto-de

לְרַגְלָיו לְנַתֵּר בָּהֵן עַל־ הָאָרֶץ׃ אֶת־ אֵלֶּה מֵהֶם

de-ellos éstos ** (22) . la-tierra sobre con-ellas para-saltar para-sus-pies

תֹּאכֵלוּ אֶת־ הָאַרְבֶּה לְמִינוֹ וְאֶת־ הַסָּלְעָם לְמִינֵהוּ

según-su-especie el-langostín y-** según-su-especie la-langosta ** : comeréis

וְאֶת־ הַחַרְגֹּל לְמִינֵהוּ וְאֶת־ הֶחָגָב לְמִינֵהוּ׃

. según-su-especie el-saltamontes y-** según-su-especie la-chicharra y-**

וְכֹל שֶׁרֶץ הָעוֹף אֲשֶׁר־ לוֹ אַרְבַּע רַגְלָיִם שֶׁקֶץ הוּא

él detestable pies cuatro para-él que el-ala insecto-de Y-todo (23)

לָכֶם׃ וּלְאֵלֶּה תִּטַּמָּאוּ כָּל־ הַנֹּגֵעַ

el-que-toque todo seréis-inmundos Y-por-éstos (24) para-vosotros

בְּנִבְלָתָם יִטְמָא עַד־ הָעָרֶב׃ וְכָל־

Y-todo (25) . la-tarde hasta será-inmundo en-cadáver-de-ellos

הַנֹּשֵׂא מִנִּבְלָתָם יְכַבֵּס בְּגָדָיו

sus-vestidos lavará de-cadáveres-de-ellos el-que-recogiera

וְטָמֵא עַד־ הָעָרֶב׃ לְכָל־ הַבְּהֵמָה אֲשֶׁר

que el-animal A-todo (26) . la-tarde hasta y-será-inmundo

הִוא מַפְרֶסֶת פַּרְסָה וְשֶׁסַע ׀ אֵינֶנָּה שֹׁסַעַת וְגֵרָה אֵינֶנָּה מַעֲלָה

mastica ella-no y-rumia partida ella-no y-partida pezuña hendida ella

טְמֵאִים הֵם לָכֶם כָּל־ הַנֹּגֵעַ בָּהֶם יִטְמָא׃

. será-inmundo en-ellos el-que-toque todo , para-vosotros ellos inmundos

וְכֹל ׀ הוֹלֵךְ עַל־ כַּפָּיו בְּכָל־ הַחַיָּה

el-animal en-todo sus-garras en andante Y-todo (27)

הַהֹלֶכֶת עַל־אַרְבַּע טְמֵאִים הֵם לָכֶם כָּל־ הַנֹּגֵעַ

el-que-toque todo , para-vosotros ellos inmundos cuatro en el-que-anda

בְּנִבְלָתָם יִטְמָא עַד־ הָעָרֶב׃ וְהַנֹּשֵׂא

El-que-recoja (28) . la-tarde hasta será-inmundo en-su-cadáver

אֶת־ נִבְלָתָם יְכַבֵּס בְּגָדָיו וְטָמֵא עַד־

hasta y-será-inmundo sus-vestidos lavará cadáver-de-ellos **

הָעָרֶב טְמֵאִים הֵמָּה לָכֶם׃ וְזֶה לָכֶם הַטָּמֵא

lo-inmundo para-vosotros Y-esto (29) . para-vosotros ellos inmundos la-tarde

בַּשֶּׁרֶץ הַשֹּׁרֵץ עַל־הָאָרֶץ הַחֹלֶד וְהָעַכְבָּר
y-la-rata la-comadreja : la-tierra sobre el-que-se-mueve entre-el-arrastrante

וְהַצָּב לְמִינֵהוּ׃ וְהָאֲנָקָה וְהַכֹּחַ
y-el-cocodrilo Y-el-erizo (30) . según-su-especie y-el-lagarto

וְהַלְּטָאָה וְהַחֹמֶט וְהַתִּנְשָׁמֶת׃ אֵלֶּה
Éstos (31) . y-el-camaleón y-el-estinco y-la-lagartija

הַטְּמֵאִים לָכֶם בְּכָל־הַשָּׁרֶץ כָּל־הַנֹּגֵעַ
el-que-toque todo el-que-se-arrastra de-todo para-vosotros los-inmundos

בָּהֶם בְּמֹתָם יִטְמָא עַד־הָעָרֶב׃ וְכֹל
Y-todo (32) . la-tarde hasta será-inmundo en-su-morir de-ellos

אֲשֶׁר־יִפֹּל־עָלָיו מֵהֶם ׀ בְּמֹתָם יִטְמָא מִכָּל־
de-todo será-inmundo en-muerte-de-ellos de-ellos sobre-él cae lo-que

כְּלִי־עֵץ אוֹ בֶגֶד אוֹ־עוֹר אוֹ שָׂק כָּל־כְּלִי אֲשֶׁר־
que utensilio todo saco o piel o tejido o madera utensilio-de

יֵעָשֶׂה מְלָאכָה בָּהֶם בַּמַּיִם יוּבָא
se-pondrá en-el-agua , con-ellos obra se-haga

וְטָמֵא עַד־הָעֶרֶב וְטָהֵר׃ וְכָל־
Pero-todo (33) . y-será-limpio , la-tarde hasta y-será-inmundo

כְּלִי־חֶרֶשׂ אֲשֶׁר־יִפֹּל מֵהֶם אֶל־תּוֹכוֹ כֹּל אֲשֶׁר
lo-que todo , su-interior en de-ellos caiga que barro vasija-de

בְּתוֹכוֹ יִטְמָא וְאֹתוֹ תִשְׁבֹּרוּ׃ מִכָּל־
De-todo (34) . romperéis y-a-él inmundo en-su-interior

הָאֹכֶל אֲשֶׁר יֵאָכֵל אֲשֶׁר יָבוֹא עָלָיו מַיִם יִטְמָא
será-inmundo agua sobre-él viene que se-come que el-alimento

וְכָל־מַשְׁקֶה אֲשֶׁר יִשָּׁתֶה בְּכָל־כְּלִי יִטְמָא׃
. será-inmundo vasija de-toda se-bebe que líquido y-todo

וְכֹל אֲשֶׁר־יִפֹּל מִנִּבְלָתָם ׀ עָלָיו יִטְמָא
será-inmundo sobre-él de-cadáver-de-ellos caiga lo-que Y-todo (35)

תַּנּוּר וְכִירַיִם יֻתָּץ טְמֵאִים הֵם וּטְמֵאִים יִהְיוּ
serán e-inmundos ellos inmundos serán-rotos y-pucheros horno

לָכֶם׃ אַךְ מַעְיָן וּבוֹר מִקְוֵה־מַיִם יִהְיֶה
será aguas de-colector-de o-cisterna fuente Pero (36) . para-vosotros

טָהוֹר וְנֹגֵעַ בְּנִבְלָתָם יִטְמָא׃ וְכִי יִפֹּל
cae Y-si (37) . será-limpio en-cadáver-de-ellos y-el-que-toque limpio

מִנִּבְלָתָם עַל־כָּל־זֶרַע זֵרוּעַ אֲשֶׁר יִזָּרֵעַ טָהוֹר
limpio , será-plantada que planta semilla-de toda en de-cadáver-de-ellos

הוּא׃ וְכִי יֻתַּן־מַיִם עַל־זֶרַע וְנָפַל מִנִּבְלָתָם
de-cadáver-de-ellos y-cae semilla en agua se-puso Y-si (38) . él

עָלָיו טָמֵא הוּא לָכֶם׃ וְכִי יָמוּת מִן־הַבְּהֵמָה אֲשֶׁר־הִיא
ella que el-animal de muere Y-si (39) . para-vosotros él inmundo sobre-él

לָכֶם לְאָכְלָה הַנֹּגֵעַ בְּנִבְלָתָהּ יִטְמָא עַד־
hasta será-inmundo en-su-cadáver el-que-toque para-alimento para-vosotros

הָעָרֶב׃ וְהָאֹכֵל מִנִּבְלָתָהּ יְכַבֵּס
lavará de-su-cadáver Y-el-que-coma (40) . la-tarde

בְּגָדָיו וְטָמֵא עַד־הָעָרֶב וְהַנֹּשֵׂא
y-el-que-recoja la-tarde hasta y-será-inmundo sus-vestidos

אֶת־נִבְלָתָהּ יְכַבֵּס בְּגָדָיו וְטָמֵא עַד־
hasta y-será-inmundo sus-vestidos lavará su-cadáver **

הָעָרֶב׃ וְכָל־הַשֶּׁרֶץ הַשֹּׁרֵץ עַל־הָאָרֶץ
, la-tierra sobre la-que-se-arrastra la-criatura Y-toda (41) . la-tarde

שֶׁקֶץ הוּא לֹא יֵאָכֵל׃ כֹּל הוֹלֵךְ עַל־גָּחוֹן וְכֹל ׀
y-todo vientre sobre que-se-mueve Todo (42) . se-comerá no el detestable

הוֹלֵךְ עַל־אַרְבַּע עַד כָּל־מַרְבֵּה רַגְלַיִם לְכָל־הַשֶּׁרֶץ הַשֹּׁרֵץ
la-que-se-mueve criatura de-toda pies muchos todo o cuatro sobre que-se-mueve

עַל־הָאָרֶץ לֹא תֹאכְלוּם כִּי־שֶׁקֶץ הֵם׃ אַל־תְּשַׁקְּצוּ
contaminéis No (43) . ella detestable pues las-comeréis no la-tierra sobre

אֶת־נַפְשֹׁתֵיכֶם בְּכָל־הַשֶּׁרֶץ הַשֹּׁרֵץ וְלֹא
y-no la-que-se-arrastra la-criatura en-cualquiera-de vuestras-personas **

תִטַּמְּאוּ בָּהֶם וְנִטְמֵתֶם בָּם׃ כִּי
Pues (44) . en-ellos ni-os-contaminéis por-ellos os-hagáis-inmundos

אֲנִי יְהוָה אֱלֹהֵיכֶם וְהִתְקַדִּשְׁתֶּם וִהְיִיתֶם קְדֹשִׁים כִּי
pues santos y-sed y-os-santificaréis vuestro-Dios Yahweh yo

קָדוֹשׁ אָנִי וְלֹא תְטַמְּאוּ אֶת־נַפְשֹׁתֵיכֶם בְּכָל־הַשֶּׁרֶץ
la-criatura con-alguna-de vuestras-personas ** contaminéis y-no yo santo

הָרֹמֵשׂ עַל־הָאָרֶץ׃ כִּי ׀ אֲנִי יְהוָה הַמַּעֲלֶה אֶתְכֶם
a-vosotros el-que-hizo-subir Yahweh yo Pues (45) . la-tierra sobre la-que-se-arrastra

מֵאֶרֶץ מִצְרַיִם לִהְיֹת לָכֶם לֵאלֹהִים וִהְיִיתֶם קְדֹשִׁים כִּי קָדוֹשׁ אָנִי׃
. yo santo pues santos y-seréis , por-Dios para-vosotros para-ser Egipto de-tierra-de

זֹאת תּוֹרַת הַבְּהֵמָה וְהָעוֹף וְכֹל נֶפֶשׁ
ser y-todo y-el-ave el-animal ley-de Ésta (46)

הַחַיָּה הָרֹמֶשֶׂת בַּמָּיִם וּלְכָל־נֶפֶשׁ
ser y-para-todo en-las-aguas el-que-se-mueve el-viviente

הַשֹּׁרֶצֶת עַל־הָאָרֶץ׃ לְהַבְדִּיל בֵּין הַטָּמֵא
el-inmundo entre Para-distinguir (47) . la-tierra en el-que-se-mueve

וּבֵין הַטָּהֹר וּבֵין הַחַיָּה הַנֶּאֱכֶלֶת וּבֵין
y-entre el-comestible el-animal y-entre el-limpio y-entre

הַחַיָּה אֲשֶׁר לֹא תֵאָכֵל׃ וַיְדַבֵּר יְהוָה אֶל־מֹשֶׁה
Moisés a Yahweh Y-habló (1) . se-come no que el-animal Cap.

לֵאמֹר׃ (2) דַּבֵּר אֶל־ בְּנֵי יִשְׂרָאֵל לֵאמֹר אִשָּׁה כִּי תַזְרִיעַ
conciba cuando mujer : diciendo Israel hijos-de a Habla (2) : diciendo

וְיָלְדָה זָכָר וְטָמְאָה שִׁבְעַת יָמִים כִּימֵי
como-días-de días siete entonces-será-inmunda varón y-dé-a-luz

נִדַּת דְּוֺתָהּ תִּטְמָא׃ (3) וּבַיּוֹם הַשְּׁמִינִי
el-octavo Y-en-el-día (3) . es-inmunda su-menstruación período-de

יִמּוֹל בְּשַׂר עָרְלָתוֹ׃ (4) וּשְׁלֹשִׁים יוֹם וּשְׁלֹשֶׁת
y-tres-de día Y-treinta (4) . su-prepucio carne-de será-circuncidado

יָמִים תֵּשֵׁב בִּדְמֵי טָהֳרָה בְּכָל־ קֹדֶשׁ לֹא־
no sagrado en-todo-de purificación en-sangres-de permanecerá días

תִגָּע וְאֶל־ הַמִּקְדָּשׁ לֹא תָבֹא עַד־ מְלֹאת יְמֵי
días-de cumplidos hasta irá no el-santuario y-a tocará

טָהֳרָהּ׃ (5) וְאִם־ נְקֵבָה תֵלֵד וְטָמְאָה
entonces-será-inmunda da-a-luz hembra Y-si (5) . su-purificación

שְׁבֻעַיִם כְּנִדָּתָהּ וְשִׁשִּׁים יוֹם וְשֵׁשֶׁת יָמִים תֵּשֵׁב עַל־
hasta permanecerá días y-seis día y-sesenta como-su-período dos-semanas

דְּמֵי טָהֳרָה׃ (6) וּבִמְלֹאת׀ יְמֵי טָהֳרָהּ
su-purificación días-de Y-cuando-cumplidos (6) . purificación sangres-de

לְבֵן אוֹ לְבַת תָּבִיא כֶּבֶשׂ בֶּן־ שְׁנָתוֹ
su-año hijo-de cordero traerá por-hija o por-hijo

לְעֹלָה וּבֶן־ יוֹנָה אוֹ־ תֹר לְחַטָּאת אֶל־
a para-ofrenda-de-pecado tórtola o paloma e-hijo-de para-holocausto

פֶּתַח אֹהֶל־ מוֹעֵד אֶל־ הַכֹּהֵן׃ (7) וְהִקְרִיבוֹ לִפְנֵי
ante Y-lo-ofrecerá (7) . el-sacerdote a reunión tienda-de puerta-de

יְהוָה וְכִפֶּר עָלֶיהָ וְטָהֲרָה מִמְּקֹר
de-flujo-de y-será-limpia por-ella y-expiará Yahweh

דָּמֶיהָ זֹאת תּוֹרַת הַיֹּלֶדֶת לַזָּכָר אוֹ
o a-varón la-que-da-a-luz ley-de esta , sus-sangres

לַנְּקֵבָה׃ וְאִם־ לֹא תִמְצָא יָדָהּ דֵּי שֶׂה
cordero precio-de mano-de-ella alcanza no Y-si (8) . a-hembra

וְלָקְחָה שְׁתֵּי־ תֹרִים אוֹ שְׁנֵי בְּנֵי יוֹנָה אֶחָד
uno paloma hijos-de dos o tórtolas dos entonces-tomará

לְעֹלָה וְאֶחָד לְחַטָּאת וְכִפֶּר עָלֶיהָ
por-ella y-expiará para-ofrenda-del-pecado y-uno para-holocausto

הַכֹּהֵן וְטָהֵרָה׃ וַיְדַבֵּר יְהוָה אֶל־ מֹשֶׁה וְאֶל־
y-a Moisés a Yahweh Y-habló (1) . y-será-limpia el-sacerdote Cap.

אַהֲרֹן לֵאמֹר׃ אָדָם כִּי־ יִהְיֶה בְעוֹר־ בְּשָׂרוֹ שְׂאֵת אוֹ־
o hinchazón su-carne en-piel-de tenga cuando Alguien (2) . diciendo Aarón

סַפַּחַת אוֹ בַהֶרֶת וְהָיָה בְעוֹר־ בְּשָׂרוֹ לְנֶגַע
para-llaga-de su-carne en-piel-de y-sea mancha o erupción

צָרָעַת וְהוּבָא אֶל־ אַהֲרֹן הַכֹּהֵן אוֹ אֶל־אַחַד
uno a o el-sacerdote Aarón a y-será-traído , lepra

מִבָּנָיו הַכֹּהֲנִים׃ וְרָאָה הַכֹּהֵן אֶת־ הַנֶּגַע
la-llaga ** el-sacerdote Y-mirará (3) . los-sacerdotes de-sus-hijos

בְּעוֹר־ הַבָּשָׂר וְשֵׂעָר בַּנֶּגַע הָפַךְ ׀ לָבָן וּמַרְאֵה
y-aspecto-de blanco se-tornó en-la-llaga si-pelo la-carne en-piel-de

הַנֶּגַע עָמֹק מֵעוֹר בְּשָׂרוֹ נֶגַע צָרַעַת הוּא
, él lepra llaga-de , su-carne que-piel-de más-profundo la-llaga

וְרָאָהוּ הַכֹּהֵן וְטִמֵּא אֹתוֹ׃ וְאִם־
Y-si (4) . a-él y-declarará-inmundo el-sacerdote y-le-reconocerá

בַּהֶרֶת לְבָנָה הִוא בְּעוֹר בְּשָׂרוֹ וְעָמֹק אֵין־ מַרְאֶהָ
su-aspecto no-es y-más-profundo , su-carne en-piel-de ella blanca mancha

מִן־ הָעוֹר וּשְׂעָרָה לֹא־ הָפַךְ לָבָן וְהִסְגִּיר הַכֹּהֵן
el-sacerdote entonces-aislará blanco se-tornó no y-pelo la-piel que

אֶת־ הַנֶּגַע שִׁבְעַת יָמִים׃ (5) וְרָאָהוּ הַכֹּהֵן
el-sacerdote Y-le-mirará (5) días siete el-llagado a

בַּיּוֹם הַשְּׁבִיעִי וְהִנֵּה הַנֶּגַע עָמַד בְּעֵינָיו
a-sus-ojos está-igual la-llaga y-he-aquí el-séptimo en-el-día

לֹא־ פָשָׂה הַנֶּגַע בָּעוֹר וְהִסְגִּירוֹ הַכֹּהֵן
el-sacerdote y-le-aislará , en-la-piel la-llaga se-esparció no

שִׁבְעַת יָמִים שֵׁנִית׃ (6) וְרָאָה הַכֹּהֵן אֹתוֹ בַּיּוֹם
en-el-día a-él el-sacerdote Y-mirará (6) . otros días siete

הַשְּׁבִיעִי שֵׁנִית וְהִנֵּה כֵּהָה הַנֶּגַע וְלֹא־ פָשָׂה
se-esparció y-no la-llaga se-debilitó y-si otra-vez el-séptimo

הַנֶּגַע בָּעוֹר וְטִהֲרוֹ הַכֹּהֵן מִסְפַּחַת
erupción , el-sacerdote entonces-le-declarará-limpio en-la-piel la-llaga

הִיא וְכִבֶּס בְּגָדָיו וְטָהֵר׃ (7) וְאִם־ פָּשֹׂה
esparcir Y-si (7) . y-será-limpio sus-vestidos y-lavará ella

תִפְשֶׂה הַמִּסְפַּחַת בָּעוֹר אַחֲרֵי הֵרָאֹתוֹ אֶל־ הַכֹּהֵן
el-sacerdote a mostrar-le tras en-la-piel la-erupción se-esparce

לְטָהֳרָתוֹ וְנִרְאָה שֵׁנִית אֶל־ הַכֹּהֵן׃
. el-sacerdote ante otra-vez y-comparecerá para-su-purificación

(8) וְרָאָה הַכֹּהֵן וְהִנֵּה פָּשְׂתָה הַמִּסְפַּחַת בָּעוֹר
en-la-piel la-erupción se-extendió y-he-aquí el-sacerdote Y-mirará (8)

וְטִמְּאוֹ הַכֹּהֵן צָרַעַת הִוא׃
. ella lepra , el-sacerdote lo-declarará-inmundo

(9) נֶגַע צָרַעַת כִּי תִהְיֶה בְּאָדָם וְהוּבָא
entonces-será-llevado , en-hombre esté cuando lepra Infección-de (9)

אֶל־ הַכֹּהֵן׃ וְרָאָה הַכֹּהֵן וְהִנֵּה שְׂאֵת־ לְבָנָה
blanca tumor y-he-aquí el-sacerdote Y-mirará (10) . el-sacerdote a

בָּעוֹר וְהִיא הָפְכָה שֵׂעָר לָבָן וּמִחְיַת בָּשָׂר חַי
vivo carne y-trozo-de , blanco vello cambió y-ella en-la-piel

בַּשְׂאֵת׃ צָרַעַת נוֹשֶׁנֶת הִוא בְּעוֹר בְּשָׂרוֹ
su-carne en-piel-de ella crónica Lepra (11) . en-el-tumor

וְטִמְּאוֹ הַכֹּהֵן לֹא יַסְגִּרֶנּוּ כִּי
porque le-aislará no , el-sacerdote y-le-declarará-inmundo

טָמֵא הוּא׃ וְאִם־ פָּרוֹחַ תִּפְרַח הַצָּרַעַת בָּעוֹר
en-la-piel la-lepra brota brotar Y-si (12) . él inmundo

וְכִסְּתָה הַצָּרַעַת אֵת כָּל־ עוֹר הַנֶּגַע
el-infectado piel-de toda ** la-lepra y-cubre

מֵרֹאשׁוֹ וְעַד־ רַגְלָיו לְכָל־ מַרְאֵה עֵינֵי הַכֹּהֵן׃
. el-sacerdote ojos-de visión-de a-toda , sus-pies y-hasta de-su-cabeza

וְרָאָה הַכֹּהֵן וְהִנֵּה כִסְּתָה הַצָּרַעַת אֶת־ כָּל־
toda ** la-lepra cubre y-si , el-sacerdote Y-examinará (13)

בְּשָׂרוֹ וְטִהַר אֶת־ הַנֶּגַע כֻּלּוֹ
todo-él , el-infectado a entonces-declarará-limpio , su-carne

הָפַךְ לָבָן טָהוֹר הוּא׃ וּבְיוֹם הֵרָאוֹת בּוֹ בָּשָׂר חַי
vivo carne en-él aparecer Y-en-día-de (14) . él limpio , blanco se-volvió

יִטְמָא׃ וְרָאָה הַכֹּהֵן אֶת־ הַבָּשָׂר הַחַי
al-vivo la-carne ** el-sacerdote Y-mirará (15) . será-inmundo

וְטִמְּאוֹ הַבָּשָׂר הַחַי טָמֵא הוּא
él inmundo al-vivo la-carne ; y-lo-declarará-inmundo

צָרַעַת הוּא׃ אוֹ כִי יָשׁוּב הַבָּשָׂר הַחַי וְנֶהְפַּךְ
y-se-vuelve al-vivo la-carne cambia si Pero (16) . él lepra

לְלָבָן וּבָא אֶל־הַכֹּהֵן׃ וְרָאָהוּ
Y-le-mirará (17) . el-sacerdote a entonces-irá , a-blanco

הַכֹּהֵן וְהִנֵּה נֶהְפַּךְ הַנֶּגַע לְלָבָן וְטִהַר
entonces-le-declarará-limpio blanca la-llaga se-volvió y-si el-sacerdote

הַכֹּהֵן אֶת־הַנֶּגַע טָהוֹר הוּא׃ וּבָשָׂר כִּי־יִהְיֶה בוֹ־
en-él está cuando Y-carne (18) . él limpio , el-llagado a el-sacerdote

בְעֹרוֹ שְׁחִין וְנִרְפָּא׃ וְהָיָה בִּמְקוֹם הַשְּׁחִין
el-furúnculo en-lugar-de Y-hubiere (19) . y-sanare , furúnculo su-piel

שְׂאֵת לְבָנָה אוֹ בַהֶרֶת לְבָנָה אֲדַמְדָּמֶת וְנִרְאָה אֶל־הַכֹּהֵן׃
. el-sacerdote a y-se-presentará , rojiza blanca mancha o blanca hinchazón

וְרָאָה הַכֹּהֵן וְהִנֵּה מַרְאֶהָ שָׁפָל מִן־
que más-hondo su-aspecto y-si el-sacerdote Y-mirará (20)

הָעוֹר וּשְׂעָרָהּ הָפַךְ לָבָן וְטִמְּאוֹ
y-le-declarará-inmundo blanco se-volvió y-su-vello la-piel

הַכֹּהֵן נֶגַע־צָרַעַת הִוא בַּשְּׁחִין פָּרָחָה׃
. se-originó por-el-furúnculo ella lepra infección-de el-sacerdote

וְאִם ׀ יִרְאֶנָּה הַכֹּהֵן וְהִנֵּה אֵין־בָּהּ שֵׂעָר לָבָן
blanco vello en-ella no-hay y-si el-sacerdote la-examina Y-si (21)

וּשְׁפָלָה אֵינֶנָּה מִן־הָעוֹר וְהִיא כֵהָה וְהִסְגִּירוֹ
entonces-le-aislará , oscura y-ella la-piel que no-es y-más-hondo

הַכֹּהֵן שִׁבְעַת יָמִים׃ וְאִם־פָּשֹׂה תִפְשֶׂה בָּעוֹר
por-la-piel se-extiende extender Y-si (22) . días siete-de el-sacerdote

וְטִמֵּא הַכֹּהֵן אֹתוֹ נֶגַע הִוא׃ וְאִם־
Y-si (23) . ella infección , a-él el-sacerdote declarará-inmundo

תַּחְתֶּיהָ תַּעֲמֹד הַבַּהֶרֶת לֹא פָשָׂתָה צָרֶבֶת הַשְּׁחִין הִוא
él el-furúnculo señal-de se-extiende no la-mancha permanece en-su-lugar

וְטִהֲרוֹ הַכֹּהֵן׃ אוֹ בָשָׂר כִּי־יִהְיֶה
estuviere cuando carne O (24) . el-sacerdote y-le-declarará-limpio

בְעֹרוֹ מִכְוַת־אֵשׁ וְהָיְתָה מִחְיַת הַמִּכְוָה בַּהֶרֶת לְבָנָה
blanca mancha la-quemadura en-lo-vivo-de y-fuere , fuego quemadura-de su-piel

אֲדַמְדֶּמֶת אוֹ לְבָנָה׃ וְרָאָה אֹתָהּ הַכֹּהֵן וְהִנֵּה נֶהְפַּךְ
se-volvió y-si el-sacerdote a-ella Y-mirará (25) . blanca o rojiza

שֵׂעָר לָבָן בַּבַּהֶרֶת וּמַרְאֶהָ עָמֹק מִן־הָעוֹר צָרַעַת
lepra la-piel que más-hondo y-su-aspecto en-la-mancha blanco vello

הִוא בַּמִּכְוָה פָּרָחָה וְטִמֵּא אֹתוֹ הַכֹּהֵן
el-sacerdote a-él y-declarará-inmundo ; se-originó en-la-quemadura , ella

נֶגַע צָרַעַת הִוא׃ וְאִם ׀ יִרְאֶנָּה הַכֹּהֵן וְהִנֵּה
y-si el-sacerdote la-examina Y-si (26) . ella lepra infección-de

אֵין־בַּבַּהֶרֶת שֵׂעָר לָבָן וּשְׁפָלָה אֵינֶנָּה מִן־הָעוֹר
la-piel que no-es-ella y-más-honda blanco vello en-la-mancha no-hay

וְהִוא כֵהָה וְהִסְגִּירוֹ הַכֹּהֵן שִׁבְעַת יָמִים׃
. días siete el-sacerdote entonces-le-aislará , oscurecida y-ella

וְרָאָהוּ הַכֹּהֵן בַּיּוֹם הַשְּׁבִיעִי אִם־פָּשֹׂה
esparcir si el-séptimo en-el-día el-sacerdote Y-le-examinará (27)

תִפְשֶׂה בָּעוֹר וְטִמֵּא הַכֹּהֵן אֹתוֹ
a-él el-sacerdote y-declarará-inmundo en-la-piel se-esparció

נֶגַע צָרַעַת הִוא׃ וְאִם־תַּחְתֶּיהָ תַעֲמֹד הַבַּהֶרֶת
la-mancha permanece en-su-lugar Y-si (28) . ella lepra infección-de

לֹא־פָשְׂתָה בָעוֹר וְהִוא כֵהָה שְׂאֵת הַמִּכְוָה הִוא
, ella la-quemadura cicatriz-de , oscurecida y-ella en-la-piel se-esparce no

וְטִהֲרוֹ הַכֹּהֵן כִּי־צָרֶבֶת הַמִּכְוָה הִוא׃
. ella la-quemadura señal-de pues el-sacerdote y-le-declarará-limpio

וְאִישׁ אוֹ אִשָּׁה כִּי־יִהְיֶה בוֹ נָגַע בְּרֹאשׁ אוֹ בְזָקָן׃

. mentón o en-cabeza llaga en-él esté que mujer o Y-hombre (29)

וְרָאָה הַכֹּהֵן אֶת־הַנֶּגַע וְהִנֵּה מַרְאֵהוּ

su-aspecto y-si la-llaga ** el-sacerdote Y-examinará (30)

עָמֹק מִן־הָעוֹר וּבוֹ שֵׂעָר צָהֹב דָּק וְטִמֵּא

entonces-declarará-inmundo , fino amarillo vello y-en-él la-piel que más-hondo

אֹתוֹ הַכֹּהֵן נֶתֶק הוּא צָרַעַת הָרֹאשׁ אוֹ הַזָּקָן הוּא׃ וְכִי־

· Y-si (31) . él el-mentón o la-cabeza lepra-de , ello ' tiña el-sacerdote examina

יִרְאֶה הַכֹּהֵן אֶת־נֶגַע הַנֶּתֶק וְהִנֵּה אֵין־מַרְאֵהוּ

su-aspecto no-es y-si la-tiña infección-de ** el-sacerdote examina

עָמֹק מִן־הָעוֹר וְשֵׂעָר שָׁחֹר אֵין בּוֹ וְהִסְגִּיר

entonces-aislará , en-él no-hay negro y-vello la-piel que más-hondo

הַכֹּהֵן אֶת־נֶגַע הַנֶּתֶק שִׁבְעַת יָמִים׃ וְרָאָה

Y-examinará (32) . días siete la-tiña infectado-de a el-sacerdote

הַכֹּהֵן אֶת־הַנֶּגַע בַּיּוֹם הַשְּׁבִיעִי וְהִנֵּה לֹא־פָשָׂה הַנֶּתֶק

la-tiña se-esparció no y-si el-séptimo en-el-día la-infección ** el-sacerdote

וְלֹא־הָיָה בוֹ שֵׂעָר צָהֹב וּמַרְאֵה הַנֶּתֶק אֵין עָמֹק מִן־

que más-hondo no-es la-tiña y-aspecto-de amarillo vello en-él está y-no

הָעוֹר׃ וְהִתְגַּלָּח וְאֶת־הַנֶּתֶק לֹא יְגַלֵּחַ

se-afeitará no la-tiña y-** Y-será-afeitado (33) . la-piel

וְהִסְגִּיר הַכֹּהֵן אֶת־הַנֶּתֶק שִׁבְעַת יָמִים שֵׁנִית׃

. otra-vez días siete el-tiñoso a el-sacerdote y-aislará

וְרָאָה הַכֹּהֵן אֶת־הַנֶּתֶק בַּיּוֹם הַשְּׁבִיעִי

el-séptimo en-el-día la-tiña ** el-sacerdote Y-examinará (34)

וְהִנֵּה לֹא־פָשָׂה הַנֶּתֶק בָּעוֹר וּמַרְאֵהוּ אֵינֶנּוּ

no-es y-su-aspecto en-la-piel la-tiña se-esparció no y-si

עָמֹק מִן־ הָעוֹר וְטִהַר אֹתוֹ הַכֹּהֵן
el-sacerdote a-él entonces-declarará-limpio , la-piel que más-hondo

וְכִבֶּס בְּגָדָיו וְטָהֵר׃ וְאִם־ פָּשֹׂה
esparcir Y-si (35) . y-será-limpio sus-vestidos y-lavará

יִפְשֶׂה הַנֶּתֶק בָּעוֹר אַחֲרֵי טָהֳרָתוֹ׃
. su-purificación después-de en-la-piel la-tiña se-esparce

וְרָאָהוּ הַכֹּהֵן וְהִנֵּה פָּשָׂה הַנֶּתֶק בָּעוֹר לֹא־
no en-la-piel la-tiña se-esparció y-si el-sacerdote Y-le-examinará (36)

יְבַקֵּר הַכֹּהֵן לַשֵּׂעָר הַצָּהֹב טָמֵא הוּא׃ וְאִם־
Y-si (37) . él inmundo , el-amarillo por-el-vello el-sacerdote busque

בְּעֵינָיו עָמַד הַנֶּתֶק וְשֵׂעָר שָׁחֹר צָמַח־ בּוֹ
en-él creció negro y-vello la-tiña detenida en-sus-ojos

נִרְפָּא הַנֶּתֶק טָהוֹר הוּא וְטִהֲרוֹ הַכֹּהֵן׃
. el-sacerdote y-le-declarará-limpio , él limpio , la-tiña se-curó

וְאִישׁ אוֹ־ אִשָּׁה כִּי־ יִהְיֶה בְעוֹר־ בְּשָׂרָם בֶּהָרֹת בֶּהָרֹת
manchas , manchas su-carne en-piel-de esté que mujer o Y-hombre (38)

לְבָנֹת׃ וְרָאָה הַכֹּהֵן וְהִנֵּה בְעוֹר־ בְּשָׂרָם
su-carne en-piel-de y-si el-sacerdote Y-mirará (39) . blancas

בֶּהָרֹת כֵּהוֹת לְבָנֹת בֹּהַק הוּא פָּרַח בָּעוֹר טָהוֹר הוּא׃
. él limpio en-la-piel brotó él eczema blancas suaves manchas

וְאִישׁ כִּי יִמָּרֵט רֹאשׁוֹ קֵרֵחַ הוּא טָהוֹר הוּא׃ וְאִם
Y-si (41) . él limpio , él calvo , su-cabello cayere cuando Y-hombre (40)

מִפְּאַת פָּנָיו יִמָּרֵט רֹאשׁוֹ גִּבֵּחַ הוּא טָהוֹר הוּא׃
. él limpio él calvo su-cabello cayere su-cabeza de-frente-de

וְכִי־ יִהְיֶה בַקָּרַחַת אוֹ בַגַּבַּחַת נֶגַע לָבָן
blanca la-llaga en-la-calva-delantera o en-la-calva está Y-si (42)

אֲדַמְדֶּם צָרַעַת פֹּרַחַת הִוא בְּקָרַחְתּוֹ אוֹ בְגַבַּחְתּוֹ׃

. en-su-frente o en-su-cabeza ella brotando lepra rojiza

וְרָאָה אֹתוֹ הַכֹּהֵן וְהִנֵּה שְׂאֵת־ הַנֶּגַע לְבָנָה

blanca la-llaga hinchazón-de y-si el-sacerdote a-él Y-examinará (43)

אֲדַמְדֶּמֶת בְּקָרַחְתּוֹ אוֹ בְגַבַּחְתּוֹ כְּמַרְאֵה צָרַעַת

lepra como-aspecto-de en-su-frente o en-su-cabeza rojiza

עוֹר בָּשָׂר׃ אִישׁ־ צָרוּעַ הוּא טָמֵא הוּא טַמֵּא

declarar-inmundo , él inmundo él leproso Hombre (44) . carne piel-de

יְטַמְּאֶנּוּ הַכֹּהֵן בְּרֹאשׁוֹ נִגְעוֹ׃

. su-llaga por-su-cabeza el-sacerdote le-declarará-inmundo

וְהַצָּרוּעַ אֲשֶׁר־ בּוֹ הַנֶּגַע בְּגָדָיו

sus-ropas la-llaga en-él que Y-el-leproso (45)

יִהְיוּ פְרֻמִים וְרֹאשׁוֹ יִהְיֶה פָרוּעַ וְעַל־

y-en descubierta será y-su-cabeza rasgados serán

שָׂפָם יַעְטֶה וְטָמֵא ׀ טָמֵא יִקְרָא׃ כָּל־ יְמֵי

días-de Todos (46) . gritará inmundo e-inmundo cubrirá rostro-inferior

אֲשֶׁר הַנֶּגַע בּוֹ יִטְמָא טָמֵא הוּא בָּדָד יֵשֵׁב

morará solo él inmundo es-inmundo en-él la-llaga que

מִחוּץ לַמַּחֲנֶה מוֹשָׁבוֹ׃ וְהַבֶּגֶד כִּי־ יִהְיֶה בוֹ

en-él esté que Y-la-ropa (47) . su-morada el-campamento fuera-de

נֶגַע צָרָעַת בְּבֶגֶד צֶמֶר אוֹ בְּבֶגֶד פִּשְׁתִּים׃ אוֹ

O (48) . linos en-ropa-de o lana en-ropa-de lepra infección-de

בִשְׁתִי אוֹ בְעֵרֶב לַפִּשְׁתִּים וְלַצָּמֶר אוֹ בְעוֹר אוֹ

o en-piel o y-de-la-lana de-los-linos en-punto o en-tejido

בְּכָל־ מְלֶאכֶת עוֹר׃ וְהָיָה הַנֶּגַע יְרַקְרַק ׀ אוֹ

o verdosa la-infección Y-es (49) . piel producto-de en-todo

אֲדַמְדָּם בַּבֶּגֶד אוֹ בָעוֹר אֽוֹ־בַשְּׁתִי אוֹ־בָעֵרֶב
en-el-punto o en-el-tejido o en-la-piel o en-la-ropa rojiza

אֽוֹ בְכָל־כְּלִי־עוֹר נֶגַע צָרַעַת הִוא
; él lepra contaminación-de piel artículo-de en-todo o

וְהָרְאָה אֶת־הַכֹּהֵן׃ (50) וְרָאָה הַכֹּהֵן אֶת־
** el-sacerdote Y-examinará (50) . el-sacerdote a y-será-mostrado

הַנָּגַע וְהִסְגִּיר אֶת־הַנֶּגַע שִׁבְעַת יָמִים׃
. días siete lo-infectado ** y-aislará la-infección

(51) וְרָאָה אֶת־הַנֶּגַע בַּיּוֹם הַשְּׁבִיעִי כִּֽי־פָשָׂה
se-esparció si el-séptimo en-el-día la-infección ** Y-examinará (51)

הַנֶּגַע בַּבֶּגֶד אֽוֹ־בַשְּׁתִי אוֹ־בָעֵרֶב אֽוֹ בָעוֹר
en-la-piel o en-el-punto o en-el-tejido o en-la-ropa la-infección

לְכֹל אֲשֶׁר־יֵעָשֶׂה הָעוֹר לִמְלָאכָה צָרַעַת מַמְאֶרֶת
destructora lepra ; para-uso la-piel se-haga que para-todo

הַנֶּגַע טָמֵא הוּא׃ (52) וְשָׂרַף אֶת־הַבֶּגֶד אֽוֹ אֶת־
** o el-vestido ** Y-será-quemado (52) . él inmundo la-infección

הַשְּׁתִי ׀ אֽוֹ אֶת־הָעֵרֶב בַּצֶּמֶר אֽוֹ בַפִּשְׁתִּים אֽוֹ אֶת־כָּל־
todo ** o de-los-linos o de-la-lana el-punto ** o el-tejido

כְּלִי הָעוֹר אֲשֶׁר־יִהְיֶה בוֹ הַנָּגַע כִּֽי־צָרַעַת
lepra-de pues la-infección en-él esté que la-piel artículo-de

מַמְאֶרֶת הִוא בָּאֵשׁ תִּשָּׂרֵף׃ (53) וְאִם יִרְאֶה
examina Y-si (53) . será-quemada en-el-fuego ella destrucción

הַכֹּהֵן וְהִנֵּה לֹא־פָשָׂה הַנֶּגַע בַּבֶּגֶד אוֹ בַשְּׁתִי
en-el-tejido o en-la-ropa la-infección se-esparció no y-si el-sacerdote

אֽוֹ בָעֵרֶב אוֹ בְּכָל־כְּלִי־עוֹר׃ (54) וְצִוָּה
Y-mandará (54) . piel artículo-de en-todo o en-el-punto o

הַכֹּהֵן וְכִבְּסוּ אֵת אֲשֶׁר־בּוֹ הַנָּגַע
la-infección en-él lo-que ** y-lavarán el-sacerdote

וְהִסְגִּירוֹ שִׁבְעַת־יָמִים שֵׁנִית׃ וְרָאָה
Y-examinará (55) . otra-vez días siete y-le-aislará

הַכֹּהֵן אַחֲרֵי ׀ הֻכַּבֵּס אֶת־הַנֶּגַע וְהִנֵּה לֹא־הָפַךְ
cambió no y-si la-ropa ** ser-lavada tras el-sacerdote

הַנֶּגַע אֶת־עֵינוֹ וְהַנֶּגַע לֹא־פָשָׂה טָמֵא הוּא
. él inmundo se-extendió no y-la-infección su-aspecto ** la-infección

בָּאֵשׁ תִּשְׂרְפֶנּוּ פְּחֶתֶת הִוא בְּקָרַחְתּוֹ אוֹ בְגַבַּחְתּוֹ׃
. en-su-anverso o en-su-reverso ella moho lo-quemarás en-el-fuego

וְאִם רָאָה הַכֹּהֵן וְהִנֵּה כֵּהָה הַנֶּגַע אַחֲרֵי
tras la-infección debilitada y-si el-sacerdote examina Y-si (56)

הֻכַּבֵּס אֹתוֹ וְקָרַע אֹתוֹ מִן־הַבֶּגֶד אוֹ מִן־הָעוֹר
la-piel de o la-ropa de a-él entonces-cortará , él fue-lavado

אוֹ מִן־הַשְּׁתִי אוֹ מִן־הָעֵרֶב׃ וְאִם־תֵּרָאֶה עוֹד
aún reaparece Pero-si (57) . el-punto de o tejido de o

בַּבֶּגֶד אוֹ־בַשְּׁתִי אוֹ־בָעֵרֶב אוֹ בְכָל־כְּלִי־
artículo-de en-cualquier o en-el-punto o en-el-tejido o en-la-ropa

עוֹר פֹּרַחַת הִוא בָּאֵשׁ תִּשְׂרְפֶנּוּ אֵת אֲשֶׁר־בּוֹ
en-él lo-que ** lo-quemarás en-el-fuego , ella esparcida piel

הַנָּגַע׃ וְהַבֶּגֶד אוֹ־הַשְּׁתִי אוֹ־הָעֵרֶב אוֹ־כָל־
todo o el-punto o el-tejido o Y-la-ropa (58) . la-infección

כְּלִי הָעוֹר אֲשֶׁר תְּכַבֵּס וְסָר מֵהֶם הַנָּגַע
la-infección de-ellos y-salió lavares que la-piel artículo-de

וְכֻבַּס שֵׁנִית וְטָהֵר׃ זֹאת תּוֹרַת
ley-de Esta (59) . y-será-limpio otra-vez entonces-será-lavado

נֶגַע־ צָרַעַת בֶּגֶד הַצֶּמֶר ׀ אוֹ הַפִּשְׁתִּים אוֹ הַשְּׁתִי אוֹ
o el-tejido o los-linos o la-lana ropa-de lepra infección-de

הָעֵרֶב אוֹ כָּל־ כְּלִי־ עוֹר לְטַהֲרוֹ אוֹ
o para-declarar-lo-limpio piel artículo-de todo o el-punto

לְטַמְּאוֹ׃ וַיְדַבֵּר יְהוָה אֶל־ מֹשֶׁה לֵּאמֹר׃ זֹאת
Ésta (2) . diciendo Moisés a Yahweh Y-habló (1) . declarar-lo-inmundo

תִּהְיֶה תּוֹרַת הַמְּצֹרָע בְּיוֹם טָהֳרָתוֹ
; su-limpieza en-día-de el-leproso ley-de es

וְהוּבָא אֶל־ הַכֹּהֵן׃ וְיָצָא הַכֹּהֵן אֶל־ מִחוּץ
fuera a el-sacerdote E-irá (3) . el-sacerdote a cuando-es-llevado

לַמַּחֲנֶה וְרָאָה הַכֹּהֵן וְהִנֵּה נִרְפָּא נֶגַע־
infección-de es-curada y-si el-sacerdote y-examinará del-campamento

הַצָּרַעַת מִן־ הַצָּרוּעַ׃ וְצִוָּה הַכֹּהֵן
el-sacerdote Y-mandará (4) . el-leproso de a-lepra

וְלָקַח לַמִּטַּהֵר שְׁתֵּי־ צִפֳּרִים חַיּוֹת
vivas aves dos para-el-que-se-purifica y-tomará

טְהֹרוֹת וְעֵץ אֶרֶז וּשְׁנִי תוֹלַעַת וְאֵזֹב׃
. e-hisopo carmesí e-hilado-de cedro y-madera-de limpias

וְצִוָּה הַכֹּהֵן וְשָׁחַט אֶת־ הַצִּפּוֹר הָאֶחָת אֶל־
en la-una el-ave ** y-matará el-sacerdote Y-mandará (5)

כְּלִי־ חֶרֶשׂ עַל־ מַיִם חַיִּים׃ אֶת־ הַצִּפֹּר הַחַיָּה יִקַּח
tomará el-vivo el-ave ** (6) . vivas aguas en barro vasija-de

אֹתָהּ וְאֶת־ עֵץ הָאֶרֶז וְאֶת־ שְׁנִי הַתּוֹלַעַת וְאֶת־ הָאֵזֹב
el-hisopo y-** el-carmesí hilado-de e-** el-cedro madera-de y-** a-ella

וְטָבַל אוֹתָם וְאֵת ׀ הַצִּפֹּר הַחַיָּה בְּדַם הַצִּפֹּר
el-ave en-su-sangre la-viva el-ave con a-ellos y-mojará

הַשְּׁחֻטָה עַל הַמַּיִם הַחַיִּים׃ (7) וְהִזָּה
la-que-es-matada sobre las-aguas . las-vivas (7) Y-rociará

עַל הַמִּטַּהֵר מִן־ הַצָּרַעַת שֶׁבַע פְּעָמִים
sobre el-que-es-purificado de la-lepra siete veces

וְטִהֲרוֹ וְשִׁלַּח אֶת־ הַצִּפֹּר הַחַיָּה
y-lo-declarará-limpio y-soltará ** el-ave la-viva

עַל־ פְּנֵי הַשָּׂדֶה׃ (8) וְכִבֶּס הַמִּטַּהֵר אֶת־
sobre faz-de . el-campo (8) Y-lavará el-que-se-purifica **

בְּגָדָיו וְגִלַּח אֶת־ כָּל־ שְׂעָרוֹ וְרָחַץ
sus-vestidos y-afeitará ** todo su-cabello y-se-bañará

בַּמַּיִם וְטָהֵר וְאַחַר יָבוֹא אֶל־ הַמַּחֲנֶה
en-las-aguas y-será-limpio y-después irá a el-campamento

וְיָשַׁב מִחוּץ לְאָהֳלוֹ שִׁבְעַת יָמִים׃ (9) וְהָיָה
y-permanecerá fuera-de su-tienda siete . días (9) Y-será

בַיּוֹם הַשְּׁבִיעִי יְגַלַּח אֶת־ כָּל־ שְׂעָרוֹ אֶת־ רֹאשׁוֹ
en-el-día el-séptimo y-afeitará ** todo su-pelo ** su-cabeza

וְאֶת־ זְקָנוֹ וְאֵת גַּבֹּת עֵינָיו וְאֶת־ כָּל־ שְׂעָרוֹ
y-** su-barba y-** cejas-de sus-ojos y-** todo su-pelo

יְגַלֵּחַ וְכִבֶּס אֶת־ בְּגָדָיו וְרָחַץ אֶת־
afeitará y-lavará ** sus-ropas y-se-lavará **

בְּשָׂרוֹ בַּמַּיִם וְטָהֵר׃ (10) וּבַיּוֹם הַשְּׁמִינִי
su-cuerpo en-las-aguas . y-será-limpio (10) Y-en-el-día el-octavo

יִקַּח שְׁנֵי־ כְבָשִׂים תְּמִימִים וְכַבְשָׂה אַחַת
traerá dos corderos perfectos y-cordera una

בַּת־ שְׁנָתָהּ תְּמִימָה וּשְׁלֹשָׁה עֶשְׂרֹנִים סֹלֶת
hija-de su-año perfecta y-tres décimas harina

מִנְחָה בְּלוּלָה בַשֶּׁמֶן וְלֹג אֶחָד שָׁמֶן׃
. aceite uno y-log con-el-aceite mezclada ofrenda-vegetal

וְהֶעֱמִיד הַכֹּהֵן הַמְטַהֵר אֵת הָאִישׁ
el-hombre ** el-purificador el-sacerdote Y-presentará (11)

הַמִּטַּהֵר וְאֹתָם לִפְנֵי יְהוָה פֶּתַח אֹהֶל מוֹעֵד׃
. reunión tienda-de puerta-de Yahweh ante y-esas (cosas) el-purificado

וְלָקַח הַכֹּהֵן אֶת־ הַכֶּבֶשׂ הָאֶחָד
el-uno el-cordero ** el-sacerdote Y-tomará (12)

וְהִקְרִיב אֹתוֹ לְאָשָׁם וְאֶת־ לֹג הַשָּׁמֶן וְהֵנִיף
y-mecerá el-aceite log-de y-** por-culpa a-él y-ofrecerá

אֹתָם תְּנוּפָה לִפְנֵי יְהוָה׃ וְשָׁחַט אֶת־ הַכֶּבֶשׂ
el-cordero ** Y-degollará (13) . Yahweh ante ofrenda-mecida a-ellos

בִּמְקוֹם אֲשֶׁר יִשְׁחַט אֶת־ הַחַטָּאת וְאֶת־ הָעֹלָה
. el-holocausto y-** la-ofrenda-del-pecado ** por-culpa a-él y-ofrecerá

בִּמְקוֹם הַקֹּדֶשׁ כִּי כַּחַטָּאת הָאָשָׁם הוּא
él la-ofrenda-de-culpa como-ofrenda-de-pecado pues el-santo en-sitio-de

לַכֹּהֵן קֹדֶשׁ קָדָשִׁים הוּא׃ וְלָקַח הַכֹּהֵן
el-sacerdote Y-tomará (14) . él santos santo-de para-el-sacerdote

מִדַּם הָאָשָׁם וְנָתַן הַכֹּהֵן עַל־ תְּנוּךְ
lóbulo-de en el-sacerdote y-pondrá ofrenda-de-culpa de-sangre-de

אֹזֶן הַמִּטַּהֵר הַיְמָנִית וְעַל־ בֹּהֶן יָדוֹ הַיְמָנִית
la-derecha su-mano pulgar-de y-en la-derecha el-purificado oreja-de

וְעַל־ בֹּהֶן רַגְלוֹ הַיְמָנִית׃ וְלָקַח הַכֹּהֵן
el-sacerdote Y-tomará (15) . el-derecho su-pie dedo-gordo-de y-en

מִלֹּג הַשָּׁמֶן וְיָצַק עַל־ כַּף הַכֹּהֵן הַשְּׂמָאלִית׃
. la-izquierda el-sacerdote palma-de en y-derramará el-aceite del-log-de

(16) וְטָבַל הַכֹּהֵן אֶת־ אֶצְבָּעוֹ הַיְמָנִית מִן־ הַשֶּׁמֶן
el-aceite en el-derecho su-dedo ** el-sacerdote Y-mojará (16)

אֲשֶׁר עַל־ כַּפּוֹ הַשְּׂמָאלִית וְהִזָּה מִן־ הַשֶּׁמֶן
el-aceite de y-rociará la-izquierda su-palma en que

בְּאֶצְבָּעוֹ שֶׁבַע פְּעָמִים לִפְנֵי יְהוָה׃ (17) וּמִיֶּתֶר
Y-el-resto-de (17) . Yahweh ante veces siete con-su-dedo

הַשֶּׁמֶן אֲשֶׁר עַל־ כַּפּוֹ יִתֵּן הַכֹּהֵן עַל־ תְּנוּךְ אֹזֶן
oreja-de lóbulo-de en el-sacerdote pondrá su-palma en que el-aceite

הַמִּטַּהֵר הַיְמָנִית וְעַל־ בֹּהֶן יָדוֹ הַיְמָנִית
la-derecha su-mano pulgar-de y-en la-derecha el-purificado

וְעַל־ בֹּהֶן רַגְלוֹ הַיְמָנִית עַל דַּם הָאָשָׁם׃
. ofrenda-de-culpa sangre-de sobre el-derecho su-pie dedo-gordo-de y-en

(18) וְהַנּוֹתָר בַּשֶּׁמֶן אֲשֶׁר עַל־ כַּף הַכֹּהֵן יִתֵּן
pondrá el-sacerdote palma-de en que del-aceite Y-el-resto (18)

עַל־ רֹאשׁ הַמִּטַּהֵר וְכִפֶּר עָלָיו הַכֹּהֵן
el-sacerdote por-él y-expiará el-purificado cabeza-de en

לִפְנֵי יְהוָה׃ (19) וְעָשָׂה הַכֹּהֵן אֶת־ הַחַטָּאת
la-ofrenda-del-pecado ** el-sacerdote Y-sacrificará (19) . Yahweh ante

וְכִפֶּר עַל־ הַמִּטַּהֵר מִטֻּמְאָתוֹ
por-su-inmundicia el-purificado por y-expiará

וְאַחַר יִשְׁחַט אֶת־ הָעֹלָה׃ (20) וְהֶעֱלָה
Y-ofrecerá (20) . el-holocausto ** degollará y-después

הַכֹּהֵן אֶת־ הָעֹלָה וְאֶת־ הַמִּנְחָה הַמִּזְבֵּחָה
en-el-altar la-ofrenda-vegetal y-** el-holocausto ** el-sacerdote

וְכִפֶּר עָלָיו הַכֹּהֵן וְטָהֵר׃ (21) וְאִם־ דַּל
pobre Y-si (21) . y-será-limpio el-sacerdote por-él y-expiará

הוּא וְאֵין יָדוֹ מַשֶּׂגֶת וְלָקַח כֶּבֶשׂ אֶחָד
uno cordero entonces-tomará ofreciendo su-mano y-no-puede él

אָשָׁם לִתְנוּפָה לְכַפֵּר עָלָיו וְעִשָּׂרוֹן סֹלֶת אֶחָד
una harina y-décima , por-él para-expiar para-ofrenda-mecida ofrenda-de-culpa

בָּלוּל בַּשֶּׁמֶן לְמִנְחָה וְלֹג שָׁמֶן׃ וּשְׁתֵּי
Y-dos (22) . aceite y-log-de para-ofrenda-vegetal con-el-aceite mezclada

תֹרִים אוֹ שְׁנֵי בְּנֵי יוֹנָה אֲשֶׁר תַּשִּׂיג יָדוֹ
su-mano lo-permita que paloma hijos-de dos o tórtolas

וְהָיָה אֶחָד חַטָּאת וְהָאֶחָד עֹלָה׃
. holocausto y-el-otro ofrenda-del-pecado uno y-será

וְהֵבִיא אֹתָם בַּיּוֹם הַשְּׁמִינִי לְטָהֳרָתוֹ אֶל־
a para-su-purificación el-octavo en-el-día a-ellos Y-traerá (23)

הַכֹּהֵן אֶל־ פֶּתַח אֹהֶל־ מוֹעֵד לִפְנֵי יְהוָה׃ וְלָקַח
Y-tomará (24) . Yahweh ante reunión tienda-de puerta-de a el-sacerdote

הַכֹּהֵן אֶת־ כֶּבֶשׂ הָאָשָׁם וְאֶת־ לֹג הַשָּׁמֶן וְהֵנִיף
y-mecerá el-aceite log-de y-** ofrenda-de-culpa cordero-de ** el-sacerdote

אֹתָם הַכֹּהֵן תְּנוּפָה לִפְנֵי יְהוָה׃ וְשָׁחַט אֶת־
** Y-degollará (25) . Yahweh ante ofrenda-mecida el-sacerdote a-ellos

כֶּבֶשׂ הָאָשָׁם וְלָקַח הַכֹּהֵן מִדַּם
de-sangre-de el-sacerdote y-tomará ofrenda-de-culpa cordero-de

הָאָשָׁם וְנָתַן עַל־ תְּנוּךְ אֹזֶן־ הַמִּטַּהֵר
el-purificado oreja-de lóbulo-de en y-pondrá ofrenda-de-culpa

הַיְמָנִית וְעַל־ בֹּהֶן יָדוֹ הַיְמָנִית וְעַל־ בֹּהֶן רַגְלוֹ
su-pie dedo-gordo-de y-en la-derecha su-mano pulgar-de y-en la-derecha

הַיְמָנִית׃ וּמִן־ הַשֶּׁמֶן יִצֹק הַכֹּהֵן עַל־ כַּף
palma-de en el-sacerdote derramará el-aceite Y-de (26) . el-derecho

הַכֹּהֵן הַשְּׂמָאלִית׃ (27) וְהִזָּה הַכֹּהֵן בְּאֶצְבָּעוֹ
con-su-dedo el-sacerdote Y-rociará (27) . la-izquierda el-sacerdote

הַיְמָנִית מִן־ הַשֶּׁמֶן אֲשֶׁר עַל־ כַּפּוֹ הַשְּׂמָאלִית שֶׁבַע פְּעָמִים לִפְנֵי
ante veces siete la-izquierda su-palma en que el-aceite de el-derecho

יְהוָה׃ (28) וְנָתַן הַכֹּהֵן מִן־ הַשֶּׁמֶן ׀ אֲשֶׁר עַל־ כַּפּוֹ עַל־
en su-palma en que el-aceite de el-sacerdote Y-pondrá (28) . Yahweh

תְּנוּךְ אֹזֶן הַמִּטַּהֵר הַיְמָנִית וְעַל־ בֹּהֶן יָדוֹ
su-mano pulgar-de y-en la-derecha el-purificado oreja-de lóbulo-de

הַיְמָנִית וְעַל־ בֹּהֶן רַגְלוֹ הַיְמָנִית עַל־ מְקוֹם דַּם
sangre-de sitio-de en el-derecho su-pie dedo-gordo-de y-en la-derecha

הָאָשָׁם׃ (29) וְהַנּוֹתָר מִן־ הַשֶּׁמֶן אֲשֶׁר עַל־ כַּף
palma-de en que el-aceite de Y-el-resto (29) . ofrenda-de-culpa

הַכֹּהֵן יִתֵּן עַל־ רֹאשׁ הַמִּטַּהֵר לְכַפֵּר עָלָיו
por-él para-expiar el-purificado cabeza-de en pondrá el-sacerdote

לִפְנֵי יְהוָה׃ (30) וְעָשָׂה אֶת־ הָאֶחָד מִן־ הַתֹּרִים אוֹ
o las-tórtolas de el-uno ** Y-sacrificará (30) . Yahweh ante

מִן־ בְּנֵי הַיּוֹנָה מֵאֲשֶׁר תַּשִּׂיג יָדוֹ׃ (31) אֵת
** (31) . su-mano puede-dar del-cual la-paloma hijos-de de

אֲשֶׁר־ תַּשִּׂיג יָדוֹ אֶת־ הָאֶחָד חַטָּאת וְאֶת־ הָאֶחָד
el-otro y-** ofrenda-de-pecado el-uno ** su-mano puede-dar que

עֹלָה עַל־ הַמִּנְחָה וְכִפֶּר הַכֹּהֵן עַל
por el-sacerdote y-expiará la-ofrenda-vegetal con holocausto

הַמִּטַּהֵר לִפְנֵי יְהוָה׃ (32) זֹאת תּוֹרַת אֲשֶׁר־ בּוֹ
en-él quien ley-de Ésta (32) . Yahweh ante el-purificado

נֶגַע צָרָעַת אֲשֶׁר לֹא־ תַשִּׂיג יָדוֹ
su-mano puede-dar no que lepra infección-de

בְּטָהֳרָתוֹ׃ וַיְדַבֵּר יְהוָה אֶל־מֹשֶׁה וְאֶל־אַהֲרֹן לֵאמֹר׃

. diciendo Aarón y-a Moisés a Yahweh Y-habló (33) . para-su-purificación

כִּי תָבֹאוּ אֶל־אֶרֶץ כְּנַעַן אֲשֶׁר אֲנִי נֹתֵן לָכֶם לַאֲחֻזָּה

por-posesión a-vosotros daré yo que Canaán tierra-de a entres Cuando (34)

וְנָתַתִּי נֶגַע צָרַעַת בְּבֵית אֶרֶץ אֲחֻזַּתְכֶם׃

. vuestra-posesión tierra-de en-casa-de lepra infección-de y-pusiere

וּבָא אֲשֶׁר־לוֹ הַבַּיִת וְהִגִּיד לַכֹּהֵן

al-sacerdote y-avisará la-casa de-él el-que Entonces-vendrá (35)

לֵאמֹר כְּנֶגַע נִרְאָה לִי בַּבָּיִת׃ וְצִוָּה

Y-mandará (36) . en-la-casa a-mí apareció como-plaga : diciendo

הַכֹּהֵן וּפִנּוּ אֶת־הַבַּיִת בְּטֶרֶם יָבֹא הַכֹּהֵן

el-sacerdote entre antes-que la-casa ** y-vaciarán el-sacerdote

לִרְאוֹת אֶת־הַנֶּגַע וְלֹא יִטְמָא כָּל־אֲשֶׁר

lo-que todo declarará-inmundo y-no la-plaga ** a-mirar

בַּבָּיִת וְאַחַר כֵּן יָבֹא הַכֹּהֵן לִרְאוֹת אֶת־הַבָּיִת׃

. la-casa ** para-mirar el-sacerdote entrará eso y-tras en-la-casa

וְרָאָה אֶת־הַנֶּגַע וְהִנֵּה הַנֶּגַע בְּקִירֹת

en-paredes-de la-plaga y-he-aquí la-plaga ** Y-examinará (37)

הַבַּיִת שְׁקַעֲרוּרֹת יְרַקְרַקֹּת אוֹ אֲדַמְדַּמֹּת וּמַרְאֵיהֶן

y-su-aspecto rojizas o verdosas manchas la-casa

שָׁפָל מִן־הַקִּיר׃ וְיָצָא הַכֹּהֵן מִן־הַבַּיִת

la-casa de el-sacerdote Y-saldrá (38) la-pared que más-hondo

אֶל־פֶּתַח הַבָּיִת וְהִסְגִּיר אֶת־הַבַּיִת שִׁבְעַת יָמִים׃

. días siete la-casa ** y-cerrará la-casa puerta-de a

וְשָׁב הַכֹּהֵן בַּיּוֹם הַשְּׁבִיעִי

el-séptimo en-el-día el-sacerdote Y-volverá (39)

וְרָאָה וְהִנֵּה פָּשָׂה הַנֶּגַע בְּקִירֹת הַבָּיִת׃
. la-casa en-paredes-de la-plaga se-esparció y-si y-mirará

וְצִוָּה הַכֹּהֵן וְחִלְּצוּ אֶת־ הָאֲבָנִים
las-piedras ** y-arrancarán el-sacerdote Entonces-mandará (40)

אֲשֶׁר בָּהֵן הַנָּגַע וְהִשְׁלִיכוּ . אֶתְהֶן אֶל־ מִחוּץ לָעִיר
la-ciudad fuera-de a a-ellas y-arrojarán la-plaga en-ellas que

אֶל־ מָקוֹם טָמֵא׃ וְאֶת־ הַבַּיִת יַקְצִעַ מִבַּיִת סָבִיב
alrededor dentro raspará la-casa Y-** (41) . inmundo lugar a

וְשָׁפְכוּ אֶת־ הֶעָפָר אֲשֶׁר הִקְצוּ אֶל־ מִחוּץ
fuera-de a raspen que el-escombro ** y-echará

לָעִיר אֶל־ מָקוֹם טָמֵא׃ וְלָקְחוּ אֲבָנִים אֲחֵרוֹת
otras piedras Y-tomarán (42) . inmundo lugar a la-ciudad

וְהֵבִיאוּ אֶל־ תַּחַת הָאֲבָנִים וְעָפָר אַחֵר יִקַּח
tomará otro y-mortero las-piedras lugar-de en y-colocarán

וְטָח אֶת־ הַבָּיִת׃ וְאִם־ יָשׁוּב הַנֶּגַע
la-plaga reaparece Y-si (43) . la-casa ** y-rebozará

וּפָרַח בַּבַּיִת אַחַר חִלֵּץ אֶת־ הָאֲבָנִים וְאַחֲרֵי
y-después-que las-piedras ** arranca después-que en-la-casa y-se-esparce

הִקְצוֹת אֶת־ הַבַּיִת וְאַחֲרֵי הִטּוֹחַ׃ וּבָא
Entonces-entrará (44) . rebozar tras la-casa ** raspar

הַכֹּהֵן וְרָאָה וְהִנֵּה פָּשָׂה הַנֶּגַע בַּבָּיִת
en-la-casa la-plaga se-esparció y-si y-mirará el-sacerdote

צָרַעַת מַמְאֶרֶת הִוא בַּבַּיִת טָמֵא הוּא׃ וְנָתַץ אֶת־
** Y-derribará (45) . él inmundo en-la-casa ella maligna lepra

הַבַּיִת אֶת־ אֲבָנָיו וְאֶת־ עֵצָיו וְאֵת כָּל־ עֲפַר
rebozado-de todo y-** sus-maderas y-** sus-piedras ** la-casa

הַבַּיִת וְהוֹצִיא אֶל־מִחוּץ לָעִיר אֶל־מָקוֹם טָמֵא׃
. inmundo lugar a de-la-ciudad fuera a y-sacará la-casa

וְהַבָּא אֶל־הַבַּיִת כָּל־יְמֵי הִסְגִּיר אֹתוֹ
a-él le-cerró días-de cualquier la-casa a Y-el-que-entre (46)

יִטְמָא עַד־הָעָרֶב׃ וְהַשֹּׁכֵב בַּבַּיִת
en-la-casa Y-el-que-duerma (47) . la-tarde hasta será-inmundo

יְכַבֵּס אֶת־בְּגָדָיו וְהָאֹכֵל בַּבַּיִת יְכַבֵּס
lavará en-la-casa y-el-que-coma sus-ropas ** lavará

אֶת־בְּגָדָיו׃ וְאִם־בֹּא יָבֹא הַכֹּהֵן וְרָאָה
y-examina el-sacerdote entra entrar Pero-si (48) . sus-ropas **

וְהִנֵּה לֹא־פָשָׂה הַנֶּגַע בַּבַּיִת אַחֲרֵי הִטֹּחַ אֶת־
** rebozar tras en-la-casa la-plaga se-esparció no y-si

הַבָּיִת וְטִהַר הַכֹּהֵן אֶת־הַבַּיִת כִּי
pues la-casa ** el-sacerdote y-declarará-limpio la-casa

נִרְפָּא הַנָּגַע׃ וְלָקַח לְחַטֵּא אֶת־הַבַּיִת שְׁתֵּי
dos la-casa ** para-purificar Y-tomará (49) . la-plaga marchó

צִפֳּרִים וְעֵץ אֶרֶז וּשְׁנִי תוֹלַעַת וְאֵזֹב׃
. e-hisopo grana e-hilado-de cedro y-madera-de pájaros

וְשָׁחַט אֶת־הַצִּפֹּר הָאֶחָת אֶל־כְּלִי־חֶרֶשׂ עַל־מַיִם חַיִּים׃
. vivas aguas en barro vasija-de en la-una el-ave ** Y-matará (50)

וְלָקַח אֶת־עֵץ־הָאֶרֶז וְאֶת־הָאֵזֹב וְאֵת ׀ שְׁנִי
hilado-de e-** el-hisopo y-** el-cedro madera-de ** Y-tomará (51)

הַתּוֹלַעַת וְאֵת הַצִּפֹּר הַחַיָּה וְטָבַל אֹתָם בְּדַם הַצִּפֹּר
el-ave en-sangre-de a-ellos y-mojará el-vivo el-ave y-** la-grana

הַשְּׁחוּטָה וּבַמַּיִם הַחַיִּים וְהִזָּה
y-rociará las-vivas y-en-las-aguas la-sacrificada

אֶל־ הַבַּיִת שֶׁבַע פְּעָמִים׃ וְחִטֵּא אֶת־ הַבַּיִת בְּדַם
con-sangre-de la-casa ** Y-purificará (52) . veces siete la-casa en

הַצִּפּוֹר וּבַמַּיִם הַחַיִּים וּבַצִּפֹּר הַחַיָּה
el-vivo y-con-el-ave las-vivas y-con-las-aguas el-ave

וּבְעֵץ הָאֶרֶז וּבָאֵזֹב וּבִשְׁנִי הַתּוֹלָעַת׃
. la-grana y-con-hilado-de y-con-el-hisopo el-cedro y-con-la-madera-de

וְשִׁלַּח אֶת־ הַצִּפֹּר הַחַיָּה אֶל־ מִחוּץ לָעִיר אֶל־
sobre de-la-ciudad fuera a el-vivo el-pájaro ** Y-soltará (53)

פְּנֵי הַשָּׂדֶה וְכִפֶּר עַל־ הַבַּיִת וְטָהֵר׃
. y-será-limpio la-casa por y-expiará el-campo faz-de

זֹאת הַתּוֹרָה לְכָל־ נֶגַע הַצָּרַעַת
la-lepra plaga-de para-toda la-ley Ésta (54)

וְלַנָּתֶק׃ וּלְצָרַעַת הַבֶּגֶד וְלַבָּיִת׃
. y-de-la-casa la-ropa Y-para-la-letra-de (55) . y-para-la-tiña

וְלַשְׂאֵת וְלַסַּפַּחַת וְלַבֶּהָרֶת׃
. y-para-la-mancha-blanca y-para-la-erupción Y-para-la-hinchazón (56)

לְהוֹרֹת בְּיוֹם הַטָּמֵא וּבְיוֹם הַטָּהֹר זֹאת
esta el-limpio y-en-día-de el-inmundo en-día-de Para-enseñar (57)

תּוֹרַת הַצָּרָעַת׃ וַיְדַבֵּר יְהוָה אֶל־ מֹשֶׁה וְאֶל־ אַהֲרֹן
Aarón y-a Moisés a Yahweh Y-habló (1) . la-lepra ley-de **Cap. 15**

לֵאמֹר׃ דַּבְּרוּ אֶל־ בְּנֵי יִשְׂרָאֵל וַאֲמַרְתֶּם אֲלֵהֶם אִישׁ אִישׁ כִּי יִהְיֶה
tenga cuando cualquiera varón : a-ellos y-decid Israel hijos-de a Hablad (2) . diciendo

זָב מִבְּשָׂרוֹ זוֹבוֹ טָמֵא הוּא׃ וְזֹאת
Y-ésta (3) . él inmundo su-eyaculación de-su-cuerpo eyaculación

תִּהְיֶה טֻמְאָתוֹ בְּזוֹבוֹ רָר בְּשָׂרוֹ אֶת־
** su-cuerpo fluya : en-su-eyaculación su-inmundicia será

זוֹבוֹ אוֹ־ הֶחְתִּים בְּשָׂרוֹ מִזּוֹבוֹ
de-su-eyaculación su-cuerpo retenga o su-eyaculación

טֻמְאָתוֹ הִוא׃ כָּל־ הַמִּשְׁכָּב אֲשֶׁר יִשְׁכַּב עָלָיו
en-él yazca que el-lecho Todo (4) . ella su-inmundicia

הַזָּב יִטְמָא וְכָל־ הַכְּלִי אֲשֶׁר־ יֵשֵׁב
se-asiente que mueble y-todo será-inmundo el-que-eyacula

עָלָיו יִטְמָא׃ וְאִישׁ אֲשֶׁר יִגַּע בְּמִשְׁכָּבוֹ
en-su-lecho toque que Y-cualquiera (5) . será-inmundo en-él

יְכַבֵּס בְּגָדָיו וְרָחַץ בַּמַּיִם
con-el-agua y-se-lavará sus-ropas lavará

וְטָמֵא עַד־ הָעָרֶב׃ וְהַיֹּשֵׁב עַל־ הַכְּלִי
el-mueble en Y-el-que-se-sienta (6) . la-tarde hasta y-será-inmundo

אֲשֶׁר־ יֵשֵׁב עָלָיו הַזָּב יְכַבֵּס בְּגָדָיו
sus-ropas lavará el-que-eyaculó sobre-él se-sentó que

וְרָחַץ בַּמַּיִם וְטָמֵא עַד־ הָעָרֶב׃
. la-tarde hasta y-será-inmundo con-el-agua y-se-lavará

וְהַנֹּגֵעַ בִּבְשַׂר הַזָּב יְכַבֵּס
lavará el-que-eyaculó en-cuerpo-de Y-el-que-toque (7)

בְּגָדָיו וְרָחַץ בַּמַּיִם וְטָמֵא עַד־
hasta y-será-inmundo con-el-agua y-se-lavará sus-ropas

הָעָרֶב׃ וְכִי־ יָרֹק הַזָּב בַּטָּהוֹר
en-el-limpio el-que-eyaculó escupe Y-si (8) . la-tarde

וְכִבֶּס בְּגָדָיו וְרָחַץ בַּמַּיִם
con-el-agua y-se-lavará sus-ropas y-lavará

וְטָמֵא עַד־ הָעָרֶב׃ וְכָל־ הַמֶּרְכָּב אֲשֶׁר
que la-montura Y-toda (9) . la-tarde hasta y-será-inmundo

יִרְכַּב עָלָיו הַזָּב יִטְמָא׃ וְכָל־
Y-todo (10) . será-inmunda el-que-eyacula sobre-él monta

הַנֹּגֵעַ בְּכֹל אֲשֶׁר יִהְיֶה תַחְתָּיו יִטְמָא עַד־
hasta será-inmundo bajo-él estaba lo-que en-todo el-que-toque

הָעָרֶב וְהַנּוֹשֵׂא אוֹתָם יְכַבֵּס בְּגָדָיו
sus-ropas lavará a-ellos y-el-que-recoja la-tarde

וְרָחַץ בַּמַּיִם וְטָמֵא עַד־ הָעָרֶב׃
. la-tarde hasta y-será-inmundo con-el-agua y-se-lavará

וְכֹל אֲשֶׁר יִגַּע־ בּוֹ הַזָּב וְיָדָיו
y-sus-manos el-que-eyacula en-él toque que Y-cualquiera (11)

לֹא־ שָׁטַף בַּמָּיִם וְכִבֶּס בְּגָדָיו
sus-ropas entonces-lavará con-el-agua enjuagó no

וְרָחַץ בַּמַּיִם וְטָמֵא עַד־ הָעָרֶב׃
. la-tarde hasta y-será-inmundo con-el-agua y-se-lavará

וּכְלִי־ חֶרֶשׂ אֲשֶׁר־ יִגַּע־ בּוֹ הַזָּב
el-que-eyacula en-él toque que barro Y-vasija-de (12)

יִשָּׁבֵר וְכָל־ כְּלִי־ עֵץ יִשָּׁטֵף בַּמָּיִם׃
. con-el-agua se-enjuagará madera utensilio-de y-todo será-quebrada

וְכִי־ יִטְהַר הַזָּב מִזּוֹבוֹ
de-su-eyaculación el-que-eyacula esté-limpio Y-cuando (13)

וְסָפַר לוֹ שִׁבְעַת יָמִים לְטָהֳרָתוֹ וְכִבֶּס
y-lavará para-su-purificación días siete para-él entonces-contará

בְּגָדָיו וְרָחַץ בְּשָׂרוֹ בְּמַיִם חַיִּים
vivas con-aguas su-cuerpo y-lavará sus-ropas

וְטָהֵר׃ וּבַיּוֹם הַשְּׁמִינִי יִקַּח־ לוֹ
para-él tomará el-octavo Y-en-el-día (14) . y-será-limpio

שְׁתֵּי תֹרִים אוֹ שְׁנֵי בְּנֵי יוֹנָה וּבָא ׀ לִפְנֵי יְהוָה
Yahweh ante y-vendrá paloma hijos-de dos o tórtolas dos

אֶל־ פֶּתַח אֹהֶל מוֹעֵד וּנְתָנָם אֶל־ הַכֹּהֵן׃
. el-sacerdote a y-los-dará reunión tienda-de puerta-de a

וְעָשָׂה אֹתָם הַכֹּהֵן אֶחָד חַטָּאת וְהָאֶחָד
y-el-otro ofrenda-de-pecado uno el-sacerdote a-ellos Y-hará (15)

עֹלָה וְכִפֶּר עָלָיו הַכֹּהֵן לִפְנֵי יְהוָה
Yahweh ante el-sacerdote por-él y-expiará holocausto

מִזּוֹבוֹ׃ וְאִישׁ כִּי־ תֵצֵא מִמֶּנּוּ שִׁכְבַת־ זָרַע
semen emisión-de de-él salga que Y-hombre (16) . por-su-eyaculación

וְרָחַץ בַּמַּיִם אֶת־ כָּל־ בְּשָׂרוֹ
su-cuerpo todo ** con-el-agua entonces-se-lavará

וְטָמֵא עַד־ הָעָרֶב׃ וְכָל־ בֶּגֶד וְכָל־
y-toda ropa Y-toda (17) . la-tarde hasta y-serán-inmundos

עוֹר אֲשֶׁר־ יִהְיֶה עָלָיו שִׁכְבַת־ זָרַע וְכֻבַּס
entonces-se-lavará semen emisión-de sobre-él esté que piel

בַּמַּיִם וְטָמֵא עַד־ הָעָרֶב׃ וְאִשָּׁה אֲשֶׁר
que Y-mujer (18) . la-tarde hasta y-será-inmundo con-el-agua

יִשְׁכַּב אִישׁ אֹתָהּ שִׁכְבַת־ זָרַע וְרָחֲצוּ בַמַּיִם
con-el-agua entonces-se-lavarán semen emisión-de con-ella hombre yazca

וְטָמְאוּ עַד־ הָעָרֶב׃ וְאִשָּׁה כִּי־ תִהְיֶה
tenga cuando Y-mujer (19) . la-tarde hasta y-serán-inmundos

זָבָה דָּם יִהְיֶה זֹבָהּ בִּבְשָׂרָהּ שִׁבְעַת יָמִים תִּהְיֶה
estará días siete ; de-su-cuerpo su-flujo es sangre flujo

בְנִדָּתָהּ וְכָל־ הַנֹּגֵעַ בָּהּ יִטְמָא
será-inmundo en-ella el-que-toque y-todo en-su-impureza

עַד־ הָעָרֶב׃ וְכֹל אֲשֶׁר תִּשְׁכַּב עָלָיו בְּנִדָּתָהּ
en-su-período sobre-él ella-yazca lo-que Y-todo (20) . la-tarde hasta

יִטְמָא וְכֹל אֲשֶׁר־ תֵּשֵׁב עָלָיו יִטְמָא׃
. será-inmundo sobre-él ella-se-asiente lo-que y-todo será-inmundo

וְכָל־ הַנֹּגֵעַ בְּמִשְׁכָּבָהּ יְכַבֵּס בְּגָדָיו
sus-ropas lavará , en-su-cama el-que-toque Y-todo (21)

וְרָחַץ בַּמַּיִם וְטָמֵא עַד־ הָעָרֶב׃
. la-tarde hasta y-será-inmundo con-el-agua y-se-lavará

וְכָל־ הַנֹּגֵעַ בְּכָל־ כְּלִי אֲשֶׁר־ תֵּשֵׁב עָלָיו
sobre-él ella-se-siente que utensilio en-todo el-que-toque Y-todo (22)

יְכַבֵּס בְּגָדָיו וְרָחַץ בַּמַּיִם
con-el-agua y-se-lavará sus-ropas lavará

וְטָמֵא עַד־ הָעָרֶב׃ וְאִם עַל־הַמִּשְׁכָּב הוּא אוֹ עַל־
sobre o él el-lecho sobre Y-si (23) . la-tarde hasta y-será-inmundo

הַכְּלִי אֲשֶׁר־ הִוא יֹשֶׁבֶת־ עָלָיו בְּנָגְעוֹ־ בוֹ יִטְמָא
será-inmundo en-él en-su-tocar sobre-él se-sentó ella que la-cosa

עַד־ הָעָרֶב׃ וְאִם שָׁכֹב יִשְׁכַּב אִישׁ אֹתָהּ וּתְהִי
y-es con-ella hombre yace yacer Y-si (24) . la-tarde hasta

נִדָּתָהּ עָלָיו וְטָמֵא שִׁבְעַת יָמִים וְכָל־ הַמִּשְׁכָּב
el-lecho y-todo ; días siete entonces-será-inmundo sobre-él flujo-de-ella

אֲשֶׁר־ יִשְׁכַּב עָלָיו יִטְמָא׃ וְאִשָּׁה כִּי־ יָזוּב
fluya cuando Y-mujer (25) . será-inmundo sobre-él yace que

זוֹב דָּמָהּ יָמִים רַבִּים בְּלֹא עֶת־ נִדָּתָהּ אוֹ כִי־
cuando o su-período tiempo-de y-no muchos días su-sangre flujo-de

תָזוּב עַל־ נִדָּתָהּ כָּל־ יְמֵי זוֹב טֻמְאָתָהּ
su-inmundicia flujo-de días-de todos su-período sobre ella-fluye

כִּימֵי נִדָּתָהּ תִּהְיֶה טְמֵאָה הִוא׃ כָּל־ הַמִּשְׁכָּב אֲשֶׁר־
que el-lecho Todo (26) . ella inmunda será su-período como-días-de

תִּשְׁכַּב עָלָיו כָּל־ יְמֵי זוֹבָהּ כְּמִשְׁכַּב נִדָּתָהּ
su-período como-leche-de su-flujo días-de todos sobre-él yazca

יִהְיֶה־ לָּהּ וְכָל־ הַכְּלִי אֲשֶׁר תֵּשֵׁב עָלָיו טָמֵא יִהְיֶה
será inmundo sobre-él se-siente que utensilio y-todo para-ella será

כְּטֻמְאַת נִדָּתָהּ׃ וְכָל־ הַנֹּגֵעַ בָּם
en-ellos el-que-toque Y-todo (27) . su-período como-inmundicia-de

יִטְמָא וְכִבֶּס בְּגָדָיו וְרָחַץ
y-se-lavará sus-vestidos y-lavará será-inmundo

בַּמַּיִם וְטָמֵא עַד־ הָעָרֶב׃ וְאִם־
Y-cuando (28) . la-tarde hasta y-será-inmundo en-las-aguas

טָהֲרָה מִזּוֹבָהּ וְסָפְרָה לָּהּ שִׁבְעַת
siete para-ella y-contará de-su-flujo esté-limpia

יָמִים וְאַחַר תִּטְהָר׃ וּבַיּוֹם הַשְּׁמִינִי תִּקַּח־
tomará el-octavo Y-en-el-día (29) . será-inmunda y-después días

לָהּ שְׁתֵּי תֹרִים אוֹ שְׁנֵי בְּנֵי יוֹנָה וְהֵבִיאָה אוֹתָם
a-ellas y-llevará paloma hijos-de dos o tórtolas dos para-ella

אֶל־ הַכֹּהֵן אֶל־ פֶּתַח אֹהֶל מוֹעֵד׃ וְעָשָׂה
Y-sacrificará (30) . reunión tienda-de puerta-de a el-sacerdote a

הַכֹּהֵן אֶת־ הָאֶחָד חַטָּאת וְאֶת־ הָאֶחָד עֹלָה
; holocausto el-uno y-** ofrenda-de-pecado el-uno ** el-sacerdote

וְכִפֶּר עָלֶיהָ הַכֹּהֵן לִפְנֵי יְהוָה מִזּוֹב
por-flujo-de Yahweh ante el-sacerdote por-ella y-expiará

טֻמְאָתָהּ׃ וְהִזַּרְתֶּם אֶת־ בְּנֵי־ יִשְׂרָאֵל
Israel hijos-de ** Y-apartaréis (31) . su-inmundicia

מִטֻּמְאֹתָם וְלֹא יָמֻתוּ בְּטֻמְאָתָם
en-inmundicia-de-ellos morirán y-no de-inmundicia-de-ellos

בְּטַמְּאָם אֶת־ מִשְׁכָּנִי אֲשֶׁר בְּתוֹכָם׃ זֹאת
Esta (32) . entre-ellos que mi-tabernáculo ** en-su-contaminar

תּוֹרַת הַזָּב וַאֲשֶׁר תֵּצֵא מִמֶּנּוּ שִׁכְבַת־
emisión-de de-él sale y-que el-que-tiene-flujo ley-de

זֶרַע לְטָמְאָה־ בָהּ׃ וְהַדָּוָה בְּנִדָּתָהּ
en-su-período Y-la-mujer (33) . por-ella para-ser-inmundo semen

וְהַזָּב אֶת־ זוֹבוֹ לַזָּכָר וְלַנְּקֵבָה
y-para-la-hembra para-el-varón su-flujo ** y-el-que-descarga

וּלְאִישׁ אֲשֶׁר יִשְׁכַּב עִם־ טְמֵאָה׃ וַיְדַבֵּר יְהוָה אֶל־
a Yahweh Y-habló (1) . inmunda con yace que y-para-hombre **Cap. 16**

מֹשֶׁה אַחֲרֵי מוֹת שְׁנֵי בְּנֵי אַהֲרֹן בְּקָרְבָתָם לִפְנֵי־ יְהוָה
Yahweh ante en-su-acercarse Aarón hijos-de dos morir tras Moisés

וַיָּמֻתוּ׃ וַיֹּאמֶר יְהוָה אֶל־ מֹשֶׁה דַּבֵּר אֶל־ אַהֲרֹן אָחִיךָ
tu-hermano Aarón a habla : Moisés a Yahweh Y-dijo (2) . y-murieron

וְאַל־ יָבֹא בְכָל־ עֵת אֶל־ הַקֹּדֶשׁ מִבֵּית
detrás el-santuario a tiempo en-todo entre que-no

לַפָּרֹכֶת אֶל־ פְּנֵי הַכַּפֹּרֶת אֲשֶׁר עַל־ הָאָרֹן וְלֹא
y-no el-arca sobre que el-propiciatorio frente-de en de-la-doctrina

יָמוּת כִּי בֶּעָנָן אֵרָאֶה עַל־ הַכַּפֹּרֶת׃ בְּזֹאת
Con-esto (3) . el-propiciatorio sobre apareceré en-la-nube porque morirá

יָבֹא אַהֲרֹן אֶל־ הַקֹּדֶשׁ בְּפַר בֶּן־ בָּקָר לְחַטָּאת
para-ofrenda-de-pecado vacada hijo-de con-toro el-santuario a Aarón entrará

וְאַיִל לְעֹלָה׃ כְּתֹנֶת־ בַּד קֹדֶשׁ יִלְבָּשׁ
se-vestirá santo lino Túnica-de (4) . para-holocausto y-carnero

וּמִכְנְסֵי־ בַד יִהְיוּ עַל־ בְּשָׂרוֹ וּבְאַבְנֵט
y-con-cinto-de su-carne sobre estarán lino y-ropas-interiores-de

בַּד יַחְגֹּר וּבְמִצְנֶפֶת בַּד יִצְנֹף בִּגְדֵי־
vestiduras-de ; se-cubrirá lino y-con-mitra-de atará lino

קֹדֶשׁ הֵם וְרָחַץ בַּמַּיִם אֶת־ בְּשָׂרוֹ
su-carne ** con-aguas y-se-lavará , estas santidad

וּלְבֵשָׁם׃ (5) וּמֵאֵת עֲדַת בְּנֵי יִשְׂרָאֵל יִקַּח
tomará Israel hijos-de comunidad-de Y-de (5) . antes-de-vestir-las

שְׁנֵי־ שְׂעִירֵי עִזִּים לְחַטָּאת וְאַיִל אֶחָד לְעֹלָה׃
. para-holocausto uno y-carnero ; para-ofrenda-de-pecado cabras machos-cabríos-de dos

(6) וְהִקְרִיב אַהֲרֹן אֶת־ פַּר הַחַטָּאת אֲשֶׁר־ לוֹ
para-él que la-ofrenda-de-pecado becerro-de ** Aarón Y-ofrecerá (6)

וְכִפֶּר בַּעֲדוֹ וּבְעַד בֵּיתוֹ׃ (7) וְלָקַח
Y-tomará (7) . su-casa y-por por-él y-expiará

אֶת־ שְׁנֵי הַשְּׂעִירִם וְהֶעֱמִיד אֹתָם לִפְנֵי יְהוָה פֶּתַח
puerta-de Yahweh ante a-ellos y-presentará las-cabras dos-de **

אֹהֶל מוֹעֵד׃ (8) וְנָתַן אַהֲרֹן עַל־ שְׁנֵי הַשְּׂעִירִם גֹּרָלוֹת גּוֹרָל
suerte ; suertes las-cabras dos-de sobre Aarón Y-echará (8) . reunión tienda-de

אֶחָד לַיהוָה וְגוֹרָל אֶחָד לַעֲזָאזֵל׃ (9) וְהִקְרִיב אַהֲרֹן
Aarón Y-traerá (9) . para-Azazel una y-suerte , para-Yahweh una

אֶת־ הַשָּׂעִיר אֲשֶׁר עָלָה עָלָיו הַגּוֹרָל לַיהוָה וְעָשָׂהוּ
y-lo-sacrificará ; para-Yahweh la-suerte para-él cayó que la-cabra **

חַטָּאת׃ (10) וְהַשָּׂעִיר אֲשֶׁר עָלָה עָלָיו הַגּוֹרָל לַעֲזָאזֵל
para-Azazel la-suerte sobre-él cayó que Y-la-cabra (10) . ofrenda-de-pecado

יָעֳמַד־ חַי לִפְנֵי יְהוָה לְכַפֵּר עָלָיו לְשַׁלַּח אֹתוֹ
a-él para-enviar ; por-él para-expiar Yahweh ante vivo será-presentado

לַעֲזָאזֵל הַמִּדְבָּרָה׃ וְהִקְרִיב אַהֲרֹן אֶת־ פַּר
toro-de ** Aarón Y-traerá (11) . al-desierto a-Azazel

הַחַטָּאת אֲשֶׁר־ לוֹ וְכִפֶּר בַּעֲדוֹ וּבְעַד
y-por por-él y-expiará para-él que ofrenda-de-pecado

בֵּיתוֹ וְשָׁחַט אֶת־ פַּר הַחַטָּאת אֲשֶׁר־
que ofrenda-de-pecado toro-de ** y-sacrificará su-casa

לוֹ׃ וְלָקַח מְלֹא־ הַמַּחְתָּה גַּחֲלֵי־ אֵשׁ מֵעַל
de-sobre fuego carbones-de el-incensario lleno-de Y-tomará (12) . para-él

הַמִּזְבֵּחַ מִלִּפְנֵי יְהוָה וּמְלֹא חָפְנָיו קְטֹרֶת
incienso-de sus-dos-manos lleno-de Yahweh de-ante el-altar

סַמִּים דַּקָּה וְהֵבִיא מִבֵּית לַפָּרֹכֶת׃ וְנָתַן
Y-pondrá (13) . de-la-cortina tras y-llevará molido aromas

אֶת־ הַקְּטֹרֶת עַל־ הָאֵשׁ לִפְנֵי יְהוָה וְכִסָּה ׀ עֲנַן
humo-de y-tapará Yahweh ante el-fuego sobre el-incienso **

הַקְּטֹרֶת אֶת־ הַכַּפֹּרֶת אֲשֶׁר עַל־ הָעֵדוּת וְלֹא
y-no el-testimonio sobre que el-propiciatorio ** el-incienso

יָמוּת׃ וְלָקַח מִדַּם הַפָּר וְהִזָּה
y-rociará el-toro de-sangre-de Y-tomará (14) . morirá

בְאֶצְבָּעוֹ עַל־ פְּנֵי הַכַּפֹּרֶת קֵדְמָה וְלִפְנֵי
y-ante , delante el-propiciatorio frente-de sobre con-su-dedo

הַכַּפֹּרֶת יַזֶּה שֶׁבַע־ פְּעָמִים מִן־ הַדָּם
la-sangre de veces siete rociará el-propiciatorio

בְּאֶצְבָּעוֹ׃ וְשָׁחַט אֶת־ שְׂעִיר הַחַטָּאת
ofrenda-del-pecado cabra-de ** Y-sacrificará (15) . con-su-dedo

אֲשֶׁר לָעָם וְהֵבִיא אֶת־ דָּמוֹ אֶל־ מִבֵּית לַפָּרֹכֶת
de-la-cortina detrás a su-sangre ** y-traerá para-el-pueblo que

וְעָשָׂה אֶת־ דָּמוֹ כַּאֲשֶׁר עָשָׂה לְדַם הַפָּר
el-toro con-sangre-de hizo como su-sangre con y-hará

וְהִזָּה אֹתוֹ עַל־ הַכַּפֹּרֶת וְלִפְנֵי הַכַּפֹּרֶת׃
. el-propiciatorio y-delante-de el-propiciatorio sobre con-él y-rociará

וְכִפֶּר עַל־ הַקֹּדֶשׁ מִטֻּמְאֹת בְּנֵי
hijos-de por-inmundicia-de el-santuario por Y-expiará (16)

יִשְׂרָאֵל וּמִפִּשְׁעֵיהֶם לְכָל־ חַטֹּאתָם וְכֵן יַעֲשֶׂה
hará y-así sus-pecados por-todos y-por-rebeliones-de-ellos Israel

לְאֹהֶל מוֹעֵד הַשֹּׁכֵן אִתָּם בְּתוֹךְ טֻמְאֹתָם׃
. inmundicia-de-ellos en-medio-de con-ellos el-que-está reunión por-tienda-de

וְכָל־ אָדָם לֹא־ יִהְיֶה בְּאֹהֶל מוֹעֵד בְּבֹאוֹ
en-su-entrar reunión en-la-tienda-de estará no hombre Y-cualquier (17)

לְכַפֵּר בַּקֹּדֶשׁ עַד־ צֵאתוֹ וְכִפֶּר
y-expió ; su-salir hasta en-el-santuario para-expiar

בַּעֲדוֹ וּבְעַד בֵּיתוֹ וּבְעַד כָּל־ קְהַל יִשְׂרָאֵל׃
. Israel congregación-de toda y-por su-casa y-por por-él

וְיָצָא אֶל־הַמִּזְבֵּחַ אֲשֶׁר לִפְנֵי־ יְהוָה וְכִפֶּר
y-expiará Yahweh ante que el-altar a Y-saldrá (18)

עָלָיו וְלָקַח מִדַּם הַפָּר וּמִדַּם הַשָּׂעִיר
la-cabra y-de-sangre-de el-toro de-sangre-de y-tomará , por-él

וְנָתַן עַל־ קַרְנוֹת הַמִּזְבֵּחַ סָבִיב׃ וְהִזָּה
Y-rociará (19) . alrededor el-altar cuernos-de en y-pondrá

עָלָיו מִן־ הַדָּם בְּאֶצְבָּעוֹ שֶׁבַע פְּעָמִים וְטִהֲרוֹ
y-lo-limpiará , veces siete con-su-dedo la-sangre de en-él

וְקִדְּשׁוֹ מִטֻּמְאֹת בְּנֵי יִשְׂרָאֵל׃
. Israel hijos-de de-inmundicia-de y-lo-santificará

וְכִלָּה מִכַּפֵּר אֶת־ הַקֹּדֶשׁ וְאֶת־ אֹהֶל
(20) Cuando-acabe de-expiar ** el-santuario y-** tienda-de

מוֹעֵד וְאֶת־ הַמִּזְבֵּחַ וְהִקְרִיב אֶת־ הַשָּׂעִיר הֶחָי׃
reunión y-** el-altar entonces-traerá ** la-cabra la-viva.

וְסָמַךְ אַהֲרֹן אֶת־ שְׁתֵּי יָדָו עַל רֹאשׁ הַשָּׂעִיר
(21) Y-pondrá Aarón ** ambas-de sus-manos sobre cabeza-de la-cabra

הַחַי וְהִתְוַדָּה עָלָיו אֶת־ כָּל־ עֲוֺנֹת בְּנֵי
la-viva y-confesará sobre-él ** todas maldades-de hijos-de

יִשְׂרָאֵל וְאֶת־ כָּל־ פִּשְׁעֵיהֶם לְכָל־ חַטֹּאתָם וְנָתַן
Israel y-** todas sus-rebeliones por-todos sus-pecados, y-pondrá

אֹתָם עַל־ רֹאשׁ הַשָּׂעִיר וְשִׁלַּח בְּיַד־ אִישׁ עִתִּי
a-ellos sobre cabeza-de la-cabra y-enviará por-mano-de hombre designado

הַמִּדְבָּרָה׃ וְנָשָׂא הַשָּׂעִיר עָלָיו אֶת־ כָּל־
al-desierto. (22) Y-llevará la-cabra sobre-él ** todas-de

עֲוֺנֹתָם אֶל־ אֶרֶץ גְּזֵרָה וְשִׁלַּח אֶת־ הַשָּׂעִיר בַּמִּדְבָּר׃
sus-iniquidades a tierra solitaria y-enviará ** la-cabra en-el-desierto.

וּבָא אַהֲרֹן אֶל־ אֹהֶל מוֹעֵד וּפָשַׁט אֶת־
(23) Y-entrará Aarón a tienda-de reunión y-se-quitará **

בִּגְדֵי הַבָּד אֲשֶׁר לָבַשׁ בְּבֹאוֹ אֶל־ הַקֹּדֶשׁ
vestidos-de el-lino que se-vistió en-su-entrar a el-santuario

וְהִנִּיחָם שָׁם׃ וְרָחַץ אֶת־ בְּשָׂרוֹ
y-los-dejará allí. (24) Y-se-lavará ** su-carne

בַמַּיִם בְּמָקוֹם קָדוֹשׁ וְלָבַשׁ אֶת־ בְּגָדָיו
en-las-aguas en-lugar santo y-se-vestirá ** sus-vestiduras

וְיָצָא וְעָשָׂה אֶת־ עֹלָתוֹ
y-saldrá y hará ** su-holocausto

וְאֶת־ עֹלַת הָעָם וְכִפֶּר בַּעֲדוֹ וּבְעַד
y-por por-él y-expiará el-pueblo holocausto-de y-**

הָעָם׃ וְאֵת חֵלֶב הַחַטָּאת יַקְטִיר הַמִּזְבֵּחָה׃
. en-el-altar quemará la-ofrenda-del-pecado grasa-de Y-** (25) . el-pueblo

וְהַמְשַׁלֵּחַ אֶת־ הַשָּׂעִיר לַעֲזָאזֵל יְכַבֵּס
lavará para-Azazel la-cabra ** Y-el-que-suelte (26)

בְּגָדָיו וְרָחַץ אֶת־ בְּשָׂרוֹ בַּמַּיִם וְאַחֲרֵי־
y-después-de , en-las-aguas su-carne ** y-se-lavará sus-vestidos

כֵן יָבוֹא אֶל־ הַמַּחֲנֶה׃ וְאֵת פַּר הַחַטָּאת וְאֵת ׀ שְׂעִיר
cabra-de y-** ofrenda-de-pecado toro-de Y-** (27) . el-campamento a entrará esto

הַחַטָּאת אֲשֶׁר הוּבָא אֶת־ דָּמָם לְכַפֵּר
para-expiar sangre-de-ellos ** fue-traída que ofrenda-de-pecado

בַּקֹּדֶשׁ יוֹצִיא אֶל־ מִחוּץ לַמַּחֲנֶה
de-el-campamento fuera a llevará en-el-santuario

וְשָׂרְפוּ בָאֵשׁ אֶת־ עֹרֹתָם וְאֶת־ בְּשָׂרָם וְאֶת־
y-** carne-de-ellos y-** pieles-de-ellos ** en-el-fuego y-quemarán

פִּרְשָׁם׃ וְהַשֹּׂרֵף אֹתָם יְכַבֵּס בְּגָדָיו
sus-ropas lavará a-ellos Y-el-que-quema (28) . y-estiércol-de-ellos

וְרָחַץ אֶת־ בְּשָׂרוֹ בַּמַּיִם וְאַחֲרֵי־ כֵן יָבוֹא
entrará esto y-tras en-las-aguas su-carne ** y-se-lavará

אֶל־ הַמַּחֲנֶה׃ וְהָיְתָה לָכֶם לְחֻקַּת עוֹלָם
perpetuo por-estatuto para-vosotros Y-será (29) . el-campamento en

בַּחֹדֶשׁ הַשְּׁבִיעִי בֶּעָשׂוֹר לַחֹדֶשׁ תְּעַנּוּ אֶת־
** afligiréis de-el-mes en-el-décimo el-séptimo en-el-mes

נַפְשֹׁתֵיכֶם וְכָל־ מְלָאכָה לֹא תַעֲשׂוּ הָאֶזְרָח וְהַגֵּר
y-el-extranjero el-nativo haréis no obra y-toda vuestras-almas

הַגָּר בְּתוֹכְכֶם׃ כִּי־ בַיּוֹם הַזֶּה יְכַפֵּר עֲלֵיכֶם
por-vosotros expiará el-éste en-el-día Pues (30) . entre-vosotros que-habita

לְטַהֵר אֶתְכֶם מִכֹּל חַטֹּאתֵיכֶם לִפְנֵי יְהוָה תִּטְהָרוּ׃
. seréis-limpios Yahweh ante vuestros-pecados de-todos a-vosotros para-limpiar

שַׁבַּת שַׁבָּתוֹן הִיא לָכֶם וְעִנִּיתֶם אֶת־ נַפְשֹׁתֵיכֶם
vuestras-almas ** y-afligiréis para-vosotros ella reposo Sábado-de (31)

חֻקַּת עוֹלָם׃ וְכִפֶּר הַכֹּהֵן אֲשֶׁר־ יִמְשַׁח אֹתוֹ
a-él ungió que el-sacerdote Y-expiará (32) . perpetuo estatuto

וַאֲשֶׁר יְמַלֵּא אֶת־ יָדוֹ לְכַהֵן תַּחַת אָבִיו
su-padre después-de para-ser-sacerdote su-mano ** ordenó y-que

וְלָבַשׁ אֶת־ בִּגְדֵי הַבָּד בִּגְדֵי הַקֹּדֶשׁ׃
. el-sagrado vestidos-de el-lino vestidos-de ** y-se-vestirá

וְכִפֶּר אֶת־ מִקְדַּשׁ הַקֹּדֶשׁ וְאֶת־ אֹהֶל
tienda-de y-** el-santo santuario ** Y-expiará (33)

מוֹעֵד וְאֶת־ הַמִּזְבֵּחַ יְכַפֵּר וְעַל הַכֹּהֲנִים וְעַל־ כָּל־
todo y-por los-sacerdotes y-por expiará el-altar y-** reunión

עַם הַקָּהָל יְכַפֵּר׃ וְהָיְתָה־ זֹּאת לָכֶם
para-vosotros esto Y-será (34) . expiará la-comunidad pueblo-de

לְחֻקַּת עוֹלָם לְכַפֵּר עַל־ בְּנֵי יִשְׂרָאֵל מִכָּל־ חַטֹּאתָם
sus-pecados por-todos Israel hijos-de por para-expiar perpetuo para-estatuto

אַחַת בַּשָּׁנָה וַיַּעַשׂ כַּאֲשֶׁר צִוָּה יְהוָה אֶת־ מֹשֶׁה׃
. Moisés a Yahweh mandó como e-hizo en-el-año una-vez

וַיְדַבֵּר יְהוָה אֶל־ מֹשֶׁה לֵּאמֹר׃ דַּבֵּר אֶל־אַהֲרֹן וְאֶל־
y-a Aarón a Habla (2) . diciendo Moisés a Yahweh Y-habló (1) Cap. 17

בָּנָיו וְאֶל כָּל־ בְּנֵי יִשְׂרָאֵל וְאָמַרְתָּ אֲלֵיהֶם זֶה הַדָּבָר
la-palabra ésta : a-ellos y-dirás Israel hijos-de todos y-a sus-hijos

אֲשֶׁר־ צִוָּה יְהוָה לֵאמֹר׃ אִישׁ אִישׁ מִבֵּית יִשְׂרָאֵל אֲשֶׁר
que Israel de-casa-de cualquiera Varón (3) . diciendo Yahweh mandó que

יִשְׁחַט שׁוֹר אוֹ־ כֶשֶׂב אוֹ־ עֵז בַּמַּחֲנֶה אוֹ אֲשֶׁר יִשְׁחַט מִחוּץ
fuera-de sacrifique que o en-el-campamento cabra o cordero o buey sacrifique

לַמַּחֲנֶה׃ וְאֶל־ פֶּתַח אֹהֶל מוֹעֵד לֹא הֱבִיאוֹ
lo-trajere no reunión tienda-de puerta-de Y-a (4) . el-campamento

לְהַקְרִיב קָרְבָּן לַיהוָה לִפְנֵי מִשְׁכַּן יְהוָה דָּם
sangre ; Yahweh tabernáculo-de ante a-Yahweh ofrenda para-presentar

יֵחָשֵׁב לָאִישׁ הַהוּא דָּם שָׁפָךְ וְנִכְרַת
y-será-cortado derramó sangre el-aquel al-hombre es-culpado

הָאִישׁ הַהוּא מִקֶּרֶב עַמּוֹ׃ לְמַעַן אֲשֶׁר יָבִיאוּ
traigan que Para (5) . su-pueblo de-entre el-aquel el-hombre

בְּנֵי יִשְׂרָאֵל אֶת־ זִבְחֵיהֶם אֲשֶׁר הֵם זֹבְחִים עַל־ פְּנֵי
faz-de en sacrifican ellos que sacrificios-de-ellos ** Israel hijos-de

הַשָּׂדֶה וֶהֱבִיאֻם לַיהוָה אֶל־ פֶּתַח אֹהֶל מוֹעֵד
reunión tienda-de puerta-de a a-Yahweh y-los-traerán el-campo

אֶל־ הַכֹּהֵן וְזָבְחוּ זִבְחֵי שְׁלָמִים לַיהוָה
a-Yahweh paces sacrificios-de y-sacrificarán el-sacerdote a

אוֹתָם׃ וְזָרַק הַכֹּהֵן אֶת־ הַדָּם עַל־ מִזְבַּח
altar-de sobre la-sangre ** el-sacerdote Y-rociará (6) . ellos

יְהוָה פֶּתַח אֹהֶל מוֹעֵד וְהִקְטִיר הַחֵלֶב לְרֵיחַ
para-olor la-grasa y-quemará reunión tienda-de puerta-de Yahweh

נִיחֹחַ לַיהוָה׃ וְלֹא־ יִזְבְּחוּ עוֹד אֶת־
** más sacrificarán Y-no (7) . a-Yahweh grato

זִבְחֵיהֶם לַשְּׂעִירִם אֲשֶׁר הֵם זֹנִים אַחֲרֵיהֶם
; tras-ellos prostituidos ellos que a-las-cabras (ídolos) sacrificios-de-ellos

חֻקַּת עוֹלָם תִּהְיֶה־זֹּאת לָהֶם לְדֹרֹתָם׃
. para-sus-generaciones para-ellos ésta será perpetuo estatuto

וַאֲלֵהֶם תֹּאמַר אִישׁ אִישׁ מִבֵּית יִשְׂרָאֵל וּמִן־הַגֵּר אֲשֶׁר־
que el-extranjero y-de Israel de-casa-de hombre hombre : dirás Y-a-ellos (8)

יָגוּר בְּתוֹכָם אֲשֶׁר־יַעֲלֶה עֹלָה אוֹ־זָבַח׃ וְאֶל־
Y-a (9) . sacrificio o holocausto ofrece que entre-ellos habita

פֶּתַח אֹהֶל מוֹעֵד לֹא יְבִיאֶנּוּ לַעֲשׂוֹת אֹתוֹ לַיהוָה
a-Yahweh a-él para-ofrecer lo-traerá no reunión tienda-de puerta-de

וְנִכְרַת הָאִישׁ הַהוּא מֵעַמָּיו׃ וְאִישׁ אִישׁ
hombre Y-hombre (10) . de-su-pueblo el-aquel el-hombre y-será-cortado

מִבֵּית יִשְׂרָאֵל וּמִן־הַגֵּר הַגָּר בְּתוֹכָם אֲשֶׁר יֹאכַל
come que entre-ellos el-que-vive el-extranjero y-de Israel de-casa-de

כָּל־דָּם וְנָתַתִּי פָנַי בַּנֶּפֶשׁ הָאֹכֶלֶת
que-come contra-la-persona mi-rostro entonces-pondré , sangre toda

אֶת־הַדָּם וְהִכְרַתִּי אֹתָהּ מִקֶּרֶב עַמָּהּ׃ כִּי
Pues (11) . su-pueblo de-entre a-ella y-cortaré la-sangre **

נֶפֶשׁ הַבָּשָׂר בַּדָּם הִוא וַאֲנִי נְתַתִּיו לָכֶם עַל־הַמִּזְבֵּחַ
el-altar en a-vosotros lo-di y-yo ella en-la-sangre la-carne vida-de

לְכַפֵּר עַל־נַפְשֹׁתֵיכֶם כִּי־הַדָּם הוּא בַּנֶּפֶשׁ יְכַפֵּר׃ עַל־
Por (12) . expía por-la-vida él la-sangre pues ; vuestras-vidas por para-expiar

כֵּן אָמַרְתִּי לִבְנֵי יִשְׂרָאֵל כָּל־נֶפֶשׁ מִכֶּם לֹא־תֹאכַל דָּם
sangre comerá no de-vosotros persona toda : Israel a-hijos-de digo eso

וְהַגֵּר הַגָּר בְּתוֹכְכֶם לֹא־יֹאכַל דָּם׃ וְאִישׁ אִישׁ
cualquiera Y-hombre (13) . sangre comerá no entre-vosotros el-que-mora y-el-extranjero

מִבְּנֵי יִשְׂרָאֵל וּמִן־הַגֵּר הַגָּר בְּתוֹכָם אֲשֶׁר יָצוּד
caza que entre-ellos el-que-mora el-extranjero y-de Israel de-hijos-de

צֵיד חַיָּה אוֹ־עוֹף אֲשֶׁר יֵאָכֵל וְשָׁפַךְ אֶת־דָּמוֹ
su-sangre ** y-derramará , se-come que ave o salvaje animal

וְכִסָּהוּ בֶּעָפָר׃ כִּי־נֶפֶשׁ כָּל־בָּשָׂר
carne toda vida-de Pues (14) . con-polvo y-lo-cubrirá

דָּמוֹ בְנַפְשׁוֹ הוּא וָאֹמַר לִבְנֵי יִשְׂרָאֵל דַּם כָּל־
toda sangre-de Israel a-hijos-de y-dije él en-su-vida su-sangre

בָּשָׂר לֹא תֹאכֵלוּ כִּי נֶפֶשׁ כָּל־בָּשָׂר דָּמוֹ הִוא
ella su-sangre carne toda vida-de pues comeréis no carne

כָּל־אֹכְלָיו יִכָּרֵת׃ וְכָל־נֶפֶשׁ אֲשֶׁר תֹּאכַל
comiere que persona Y-toda (15) . será-cortado comiendo-lo todos

נְבֵלָה וּטְרֵפָה בָּאֶזְרָח וּבַגֵּר וְכִבֶּס
entonces-lavará o-en-el-extranjero en-el-nativo o-despedazado cadáver

בְּגָדָיו וְרָחַץ בַּמַּיִם וְטָמֵא עַד־
hasta y-será-inmundo en-las-aguas y-se-lavará sus-vestidos

הָעֶרֶב וְטָהֵר׃ וְאִם לֹא יְכַבֵּס וּבְשָׂרוֹ
y-su-carne (los) lava no Y-si (16) . y-será-limpio la-tarde

לֹא יִרְחָץ וְנָשָׂא עֲוֹנוֹ׃ וַיְדַבֵּר
Y-habló (1) . su-culpa entonces-llevará lava no Cap.

יְהוָה אֶל־מֹשֶׁה לֵּאמֹר׃ דַּבֵּר אֶל־בְּנֵי יִשְׂרָאֵל וְאָמַרְתָּ אֲלֵהֶם אֲנִי
yo : a-ellos y-di Israel hijos-de a Habla (2) . diciendo Moisés a Yahweh

יְהוָה אֱלֹהֵיכֶם׃ כְּמַעֲשֵׂה אֶרֶץ־מִצְרַיִם אֲשֶׁר יְשַׁבְתֶּם־בָּהּ לֹא
no en-ella habitasteis que Egipto tierra-de Como-acto-de (3) . vuestro-Dios Yahweh

תַעֲשׂוּ וּכְמַעֲשֵׂה אֶרֶץ־כְּנַעַן אֲשֶׁר אֲנִי מֵבִיא אֶתְכֶם שָׁמָּה
allí a-vosotros meto yo que Canaán tierra-de y-como-acto-de haréis

לֹא תַעֲשׂוּ וּבְחֻקֹּתֵיהֶם לֹא תֵלֵכוּ׃ אֶת־
** (4) . andaréis no y-en-sus-leyes haréis no

מִשְׁפָּטַי תַּעֲשׂוּ וְאֶת־ חֻקֹּתַי תִּשְׁמְרוּ לָלֶכֶת
para-andar cuidaréis mis-leyes y-** haréis mis-mandamientos

בָּהֶם אֲנִי יְהוָה אֱלֹהֵיכֶם׃ וּשְׁמַרְתֶּם אֶת־ חֻקֹּתַי וְאֶת־
y-** mis-leyes ** Y-guardaréis (5) . vuestro-Dios Yahweh yo , en-ellos

מִשְׁפָּטַי אֲשֶׁר יַעֲשֶׂה אֹתָם הָאָדָם וָחַי בָּהֶם אֲנִי יְהוָה׃
. Yahweh yo por-ellos y-vivirá el-hombre ellos hace que mis-mandamientos

אִישׁ אִישׁ אֶל־ כָּל־ שְׁאֵר בְּשָׂרוֹ לֹא תִקְרְבוּ לְגַלּוֹת
para-descubrir se-acercará no su-carne pariente-de todo a cualquiera Hombre (6)

עֶרְוָה אֲנִי יְהוָה׃ עֶרְוַת אָבִיךָ וְעֶרְוַת
y-desnudez-de tu-padre Desnudez-de (7) . Yahweh yo , desnudez

אִמְּךָ לֹא תְגַלֵּה אִמְּךָ הִוא לֹא תְגַלֶּה עֶרְוָתָהּ׃
. su-desnudez descubrirás no ella tu-madre , descubrirás no tu-madre

עֶרְוַת אֵשֶׁת־ אָבִיךָ לֹא תְגַלֵּה עֶרְוַת
desnudez-de ; descubrirás no tu-padre mujer-de Desnudez-de (8)

אָבִיךָ הִוא׃ עֶרְוַת אֲחוֹתְךָ בַת־ אָבִיךָ
tu-padre hija-de tu-hermana Desnudez-de (9) . ella tu-padre

אוֹ בַת־ אִמֶּךָ מוֹלֶדֶת בַּיִת אוֹ מוֹלֶדֶת חוּץ לֹא
no fuera nacida-de o casa nacida-de tu-madre hija-de o

תְגַלֶּה עֶרְוָתָן׃ עֶרְוַת בַּת־ בִּנְךָ אוֹ
o tu-hijo hija-de Desnudez-de (10) . su-desnudez descubrirás

בַת־ בִּתְּךָ לֹא תְגַלֶּה עֶרְוָתָן כִּי
pues su-desnudez descubrirás no tu-hija hija-de

עֶרְוָתְךָ הֵנָּה׃ עֶרְוַת בַּת־ אֵשֶׁת אָבִיךָ
tu-padre mujer-de hija-de Desnudez-de (11) . ellas tu-desnudez

מוֹלֶדֶת אָבִיךָ אֲחוֹתְךָ הִוא לֹא תְגַלֶּה עֶרְוָתָהּ׃
. su-desnudez descubrirás no , ella tu-hermana tu-padre nacida-de

עֶרְוַת אֲחוֹת־ אָבִיךָ לֹא תְגַלֵּה שְׁאֵר
pariente-de , descubrirás no tu-padre hermana-de Desnudez-de (12)

אָבִיךָ הִוא׃ עֶרְוַת אֲחוֹת־ אִמְּךָ לֹא תְגַלֵּה
descubrirás no tu-madre hermana-de Desnudez-de (13) . ella tu-padre

כִּי־ שְׁאֵר אִמְּךָ הִוא׃ עֶרְוַת אֲחִי־
hermano-de Desnudez-de (14) . ella tu-madre pariente-de pues

אָבִיךָ לֹא תְגַלֵּה אֶל־ אִשְׁתּוֹ לֹא תִקְרָב דֹּדָתְךָ הִוא׃
. ella tu-tía te-acercarás no su-mujer a , descubrirás no tu-padre

עֶרְוַת כַּלָּתְךָ לֹא תְגַלֵּה אֵשֶׁת בִּנְךָ
tu-hijo mujer-de , descubrirás no tu-nuera Desnudez-de (15)

הִוא לֹא תְגַלֶּה עֶרְוָתָהּ׃ עֶרְוַת אֵשֶׁת־ אָחִיךָ
tu-hermano mujer-de Desnudez-de (16) . su-desnudez descubrirás no ella

לֹא תְגַלֵּה עֶרְוַת אָחִיךָ הִוא׃ עֶרְוַת אִשָּׁה
'mujer Desnudez-de (17) . ella tu-hermano desnudez-de , descubrirás no

וּבִתָּהּ לֹא תְגַלֵּה אֶת־ בַּת־ בְּנָהּ וְאֶת־ בַּת־
hija-de o-** su-hijo hija-de ** , descubrirás no y-de-su-hija

בִּתָּהּ לֹא תִקַּח לְגַלּוֹת עֶרְוָתָהּ שַׁאֲרָה הֵנָּה
ellas pariente su-desnudez para-descubrir tomarás no su-hija

זִמָּה הִוא וְאִשָּׁה אֶל־ אֲחֹתָהּ לֹא תִקָּח לִצְרֹר
para-rivalizar tomarás no su-hermana con Y-mujer (18) . ello maldad

לְגַלּוֹת עֶרְוָתָהּ עָלֶיהָ בְּחַיֶּיהָ׃ וְאֶל־ אִשָּׁה
mujer Y-a (19) . en-su-vida con-ella su-desnudez para-descubrir

בְּנִדַּת טֻמְאָתָהּ לֹא תִקְרַב לְגַלּוֹת עֶרְוָתָהּ׃
. su-desnudez para-descubrir te-acercarás no su-inmundicia en-período-de

וְאֶל־ אֵשֶׁת עֲמִיתְךָ לֹא־ תִתֵּן שְׁכָבְתְּךָ לְזָרַע
de-semen tu-emisión darás no tu-vecino mujer-de Y-a (20)

לְטָמְאָה־ בָהּ׃ וּמִזַּרְעֲךָ לֹא־ תִתֵּן לְהַעֲבִיר
para-sacrificar darás no Y-de-tu-descendencia (21) . con-ella para-contaminarte

לַמֹּלֶךְ וְלֹא תְחַלֵּל אֶת־ שֵׁם אֱלֹהֶיךָ אֲנִי יְהוָה׃
. Yahweh yo tu-Dios nombre-de ** profanarás y-no a-el-Moloch

וְאֶת־ זָכָר לֹא תִשְׁכַּב מִשְׁכְּבֵי אִשָּׁה תּוֹעֵבָה הִוא׃
. ello abominable , mujer como-yacen-con yacerás no varón Y-** (22)

וּבְכָל־ בְּהֵמָה לֹא־ תִתֵּן שְׁכָבְתְּךָ לְטָמְאָה־ בָהּ
con-ella para-contaminarte tu-emisión darás no bestia Y-con-cualquier (23)

וְאִשָּׁה לֹא־ תַעֲמֹד לִפְנֵי בְהֵמָה לְרִבְעָהּ תֶּבֶל
perversión para-ayuntarse-con-ella bestia ante se-presentará no y-mujer

הִוא׃ אַל־ תִּטַּמְּאוּ בְּכָל־ אֵלֶּה כִּי בְכָל־ אֵלֶּה
esto en-todo pues , éstos en-ninguno-de os-contaminaréis No (24) . ello

נִטְמְאוּ הַגּוֹיִם אֲשֶׁר־ אֲנִי מְשַׁלֵּחַ מִפְּנֵיכֶם׃
. de-delante-de-vosotros os-echo yo que los-pueblos se-contaminaron

וַתִּטְמָא הָאָרֶץ וָאֶפְקֹד עֲוֺנָהּ עָלֶיהָ
sobre-ella su-maldad y-castigué la-tierra Y-se-contaminó (25)

וַתָּקִא הָאָרֶץ אֶת־ יֹשְׁבֶיהָ׃ וּשְׁמַרְתֶּם אַתֶּם
vosotros Y-guardaréis (26) . sus-moradores ** la-tierra y-vomitó

אֶת־ חֻקֹּתַי וְאֶת־ מִשְׁפָּטַי וְלֹא תַעֲשׂוּ מִכֹּל הַתּוֹעֵבֹת
las-abominaciones de-todas haréis y-no mis-mandamientos y-** mis-leyes **

הָאֵלֶּה הָאֶזְרָח וְהַגֵּר הַגָּר בְּתוֹכְכֶם׃ כִּי אֶת־
** Pues (27) . entre-vosotros el-que-vive y-el-extranjero el-nativo , las-éstas

כָּל־ הַתּוֹעֵבֹת הָאֵל עָשׂוּ אַנְשֵׁי־ הָאָרֶץ אֲשֶׁר לִפְנֵיכֶם
delante-de-vosotros que la-tierra hombres-de hicieron las-éstas las-abominaciones todas

וַתִּטְמָא הָאָרֶץ׃ וְלֹא־ תָקִיא הָאָרֶץ אֶתְכֶם
a-vosotros la-tierra vomitará Y-no (28) . la-tierra y-se-contaminó

בְּטַמַּאֲכֶם אֹתָהּ כַּאֲשֶׁר קָאָה אֶת־ הַגּוֹי אֲשֶׁר לִפְנֵיכֶם׃
antes-de-vosotros que la-nación ** vomitó como a-ella en-vuestro-contaminar

כִּי כָּל־ אֲשֶׁר יַעֲשֶׂה מִכֹּל הַתּוֹעֵבוֹת הָאֵלֶּה
las-éstas las-abominaciones de-cualquiera-de haga el-que todo Pues (29)

וְנִכְרְתוּ הַנְּפָשׁוֹת הָעֹשֹׂת מִקֶּרֶב עַמָּם׃
. su-pueblo de-entre las-que-hagan las-personas entonces-serán-cortadas

וּשְׁמַרְתֶּם אֶת־ מִשְׁמַרְתִּי לְבִלְתִּי עֲשׂוֹת מֵחֻקּוֹת
de-costumbres-de hacer para-no mi-ordenanza ** Y-guardaréis (30)

הַתּוֹעֵבֹת אֲשֶׁר נַעֲשׂוּ לִפְנֵיכֶם וְלֹא
y-no antes-de-vosotros fueron-hechas que las-abominables

תִטַּמְּאוּ בָּהֶם אֲנִי יְהוָה אֱלֹהֵיכֶם׃ וַיְדַבֵּר
Y-habló (1) . vuestro-Dios Yahweh yo , con-ellas os-contaminéis Cap.

יְהוָה אֶל־ מֹשֶׁה לֵּאמֹר דַּבֵּר אֶל־ כָּל־ עֲדַת בְּנֵי־ יִשְׂרָאֵל
Israel hijos-de asamblea-de toda a habla : diciendo Moisés a Yahweh

וְאָמַרְתָּ אֲלֵהֶם קְדֹשִׁים תִּהְיוּ כִּי קָדוֹשׁ אֲנִי יְהוָה אֱלֹהֵיכֶם׃
. vuestro-Dios Yahweh yo santo pues seréis santos : a-ellos y-di

אִישׁ אִמּוֹ וְאָבִיו תִּירָאוּ וְאֶת־ שַׁבְּתֹתַי
mis-sábados y-** temerá y-su-padre su-madre Cada-uno (3)

תִּשְׁמֹרוּ אֲנִי יְהוָה אֱלֹהֵיכֶם׃ אַל־ תִּפְנוּ אֶל־הָאֱלִילִם וֵאלֹהֵי
y-dioses-de los-ídolos a volveréis No (4) . vuestro-Dios Yahweh yo guardaréis

מַסֵּכָה לֹא תַעֲשׂוּ לָכֶם אֲנִי יְהוָה אֱלֹהֵיכֶם׃ וְכִי
Y-cuando (5) . vuestro-Dios Yahweh yo para-vosotros haréis no fundición

תִזְבְּחוּ זֶבַח שְׁלָמִים לַיהוָה לִרְצֹנְכֶם
para-vuestra-aceptación a-Yahweh paces sacrificio-de sacrifiquéis

תִּזְבָּחֻהוּ׃ בְּיוֹם זִבְחֲכֶם יֵאָכֵל
será-comido vuestro-sacrificio En-día-de (6) . lo-sacrificaréis

וּמִמָּחֳרָת וְהַנּוֹתָר עַד־ יוֹם הַשְּׁלִישִׁי בָּאֵשׁ
con-el-fuego el-tercero día-de hasta y-el-resto ; y-el-día-siguiente

יִשָּׂרֵף׃ וְאִם הֵאָכֹל יֵאָכֵל בַּיּוֹם הַשְּׁלִישִׁי
el-tercero en-el-día es-comido comer Y-si (7) . será-quemado

פִּגּוּל הוּא לֹא יֵרָצֶה׃ וְאֹכְלָיו עֲוֺנוֹ
su-culpa Y-los-que-lo-comen (8) . será-aceptado no él impuro

יִשָּׂא כִּי־ אֶת־ קֹדֶשׁ יְהוָה חִלֵּל וְנִכְרְתָה
y-será-cortada profanó Yahweh santo-de ** pues llevará

הַנֶּפֶשׁ הַהִוא מֵעַמֶּיהָ׃ וּבְקֻצְרְכֶם אֶת־ קְצִיר
siega-de ** Y-en-vuestro-segar (9) . de-su-pueblo la-aquella la-persona

אַרְצְכֶם לֹא תְכַלֶּה פְּאַת שָׂדְךָ לִקְצֹר וְלֶקֶט
y-espiga-de , para-segar tu-campo rincón-de completarás no vuestra-tierra

קְצִירְךָ לֹא תְלַקֵּט׃ וְכַרְמְךָ לֹא תְעוֹלֵל
rebuscarás no Y-tu-viña (10) . recogerás no tu-siega

וּפֶרֶט כַּרְמְךָ לֹא תְלַקֵּט לֶעָנִי
para-el-pobre ; recogerás no tu-viña y-uva-caída-de

וְלַגֵּר תַּעֲזֹב אֹתָם אֲנִי יְהוָה אֱלֹהֵיכֶם׃ לֹא תִּגְנֹבוּ
hurtarás No (11) . vuestro-Dios Yahweh yo , ellos dejarás y-para-el-extranjero

וְלֹא־ תְכַחֲשׁוּ וְלֹא־ תְשַׁקְּרוּ אִישׁ בַּעֲמִיתוֹ׃ וְלֹא־
Y-no (12) . contra-su-prójimo hombre engañaréis y-no mentiréis y-no

תִשָּׁבְעוּ בִשְׁמִי לַשָּׁקֶר וְחִלַּלְתָּ אֶת־ שֵׁם
nombre-de ** y-profanarás para-la-falsedad por-mi-nombre juraréis

אֱלֹהֶיךָ אֲנִי יְהוָה׃ לֹא־ תַעֲשֹׁק אֶת־ רֵעֲךָ וְלֹא תִגְזֹל
robarás y-no tu-prójimo a defraudarás No (13) . Yahweh yo tu-Dios

לֹא־ תָלִין פְּעֻלַּת שָׂכִיר אִתְּךָ עַד־ בֹּקֶר׃ לֹא־ תְקַלֵּל
maldecirás No (14) . mañana hasta con-tigo jornalero salario-de retendrás no

חֵרֵשׁ וְלִפְנֵי עִוֵּר לֹא תִתֵּן מִכְשֹׁל וְיָרֵאתָ

y-temerás , tropiezo pondrás no ciego y-ante sordo

מֵּאֱלֹהֶיךָ אֲנִי יְהוָה׃ לֹא־תַעֲשׂוּ עָוֶל בַּמִּשְׁפָּט לֹא־

no en-la-justicia perversión harás No (15) . Yahweh yo a-tu-Dios

תִשָּׂא פְנֵי־דָל וְלֹא תֶהְדַּר פְּנֵי גָדוֹל בְּצֶדֶק תִּשְׁפֹּט

juzgarás con-rectitud grande cara-de favorecerás y-no pobre cara-del levantarás

עֲמִיתֶךָ׃ לֹא־תֵלֵךְ רָכִיל בְּעַמֶּיךָ לֹא תַעֲמֹד

atentarás no entre-tu-pueblo chismeando andes No (16) . tu-prójimo

עַל־דַּם רֵעֶךָ אֲנִי יְהוָה׃ לֹא־תִשְׂנָא אֶת־אָחִיךָ

tu-hermano a odiarás No (17) . Yahweh yo tu-prójimo sangre-de contra

בִּלְבָבֶךָ הוֹכֵחַ תּוֹכִיחַ אֶת־עֲמִיתֶךָ וְלֹא־תִשָּׂא

participarás y-no tu-prójimo a reprenderás reprender , en-tu-corazón

עָלָיו חֵטְא׃ לֹא־תִקֹּם וְלֹא־תִטֹּר אֶת־בְּנֵי

hijos-de a tendrás-rencor y-no te-vengarás No (18) . pecado con-él

עַמֶּךָ וְאָהַבְתָּ לְרֵעֲךָ כָּמוֹךָ אֲנִי יְהוָה׃ אֶת־

** (19) . Yahweh yo como-a-ti a-tu-prójimo y-amarás tu-pueblo

חֻקֹּתַי תִּשְׁמֹרוּ בְּהֶמְתְּךָ לֹא־תַרְבִּיעַ כִּלְאַיִם שָׂדְךָ

tu-campo ; dos-clases ayuntarás no tu-bestia , guardaréis mis-estatutos

לֹא־תִזְרַע כִּלְאָיִם וּבֶגֶד כִּלְאַיִם שַׁעַטְנֵז לֹא יַעֲלֶה

llevarás no tejido dos-clases y-ropa dos-clases sembrarás no

עָלֶיךָ׃ וְאִישׁ כִּי־יִשְׁכַּב אֶת־אִשָּׁה שִׁכְבַת־זֶרַע וְהִוא

y-ella semen emisión-de mujer con yace si Y-hombre (20) . sobre-ti

שִׁפְחָה נֶחֱרֶפֶת לְאִישׁ וְהָפְדֵּה לֹא נִפְדָּתָה

rescatada no y-estar-rescatada a-hombre prometida esclava

אוֹ חֻפְשָׁה לֹא נִתַּן־לָהּ בִּקֹּרֶת תִּהְיֶה לֹא יוּמְתוּ

morirán no será castigo a-ella fue-dada no libertad o

כִּי־ לֹא חֻפָּשָׁה׃ וְהֵבִיא אֶת־ אֲשָׁמוֹ לַיהוָה אֶל־

a a-Yahweh su-ofrenda-de-pecado ** Y-traerá (21) . libre no pues

פֶּתַח אֹהֶל מוֹעֵד אֵיל אָשָׁם׃ וְכִפֶּר

Y-expiará (22) . ofrenda-de-culpa carnero-de reunión tienda-de puerta-de

עָלָיו הַכֹּהֵן בְּאֵיל הָאָשָׁם לִפְנֵי יְהוָה עַל־

por Yahweh ante la-ofrenda-de-culpa con-carnero-de el-sacerdote por-él

חַטָּאתוֹ אֲשֶׁר חָטָא וְנִסְלַח לוֹ מֵחַטָּאתוֹ

de-su-pecado a-él y-será-perdonado pecó que su-pecado

אֲשֶׁר חָטָא׃ וְכִי־ תָבֹאוּ אֶל־ הָאָרֶץ וּנְטַעְתֶּם כָּל־

cualquier y-plantéis la-tierra a entréis Y-cuando (23) . pecó que

עֵץ מַאֲכָל וַעֲרַלְתֶּם עָרְלָתוֹ אֶת־ פִּרְיוֹ

, su-fruto ** su-incircuncisión entonces-consideraréis-prohibido fruta árbol-de

שָׁלֹשׁ שָׁנִים יִהְיֶה לָכֶם עֲרֵלִים לֹא יֵאָכֵל׃

. se-comerá no incircuncisos para-vosotros será años tres

וּבַשָּׁנָה הָרְבִיעִת יִהְיֶה כָּל־ פִּרְיוֹ קֹדֶשׁ

santa su-fruto todo-de será el-cuarto Y-en-el-año (24)

הִלּוּלִים לַיהוָה׃ וּבַשָּׁנָה הַחֲמִישִׁת תֹּאכְלוּ אֶת־

** comeréis el-quinto Y-en-el-año (25) . a-Yahweh alabanzas

פִּרְיוֹ לְהוֹסִיף לָכֶם תְּבוּאָתוֹ אֲנִי יְהוָה אֱלֹהֵיכֶם׃ לֹא

No (26) . vuestro-Dios Yahweh yo , su-cosecha para-vosotros para-incrementar su-fruto

תֹאכְלוּ עַל־ הַדָּם לֹא תְנַחֲשׁוּ וְלֹא תְעוֹנֵנוּ׃

. haréis-brujería y-no haréis-adivinación no la-sangre con comeréis

לֹא תַקִּפוּ פְּאַת רֹאשְׁכֶם וְלֹא תַשְׁחִית אֵת פְּאַת

borde-de ** recortarás y-no vuestra-cabeza lado-de cortéis-cabello No (27)

זְקָנֶךָ׃ וְשֶׂרֶט לָנֶפֶשׁ לֹא תִתְּנוּ בִּבְשַׂרְכֶם

en-vuestro-cuerpo haréis no por-el-muerto Y-corte (28) . tu-barba

וּכְתֹבֶת קַעֲקַע לֹא תִתְּנוּ בָּכֶם אֲנִי יְהוָה׃ אַל־ תְּחַלֵּל אֶת־

** degradarás No (29) . Yahweh yo en-vosotros pondréis no tatuaje y-marca-de

בִּתְּךָ לְהַזְנוֹתָהּ וְלֹא־ תִזְנֶה הָאָרֶץ

la-tierra se-prostituirá y-no para-prostituir-la tu-hija

וּמָלְאָה הָאָרֶץ זִמָּה׃ אֶת־ שַׁבְּתֹתַי תִּשְׁמֹרוּ

observaréis mis-sábados ** (30) . maldad la-tierra y-se-llenará

וּמִקְדָּשִׁי תִּירָאוּ אֲנִי יְהוָה׃ אַל־ תִּפְנוּ אֶל־ הָאֹבֹת

los-médiums a os-volváis No (31) . Yahweh yo reverenciaréis y-mi-santuario

וְאֶל־ הַיִּדְּעֹנִים אַל־תְּבַקְשׁוּ לְטָמְאָה בָהֶם אֲנִי יְהוָה אֱלֹהֵיכֶם׃

. vuestro-Dios Yahweh yo por-ellos para-contaminar buscaréis no los-adivinos y-a

מִפְּנֵי שֵׂיבָה תָּקוּם וְהָדַרְתָּ פְּנֵי זָקֵן

anciano presencia-de y-respetarás te-levantarás canas En-presencia-de (32)

וְיָרֵאתָ מֵּאֱלֹהֶיךָ אֲנִי יְהוָה׃ וְכִי־ יָגוּר אִתְּךָ

con-tigo habite Y-cuando (33) . Yahweh yo pues-tu-Dios y-reverenciarás

גֵּר בְּאַרְצְכֶם לֹא תוֹנוּ אֹתוֹ׃ כְּאֶזְרָח מִכֶּם יִהְיֶה

será de-vosotros Como-nativo (34) . a-él maltratéis no en-vuestra-tierra extranjero

לָכֶם הַגֵּר ׀ הַגָּר אִתְּכֶם וְאָהַבְתָּ לוֹ כָּמוֹךָ כִּי־

pues como-a-ti a-él y-amarás con-vosotros el-que-vive el-extranjero para-vosotros

גֵרִים הֱיִיתֶם בְּאֶרֶץ מִצְרָיִם אֲנִי יְהוָה אֱלֹהֵיכֶם׃ לֹא־ תַעֲשׂוּ

haréis No (35) . vuestro-Dios Yahweh yo Egipto en-tierra-de fuisteis extranjeros

עָוֶל בַּמִּשְׁפָּט בַּמִּדָּה בַּמִּשְׁקָל וּבַמְּשׂוּרָה׃

. y-en-la-cantidad en-el-peso en-la-longitud en-la-medida deshonestidad

מֹאזְנֵי צֶדֶק אַבְנֵי־ צֶדֶק אֵיפַת צֶדֶק וְהִין צֶדֶק

justicia e-hin-de justicia efa-de justicia pesos-de justicia Balanzas-de (36)

יִהְיֶה לָכֶם אֲנִי יְהוָה אֱלֹהֵיכֶם אֲשֶׁר־הוֹצֵאתִי אֶתְכֶם מֵאֶרֶץ מִצְרָיִם׃

. Egipto de-tierra-de a-vosotros saqué que vuestro-Dios Yahweh yo para-vosotros será

וּשְׁמַרְתֶּם אֶת־ כָּל־ חֻקֹּתַי וְאֶת־ כָּל־ מִשְׁפָּטַי וַעֲשִׂיתֶם
y-haréis mis-leyes todas y-** mis-estatutos todos ** Y-guardaréis (37)

אֹתָם אֲנִי יְהוָה׃ וַיְדַבֵּר יְהוָה אֶל־ מֹשֶׁה לֵּאמֹר׃ וְאֶל־ בְּנֵי
hijos-de Y-a (2) . diciendo Moisés a Yahweh Y-habló (1) . Yahweh yo ; ellas Cap. 20

יִשְׂרָאֵל תֹּאמַר אִישׁ אִישׁ מִבְּנֵי יִשְׂרָאֵל וּמִן־ הַגֵּר ׀ הַגָּר
el-que-vive el-extranjero y-de Israel de-hijos-de cualquiera hombre : dirás Israel

בְּיִשְׂרָאֵל אֲשֶׁר יִתֵּן מִזַּרְעוֹ לַמֹּלֶךְ מוֹת יוּמָת
morirá morir a-Moloch de-su-descendencia da que en-Israel

עַם הָאָרֶץ יִרְגְּמֻהוּ בָאָבֶן׃ וַאֲנִי אֶתֵּן
pondré Y-yo (3) . con-la-piedra le-apedrearán la-tierra pueblo-de

אֶת־ פָּנַי בָּאִישׁ הַהוּא וְהִכְרַתִּי אֹתוֹ מִקֶּרֶב
de-entre a-él y-cortaré el-aquel contra-el-hombre mi-faz **

עַמּוֹ כִּי מִזַּרְעוֹ נָתַן לַמֹּלֶךְ לְמַעַן טַמֵּא
contaminar para a-el-Moloch dio de-su-descendencia pues su-pueblo

אֶת־ מִקְדָּשִׁי וּלְחַלֵּל אֶת־ שֵׁם קָדְשִׁי׃ וְאִם
Y-si (4) . mi-santidad nombre-de ** y-profanar mi-santuario **

הַעְלֵם יַעְלִימוּ עַם הָאָרֶץ אֶת־ עֵינֵיהֶם מִן־ הָאִישׁ הַהוּא
el-aquel el-hombre de sus-ojos ** la-tierra pueblo-de cierran cerrar

בְּתִתּוֹ מִזַּרְעוֹ לַמֹּלֶךְ לְבִלְתִּי הָמִית אֹתוֹ׃
. a-él dar-muerte para-no a-Moloch de-su-descendencia en-su-dar

וְשַׂמְתִּי אֲנִי אֶת־ פָּנַי בָּאִישׁ הַהוּא
el-aquel contra-el-hombre mi-rostro ** yo Y-pondré (5)

וּבְמִשְׁפַּחְתּוֹ וְהִכְרַתִּי אֹתוֹ וְאֵת ׀ כָּל־ הַזֹּנִים
los-que-se-prostituyeron todos y-a a-él y-cortaré y-contra-su-familia

אַחֲרָיו לִזְנוֹת אַחֲרֵי הַמֹּלֶךְ מִקֶּרֶב עַמָּם׃
. su-pueblo de-entre el-Moloch tras para-prostituirse tras-él

וְהַנֶּפֶשׁ אֲשֶׁר תִּפְנֶה אֶל־ הָאֹבֹת וְאֶל־ הַיִּדְּעֹנִים
los-adivinos y-a los-médiums a se-vuelve que Y-la-persona (6)

לִזְנוֹת אַחֲרֵיהֶם וְנָתַתִּי אֶת־ פָּנַי בַּנֶּפֶשׁ
contra-la-persona mi-rostro ** y-pondré ; tras-ellos para-prostituirse

הַהִוא וְהִכְרַתִּי אֹתוֹ מִקֶּרֶב עַמּוֹ׃ וְהִתְקַדִּשְׁתֶּם
Y-os-santificaréis (7) . su-pueblo de-entre a-él y-cortaré la-aquella

וִהְיִיתֶם קְדֹשִׁים כִּי אֲנִי יְהוָה אֱלֹהֵיכֶם׃ וּשְׁמַרְתֶּם אֶת־
** Y-guardaréis (8) . vuestro-Dios Yahweh yo pues santos y-seréis

חֻקֹּתַי וַעֲשִׂיתֶם אֹתָם אֲנִי יְהוָה מְקַדִּשְׁכֶם׃ כִּי־ אִישׁ
hombre Si (9) . el-que-os-santifica Yahweh yo a-ellos y-cumpliréis mis-estatutos

אִישׁ אֲשֶׁר יְקַלֵּל אֶת־ אָבִיו וְאֶת־ אִמּוֹ מוֹת יוּמָת
morirá morir su-madre o-a su-padre a maldice que alguno

אָבִיו וְאִמּוֹ קִלֵּל דָּמָיו בּוֹ׃ וְאִישׁ
Y-hombre (10) . en-él sangres-de-él maldijo o-su-madre su-padre

אֲשֶׁר יִנְאַף אֶת־ אֵשֶׁת אִישׁ אֲשֶׁר יִנְאַף אֶת־
con adultera que , otro mujer-de con adultera que

אֵשֶׁת רֵעֵהוּ מוֹת־ יוּמַת הַנֹּאֵף
el-que-adultera morirá morir , su-prójimo mujer-de

וְהַנֹּאָפֶת׃ וְאִישׁ אֲשֶׁר יִשְׁכַּב אֶת־ אֵשֶׁת
mujer-de con yaciere que Y-hombre (11) . y-la-que-adultera

אָבִיו עֶרְוַת אָבִיו גִּלָּה מוֹת־ יוּמְתוּ
morirán morir ; descubrió su-padre desnudez-de su-padre

שְׁנֵיהֶם דְּמֵיהֶם בָּם׃ וְאִישׁ אֲשֶׁר יִשְׁכַּב אֶת־
con yaciere que Y-hombre (12) . en-ellos sangres-de-ellos ellos-dos

כַּלָּתוֹ מוֹת יוּמְתוּ שְׁנֵיהֶם תֶּבֶל עָשׂוּ
hicieron maldad , ellos-dos morirán morir su-nuera

דְּמֵיהֶם בָּם׃ וְאִישׁ אֲשֶׁר יִשְׁכַּב אֶת־ זָכָר מִשְׁכְּבֵי אִשָּׁה

mujer yacientes-de varón con yaciere que Y-hombre (13) . en-ellos sangres-de-ellos

תּוֹעֵבָה עָשׂוּ שְׁנֵיהֶם מוֹת יוּמָתוּ דְּמֵיהֶם בָּם׃

. en-ellos sangres-de-ellos morirán morir ellos-dos hicieron abominación

וְאִישׁ אֲשֶׁר יִקַּח אֶת־ אִשָּׁה וְאֶת־ אִמָּהּ זִמָּה הִוא

esto vileza su-madre y-** mujer ** tome que Y-hombre (14)

בָּאֵשׁ יִשְׂרְפוּ אֹתוֹ וְאֶתְהֶן וְלֹא־ תִהְיֶה זִמָּה

vileza habrá y-no y-a-ellas a-él quemarán en-el-fuego

בְּתוֹכְכֶם׃ וְאִישׁ אֲשֶׁר יִתֵּן שְׁכָבְתּוֹ בִּבְהֵמָה מוֹת

morir a-animal su-emisión dé que Y-hombre (15) . entre-vosotros

יוּמָת וְאֶת־ הַבְּהֵמָה תַּהֲרֹגוּ׃ וְאִשָּׁה אֲשֶׁר תִּקְרַב

se-llegare que Y-mujer (16) . mataréis al-animal y-** morirá

אֶל־ כָּל־ בְּהֵמָה לְרִבְעָה אֹתָהּ וְהָרַגְתָּ אֶת־ הָאִשָּׁה

la-mujer a entonces-matarás con-ella para-ayuntarse bestia cualquier a

וְאֶת־הַבְּהֵמָה מוֹת יוּמָתוּ דְּמֵיהֶם בָּם׃ וְאִישׁ אֲשֶׁר־

que Y-hombre (17) . en-ellos sangres-de-ellos morirán morir , la-bestia y-a

יִקַּח אֶת־ אֲחֹתוֹ בַּת־ אָבִיו אוֹ בַת־

hija-de o su-padre hija-de su-hermana ** tome

אִמּוֹ וְרָאָה אֶת־ עֶרְוָתָהּ וְהִיא־ תִרְאֶה אֶת־

** vea y-ella su-desnudez ** y-vea su-madre

עֶרְוָתוֹ חֶסֶד הוּא וְנִכְרְתוּ לְעֵינֵי

a-ojos-de y-serán-cortados esto detestable desnudez-de-él

בְּנֵי עַמָּם עֶרְוַת אֲחֹתוֹ גִּלָּה עֲוֺנוֹ

su-culpa descubrió hermana-de-él desnudez-de ; pueblo-de-ellos hijos-de

יִשָּׂא׃ וְאִישׁ אֲשֶׁר־ יִשְׁכַּב אֶת־ אִשָּׁה דָּוָה וְגִלָּה אֶת־

** y-descubre menstruosa mujer con yaciere que Y-hombre (18) . llevará

עֶרְוָתָהּ אֶת־ מְקֹרָהּ הֶעֱרָה וְהִוא גִּלְּתָה אֶת־
** destapó y-ella descubrió su-flujo ** su-desnudez

מְקוֹר דָּמֶיהָ וְנִכְרְתוּ שְׁנֵיהֶם מִקֶּרֶב
de-entre ellos-dos y-serán-cortados sangres-de-ella flujo-de

עַמָּם׃ (19) וְעֶרְוַת אֲחוֹת אִמְּךָ וַאֲחוֹת
y-hermana-de tu-madre hermana-de Y-desnudez-de (19) . pueblo-de-ellos

אָבִיךָ לֹא תְגַלֵּה כִּי אֶת־ שְׁאֵרוֹ הֶעֱרָה
deshonraría su-pariente ** pues descubrirás no tu-padre

עֲוֺנָם יִשָּׂאוּ׃ (20) וְאִישׁ אֲשֶׁר יִשְׁכַּב אֶת־
con yaciere que Y-hombre (20) . llevarán iniquidad-de-ellos

דֹּדָתוֹ עֶרְוַת דֹּדוֹ גִּלָּה חֶטְאָם יִשָּׂאוּ
llevarán culpa-de-ellos descubrió su-tío desnudez-de su-tía

עֲרִירִים יָמֻתוּ׃ (21) וְאִישׁ אֲשֶׁר יִקַּח אֶת־ אֵשֶׁת
mujer-de ** tome que Y-hombre (21) . morirán sin-hijos

אָחִיו נִדָּה הִוא עֶרְוַת אָחִיו גִּלָּה
descubrió su-hermano desnudez-de esto impureza su-hermano

עֲרִירִים יִהְיוּ׃ (22) וּשְׁמַרְתֶּם אֶת־ כָּל־ חֻקֹּתַי וְאֶת־
y-** mis-estatutos todos ** Y-guardaréis (22) . serán sin-hijos

כָּל־ מִשְׁפָּטַי וַעֲשִׂיתֶם אֹתָם וְלֹא־ תָקִיא אֶתְכֶם הָאָרֶץ
la-tierra a-vosotros vomitará y-no ellas y-cumpliréis mis-leyes todas

אֲשֶׁר אֲנִי מֵבִיא אֶתְכֶם שָׁמָּה לָשֶׁבֶת בָּהּ׃ (23) וְלֹא תֵלְכוּ
andaréis Y-no (23) . en-ella para-habitar allí a-vosotros metí yo que

בְּחֻקֹּת הַגּוֹי אֲשֶׁר־אֲנִי מְשַׁלֵּחַ מִפְּנֵיכֶם כִּי אֶת־ כָּל־ אֵלֶּה
estas todas ** pues de-ante-vosotros expulso yo que la-nación en-los-estatutos-de

עָשׂוּ וָאָקֻץ בָּם׃ (24) וָאֹמַר לָכֶם אַתֶּם
ellos : a-vosotros Y-dije (24) . contra-ellos y-aborrecí hicieron

תִּירְשׁוּ אֶת־ אַדְמָתָם וַאֲנִי אֶתְּנֶנָּה לָכֶם לָרֶשֶׁת

para-heredar a-vosotros la-daré y-yo tierra-de-ellos ** poseeréis

אֹתָהּ אֶרֶץ זָבַת חָלָב וּדְבָשׁ אֲנִי יְהוָה אֱלֹהֵיכֶם אֲשֶׁר־

que vuestro-Dios Yahweh yo ; y-miel leche fluyendo-de tierra , a-ella

הִבְדַּלְתִּי אֶתְכֶם מִן־ הָעַמִּים׃ וְהִבְדַּלְתֶּם בֵּין־ הַבְּהֵמָה

el-animal entre Y-distinguiréis (25) . los-pueblos de a-vosotros aparté

הַטְּהֹרָה לַטְּמֵאָה וּבֵין־ הָעוֹף הַטָּמֵא לַטָּהֹר

y-la-limpia la-inmunda el-ave y-entre del-inmundo el-limpio

וְלֹא־ תְשַׁקְּצוּ אֶת־ נַפְשֹׁתֵיכֶם בַּבְּהֵמָה וּבָעוֹף

o-con-el-ave con-el-animal vuestras-personas ** contaminaréis y-no

וּבְכֹל אֲשֶׁר תִּרְמֹשׂ הָאֲדָמָה אֲשֶׁר־ הִבְדַּלְתִּי לָכֶם

para-vosotros aparto que la-tierra se-mueve lo-que o-con-todo

לְטַמֵּא׃ וִהְיִיתֶם לִי קְדֹשִׁים כִּי קָדוֹשׁ אֲנִי יְהוָה

Yahweh yo santo pues santos para-mí Y-seréis (26) . por-ser-inmundos

וָאַבְדִּל אֶתְכֶם מִן־ הָעַמִּים לִהְיוֹת לִי׃ וְאִישׁ אוֹ־ אִשָּׁה כִּי־

que mujer o Y-hombre (27) . para-mí para-ser los-pueblos de a-vosotros y-separo

יִהְיֶה בָהֶם אוֹב אוֹ יִדְּעֹנִי מוֹת יוּמָתוּ בָּאֶבֶן

con-la-piedra morirá morir espiritista o médium entre-ellos sea

יִרְגְּמוּ אֹתָם דְּמֵיהֶם בָּם׃ וַיֹּאמֶר יְהוָה אֶל־

a Yahweh Y-dijo (1) . en-ellos sangres-de-ellos a-ellos apedrearán Cap. 21

מֹשֶׁה אֱמֹר אֶל־ הַכֹּהֲנִים בְּנֵי אַהֲרֹן וְאָמַרְתָּ אֲלֵהֶם לְנֶפֶשׁ לֹא־

no a-persona a-ellos y-di , Aarón hijos-de los-sacerdotes a habla : Moisés

יִטַּמָּא בְּעַמָּיו׃ כִּי אִם־ לִשְׁאֵרוֹ

por-su-pariente si Pero (2) . en-su-pueblo se-contaminará

הַקָּרֹב אֵלָיו לְאִמּוֹ וּלְאָבִיו וְלִבְנוֹ

o-por-su-hijo o-por-su-padre por-su-madre , a-él el-cercano

וּלְבִתּוֹ וּלְאָחִיו׃ וְלַאֲחֹתוֹ

O-por-su-hermana (3) . o-por-su-hermano o-por-su-hija

הַבְּתוּלָה הַקְּרוֹבָה אֵלָיו אֲשֶׁר לֹא־ הָיְתָה לְאִישׁ לָהּ

para-ella para-hombre sea no que a-él la-cercana la-virgen

יִטַּמָּא׃ לֹא יִטַּמָּא בַּעַל

dirigente se-contaminará No (4) . se-contaminará

בְּעַמָּיו לְהֵחַלּוֹ׃ לֹא־ יִקְרְחָה קָרְחָה

tonsura afeitarán No (5) . para-ser-inmundo en-su-pueblo

בְּרֹאשָׁם וּפְאַת זְקָנָם לֹא יְגַלֵּחוּ

, se-raparán no barba-de-ellos o-borde-de en-cabeza-de-ellos

וּבִבְשָׂרָם לֹא יִשְׂרְטוּ שָׂרָטֶת׃ קְדֹשִׁים יִהְיוּ

serán Santos (6) . corte cortarán no y-en-cuerpo-de-ellos

לֵאלֹהֵיהֶם וְלֹא יְחַלְּלוּ שֵׁם אֱלֹהֵיהֶם כִּי אֶת־

** pues Dios-de-ellos nombre-de profanarán y-no para-Dios-de-ellos

אִשֵּׁי יְהוָה לֶחֶם אֱלֹהֵיהֶם הֵם מַקְרִיבִם

ofreciendo ellos Dios-de-ellos pan-de Yahweh ofrenda-encendida-de

וְהָיוּ קֹדֶשׁ׃ אִשָּׁה זֹנָה וַחֲלָלָה לֹא יִקָּחוּ

tomarán no e-inmunda ramera Mujer (7) . santo y-serán

וְאִשָּׁה גְּרוּשָׁה מֵאִישָׁהּ לֹא יִקָּחוּ כִּי־ קָדֹשׁ

santo pues tomarán no de-su-marido repudiada y-mujer

הוּא לֵאלֹהָיו׃ וְקִדַּשְׁתּוֹ כִּי־ אֶת־ לֶחֶם אֱלֹהֶיךָ הוּא

él tu-Dios pan-de ** porque Y-le-santificarás (8) . para-su-Dios él

מַקְרִיב קָדֹשׁ יִהְיֶה־ לָּךְ כִּי קָדוֹשׁ אֲנִי יְהוָה מְקַדִּשְׁכֶם׃

. el-que-os-santifica Yahweh yo santo pues para-ti será santo , ofrece

וּבַת אִישׁ כֹּהֵן כִּי תֵחֵל לִזְנוֹת אֶת־

a , para-prostituirse . se-contamina si sacerdote hombre E-hija-de (9)

אָבִיהָ הִיא מְחַלֶּלֶת בָּאֵשׁ תִּשָּׂרֵף׃
. será-quemada en-el-fuego deshonra ella su-padre

וְהַכֹּהֵן הַגָּדוֹל מֵאֶחָיו אֲשֶׁר־יוּצַק עַל־
sobre se-derramó que entre-sus-hermanos el-sumo Y-el-sacerdote (10)

רֹאשׁוֹ ׀ שֶׁמֶן הַמִּשְׁחָה וּמִלֵּא אֶת־יָדוֹ לִלְבֹּשׁ
para-llevar su-mano ** y-ordenó la-unción aceite-de su-cabeza

אֶת־הַבְּגָדִים אֶת־רֹאשׁוֹ לֹא יִפְרָע וּבְגָדָיו
y-sus-vestidos descubierta no su-cabeza ** los-vestidos **

לֹא יִפְרֹם׃ וְעַל כָּל־נַפְשֹׁת מֵת לֹא יָבֹא
; irá no muerto cuerpos-de cualquier Y-a (11) . rasgará no

לְאָבִיו וּלְאִמּוֹ לֹא יִטַּמָּא׃
. se-hará-inmundo no o-para-su-madre para-su-padre

וּמִן־הַמִּקְדָּשׁ לֹא יֵצֵא וְלֹא יְחַלֵּל אֵת
** profanará y-no saldrá no el-santuario Y-de (12)

מִקְדַּשׁ אֱלֹהָיו כִּי נֵזֶר שֶׁמֶן מִשְׁחַת אֱלֹהָיו עָלָיו
sobre-él su-Dios unción-de aceite-de dedicado pues su-Dios santuario-de

אֲנִי יְהוָה׃ וְהוּא אִשָּׁה בִבְתוּלֶיהָ יִקָּח׃ אַלְמָנָה
Viuda (14) . tomará en-su-virginidad mujer Y-él (13) . Yahweh yo

וּגְרוּשָׁה וַחֲלָלָה זֹנָה אֶת־אֵלֶּה לֹא יִקָּח כִּי
sino tomará no éstas ** ramera o-contaminada o-repudiada

אִם־בְּתוּלָה מֵעַמָּיו יִקַּח אִשָּׁה׃ וְלֹא־יְחַלֵּל
profanará Y-no (15) . mujer tomará de-su-pueblo virgen sólo

זַרְעוֹ בְּעַמָּיו כִּי אֲנִי יְהוָה מְקַדְּשׁוֹ׃
. el-que-le-santifica Yahweh yo pues en-su-pueblo su-descendencia

וַיְדַבֵּר יְהוָה אֶל־מֹשֶׁה לֵּאמֹר׃ דַּבֵּר אֶל־אַהֲרֹן לֵאמֹר אִישׁ
hombre : diciendo Aarón a Habla (17) . diciendo Moisés a Yahweh Y-habló (16)

מִזַּרְעֲךָ לְדֹרֹתָם אֲשֶׁר יִהְיֶה בוֹ מוּם
defecto en-él tenga que por-generaciones-de-ellos de-tu-descendencia

לֹא יִקְרַב לְהַקְרִיב לֶחֶם אֱלֹהָיו׃ כִּי כָל־אִישׁ
hombre todo Pues (18) . su-Dios pan para-ofrecer se-acercará no

אֲשֶׁר־בּוֹ מוּם לֹא יִקְרָב אִישׁ עִוֵּר אוֹ פִסֵּחַ אוֹ חָרֻם
mutilado o cojo o ciego hombre , se-acercará no defecto en-él que

אוֹ שָׂרוּעַ׃ אוֹ אִישׁ אֲשֶׁר־יִהְיֶה בוֹ שֶׁבֶר רָגֶל אוֹ שֶׁבֶר
parálisis-de o pie parálisis-de en-él haya que hombre U (19) . deformado o

יָד׃ אוֹ־גִבֵּן אוֹ־דַק אוֹ תְּבַלֻּל בְּעֵינוֹ אוֹ גָרָב
úlcera o en-su-ojo defectuoso o enano o jorobado O (20) . mano

אוֹ יַלֶּפֶת אוֹ מְרוֹחַ אָשֶׁךְ׃ כָּל־אִישׁ אֲשֶׁר־בּוֹ מוּם
defecto en-él que hombre Todo (21) . testículo daño-de o escama o

מִזֶּרַע אַהֲרֹן הַכֹּהֵן לֹא יִגַּשׁ לְהַקְרִיב אֶת־
** para-presentar se-acercará no el-sacerdote Aarón de-descendiente-de

אִשֵּׁי יְהוָה מוּם בּוֹ אֵת לֶחֶם אֱלֹהָיו לֹא
no su-Dios pan-de ** en-él defecto , Yahweh ofrenda-de-fuego-de

יִגַּשׁ לְהַקְרִיב׃ לֶחֶם אֱלֹהָיו מִקָּדְשֵׁי
de-muy-santos-de su-Dios Pan-de (22) . para-ofrecer se-acercará

הַקֳּדָשִׁים וּמִן־הַקֳּדָשִׁים יֹאכֵל׃ אַךְ אֶל־הַפָּרֹכֶת לֹא
no el-velo a Pero (23) . comerá los-santos y-de los-santos

יָבֹא וְאֶל־הַמִּזְבֵּחַ לֹא יִגַּשׁ כִּי־מוּם בּוֹ וְלֹא
y-no en-él defecto pues se-acercará no el-altar y-a irá

יְחַלֵּל אֶת־מִקְדָּשַׁי כִּי אֲנִי יְהוָה מְקַדְּשָׁם׃
. el-que-los-santifica Yahweh yo pues mis-santuarios ** profanará

וַיְדַבֵּר מֹשֶׁה אֶל־אַהֲרֹן וְאֶל־בָּנָיו וְאֶל־כָּל־בְּנֵי
hijos-de todos-de y-a sus-hijos y-a Aarón a Moisés Y-habló (24)

יִשְׂרָאֵל׃ וַיְדַבֵּר יְהוָה אֶל־מֹשֶׁה לֵּאמֹר׃ דַּבֵּר אֶל־אַהֲרֹן וְאֶל־

y-a Aarón a Di (2) . diciendo Moisés a Yahweh Y-habló (1) . Israel

בָּנָיו וְיִנָּזְרוּ מִקָּדְשֵׁי בְנֵי־יִשְׂרָאֵל

Israel hijos-de de-ofrendas-sagradas-de y-se-abstendrán sus-hijos

וְלֹא יְחַלְּלוּ אֶת־שֵׁם קָדְשִׁי אֲשֶׁר הֵם מַקְדִּשִׁים לִי

para-mí santifican ellos que mi-santidad nombre-de ** profanarán y-no

אֲנִי יְהוָה׃ אֱמֹר אֲלֵהֶם לְדֹרֹתֵיכֶם כָּל־אִישׁ ׀ אֲשֶׁר־יִקְרַב

se-acerque que hombre todo para-sus-generaciones a-ellos Di (3) . Yahweh yo

מִכָּל־זַרְעֲכֶם אֶל־הַקֳּדָשִׁים אֲשֶׁר יַקְדִּישׁוּ

consagran que las-cosas-sagradas a vuestros-descendientes de-cualquiera-de

בְנֵי־יִשְׂרָאֵל לַיהוָה וְטֻמְאָתוֹ עָלָיו וְנִכְרְתָה

y-será-cortada , en-él y-su-inmundicia a-Yahweh Israel hijos-de

הַנֶּפֶשׁ הַהִוא מִלְּפָנַי אֲנִי יְהוָה׃ אִישׁ אִישׁ מִזֶּרַע

de-descendencia-de alguno Hombre (4) . Yahweh yo de-delante-de-mí la-aquella la-persona

אַהֲרֹן וְהוּא צָרוּעַ אוֹ זָב בַּקֳּדָשִׁים לֹא יֹאכַל

comerá no en-las-cosas-santas flujo o lepra y-él Aarón

עַד אֲשֶׁר יִטְהָר וְהַנֹּגֵעַ בְּכָל־טְמֵא־נֶפֶשׁ

persona inmundo-de en-alguno-de y-el-que-toque sea-limpio que hasta

אוֹ אִישׁ אֲשֶׁר־תֵּצֵא מִמֶּנּוּ שִׁכְבַת־זָרַע׃ אוֹ־אִישׁ אֲשֶׁר יִגַּע

toque que hombre U (5) . semen emisión-de de-él salga que hombre u

בְּכָל־שֶׁרֶץ אֲשֶׁר יִטְמָא־לוֹ אוֹ בְאָדָם אֲשֶׁר יִטְמָא־

es-inmundo que por-hombre o , por-él sea-inmundo que reptil en-algún

לוֹ לְכֹל טֻמְאָתוֹ׃ נֶפֶשׁ אֲשֶׁר תִּגַּע־בּוֹ

en-él toque que Persona (6) . su-inmundicia por-cualquiera-de por-él

וְטָמְאָה עַד־הָעָרֶב וְלֹא יֹאכַל מִן־

de comerá y-no la-tarde hasta será-inmunda

הַקֳּדָשִׁים כִּי אִם־ רָחַץ בְּשָׂרוֹ בַּמָּיִם׃

. con-las-aguas su-cuerpo se-lavó si excepto las-ofrendas-sagradas

וּבָא הַשֶּׁמֶשׁ וְטָהֵר וְאַחַר יֹאכַל

comerá y-después entonces-será-limpio el-sol Cuando-se-ponga (7)

מִן־ הַקֳּדָשִׁים כִּי לַחְמוֹ הוּא׃ נְבֵלָה וּטְרֵפָה

o-desgarrado Cadáver (8) . éste su-pan pues las-cosas-sagradas de

לֹא יֹאכַל לְטָמְאָה־ בָהּ אֲנִי יְהוָה׃ וְשָׁמְרוּ

Y-guardarán (9) . Yahweh yo , en-ella para-contaminarse comerá no

אֶת־ מִשְׁמַרְתִּי וְלֹא־ יִשְׂאוּ עָלָיו חֵטְא וּמֵתוּ בוֹ

por-él o-morirán pecado sobre-él llevarán y-no mi-mandamiento **

כִּי יְחַלְּלֻהוּ אֲנִי יְהוָה מְקַדְּשָׁם׃ וְכָל־ זָר

extraño Y-ningún (10) . el-que-los-santifica Yahweh yo , lo-profanaron pues

לֹא־ יֹאכַל קֹדֶשׁ תּוֹשַׁב כֹּהֵן וְשָׂכִיר לֹא־ יֹאכַל

comerá no y-jornalero sacerdote huésped-de ; ofrenda-sagrada comerá no

קֹדֶשׁ׃ וְכֹהֵן כִּי־ יִקְנֶה נֶפֶשׁ קִנְיַן כַּסְפּוֹ הוּא

él su-dinero comprada-de persona compre que Pero-sacerdote (11) . ofrenda-sagrada

יֹאכַל בּוֹ וִילִיד בֵּיתוֹ הֵם יֹאכְלוּ

comerán ellos su-casa y-nacido-de , con-él comerá

בְלַחְמוֹ׃ וּבַת־ כֹּהֵן כִּי תִהְיֶה לְאִישׁ זָר

extraño para-hombre sea que sacerdote E-hija-de (12) . en-su-comida

הִוא בִּתְרוּמַת הַקֳּדָשִׁים לֹא תֹאכֵל׃ וּבַת־

Pero-hija-de (13) . comerá no las-cosas-sagradas en-porción-de ella

כֹּהֵן כִּי תִהְיֶה אַלְמָנָה וּגְרוּשָׁה וְזֶרַע אֵין לָהּ

para-ella no-hay y-descendencia o-repudiada viuda llega-a-ser si sacerdote

וְשָׁבָה אֶל־ בֵּית אָבִיהָ כִּנְעוּרֶיהָ מִלֶּחֶם

de-pan-de como-en-sus-juventudes su-padre casa-de a y-vuelve

אָבִיהָ תֹּאכֵל וְכָל־ זָר לֹא־ יֹאכַל בּוֹ׃
. de-él comerá no extraño y-cualquier , comerá su-padre

וְאִישׁ כִּי־ יֹאכַל קֹדֶשׁ בִּשְׁגָגָה וְיָסַף
entonces-añadirá por-error cosa-sagrada come si Y-hombre (14)

חֲמִשִׁיתוֹ עָלָיו וְנָתַן לַכֹּהֵן אֶת־ הַקֹּדֶשׁ׃
. la-cosa-sagrada ** al-sacerdote y-dará sobre-él su-quinto

וְלֹא יְחַלְּלוּ אֶת־ קָדְשֵׁי בְּנֵי יִשְׂרָאֵל אֵת
** Israel hijos-de cosas-santas-de ** profanarán Y-no (15)

אֲשֶׁר־ יָרִימוּ לַיהוָה׃ וְהִשִּׂיאוּ אוֹתָם עֲוֹן אַשְׁמָה
pago culpa-de en-ellos Pues-llevarían (16) . a-Yahweh presentan que

בְּאָכְלָם אֶת־ קָדְשֵׁיהֶם כִּי אֲנִי יְהוָה מְקַדְּשָׁם׃
. el-que-los-santifica Yahweh yo pues cosas-santas-de-ellos ** por-comer-de-ellos

וַיְדַבֵּר יְהוָה אֶל־ מֹשֶׁה לֵּאמֹר׃ דַּבֵּר אֶל־ אַהֲרֹן וְאֶל־
y-a Aarón a Habla (18) . diciendo Moisés a Yahweh Y-habló (17)

בָּנָיו וְאֶל כָּל־ בְּנֵי יִשְׂרָאֵל וְאָמַרְתָּ אֲלֵהֶם אִישׁ אִישׁ
cualquiera hombre : a-ellos y-di Israel hijos-de todos y-a sus-hijos

מִבֵּית יִשְׂרָאֵל וּמִן־ הַגֵּר בְּיִשְׂרָאֵל אֲשֶׁר יַקְרִיב קָרְבָּנוֹ
su-ofrenda presente que en-Israel el-extranjero y-de Israel de-casa-de

לְכָל־ נִדְרֵיהֶם וּלְכָל־ נִדְבוֹתָם אֲשֶׁר־
que sus-ofrendas-voluntarias o-para-alguna-de sus-votos para-alguno-de

יַקְרִיבוּ לַיהוָה לְעֹלָה׃ לִרְצֹנְכֶם
Para-vuestra-aceptación (19) . para-holocausto a-Yahweh presentan

תָּמִים זָכָר בַּבָּקָר בַּכְּשָׂבִים וּבָעִזִּים׃
. o-de-las-cabras de-las-ovejas del-ganado macho perfecto

כֹּל אֲשֶׁר־ בּוֹ מוּם לֹא תַקְרִיבוּ כִּי־ לֹא לְרָצוֹן
para-aceptación no pues traeréis no defecto en-él lo-que Todo (20)

יִהְיֶה לָכֶם׃ וְאִישׁ כִּֽי־ יַקְרִיב זֶֽבַח־ שְׁלָמִים
paces ofrenda-de traiga cuando Y-cualquiera (21) . para-vosotros será

לַיהוָה לְפַלֵּא־ נֶדֶר אוֹ לִנְדָבָה בַבָּקָר אוֹ
o en-el-ganado para-ofrenda-voluntaria o voto para-cumplir a-Yahweh

בַצֹּאן תָּמִים יִהְיֶה לְרָצוֹן כָּל־ מוּם לֹא
no defecto cualquier para-aceptación será perfecto o-en-el-rebaño

יִהְיֶה־ בּוֹ׃ עַוֶּרֶת אוֹ שָׁבוּר אוֹ־ חָרוּץ אוֹ־ יַבֶּלֶת אוֹ
o verrugoso o mutilado o lisiado o Ciego (22) . en-él será

גָרָב אוֹ יַלֶּפֶת לֹא־ תַקְרִיבוּ אֵלֶּה לַיהוָה וְאִשֶּׁה
y-ofrenda-encendida , a-Yahweh éstos ofrecerán no roñoso o sarnoso

לֹא־ תִתְּנוּ מֵהֶם עַל־ הַמִּזְבֵּחַ לַיהוָה׃ וְשׁוֹר וָשֶׂה
u-oveja Pero-buey (23) . para-Yahweh el-altar sobre de-ellos pondréis no

שָׂרוּעַ וְקָלוּט נְדָבָה תַּעֲשֶׂה אֹתוֹ
a-él presentarás ofrenda-voluntaria o-flaco deformado

וּלְנֵדֶר לֹא יֵרָצֶה׃ וּמָעוּךְ וְכָתוּת
o-magullado Y-herido (24) . se-aceptará no pero-por-voto

וְנָתוּק וְכָרוּת לֹא תַקְרִיבוּ לַיהוָה וּבְאַרְצְכֶם
y-en-vuestra-tierra a-Yahweh ofreceréis no o-cortado o-desgarrado

לֹא תַעֲשׂוּ׃ וּמִיַּד בֶּן־ נֵכָר לֹא תַקְרִיבוּ
ofreceréis no extraño hijo-de Y-de-mano-de (25) . haréis no

אֶת־ לֶחֶם אֱלֹהֵיכֶם מִכָּל־ אֵלֶּה כִּי מָשְׁחָתָם בָּהֶם
en-ellos su-deformidad pues , estos de-todos vuestro-Dios pan-de **

מוּם בָּם לֹא יֵרָצוּ לָכֶם׃ וַיְדַבֵּר יְהוָה
Yahweh Y-habló (26) . por-vosotros serán-aceptados no , en-ellos defecto

אֶל־ מֹשֶׁה לֵּאמֹר׃ שׁוֹר אוֹ־ כֶשֶׂב אוֹ־ עֵז כִּי יִוָּלֵד וְהָיָה
entonces-será nazca que cabra o oveja u Toro (27) . diciendo Moisés a

שִׁבְעַת יָמִים תַּחַת אִמּוֹ וּמִיּוֹם הַשְּׁמִינִי וָהָלְאָה

y-adelante el-octavo y-desde-día su-madre bajo días siete

יֵרָצֶה לְקָרְבַּן אִשֶּׁה לַיהוָה׃ וְשׁוֹר אוֹ־שֶׂה

cordero o Y-toro (28) . a-Yahweh fuego para-ofrenda-de será-aceptado

אֹתוֹ וְאֶת־בְּנוֹ לֹא תִשְׁחֲטוּ בְּיוֹם אֶחָד׃ וְכִי־

Y-cuando (29) . uno en-día sacrificarás no su-hijo y-** él-**

תִזְבְּחוּ זֶבַח־תּוֹדָה לַיהוָה לִרְצֹנְכֶם

para-vuestra-aceptación a-Yahweh acción-de-gracias ofrenda-de sacrifiques

תִּזְבָּחוּ׃ בַּיּוֹם הַהוּא יֵאָכֵל לֹא־תוֹתִירוּ

dejaréis no , se-comerá el-aquel En-el-día (30) . sacrificaréis

מִמֶּנּוּ עַד־בֹּקֶר אֲנִי יְהוָה׃ וּשְׁמַרְתֶּם מִצְוֹתַי

mis-mandamientos Y-guardaréis (31) . Yahweh yo , mañana hasta de-él

וַעֲשִׂיתֶם אֹתָם אֲנִי יְהוָה׃ וְלֹא תְחַלְּלוּ אֶת־שֵׁם

nombre-de ** profanaréis Y-no (32) . Yahweh yo , ellos y-cumpliréis

קָדְשִׁי וְנִקְדַּשְׁתִּי בְּתוֹךְ בְּנֵי יִשְׂרָאֵל אֲנִי יְהוָה

Yahweh yo Israel hijos-de entre y-seré-santificado mi-santidad

מְקַדִּשְׁכֶם׃ הַמּוֹצִיא אֶתְכֶם מֵאֶרֶץ מִצְרַיִם לִהְיוֹת

para-ser Egipto de-tierra-de a-vosotros El-que-sacó (33) . el-que-os-santifica

לָכֶם לֵאלֹהִים אֲנִי יְהוָה׃ וַיְדַבֵּר יְהוָה אֶל־מֹשֶׁה לֵּאמֹר׃

. diciendo Moisés a Yahweh Y-habló (1) . Yahweh yo , por-Dios para-vosotros Cap. 23

דַּבֵּר אֶל־בְּנֵי יִשְׂרָאֵל וְאָמַרְתָּ אֲלֵהֶם מוֹעֲדֵי יְהוָה אֲשֶׁר־

que Yahweh fiestas-de : a-ellos y-di Israel hijos-de a Habla (2)

תִּקְרְאוּ אֹתָם מִקְרָאֵי קֹדֶשׁ אֵלֶּה הֵם מוֹעֲדָי׃ שֵׁשֶׁת

Seis-de (3) . mis-fiestas ellos estos , santas asambleas ellos proclamaréis

יָמִים תֵּעָשֶׂה מְלָאכָה וּבַיּוֹם הַשְּׁבִיעִי שַׁבַּת שַׁבָּתוֹן

reposo sábado-de el-séptimo y-en-el-día trabajo se-hará días

מִקְרָא־ קֹדֶשׁ כָּל־ מְלָאכָה לֹא תַעֲשׂוּ שַׁבָּת הִוא לַיהוָה
para-Yahweh esta sábado ; haréis no trabajo todo santa asamblea-de

בְּכֹל מוֹשְׁבֹתֵיכֶם׃ אֵלֶּה מוֹעֲדֵי יְהוָה מִקְרָאֵי קֹדֶשׁ
santas asambleas Yahweh fiestas-de Estas (4) . vuestras-moradas en-todas

אֲשֶׁר־ תִּקְרְאוּ אֹתָם בְּמוֹעֲדָם׃ בַּחֹדֶשׁ הָרִאשׁוֹן
el-primero En-el-mes (5) . en-sus-tiempos a-ellos proclamaréis que

בְּאַרְבָּעָה עָשָׂר לַחֹדֶשׁ בֵּין הָעַרְבָּיִם פֶּסַח לַיהוָה׃
. a-Yahweh Pascua las-dos-tardes entre de-el-mes diez en-cuatro

וּבַחֲמִשָּׁה עָשָׂר יוֹם לַחֹדֶשׁ הַזֶּה חַג הַמַּצּוֹת
los-Ázimos fiesta-de el-éste de-el-mes día diez Y-en-cinco (6)

לַיהוָה שִׁבְעַת יָמִים מַצּוֹת תֹּאכֵלוּ׃ בַּיּוֹם
En-el-día (7) . comeréis ázimos días siete para-Yahweh

הָרִאשׁוֹן מִקְרָא־ קֹדֶשׁ יִהְיֶה לָכֶם כָּל־ מְלֶאכֶת עֲבֹדָה לֹא
no servidumbre trabajo-de todo , para-vosotros será santa asamblea el-primero

תַעֲשׂוּ׃ וְהִקְרַבְתֶּם אִשֶּׁה לַיהוָה שִׁבְעַת יָמִים
días siete a-Yahweh ofrenda-encendida Y-ofreceréis (8) . haréis

בַּיּוֹם הַשְּׁבִיעִי מִקְרָא־ קֹדֶשׁ כָּל־ מְלֶאכֶת עֲבֹדָה לֹא
no servidumbre trabajo-de todo santa asamblea el-séptimo en-el-día

תַעֲשׂוּ׃ וַיְדַבֵּר יְהוָה אֶל־ מֹשֶׁה לֵּאמֹר׃ דַּבֵּר אֶל־ בְּנֵי
hijos-de a Habla (10) . diciendo Moisés a Yahweh Y-habló (9) . haréis

יִשְׂרָאֵל וְאָמַרְתָּ אֲלֵהֶם כִּי־ תָבֹאוּ אֶל־ הָאָרֶץ אֲשֶׁר אֲנִי נֹתֵן לָכֶם
a-vosotros doy yo que la-tierra a entréis cuando : a-ellos y-di Israel

וּקְצַרְתֶּם אֶת־ קְצִירָהּ וַהֲבֵאתֶם אֶת־ עֹמֶר רֵאשִׁית
primera gavilla ** entonces-traeréis su-cosecha ** y-cosechéis

קְצִירְכֶם אֶל־ הַכֹּהֵן׃ וְהֵנִיף אֶת־ הָעֹמֶר לִפְנֵי
ante la-gavilla ** Y-mecerá (11) . el-sacerdote a vuestra-cosecha

יְהוָה לִרְצֹנְכֶם מִמָּחֳרַת הַשַּׁבָּת יְנִיפֶנּוּ
la-mecerá el-sábado al-día-siguiente-de para-aceptación-de-vosotros Yahweh

הַכֹּהֵן׃ (12) וַעֲשִׂיתֶם בְּיוֹם הֲנִיפְכֶם אֶת־ הָעֹמֶר
la-gavilla ** vuestro-mecer en-día Y-ofreceréis (12) . el-sacerdote

כֶּבֶשׂ תָּמִים בֶּן־ שְׁנָתוֹ לְעֹלָה לַיהוָה׃
. a-Yahweh por-holocausto su-año hijo-de perfecto cordero

(13) וּמִנְחָתוֹ שְׁנֵי עֶשְׂרֹנִים סֹלֶת בְּלוּלָה בַשֶּׁמֶן
con-aceite mezclada flor-de-harina décimas-de dos Y-su-ofrenda-vegetal (13)

אִשֶּׁה לַיהוָה רֵיחַ נִיחֹחַ וְנִסְכֹּה יַיִן רְבִיעִת
cuarto-de vino y-su-libación , grato olor a-Yahweh ofrenda-encendida

הַהִין׃ (14) וְלֶחֶם וְקָלִי וְכַרְמֶל לֹא תֹאכְלוּ עַד־
hasta comeréis no y-grano-fresco y-grano-tostado Y-pan (14) . el-hin

עֶצֶם הַיּוֹם הַזֶּה עַד הֲבִיאֲכֶם אֶת־ קָרְבַּן אֱלֹהֵיכֶם
vuestro-Dios ofrenda-de ** vuestro-ofrecer hasta el-éste el-día mismo

חֻקַּת עוֹלָם לְדֹרֹתֵיכֶם בְּכֹל מֹשְׁבֹתֵיכֶם׃
. vuestras-moradas en-todas por-vuestras-generaciones perpetuo estatuto

(15) וּסְפַרְתֶּם לָכֶם מִמָּחֳרַת הַשַּׁבָּת מִיּוֹם
desde-día el-sábado desde-día-posterior-a para-vosotros Y-contaréis (15)

הֲבִיאֲכֶם אֶת־ עֹמֶר הַתְּנוּפָה שֶׁבַע שַׁבָּתוֹת תְּמִימֹת תִּהְיֶינָה׃
. serán completas semanas siete , ofrenda-mecida gavilla-de ** vuestro-presentar

(16) עַד מִמָּחֳרַת הַשַּׁבָּת הַשְּׁבִיעִת תִּסְפְּרוּ חֲמִשִּׁים יוֹם
día cincuenta contaréis el-séptimo el-sábado día-siguiente-de Hasta (16)

וְהִקְרַבְתֶּם מִנְחָה חֲדָשָׁה לַיהוָה׃ (17) מִמּוֹשְׁבֹתֵיכֶם
De-vuestras-moradas (17) . a-Yahweh nueva ofrenda-vegetal y-presentaréis

תָּבִיאוּ ׀ לֶחֶם תְּנוּפָה שְׁתַּיִם שְׁנֵי עֶשְׂרֹנִים סֹלֶת תִּהְיֶינָה
serán flor-de-harina décimas dos-de dos ofrenda-mecida pan traeréis

חָמֵץ תֵּאָפֶינָה בִּכּוּרִים לַיהוָה׃ וְהִקְרַבְתֶּם עַל־

con Y-presentaréis (18) . a-Yahweh primicias cocidos levadura

הַלֶּחֶם שִׁבְעַת כְּבָשִׂים תְּמִימִם בְּנֵי שָׁנָה וּפַר

y-toro año hijos-de perfectos corderos siete el-pan

בֶּן־בָּקָר אֶחָד וְאֵילִם שְׁנָיִם יִהְיוּ עֹלָה לַיהוָה

a-Yahweh holocausto serán dos y-carneros uno vacuno hijo-de

וּמִנְחָתָם וְנִסְכֵּיהֶם אִשֵּׁה רֵיחַ־

olor ofrenda-mecida y-libaciones-de-ellos y-ofrenda-vegetal-de-ellos

נִיחֹחַ לַיהוָה׃ וַעֲשִׂיתֶם שְׂעִיר־עִזִּים אֶחָד

uno cabras macho-cabrío-de Y-sacrificaréis (19) . para-Yahweh grato

לְחַטָּאת וּשְׁנֵי כְבָשִׂים בְּנֵי שָׁנָה לְזֶבַח שְׁלָמִים׃

. paces para-ofrenda-de año hijos-de corderos y-dos para-ofrenda-de-pecado

וְהֵנִיף הַכֹּהֵן ׀ אֹתָם עַל לֶחֶם הַבִּכֻּרִים

las-primicias pan-de con a-ellas el-sacerdote Y-mecerá (20)

תְּנוּפָה לִפְנֵי יְהוָה עַל־שְׁנֵי כְּבָשִׂים קֹדֶשׁ יִהְיוּ

son ofrendas-sagradas , corderos dos con Yahweh ante ofrenda-mecida

לַיהוָה לַכֹּהֵן׃ וּקְרָאתֶם בְּעֶצֶם ׀ הַיּוֹם הַזֶּה

el-aquel el-día en-mismo Y-proclamaréis (21) . para-el-sacerdote para-Yahweh

מִקְרָא־קֹדֶשׁ יִהְיֶה לָכֶם כָּל־מְלֶאכֶת עֲבֹדָה לֹא תַעֲשׂוּ

haréis no servidumbre trabajo-de todo para-vosotros será santa asamblea

חֻקַּת עוֹלָם בְּכָל־מוֹשְׁבֹתֵיכֶם לְדֹרֹתֵיכֶם׃

. por-vuestras-generaciones vuestras-moradas en-todas perpetuo estatuto

וּבְקֻצְרְכֶם אֶת־קְצִיר אַרְצְכֶם לֹא־תְכַלֶּה פְּאַת

borde-de segaréis no vuestra-tierra cosecha-de ** Y-en-vuestra-cosecha (22)

שָׂדְךָ בְּקֻצְרֶךָ וְלֶקֶט קְצִירְךָ לֹא תְלַקֵּט

espigarás no tu-cosecha y-espigado-de en-tu-cosecha tu-campo

לֶעָנִי וְלַגֵּר תַּעֲזֹב אֹתָם אֲנִי יְהוָה אֱלֹהֵיכֶם׃
. vuestros-Dios Yahweh yo , a-ellas dejarás y-para-el-extranjero para-el-pobre

וַיְדַבֵּר יְהוָה אֶל־מֹשֶׁה לֵּאמֹר׃ דַּבֵּר אֶל־בְּנֵי יִשְׂרָאֵל לֵאמֹר
: diciendo Israel hijos-de a Habla (24) . diciendo Moisés a Yahweh Y-habló (23)

בַּחֹדֶשׁ הַשְּׁבִיעִי בְּאֶחָד לַחֹדֶשׁ יִהְיֶה לָכֶם שַׁבָּתוֹן
descanso para-vosotros será de-el-mes en-uno el-séptimo en-el-mes

זִכְרוֹן תְּרוּעָה מִקְרָא־קֹדֶשׁ׃ כָּל־מְלֶאכֶת עֲבֹדָה
servidumbre trabajo-de Todo (25) . santa asamblea son-de-trompeta conmemoración-de

לֹא תַעֲשׂוּ וְהִקְרַבְתֶּם אִשֶּׁה לַיהוָה׃ וַיְדַבֵּר יְהוָה
Yahweh Y-habló (26) . a-Yahweh ofrenda-de-fuego y-presentaréis , haréis no

אֶל־מֹשֶׁה לֵּאמֹר׃ אַךְ בֶּעָשׂוֹר לַחֹדֶשׁ הַשְּׁבִיעִי הַזֶּה
el-éste el-séptimo el-mes en-diez-de También (27) . diciendo Moisés a

יוֹם הַכִּפֻּרִים הוּא מִקְרָא־קֹדֶשׁ יִהְיֶה לָכֶם וְעִנִּיתֶם
y-afligiréis para-vosotros será santa asamblea él las-expiaciones día-de

אֶת־נַפְשֹׁתֵיכֶם וְהִקְרַבְתֶּם אִשֶּׁה לַיהוָה׃ וְכָל־
Y-todo (28) . a-Yahweh ofrenda-encendida y-ofreceréis vuestras-almas **

מְלָאכָה לֹא תַעֲשׂוּ בְּעֶצֶם הַיּוֹם הַזֶּה כִּי יוֹם כִּפֻּרִים הוּא
él expiaciones día-de pues el-éste el-día en-mismo haréis no trabajo

לְכַפֵּר עֲלֵיכֶם לִפְנֵי יְהוָה אֱלֹהֵיכֶם׃ כִּי כָל־הַנֶּפֶשׁ אֲשֶׁר
que la-persona toda Pues (29) . vuestro-Dios Yahweh ante por-vosotros para-expiar

לֹא־תְעֻנֶּה בְּעֶצֶם הַיּוֹם הַזֶּה וְנִכְרְתָה
entonces-será-cortada el-éste el-día en-mismo se-aflija no

מֵעַמֶּיהָ׃ וְכָל־הַנֶּפֶשׁ אֲשֶׁר תַּעֲשֶׂה כָּל־מְלָאכָה
trabajo cualquier haga que la-persona Y-toda (30) . de-su-pueblo

בְּעֶצֶם הַיּוֹם הַזֶּה וְהַאֲבַדְתִּי אֶת־הַנֶּפֶשׁ הַהִוא
la-aquella la-persona ** entonces-destruiré el-éste el-día en-mismo

מִקֶּרֶב עַמָּהּ׃ כָּל־מְלָאכָה לֹא תַעֲשׂוּ חֻקַּת
estatuto haréis no trabajo Cualquier (31) . su-pueblo de-entre

עוֹלָם לְדֹרֹתֵיכֶם בְּכֹל מֹשְׁבֹתֵיכֶם׃ שַׁבַּת
Sábado-de (32) . vuestras-moradas en-todas por-vuestras-generaciones perpetuo

שַׁבָּתוֹן הוּא לָכֶם וְעִנִּיתֶם אֶת־נַפְשֹׁתֵיכֶם בְּתִשְׁעָה לַחֹדֶשׁ
de-el-mes en-nueve vuestras-almas ** y-afligiréis para-vosotros él reposo

בָּעֶרֶב מֵעֶרֶב עַד־עֶרֶב תִּשְׁבְּתוּ שַׁבַּתְּכֶם׃
. vuestro-reposo guardaréis tarde hasta desde-tarde por-la-tarde

וַיְדַבֵּר יְהוָה אֶל־מֹשֶׁה לֵּאמֹר׃ דַּבֵּר אֶל־בְּנֵי יִשְׂרָאֵל לֵאמֹר
: diciendo Israel hijos-de a Habla (34) . diciendo Moisés a Yahweh Y-habló (33)

בַּחֲמִשָּׁה עָשָׂר יוֹם לַחֹדֶשׁ הַשְּׁבִיעִי הַזֶּה חַג הַסֻּכּוֹת
los-tabernáculos fiesta-de el-éste el-séptimo el-mes día-de diez en-cinco

שִׁבְעַת יָמִים לַיהוָה׃ בַּיּוֹם הָרִאשׁוֹן מִקְרָא־קֹדֶשׁ כָּל־
todo , santa asamblea el-primero En-el-día (35) . para-Yahweh días siete

מְלֶאכֶת עֲבֹדָה לֹא תַעֲשׂוּ׃ שִׁבְעַת יָמִים תַּקְרִיבוּ אִשֶּׁה
ofrenda-encendida presentaréis días Siete (36) . haréis no servidumbre trabajo-de

לַיהוָה בַּיּוֹם הַשְּׁמִינִי מִקְרָא־קֹדֶשׁ יִהְיֶה לָכֶם
para-vosotros será santa asamblea el-octavo en-el-día a-Yahweh

וְהִקְרַבְתֶּם אִשֶּׁה לַיהוָה עֲצֶרֶת הִוא כָּל־מְלֶאכֶת
trabajo-de todo ella fiesta a-Yahweh ofrenda-encendida y-presentáis

עֲבֹדָה לֹא תַעֲשׂוּ׃ אֵלֶּה מוֹעֲדֵי יְהוָה אֲשֶׁר־תִּקְרְאוּ אֹתָם
ellas proclamaréis que Yahweh fiestas-de Éstas (37) . haréis no servidumbre

מִקְרָאֵי קֹדֶשׁ לְהַקְרִיב אִשֶּׁה לַיהוָה עֹלָה
holocausto a-Yahweh ofrenda-encendida para-presentar , santo asambleas-de

וּמִנְחָה זֶבַח וּנְסָכִים דְּבַר־יוֹם
día cosa-de y-libaciones sacrificio y-ofrenda-vegetal

בְּיוֹמוֹ׃ מִלְּבַד שַׁבְּתֹת יְהוָה וּמִלְּבַד
y-además-de Yahweh sábados-de Además-de (38) . en-su-día

מַתְּנוֹתֵיכֶם וּמִלְּבַד כָּל־ נִדְרֵיכֶם וּמִלְּבַד כָּל־
todas y-además-de vuestros-votos todos y-además-de vuestros-dones

נִדְבוֹתֵיכֶם אֲשֶׁר תִּתְּנוּ לַיהוָה׃ אַךְ בַּחֲמִשָּׁה עָשָׂר יוֹם
día diez en-cinco Así (39) . a-Yahweh dais que vuestras-ofrendas-voluntarias

לַחֹדֶשׁ הַשְּׁבִיעִי בְּאָסְפְּכֶם אֶת־ תְּבוּאַת הָאָרֶץ
la-tierra cosecha-de ** en-vuestro-recoger el-séptimo de-el-mes

תָּחֹגּוּ אֶת־ חַג־ יְהוָה שִׁבְעַת יָמִים בַּיּוֹם הָרִאשׁוֹן
el-primero en-el-día , días siete Yahweh fiesta-de ** celebraréis

שַׁבָּתוֹן וּבַיּוֹם הַשְּׁמִינִי שַׁבָּתוֹן׃ וּלְקַחְתֶּם לָכֶם
para-vosotros Y-tomaréis (40) . reposo el-octavo y-en-el-día reposo

בַּיּוֹם הָרִאשׁוֹן פְּרִי עֵץ הָדָר כַּפֹּת תְּמָרִים וַעֲנַף
y-rama-de palmeras ramas-de selecto árbol fruto-de el-primero en-el-día

עֵץ־ עָבֹת וְעַרְבֵי־ נָחַל וּשְׂמַחְתֶּם לִפְנֵי יְהוָה אֱלֹהֵיכֶם
vuestro-Dios Yahweh ante y-os alegraréis arroyo y-sauces-de frondoso árbol

שִׁבְעַת יָמִים׃ וְחַגֹּתֶם אֹתוֹ חַג לַיהוָה שִׁבְעַת יָמִים
días siete a-Yahweh fiesta **-él Y-celebraréis (41) . días siete

בַּשָּׁנָה חֻקַּת עוֹלָם לְדֹרֹתֵיכֶם בַּחֹדֶשׁ
en-el-mes por-vuestras-generaciones perpetuo estatuto , en-el-año

הַשְּׁבִיעִי תָּחֹגּוּ אֹתוֹ׃ בַּסֻּכֹּת תֵּשְׁבוּ שִׁבְעַת יָמִים
días siete habitaréis En-los-tabernáculos (42) . **-él celebraréis el-séptimo

כָּל־ הָאֶזְרָח בְּיִשְׂרָאֵל יֵשְׁבוּ בַּסֻּכֹּת׃ לְמַעַן
Para-que (43) . en-los-tabernáculos habitará en-Israel el-nativo todo

יֵדְעוּ דֹרֹתֵיכֶם כִּי בַסֻּכּוֹת הוֹשַׁבְתִּי אֶת־ בְּנֵי
hijos-de ** hice-habitar en-tabernáculos que vuestros-descendientes conozcan

יִשְׂרָאֵל בְּהוֹצִיאִי אוֹתָם מֵאֶרֶץ מִצְרָיִם אֲנִי יְהוָה אֱלֹהֵיכֶם׃
. vuestro-Dios Yahweh yo , Egipto de-tierra-de a-ellos en-mi-sacar Israel

וַיְדַבֵּר מֹשֶׁה אֶת־ מֹעֲדֵי יְהוָה אֶל־ בְּנֵי יִשְׂרָאֵל׃
. Israel hijos-de a Yahweh fiestas-de ** Moisés Y-anunció (44)

וַיְדַבֵּר יְהוָה אֶל־מֹשֶׁה לֵּאמֹר׃ צַו אֶת־ בְּנֵי יִשְׂרָאֵל
Israel hijos-de a Manda (2) . diciendo Moisés a Yahweh Y-habló (1) Cap.

וְיִקְחוּ אֵלֶיךָ שֶׁמֶן זַיִת זָךְ כָּתִית לַמָּאוֹר לְהַעֲלֹת נֵר
lámpara para-arder para-la-luz exprimido puro oliva aceite-de a-ti y-traigan

תָּמִיד׃ מִחוּץ לְפָרֹכֶת הָעֵדֻת בְּאֹהֶל מוֹעֵד
reunión en-tienda-de testimonio de-velo-de Fuera (3) . siempre

יַעֲרֹךְ אֹתוֹ אַהֲרֹן מֵעֶרֶב עַד־ בֹּקֶר לִפְנֵי יְהוָה תָּמִיד
siempre Yahweh ante mañana hasta de-tarde Aarón **-él cuidará

חֻקַּת עוֹלָם לְדֹרֹתֵיכֶם׃ עַל הַמְּנֹרָה הַטְּהֹרָה
el-oro-puro el-candelabro En (4) . por-vuestras-generaciones perpetuo estatuto

יַעֲרֹךְ אֶת־ הַנֵּרוֹת לִפְנֵי יְהוָה תָּמִיד׃ וְלָקַחְתָּ
Y-tomarás (5) . siempre Yahweh ante las-lámparas ** cuidará

סֹלֶת וְאָפִיתָ אֹתָהּ שְׁתֵּים עֶשְׂרֵה חַלּוֹת שְׁנֵי עֶשְׂרֹנִים יִהְיֶה
será décimos dos panes diez dos **-ella y-amasarás flor-de-harina

הַחַלָּה הָאֶחָת׃ וְשַׂמְתָּ אוֹתָם שְׁתַּיִם מַעֲרָכוֹת שֵׁשׁ הַמַּעֲרָכֶת עַל הַשֻּׁלְחָן
la-mesa sobre la-hilera seis-de hileras dos **-ellos Y-pondrás (6) . el-uno el-pan

הַטָּהֹר לִפְנֵי יְהוָה׃ וְנָתַתָּ עַל־ הַמַּעֲרֶכֶת לְבֹנָה זַכָּה
puro incienso la-hilera en Y-pondrás (7) . Yahweh ante el-oro-puro

וְהָיְתָה לַלֶּחֶם לְאַזְכָּרָה אִשֶּׁה לַיהוָה׃
. para-Yahweh ofrenda-encendida para-memorial para-el-pan y-será

בְּיוֹם הַשַּׁבָּת בְּיוֹם הַשַּׁבָּת יַעַרְכֶנּוּ לִפְנֵי
ante lo-preparará el-sábado en-día-de el-sábado En-día-de (8)

יְהוָה תָּמִיד מֵאֵת בְּנֵי־יִשְׂרָאֵל בְּרִית עוֹלָם׃

. perpetuo pacto Israel hijos-de en-nombre-de , siempre Yahweh

(9) וְהָיְתָה לְאַהֲרֹן וּלְבָנָיו וַאֲכָלֻהוּ בְּמָקוֹם

en-lugar y-lo-comerán y-para-sus-hijos para-Aarón Y-será (9)

קָדֹשׁ כִּי קֹדֶשׁ קָדָשִׁים הוּא לוֹ מֵאִשֵּׁי יְהוָה

Yahweh de-ofrendas-encendidas-de para-él él santos santo-de pues santo

חָק־עוֹלָם׃ (10) וַיֵּצֵא בֶּן־אִשָּׁה יִשְׂרְאֵלִית וְהוּא בֶּן־

hijo-de y-él israelita mujer hijo-de Y-salió (10) . perpetuo derecho

אִישׁ מִצְרִי בְּתוֹךְ בְּנֵי יִשְׂרָאֵל וַיִּנָּצוּ בַּמַּחֲנֶה בֶּן

hijo-de en-el-campamento y-riñeron , Israel hijos-de entre egipcio hombre

הַיִּשְׂרְאֵלִית וְאִישׁ הַיִּשְׂרְאֵלִי׃ (11) וַיִּקֹּב בֶּן־

hijo-de Y-blasfemó (11) . el-israelí y-hombre la-israelita

הָאִשָּׁה הַיִּשְׂרְאֵלִית אֶת־הַשֵּׁם וַיְקַלֵּל וַיָּבִיאוּ אֹתוֹ אֶל־

a a-él y-llevaron , y-maldijo el-nombre ** la-israelita la-mujer

מֹשֶׁה וְשֵׁם אִמּוֹ שְׁלֹמִית בַּת־דִּבְרִי לְמַטֵּה־

de-tribu-de Dibri hija-de Shelomit su-madre y-nombre-de , a-Moisés

דָן׃ (12) וַיַּנִּיחֻהוּ בַּמִּשְׁמָר לִפְרֹשׁ לָהֶם עַל־פִּי

boca-de por a-ellos hasta-declarar en-la-custodia Y-lo-pusieron (12) . Dan

יְהוָה׃ (13) וַיְדַבֵּר יְהוָה אֶל־מֹשֶׁה לֵּאמֹר׃ (14) הוֹצֵא אֶת־

** Saca (14) . diciendo Moisés a Yahweh Y-habló (13) . Yahweh

הַמְקַלֵּל אֶל־מִחוּץ לַמַּחֲנֶה וְסָמְכוּ כָל־

todos y-pongan el-campamento fuera-de a el-blasfemador

הַשֹּׁמְעִים אֶת־יְדֵיהֶם עַל־רֹאשׁוֹ וְרָגְמוּ אֹתוֹ

a-él y-apedrearán , su-cabeza sobre sus-manos ** los-que-oyeron

כָּל־הָעֵדָה׃ (15) וְאֶל־בְּנֵי יִשְׂרָאֵל תְּדַבֵּר לֵאמֹר אִישׁ אִישׁ

cualquiera hombre : diciendo hablarás Israel hijos-de Y-a (15) . la-comunidad toda

כִּֽי־ יְקַלֵּל אֱלֹהָיו וְנָשָׂא חֶטְאוֹ׃
. su-pecado entonces-llevará su-Dios maldiga que

וְנֹקֵב שֵׁם־ יְהוָה מוֹת יוּמָת רָגוֹם
apedrear morirá morir Yahweh nombre-de Y-el-que-blasfeme (16)

יִרְגְּמוּ־ בוֹ כָּל־ הָעֵדָה כַּגֵּר כָּאֶזְרָח
como-nativo sea-extranjero la-comunidad toda a-él apedrearán

בְּנָקְבוֹ־ שֵׁם יוּמָת׃ וְאִישׁ כִּי יַכֶּה כָּל־
cualquier quita que Y-hombre (17) . que-muera Nombre en-su-blasfemar

נֶפֶשׁ אָדָם מוֹת יוּמָת׃ וּמַכֵּה נֶפֶשׁ־ בְּהֵמָה
bestia vida-de Y-el-que-quite (18) . morirá morir hombre vida-de

יְשַׁלְּמֶנָּה נֶפֶשׁ תַּחַת נָפֶשׁ׃ וְאִישׁ כִּי־ יִתֵּן מוּם
lesión cause que Y-hombre (19) . vida por vida la-restituirá

בַּעֲמִיתוֹ כַּאֲשֶׁר עָשָׂה כֵּן יֵעָשֶׂה לּוֹ׃ שֶׁבֶר
'Rotura (20) . a-él será-hecho así hizo como en-su-prójimo

תַּחַת שֶׁבֶר עַיִן תַּחַת עַיִן שֵׁן תַּחַת שֵׁן כַּאֲשֶׁר יִתֵּן מוּם בָּאָדָם
al-hombre lesión dio como , diente por diente ojo por ojo fractura por

כֵּן יִנָּתֶן בּוֹ׃ וּמַכֵּה בְהֵמָה יְשַׁלְּמֶנָּה
la-restituirá bestia Y-el-que-mata (21) . a-él se-dará así

וּמַכֵּה אָדָם יוּמָת׃ מִשְׁפַּט אֶחָד יִהְיֶה לָכֶם כַּגֵּר
como-el-extranjero para-vosotros será una Ley (22) . morirá hombre y-el-que-mata

כָּאֶזְרָח יִהְיֶה כִּי אֲנִי יְהוָה אֱלֹהֵיכֶם׃ וַיְדַבֵּר מֹשֶׁה
Moisés Y-habló (23) . vuestro-Dios Yahweh yo pues será así-el-nativo

אֶל־ בְּנֵי יִשְׂרָאֵל וַיּוֹצִיאוּ אֶת־ הַמְקַלֵּל אֶל־ מִחוּץ
fuera a el-blasfemador ** y-sacaron Israel hijos-de a

לַמַּחֲנֶה וַיִּרְגְּמוּ אֹתוֹ אָבֶן וּבְנֵי־ יִשְׂרָאֵל עָשׂוּ כַּאֲשֶׁר
como hicieron Israel e-hijos-de piedra a-él y-apedrearon de-el-campamento

צִוָּה יְהוָה אֶת־מֹשֶׁה׃ וַיְדַבֵּר יְהוָה אֶל־מֹשֶׁה בְּהַר

en-monte-de Moisés a Yahweh Y-habló (1) . Moisés a Yahweh mandó

סִינַי לֵאמֹר׃ דַּבֵּר אֶל־בְּנֵי יִשְׂרָאֵל וְאָמַרְתָּ אֲלֵהֶם כִּי תָבֹאוּ

entréis cuando : a-ellos y-di Israel hijos-de a Habla (2) . diciendo Sinaí

אֶל־הָאָרֶץ אֲשֶׁר אֲנִי נֹתֵן לָכֶם וְשָׁבְתָה הָאָרֶץ שַׁבָּת

reposo la-tierra entonces-guardará a-vosotros daré yo que la-tierra a

לַיהוָה׃ שֵׁשׁ שָׁנִים תִּזְרַע שָׂדֶךָ וְשֵׁשׁ שָׁנִים תִּזְמֹר

podarás años y-seis tu-campo sembrarás años Seis (3) . para-Yahweh

כַּרְמֶךָ וְאָסַפְתָּ אֶת־תְּבוּאָתָהּ׃ וּבַשָּׁנָה הַשְּׁבִיעִת

el-séptimo Y-en-el-año (4) . su-cosecha ** y-recogerás , tu-viña

שַׁבַּת שַׁבָּתוֹן יִהְיֶה לָאָרֶץ שַׁבָּת לַיהוָה שָׂדְךָ לֹא

no tu-campo , para-Yahweh sábado , para-la-tierra será reposo sábado-de

תִזְרָע וְכַרְמְךָ לֹא תִזְמֹר׃ אֵת סְפִיחַ

producción-libre-de ** (5) . podarás no y-tu-viña sembrarás

קְצִירְךָ לֹא תִקְצוֹר וְאֶת־עִנְּבֵי נְזִירֶךָ לֹא תִבְצֹר

vendimiarás no tu-viñedo uvas-de y-** recogerás no tu-cosecha

שְׁנַת שַׁבָּתוֹן יִהְיֶה לָאָרֶץ׃ וְהָיְתָה שַׁבַּת הָאָרֶץ

la-tierra sábado-de Y-será (6) . para-la-tierra será reposo año-de

לָכֶם לְאָכְלָה לְךָ וּלְעַבְדְּךָ וְלַאֲמָתֶךָ

y-para-tu-sierva y-para-tu-siervo para-ti para-alimento para-vosotros

וְלִשְׂכִירְךָ וּלְתוֹשָׁבְךָ הַגָּרִים עִמָּךְ׃

. con-tigo los-que-habitan y-para-tu-huésped y-para-tu-jornalero

וְלִבְהֶמְתְּךָ וְלַחַיָּה אֲשֶׁר בְּאַרְצֶךָ תִּהְיֶה

será en-tu-tierra que y-para-el-animal-salvaje Y-para-tu-ganado (7)

כָּל־תְּבוּאָתָהּ לֶאֱכֹל׃ וְסָפַרְתָּ לְךָ שֶׁבַע שַׁבְּתֹת

sábados-de siete para-ti Y-contarás (8) . para-comer su-producto todo

שָׁנִים שֶׁבַע שָׁנִים שֶׁבַע פְּעָמִים וְהָיוּ לְךָ יְמֵי שֶׁבַע שַׁבְּתֹת
sábados-de siete días-de para-ti y-serán , veces siete años siete años

הַשָּׁנִים תֵּשַׁע וְאַרְבָּעִים שָׁנָה׃ וְהַעֲבַרְתָּ שׁוֹפַר תְּרוּעָה
sonido trompeta Y-harás-sonar (9) . año y-cuarenta nueve los-años

בַּחֹדֶשׁ הַשְּׁבִעִי בֶּעָשׂוֹר לַחֹדֶשׁ בְּיוֹם הַכִּפֻּרִים
las-expiaciones en-día-de de-el-mes en-el-diez el-séptimo en-el-mes

תַּעֲבִירוּ שׁוֹפָר בְּכָל־אַרְצְכֶם׃ וְקִדַּשְׁתֶּם אֵת
** Y-santificaréis (10) . vuestra-tierra en-toda trompeta haréis-sonar

שְׁנַת הַחֲמִשִּׁים שָׁנָה וּקְרָאתֶם דְּרוֹר בָּאָרֶץ
en-la-tierra libertad y-proclamaréis año el-cincuenta año-de

לְכָל־יֹשְׁבֶיהָ יוֹבֵל הִוא תִּהְיֶה לָכֶם
para-vosotros será esto jubileo los-que-la-habitan para-todos

וְשַׁבְתֶּם אִישׁ אֶל־אֲחֻזָּתוֹ וְאִישׁ אֶל־מִשְׁפַּחְתּוֹ
su-familia a y-cada-uno su-posesión a cada-uno y-volveréis

תָּשֻׁבוּ׃ יוֹבֵל הִוא שְׁנַת הַחֲמִשִּׁים שָׁנָה תִּהְיֶה
será año el-cincuenta año-de esto Jubileo (11) . volveréis

לָכֶם לֹא תִזְרָעוּ וְלֹא תִקְצְרוּ אֶת־סְפִיחֶיהָ וְלֹא
y-no su-producción ** recogeréis y-no sembraréis no para-vosotros

תִבְצְרוּ אֶת־נְזִרֶיהָ׃ כִּי יוֹבֵל הִוא קֹדֶשׁ תִּהְיֶה
será santo , esto jubilie Pues (12) . sus-viñedos ** vendimiaréis

לָכֶם מִן־הַשָּׂדֶה תֹּאכְלוּ אֶת־תְּבוּאָתָהּ׃ בִּשְׁנַת הַיּוֹבֵל
el-jubileo En-año-de (13) . su-producción ** comeréis el-campo de para-vosotros

הַזֹּאת תָּשֻׁבוּ אִישׁ אֶל־אֲחֻזָּתוֹ׃ וְכִי־תִמְכְּרוּ מִמְכָּר
terreno vendéis Y-si (14) . su-posesión a cada-uno volverá el-éste

לַעֲמִיתֶךָ אוֹ קָנֹה מִיַּד עֲמִיתֶךָ אַל־
no tu-compatriota de-mano-de comprar o a-tu-compatriota

תּוֹנוּ אִישׁ אֶת־ אָחִיו׃ בְּמִסְפַּר שָׁנִים אַחַר

desde años Por-número-de (15) . su-otro de cada-uno te-aprovecharás

הַיּוֹבֵל תִּקְנֶה מֵאֵת עֲמִיתֶךָ בְּמִסְפַּר שְׁנֵי־ תְבוּאֹת

cosecha años-de por-número-de tu-compatriota de-** comprarás el-jubileo

יִמְכָּר־ לָךְ׃ לְפִי ׀ רֹב הַשָּׁנִים תַּרְבֶּה

aumentarás los-años muchos-de A-causa-de (16) . a-ti venderá

מִקְנָתוֹ וּלְפִי מְעֹט הַשָּׁנִים תַּמְעִיט מִקְנָתוֹ

su-precio disminuirás los-años pocos-de y-a-causa-de su-precio

כִּי מִסְפַּר תְּבוּאֹת הוּא מֹכֵר לָךְ׃ וְלֹא תוֹנוּ אִישׁ

cada-uno te-aprovecharás Y-no (17) . a-ti vendiendo él cosechas número-de pues

אֶת־ עֲמִיתוֹ וְיָרֵאתָ מֵאֱלֹהֶיךָ כִּי אֲנִי יְהוָה אֱלֹהֵיכֶם׃

. vuestro-Dios Yahweh yo pues a-tu-Dios y-temerás su-compatriota de

וַעֲשִׂיתֶם אֶת־ חֻקֹּתַי וְאֶת־ מִשְׁפָּטַי תִּשְׁמְרוּ

guardaréis mis-mandamientos y-** mis-estatutos ** Y-cumpliréis (18)

וַעֲשִׂיתֶם אֹתָם וִישַׁבְתֶּם עַל־ הָאָרֶץ לָבֶטַח׃ וְנָתְנָה

Y-dará (19) . con-seguridad la-tierra en y-moraréis **-ellos y-haréis

הָאָרֶץ פִּרְיָהּ וַאֲכַלְתֶּם לָשֹׂבַע וִישַׁבְתֶּם

y-habitaréis a-la-plenitud y-comeréis su-fruto la-tierra

לָבֶטַח עָלֶיהָ׃ וְכִי תֹאמְרוּ מַה־ נֹּאכַל בַּשָּׁנָה

en-el-año comeremos qué? : dijereis Y-si (20) . en-ella en-la-seguridad

הַשְּׁבִיעִת הֵן לֹא נִזְרָע וְלֹא נֶאֱסֹף אֶת־ תְּבוּאָתֵנוּ׃

. nuestra-cosecha ** recogemos y-no plantamos no si el-séptimo

וְצִוִּיתִי אֶת־ בִּרְכָתִי לָכֶם בַּשָּׁנָה הַשִּׁשִּׁית

el-sexto en-el-año a-vosotros mi-bendición ** Y-enviaré (21)

וְעָשָׂת אֶת־ הַתְּבוּאָה לִשְׁלֹשׁ הַשָּׁנִים׃ וּזְרַעְתֶּם

Y-plantaréis (22) . los-años para-tres-de la-cosecha ** y-hará

אֵת הַשָּׁנָה הַשְּׁמִינִת וַאֲכַלְתֶּם מִן־הַתְּבוּאָה יָשָׁן עַד ׀ הַשָּׁנָה

el-año hasta antigua la-cosecha de y-comeréis el-octavo el-año **

הַתְּשִׁיעִת עַד־ בּוֹא תְּבוּאָתָהּ תֹּאכְלוּ יָשָׁן׃ וְהָאָרֶץ

Y-la-tierra (23) . antiguo comeréis su-cosecha llegar hasta el-noveno

לֹא תִמָּכֵר לִצְמִתֻת כִּי־ לִי הָאָרֶץ כִּי־ גֵרִים וְתוֹשָׁבִים

y-forasteros extranjeros pues la-tierra para-mí pues a-perpetuidad se-venderá no

אַתֶּם עִמָּדִי׃ וּבְכֹל אֶרֶץ אֲחֻזַּתְכֶם גְּאֻלָּה

redención vuestra-posesión tierra-de Y-en-todo (24) . para-conmigo vosotros

תִּתְּנוּ לָאָרֶץ׃ כִּי־ יָמוּךְ אָחִיךָ

tu-hermano empobrece Si (25) . a-la-tierra daréis

וּמָכַר מֵאֲחֻזָּתוֹ וּבָא גֹאֲלוֹ

su-redentor entonces-vendrá de-su-propiedad y-vende

הַקָּרֹב אֵלָיו וְגָאַל אֵת מִמְכַּר אָחִיו׃

. su-hermano venta-de ** y-redimirá a-él el-cercano

וְאִישׁ כִּי לֹא יִהְיֶה־ לּוֹ גֹּאֵל וְהִשִּׂיגָה יָדוֹ

su-mano y-prospera redentor para-él es no si Y-hombre (26)

וּמָצָא כְּדֵי גְאֻלָּתוֹ׃ וְחִשַּׁב

Y-calculará (27) . su-redención como-bastante-de y-encuentra

אֶת־ שְׁנֵי מִמְכָּרוֹ וְהֵשִׁיב אֶת־ הָעֹדֵף לָאִישׁ

a-el-hombre el-resto ** y-devolverá su-venta años-de **

אֲשֶׁר מָכַר־ לוֹ וְשָׁב לַאֲחֻזָּתוֹ׃ וְאִם לֹא־

no Y-si (28) . a-su-propiedad y-retornará , a-él vendió que

מָצְאָה יָדוֹ דֵּי הָשִׁיב לוֹ וְהָיָה

entonces-será a-él devolver suficiente su-mano hallare

מִמְכָּרוֹ בְּיַד הַקֹּנֶה אֹתוֹ עַד שְׁנַת הַיּוֹבֵל

el-jubileo año-de hasta a-él el-comprador en-mano-de su-venta

וְיָצָא בַּיֹּבֵל וְשָׁב לַאֲחֻזָּתוֹ׃
. a-su-propiedad y-retornará en-el-jubileo y-saldrá

וְאִישׁ כִּי־יִמְכֹּר בֵּית־מוֹשַׁב עִיר חוֹמָה וְהָיְתָה
entonces-será muralla ciudad-de vivienda-de casa-de vende si Y-hombre (29)

גְּאֻלָּתוֹ עַד־תֹּם שְׁנַת מִמְכָּרוֹ יָמִים תִּהְיֶה
será (esos) días , su-venta año-de terminar hasta su-redención

גְּאֻלָּתוֹ׃ וְאִם לֹא־יִגָּאֵל עַד־מְלֹאת לוֹ שָׁנָה
año por-él cumplir hasta es-redimido no Y-si (30) . su-redención

תְמִימָה וְקָם הַבַּיִת אֲשֶׁר־בָּעִיר אֲשֶׁר־לֹא חֹמָה
muro para-él que en-la-ciudad que la-casa entonces-quedará completo

לַצְּמִיתֻת לַקֹּנֶה אֹתוֹ לְדֹרֹתָיו לֹא
no , para-sus-descendientes a-él para-el-que-compra para-posesión

יֵצֵא בַּיֹּבֵל׃ וּבָתֵּי הַחֲצֵרִים אֲשֶׁר אֵין־
no-hay que los-pueblos Pero-casas-de (31) . en-el-jubileo saldrá

לָהֶם חֹמָה סָבִיב עַל־שְׂדֵה הָאָרֶץ יֵחָשֵׁב
; será-considerado la-tierra campo-de como alrededor muro para-ellos

גְּאֻלָּה תִּהְיֶה־לּוֹ וּבַיֹּבֵל יֵצֵא׃
. saldrá y-en-el-jubileo para-él será redención

וְעָרֵי הַלְוִיִּם בָּתֵּי עָרֵי אֲחֻזָּתָם
posesión-de-ellos ciudades-de casas-de los-levitas Y-ciudades-de (32)

גְּאֻלַּת עוֹלָם תִּהְיֶה לַלְוִיִּם׃ וַאֲשֶׁר יִגְאַל
redimirá Así-que (33) . para-los-levitas es perpetuo redención-de

מִן־הַלְוִיִּם וְיָצָא מִמְכַּר־בַּיִת וְעִיר אֲחֻזָּתוֹ
posesión-de-él en-ciudad-de casa venta-de y-saldrá los-levitas de

בַּיֹּבֵל כִּי בָתֵּי עָרֵי הַלְוִיִּם הִוא אֲחֻזָּתָם
posesión-de-ellos esto los-levitas ciudades-de casas-de pues en-el-jubileo

בְּתוֹךְ בְּנֵי יִשְׂרָאֵל׃ וּשְׂדֵה מִגְרַשׁ עָרֵיהֶם לֹא
no sus-ciudades pastoreo-de Y-campo-de (34) . Israel hijos-de entre

יִמָּכֵר כִּי־ אֲחֻזַּת עוֹלָם הוּא לָהֶם׃ וְכִי־
Y-si (35) . para-ellos él perpetua posesión pues , se-venderá

יָמוּךְ אָחִיךָ וּמָטָה יָדוֹ
su-mano y-se-debilita tu-hermano empobrece

עִמָּךְ וְהֶחֱזַקְתָּ בּוֹ גֵּר וְתוֹשָׁב וָחַי
y-vivirá y-forastero extranjero , a-él y-ayudarás para-con-tigo

עִמָּךְ׃ אַל־ תִּקַּח מֵאִתּוֹ נֶשֶׁךְ וְתַרְבִּית וְיָרֵאתָ
y-temerás ni-usura interés de-él tomarás No (36) . con-tigo

מֵאֱלֹהֶיךָ וְחֵי אָחִיךָ עִמָּךְ׃ אֶת־ כַּסְפְּךָ
tu-dinero ** (37) . con-tigo tu-hermano y-vivirá , de-tu-Dios

לֹא־ תִתֵּן לוֹ בְּנֶשֶׁךְ וּבְמַרְבִּית לֹא־ תִתֵּן אָכְלֶךָ׃
. tu-alimento darás no o-por-ganancia con-interés a-él darás no

אֲנִי יְהוָה אֱלֹהֵיכֶם אֲשֶׁר־הוֹצֵאתִי אֶתְכֶם מֵאֶרֶץ מִצְרַיִם לָתֵת לָכֶם
a-vosotros para-dar Egipto de-tierra-de a-vosotros saqué que vuestro-Dios Yahweh Yo (38)

אֶת־ אֶרֶץ כְּנַעַן לִהְיוֹת לָכֶם לֵאלֹהִים׃ וְכִי־ יָמוּךְ
empobrece Y-si (39) . por-Dios para-vosotros para-ser Canaán tierra-de **

אָחִיךָ עִמָּךְ וְנִמְכַּר־ לָךְ לֹא־ תַעֲבֹד
harás-servir no a-ti y-se-vende con-tigo tu-hermano

בּוֹ עֲבֹדַת עָבֶד׃ כְּשָׂכִיר כְּתוֹשָׁב יִהְיֶה
será como-morador Como-jornalero (40) . siervo trabajo-de a-él

עִמָּךְ עַד־ שְׁנַת הַיֹּבֵל יַעֲבֹד עִמָּךְ׃ וְיָצָא
Y-saldrá (41) . para-ti trabajará el-jubileo año-de hasta , con-tigo

מֵעִמָּךְ הוּא וּבָנָיו עִמּוֹ וְשָׁב אֶל־
a y-retornará con-él y-sus-hijos él de-con-tigo

מִשְׁפַּחְתּוֹ וְאֶל־ אֲחֻזַּת אֲבֹתָיו יָשׁוּב׃ כִּֽי־
Pues (42) . regresará sus-padres posesión-de y-a su-familia

עֲבָדַי הֵם אֲשֶׁר־ הוֹצֵאתִי אֹתָם מֵאֶרֶץ מִצְרָיִם לֹא
no , Egipto de-tierra-de a-ellos saqué que ellos mis-siervos

יִמָּכְרוּ מִמְכֶּרֶת עָבֶד׃ לֹא־ תִרְדֶּה בוֹ בְּפָרֶךְ
con-rudeza en-él mandarás No (43) . siervo venta-de serán-vendidos

וְיָרֵאתָ מֵאֱלֹהֶיךָ׃ וְעַבְדְּךָ וַאֲמָתְךָ
y-tu-sierva Y-tu-siervo (44) . de-tu-Dios y-temerás

אֲשֶׁר יִהְיוּ־ לָךְ מֵאֵת הַגּוֹיִם אֲשֶׁר סְבִיבֹתֵיכֶם מֵהֶם
de-ellos alrededor-vuestro que las-naciones de para-ti serán que

תִּקְנוּ עֶבֶד וְאָמָה׃ וְגַם מִבְּנֵי
de-hijos-de Y-también (45) . y-sierva siervo compraréis

הַתּוֹשָׁבִים הַגָּרִים עִמָּכֶם מֵהֶם תִּקְנוּ
compraréis de-ellos con-vosotros los-que-habitan los-moradores

וּמִמִּשְׁפַּחְתָּם אֲשֶׁר עִמָּכֶם אֲשֶׁר הוֹלִידוּ בְּאַרְצְכֶם
en-vuestra-tierra engendren que con-vosotros que y-de-su-familia

וְהָיוּ לָכֶם לַאֲחֻזָּה׃ וְהִתְנַחַלְתֶּם אֹתָם
a-ellos Y-podréis-dar-herencia (46) . por-posesión para-vosotros y-serán

לִבְנֵיכֶם אַחֲרֵיכֶם לָרֶשֶׁת אֲחֻזָּה לְעֹלָם בָּהֶם
de-ellos para-siempre posesión por-herencia-de después-de-vosotros a-vuestros-hijos

תַּעֲבֹדוּ וּבְאַחֵיכֶם בְּנֵי־ יִשְׂרָאֵל אִישׁ
hombre Israel hijos-de pero-en-vuestros-hermanos , haréis-siervos

בְּאָחִיו לֹא־ תִרְדֶּה בוֹ בְּפָרֶךְ׃ וְכִי
Y-si (47) . con-rudeza en-él dominarás no en-su-hermano

תַשִּׂיג יַד גֵּר וְתוֹשָׁב עִמָּךְ
con-tigo o-morador extranjero mano-de se-enriquece

וָמָךְ אָחִיךָ עִמּוֹ וְנִמְכַּר לְגֵר
a-extranjero y-se-vende con-él tu-hermano y-se-empobrece

תּוֹשָׁב עִמָּךְ אוֹ לְעֵקֶר מִשְׁפַּחַת גֵּר׃ אַחֲרֵי נִמְכַּר
se-vende Después-que (48) . extranjero de-familia-de a-alguno o con-tigo morador

גְּאֻלָּה תִּהְיֶה־ לּוֹ אֶחָד מֵאֶחָיו יִגְאָלֶנּוּ׃
. le-redimirá de-sus-parientes uno , para-él será redención

אוֹ־ דֹדוֹ אוֹ בֶן־ דֹּדוֹ יִגְאָלֶנּוּ אוֹ־
o le-redimirá su-tío hijo-de o su-tío O (49)

מִשְּׁאֵר בְּשָׂרוֹ מִמִּשְׁפַּחְתּוֹ יִגְאָלֶנּוּ אוֹ־
o le-redimirá de-su-familia su-carne de-pariente-de

הִשִּׂיגָה יָדוֹ וְנִגְאָל׃ וְחִשַּׁב
Y-contará (50) . se-redimirá su-mano prosperara

עִם־ קֹנֵהוּ מִשְּׁנַת הִמָּכְרוֹ לוֹ עַד שְׁנַת
año-de hasta a-él vender-le desde-año-de su-comprador con

הַיֹּבֵל וְהָיָה כֶּסֶף מִמְכָּרוֹ בְּמִסְפַּר שָׁנִים
años en-número-de su-venta dinero-de y-será el-jubileo

כִּימֵי שָׂכִיר יִהְיֶה עִמּוֹ׃ אִם־ עוֹד רַבּוֹת בַּשָּׁנִים
de-los-años muchos aún Si (51) . con-él estará jornalero como-días-de

לְפִיהֶן יָשִׁיב גְּאֻלָּתוֹ מִכֶּסֶף מִקְנָתוֹ׃
. su-compra de-dinero-de su-rescate devolverá según-ellos

וְאִם־ מְעַט נִשְׁאַר בַּשָּׁנִים עַד־ שְׁנַת הַיֹּבֵל
el-jubileo año-de hasta de-los-años queda poco Y-si (52)

וְחִשַּׁב־ לוֹ כְּפִי שָׁנָיו יָשִׁיב אֶת־
** devolverá sus-años según para-él entonces-calculará

גְּאֻלָּתוֹ׃ כִּשְׂכִיר שָׁנָה בְּשָׁנָה יִהְיֶה עִמּוֹ לֹא־
no , con-él será en-año año Como-asalariado-de (53) . su-rescate

יִרְדֶּנּוּ בְּפֶרֶךְ לְעֵינֶיךָ׃ וְאִם־ לֹא
no Y-si (54) . ante-tus-ojos con-rudeza le-dominará

יִגָּאֵל בְּאֵלֶּה וְיָצָא בִּשְׁנַת הַיֹּבֵל הוּא
él el-jubileo en-año-de entonces-saldrá por-éstos es-redimido

וּבָנָיו עִמּוֹ׃ כִּי־ לִי בְנֵי־ יִשְׂרָאֵל עֲבָדִים
siervos Israel hijos-de para-mí Pues (55) . con-él y-sus-hijos

עֲבָדַי הֵם אֲשֶׁר־ הוֹצֵאתִי אוֹתָם מֵאֶרֶץ מִצְרָיִם אֲנִי יְהוָה
Yahweh yo Egipto de-tierra-de a-ellos saqué que ellos mis-siervos

אֱלֹהֵיכֶם׃ לֹא־ תַעֲשׂוּ לָכֶם אֱלִילִם וּפֶסֶל וּמַצֵּבָה לֹא־
no , ni-estatua ni-imagen ídolos para-vosotros haréis No (1) . vuestro-Dios Cap. 26

תָקִימוּ לָכֶם וְאֶבֶן מַשְׂכִּית לֹא תִתְּנוּ בְּאַרְצְכֶם לְהִשְׁתַּחֲוֹת
para-inclinaros en-vuestra-tierra pondréis no labrada y-piedra , para-vosotros levantaréis

עָלֶיהָ כִּי אֲנִי יְהוָה אֱלֹהֵיכֶם׃ אֶת־ שַׁבְּתֹתַי תִּשְׁמֹרוּ
guardaréis mis-sábados ** (2) . vuestro-Dios Yahweh yo pues , a-ella

וּמִקְדָּשִׁי תִּירָאוּ אֲנִי יְהוָה׃ אִם־ בְּחֻקֹּתַי תֵּלֵכוּ
andáis en-mis-decretos Si (3) . Yahweh yo reverenciaréis y-mi-santuario

וְאֶת־ מִצְוֹתַי תִּשְׁמְרוּ וַעֲשִׂיתֶם אֹתָם׃ וְנָתַתִּי
Entonces-daré (4) . ellos y-hacéis guardáis mis-mandamientos y-**

גִשְׁמֵיכֶם בְּעִתָּם וְנָתְנָה הָאָרֶץ יְבוּלָהּ
su-cosecha la-tierra y-dará en-su-tiempo vuestras-lluvias

וְעֵץ הַשָּׂדֶה יִתֵּן פִּרְיוֹ׃ וְהִשִּׂיג
Y-seguirá (5) . su-fruto dará la-tierra y-árbol-de

לָכֶם דַּיִשׁ אֶת־ בָּצִיר וּבָצִיר יַשִּׂיג אֶת־
a seguirá y-vendimia vendimia a trilla para-vosotros

זָרַע וַאֲכַלְתֶּם לַחְמְכֶם לָשֹׂבַע וִישַׁבְתֶּם
y-moraréis hasta-saciedad vuestro-pan y-comeréis siembra

לָבֶטַח בְּאַרְצְכֶם׃ וְנָתַתִּי שָׁלוֹם בָּאָרֶץ

en-la-tierra paz Y-daré (6) . en-vuestra-tierra con-seguridad

וּשְׁכַבְתֶּם וְאֵין מַחֲרִיד וְהִשְׁבַּתִּי חַיָּה

animal y-quitaré asustando y-nadie y-dormiréis

רָעָה מִן־הָאָרֶץ וְחֶרֶב לֹא־תַעֲבֹר בְּאַרְצְכֶם׃

por-vuestra-tierra pasará no y-espada la-tierra de feroz

וּרְדַפְתֶּם אֶת־אֹיְבֵיכֶם וְנָפְלוּ לִפְנֵיכֶם

ante-vosotros y-caerán vuestros-enemigos a Y-perseguiréis (7)

לֶחָרֶב וְרָדְפוּ מִכֶּם חֲמִשָּׁה מֵאָה וּמֵאָה

y-cien cien cinco de-vosotros y-perseguirán (8) por-la-espada

מִכֶּם רְבָבָה יִרְדֹּפוּ וְנָפְלוּ אֹיְבֵיכֶם

vuestros-enemigos y-caerán , perseguirán diez-mil de-vosotros

לִפְנֵיכֶם לֶחָרֶב׃ וּפָנִיתִי אֲלֵיכֶם וְהִפְרֵיתִי

y-haré-fructificar a-vosotros Y-miraré (9) . por-la-espada ante-vosotros

אֶתְכֶם וְהִרְבֵּיתִי אֶתְכֶם וַהֲקִימֹתִי אֶת־ בְּרִיתִי אִתְּכֶם׃

. con-vosotros mi-pacto ** y-afirmaré a-vosotros y-multiplicaré a-vosotros

וַאֲכַלְתֶּם יָשָׁן נוֹשָׁן וְיָשָׁן מִפְּנֵי חָדָשׁ

nuevo delante-de y-añejo , viejo añejo Y-comeréis (10)

תּוֹצִיאוּ׃ וְנָתַתִּי מִשְׁכָּנִי בְּתוֹכְכֶם וְלֹא־

y-no entre-vosotros mi-morada Y-pondré (11) . sacaréis

תִגְעַל נַפְשִׁי אֶתְכֶם׃ וְהִתְהַלַּכְתִּי בְּתוֹכְכֶם

entre-vosotros Y-andaré (12) . a-vosotros mi-espíritu aborrecerá

וְהָיִיתִי לָכֶם לֵאלֹהִים וְאַתֶּם תִּהְיוּ־ לִי לְעָם׃ אֲנִי

Yo (13) . por-pueblo para-mí seréis y-vosotros* por-Dios para-vosotros y-seré

יְהוָה אֱלֹהֵיכֶם אֲשֶׁר הוֹצֵאתִי אֶתְכֶם מֵאֶרֶץ מִצְרַיִם מִהְיֹת לָהֶם

para-ellos de-ser Egipto de-tierra-de a-vosotros saqué que vuestro-Dios Yahweh

עֲבָדִים וָאֶשְׁבֹּר מֹטֹת עֻלְּכֶם וָאוֹלֵךְ אֶתְכֶם קוֹמְמִיּוּת׃
. cara-alta a-vosotros e-hice-andar vuestro-yugo coyundas-de y-rompí , siervos

וְאִם־ לֹא תִשְׁמְעוּ לִי וְלֹא תַעֲשׂוּ אֵת כָּל־
todos ** hacéis y-no a-mí escucháis no Y-si (14)

הַמִּצְוֹת הָאֵלֶּה׃ וְאִם־ בְּחֻקֹּתַי תִּמְאָסוּ וְאִם אֶת־
** y-si rechazáis mis-decretos Y-si (15) . los-éstos los-mandamientos

מִשְׁפָּטַי תִּגְעַל נַפְשְׁכֶם לְבִלְתִּי עֲשׂוֹת אֶת־ כָּל־ מִצְוֹתַי
mis-mandamientos todos ** hacer para-no vuestra-alma aborrece mis-leyes

לְהַפְרְכֶם אֶת־ בְּרִיתִי׃ אַף־ אֲנִי אֶעֱשֶׂה־ זֹּאת לָכֶם
a-vosotros esto haré yo Entonces (16) , mi-pacto ** para-vuestro-violar

וְהִפְקַדְתִּי עֲלֵיכֶם בֶּהָלָה אֶת־ הַשַּׁחֶפֶת וְאֶת־ הַקַּדַּחַת
la-fiebre y-** la-extenuación ** terror sobre-vosotros y-enviaré

מְכַלּוֹת עֵינַיִם וּמְדִיבֹת נָפֶשׁ וּזְרַעְתֶּם לָרִיק
en-vano y-sembraréis , vida y-debilitan ojos que-destruyen

זַרְעֲכֶם וַאֲכָלֻהוּ אֹיְבֵיכֶם׃ וְנָתַתִּי
Y-pondré (17) . vuestros-enemigos y-lo-comerán vuestra-semilla

פָנַי בָּכֶם וְנִגַּפְתֶּם לִפְנֵי אֹיְבֵיכֶם
, vuestros-enemigos ante y-seréis-derrotados contra-vosotros mi-rostro

וְרָדוּ בָכֶם שֹׂנְאֵיכֶם וְנַסְתֶּם וְאֵין־
y-no-hay y-huiréis los-que-os-aborrecen en-vosotros y-dominarán

רֹדֵף אֶתְכֶם׃ וְאִם־ עַד־ אֵלֶּה לֹא תִשְׁמְעוּ לִי
a-mí escucháis no éstos aún-con Y-si (18) . a-vosotros perseguidor

וְיָסַפְתִּי לְיַסְּרָה אֶתְכֶם שֶׁבַע עַל־ חַטֹּאתֵיכֶם׃
. vuestros-pecados por siete (veces) a-vosotros a-castigar entonces-continuaré

וְשָׁבַרְתִּי אֶת־ גְּאוֹן עֻזְּכֶם וְנָתַתִּי אֶת־
** y-daré , vuestro-orgullo soberbia-de ** Y-quebrantaré (19)

שְׁמֵיכֶם כַּבַּרְזֶל וְאֶת־ אַרְצְכֶם כַּנְּחֻשָׁה׃

. como-el-bronce vuestra-tierra y-** como-hierro vuestros-cielos

וְתַם לָרִיק כֹּחֲכֶם וְלֹא־ תִתֵּן

dará y-no vuestra-fuerza en-vano Y-se-consumirá (20)

אַרְצְכֶם אֶת־ יְבוּלָהּ וְעֵץ הָאָרֶץ לֹא יִתֵּן פִּרְיוֹ׃

. su-fruto dará no la-tierra y-árbol-de su-cosecha ** vuestra-tierra

וְאִם־ תֵּלְכוּ עִמִּי קֶרִי וְלֹא תֹאבוּ לִשְׁמֹעַ לִי

, a-mí escuchar queréis y-no hostiles con-migo andáis Y-si (21)

וְיָסַפְתִּי עֲלֵיכֶם מַכָּה שֶׁבַע כְּחַטֹּאתֵיכֶם׃

. según-vuestros-pecados siete (veces) aflicción sobre-vosotros entonces-añadiré

וְהִשְׁלַחְתִּי בָכֶם אֶת־ חַיַּת הַשָּׂדֶה

el-campo animal-de ** contra-vosotros Y-enviaré (22)

וְשִׁכְּלָה אֶתְכֶם וְהִכְרִיתָה אֶת־ בְּהֶמְתְּכֶם

vuestro-ganado ** y-destruirá a-vosotros y-arrebatará-hijos

וְהִמְעִיטָה אֶתְכֶם וְנָשַׁמּוּ דַּרְכֵיכֶם׃ וְאִם־

Y-si (23) . vuestros-caminos y-harán-desiertos a-vosotros y-reducirá

בְּאֵלֶּה לֹא תִוָּסְרוּ לִי וַהֲלַכְתֶּם עִמִּי קֶרִי׃

. hostil con-migo y-andáis , para-mí sois-corregidos no tras-éstos

וְהָלַכְתִּי אַף־ אֲנִי עִמָּכֶם בְּקֶרִי וְהִכֵּיתִי

y-afligiré , con-hostilidad contra-vosotros yo ciertamente Y-vendré (24)

אֶתְכֶם גַּם־אָנִי שֶׁבַע עַל־ חַטֹּאתֵיכֶם׃ וְהֵבֵאתִי עֲלֵיכֶם חֶרֶב

espada sobre-vosotros Y-traeré (25) . vuestros-pecados por siete yo también a-vosotros

נֹקֶמֶת נְקַם־ בְּרִית וְנֶאֱסַפְתֶּם אֶל־ עָרֵיכֶם

vuestras-ciudades a y-os-retiraréis , pacto venganza-de vengadora

וְשִׁלַּחְתִּי דֶבֶר בְּתוֹכְכֶם וְנִתַּתֶּם בְּיַד־

en-mano-de y-seréis-entregados entre-vosotros plaga y-enviaré

אֹיֵב׃ בְּשִׁבְרִי לָכֶם מַטֵּה־ לֶחֶם

pan sustento-de a-vosotros En-mi-cortar (26) . enemigo

וְאָפוּ עֶשֶׂר נָשִׁים לַחְמְכֶם בְּתַנּוּר אֶחָד וְהֵשִׁיבוּ

y-devolverán uno en-horno vuestro-pan mujeres diez y-cocerán

לַחְמְכֶם בַּמִּשְׁקָל וַאֲכַלְתֶּם וְלֹא תִשְׂבָּעוּ׃

. os-saciaréis y-no y-comeréis , por-el-peso vuestro-pan

וְאִם־ בְּזֹאת לֹא תִשְׁמְעוּ לִי וַהֲלַכְתֶּם עִמִּי

con-migo y-andáis , a-mí escucháis no tras-esto Y-si (27)

בְּקֶרִי׃ וְהָלַכְתִּי עִמָּכֶם בַּחֲמַת־ קֶרִי

hostilidad en-furor-de contra-vosotros Entonces-andaré (28) . en-hostilidad

וְיִסַּרְתִּי אֶתְכֶם אַף־ אָנִי שֶׁבַע עַל־ חַטֹּאתֵיכֶם׃

. vuestros-pecados por siete (veces) yo ciertamente a-vosotros y-castigaré

וַאֲכַלְתֶּם בְּשַׂר בְּנֵיכֶם וּבְשַׂר בְּנֹתֵיכֶם

vuestras-hijas y-carne-de , vuestros-hijos carne-de Y-comeréis (29)

תֹּאכֵלוּ׃ וְהִשְׁמַדְתִּי אֶת־ בָּמֹתֵיכֶם וְהִכְרַתִּי

y-derribaré vuestros-lugares-altos ** Y-destruiré (30) . comeréis

אֶת־ חַמָּנֵיכֶם וְנָתַתִּי אֶת־ פִּגְרֵיכֶם עַל־

sobre vuestros-cadáveres ** y-pondré vuestras-imágenes **

פִּגְרֵי גִּלּוּלֵיכֶם וְגָעֲלָה נַפְשִׁי אֶתְכֶם׃

. a-vosotros mi-alma y-aborrecerá vuestros-ídolos cadáveres-de

וְנָתַתִּי אֶת־ עָרֵיכֶם חָרְבָּה וַהֲשִׁמּוֹתִי אֶת־

** y-destruiré ruina vuestras-ciudades ** Y-convertiré (31)

מִקְדְּשֵׁיכֶם וְלֹא אָרִיחַ בְּרֵיחַ נִיחֹחֲכֶם׃

. vuestro-agrado en-aroma-de me-deleitaré y-no vuestros-santuarios

וַהֲשִׁמֹּתִי אֲנִי אֶת־ הָאָרֶץ וְשָׁמְמוּ עָלֶיהָ

por-ella y-se-espantarán la-tierra ** yo Y-destruiré (32)

אֹיְבֵיכֶם הַיֹּשְׁבִים בָּהּ׃ (33) וְאֶתְכֶם אֱזָרֶה
vuestros-enemigos los-que-moren en-ella . (33) Y-a-vosotros esparciré

בַגּוֹיִם וַהֲרִיקֹתִי אַחֲרֵיכֶם חָרֶב וְהָיְתָה אַרְצְכֶם
por-las-naciones y-desenvainaré tras-vosotros espada y-será vuestra-tierra

שְׁמָמָה וְעָרֵיכֶם יִהְיוּ חָרְבָּה׃ (34) אָז תִּרְצֶה הָאָרֶץ
desolada y-vuestras-ciudades serán ruina . (34) Entonces gozará la-tierra

אֶת־ שַׁבְּתֹתֶיהָ כֹּל יְמֵי הָשַּׁמָּה וְאַתֶּם בְּאֶרֶץ
** sus-sábados todos días-de la-desolación y-vosotros en-tierra-de

אֹיְבֵיכֶם אָז תִּשְׁבַּת הָאָרֶץ וְהִרְצָת אֶת־
, vuestros-enemigos entonces reposará la-tierra y-gozará **

שַׁבְּתֹתֶיהָ׃ (35) כָּל־ יְמֵי הָשַּׁמָּה תִּשְׁבֹּת אֵת
. sus-sábados (35) Todos días-de la-desolación reposará **

אֲשֶׁר לֹא־ שָׁבְתָה בְּשַׁבְּתֹתֵיכֶם בְּשִׁבְתְּכֶם עָלֶיהָ׃
lo-que no reposó en-vuestros-sábados en-vuestro-habitar . en-ella

(36) וְהַנִּשְׁאָרִים בָּכֶם וְהֵבֵאתִי מֹרֶךְ בִּלְבָבָם
(36) Y-los-que-queden de-vosotros entonces-traeré miedo en-su-corazón

בְּאַרְצֹת אֹיְבֵיהֶם וְרָדַף אֹתָם קוֹל
en-tierras-de sus-enemigos y-hará-huir a-ellos ruido-de

עָלֶה נִדָּף וְנָסוּ מְנֻסַת־ חֶרֶב וְנָפְלוּ
hoja movida y-correrán huida-de espada y-caerán

וְאֵין רֹדֵף׃ (37) וְכָשְׁלוּ אִישׁ־ בְּאָחִיו
y-no-habrá . perseguidor (37) Y-tropezarán cada-uno con-su-hermano

כְּמִפְּנֵי־ חֶרֶב וְרֹדֵף אָיִן וְלֹא־ תִהְיֶה לָכֶם
como-filo-de espada y-perseguidor no-habrá y-no será para-vosotros

תְּקוּמָה לִפְנֵי אֹיְבֵיכֶם׃ (38) וַאֲבַדְתֶּם
refugio ante . vuestros-enemigos (38) Y-pereceréis

בַּגּוֹיִם וְאָכְלָה אֶתְכֶם אֶרֶץ אֹיְבֵיכֶם׃
. vuestros-enemigos tierra-de a-vosotros y-devorará , en-las-naciones

וְהַנִּשְׁאָרִים בָּכֶם יִמַּקּוּ בַּעֲוֺנָם
por-su-pecado decaerán de-vosotros Y-los-que-queden (39)

בְּאַרְצֹת אֹיְבֵיכֶם וְאַף בַּעֲוֺנֹת אֲבֹתָם
sus-padres por-pecados-de y-también vuestros-enemigos en-tierras-de

אִתָּם יִמָּקּוּ׃ וְהִתְוַדּוּ אֶת־ עֲוֺנָם וְאֶת־
y-** su-iniquidad ** Si-confiesan (40) . decaerán con-ellos

עֲוֺן אֲבֹתָם בְּמַעֲלָם אֲשֶׁר מָעֲלוּ־
prevaricaron con-que prevaricación sus-padres iniquidad-de

בִי וְאַף אֲשֶׁר־ הָלְכוּ עִמִּי בְּקֶרִי׃ אַף־
Entonces (41) . con-hostilidad contra anduvieron cuando y-también contra-mí

אֲנִי אֵלֵךְ עִמָּם בְּקֶרִי וְהֵבֵאתִי אֹתָם בְּאֶרֶץ
a-tierra-de a-ellos y-envié con-hostilidad contra-ellos anduve yo

אֹיְבֵיהֶם אוֹ־ אָז יִכָּנַע לְבָבָם הֶעָרֵל
el-incircunciso su-corazón se-humille cuando entonces , sus-enemigos

וְאָז יִרְצוּ אֶת־ עֲוֺנָם׃ וְזָכַרְתִּי אֶת־ בְּרִיתִי
mi-pacto ** Y-recordaré (42) . su-iniquidad ** paguen y-cuando

יַעֲקוֹב וְאַף אֶת־ בְּרִיתִי יִצְחָק וְאַף אֶת־ בְּרִיתִי אַבְרָהָם
Abraham mi-pacto ** y-también Isaac mi-pacto ** y-también , Jacob

אֶזְכֹּר וְהָאָרֶץ אֶזְכֹּר׃ וְהָאָרֶץ
Y-la-tierra (43) . recordaré y-la-tierra recordaré

תֵּעָזֵב מֵהֶם וְתִרֶץ אֶת־ שַׁבְּתֹתֶיהָ
sus-sábados ** y-gozará por-ellos será-abandonada

בָּהְשַׁמָּה מֵהֶם וְהֵם יִרְצוּ אֶת־ עֲוֺנָם
su-iniquidad ** pagarán y-ellos por-ellos al-estar-desierta

יַעַן וּבְיַעַן בְּמִשְׁפָּטַי מָאָסוּ וְאֶת־ חֻקֹּתַי גָּעֲלָה
aborreció mis-decretos y-** rechazaron a-mis-leyes sí-porque porque

נַפְשָׁם׃ וְאַף־ גַּם־ זֹאת בִּהְיוֹתָם בְּאֶרֶץ
en-tierra-de en-su-estar esto con Y-aún (44) . su-alma

אֹיְבֵיהֶם לֹא־ מְאַסְתִּים וְלֹא־ גְעַלְתִּים
les-aborreceré y-no les-rechazaré no sus-enemigos

לְכַלֹּתָם לְהָפֵר בְּרִיתִי אִתָּם כִּי אֲנִי יְהוָה אֱלֹהֵיהֶם׃
. su-Dios Yahweh yo pues con-ellos mi-pacto para-romper para-destruirles

וְזָכַרְתִּי לָהֶם בְּרִית רִאשֹׁנִים אֲשֶׁר הוֹצֵאתִי־ אֹתָם
a-ellos saqué que antepasados pacto-de a-ellos Y-recordaré (45)

מֵאֶרֶץ מִצְרַיִם לְעֵינֵי הַגּוֹיִם לִהְיוֹת לָהֶם לֵאלֹהִים אֲנִי יְהוָה׃
. Yahweh yo por-Dios para-ellos para-ser las-naciones a-ojos-de Egipto de-tierra-de

אֵלֶּה הַחֻקִּים וְהַמִּשְׁפָּטִים וְהַתּוֹרֹת אֲשֶׁר נָתַן
dio que y-las-ordenanzas y-las-leyes los-decretos Éstos (46)

יְהוָה בֵּינוֹ וּבֵין בְּנֵי יִשְׂרָאֵל בְּהַר סִינַי בְּיַד־
por-mano-de Sinaí en-monte-de , Israel hijos-de y-entre entre-él Yahweh

מֹשֶׁה׃ וַיְדַבֵּר יְהוָה אֶל־ מֹשֶׁה לֵּאמֹר׃ דַּבֵּר אֶל־ בְּנֵי
hijos-de a Habla (2) . diciendo Moisés a Yahweh Y-habló (1) . Moisés Cap

יִשְׂרָאֵל וְאָמַרְתָּ אֲלֵהֶם אִישׁ כִּי יַפְלִא נֶדֶר בְּעֶרְכְּךָ נְפָשֹׁת
personas en-tu-valor voto haga que cualquiera : a-ellos y-di Israel

לַיהוָה׃ וְהָיָה עֶרְכְּךָ הַזָּכָר מִבֶּן עֶשְׂרִים שָׁנָה
año veinte de-hijo-de el-varón tu-valor Y-será (3) . a-Yahweh

וְעַד בֶּן־ שִׁשִּׁים שָׁנָה וְהָיָה עֶרְכְּךָ חֲמִשִּׁים שֶׁקֶל כֶּסֶף
plata siclo-de cincuenta tu-valor y-será año sesenta hijo-de y-hasta

בְּשֶׁקֶל הַקֹּדֶשׁ׃ וְאִם־ נְקֵבָה הִוא וְהָיָה עֶרְכְּךָ
tu-valor entonces-será ella hembra Y-si (4) . el-santuario por-siclo-de

שְׁלֹשִׁים שָׁקֶל׃ וְאִם מִבֶּן־ חָמֵשׁ שָׁנִים וְעַד בֶּן־ עֶשְׂרִים שָׁנָה
año veinte hijo-de y-hasta años cinco de-hijo-de Y-si (5) . siclo treinta

וְהָיָה עֶרְכְּךָ הַזָּכָר עֶשְׂרִים שְׁקָלִים וְלַנְּקֵבָה עֲשֶׂרֶת
diez y-para-la-hembra , siclos veinte el-varón tu-valor entonces-será

שְׁקָלִים׃ וְאִם מִבֶּן־ חֹדֶשׁ וְעַד בֶּן־ חָמֵשׁ שָׁנִים וְהָיָה
entonces-será años cinco hijo-de y-hasta mes de-hijo-de Y-si (6) . siclos

עֶרְכְּךָ הַזָּכָר חֲמִשָּׁה שְׁקָלִים כָּסֶף וְלַנְּקֵבָה עֶרְכְּךָ
· tu-valor y-para-la-hembra plata siclos-de cinco el-varón tu-valor

שְׁלֹשֶׁת שְׁקָלִים כָּסֶף׃ וְאִם מִבֶּן־ שִׁשִּׁים שָׁנָה וָמַעְלָה אִם־זָכָר
varón si y-más año sesenta de-hijo-de Y-si (7) . plata siclos-de tres

וְהָיָה עֶרְכְּךָ חֲמִשָּׁה עָשָׂר שָׁקֶל וְלַנְּקֵבָה עֲשָׂרָה שְׁקָלִים׃
. siclos diez y-para-la-hembra siclo diez cinco tu-valor entonces-será

וְאִם־ מָךְ הוּא מֵעֶרְכֶּךָ וְהֶעֱמִידוֹ לִפְנֵי
ante entonces-se-presentará , que-tu-valor él pobre Y-si (8)

הַכֹּהֵן וְהֶעֱרִיךְ אֹתוֹ הַכֹּהֵן עַל־ פִּי אֲשֶׁר תַּשִּׂיג
alcance que precio por el-sacerdote a-él y-valorará el-sacerdote

יַד הַנֹּדֵר יַעֲרִיכֶנּוּ הַכֹּהֵן׃ וְאִם־
Y-si (9) . el-sacerdote lo-valorará el-que-hace-voto mano-de

בְּהֵמָה אֲשֶׁר יַקְרִיבוּ מִמֶּנָּה קָרְבָּן לַיהוָה כֹּל אֲשֶׁר יִתֵּן
se-da lo-que todo a-Yahweh ofrenda de-ella ofrecen que animal

מִמֶּנּוּ לַיהוָה יִהְיֶה־ קֹּדֶשׁ׃ לֹא יַחֲלִיפֶנּוּ וְלֹא־
y-no lo-cambiará No (10) . santo será a-Yahweh de-él

יָמִיר אֹתוֹ טוֹב בְּרָע אוֹ־ רַע בְּטוֹב וְאִם־ הָמֵר
sustituir y-si , por-bueno malo o por-mala bueno a-él sustituirá

יָמִיר בְּהֵמָה בִּבְהֵמָה וְהָיָה־ הוּא וּתְמוּרָתוֹ
y-su-sustituto él y-será por-animal animal sustituye

יִהְיֶה־ קֹּדֶשׁ׃ וְאִם כָּל־ בְּהֵמָה טְמֵאָה אֲשֶׁר לֹא־ יַקְרִיבוּ
deben-ofrecer no que inmundo animal algún Y-si (11) . santo será

מִמֶּנָּה קָרְבָּן לַיהוָה וְהֶעֱמִיד אֶת־ הַבְּהֵמָה לִפְנֵי הַכֹּהֵן׃
. el-sacerdote ante el-animal ** entonces-presentará a-Yahweh ofrenda de-ella

וְהֶעֱרִיךְ הַכֹּהֵן אֹתָהּ בֵּין טוֹב וּבֵין רָע
malo o-como bueno como a-ella el-sacerdote Y-evaluará (12)

כְּעֶרְכְּךָ הַכֹּהֵן כֵּן יִהְיֶה׃ וְאִם־ גָּאֹל
redimir Y-si (13) . será así el-sacerdote según-tu-valor

יִגְאָלֶנָּה וְיָסַף חֲמִישִׁתוֹ עַל־ עֶרְכֶּךָ׃ וְאִישׁ
Y-hombre · (14) . tu-valor sobre su-quinto entonces-añadirá , la-redime

כִּי־ יַקְדִּשׁ אֶת־ בֵּיתוֹ קֹדֶשׁ לַיהוָה וְהֶעֱרִיכוֹ
y-lo-evaluará a-Yahweh santo su-casa ** dedica si

הַכֹּהֵן בֵּין טוֹב וּבֵין רָע כַּאֲשֶׁר יַעֲרִיךְ אֹתוֹ הַכֹּהֵן כֵּן
así el-sacerdote a-él evalúe según , malo o-como bueno como el-sacerdote

יָקוּם׃ וְאִם־ הַמַּקְדִּישׁ יִגְאַל אֶת־ בֵּיתוֹ
, su-casa ** redime el-que-dedicó Y-si (15) . quedará

וְיָסַף חֲמִישִׁית כֶּסֶף־ עֶרְכְּךָ עָלָיו וְהָיָה
y-será sobre-él tu-valor precio-de quinto entonces-añadirá

לוֹ׃ וְאִם ׀ מִשְּׂדֵה אֲחֻזָּתוֹ יַקְדִּישׁ אִישׁ
hombre dedica su-posesión de-campo-de Y-si (16) . para-él

לַיהוָה וְהָיָה עֶרְכְּךָ לְפִי זַרְעוֹ זֶרַע
simiente-de , su-simiente según tu-valor entonces-será a-Yahweh

חֹמֶר שְׂעֹרִים בַּחֲמִשִּׁים שֶׁקֶל כָּסֶף׃ אִם־ מִשְּׁנַת הַיֹּבֵל
el-jubileo en-año-de Si (17) . plata siclo-de por-cincuenta cebada homer-de

יַקְדִּישׁ שָׂדֵהוּ כְּעֶרְכְּךָ יָקוּם׃ וְאִם־ אַחַר
después-de Y-si (18) . queda según-tu-valor su-campo dedica

הַיֹּבֵל יַקְדִּישׁ שָׂדֵהוּ וְחִשַּׁב־ לוֹ
para-él entonces-calculará su-campo dedica el-jubileo

הַכֹּהֵן אֶת־ הַכֶּסֶף עַל־ פִּי הַשָּׁנִים הַנּוֹתָרֹת עַד
hasta los-que-quedan los-años número-de por el-dinero ** el-sacerdote

שְׁנַת הַיֹּבֵל וְנִגְרַע מֵעֶרְכֶּךָ׃ וְאִם־
Y-si (19) . de-tu-valor y-se-rebajará , el-jubileo año-de

גָּאֹל יִגְאַל אֶת־ הַשָּׂדֶה הַמַּקְדִּישׁ אֹתוֹ וְיָסַף
entonces-añadirá , a-él el-que-dedicó el-campo ** redime redimir

חֲמִשִׁית כֶּסֶף־ עֶרְכְּךָ עָלָיו וְקָם לוֹ׃ וְאִם־
Y-si (20) . a-él y-volverá sobre-él tu-valor precio-de quinto

לֹא יִגְאַל אֶת־ הַשָּׂדֶה וְאִם־ מָכַר אֶת־ הַשָּׂדֶה לְאִישׁ אַחֵר
otro a-hombre el-campo ** vendió o-si el-campo ** redime no

לֹא יִגָּאֵל עוֹד׃ וְהָיָה הַשָּׂדֶה
el-campo Y-será (21) . ya redimirá no

בְּצֵאתוֹ בַיֹּבֵל קֹדֶשׁ לַיהוָה כִּשְׂדֵה הַחֵרֶם
la-devoción como-campo-de a-Yahweh santo en-el-jubileo en-su-salir

לַכֹּהֵן תִּהְיֶה אֲחֻזָּתוֹ׃ וְאִם אֶת־ שְׂדֵה
campo-de ** Y-si (22) . su-posesión será para-el-sacerdote

מִקְנָתוֹ אֲשֶׁר לֹא מִשְּׂדֵה אֲחֻזָּתוֹ יַקְדִּישׁ
dedica su-posesión de-campo-de no que su-compra

לַיהוָה׃ וְחִשַּׁב־ לוֹ הַכֹּהֵן אֵת מִכְסַת
precio-de ** el-sacerdote para-él Entonces-calculará (23) . a-Yahweh

הָעֶרְכְּךָ עַד שְׁנַת הַיֹּבֵל וְנָתַן אֶת־ הָעֶרְכְּךָ
el-valor-de-ti ** y-dará , el-jubileo año-de hasta el-valor-de-ti

בַּיּוֹם הַהוּא קֹדֶשׁ לַיהוָה׃ בִּשְׁנַת הַיּוֹבֵל יָשׁוּב
volverá el-jubileo En-año-de (24) . a-Yahweh santo el-aquel en-el-día

הַשָּׂדֶה לַאֲשֶׁר קָנָהוּ מֵאִתּוֹ לַאֲשֶׁר־ לוֹ אֲחֻזַּת

posesión-de para-él a-quien , de-él lo-compró a-quien el-campo

הָאָרֶץ׃ (25) וְכָל־ עֶרְכְּךָ יִהְיֶה בְּשֶׁקֶל הַקֹּדֶשׁ

el-santuario por-siclo-de será tu-valor Y-todo (25) . la-tierra

עֶשְׂרִים גֵּרָה יִהְיֶה הַשָּׁקֶל׃ (26) אַךְ־ בְּכוֹר אֲשֶׁר־ יְבֻכַּר

pertenece que primogénito Pero (26) . el-siclo es geras veinte

לַיהוָה בִּבְהֵמָה לֹא־ יַקְדִּישׁ אִישׁ אֹתוֹ אִם־ שׁוֹר אִם־ שֶׂה

oveja si vaca si a-él nadie dedicará no de-animal a-Yahweh

לַיהוָה הוּא׃ (27) וְאִם בַּבְּהֵמָה הַטְּמֵאָה וּפָדָה

entonces-rescatará el-inmundo de-el-animal Y-si (27) . él para-Yahweh

בְעֶרְכֶּךָ וְיָסַף חֲמִשִׁתוֹ עָלָיו וְאִם־ לֹא יִגָּאֵל

redime no y-si sobre-él su-quinto y-añadirá en-tu-valor

וְנִמְכַּר בְּעֶרְכֶּךָ׃ (28) אַךְ־ כָּל־ חֵרֶם אֲשֶׁר

que consagrado todo Pero (28) . a-tu-valor entonces-se-venderá

יַחֲרִם אִישׁ לַיהוָה מִכָּל־ אֲשֶׁר־ לוֹ מֵאָדָם וּבְהֵמָה

o-animal de-hombre a-él lo-que de-todo a-Yahweh hombre consagró

וּמִשְּׂדֵה אֲחֻזָּתוֹ לֹא יִמָּכֵר וְלֹא

y-no se-venderá no su-posesión o-de-campo-de

יִגָּאֵל כָּל־ חֵרֶם קֹדֶשׁ־ קָדָשִׁים הוּא לַיהוָה׃

. para-Yahweh ello santos santo-de consagrado todo , se-redimirá

(29) כָּל־ חֵרֶם אֲשֶׁר יָחֳרַם מִן־ הָאָדָם לֹא יִפָּדֶה

se-rescatará no el-hombre de fue-consagrado que consagrado Todo (29)

מוֹת יוּמָת׃ (30) וְכָל־ מַעְשַׂר הָאָרֶץ מִזֶּרַע

sea-grano-de la-tierra diezmo-de Y-todo (30) . morirá morir

הָאָרֶץ מִפְּרִי הָעֵץ לַיהוָה הוּא קֹדֶשׁ לַיהוָה׃ (31) וְאִם־

Y-si (31) . a-Yahweh santo ., él para-Yahweh el-árbol o-fruto-de la-tierra

גָּאֹל יִגְאַל אִישׁ מִמַּעַשְׂרוֹ חֲמִשִׁיתוֹ יֹסֵף עָלָיו׃

. a-él añadirá su-quinto de-su-diezmo hombre redime redimir

וְכָל־ מַעְשַׂר בָּקָר וָצֹאן כֹּל אֲשֶׁר־ יַעֲבֹר תַּחַת

bajo pasa lo-que todo y-ovejas vacuno diezmo-de Y-todo (32)

הַשֵּׁבֶט הָעֲשִׂירִי יִהְיֶה־ קֹּדֶשׁ לַיהוָה׃ לֹא יְבַקֵּר בֵּין־

entre escogerá No (33) . para-Yahweh santo será el-diezmo la-vara

טוֹב לָרַע וְלֹא יְמִירֶנּוּ וְאִם־ הָמֵר

cambiar y-si , lo-cambiará y-no de-lo-malo bueno

יְמִירֶנּוּ וְהָיָה־ הוּא וּתְמוּרָתוֹ יִהְיֶה־ קֹּדֶשׁ

santo será y-su-cambio él entonces-será lo-cambia

לֹא יִגָּאֵל׃ אֵלֶּה הַמִּצְוֹת אֲשֶׁר צִוָּה יְהוָה אֶת־

a Yahweh mandó que los-mandamientos Éstos (34) . se-redimirá no

מֹשֶׁה אֶל־ בְּנֵי יִשְׂרָאֵל בְּהַר סִינָי׃

. Sinaí en-monte-de Israel hijos-de a Moisés

NÚMEROS

וַיְדַבֵּר יְהוָה אֶל־מֹשֶׁה בְּמִדְבַּר סִינַי בְּאֹהֶל מוֹעֵד
reunión en-tienda-de Sinaí en-desierto-de Moisés a Yahweh Y-habló (1)

בְּאֶחָד לַחֹדֶשׁ הַשֵּׁנִי בַּשָּׁנָה הַשֵּׁנִית לְצֵאתָם
de-salir-de-ellos el-segundo en-el-año el-segundo de-el-mes . en-uno

מֵאֶרֶץ מִצְרַיִם לֵאמֹר׃ שְׂאוּ אֶת־רֹאשׁ כָּל־עֲדַת
comunidad-de toda censo-de ** Toma (2) . diciendo Egipto de-tierra-de

בְּנֵי־יִשְׂרָאֵל לְמִשְׁפְּחֹתָם לְבֵית אֲבֹתָם בְּמִסְפַּר שֵׁמוֹת
nombres por-lista-de sus-padres por-casa-de por-sus-familias Israel hijos-de

כָּל־זָכָר לְגֻלְגְּלֹתָם׃ מִבֶּן עֶשְׂרִים שָׁנָה וָמַעְלָה כָּל־
todo y-más año veinte De-hijo-de (3) . por-sus-cabezas varón todo

יֹצֵא צָבָא בְּיִשְׂרָאֵל תִּפְקְדוּ אֹתָם לְצִבְאֹתָם אַתָּה
tú por-sus-ejércitos a-ellos contaréis , en-Israel ejército saliente

וְאַהֲרֹן׃ וְאִתְּכֶם יִהְיוּ אִישׁ אִישׁ לַמַּטֶּה אִישׁ רֹאשׁ
cabeza cada de-la-tribu uno hombre estará Y-con-vosotros (4) . y-Aarón

לְבֵית־אֲבֹתָיו הוּא׃ וְאֵלֶּה שְׁמוֹת הָאֲנָשִׁים אֲשֶׁר
que los-hombres nombres-de Y-éstos (5) . él sus-padres de-casa-de

יַעַמְדוּ אִתְּכֶם לִרְאוּבֵן אֱלִיצוּר בֶּן־שְׁדֵיאוּר׃ לְשִׁמְעוֹן
De-Simeón (6) . Sedeur hijo-de Elisur de-Rubén : a-vosotros ayudarán

שְׁלֻמִיאֵל בֶּן־צוּרִישַׁדָּי׃ לִיהוּדָה נַחְשׁוֹן בֶּן־עַמִּינָדָב׃
. Aminadab hijo-de Naasón De-Judá (7) . Zurisadai hijo-de Selumiel

לְיִשָּׂשכָר נְתַנְאֵל בֶּן־צוּעָר׃ לִזְבוּלֻן אֱלִיאָב בֶּן־חֵלֹן׃
. Helón hijo-de Eliab De-Zabulón (9) . Zuar hijo-de Natanael De-Isacar (8)

לִבְנֵי יוֹסֵף לְאֶפְרַיִם אֱלִישָׁמָע בֶּן־עַמִּיהוּד לִמְנַשֶּׁה
de-Manasés , Amihud hijo-de Elisama de-Efraín José De-hijos-de (10)

גַּמְלִיאֵל בֶּן־פְּדָהצוּר׃ לְבִנְיָמִן אֲבִידָן בֶּן־גִּדְעֹנִי׃
. Gedeoni hijo-de Abidán De-Benjamín (11) . Pedasur hijo-de Gamaliel

לְדָן אֲחִיעֶזֶר בֶּן־עַמִּישַׁדָּי׃ לְאָשֵׁר פַּגְעִיאֵל בֶּן־עָכְרָן׃
Ocrán hijo-de Pagiel De-Aser (13) . Amisadai hijo-de Ahiezer De-Dan (12)

לְגָד אֶלְיָסָף בֶּן־דְּעוּאֵל׃ לְנַפְתָּלִי אֲחִירַע בֶּן־עֵינָן׃
. Enán hijo-de Ahira De-Neftalí (15) . Deuel hijo-de Elisaf De-Gad (14)

אֵלֶּה קְרִיאֵי הָעֵדָה נְשִׂיאֵי מַטּוֹת
tribus-de dirigentes-de la-comunidad nombrados-de Estos (16)

אֲבוֹתָם רָאשֵׁי אַלְפֵי יִשְׂרָאֵל הֵם׃ וַיִּקַּח מֹשֶׁה
Moisés Y-tomó (17) . ellos Israel millares-de cabezas-de sus-padres

וְאַהֲרֹן אֵת הָאֲנָשִׁים הָאֵלֶּה אֲשֶׁר נִקְּבוּ בְּשֵׁמוֹת׃ וְאֵת
Y-** (18) . por-nombres designaron que los-éstos los-hombres ** y-Aarón

כָּל־ הָעֵדָה הִקְהִילוּ בְּאֶחָד לַחֹדֶשׁ הַשֵּׁנִי
el-segundo de-el-mes en-uno reunieron la-comunidad toda

וַיִּתְיַלְדוּ עַל־ מִשְׁפְּחֹתָם לְבֵית אֲבֹתָם
sus-padres por-casa-de sus-familias por e-indicaron-origen

בְּמִסְפַּר שֵׁמוֹת מִבֶּן עֶשְׂרִים שָׁנָה וָמַעְלָה לְגֻלְגְּלֹתָם׃
. por-sus-cabezas y-más año veinte de-hijo-de nombres por-lista-de

כַּאֲשֶׁר צִוָּה יְהוָה אֶת־ מֹשֶׁה וַיִּפְקְדֵם בְּמִדְבַּר
en-el-desierto así-los-contó Moisés a Yahweh mandó Como (19)

סִינָי׃ וַיִּהְיוּ בְנֵי־ רְאוּבֵן בְּכֹר יִשְׂרָאֵל תּוֹלְדֹתָם
sus-generaciones Israel primogénito-de Rubén hijos-de Y-fueron (20) . Sinaí

לְמִשְׁפְּחֹתָם לְבֵית אֲבֹתָם בְּמִסְפַּר שֵׁמוֹת לְגֻלְגְּלֹתָם
por-sus-cabezas nombres por-lista-de sus-padres por-casa-de por-sus-familias

כָּל־ זָכָר מִבֶּן עֶשְׂרִים שָׁנָה וָמַעְלָה כֹּל יֹצֵא צָבָא׃
. ejército saliente todo y-más año veinte de-hijo-de varón todo

פְּקֻדֵיהֶם לְמַטֵּה רְאוּבֵן שִׁשָּׁה וְאַרְבָּעִים אֶלֶף וַחֲמֵשׁ
y-cinco mil y-cuarenta seis Rubén de-tribu-de Cuenta-de-ellos (21)

מֵאוֹת׃ לִבְנֵי שִׁמְעוֹן תּוֹלְדֹתָם לְמִשְׁפְּחֹתָם

por-sus-familias sus-generaciones Simeón De-hijos-de (22) . cientos

לְבֵית אֲבֹתָם פְּקֻדָיו בְּמִסְפַּר שֵׁמוֹת לְגֻלְגְּלֹתָם

por-sus-cabezas nombres por-lista-de su-cuenta , sus-padres de-casa-de

כָּל־ זָכָר מִבֶּן עֶשְׂרִים שָׁנָה וָמַעְלָה כֹּל יֹצֵא צָבָא׃

. ejército saliente todo y-más año veinte de-hijo-de varón todo

פְּקֻדֵיהֶם לְמַטֵּה שִׁמְעוֹן תִּשְׁעָה וַחֲמִשִּׁים אֶלֶף

mil y-cincuenta nueve Simeón de-tribu-de Cuenta-de-ellos (23)

וּשְׁלֹשׁ מֵאוֹת׃ לִבְנֵי גָד תּוֹלְדֹתָם לְמִשְׁפְּחֹתָם

por-sus-familias sus-generaciones Gad De-hijos-de (24) . cientos y-tres

לְבֵית אֲבֹתָם בְּמִסְפַּר שֵׁמוֹת מִבֶּן עֶשְׂרִים שָׁנָה וָמַעְלָה

y-más año veinte de-hijo-de nombres por-lista-de sus-padres por-casa-de

כֹּל יֹצֵא צָבָא׃ פְּקֻדֵיהֶם לְמַטֵּה גָד חֲמִשָּׁה

cinco Gad de-tribu-de Cuenta-de-ellos (25) . ejército saliente todo

וְאַרְבָּעִים אֶלֶף וְשֵׁשׁ מֵאוֹת וַחֲמִשִּׁים׃ לִבְנֵי יְהוּדָה

Judá De-hijos-de (26) . y-cincuenta cientos y-seis mil y-cuarenta

תּוֹלְדֹתָם לְמִשְׁפְּחֹתָם לְבֵית אֲבֹתָם בְּמִסְפַּר

por-lista-de sus-padres por-casa-de por-sus-familias generaciones-de-ellos

שֵׁמֹת מִבֶּן עֶשְׂרִים שָׁנָה וָמַעְלָה כֹּל יֹצֵא צָבָא׃

. ejército saliente todo y-más año veinte de-hijo-de nombres

פְּקֻדֵיהֶם לְמַטֵּה יְהוּדָה אַרְבָּעָה וְשִׁבְעִים אֶלֶף

mil y-sesenta cuatro Judá de-tribu-de Cuentas-de-ellos (27)

וְשֵׁשׁ מֵאוֹת׃ לִבְנֵי יִשָּׂשכָר תּוֹלְדֹתָם לְמִשְׁפְּחֹתָם

por-sus-familias sus-generaciones Isacar De-hijos-de ·(28) . cientos y-seis

לְבֵית אֲבֹתָם בְּמִסְפַּר שֵׁמֹת מִבֶּן עֶשְׂרִים שָׁנָה וָמַעְלָה

y-más año veinte de-hijo-de nombres por-lista-de sus-padres por-casa-de

כָּל יֹצֵא צָבָא׃ פְּקֻדֵיהֶם לְמַטֵּה יִשָּׂשכָר אַרְבָּעָה
cuatro Isacar de-tribu-de Cuenta-de-ellos (29) . ejército saliente todo

וַחֲמִשִּׁים אֶלֶף וְאַרְבַּע מֵאוֹת׃ לִבְנֵי זְבוּלֻן תּוֹלְדֹתָם
sus-generaciones Zabulón De-hijos-de (30) . cientos y-cuatro mil y-cincuenta

לְמִשְׁפְּחֹתָם לְבֵית אֲבֹתָם בְּמִסְפַּר שֵׁמֹת מִבֶּן
de-hijo-de nombres por-lista-de sus-padres de-casa-de por-sus-familias

עֶשְׂרִים שָׁנָה וָמַעְלָה כֹּל יֹצֵא צָבָא׃ פְּקֻדֵיהֶם לְמַטֵּה
de-tribu-de Cuenta-de-ellos (31) . ejército saliente todo y-más año veinte

זְבוּלֻן שִׁבְעָה וַחֲמִשִּׁים אֶלֶף וְאַרְבַּע מֵאוֹת׃ לִבְנֵי יוֹסֵף
José De-hijos-de (32) . cientos y-cuatro mil y-cincuenta siete Zabulón

לִבְנֵי אֶפְרַיִם תּוֹלְדֹתָם לְמִשְׁפְּחֹתָם לְבֵית
de-casa-de por-sus-familias sus-generaciones Efraín de-hijos-de

אֲבֹתָם בְּמִסְפַּר שֵׁמֹת מִבֶּן עֶשְׂרִים שָׁנָה וָמַעְלָה כֹּל
todo y-más año veinte de-hijo-de nombres por-lista-de sus-padres

יֹצֵא צָבָא׃ פְּקֻדֵיהֶם לְמַטֵּה אֶפְרָיִם אַרְבָּעִים אֶלֶף
mil cuarenta Efraín de-tribu-de Cuenta-de-ellos (33) . ejército saliente

וַחֲמֵשׁ מֵאוֹת׃ לִבְנֵי מְנַשֶּׁה תּוֹלְדֹתָם
sus-generaciones Manasés De-hijos-de (34) . cientos y-cinco

לְמִשְׁפְּחֹתָם לְבֵית אֲבֹתָם בְּמִסְפַּר שְׁמוֹת מִבֶּן
de-hijo-de nombres por-lista-de sus-padres de-casa-de por-sus-familias

עֶשְׂרִים שָׁנָה וָמַעְלָה כֹּל יֹצֵא צָבָא׃ פְּקֻדֵיהֶם לְמַטֵּה
de-tribu-de Cuenta-de-ellos (35) . ejército saliente todo y-más año veinte

מְנַשֶּׁה שְׁנַיִם וּשְׁלֹשִׁים אֶלֶף וּמָאתָיִם׃ לִבְנֵי בִנְיָמִן
Benjamín De-hijos-de (36) . y-doscientos mil y-treinta dos Manasés

תּוֹלְדֹתָם לְמִשְׁפְּחֹתָם לְבֵית אֲבֹתָם בְּמִסְפַּר
por-lista-de sus-padres de-casa-de por-sus-familias sus-generaciones

שְׁמֹת מִבֶּן עֶשְׂרִים שָׁנָה וָמַעְלָה כֹּל יֹצֵא צָבָא׃
ejército saliente todo y-más año veinte de-hijo-de nombres

פְּקֻדֵיהֶם לְמַטֵּה בִנְיָמִן חֲמִשָּׁה וּשְׁלֹשִׁים אֶלֶף
mil treinta cinco Benjamín de-tribu-de Cuenta-de-ellos (37)

וְאַרְבַּע מֵאוֹת׃ לִבְנֵי דָן תּוֹלְדֹתָם לְמִשְׁפְּחֹתָם
por-sus-familias sus-generaciones Dan De-hijos-de (38) . cientos y-cuatro

לְבֵית אֲבֹתָם בְּמִסְפַּר שֵׁמֹת מִבֶּן עֶשְׂרִים שָׁנָה וָמַעְלָה
y-más año veinte de-hijo-de nombres por-lista-de sus-padres de-casa-de

כֹּל יֹצֵא צָבָא׃ פְּקֻדֵיהֶם לְמַטֵּה דָן שְׁנַיִם וְשִׁשִּׁים
y-sesenta dos Dan de-tribu-de Cuenta-de-ellos (39) . ejército saliente todo

אֶלֶף וּשְׁבַע מֵאוֹת׃ לִבְנֵי אָשֵׁר תּוֹלְדֹתָם
sus-generaciones Aser De-hijos-de (40) . cientos y-siete mil

לְמִשְׁפְּחֹתָם לְבֵית אֲבֹתָם בְּמִסְפַּר שֵׁמֹת מִבֶּן
de-hijo-de nombres por-lista-de sus-padres de-casa-de por-sus-familias

עֶשְׂרִים שָׁנָה וָמַעְלָה כֹּל יֹצֵא צָבָא׃ פְּקֻדֵיהֶם לְמַטֵּה
de-tribu-de Cuenta-de-ellos (41) . ejército saliente todo y-más año veinte

אָשֵׁר אֶחָד וְאַרְבָּעִים אֶלֶף וַחֲמֵשׁ מֵאוֹת׃ בְּנֵי נַפְתָּלִי
Neftalí Hijos-de (42) . cientos y-cinco mil y-cuarenta uno Aser

תּוֹלְדֹתָם לְמִשְׁפְּחֹתָם לְבֵית אֲבֹתָם בְּמִסְפַּר
por-lista-de sus-padres de-casa-de por-sus-familias sus-generaciones

שְׁמֹת מִבֶּן עֶשְׂרִים שָׁנָה וָמַעְלָה כֹּל יֹצֵא צָבָא׃
. ejército saliente todo y-más año veinte de-hijo-de nombres

פְּקֻדֵיהֶם לְמַטֵּה נַפְתָּלִי שְׁלֹשָׁה וַחֲמִשִּׁים אֶלֶף
mil y-cincuenta tres Neftalí tribu-de Cuenta-de (43)

וְאַרְבַּע מֵאוֹת׃ אֵלֶּה הַפְּקֻדִים אֲשֶׁר פָּקַד מֹשֶׁה
Moisés contó que los-contados Éstos (44) . cientos y-cuatro

וְאַהֲרֹן וּנְשִׂיאֵי יִשְׂרָאֵל שְׁנֵים עָשָׂר אִישׁ אִישׁ־ אֶחָד לְבֵית־

de-casa-de uno cada hombre diez dos Israel y-dirigentes-de y-Aarón

אֲבֹתָיו הָיוּ׃ וַיִּהְיוּ כָּל־ פְּקוּדֵי

contados-de todos Y-eran (45) . eran padres-de-él

בְנֵי־ יִשְׂרָאֵל לְבֵית אֲבֹתָם מִבֶּן עֶשְׂרִים שָׁנָה וָמַעְלָה

y-más año veinte de-hijo-de sus-padres de-casa-de Israel hijos-de

כָּל־ יֹצֵא צָבָא בְּיִשְׂרָאֵל׃ וַיִּהְיוּ כָּל־ הַפְּקֻדִים

los-contados todos Y-fueron (46) . en-Israel ejército saliente todo

שֵׁשׁ־ מֵאוֹת אֶלֶף וּשְׁלֹשֶׁת אֲלָפִים וַחֲמֵשׁ מֵאוֹת וַחֲמִשִּׁים׃

. y-cincuenta cientos y-cinco mil y-tres mil cientos seis

וְהַלְוִיִּם לְמַטֵּה אֲבֹתָם לֹא הָתְפָּקְדוּ

fueron-contados no sus-padres por-tribu-de Y-los-levitas (47)

בְּתוֹכָם׃ וַיְדַבֵּר יְהוָה אֶל־מֹשֶׁה לֵּאמֹר׃ אַךְ אֶת־ מַטֵּה

tribu-de ** Cierto (49) . diciendo Moisés a Yahweh Y-habló (48) . entre-ellos

לֵוִי לֹא תִפְקֹד וְאֶת־ רֹאשָׁם לֹא תִשָּׂא בְּתוֹךְ בְּנֵי

hijos-de entre tomarás no su-censo y-** contarás no Leví

יִשְׂרָאֵל׃ וְאַתָּה הַפְקֵד אֶת־ הַלְוִיִּם עַל־ מִשְׁכַּן הָעֵדֻת

el-testimonio tabernáculo-de en los-levitas ** nombra Y-tú (50) . Israel

וְעַל כָּל־ כֵּלָיו וְעַל כָּל־ אֲשֶׁר־ לוֹ הֵמָּה

ellos para-él lo-que todo y-en sus-utensilios todo y-en

יִשְׂאוּ אֶת־ הַמִּשְׁכָּן וְאֶת־ כָּל־ כֵּלָיו וְהֵם

y-ellos sus-utensilios todo y-** el-tabernáculo ** llevarán

יְשָׁרְתֻהוּ וְסָבִיב לַמִּשְׁכָּן יַחֲנוּ׃

. acamparán de-el-tabernáculo y-alrededor lo-cuidarán

וּבִנְסֹעַ הַמִּשְׁכָּן יוֹרִידוּ אֹתוֹ הַלְוִיִּם

los-levitas a-él desmontarán el-tabernáculo Y-cuando-se-traslade (51)

וּבַחֲנֹת הַמִּשְׁכָּן יָקִימוּ אֹתוֹ הַלְוִיִּם
los-levitas a-él levantarán el-tabernáculo y-cuando-acampar

וְהַזָּר הַקָּרֵב יוּמָת׃ וְחָנוּ בְּנֵי
hijos-de Y-acamparán (52) . morirá el-que-se-acerca y-el-extraño

יִשְׂרָאֵל אִישׁ עַל־ מַחֲנֵהוּ וְאִישׁ עַל־ דִּגְלוֹ לְצִבְאֹתָם׃
. por-sus-divisiones su-bandera con y-cada su-campamento en cada Israel

וְהַלְוִיִּם יַחֲנוּ סָבִיב לְמִשְׁכַּן
del-tabernáculo alrededor acamparán Y-los-levitas (53)

הָעֵדֻת וְלֹא־ יִהְיֶה קֶצֶף עַל־ עֲדַת בְּנֵי יִשְׂרָאֵל
Israel hijos-de comunidad-de sobre ira será y-no el-testimonio

וְשָׁמְרוּ הַלְוִיִּם אֶת־ מִשְׁמֶרֶת מִשְׁכַּן הָעֵדוּת׃
. el-testimonio tabernáculo-de cuidado-de ** los-levitas y-guardarán

וַיַּעֲשׂוּ בְּנֵי יִשְׂרָאֵל כְּכֹל אֲשֶׁר צִוָּה יְהוָה אֶת־ מֹשֶׁה
Moisés a Yahweh mandó lo-que como-todo Israel hijos-de E-hicieron (54)

כֵּן עָשׂוּ׃ וַיְדַבֵּר יְהוָה אֶל־ מֹשֶׁה וְאֶל־ אַהֲרֹן לֵאמֹר׃ אִישׁ
Hombre (2) . diciendo Aarón y-a Moisés a Yahweh Y-habló (1) . hicieron así Cap. 2

עַל־ דִּגְלוֹ בְאֹתֹת לְבֵית אֲבֹתָם יַחֲנוּ
acamparán sus-padres de-casa-de con-enseñas su-bandera junto-a

בְּנֵי יִשְׂרָאֵל מִנֶּגֶד סָבִיב לְאֹהֶל־ מוֹעֵד יַחֲנוּ׃
. acamparán reunión de-tienda-de alrededor a-distancia Israel hijos-de

וְהַחֹנִים קֵדְמָה מִזְרָחָה דֶּגֶל מַחֲנֵה יְהוּדָה
Judá campamento-de bandera-de al-levante al-este Y-los-acampantes (3)

לְצִבְאֹתָם וְנָשִׂיא לִבְנֵי יְהוּדָה נַחְשׁוֹן בֶּן־ עַמִּינָדָב׃
. Aminadab hijo-de Naasón Judá de-hijos-de y-jefe , por-sus-divisiones

וּצְבָאוֹ וּפְקֻדֵיהֶם אַרְבָּעָה וְשִׁבְעִים אֶלֶף
mil y-sesenta cuatro y-contados-de-ellos Y-su-división (4)

וְשֵׁשׁ מֵאוֹת׃ וְהַחֹנִים עָלָיו מַטֵּה יִשָּׂשכָר
Isacar tribu-de junto-a-él Y-los-acampantes (5) . cientos y-seis

וּנְשִׂיא לִבְנֵי יִשָּׂשכָר נְתַנְאֵל בֶּן־צוּעָר׃ וּצְבָאוֹ
Y-su-división (6) . Zuar hijo-de Natanael Isacar de-hijos-de y-jefe

וּפְקֻדָיו אַרְבָּעָה וַחֲמִשִּׁים אֶלֶף וְאַרְבַּע מֵאוֹת׃ מַטֵּה
Tribu-de (7) . cientos y-cuatro mil y-cincuenta cuatro y-contados-de-él

זְבוּלֻן וּנְשִׂיא לִבְנֵי זְבוּלֻן אֱלִיאָב בֶּן־חֵלֹן׃
. Helón hijo-de Eliab Zabulón de-hijos-de y-jefe Zabulón

וּצְבָאוֹ וּפְקֻדָיו שִׁבְעָה וַחֲמִשִּׁים אֶלֶף
mil y-cincuenta siete y-contados-de-él Y-su-división (8)

וְאַרְבַּע מֵאוֹת׃ כָּל־הַפְּקֻדִים לְמַחֲנֵה יְהוּדָה
Judá del-campamento-de los-contados Todos (9) . cientos y-cuatro

מְאַת אֶלֶף וּשְׁמֹנִים אֶלֶף וְשֵׁשֶׁת־אֲלָפִים וְאַרְבַּע־
y-cuatro miles y-seis-de mil y-ochenta mil cien-de

מֵאוֹת לְצִבְאֹתָם רִאשֹׁנָה יִסָּעוּ׃ דֶּגֶל
Bandera-de (10) . marcharán primero por-divisiones-de-ellos cientos

מַחֲנֵה רְאוּבֵן תֵּימָנָה לְצִבְאֹתָם וּנְשִׂיא לִבְנֵי רְאוּבֵן
Rubén de-hijos-de y-jefe por-divisiones-de-ellos al-sur Rubén campamento-de

אֱלִיצוּר בֶּן־שְׁדֵיאוּר׃ וּצְבָאוֹ וּפְקֻדָיו שִׁשָּׁה
seis y-contados-de-él Y-su-división (11) . Sedeur hijo-de Elizur

וְאַרְבָּעִים אֶלֶף וַחֲמֵשׁ מֵאוֹת׃ וְהַחוֹנִם עָלָיו
junto-a-él Y-acampantes (12) . cientos y-cinco mil y-cuarenta

מַטֵּה שִׁמְעוֹן וּנְשִׂיא לִבְנֵי שִׁמְעוֹן שְׁלֻמִיאֵל בֶּן־צוּרִי־שַׁדָּי׃
. Sadai Zuri hijo-de Selumiel Simeón de-hijos-de y-jefe , Simeón tribu-de

וּצְבָאוֹ וּפְקֻדֵיהֶם תִּשְׁעָה וַחֲמִשִּׁים אֶלֶף
mil y-cincuenta nueve y-contados-de-ellos Y-división-de-él (13)

וּשְׁלֹשׁ מֵאוֹת׃ וּמַטֵּה גָּד וְנָשִׂיא לִבְנֵי גָד

Gad de-hijos-de y-jefe Gad Y-tribu-de (14) . cientos y-tres

אֶלְיָסָף בֶּן־רְעוּאֵל׃ וּצְבָאוֹ וּפְקֻדֵיהֶם חֲמִשָּׁה

cinco y-contados-de-ellos Y-división-de-él (15) . Reuel hijo-de Eliasaf

וְאַרְבָּעִים אֶלֶף וְשֵׁשׁ מֵאוֹת וַחֲמִשִּׁים׃ כָּל־הַפְּקֻדִים

los-contados Todos (16) . y-cincuenta cientos y-seis mil y-cuarenta

לְמַחֲנֵה רְאוּבֵן מְאַת אֶלֶף וְאֶחָד וַחֲמִשִּׁים אֶלֶף וְאַרְבַּע־

y-cuatro mil y-cincuenta y-uno mil cien Rubén del-campamento-de

מֵאוֹת וַחֲמִשִּׁים לְצִבְאֹתָם וּשְׁנִיִּם יִסָּעוּ׃

. marcharán y-segundos por-divisiones-de-ellos y-cincuenta cientos

וְנָסַע אֹהֶל־מוֹעֵד מַחֲנֵה הַלְוִיִּם בְּתוֹךְ

entre los-levitas campamento-de reunión tienda-de Luego-marchará (17)

הַמַּחֲנֹת כַּאֲשֶׁר יַחֲנוּ כֵּן יִסָּעוּ אִישׁ עַל־יָדוֹ

su-mano en cada-uno marcharán así acampan como ; los-campamentos

לְדִגְלֵיהֶם׃ דֶּגֶל מַחֲנֵה אֶפְרַיִם לְצִבְאֹתָם

por-divisiones-de-ellos Efraín campamento-de Bandera-de (18) . junto-a-sus-banderas

יָמָּה וְנָשִׂיא לִבְנֵי אֶפְרַיִם אֱלִישָׁמָע בֶּן־עַמִּיהוּד׃

. Amihud hijo-de Elisama Efraín hijos-de y-jefe-de , al-oeste

וּצְבָאוֹ וּפְקֻדֵיהֶם אַרְבָּעִים אֶלֶף וַחֲמֵשׁ

y-cinco mil cuarenta y-contados-de-ellos Y-división-de-él (19)

מֵאוֹת׃ וְעָלָיו מַטֵּה מְנַשֶּׁה וְנָשִׂיא לִבְנֵי

de-hijos-de y-jefe Manasés tribu-de Y-junto-a-él (20) . cientos

מְנַשֶּׁה גַּמְלִיאֵל בֶּן־פְּדָהצוּר׃ וּצְבָאוֹ

Y-división-de-él (21) . Pedasur hijo-de Gamaliel Manasés

וּפְקֻדֵיהֶם שְׁנַיִם וּשְׁלֹשִׁים אֶלֶף וּמָאתָיִם׃

. y-doscientos mil y-treinta dos y-contados-de-ellos

וּמַטֵּה בִּנְיָמִן וּנְשִׂיא לִבְנֵי בִנְיָמִן אֲבִידָן בֶּן־
hijo-de Abidán Benjamín de-hijos-de y-jefe Benjamín Y-tribu-de (22)

גִּדְעֹנִי׃ וּצְבָאוֹ וּפְקֻדֵיהֶם חֲמִשָּׁה וּשְׁלֹשִׁים
y-treinta cinco y-contados-de-ellos Y-su-división (23) . Gedeoni

אֶלֶף וְאַרְבַּע מֵאוֹת׃ כָּל־ הַפְּקֻדִים לְמַחֲנֵה
del-campamento-de los-contados Todos (24) . cientos y-cuatro mil

אֶפְרַיִם מְאַת אֶלֶף וּשְׁמֹנַת־ אֲלָפִים וּמֵאָה
y-cien miles y-ocho-de mil cien Efraín

לְצִבְאֹתָם וּשְׁלִשִׁים יִסָּעוּ׃ דֶּגֶל מַחֲנֵה
campamento-de Bandera-de (25) . marcharán y-terceros por-divisiones de-ellos

דָן צָפֹנָה לְצִבְאֹתָם וְנָשִׂיא לִבְנֵי דָן אֲחִיעֶזֶר
Ahiezer Dan de-hijos-de y-jefe por-divisiones-de-ellos al-norte Dan

בֶּן־ עַמִּישַׁדָּי׃ וּצְבָאוֹ וּפְקֻדֵיהֶם שְׁנַיִם
dos y-contados-de-ellos Y-división-de-él (26) . Amisadai hijo-de

וְשִׁשִּׁים אֶלֶף וּשְׁבַע מֵאוֹת׃ וְהַחֹנִים
Y-los-acampantes (27) . cientos y-siete mil y-sesenta

עָלָיו מַטֵּה אָשֵׁר וְנָשִׂיא לִבְנֵי אָשֵׁר פַּגְעִיאֵל בֶּן־ עָכְרָן׃
. Ocrán hijo-de Pagiel Aser de-hijos-de y-jefe Aser tribu-de junta-a-él

וּצְבָאוֹ וּפְקֻדֵיהֶם אֶחָד וְאַרְבָּעִים אֶלֶף
mil y-cuarenta uno y-contados-de-ellos Y-división-de-él (28)

וַחֲמֵשׁ מֵאוֹת׃ וּמַטֵּה נַפְתָּלִי וְנָשִׂיא לִבְנֵי
de-hijos-de y-jefe Neftalí Y-tribu-de (29) . cientos y-cinco

נַפְתָּלִי אֲחִירַע בֶּן־ עֵינָן׃ וּצְבָאוֹ וּפְקֻדֵיהֶם
y-contados-de-ellos Y-división-de-él (30) . Enán hijo-de Ahira Neftalí

שְׁלֹשָׁה וַחֲמִשִּׁים אֶלֶף וְאַרְבַּע מֵאוֹת׃ כָּל־ הַפְּקֻדִים
los-contados Todos (31) . cientos y-cuatro mil y-cincuenta tres

לְמַחֲנֵה דָן מְאַת אֶלֶף וְשִׁבְעָה וַחֲמִשִּׁים אֶלֶף וְשֵׁשׁ
y-seis mil y-cincuenta y-siete mil cien Dan del-campamento-de

מֵאוֹת לָאַחֲרֹנָה יִסְעוּ לְדִגְלֵיהֶם׃ אֵלֶּה
Éstos (32) . junto-a-sus-banderas marcharán al-final cientos

פְּקוּדֵי בְנֵי־יִשְׂרָאֵל לְבֵית אֲבֹתָם כָּל־פְּקוּדֵי
contados-de todos sus-padres de-casa-de Israel hijos-de contados-de

הַמַּחֲנֹת לְצִבְאֹתָם שֵׁשׁ־מֵאוֹת אֶלֶף וּשְׁלֹשֶׁת אֲלָפִים
mil y-treinta mil cientos seis por-sus-divisiones los-campamentos

וַחֲמֵשׁ מֵאוֹת וַחֲמִשִּׁים׃ וְהַלְוִיִּם לֹא הָתְפָּקְדוּ
fueron-contados no Y-los-levitas (33) . y-cincuenta cientos y-cinco

בְּתוֹךְ בְּנֵי יִשְׂרָאֵל כַּאֲשֶׁר צִוָּה יְהוָה אֶת־מֹשֶׁה׃ וַיַּעֲשׂוּ
E-hicieron (34) . Moisés a Yahweh mandó como Israel hijos-de entre

בְּנֵי יִשְׂרָאֵל כְּכֹל אֲשֶׁר־צִוָּה יְהוָה אֶת־מֹשֶׁה כֵּן־חָנוּ
acamparon así Moisés a Yahweh mandó lo-que como-todo Israel hijos-de

לְדִגְלֵיהֶם וְכֵן נָסָעוּ אִישׁ לְמִשְׁפְּחֹתָיו עַל־
con con-sus-familias cada-uno marcharon y-así junto-a-sus-banderas

בֵּית אֲבֹתָיו׃ וְאֵלֶּה תּוֹלְדֹת אַהֲרֹן וּמֹשֶׁה בְּיוֹם
en-día y-Moisés Aarón generaciones-de Y-éstas (1) . padres-de-él casa-de Cap.

דִּבֶּר יְהוָה אֶת־מֹשֶׁה בְּהַר סִינָי׃ וְאֵלֶּה שְׁמוֹת בְּנֵי־
hijos-de nombres-de Y-éstos (2) . Sinaí en-monte-de Moisés a Yahweh habló

אַהֲרֹן הַבְּכֹר ׀ נָדָב וַאֲבִיהוּא אֶלְעָזָר וְאִיתָמָר׃ אֵלֶּה שְׁמוֹת
nombres-de Éstos (3) . e-Itamae Eleazar y-Abiú , Nadab el-primogénito Aarón

בְּנֵי אַהֲרֹן הַכֹּהֲנִים הַמְּשֻׁחִים אֲשֶׁר־מִלֵּא יָדָם
mano-de-ellos ordenó que los-ungidos los-sacerdotes Aarón hijos-de

לְכַהֵן׃ וַיָּמָת נָדָב וַאֲבִיהוּא לִפְנֵי יְהוָה בְּהַקְרִבָם
en-ofrecer-de-ellos Yahweh ante y-Abiú Nadab Y-murió (4) . para-ser-sacerdote

אֵשׁ זָרָה לִפְנֵי יְהוָה בְּמִדְבַּר סִינַי וּבָנִים לֹא־הָיוּ

eran no e-hijos Sinaí en-el-desierto Yahweh ante extraño fuego

לָהֶם וַיְכַהֵן אֶלְעָזָר וְאִיתָמָר עַל־ פְּנֵי אַהֲרֹן

Aarón presencia-de en e-Itamar Eleazar y-fue-sacerdote , para-ellos

אֲבִיהֶם׃ וַיְדַבֵּר יְהוָה אֶל־ מֹשֶׁה לֵּאמֹר׃ הַקְרֵב אֶת־

** Trae (6) . diciendo Moisés a Yahweh Y-habló (5) . su-padre

מַטֵּה לֵוִי וְהַעֲמַדְתָּ אֹתוֹ לִפְנֵי אַהֲרֹן הַכֹּהֵן וְשֵׁרְתוּ

y-ayuden , el-sacerdote Aarón ante a-él y-presenta Leví tribu-de

אֹתוֹ׃ וְשָׁמְרוּ אֶת־ מִשְׁמַרְתּוֹ וְאֶת־ מִשְׁמֶרֶת כָּל־

toda deber-de y-** deber-de-él ** Y-realicen (7) . a-él

הָעֵדָה לִפְנֵי אֹהֶל מוֹעֵד לַעֲבֹד אֶת־ עֲבֹדַת הַמִּשְׁכָּן׃

el-tabernáculo trabajo-de ** para-hacer , reunión tienda-de ante la-comunidad

וְשָׁמְרוּ אֶת־ כָּל־ כְּלֵי אֹהֶל מוֹעֵד וְאֶת־

y-** reunión tienda-de utensilios-de todos ** Y-guarden (8)

מִשְׁמֶרֶת בְּנֵי יִשְׂרָאֵל לַעֲבֹד אֶת־עֲבֹדַת הַמִּשְׁכָּן וְנָתַתָּה

Y-darás (9) . el-tabernáculo trabajo-de ** para-hacer Israel hijos-de deber-de

אֶת־ הַלְוִיִּם לְאַהֲרֹן וּלְבָנָיו נְתוּנִם נְתוּנִם

dados dados y-a-sus-hijos a-Aarón los-levitas **

הֵמָּה לוֹ מֵאֵת בְּנֵי יִשְׂרָאֵל׃ וְאֶת־אַהֲרֹן וְאֶת־ בָּנָיו תִּפְקֹד

nombrarás sus-hijos y-** Aarón Y-** (10) . Israel hijos-de de a-él ellos

וְשָׁמְרוּ אֶת־ כְּהֻנָּתָם וְהַזָּר הַקָּרֵב

el-que-se-acerque y-el-extraño sacerdocio-de-ellos ** y-guardarán

יוּמָת׃ וַיְדַבֵּר יְהוָה אֶל־מֹשֶׁה לֵּאמֹר וַאֲנִי הִנֵּה לָקַחְתִּי

tomé , mira , y-yo (12) diciendo Moisés a Yahweh Y-habló (11) . morirá

אֶת־ הַלְוִיִּם מִתּוֹךְ בְּנֵי יִשְׂרָאֵל תַּחַת כָּל־ בְּכוֹר

primogénito todo en-lugar-de Israel hijos-de de-entre los-levitas **

פֶּטֶר רֶחֶם מִבְּנֵי יִשְׂרָאֵל וְהָיוּ לִי הַלְוִיִּם׃ כִּי

Pues (13) . los-levitas para-mí y-son , Israel de-hijos-de vientre abridor-de

לִי כָּל־ בְּכוֹר בְּיוֹם הַכֹּתִי כָל־ בְּכוֹר בְּאֶרֶץ

en-tierra-de primogénito todo mi-golpear en-día primogénito todo para-mí

מִצְרַיִם הִקְדַּשְׁתִּי לִי כָל־ בְּכוֹר בְּיִשְׂרָאֵל מֵאָדָם עַד־בְּהֵמָה

animal o de-hombre en-Israel primogénito todo para-mí separé Egipto

לִי יִהְיוּ אֲנִי יְהוָה׃ וַיְדַבֵּר יְהוָה אֶל־מֹשֶׁה בְּמִדְבַּר

en-desierto-de Moisés a Yahweh Y-habló (14) . Yahweh yo serán para-mí

סִינַי לֵאמֹר׃ פְּקֹד אֶת־ בְּנֵי לֵוִי לְבֵית אֲבֹתָם

padres-de-ellos por-casa-de Leví hijos-de ** Cuenta (15) . diciendo Sinaí

לְמִשְׁפְּחֹתָם כָּל־ זָכָר מִבֶּן־ חֹדֶשׁ וָמַעְלָה תִּפְקְדֵם׃

. los-contarás y-más mes de-hijo-de varón todo por-familias-de-ellos

וַיִּפְקֹד אֹתָם מֹשֶׁה עַל־ פִּי יְהוָה כַּאֲשֶׁר צֻוָּה׃

. fue-ordenado como Yahweh palabra-de según Moisés a-ellos Y-contó (16)

וַיִּהְיוּ־ אֵלֶּה בְנֵי־ לֵוִי בִּשְׁמֹתָם גֵּרְשׁוֹן וּקְהָת

y-Coat Gersón por-sus-nombres Leví hijos-de éstos Y-fueron (17)

וּמְרָרִי׃ וְאֵלֶּה שְׁמוֹת בְּנֵי־ גֵרְשׁוֹן לְמִשְׁפְּחֹתָם לִבְנִי

Libni : por-sus-familias Gersón hijos-de nombres-de Y-éstos (18) . y-Merari

וְשִׁמְעִי׃ וּבְנֵי קְהָת לְמִשְׁפְּחֹתָם עַמְרָם וְיִצְהָר חֶבְרוֹן

Hebrón , e-Izhar Amram : por-sus-familias Coat E-hijos-de (19) . y-Simeí

וְעֻזִּיאֵל׃ וּבְנֵי מְרָרִי לְמִשְׁפְּחֹתָם מַחְלִי וּמוּשִׁי אֵלֶּה

éstos y-Musi Mahli : por-sus-familias Merari E-hijos-de (20) . y-Uziel

הֵם מִשְׁפְּחֹת הַלֵּוִי לְבֵית אֲבֹתָם׃ לְגֵרְשׁוֹן

A-Gersón (21) . sus-padres por-casa-de los-levitas familias-de ellos

מִשְׁפַּחַת הַלִּבְנִי וּמִשְׁפַּחַת הַשִּׁמְעִי אֵלֶּה הֵם מִשְׁפְּחֹת

familias-de ellos éstos ; el-simeíta y-familia-de el-libnita familia-de

הַגֵּרְשֻׁנִּי׃ פְּקֻדֵיהֶם בְּמִסְפַּר כָּל־ זָכָר מִבֶּן־
de-hijo-de varón todo por-cuenta-de Contados-de-ellos (22) . el-gersonita

חֹדֶשׁ וָמַעְלָה פְּקֻדֵיהֶם שִׁבְעַת אֲלָפִים וַחֲמֵשׁ מֵאוֹת׃
. cientos y-cinco miles siete contados-de-ellos , y-más mes

מִשְׁפְּחֹת הַגֵּרְשֻׁנִּי אַחֲרֵי הַמִּשְׁכָּן יַחֲנוּ יָמָּה׃
. al-oeste acamparon el-tabernáculo detrás-de el-gersonita Familias-de (23)

וּנְשִׂיא בֵית־ אָב לַגֵּרְשֻׁנִּי אֶלְיָסָף בֶּן־ לָאֵל׃
. Lael hijo-de Eliasaf de-el-gersonita padre casa-de Y-jefe-de (24)

וּמִשְׁמֶרֶת בְּנֵי־ גֵרְשׁוֹן בְּאֹהֶל מוֹעֵד הַמִּשְׁכָּן
el-tabernáculo reunión en-tienda-de Gersón hijos-de Y-cuidado-de (25)

וְהָאֹהֶל מִכְסֵהוּ וּמָסַךְ פֶּתַח אֹהֶל מוֹעֵד׃
. reunión tienda-de entrada-de y-velo-de su-cubierta y-la-tienda

וְקַלְעֵי הֶחָצֵר וְאֶת־ מָסַךְ פֶּתַח הֶחָצֵר
el-atrio entrada-de velo-de y-** el-atrio Y-cortinas-de (26)

אֲשֶׁר עַל־ הַמִּשְׁכָּן וְעַל־ הַמִּזְבֵּחַ סָבִיב וְאֵת מֵיתָרָיו לְכֹל
para-todo sus-cuerdas y-** alrededor el-tabernáculo y-en el-tabernáculo en que

עֲבֹדָתוֹ׃ וְלִקְהָת מִשְׁפַּחַת הָעַמְרָמִי וּמִשְׁפַּחַת הַיִּצְהָרִי
el-izharita y-familia-de el-amramita familia-de Y-a-Coat (27) . su-servicio

וּמִשְׁפַּחַת הַחֶבְרֹנִי וּמִשְׁפַּחַת הָעָזִּיאֵלִי אֵלֶּה הֵם מִשְׁפְּחֹת
familias-de ellos éstos el-azielita y-familia-de el-hebronita y-familia-de

הַקְּהָתִי׃ בְּמִסְפַּר כָּל־ זָכָר מִבֶּן־ חֹדֶשׁ וָמַעְלָה
y-más mes de-hijo-de varón todo Por-número-de (28) . el-coatita

שְׁמֹנַת אֲלָפִים וְשֵׁשׁ מֵאוֹת שֹׁמְרֵי מִשְׁמֶרֶת
vigilancia-de cuidadores-de cientos y-seis mil ocho

הַקֹּדֶשׁ׃ מִשְׁפְּחֹת בְּנֵי־ קְהָת יַחֲנוּ עַל יֶרֶךְ
lado-de junto-a acamparon Coat hijos-de Familias-de (29) . el-santuario

הַמִּשְׁכָּן תֵּימָנָה׃ וּנְשִׂיא בֵית־ אָב לְמִשְׁפְּחֹת
de-familias-de padre casa-de Y-jefe-de (30) . al-sur el-tabernáculo

הַקְּהָתִי אֱלִיצָפָן בֶּן־ עֻזִּיאֵל׃ וּמִשְׁמַרְתָּם הָאָרֹן
el-arca Y-cuidado-de-ellos (31) . Uziel hijo-de Elizafán el-coatita

וְהַשֻּׁלְחָן וְהַמְּנֹרָה וְהַמִּזְבְּחֹת וּכְלֵי הַקֹּדֶשׁ
el-santuario y-utensilios-de y-los-altares y-el-candelabro y-la-mesa

אֲשֶׁר יְשָׁרְתוּ בָּהֶם וְהַמָּסָךְ וְכֹל עֲבֹדָתוֹ׃
. su-servicio y-todo y-el-velo con-ellos ministran que

וּנְשִׂיא נְשִׂיאֵי הַלֵּוִי אֶלְעָזָר בֶּן־ אַהֲרֹן הַכֹּהֵן
, el-sacerdote Aarón hijo-de Eleazar el-levita jefes-de Y-jefe-de (32)

פְּקֻדַּת שֹׁמְרֵי מִשְׁמֶרֶת הַקֹּדֶשׁ׃
. el-santuario vigilancia-de cuidadores-de responsable-de

לִמְרָרִי מִשְׁפַּחַת הַמַּחְלִי וּמִשְׁפַּחַת הַמּוּשִׁי אֵלֶּה הֵם
ellos éstos , el-musita y-familia-de el-mahlita familia-de A-Merari (33)

מִשְׁפְּחֹת מְרָרִי׃ וּפְקֻדֵיהֶם בְּמִסְפַּר כָּל־ זָכָר
varón todo por-cuenta-de Y-contados-de-ellos (34) . merarita familias-de

מִבֶּן־ חֹדֶשׁ וָמָעְלָה שֵׁשֶׁת אֲלָפִים וּמָאתָיִם׃ וּנְשִׂיא
Y-jefe-de (35) . y-doscientos miles seis , y-más mes de-hijo-de

בֵית־ אָב לְמִשְׁפְּחֹת מְרָרִי צוּרִיאֵל בֶּן־ אֲבִיחָיִל עַל יֶרֶךְ
lado-de en Abihail hijo-de Zuriel merarita de-familias-de padre casa-de

הַמִּשְׁכָּן יַחֲנוּ צָפֹנָה׃ וּפְקֻדַּת מִשְׁמֶרֶת
cuidado-de Y-responsable-de (36) . al-norte acamparon el-tabernáculo

בְּנֵי מְרָרִי קַרְשֵׁי הַמִּשְׁכָּן וּבְרִיחָיו וְעַמֻּדָיו
y-sus-postes y-sus-barras el-tabernáculo tablas-de Merari hijos-de

וַאֲדָנָיו וְכָל־ כֵּלָיו וְכֹל עֲבֹדָתוֹ׃
. su-servicio y-todo sus-utensilios y-todos y-sus-bases

וְעַמֻּדֵי הֶחָצֵר סָבִיב וְאַדְנֵיהֶם וִיתֵדֹתָם

y-sus-estacas , y-sus-bases alrededor el-atrio Y-postes-de (37)

וּמֵיתְרֵיהֶם׃ וְהַחֹנִים לִפְנֵי הַמִּשְׁכָּן

el-tabernáculo ante Y-los-acampantes (38) . y-sus-cuerdas

קֵדְמָה לִפְנֵי אֹהֶל־ מוֹעֵד ׀ מִזְרָחָה מֹשֶׁה ׀ וְאַהֲרֹן

y-Aarón Moisés hacia-oriente reunión tienda-de ante al-este

וּבָנָיו שֹׁמְרִים מִשְׁמֶרֶת הַמִּקְדָּשׁ לְמִשְׁמֶרֶת

.en-lugar-de el-santuario cuidado-de responsables y-sus-hijos

בְּנֵי יִשְׂרָאֵל וְהַזָּר הַקָּרֵב יוּמָת׃ כָּל־

Todos (39) . morirá el-que-se-acerque y-el-extraño ; Israel hijos de

פְּקוּדֵי הַלְוִיִּם אֲשֶׁר פָּקַד מֹשֶׁה וְאַהֲרֹן עַל־ פִּי

palabra-de por y-Aarón Moisés contó que los-levitas contados-de

יְהוָה לְמִשְׁפְּחֹתָם כָּל־ זָכָר מִבֶּן־ חֹדֶשׁ וָמַעְלָה שְׁנַיִם

dos y-más mes de-hijo-de varón todo , por-sus-familias Yahweh

וְעֶשְׂרִים אָלֶף׃ וַיֹּאמֶר יְהוָה אֶל־ מֹשֶׁה פְּקֹד כָּל־

todo cuenta : Moisés a Yahweh Y-dijo (40) . mil y-veinte

בְּכֹר זָכָר לִבְנֵי יִשְׂרָאֵל מִבֶּן־ חֹדֶשׁ וָמָעְלָה וְשָׂא אֵת

** y-haz y-arriba mes de-hijo-de Israel de-hijos-de varón primogénito

מִסְפַּר שְׁמֹתָם׃ וְלָקַחְתָּ אֶת־ הַלְוִיִּם לִי אֲנִי יְהוָה

Yahweh yo para-mí los-levitas ** Y-toma (41) . sus-nombres lista-de

תַּחַת כָּל־ בְּכֹר בִּבְנֵי יִשְׂרָאֵל וְאֵת בֶּהֱמַת הַלְוִיִּם

los-levitas ganado-de y-** Israel de-hijos-de primogénito todo en-lugar-de

תַּחַת כָּל־ בְּכוֹר בְּבֶהֱמַת בְּנֵי יִשְׂרָאֵל׃ וַיִּפְקֹד

Y-contó (42) . Israel hijos-de de-ganado-de primogénito todo en-lugar-de

מֹשֶׁה כַּאֲשֶׁר צִוָּה יְהוָה אֹתוֹ אֶת־ כָּל־ בְּכֹר בִּבְנֵי יִשְׂרָאֵל׃

. Israel de-hijos-de primogénito todo ** a-él Yahweh mandó como Moisés

וַיְהִי כָל־ בְּכוֹר זָכָר בְּמִסְפַּר שֵׁמֹת מִבֶּן

de-hijo-de nombres por-lista-de varón primogénito todo Y-fue (43)

חֹדֶשׁ וָמַעְלָה לִפְקֻדֵיהֶם שְׁנַיִם וְעֶשְׂרִים אֶלֶף שְׁלֹשָׁה וְשִׁבְעִים

y-setenta tres mil y-veinte dos por-contados-de-ellos y-más mes

וּמָאתָיִם׃ וַיְדַבֵּר יְהוָה אֶל־ מֹשֶׁה לֵּאמֹר׃ קַח אֶת־

** Toma (45) . diciendo Moisés a Yahweh Y-habló (44) . y-doscientos

הַלְוִיִּם תַּחַת כָּל־ בְּכוֹר בִּבְנֵי יִשְׂרָאֵל וְאֶת־ בֶּהֱמַת

ganado-de y-** Israel de-hijos-de primogénito todo en-lugar-de los-levitas

הַלְוִיִּם תַּחַת בְּהֶמְתָּם וְהָיוּ־ לִי הַלְוִיִּם אֲנִי

yo los-levitas para-mí y-sean ganado-de-ellos en-lugar-de los-levitas

יְהוָה׃ וְאֵת פְּדוּיֵי הַשְּׁלֹשָׁה וְהַשִּׁבְעִים וְהַמָּאתָיִם

y-los-doscientos y-los-setenta los-tres rescates-de Y-** (46) . Yahweh

הָעֹדְפִים עַל־ הַלְוִיִּם מִבְּכוֹר בְּנֵי יִשְׂרָאֵל׃

. Israel hijos-de de-primogénito-de los-levitas de los-excedentes

וְלָקַחְתָּ חֲמֵשֶׁת חֲמֵשֶׁת שְׁקָלִים לַגֻּלְגֹּלֶת בְּשֶׁקֶל

del-siclo-de , por-cada-uno siclos cinco-de cinco-de Y-toma (47)

הַקֹּדֶשׁ תִּקָּח עֶשְׂרִים גֵּרָה הַשָּׁקֶל׃ וְנָתַתָּה

Y-da (48) . el-siclo gera veinte ; toma el-santuario

הַכֶּסֶף לְאַהֲרֹן וּלְבָנָיו פְּדוּיֵי הָעֹדְפִים

los-excedentes rescates-de , y-a-hijos-de-él a-Aarón el-dinero

בָּהֶם׃ וַיִּקַּח מֹשֶׁה אֵת כֶּסֶף הַפִּדְיוֹם מֵאֵת

de la-redención dinero-de ** Moisés Y-tomó (49) . por-ellos

הָעֹדְפִים עַל פְּדוּיֵי הַלְוִיִּם׃ מֵאֵת בְּכוֹר

primogénito-de De (50) . los-levitas rescates-de por los-excedentes

בְּנֵי יִשְׂרָאֵל לָקַח אֶת־ הַכֶּסֶף חֲמִשָּׁה וְשִׁשִּׁים וּשְׁלֹשׁ מֵאוֹת

cientos y-tres y-sesenta cinco el-dinero ** tomó Israel hijos-de

וָאֶ֕לֶף בְּשֶׁ֥קֶל הַקֹּֽדֶשׁ׃ וַיִּתֵּ֨ן מֹשֶׁ֜ה אֶת־ כֶּ֧סֶף
dinero-de ** Moisés Y-dio (51) . el-santuario por-siclo-de y-mil

הַפְּדֻיִ֛ם לְאַהֲרֹ֥ן וּלְבָנָ֖יו עַל־ פִּ֣י יְהוָ֑ה כַּאֲשֶׁ֛ר
como Yahweh palabra-de según y-a-hijos-de-él a-Aarón los-rescates

צִוָּ֥ה יְהוָ֖ה אֶת־ מֹשֶֽׁה׃ וַיְדַבֵּ֣ר יְהוָ֔ה אֶל־ מֹשֶׁ֥ה וְאֶֽל־
y-a Moisés a Yahweh Y-habló (1) . Moisés a Yahweh mandó Cap. 4

אַהֲרֹ֖ן לֵאמֹֽר׃ נָשֹׂ֗א אֶת־ רֹאשׁ֙ בְּנֵ֣י קְהָ֔ת מִתּ֖וֹךְ בְּנֵ֣י לֵוִ֑י
Leví hijos-de entre Coat hijos-de censo-de ** Haz (2) . diciendo Aarón

לְמִשְׁפְּחֹתָ֖ם לְבֵ֥ית אֲבֹתָֽם׃ מִבֶּ֨ן שְׁלֹשִׁ֤ים שָׁנָה֙
año treinta De-hijo-de (3) . padres-de-ellos de-casa-de por-familias-de-ellos

וָמַ֔עְלָה וְעַ֖ד בֶּן־ חֲמִשִּׁ֣ים שָׁנָ֑ה כָּל־ בָּא֙ לַצָּבָ֔א לַעֲשׂ֥וֹת מְלָאכָ֖ה
trabajo para-hacer a-el-servicio viniente todo año cincuenta hijo-de y-hasta y-más

בְּאֹ֥הֶל מוֹעֵֽד׃ זֹ֛את עֲבֹדַ֥ת בְּנֵֽי־ קְהָ֖ת בְּאֹ֣הֶל מוֹעֵ֑ד
reunión en-tienda-de Coat hijos-de obra-de Esto (4) . reunión en-tienda-de

קֹ֖דֶשׁ הַקֳּדָשִֽׁים׃ וּבָ֨א אַהֲרֹ֤ן וּבָנָיו֙
e-hijos-de-él Aarón Y-entrará (5) . los-santos santo-de

בִּנְסֹ֣עַ הַֽמַּחֲנֶ֔ה וְהוֹרִ֕דוּ אֵ֖ת פָּרֹ֣כֶת הַמָּסָ֑ךְ
la-tienda velo-de ** y-desmontarán el-campamento al-trasladar

וְכִ֨סּוּ־ בָ֔הּ אֵ֖ת אֲרֹ֥ן הָעֵדֻֽת׃ וְנָתְנ֣וּ
Y-pondrán (6) . el-testimonio arca-de ** con-ella y-cubrirán

עָלָ֗יו כְּסוּי֙ ע֣וֹר תַּ֔חַשׁ וּפָרְשׂ֧וּ בֶֽגֶד־ כְּלִ֛יל
todo paño-de y-extenderán tejón piel-de cubierta-de sobre-él

תְּכֵ֖לֶת מִלְמָ֑עְלָה וְשָׂמ֖וּ בַּדָּֽיו׃ וְעַ֣ל ׀ שֻׁלְחַ֣ן
mesa-de Y-sobre (7) . sus-varas y-pondrán por-encima azul

הַפָּנִ֗ים יִפְרְשׂוּ֮ בֶּ֣גֶד תְּכֵלֶת֒ וְנָתְנ֣וּ עָלָ֗יו אֶֽת־
** en-él y-pondrán azul paño-de extenderán la-proposición

הַקְּעָרֹת וְאֶת־הַכַּפֹּת וְאֶת־הַמְּנַקִּיֹּת וְאֵת קְשׂוֹת הַנָּסֶךְ
la-libación jarras-de y-** las-tazas y-** las-cucharas y-** los-platos

וְלֶחֶם הַתָּמִיד עָלָיו יִהְיֶה׃ וּפָרְשׂוּ
Y-extenderán (8) . estará sobre-él la-continuación y-pan-de

עֲלֵיהֶם בֶּגֶד תּוֹלַעַת שָׁנִי וְכִסּוּ אֹתוֹ בְּמִכְסֵה
con-cubierta-de a-él y-cubrirán escarlata carmesí-de paño-de sobre-ellos

עוֹר תָּחַשׁ וְשָׂמוּ אֶת־בַּדָּיו׃
. sus-varas ** y-colocarán tejón piel-de

וְלָקְחוּ ׀ בֶּגֶד תְּכֵלֶת וְכִסּוּ אֶת־מְנֹרַת
candelabro-de ** y-cubrirán azul paño-de Y-tomarán (9)

הַמָּאוֹר וְאֶת־נֵרֹתֶיהָ וְאֶת־מַלְקָחֶיהָ וְאֶת־מַחְתֹּתֶיהָ וְאֵת
y-** sus-bandejas y-** sus-despabiladeras y-** sus-lámparas y-** la-luz

כָּל־כְּלֵי שַׁמְנָהּ אֲשֶׁר יְשָׁרְתוּ־לָהּ בָּהֶם׃
. con-ellos a-ella sirven que su-aceite utensilios-de todos

וְנָתְנוּ אֹתָהּ וְאֶת־כָּל־כֵּלֶיהָ אֶל־מִכְסֵה עוֹר
piel-de cubierta-de en sus-utensilios todos y-** a-ella Y-envolverán (10)

תָּחַשׁ וְנָתְנוּ עַל־הַמּוֹט׃ וְעַל ׀ מִזְבַּח
altar-de Y-sobre (11) . las-parihuelas sobre y-pondrán tejón

הַזָּהָב יִפְרְשׂוּ בֶּגֶד תְּכֵלֶת וְכִסּוּ אֹתוֹ בְּמִכְסֵה
con-cubierta-de a-él y-cubrirán azul paño-de extenderán el-oro

עוֹר תָּחַשׁ וְשָׂמוּ אֶת־בַּדָּיו׃
. sus-varas ** y-pondrán tejón piel-de

וְלָקְחוּ אֶת־כָּל־כְּלֵי הַשָּׁרֵת אֲשֶׁר יְשָׁרְתוּ־
sirven que el-servicio utensilios-de todos ** Y-tomarán (12)

בָם בַּקֹּדֶשׁ וְנָתְנוּ אֶל־בֶּגֶד תְּכֵלֶת
azul paño-de en y-envolverán en-el-santuario con-ellos

וְכִסּוּ אוֹתָם בְּמִכְסֵה עוֹר תָּחַשׁ וְנָתְנוּ עַל־
sobre y-pondrán , tejón piel-de con-cubierta-de a-ellos y-cubrirán

הַמּוֹט׃ וְדִשְּׁנוּ אֶת־ הַמִּזְבֵּחַ
el-altar ** Y-limpiarán-la-ceniza (13) . parihuelas

וּפָרְשׂוּ עָלָיו בֶּגֶד אַרְגָּמָן׃ וְנָתְנוּ
Y-colocarán (14) . púrpura paño-de sobre-él y-esparcirán

עָלָיו אֶת־ כָּל־ כֵּלָיו אֲשֶׁר יְשָׁרְתוּ עָלָיו בָּהֶם אֶת־
** : con-ellos en-él sirven que sus-utensilios todos ** sobre-él

הַמַּחְתֹּת אֶת־ הַמִּזְלָגֹת וְאֶת־ הַיָּעִים וְאֶת־ הַמִּזְרָקֹת
los-tazones y-** los-braseros y-** los-garfios ** las-paletas

כֹּל כְּלֵי הַמִּזְבֵּחַ וּפָרְשׂוּ עָלָיו כְּסוּי עוֹר
piel-de cubierta-de sobre-él y-echarán ; el-altar instrumentos-de todos

תַּחַשׁ וְשָׂמוּ בַדָּיו׃ וְכִלָּה אַהֲרֹן־
Aarón Cuando-acabe (15) sus-varas y-pondrán tejón

וּבָנָיו לְכַסֹּת אֶת־ הַקֹּדֶשׁ וְאֶת־ כָּל־ כְּלֵי הַקֹּדֶשׁ
los-santos sus-utensilios todos y-** el-santuario ** de-cubrir y-sus-hijos

בִּנְסֹעַ הַמַּחֲנֶה וְאַחֲרֵי־ כֵן יָבֹאוּ בְנֵי־ קְהָת לָשֵׂאת
para-llevar Coat hijos-de vendrán así y-después el-campamento al-mover

וְלֹא־ יִגְּעוּ אֶל־ הַקֹּדֶשׁ וָמֵתוּ אֵלֶּה מַשָּׂא בְנֵי־
hijos-de cargas-de éstas ; o-morirán lo-santo ** tocarán y-no

קְהָת בְּאֹהֶל מוֹעֵד׃ וּפְקֻדַּת אֶלְעָזָר ׀ בֶּן־ אַהֲרֹן הַכֹּהֵן
el-sacerdote Aarón hijo-de Eleazar Y-cargo-de (16) . reunión en-tienda-de Coat

שֶׁמֶן הַמָּאוֹר וּקְטֹרֶת הַסַּמִּים וּמִנְחַת
y-ofrenda-vegetal-de los-aromas e-incienso-de la-luz aceite-de

הַתָּמִיד וְשֶׁמֶן הַמִּשְׁחָה פְּקֻדַּת כָּל־ הַמִּשְׁכָּן
el-tabernáculo todo cargo-de ; la-unción y-aceite-de la-regular

וְכָל־ אֲשֶׁר־ בּוֹ בְּקֹדֶשׁ וּבְכֵלָיו׃ וַיְדַבֵּר
Y-habló (17) . y-de-sus-utensilios del-santuario , en-él lo-que y-todo

יְהוָה אֶל־ מֹשֶׁה וְאֶל־ אַהֲרֹן לֵאמֹר׃ אַל־ תַּכְרִיתוּ אֶת־ שֵׁבֶט
tribu-de ** cortaréis No (18) . diciendo Aarón y-a Moisés a Yahweh

מִשְׁפְּחֹת הַקְּהָתִי מִתּוֹךְ הַלְוִיִּם׃ וְזֹאת ׀ עֲשׂוּ לָהֶם
a-ellos haced Y-esto (19) . los-levitas de-entre el-coatita familias-de

וְחָיוּ וְלֹא יָמֻתוּ בְּגִשְׁתָּם אֶת־ קֹדֶשׁ
santo-de ** en-su-acercarse morirán y-no y-vivirán

הַקֳּדָשִׁים אַהֲרֹן וּבָנָיו יָבֹאוּ וְשָׂמוּ אוֹתָם
a-ellos y-pondrán vendrán y-sus-hijos Aarón ; los-santos

אִישׁ אִישׁ עַל־ עֲבֹדָתוֹ וְאֶל־ מַשָּׂאוֹ׃ וְלֹא־ יָבֹאוּ
entrarán Y-no (20) . su-carga y-a su-trabajo en cada hombre

לִרְאוֹת כְּבַלַּע אֶת־ הַקֹּדֶשׁ וָמֵתוּ׃
. o-morirán lo-santo ** ni-por-un-momento a-mirar

וַיְדַבֵּר יְהוָה אֶל־ מֹשֶׁה לֵּאמֹר׃ נָשֹׂא אֶת־ רֹאשׁ בְּנֵי
hijos-de censo-de ** Toma (22) . diciendo Moisés a Yahweh Y-habló (21)

גֵרְשׁוֹן גַּם־ הֵם לְבֵית אֲבֹתָם לְמִשְׁפְּחֹתָם׃ מִבֶּן
De-hijo-de (23) . por-sus-familias sus-padres por-casa-de , ellos también Gersón

שְׁלֹשִׁים שָׁנָה וָמַעְלָה עַד בֶּן־ חֲמִשִּׁים שָׁנָה תִּפְקֹד אוֹתָם כָּל־
todo ; a-ellos contarás año cincuenta hijo-de hasta y-más año treinta

הַבָּא לִצְבֹא צָבָא לַעֲבֹד עֲבֹדָה בְּאֹהֶל מוֹעֵד׃ זֹאת
Esto (24) . reunión en-tienda-de trabajo a-trabajar servicio a-servir el-que-viene

עֲבֹדַת מִשְׁפְּחֹת הַגֵּרְשֻׁנִּי לַעֲבֹד וּלְמַשָּׂא׃ וְנָשְׂאוּ
Y-llevarán (25) . y-para-carga para-trabajar el-gersonita familias-de trabajo-de

אֶת־ יְרִיעֹת הַמִּשְׁכָּן וְאֶת־ אֹהֶל מוֹעֵד מִכְסֵהוּ וּמִכְסֵה
y-cubierta-de su-cubierta reunión tienda-de y-** el-tabernáculo cortinas-de **

הַתַּחַשׁ אֲשֶׁר־עָלָיו מִלְמָעְלָה וְאֶת־מָסַךְ פֶּתַח אֹהֶל מוֹעֵד׃
. reunión tienda-de puerta-de cortina-de y-** encima sobre-él que el-tejón

וְאֵת קַלְעֵי הֶחָצֵר וְאֶת־מָסַךְ ׀ פֶּתַח ׀ שַׁעַר
entrada-de puerta-de cortina-de y-** el-atrio cortinas-de Y-** (26)

הֶחָצֵר אֲשֶׁר עַל־הַמִּשְׁכָּן וְעַל־הַמִּזְבֵּחַ סָבִיב
alrededor el-altar y-en el-tabernáculo en que el-atrio

וְאֵת מֵיתְרֵיהֶם וְאֶת־כָּל־כְּלֵי עֲבֹדָתָם וְאֵת כָּל־אֲשֶׁר
lo-que todo y-** ; sus-trabajos utensilios-de todos y-** sus-cuerdas y-**

יֵעָשֶׂה לָהֶם וְעָבָדוּ׃ עַל־פִּי אַהֲרֹן
Aarón palabra-de Según (27) . así-obrarán con-ellos se hace

וּבָנָיו תִּהְיֶה כָּל־עֲבֹדַת בְּנֵי הַגֵּרְשֻׁנִּי
el-gersonita hijos-de servicio-de todo se-hará e-hijos-de-él

לְכָל־מַשָּׂאָם וּלְכֹל עֲבֹדָתָם
obra-de-ellos y-por-toda trabajo-de-ellos por-todo

וּפְקַדְתֶּם עֲלֵהֶם בְּמִשְׁמֶרֶת אֵת כָּל־מַשָּׂאָם׃
. su-carga toda ** en-custodia a-ellos y-asignarás

זֹאת עֲבֹדַת מִשְׁפְּחֹת בְּנֵי הַגֵּרְשֻׁנִּי בְּאֹהֶל מוֹעֵד
reunión en-tienda-de el-gersoní hijos-de familias-de servicio-de Éste (28)

וּמִשְׁמַרְתָּם בְּיַד אִיתָמָר בֶּן־אַהֲרֹן הַכֹּהֵן׃
. el-sacerdote Aarón hijo-de Itamar por-mano-de y-tarea-de-ellos

בְּנֵי מְרָרִי לְמִשְׁפְּחֹתָם לְבֵית־אֲבֹתָם תִּפְקֹד
contarás sus-padres por-casa-de por-sus-familias , Merari Hijos-de (29)

אֹתָם׃ מִבֶּן שְׁלֹשִׁים שָׁנָה וָמַעְלָה וְעַד בֶּן־חֲמִשִּׁים שָׁנָה
año cincuenta hijo-de y-hasta y-más año treinta De-hijo-de (30) . ellos

תִּפְקְדֵם כָּל־הַבָּא לַצָּבָא לַעֲבֹד אֶת־עֲבֹדַת
trabajo-de ** a-trabajar al-servicio el-que-viene todo los-contarás

אֹהֶל מוֹעֵֽד׃ (31) וְזֹאת מִשְׁמֶרֶת מַשָּׂאָם לְכָל־ עֲבֹדָתָם

su-trabajo en-todo su-carga deber-de Y-esto (31) . reunión tienda-de

בְּאֹהֶל מוֹעֵד קַרְשֵׁי הַמִּשְׁכָּן וּבְרִיחָיו

y-sus-barras el-tabernáculo tablas-de , reunión en-tienda-de

וְעַמּוּדָיו וַאֲדָנָֽיו׃ (32) וְעַמּוּדֵי הֶחָצֵר סָבִיב

alrededor el-atrio Y-postes-de (32) . y-sus-bases y-sus-postes

וְאַדְנֵיהֶם וִיתֵדֹתָם וּמֵֽיתְרֵיהֶם לְכָל־

para-todo y-sus-cuerdas y-sus-estacas y-sus-bases

כְּלֵיהֶם וּלְכֹל עֲבֹדָתָם וּבְשֵׁמֹת תִּפְקְדוּ אֶת־

** consignarás y-por-nombres , su-servicio y-para-todo sus-utensilios

כְּלֵי מִשְׁמֶרֶת מַשָּׂאָֽם׃ (33) זֹאת עֲבֹדַת מִשְׁפְּחֹת בְּנֵי

hijos-de familias-de deber-de Éste (33) . su-cargo deber-de utensilios-de

מְרָרִי לְכָל־ עֲבֹדָתָם בְּאֹהֶל מוֹעֵד בְּיַד אִֽיתָמָר

Itamar por-mano-de reunión en-tienda-de su-trabajo para-todo Merari

בֶּן־ אַהֲרֹן הַכֹּהֵֽן׃ (34) וַיִּפְקֹד מֹשֶׁה וְאַהֲרֹן וּנְשִׂיאֵי

y-jefes-de y-Aarón Moisés Y-contó (34) . el-sacerdote Aarón hijo-de

הָעֵדָה אֶת־ בְּנֵי הַקְּהָתִי לְמִשְׁפְּחֹתָם וּלְבֵית

y-por-casa-de por-sus-familias el-coatita hijos-de ** la-comunidad

אֲבֹתָֽם׃ (35) מִבֶּן שְׁלֹשִׁים שָׁנָה וָמַעְלָה וְעַד בֶּן־חֲמִשִּׁים

cincuenta hijo-de y-hasta y-más año treinta De-hijo-de (35) . sus-padres

שָׁנָה כָּל־ הַבָּא לַצָּבָא לַעֲבֹדָה בְּאֹהֶל מוֹעֵֽד׃

. reunión en-tienda-de para-trabajo al-servicio el-que-viene todo año

(36) וַיִּהְיוּ פְקֻדֵיהֶם לְמִשְׁפְּחֹתָם אַלְפַּיִם שְׁבַע

siete dos-mil por-familias-de-ellos cuentas-de-ellos Y-fueron (36)

מֵאוֹת וַחֲמִשִּֽׁים׃ (37) אֵלֶּה פְקוּדֵי מִשְׁפְּחֹת הַקְּהָתִי

el-coatita familias-de contados-de Éstos (37) . y-cincuenta cientos

כָּל־ הָעֹבֵד בְּאֹהֶל מוֹעֵד אֲשֶׁר פָּקַד מֹשֶׁה וְאַהֲרֹן
y-Aarón Moisés contó que , reunión en-tienda-de el-que-sirve todo

עַל־ פִּי יְהוָה בְּיַד־ מֹשֶׁה׃ וּפְקוּדֵי בְּנֵי גֵּרְשׁוֹן
Gersón hijos-de Y-cuentas-de (38) . Moisés por-mano-de Yahweh orden-de por

לְמִשְׁפְּחוֹתָם וּלְבֵית אֲבֹתָם׃ מִבֶּן שְׁלֹשִׁים
treinta De-hijo-de (39) . padres-de-ellos y-por-casa-de por-sus-familias

שָׁנָה וָמַעְלָה וְעַד בֶּן־ חֲמִשִּׁים שָׁנָה כָּל־ הַבָּא לַצָּבָא
al-servicio el-que-viene todo año cincuenta hijo-de , y-hasta y-más año

לַעֲבֹדָה בְּאֹהֶל מוֹעֵד׃ וַיִּהְיוּ פְּקֻדֵיהֶם
contados-de-ellos Y-fueron (40) . reunión en-tienda-de en-trabajo

לְמִשְׁפְּחֹתָם לְבֵית אֲבֹתָם אַלְפַּיִם וְשֵׁשׁ מֵאוֹת
cientos y-seis dos-mil sus-padres por-casa-de por-sus-familias

וּשְׁלֹשִׁים׃ אֵלֶּה פְקוּדֵי מִשְׁפְּחֹת בְּנֵי גֵרְשׁוֹן כָּל־
todo Gersón hijos-de familias-de contados-de Éstos (41) . y-treinta

הָעֹבֵד בְּאֹהֶל מוֹעֵד אֲשֶׁר פָּקַד מֹשֶׁה וְאַהֲרֹן עַל־
por y-Aarón Moisés contó que reunión en-tienda-de el-que-sirve

פִּי יְהוָה׃ וּפְקוּדֵי מִשְׁפְּחֹת בְּנֵי מְרָרִי
Merari hijos-de familias-de Y-cuentas-de (42) . Yahweh orden-de

לְמִשְׁפְּחֹתָם לְבֵית אֲבֹתָם׃ מִבֶּן שְׁלֹשִׁים שָׁנָה
año treinta De-hijo-de (43) . sus-padres por-casa-de por-sus-familias

וָמַעְלָה וְעַד בֶּן־ חֲמִשִּׁים שָׁנָה כָּל־ הַבָּא לַצָּבָא
al-servicio el-que-viene todo año cincuenta hijo-de y-hasta y-más

לַעֲבֹדָה בְּאֹהֶל מוֹעֵד׃ וַיִּהְיוּ פְקֻדֵיהֶם
contados-de-ellos Y-fueron (44) . reunión en-tienda-de para-servir

לְמִשְׁפְּחֹתָם שְׁלֹשֶׁת אֲלָפִים וּמָאתָיִם׃ אֵלֶּה פְקוּדֵי
contados-de Éstos (45) . y-dos-mil miles tres por-sus-familias

מִשְׁפְּחֹת בְּנֵי מְרָרִי אֲשֶׁר פָּקַד מֹשֶׁה וְאַהֲרֹן עַל־פִּי יְהוָה
Yahweh orden-de por y-Aarón Moisés contó que Merari hijos-de familias-de

בְּיַד־מֹשֶׁה׃ כָּל־הַפְּקֻדִים אֲשֶׁר פָּקַד מֹשֶׁה
Moisés contó que los-contados Todos (46) . Moisés por-mano-de

וְאַהֲרֹן וּנְשִׂיאֵי יִשְׂרָאֵל אֶת־הַלְוִיִּם לְמִשְׁפְּחֹתָם
por-sus-familias , los-levitas ** Israel y-jefes-de y-Aarón

וּלְבֵית אֲבֹתָם׃ מִבֶּן שְׁלֹשִׁים שָׁנָה וָמַעְלָה וְעַד
y-hasta y-más año treinta De-hijo-de (47) . sus-padres y-por-casa-de

בֶּן־חֲמִשִּׁים שָׁנָה כָּל־הַבָּא לַעֲבֹד עֲבֹדַת עֲבֹדָה וַעֲבֹדַת
y-trabajo-de servicio obra-de a-servir el-que-viene todo año cincuenta hijo-de

מַשָּׂא בְּאֹהֶל מוֹעֵד׃ וַיִּהְיוּ פְּקֻדֵיהֶם שְׁמֹנַת
ocho sus-contados Y-fueron (48) . reunión en-tienda-de carga

אֲלָפִים וַחֲמֵשׁ מֵאוֹת וּשְׁמֹנִים׃ עַל־פִּי יְהוָה
Yahweh orden-de Por (49) . y-ochenta cientos y-cinco mil

פָּקַד אוֹתָם בְּיַד־מֹשֶׁה אִישׁ אִישׁ עַל־עֲבֹדָתוֹ וְעַל־מַשָּׂאוֹ
su-carga y-en su-trabajo en cada hombre Moisés por-mano-de a-ellos contó

וּפְקֻדָיו אֲשֶׁר־צִוָּה יְהוָה אֶת־מֹשֶׁה׃
. Moisés a Yahweh mandó que y-sus-contados

וַיְדַבֵּר יְהוָה אֶל־מֹשֶׁה לֵּאמֹר׃ צַו אֶת־בְּנֵי יִשְׂרָאֵל
Israel hijos-de a Manda (2) . diciendo Moisés a Yahweh Y-habló (1) Cap

וִישַׁלְּחוּ מִן־הַמַּחֲנֶה כָּל־צָרוּעַ וְכָל־זָב
el-que-tiene-flujo y-todo leproso todo el-campamento de y-expulsen

וְכֹל טָמֵא לָנָפֶשׁ׃ מִזָּכָר עַד־נְקֵבָה תְּשַׁלֵּחוּ אֶל־
a expulsaréis hembra y De-varón (3) . de-alma inmundo y-todo

מִחוּץ לַמַּחֲנֶה תְּשַׁלְּחוּם וְלֹא יְטַמְּאוּ אֶת־מַחֲנֵיהֶם
el-campamento ** contaminaréis y-no ; los-expulsaréis el-campamento fuera-de

אֲשֶׁר אֲנִי שֹׁכֵן בְּתוֹכָם׃ וַיַּעֲשׂוּ־כֵן בְּנֵי יִשְׂרָאֵל
Israel hijos-de así E-hicieron (4) . entre-ellos habito yo que

וַיְשַׁלְּחוּ אוֹתָם אֶל־מִחוּץ לַמַּחֲנֶה כַּאֲשֶׁר דִּבֶּר יְהוָה אֶל־
a Yahweh habló como el-campamento fuera-de a a-ellos y-expulsaron

מֹשֶׁה כֵּן עָשׂוּ בְּנֵי יִשְׂרָאֵל׃ וַיְדַבֵּר יְהוָה אֶל־מֹשֶׁה לֵּאמֹר׃
. diciendo Moisés a Yahweh Y-habló (5) . Israel hijos-de hicieron así Moisés

דַּבֵּר אֶל־בְּנֵי יִשְׂרָאֵל אִישׁ אוֹ־אִשָּׁה כִּי יַעֲשׂוּ מִכָּל־
de-cualquier hagan que mujer o hombre Israel hijos-de a Habla (6)

חַטֹּאת הָאָדָם לִמְעֹל מַעַל בַּיהוָה
contra-Yahweh prevarica prevaricar el-hombre pecados-de

וְאָשְׁמָה הַנֶּפֶשׁ הַהִוא׃ וְהִתְוַדּוּ אֶת־
** Y-confesarán (7) . la-aquella la-persona y-es-culpable

חַטָּאתָם אֲשֶׁר עָשׂוּ וְהֵשִׁיב אֶת־אֲשָׁמוֹ
su-daño ** y-restituirá hicieron que sus-pecados

בְּרֹאשׁוֹ וַחֲמִישִׁתוֹ יֹסֵף עָלָיו וְנָתַן לַאֲשֶׁר
a-quien y-dará , sobre-él añadirá y-su-quinto en-su-cabeza

אָשַׁם לוֹ׃ וְאִם־אֵין לָאִישׁ גֹּאֵל
redentor para-el-hombre no-hay Y-si (8) . a-él dañó

לְהָשִׁיב הָאָשָׁם אֵלָיו הָאָשָׁם הַמּוּשָׁב לַיהוָה
a-Yahweh el-restituido el-daño a-él el-daño para-restituir

לַכֹּהֵן מִלְּבַד אֵיל הַכִּפֻּרִים אֲשֶׁר יְכַפֶּר־בּוֹ
con-él expía que las-expiaciones carnero-de además-de , a-el-sacerdote

עָלָיו׃ וְכָל־תְּרוּמָה לְכָל־קָדְשֵׁי בְנֵי־
hijos-de cosas-santas-de de-todas ofrenda Y-toda (9) . por-él

יִשְׂרָאֵל אֲשֶׁר־יַקְרִיבוּ לַכֹּהֵן לוֹ יִהְיֶה׃ וְאִישׁ אֶת־
** Y-hombre (10) . será para-él a-el-sacerdote traen que Israel

קֳדָשָׁיו לוֹ יִהְיוּ אִישׁ אֲשֶׁר־יִתֵּן לַכֹּהֵן לוֹ

para-él a-el-sacerdote da que hombre , serán para-él sus-cosas-santas

יִהְיֶה׃ וַיְדַבֵּר יְהוָה אֶל־מֹשֶׁה לֵּאמֹר׃ דַּבֵּר אֶל־בְּנֵי

hijos-de a Habla (12) . diciendo Moisés a Yahweh Y-habló (11) . será

יִשְׂרָאֵל וְאָמַרְתָּ אֲלֵהֶם אִישׁ אִישׁ כִּי־תִשְׂטֶה אִשְׁתּוֹ

su-mujer se-desvíe que cada hombre , a-ellos y-di Israel

וּמָעֲלָה בוֹ מָעַל׃ וְשָׁכַב אִישׁ אֹתָהּ

con-ella hombre Y-yace (13) . infidelidad a-él y-es-infiel

שִׁכְבַת־זֶרַע וְנֶעְלַם מֵעֵינֵי אִישָׁהּ

su-marido de-ojos-de y-se-oculta semen emisión-de

וְנִסְתְּרָה וְהִיא נִטְמָאָה וְעֵד אֵין בָּהּ

contra-ella no-hay y-testigo , es-impura y-ella y-no-es-descubierta

וְהִוא לֹא נִתְפָּשָׂה׃ וְעָבַר עָלָיו רוּחַ־קִנְאָה

celos espíritu-de sobre-él Y-viene (14) . fue-sorprendida no y-ella

וְקִנֵּא אֶת־אִשְׁתּוֹ וְהִוא נִטְמָאָה אוֹ־עָבַר עָלָיו

sobre-él viene o , es-impura y-ella su-mujer de y-sospecha

רוּחַ־קִנְאָה וְקִנֵּא אֶת־אִשְׁתּוֹ וְהִיא לֹא נִטְמָאָה׃

. es-impura no y-ella su-mujer a y-sospecha celos espíritu-de

וְהֵבִיא הָאִישׁ אֶת־אִשְׁתּוֹ אֶל־הַכֹּהֵן וְהֵבִיא

y-llevará el-sacerdote a su-mujer a el-hombre Entonces-llevará (15)

אֶת־קָרְבָּנָהּ עָלֶיהָ עֲשִׂירִת הָאֵיפָה קֶמַח שְׂעֹרִים לֹא־

no , cebadas harina-de el-efa décima-de , por-ella ofrenda-de-ella **

יִצֹק עָלָיו שֶׁמֶן וְלֹא־יִתֵּן עָלָיו לְבֹנָה כִּי־מִנְחַת

ofrenda-de por incienso sobre-él pondrá y-no aceite sobre-él echará

קְנָאֹת הוּא מִנְחַת זִכָּרוֹן מַזְכֶּרֶת עָוֹן׃

. culpa que-hace-recordar recuerdo ofrenda-de él celos

וְהִקְרִיב אֹתָהּ הַכֹּהֵן וְהֶעֱמִדָהּ לִפְנֵי יְהוָה׃
. Yahweh ante y-la-presentará el-sacerdote a-ella Y-llevará (16)

וְלָקַח הַכֹּהֵן מַיִם קְדֹשִׁים בִּכְלִי־ חָרֶשׂ וּמִן־
y-de barro en-vaso-de santas agua el-sacerdote Y-tomará (17)

הֶעָפָר אֲשֶׁר יִהְיֶה בְּקַרְקַע הַמִּשְׁכָּן יִקַּח הַכֹּהֵן
el-sacerdote tomará el-tabernáculo en-suelo-de hay que el-polvo

וְנָתַן אֶל־ הַמָּיִם׃ וְהֶעֱמִיד הַכֹּהֵן אֶת־
a el-sacerdote Y-presentará (18) . el-agua en y-pondrá

הָאִשָּׁה לִפְנֵי יְהוָה וּפָרַע אֶת־ רֹאשׁ הָאִשָּׁה
la-mujer cabeza-de ** y-descubrirá Yahweh ante la-mujer

וְנָתַן עַל־ כַּפֶּיהָ אֵת מִנְחַת הַזִּכָּרוֹן מִנְחַת
ofrenda-de el-recuerdo ofrenda-de ** sus-manos en y-pondrá

קְנָאֹת הִוא וּבְיַד הַכֹּהֵן יִהְיוּ מֵי הַמָּרִים
las-amargas aguas-de estarán el-sacerdote y-en-mano-de , ella celos

הַמְאָרְרִים׃ וְהִשְׁבִּיעַ אֹתָהּ הַכֹּהֵן
el-sacerdote a-ella Y-conjurará (19) . las-que-traen-maldición

וְאָמַר אֶל־ הָאִשָּׁה אִם־ לֹא שָׁכַב אִישׁ אֹתָךְ וְאִם־ לֹא
no y-si con-tigo hombre yació no si la-mujer a y-dirá

שָׂטִית טֻמְאָה תַּחַת אִישֵׁךְ הִנָּקִי מִמֵּי
de-aguas-de queda-sin-daño tu-marido bajo impura desviaste

הַמָּרִים הַמְאָרְרִים הָאֵלֶּה׃ וְאַתְּ כִּי
si Pero-tú (20) . las-éstas las-que-traen-maldición las-amargas

שָׂטִית תַּחַת אִישֵׁךְ וְכִי נִטְמֵאת וַיִּתֵּן
y-dio te-envileciste y-si tu-marido bajo te-desviaste

אִישׁ בָּךְ אֶת־ שְׁכָבְתּוֹ מִבַּלְעֲדֵי אִישֵׁךְ׃
. tu marido aparte-de su-emisión ** a-ti hombre

וְהִשְׁבִּיעַ הַכֹּהֵן אֶת־הָאִשָּׁה בִּשְׁבֻעַת

en-maldición-de la-mujer a el-sacerdote Y-conjurará (21)

הָאָלָה וְאָמַר הַכֹּהֵן לָאִשָּׁה יִתֵּן יְהוָה אוֹתָךְ

a-ti Yahweh haga a-la-mujer el-sacerdote y-dirá el-juramento

לְאָלָה וְלִשְׁבֻעָה בְּתוֹךְ עַמֵּךְ בְּתֵת יְהוָה אֶת־

** Yahweh al-causar tu-pueblo entre y-según-denuncia según-maldición

יְרֵכֵךְ נֹפֶלֶת וְאֶת־ בִּטְנֵךְ צָבָה׃ וּבָאוּ

Y-entren (22) . hinchado tu-vientre y-** decadente tu-muslo

הַמַּיִם הַמְאָרְרִים הָאֵלֶּה בְּמֵעַיִךְ לַצְבּוֹת

para-hinchar en-tu-cuerpo las-éstas las-amargas las-aguas

בֶּטֶן וְלַנְפִּל יָרֵךְ וְאָמְרָה הָאִשָּׁה אָמֵן׀ אָמֵן׃

. amén amén : la-mujer y-dirá , muslo y-debilitar vientre

וְכָתַב אֶת־ הָאָלֹת הָאֵלֶּה הַכֹּהֵן בַּסֵּפֶר

en-el-libro el-sacerdote las-éstas las-maldiciones ** Y-escribirá (23)

וּמָחָה אֶל־ מֵי הַמָּרִים׃ וְהִשְׁקָה

Y-beberá (24) . las-amargas aguas-de en y-mojará

אֶת־ הָאִשָּׁה אֶת־ מֵי הַמָּרִים הַמְאָרְרִים

, las-que-traen-maldición las-amargas aguas-de ** la-mujer **

וּבָאוּ בָהּ הַמַּיִם הַמְאָרְרִים לְמָרִים׃

. como-amargas las-que-traen-maldición las-aguas en-ellas y-entrarán

וְלָקַח הַכֹּהֵן מִיַּד הָאִשָּׁה אֵת מִנְחַת

ofrenda-de ** la-mujer de-mano-de el-sacerdote Y-tomará (25)

הַקְּנָאֹת וְהֵנִיף אֶת־ הַמִּנְחָה לִפְנֵי יְהוָה וְהִקְרִיב

y-llevará Yahweh ante la-ofrenda ** y-mecerá , los-celos

אֹתָהּ אֶל־ הַמִּזְבֵּחַ׃ וְקָמַץ הַכֹּהֵן מִן־ הַמִּנְחָה

la-ofrenda de el-sacerdote Y-tomará-un-puñado (26) . el-altar a a-ella

אֶת־ אַזְכָּרָתָהּ וְהִקְטִיר הַמִּזְבֵּחָה וְאַחַר
y-después en-el-altar y-quemará memorial-de-ella **

יַשְׁקֶה אֶת־ הָאִשָּׁה אֶת־ הַמָּיִם׃ וְהִשְׁקָהּ
Y-la-hará-beber (27) . el-agua ** la-mujer ** beberá

אֶת־ הַמַּיִם וְהָיְתָה אִם־ נִטְמְאָה וַתִּמְעֹל
y-fue-infiel se-envileció si y-será el-agua **

מַעַל בְּאִישָׁהּ וּבָאוּ בָהּ הַמַּיִם
las-aguas en-ella y-entrarán con-su-marido infidelidad

הַמְאָרְרִים לְמָרִים וְצָבְתָה בִטְנָהּ
su-vientre y-se-hinchará como-amargas las-que-traen-maldición

וְנָפְלָה יְרֵכָהּ וְהָיְתָה הָאִשָּׁה לְאָלָה
por-maldición la-mujer y-será , su-muslo y-se-debilitará

בְּקֶרֶב עַמָּהּ׃ וְאִם־ לֹא נִטְמְאָה הָאִשָּׁה
la-mujer se-envileció no Y-si (28) . su-pueblo en-medio-de

וּטְהֹרָה הִוא וְנִקְּתָה וְנִזְרְעָה זָרַע׃ זֹאת
Esta (29) . descendencia y-tendrá entonces-será-libre , ella y-limpia

תּוֹרַת הַקְּנָאֹת אֲשֶׁר תִּשְׂטֶה אִשָּׁה תַּחַת אִישָׁהּ
su-marido bajo mujer se-desvía cuando los-celos ley-de

וְנִטְמָאָה׃ אוֹ אִישׁ אֲשֶׁר תַּעֲבֹר עָלָיו רוּחַ קִנְאָה
celos espíritu-de sobre-él viene cuando hombre U (30) . y-se-envilece

וְקִנֵּא אֶת־ אִשְׁתּוֹ וְהֶעֱמִיד אֶת־ הָאִשָּׁה לִפְנֵי
ante la-mujer ** y-se-presentará , su-mujer de y-tiene-celos

יְהוָה וְעָשָׂה לָהּ הַכֹּהֵן אֵת כָּל־ הַתּוֹרָה הַזֹּאת׃
. la-ésta la-ley toda ** el-sacerdote en-ella y-cumplirá Yahweh

וְנִקָּה הָאִישׁ מֵעָוֹן וְהָאִשָּׁה הַהִוא
la-ésta pero-la-mujer , de-maldad el-hombre Y-será-libre (31)

תִּשָּׂא אֶת־ עֲוֺנָהּ׃ (1) וַיְדַבֵּר יְהוָה אֶל־ מֹשֶׁה לֵּאמֹר׃
. diciendo Moisés a Yahweh Y-habló (1) . su-maldad ** llevará

(2) דַּבֵּר אֶל־ בְּנֵי יִשְׂרָאֵל וְאָמַרְתָּ אֲלֵהֶם אִישׁ אוֹ־ אִשָּׁה כִּי יַפְלִא
quiere si mujer o hombre : a-ellos y-di Israel hijos-de a Habla (2)

לִנְדֹּר נֶדֶר נָזִיר לְהַזִּיר לַיהוָה׃ (3) מִיַּיִן
De-vino (3) . para-Yahweh para-estar-separado nazareo voto-de hacer-voto

וְשֵׁכָר יַזִּיר חֹמֶץ יַיִן וְחֹמֶץ
y-vinagre-de vino vinagre-de se-abstendrá y-bebida-fermentada

שֵׁכָר לֹא יִשְׁתֶּה וְכָל־ מִשְׁרַת עֲנָבִים לֹא
no uvas licor-de y-cualquier , beberá no bebida-fermentada

יִשְׁתֶּה וַעֲנָבִים לַחִים וִיבֵשִׁים לֹא יֹאכֵל׃ (4) כֹּל
Todos (4) . comerá no o-secas frescas y-uvas beberá

יְמֵי נִזְרוֹ מִכֹּל אֲשֶׁר יֵעָשֶׂה מִגֶּפֶן
de-viña-de se-hace lo-que de-todo su-nazareato días-de

הַיַּיִן מֵחַרְצַנִּים וְעַד־ זָג לֹא יֹאכֵל׃ (5) כָּל־ יְמֵי נֶדֶר
voto-de días-de Todos (5) . comerá no piel y-hasta desde-semillas el-vino

נִזְרוֹ תַּעַר לֹא־ יַעֲבֹר עַל־ רֹאשׁוֹ עַד־ מְלֹאת
cumplirse hasta su-cabeza sobre pasará no navaja su-nazareato

הַיָּמִם אֲשֶׁר־ יַזִּיר לַיהוָה קָדֹשׁ יִהְיֶה גַּדֵּל פֶּרַע
mata-de crecer , será santo para-Yahweh está-separado que los-días

שְׂעַר רֹאשׁוֹ׃ (6) כָּל־ יְמֵי הַזִּרוֹ לַיהוָה עַל־
junto-a para-Yahweh su-separarse días-de Todos (6) . su-cabeza cabello-de

נֶפֶשׁ מֵת לֹא יָבֹא׃ (7) לְאָבִיו וּלְאִמּוֹ
o-por-su-madre Por-su-padre (7) . estará no muerto cuerpo

לְאָחִיו וּלְאַחֹתוֹ לֹא־ יִטַּמָּא לָהֶם
por-ellos se-contaminará no o-por-su-hermana por-su-hermano

בְּמֹתָם כִּי נֵזֶר אֱלֹהָיו עַל־ רֹאשׁוֹ׃ כֹּל יְמֵי

días-de Todos (8) . su-cabeza en su-Dios separación-de pues , en-su-muerte

נִזְרוֹ קָדֹשׁ הוּא לַיהוָה׃ וְכִי־ יָמוּת מֵת

muerto muere Y-si (9) . a-Yahweh él santo su-separación

עָלָיו בְּפֶתַע פִּתְאֹם וְטִמֵּא רֹאשׁ נִזְרוֹ

su-dedicación cabeza-de y-se-contamina súbitamente de-pronto junto-a-él

וְגִלַּח רֹאשׁוֹ בְּיוֹם טָהֳרָתוֹ בַּיּוֹם

en-el-día su-purificación en-día-de su-cabeza entonces-se-afeitará

הַשְּׁבִיעִי יְגַלְּחֶנּוּ׃ וּבַיּוֹם הַשְּׁמִינִי יָבִא

traerá el-octavo Y-en-el-día (10) . se-afeitará el-séptimo

שְׁתֵּי תֹרִים אוֹ שְׁנֵי בְּנֵי יוֹנָה אֶל־ הַכֹּהֵן אֶל־ פֶּתַח

puerta-de a el-sacerdote a paloma hijos-de dos o tórtolas dos

אֹהֶל מוֹעֵד׃ וְעָשָׂה הַכֹּהֵן אֶחָד לְחַטָּאת

por-ofrenda-del-pecado una el-sacerdote Y-ofrecerá (11) . reunión tienda-de

וְאֶחָד לְעֹלָה וְכִפֶּר עָלָיו מֵאֲשֶׁר חָטָא עַל־

por pecó porque por-él y-expiará por-holocausto y-una

הַנָּפֶשׁ וְקִדַּשׁ אֶת־ רֹאשׁוֹ בַּיּוֹם הַהוּא׃

. el-aquel en-el-día su-cabeza ** y-santificará el-cuerpo

וְהִזִּיר לַיהוָה אֶת־ יְמֵי נִזְרוֹ

su-nazareato días-de ** a-Yahweh Y-dedicará (12)

וְהֵבִיא כֶּבֶשׂ בֶּן־ שְׁנָתוֹ לְאָשָׁם וְהַיָּמִים

y-los-días como-ofrenda-de-culpa año-de-él hijo-de cordero y-traerá

הָרִאשֹׁנִים יִפְּלוּ כִּי טָמֵא נִזְרוֹ׃

. su-nazareato se-contaminó pues se-anulan los-primeros

וְזֹאת תּוֹרַת הַנָּזִיר בְּיוֹם מְלֹאת יְמֵי

días-de cumplirse en-día-de el-nazareo ley-de Y-ésta (13)

נִזְרוֹ יָבִיא אֹתוֹ אֶל־ פֶּתַח אֹהֶל מוֹעֵד׃
. reunión tienda-de puerta-de a a-él traerá su-separación

וְהִקְרִיב אֶת־ קָרְבָּנוֹ לַיהוָה כֶּבֶשׂ בֶּן־
hijo-de cordero a-Yahweh su-ofrenda ** Y-ofrecerá (14)

שְׁנָתוֹ תָמִים אֶחָד לְעֹלָה וְכַבְשָׂה אַחַת
una y-cordera para-holocausto uno perfecto su-año

בַּת־ שְׁנָתָהּ תְּמִימָה לְחַטָּאת וְאַיִל־ אֶחָד
uno y-carnero para-ofrenda-del-pecado perfecta su-año hija-de

תָּמִים לִשְׁלָמִים׃ וְסַל מַצּוֹת
ázimos . Y-cesta-de (15) . para-ofrenda-de-paces perfecto

סֹלֶת חַלֹּת בְּלוּלֹת בַּשֶּׁמֶן וּרְקִיקֵי
y-hojaldres-de con-el-aceite mezcladas tortas-de harina-fina

מַצּוֹת מְשֻׁחִים בַּשָּׁמֶן וּמִנְחָתָם
y-sus-ofrendas-vegetales con-el-aceite untados ázimos

וְנִסְכֵּיהֶם׃ וְהִקְרִיב הַכֹּהֵן לִפְנֵי
ante el-sacerdote Y-presentará (16) . y-sus-libaciones

יְהוָה וְעָשָׂה אֶת־ חַטָּאתוֹ וְאֶת־ עֹלָתוֹ׃
. su-holocausto y-** su-ofrenda-de-pecado ** y-hará Yahweh

וְאֶת־ הָאַיִל יַעֲשֶׂה זֶבַח שְׁלָמִים לַיהוָה עַל
con a-Yahweh paces ofrenda-de sacrificará el-carnero Y-** (17)

סַל הַמַּצּוֹת וְעָשָׂה הַכֹּהֵן אֶת־
** el-sacerdote y-ofrecerá los-ázimos cesta-de

מִנְחָתוֹ וְאֶת־ נִסְכּוֹ׃ וְגִלַּח
Y-se-afeitará (18) . su-libación y-** su-ofrenda-vegetal

הַנָּזִיר פֶּתַח אֹהֶל מוֹעֵד אֶת־ רֹאשׁ נִזְרוֹ
su-dedicación cabeza-de ** reunión tienda-de puerta-de el-nazareo

וְלָקַח אֶת־שְׂעַר רֹאשׁ נִזְרוֹ וְנָתַן עַל־

en y-pondrá su-dedicación cabeza-de cabello-de ** y-tomará

הָאֵשׁ אֲשֶׁר־תַּחַת זֶבַח הַשְּׁלָמִים׃

. ofrenda-de-las-paces sacrificio-de bajo que el-fuego

וְלָקַח הַכֹּהֵן אֶת־הַזְּרֹעַ בְּשֵׁלָה מִן־הָאַיִל

el-carnero de hervida la-espaldilla ** el-sacerdote Y-tomará (19)

וְחַלַּת מַצָּה אַחַת מִן־הַסַּל וּרְקִיק מַצָּה אֶחָד

uno ázimo y-hojaldre-de la-cesta de uno ázimo y-torta-de

וְנָתַן עַל־כַּפֵּי הַנָּזִיר אַחַר הִתְגַּלְּחוֹ אֶת־

** su-afeitar tras el-nazareo manos-de en y-pondrá

נִזְרוֹ׃ וְהֵנִיף אוֹתָם הַכֹּהֵן ׀ תְּנוּפָה

ofrenda-mecida el-sacerdote a-ellos Y-mecerá (20) . su-dedicada (cabeza)

לִפְנֵי יְהוָה קֹדֶשׁ הוּא לַכֹּהֵן עַל חֲזֵה הַתְּנוּפָה

la-ofrenda-mecida pecho-de con para-el-sacerdote él santo Yahweh ante

וְעַל שׁוֹק הַתְּרוּמָה וְאַחַר יִשְׁתֶּה הַנָּזִיר יָיִן׃

. vino el-nazareo beberá y-después la-presentación muslo-de y-con

זֹאת תּוֹרַת הַנָּזִיר אֲשֶׁר יִדֹּר קָרְבָּנוֹ לַיהוָה עַל־

con a-Yahweh ofrenda-de-él hace-voto que el-nazareo ley-de Esto (21)

נִזְרוֹ מִלְּבַד אֲשֶׁר־תַּשִּׂיג יָדוֹ כְּפִי

según , su-mano le-permite lo-que además-de su-dedicación

נִדְרוֹ אֲשֶׁר יִדֹּר כֵּן יַעֲשֶׂה עַל תּוֹרַת נִזְרוֹ׃

. su-nazareato ley-de como hará así hizo-voto que su-voto

וַיְדַבֵּר יְהוָה אֶל־מֹשֶׁה לֵּאמֹר׃ דַּבֵּר אֶל־אַהֲרֹן וְאֶל־

y-a Aarón a Habla (23) . diciendo Moisés a Yahweh Y-habló (22)

בָּנָיו לֵאמֹר כֹּה תְבָרְכוּ אֶת־בְּנֵי יִשְׂרָאֵל אָמוֹר לָהֶם׃

. a-ellos decir, Israel hijos-de a bendeciréis así : diciendo sus-hijos

(24) יְבָרֶכְךָ יְהוָה וְיִשְׁמְרֶךָ׃ (25) יָאֵר
Haga-resplandecer (25) . y-te-guarde Yahweh Te-bendiga (24)

יְהוָה פָּנָיו אֵלֶיךָ וִיחֻנֶּךָּ׃ (26) יִשָּׂא
Vuelva (26) . y-tenga-gracia-contigo hacia-ti su-rostro Yahweh

יְהוָה פָּנָיו אֵלֶיךָ וְיָשֵׂם לְךָ שָׁלוֹם׃
. paz en-ti y-ponga hacia-ti su-rostro Yahweh

(27) וְשָׂמוּ אֶת־ שְׁמִי עַל־ בְּנֵי יִשְׂרָאֵל וַאֲנִי אֲבָרְכֵם׃
. les-bendeciré y-yo Israel hijos-de sobre mi-nombre ** Y-pondrán (27)

Cap (1) וַיְהִי בְּיוֹם כַּלּוֹת מֹשֶׁה לְהָקִים אֶת־ הַמִּשְׁכָּן
el-tabernáculo ** levantar Moisés terminar en-día Y-fue (1) Cap

וַיִּמְשַׁח אֹתוֹ וַיְקַדֵּשׁ אֹתוֹ וְאֶת־ כָּל־ כֵּלָיו וְאֶת־
y-** sus-utensilios todo y-** a-él y-consagró a-él y-ungió

הַמִּזְבֵּחַ וְאֶת־ כָּל־ כֵּלָיו וַיִּמְשָׁחֵם וַיְקַדֵּשׁ
y-consagró y-los-ungió , sus-utensilios todo y-** el-altar

אֹתָם׃ (2) וַיַּקְרִיבוּ נְשִׂיאֵי יִשְׂרָאֵל רָאשֵׁי בֵּית
casa-de cabezas-de Israel jefes-de E-hicieron-ofrenda (2) . a-ellos

אֲבֹתָם הֵם נְשִׂיאֵי הַמַּטֹּת הֵם הָעֹמְדִים עַל־
sobre los-encargados ellos las-tribus jefes-de ellos sus-padres

הַפְּקֻדִים׃ (3) וַיָּבִיאוּ אֶת־ קָרְבָּנָם לִפְנֵי יְהוָה שֵׁשׁ־
seis-de Yahweh ante sus-ofrendas ** Y-trajeron (3) . los-contados

עֶגְלֹת צָב וּשְׁנֵי עָשָׂר בָּקָר עֲגָלָה עַל־ שְׁנֵי הַנְּשִׂאִים וְשׁוֹר
y-buey los-jefes dos-de de carro buey diez y-dos cubiertos carros

לְאֶחָד וַיַּקְרִיבוּ אוֹתָם לִפְנֵי הַמִּשְׁכָּן׃ (4) וַיֹּאמֶר
Y-dijo (4) . el-tabernáculo ante a-ellos y-presentaron , de-cada-uno

יְהוָה אֶל־מֹשֶׁה לֵּאמֹר׃ (5) קַח מֵאִתָּם וְהָיוּ לַעֲבֹד אֶת־עֲבֹדַת
obra-de ** para-hacer y-serán de-ellos Toma (5) . diciendo Moisés a Yahweh

אֹהֶל מוֹעֵד וְנָתַתָּה אוֹתָם אֶל־הַלְוִיִּם אִישׁ כְּפִי

según-necesidad-de cada-uno los-levitas a a-ellos y-darás reunión tienda-de

עֲבֹדָתוֹ׃ וַיִּקַּח מֹשֶׁה אֶת־הָעֲגָלֹת וְאֶת־הַבָּקָר וַיִּתֵּן אוֹתָם

ellos y-entregó , el-buey y-** los-carros ** Moisés Y-tomó (6) . su-trabajo

אֶל־הַלְוִיִּם׃ אֵת ׀ שְׁתֵּי הָעֲגָלוֹת וְאֵת אַרְבַּעַת הַבָּקָר נָתַן

dio el-buey cuatro-de y-** los-carros dos-de ** (7) . los-levitas a

לִבְנֵי גֵרְשׁוֹן כְּפִי עֲבֹדָתָם׃ וְאֵת ׀ אַרְבַּע הָעֲגָלֹת

los-carros cuatro-de Y-** (8) . trabajo-de-ellos según Gersón a-hijos-de

וְאֵת שְׁמֹנַת הַבָּקָר נָתַן לִבְנֵי מְרָרִי כְּפִי עֲבֹדָתָם

trabajo-de-ellos según , Merari a-hijos-de dio el-buey ocho-de y-**

בְּיַד אִיתָמָר בֶּן־אַהֲרֹן הַכֹּהֵן׃ וְלִבְנֵי קְהָת

Coat Y-a-hijos-de (9) . el-sacerdote Aarón hijo-de Itamar por-mano-de

לֹא נָתָן כִּי־עֲבֹדַת הַקֹּדֶשׁ עֲלֵהֶם בַּכָּתֵף

en-el-hombro sobre-ellos el-santuario trabajo-de pues dio no

יִשָּׂאוּ׃ וַיַּקְרִיבוּ הַנְּשִׂאִים אֵת חֲנֻכַּת הַמִּזְבֵּחַ

el-altar dedicación-de ** los-jefes Y-trajeron (10) . llevan

בְּיוֹם הִמָּשַׁח אֹתוֹ וַיַּקְרִיבוּ הַנְּשִׂיאִם אֶת־קָרְבָּנָם

sus-ofrendas ** los-jefes y-trajeron , a-él ungir en-día

לִפְנֵי הַמִּזְבֵּחַ׃ וַיֹּאמֶר יְהוָה אֶל־מֹשֶׁה נָשִׂיא אֶחָד לַיּוֹם

cada-día uno jefe : Moisés a Yahweh Y-dijo (11) . el-altar ante

נָשִׂיא אֶחָד לַיּוֹם יַקְרִיבוּ אֶת־קָרְבָּנָם

su-ofrenda ** traerán cada-día uno jefe

לַחֲנֻכַּת הַמִּזְבֵּחַ׃ וַיְהִי הַמַּקְרִיב בַּיּוֹם

en-el-día el-que-ofreció Y-fue (12) . el-altar para-la-dedicación-de

הָרִאשׁוֹן אֶת־קָרְבָּנוֹ נַחְשׁוֹן בֶּן־עַמִּינָדָב לְמַטֵּה יְהוּדָה׃

. Judá de-la-tribu-de Aminadab hijo-de Naasón , su-ofrenda ** el-primero

וְקָרְבָּנוֹ קַעֲרַת־כֶּסֶף אַחַת שְׁלֹשִׁים וּמֵאָה מִשְׁקָלָהּ
de-su-peso y-cien treinta : una plata bandeja-de Y-su-ofrenda (13)

מִזְרָק אֶחָד כֶּסֶף שִׁבְעִים שֶׁקֶל בְּשֶׁקֶל הַקֹּדֶשׁ
, el-santuario por-siclo-de siclo setenta plata uno jarro

שְׁנֵיהֶם ׀ מְלֵאִים סֹלֶת בְּלוּלָה בַשֶּׁמֶן לְמִנְחָה׃
. por-ofrenda-vegetal con-el-aceite mezclada flor-de-harina llenos dos-ellos

כַּף אַחַת עֲשָׂרָה זָהָב מְלֵאָה קְטֹרֶת׃ פַּר אֶחָד בֶּן־בָּקָר אַיִל
carnero , vacada hijo-de uno Toro (15) . incienso llena oro diez una Cuchara (14)

אֶחָד כֶּבֶשׂ־אֶחָד בֶּן־שְׁנָתוֹ לְעֹלָה׃ שְׂעִיר־עִזִּים
cabras Macho-cabrío-de (16) . para-holocausto su-año hijo-de uno cordero uno

אֶחָד לְחַטָּאת׃ וּלְזֶבַח הַשְּׁלָמִים בָּקָר
buey las-paces Y-para-sacrificio-de (17) . para-ofrenda-de-pecado uno

שְׁנַיִם אֵילִם חֲמִשָּׁה עַתּוּדִים חֲמִשָּׁה כְּבָשִׂים בְּנֵי־שָׁנָה חֲמִשָּׁה זֶה קָרְבַּן
ofrenda-de esto , cinco año hijos-de corderos cinco machos-cabríos cinco carneros dos

נַחְשׁוֹן בֶּן־עַמִּינָדָב׃ בַּיּוֹם הַשֵּׁנִי הִקְרִיב נְתַנְאֵל
Natanael trajo el-segundo En-el-día (18) . Aminadab hijo-de Naasón

בֶּן־צוּעָר נְשִׂיא יִשָּׂשכָר׃ הִקְרִב אֶת־קָרְבָּנוֹ קַעֲרַת־
bandeja-de su-ofrenda ** Trajo (19) . Isacar jefe-de Zuar hijo-de

כֶּסֶף אַחַת שְׁלֹשִׁים וּמֵאָה מִשְׁקָלָהּ מִזְרָק אֶחָד כֶּסֶף
plata uno jarro de-su-peso y-cien treinta , una plata

שִׁבְעִים שֶׁקֶל בְּשֶׁקֶל הַקֹּדֶשׁ שְׁנֵיהֶם ׀ מְלֵאִים סֹלֶת
harina-fina llenos ellos-dos el-santuario por-siclo-de siclo setenta

בְּלוּלָה בַשֶּׁמֶן לְמִנְחָה׃ כַּף אַחַת עֲשָׂרָה זָהָב מְלֵאָה
lleno oro diez una Cuchara (20) . por-ofrenda-vegetal con-el-aceite mezclada

קְטֹרֶת׃ פַּר אֶחָד בֶּן־בָּקָר אַיִל אֶחָד כֶּבֶשׂ־אֶחָד בֶּן־שְׁנָתוֹ
su-año hijo-de uno cordero uno carnero vacada hijo-de uno Toro (21) . incienso

לְעֹלָה׃ שְׂעִיר־ עִזִּים אֶחָד לְחַטָּאת׃
. para-ofrenda-del-pecado uno cabras Macho-cabrío-de (22) . por-holocausto

וּלְזֶבַח הַשְּׁלָמִים בָּקָר שְׁנַיִם אֵילִם חֲמִשָּׁה
cinco carneros dos buey ofrenda-de-paces Y-para-sacrificio-de (23)

עַתּוּדִים חֲמִשָּׁה כְּבָשִׂים בְּנֵי־ שָׁנָה חֲמִשָּׁה זֶה קָרְבַּן נְתַנְאֵל בֶּן־
hijo-de Natanael ofrenda-de esto , cinco año hijos-de corderos cinco machos-cabríos

צוּעָר׃ בַּיּוֹם הַשְּׁלִישִׁי נָשִׂיא לִבְנֵי זְבוּלֻן אֱלִיאָב בֶּן־ חֵלֹן׃
. Helón hijo-de Eliab Zabulón de-hijos-de jefe el-tercero En-el-día (24) . Zuar

קָרְבָּנוֹ קַעֲרַת־ כֶּסֶף אַחַת שְׁלֹשִׁים וּמֵאָה מִשְׁקָלָהּ
de-su-peso y-cien treinta una plata bandeja-de Su-ofrenda (25)

מִזְרָק אֶחָד כֶּסֶף שִׁבְעִים שֶׁקֶל בְּשֶׁקֶל הַקֹּדֶשׁ
el-santuario por-siclo-de siclo setenta plata uno jarro

שְׁנֵיהֶם ׀ מְלֵאִים סֹלֶת בְּלוּלָה בַשֶּׁמֶן לְמִנְחָה׃
. para-ofrenda-vegetal con-el-aceite mezclada harina-fina llenos ellos-dos

כַּף אַחַת עֲשָׂרָה זָהָב מְלֵאָה קְטֹרֶת׃ פַּר אֶחָד בֶּן־ בָּקָר אַיִל
carnero vacada hijo-de uno Toro (27) . incienso llena oro diez una Cucharada (27)

אֶחָד כֶּבֶשׂ־אֶחָד בֶּן־ שְׁנָתוֹ לְעֹלָה׃ שְׂעִיר־ עִזִּים
cabras Macho-cabrío-de (28) . para-holocausto su-año hijo-de uno cordero uno

אֶחָד לְחַטָּאת׃ וּלְזֶבַח הַשְּׁלָמִים בָּקָר
buey las-paces Y-para-sacrificio-de (29) . para-ofrenda-del-pecado uno

שְׁנַיִם אֵילִם חֲמִשָּׁה עַתֻּדִים חֲמִשָּׁה כְּבָשִׂים בְּנֵי־ שָׁנָה חֲמִשָּׁה זֶה קָרְבַּן
ofrenda-de esto cinco año hijos-de corderos cinco machos-cabríos cinco carneros dos

אֱלִיאָב בֶּן־ חֵלֹן׃ בַּיּוֹם הָרְבִיעִי נָשִׂיא לִבְנֵי רְאוּבֵן
, Rubén de-hijos-de jefe el-cuarto En-el-día (30) . Elón hijo-de Eliab

אֱלִיצוּר בֶּן־ שְׁדֵיאוּר׃ קָרְבָּנוֹ קַעֲרַת־ כֶּסֶף אַחַת שְׁלֹשִׁים
treinta una plata bandeja-de Su-ofrenda (31) . Sedeur hijo-de Elisur

וּמֵאָה מִשְׁקָלָהּ מִזְרָק אֶחָד כֶּסֶף שִׁבְעִים שֶׁקֶל
siclo setenta plata una jarra de-su-peso y-cien

בְּשֶׁקֶל הַקֹּדֶשׁ שְׁנֵיהֶם ׀ מְלֵאִים סֹלֶת בְּלוּלָה
mezclada harina-fina llenos ellos-dos el-santuario por-siclo-de

בַשֶּׁמֶן לְמִנְחָה׃ כַּף אַחַת עֲשָׂרָה זָהָב מְלֵאָה קְטֹרֶת
incienso llena oro diez una Cuchara (32) . por-ofrenda-vegetal con-el-aceite

פַּר אֶחָד בֶּן־בָּקָר אַיִל אֶחָד כֶּבֶשׂ־אֶחָד בֶּן־שְׁנָתוֹ
su-año hijo-de uno cordero uno carnero vacuno hijo-de uno Toro (33)

לְעֹלָה׃ שְׂעִיר־עִזִּים אֶחָד לְחַטָּאת׃
. para-ofrenda-del-pecado uno cabras Macho-cabrío-de (34) . para-holocausto

וּלְזֶבַח הַשְּׁלָמִים בָּקָר שְׁנַיִם אֵילִם חֲמִשָּׁה
cinco carneros dos buey las-paces Y-para-sacrificio-de (35)

עַתֻּדִים חֲמִשָּׁה כְּבָשִׂים בְּנֵי־שָׁנָה חֲמִשָּׁה זֶה קָרְבַּן אֱלִיצוּר בֶּן־
hijo-de Elisur ofrenda-de esto , cinco año hijos-de corderos cinco machos-cabríos

שְׁדֵיאוּר׃ בַּיּוֹם הַחֲמִישִׁי נָשִׂיא לִבְנֵי שִׁמְעוֹן שְׁלֻמִיאֵל בֶּן־
hijo-de Selumiel Simeón de-hijos-de jefe el-quinto En-el-día (36) . Sedeur

צוּרִישַׁדָּי׃ קָרְבָּנוֹ קַעֲרַת־כֶּסֶף אַחַת שְׁלֹשִׁים וּמֵאָה
y-cien treinta una plata bandeja-de Su-ofrenda (37) . Zurisadai

מִשְׁקָלָהּ מִזְרָק אֶחָד כֶּסֶף שִׁבְעִים שֶׁקֶל בְּשֶׁקֶל
por-siclo-de siclo setenta plata una jarra de-su-peso

הַקֹּדֶשׁ שְׁנֵיהֶם ׀ מְלֵאִים סֹלֶת בְּלוּלָה בַשֶּׁמֶן
con-el-aceite mezclada harina-fina llenos ellos-dos el-santuario

לְמִנְחָה׃ כַּף אַחַת עֲשָׂרָה זָהָב מְלֵאָה קְטֹרֶת׃ פַּר אֶחָד
uno Toro (39) . incienso llena oro dicz una Cuchara (38) . para-ofrenda-vegetal

בֶּן־בָּקָר אַיִל אֶחָד כֶּבֶשׂ־אֶחָד בֶּן־שְׁנָתוֹ לְעֹלָה׃
. para-holocausto su-año hijo-de uno cordero uno carnero vacuno hijo-de

שְׂעִיר־ עִזִּים אֶחָד לְחַטָּאת וּלְזֶבַח
Y-para-sacrificio-de (41) . para-ofrenda-del-pecado uno cabras Macho-cabrío-de (40)

הַשְּׁלָמִים בָּקָר שְׁנַיִם אֵילִם חֲמִשָּׁה עַתֻּדִים חֲמִשָּׁה כְּבָשִׂים בְּנֵי־
hijos-de corderos cinco machos-cabríos cinco carneros dos buey las-paces

שָׁנָה חֲמִשָּׁה זֶה קָרְבַּן שְׁלֻמִיאֵל בֶּן־ צוּרִישַׁדָּי׃ בַּיּוֹם
En-el-día (42) . Zurisadai hijo-de Selumiel ofrenda-de esto , cinco año

הַשִּׁשִּׁי נָשִׂיא לִבְנֵי גָד אֶלְיָסָף בֶּן־ דְּעוּאֵל׃ קָרְבָּנוֹ
Su-ofrenda (43) . Deuel hijo-de Elisaf Dan de-hijos-de jefe el-sexto

קַעֲרַת־ כֶּסֶף אַחַת שְׁלֹשִׁים וּמֵאָה מִשְׁקָלָהּ מִזְרָק אֶחָד
uno jarra de-su-peso y-cien treinta una plata bandeja-de

כֶּסֶף שִׁבְעִים שֶׁקֶל בְּשֶׁקֶל הַקֹּדֶשׁ שְׁנֵיהֶם ׀ מְלֵאִים
llenos ellos-dos el-santuario por-siclo-de siclo setenta plata

סֹלֶת בְּלוּלָה בַשֶּׁמֶן לְמִנְחָה׃ כַּף אַחַת עֲשָׂרָה
diez una Cuchara (44) . para-ofrenda-vegetal con-el-aceite mezclada harina-fina

זָהָב מְלֵאָה קְטֹרֶת׃ פַּר אֶחָד בֶּן־ בָּקָר אַיִל אֶחָד כֶּבֶשׂ־אֶחָד בֶּן־
hijo-de uno cordero uno carnero vacuno hijo-de uno Toro (45) . incienso llena oro

שְׁנָתוֹ לְעֹלָה׃ שְׂעִיר־ עִזִּים אֶחָד לְחַטָּאת׃
. para-ofrenda-de-pecado uno cabras Macho-cabrío-de (46) . para-holocausto su-año

וּלְזֶבַח הַשְּׁלָמִים בָּקָר שְׁנַיִם אֵילִם חֲמִשָּׁה
cinco carneros dos buey las-paces Y-para-sacrificio-de (47)

עַתֻּדִים חֲמִשָּׁה כְּבָשִׂים בְּנֵי־ שָׁנָה חֲמִשָּׁה זֶה קָרְבַּן אֶלְיָסָף בֶּן־
hijo-de Elisaf ofrenda-de esto , cinco año hijos-de corderos cinco machos-cabríos

דְּעוּאֵל׃ בַּיּוֹם הַשְּׁבִיעִי נָשִׂיא לִבְנֵי אֶפְרָיִם אֱלִישָׁמָע בֶּן־
hijo-de Elisama Efraín de-hijos-de jefe el-séptimo En-el-día (48) . Deuel

עַמִּיהוּד׃ קָרְבָּנוֹ קַעֲרַת־ כֶּסֶף אַחַת שְׁלֹשִׁים וּמֵאָה
y-cien treinta una plata bandeja-de Su-ofrenda (49) . Amihud

מִשְׁקָלָהּ מִזְרָק אֶחָד כֶּסֶף שִׁבְעִים שֶׁקֶל בְּשֶׁקֶל
por-siclo-de siclo setenta plata una jarra , de-su-peso

הַקֹּדֶשׁ שְׁנֵיהֶם ׀ מְלֵאִים סֹלֶת בְּלוּלָה בַשֶּׁמֶן
con-el-aceite mezclada harina-fina llenos ellos-dos el-santuario

לְמִנְחָה׃ כַּף אַחַת עֲשָׂרָה זָהָב מְלֵאָה קְטֹרֶת׃ פַּר אֶחָד
uno Toro (51) . incienso llena oro diez unos Cuchara (50) . para-ofrenda-vegetal

בֶּן־ בָּקָר אַיִל אֶחָד כֶּבֶשׂ־אֶחָד בֶּן־ שְׁנָתוֹ לְעֹלָה׃
. para-holocausto su-año hijo-de uno cordero uno carnero vacuno hijo-de

שְׂעִיר־ עִזִּים אֶחָד לְחַטָּאת׃ וּלְזֶבַח
Y-para-sacrificio-de (53) . para-sacrificio-del-pecado uno cabras Macho-cabrío-de (52)

הַשְּׁלָמִים בָּקָר שְׁנַיִם אֵילִם חֲמִשָּׁה עַתֻּדִים חֲמִשָּׁה כְּבָשִׂים בְּנֵי־
hijos-de corderos cinco machos-cabríos cinco carneros dos buey las-paces

שָׁנָה חֲמִשָּׁה זֶה קָרְבַּן אֱלִישָׁמָע בֶּן־ עַמִּיהוּד׃ בַּיּוֹם
En-el-día (54) . Amihud hijo-de Elisama ofrenda-de esto , cinco año

הַשְּׁמִינִי נָשִׂיא לִבְנֵי מְנַשֶּׁה גַּמְלִיאֵל בֶּן־ פְּדָה־ צוּר׃
. Sur Peda hijo-de Gamaliel Manasés de-hijos-de jefe el-octavo

קָרְבָּנוֹ קַעֲרַת־ כֶּסֶף אַחַת שְׁלֹשִׁים וּמֵאָה מִשְׁקָלָהּ
de-su-peso y-cien treinta una plata bandeja-de Su-ofrenda (55)

מִזְרָק אֶחָד כֶּסֶף שִׁבְעִים שֶׁקֶל בְּשֶׁקֶל הַקֹּדֶשׁ
el-santuario por-siclo-de siclo setenta plata uno jarra

שְׁנֵיהֶם ׀ מְלֵאִים סֹלֶת בְּלוּלָה בַשֶּׁמֶן לְמִנְחָה׃
para-ofrenda-vegetal con-el-aceite mezclada harina-fina llenos ellos-dos

כַּף אַחַת עֲשָׂרָה זָהָב מְלֵאָה קְטֹרֶת׃ פַּר אֶחָד בֶּן־ בָּקָר אַיִל
carnero vacuno hijo-de uno Toro (57) . incienso llena oro diez una Cuchara (56)

אֶחָד כֶּבֶשׂ־אֶחָד בֶּן־ שְׁנָתוֹ לְעֹלָה׃ שְׂעִיר עִזִּים
cabras Macho-cabrío-de (58) . para-holocausto su-año hijo-de uno cordero uno

אֶחָד לְחַטָּאת׃ וּלְזֶבַח הַשְּׁלָמִים בָּקָר
buey las-paces Y-para-sacrificio-de (59) . para-ofrenda-del-pecado uno

שְׁנַיִם אֵילִם חֲמִשָּׁה עַתֻּדִים חֲמִשָּׁה כְּבָשִׂים בְּנֵי־ שָׁנָה חֲמִשָּׁה זֶה קָרְבַּן
ofrenda-de esto , cinco año hijos-de corderos cinco machos-cabríos cinco carneros dos

גַּמְלִיאֵל בֶּן־ פְּדָה־ צוּר׃ בַּיּוֹם הַתְּשִׁיעִי נָשִׂיא לִבְנֵי
de-hijos-de jefe el-noveno En-el-día (60) . Sur Peda hijo-de Gamaliel

בִנְיָמִן אֲבִידָן בֶּן־ גִּדְעֹנִי׃ קָרְבָּנוֹ קַעֲרַת־ כֶּסֶף אַחַת
una plata bandeja-de Su-ofrenda (61) . Gedeoni hijo-de Abidán , Benjamín

שְׁלֹשִׁים וּמֵאָה מִשְׁקָלָהּ מִזְרָק אֶחָד כֶּסֶף שִׁבְעִים שֶׁקֶל
siclo setenta plata una jarra de-su-peso y cien treinta

בְּשֶׁקֶל הַקֹּדֶשׁ שְׁנֵיהֶם ׀ מְלֵאִים סֹלֶת בְּלוּלָה
mezclada harina-fina llenos ellos-dos , el-santuario por-siclo-de

בַשֶּׁמֶן לְמִנְחָה׃ כַּף אַחַת עֲשָׂרָה זָהָב מְלֵאָה קְטֹרֶת׃
. incienso llena oro diez una Cucharada (62) . para-ofrenda-vegetal con-el-aceite

פַּר אֶחָד בֶּן־ בָּקָר אַיִל אֶחָד כֶּבֶשׂ־ אֶחָד בֶּן־ שְׁנָתוֹ
su-año hijo-de uno cordero uno carnero vacuno hijo-de uno Toro (63)

לְעֹלָה׃ שְׂעִיר־ עִזִּים אֶחָד לְחַטָּאת׃
. para-ofrenda-del-pecado uno cabras Macho-de-cabrío (64) . para-holocausto

וּלְזֶבַח הַשְּׁלָמִים בָּקָר שְׁנַיִם אֵילִם חֲמִשָּׁה
cinco carneros dos buey las-paces Y-para-sacrificio-de (65)

עַתֻּדִים חֲמִשָּׁה כְּבָשִׂים בְּנֵי־ שָׁנָה חֲמִשָּׁה זֶה קָרְבַּן אֲבִידָן בֶּן־
hijo-de Abidán ofrenda-de esto , cinco año hijos-de corderos cinco machos-cabríos

גִּדְעֹנִי׃ בַּיּוֹם הָעֲשִׂירִי נָשִׂיא לִבְנֵי דָן אֲחִיעֶזֶר בֶּן־
hijo-de Ahiezer , Dan de-hijos-de jefe el-décimo En-el-día (66) . Gedeoni

עַמִּישַׁדָּי׃ קָרְבָּנוֹ קַעֲרַת־ כֶּסֶף אַחַת שְׁלֹשִׁים וּמֵאָה
y-cien treinta una plata bandeja-de Su-ofrenda (67) . Amisadai

מִשְׁקָלָהּ מִזְרָק אֶחָד כֶּסֶף שִׁבְעִים שֶׁקֶל בְּשֶׁקֶל
por-siclo-de siclo setenta plata una jarra de-su-peso

הַקֹּדֶשׁ שְׁנֵיהֶם ׀ מְלֵאִים סֹלֶת בְּלוּלָה בַשֶּׁמֶן
con-el-aceite mezclada harina-fina llenos ellos-dos el-santuario

לְמִנְחָה׃ כַּף אַחַת עֲשָׂרָה זָהָב מְלֵאָה קְטֹרֶת׃ פַּר אֶחָד
uno Toro (69) . incienso llena oro diez una Cuchara (68) . para-ofrenda-vegetal

בֶּן־ בָּקָר אַיִל אֶחָד כֶּבֶשׂ־ אֶחָד בֶּן־ שְׁנָתוֹ לְעֹלָה׃
. para-holocausto su-año hijo-de uno cordero uno carnero vacuno hijo-de

שְׂעִיר־ עִזִּים אֶחָד לְחַטָּאת׃ וּלְזֶבַח
Y-para-sacrificio (71) . para-ofrenda-del-pecado uno cabras Macho-cabrío-de (70)

הַשְּׁלָמִים בָּקָר שְׁנַיִם אֵילִם חֲמִשָּׁה עַתֻּדִים חֲמִשָּׁה כְּבָשִׂים בְּנֵי־
hijos-de corderos cinco machos-cabríos cinco carneros dos buey las-paces

שָׁנָה חֲמִשָּׁה זֶה קָרְבַּן אֲחִיעֶזֶר בֶּן־ עַמִּישַׁדָּי׃ בַּיּוֹם עַשְׁתֵּי עָשָׂר
diez uno En-día (72) . Amisadai hijo-de Ahiezer ofrenda esto , cinco año

יוֹם נָשִׂיא לִבְנֵי אָשֵׁר פַּגְעִיאֵל בֶּן־ עָכְרָן׃ קָרְבָּנוֹ
Su-ofrenda (73) . Ocrán hijo-de Pagiel , Aser de-hijos-de jefe día

קַעֲרַת־ כֶּסֶף אַחַת שְׁלֹשִׁים וּמֵאָה מִשְׁקָלָהּ מִזְרָק אֶחָד
una jarra de-su-peso y-cien treinta una plata bandeja-de

כֶּסֶף שִׁבְעִים שֶׁקֶל בְּשֶׁקֶל הַקֹּדֶשׁ שְׁנֵיהֶם ׀ מְלֵאִים
llenos-de ellos-dos el-santuario por-siclo-de siclo setenta plata

סֹלֶת בְּלוּלָה בַשֶּׁמֶן לְמִנְחָה׃ כַּף אַחַת עֲשָׂרָה
diez una Cuchara (74) . para-ofrenda-vegetal con-el-aceite mezclada harina-fina

זָהָב מְלֵאָה קְטֹרֶת׃ פַּר אֶחָד בֶּן־ בָּקָר אַיִל אֶחָד כֶּבֶשׂ־אֶחָד בֶּן־
hijo-de uno cordero uno carnero vacuno hijo-de uno Toro (75) . incienso llena oro

שְׁנָתוֹ לְעֹלָה׃ שְׂעִיר־ עִזִּים אֶחָד לְחַטָּאת׃
. para-ofrenda-de-pecado uno cabras Macho-cabrío-de (76) . para-holocausto su-año

וּלְזֶ֣בַח הַשְּׁלָמִים֮ בָּקָ֣ר שְׁנַ֒יִם֒ אֵילִ֤ם חֲמִשָּׁה֙
cinco carneros dos buey las-paces Y-para-sacrificio-de (77)

עַתֻּדִ֣ים חֲמִשָּׁ֔ה כְּבָשִׂ֥ים בְּנֵֽי־ שָׁנָ֖ה חֲמִשָּׁ֑ה זֶ֛ה קָרְבַּ֥ן פַּגְעִיאֵ֖ל בֶּן־
hijo-de Pagiel ofrenda-de esto , cinco año hijos-de corderos cinco machos-cabríos

עָכְרָֽן׃ בְּיוֹם֙ שְׁנֵ֣ים עָשָׂ֣ר י֔וֹם נָשִׂ֖יא לִבְנֵ֣י נַפְתָּלִ֑י אֲחִירַ֖ע בֶּן־ עֵינָֽן׃
. Enán hijo-de Ahira , Neftalí de-hijos-de jefe día diez dos En-día (78) . Ocrán

קָרְבָּנ֗וֹ קַֽעֲרַת־ כֶּ֣סֶף אַחַ֗ת שְׁלֹשִׁ֣ים וּמֵאָה֮ מִשְׁקָלָהּ֒
de-su-peso y-cien treinta una plata bandeja-de Su-ofrenda (79)

מִזְרָ֤ק אֶחָד֙ כֶּ֔סֶף שִׁבְעִ֥ים שֶׁ֖קֶל בְּשֶׁ֣קֶל הַקֹּ֑דֶשׁ
el-santuario por-siclo-de siclo setenta plata una jarra

שְׁנֵיהֶ֣ם ׀ מְלֵאִ֗ים סֹ֛לֶת בְּלוּלָ֥ה בַשֶּׁ֖מֶן לְמִנְחָֽה׃
. para-ofrenda-vegetal con-el-aceite mezclada harina-fina llenos ellos-dos

כַּ֥ף אַחַ֛ת עֲשָׂרָ֥ה זָהָ֖ב מְלֵאָ֥ה קְטֹֽרֶת׃ פַּ֣ר אֶחָ֞ד בֶּן־ בָּקָ֗ר אַ֧יִל
carnero vacuno hijo-de uno Toro (81) . incienso llena oro diez una Cuchara (80)

אֶחָ֛ד כֶּֽבֶשׂ־אֶחָ֥ד בֶּן־ שְׁנָת֖וֹ לְעֹלָֽה׃ שְׂעִיר־ עִזִּ֥ים
cabras Macho-cabrío-de (82) . para-holocausto su-año hijo-de uno cordero uno

אֶחָ֖ד לְחַטָּֽאת׃ וּלְזֶ֣בַח הַשְּׁלָמִים֮ בָּקָ֣ר
buey las-paces Y-para-sacrificio-de (83) . para-ofrenda-del-pecado uno

שְׁנַ֒יִם֒ אֵילִ֤ם חֲמִשָּׁה֙ עַתֻּדִ֣ים חֲמִשָּׁ֔ה כְּבָשִׂ֥ים בְּנֵֽי־ שָׁנָ֖ה חֲמִשָּׁ֑ה זֶ֛ה קָרְבַּ֥ן
ofrenda-de esto , cinco año hijos-de corderos cinco machos-cabríos cinco carneros dos

אֲחִירַ֖ע בֶּן־ עֵינָֽן׃ זֹ֣את ׀ חֲנֻכַּ֣ת הַמִּזְבֵּ֗חַ בְּיוֹם֙
en-día el-altar ofrenda-dedicatoria-de Esto (84) . Enán hijo-de Ahira

הִמָּשַׁ֣ח אֹת֔וֹ מֵאֵ֖ת נְשִׂיאֵ֣י יִשְׂרָאֵ֑ל קַעֲרֹ֨ת כֶּ֜סֶף שְׁתֵּ֣ים עֶשְׂרֵ֗ה
diez dos plata bandejas-de , Israel jefes-de de **-él ser-ungido

מִֽזְרְקֵי־ כֶ֙סֶף֙ שְׁנֵ֣ים עָשָׂ֔ר כַּפּ֥וֹת זָהָ֖ב שְׁתֵּ֣ים עֶשְׂרֵ֑ה׃ שְׁלֹשִׁ֣ים
Treinta (85) . diez dos oro cucharas-de diez dos plata jarras-de

וּמֵאָה הַקְּעָרָה הָאַחַת כֶּסֶף וְשִׁבְעִים הַמִּזְרָק

la-jarra y-setenta plata la-una la-bandeja y-cien

הָאֶחָד כֹּל כֶּסֶף הַכֵּלִים אַלְפַּיִם וְאַרְבַּע־מֵאוֹת

cientos y-cuatro dos-mil las-vasijas plata-de toda , la-una

בְּשֶׁקֶל הַקֹּדֶשׁ׃ כַּפּוֹת זָהָב שְׁתֵּים־עֶשְׂרֵה מְלֵאֹת קְטֹרֶת

incienso llenas-de diez dos oro Cucharas-de (86) . el-santuario por-siclo-de

עֲשָׂרָה עֲשָׂרָה הַכַּף בְּשֶׁקֶל הַקֹּדֶשׁ כָּל־זְהַב הַכַּפּוֹת

las-cucharas oro-de todo el-santuario por-siclo-de la-cuchara diez diez

עֶשְׂרִים וּמֵאָה׃ כָּל־הַבָּקָר לָעֹלָה שְׁנֵים עָשָׂר

diez dos para-el-holocausto el-vacuno Todo (87) . y-cien veinte

פָּרִים אֵילִם שְׁנֵים־עָשָׂר כְּבָשִׂים בְּנֵי־שָׁנָה שְׁנֵים עָשָׂר וּמִנְחָתָם

y-sus-ofrendas-vegetales diez dos año hijos-de corderos diez dos carneros toros

וּשְׂעִירֵי עִזִּים שְׁנֵים עָשָׂר לְחַטָּאת׃ וְכֹל בְּקַר ׀

ganado-de Y-todo (88) . para-ofrenda-del-pecado diez dos cabras y-machos-cabríos-de

זֶבַח הַשְּׁלָמִים עֶשְׂרִים וְאַרְבָּעָה פָּרִים אֵילִם שִׁשִּׁים

sesenta carneros , toros y-cuatro veinte las-paces sacrificio-de

עַתֻּדִים שִׁשִּׁים כְּבָשִׂים בְּנֵי־שָׁנָה שִׁשִּׁים זֹאת חֲנֻכַּת

ofrenda-dedicatoria-de éstos , sesenta año hijos-de corderos sesenta machos-cabríos

הַמִּזְבֵּחַ אַחֲרֵי הִמָּשַׁח אֹתוֹ׃ וּבְבֹא מֹשֶׁה אֶל־אֹהֶל

tienda-de a Moisés Y-al-entrar (89) . **-él ser-ungido tras el-altar

מוֹעֵד לְדַבֵּר אִתּוֹ וַיִּשְׁמַע אֶת־הַקּוֹל מִדַּבֵּר אֵלָיו

a-él hablando la-voz ** entonces-oía con-él para-hablar reunión

מֵעַל הַכַּפֹּרֶת אֲשֶׁר עַל־אֲרֹן הָעֵדֻת מִבֵּין

de-entre el-testimonio arca-de sobre que el-propiciatorio de-sobre

שְׁנֵי הַכְּרֻבִים וַיְדַבֵּר אֵלָיו׃ וַיְדַבֵּר יְהוָה אֶל־

a Yahweh Y-habló (1) . con-él y-hablaba , los-querubines dos Cap

מֹשֶׁה לֵּאמֹר׃ דַּבֵּר אֶל־אַהֲרֹן וְאָמַרְתָּ אֵלָיו בְּהַעֲלֹתְךָ אֶת־
** cuando-tu-preparar : a-él y-di Aarón a Habla (2) . diciendo Moisés

הַנֵּרֹת אֶל־מוּל פְּנֵי הַמְּנוֹרָה יָאִירוּ שִׁבְעַת הַנֵּרוֹת׃
. lámparas siete alumbrarán el-candelabro frente-de hacia a las-lámparas

וַיַּעַשׂ כֵּן אַהֲרֹן אֶל־מוּל פְּנֵי הַמְּנוֹרָה הֶעֱלָה נֵרֹתֶיהָ
sus-lámparas preparó el-candelabro frente-de hacia a , Aarón así E-hizo (3)

כַּאֲשֶׁר צִוָּה יְהוָה אֶת־מֹשֶׁה׃ וְזֶה מַעֲשֵׂה הַמְּנֹרָה
el-candelabro hechura-de Y-esta (4) . Moisés a Yahweh mandó como

מִקְשָׁה זָהָב עַד־יְרֵכָהּ עַד־פִּרְחָהּ מִקְשָׁה הִוא
ella labrada su-flor hasta su-base desde oro labrada

כַּמַּרְאֶה אֲשֶׁר הֶרְאָה יְהוָה אֶת־מֹשֶׁה כֵּן עָשָׂה אֶת־הַמְּנֹרָה׃
. el-candelabro ** hizo así Moisés a Yahweh mostró que como-modelo

וַיְדַבֵּר יְהוָה אֶל־מֹשֶׁה לֵּאמֹר׃ קַח אֶת־הַלְוִיִּם מִתּוֹךְ
de-entre los-levitas ** Toma (6) . diciendo Moisés a Yahweh Y-habló (5)

בְּנֵי יִשְׂרָאֵל וְטִהַרְתָּ אֹתָם׃ וְכֹה־תַעֲשֶׂה לָהֶם
a-ellos haz Y-así (7) . a-ellos y-purifica , Israel hijos-de

לְטַהֲרָם הַזֵּה עֲלֵיהֶם מֵי חַטָּאת וְהֶעֱבִירוּ
y-aféitense purificación agua-de sobre-ellos rocía , para-purificar-los

תַעַר עַל־כָּל־בְּשָׂרָם וְכִבְּסוּ בִגְדֵיהֶם
sus-vestidos y-laven su-cuerpo todo por navaja

וְהִטֶּהָרוּ׃ וְלָקְחוּ פַּר בֶּן־בָּקָר
vacuno hijo-de toro Y-tomarán (8) . y-se-purificarán

וּמִנְחָתוֹ סֹלֶת בְּלוּלָה בַשָּׁמֶן וּפַר־
y-toro , con-el-aceite mezclada harina-fina y-su-ofrenda-vegetal

שֵׁנִי בֶן־בָּקָר תִּקַּח לְחַטָּאת׃ וְהִקְרַבְתָּ אֶת־
** Y-trae (9) . para-ofrenda-del-pecado toma vacuno hijo-de segundo

הַלְוִיִּם לִפְנֵי אֹהֶל מוֹעֵד וְהִקְהַלְתָּ אֶת־ כָּל־
toda ** y-congrega reunión tienda-de ante los-levitas

עֲדַת בְּנֵי יִשְׂרָאֵל׃ וְהִקְרַבְתָּ אֶת־ הַלְוִיִּם לִפְנֵי יְהוָה
Yahweh ante los-levitas ** Y-trae (10) . Israel hijos-de comunidad-de

וְסָמְכוּ בְנֵי־ יִשְׂרָאֵל אֶת־ יְדֵיהֶם עַל־ הַלְוִיִּם׃
. los-levitas sobre sus-manos ** Israel hijos-de y-pondrán

וְהֵנִיף אַהֲרֹן אֶת־ הַלְוִיִּם תְּנוּפָה לִפְנֵי יְהוָה
Yahweh ante ofrenda-mecida los-levitas ** Aarón Y-presentará (11)

מֵאֵת בְּנֵי יִשְׂרָאֵל וְהָיוּ לַעֲבֹד אֶת־ עֲבֹדַת יְהוָה׃
. Yahweh servicio-de ** para-servir y-serán , Israel hijos-de de

וְהַלְוִיִּם יִסְמְכוּ אֶת־ יְדֵיהֶם עַל רֹאשׁ הַפָּרִים
los-toros cabeza-de sobre sus-manos ** pondrán Y-los-levitas (12)

וַעֲשֵׂה אֶת־ הָאֶחָד חַטָּאת וְאֶת־ הָאֶחָד עֹלָה לַיהוָה
a-Yahweh holocausto el-uno y-** ofrenda-del-pecado la-una ** y-ofrece

לְכַפֵּר עַל־ הַלְוִיִּם׃ וְהַעֲמַדְתָּ אֶת־ הַלְוִיִּם לִפְנֵי
ante los-levitas ** Y-haz-comparecer (13) . los-levitas por para-expiar

אַהֲרֹן וְלִפְנֵי בָנָיו וְהֵנַפְתָּ אֹתָם תְּנוּפָה
ofrenda-mecida a-ellos y-presenta sus-hijos y-ante Aarón

לַיהוָה׃ וְהִבְדַּלְתָּ אֶת־ הַלְוִיִּם מִתּוֹךְ בְּנֵי יִשְׂרָאֵל
Israel hijos-de de-entre los-levitas ** Y-apartarás (14) . a-Yahweh

וְהָיוּ לִי הַלְוִיִּם׃ וְאַחֲרֵי־ כֵן יָבֹאוּ
vendrán esto Y-después-de (15) . los-levitas para-mí y-serán

הַלְוִיִּם לַעֲבֹד אֶת־ אֹהֶל מוֹעֵד וְטִהַרְתָּ אֹתָם וְהֵנַפְתָּ
y-ofrecerás a-ellos y-purificarás , reunión tienda-de ** a-servir los-levitas

אֹתָם תְּנוּפָה׃ כִּי נְתֻנִים נְתֻנִים הֵמָּה לִי
para-mí ellos entregados entregados Pues (16) . ofrenda-mecida a-ellos

מִתּוֹךְ בְּנֵי יִשְׂרָאֵל תַּחַת פִּטְרַת כָּל־רֶחֶם בְּכוֹר
primogénito-de vientre todo primero-de en-lugar-de Israel hijos-de de-entre

כֹּל מִבְּנֵי יִשְׂרָאֵל לָקַחְתִּי אֹתָם לִי׃ כִּי לִי כָל־בְּכוֹר
primogénito todo para-mí Pues (17) . para-mí a-ellos tomé Israel de-hijos-de todo

בִּבְנֵי יִשְׂרָאֵל בָּאָדָם וּבַבְּהֵמָה בְּיוֹם הַכֹּתִי
mi-golpear en-día y-de-el-animal de-el-hombre Israel de-hijos-de

כָל־בְּכוֹר בְּאֶרֶץ מִצְרַיִם הִקְדַּשְׁתִּי אֹתָם לִי׃ וָאֶקַּח
Y-tomé (18) . para-mí a-ellos separé Egipto en-tierra-de primogénito todo

אֶת־הַלְוִיִּם תַּחַת כָּל־בְּכוֹר בִּבְנֵי יִשְׂרָאֵל׃
. Israel de-hijos-de primogénito todo en-lugar-de los levitas **

וָאֶתְּנָה אֶת־הַלְוִיִּם נְתֻנִים ׀ לְאַהֲרֹן וּלְבָנָיו
y-a-sus-hijos a-Aarón entregados los-levitas ** Y-di (19)

מִתּוֹךְ בְּנֵי יִשְׂרָאֵל לַעֲבֹד אֶת־עֲבֹדַת בְּנֵי־יִשְׂרָאֵל בְּאֹהֶל
en-tienda-de Israel hijos-de servicio-de ** para-servir Israel hijos-de de-entre

מוֹעֵד וּלְכַפֵּר עַל־בְּנֵי יִשְׂרָאֵל וְלֹא יִהְיֶה בִּבְנֵי
en-hijos-de será y-no Israel hijos-de por y-para-expiar reunión

יִשְׂרָאֵל נֶגֶף בְּגֶשֶׁת בְּנֵי־יִשְׂרָאֵל אֶל־הַקֹּדֶשׁ׃ וַיַּעַשׂ
E-hizo (20) . el-santuario a Israel hijos-de al-acercarse plaga Israel

מֹשֶׁה וְאַהֲרֹן וְכָל־עֲדַת בְּנֵי־יִשְׂרָאֵל לַלְוִיִּם
con-los-levitas Israel hijos-de comunidad-de y-toda y-Aarón Moisés

כְּכֹל אֲשֶׁר־צִוָּה יְהוָה אֶת־מֹשֶׁה לַלְוִיִּם כֵּן־עָשׂוּ
hicieron así para-los-levitas Moisés a Yahweh mandó lo-que como-todo

לָהֶם בְּנֵי יִשְׂרָאֵל׃ וַיִּתְחַטְּאוּ הַלְוִיִּם
los-levitas Y-se-purificaron (21) . Israel hijos-de a-ellos

וַיְכַבְּסוּ בִּגְדֵיהֶם וַיָּנֶף אַהֲרֹן אֹתָם תְּנוּפָה
ofrenda-mecida a-ellos Aarón y-presentó sus-vestidos y-lavaron

לִפְנֵי יְהוָה וַיְכַפֵּר עֲלֵיהֶם אַהֲרֹן לְטַהֲרָם׃ וְאַחֲרֵי־
Y-después (22) . para-purificar-los Aarón por-ellos y-expió Yahweh ante

כֵן בָּאוּ הַלְוִיִּם לַעֲבֹד אֶת־ עֲבֹדָתָם בְּאֹהֶל מוֹעֵד לִפְנֵי
ante reunión en-tienda-de su-servicio ** a-servir los-levitas fueron esto

אַהֲרֹן וְלִפְנֵי בָנָיו כַּאֲשֶׁר צִוָּה יְהוָה אֶת־ מֹשֶׁה עַל־
con Moisés ** Yahweh mandó como sus-hijos y-ante Aarón

הַלְוִיִּם כֵּן עָשׂוּ לָהֶם׃ וַיְדַבֵּר יְהוָה אֶל־מֹשֶׁה לֵּאמֹר׃
. diciendo Moisés a Yahweh Y-habló (23) . a-ellos hicieron así los-levitas

זֹאת אֲשֶׁר לַלְוִיִּם מִבֶּן חָמֵשׁ וְעֶשְׂרִים שָׁנָה וָמַעְלָה
y-más año y-veinte cinco de-hijo-de : para-los-levitas lo-que Esto (24)

יָבוֹא לִצְבֹא צָבָא בַּעֲבֹדַת אֹהֶל מוֹעֵד׃
. reunión tienda-de en-servicio-de ministerio a-ministrar vendrá

וּמִבֶּן חֲמִשִּׁים שָׁנָה יָשׁוּב מִצְּבָא הָעֲבֹדָה
el-servicio de-ministerio-de se-retirará año cincuenta Y-de-hijo-de (25)

וְלֹא יַעֲבֹד עוֹד׃ וְשֵׁרֵת אֶת־ אֶחָיו
sus-hermanos ** Ayudará (26) . más servirá y-no

בְּאֹהֶל מוֹעֵד לִשְׁמֹר מִשְׁמֶרֶת וַעֲבֹדָה לֹא יַעֲבֹד כָּכָה תַּעֲשֶׂה
harás así , servirá no pero-servicio guardia para-guardar reunión en-tienda-de

לַלְוִיִּם בְּמִשְׁמְרֹתָם׃ וַיְדַבֵּר יְהוָה אֶל־
a Yahweh Y-habló (1) . en-deberes-de-ellos a-los-levitas Cap

מֹשֶׁה בְמִדְבַּר־ סִינַי בַּשָּׁנָה הַשֵּׁנִית לְצֵאתָם מֵאֶרֶץ
de-tierra-de salir-de-ellos el-segundo en-año Sinaí en-desierto-de Moisés

מִצְרַיִם בַּחֹדֶשׁ הָרִאשׁוֹן לֵאמֹר׃ וְיַעֲשׂוּ בְנֵי־
hijos-de Y-harán (2) . diciendo el-primero en-el-mes Egipto

יִשְׂרָאֵל אֶת־ הַפָּסַח בְּמוֹעֲדוֹ׃ בְּאַרְבָּעָה עָשָׂר־יוֹם בַּחֹדֶשׁ
en-el-mes día diez En-cuatro (3) . en-su-tiempo la-Pascua ** Israel

הַזֶּה בֵּין הָעֲרָבַּיִם תַּעֲשׂוּ אֹתוֹ בְּמֹעֲדוֹ כְּכָל־

según-todas , en-su-tiempo **-él haréis los-crepúsculos entre el-éste

חֻקֹּתָיו וּכְכָל־ מִשְׁפָּטָיו תַּעֲשׂוּ אֹתוֹ׃

. **-él haréis sus-reglas y-según-todas sus-leyes

וַיְדַבֵּר מֹשֶׁה אֶל־ בְּנֵי יִשְׂרָאֵל לַעֲשֹׂת הַפָּסַח׃

. la-Pascua para-hacer Israel hijos-de a Moisés Y-dijo (4)

וַיַּעֲשׂוּ אֶת־ הַפֶּסַח בָּרִאשׁוֹן בְּאַרְבָּעָה עָשָׂר יוֹם

día diez en-cuatro en-el-primero la-Pascua ** E-hicieron (5)

לַחֹדֶשׁ בֵּין הָעַרְבַּיִם בְּמִדְבַּר סִינָי כְּכֹל אֲשֶׁר צִוָּה

mandó lo-que como-todo Sinaí en-desierto-de los-crepúsculos entre de-el-mes

יְהוָה אֶת־ מֹשֶׁה כֵּן עָשׂוּ בְּנֵי יִשְׂרָאֵל׃ וַיְהִי אֲנָשִׁים אֲשֶׁר

que hombres Y-fue (6) . Israel hijos-de hicieron así Moisés a Yahweh

הָיוּ טְמֵאִים לְנֶפֶשׁ אָדָם וְלֹא־ יָכְלוּ לַעֲשֹׂת־

hacer podían y-no hombre por-cadáver-de inmundos estaban

הַפֶּסַח בַּיּוֹם הַהוּא וַיִּקְרְבוּ לִפְנֵי מֹשֶׁה וְלִפְנֵי אַהֲרֹן

Aarón y-ante Moisés ante y-vinieron , el-aquel en-el-día la-Pascua

בַּיּוֹם הַהוּא׃ וַיֹּאמְרוּ הָאֲנָשִׁים הָהֵמָּה אֵלָיו אֲנַחְנוּ

nosotros : a-él los-éstos los-hombres Y-dijeron (7) . el-aquel en-el-día

טְמֵאִים לְנֶפֶשׁ אָדָם לָמָּה נִגָּרַע לְבִלְתִּי הַקְרִב אֶת־ קָרְבַּן

ofrenda-de ** ofrecer sin impedidos por-qué? , hombre por-cadáver-de inmundos

יְהוָה בְּמֹעֲדוֹ בְּתוֹךְ בְּנֵי יִשְׂרָאֵל׃ וַיֹּאמֶר אֲלֵהֶם מֹשֶׁה

Moisés a-ellos Y-dijo (8) . Israel hijos-de entre en-su-tiempo Yahweh

עִמְדוּ וְאֶשְׁמְעָה מַה־ יְצַוֶּה יְהוָה לָכֶם׃ וַיְדַבֵּר

Y-habló (9) . sobre-vosotros Yahweh manda qué y-oiré esperad

יְהוָה אֶל־ מֹשֶׁה לֵּאמֹר׃ דַּבֵּר אֶל־ בְּנֵי יִשְׂרָאֵל לֵאמֹר אִישׁ אִישׁ כִּי־

que cualquiera hombre: diciendo Israel hijos-de a Habla (10) . diciendo Moisés a Yahweh

יִהְיֶה־ טָמֵא ׀ לָנֶפֶשׁ אוֹ בְדֶרֶךְ רְחֹקָה לָכֶם אוֹ
o para-vosotros lejos en-camino o por-cadáver inmundo esté

לְדֹרֹתֵיכֶם וְעָשָׂה פֶסַח לַיהוָה׃
. a-Yahweh Pascua y-hará para-vuestros-descendientes

בַּחֹדֶשׁ הַשֵּׁנִי בְּאַרְבָּעָה עָשָׂר יוֹם בֵּין הָעַרְבַּיִם
los-crepúsculos entre día diez en-cuatro el-segundo En-el-mes (11)

יַעֲשׂוּ אֹתוֹ עַל־ מַצּוֹת וּמְרֹרִים
y-hierbas-amargas ázimos con , él haréis

יֹאכְלֻהוּ׃ לֹא־ יַשְׁאִירוּ מִמֶּנּוּ עַד־ בֹּקֶר וְעֶצֶם
y-hueso mañana hasta de-él dejarán No (12) . lo-comerán

לֹא יִשְׁבְּרוּ־ בוֹ כְּכָל־ חֻקַּת הַפֶּסַח
la-Pascua regla-de según-toda en-él romperán no

יַעֲשׂוּ אֹתוֹ׃ וְהָאִישׁ אֲשֶׁר־ הוּא טָהוֹר וּבְדֶרֶךְ לֹא־
no y-en-camino limpio él que Y-el-hombre (13) . él harán

הָיָה וְחָדַל לַעֲשׂוֹת הַפֶּסַח וְנִכְרְתָה הַנֶּפֶשׁ
la-persona entonces-será-cortada la-Pascua hacer y-deja-de está

הַהִוא מֵעַמֶּיהָ כִּי ׀ קָרְבַּן יְהוָה לֹא הִקְרִיב
presentó no Yahweh ofrenda-de pues de-su-pueblo la-aquella

בְּמֹעֲדוֹ חֶטְאוֹ יִשָּׂא הָאִישׁ הַהוּא׃ וְכִי־
Y-si (14) . el-aquel el-hombre llevará su-pecado en-su-tiempo

יָגוּר אִתְּכֶם גֵּר וְעָשָׂה פֶסַח לַיהוָה
a-Yahweh Pascua y-hace extraño con-vosotros habita

כְּחֻקַּת הַפֶּסַח וּכְמִשְׁפָּטוֹ כֵּן יַעֲשֶׂה חֻקָּה
regla , hará así y-como-su-norma la-Pascua como-regla-de

אַחַת יִהְיֶה לָכֶם וְלַגֵּר וּלְאֶזְרַח הָאָרֶץ׃
. la-tierra y-para-nativo-de y-para-extraño para-vosotros será una

וּבְיוֹם הָקִים אֶת־ הַמִּשְׁכָּן כִּסָּה הֶעָנָן אֶת־
** la-nube cubrió el-tabernáculo ** levantar Y-en-día (15)

הַמִּשְׁכָּן לְאֹהֶל הָעֵדֻת וּבָעֶרֶב יִהְיֶה עַל־
sobre estaba y-desde-la-tarde la-reunión sobre-tienda-de el-tabernáculo

הַמִּשְׁכָּן כְּמַרְאֵה־ אֵשׁ עַד־ בֹּקֶר׃ כֵּן יִהְיֶה תָמִיד
continuamente era Así (16) . mañana hasta fuego como-apariencia-de el-tabernáculo

הֶעָנָן יְכַסֶּנּוּ וּמַרְאֵה־ אֵשׁ לָיְלָה׃ וּלְפִי
Y-cuando (17) . noche fuego y-apariencia-de , lo-cubría la-nube

הֵעָלֹת הֶעָנָן מֵעַל הָאֹהֶל וְאַחֲרֵי־ כֵן יִסְעוּ
marchaban así entonces la-tienda de-sobre la-nube alzarse

בְּנֵי יִשְׂרָאֵל וּבִמְקוֹם אֲשֶׁר יִשְׁכָּן־ שָׁם הֶעָנָן שָׁם
allí la-nube allí paraba que y-en-lugar Israel hijos-de

יַחֲנוּ בְּנֵי יִשְׂרָאֵל׃ עַל־ פִּי יְהוָה יִסְעוּ בְּנֵי
hijos-de marchaban Yahweh orden-de Por (18) . Israel hijos-de acampaban

יִשְׂרָאֵל וְעַל־ פִּי יְהוָה יַחֲנוּ כָּל־ יְמֵי אֲשֶׁר יִשְׁכֹּן
estaba que días-de todos acampaban Yahweh orden-de y-por Israel

הֶעָנָן עַל־ הַמִּשְׁכָּן יַחֲנוּ׃ וּבְהַאֲרִיךְ הֶעָנָן
la-nube Y-en-detener-se (19) . acampaban el-tabernáculo sobre la-nube

עַל־ הַמִּשְׁכָּן יָמִים רַבִּים וְשָׁמְרוּ בְנֵי־ יִשְׂרָאֵל אֶת־מִשְׁמֶרֶת
orden-de ** Israel hijos-de entonces-obedecían muchos días el-tabernáculo sobre

יְהוָה וְלֹא יִסָּעוּ׃ וְיֵשׁ אֲשֶׁר יִהְיֶה הֶעָנָן יָמִים
días la-nube estaba cuando Y-era (20) . marchaban y-no Yahweh

מִסְפָּר עַל־ הַמִּשְׁכָּן עַל־ פִּי יְהוָה יַחֲנוּ וְעַל־
y-por acampaban Yahweh orden-de por , el-tabernáculo sobre pocos

פִּי יְהוָה יִסָּעוּ׃ וְיֵשׁ אֲשֶׁר יִהְיֶה הֶעָנָן
la-nube estaba cuando Y-era (21) . marchaban Yahweh orden-de

מֵעֶרֶב עַד־ בֹּקֶר וְנַעֲלָה הֶעָנָן בַּבֹּקֶר
por-la-mañana la-nube y-se-alzaba mañana hasta desde-tarde

וְנָסָעוּ אוֹ יוֹמָם וָלַיְלָה וְנַעֲלָה הֶעָנָן
la-nube cuando-se-alzaba o-de-noche de-día o entonces-marchaban

וְנָסָעוּ׃ אוֹ־ יֹמַיִם אוֹ־ חֹדֶשׁ אוֹ־ יָמִים בְּהַאֲרִיךְ
mientras días o mes o dos-días O (22) . entonces-marchaban

הֶעָנָן עַל־ הַמִּשְׁכָּן לִשְׁכֹּן עָלָיו יַחֲנוּ בְנֵי־
hijos-de acampaban sobre-él quedaba el-tabernáculo sobre la-nube

יִשְׂרָאֵל וְלֹא יִסָּעוּ וּבְהֵעָלֹתוֹ יִסָּעוּ׃ עַל־
Por (23) . marchaban y-cuando-su-alzarse marchaban y-no Israel

פִּי יְהוָה יַחֲנוּ וְעַל־ פִּי יְהוָה יִסָּעוּ אֶת־
** , marchaban Yahweh orden-de y-por acampaban Yahweh orden-de

מִשְׁמֶרֶת יְהוָה שָׁמָרוּ עַל־ פִּי יְהוָה בְּיַד־ מֹשֶׁה׃
. Moisés por-mano-de Yahweh orden-de por obedecían Yahweh mandato-de

וַיְדַבֵּר יְהוָה אֶל־ מֹשֶׁה לֵּאמֹר׃ עֲשֵׂה לְךָ שְׁתֵּי
dos para-ti Haz (2) . diciendo Moisés a Yahweh Y-habló (1) Cap.

חֲצוֹצְרֹת כֶּסֶף מִקְשָׁה תַּעֲשֶׂה אֹתָם וְהָיוּ לְךָ
para-ti y-serán , ellas harás a-martillo plata trompetas-de

לְמִקְרָא הָעֵדָה וּלְמַסַּע אֶת־ הַמַּחֲנוֹת׃
. los-campamentos de y-para-marcha la-comunidad para-convocatoria-de

וְתָקְעוּ בָּהֵן וְנוֹעֲדוּ אֵלֶיךָ כָּל־
toda ante-ti entonces-se-congregarán con-ellas Cuando-toquen (3)

הָעֵדָה אֶל־ פֶּתַח אֹהֶל מוֹעֵד׃ וְאִם־ בְּאַחַת יִתְקָעוּ
, tocan con-una Y-si (4) . reunión tienda-de puerta-de a la-comunidad

וְנוֹעֲדוּ אֵלֶיךָ הַנְּשִׂיאִים רָאשֵׁי אַלְפֵי יִשְׂרָאֵל׃
. Israel miles-de cabezas-de los-jefes ante-ti entonces-se-congregarán

וּתְקַעְתֶּם תְּרוּעָה וְנָסְעוּ הַמַּחֲנוֹת הַחֹנִים
los-acampados los-campamentos entonces-marcharán alarma Cuando-toquéis (5)

קֵדְמָה׃ וּתְקַעְתֶּם תְּרוּעָה שֵׁנִית וְנָסְעוּ הַמַּחֲנוֹת
los-campamentos entonces-marcharán segunda alarma Cuando-toquéis (6) . al-este

הַחֹנִים תֵּימָנָה תְּרוּעָה יִתְקְעוּ לְמַסְעֵיהֶם׃
. para-sus-marchas tocarán alarma , al-sur los-acampados

וּבְהַקְהִיל אֶת־ הַקָּהָל תִּתְקְעוּ וְלֹא תָרִיעוּ׃
. daréis-alarma pero-no tocaréis la-asamblea ** Y-para-reunir (7)

וּבְנֵי אַהֲרֹן הַכֹּהֲנִים יִתְקְעוּ בַּחֲצֹצְרוֹת
con-las-trompetas tocarán los-sacerdotes Aarón E-hijos de (8)

וְהָיוּ לָכֶם לְחֻקַּת עוֹלָם לְדֹרֹתֵיכֶם׃
. por-vuestras-generaciones perpetua por-ordenanza para-vosotros y-serán

וְכִי־ תָבֹאוּ מִלְחָמָה בְּאַרְצְכֶם עַל־ הַצַּר
el-enemigo contra en-vuestra-tierra batalla trabéis Y-cuando (9)

הַצֹּרֵר אֶתְכֶם וַהֲרֵעֹתֶם בַּחֲצֹצְרוֹת
con-las-trompetas entonces-tocaréis de-vosotros el-opresor

וְנִזְכַּרְתֶּם לִפְנֵי יְהוָה אֱלֹהֵיכֶם וְנוֹשַׁעְתֶּם
y-seréis-salvados vuestro-Dios Yahweh ante y-seréis-recordados

מֵאֹיְבֵיכֶם׃ וּבְיוֹם שִׂמְחַתְכֶם וּבְמוֹעֲדֵיכֶם
y-en-vuestras-fiestas vuestra-alegría Y-en-día-de (10) . de-vuestros-enemigos

וּבְרָאשֵׁי חָדְשֵׁיכֶם וּתְקַעְתֶּם בַּחֲצֹצְרֹת עַל
sobre con-las-trompetas entonces-tocaréis vuestros-meses y-a-primeros-de

עֹלֹתֵיכֶם וְעַל זִבְחֵי שַׁלְמֵיכֶם
, vuestras-paces sacrificios-de y-sobre vuestros-holocaustos

וְהָיוּ לָכֶם לְזִכָּרוֹן לִפְנֵי אֱלֹהֵיכֶם אֲנִי יְהוָה אֱלֹהֵיכֶם׃
. vuestro-Dios Yahweh yo vuestro-Dios ante para-recuerdo para-vosotros y-serán

וַיְהִי בַּשָּׁנָה הַשֵּׁנִית בַּחֹדֶשׁ הַשֵּׁנִי בְּעֶשְׂרִים

en-veinte el-segundo en-el-mes el-segundo en-el-año Y-fue (11)

בַּחֹדֶשׁ נַעֲלָה הֶעָנָן מֵעַל מִשְׁכַּן הָעֵדֻת׃

. el-testimonio el-tabernáculo-de de-sobre la-nube se-alzó en-el-mes

וַיִּסְעוּ בְנֵי־יִשְׂרָאֵל לְמַסְעֵיהֶם מִמִּדְבַּר

de-desierto-de para-sus-viajes Israel hijos-de Y-marcharon (12)

סִינָי וַיִּשְׁכֹּן הֶעָנָן בְּמִדְבַּר פָּארָן׃ וַיִּסְעוּ

Y-marcharon (13) . Parán en-desierto-de la-nube y-se-detuvo , Sinaí

בָּרִאשֹׁנָה עַל־פִּי יְהוָה בְּיַד־מֹשֶׁה׃ וַיִּסַּע

Y-marchó (14) . Moisés por-mano-de Yahweh orden-de por por-la-primera-vez

דֶּגֶל מַחֲנֵה בְנֵי־יְהוּדָה בָּרִאשֹׁנָה לְצִבְאֹתָם וְעַל־

y-sobre por-sus-divisiones la-primera Judá hijos-de campamento-de bandera-de

צְבָאוֹ נַחְשׁוֹן בֶּן־עַמִּינָדָב׃ וְעַל־צְבָא מַטֵּה

tribu-de división-de Y-sobre (15) . Aminadab hijo-de Naasón su-división

בְּנֵי יִשָּׂשכָר נְתַנְאֵל בֶּן־צוּעָר׃ וְעַל־צְבָא מַטֵּה

tribu-de división-de Y-sobre (16) . Zuar hijo-de Natanael Isacar hijos-de

בְּנֵי זְבוּלֻן אֱלִיאָב בֶּן־חֵלוֹן׃ וְהוּרַד הַמִּשְׁכָּן

el-tabernáculo Y-fue-desmontado (17) . Elón hijo-de Eliab Zabulón hijos-de

וְנָסְעוּ בְנֵי־גֵרְשׁוֹן וּבְנֵי מְרָרִי נֹשְׂאֵי

portadores-de Merari e-hijos-de Gersón hijos-de y-marcharon

הַמִּשְׁכָּן׃ וְנָסַע דֶּגֶל מַחֲנֵה רְאוּבֵן

Rubén campamento-de bandera-de Y-marchó (18) . el-tabernáculo

לְצִבְאֹתָם וְעַל־צְבָאוֹ אֱלִיצוּר בֶּן־שְׁדֵיאוּר׃

. Sediur hijo-de Elisur su-división y-sobre , por-sus-divisiones

וְעַל־צְבָא מַטֵּה בְּנֵי שִׁמְעוֹן שְׁלֻמִיאֵל בֶּן־צוּרִי

Zuri hijo-de Selumiel Simeón hijos-de tribu-de división-de Y-sobre (19)

שַׁדָּי׃ וְעַל־ צְבָא מַטֵּה בְנֵי־ גָד אֶלְיָסָף בֶּן־
hijo-de Eliasaf Gad hijos-de tribu-de división-de Y-sobre (20) . Sadai

דְּעוּאֵל׃ וְנָסְעוּ הַקְּהָתִים נֹשְׂאֵי הַמִּקְדָּשׁ
el-santuario portadores-de los-coatitas Y-marcharon (21) . Deuel

וְהֵקִימוּ אֶת־ הַמִּשְׁכָּן עַד־ בֹּאָם׃ וְנָסַע
Y-marchó (22) . llegar-de-ellos antes-de el-tabernáculo ** y-levantaron

דֶּגֶל מַחֲנֵה בְנֵי־ אֶפְרַיִם לְצִבְאֹתָם וְעַל־
y-sobre por-sus-divisiones Efraín hijos-de campamento-de bandera-de

צְבָאוֹ אֱלִישָׁמָע בֶּן־ עַמִּיהוּד׃ וְעַל־ צְבָא מַטֵּה
tribu-de división-de Y-sobre (23) . Amihud hijo-de Elisama su-división

בְּנֵי מְנַשֶּׁה גַּמְלִיאֵל בֶּן־ פְּדָהצוּר׃ וְעַל־ צְבָא מַטֵּה
tribu-de división-de Y-sobre (24) . Pedasur hijo-de Gamaliel Manasés hijos-de

בְּנֵי בִנְיָמִן אֲבִידָן בֶּן־ גִּדְעוֹנִי׃ וְנָסַע דֶּגֶל
bandera-de Y-marchó (25) . Gedeoni hijo-de Abidán Benjamín hijos-de

מַחֲנֵה בְנֵי־ דָן מְאַסֵּף לְכָל־ הַמַּחֲנֹת לְצִבְאֹתָם
por-sus-divisiones los-campamentos de-todos retaguardia Dan hijos-de campamento-de

וְעַל־ צְבָאוֹ אֲחִיעֶזֶר בֶּן־ עַמִּי שַׁדָּי׃ וְעַל־
Y-sobre (26) . Sadai Ami hijo-de Ahiezer su-división y-sobre

צְבָא מַטֵּה בְּנֵי אָשֵׁר פַּגְעִיאֵל בֶּן־ עָכְרָן׃ וְעַל־
Y-sobre (27) . Ocrán hijo-de Pagiel Aser hijos-de tribu-de división-de

צְבָא מַטֵּה בְּנֵי נַפְתָּלִי אֲחִירַע בֶּן־ עֵינָן׃ אֵלֶּה מַסְעֵי
órdenes-de Estos (28) . Enán hijo-de Ahira Neftalí hijos-de tribu-de división-de

בְנֵי־ יִשְׂרָאֵל לְצִבְאֹתָם וַיִּסָּעוּ׃ וַיֹּאמֶר מֹשֶׁה
Moisés Y-dijo (29) . y-marcharon , por-divisiones-de-ellos Israel hijos-de

לְחֹבָב בֶּן־ רְעוּאֵל הַמִּדְיָנִי חֹתֵן מֹשֶׁה נֹסְעִים ׀
marchando : Moisés suegro-de el-madianita Reuel hijo-de a-Hobab

אֲנַחְנוּ אֶל־הַמָּקוֹם אֲשֶׁר אָמַר יְהוָה אֹתוֹ אֶתֵּן לָכֶם לְכָה אִתָּנוּ
con-nosotros ven , a-vosotros daré él : Yahweh dijo que el-lugar a nosotros

וְהֵטַבְנוּ לָךְ כִּי־יְהוָה דִּבֶּר־טוֹב עַל־יִשְׂרָאֵל׃
. Israel a bien habló Yahweh pues a-ti y-haremos-bien

וַיֹּאמֶר אֵלָיו לֹא אֵלֵךְ כִּי אִם־אֶל־אַרְצִי וְאֶל־
y-a mi-tierra a que sino iré no : a-él Y-dijo (30)

מוֹלַדְתִּי אֵלֵךְ׃ וַיֹּאמֶר אַל־נָא תַּעֲזֹב אֹתָנוּ כִּי ׀ עַל־כֵּן
así por pues a-nosotros dejes , por-favor , no : Y-dijo (31) . iré mi-parentela

יָדַעְתָּ חֲנֹתֵנוּ בַּמִּדְבָּר וְהָיִיתָ לָּנוּ לְעֵינָיִם׃
. por-ojos para-nosotros y-serás en-el-desierto acampar-nos sabes

וְהָיָה כִּי־תֵלֵךְ עִמָּנוּ וְהָיָה ׀ הַטּוֹב הַהוּא
el-aquel el-bien y-será con-nosotros vienes si Y-será (32)

אֲשֶׁר יֵיטִיב יְהוָה עִמָּנוּ וְהֵטַבְנוּ לָךְ׃ וַיִּסְעוּ
Y-marcharon (33) . a-ti así-haremos-bien a-nosotros Yahweh hará-bien que

מֵהַר יְהוָה דֶּרֶךְ שְׁלֹשֶׁת יָמִים וַאֲרוֹן בְּרִית־
pacto-de y-arca-de días tres camino-de Yahweh el-monte-de

יְהוָה נֹסֵעַ לִפְנֵיהֶם דֶּרֶךְ שְׁלֹשֶׁת יָמִים לָתוּר לָהֶם מְנוּחָה׃
. reposo para-ellos para-hallar días tres camino-de ante-ellos yendo Yahweh

וַעֲנַן יְהוָה עֲלֵיהֶם יוֹמָם בְּנָסְעָם מִן־הַמַּחֲנֶה׃
. el-campamento de en-marchar-de-ellos de-día sobre-ellos Yahweh Y-nube-de (34)

וַיְהִי בִּנְסֹעַ הָאָרֹן וַיֹּאמֶר מֹשֶׁה קוּמָה ׀ יְהוָה
Yahweh levanta! : Moisés y-dijo el-arca al-marchar Y-fue (35)

וְיָפֻצוּ אֹיְבֶיךָ וְיָנֻסוּ
y-huyan tus-enemigos y-esparce

מְשַׂנְאֶיךָ מִפָּנֶיךָ׃ וּבְנֻחֹה יֹאמַר שׁוּבָה
vuelve! : decía Y-al-parar-se (36) . de-tu-presencia tus-odiadores

יְהוָה רִבְבוֹת אַלְפֵי יִשְׂרָאֵל׃ וַיְהִי הָעָם
el-pueblo Y-fue (1) . Israel miles-de muchedumbres-de Yahweh

כְּמִתְאֹנְנִים רַע בְּאָזְנֵי יְהוָה וַיִּשְׁמַע יְהוָה
Yahweh y-escuchó , Yahweh a-oídos-de mal como-quejándose

וַיִּחַר אַפּוֹ וַתִּבְעַר־ בָּם אֵשׁ יְהוָה
Yahweh fuego-de en-ellos y-ardió su-ira y-se-despertó

וַתֹּאכַל בִּקְצֵה הַמַּחֲנֶה׃ וַיִּצְעַק הָעָם אֶל־
a el-pueblo Y-clamó (2) . el-campamento en-extremo-de y-consumió

מֹשֶׁה וַיִּתְפַּלֵּל מֹשֶׁה אֶל־ יְהוָה וַתִּשְׁקַע הָאֵשׁ׃
. el-fuego y-se-extinguió Yahweh a Moisés y-oró Moisés

וַיִּקְרָא שֵׁם־ הַמָּקוֹם הַהוּא תַּבְעֵרָה כִּי־ בָעֲרָה בָם
entre-ellos ardió porque Tabera el-aquel el-lugar nombre-de Y-llamó (3)

אֵשׁ יְהוָה׃ וְהָאסַפְסֻף אֲשֶׁר בְּקִרְבּוֹ הִתְאַוּוּ תַּאֲוָה
deseo desearon entre-ellos que Y-la-chusma (4) . Yahweh fuego-de

וַיָּשֻׁבוּ וַיִּבְכּוּ גַּם בְּנֵי יִשְׂרָאֵל וַיֹּאמְרוּ מִי
ojalá : y-dijeron Israel hijos-de también y-lloraron y-volvieron

יַאֲכִלֵנוּ בָּשָׂר׃ זָכַרְנוּ אֶת־ הַדָּגָה אֲשֶׁר־ נֹאכַל בְּמִצְרַיִם חִנָּם
gratis en-Egipto comimos que el-pescado ** Recordamos (5) . carne comiéramos

אֵת הַקִּשֻּׁאִים וְאֵת הָאֲבַטִּחִים וְאֶת־הֶחָצִיר וְאֶת־הַבְּצָלִים וְאֶת־הַשּׁוּמִים׃
. los-ajos y-** las-cebollas y-** los-puerros y-** los-melones y-** los-pepinos **

וְעַתָּה נַפְשֵׁנוּ יְבֵשָׁה אֵין כֹּל בִּלְתִּי אֶל־ הַמָּן
el-maná a excepto nada no-hay se-seca nuestra-alma Y-ahora (6)

עֵינֵינוּ׃ וְהַמָּן כִּזְרַע־ גַּד הוּא וְעֵינוֹ
y-su-aspecto , él culantro como-semilla-de Y-el-maná (7) . nuestros-ojos

כְּעֵין הַבְּדֹלַח׃ שָׁטוּ הָעָם וְלָקְטוּ
y-recogían el-pueblo Se-esparcía (8) . la-resina como-aspecto-de

וְטָחֲנוּ בָרֵחַיִם אוֹ דָכוּ בַּמְּדֹכָה וּבִשְּׁלוּ

y-cocinaban en-el-mortero machacaban o en-los-molinos y-molían

בַּפָּרוּר וְעָשׂוּ אֹתוֹ עֻגוֹת וְהָיָה טַעְמוֹ כְּטַעַם

como-sabor-de su-sabor y-era tortas con-él y-hacían en-la-olla

לְשַׁד הַשָּׁמֶן׃ וּבְרֶדֶת הַטַּל עַל־הַמַּחֲנֶה לָיְלָה

por-la-noche el-campamento sobre el-rocío Y-cuando-caía (9) . el-aceite preparado-de

יֵרֵד הַמָּן עָלָיו׃ וַיִּשְׁמַע מֹשֶׁה אֶת־הָעָם

el-pueblo a Moisés Y-oyó (10) . con-él el-maná descendía

בֹּכֶה לְמִשְׁפְּחֹתָיו אִישׁ לְפֶתַח אָהֳלוֹ וַיִּחַר־

y-ardió , su-tienda a-puerta-de cada por-sus-familias llorando

אַף יְהוָה מְאֹד וּבְעֵינֵי מֹשֶׁה רָע׃ וַיֹּאמֶר

Y-dijo (11) . mal Moisés y-en-ojos-de , mucho Yahweh ira-de

מֹשֶׁה אֶל־יְהוָה לָמָה הֲרֵעֹתָ לְעַבְדֶּךָ וְלָמָּה לֹא־

no y-por-qué a-tu-siervo hiciste-mal por-qué ? : Yahweh a Moisés

מָצָתִי חֵן בְּעֵינֶיךָ לָשׂוּם אֶת־מַשָּׂא כָּל־הָעָם הַזֶּה

el-éste el-pueblo todo carga-de ** para-poner en-tus-ojos gracia hallé

עָלָי׃ הֶאָנֹכִי הָרִיתִי אֵת כָּל־הָעָם הַזֶּה אִם־אָנֹכִי יְלִדְתִּיהוּ

lo-engendré yo o el-éste el-pueblo todo ** concebí Acaso-yo (12) . sobre-mí

כִּי־תֹאמַר אֵלַי שָׂאֵהוּ בְחֵיקֶךָ כַּאֲשֶׁר יִשָּׂא

lleva como en-tu-seno lléva-lo : a-mí dices que

הָאֹמֵן אֶת־הַיֹּנֵק עַל הָאֲדָמָה אֲשֶׁר נִשְׁבַּעְתָּ לַאֲבֹתָיו׃

. a-padres-de-él prometiste que la-tierra a al-que-mama ** la-que-crecía

מֵאַיִן לִי בָּשָׂר לָתֵת לְכָל־הָעָם הַזֶּה כִּי־יִבְכּוּ

lloran pues , el-éste el-pueblo a-todo para-dar carne para-mí De-dónde (13)

עָלַי לֵאמֹר תְּנָה־לָּנוּ בָשָׂר וְנֹאכֵלָה׃ לֹא־אוּכַל אָנֹכִי לְבַדִּי

solo yo puedo No (14) . y-comeremos carne a-nosotros da : diciendo a-mí

לָשֵׂאת אֶת־ כָּל־ הָעָם הַזֶּה כִּי כָבֵד מִמֶּנִּי׃ וְאִם־כָּכָה ׀
así Y-si (15) . para-mí pesado pues el-éste el-pueblo todo ** llevar

אַתְּ־ עֹשֶׂה לִּי הָרְגֵנִי נָא הָרֹג אִם־מָצָאתִי חֵן בְּעֵינֶיךָ
en-tus-ojos gracia hallé si matar ahora mata-me a-mí haciendo tú

וְאַל־ אֶרְאֶה בְּרָעָתִי׃ וַיֹּאמֶר יְהוָה אֶל־ מֹשֶׁה אֶסְפָה־
trae : Moisés a Yahweh Y-dijo (16) . a-mi-mal vea y-no

לִּי שִׁבְעִים אִישׁ מִזִּקְנֵי יִשְׂרָאֵל* אֲשֶׁר יָדַעְתָּ כִּי־ הֵם זִקְנֵי
ancianos-de ellos que sepas que Israel de-ancianos-de hombre setenta a-mí

הָעָם וְשֹׁטְרָיו וְלָקַחְתָּ אֹתָם אֶל־ אֹהֶל מוֹעֵד
reunión tienda-de a a-ellos y-toma y-dirigentes-de-él el-pueblo

וְהִתְיַצְּבוּ שָׁם עִמָּךְ׃ וְיָרַדְתִּי וְדִבַּרְתִּי
y-hablaré Y-descenderé (17) . con-tigo allí y-aguarden

עִמְּךָ שָׁם וְאָצַלְתִּי מִן־ הָרוּחַ אֲשֶׁר עָלֶיךָ וְשַׂמְתִּי
y-pondré con-tigo que el-espíritu de y-tomaré allí con-tigo

עֲלֵיהֶם וְנָשְׂאוּ אִתְּךָ בְּמַשָּׂא הָעָם וְלֹא־
y-no el-pueblo en-carga-de con-tigo y-llevarán sobre-ellos

תִשָּׂא אַתָּה לְבַדֶּךָ׃ וְאֶל־ הָעָם תֹּאמַר
dirás el-pueblo Y-a (18) . por-ti-mismo tú llevarás

הִתְקַדְּשׁוּ לְמָחָר וַאֲכַלְתֶּם בָּשָׂר כִּי בְּכִיתֶם בְּאָזְנֵי
a-oídos-de llorasteis pues carne y-comeréis para-mañana santificaos

יְהוָה לֵאמֹר מִי יַאֲכִלֵנוּ בָּשָׂר כִּי־ טוֹב לָנוּ בְּמִצְרָיִם וְנָתַן
y-dará , en-Egipto para-nosotros bien pues carne comiéramos ojalá : diciendo Yahweh

יְהוָה לָכֶם בָּשָׂר וַאֲכַלְתֶּם׃ לֹא יוֹם אֶחָד תֹּאכְלוּן וְלֹא
y-no comeréis uno día No (19) . y-comeréis carne a-vosotros Yahweh

יוֹמָיִם וְלֹא ׀ חֲמִשָּׁה יָמִים וְלֹא עֲשָׂרָה יָמִים וְלֹא עֶשְׂרִים יוֹם׃ עַד ׀
Hasta (20) . día veinte y-no días diez y-no días cinco y-no , dos-días

חֹדֶשׁ יָמִים עַד אֲשֶׁר־יֵצֵא מֵאַפְּכֶם וְהָיָה לָכֶם
para-vosotros y-será de-vuestras-narices salga que hasta días mes-de

לְזָרָא יַעַן כִּי־מְאַסְתֶּם אֶת־יְהוָה אֲשֶׁר בְּקִרְבְּכֶם
entre-vosotros que Yahweh ** rechazasteis así porque para-aborrecimiento

וַתִּבְכּוּ לְפָנָיו לֵאמֹר לָמָּה זֶּה יָצָאנוּ מִמִּצְרָיִם׃ וַיֹּאמֶר
Y-dijo (21) . de-Egipto salimos esto por-qué : diciendo ante-él y-llorasteis

מֹשֶׁה שֵׁשׁ־מֵאוֹת אֶלֶף רַגְלִי הָעָם אֲשֶׁר אָנֹכִי בְּקִרְבּוֹ
, entre-él yo que el-pueblo de-a-pie mil cientos seis Moisés

וְאַתָּה אָמַרְתָּ בָּשָׂר אֶתֵּן לָהֶם וְאָכְלוּ חֹדֶשׁ יָמִים׃
. días mes-de y-comerán a-ellos daré carne dices y-tú

הֲצֹאן וּבָקָר יִשָּׁחֵט לָהֶם וּמָצָא לָהֶם
para-ellos sería-bastante ? para-ellos se-degollara y-ganado Si-rebaño (22)

אִם אֶת־כָּל־דְּגֵי הַיָּם יֵאָסֵף לָהֶם וּמָצָא
sería-bastante ? para-ellos se-cogieran el-mar peces-de todo ** si

לָהֶם׃ וַיֹּאמֶר יְהוָה אֶל־מֹשֶׁה הֲיַד יְהוָה תִּקְצָר
es-corta Yahweh acaso-mano-de : Moisés a Yahweh Y-dijo (23) . para-ellos

עַתָּה תִרְאֶה הֲיִקְרְךָ דְבָרִי אִם־לֹא׃ וַיֵּצֵא
Y-salió (24) . no o mi-palabra si-se-te-cumple verás ahora

מֹשֶׁה וַיְדַבֵּר אֶל־הָעָם אֵת דִּבְרֵי יְהוָה וַיֶּאֱסֹף שִׁבְעִים
setenta y-reunió Yahweh palabras-de ** el-pueblo a y-habló Moisés

אִישׁ מִזִּקְנֵי הָעָם וַיַּעֲמֵד אֹתָם סְבִיבֹת הָאֹהֶל׃
. la-tienda alrededor-de a-ellos y-emplazó el-pueblo de-ancianos-de hombre

וַיֵּרֶד יְהוָה ׀ בֶּעָנָן וַיְדַבֵּר אֵלָיו וַיָּאצֶל
y-tomó con-él y-habló en-la-nube Yahweh Y-descendió (25)

מִן־הָרוּחַ אֲשֶׁר עָלָיו וַיִּתֵּן עַל־שִׁבְעִים אִישׁ הַזְּקֵנִים וַיְהִי
y-fue , los-ancianos hombre setenta en y-puso en-él que el-espíritu de

כְּנוֹחַ עֲלֵיהֶם הָרוּחַ וַיִּתְנַבְּאוּ וְלֹא יָסָפוּ׃

. cesaron y-no y-profetizaron el-espíritu sobre-ellos a-reposar

וַיִּשָּׁאֲרוּ שְׁנֵי־אֲנָשִׁים ׀ בַּמַּחֲנֶה שֵׁם הָאֶחָד ׀ אֶלְדָּד

Eldad el-uno nombre-de en-el-campamento hombres dos Y-quedaron (26)

וְשֵׁם הַשֵּׁנִי מֵידָד וַתָּנַח עֲלֵהֶם הָרוּחַ וְהֵמָּה

y-ellos , el-espíritu en-ellos y-reposó Medad el-dos y-nombre-de

בַּכְּתֻבִים וְלֹא יָצְאוּ הָאֹהֱלָה וַיִּתְנַבְּאוּ

y-profetizaron a-la-tienda fueron pero-no de-los-inscritos

בַּמַּחֲנֶה׃ וַיָּרָץ הַנַּעַר וַיַּגֵּד לְמֹשֶׁה וַיֹּאמַר

: y-dijo a-Moisés y-avisó el-muchacho Y-corrió (27) . en-el-campamento

אֶלְדָּד וּמֵידָד מִתְנַבְּאִים בַּמַּחֲנֶה׃ וַיַּעַן יְהוֹשֻׁעַ בִּן־

hijo-de Josué Y-dijo (28) . en-el-campamento profetizando y-Medad Eldad

נוּן מְשָׁרֵת מֹשֶׁה מִבְּחֻרָיו וַיֹּאמַר אֲדֹנִי מֹשֶׁה

Moisés señor-mío : y-dijo desde-su-juventud Moisés ayudante-de Nun

כְּלָאֵם׃ וַיֹּאמֶר לוֹ מֹשֶׁה הַמְקַנֵּא אַתָּה לִי וּמִי

ojalá , de-mí tú ¿ acaso-celoso : Moisés a-él Y-dijo (29) . detén-los

יִתֵּן כָּל־ עַם יְהוָה נְבִיאִים כִּי־ יִתֵּן יְהוָה אֶת־

** Yahweh diera si profetas Yahweh pueblo-de todo diera

רוּחוֹ עֲלֵיהֶם׃ וַיֵּאָסֵף מֹשֶׁה אֶל־ הַמַּחֲנֶה הוּא

él , el-campamento a Moisés Y-regresó (30) . sobre-ellos su-espíritu

וְזִקְנֵי יִשְׂרָאֵל׃ וְרוּחַ נָסַע ׀ מֵאֵת יְהוָה וַיָּגָז

y-trajo Yahweh de salió Y-viento (31) . Israel y-ancianos-de

שַׂלְוִים מִן־ הַיָּם וַיִּטֹּשׁ עַל־ הַמַּחֲנֶה כְּדֶרֶךְ יוֹם כֹּה

aquí día como-camino-de el-campamento sobre y-trajo el-mar de codornices

וּכְדֶרֶךְ יוֹם כֹּה סְבִיבוֹת הַמַּחֲנֶה וּכְאַמָּתַיִם

y-como-dos-codos el-campamento alrededores-de allí día y-como-camino-de

עַל־ פְּנֵי הָאָרֶץ׃ וַיָּקָם הָעָם כָּל־ הַיּוֹם
el-día todo el-pueblo Y-se-levantó (32) . la-tierra faz-de sobre

הַהוּא וְכָל־ הַלַּיְלָה וְכֹל ׀ יוֹם הַמָּחֳרָת וַיַּאַסְפוּ
y-recogieron el-siguiente día-de y-todo la-noche y-toda el-aquel

אֶת־ הַשְּׂלָו הַמַּמְעִיט אָסַף עֲשָׂרָה חֳמָרִים וַיִּשְׁטְחוּ לָהֶם
a-ellas y-esparcieron , los-homers diez recogió el-que-menos la-codorniz **

שָׁטוֹחַ סְבִיבוֹת הַמַּחֲנֶה׃ הַבָּשָׂר עוֹדֶנּוּ בֵּין שִׁנֵּיהֶם
sus-dientes entre aún-él La-carne (33) . el-campamento alrededor-de esparcir

טֶרֶם יִכָּרֵת וְאַף יְהוָה חָרָה בָעָם
contra-el-pueblo ardió Yahweh e-ira-de , fuese-consumida antes

וַיַּךְ יְהוָה בָּעָם מַכָּה רַבָּה מְאֹד׃ וַיִּקְרָא
Y-llamó (34) . mucho fuerte plaga contra-el-pueblo Yahweh y-golpeó

אֶת־ שֵׁם־ הַמָּקוֹם הַהוּא קִבְרוֹת הַתַּאֲוָה כִּי־ שָׁם קָבְרוּ אֶת־
** enterraron allí pues Ha-Taava Kibrot el-aquel el-lugar nombre-de **

הָעָם הַמִּתְאַוִּים׃ מִקִּבְרוֹת הַתַּאֲוָה נָסְעוּ
marcharon Ha-Taava De-Kibrot (35) . los-codiciosos el-pueblo

הָעָם חֲצֵרוֹת וַיִּהְיוּ בַּחֲצֵרוֹת׃ וַתְּדַבֵּר מִרְיָם
Miriam Y-habló (1) . en-Hazerot y-estuvieron Hazerot el-pueblo Cap

וְאַהֲרֹן בְּמֹשֶׁה עַל־ אֹדוֹת הָאִשָּׁה הַכֻּשִׁית אֲשֶׁר לָקָח
tomó que la-cusita la-mujer causas-de por contra-Moisés y-Aarón

כִּי־ אִשָּׁה כֻשִׁית לָקָח׃ וַיֹּאמְרוּ הֲרַק אַךְ־ בְּמֹשֶׁה
por-Moisés cierto ¿acaso-sólo : Y-dijeron (2) . tomó cusita mujer pues

דִּבֶּר יְהוָה הֲלֹא גַּם־ בָּנוּ דִבֵּר וַיִּשְׁמַע יְהוָה׃
. Yahweh y-oyó ¿habló por-nosotros también acaso-no , Yahweh habló

וְהָאִישׁ מֹשֶׁה עָנָו מְאֹד מִכֹּל הָאָדָם אֲשֶׁר עַל־ פְּנֵי
faz-de sobre que el-hombre de-todo , mucho humilde Moisés Y-el-hombre (3)

הָאֲדָמָה׃ וַיֹּאמֶר יְהוָה פִּתְאֹם אֶל־מֹשֶׁה וְאֶל־אַהֲרֹן וְאֶל־מִרְיָם
Miriam y-a Aarón y-a Moisés a en-seguida Yahweh Y-dijo (4) . la-tierra

צְאוּ שְׁלָשְׁתְּכֶם אֶל־אֹהֶל מוֹעֵד וַיֵּצְאוּ שְׁלָשְׁתָּם׃
. ellos-tres y-salieron , reunión tienda-de a vosotros-tres salid

וַיֵּרֶד יְהוָה בְּעַמּוּד עָנָן וַיַּעֲמֹד פֶּתַח
puerta-de y-se-colocó nube en-columna-de Yahweh Y-descendió (5)

הָאֹהֶל וַיִּקְרָא אַהֲרֹן וּמִרְיָם וַיֵּצְאוּ
y-salieron y-Miriam Aarón y-llamó-a , la-tienda

שְׁנֵיהֶם׃ וַיֹּאמֶר שִׁמְעוּ־נָא דְבָרָי אִם־יִהְיֶה
sea cuando , mis-palabras ahora escuchad Y-dijo (6) . ellos-dos

נְבִיאֲכֶם יְהוָה בַּמַּרְאָה אֵלָיו אֶתְוַדָּע בַּחֲלוֹם אֲדַבֶּר־
hablaré en-el-sueño me-revelaré a-él en-la-visión Yahweh profeta-vuestro-de

בּוֹ׃ לֹא־כֵן עַבְדִּי מֹשֶׁה בְּכָל־בֵּיתִי נֶאֱמָן
fiel mi-casa en-toda Moisés mi-siervo así No (7) . con-él

הוּא׃ פֶּה אֶל־פֶּה אֲדַבֶּר־בּוֹ וּמַרְאֶה וְלֹא בְחִידֹת
en-figuras y-no y-claramente con-él hablo cara a Cara (8) . él

וּתְמֻנַת יְהוָה יַבִּיט וּמַדּוּעַ לֹא יְרֵאתֶם לְדַבֵּר
hablar temisteis no ¿ y-por-qué , contempla Yahweh y-aspecto-de

בְּעַבְדִּי בְמֹשֶׁה׃ וַיִּחַר אַף יְהוָה
Yahweh ira-de Y-se-encendió (9) . contra-Moisés contra-mi-siervo

בָּם וַיֵּלַךְ׃ וְהֶעָנָן סָר מֵעַל הָאֹהֶל
la-tienda de-sobre partió Y-la-nube (10) . y-se-fue contra-ellos

וְהִנֵּה מִרְיָם מְצֹרַעַת כַּשָּׁלֶג וַיִּפֶן אַהֲרֹן אֶל־
hacia Aarón y-se-volvió como-la-nieve leprosa Miriam y-he-aquí

מִרְיָם וְהִנֵּה מְצֹרָעַת׃ וַיֹּאמֶר אַהֲרֹן אֶל־מֹשֶׁה בִּי
Por-favor : Moisés a Aarón Y-dijo (11) . leprosa y-he-aquí Miriam

אֲדֹנִי אַל־ נָא תָשֵׁת עָלֵינוּ חַטָּאת אֲשֶׁר נוֹאַלְנוּ וַאֲשֶׁר

y-que fuimos-necios que , pecado sobre-nosotros pongas ahora no señor-mío

חָטָאנוּ׃ אַל־ נָא תְהִי כַּמֵּת אֲשֶׁר בְּצֵאתוֹ

en-su-salir que como-el-aborto sea-ella ahora No (12) . pecamos

מֵרֶחֶם אִמּוֹ וַיֵּאָכֵל חֲצִי בְשָׂרוֹ׃

. su-carne mitad-de entonces-es-devorada su-madre del-vientre-de

וַיִּצְעַק מֹשֶׁה אֶל־ יְהוָה לֵאמֹר אֵל נָא רְפָא נָא לָהּ׃

. a-ella por-favor sana ahora Dios ; diciendo Yahweh a Moisés Y-clamó (13)

וַיֹּאמֶר יְהוָה אֶל־ מֹשֶׁה וְאָבִיהָ יָרֹק יָרַק

escupiera escupir si-su-padre : Moisés a Yahweh Y-dijo (14)

בְּפָנֶיהָ הֲלֹא תִכָּלֵם שִׁבְעַת יָמִים תִּסָּגֵר

sea-confinada ; días siete estaría-en-desgracia ¿ acaso-no , en-su-cara

שִׁבְעַת יָמִים מִחוּץ לַמַּחֲנֶה וְאַחַר תֵּאָסֵף׃

. sea-devuelta y-después , de-el-campamento fuera días siete

וַתִּסָּגֵר מִרְיָם מִחוּץ לַמַּחֲנֶה שִׁבְעַת יָמִים

, días siete de-el-campamento fuera Miriam Y-fue-confinada (15)

וְהָעָם לֹא נָסַע עַד־ הֵאָסֵף מִרְיָם׃ וְאַחַר

Y-después (16) . Miriam fue-devuelta hasta-que se-movió no y-el-pueblo

נָסְעוּ הָעָם מֵחֲצֵרוֹת וַיַּחֲנוּ בְּמִדְבַּר פָּארָן׃

. Parán en-desierto-de y-acamparon de-Hazerot el-pueblo partieron

וַיְדַבֵּר יְהוָה אֶל־ מֹשֶׁה לֵּאמֹר׃ שְׁלַח־ לְךָ אֲנָשִׁים

hombres para-ti Envía (2) . diciendo Moisés a Yahweh Y-habló (1) Cap.

וְיָתֻרוּ אֶת־ אֶרֶץ כְּנַעַן אֲשֶׁר־אֲנִי נֹתֵן לִבְנֵי יִשְׂרָאֵל אִישׁ

hombre Israel a-hijos-de dando yo que Canaán tierra-de ** y-exploren

אֶחָד אִישׁ אֶחָד לְמַטֵּה אֲבֹתָיו תִּשְׁלָחוּ כֹּל נָשִׂיא בָהֶם׃

. de-ellos jefe cada lo-enviarás sus-padres de-tribu-de uno hombre uno

וַיִּשְׁלַח אֹתָם מֹשֶׁה מִמִּדְבַּר פָּארָן עַל־ פִּי יְהוָה

Yahweh orden-de por Parán de-desierto-de Moisés a-ellos Y-envió (3)

כֻּלָּם אֲנָשִׁים רָאשֵׁי בְנֵי־ יִשְׂרָאֵל הֵמָּה׃ וְאֵלֶּה שְׁמוֹתָם

: sus-nombres Y-éstos (4) . ellos Israel hijos-de dirigientes-de hombres todos-ellos

לְמַטֵּה רְאוּבֵן שַׁמּוּעַ בֶּן־ זַכּוּר׃ לְמַטֵּה שִׁמְעוֹן שָׁפָט

Safat Simeón De-tribu-de (5) . Zacur hijo-de Samúa Rubén de-tribu-de

בֶּן־ חוֹרִי׃ לְמַטֵּה יְהוּדָה כָּלֵב בֶּן־ יְפֻנֶּה׃ לְמַטֵּה

De-tribu-de (7) . Jefone hijo-de Caleb Judá De-tribu-de (6) . Horí hijo-de

יִשָּׂשכָר יִגְאָל בֶּן־ יוֹסֵף׃ לְמַטֵּה אֶפְרָיִם הוֹשֵׁעַ בִּן־ נוּן׃

. Nun hijo-de Oseas Efraín De-tribu-de (8) . José hijo-de Igal Isacar

לְמַטֵּה בִנְיָמִן פַּלְטִי בֶּן־ רָפוּא׃ לְמַטֵּה זְבוּלֻן

Zabulón De-tribu-de (10) . Rafú hijo-de Palti Benjamín De-tribu-de (9)

גַּדִּיאֵל בֶּן־ סוֹדִי׃ לְמַטֵּה יוֹסֵף לְמַטֵּה מְנַשֶּׁה גַּדִּי

Gadi Manasés de-tribu-de José De-tribu-de (11) . Sodi hijo-de Gadiel

בֶּן־ סוּסִי׃ לְמַטֵּה דָן עַמִּיאֵל בֶּן־ גְּמַלִּי׃ לְמַטֵּה

De-tribu-de (13) . Gemali hijo-de Amiel Dan De-tribu-de (12) . Susi hijo-de

אָשֵׁר סְתוּר בֶּן־ מִיכָאֵל׃ לְמַטֵּה נַפְתָּלִי נַחְבִּי בֶּן־ וָפְסִי׃

. Vapsi hijo-de Nahbi Neftalí De-tribu-de (14) . Micael hijo-de Setur Aser

לְמַטֵּה גָד גְּאוּאֵל בֶּן־ מָכִי׃ אֵלֶּה שְׁמוֹת הָאֲנָשִׁים אֲשֶׁר־

que los-hombres nombres-de Éstos (16) . Maqui hijo-de Geuel Gad De-tribu-de (15)

שָׁלַח מֹשֶׁה לָתוּר אֶת־ הָאָרֶץ וַיִּקְרָא מֹשֶׁה לְהוֹשֵׁעַ בִּן־

hijo-de a-Oseas Moisés y-llamó , la-tierra ** a-explorar Moisés envió

נוּן יְהוֹשֻׁעַ׃ וַיִּשְׁלַח אֹתָם מֹשֶׁה לָתוּר אֶת־ אֶרֶץ כְּנָעַן

, Canaán tierra-de ** a-explorar Moisés a-ellos Y-envió (17) . Josué Nun

וַיֹּאמֶר אֲלֵהֶם עֲלוּ זֶה בַּנֶּגֶב וַעֲלִיתֶם אֶת־

** y-subid por-el-Neguev ahí subid : a-ellos y-dijo

הָהָר׃ וּרְאִיתֶם אֶת־הָאָרֶץ מַה־הִוא וְאֶת־הָעָם
el-pueblo y-** ella qué la-tierra ** Y-mirad (18) . la-montaña

הַיֹּשֵׁב עָלֶיהָ הֶחָזָק הוּא הֲרָפֶה הַמְעַט הוּא אִם־רָב׃ וּמָה
Y-cómo (19) . o-mucho él si-poco , o-débil él si-fuerte en-ella el-que-mora

הָאָרֶץ אֲשֶׁר־הוּא יֹשֵׁב בָּהּ הֲטוֹבָה הִוא אִם־רָעָה וּמָה הֶעָרִים אֲשֶׁר־
que las-ciudades y-cómo mala o ella buena ? , en-ella mora él donde : la-tierra

הוּא יוֹשֵׁב בָּהֵנָּה הַבְּמַחֲנִים אִם בְּמִבְצָרִים׃ וּמָה
Y-cómo (20) . con-fortificaciones o como-campamentos , en-ellas morando él

הָאָרֶץ הַשְּׁמֵנָה הִוא אִם־רָזָה הֲיֵשׁ־בָּהּ עֵץ אִם־אַיִן וְהִתְחַזַּקְתֶּם
y-esforzaos , no-hay o árbol en-ella hay ? ; estéril o ella fértil ? , la-tierra

וּלְקַחְתֶּם מִפְּרִי הָאָרֶץ וְהַיָּמִים יְמֵי בִּכּוּרֵי
primeras días-de pues-los-días , la-tierra de-fruto-de y-tomad

עֲנָבִים׃ וַיַּעֲלוּ וַיָּתֻרוּ אֶת־הָאָרֶץ מִמִּדְבַּר־
desde-desierto-de la-tierra ** y-exploraron Y-subieron (21) . uvas

צִן עַד־רְחֹב לְבֹא חֲמָת׃ וַיַּעֲלוּ בַנֶּגֶב
por-el-Neguev Y-subieron (22) . Hamat Lebo Rehob hasta Zin

וַיָּבֹא עַד־חֶבְרוֹן וְשָׁם אֲחִימַן שֵׁשַׁי וְתַלְמַי יְלִידֵי
descendientes-de y-Talmai Sesai Ahimán y-allí Hebrón hasta y-vino

הָעֲנָק וְחֶבְרוֹן שֶׁבַע שָׁנִים נִבְנְתָה לִפְנֵי צֹעַן מִצְרָיִם׃
. Egipto Zoán-de antes-que construida años siete y-Hebrón , el-Anak

וַיָּבֹאוּ עַד־נַחַל אֶשְׁכֹּל וַיִּכְרְתוּ מִשָּׁם זְמוֹרָה
rama de-allí y-cortaron Escol valle-de hasta Y-llegaron (23)

וְאֶשְׁכּוֹל עֲנָבִים אֶחָד וַיִּשָּׂאֻהוּ בַמּוֹט בִּשְׁנָיִם וּמִן־
y-de entre-dos en-el-palo y-lo-llevaron uno uvas y-racimo-de

הָרִמֹּנִים וּמִן־הַתְּאֵנִים׃ לַמָּקוֹם הַהוּא קָרָא
llamó el-aquel A-el-lugar (24) . los-higos y-de las-granadas

נַחַל אֶשְׁכּוֹל עַל אֹדוֹת הָאֶשְׁכּוֹל אֲשֶׁר־ כָּרְתוּ מִשָּׁם בְּנֵי
hijos-de de-allí cortaron que el-racimo causa-de por Escol valle-de

יִשְׂרָאֵל׃ וַיָּשֻׁבוּ מִתּוּר הָאָרֶץ מִקֵּץ אַרְבָּעִים יוֹם׃
. día cuarenta al-fin-de la-tierra de-explorar Y-volvieron (25) . Israel

וַיֵּלְכוּ וַיָּבֹאוּ אֶל־ מֹשֶׁה וְאֶל־ אַהֲרֹן וְאֶל־
y-a Aarón y-a Moisés a y-regresaron Y-anduvieron (26)

כָּל־ עֲדַת בְּנֵי־ יִשְׂרָאֵל אֶל־ מִדְבַּר פָּארָן קָדֵשָׁה
en-Cades Parán desierto-de a Israel hijos-de comunidad-de toda

וַיָּשִׁיבוּ אוֹתָם דָּבָר וְאֶת־ כָּל־ הָעֵדָה וַיַּרְאוּם אֶת־
** y-les-mostraron , la-comunidad toda y-** razón a-ellos y-dieron

פְּרִי הָאָרֶץ׃ וַיְסַפְּרוּ־ לוֹ וַיֹּאמְרוּ בָּאנוּ אֶל־
a fuimos : y-dijeron a-él Y-explicaron (27) . la-tierra fruto-de

הָאָרֶץ אֲשֶׁר שְׁלַחְתָּנוּ וְגַם זָבַת חָלָב וּדְבַשׁ הִוא וְזֶה־
y-aquí ella y-miel leche fluyendo y-cierto nos-enviaste donde la-tierra

פִּרְיָהּ׃ אֶפֶס כִּי־ עַז הָעָם הַיֹּשֵׁב בָּאָרֶץ
en-la-tierra el-habitante el-pueblo fuerte también Pero (28) . su-fruto

וְהֶעָרִים בְּצֻרוֹת גְּדֹלֹת מְאֹד וְגַם־ יְלִדֵי
descendientes-de y-también mucho grandes fortificadas y-las-ciudades

הָעֲנָק רָאִינוּ שָׁם׃ עֲמָלֵק יוֹשֵׁב בְּאֶרֶץ הַנֶּגֶב וְהַחִתִּי
y-el-hitita el-Neguev en-tierra-de habitando Amalek (29) . allí vimos el-Anak

וְהַיְבוּסִי וְהָאֱמֹרִי יוֹשֵׁב בָּהָר וְהַכְּנַעֲנִי
y-el-cananita , en-el-monte habitando y-el-amorita y-el-jebusita

יֹשֵׁב עַל־ הַיָּם וְעַל יַד הַיַּרְדֵּן׃ וַיַּהַס כָּלֵב
Caleb E-hizo-callar (30) . el-Jordán orilla-de y-junto-a el-mar junto-a habitando

אֶת־ הָעָם אֶל־ מֹשֶׁה וַיֹּאמֶר עָלֹה נַעֲלֶה
subiremos subir : y-dijo , Moisés ante el-pueblo **

וִירַשְׁנוּ אֹתָהּ כִּי־יָכוֹל נוּכַל לָהּ׃ וְהָאֲנָשִׁים אֲשֶׁר־
que Y-los-hombres (31) . con-ella podemos poder pues a-ella y-poseeremos

עָלוּ עִמּוֹ אָמְרוּ לֹא נוּכַל לַעֲלוֹת אֶל־הָעָם כִּי־
pues el-pueblo contra subir podemos no dijeron con-él subieron

חָזָק הוּא מִמֶּנּוּ׃ וַיֹּצִיאוּ דִּבַּת הָאָרֶץ אֲשֶׁר
que la-tierra mal-informe-de Y-esparcieron (32) . que-nosotros él más-fuerte

תָּרוּ אֹתָהּ אֶל־בְּנֵי יִשְׂרָאֵל לֵאמֹר הָאָרֶץ אֲשֶׁר עָבַרְנוּ
pasamos que la-tierra : diciendo Israel hijos-de entre a-ella exploraron

בָהּ לָתוּר אֹתָהּ אֶרֶץ אֹכֶלֶת יוֹשְׁבֶיהָ הִוא וְכָל־
y-todo ella sus-habitantes devorando tierra a-ella a-explorar por-ella

הָעָם אֲשֶׁר־רָאִינוּ בְתוֹכָהּ אַנְשֵׁי מִדּוֹת׃ וְשָׁם רָאִינוּ אֶת־
** vimos Y-allí (33) . altos hombres en-ella vimos que el-pueblo

הַנְּפִילִים בְּנֵי עֲנָק מִן־הַנְּפִלִים וַנְּהִי
y-parecíamos los-nefilim de Anak hijos-de los-nefilim

בְעֵינֵינוּ כַּחֲגָבִים וְכֵן הָיִינוּ בְּעֵינֵיהֶם׃
. a-sus-ojos éramos y-así como-langostas en-nuestros-ojos

וַתִּשָּׂא כָּל־הָעֵדָה וַיִּתְּנוּ אֶת־קוֹלָם
su-voz ** y-dieron la-comunidad toda Y-se-alzó (1) Cap

וַיִּבְכּוּ הָעָם בַּלַּיְלָה הַהוּא׃ וַיִּלֹּנוּ
Y-murmuraron (2) . la-aquella por-la-noche el-pueblo y-lloraron

עַל־מֹשֶׁה וְעַל־אַהֲרֹן כֹּל בְּנֵי יִשְׂרָאֵל וַיֹּאמְרוּ אֲלֵהֶם
a-ellos y-dijeron , Israel hijos-de todos Aarón y-contra Moisés contra

כָּל־הָעֵדָה לוּ־מַתְנוּ בְּאֶרֶץ מִצְרַיִם אוֹ בַּמִּדְבָּר
en-el-desierto o Egipto en-tierra-de muriéramos ojalá : la-comunidad toda

הַזֶּה לוּ־מָתְנוּ׃ וְלָמָה יְהוָה מֵבִיא אֹתָנוּ אֶל־הָאָרֶץ הַזֹּאת
la-ésta la-tierra a a-nosotros trayendo Yahweh ¿Y-por-qué (3) . muriéramos ojalá el-éste

לִנְפֹּל בַּחֶרֶב נָשֵׁינוּ וְטַפֵּנוּ יִהְיוּ לָבַז
por-presa serán y-nuestros-niños nuestras-mujeres por-la-espada para-caer

הֲלוֹא טוֹב לָנוּ שׁוּב מִצְרָיְמָה׃ וַיֹּאמְרוּ אִישׁ אֶל־ אָחִיו
su-hermano a cada-uno Y-dijeron (4) . a-Egipto volver para-nosotros bueno ¿acaso-no

נִתְּנָה רֹאשׁ וְנָשׁוּבָה מִצְרָיְמָה׃ וַיִּפֹּל מֹשֶׁה
Moisés Y-cayó (5) . a-Egipto y-regresemos dirigente elijamos

וְאַהֲרֹן עַל־ פְּנֵיהֶם לִפְנֵי כָּל־ קְהַל עֲדַת
comunidad-de asamblea-de toda delante-de sus-rostros sobre y-Aarón

בְּנֵי יִשְׂרָאֵל׃ וִיהוֹשֻׁעַ בִּן־ נוּן וְכָלֵב בֶּן־ יְפֻנֶּה מִן־
de Jefone hijo-de y-Caleb Nun hijo-de Y-Josué (6) . Israel hijos-de

הַתָּרִים אֶת־ הָאָרֶץ קָרְעוּ בִּגְדֵיהֶם׃ וַיֹּאמְרוּ
Y-dijeron (7) . sus-vestiduras rasgaron la-tierra ** los-exploradores-de

אֶל־ כָּל־ עֲדַת בְּנֵי־ יִשְׂרָאֵל לֵאמֹר הָאָרֶץ אֲשֶׁר עָבַרְנוּ
pasamos que la-tierra : diciendo Israel hijos-de comunidad-de toda a

בָהּ לָתוּר אֹתָהּ טוֹבָה הָאָרֶץ מְאֹד מְאֹד׃ אִם־ חָפֵץ
se-agrada Si (8) . muy muy la-tierra buena a-ella para-explorar por-ella

בָּנוּ יְהוָה וְהֵבִיא אֹתָנוּ אֶל־ הָאָרֶץ הַזֹּאת וּנְתָנָהּ
y-la-dará la-aquella la-tierra a a-nosotros entonces-llevará Yahweh con-nosotros

לָנוּ אֶרֶץ אֲשֶׁר־הִוא זָבַת חָלָב וּדְבָשׁ׃ אַךְ בַּיהוָה אַל־
no contra-Yahweh Sólo (9) . y-miel leche fluye ella que tierra a-nosotros

תִּמְרֹדוּ וְאַתֶּם אַל־ תִּירְאוּ אֶת־ עַם הָאָרֶץ כִּי לַחְמֵנוּ הֵם
, ellos nuestro-pan pues la-tierra pueblo-de ** temáis no y-vosotros os-rebeléis

סָר צִלָּם מֵעֲלֵיהֶם וַיהוָה אִתָּנוּ אַל־
no con-nosotros pero-Yahweh de-sobre-ellos su-amparo apartado

תִּירָאֻם׃ וַיֹּאמְרוּ כָּל־ הָעֵדָה לִרְגּוֹם אֹתָם
a-ellos para-apedrear la-comunidad toda Y-dijeron (10) . les-temáis

בָּאֲבָנִים וּכְבוֹד יְהוָה נִרְאָה בְּאֹהֶל מוֹעֵד אֶל־

a reunión en-tienda-de apareció Yahweh pero-gloria-de , con-las-piedras

כָּל־ בְּנֵי יִשְׂרָאֵל׃ וַיֹּאמֶר יְהוָה אֶל־ מֹשֶׁה עַד־ אָנָה

cuándo hasta : Moisés a Yahweh Y-dijo (11) . Israel hijos-de todos

יְנַאֲצֻנִי הָעָם הַזֶּה וְעַד־ אָנָה לֹא־

no cuándo y-hasta el-éste el-pueblo me-despreciará

יַאֲמִינוּ בִי בְּכֹל הָאֹתוֹת אֲשֶׁר עָשִׂיתִי בְּקִרְבּוֹ׃

. entre-él hice que las-señales con-todas en-mí creerán

אַכֶּנּוּ בַדֶּבֶר וְאוֹרִשֶׁנּוּ וְאֶעֱשֶׂה

y-haré y-le-destruiré con-la-plaga Le-heriré (12)

אֹתְךָ לְגוֹי־ גָּדוֹל וְעָצוּם מִמֶּנּוּ׃ וַיֹּאמֶר מֹשֶׁה אֶל־

a Moisés Y-dijo (13) . que-él y-más-fuerte grande por-nación a-ti

יְהוָה וְשָׁמְעוּ מִצְרַיִם כִּי־ הֶעֱלִיתָ בְכֹחֲךָ

por-tu-poder hiciste-subir que egipcios entonces-oirán : Yahweh

אֶת־ הָעָם הַזֶּה מִקִּרְבּוֹ׃ וְאָמְרוּ אֶל־

a Y-dirán (14) . de-entre-él el-éste el-pueblo **

יוֹשֵׁב הָאָרֶץ הַזֹּאת שָׁמְעוּ כִּי־ אַתָּה יְהוָה בְּקֶרֶב

en-medio-de Yahweh tú que oyeron la-ésta la-tierra morador-de

הָעָם הַזֶּה אֲשֶׁר־עַיִן בְּעַיִן נִרְאָה ׀ אַתָּה יְהוָה וַעֲנָנְךָ

y-tu-nube Yahweh tú era-visto con-ojo ojo que el-éste el-pueblo

עֹמֵד עֲלֵהֶם וּבְעַמֻּד עָנָן אַתָּה הֹלֵךְ לִפְנֵיהֶם יוֹמָם

de-día ante-ellos marchando tú nube y-en-columna-de sobre-ellos estando

וּבְעַמּוּד אֵשׁ לָיְלָה׃ וְהֵמַתָּה אֶת־ הָעָם הַזֶּה כְּאִישׁ

como-hombre el-éste el-pueblo ** Si-matas (15) . de-noche fuego y-en-columna-de

אֶחָד וְאָמְרוּ הַגּוֹיִם אֲשֶׁר־ שָׁמְעוּ אֶת־ שִׁמְעֲךָ לֵאמֹר׃

. diciendo tu-fama ** oyeron que las-naciones entonces-dirán uno

מִבִּלְתִּי יְכֹלֶת יְהוָה לְהָבִיא אֶת־ הָעָם הַזֶּה אֶל־

en el-éste el-pueblo ** meter Yahweh pudiendo Porque-no (16)

הָאָרֶץ אֲשֶׁר־ נִשְׁבַּע לָהֶם וַיִּשְׁחָטֵם בַּמִּדְבָּר׃

. en-el-desierto entonces-los-mató , a-ellos prometió que la-tierra

וְעַתָּה יִגְדַּל־ נָא כֹּחַ אֲדֹנָי כַּאֲשֶׁר דִּבַּרְתָּ לֵאמֹר׃

. diciendo hablaste como mi-señor fuerza-de por-favor engrandezca Y-ahora (17)

יְהוָה אֶרֶךְ אַפַּיִם וְרַב־ חֶסֶד נֹשֵׂא עָוֺן וָפָשַׁע

y-rebelión pecado perdonador-de misericordia y-grande-de iras lento-de Yahweh (18)

וְנַקֵּה לֹא יְנַקֶּה פֹּקֵד עֲוֺן אָבוֹת

padres pecado-de castigando dejará-impune no pero-dejar-impunc

עַל־ בָּנִים עַל־ שִׁלֵּשִׁים וְעַל־ רִבֵּעִים׃ סְלַח־ נָא לַעֲוֺן

a-pecado-de ahora Perdona (19) . cuartos y-hasta terceros hasta hijos sobre

הָעָם הַזֶּה כְּגֹדֶל חַסְדֶּךָ וְכַאֲשֶׁר נָשָׂאתָה

perdonaste y-como tu-misericordia como-grandeza-de el-éste el-pueblo

לָעָם הַזֶּה מִמִּצְרַיִם וְעַד־ הֵנָּה׃ וַיֹּאמֶר יְהוָה

Yahweh Y-dijo (20) . aquí y-hasta desde-Egipto el-éste a-el-pueblo

סָלַחְתִּי כִּדְבָרֶךָ׃ וְאוּלָם חַי־ אָנִי וְיִמָּלֵא כְבוֹד־

gloria-de y-llena yo vivo Y-ciertamente (21) . según-tu-palabra perdoné

יְהוָה אֶת־ כָּל־ הָאָרֶץ׃ כִּי כָל־ הָאֲנָשִׁים הָרֹאִים אֶת־

** los-que-vieron los-hombres todos Cierto (22) . la-tierra toda ** Yahweh

כְּבֹדִי וְאֶת־ אֹתֹתַי אֲשֶׁר־ עָשִׂיתִי בְמִצְרַיִם וּבַמִּדְבָּר

y-en-el-desierto en-Egipto hice que mis-señales y-** mi-gloria

וַיְנַסּוּ אֹתִי זֶה עֶשֶׂר פְּעָמִים וְלֹא שָׁמְעוּ בְּקוֹלִי׃ אִם־

No (23) . a-mi-voz oyeron y-no veces diez ya a-mí y-probaron

יִרְאוּ אֶת־ הָאָרֶץ אֲשֶׁר נִשְׁבַּעְתִּי לַאֲבֹתָם וְכָל־

y-todos a-sus-padres prometí que la-tierra ** verán

מְנַאֲצַי לֹא יִרְאוּהָ׃ וְעַבְדִּי
Pero-mi-siervo (24) . la-verán no mis-despreciadores

כָלֵב עֵקֶב הָיְתָה רוּחַ אַחֶרֶת עִמּוֹ וַיְמַלֵּא אַחֲרָי
tras-mí y-está-completamente con-él otro espíritu hay porque Caleb

וַהֲבִיאֹתִיו אֶל־ הָאָרֶץ אֲשֶׁר־ בָּא שָׁמָּה וְזַרְעוֹ
y-su-descendencia allí fue que la-tierra a entonces-le-meteré

יוֹרִשֶׁנָּה׃ וְהָעֲמָלֵקִי וְהַכְּנַעֲנִי יוֹשֵׁב
habitando y-el-cananita Y-el-amalecita (25) . la-heredará

בָּעֵמֶק מָחָר פְּנוּ וּסְעוּ לָכֶם הַמִּדְבָּר דֶּרֶךְ
camino-de el-desierto para-vosotros y-partid regresad mañana ; en-el-valle

יַם־ סוּף׃ וַיְדַבֵּר יְהוָה אֶל־מֹשֶׁה וְאֶל־ אַהֲרֹן לֵאמֹר׃ עַד־
Hasta (27) . diciendo Aarón y-a Moisés a Yahweh Y-habló (26) . Junco Mar-de

מָתַי לָעֵדָה הָרָעָה הַזֹּאת אֲשֶׁר הֵמָּה מַלִּינִים
murmurando ellos que la-ésta la-mala para-la-comunidad cuándo

עָלָי אֶת־ תְּלֻנּוֹת בְּנֵי יִשְׂרָאֵל אֲשֶׁר הֵמָּה מַלִּינִים
murmuran ellos que Israel hijos-de quejas-de ** contra-mí

עָלַי שָׁמָעְתִּי׃ אֱמֹר אֲלֵהֶם חַי־ אָנִי נְאֻם־ יְהוָה אִם־ לֹא
así que Yahweh palabra-de , yo vivo : a-ellos Di (28) . escuché contra-mí

כַּאֲשֶׁר דִּבַּרְתֶּם בְּאָזְנָי כֵּן אֶעֱשֶׂה לָכֶם׃ בַּמִּדְבָּר
En-el-desierto (29) . a-vosotros haré así en-mis-oídos hablasteis como

הַזֶּה יִפְּלוּ פִגְרֵיכֶם וְכָל־ פְּקֻדֵיכֶם
vuestros-contados y-todos vuestros-cuerpos caerán el-éste

לְכָל־ מִסְפַּרְכֶם מִבֶּן עֶשְׂרִים שָׁנָה וָמָעְלָה אֲשֶׁר הֲלִינֹתֶם
murmurasteis que y-más año veinte de-hijo-de vuestro-número de-todo

עָלָי׃ אִם־ אַתֶּם תָּבֹאוּ אֶל־ הָאָרֶץ אֲשֶׁר נָשָׂאתִי אֶת־
** alcé que la-tierra a entraréis vosotros No (30) . contra-mí

יָדִי לְשַׁכֵּן אֶתְכֶם בָּהּ כִּי אִם־ כָּלֵב בֶּן־ יְפֻנֶּה
Jefone hijo-de Caleb excepto sólo , en-ella vosotros para-habitar mi-mano

וִיהוֹשֻׁעַ בִּן־ נוּן׃ וְטַפְּכֶם אֲשֶׁר אֲמַרְתֶּם לָבַז
para-presa dijisteis que Y-vuestro-niño (31) . Nun hijo-de y-Josué

יִהְיֶה וְהֵבֵיאתִי אֹתָם וְיָדְעוּ אֶת־ הָאָרֶץ אֲשֶׁר
que la-tierra ** y-conocerán a-ellos **-haré-entrar , será

מְאַסְתֶּם בָּהּ׃ וּפִגְרֵיכֶם אַתֶּם יִפְּלוּ
caerán , vosotros Y-vuestros-cuerpos (32) . contra-ella rechazasteis

בַּמִּדְבָּר הַזֶּה׃ וּבְנֵיכֶם יִהְיוּ רֹעִים
pastores serán Y-vuestros-hijos (33) . el-éste en el-desierto

בַּמִּדְבָּר אַרְבָּעִים שָׁנָה וְנָשְׂאוּ אֶת־ זְנוּתֵיכֶם
vuestras-infidelidades ** y-sufrirán año cuarenta en-el-desierto

עַד־ תֹּם פִּגְרֵיכֶם בַּמִּדְבָּר׃ בְּמִסְפַּר הַיָּמִים
los-días Por-número-de (34) . en-el-desierto vuestros-cuerpos consumirse hasta

אֲשֶׁר־ תַּרְתֶּם אֶת־הָאָרֶץ אַרְבָּעִים יוֹם יוֹם לַשָּׁנָה יוֹם לַשָּׁנָה
por-el-año día por-el-año día día cuarenta la-tierra ** explotareis que

תִּשְׂאוּ אֶת־ עֲוֺנֹתֵיכֶם אַרְבָּעִים שָׁנָה וִידַעְתֶּם אֶת־
** y-conoceréis año cuarenta vuestros-pecados ** sufriréis

תְּנוּאָתִי׃ אֲנִי יְהוָה דִּבַּרְתִּי אִם־ לֹא ׀ זֹאת אֶעֱשֶׂה לְכָל־
a-toda haré esto cierto que hablé Yahweh yo (35) mi-castigo

הָעֵדָה הָרָעָה הַזֹּאת הַנּוֹעָדִים עָלָי בַּמִּדְבָּר
en-el-desierto contra-mí la-confabulada la-ésta la-mala la-comunidad

הַזֶּה יִתַּמּוּ וְשָׁם יָמֻתוּ׃ וְהָאֲנָשִׁים אֲשֶׁר־
que Y-los-hombres (36) . morirán y-aquí serán-consumidos el-éste

שָׁלַח מֹשֶׁה לָתוּר אֶת־ הָאָרֶץ וַיָּשֻׁבוּ וַיַּלִּינוּ
y-murmuraron y-volvieron la-tierra ** a-explorar Moisés envió

עָלָיו אֶת־ כָּל־ הָעֵדָה לְהוֹצִיא דִבָּה עַל־ הָאָרֶץ׃

. la-tierra contra mal-informe divulgando la-comunidad toda ** contra-él

וַיָּמֻתוּ הָאֲנָשִׁים מוֹצִאֵי דִבַּת־ הָאָרֶץ רָעָה

, malo la-tierra informe-de divulgantes-de los-hombres Y-murieron (37)

בַּמַּגֵּפָה לִפְנֵי יְהוָה׃ וִיהוֹשֻׁעַ בִּן־ נוּן וְכָלֵב בֶּן־

hijo-de y-Caleb Nun hijo-de Y-Josué (38) . Yahweh ante por-la-plaga

יְפֻנֶּה חָיוּ מִן־ הָאֲנָשִׁים הָהֵם הַהֹלְכִים לָתוּר אֶת־

** a-explorar los-que-fueron los-aquellos los-hombres de vivieron Jefone

הָאָרֶץ׃ וַיְדַבֵּר מֹשֶׁה אֶת־ הַדְּבָרִים הָאֵלֶּה אֶל־ כָּל־

todos a las-éstas las-palabras ** Moisés Y-habló (39) . la-tierra

בְּנֵי יִשְׂרָאֵל וַיִּתְאַבְּלוּ הָעָם מְאֹד׃ וַיַּשְׁכִּמוּ

Y-se-levantaron (40) . mucho el-pueblo y-se-dolieron ; Israel hijos-de

בַבֹּקֶר וַיַּעֲלוּ אֶל־ רֹאשׁ־ הָהָר לֵאמֹר הִנֶּנּוּ

henos-aquí : diciendo la-montaña cima-de a y-subieron por-la-mañana

וְעָלִינוּ אֶל־ הַמָּקוֹם אֲשֶׁר־ אָמַר יְהוָה כִּי חָטָאנוּ׃

. pecamos pues Yahweh dijo que el-lugar a ahora-subiremos

וַיֹּאמֶר מֹשֶׁה לָמָּה זֶּה אַתֶּם עֹבְרִים אֶת־ פִּי יְהוָה

Yahweh orden-de ** desobedientes vosotros así por-qué : Moisés Y-dijo (41)

וְהִוא לֹא תִצְלָח׃ אַל־ תַּעֲלוּ כִּי אֵין יְהוָה

Yahweh no-está pues subáis No (42) . irá-bien no y-esto

בְּקִרְבְּכֶם וְלֹא תִּנָּגְפוּ לִפְנֵי אֹיְבֵיכֶם׃ כִּי

Pues (43) . vuestros-enemigos ante seáis-derrotados y-no , entre-vosotros

הָעֲמָלֵקִי וְהַכְּנַעֲנִי שָׁם לִפְנֵיכֶם וּנְפַלְתֶּם

y-caeréis ante-vosotros allí y-el-cananita el-amalecita

בֶּחָרֶב כִּי־ עַל־ כֵּן שַׁבְתֶּם מֵאַחֲרֵי יְהוָה וְלֹא־ יִהְיֶה

estará y-no Yahweh de-tras os-volvisteis eso por pues a-espada

יְהוָה עִמָּכֶם׃ וַיַּעְפִּלוּ לַעֲלוֹת אֶל־רֹאשׁ הָהָר

la-montaña cima-de a para-subir Y-se-obstinaron (44) . con-vosotros Yahweh

וַאֲרוֹן בְּרִית־ יְהוָה וּמֹשֶׁה לֹא־ מָשׁוּ מִקֶּרֶב

de-dentro-de se-movieron no y-Moisés Yahweh pacto-de pero-arca-de

הַמַּחֲנֶה׃ וַיֵּרֶד הָעֲמָלֵקִי וְהַכְּנַעֲנִי

y-el-cananita el-amalecita Y-descendió (45) . el-campamento

הַיֹּשֵׁב בָּהָר הַהוּא וַיַּכּוּם

y-les-atacaron , el-aquel en-la-montaña el-que-mora

וַיַּכְּתוּם עַד־ הַחָרְמָה׃ וַיְדַבֵּר יְהוָה אֶל־מֹשֶׁה לֵּאמֹר׃

. diciendo Moisés a Yahweh Y-habló (1) . la-Horma hasta y-les-derrotaron Cap. 15

דַּבֵּר אֶל־ בְּנֵי יִשְׂרָאֵל וְאָמַרְתָּ אֲלֵהֶם כִּי תָבֹאוּ אֶל־ אֶרֶץ

tierra-de a entréis cuando : a-ellos y-di Israel hijos-de a Habla (2)

מוֹשְׁבֹתֵיכֶם אֲשֶׁר אֲנִי נֹתֵן לָכֶם׃ וַעֲשִׂיתֶם אִשֶּׁה

ofrenda-encendida Y-presentéis (3) . a-vosotros dando yo que vuestra-morada

לַיהוָה עֹלָה אוֹ־ זֶבַח לְפַלֵּא־ נֶדֶר אוֹ בִנְדָבָה

ofrenda-voluntaria o voto para-cumplir sacrificio o holocausto a-Yahweh

אוֹ בְּמֹעֲדֵיכֶם לַעֲשׂוֹת רֵיחַ נִיחֹחַ לַיהוָה מִן־ הַבָּקָר

el-vacuno de a-Yahweh grato olor para-ofrecer en-vuestras-fiestas o

אוֹ מִן־ הַצֹּאן׃ וְהִקְרִיב הַמַּקְרִיב קָרְבָּנוֹ

su-ofrenda el-oferente Entonces-presentará (4) . el-rebaño de o

לַיהוָה מִנְחָה סֹלֶת עִשָּׂרוֹן בָּלוּל בִּרְבִעִית הַהִין

el-hin con-cuarto-de mezclado décimo harina-fina ofrenda-vegetal a-Yahweh

שָׁמֶן׃ וְיַיִן לַנֶּסֶךְ רְבִיעִית הַהִין תַּעֲשֶׂה עַל־

con harás el-hin cuarto-de para-la-libación Y-vino (5) . aceite

הָעֹלָה אוֹ לַזָּבַח לַכֶּבֶשׂ הָאֶחָד׃ אוֹ

O (6) . el-uno con-el-cordero con-el-sacrificio o el-holocausto

לָאַ֫יִל תַּעֲשֶׂה מִנְחָה סֹלֶת שְׁנֵי עֶשְׂרֹנִים בְּלוּלָה
mezclada décimos dos harina-fina ofrenda-vegetal harás con-el-carnero

בַשֶּׁמֶן שְׁלִשִׁית הַהִין׃ וְיַיִן לַנֶּסֶךְ שְׁלִשִׁית
tercio-de para-la-libación Y-vino (7) . el-hin tercio-de con-el-aceite

הַהִין תַּקְרִיב רֵיחַ־ נִיחֹחַ לַיהוָה׃ וְכִי־ תַעֲשֶׂה בֶן־
hijo-de ofrezcas Y-cuando (8) . a-Yahweh grato olor ofrecerás , el-hin

בָּקָר עֹלָה אוֹ־ זָבַח לְפַלֵּא־ נֶדֶר אוֹ־ שְׁלָמִים
ofrenda-de-paces o voto para-cumplir sacrificio o holocausto vacuno

לַיהוָה׃ וְהִקְרִיב עַל־ בֶּן־ הַבָּקָר מִנְחָה סֹלֶת
harina-fina ofrenda-vegetal el-vacuno hijo-de con Y-ofrecerás (9) . a-Yahweh

שְׁלֹשָׁה עֶשְׂרֹנִים בָּלוּל בַּשֶּׁמֶן חֲצִי הַהִין׃ וְיַיִן תַּקְרִיב
ofrecerás Y-vino (10) . el-hin medio-de con-el-aceite mezclado décimos tres

לַנֶּסֶךְ חֲצִי הַהִין אִשֵּׁה רֵיחַ־ נִיחֹחַ
grato olor ofrenda-encendida-de el-hin medio-de para-la-libación

לַיהוָה׃ כָּכָה יֵעָשֶׂה לַשּׁוֹר הָאֶחָד אוֹ לָאַיִל
para-carnero o el-uno para-el-buey se-hará Así (11) . a-Yahweh

הָאֶחָד אוֹ־ לַשֶּׂה בַכְּבָשִׂים אוֹ בָעִזִּים׃ כַּמִּסְפָּר
Según-número (12) . de-las-cabras o de-los-corderos para-cría o el-uno

אֲשֶׁר תַּעֲשׂוּ כָּכָה תַּעֲשׂוּ לָאֶחָד כְּמִסְפָּרָם כָּל־
Todo (13) . según-número-de-ellos para-uno harás así , hagas que

הָאֶזְרָח יַעֲשֶׂה־ כָּכָה אֶת־ אֵלֶּה לְהַקְרִיב אִשֵּׁה רֵיחַ־
olor ofrenda-encendida para-ofrecer esto ** así hará el-nativo

נִיחֹחַ לַיהוָה׃ וְכִי־ יָגוּר אִתְּכֶם גֵּר אוֹ אֲשֶׁר־
quien o extranjero con-vosotros habite Y-cuando . (14) . a-Yahweh grato

בְּתוֹכְכֶם לְדֹרֹתֵיכֶם וְעָשָׂה אִשֵּׁה רֵיחַ־
olor ofrenda-encendida y-hace por-vuestras-generaciones entre-vosotros

נִיחֹחַ לַיהוָה כַּאֲשֶׁר תַּעֲשׂוּ כֵּן יַעֲשֶׂה׃ הַקָּהָל חֻקָּה
regla La-comunidad (15) . hará así hacéis conforme a-Yahweh grato

אַחַת לָכֶם וְלַגֵּר הַגָּר חֻקַּת עוֹלָם
perpetua regla , el-que-habita y-para-extranjero para-vosotros una

לְדֹרֹתֵיכֶם כָּכֶם כַּגֵּר יִהְיֶה לִפְנֵי יְהוָה׃
. Yahweh ante será así-el-extranjero como-vosotros por-vuestras-generaciones

תּוֹרָה אַחַת וּמִשְׁפָּט אֶחָד יִהְיֶה לָכֶם וְלַגֵּר
y-para-el-extranjero para-vosotros será uno y-mandamiento una Ley (16)

הַגָּר אִתְּכֶם׃ וַיְדַבֵּר יְהוָה אֶל־מֹשֶׁה לֵּאמֹר׃ דַּבֵּר
Hasta (18) . diciendo Moisés a Yahweh Y-habló (17) . con-vosotros el-que-habita

אֶל־בְּנֵי יִשְׂרָאֵל וְאָמַרְתָּ אֲלֵהֶם בְּבֹאֲכֶם אֶל־הָאָרֶץ אֲשֶׁר
que la-tierra a en-vuestro-entrar a-ellos y-di Israel hijos-de a

אֲנִי מֵבִיא אֶתְכֶם שָׁמָּה׃ וְהָיָה בַּאֲכָלְכֶם מִלֶּחֶם
de-pan-de en-vuestro-comer Y-será (19) . allí a-vosotros llevando yo

הָאָרֶץ תָּרִימוּ תְרוּמָה לַיהוָה׃ רֵאשִׁית עֲרִסֹתֵכֶם
vuestro-amasado Primero-de (20) . a-Yahweh porción presentaréis la-tierra

חַלָּה תָּרִימוּ תְרוּמָה כִּתְרוּמַת גֹּרֶן כֵּן תָּרִימוּ אֹתָהּ׃
. ella presentaréis así era como-ofrenda-de ofrenda presentaréis torta

מֵרֵאשִׁית עֲרִסֹתֵיכֶם תִּתְּנוּ לַיהוָה תְּרוּמָה
ofrenda a-Yahweh daréis vuestro-amasado De-primicias-de (21)

לְדֹרֹתֵיכֶם׃ וְכִי תִשְׁגּוּ וְלֹא תַעֲשׂוּ
hiciereis y-no errareis Y-si (22) . por-vuestras-generaciones

אֵת כָּל־הַמִּצְוֹת הָאֵלֶּה אֲשֶׁר־דִּבֶּר יְהוָה אֶל־מֹשֶׁה׃ אֵת כָּל־
todo ** (23) . Moisés a Yahweh habló que los-éstos los-mandamientos todos **

אֲשֶׁר צִוָּה יְהוָה אֲלֵיכֶם בְּיַד־מֹשֶׁה מִן־הַיּוֹם אֲשֶׁר
que el-día desde Moisés por-mano-de a-vosotros Yahweh mandó lo-que

צִוָּה יְהוָה וָהָלְאָה לְדֹרֹתֵיכֶם׃ וְהָיָה אִם
si Y-será (24) . por-vuestras-generaciones y-en-adelante Yahweh mandó

מֵעֵינֵי הָעֵדָה נֶעֶשְׂתָה לִשְׁגָגָה וְעָשׂוּ
entonces-ofrecerán por-error se-hace la-comunidad de-ojos-de

כָל־ הָעֵדָה פַּר בֶּן־ בָּקָר אֶחָד לְעֹלָה לְרֵיחַ
como-olor por-holocausto uno vacuno hijo-de toro la-comunidad toda

נִיחֹחַ לַיהוָה וּמִנְחָתוֹ וְנִסְכּוֹ
y-su-libación y-su-ofrenda-vegetal a-Yahweh grato

כַּמִּשְׁפָּט וּשְׂעִיר־ עִזִּים אֶחָד לְחַטָּת׃
. por-ofrenda-del-pecado uno cabras y-macho-cabrío-de como-el-mandamiento

וְכִפֶּר הַכֹּהֵן עַל־ כָּל־ עֲדַת בְּנֵי יִשְׂרָאֵל
Israel hijos-de comunidad-de toda por el-sacerdote Y-expiará (25)

וְנִסְלַח לָהֶם כִּי־ שְׁגָגָה הִוא וְהֵם הֵבִיאוּ
trajeron y-ellos ella error pues , a-ellos y-será-perdonado

אֶת־ קָרְבָּנָם אִשֶּׁה לַיהוָה וְחַטָּאתָם לִפְנֵי
ante y-su-ofrenda-del-pecado a-Yahweh ofrenda-encendida su-ofrenda **

יְהוָה עַל־ שִׁגְגָתָם׃ וְנִסְלַח לְכָל־ עֲדַת
comunidad-de a-toda Y-será-perdonado (26) . su-yerro por Yahweh

בְּנֵי יִשְׂרָאֵל וְלַגֵּר הַגָּר בְּתוֹכָם כִּי לְכָל־
por-todo pues entre-ellos el-que-vive y-al-extranjero Israel hijos-de

הָעָם בִּשְׁגָגָה׃ וְאִם־ נֶפֶשׁ אַחַת תֶּחֱטָא
peca una persona Y-si (27) . en-yerro el-pueblo

בִשְׁגָגָה וְהִקְרִיבָה עֵז בַּת־ שְׁנָתָהּ
su-año hija-de cabra entonces-traerá por-yerro

לְחַטָּאת׃ וְכִפֶּר הַכֹּהֵן עַל־ הַנֶּפֶשׁ
la-persona por el-sacerdote Y-expiará (28) . para-ofrenda-del-pecado

הַשֹּׁגֶגֶת בְּחֶטְאָה בִשְׁגָגָה לִפְנֵי יְהוָה לְכַפֵּר
para-expiar Yahweh ante por-yerro por-pecar la-que-erró

עָלָיו וְנִסְלַח לוֹ׃ (29) הָאֶזְרָח בִּבְנֵי יִשְׂרָאֵל
Israel de-hijos-de El-nativo (29) . a-él y-será-perdonado por-él

וְלַגֵּר הַגָּר בְּתוֹכָם תּוֹרָה אַחַת יִהְיֶה לָכֶם
para-ellos será una ley entre-ellos el-que-vive y-para-el-extranjero

לָעֹשֶׂה בִּשְׁגָגָה׃ (30) וְהַנֶּפֶשׁ אֲשֶׁר־תַּעֲשֶׂה ׀
obrare que Y-la-persona (30) . por-yerro para-el-que-hace

בְּיָד רָמָה מִן־הָאֶזְרָח וּמִן־הַגֵּר אֶת־יְהוָה הוּא
él Yahweh ** el-extranjero o-de el-nativo de alta con-mano

מְגַדֵּף וְנִכְרְתָה הַנֶּפֶשׁ הַהִוא מִקֶּרֶב עַמָּהּ׃
. su-pueblo de-entre la-aquella la-persona y-será-cortada blasfema

(31) כִּי דְבַר־יְהוָה בָּזָה וְאֶת־מִצְוָתוֹ הֵפַר
rompió su-mandamiento y-** despreció Yahweh palabra-de Pues (31)

הִכָּרֵת ׀ תִּכָּרֵת הַנֶּפֶשׁ הַהִוא עֲוֺנָה בָהּ׃
. en-ella su-culpa la-aquella la-persona será-cortada ser-cortada

(32) וַיִּהְיוּ בְנֵי־יִשְׂרָאֵל בַּמִּדְבָּר וַיִּמְצְאוּ אִישׁ
hombre y-hallaron en-el-desierto Israel hijos-de Y-estaban (32)

מְקֹשֵׁשׁ עֵצִים בְּיוֹם הַשַּׁבָּת׃ (33) וַיַּקְרִיבוּ אֹתוֹ
a-él Y-llevaron (33) . el-sábado en-día-de maderas recogiendo

הַמֹּצְאִים אֹתוֹ מְקֹשֵׁשׁ עֵצִים אֶל־מֹשֶׁה וְאֶל־אַהֲרֹן וְאֶל כָּל־
toda y-a Aarón y-a Moisés a maderas recogiendo a-él los-que-hallaron

הָעֵדָה׃ (34) וַיַּנִּיחוּ אֹתוֹ בַּמִּשְׁמָר כִּי לֹא פֹרַשׁ
era-claro no pues en-la-custodia a-él Y-guardaron (34) . la-comunidad

מַה־יֵּעָשֶׂה לוֹ׃ (35) וַיֹּאמֶר יְהוָה אֶל־מֹשֶׁה מוֹת
morir Moisés a Yahweh Y-dijo (35) . a-él se-haría qué

יוּמַת הָאִישׁ רָגוֹם אֹתוֹ בָאֲבָנִים כָּל־ הָעֵדָה
la-comunidad toda con-las-piedras a-él apedrear , el-hombre morirá

מִחוּץ לַמַּחֲנֶה׃ וַיֹּצִיאוּ אֹתוֹ כָּל־ הָעֵדָה אֶל־ מִחוּץ
fuera-de a la-comunidad toda a-él Y-sacaron (36) . el-campamento fuera-de

לַמַּחֲנֶה וַיִּרְגְּמוּ אֹתוֹ בָּאֲבָנִים וַיָּמֹת כַּאֲשֶׁר
como y-murió con-las-piedras a-él y-apedrearon el-campamento

צִוָּה יְהוָה אֶת־ מֹשֶׁה׃ וַיֹּאמֶר יְהוָה אֶל־ מֹשֶׁה לֵּאמֹר׃
. diciendo Moisés a Yahweh Y-dijo (37) . Moisés a Yahweh mandó

דַּבֵּר אֶל־ בְּנֵי יִשְׂרָאֵל וְאָמַרְתָּ אֲלֵהֶם וְעָשׂוּ לָהֶם
para-ellos y-hagan , a-ellos y-di Israel hijos-de a Habla (38)

צִיצִת עַל־ כַּנְפֵי בִגְדֵיהֶם לְדֹרֹתָם
por-sus-generaciones sus-vestidos puntas-de en borla

וְנָתְנוּ עַל־ צִיצִת הַכָּנָף פְּתִיל תְּכֵלֶת׃ וְהָיָה לָכֶם
para-vosotros Y-será (39) . azul cordón-de la-punta borla-de en y-pondrán

לְצִיצִת וּרְאִיתֶם אֹתוֹ וּזְכַרְתֶּם אֶת־ כָּל־ מִצְוֺת
mandamientos-de todos ** y-recordaréis a-él y-veréis por-borla

יְהוָה וַעֲשִׂיתֶם אֹתָם וְלֹא־ תָתֻרוּ אַחֲרֵי לְבַבְכֶם וְאַחֲרֵי
y-tras vuestro-corazón tras iréis y-no a-ellos y-obedeceréis Yahweh

עֵינֵיכֶם אֲשֶׁר־אַתֶּם זֹנִים אַחֲרֵיהֶם׃ לְמַעַן תִּזְכְּרוּ
recordéis Para-que (40) . tras-ellos prostituidos vosotros que vuestros-ojos

וַעֲשִׂיתֶם אֶת־ כָּל־ מִצְוֺתָי וִהְיִיתֶם קְדֹשִׁים
santos y-seáis , mis-mandamientos todos ** y-obedezcáis

לֵאלֹהֵיכֶם׃ אֲנִי יְהוָה אֱלֹהֵיכֶם אֲשֶׁר הוֹצֵאתִי אֶתְכֶם מֵאֶרֶץ
de-tierra-de a-vosotros saqué que vuestro-Dios Yahweh Yo (41) . para-vuestro-Dios

מִצְרַיִם לִהְיוֹת לָכֶם לֵאלֹהִים אֲנִי יְהוָה אֱלֹהֵיכֶם׃ וַיִּקַּח
Y-se-rebeló (1) . vuestro-Dios Yahweh yo por-Dios para-vosotros para-ser Egipto Cap.

קֹרַח בֶּן־יִצְהָר בֶּן־קְהָת בֶּן־לֵוִי וְדָתָן וַאֲבִירָם בְּנֵי
hijos-de y-Abiram y-Datán , Leví hijo-de Coat hijo-de Izhar hijo-de Coré

אֱלִיאָב וְאוֹן בֶּן־פֶּלֶת בְּנֵי רְאוּבֵן׃ וַיָּקֻמוּ לִפְנֵי
frente-a Y-se-levantaron (2) . Rubén hijos-de Pelet hijo-de y-On Eliab

מֹשֶׁה וַאֲנָשִׁים מִבְּנֵי־יִשְׂרָאֵל חֲמִשִּׁים וּמָאתָיִם נְשִׂיאֵי
jefes-de y-doscientos cincuenta Israel de-hijos-de y-hombres Moisés

עֵדָה קְרִאֵי מוֹעֵד אַנְשֵׁי־שֵׁם׃ וַיִּקָּהֲלוּ
Y-se-reunieron (3) . renombre hombres-de consejo designados-de comunidad

עַל־מֹשֶׁה וְעַל־אַהֲרֹן וַיֹּאמְרוּ אֲלֵהֶם רַב־לָכֶם כִּי
pues de-vosotros basta : a-ellos y-dijeron Aarón y-contra Moisés contra

כָל־הָעֵדָה כֻּלָּם קְדֹשִׁים וּבְתוֹכָם יְהוָה וּמַדּוּעַ
y-por-qué ? , Yahweh y-con-ellos santos todos-ellos la-comunidad toda

תִּתְנַשְּׂאוּ עַל־קְהַל יְהוָה׃ וַיִּשְׁמַע מֹשֶׁה
Moisés Y-oyó (4) . Yahweh comunidad-de sobre os-ponéis

וַיִּפֹּל עַל־פָּנָיו׃ וַיְדַבֵּר אֶל־קֹרַח וְאֶל־כָּל־
todo y-a Coré a Y-habló (5) . su-rostrc sobre os-ponéis

עֲדָתוֹ לֵאמֹר בֹּקֶר וְיֹדַע יְהוָה אֶת־אֲשֶׁר־לוֹ וְאֶת־
y-** de-él quién ** Yahweh mostrará mañana : diciendo su-seguidor

הַקָּדוֹשׁ וְהִקְרִיב אֵלָיו וְאֵת אֲשֶׁר יִבְחַר־בּוֹ
para-él elija quien y-** , a-él y-hará-acercar el-santo

יַקְרִיב אֵלָיו׃ זֹאת עֲשׂוּ קְחוּ־לָכֶם מַחְתּוֹת קֹרַח
Coré incensarios para-vosotros tomad, haced Esto (6) . a-él hará-acercar

וְכָל־עֲדָתוֹ׃ וּתְנוּ בָהֵן אֵשׁ וְשִׂימוּ עֲלֵיהֶן קְטֹרֶת
incienso en-ellas y-poned fuego en-ellas Y-poned (7) . su-seguidor y-todo

לִפְנֵי יְהוָה מָחָר וְהָיָה הָאִישׁ אֲשֶׁר־יִבְחַר יְהוָה הוּא
él Yahweh elija que el-hombre y-será mañana Yahweh ante

הַקָּדוֹשׁ רַב־לָכֶם בְּנֵי לֵוִי׃ וַיֹּאמֶר מֹשֶׁה אֶל־קֹרַח שִׁמְעוּ־

oíd : Coré a Moisés Y-dijo (8) . Leví hijos-de para-vosotros baste , el-santo

נָא בְּנֵי לֵוִי׃ הַמְעַט מִכֶּם כִּי־ הִבְדִּיל אֱלֹהֵי יִשְׂרָאֵל אֶתְכֶם

a-vosotros Israel Dios-de apartó que para-vosotros Es-poco (9) . Leví hijos-de ahora

מֵעֲדַת יִשְׂרָאֵל לְהַקְרִיב אֶתְכֶם אֵלָיו לַעֲבֹד אֶת־ עֲבֹדַת

obra-de ** para-hacer , a-él a-vosotros para-acercar Israel de-comunidad-de

מִשְׁכַּן יְהוָה וְלַעֲמֹד לִפְנֵי הָעֵדָה לְשָׁרְתָם׃

. para-ministrar-les la-comunidad ante y-permanecer Yahweh tabernáculo-de

וַיַּקְרֵב אֹתְךָ וְאֶת־כָּל־ אַחֶיךָ בְנֵי־ לֵוִי אִתָּךְ

con-tigo Leví hijos-de tus-hermanos todos y-a a-ti E-hizo-acercar (10)

וּבִקַּשְׁתֶּם גַּם־ כְּהֻנָּה׃ לָכֵן אַתָּה וְכָל־ עֲדָתְךָ

seguidor-de-ti y-todo tú Por-tanto (11) . sacerdocio también pero-buscáis

הַנֹּעָדִים עַל־ יְהוָה וְאַהֲרֹן מַה־הוּא כִּי תַלּוֹנוּ

murmuréis que él quién pues-Aarón , Yahweh contra los-confabulados

עָלָיו׃ וַיִּשְׁלַח מֹשֶׁה לִקְרֹא לְדָתָן וְלַאֲבִירָם

y-a-Abiram a-Datán a-llamar Moisés Y-envió (12) . contra-él

בְּנֵי אֱלִיאָב וַיֹּאמְרוּ לֹא נַעֲלֶה׃ הַמְעַט כִּי הֶעֱלִיתָנוּ

nos-hiciste-subir que ¿Es-poco (13) . iremos no y-dijeron ; Eliab hijos-de

מֵאֶרֶץ זָבַת חָלָב וּדְבַשׁ לַהֲמִיתֵנוּ בַּמִּדְבָּר כִּי־

que , en-el-desierto para-matar-nos y-miel leche fluyendo-de de-tierra

תִשְׂתָּרֵר עָלֵינוּ גַּם־הִשְׂתָּרֵר׃ אַף לֹא אֶל־אֶרֶץ זָבַת

fluyendo tierra a no Además (14) . con-autoridad también sobre-nosotros señorees

חָלָב וּדְבַשׁ הֲבִיאֹתָנוּ וַתִּתֶּן־ לָנוּ נַחֲלַת שָׂדֶה

campo heredad-de a-nosotros ni-diste nos-trajiste y-miel leche

וָכָרֶם הַעֵינֵי הָאֲנָשִׁים הָהֵם תְּנַקֵּר לֹא נַעֲלֶה׃

. vendremos no , sacarás los-ellos los-hombres ¿ acaso-ojos-de , o-viña

וַיִּחַר לְמֹשֶׁה מְאֹד וַיֹּאמֶר אֶל־יְהוָה אַל־תֵּפֶן
aceptes no : Yahweh a y-dijo mucho **-Moisés Y-se-enojó (15)

אֶל־מִנְחָתָם לֹא חֲמוֹר אֶחָד מֵהֶם נָשָׂאתִי וְלֹא הֲרֵעֹתִי אֶת־
a hice-mal y-no cogí de-ellos uno asno no , su-ofrenda a

אַחַד מֵהֶם׃ וַיֹּאמֶר מֹשֶׁה אֶל־קֹרַח אַתָּה וְכָל־עֲדָתְךָ
tu-seguidor y-todo tú : Coré a Moisés Y-dijo (16) . de-ellos uno

הֱיוּ לִפְנֵי יְהוָה אַתָּה וָהֵם וְאַהֲרֹן מָחָר׃ וּקְחוּ ׀ אִישׁ
cada Y-tomad (17) . mañana y-Aarón y-ellos tú , Yahweh ante estad

מַחְתָּתוֹ וּנְתַתֶּם עֲלֵיהֶם קְטֹרֶת וְהִקְרַבְתֶּם לִפְנֵי יְהוָה
Yahweh ante y-acercaos incienso sobre-ellos y-pondrás su-incensario

אִישׁ מַחְתָּתוֹ חֲמִשִּׁים וּמָאתַיִם מַחְתֹּת וְאַתָּה וְאַהֲרֹן אִישׁ
cada-uno y-Aarón y-tú incensarios y-doscientos cincuenta su-incensario cada-uno

מַחְתָּתוֹ׃ וַיִּקְחוּ אִישׁ מַחְתָּתוֹ וַיִּתְּנוּ עֲלֵיהֶם אֵשׁ
fuego en-ellos y-pusieron su-incensario cada-uno Y-tomó (18) . su-incensario

וַיָּשִׂימוּ עֲלֵיהֶם קְטֹרֶת וַיַּעַמְדוּ פֶּתַח אֹהֶל מוֹעֵד
reunión tienda-de entrada-de y-se-pusieron incienso en-ellos y-pusieron

וּמֹשֶׁה וְאַהֲרֹן׃ וַיַּקְהֵל עֲלֵיהֶם קֹרַח אֶת־כָּל־
todo ** Coré frente-a-ellos Y-congregó (19) . y-Aarón con-Moisés

הָעֵדָה אֶל־פֶּתַח אֹהֶל מוֹעֵד וַיֵּרָא כְבוֹד־
gloria-de y-apareció , reunión tienda-de puerta-de a el-grupo

יְהוָה אֶל־כָּל־הָעֵדָה׃ וַיְדַבֵּר יְהוָה אֶל־מֹשֶׁה וְאֶל־
y-a Moisés a Yahweh Y-habló (20) . la-comunidad toda a Yahweh

אַהֲרֹן לֵאמֹר׃ הִבָּדְלוּ מִתּוֹךְ הָעֵדָה הַזֹּאת
el-éste el-grupo de-entre Apartaos (21) . diciendo Aarón

וַאֲכַלֶּה אֹתָם כְּרָגַע׃ וַיִּפְּלוּ עַל־פְּנֵיהֶם
sus-rostros sobre Y-cayeron (22) . inmediatamente a-ellos y-consumiré

וַיֹּאמְרוּ אֵל אֱלֹהֵי הָרוּחֹת לְכָל־ בָּשָׂר הָאִישׁ אֶחָד יֶחֱטָא
pecó uno el-hombre carne de-toda los-espíritus Dios-de Dios : y-dijeron

וְעַל כָּל־ הָעֵדָה תִּקְצֹף׃ וַיְדַבֵּר יְהוָה
Yahweh Y-habló (23) . te-enojas el-grupo todo y-contra

אֶל־מֹשֶׁה לֵּאמֹר׃ דַּבֵּר אֶל־ הָעֵדָה לֵאמֹר הֵעָלוּ מִסָּבִיב
de-alrededor apartaos : diciendo el-grupo a Habla (24) . diciendo Moisés a

לְמִשְׁכַּן־ קֹרַח דָּתָן וַאֲבִירָם׃ וַיָּקָם מֹשֶׁה וַיֵּלֶךְ
y-fue Moisés Y-se-levantó (25) . y-Abiram Datán Coré de-tienda-de

אֶל־ דָּתָן וַאֲבִירָם וַיֵּלְכוּ אַחֲרָיו זִקְנֵי יִשְׂרָאֵל׃
. Israel ancianos-de tras-él y-fueron , y-Abiram Datán a

וַיְדַבֵּר אֶל־ הָעֵדָה לֵאמֹר סוּרוּ נָא מֵעַל אָהֳלֵי
tiendas-de de-junto-a ahora retroceded : diciendo el-grupo a Y-habló (26)

הָאֲנָשִׁים הָרְשָׁעִים הָאֵלֶּה וְאַל־ תִּגְּעוּ בְּכָל־ אֲשֶׁר לָהֶם
de-ellos que en-nada toquéis y-no los-éstos los-impíos los-hombres

פֶּן־ תִּסָּפוּ בְּכָל־ חַטֹּאתָם׃ וַיֵּעָלוּ
Y-se-apartaron (27) . sus-pecados por-todos perezcáis para-que-no

מֵעַל מִשְׁכַּן־קֹרַח דָּתָן וַאֲבִירָם מִסָּבִיב וְדָתָן וַאֲבִירָם
y-Abiram y-Datán , de-alrededor y-Abiram Datán Coré tienda-de de-junto-a

יָצְאוּ נִצָּבִים פֶּתַח אָהֳלֵיהֶם וּנְשֵׁיהֶם
con-sus-mujeres tienda-de-ellos entrada-de parados salieron

וּבְנֵיהֶם וְטַפָּם׃ וַיֹּאמֶר מֹשֶׁה בְּזֹאת
por-esto : Moisés Y-dijo (28) . y-sus-niños e-hijos-de-ellos

תֵּדְעוּן כִּי־ יְהוָה שְׁלָחַנִי לַעֲשׂוֹת אֵת כָּל־ הַמַּעֲשִׂים הָאֵלֶּה
las-éstas las-obras todas ** para-hacer me-envió Yahweh que conoceréis

כִּי־ לֹא מִלִּבִּי׃ אִם־ כְּמוֹת כָּל־ הָאָדָם יְמֻתוּן אֵלֶּה
éstos mueren el-hombre todo como-morir Si (29) . de-mi-corazón no que

וּפְקֻדַּת כָּל־ הָאָדָם יִפָּקֵד עֲלֵיהֶם לֹא יְהוָה
Yahweh no a-ellos sucede el-hombre todo y-suceso-de

שְׁלָחָנִי׃ וְאִם־ בְּרִיאָה יִבְרָא יְהוָה וּפָצְתָה
y-abre Yahweh realiza novedad Y-si (30) . me-envió

הָאֲדָמָה אֶת־ פִּיהָ וּבָלְעָה אֹתָם וְאֶת־ כָּל־ אֲשֶׁר לָהֶם
de-ellos lo-que todo y-** a-ellos y-se-traga su-boca ** la-tierra

וְיָרְדוּ חַיִּים שְׁאֹלָה וִידַעְתֶּם כִּי נִאֲצוּ
aborrecieron que entonces-conoceréis al-Seol vivos y-descienden

הָאֲנָשִׁים הָאֵלֶּה אֶת־ יְהוָה׃ וַיְהִי כְּכַלֹּתוֹ לְדַבֵּר אֵת
** de-hablar al-terminar-él Y-sucedió (31) . Yahweh a los-éstos los-hombres

כָּל־ הַדְּבָרִים הָאֵלֶּה וַתִּבָּקַע הָאֲדָמָה אֲשֶׁר תַּחְתֵּיהֶם׃
. debajo-de-ellos que el-terreno se-partió las-éstas las-palabras todas

וַתִּפְתַּח הָאָרֶץ אֶת־ פִּיהָ וַתִּבְלַע אֹתָם וְאֶת־
y-a a-ellos y-tragó su-boca ** la-tierra Y-abrió (32)

בָּתֵּיהֶם וְאֵת כָּל־ הָאָדָם אֲשֶׁר לְקֹרַח וְאֵת כָּל־
toda y-** con-Coré que el-hombre todo y-** sus-casas

הָרְכוּשׁ׃ וַיֵּרְדוּ הֵם וְכָל־ אֲשֶׁר לָהֶם
de-ellos lo-que y-todo ellos Y-descendieron (33) . la-posesión

חַיִּים שְׁאֹלָה וַתְּכַס עֲלֵיהֶם הָאָרֶץ וַיֹּאבְדוּ
y-desaparecieron la-tierra sobre-ellos y-se-cerró al-Seol vivos

מִתּוֹךְ הַקָּהָל׃ וְכָל־ יִשְׂרָאֵל אֲשֶׁר סְבִיבֹתֵיהֶם
alrededor-de-ellos que Israel Y-todo (34) . la-congregación de-entre

נָסוּ לְקֹלָם כִּי אָמְרוּ פֶּן־ תִּבְלָעֵנוּ
nos-tragará quizá : dijeron pues al-grito-de-ellos huyeron

הָאָרֶץ׃ וְאֵשׁ יָצְאָה מֵאֵת יְהוָה וַתֹּאכַל אֵת
** y-consumió Yahweh de salió Y-fuego (35) . la-tierra

הַחֲמִשִּׁים וּמָאתַיִם אִישׁ מַקְרִיבֵי הַקְּטֹרֶת׃
. el-incienso oferentes-de hombre y-doscientos los-cincuenta

(36) וַיְדַבֵּר יְהוָה אֶל־מֹשֶׁה לֵּאמֹר׃ (37) אֱמֹר אֶל־אֶלְעָזָר בֶּן־
hijo-de Eleazar a Di (37) . diciendo Moisés a Yahweh Y-habló (36)

אַהֲרֹן הַכֹּהֵן וְיָרֵם אֶת־הַמַּחְתֹּת מִבֵּין הַשְּׂרֵפָה
el-rescoldo de-entre los-incensarios ** y-tome el-sacerdote Aarón

וְאֶת־הָאֵשׁ זְרֵה־הָלְאָה כִּי קָדֵשׁוּ׃ (38) אֵת מַחְתּוֹת
incensarios-de ** (38) . son-santos pues lejos esparza el-fuego y-**

הַחַטָּאִים הָאֵלֶּה בְּנַפְשֹׁתָם וְעָשׂוּ אֹתָם
a-ellos y-harán contra-sus-vidas los-éstos los-pecadores

רִקֻּעֵי פַחִים צִפּוּי לַמִּזְבֵּחַ כִּי־הִקְרִיבֻם לִפְנֵי־
ante los-ofrecieron pues para-el-altar forrado planchas batidas

יְהוָה וַיִּקְדָּשׁוּ וְיִהְיוּ לְאוֹת לִבְנֵי יִשְׂרָאֵל׃
. Israel para-hijos-de por-señal y-sean , y-son-santificados Yahweh

(39) וַיִּקַּח אֶלְעָזָר הַכֹּהֵן אֵת מַחְתּוֹת הַנְּחֹשֶׁת
el-bronce incensarios-de ** el-sacerdote Eleazar Y-tomó (39)

אֲשֶׁר הִקְרִיבוּ הַשְּׂרֻפִים וַיְרַקְּעוּם צִפּוּי
forrado y-los-batieron , los-quemados ofrecieron que

לַמִּזְבֵּחַ׃ (40) זִכָּרוֹן לִבְנֵי יִשְׂרָאֵל לְמַעַן אֲשֶׁר לֹא־
no que para Israel para-hijos-de Recuerdo (40) . para-el-altar

יִקְרַב אִישׁ זָר אֲשֶׁר לֹא מִזֶּרַע אַהֲרֹן הוּא לְהַקְטִיר
para-quemar él Aarón de-descendencia-de no que extraño hombre se-acercara

קְטֹרֶת לִפְנֵי יְהוָה וְלֹא־יִהְיֶה כְקֹרַח
como-Coré fuera y-no Yahweh ante incienso

וְכַעֲדָתוֹ כַּאֲשֶׁר דִּבֶּר יְהוָה בְּיַד־מֹשֶׁה לוֹ׃
. a-él Moisés por-mano-de Yahweh habló como y-como-su-séquito

וַיִּלֹּנוּ כָּל־ עֲדַת בְּנֵי־ יִשְׂרָאֵל מִמָּחֳרָת

al-día-siguiente Israel hijos-de comunidad-de toda Y-murmuraron (41)

עַל־ מֹשֶׁה וְעַל־ אַהֲרֹן לֵאמֹר אַתֶּם הֲמִתֶּם אֶת־ עַם יְהוָה׃

. Yahweh pueblo-de ** matasteis vosotros : diciendo Aarón y-contra Moisés contra

וַיְהִי בְּהִקָּהֵל הָעֵדָה עַל־ מֹשֶׁה וְעַל־ אַהֲרֹן

Aarón y-contra Moisés contra la-comunidad al-congregarse Y-fue (42)

וַיִּפְנוּ אֶל־ אֹהֶל מוֹעֵד וְהִנֵּה כִסָּהוּ הֶעָנָן

la-nube lo-cubría y-he-aquí testimonio tienda-de hacia y-se-volvieron

וַיֵּרָא כְּבוֹד יְהוָה׃ וַיָּבֹא מֹשֶׁה וְאַהֲרֹן אֶל־

a y-Aarón Moisés Y-fue (43) . Yahweh gloria-de y-apareció

פְּנֵי אֹהֶל מוֹעֵד׃ וַיְדַבֵּר יְהוָה אֶל־ מֹשֶׁה לֵּאמֹר׃

. diciendo Moisés a Yahweh Y-habló (44) . reunión tienda-de frente-de

הֵרֹמּוּ מִתּוֹךְ הָעֵדָה הַזֹּאת וַאֲכַלֶּה אֹתָם

a-ella y-consumiré la-ésta la-comunidad de-entre Apartaos (45)

כְּרָגַע וַיִּפְּלוּ עַל־ פְּנֵיהֶם׃ וַיֹּאמֶר מֹשֶׁה אֶל־אַהֲרֹן

Aarón a Moisés Y-dijo (46) . sus-rostros sobre y-cayeron , de-inmediato

קַח אֶת־ הַמַּחְתָּה וְתֶן־ עָלֶיהָ אֵשׁ מֵעַל הַמִּזְבֵּחַ וְשִׂים

y-pon el-altar de-sobre fuego en-ella y-pon el-incensario ** toma

קְטֹרֶת וְהוֹלֵךְ מְהֵרָה אֶל־ הָעֵדָה וְכַפֵּר עֲלֵיהֶם כִּי־ יָצָא

salió pues por-ellos y-expía la-comunidad a rápido y-ve incienso

הַקֶּצֶף מִלִּפְנֵי יְהוָה הֵחֵל הַנָּגֶף׃ וַיִּקַּח אַהֲרֹן

Aarón Y-tomó (47) . la-plaga empezó Yahweh de-delante-de la-ira

כַּאֲשֶׁר ׀ דִּבֶּר מֹשֶׁה וַיָּרָץ אֶל־ תּוֹךְ הַקָּהָל וְהִנֵּה

y-he-aquí la-asamblea medio-de a y-corrió Moisés habló como

הֵחֵל הַנֶּגֶף בָּעָם וַיִּתֵּן אֶת־ הַקְּטֹרֶת

el-incienso ** y-ofreció , entre-el-pueblo la-plaga comenzó

וַיְכַפֵּר עַל־ הָעָם׃ וַיַּעֲמֹד בֵּין־ הַמֵּתִים
los-muertos entre Y-se-puso (48) . el-pueblo por y-expió

וּבֵין הַחַיִּים וַתֵּעָצַר הַמַּגֵּפָה׃ וַיִּהְיוּ
Y-fueron (49) . la-plaga y-se-detuvo los-vivos y-entre

הַמֵּתִים בַּמַּגֵּפָה אַרְבָּעָה עָשָׂר אֶלֶף וּשְׁבַע מֵאוֹת
cientos y-siete mil diez cuatro en-la-plaga los-muertos

מִלְּבַד הַמֵּתִים עַל־ דְּבַר־ קֹרַח׃ וַיָּשָׁב
Y-volvió (50) . Coré asunto-de por los-muertos además-de

אַהֲרֹן אֶל־ מֹשֶׁה אֶל־ פֶּתַח אֹהֶל מוֹעֵד וְהַמַּגֵּפָה נֶעֱצָרָה׃
. había-parado pues-la-plaga reunión puerta-de entrada-de a Moisés a Aarón

וַיְדַבֵּר יְהוָה אֶל־מֹשֶׁה לֵּאמֹר׃ דַּבֵּר ׀ אֶל־ בְּנֵי יִשְׂרָאֵל
Israel hijos-de a Habla (2) . diciendo Moisés a Yahweh Y-habló (1) Cap.

וְקַח מֵאִתָּם מַטֶּה מַטֶּה לְבֵית אָב מֵאֵת כָּל־
todos de padre de-casa-de vara vara de-ellos y-toma

נְשִׂיאֵהֶם לְבֵית אֲבֹתָם שְׁנֵים עָשָׂר מַטּוֹת אִישׁ אֶת־
** cada , varas diez dos sus-padres por-casa-de sus-jefes

שְׁמוֹ תִּכְתֹּב עַל־ מַטֵּהוּ׃ וְאֵת שֵׁם אַהֲרֹן תִּכְתֹּב
escribe Aarón nombre-de Y-** (3) . su-vara en escribe su-nombre

עַל־ מַטֵּה לֵוִי כִּי מַטֶּה אֶחָד לְרֹאשׁ בֵּית אֲבוֹתָם׃
. sus-padres casa-de para-cabeza-de una vara pues Leví vara-de en

וְהִנַּחְתָּם בְּאֹהֶל מוֹעֵד לִפְנֵי הָעֵדוּת אֲשֶׁר
donde el-testimonio ante reunión en-tienda-de Y-los-pondrás (4)

אִוָּעֵד לָכֶם שָׁמָּה׃ וְהָיָה הָאִישׁ אֲשֶׁר אֶבְחַר־ בּוֹ
a-él elijo que el-hombre Y-será (5) . allí con-vosotros me-encuentro

מַטֵּהוּ יִפְרָח וַהֲשִׁכֹּתִי מֵעָלַי אֶת־ תְּלֻנּוֹת
murmuraciones-de ** de-sobre-mí y-quitaré rebrotará su-vara

בְּנֵי יִשְׂרָאֵל אֲשֶׁר הֵם מַלִּינִם עֲלֵיכֶם׃ וַיְדַבֵּר מֹשֶׁה
Moisés Y-habló (6) . contra-vosotros murmurando ellos que Israel hijos-de

אֶל־ בְּנֵי יִשְׂרָאֵל וַיִּתְּנוּ אֵלָיו ׀ כָּל־ נְשִׂיאֵיהֶם מַטֶּה
vara sus-jefes todos a-él y-dieron Israel hijos-de a

לְנָשִׂיא אֶחָד מַטֶּה לְנָשִׂיא אֶחָד לְבֵית אֲבֹתָם שְׁנֵים עָשָׂר
diez dos sus-padres de-casa-de uno por-jefe vara uno por-jefe

מַטּוֹת וּמַטֵּה אַהֲרֹן בְּתוֹךְ מַטּוֹתָם׃ וַיַּנַּח
Y-colocó (7) . sus-varas entre Aarón y-vara-de , varas

מֹשֶׁה אֶת־ הַמַּטֹּת לִפְנֵי יְהוָה בְּאֹהֶל הָעֵדֻת׃ וַיְהִי
Y-fue (8) . el-testimonio en tienda-de Yahweh ante las-varas ** Moisés

מִמָּחֳרָת וַיָּבֹא מֹשֶׁה אֶל־ אֹהֶל הָעֵדוּת וְהִנֵּה
y-he-aquí el-testimonio en-tienda-de a Moisés y-entró al-día-siguiente

פָּרַח מַטֵּה־ אַהֲרֹן לְבֵית לֵוִי וַיֹּצֵא פֶרַח
rebrote y-sacó , Leví de-casa-de Aarón vara-de rebrotó

וַיָּצֵץ צִיץ וַיִּגְמֹל שְׁקֵדִים׃ וַיֹּצֵא
Y-sacó (9) . almendras y-produjo flor y-floreció

מֹשֶׁה אֶת־ כָּל־ הַמַּטֹּת מִלִּפְנֵי יְהוָה אֶל־ כָּל־ בְּנֵי יִשְׂרָאֵל
Israel hijos-de todos a Yahweh de-delante-de las-varas todas ** Moisés

וַיִּרְאוּ וַיִּקְחוּ אִישׁ מַטֵּהוּ׃ וַיֹּאמֶר יְהוָה
Yahweh Y-dijo (10) . su-vara cada-uno y-tomaron y-miraron

אֶל־ מֹשֶׁה הָשֵׁב אֶת־ מַטֵּה אַהֲרֹן לִפְנֵי הָעֵדוּת לְמִשְׁמֶרֶת
para-guardar el-testimonio delante-de Aarón vara-de ** devuelve : Moisés a

לְאוֹת לִבְנֵי־ מֶרִי וּתְכַל תְּלוּנֹּתָם
sus-murmuraciones y-hará-cesar , rebelión a-hijos-de por-señal

מֵעָלַי וְלֹא יָמֻתוּ׃ וַיַּעַשׂ מֹשֶׁה כַּאֲשֶׁר
como Moisés E-hizo (11) . morirán y-no de-contra-mí

צִוָּה יְהוָה אֹתוֹ כֵּן עָשָׂה׃ וַיֹּאמְרוּ בְּנֵי יִשְׂרָאֵל
Israel hijos-de Y-dijeron (12) . hizo así a-él Yahweh mandó

אֶל־מֹשֶׁה לֵאמֹר הֵן גָּוַעְנוּ אָבַדְנוּ כֻּלָּנוּ אָבָדְנוּ׃
. estamos-perdidos todos-nosotros estamos-perdidos moriremos mira : diciendo Moisés a

כֹּל הַקָּרֵב ׀ הַקָּרֵב אֶל־מִשְׁכַּן יְהוָה יָמוּת
morirá Yahweh tabernáculo-de a el-cercano el-cercano Todo (13)

הַאִם תַּמְנוּ לִגְוֹעַ׃ וַיֹּאמֶר יְהוָה אֶל־אַהֲרֹן אַתָּה
tú : Aarón a Yahweh Y-dijo (1) . morir todos-nosotros ¿ acaso Cap.

וּבָנֶיךָ וּבֵית־אָבִיךָ אִתָּךְ תִּשְׂאוּ אֶת־
** llevaréis con-tigo tu-padre y-casa-de y-tus-hijos

עֲוֹן הַמִּקְדָּשׁ וְאַתָּה וּבָנֶיךָ אִתָּךְ
con-tigo y-tus-hijos y-tú el-santuario responsabilidad-de

תִּשְׂאוּ אֶת־עֲוֹן כְּהֻנַּתְכֶם׃ וְגַם אֶת־
** Y-también (2) . vuestro-sacerdocio responsabilidad-de ** llevaréis

אַחֶיךָ מַטֵּה לֵוִי שֵׁבֶט אָבִיךָ הַקְרֵב אִתָּךְ
con-tigo trae tu-padre tribu-de Leví tribu-de tus-hermanos

וְיִלָּווּ עָלֶיךָ וִישָׁרְתוּךָ וְאַתָּה וּבָנֶיךָ
y-a-tus-hijos a-ti y-te-ayuden con-tigo y-se-junten

אִתָּךְ לִפְנֵי אֹהֶל הָעֵדֻת׃ וְשָׁמְרוּ
Y-guardarán (3) . el-testimonio tienda-de delante-de con-tigo

מִשְׁמַרְתְּךָ וּמִשְׁמֶרֶת כָּל־הָאֹהֶל אַךְ אֶל־כְּלֵי הַקֹּדֶשׁ
el-santuario utensilios-de a sólo , la-tienda toda y-deber-de tu-deber

וְאֶל־הַמִּזְבֵּחַ לֹא יִקְרָבוּ וְלֹא־יָמֻתוּ גַם־הֵם גַּם־אַתֶּם׃
vosotros como ellos tanto morirán y-no se-acercarán no el-altar y-a

וְנִלְווּ עָלֶיךָ וְשָׁמְרוּ אֶת־מִשְׁמֶרֶת אֹהֶל
tienda-de cuidado-de y-se-encargarán con-tigo Y-se-juntarán (4)

מוֹעֵד לְכֹל עֲבֹדַת הָאֹהֶל וְזָר לֹא־ יִקְרַב אֲלֵיכֶם׃
. a-vosotros se-acercará no y-extraño la-tienda trabajo-de para-todo reunión

וּשְׁמַרְתֶּם אֵת מִשְׁמֶרֶת הַקֹּדֶשׁ וְאֵת מִשְׁמֶרֶת הַמִּזְבֵּחַ
el-altar cuidado-de y-** el-santuario cuidado-de ** Y-seréis-responsables (5)

וְלֹא־ יִהְיֶה עוֹד קֶצֶף עַל־ בְּנֵי יִשְׂרָאֵל׃ וַאֲנִי הִנֵּה לָקַחְתִּי
tomé he-aquí Y-yo (6) . Israel hijos-de sobre ira otra-vez será y-no

אֶת־ אֲחֵיכֶם הַלְוִיִּם מִתּוֹךְ בְּנֵי יִשְׂרָאֵל לָכֶם מַתָּנָה
don para-vosotros , Israel hijos-de de-entre los-levitas vuestros-hermanos **

נְתֻנִים לַיהוָה לַעֲבֹד אֶת־עֲבֹדַת אֹהֶל מוֹעֵד׃ וְאַתָּה
Y-tú (7) . reunión tienda-de obra-de ** para-hacer a-Yahweh dedicados

וּבָנֶיךָ אִתְּךָ תִּשְׁמְרוּ אֶת־ כְּהֻנַּתְכֶם לְכָל־
con-toda vuestro-sacerdocio ** cumpliréis con-tigo y-tus-hijos

דְּבַר הַמִּזְבֵּחַ וּלְמִבֵּית לַפָּרֹכֶת וַעֲבַדְתֶּם עֲבֹדַת
servicio-de , y-serviréis de-la-cortina y-de-dentro el-altar cosa-de

מַתָּנָה אֶתֵּן אֶת־ כְּהֻנַּתְכֶם וְהַזָּר הַקָּרֵב יוּמָת׃
. morirá el-que-se-acerque y-el-extraño vuestro-sacerdocio a doy don

וַיְדַבֵּר יְהוָה אֶל־אַהֲרֹן וַאֲנִי הִנֵּה נָתַתִּי לְךָ אֶת־ מִשְׁמֶרֶת
cuidado-de ** a-ti doy he-aquí y-yo : Aarón a Yahweh Y-dijo (8)

תְּרוּמֹתָי לְכָל־ קָדְשֵׁי בְנֵי־ יִשְׂרָאֵל לְךָ
para-ti Israel hijos-de cosas-santas-de de-todas mis-ofrendas

נְתַתִּים לְמָשְׁחָה וּלְבָנֶיךָ לְחָק־ עוֹלָם׃ זֶה־
Esto (9) . perpetuo por-estatuto y-para-tus-hijos para-porción las-doy

יִהְיֶה לְךָ מִקֹּדֶשׁ הַקֳּדָשִׁים מִן־ הָאֵשׁ כָּל־
todo , el-fuego de las-cosas-santas de-lo-santo-de para-ti será

קָרְבָּנָם לְכָל־ מִנְחָתָם וּלְכָל־
y-de-toda ofrenda-vegetal-de-ellos de-toda don-de-ellos

חַטָּאתָם וּלְכָל־ אֲשָׁמָם אֲשֶׁר יָשִׁיבוּ
traigan que ofrenda-de-culpa-de-ellos y-de-toda ofrenda-del-pecado-de-ellos

לִי קֹדֶשׁ קָדָשִׁים לְךָ הוּא וּלְבָנֶיךָ׃
. y-para-tus-hijos él para-ti santos santo-de para-mí

(10) בְּקֹדֶשׁ הַקֳּדָשִׁים תֹּאכְלֶנּוּ כָּל־ זָכָר יֹאכַל
comerá varón todo , lo-comerás los-santos Como-santo-de (10)

אֹתוֹ קֹדֶשׁ יִהְיֶה־ לָּךְ׃ (11) וְזֶה־ לְּךָ תְּרוּמַת מַתָּנָם
su-don separada-de para-ti Y-esto (11) . para-ti será santo , a-él

לְכָל־ תְּנוּפֹת בְּנֵי יִשְׂרָאֵל לְךָ נְתַתִּים
les-doy para-ti Israel hijos-de ofrenda-mecida-de de-toda

וּלְבָנֶיךָ וְלִבְנֹתֶיךָ אִתְּךָ לְחָק־ עוֹלָם
perpetuo por-estatuto con-tigo y-a-tus-hijas y-a-tus-hijos

כָּל־ טָהוֹר בְּבֵיתְךָ יֹאכַל אֹתוֹ׃ (12) כֹּל חֵלֶב
escogido-de Todo (12) . a-él comerá en-tu-casa limpio todo

יִצְהָר וְכָל־ חֵלֶב תִּירוֹשׁ וְדָגָן רֵאשִׁיתָם אֲשֶׁר־
que sus-primicias , y-grano mosto escogido-de y-todo aceite-de-oliva

יִתְּנוּ לַיהוָה לְךָ נְתַתִּים׃ (13) בִּכּוּרֵי כָּל־ אֲשֶׁר
lo-que todo Primicias-de (13) . las-doy para-ti a-Yahweh dan

בְּאַרְצָם אֲשֶׁר־ יָבִיאוּ לַיהוָה לְךָ יִהְיֶה כָּל־
todo , será para-ti a-Yahweh traen que en-su-tierra

טָהוֹר בְּבֵיתְךָ יֹאכְלֶנּוּ׃ (14) כָּל־ חֵרֶם בְּיִשְׂרָאֵל
en-Israel consagrado Todo (14) . lo-comerá en-tu-casa limpio

לְךָ יִהְיֶה׃ (15) כָּל־ פֶּטֶר רֶחֶם לְכָל־ בָּשָׂר אֲשֶׁר־
que carne de-toda vientre primero-de Todo (15) . será para-ti

יַקְרִיבוּ לַיהוָה בָּאָדָם וּבַבְּהֵמָה יִהְיֶה־ לָּךְ אַךְ ׀
pero para-ti será y-también-animal sea-hombre , a-Yahweh ofrecen

פָּדֹה תִפְדֶּה אֵת בְּכוֹר הָאָדָם וְאֵת בְּכוֹר־הַבְּהֵמָה

el-animal primogénito-de y-** el-hombre primogénito-de ** redimirás redimir

הַטְּמֵאָה תִּפְדֶּה׃ וּפְדוּיָו מִבֶּן־

cuando-hijo-de Y-su-rescate (16) . redimirás el-impuro

חֹדֶשׁ תִּפְדֶּה בְּעֶרְכְּךָ כֶּסֶף חֲמֵשֶׁת שְׁקָלִים בְּשֶׁקֶל

por-siclo-de siclos cinco plata a-tu-precio redimirás mes

הַקֹּדֶשׁ עֶשְׂרִים גֵּרָה הוּא׃ אַךְ בְּכוֹר־שׁוֹר אוֹ־בְכוֹר כֶּשֶׂב

oveja primogénito-de o vaca primogénito-de Pero (17) . él gera veinte el-santuario

אוֹ־בְכוֹר עֵז לֹא תִפְדֶּה קֹדֶשׁ הֵם אֶת־דָּמָם

sangre-de-ellos ** ellos santo redimirás no cabra primogénito-de o

תִּזְרֹק עַל־הַמִּזְבֵּחַ וְאֶת־חֶלְבָּם תַּקְטִיר אִשֶּׁה לְרֵיחַ

por-aroma ofrenda-encendida quemarás su-grasa y-** el-altar sobre rociarás

נִיחֹחַ לַיהוָה׃ וּבְשָׂרָם יִהְיֶה־לָּךְ כַּחֲזֵה

como-el-pecho para-ti será Y-carne-de-ellos (18) . a-Yahweh grato

הַתְּנוּפָה וּכְשׁוֹק הַיָּמִין לְךָ יִהְיֶה׃ כֹּל

Toda (19) . será para-ti el-derecho y-como-muslo la-ofrenda-mecida

תְּרוּמֹת הַקֳּדָשִׁים אֲשֶׁר יָרִימוּ בְנֵי־יִשְׂרָאֵל

Israel hijos-de presentan que las-cosas-santas ofrenda-de

לַיהוָה נָתַתִּי לְךָ וּלְבָנֶיךָ וְלִבְנֹתֶיךָ אִתְּךָ

con-tigo y-a-tus-hijas y-a-tus-hijos a-ti daré a-Yahweh

לְחָק־עוֹלָם בְּרִית מֶלַח עוֹלָם הִוא לִפְנֵי יְהוָה לְךָ

para-ti Yahweh ante él perpetuo sal pacto-de , perpetuo por-estatuto

וּלְזַרְעֲךָ אִתָּךְ׃ וַיֹּאמֶר יְהוָה אֶל־אַהֲרֹן

Aarón a Yahweh Y-dijo (20) . con-tigo y-para-tu-descendencia

בְּאַרְצָם לֹא תִנְחָל וְחֵלֶק לֹא־יִהְיֶה לְךָ

para-ti será no y-parte heredarás no en-tierra-de-ellos

בְּתוֹכָם אֲנִי חֶלְקְךָ וְנַחֲלָתְךָ בְּתוֹךְ בְּנֵי יִשְׂרָאֵל׃
. Israel hijos-de entre y-tu-herencia tu-parte yo , entre-ellos

וְלִבְנֵי לֵוִי הִנֵּה נָתַתִּי כָּל־מַעֲשֵׂר בְּיִשְׂרָאֵל לְנַחֲלָה
, por-herencia en-Israel diezmo todo doy he-aquí Leví Y-a-hijos-de (21)

חֵלֶף עֲבֹדָתָם אֲשֶׁר־הֵם עֹבְדִים אֶת־עֲבֹדַת אֹהֶל מוֹעֵד׃
. reunión tienda-de trabajo-de ** trabajando ellos que su-trabajo por

וְלֹא־יִקְרְבוּ עוֹד בְּנֵי יִשְׂרָאֵל אֶל־אֹהֶל מוֹעֵד
reunión tienda-de a Israel hijos-de nunca se-acercarán Y-no

לָשֵׂאת חֵטְא לָמוּת׃ וְעָבַד הַלֵּוִי הוּא אֶת־עֲבֹדַת אֹהֶל
tienda-de trabajo-de ** él el-levita Y-hará (23) . para-morir pecado para-llevar

מוֹעֵד וְהֵם יִשְׂאוּ עֲוֹנָם חֻקַּת עוֹלָם
perpetuo estatuto culpa-de-ellos llevarán y-ellos reunión

לְדֹרֹתֵיכֶם וּבְתוֹךְ בְּנֵי יִשְׂרָאֵל לֹא יִנְחֲלוּ
recibirán no Israel hijos-de pero-entre por-vuestras-generaciones

נַחֲלָה׃ כִּי אֶת־מַעְשַׂר בְּנֵי־יִשְׂרָאֵל אֲשֶׁר יָרִימוּ
presentan que Israel hijos-de diezmo-de ** Pues (24) . herencia

לַיהוָה תְּרוּמָה נָתַתִּי לַלְוִיִּם לְנַחֲלָה עַל־כֵּן אָמַרְתִּי
dije eso por , por-herencia a-los-levitas doy ofrenda a-Yahweh

לָהֶם בְּתוֹךְ בְּנֵי יִשְׂרָאֵל לֹא יִנְחֲלוּ נַחֲלָה׃
herencia heredaréis no Israel hijos-de entre : a-ellos

וַיְדַבֵּר יְהוָה אֶל־מֹשֶׁה לֵּאמֹר׃ וְאֶל־הַלְוִיִּם תְּדַבֵּר
hablarás los-levitas Y-a (26) . diciendo Moisés a Yahweh Y-habló (25)

וְאָמַרְתָּ אֲלֵהֶם כִּי־תִקְחוּ מֵאֵת בְּנֵי־יִשְׂרָאֵל אֶת־הַמַּעֲשֵׂר אֲשֶׁר
que diezmo ** Israel hijos-de de toméis Cuando : a-ellos y-dirás

נָתַתִּי לָכֶם מֵאִתָּם בְּנַחֲלַתְכֶם וַהֲרֵמֹתֶם מִמֶּנּוּ
de-él entonces-presentaréis , por-vuestra-herencia de-ellos a-vosotros doy

תְּרוּמַת יְהוָה מַעֲשֵׂר מִן־הַמַּעֲשֵׂר׃ וְנֶחְשַׁב לָכֶם

a-vosotros Y-será-contado (27) . el-diezmo de diezmo Yahweh ofrenda-de

תְּרוּמַתְכֶם כַּדָּגָן מִן־הַגֹּרֶן וְכַמְלֵאָה

y-como-producto la-era de como-el-grano , vuestra-ofrenda

מִן־הַיָּקֶב׃ כֵּן תָּרִימוּ גַם־אַתֶּם תְּרוּמַת יְהוָה

Yahweh ofrenda-de vosotros también presentaréis Así (28) . el-lagar de

מִכֹּל מַעְשְׂרֹתֵיכֶם אֲשֶׁר תִּקְחוּ מֵאֵת בְּנֵי יִשְׂרָאֵל וּנְתַתֶּם

y-daréis , Israel hijos-de de tomáis que vuestros-diezmos de-todos

מִמֶּנּוּ אֶת־תְּרוּמַת יְהוָה לְאַהֲרֹן הַכֹּהֵן׃ מִכֹּל

De-todos (29) . el-sacerdote a-Aarón Yahweh ofrenda-de ** de-él

מַתְּנֹתֵיכֶם תָּרִימוּ אֵת כָּל־תְּרוּמַת יְהוָה מִכָּל־

de-todo Yahweh ofrenda-de toda ** presentaréis vuestros-dones

חֶלְבּוֹ אֶת־מִקְדְּשׁוֹ מִמֶּנּוּ׃ וְאָמַרְתָּ אֲלֵהֶם

a-ellos Y-dirás (30) . de-él lo-santo ** mejor-de-él

בַּהֲרִימְכֶם אֶת־חֶלְבּוֹ מִמֶּנּוּ וְנֶחְשַׁב

entonces-será-contado de-él lo-mejor-de-él ** en-vuestro-presentar

לַלְוִיִּם כִּתְבוּאַת גֹּרֶן וְכִתְבוּאַת יָקֶב׃

. lagar y-como-producto-de era como-producto-de a-los-levitas

וַאֲכַלְתֶּם אֹתוֹ בְּכָל־מָקוֹם אַתֶּם וּבֵיתְכֶם כִּי־שָׂכָר

remuneración pues y-vuestra-casa vosotros , lugar en-cualquier a-él Y-comeréis (31)

הוּא לָכֶם חֵלֶף עֲבֹדַתְכֶם בְּאֹהֶל מוֹעֵד׃ וְלֹא־תִשְׂאוּ

llevaréis Y-no (32) . reunión en-tienda-de vuestro-trabajo paga-de por-vuestra él

עָלָיו חֵטְא בַּהֲרִימְכֶם אֶת־חֶלְבּוֹ מִמֶּנּוּ וְאֶת־

y-** de-él lo-mejor-de-él ** en-vuestro-presentar culpa por-él

קָדְשֵׁי בְנֵי־יִשְׂרָאֵל לֹא תְחַלְּלוּ וְלֹא תָמוּתוּ׃

. moriréis y-no contaminaréis no Israel hijos-de cosas-santas-de

וַיְדַבֵּר יְהוָה אֶל־מֹשֶׁה וְאֶל־אַהֲרֹן לֵאמֹר׃ זֹאת

Esta (2) . diciendo Aarón y-a Moisés a Yahweh Y-habló (1)

חֻקַּת הַתּוֹרָה אֲשֶׁר־צִוָּה יְהוָה לֵאמֹר דַּבֵּר ׀ אֶל־בְּנֵי

hijos-de a habla : diciendo Yahweh mandó que la-ley ordenanza-de

יִשְׂרָאֵל וְיִקְחוּ אֵלֶיךָ פָרָה אֲדֻמָּה תְּמִימָה אֲשֶׁר אֵין־בָּהּ

en-ella no-haya que perfecta roja vaca a-ti y-traigan Israel

מוּם אֲשֶׁר לֹא־עָלָה עָלֶיהָ עֹל׃ וּנְתַתֶּם אֹתָהּ אֶל־אֶלְעָזָר

Eleazar a **-ella Y-daréis (3) . yugo sobre-ella tuviera no que defecto

הַכֹּהֵן וְהוֹצִיא אֹתָהּ אֶל־מִחוּץ לַמַּחֲנֶה וְשָׁחַט

y-sacrificará el-campamento fuera-de a **-ella y-sacará , el-sacerdote

אֹתָהּ לְפָנָיו׃ וְלָקַח אֶלְעָזָר הַכֹּהֵן

el-sacerdote Eleazar Y-tomará (4) . delante-de-él a-ella

מִדָּמָהּ בְּאֶצְבָּעוֹ וְהִזָּה אֶל־נֹכַח פְּנֵי

cara-de frente hacia y-rociará en-su-dedo de-su-sangre

אֹהֶל־מוֹעֵד מִדָּמָהּ שֶׁבַע פְּעָמִים׃ וְשָׂרַף אֶת־

** Y-quemará (5) . veces siete de-su-sangre reunión tienda-de

הַפָּרָה לְעֵינָיו אֶת עֹרָהּ וְאֶת־בְּשָׂרָהּ וְאֶת־

y-** su-carne y-** su-piel ** ante-ojos-de-él la-vaca

דָּמָהּ עַל־פִּרְשָׁהּ יִשְׂרֹף׃ וְלָקַח הַכֹּהֵן

el-sacerdote Y-tomará (6) quemará su-estiércol con su-sangre

עֵץ אֶרֶז וְאֵזוֹב וּשְׁנִי תוֹלַעַת וְהִשְׁלִיךְ אֶל־תּוֹךְ

medio-de a y-echará escarlata y-lana-de e-hisopo cedro leña-de

שְׂרֵפַת הַפָּרָה׃ וְכִבֶּס בְּגָדָיו הַכֹּהֵן

el-sacerdote sus-vestidos Y-lavará (7) . la-vaca hoguera-de

וְרָחַץ בְּשָׂרוֹ בַּמַּיִם וְאַחַר יָבוֹא אֶל־

en entrará y-después en-el-agua su-carne y-se-lavará

הַמַּחֲנֶה וְטָמֵא הַכֹּהֵן עַד־ הָעָרֶב׃
. la-tarde hasta el-sacerdote y-será-inmundo el-campamento

וְהַשֹּׂרֵף אֹתָהּ יְכַבֵּס בְּגָדָיו בַּמַּיִם
en-el-agua sus-vestidos lavará de-ella Y-el-quemador (8)

וְרָחַץ בְּשָׂרוֹ בַּמָּיִם וְטָמֵא עַד־
hasta y-será-inmundo en-el-agua su-carne y-se-lavará

הָעָרֶב׃ וְאָסַף ׀ אִישׁ טָהוֹר אֵת אֵפֶר הַפָּרָה
la-vaca ceniza-de ** limpio hombre Y-recogerá (9) . la-tarde

וְהִנִּיחַ מִחוּץ לַמַּחֲנֶה בְּמָקוֹם טָהוֹר וְהָיְתָה
y será limpio en-lugar de-el-campamento fuera y-pondrá

לַעֲדַת בְּנֵי־ יִשְׂרָאֵל לְמִשְׁמֶרֶת לְמֵי נִדָּה
purificación para-aguas-de para-guardar Israel hijos-de para-comunidad-de

חַטָּאת הִוא׃ וְכִבֶּס הָאֹסֵף אֶת־ אֵפֶר
ceniza-de ** el-recogedor Y-lavará (10) . ella limpieza-de-pecado

הַפָּרָה אֶת־ בְּגָדָיו וְטָמֵא עַד־ הָעָרֶב
la-tarde hasta y-será-inmundo sus-vestidos ** la-vaca

וְהָיְתָה לִבְנֵי יִשְׂרָאֵל וְלַגֵּר הַגָּר בְּתוֹכָם
entre-ellos el-que-habita y-para-el-extranjero Israel para-hijos-de y-será

לְחֻקַּת עוֹלָם׃ הַנֹּגֵעַ בְּמֵת לְכָל־
de-cualquier en-cuerpo-muerto El-que-toque (11) . perpetua por-ordenanza

נֶפֶשׁ אָדָם וְטָמֵא שִׁבְעַת יָמִים׃ הוּא יִתְחַטָּא־
purificará Él (12) . días siete entonces-será-inmundo hombre cuerpo-de

בוֹ בַּיּוֹם הַשְּׁלִישִׁי וּבַיּוֹם הַשְּׁבִיעִי יִטְהָר
será-limpio el-séptimo y-en-el-día el-tercer en-el-agua a-sí-mismo

וְאִם־ לֹא יִתְחַטָּא בַּיּוֹם הַשְּׁלִישִׁי וּבַיּוֹם הַשְּׁבִיעִי
el-séptimo entonces-en-el-día el-tercero en-el-día se-purifica no y-si

לֹא יִטְהָר׃ כָּל־ הַנֹּגֵעַ בְּמֵת בְּנֶפֶשׁ
en-cuerpo-de en-cadáver el-que-toque Todo (13) . será-limpio no

הָאָדָם אֲשֶׁר־ יָמוּת וְלֹא יִתְחַטָּא אֶת־ מִשְׁכַּן יְהוָה
Yahweh tabernáculo-de ** , se-purifica y-no murió que el-hombre

טִמֵּא וְנִכְרְתָה הַנֶּפֶשׁ הַהִוא מִיִּשְׂרָאֵל כִּי מֵי
aguas-de pues de-Israel la-aquella la-persona y-será-cortada contamina

נִדָּה לֹא־ זֹרַק עָלָיו טָמֵא יִהְיֶה עוֹד טֻמְאָתוֹ
su-inmundicia aún , será inmundo sobre-él roció no limpieza

בוֹ׃ זֹאת הַתּוֹרָה אָדָם כִּי־ יָמוּת בְּאֹהֶל כָּל־ הַבָּא
el-que-entra todo en-tienda muere cuando hombre la-ley Esta (14) . en-él

אֶל־ הָאֹהֶל וְכָל־ אֲשֶׁר בָּאֹהֶל יִטְמָא שִׁבְעַת יָמִים׃
. días siete será-inmundo en-la-tienda el-que y-todo la-tienda a

וְכֹל כְּלִי פָתוּחַ אֲשֶׁר אֵין־ צָמִיד פָּתִיל
, ajustada tapa no-hay que abierta vasija Y-toda (15)

עָלָיו טָמֵא הוּא׃ וְכֹל אֲשֶׁר־ יִגַּע עַל־ פְּנֵי הַשָּׂדֶה
el-campo faz-de en toque el-que Y-todo (16) . él inmundo en-él

בַּחֲלַל־ חֶרֶב אוֹ בְמֵת אוֹ־ בְעֶצֶם אָדָם אוֹ בְקָבֶר
en-sepulcro o hombre en-hueso-de o en-cadáver o espada en-el-muerto-de

יִטְמָא שִׁבְעַת יָמִים׃ וְלָקְחוּ לַטָּמֵא
para-el-inmundo Y-tomarán (17) . días siete será-inmundo

מֵעֲפַר שְׂרֵפַת הַחַטָּאת וְנָתַן עָלָיו
en-él y-echará la-ofrenda-de-pecado quemada-de de-ceniza-de

מַיִם חַיִּים אֶל־ כֶּלִי׃ וְלָקַח אֵזוֹב וְטָבַל
y-mojará hisopo Y-tomará (18) . vasija en vivas aguas

בַּמַּיִם אִישׁ טָהוֹר וְהִזָּה עַל־ הָאֹהֶל וְעַל־ כָּל־
todos y-en la-tienda en y-rociará limpio hombre en-las-aguas

הַכֵּלִים וְעַל־ הַנְּפָשׁוֹת אֲשֶׁר הָיוּ־ שָׁם וְעַל־
y-sobre allí estaban que las-personas y-sobre los-utensilios

הַנֹּגֵעַ בַּעֶצֶם אוֹ בֶחָלָל אוֹ בַמֵּת אוֹ
o en-el-cadáver o en-el-muerto o en-el-hueso el-que-toca

בַקָּבֶר׃ וְהִזָּה הַטָּהֹר עַל־ הַטָּמֵא
el-inmundo sobre el-limpio Y-rociará (19) . en-el-sepulcro

בַּיּוֹם הַשְּׁלִישִׁי וּבַיּוֹם הַשְּׁבִיעִי וְחִטְּאוֹ
y-se-purificará el-séptimo y-en-el-día el-tercero en-el-día

בַּיּוֹם הַשְּׁבִיעִי וְכִבֶּס בְּגָדָיו וְרָחַץ
y-se-lavará sus-vestidos y-lavará el-séptimo en-el-día

בַּמַּיִם וְטָהֵר בָּעָרֶב׃ וְאִישׁ אֲשֶׁר־
que Y-hombre (20) . por-la-tarde y-será-limpio con-el-agua

יִטְמָא וְלֹא יִתְחַטָּא וְנִכְרְתָה הַנֶּפֶשׁ
la-persona entonces-será-cortada se-purifica y-no es-inmundo

הַהִוא מִתּוֹךְ הַקָּהָל כִּי אֶת־ מִקְדַּשׁ יְהוָה טִמֵּא
contaminó Yahweh tabernáculo-de ** pues la-congregación de-entre la-aquella

מֵי נִדָּה לֹא־ זֹרַק עָלָיו טָמֵא הוּא׃ וְהָיְתָה
Y-es (21) . él inmundo sobre-él roció no limpieza aguas-de

לָהֶם לְחֻקַּת עוֹלָם וּמַזֵּה מֵי־
aguas-de y-el-que-rocía , perpetuo por-estatuto para-ellos

הַנִּדָּה יְכַבֵּס בְּגָדָיו וְהַנֹּגֵעַ בְּמֵי
en-aguas-de y-el-que-toque sus-vestidos lavará la-limpieza

הַנִּדָּה יִטְמָא עַד־ הָעָרֶב׃ וְכֹל אֲשֶׁר־
lo-que Y-todo (22) . la-tarde hasta será-inmundo la-limpieza

יִגַּע־ בּוֹ הַטָּמֵא יִטְמָא וְהַנֶּפֶשׁ
y-la-persona será-inmundo el-inmundo en-él toque

הַנֹּגַעַת תִּטְמָא עַד־הָעָרֶב׃ וַיָּבֹאוּ
Y-llegaron (1) . la-tarde hasta será-inmundo la-que-toque

בְנֵי־יִשְׂרָאֵל כָּל־הָעֵדָה מִדְבַּר־צִן בַּחֹדֶשׁ הָרִאשׁוֹן
el-primero en-el-mes Zin desierto-de la-comunidad toda Israel hijos-de

וַיֵּשֶׁב הָעָם בְּקָדֵשׁ וַתָּמָת שָׁם מִרְיָם
Miriam allí y-murió en-Cades el-pueblo y-se-quedó

וַתִּקָּבֵר שָׁם׃ וְלֹא־הָיָה מַיִם לָעֵדָה
para-la-comunidad agua había Y-no (2) . allí y-fue-enterrada

וַיִּקָּהֲלוּ עַל־מֹשֶׁה וְעַל־אַהֲרֹן׃ וַיָּרֶב
Y-se-enfadó (3) . Aarón y-contra Moisés contra y-se-congregaron

הָעָם עִם־מֹשֶׁה וַיֹּאמְרוּ לֵאמֹר וְלוּ גָוַעְנוּ בִּגְוַע
cuando-morir hubiéramos-muerto ojalá : diciendo y-dijeron Moisés con el-pueblo

אַחֵינוּ לִפְנֵי יְהוָה׃ וְלָמָה הֲבֵאתֶם אֶת־קְהַל יְהוָה
Yahweh asamblea-de ** trajiste Y-por-qué (4) . Yahweh ante nuestros-hermanos

אֶל־הַמִּדְבָּר הַזֶּה לָמוּת שָׁם אֲנַחְנוּ וּבְעִירֵנוּ׃ וְלָמָה
Y-por-qué? (5) . y-nuestro-ganado nosotros aquí a-morir , el-éste el-desierto a

הֶעֱלִיתֻנוּ מִמִּצְרַיִם לְהָבִיא אֹתָנוּ אֶל־הַמָּקוֹם הָרָע הַזֶּה
, el-éste el-malo el-lugar a a-nosotros para-traer de-Egipto nos-hiciste-venir

לֹא ׀ מְקוֹם זֶרַע וּתְאֵנָה וְגֶפֶן וְרִמּוֹן וּמַיִם אַיִן
no-hay y-agua , o-granada o-viña o-higo semilla lugar-de no

לִשְׁתּוֹת׃ וַיָּבֹא מֹשֶׁה וְאַהֲרֹן מִפְּנֵי הַקָּהָל אֶל־
a la-asamblea de-delante-de y-Aarón Moisés Y-fue (6) . para-beber

פֶּתַח אֹהֶל מוֹעֵד וַיִּפְּלוּ עַל־פְּנֵיהֶם וַיֵּרָא
y-apareció sus-rostros sobre y-cayeron reunión tienda-de puerta-de

כְבוֹד־יְהוָה אֲלֵיהֶם׃ וַיְדַבֵּר יְהוָה אֶל־מֹשֶׁה לֵּאמֹר׃ קַח
Toma (8) . diciendo Moisés a Yahweh Y-habló (7) . Dios-de-ellos Yahweh gloria-de

אֶת־הַמַּטֶּה וְהַקְהֵל אֶת־הָעֵדָה אַתָּה וְאַהֲרֹן אָחִיךָ

tu-hermano y-Aarón tú la-comunidad ** y-reúne la-vara **

וְדִבַּרְתֶּם אֶל־הַסֶּלַע לְעֵינֵיהֶם וְנָתַן

y-dará a-ojos-de-ellos la-roca a y-habla

מֵימָיו וְהוֹצֵאתָ לָהֶם מַיִם מִן־הַסֶּלַע

la-roca de agua para-ellos y-harás-salir sus-aguas

וְהִשְׁקִיתָ אֶת־הָעֵדָה וְאֶת־בְּעִירָם׃ וַיִּקַּח

Y-tomó (9) . ganado-de-ellos y-a la-comunidad a y-harás-beber

מֹשֶׁה אֶת־הַמַּטֶּה מִלִּפְנֵי יְהוָה כַּאֲשֶׁר צִוָּהוּ׃

. le-mandó como Yahweh de-delante-de la-vara ** Moisés

וַיַּקְהִלוּ מֹשֶׁה וְאַהֲרֹן אֶת־הַקָּהָל אֶל־פְּנֵי הַסָּלַע

la-roca frente-de en la-congregación ** y-Aarón Moisés Y-reunieron (10)

וַיֹּאמֶר לָהֶם שִׁמְעוּ־נָא הַמֹּרִים הֲמִן־הַסֶּלַע הַזֶּה

la-ésta la-roca acaso-de ? : los-rebeldes ahora escuchad : a-ellos y-dijo

נוֹצִיא לָכֶם מָיִם׃ וַיָּרֶם מֹשֶׁה אֶת־יָדוֹ

su-mano ** Moisés Y-alzó (11) . agua para-vosotros sacaremos

וַיַּךְ אֶת־הַסֶּלַע בְּמַטֵּהוּ פַּעֲמָיִם וַיֵּצְאוּ מַיִם

aguas y-salieron dos-veces con-su-vara la-roca ** y-golpeó

רַבִּים וַתֵּשְׁתְּ הָעֵדָה וּבְעִירָם׃ וַיֹּאמֶר

Y-dijo (12) . y-ganado-de-ellos la-comunidad y-bebió muchas

יְהוָה אֶל־מֹשֶׁה וְאֶל־אַהֲרֹן יַעַן לֹא־הֶאֱמַנְתֶּם בִּי לְהַקְדִּישֵׁנִי

para-santificarme en-mí confiasteis no porque : Aarón y-a Moisés a Yahweh

לְעֵינֵי בְּנֵי יִשְׂרָאֵל לָכֵן לֹא תָבִיאוּ אֶת־הַקָּהָל

la-congregación ** haréis-entrar no por-tanto , Israel hijos-de a-ojos-de

הַזֶּה אֶל־הָאָרֶץ אֲשֶׁר־נָתַתִּי לָהֶם׃ הֵמָּה מֵי מְרִיבָה

Meriba aguas-de Estas (13) . a-ellos di que la-tierra a la-ésta

אֲשֶׁר־ רָבוּ בְנֵי־ יִשְׂרָאֵל אֶת־ יְהוָה וַיִּקָּדֵשׁ
y-se-santificó , Yahweh con Israel hijos-de contendieron donde

בָּם׃ וַיִּשְׁלַח מֹשֶׁה מַלְאָכִים מִקָּדֵשׁ אֶל־ מֶלֶךְ אֱדוֹם
Edom rey-de a de-Cades mensajeros Moisés Y-envió (14) . en-ellos

כֹּה אָמַר אָחִיךָ יִשְׂרָאֵל אַתָּה יָדַעְתָּ אֵת כָּל־ הַתְּלָאָה אֲשֶׁר
que el-sufrimiento todo ** sabes tú : Israel tu-hermano dice esto

מְצָאָתְנוּ׃ וַיֵּרְדוּ אֲבֹתֵינוּ מִצְרַיְמָה וַנֵּשֶׁב
y-habitamos a-Egipto nuestros-padres Pues-descendieron (15) . nos-sobrevino

בְּמִצְרַיִם יָמִים רַבִּים וַיָּרֵעוּ לָנוּ מִצְרַיִם וְלַאֲבֹתֵינוּ׃
. y-a-nuestros-padres egipcios a-nosotros y-maltrataron muchos días en-Egipto

וַנִּצְעַק אֶל־ יְהוָה וַיִּשְׁמַע קֹלֵנוּ וַיִּשְׁלַח מַלְאָךְ
ángel y-envió nuestra-voz y-escuchó Yahweh a Y-clamamos (16)

וַיֹּצִאֵנוּ מִמִּצְרָיִם וְהִנֵּה אֲנַחְנוּ בְקָדֵשׁ עִיר קְצֵה
cerca-de ciudad en-Cades nosotros y-he-aquí de-Egipto y-nos-hizo-salir

גְבוּלֶךָ׃ נַעְבְּרָה־ נָּא בְאַרְצֶךָ לֹא נַעֲבֹר
pasaremos no por-tu-tierra ahora Déjanos-pasar (17) . tu-territorio

בְּשָׂדֶה וּבְכֶרֶם וְלֹא נִשְׁתֶּה מֵי בְאֵר
pozo aguas-de beberemos y-no o-por-viñedo por-campo

דֶּרֶךְ הַמֶּלֶךְ נֵלֵךְ לֹא נִטֶּה יָמִין וּשְׂמֹאול עַד אֲשֶׁר־
que hasta o-izquierda derecha giraremos no : andaremos el-rey camino-de

נַעֲבֹר גְּבֻלֶךָ׃ וַיֹּאמֶר אֵלָיו אֱדוֹם לֹא
no : Edom a-él Y-dijo (18) . tu-territorio atravesemos

תַעֲבֹר בִּי פֶּן־ בַּחֶרֶב אֵצֵא לִקְרָאתֶךָ׃
. a-atacar-te saldré con-la-espada o , por-mí pasarás

וַיֹּאמְרוּ אֵלָיו בְּנֵי־ יִשְׂרָאֵל בַּמְסִלָּה נַעֲלֶה
iremos por-el-camino-principal : Israel hijos-de a-él Y-dijeron (19)

וְאִם־ מֵימֶיךָ נִשְׁתֶּה אֲנִי וּמִקְנַי וְנָתַתִּי

entonces-daré y-mi-ganado yo bebemos tus-aguas y-si

מִכְרָם רַק אֵין־ דָּבָר בְּרַגְלַי אֶעֱבֹרָה׃

. pasaré por-mi-pie más nada sólo , precio-de-ellas

וַיֹּאמֶר לֹא תַעֲבֹר וַיֵּצֵא אֱדוֹם

Edom y-salió , pasarás no : Y-dijo (20)

לִקְרָאתוֹ בְּעַם כָּבֵד וּבְיָד חֲזָקָה׃ וַיְמָאֵן ׀

Y-rechazó (21) . fuerte y-con-mano dura con-gente a-enfrentarse-le

אֱדוֹם נְתֹן אֶת־ יִשְׂרָאֵל עֲבֹר בִּגְבֻלוֹ וַיֵּט יִשְׂרָאֵל

Israel y-se-volvió , por-su-territorio pasar Israel a dejar Edom

מֵעָלָיו׃ וַיִּסְעוּ מִקָּדֵשׁ וַיָּבֹאוּ בְנֵי־ יִשְׂרָאֵל

Israel hijos-de y-llegaron de-Cades Y-marcharon (22) . de-junto-a-él

כָּל־ הָעֵדָה הֹר הָהָר׃ וַיֹּאמֶר יְהוָה אֶל־ מֹשֶׁה

Moisés a Yahweh Y-dijo (23) . el-monte Hor la-comunidad toda

וְאֶל־ אַהֲרֹן בְּהֹר הָהָר עַל־ גְּבוּל אֶרֶץ־ אֱדוֹם לֵאמֹר׃

. diciendo Edom tierra-de frontera-de junto-a , el-monte en-Hor Aarón y-a

יֵאָסֵף אַהֲרֹן אֶל־ עַמָּיו כִּי לֹא יָבֹא אֶל־

en entrará no pues su-pueblo a Aarón Será-reunido (24)

הָאָרֶץ אֲשֶׁר נָתַתִּי לִבְנֵי יִשְׂרָאֵל עַל אֲשֶׁר־ מְרִיתֶם אֶת־

** os-rebelasteis cuanto por Israel a-hijos-de di que la-tierra

פִּי לְמֵי מְרִיבָה׃ קַח אֶת־אַהֲרֹן וְאֶת־אֶלְעָזָר בְּנוֹ

su-hijo Eleazar y-** Aarón ** Toma (25) . Meribá en-aguas-de mi-mandamiento

וְהַעַל אֹתָם הֹר הָהָר׃ והפשט את־אהרן את־ בגדיו

וּמֵת שָׁם׃ וַיַּעַשׂ מֹשֶׁה כַּאֲשֶׁר צִוָּה יְהוָה
Yahweh mandó como Moisés E-hizo (27) . allí y-morirá

וַיַּעֲלוּ אֶל־ הֹר הָהָר לְעֵינֵי כָּל־ הָעֵדָה׃
. la-comunidad toda a-ojos-de el-monte Hor a y-subieron

וַיַּפְשֵׁט מֹשֶׁה אֶת־אַהֲרֹן אֶת־ בְּגָדָיו וַיַּלְבֵּשׁ אֹתָם
con-ellos y-vistió sus-vestidos ** Aarón a Moisés Y-quitó (28)

אֶת־אֶלְעָזָר בְּנוֹ וַיָּמָת אַהֲרֹן שָׁם בְּרֹאשׁ הָהָר
el-monte en-cima-de allí Aarón y-murió su-hijo Eleazar a

וַיֵּרֶד מֹשֶׁה וְאֶלְעָזָר מִן־ הָהָר׃ וַיִּרְאוּ
Y-vieron (29) . el-monte de y-Eleazar Moisés y-descendió

כָּל־ הָעֵדָה כִּי גָוַע אַהֲרֹן וַיִּבְכּוּ אֶת־אַהֲרֹן שְׁלֹשִׁים
treinta Aarón por e-hicieron-duelo Aarón falleció que la-comunidad toda

יוֹם כֹּל בֵּית יִשְׂרָאֵל׃ וַיִּשְׁמַע הַכְּנַעֲנִי מֶלֶךְ־ עֲרָד
Arad rey-de el-cananita Y-oyó (1) . Israel casa-de toda día Cap.

יֹשֵׁב הַנֶּגֶב כִּי בָּא יִשְׂרָאֵל דֶּרֶךְ הָאֲתָרִים וַיִּלָּחֶם
entonces-atacó el-Atarim camino-de Israel viene que el-Neguev habitante-de

בְּיִשְׂרָאֵל וַיִּשְׁבְּ ׀ מִמֶּנּוּ שֶׁבִי׃ וַיִּדַּר יִשְׂרָאֵל נֶדֶר
voto Israel E-hizo-voto (2) . cautivo de-él y-capturó contra-Israel

לַיהוָה וַיֹּאמַר אִם־ נָתֹן תִּתֵּן אֶת־ הָעָם הַזֶּה
el-éste el-pueblo a entregas entregar si : y-dijo a-Yahweh

בְּיָדִי וְהַחֲרַמְתִּי אֶת־ עָרֵיהֶם׃ וַיִּשְׁמַע
Y-oyó (3) . ciudades-de-ellos ** entonces-destruiré en-mi-mano

יְהוָה בְּקוֹל יִשְׂרָאֵל וַיִּתֵּן אֶת־ הַכְּנַעֲנִי וַיַּחֲרֵם
y-destruyó el-cananita ** y-entregó Israel a-voz-de Yahweh

אֶתְהֶם וְאֶת־ עָרֵיהֶם וַיִּקְרָא שֵׁם־ הַמָּקוֹם חָרְמָה׃
. Horma el-lugar nombre-de y-llamó ciudades-de-ellos y-a a-ellos

וַיִּסְעוּ מֵהֹר הָהָר דֶּרֶךְ יַם־סוּף לִסְבֹב

para-rodear Junco Mar-de camino-de el-monte de-Hor Y-marcharon (4)

אֶת־אֶרֶץ אֱדוֹם וַתִּקְצַר נֶפֶשׁ־הָעָם בַּדָּרֶךְ׃

en-el-camino el-pueblo ánimo-de y-se-impacientó , Edom tierra-de **

וַיְדַבֵּר הָעָם בֵּאלֹהִים וּבְמֹשֶׁה לָמָה הֶעֱלִיתֻנוּ

nos-trajiste por-qué ? : y-contra-Moisés contra-Dios el-pueblo Y-habló (5)

מִמִּצְרַיִם לָמוּת בַּמִּדְבָּר כִּי אֵין לֶחֶם וְאֵין מַיִם

agua y-no-hay pan no-hay pues en-el-desierto para-morir de-Egipto

וְנַפְשֵׁנוּ קָצָה בַּלֶּחֶם הַקְּלֹקֵל׃ וַיְשַׁלַּח

Y-envió (6) . el-miserable por-el-pan está-hastiada y-nuestra-alma

יְהוָה בָּעָם אֵת הַנְּחָשִׁים הַשְּׂרָפִים וַיְנַשְּׁכוּ אֶת־

a y-mordieron las-venenosas las-serpientes ** entre-el-pueblo Yahweh

הָעָם וַיָּמָת עַם־רָב מִיִּשְׂרָאֵל׃ וַיָּבֹא הָעָם אֶל־

a el-pueblo Y-vino (7) . de-Israel mucho pueblo y-murió el-pueblo

מֹשֶׁה וַיֹּאמְרוּ חָטָאנוּ כִּי־דִבַּרְנוּ בַיהוָה וָבָךְ

y-contra-ti contra-Yahweh hablamos pues pecamos : y-dijeron Moisés

הִתְפַּלֵּל אֶל־יְהוָה וְיָסֵר מֵעָלֵינוּ אֶת־הַנָּחָשׁ וַיִּתְפַּלֵּל

y-oró , la-serpiente ** de-nosotros y-quite Yahweh a ora

מֹשֶׁה בְּעַד הָעָם׃ וַיֹּאמֶר יְהוָה אֶל־מֹשֶׁה עֲשֵׂה לְךָ שָׂרָף

serpiente-ardiente para-ti haz : Moisés a Yahweh Y-dijo (8) . el-pueblo por Moisés

וְשִׂים אֹתוֹ עַל־נֵס וְהָיָה כָּל־הַנָּשׁוּךְ וְרָאָה

cuando-vea el-mordido todo y-será , palo en a-él y-pon

אֹתוֹ וָחָי׃ וַיַּעַשׂ מֹשֶׁה נְחַשׁ נְחֹשֶׁת וַיְשִׂמֵהוּ

y-lo-puso bronce serpiente-de Moisés E-hizo (9) . y-vivirá a-él

עַל־הַנֵּס וְהָיָה אִם־נָשַׁךְ הַנָּחָשׁ אֶת־אִישׁ וְהִבִּיט אֶל־

a y-mira alguien ** la-serpiente muerde si y-será , el-palo en

נְחַשׁ הַנְּחֹשֶׁת וָחָי׃ וַיִּסְעוּ בְּנֵי יִשְׂרָאֵל
Israel hijos-de Y-partieron (10) . y-vivió bronce serpiente-de

וַיַּחֲנוּ בְּאֹבֹת׃ וַיִּסְעוּ מֵאֹבֹת וַיַּחֲנוּ
y-acamparon de-Obot Y-partieron (11) . en-Obot y-acamparon

בְּעִיֵּי הָעֲבָרִים בַּמִּדְבָּר אֲשֶׁר עַל־פְּנֵי מוֹאָב מִמִּזְרַח הַשָּׁמֶשׁ׃
. el-sol hacia-nacimiento-de Moab frente-de en que en-el-desierto Abarim en-Ije

מִשָּׁם נָסָעוּ וַיַּחֲנוּ בְּנַחַל זָרֶד׃
. Zered en-valle-de y-acamparon partieron De-allí (12)

מִשָּׁם נָסָעוּ וַיַּחֲנוּ מֵעֵבֶר אַרְנוֹן. אֲשֶׁר
que Arnón junto-a y-acamparon partieron De-allí (13)

בַּמִּדְבָּר הַיֹּצֵא מִגְּבֻל הָאֱמֹרִי כִּי אַרְנוֹן
Arnón pues , el-amorita del-territorio-de el-que-sale en-el-desierto

גְּבוּל מוֹאָב בֵּין מוֹאָב וּבֵין הָאֱמֹרִי׃ עַל־כֵּן יֵאָמַר
'se-dice eso Por (14) . el-amorita y-entre Moab entre Moab límite-de

בְּסֵפֶר מִלְחֲמֹת יְהוָה אֶת־וָהֵב בְּסוּפָה וְאֶת־הַנְּחָלִים אַרְנוֹן׃
. Arnón los-arroyos-de y-a en-Sufa Vaheb A : Yahweh batallas-de en-libro-de

וְאֶשֶׁד הַנְּחָלִים אֲשֶׁר נָטָה לְשֶׁבֶת עָר וְנִשְׁעַן
y-descansa , Ar al-lugar-de lleva que los-arroyos Y-pendiente-de (15)

לִגְבוּל מוֹאָב׃ וּמִשָּׁם בְּאֵרָה הוּא הַבְּאֵר אֲשֶׁר אָמַר
dijo donde el-pozo éste , a-Beer Y-de-allí (16) . Moab al-límite-de

יְהוָה לְמֹשֶׁה אֱסֹף אֶת־הָעָם וְאֶתְּנָה לָהֶם. מָיִם׃
. agua a-ellos y-daré el-pueblo ** reúne : a-Moisés Yahweh

אָז יָשִׁיר יִשְׂרָאֵל אֶת־הַשִּׁירָה הַזֹּאת עֲלִי בְאֵר עֱנוּ־
cantad pozo Sube : la-ésta la-canción ** Israel cantó Entonces (17)

לָהּ׃ בְּאֵר חֲפָרוּהָ שָׂרִים כָּרוּהָ נְדִיבֵי הָעָם
el-pueblo nobles-de la-cavaron jefes la-excavaron Pozo (18) . a-ella

בִּמְחֹקֵק בְּמִשְׁעֲנֹתָם וּמִמִּדְבָּר מַתָּנָה׃
. a-Matana y-del-desierto , con-báculos-de-ellos con-cetro

וּמִמַּתָּנָה נַחֲלִיאֵל וּמִנַּחֲלִיאֵל בָּמוֹת׃ וּמִבָּמוֹת
Y-de-Bamot (20) . Bamot y-de-Nahaliel , Nahaliel Y-de-Matana (19)

הַגַּיְא אֲשֶׁר בִּשְׂדֵה מוֹאָב רֹאשׁ הַפִּסְגָּה וְנִשְׁקָפָה עַל־
hacia y-mira el-Pisga cima-de , Moab en-campo-de que el-valle

פְּנֵי הַיְשִׁימֹן׃ וַיִּשְׁלַח יִשְׂרָאֵל מַלְאָכִים אֶל־סִיחֹן מֶלֶךְ־
rey-de Sehón a mensajeros Israel Y-envió (21) . el-erial faz-de

הָאֱמֹרִי לֵאמֹר׃ אֶעְבְּרָה בְאַרְצֶךָ לֹא נִטֶּה
iremos no por-tu-tierra Pasaré (22) . diciendo el-amorita

בְּשָׂדֶה וּבְכֶרֶם לֹא נִשְׁתֶּה מֵי בְאֵר בְּדֶרֶךְ
por-camino-de pozo agua-de beberemos no o-en-viña en-campo

הַמֶּלֶךְ נֵלֵךְ עַד אֲשֶׁר־נַעֲבֹר גְּבֻלֶךָ׃ וְלֹא־
Y-no (23) . tu-territorio pasemos que hasta iremos el-rey

נָתַן סִיחֹן אֶת־יִשְׂרָאֵל עֲבֹר בִּגְבֻלוֹ וַיֶּאֱסֹף
y-reunió por-su-territorio pasar Israel a Sehón concedió

סִיחֹן אֶת־כָּל־עַמּוֹ וַיֵּצֵא לִקְרַאת יִשְׂרָאֵל
Israel para-oponerse-a y-salió su-pueblo todo ** Sehón

הַמִּדְבָּרָה וַיָּבֹא יַהְצָה וַיִּלָּחֶם בְּיִשְׂרָאֵל׃
. contra-Israel y-luchó a-Jahaza y-vino hasta-el-desierto

וַיַּכֵּהוּ יִשְׂרָאֵל לְפִי־חָרֶב וַיִּירַשׁ אֶת־
** y-conquistó espada a-filo-de Israel Y-le-hirió (24)

אַרְצוֹ מֵאַרְנֹן עַד־יַבֹּק עַד־בְּנֵי עַמּוֹן כִּי עַז
fortificada pues Amón hijos-de hasta Jacob hasta desde-Amón su-tierra

גְּבוּל בְּנֵי עַמּוֹן׃ וַיִּקַּח יִשְׂרָאֵל אֵת כָּל־הֶעָרִים
las-ciudades todas ** Israel Y-tomó (25) . Amón hijos-de frontera-de

הָאֵלֶּה וַיֵּשֶׁב יִשְׂרָאֵל בְּכָל־ עָרֵי הָאֱמֹרִי בְּחֶשְׁבּוֹן

en-Hesbón el-amorita ciudades-de en-todas Israel y-se-estableció , las-éstas

וּבְכָל־ בְּנֹתֶיהָ׃ כִּי חֶשְׁבּוֹן עִיר סִיחֹן מֶלֶךְ

rey-de Sehón ciudad-de Hesbón Pues (26) . sus-aldeas y-en-todas

הָאֱמֹרִי הִוא וְהוּא נִלְחַם בְּמֶלֶךְ מוֹאָב הָרִאשׁוֹן וַיִּקַּח

y-tomó el-anterior Moab contra-rey-de luchó y-él , ella el-amorita

אֶת־ כָּל־ אַרְצוֹ מִיָּדוֹ עַד־ אַרְנֹן׃ עַל־ כֵּן

eso Por (27) . Arnón hasta de-su-mano su-tierra toda **

יֹאמְרוּ הַמֹּשְׁלִים בֹּאוּ חֶשְׁבּוֹן תִּבָּנֶה

sea-edificada , Hesbón Venid : los-proverbistas dicen

וְתִכּוֹנֵן עִיר סִיחוֹן׃ כִּי־ אֵשׁ יָצְאָה מֵחֶשְׁבּוֹן

de-Hesbón salió fuego Pues (28) . Sehón ciudad-de y-sea-restaurada

לֶהָבָה מִקִּרְיַת סִיחֹן אָכְלָה עָר מוֹאָב בַּעֲלֵי בָּמוֹת

alturas-de señores-de Moab Ar-de devoró Sehón de-ciudad-de llama

אַרְנֹן׃ אוֹי־ לְךָ מוֹאָב אָבַדְתָּ עַם־ כְּמוֹשׁ נָתַן

entregó , Quemos pueblo-de destruida Moab de-ti Ay (29) . Arnón

בָּנָיו פְּלֵיטִם וּבְנֹתָיו בַּשְּׁבִית לְמֶלֶךְ אֱמֹרִי

amorita a-rey-de como-la-cautiva y-sus-hijas fugitivos sus-hijos

סִיחוֹן׃ וַנִּירָם אָבַד חֶשְׁבּוֹן עַד־ דִּיבֹן

Dibón hasta Hesbón destruido Pero-les-vencimos (30) . Sehón

וַנַּשִּׁים עַד־ נֹפַח אֲשֶׁר עַד־מֵידְבָא׃ וַיֵּשֶׁב

Y-se-asentó (31) . Medeba hasta que Nofa hasta y-les-demolimos

יִשְׂרָאֵל בְּאֶרֶץ הָאֱמֹרִי׃ וַיִּשְׁלַח מֹשֶׁה לְרַגֵּל אֶת־ יַעְזֵר

Jazer ** a-espiar Moisés Y-envió (32) . el-amorita en-tierra-de Israel

וַיִּלְכְּדוּ בְּנֹתֶיהָ וַיִּירֶשׁ אֶת־ הָאֱמֹרִי אֲשֶׁר־

que el-amorita a y-expulsó sus-aldeas y-capturaron

שָׁם׃ (33) וַיִּפְנוּ וַיַּעֲלוּ דֶּרֶךְ הַבָּשָׁן
el-Basán camino-de y-subieron Y-volvieron (33) . allí

וַיֵּצֵא עוֹג מֶלֶךְ־ הַבָּשָׁן לִקְרָאתָם הוּא וְכָל־
y-todo él a-encontrar-les el-Basán rey-de Og y-salió

עַמּוֹ לַמִּלְחָמָה אֶדְרֶעִי׃ (34) וַיֹּאמֶר יְהוָה אֶל־ מֹשֶׁה אַל־
no Moisés a Yahweh Y-dijo (34) . Edrei para-la-batalla-de su-pueblo

תִּירָא אֹתוֹ כִּי בְיָדְךָ נָתַתִּי אֹתוֹ וְאֶת־ כָּל־ עַמּוֹ וְאֶת־
y-a su-pueblo todo y-a a-él entregué en-tu-mano pues a-él temas

אַרְצוֹ וְעָשִׂיתָ לּוֹ כַּאֲשֶׁר עָשִׂיתָ לְסִיחֹן מֶלֶךְ הָאֱמֹרִי
el-amorita rey-de a-Sehón hiciste como a-él y-harás , su-tierra

אֲשֶׁר יוֹשֵׁב בְּחֶשְׁבּוֹן׃ (35) וַיַּכּוּ אֹתוֹ וְאֶת־ בָּנָיו וְאֶת־ כָּל־
todo y-a sus-hijos y-a a-él E-hirieron (35) . en-Hesbón habita que

עַמּוֹ עַד־ בִּלְתִּי הִשְׁאִיר־ לוֹ שָׂרִיד וַיִּירְשׁוּ אֶת־
** y-poseyeron superviviente para-él dejó que-no hasta su-pueblo

אַרְצוֹ׃ (1) וַיִּסְעוּ בְּנֵי יִשְׂרָאֵל וַיַּחֲנוּ
y-acamparon Israel hijos-de Y-partieron (1) . su-tierra Cap. 22

בְּעַרְבוֹת מוֹאָב מֵעֵבֶר לְיַרְדֵּן יְרֵחוֹ׃ (2) וַיַּרְא בָּלָק בֶּן־
hijo-de Balac Y-vio (2) . Jericó el-Jordán-de junto-a Moab en-llanos-de

צִפּוֹר אֵת כָּל־ אֲשֶׁר־ עָשָׂה יִשְׂרָאֵל לָאֱמֹרִי׃ (3) וַיָּגָר
Y-tuvo-miedo (3) . a-el-amorita Israel hizo lo-que todo ** , Zipor

מוֹאָב מִפְּנֵי הָעָם מְאֹד כִּי רַב־הוּא וַיָּקָץ מוֹאָב
Moab y-se-angustió , él mucho pues muy el-pueblo a-causa-de Moab

מִפְּנֵי בְּנֵי יִשְׂרָאֵל׃ (4) וַיֹּאמֶר מוֹאָב אֶל־ זִקְנֵי מִדְיָן עַתָּה
ahora : Madián ancianos-de a Moab Y-dijo (4) . Israel hijos-de a-causa-de

יְלַחֲכוּ הַקָּהָל אֶת־ כָּל־ סְבִיבֹתֵינוּ כִּלְחֹךְ הַשּׁוֹר
el-buey como-lame nuestros-alrededores todos ** la-comunidad lamerán

אֶת יֶרֶק הַשָּׂדֶה וּבָלָק בֶּן־ צִפּוֹר מֶלֶךְ לְמוֹאָב בָּעֵת

en-el-tiempo de-Moab rey Zipor hijo-de y-Balac , el-campo hierba-de **

הַהִוא׃ וַיִּשְׁלַח מַלְאָכִים אֶל־בִּלְעָם בֶּן־ בְּעוֹר פְּתוֹרָה אֲשֶׁר

. que en-Petor Beor hijo-de Balaam a mensajeros Y-envió (5) . el-aquel

עַל־ הַנָּהָר אֶרֶץ בְּנֵי־ עַמּוֹ לִקְרֹא־ לוֹ לֵאמֹר הִנֵּה

he-aquí : diciendo a-él para-llamar su-pueblo hijos-de tierra-de el-río junto-a

עַם יָצָא מִמִּצְרַיִם הִנֵּה כִסָּה אֶת־ עֵין הָאָרֶץ וְהוּא

y-él la-tierra faz-de ** cubre he-aquí de-Egipto salió pueblo

יֹשֵׁב מִמֻּלִי׃ וְעַתָּה לְכָה־ נָּא אָרָה־ לִּי אֶת־ הָעָם

el-pueblo ** para-mí maldice por-favor ven Y-ahora (6) . junto-a-mí se-asienta

הַזֶּה כִּי־ עָצוּם הוּא מִמֶּנִּי אוּלַי אוּכַל נַכֶּה־

derrotar podré quizá , que-yo él más-poderoso pues el-éste

בּוֹ וַאֲגָרְשֶׁנּוּ מִן־ הָאָרֶץ כִּי יָדַעְתִּי אֵת אֲשֶׁר־

a-quien ** sé pues la-tierra de y-expulsar-lo contra-él

תְּבָרֵךְ מְבֹרָךְ וַאֲשֶׁר תָּאֹר יוּאָר׃ וַיֵּלְכוּ

Y-fueron (7) . maldecido maldigas y-a-quien bendecido bendigas

זִקְנֵי מוֹאָב וְזִקְנֵי מִדְיָן וּקְסָמִים בְּיָדָם

en-mano-de-ellos y-dádivas-de-adivinación Madián y-ancianos-de Moab ancianos-de

וַיָּבֹאוּ אֶל־בִּלְעָם וַיְדַבְּרוּ אֵלָיו דִּבְרֵי בָלָק׃ וַיֹּאמֶר

Y-dijo (8) . Balac palabras-de a-él y-hablaron Balaam a y-llegaron

אֲלֵיהֶם לִינוּ פֹה הַלַּיְלָה וַהֲשִׁבֹתִי אֶתְכֶם דָּבָר כַּאֲשֶׁר

según palabra a-vosotros y-traeré esta-noche aquí pernoctad : a-ellos

יְדַבֵּר יְהוָה אֵלָי וַיֵּשְׁבוּ שָׂרֵי־ מוֹאָב עִם־ בִּלְעָם׃

. Balaam con Moab jefes-de y-se-quedaron , a-mí Yahweh hable

וַיָּבֹא אֱלֹהִים אֶל־בִּלְעָם וַיֹּאמֶר מִי הָאֲנָשִׁים הָאֵלֶּה עִמָּךְ׃

. con-tigo los-éstos los-hombres quién? : y-dijo Balaam a Dios Y-vino (9)

וַיֹּאמֶר בִּלְעָם אֶל־הָאֱלֹהִים בָּלָק בֶּן־ צִפֹּר מֶלֶךְ מוֹאָב שָׁלַח

envió Moab rey-de Zipor hijo-de Balac : el-Dios a Balaam Y-dijo (10)

אֵלָי׃ הִנֵּה הָעָם הַיֹּצֵא מִמִּצְרַיִם וַיְכַס אֶת־

** y-cubre de-Egipto el-saliente el-pueblo He-aquí (11) . a-mí

עֵין הָאָרֶץ עַתָּה לְכָה קָבָה־ לִּי אֹתוֹ אוּלַי אוּכַל

pueda quizá a-él para-mí maldice ven ahora , la-tierra faz-de

לְהִלָּחֶם בּוֹ וְגֵרַשְׁתִּיו׃ וַיֹּאמֶר אֱלֹהִים אֶל־

a Dios Y-dijo (12) . y-le-expulsaré contra-él luchar

בִּלְעָם לֹא תֵלֵךְ עִמָּהֶם לֹא תָאֹר אֶת־ הָעָם כִּי בָרוּךְ

bendito pues el-pueblo ** maldigas no , con-ellos vayas no Balaam

הוּא׃ וַיָּקָם בִּלְעָם בַּבֹּקֶר וַיֹּאמֶר אֶל־ שָׂרֵי בָלָק

Balac jefes-de a y-dijo por-la-mañana Balaam Y-se-levantó (13) . él

לְכוּ אֶל־ אַרְצְכֶם כִּי מֵאֵן יְהוָֹה לְתִתִּי לַהֲלֹךְ עִמָּכֶם׃

. con-vosotros ir dejar-me Yahweh no-quiere pues vuestra-tierra a id

וַיָּקוּמוּ שָׂרֵי מוֹאָב וַיָּבֹאוּ אֶל־ בָּלָק וַיֹּאמְרוּ

: y-dijeron Balac a y-fueron Moab jefes-de Y-se-levantaron (14)

מֵאֵן בִּלְעָם הֲלֹךְ עִמָּנוּ׃ וַיֹּסֶף עוֹד בָּלָק שְׁלֹחַ

enviar Balac aún Y-volvió (15) . con-nosotros venir Balaam no-quiso

שָׂרִים רַבִּים וְנִכְבָּדִים מֵאֵלֶּה׃

. más-que-éstos y-honorables muchos jefes

וַיָּבֹאוּ אֶל־בִּלְעָם וַיֹּאמְרוּ לוֹ כֹּה אָמַר בָּלָק בֶּן־

hijo-de Balac dijo así : a-él y-dijeron Balaam a Y-vinieron (16)

צִפּוֹר אַל־ נָא תִמָּנַע מֵהֲלֹךְ אֵלָי׃ כִּי־ כַבֵּד

honrar Pues (17) . a-mí de-venir dejes por-favor no Zipor

אֲכַבֶּדְךָ מְאֹד וְכֹל אֲשֶׁר־ תֹּאמַר אֵלַי אֶעֱשֶׂה וּלְכָה־

así-ven , haré a-mí digas lo-que y-todo mucho te-honraré

נָא קָבָה־לִּי אֵת הָעָם הַזֶּה׃ וַיַּעַן בִּלְעָם

Balaam Y-contestó (18) . el-éste el-pueblo ** para-mí maldice ahora

וַיֹּאמֶר אֶל־עַבְדֵי בָלָק אִם־יִתֶּן־לִי בָלָק מְלֹא

lleno-de Balac para-mí diera si : Balac siervos-de a y-dijo

בֵיתוֹ כֶּסֶף וְזָהָב לֹא אוּכַל לַעֲבֹר אֶת־פִּי יְהוָה

Yahweh mandato-de ** traspasar podría no y-oro plata su-casa

אֱלֹהָי לַעֲשׂוֹת קְטַנָּה אוֹ גְדוֹלָה׃ וְעַתָּה שְׁבוּ נָא בָזֶה גַּם־אַתֶּם

vosotros también aquí ahora quedad Y-ahora (19) . grande o pequeño para-hacer mi-Dios

הַלָּיְלָה וְאֵדְעָה מַה־יֹּסֵף יְהוָה דַּבֵּר עִמִּי׃

. a-mí decir Yahweh añadirá qué y-averiguaré esta-noche

וַיָּבֹא אֱלֹהִים ׀ אֶל־בִּלְעָם לַיְלָה וַיֹּאמֶר לוֹ אִם־לִקְרֹא

para-llamar Pues : a-él y-dijo por-la-noche Balaam a Dios Y-vino (20)

לְךָ בָּאוּ הָאֲנָשִׁים קוּם לֵךְ אִתָּם וְאַךְ אֶת־הַדָּבָר אֲשֶׁר־

que la-cosa ** y-sólo con-ellos ve levanta los-hombres vinieron a-ti

אֲדַבֵּר אֵלֶיךָ אֹתוֹ תַעֲשֶׂה׃ וַיָּקָם בִּלְעָם בַּבֹּקֶר

por-la-mañana Balaam Y-se-levantó (21) . harás ello a-ti hablo

וַיַּחֲבֹשׁ אֶת־אֲתֹנוֹ וַיֵּלֶךְ עִם־שָׂרֵי מוֹאָב׃

. Moab jefes-de con y-fue su-asna ** y-enalbardó

וַיִּחַר־אַף אֱלֹהִים כִּי־הוֹלֵךְ הוּא וַיִּתְיַצֵּב מַלְאַךְ יְהוָה

Yahweh ángel-de y-se-puso , él yendo porque Dios ira-de Y-se-encendió (22)

בַּדֶּרֶךְ לְשָׂטָן לוֹ וְהוּא רֹכֵב עַל־אֲתֹנוֹ וּשְׁנֵי

y-dos-de su-asna en cabalgante y-él de-él por-adversario en-el-camino

נְעָרָיו עִמּוֹ׃ וַתֵּרֶא הָאָתוֹן אֶת־מַלְאַךְ יְהוָה

Yahweh ángel-de ** el-asna Cuando-vio (23) . con-él sus-criados

נִצָּב בַּדֶּרֶךְ וְחַרְבּוֹ שְׁלוּפָה בְּיָדוֹ

en-su-mano desenvainada y-su-espada en-el-camino plantado

וַתֵּט הָאָתוֹן מִן־הַדֶּרֶךְ וַתֵּלֶךְ בַּשָּׂדֶה

por-el-campo y-anduvo el-camino de el-asna entonces-se-apartó

וַיַּךְ בִּלְעָם אֶת־הָאָתוֹן לְהַטֹּתָהּ הַדָּרֶךְ׃ וַיַּעֲמֹד

Y-se-puso (24) . el-camino para-hacerla-volver-a el-asna a Balaam y-azotó

מַלְאַךְ יְהוָה בְּמִשְׁעוֹל הַכְּרָמִים גָּדֵר מִזֶּה וְגָדֵר

y-pared aquí pared las-viñas en-sendero-de Yahweh ángel-de

מִזֶּה׃ וַתֵּרֶא הָאָתוֹן אֶת־מַלְאַךְ יְהוָה

Yahweh ángel-de ** el-asna Y-vio (25) . allí

וַתִּלָּחֵץ אֶל־הַקִּיר וַתִּלְחַץ אֶת־רֶגֶל בִּלְעָם אֶל־

contra Balaam pie-de ** y-apretó el-muro contra y-se-apretó

הַקִּיר וַיֹּסֶף לְהַכֹּתָהּ׃ וַיּוֹסֶף מַלְאַךְ־יְהוָה

Yahweh ángel-de Y-volvió (26) . a-azotar-la y-volvió , el-muro

עֲבוֹר וַיַּעֲמֹד בְּמָקוֹם צָר אֲשֶׁר אֵין־דֶּרֶךְ לִנְטוֹת יָמִין

derecha para-girar camino no-hay donde estrecho en-lugar y-se-puso , mover

וּשְׂמֹאול׃ וַתֵּרֶא הָאָתוֹן אֶת־מַלְאַךְ יְהוָה וַתִּרְבַּץ

y-se-echó Yahweh ángel-de a el-asna Y-vio (27) . o-izquierda

תַּחַת בִּלְעָם וַיִּחַר־אַף בִּלְעָם וַיַּךְ אֶת־הָאָתוֹן

el-asna a y-azotó Balaam ira-de y-se-encendió Balaam bajo

בַּמַּקֵּל׃ וַיִּפְתַּח יְהוָה אֶת־פִּי הָאָתוֹן

el-asna boca-de ** Yahweh Y-abrió (28) . con-la-vara

וַתֹּאמֶר לְבִלְעָם מֶה־עָשִׂיתִי לְךָ כִּי הִכִּיתַנִי זֶה שָׁלֹשׁ רְגָלִים׃

. veces tres así me-azotas que a-ti hice qué ? : a-Balaam y-dijo

וַיֹּאמֶר בִּלְעָם לָאָתוֹן כִּי הִתְעַלַּלְתְּ בִּי לוּ

si , de-mí te-burlaste porque : a-el-asna Balaam Y-dijo (29)

יֶשׁ־חֶרֶב בְּיָדִי כִּי עַתָּה הֲרַגְתִּיךְ׃ וַתֹּאמֶר

Y-dijo (30) . te-mataría ahora así en-mi-mano espada hubiera

הָאָתוֹן אֶל־בִּלְעָם הֲלוֹא אָנֹכִי אֲתֹנְךָ אֲשֶׁר־רָכַבְתָּ עָלַי
en-mí cabalgas que tu-asna yo acaso-no ? : Balaam a el-asna

מֵעוֹדְךָ עַד־הַיּוֹם הַזֶּה הַהַסְכֵּן הִסְכַּנְתִּי לַעֲשׂוֹת לְךָ
a-ti a-hacer acostumbré acostumbrar? el-éste el-día hasta desde-que-de-ti

כֹּה וַיֹּאמֶר לֹא׃ (31) וַיְגַל יְהוָה אֶת־עֵינֵי בִלְעָם וַיַּרְא
y-vio Balaam ojos-de ** Yahweh Y-abrió (31) . no : y-dijo ; así

אֶת־מַלְאַךְ יְהוָה נִצָּב בַּדֶּרֶךְ וְחַרְבּוֹ שְׁלֻפָה
desenvainada y-su-espada en-el-camino plantado Yahweh ángel-de **

בְּיָדוֹ וַיִּקֹּד וַיִּשְׁתַּחוּ לְאַפָּיו׃ (32) וַיֹּאמֶר
Y-dijo (32) . sobre-su-faz y-se-postró y-se-inclinó , en-su-mano

אֵלָיו מַלְאַךְ יְהוָה עַל־מָה הִכִּיתָ אֶת־אֲתֹנְךָ זֶה שָׁלוֹשׁ רְגָלִים
veces tres así tu-asna ** azotas qué por : Yahweh ángel-de a-él

הִנֵּה אָנֹכִי יָצָאתִי לְשָׂטָן כִּי־יָרַט הַדֶּרֶךְ לְנֶגְדִּי׃
. ante-mí el-camino perverso pues por-adversario salí yo he-aquí

(33) וַתִּרְאַנִי הָאָתוֹן וַתֵּט לְפָנַי זֶה שָׁלֹשׁ רְגָלִים
veces tres éste de-ante-mí y-se-apartó el-asna Y-me-vio (33)

אוּלַי נָטְתָה מִפָּנַי כִּי עַתָּה גַּם־אֹתְכָה הָרַגְתִּי
mataría a-ti cierto ahora entonces de-mí se-apartara si-no

וְאוֹתָהּ הֶחֱיֵיתִי׃ (34) וַיֹּאמֶר בִּלְעָם אֶל־מַלְאַךְ יְהוָה
Yahweh ángel-de a Balaam Y-dijo (34) . dejara-viva y-a-ella

חָטָאתִי כִּי לֹא יָדַעְתִּי כִּי אַתָּה נִצָּב לִקְרָאתִי בַּדָּרֶךְ
; en-el-camino para-oponerte-a-mí te-pusiste tú que sabía no pues pequé

וְעַתָּה אִם־רַע בְּעֵינֶיךָ אָשׁוּבָה לִּי׃ (35) וַיֹּאמֶר
Y-dijo (35) . para-mí regresaré en-tus-ojos mal si y-ahora

מַלְאַךְ יְהוָה אֶל־בִּלְעָם לֵךְ עִם־הָאֲנָשִׁים וְאֶפֶס אֶת־הַדָּבָר אֲשֶׁר־
que la-palabra ** pero-sólo los-hombres con ve : Balaam a Yahweh ángel-de

אֲדַבֵּר אֵלֶיךָ אֹתוֹ תְדַבֵּר וַיֵּלֶךְ בִּלְעָם עִם־ שָׂרֵי בָלָק׃
. Balac jefes-de con Balaam y-fue , hablarás ello a-ti hablaré

וַיִּשְׁמַע בָּלָק כִּי בָא בִלְעָם וַיֵּצֵא לִקְרָאתוֹ
a-su-encuentro y-salió Balaam venía que Balac Y-oyó (36)

אֶל־ עִיר מוֹאָב אֲשֶׁר עַל־ גְּבוּל אַרְנֹן אֲשֶׁר בִּקְצֵה הַגְּבוּל׃
. el-territorio al-borde-de que Arnón límite-de en que Moab ciudad-de a

וַיֹּאמֶר בָּלָק אֶל־בִּלְעָם הֲלֹא שָׁלֹחַ שָׁלַחְתִּי אֵלֶיךָ לִקְרֹא־ לָךְ
a-ti para-llamar a-ti envié enviar acaso-no ? : Balaam a Balac Y-dijo (37)

לָמָּה לֹא־ הָלַכְתָּ אֵלָי הַאֻמְנָם לֹא אוּכַל כַּבְּדֶךָ׃ וַיֹּאמֶר
Y-dijo (38) . honrar-te puedo no realmente ? a-mí viniste no por-qué

בִּלְעָם אֶל־ בָּלָק הִנֵּה־ בָאתִי אֵלֶיךָ עַתָּה הֲיָכֹל אוּכַל דַּבֵּר
hablar puedo poder , ahora a-ti vine he-aquí : Balac a Balaam

מְאוּמָה הַדָּבָר אֲשֶׁר יָשִׂים אֱלֹהִים בְּפִי אֹתוֹ אֲדַבֵּר׃
. hablaré ello en-mi-boca Dios ponga que la-palabra cualquier-cosa

וַיֵּלֶךְ בִּלְעָם עִם־ בָּלָק וַיָּבֹאוּ קִרְיַת חֻצוֹת׃
. Huzot Kiriat y-llegaron Balac con Balaam Y-fue (39)

וַיִּזְבַּח בָּלָק בָּקָר וָצֹאן וַיְשַׁלַּח לְבִלְעָם
a-Balaam y-envió y-ovejas vacuno Balac Y-sacrificó (40)

וְלַשָּׂרִים אֲשֶׁר אִתּוֹ׃ וַיְהִי בַבֹּקֶר וַיִּקַּח
que-tomó por-la-mañana Y-sucedió (41) . con-él que y-a-los-jefes

בָּלָק אֶת־ בִּלְעָם וַיַּעֲלֵהוּ בָּמוֹת בָּעַל וַיַּרְא מִשָּׁם
desde-allí y-vio Baal Bamot y-le-subió-a Balaam a Balac

קְצֵה הָעָם׃ וַיֹּאמֶר בִּלְעָם אֶל־בָּלָק בְּנֵה־ לִי בָזֶה
aquí para-mí edifica : Balac a Balaam Y-dijo (1) . el-pueblo parte-de Cap. 23

שִׁבְעָה מִזְבְּחֹת וְהָכֵן לִי בָּזֶה שִׁבְעָה פָרִים וְשִׁבְעָה אֵילִים׃
. carneros y-siete toros siete aquí para-mí y-prepara altares siete

וַיַּעַשׂ בָּלָק כַּאֲשֶׁר דִּבֶּר בִּלְעָם וַיַּעַל בָּלָק וּבִלְעָם
y-Balaam Balac y-ofreció Balaam habló como Balac E-hizo (2)

פַּר וָאַיִל בַּמִּזְבֵּחַ: וַיֹּאמֶר בִּלְעָם לְבָלָק הִתְיַצֵּב עַל־
junto quédate : a-Balac Balaam Y-dijo (3) . en-el-altar y-carnero toro

עֹלָתֶךָ וְאֵלְכָה אוּלַי יִקָּרֵה יְהוָה לִקְרָאתִי
a-encontrar-me Yahweh vendrá quizá , e-iré tu-holocausto

וּדְבַר מַה־ יַּרְאֵנִי וְהִגַּדְתִּי לָךְ וַיֵּלֶךְ
y-fue-a , a-ti entonces-diré me-muestre lo-que y-palabra-de

שֶׁפִי: וַיִּקָּר אֱלֹהִים אֶל־בִּלְעָם וַיֹּאמֶר אֵלָיו אֶת־שִׁבְעַת
siete ** : a-él y-dijo Balaam con Dios Y-se-encontró (4) . monte-descubierto

הַמִּזְבְּחֹת עָרַכְתִּי וָאַעַל פַּר וָאַיִל בַּמִּזְבֵּחַ: וַיָּשֶׂם
Y-puso (5) . en-el-altar y-carnero toro y-ofrecí preparé altares

יְהוָה דָּבָר בְּפִי בִלְעָם וַיֹּאמֶר שׁוּב אֶל־בָּלָק וְכֹה
y-esto Balac a regresa : y-dijo Balaam en-boca-de palabra Yahweh

תְדַבֵּר: וַיָּשָׁב אֵלָיו וְהִנֵּה נִצָּב עַל־ עֹלָתוֹ
su-holocausto junto-a estaba y-he-aquí a-él Y-regresó (6) . habla

הוּא וְכָל־ שָׂרֵי מוֹאָב: וַיִּשָּׂא מְשָׁלוֹ וַיֹּאמַר
: y-dijo su-oráculo Y-pronunció (7) . Moab jefes-de y-todos él

מִן־ אֲרָם יַנְחֵנִי בָלָק מֶלֶךְ־ מוֹאָב מֵהַרְרֵי־ קֶדֶם לְכָה
ven oriente de-montes-de Moab rey-de Balac me-trajo Aram de

אָרָה־ לִּי יַעֲקֹב וּלְכָה זֹעֲמָה יִשְׂרָאֵל: מָה אֶקֹּב לֹא
no maldeciré Cómo (8) . Israel execra-a y-ven Jacob para-mí maldice

קַבֹּה אֵל וּמָה אֶזְעֹם לֹא זָעַם יְהוָה: כִּי־
Pues (9) . Yahweh execró no execraré y-cómo Dios maldijo

מֵרֹאשׁ צֻרִים אֶרְאֶנּוּ וּמִגְּבָעוֹת אֲשׁוּרֶנּוּ הֶן־ עָם
pueblo , mira , le-contemplo y-desde-colinas le-veo peñas desde-cumbre-de

לְבָדָד יִשְׁכֹּן וּבַגּוֹיִם לֹא יִתְחַשָּׁב׃ מִי מָנָה
contará Quién ? (10) . se-considera no y-de-las-naciones habita solitario

עֲפַר יַעֲקֹב וּמִסְפָּר אֶת־ רֹבַע יִשְׂרָאֵל תָּמֹת נַפְשִׁי
mi-alma muera , Israel cuarta-parte-de ** y-número-de Jacob polvo-de

מוֹת יְשָׁרִים וּתְהִי אַחֲרִיתִי כָּמֹהוּ׃ וַיֹּאמֶר
Y-dijo (11) . como-de-él mi-fin y-sea rectos muerte-de

בָּלָק אֶל־בִּלְעָם מֶה עָשִׂיתָ לִי לָקֹב אֹיְבַי לְקַחְתִּיךָ
te-traje mis-enemigos a-maldecir , a-mí hiciste qué : Balaam a Balac

וְהִנֵּה בֵּרַכְתָּ בָרֵךְ׃ וַיַּעַן וַיֹּאמַר הֲלֹא אֵת
** acaso-no ? : y-dijo Y-respondió (12) . bendecir bendeciste y-he-aquí

אֲשֶׁר יָשִׂים יְהוָה בְּפִי אֹתוֹ אֶשְׁמֹר לְדַבֵּר׃ וַיֹּאמֶר
Y-dijo (13) . hablar debo ello en-mi-boca Yahweh ponga lo-que

אֵלָיו בָּלָק לְךָ־ נָּא אִתִּי אֶל־מָקוֹם אַחֵר אֲשֶׁר תִּרְאֶנּוּ
le-verás donde otro lugar a con-migo ahora ven : Balac a-él

מִשָּׁם אֶפֶס קָצֵהוּ תִרְאֶה וְכֻלּוֹ לֹא תִרְאֶה
verás no pero-todo-él verás parte-de-él sólo de-allí

וְקָבְנוֹ לִי מִשָּׁם׃ וַיִּקָּחֵהוּ שְׂדֵה צֹפִים אֶל־
en Zofim campo-de Y-le-llevó (14) . desde-allí para-mí y-maldice-le

רֹאשׁ הַפִּסְגָּה וַיִּבֶן שִׁבְעָה מִזְבְּחֹת וַיַּעַל פָּר וָאַיִל
y-carnero toro y-ofreció altares siete y-edificó el-Pisga cima-de

בַּמִּזְבֵּחַ׃ וַיֹּאמֶר אֶל־ בָּלָק הִתְיַצֵּב כֹּה עַל־ עֹלָתֶךָ
tu-holocausto junto-a aquí queda Balac a Y-dijo (15) . en-el-altar

וְאָנֹכִי אִקָּרֶה כֹּה׃ וַיִּקָּר יְהוָה אֶל־ בִּלְעָם וַיָּשֶׂם דָּבָר
palabra y-puso Balaam de Yahweh Y-salió-al-encuentro (16) . allí encontraré y-yo

בְּפִיו וַיֹּאמֶר שׁוּב אֶל־בָּלָק וְכֹה תְדַבֵּר׃ וַיָּבֹא
Y-fue (17) . hablarás y-esto Balac a ven y-dijo , en-su-boca

אֵלָיו וְהִנּוֹ נִצָּב עַל־ עֹלָתוֹ וְשָׂרֵי מוֹאָב
Moab y-jefes-de su-holocausto junto-a estaba y-he-aquí-él a-él

אִתּוֹ וַיֹּאמֶר לוֹ בָּלָק מַה־ דִּבֶּר יְהוָה׃ וַיִּשָּׂא
Y-pronunció (18) . Yahweh habló qué ? : Balac a-él y-dijo , con-él

מְשָׁלוֹ וַיֹּאמַר קוּם בָּלָק וּשְׁמָע הַאֲזִינָה עָדַי בְּנוֹ
su-hijo-de a-mí oye y-escucha Balac levanta : y-dijo su-oráculo

צִפֹּר׃ לֹא אִישׁ אֵל וִיכַזֵּב וּבֶן־ אָדָם וְיִתְנֶחָם
para-que-cambie-de-mente hombre ni-hijo-de para-que-mienta Dios hombre No (19) . Zipor

הַהוּא אָמַר וְלֹא יַעֲשֶׂה וְדִבֶּר וְלֹא יְקִימֶנָּה׃
. la-cumplirá y-no y-habla hará y-no dijo acaso-él ?

הִנֵּה בָרֵךְ לָקָחְתִּי וּבֵרֵךְ וְלֹא אֲשִׁיבֶנָּה׃
. puedo-cambiar-la y-no y-bendijo tomé (orden) bendecir He-aquí (20)

לֹא־ הִבִּיט אָוֶן בְּיַעֲקֹב וְלֹא־ רָאָה עָמָל בְּיִשְׂרָאֵל
en-Israel miseria contempla y-no en-Jacob iniquidad ve No (21)

יְהוָה אֱלֹהָיו עִמּוֹ וּתְרוּעַת מֶלֶךְ בּוֹ׃ אֵל מוֹצִיאָם
el-que-les-saca Dios (22) . en-él rey y-júbilo-de con-él su-Dios y-Yahweh

מִמִּצְרָיִם כְּתוֹעֲפֹת רְאֵם לוֹ׃ כִּי לֹא־ נַחַשׁ בְּיַעֲקֹב
contra-Jacob sortilegio no Pues (23) . para-él búfalo como-fuerzas-de de-Egipto

וְלֹא־ קֶסֶם בְּיִשְׂרָאֵל כָּעֵת יֵאָמֵר לְיַעֲקֹב
de-Jacob se-dirá como-ahora contra-Israel adivinación y-no

וּלְיִשְׂרָאֵל מַה־ פָּעַל אֵל׃ הֶן־ עָם כְּלָבִיא יָקוּם
se-levanta como-leona pueblo Mira (24) . Dios hizo qué : y-de-Israel

וְכַאֲרִי יִתְנַשָּׂא לֹא יִשְׁכַּב עַד־ יֹאכַל טֶרֶף וְדַם־
y-sangre-de presa devora hasta-que descansa no , se-erguirá y-como-león

חֲלָלִים יִשְׁתֶּה׃ וַיֹּאמֶר בָּלָק אֶל־ בִּלְעָם גַּם־ קֹב לֹא
no maldecir ya-que Balaam a Balac Y-dijo (25) . bebe víctimas

תִקֳּבֶנּוּ גַּם־בָּרֵךְ לֹא תְבָרְכֶנּוּ׃ וַיַּעַן בִּלְעָם
Balaam Y-respondió (26) . le-bendigas no bendecir tampoco le-maldices

וַיֹּאמֶר אֶל־בָּלָק הֲלֹא דִּבַּרְתִּי אֵלֶיךָ לֵאמֹר כֹּל אֲשֶׁר־יְדַבֵּר יְהוָה
Yahweh dijere lo-que todo diciendo a-ti hablé No ? : Balac a y-dijo

אֹתוֹ אֶעֱשֶׂה׃ וַיֹּאמֶר בָּלָק אֶל־בִּלְעָם לְכָה־נָּא אֶקָּחֲךָ אֶל־
a te-llevaré ahora ven : Balaam a Balac Y-dijo (27) . haré ello

מָקוֹם אַחֵר אוּלַי יִישַׁר בְּעֵינֵי הָאֱלֹהִים וְקַבֹּתוֹ
y-le-maldecirás el-Dios en-ojos-de agradará quizá , otro lugar

לִי מִשָּׁם׃ וַיִּקַּח בָּלָק אֶת־בִּלְעָם רֹאשׁ הַפְּעוֹר
el-Peor cima-de Balaam a Balac Y-tomó (28) . desde-allí para-mí

הַנִּשְׁקָף עַל־פְּנֵי הַיְשִׁימֹן׃ וַיֹּאמֶר בִּלְעָם אֶל־
a Balaam Y-dijo (29) . el-erial faz-de hacia el-que-mira

בָּלָק בְּנֵה־לִי בָזֶה שִׁבְעָה מִזְבְּחֹת וְהָכֵן לִי בָּזֶה שִׁבְעָה
siete aquí para-mí y-prepara altares siete aquí para-mí edifica : Balac

פָרִים וְשִׁבְעָה אֵילִים׃ וַיַּעַשׂ בָּלָק כַּאֲשֶׁר אָמַר בִּלְעָם
Balaam dijo como Balac E-hizo (30) . carneros y-siete toros

וַיַּעַל פַּר וָאַיִל בַּמִּזְבֵּחַ׃ וַיַּרְא בִּלְעָם כִּי
que Balaam Cuando-vio (1) . en-el-altar y-carnero toro y-ofreció Cap. 24

טוֹב בְּעֵינֵי יְהוָה לְבָרֵךְ אֶת־יִשְׂרָאֵל וְלֹא־הָלַךְ כְּפַעַם־
como-vez fue entonces-no Israel a bendecir Yahweh a-ojos-de bueno

בְּפַעַם לִקְרַאת נְחָשִׁים וַיָּשֶׁת אֶל־הַמִּדְבָּר פָּנָיו׃
. su-rostro el-desierto hacia sino-que-volvió sortilegios a-buscar sobre-vez

וַיִּשָּׂא בִלְעָם אֶת־עֵינָיו וַיַּרְא אֶת־יִשְׂרָאֵל שֹׁכֵן
acampado Israel a y-vio sus-ojos ** Balaam Y-alzó (2)

לִשְׁבָטָיו וַתְּהִי עָלָיו רוּחַ אֱלֹהִים׃ וַיִּשָּׂא
Y-pronunció (3) Dios espíritu-de sobre-él y-fue por-sus-tribus

מְשָׁלוֹ וַיֹּאמַר נְאֻם בִּלְעָם בְּנוֹ . בְעֹר וּנְאֻם
y-oráculo-de Beor su-hijo Balaam oráculo-de : y-dijo su-oráculo

הַגֶּבֶר שְׁתֻם הָעָיִן׃ נְאֻם שֹׁמֵעַ אִמְרֵי־אֵל
Dios palabras-de el-que-oye Oráculo-de (4) . el-ojo clara-visión-de el-varón

אֲשֶׁר מַחֲזֵה שַׁדַּי יֶחֱזֶה נֹפֵל וּגְלוּי עֵינָיִם׃ מַה־
Cuán (5) . ojos y-abierto-de postrado ve Omnipotente visión-de que

טֹּבוּ אֹהָלֶיךָ יַעֲקֹב מִשְׁכְּנֹתֶיךָ יִשְׂרָאֵל׃ כִּנְחָלִים
Como-valles (6) . Israel tus-habitaciones Jacob tus-tiendas hermosas

נִטָּיוּ כְּגַנֹּת עֲלֵי נָהָר כַּאֲהָלִים נָטַע יְהוָה
Yahweh planta como-áloes río junto-a como-huertos extendidos

כַּאֲרָזִים עֲלֵי־ מָיִם׃ יִזַּל־ מַיִם מִדָּלְיָו
de-sus-cubos agua Fluirá (7) . agua junto-a como-cedros

וְזַרְעוֹ בְּמַיִם רַבִּים וְיָרֹם מֵאֲגַג
que-Agag y-será-mayor , muchas en-aguas y-su-simiente

מַלְכּוֹ וְתִנַּשֵּׂא מַלְכֻתוֹ׃ אֵל מוֹצִיאוֹ
que-le-saca Dios (8) . su-reino y-será-exaltado su-rey

מִמִּצְרַיִם כְּתוֹעֲפֹת רְאֵם לוֹ יֹאכַל גּוֹיִם צָרָיו
sus-enemigas naciones devora para-él búfalo como-fuerzas-de de-Egipto

וְעַצְמֹתֵיהֶם יְגָרֵם וְחִצָּיו יִמְחָץ׃
. atravesará y-flechas-de-él romperá y-huesos-de-ellos

כָּרַע שָׁכַב כַּאֲרִי וּכְלָבִיא מִי יְקִימֶנּוּ
le-levantará quién ? y-como-leona como-león se-echa Se-agazapa (9)

מְבָרֲכֶיךָ בָרוּךְ וְאֹרְרֶיךָ אָרוּר׃
. maldito y-el-que-te-maldiga bendito el-que-te-bendiga

וַיִּחַר־ אַף בָּלָק אֶל־ בִּלְעָם וַיִּסְפֹּק אֶת־
** y-batió : Balaam contra Balac ira-de Y-se-encendió (10)

כַּפָּיו וַיֹּאמֶר בָּלָק אֶל־בִּלְעָם לָקֹב אֹיְבַי
mis-enemigos para-maldecir : Balaam a Balac y-dijo sus-palmas

קְרָאתִיךָ וְהִנֵּה בֵּרַכְתָּ בָרֵךְ זֶה שָׁלֹשׁ פְּעָמִים׃ וְעַתָּה
Y-ahora (11) . veces tres este bendecir bendeciste y-he-aquí te-llamé

בְּרַח־לְךָ אֶל־מְקוֹמֶךָ אָמַרְתִּי כַּבֵּד אֲכַבֶּדְךָ וְהִנֵּה
y-he-aquí te-honraría honrar dije ; tu-lugar a ve , marcha

מְנָעֲךָ יְהוָה מִכָּבוֹד׃ וַיֹּאמֶר בִּלְעָם אֶל־בָּלָק הֲלֹא
acaso-no ? : Balac a Balaam Y-dijo (12) . de-recompensa Yahweh te-privó

גַּם אֶל־מַלְאָכֶיךָ אֲשֶׁר־שָׁלַחְתָּ אֵלַי דִּבַּרְתִּי לֵאמֹר׃ אִם־יִתֶּן־
diera Si (13) : diciendo hablé a-mí enviaste que tus-mensajeros a cierto

לִי בָלָק מְלֹא בֵיתוֹ כֶּסֶף וְזָהָב לֹא אוּכַל לַעֲבֹר
traspasar podría no y-oro plata su-casa llena-de Balac a-mí

אֶת־פִּי יְהוָה לַעֲשׂוֹת טוֹבָה אוֹ רָעָה מִלִּבִּי אֲשֶׁר־יְדַבֵּר יְהוָה
Yahweh hable lo-que de-mi-corazón mala o buena para-hacer Yahweh orden-de **

אֹתוֹ אֲדַבֵּר׃ וְעַתָּה הִנְנִי הוֹלֵךְ לְעַמִּי לְכָה אִיעָצְךָ
te-avisaré ven , a-mi-pueblo voy he-aquí Y-ahora (14) . hablaré ello

אֲשֶׁר יַעֲשֶׂה הָעָם הַזֶּה לְעַמְּךָ בְּאַחֲרִית הַיָּמִים׃
. los-días en-porvenir-de a-tu-pueblo el-éste el-pueblo hará lo-que

וַיִּשָּׂא מְשָׁלוֹ וַיֹּאמַר נְאֻם בִּלְעָם בְּנוֹ
su-hijo Balaam dicho-de : y-dijo su-oráculo Y-pronunció (15)

בְעֹר וּנְאֻם הַגֶּבֶר שְׁתֻם הָעָיִן׃ נְאֻם
Dicho-de (16) . el-ojo clara-visión-de el-varón y-dicho-de Beor

שֹׁמֵעַ אִמְרֵי־אֵל וְיֹדֵעַ דַּעַת עֶלְיוֹן מַחֲזֵה
visión-de , Altísimo ciencia-de y-conocedor Dios palabras-de oidor

שַׁדַּי יֶחֱזֶה נֹפֵל וּגְלוּי עֵינָיִם׃ אֶרְאֶנּוּ וְלֹא
pero-no Le-veré (17) . ojos y-abierto-de postrado vio Todopoderoso

עַתָּה אֲשׁוּרֶנּוּ וְלֹא קָרוֹב דָּרַךְ כּוֹכָב מִיַּעֲקֹב וְקָם
y-se-levantará de-Jacob estrella saldrá , cerca pero-no le-contemplaré ahora

שֵׁבֶט מִיִּשְׂרָאֵל וּמָחַץ פַּאֲתֵי מוֹאָב וְקַרְקַר כָּל־
todos y-cráneo-de Moab sienes-de y-aplastará de-Israel cetro

בְנֵי־ שֵׁת׃ (18) וְהָיָה אֱדוֹם יְרֵשָׁה וְהָיָה יְרֵשָׁה
conquistada y-será conquistada Edom Y-será (18) . Set hijos-de

שֵׂעִיר אֹיְבָיו וְיִשְׂרָאֵל עֹשֶׂה חָיִל׃ (19) וְיֵרְדְּ
Y-dominará (19) . fuerte se-hace pero-Israel su-enemigo Seir

מִיַּעֲקֹב וְהֶאֱבִיד שָׂרִיד מֵעִיר׃ (20) וַיַּרְא אֶת־ עֲמָלֵק
Amalec a Y-vio (20) . de-ciudad superviviente y-destruirá de-Jacob

וַיִּשָּׂא מְשָׁלוֹ וַיֹּאמַר רֵאשִׁית גּוֹיִם עֲמָלֵק
Amalec naciones primera-de : y-dijo su-oráculo y-pronunció

וְאַחֲרִיתוֹ עֲדֵי אֹבֵד׃ (21) וַיַּרְא אֶת־ הַקֵּינִי וַיִּשָּׂא
y-pronunció el-ceneo a Y-vio (21) . arruinado hasta pero-su-final

מְשָׁלוֹ וַיֹּאמַר אֵיתָן מוֹשָׁבֶךָ וְשִׂים בַּסֶּלַע
en-la-peña y-puesto tu-morada segura : y-dijo su-oráculo

קִנֶּךָ׃ (22) כִּי אִם־ יִהְיֶה לְבָעֵר קָיִן עַד־ מָה אַשּׁוּר
Asiria cuando ** ceneo destruir será ** Pues (22) . tu-nido

תִּשְׁבֶּךָּ׃ (23) וַיִּשָּׂא מְשָׁלוֹ וַיֹּאמַר אוֹי מִי
quién? ¡ah! : y-dijo su-oráculo Y-pronunció (23) . te-haga-cautivo

יִחְיֶה מִשֻּׂמוֹ אֵל׃ (24) וְצִים מִיַּד כִּתִּים
Quitim de-costa-de Y-naves (24) . Dios cuando-lo-haga vivirá

וְעִנּוּ אַשּׁוּר וְעִנּוּ־ עֵבֶר וְגַם־ הוּא עֲדֵי
** él pero-también Eber y-someterán Asiria y-someterán

אֹבֵד׃ (25) וַיָּקָם בִּלְעָם וַיֵּלֶךְ וַיָּשָׁב
y-regresó y-fue Balaam Y-se-levantó (25) . arruinado

לִמְקֹמוֹ וְגַם־ בָּלָק הָלַךְ לְדַרְכּוֹ׃ וַיֵּשֶׁב
Y-permaneció (1) . por-su-camino fue Balac y-también a-su-lugar

יִשְׂרָאֵל בַּשִּׁטִּים וַיָּחֶל הָעָם לִזְנוֹת אֶל־
con a-fornicar el-pueblo y-comenzó en-el-Sitim Israel

בְּנוֹת מוֹאָב׃ וַתִּקְרֶאןָ לָעָם לְזִבְחֵי אֱלֹהֵיהֶן
sus-dioses a-sacrificios-de a-el-pueblo E-invitaron (2) . Moab hijas-de

וַיֹּאכַל הָעָם וַיִּשְׁתַּחֲווּ לֵאלֹהֵיהֶן׃ וַיִּצָּמֶד
Y-se-unió (3) . a-sus-dioses y-se-inclinó el-pueblo y-comió

יִשְׂרָאֵל לְבַעַל פְּעוֹר וַיִּחַר־ אַף יְהוָה בְּיִשְׂרָאֵל׃
. contra-Israel Yahweh ira-de y-se-encendió , Peor a-Baal Israel

וַיֹּאמֶר יְהוָה אֶל־ מֹשֶׁה קַח אֶת־ כָּל־ רָאשֵׁי הָעָם
el-pueblo dirigentes-de todos a toma : Moisés a Yahweh Y-dijo (4)

וְהוֹקַע אוֹתָם לַיהוָה נֶגֶד הַשָּׁמֶשׁ וְיָשֹׁב חֲרוֹן
furor-de y-se-apartará el-sol a ante-Yahweh a-ellos y-mata

אַף־ יְהוָה מִיִּשְׂרָאֵל׃ וַיֹּאמֶר מֹשֶׁה אֶל־ שֹׁפְטֵי יִשְׂרָאֵל
Israel jueces-de a Moisés Y-dijo (5) . de-Israel Yahweh ira-de

הִרְגוּ אִישׁ אֲנָשָׁיו הַנִּצְמָדִים לְבַעַל פְּעוֹר׃ וְהִנֵּה אִישׁ
hombre Y-he-aquí (6) . Peor a-Baal los-unidos hombre-de-él a-cada matad

מִבְּנֵי יִשְׂרָאֵל בָּא וַיַּקְרֵב אֶל־ אֶחָיו אֶת־
** sus-hermanos a y-trajo viniendo Israel de-hijos-de

הַמִּדְיָנִית לְעֵינֵי מֹשֶׁה וּלְעֵינֵי כָּל־
toda y-a-ojos-de Moisés a-ojos-de la-madianita

עֲדַת בְּנֵי־ יִשְׂרָאֵל וְהֵמָּה בֹכִים פֶּתַח אֹהֶל
tienda-de entrada-de lloraban mientras-ellos , Israel hijos-de comunidad-de

מוֹעֵד׃ וַיַּרְא פִּינְחָס בֶּן־ אֶלְעָזָר בֶּן־ אַהֲרֹן הַכֹּהֵן
el-sacerdote Aarón hijo-de Eleazar hijo-de Fineas Cuando-vio (7) . reunión

וַיָּקָם מִתּוֹךְ הָעֵדָה וַיִּקַּח רֹמַח בְּיָדוֹ׃
. en-su-mano lanza y-tomó la-comunidad de-entre entonces-se-levantó

וַיָּבֹא אַחַר אִישׁ־ יִשְׂרָאֵל אֶל־ הַקֻּבָּה וַיִּדְקֹר
y-atravesó la-tienda a Israel hombre-de tras Y-fue (8)

אֶת־ שְׁנֵיהֶם אֵת אִישׁ יִשְׂרָאֵל וְאֶת־ הָאִשָּׁה אֶל־ קֳבָתָהּ
su-cuerpo en la-mujer y-a Israel hombre-de a ellos-dos a

וַתֵּעָצַר הַמַּגֵּפָה מֵעַל בְּנֵי יִשְׂרָאֵל׃ וַיִּהְיוּ
Y-fueron (9) . Israel hijos-de de-sobre la-plaga y-cesó

הַמֵּתִים בַּמַּגֵּפָה אַרְבָּעָה וְעֶשְׂרִים אָלֶף׃ וַיְדַבֵּר יְהוָה
Yahweh Y-habló (10) . mil y-veinte cuatro por-la-plaga los-muertos

אֶל־מֹשֶׁה לֵּאמֹר׃ פִּינְחָס בֶּן־ אֶלְעָזָר בֶּן־ אַהֲרֹן הַכֹּהֵן
el-sacerdote Aarón hijo-de Eleazar hijo-de Fineas (11) . diciendo Moisés a

הֵשִׁיב אֶת־ חֲמָתִי מֵעַל בְּנֵי־ יִשְׂרָאֵל בְּקַנְאוֹ
en-su-ser-celoso Israel hijos-de de-sobre mi-furor ** apartó

אֶת־ קִנְאָתִי בְּתוֹכָם וְלֹא־ כִלִּיתִי אֶת־ בְּנֵי־ יִשְׂרָאֵל בְּקִנְאָתִי׃
. en-mi-celo Israel hijos-de a consumí y-no , entre-ellos mi-celo con

לָכֵן אֱמֹר הִנְנִי נֹתֵן לוֹ אֶת־ בְּרִיתִי שָׁלוֹם׃
. paz mi-pacto-de ** a-él dando he-aquí di Por-tanto (12)

וְהָיְתָה לּוֹ וּלְזַרְעוֹ אַחֲרָיו בְּרִית
pacto-de tras-él y-para-su-descendencia para-él Y-será (13)

כְּהֻנַּת עוֹלָם תַּחַת אֲשֶׁר קִנֵּא לֵאלֹהָיו וַיְכַפֵּר
y-expió por-su-Dios fue-celoso ** porque perpetuo sacerdocio

עַל־ בְּנֵי יִשְׂרָאֵל׃ וְשֵׁם אִישׁ יִשְׂרָאֵל הַמֻּכֶּה אֲשֶׁר
que el-muerto Israel hombre-de Y-nombre-de (14) . Israel hijos-de por

הֻכָּה אֶת־ הַמִּדְיָנִית זִמְרִי בֶּן־ סָלוּא נְשִׂיא בֵית־
casa-de jefe-de Salu hijo-de Zimri la-madianita con fue-muerto

אָב לַשִּׁמְעֹנִי׃ וְשֵׁם הָאִשָּׁה הַמֻּכָּה

la-muerta la-mujer Y-nombre-de (15) . de-el-Simeón padre

הַמִּדְיָנִית כָּזְבִּי בַת־צוּר רֹאשׁ אֻמּוֹת בֵּית־אָב

padre casa-de tribus jefe-de Zur hija-de Cozbi la-madianita

בְּמִדְיָן הוּא׃ וַיְדַבֵּר יְהוָה אֶל־מֹשֶׁה לֵּאמֹר׃ צָרוֹר אֶת־

a Hostigar (17) . diciendo Moisés a Yahweh Y-habló (16) . él en-Madián

הַמִּדְיָנִים וְהִכִּיתֶם אוֹתָם׃ כִּי צֹרְרִים הֵם לָכֶם

para-vosotros ellos enemigos Pues (18) . a-ellos y-destruid los-madianitas

בְּנִכְלֵיהֶם אֲשֶׁר־נִכְּלוּ לָכֶם עַל־דְּבַר־פְּעוֹר וְעַל־

y-sobre Peor asunto-de sobre a-vosotros engañaron que en-sus-engaños

דְּבַר כָּזְבִּי בַת־נְשִׂיא מִדְיָן אֲחֹתָם הַמֻּכָּה

la-muerta hermana-de-ellos Madián jefe-de hija-de Cozbi asunto-de

בְיוֹם־הַמַּגֵּפָה עַל־דְּבַר־פְּעוֹר׃ וַיְהִי אַחֲרֵי הַמַּגֵּפָה

la-plaga después-de Y-fue (1) . Peor asunto-de por la-plaga en-día-de Cap. 26

וַיֹּאמֶר יְהוָה אֶל־מֹשֶׁה וְאֶל אֶלְעָזָר בֶּן־אַהֲרֹן הַכֹּהֵן

el-sacerdote Aarón hijo-de Eleazar y-a Moisés a Yahweh y-dijo

לֵאמֹר׃ שְׂאוּ אֶת־רֹאשׁ ׀ כָּל־עֲדַת בְּנֵי־יִשְׂרָאֵל

Israel hijos-de comunidad-de toda censo-de ** Toma (2) . diciendo

מִבֶּן עֶשְׂרִים שָׁנָה וָמַעְלָה לְבֵית אֲבֹתָם כָּל־יֹצֵא

saliente todo sus-padres por-casa-de y-más año veinte de-hijo-de

צָבָא בְּיִשְׂרָאֵל׃ וַיְדַבֵּר מֹשֶׁה וְאֶלְעָזָר הַכֹּהֵן אֹתָם

con-ellos el-sacerdote y-Eleazar Moisés Y-habló (3) . en-Israel ejército

בְּעַרְבֹת מוֹאָב עַל־יַרְדֵּן יְרֵחוֹ לֵאמֹר׃ מִבֶּן עֶשְׂרִים שָׁנָה

año veinte De-hijo-de (4) . diciendo Jericó Jordán-de junto Moab en-llanos-de

וָמַעְלָה כַּאֲשֶׁר צִוָּה יְהוָה אֶת־מֹשֶׁה וּבְנֵי יִשְׂרָאֵל

Israel e-hijos-de Moisés a Yahweh mandó como y-más

הַיֹּצְאִים מֵאֶרֶץ מִצְרָיִם׃ רְאוּבֵן בְּכוֹר יִשְׂרָאֵל בְּנֵי
hijos-de Israel primogénito-de Rubén (5) . Egipto de-tierra-de los-que-salieron

רְאוּבֵן חֲנוֹךְ מִשְׁפַּחַת הַחֲנֹכִי לְפַלּוּא מִשְׁפַּחַת הַפַּלֻּאִי׃
. los-faluitas familia-de de-Falú los-enoquitas familia-de Enoc . Rubén

לְחֶצְרֹן מִשְׁפַּחַת הַחֶצְרוֹנִי לְכַרְמִי מִשְׁפַּחַת הַכַּרְמִי׃
los-carmitas familia-de de-Carmi los-hezronitas familia-de De-Hezrón (6)

אֵלֶּה מִשְׁפְּחֹת הָרֻאוּבֵנִי וַיִּהְיוּ פְקֻדֵיהֶם שְׁלֹשָׁה
tres contados-de-ellos y-fueron , los-rubenitas familias-de Éstas (7)

וְאַרְבָּעִים אֶלֶף וּשְׁבַע מֵאוֹת וּשְׁלֹשִׁים׃ וּבְנֵי פַלּוּא
Falú E-hijos-de (8) . y-treinta cientos y-siete mil y-cuarenta

אֱלִיאָב׃ וּבְנֵי אֱלִיאָב נְמוּאֵל וְדָתָן וַאֲבִירָם הוּא־ דָתָן
Datán él , y-Abiram y-Datán Nemuel Eliab E-hijos-de (9) . Eliab

וַאֲבִירָם קְרוּאֵי הָעֵדָה אֲשֶׁר הִצּוּ עַל־ מֹשֶׁה
Moisés contra se-rebelaron . que la-comunidad oficiales-de y-Abiram

וְעַל־ אַהֲרֹן בַּעֲדַת־ קֹרַח בְּהַצֹּתָם עַל־ יְהוָה׃
Yahweh contra en-rebelarse-de-ellos Coré con-el-grupo-de Aarón . y-contra

וַתִּפְתַּח הָאָרֶץ אֶת־ פִּיהָ וַתִּבְלַע אֹתָם וְאֶת־
y-a a-ellos y-tragó su-boca ** la-tierra Y-abrió (10)

קֹרַח בְּמוֹת הָעֵדָה בַּאֲכֹל הָאֵשׁ אֵת חֲמִשִּׁים
cincuenta ** el-fuego al-devorar el-grupo al-morir Coré

וּמָאתַיִם אִישׁ וַיִּהְיוּ לְנֵס׃ וּבְנֵי־ קֹרַח לֹא־
no Coré E-hijos-de (11) . de-aviso y-fueron hombre y-doscientos

מֵתוּ׃ בְּנֵי שִׁמְעוֹן לְמִשְׁפְּחֹתָם לִנְמוּאֵל מִשְׁפַּחַת
familia-de de-Nemuel por-sus-familias Simeón Hijos-de (12) . murieron

הַנְּמוּאֵלִי לְיָמִין מִשְׁפַּחַת הַיָּמִינִי לְיָכִין מִשְׁפַּחַת
familia-de de-Jaquín el-jaminita familia-de de-Jamín el-nemuelita

הַיָּכִינִי׃ (13) לְזֶרַח מִשְׁפַּחַת הַזַּרְחִי לְשָׁאוּל מִשְׁפַּחַת

familia-de de-Saúl el-zeraíta familia-de De-Zera (13) . el-jaquinita

הַשָּׁאוּלִי׃ (14) אֵלֶּה מִשְׁפְּחֹת הַשִּׁמְעֹנִי שְׁנַיִם וְעֶשְׂרִים אֶלֶף

mil y-veinte dos el-simonita familias-de Éstas (14) . el-saulita

וּמָאתָיִם׃ (15) בְּנֵי גָד לְמִשְׁפְּחֹתָם לִצְפוֹן מִשְׁפַּחַת

familia-de por-Zefón por-sus-familias Gad Hijos-de (15) . doscientas

הַצְּפוֹנִי לְחַגִּי מִשְׁפַּחַת הַחַגִּי לְשׁוּנִי מִשְׁפַּחַת

familia-de por-Suni , el-haguita familia-de por-Hagui el-zefonita

הַשּׁוּנִי׃ (16) לְאָזְנִי מִשְׁפַּחַת הָאָזְנִי לְעֵרִי מִשְׁפַּחַת הָעֵרִי׃

. el-erita familia-de por-Eri , el-oznita familia-de Por-Ozni (16) . el-sunita

(17) לַאֲרוֹד מִשְׁפַּחַת הָאֲרוֹדִי לְאַרְאֵלִי מִשְׁפַּחַת הָאַרְאֵלִי׃

. el-arelita familia-de por-Areli , el-arodita familia-de Por-Arod (17)

(18) אֵלֶּה מִשְׁפְּחֹת בְּנֵי־גָד לִפְקֻדֵיהֶם אַרְבָּעִים אֶלֶף

mil cuarenta por-sus-familias Gad hijos-de familias-de Éstas (18)

וַחֲמֵשׁ מֵאוֹת׃ (19) בְּנֵי יְהוּדָה עֵר וְאוֹנָן וַיָּמָת עֵר וְאוֹנָן

y-Onán Er y-murió , y-Onán Er Judá Hijos-de (19) . cientos y-cinco

בְּאֶרֶץ כְּנָעַן׃ (20) וַיִּהְיוּ בְנֵי־יְהוּדָה לְמִשְׁפְּחֹתָם

por-sus-familias Judá hijos-de Y-fueron (20) . Canaán en-tierra-de

לְשֵׁלָה מִשְׁפַּחַת הַשֵּׁלָנִי לְפֶרֶץ מִשְׁפַּחַת הַפַּרְצִי

el-faresita familia-de por-Fares el-selaíta famiilia-de por-Sela

לְזֶרַח מִשְׁפַּחַת הַזַּרְחִי׃ (21) וַיִּהְיוּ בְנֵי־פֶרֶץ

Fares hijos-de Y-fueron (21) . el-zeraíta familia-de por-Zera

לְחֶצְרֹן מִשְׁפַּחַת הַחֶצְרֹנִי לְחָמוּל מִשְׁפַּחַת הֶחָמוּלִי׃

. el-hamulita familia-de por-Hamul el-hezronita familia-de por-Hezrón

(22) אֵלֶּה מִשְׁפְּחֹת יְהוּדָה לִפְקֻדֵיהֶם שִׁשָּׁה וְשִׁבְעִים אֶלֶף

mil y-setenta seis por-contados-de-ellos Judá familias-de Éstas (22)

וַחֲמֵשׁ מֵאוֹת׃ בְּנֵי יִשָּׂשכָר לְמִשְׁפְּחֹתָם תּוֹלָע מִשְׁפַּחַת
familia-de Tola por-sus-familias Isacar Hijos-de (23) . cientos y-cinco

הַתּוֹלָעִי לְפֻוָּה מִשְׁפַּחַת הַפּוּנִי׃ לְיָשׁוּב מִשְׁפַּחַת
familia-de Por-Jasub (24) . el-fuita familia-de por-Fúa , el-tolaíta

הַיָּשֻׁבִי לְשִׁמְרֹן מִשְׁפַּחַת הַשִּׁמְרֹנִי׃ אֵלֶּה מִשְׁפְּחֹת
familias-de Éstas (25) . el-simronita familia-de por-Simrón , el-jasubita

יִשָּׂשכָר לִפְקֻדֵיהֶם אַרְבָּעָה וְשִׁשִּׁים אֶלֶף וּשְׁלֹשׁ מֵאוֹת׃
. cientos y-tres mil y-sesenta cuatro por-contados-de-ellos Isacar

בְּנֵי זְבוּלֻן לְמִשְׁפְּחֹתָם לְסֶרֶד מִשְׁפַּחַת הַסַּרְדִּי
el-seredita familia-de por-Sered , por-sus-familias Zabulón Hijos-de (26)

לְאֵלוֹן מִשְׁפַּחַת הָאֵלֹנִי לְיַחְלְאֵל מִשְׁפַּחַת הַיַּחְלְאֵלִי׃
. el-jahleelita familia-de por-Jahleel el-elonita familia-de de-Elón

אֵלֶּה מִשְׁפְּחֹת הַזְּבוּלֹנִי לִפְקֻדֵיהֶם שִׁשִּׁים אֶלֶף
mil sesenta por-contados-de-ellos el-zabulonita familias-de Éstas (27)

וַחֲמֵשׁ מֵאוֹת׃ בְּנֵי יוֹסֵף לְמִשְׁפְּחֹתָם מְנַשֶּׁה וְאֶפְרָיִם׃
. y-Efraín Manasés por-sus-familias José Hijos-de (28) . cientos y-cinco

בְּנֵי מְנַשֶּׁה לְמָכִיר מִשְׁפַּחַת הַמָּכִירִי וּמָכִיר
y-Maquir , el-maquirita familia-de por-Maquir Manasés Hijos-de (29)

הוֹלִיד אֶת־גִּלְעָד לְגִלְעָד מִשְׁפַּחַת הַגִּלְעָדִי׃ אֵלֶּה
Éstos (30) . el-galaadita familia-de y-por-Galaad Galaad a engendró

בְּנֵי גִלְעָד אִיעֶזֶר מִשְׁפַּחַת הָאִיעֶזְרִי לְחֵלֶק מִשְׁפַּחַת הַחֶלְקִי׃
. el-helequita familia-de por-Helec , el-jerezita familia-de Jezer : Galaad hijos-de

וְאַשְׂרִיאֵל מִשְׁפַּחַת הָאַשְׂרְאֵלִי וְשֶׁכֶם מִשְׁפַּחַת הַשִּׁכְמִי׃
. el-siquemita familia-de y-Siquem el-asrielita familia-de Y-Asriel (31)

וּשְׁמִידָע מִשְׁפַּחַת הַשְּׁמִידָעִי וְחֵפֶר מִשְׁפַּחַת הַחֶפְרִי׃
. el-heferita familia-de y-Hefer el-semidita familia-de Y-Semida (32)

וּצְלָפְחָד בֶּן־חֵפֶר לֹא־הָיוּ לוֹ בָּנִים כִּי אִם־בָּנוֹת
hijas sólo sino hijos para-él eran no Hefer hijo-de Y-Zelofehad (33)

וְשֵׁם בְּנוֹת צְלָפְחָד מַחְלָה וְנֹעָה חָגְלָה מִלְכָּה וְתִרְצָה׃
. y-Tirsa Milca Hogla y-Noa Maala Zelofehad hijas-de y-nombre-de

אֵלֶּה מִשְׁפְּחֹת מְנַשֶּׁה וּפְקֻדֵיהֶם שְׁנַיִם וַחֲמִשִּׁים אֶלֶף
mil y-cincuenta dos y-contados-de-ellos , Manasés familias-de Éstas (34)

וּשְׁבַע מֵאוֹת׃ אֵלֶּה בְנֵי־אֶפְרַיִם לְמִשְׁפְּחֹתָם
por-sus-familias Efraín hijos-de Éstos (35) . cientos y-siete

לְשׁוּתֶלַח מִשְׁפַּחַת הַשֻּׁתַלְחִי לְבֶכֶר מִשְׁפַּחַת הַבַּכְרִי
el-bequerita familia-de por-Bequer , el-sutelita familia-de por-Sutela

לְתַחַן מִשְׁפַּחַת הַתַּחֲנִי׃ וְאֵלֶּה בְּנֵי שׁוּתָלַח
Sutela hijos-de Éstos (36) . el-tahanita familia-de por-Tahán

לְעֵרָן מִשְׁפַּחַת הָעֵרָנִי׃ אֵלֶּה מִשְׁפְּחֹת בְּנֵי־אֶפְרַיִם
Efraín hijos-de familias-de Éstas (37) . el-eranita familia-de por-Erán

לִפְקֻדֵיהֶם שְׁנַיִם וּשְׁלֹשִׁים אֶלֶף וַחֲמֵשׁ מֵאוֹת אֵלֶּה
éstos , cientos y-cinco mil y-treinta dos por-contados-de-ellos

בְנֵי־יוֹסֵף לְמִשְׁפְּחֹתָם׃ בְּנֵי בִנְיָמִן לְמִשְׁפְּחֹתָם
por-sus-familias Benjamín Hijos-de (38) . por-sus-familias José hijos-de

לְבֶלַע מִשְׁפַּחַת הַבַּלְעִי לְאַשְׁבֵּל מִשְׁפַּחַת הָאַשְׁבֵּלִי
el-asbelita familia-de por-Asbel el-belaíta familia-de por-Bela

לַאֲחִירָם מִשְׁפַּחַת הָאֲחִירָמִי׃ לִשְׁפוּפָם מִשְׁפַּחַת
familia-de Por-Sufam (39) . el-ahiramita familia-de por-Ahiram

הַשּׁוּפָמִי לְחוּפָם מִשְׁפַּחַת הַחוּפָמִי׃ וַיִּהְיוּ
Y-fueron (40) . el-hufamita familia-de por-Hufam el-sufamita

בְנֵי־בֶלַע אַרְדְּ וְנַעֲמָן מִשְׁפַּחַת הָאַרְדִּי לְנַעֲמָן מִשְׁפַּחַת
familia-de por-Naamán el-aredita familia-de y-Naamán Ared Bela hijos-de

הַֽנַּעֲמִֽי׃ אֵ֥לֶּה בְנֵֽי־ בִנְיָמִ֖ן לְמִשְׁפְּחֹתָ֑ם וּפְקֻדֵיהֶ֕ם

y-contados-de-ellos por-sus-familias Benjamín hijos-de Éstos (41) . el-naamita

חֲמִשָּׁ֧ה וְאַרְבָּעִ֛ים אֶ֖לֶף וְשֵׁ֥שׁ מֵאֽוֹת׃ אֵ֤לֶּה בְנֵי־ דָן֙

Dan hijos-de Éstos (42) . cientos y-seis mil y-cuarenta cinco

לְמִשְׁפְּחֹתָ֔ם לְשׁוּחָ֕ם מִשְׁפַּ֖חַת הַשּׁוּחָמִ֑י אֵ֛לֶּה מִשְׁפְּחֹ֥ת דָּ֖ן

Dan familias-de éstas ; el-suhamita familia-de por-Suham por-sus-familias

לְמִשְׁפְּחֹתָֽם׃ כָּל־ מִשְׁפְּחֹ֥ת הַשּׁוּחָמִ֖י לִפְקֻדֵיהֶ֑ם

por-contados-de-ellos el-suhamita familias-de Todas (43) . por-sus-familias

אַרְבָּעָ֧ה וְשִׁשִּׁ֛ים אֶ֖לֶף וְאַרְבַּ֥ע מֵאֽוֹת׃ בְּנֵ֤י אָשֵׁר֙ לְמִשְׁפְּחֹתָ֔ם

por-sus-familias Aser Hijos-de (44) . cientos y-cuatro mil y-sesenta cuatro

לְיִמְנָ֗ה מִשְׁפַּ֙חַת֙ הַיִּמְנָ֔ה לְיִשְׁוִ֕י מִשְׁפַּ֖חַת הַיִּשְׁוִ֑י

el-Isuí familia-de por-Isuí el-imnaíta familia-de por-Imna

לִבְרִיעָ֕ה מִשְׁפַּ֖חַת הַבְּרִיעִֽי׃ לִבְנֵ֣י בְרִיעָ֔ה לְחֶ֕בֶר

. por-Heber Bería Por-hijos-de (45) . el-beriíta familia-de por-Bería

מִשְׁפַּ֖חַת הַֽחֶבְרִ֑י לְמַ֨לְכִּיאֵ֔ל מִשְׁפַּ֖חַת הַמַּלְכִּיאֵלִֽי׃ וְשֵׁ֥ם

Y-nombre (46) . el-malquielita familia-de por-Malquiel el-heberita familia-de

בַּת־ אָשֵׁ֖ר שָֽׂרַח׃ אֵ֛לֶּה מִשְׁפְּחֹ֥ת בְּנֵֽי־ אָשֵׁ֖ר לִפְקֻדֵיהֶ֑ם

por-contados-de-ellos Aser hijos-de familias-de Éstas (47) . Sera Aser hija-de

שְׁלֹשָׁ֧ה וַחֲמִשִּׁ֛ים אֶ֖לֶף וְאַרְבַּ֥ע מֵאֽוֹת׃ בְּנֵ֤י נַפְתָּלִי֙

Neftalí Hijos-de (48) . cientos y-cuatro mil y-cincuenta tres

לְמִשְׁפְּחֹתָ֔ם לְיַ֨חְצְאֵ֔ל מִשְׁפַּ֖חַת הַיַּחְצְאֵלִ֑י לְגוּנִ֕י מִשְׁפַּ֖חַת

familia-de por-Guní el-jahzeelita familia-de por-Jahzeel por-sus-familias

הַגּוּנִֽי׃ לְיֵ֕צֶר מִשְׁפַּ֖חַת הַיִּצְרִ֑י לְשִׁלֵּ֕ם מִשְׁפַּ֖חַת

familia-de por-Silem el-jerezita familia-de Por-Jezer (49) . el-gunita

הַשִּׁלֵּמִֽי׃ אֵ֛לֶּה מִשְׁפְּחֹ֥ת נַפְתָּלִ֖י לְמִשְׁפְּחֹתָ֑ם

por-sus-familias Neftalí familias-de Éstas (50) . el-silemita

וּפְקֻדֵיהֶם חֲמִשָּׁה וְאַרְבָּעִים אֶלֶף וְאַרְבַּע מֵאוֹת׃ אֵלֶּה
Éstos (51) . cientos y-cuatro mil y-cuarenta cinco y-contados-de-ellos

פְּקוּדֵי בְּנֵי יִשְׂרָאֵל שֵׁשׁ־ מֵאוֹת אֶלֶף וָאֶלֶף שְׁבַע
siete y-mil mil cientos seis Israel hijos-de contados-de

מֵאוֹת וּשְׁלֹשִׁים׃ וַיְדַבֵּר יְהוָה אֶל־ מֹשֶׁה לֵּאמֹר׃ לָאֵלֶּה
A-éstos (53) . diciendo Moisés a Yahweh Y-habló (52) . y-treinta cientos

תֵּחָלֵק הָאָרֶץ בְּנַחֲלָה בְּמִסְפַּר שֵׁמוֹת׃
·. nombres por-número-de en-herencia la-tierra se-repartirá

לָרַב תַּרְבֶּה נַחֲלָתוֹ וְלַמְעַט
y-a-el-pequeño su-herencia harás-más-grande A-los-más (54)

תַּמְעִיט נַחֲלָתוֹ אִישׁ לְפִי פְקֻדָיו
sus-contados según cada-uno su-herencia disminuirás

יֻתַּן נַחֲלָתוֹ׃ אַךְ־ בְּגוֹרָל יֵחָלֵק
se-repartirá por-suerte Sólo (55) . su-herencia recibirá

אֶת־ הָאָרֶץ לִשְׁמוֹת מַטּוֹת־ אֲבֹתָם יִנְחָלוּ׃
. heredarán sus-padres tribus-de por-nombres-de la-tierra **

עַל־ פִּי הַגּוֹרָל תֵּחָלֵק נַחֲלָתוֹ בֵּין
entre su-herencia se-repartirá la-suerte decisión-de Por (56)

רַב לִמְעָט׃ וְאֵלֶּה פְקוּדֵי הַלֵּוִי לְמִשְׁפְּחֹתָם
por-sus-familias el-levita contados-de Y-éstos (57) . y-pequeño grande

לְגֵרְשׁוֹן מִשְׁפַּחַת הַגֵּרְשֻׁנִּי לִקְהָת מִשְׁפַּחַת הַקְּהָתִי
el-coatita familia-de por-Coat el-gersonita familia-de por-Gersón

לִמְרָרִי מִשְׁפַּחַת הַמְּרָרִי׃ אֵלֶּה ׀ מִשְׁפְּחֹת לֵוִי מִשְׁפַּחַת
familia-de Leví familias-de Éstas (58) . el-merarita familia-de por-Merari

הַלִּבְנִי מִשְׁפַּחַת הַחֶבְרֹנִי מִשְׁפַּחַת הַמַּחְלִי מִשְׁפַּחַת הַמּוּשִׁי
el-musita familia-de el-mahalita familia-de el-hebronita familia-de el-libnita

מִשְׁפַּחַת הַקָּרְחִי וּקְהָת הוֹלִד אֶת־עַמְרָם׃ וְשֵׁם ׀
Y-nombre-de (59) . Amram a engendró y-Coré , del-coreíta familia-de

אֵשֶׁת עַמְרָם יוֹכֶבֶד בַּת־לֵוִי אֲשֶׁר יָלְדָה אֹתָהּ לְלֵוִי בְּמִצְרָיִם
en-Egipto para-Leví ella dio-a-luz que Leví hija-de Jocabed Amram mujer-de

וַתֵּלֶד לְעַמְרָם אֶת־אַהֲרֹן וְאֶת־מֹשֶׁה וְאֵת מִרְיָם אֲחֹתָם׃
. hermana-de-ellos Miriam y-** Moisés y-** Aarón ** a-Amram y-nació

וַיִּוָּלֵד לְאַהֲרֹן אֶת־נָדָב וְאֶת־אֲבִיהוּא אֶת־אֶלְעָזָר וְאֶת־אִיתָמָר׃
. Itamar y-** Eleazar ** Abiú y-** Nadab ** a-Aarón Y-nació (60)

וַיָּמָת נָדָב וַאֲבִיהוּא בְּהַקְרִיבָם אֵשׁ־זָרָה
extraño fuego por-su-ofrecer y-Abiú Nadab Y-murió (61)

לִפְנֵי יְהוָה׃ וַיִּהְיוּ פְקֻדֵיהֶם שְׁלֹשָׁה וְעֶשְׂרִים אֶלֶף
mil y-veinte tres contados-de-ellos Y-fueron (62) . Yahweh ante

כָּל־זָכָר מִבֶּן־חֹדֶשׁ וָמָעְלָה כִּי ׀ לֹא הָתְפָּקְדוּ בְּתוֹךְ
entre fueron-contados no pues o-más mes de-hijo-de varón todo

בְּנֵי יִשְׂרָאֵל כִּי לֹא־נִתַּן לָהֶם נַחֲלָה בְּתוֹךְ בְּנֵי יִשְׂרָאֵל׃
. Israel hijos-de entre herencia a-ellos dio no pues Israel hijos-de

אֵלֶּה פְּקוּדֵי מֹשֶׁה וְאֶלְעָזָר הַכֹּהֵן אֲשֶׁר פָּקְדוּ אֶת־
a contaron que el-sacerdote y-Eleazar Moisés contados-de Éstos (63)

בְּנֵי יִשְׂרָאֵל בְּעַרְבֹת מוֹאָב עַל יַרְדֵּן יְרֵחוֹ׃ וּבְאֵלֶּה
Y-entre-éstos (64) . Jericó Jordán-de junto-a Moab en-llanos-de Israel hijos-de

לֹא־הָיָה אִישׁ מִפְּקוּדֵי מֹשֶׁה וְאַהֲרֹן הַכֹּהֵן אֲשֶׁר
que el-sacerdote y-Aarón Moisés de-contados-de nadie estaba no

פָּקְדוּ אֶת־בְּנֵי יִשְׂרָאֵל בְּמִדְבַּר סִינָי׃ כִּי־אָמַר יְהוָה
Yahweh dijo Pues (65) . Sinaí en-desierto-de Israel hijos-de ** contaron

לָהֶם מוֹת יָמֻתוּ בַּמִּדְבָּר וְלֹא־נוֹתַר מֵהֶם
de-ellos quedó y-no en-el-desierto morirán morir : a-ellos

אִישׁ כִּי אִם־ כָּלֵב בֶּן־ יְפֻנֶּה וִיהוֹשֻׁעַ בִּן־ נוּן׃
. Nun hijo-de y-Josué Jefone hijo-de Caleb sólo excepto nadie

וַתִּקְרַבְנָה בְּנוֹת צְלָפְחָד בֶּן־ חֵפֶר בֶּן־ גִּלְעָד
Galaad hijo-de Hefer hijo-de Zelafehad hijas-de Y-se-acercaron (1)

בֶּן־ מָכִיר בֶּן־ מְנַשֶּׁה לְמִשְׁפְּחֹת מְנַשֶּׁה בֶן־ יוֹסֵף וְאֵלֶּה
y-éstos , José hijo-de Manasés de-familias-de Manasés hijo-de Maquir hijo-de

שְׁמוֹת בְּנֹתָיו מַחְלָה נֹעָה וְחָגְלָה וּמִלְכָּה וְתִרְצָה׃
. y-Tirsa y-Milca y-Hogla Noa Maala : sus-hijas nombres-de

וַתַּעֲמֹדְנָה לִפְנֵי מֹשֶׁה וְלִפְנֵי אֶלְעָזָר הַכֹּהֵן וְלִפְנֵי
y-ante el-sacerdote Eleazar y-ante Moisés ante Y-se-presentaron (2)

הַנְּשִׂיאִם וְכָל־ הָעֵדָה פֶּתַח אֹהֶל־ מוֹעֵד לֵאמֹר׃
. diciendo reunión tienda-de puerta-de la-comunidad y-toda los-jefes

אָבִינוּ מֵת בַּמִּדְבָּר וְהוּא לֹא־ הָיָה בְּתוֹךְ הָעֵדָה
el-grupo entre estaba no y-él en-el-desierto murió Nuestro-padre (3)

הַנּוֹעָדִים עַל־ יְהוָה בַּעֲדַת־ קֹרַח כִּי־ בְחֶטְאוֹ
por-su-pecado pues Coré en-el-grupo-de Yahweh contra los-reunidos

מֵת וּבָנִים לֹא־ הָיוּ לוֹ׃ לָמָּה יִגָּרַע שֵׁם־
nombre-de desaparecerá Por-qué ? (4) . para-él estaban no e-hijos murió

אָבִינוּ מִתּוֹךְ מִשְׁפַּחְתּוֹ כִּי אֵין לוֹ בֵּן תְּנָה־ לָּנוּ
a-nosotras da , hijo para-él no-hay pues su-familia de-entre nuestro-padre

אֲחֻזָּה בְּתוֹךְ אֲחֵי אָבִינוּ׃ וַיַּקְרֵב מֹשֶׁה אֶת־
** Moisés Y-trajo (5) . nuestro-padre hermanos-de entre propiedad

מִשְׁפָּטָן לִפְנֵי יְהוָה׃ וַיֹּאמֶר יְהוָה אֶל־ מֹשֶׁה לֵּאמֹר׃ כֵּן
Bien (7) . diciendo Moisés a Yahweh Y-dijo (6) . Yahweh ante su-caso

בְּנוֹת צְלָפְחָד דֹּבְרֹת נָתֹן תִּתֵּן לָהֶם אֲחֻזַּת
propiedad-de a-ellas darás dar , hablando Zelafehad hijas-de

נַחֲלָה בְּתוֹךְ אֲחֵי אֲבִיהֶם וְהַעֲבַרְתָּ אֶת־ נַחֲלַת

herencia-de ** y-entregarás , padre-de-ellas hermanos-de entre herencia

אֲבִיהֶן לָהֶן׃ וְאֶל־ בְּנֵי יִשְׂרָאֵל תְּדַבֵּר לֵאמֹר אִישׁ כִּי־

si hombre : diciendo hablarás Israel hijos-de Y-a (8) . a-ellas padre-de-ellas

יָמוּת וּבֵן אֵין לוֹ וְהַעֲבַרְתֶּם אֶת־ נַחֲלָתוֹ

su-herencia ** entonces-entregarás para-él no-hay e-hijo muere

לְבִתּוֹ׃ וְאִם־ אֵין לוֹ בַּת וּנְתַתֶּם אֶת־

** entonces-darás hija para-él no-hay Y-si (9) . a-su-hija

נַחֲלָתוֹ לְאֶחָיו׃ וְאִם־ אֵין לוֹ אַחִים

hermanos para-él no-hay Y-si (10) . a-sus-hermanos su-herencia

וּנְתַתֶּם אֶת־ נַחֲלָתוֹ לַאֲחֵי אָבִיו׃ וְאִם־

Y-si (11) . su-padre a-hermanos-de su-herencia ** entonces-darás

אֵין אַחִים לְאָבִיו וּנְתַתֶּם אֶת־ נַחֲלָתוֹ

su-herencia ** entonces-darás de-su-padre hermanos no-hay

לִשְׁאֵרוֹ הַקָּרֹב אֵלָיו מִמִּשְׁפַּחְתּוֹ וְיָרַשׁ אֹתָהּ

a-ella y-poseerá de-su-familia a-él el-cercano a-su-pariente

וְהָיְתָה לִבְנֵי יִשְׂרָאֵל לְחֻקַּת מִשְׁפָּט כַּאֲשֶׁר צִוָּה

mandó como derecho estatuto-de Israel para-hijos-de y-será

יְהוָה אֶת־ מֹשֶׁה׃ וַיֹּאמֶר יְהוָה אֶל־מֹשֶׁה עֲלֵה אֶל־ הַר

monte a sube : Moisés a Yahweh Y-dijo (12) . Moisés a Yahweh

הָעֲבָרִים הַזֶּה וּרְאֵה אֶת־ הָאָרֶץ אֲשֶׁר נָתַתִּי לִבְנֵי יִשְׂרָאֵל׃

. Israel -a-hijos-de di que la-tierra ** y-mira el-éste el-Abarim

וְרָאִיתָה אֹתָהּ וְנֶאֱסַפְתָּ אֶל־ עַמֶּיךָ גַּם־אָתָּה

tú también tu-pueblo a serás-reunido a-ella Y-cuando-veas (13)

כַּאֲשֶׁר נֶאֱסַף אַהֲרֹן אָחִיךָ׃ כַּאֲשֶׁר מְרִיתֶם

desobedecisteis Como (14) . tu-hermano Aarón fue-reunido como

פִּי בְּמִדְבַּר־ צִן בִּמְרִיבַת הָעֵדָה לְהַקְדִּישֵׁנִי
para-santificarme la-comunidad en-rencilla-de Zin en-desierto-de mi-orden

בַמַּיִם לְעֵינֵיהֶם הֵם מֵי־ מְרִיבַת קָדֵשׁ
Cades-de Meriba aguas-de estas ; ante-ojos-de-ellos en-las-aguas

מִדְבַּר־ צִן׃ וַיְדַבֵּר מֹשֶׁה אֶל־ יְהוָה לֵאמֹר׃ יִפְקֹד
Nombre (16) . diciendo Yahweh a Moisés Y-habló (15) . Zin desierto-de

יְהוָה אֱלֹהֵי הָרוּחֹת לְכָל־ בָּשָׂר אִישׁ עַל־ הָעֵדָה׃ אֲשֶׁר־
Que (17) . la-comunidad sobre hombre , carne de-toda los-espíritus Dios-de Yahweh

יֵצֵא לִפְנֵיהֶם וַאֲשֶׁר יָבֹא לִפְנֵיהֶם וַאֲשֶׁר
y-que ante-ellos entre y-que ante-ellos salga

יוֹצִיאֵם וַאֲשֶׁר יְבִיאֵם וְלֹא תִהְיֶה
será y-no les-haga-entrar y-que les-haga-salir

עֲדַת יְהוָה כַּצֹּאן אֲשֶׁר אֵין־ לָהֶם רֹעֶה׃ וַיֹּאמֶר
Y-dijo (18) . pastor para-ellos no-hay que como-ovejas Yahweh comunidad-de

יְהוָה אֶל־מֹשֶׁה קַח־ לְךָ אֶת־יְהוֹשֻׁעַ בִּן־ נוּן אִישׁ אֲשֶׁר־ רוּחַ בּוֹ
en-él espíritu que hombre Nun hijo-de Josué a para-ti toma : Moisés a Yahweh

וְסָמַכְתָּ אֶת־ יָדְךָ עָלָיו׃ וְהַעֲמַדְתָּ אֹתוֹ לִפְנֵי אֶלְעָזָר
Eleazar ante a-él Y-pondrás (19) . sobre-él tu-mano ** y-pondrás

הַכֹּהֵן וְלִפְנֵי כָּל־ הָעֵדָה וְצִוִּיתָה אֹתוֹ
a-él y-darás-el-cargo la-comunidad toda y-ante el-sacerdote

לְעֵינֵיהֶם׃ וְנָתַתָּה מֵהוֹדְךָ עָלָיו לְמַעַן
para-que a-él de-tu-autoridad Y-darás (20) . a-ojos-de-ellos

יִשְׁמְעוּ כָּל־ עֲדַת בְּנֵי יִשְׂרָאֵל׃ וְלִפְנֵי אֶלְעָזָר
Eleazar Y-ante (21) . Israel hijos-de comunidad-de toda obedezcan

הַכֹּהֵן יַעֲמֹד וְשָׁאַל לוֹ בְּמִשְׁפַּט הָאוּרִים
el-urim por-juicio-de a-él y-consultará estará-en-pie el-sacerdote

לִפְנֵי יְהוָה עַל־ פִּיו יֵצְאוּ וְעַל־ פִּיו
su-orden y-por saldrán su-orden por , Yahweh ante

יָבֹאוּ הוּא וְכָל־ בְּנֵי־ יִשְׂרָאֵל אִתּוֹ וְכָל־
y-toda con-él Israel hijos-de y-todos él entrarán

הָעֵדָה׃ וַיַּעַשׂ מֹשֶׁה כַּאֲשֶׁר צִוָּה יְהוָה אֹתוֹ
a-él Yahweh mandó como Moisés E-hizo (22) . la-comunidad

וַיִּקַּח אֶת־ יְהוֹשֻׁעַ וַיַּעֲמִדֵהוּ לִפְנֵי אֶלְעָזָר הַכֹּהֵן וְלִפְנֵי
y-ante el-sacerdote Eleazar ante y-le-puso Josué a y-tomó

כָּל־ הָעֵדָה׃ וַיִּסְמֹךְ אֶת־ יָדָיו עָלָיו
sobre-él sus-manos ** Y-puso (23) . la-comunidad toda

וַיְצַוֵּהוּ כַּאֲשֶׁר דִּבֶּר יְהוָה בְּיַד־ מֹשֶׁה׃
. Moisés por-mano-de Yahweh habló como y-le-dio-el-cargo

וַיְדַבֵּר יְהוָה אֶל־ מֹשֶׁה לֵּאמֹר׃ צַו אֶת־ בְּנֵי יִשְׂרָאֵל
Israel hijos-de a Manda (2) . diciendo Moisés a Yahweh Y-habló (1) Cap.

וְאָמַרְתָּ אֲלֵהֶם אֶת־ קָרְבָּנִי לַחְמִי לְאִשַּׁי
para-mi-ofrenda-encendida mi-pan mi-ofrenda ** : a-ellos y-di

רֵיחַ נִיחֹחִי תִּשְׁמְרוּ לְהַקְרִיב לִי בְּמוֹעֲדוֹ׃
. en-su-tiempo a-mí para-ofrecer guardaréis mi-agrado olor-de

וְאָמַרְתָּ לָהֶם זֶה הָאִשֶּׁה אֲשֶׁר תַּקְרִיבוּ
presentaréis que la-ofrenda-encendida ésta a-ellos Y-dirás (3)

לַיהוָה כְּבָשִׂים בְּנֵי־ שָׁנָה תְמִימִם שְׁנַיִם לַיּוֹם
para-el-día dos perfectos año hijos-de corderos a-Yahweh

עֹלָה תָמִיד׃ אֶת־ הַכֶּבֶשׂ אֶחָד תַּעֲשֶׂה בַבֹּקֶר וְאֵת
y-** por-la-mañana ofrecerás uno el-cordero ** (4) . continuo holocausto

הַכֶּבֶשׂ הַשֵּׁנִי תַּעֲשֶׂה בֵּין הָעַרְבָּיִם׃ וַעֲשִׂירִית הָאֵיפָה
el-efa Y-décima-de (5) . las-tardes entre ofrecerás el-segundo el-cordero

סֹלֶת לְמִנְחָה בְּלוּלָה בְּשֶׁמֶן כָּתִית רְבִיעִת הַהִין׃
. el-hin cuarto-de machacado con-aceite mezclada para-ofrenda-vegetal harina-fina

עֹלַת תָּמִיד הָעֲשֻׂיָה בְּהַר סִינַי
Sinaí en-monte el-instituido , continuo Holocausto-de (6)

לְרֵיחַ נִיחֹחַ אִשֶּׁה לַיהוָה׃ וְנִסְכּוֹ
Y-su-libación (7) . a-Yahweh ofrenda-encendida grato para-olor

רְבִיעִת הַהִין לַכֶּבֶשׂ הָאֶחָד בַּקֹּדֶשׁ הַסֵּךְ
derrama en-el-santuario , el-uno con-el-cordero el-hin cuarto-de

נֶסֶךְ שֵׁכָר לַיהוָה׃ וְאֵת הַכֶּבֶשׂ הַשֵּׁנִי
el-segundo el-cordero Y-** (8) . para-Yahweh vino-fermentado libación

תַּעֲשֶׂה בֵּין הָעַרְבָּיִם כְּמִנְחַת הַבֹּקֶר
la-mañana como-ofrenda-vegetal-de , las-tardes entre ofrecerás

וּכְנִסְכּוֹ תַּעֲשֶׂה אִשֵּׁה רֵיחַ נִיחֹחַ
grato olor ofrenda-encendida ofrecerás y-como-su-libación

לַיהוָה׃ וּבְיוֹם הַשַּׁבָּת שְׁנֵי־כְבָשִׂים בְּנֵי־שָׁנָה תְּמִימִם
perfectos año hijos-de corderos dos el-sábado Y-en-día-de (9) . a-Yahweh

וּשְׁנֵי עֶשְׂרֹנִים סֹלֶת מִנְחָה בְּלוּלָה בַשֶּׁמֶן
con-el-aceite mezclada ofrenda-vegetal harina-fina décimas y-dos

וְנִסְכּוֹ׃ עֹלַת שַׁבַּת בְּשַׁבַּתּוֹ
, en-su-sábado sábado Holocausto-de (10) . y-su-libación

עַל־עֹלַת הַתָּמִיד וְנִסְכָּהּ׃ וּבְרָאשֵׁי
Y-en-principios-de (11) . y-su-libación el-continuo holocausto-de con

חָדְשֵׁיכֶם תַּקְרִיבוּ עֹלָה לַיהוָה פָּרִים בְּנֵי־בָקָר
vacuno hijos-de toros a-Yahweh holocausto presentaréis vuestros-meses

שְׁנַיִם וְאַיִל אֶחָד כְּבָשִׂים בְּנֵי־שָׁנָה שִׁבְעָה תְּמִימִם׃
. perfectos siete año hijos-de corderos uno y-carnero dos

וּשְׁלֹשָׁה עֶשְׂרֹנִים סֹלֶת מִנְחָה בְּלוּלָה בַשֶּׁמֶן
con-el-aceite mezclada ofrenda-vegetal harina-fina décimas Y-tres (12)

לַפָּר הָאֶחָד וּשְׁנֵי עֶשְׂרֹנִים סֹלֶת מִנְחָה בְּלוּלָה
mezclada ofrenda-vegetal harina-fina décimas y-dos , el-uno con-el-toro

בַשֶּׁמֶן לָאַיִל הָאֶחָד׃ וְעִשָּׂרֹן עִשָּׂרוֹן סֹלֶת מִנְחָה
ofrenda-vegetal harina-fina décima Y-décima (13) . el-uno con-el-carnero con-el-aceite

בְּלוּלָה בַשֶּׁמֶן לַכֶּבֶשׂ הָאֶחָד עֹלָה רֵיחַ
olor holocausto el-uno con-el-cordero con-el-aceite mezclada

נִיחֹחַ אִשֶּׁה לַיהוָה׃ וְנִסְכֵּיהֶם חֲצִי
medio-de Y-sus-libaciones (14) . a-Yahweh ofrenda-encendida grato

הַהִין יִהְיֶה לַפָּר וּשְׁלִישִׁת הַהִין לָאַיִל
para-el-carnero el-hin y-tercio-de para-el-toro será el-hin

וּרְבִיעִת הַהִין לַכֶּבֶשׂ יָיִן זֹאת עֹלַת חֹדֶשׁ
mes holocausto-de esto , vino para-el-cordero el-hin y-cuarto-de

בְּחָדְשׁוֹ לְחָדְשֵׁי הַשָּׁנָה׃ וּשְׂעִיר עִזִּים אֶחָד
uno cabras Y-macho-cabrío-de (15) . el-año para-meses-de en-su-mes

לְחַטָּאת לַיהוָה עַל־ עֹלַת הַתָּמִיד יֵעָשֶׂה
se-hará continuo holocausto además-de a-Yahweh para-ofrenda-del-pecado

וְנִסְכּוֹ׃ וּבַחֹדֶשׁ הָרִאשׁוֹן בְּאַרְבָּעָה עָשָׂר יוֹם
día diez en-cuatro el-primero Y-en-el-mes (16) . con-su-libación

לַחֹדֶשׁ פֶּסַח לַיהוָה׃ וּבַחֲמִשָּׁה עָשָׂר יוֹם לַחֹדֶשׁ
de-el-mes día diez Y-en-cinco (17) . a-Yahweh Pascua de-el-mes

הַזֶּה חָג שִׁבְעַת יָמִים מַצּוֹת יֵאָכֵל׃
. se-comerá panes-ázimos días siete fiesta el-éste

בַּיּוֹם הָרִאשׁוֹן מִקְרָא־ קֹדֶשׁ כָּל־ מְלֶאכֶת עֲבֹדָה לֹא
no servicio obra-de toda , santo convocación el-primero En-el-día (18)

תַעֲשׂוּ׃ וְהִקְרַבְתֶּם אִשֶּׁה עֹלָה לַיהוָה פָּרִים
toros a-Yahweh holocausto ofrenda-encendida Y-presentaréis (19) . haréis

בְּנֵי־ בָקָר שְׁנַיִם וְאַיִל אֶחָד וְשִׁבְעָה כְבָשִׂים בְּנֵי שָׁנָה
año hijos-de corderos y-siete uno y-carnero dos vacuno hijos-de

תְּמִימִם יִהְיוּ לָכֶם׃ וּמִנְחָתָם
Y-ofrenda-vegetal-de-ellos (20) . para-vosotros serán perfectos

סֹלֶת בְּלוּלָה בַשָּׁמֶן שְׁלֹשָׁה עֶשְׂרֹנִים לַפָּר וּשְׁנֵי עֶשְׂרֹנִים
décimas y-dos con-el-toro veinte tres con-aceite mezclada harina-fina

לָאַיִל תַּעֲשׂוּ׃ עִשָּׂרוֹן עִשָּׂרוֹן תַּעֲשֶׂה לַכֶּבֶשׂ הָאֶחָד
el-uno con-el-cordero harás décima Décima (21) . haréis con-el-carnero

לְשִׁבְעַת הַכְּבָשִׂים׃ וּשְׂעִיר חַטָּאת אֶחָד לְכַפֵּר עֲלֵיכֶם׃
. por-vosotros para-expiar uno ofrenda-de-pecado Y-macho-cabrío-de (22) . los-corderos con-siete-de

מִלְּבַד עֹלַת הַבֹּקֶר אֲשֶׁר לְעֹלַת
para-holocausto que la-mañana holocausto-de Además-de (23)

הַתָּמִיד תַּעֲשׂוּ אֶת־ אֵלֶּה׃ כָּאֵלֶּה תַּעֲשׂוּ לַיּוֹם
por-el-día haréis Como-éstos (24) . estos ** haréis el-regular

שִׁבְעַת יָמִים לֶחֶם אִשֵּׁה רֵיחַ־ נִיחֹחַ לַיהוָה עַל־
con a-Yahweh grato olor ofrenda-encendida comida-de días siete

עוֹלַת הַתָּמִיד יֵעָשֶׂה וְנִסְכּוֹ׃
. y-su-libación se-hará el-continuo holocausto

וּבַיּוֹם הַשְּׁבִיעִי מִקְרָא־ קֹדֶשׁ יִהְיֶה לָכֶם כָּל־
toda para-vosotros será santo convocatoria el-séptimo Y-en-el-día (25)

מְלֶאכֶת עֲבֹדָה לֹא תַעֲשׂוּ׃ וּבְיוֹם הַבִּכּוּרִים
las-primicias Y-en-día-de (26) . haréis no servicio obra-de

בְּהַקְרִיבְכֶם מִנְחָה חֲדָשָׁה לַיהוָה בְּשָׁבֻעֹתֵיכֶם
en-vuestras-fiestas-de-las-semanas a-Yahweh nueva ofrenda-vegetal en-vuestro-presentar

מִקְרָא־ קֹדֶשׁ יִהְיֶה לָכֶם כָּל־ מְלֶאכֶת עֲבֹדָה לֹא תַעֲשׂוּ׃
. haréis no servicio obra-de toda para-vosotros será santo convocatoria

וְהִקְרַבְתֶּם עוֹלָה לְרֵיחַ נִיחֹחַ לַיהוָה פָּרִים
toros a-Yahweh grato para-olor-de holocausto Y-presentaréis (27)

בְּנֵי־ בָקָר שְׁנַיִם אַיִל אֶחָד שִׁבְעָה כְבָשִׂים בְּנֵי שָׁנָה׃
. año hijos-de corderos siete uno carnero dos vacuno hijos-de

וּמִנְחָתָם סֹלֶת בְּלוּלָה בַשָּׁמֶן שְׁלֹשָׁה עֶשְׂרֹנִים
décimas tres con-el-aceite mezclada harina-fina Y-ofrenda-vegetal-de-ellos (28)

לַפָּר הָאֶחָד שְׁנֵי עֶשְׂרֹנִים לָאַיִל הָאֶחָד׃ עִשָּׂרוֹן עִשָּׂרוֹן
décima Décima (29) . el-uno con-el-carnero décimas dos el-uno con-el-toro

לַכֶּבֶשׂ הָאֶחָד לְשִׁבְעַת הַכְּבָשִׂים׃ שְׂעִיר עִזִּים אֶחָד
uno cabras Macho-cabrío-de (30) . los-corderos con-siete-de el-uno con-el-cordero

לְכַפֵּר עֲלֵיכֶם׃ מִלְּבַד עֹלַת הַתָּמִיד
el-continuo holocausto-de Además-de (31) . por-vosotros para-expiar

וּמִנְחָתוֹ תַּעֲשׂוּ תְּמִימִם יִהְיוּ־ לָכֶם
para-vosotros serán perfectos , haréis y-su-ofrenda-vegetal

וְנִסְכֵּיהֶם׃ וּבַחֹדֶשׁ הַשְּׁבִיעִי בְּאֶחָד
en-uno el-séptimo Y-en-el-mes (1) . y-sus-libaciones Cap

לַחֹדֶשׁ מִקְרָא־ קֹדֶשׁ יִהְיֶה לָכֶם כָּל־ מְלֶאכֶת עֲבֹדָה
servicio obra-de toda para-vosotros será santo convocatoria de-el-mes

לֹא תַעֲשׂוּ יוֹם תְּרוּעָה יִהְיֶה לָכֶם׃ וַעֲשִׂיתֶם
Y-haréis (2) . para-vosotros será sonar-trompetas día-de ; haréis no

עֹלָה לְרֵיחַ נִיחֹחַ לַיהוָה פַּר בֶּן־ בָּקָר אֶחָד אַיִל אֶחָד
uno carnero uno vacuno hijo-de toro a-Yahweh grato olor holocausto

כְּבָשִׂים בְּנֵי־ שָׁנָה שִׁבְעָה תְּמִימִם׃ וּמִנְחָתָם
Y-ofrendas-vegetales-de-ellos (3) . perfectos siete año hijos-de corderos

סֹלֶת בְּלוּלָה בַשָּׁמֶן שְׁלֹשָׁה עֶשְׂרֹנִים לַפָּר שְׁנֵי עֶשְׂרֹנִים
décimas dos con-el-toro décimas tres con-el-aceite mezclada harina-fina

לָאָיִל׃ וְעִשָּׂרוֹן אֶחָד לַכֶּבֶשׂ הָאֶחָד לְשִׁבְעַת הַכְּבָשִׂים׃
. los-corderos con-siete-de el-uno con-el-cordero una Y-décima (4) . con-el-carnero

וּשְׂעִיר־עִזִּים אֶחָד חַטָּאת לְכַפֵּר עֲלֵיכֶם׃ מִלְּבַד
Además-de (6) . por-vosotros para-expiar ofrenda-de-pecado uno cabras Y-macho-cabrío-de (5)

עֹלַת הַחֹדֶשׁ וּמִנְחָתָהּ וְעֹלַת
y-holocausto-de y-su-ofrenda-vegetal el-mes holocausto-de

הַתָּמִיד וּמִנְחָתָהּ וְנִסְכֵּיהֶם
y-sus-libaciones y-su-ofrenda-vegetal el-continuo

כְּמִשְׁפָּטָם לְרֵיחַ נִיחֹחַ אִשֶּׁה לַיהוָה׃
. a-Yahweh ofrenda-encendida grato para-olor según-ley-de-ellos

וּבֶעָשׂוֹר לַחֹדֶשׁ הַשְּׁבִיעִי הַזֶּה מִקְרָא־קֹדֶשׁ
santo convocatoria el-éste el-séptimo de-el-mes Y-en-diez (7)

יִהְיֶה לָכֶם וְעִנִּיתֶם אֶת־נַפְשֹׁתֵיכֶם כָּל־מְלָאכָה לֹא תַעֲשׂוּ׃
. haréis no obra toda , vuestras-almas ** y-afligiréis para-vosotros será

וְהִקְרַבְתֶּם עֹלָה לַיהוָה רֵיחַ נִיחֹחַ פַּר בֶּן־
hijo-de toro grato olor a-Yahweh holocausto Y-presentaréis (8)

בָּקָר אֶחָד אַיִל אֶחָד כְּבָשִׂים בְּנֵי־שָׁנָה שִׁבְעָה תְּמִימִם יִהְיוּ
serán perfectos siete año hijos-de corderos uno carnero uno vacuno

לָכֶם׃ וּמִנְחָתָם סֹלֶת בְּלוּלָה בַשָּׁמֶן שְׁלֹשָׁה
tres con-el-aceite mezclada harina-fina Y-ofrenda-vegetal-de-ellos (9) . para-vosotros

עֶשְׂרֹנִים לַפָּר שְׁנֵי עֶשְׂרֹנִים לָאַיִל הָאֶחָד׃ עִשָּׂרוֹן עִשָּׂרוֹן
décima Décima (10) . el-uno con-el-carnero décimas dos con-el-toro décimas

לַכֶּבֶשׂ הָאֶחָד לְשִׁבְעַת הַכְּבָשִׂים׃ שְׂעִיר־עִזִּים אֶחָד
uno cabras Macho-cabrío-de (11) . los-corderos para-siete-de el-uno con-el-cordero

חַטָּאת מִלְּבַד חַטַּאת הַכִּפֻּרִים וְעֹלַת

y-holocausto-de las-expiaciones ofrenda-de-pecado-de además-de ofrenda-de-pecado

הַתָּמִיד וּמִנְחָתָהּ וְנִסְכֵּיהֶם׃

. y-libaciones-de-ellos y-ofrenda-vegetal-de-ella el-continuo

וּבַחֲמִשָּׁה עָשָׂר יוֹם לַחֹדֶשׁ הַשְּׁבִיעִי מִקְרָא־ קֹדֶשׁ

santo convocatoria el-séptimo para-el-mes día diez Y-en-cinco (12)

יִהְיֶה לָכֶם כָּל־ מְלֶאכֶת עֲבֹדָה לֹא תַעֲשׂוּ וְחַגֹּתֶם חַג

fiesta y-celebraréis , haréis no servicio obra-de toda para-vosotros será

לַיהוָה שִׁבְעַת יָמִים׃ וְהִקְרַבְתֶּם עֹלָה אִשֵּׁה

ofrenda-encendida holocausto Y-presentaréis (13) . días siete a-Yahweh

רֵיחַ נִיחֹחַ לַיהוָה פָּרִים בְּנֵי־ בָקָר שְׁלֹשָׁה עָשָׂר אֵילִם שְׁנָיִם

dos carneros diez tres vacuno hijos-de toros a-Yahweh grato olor

כְּבָשִׂים בְּנֵי־ שָׁנָה אַרְבָּעָה עָשָׂר תְּמִימִם יִהְיוּ׃

. serán perfectos diez cuatro año hijos-de corderos

וּמִנְחָתָם סֹלֶת בְּלוּלָה בַשָּׁמֶן שְׁלֹשָׁה עֶשְׂרֹנִים

décimas tres con-el-aceite mezclada harina-fina Y-ofrendas-vegetales-de-ellos (14)

לַפָּר הָאֶחָד לִשְׁלֹשָׁה עָשָׂר פָּרִים שְׁנֵי עֶשְׂרֹנִים לָאַיִל

con-el-carnero décimas dos toros diez para-tres el-uno con-el-toro

הָאֶחָד לִשְׁנֵי הָאֵילִם׃ וְעִשָּׂרוֹן עִשָּׂרוֹן לַכֶּבֶשׂ הָאֶחָד

el-uno con-el-cordero décima Décima (15) . los-carneros para-dos el-uno

לְאַרְבָּעָה עָשָׂר כְּבָשִׂים׃ וּשְׂעִיר־ עִזִּים אֶחָד חַטָּאת מִלְּבַד

además-de ofrenda-de-el-pecado uno cabras Y-macho-cabrío-de (16) . corderos diez con-cuatro

עֹלַת הַתָּמִיד מִנְחָתָהּ וְנִסְכָּהּ׃

. y-libación-de-ella ofrenda-vegetal-de-ella el-continuo holocausto

וּבַיּוֹם הַשֵּׁנִי פָּרִים בְּנֵי־ בָקָר שְׁנֵים עָשָׂר אֵילִם שְׁנָיִם

dos carneros diez dos vacuno hijos-de toros el-dos Y-en-el-día (17)

כְּבָשִׂים בְּנֵי־ שָׁנָה אַרְבָּעָה עָשָׂר תְּמִימִם׃ וּמִנְחָתָם

Y-ofrenda-vegetal-de-ellos (18) . perfectos diez cuatro año hijos-de corderos

וְנִסְכֵּיהֶם לַפָּרִים לָאֵילִם וְלַכְּבָשִׂים

y-con-los-corderos con-los-carneros con-los-toros y-libaciones-de-ellos

בְּמִסְפָּרָם כַּמִּשְׁפָּט׃ וּשְׂעִיר־ עִזִּים אֶחָד חַטָּאת

expiación-de-pecado uno cabras Y-macho-cabrío-de (19) . según-la-ley por-número-de-ellos

מִלְּבַד עֹלַת הַתָּמִיד וּמִנְחָתָהּ

y-ofrenda-vegetal-de-ella el-continuo holocausto además-de

וְנִסְכֵּיהֶם׃ וּבַיּוֹם הַשְּׁלִישִׁי פָּרִים עַשְׁתֵּי־עָשָׂר

diez uno toros el-tercero Y-en-el-día (20) . y-libaciones-de-ellos

אֵילִם שְׁנָיִם כְּבָשִׂים בְּנֵי־ שָׁנָה אַרְבָּעָה עָשָׂר תְּמִימִם׃

. perfectos diez cuatro año hijos-de corderos dos carneros

וּמִנְחָתָם וְנִסְכֵּיהֶם לַפָּרִים

con-los-toros y-libaciones-de-ellos Y-ofrendas-vegetales-de-ellos (21)

לָאֵילִם וְלַכְּבָשִׂים בְּמִסְפָּרָם כַּמִּשְׁפָּט׃

. según-la-ley por-número-de-ellos y-con-los-corderos con-los-carneros

וּשְׂעִיר חַטָּאת אֶחָד מִלְּבַד עֹלַת

holocausto además-de uno ofrenda-de-pecado Y-macho-cabrío-de (22)

הַתָּמִיד וּמִנְחָתָהּ וְנִסְכָּהּ׃

. y-libación-de-ella y-ofrenda-vegetal-de-ella el-continuo

וּבַיּוֹם הָרְבִיעִי פָּרִים עֲשָׂרָה אֵילִם שְׁנָיִם כְּבָשִׂים בְּנֵי־ שָׁנָה

año hijos-de corderos dos carneros diez toros el-cuarto Y-en-el-día (23)

אַרְבָּעָה עָשָׂר תְּמִימִם׃ מִנְחָתָם

Ofrendas-vegetales-de-ellos (24) . perfectos diez cuatro

וְנִסְכֵּיהֶם לַפָּרִים לָאֵילִם וְלַכְּבָשִׂים

y-con-los-corderos con-los-carneros con-los-toros y-libaciones-de-ellos

בְּמִסְפָּרָם כַּמִּשְׁפָּט׃ וּשְׂעִיר־ עִזִּים אֶחָד חַטָּאת
ofrenda-de-pecado uno cabras Y-macho-cabrío-de (25) . según-la-ley por-número-de-ellos

מִלְּבַד עֹלַת הַתָּמִיד מִנְחָתָהּ
ofrenda-vegetal-de-ella el-continuo holocausto además-de

וְנִסְכָּהּ׃ וּבַיּוֹם הַחֲמִישִׁי פָּרִים תִּשְׁעָה אֵילִם
carneros nueve toros el-quinto Y-en-el-día (26) . y-libación-de-ella

שְׁנָיִם כְּבָשִׂים בְּנֵי־ שָׁנָה אַרְבָּעָה עָשָׂר תְּמִימִם׃
. perfectos diez cuatro año hijos-de corderos dos

וּמִנְחָתָם וְנִסְכֵּיהֶם לַפָּרִים
con-los-toros y-libación-de-ellos Y-ofrenda-vegetal-de-ellos (27)

לָאֵילִם וְלַכְּבָשִׂים בְּמִסְפָּרָם כַּמִּשְׁפָּט׃
. según-la-ley por-número-de-ellos y-con-los-corderos con-los-carneros

וּשְׂעִיר חַטָּאת אֶחָד מִלְּבַד עֹלַת הַתָּמִיד
el-continuo holocausto además-de uno ofrenda-de-pecado Y-macho-cabrío (28)

וּמִנְחָתָהּ וְנִסְכָּהּ׃ וּבַיּוֹם
Y-en-el-día (29) . y-libación-de-ella y-ofrenda-vegetal-de-ella

הַשִּׁשִּׁי פָּרִים שְׁמֹנָה אֵילִם שְׁנָיִם כְּבָשִׂים בְּנֵי־ שָׁנָה אַרְבָּעָה עָשָׂר
diez cuatro año hijos-de corderos dos carneros ocho toros el-sexto

תְּמִימִם׃ וּמִנְחָתָם וְנִסְכֵּיהֶם
y-libación-de-ellos Y-ofrenda-vegetal-de-ellos (30) . perfectos

לַפָּרִים לָאֵילִם וְלַכְּבָשִׂים בְּמִסְפָּרָם כַּמִּשְׁפָּט׃
. según-la-ley por-número-de-ellos y-con-los-corderos con-los-carneros con-los-toros

וּשְׂעִיר חַטָּאת אֶחָד מִלְּבַד עֹלַת הַתָּמִיד
el-continuo holocausto además-de uno ofrenda-de-pecado Y-macho-cabrío (31)

מִנְחָתָהּ וּנְסָכֶיהָ׃ וּבַיּוֹם הַשְּׁבִיעִי
el-séptimo Y-en-el-día (32) . y-libación-de-ella ofrenda-vegetal-de-ella

פָּרִים שִׁבְעָה אֵילִם שְׁנָיִם כְּבָשִׂים בְּנֵי־ שָׁנָה אַרְבָּעָה עָשָׂר תְּמִימִם׃
. perfectos diez cuatro año hijos-de corderos dos carneros siete toros

וּמִנְחָתָם וְנִסְכֵּהֶם לַפָּרִים
con-los-toros y-libación-de-ellos Y-ofrenda-vegetal-de-ellos (33)

לָאֵילִם וְלַכְּבָשִׂים בְּמִסְפָּרָם כְּמִשְׁפָּטָם׃
. según-ley-de-ellos por-número-de-ellos y-con-los-corderos con-los-carneros

וּשְׂעִיר חַטָּאת אֶחָד מִלְּבַד עֹלַת הַתָּמִיד
el-continuo holocausto-de además-de uno ofrenda-de-pecado Y-macho-cabrío-de (34)

מִנְחָתָהּ וְנִסְכָּהּ׃ בַּיּוֹם הַשְּׁמִינִי
el-octavo En-el-día (35) . y-libación-de-ella ofrenda-vegetal-de-ella

עֲצֶרֶת תִּהְיֶה לָכֶם כָּל־ מְלֶאכֶת עֲבֹדָה לֹא תַעֲשׂוּ׃
. haréis no servicio obra-de toda para-vosotros será asamblea

וְהִקְרַבְתֶּם עֹלָה אִשֵּׁה רֵיחַ נִיחֹחַ
grato olor ofrenda-encendida holocausto Y-presentaréis (36)

לַיהוָה פַּר אֶחָד אַיִל אֶחָד כְּבָשִׂים בְּנֵי־ שָׁנָה שִׁבְעָה תְּמִימִם׃
. perfectos siete año hijos-de corderos uno carnero uno toro a-Yahweh

מִנְחָתָם וְנִסְכֵּיהֶם לַפָּר
con-el-toro y-libación-de-ellos Ofrenda-vegetal-de-ellos (37)

לָאַיִל וְלַכְּבָשִׂים בְּמִסְפָּרָם כַּמִּשְׁפָּט׃ וּשְׂעִיר
Y-macho-cabrío (38) . según-la-ley por-número-de-ellos y-con-los-corderos con-el-carnero

חַטָּאת אֶחָד מִלְּבַד עֹלַת הַתָּמִיד
el-continuo holocausto-de además-de uno ofrenda-por-pecado

וּמִנְחָתָהּ וְנִסְכָּהּ׃ אֵלֶּה תַּעֲשׂוּ
haréis Éstos (39) . y-libación-de-ella y-ofrenda-vegetal-de-ella

לַיהוָה בְּמוֹעֲדֵיכֶם לְבַד מִנִּדְרֵיכֶם
de-vuestros-votos además-de en-vuestras-fiestas para-Yahweh

וְנִדְבֹתֵיכֶם לְעֹלֹתֵיכֶם
con-vuestros-holocaustos y-vuestras-ofrendas-voluntarias

וּלְמִנְחֹתֵיכֶם וּלְנִסְכֵּיכֶם
y-con-libaciones-de-vosotros y-con-ofrendas-vegetales-de-vosotros

וּלְשַׁלְמֵיכֶם׃ וַיֹּאמֶר מֹשֶׁה אֶל־ בְּנֵי
hijos-de a Moisés Y-dijo (1) . y-con-vuestras-ofrendas-de-paces

יִשְׂרָאֵל כְּכֹל אֲשֶׁר־ צִוָּה יְהוָה אֶת־ מֹשֶׁה׃ וַיְדַבֵּר מֹשֶׁה אֶל־
a Moisés Y-habló (2) . Moisés a Yahweh mandó lo-que como-todo Israel

רָאשֵׁי הַמַּטּוֹת לִבְנֵי יִשְׂרָאֵל לֵאמֹר זֶה הַדָּבָר אֲשֶׁר צִוָּה
mandó que la-palabra esto : diciendo Israel a-hijos-de las-tribus jefes-de

יְהוָה׃ אִישׁ כִּי־ יִדֹּר נֶדֶר לַיהוָה אוֹ־ הִשָּׁבַע שְׁבֻעָה לֶאְסֹר
para-obligar juramento jurar o a-Yahweh voto hace-voto que Hombre (3) . Yahweh

אִסָּר עַל־ נַפְשׁוֹ לֹא יַחֵל דְּבָרוֹ כְּכָל־
de-todo su-palabra quebrantará no sí-mismo sobre promesa

הַיֹּצֵא מִפִּיו יַעֲשֶׂה׃ וְאִשָּׁה כִּי־ תִדֹּר
hace-voto que Y-mujer (4) . hará de-su-boca lo-que-sale

נֶדֶר לַיהוָה וְאָסְרָה אִסָּר בְּבֵית אָבִיהָ בִּנְעֻרֶיהָ׃
en-sus-juventudes su-padre en-casa-de promesa y-obliga a-Yahweh voto

וְשָׁמַע אָבִיהָ אֶת־ נִדְרָהּ וֶאֱסָרָהּ אֲשֶׁר
que o-promesa-de-ella voto-de-ella ** su-padre Y-oyere (5)

אָסְרָה עַל־ נַפְשָׁהּ וְהֶחֱרִישׁ לָהּ אָבִיהָ
padre-de-ella a-ella y-callare sí-misma sobre obligó

וְקָמוּ כָּל־ נְדָרֶיהָ וְכָל־ אִסָּר אֲשֶׁר־
que promesa y-toda sus-votos todos entonces-permanecerán

אָסְרָה עַל־ נַפְשָׁהּ יָקוּם׃ וְאִם־ הֵנִיא
prohíbe Y-si (6) . permanecerá sí-misma sobre obligó

אָבִיהָ אֹתָהּ בְּיוֹם שָׁמְעוֹ כָּל־ נְדָרֶיהָ וֶאֱסָרֶיהָ
y-sus-promesas sus-votos todos su-oír en-día a-ella su-padre

אֲשֶׁר־ אָסְרָה עַל־ נַפְשָׁהּ לֹא יָקוּם וַיהוָה
y-Yahweh , permanecerá no sí-misma sobre obligó que

יִסְלַח־ לָהּ כִּי־ הֵנִיא אָבִיהָ אֹתָהּ׃ וְאִם־ הָיוֹ
ser Y-si (7) . a-ella su-padre prohibió porque a-ella liberará

תִהְיֶה לְאִישׁ וּנְדָרֶיהָ עָלֶיהָ אוֹ מִבְטָא שְׂפָתֶיהָ
labios-de-ella promesa-precipitada-de o en-ella y-votos-de-ella de-hombre ella-es

אֲשֶׁר אָסְרָה עַל־ נַפְשָׁהּ׃ וְשָׁמַע אִישָׁהּ בְּיוֹם
en-día hombre-de-ella Y-oyere (8) . sí-misma sobre obligó que

שָׁמְעוֹ וְהֶחֱרִישׁ לָהּ וְקָמוּ נְדָרֶיהָ
voto-de-ella entonces-permanecerá a-ella y-calla su-oír

וֶאֱסָרֶהָ אֲשֶׁר־ אָסְרָה עַל־ נַפְשָׁהּ יָקֻמוּ׃
. permanecerán sí-misma sobre obligó que y-obligación-de-ella

וְאִם בְּיוֹם שְׁמֹעַ אִישָׁהּ יָנִיא אוֹתָהּ וְהֵפֵר
entonces-anula a-ella prohíbe hombre-de-ella oír en-día Y-si (9)

אֶת־ נִדְרָהּ אֲשֶׁר עָלֶיהָ וְאֵת מִבְטָא שְׂפָתֶיהָ אֲשֶׁר אָסְרָה
obligó que sus-labios promesa-precipitada-de o-** sobre-ella que su-voto **

עַל־ נַפְשָׁהּ וַיהוָה יִסְלַח־ לָהּ׃ וְנֵדֶר אַלְמָנָה
viuda Y-voto-de (10) . a-ella liberará y-Yahweh , sí-misma sobre

וּגְרוּשָׁה כֹּל אֲשֶׁר־ אָסְרָה עַל־ נַפְשָׁהּ יָקוּם
permanecerá sí-misma sobre obliga que todo o-divorciada

עָלֶיהָ׃ וְאִם־ בֵּית אִישָׁהּ נָדָרָה אוֹ־ אָסְרָה אִסָּר
promesa obliga o hace-voto su-hombre casa-de Y-si (11) . sobre-ella

עַל־ נַפְשָׁהּ בִּשְׁבֻעָה׃ וְשָׁמַע אִישָׁהּ וְהֶחֱרִשׁ
y-calla su-hombre Y-oye (12) . con-juramento sí-misma sobre

לָהּ לֹא הֵנִיא אֹתָהּ וְקָמוּ כָּל־ נְדָרֶיהָ וְכָל־

y-toda sus-votos todos entonces-permanecerán a-ella prohíbe no a-ella

אִסָּר אֲשֶׁר־ אָסְרָה עַל־ נַפְשָׁהּ יָקוּם׃ וְאִם־

Pero-si (13) . permanecerá sí-misma sobre obligó que promesa

הָפֵר יָפֵר אֹתָם ׀ אִישָׁהּ בְּיוֹם שָׁמְעוֹ כָּל־

toda su-oír en-día su-hombre a-ellos anula anular

מוֹצָא שְׂפָתֶיהָ לִנְדָרֶיהָ וּלְאִסַּר נַפְשָׁהּ לֹא

no sí-misma o-sea-promesa-de sean-sus-votos labios-de-ella como-salida-de

יָקוּם אִישָׁהּ הֲפֵרָם וַיהוָה יִסְלַח־

liberará. y-Yahweh los-anuló su-hombre ; permanecerá

לָהּ׃ כָּל־ נֵדֶר וְכָל־ שְׁבֻעַת אִסָּר לְעַנֹּת נָפֶשׁ אִישָׁהּ

hombre-de-ella ; alma para-afligir promesa juramento-de y-todo voto Todo (14) . a-ella

יְקִימֶנּוּ וְאִישָׁהּ יְפֵרֶנּוּ׃ וְאִם־

Y-si (15) . lo-anulará u-hombre-de-ella lo-confirmará

הַחֲרֵשׁ יַחֲרִישׁ לָהּ אִישָׁהּ מִיּוֹם אֶל־ יוֹם

día a de-día hombre-de-ella a-ella calla callar

וְהֵקִים אֶת־ כָּל־ נְדָרֶיהָ אוֹ אֶת־ כָּל־ אֱסָרֶיהָ אֲשֶׁר

que sus-promesas todas ** o sus-votos todos ** entonces-confirma

עָלֶיהָ הֵקִים אֹתָם כִּי־ הֶחֱרִשׁ לָהּ בְּיוֹם שָׁמְעוֹ׃

. su-oír en-día a-ella calla pues a-ellos confirma , sobre-ella

וְאִם־ הָפֵר יָפֵר אֹתָם אַחֲרֵי שָׁמְעוֹ וְנָשָׂא

entonces-llevará su-oír después-de a-ellos anula anular Y-si (16)

אֶת־ עֲוֺנָהּ׃ אֵלֶּה הַחֻקִּים אֲשֶׁר צִוָּה יְהוָה אֶת־ מֹשֶׁה

Moisés a Yahweh mandó que las-ordenanzas Éstas (17) . su-culpa **

בֵּין אִישׁ לְאִשְׁתּוֹ בֵּין־ אָב לְבִתּוֹ בִּנְעֻרֶיהָ

en-sus-juventudes para-su-hija padre entre para-su-mujer hombre entre

בֵּית אָבִיהָ׃ וַיְדַבֵּר יְהוָה אֶל־ מֹשֶׁה לֵּאמֹר׃
. diciendo Moisés a Yahweh Y-habló (1) . su-padre casa-de

נְקֹם נִקְמַת בְּנֵי יִשְׂרָאֵל מֵאֵת הַמִּדְיָנִים אַחַר
después , los-madianitas contra Israel hijos-de venganza-de Haz-venganza (2)

תֵּאָסֵף אֶל־ עַמֶּיךָ׃ וַיְדַבֵּר מֹשֶׁה אֶל־ הָעָם
el-pueblo a Moisés Y-habló (3) . tu-pueblo a serás-reunido

לֵאמֹר הֵחָלְצוּ מֵאִתְּכֶם אֲנָשִׁים לַצָּבָא וְיִהְיוּ עַל־ מִדְיָן
Madián contra y-vayan para-la-guerra hombres de-vosotros armaos : diciendo

לָתֵת נִקְמַת־ יְהוָה בְּמִדְיָן׃ אֶלֶף לַמַּטֶּה
de la-tribu Mil (4) . contra-Madián Yahweh venganza-de para-dar

אֶלֶף לַמַּטֶּה לְכֹל מַטּוֹת יִשְׂרָאֵל תִּשְׁלְחוּ לַצָּבָא׃
. a-la-guerra enviaréis Israel tribus-de de-todas de-la-tribu mil

וַיִּמָּסְרוּ מֵאַלְפֵי יִשְׂרָאֵל אֶלֶף לַמַּטֶּה
de-la-tribu mil Israel de-miles-de Y-se-armaron (5)

שְׁנֵים־עָשָׂר אֶלֶף חֲלוּצֵי צָבָא׃ וַיִּשְׁלַח אֹתָם מֹשֶׁה
Moisés a-ellos Y-envió (6) . guerra en-pie-de mil diez dos

אֶלֶף לַמַּטֶּה לַצָּבָא אֹתָם וְאֶת־ פִּינְחָס בֶּן־ אֶלְעָזָר
Eleazar hijo-de Finees y-a a-ellos , a-la-guerra de-la-tribu mil

הַכֹּהֵן לַצָּבָא וּכְלֵי הַקֹּדֶשׁ וַחֲצֹצְרוֹת
y-trompetas-de el-santuario y-utensilios-de para-la-guerra el-sacerdote

הַתְּרוּעָה בְּיָדוֹ׃ וַיִּצְבְּאוּ עַל־ מִדְיָן כַּאֲשֶׁר
como Madián contra Y-lucharon (7) . en-su-mano la-señal

צִוָּה יְהוָה אֶת־ מֹשֶׁה וַיַּהַרְגוּ כָּל־ זָכָר׃ וְאֶת־ מַלְכֵי
rey-de Y-a (8) . varón todo y-mataron , Moisés a Yahweh mandó

מִדְיָן הָרְגוּ עַל־ חַלְלֵיהֶם אֶת־אֱוִי וְאֶת־רֶקֶם וְאֶת־צוּר וְאֶת־חוּר
Hur y-a Zur y-a Requem y-a Evi a víctimas-de-ellos entre mataron Madián

וְאֶת־רֶבַע חֲמֵשֶׁת מַלְכֵי מִדְיָן וְאֵת בִּלְעָם בֶּן בְּעוֹר הָרְגוּ
mataron Beor hijo-de Balaam y-a Madián reyes-de cinco Reba y-a

בֶּחָרֶב׃ וַיִּשְׁבּוּ בְנֵי־יִשְׂרָאֵל אֶת־נְשֵׁי מִדְיָן
Madián mujeres-de a Israel hijos-de Y-capturaron (9) . con-la-espada

וְאֶת־טַפָּם וְאֵת כָּל־בְּהֶמְתָּם וְאֶת־כָּל־מִקְנֵהֶם וְאֶת־
y-** su-rebaño todo y-a su-ganado todo y-a sus-niños y-a

כָּל־חֵילָם בָּזָזוּ׃ וְאֵת כָּל־עָרֵיהֶם
sus-ciudades todas Y-** (10) . arrebataron sus-bienes todos

בְּמוֹשְׁבֹתָם וְאֵת כָּל־טִירֹתָם שָׂרְפוּ בָּאֵשׁ׃
. con-el-fuego quemaron sus-acampadas todas y-** en-sus-asentamientos

וַיִּקְחוּ אֶת־כָּל־הַשָּׁלָל וְאֵת כָּל־הַמַּלְקוֹחַ בָּאָדָם
de-el-hombre el-botín todo y-** el-despojo todo ** Y-tomaron (11)

וּבַבְּהֵמָה׃ וַיָּבִאוּ אֶל־מֹשֶׁה וְאֶל־אֶלְעָזָר הַכֹּהֵן
'el-sacerdote Eleazar y-a Moisés a Y-llevaron (12) . y-de-el-animal

וְאֶל־עֲדַת בְּנֵי־יִשְׂרָאֵל אֶת־הַשְּׁבִי וְאֶת־הַמַּלְקוֹחַ וְאֶת־
y-** el-despojo y-** el-cautivo ** Israel hijos-de comunidad-de y-a

הַשָּׁלָל אֶל־הַמַּחֲנֶה אֶל־עַרְבֹת מוֹאָב אֲשֶׁר עַל־יַרְדֵּן יְרֵחוֹ׃
. Jericó Jordán-de junto-a que Moab llanuras-de a el-campamento a el-botín

וַיֵּצְאוּ מֹשֶׁה וְאֶלְעָזָר הַכֹּהֵן וְכָל־נְשִׂיאֵי
jefes-de y-todos el-sacerdote y-Eleazar Moisés Y-salieron (13)

הָעֵדָה לִקְרָאתָם אֶל־מִחוּץ לַמַּחֲנֶה׃ וַיִּקְצֹף . מֹשֶׁה
Moisés Y-se-enojó (14) . de-el-campamento fuera a a-encontrarles la-comunidad

עַל פְּקוּדֵי הֶחָיִל שָׂרֵי הָאֲלָפִים וְשָׂרֵי
y-comandantes-de los-miles comandantes-de el-ejército oficiales-de contra

הַמֵּאוֹת הַבָּאִים מִצְּבָא הַמִּלְחָמָה׃ וַיֹּאמֶר
Y-dijo (15) . la batalla de-guerra-de los-que-volvieron los-cientos

אֲלֵיהֶם מֹשֶׁה הַֽחִיִּיתֶם כָּל־ נְקֵבָה׃ הֵן הֵנָּה הָיוּ לִבְנֵי
para-hijos-de fueron ellas He-aquí (16) . hembra toda ¿Cómo-dejasteis-vivir : Moisés a-ellos

יִשְׂרָאֵל בִּדְבַר בִּלְעָם לִמְסָר־ מַעַל בַּֽיהוָה עַל־ דְּבַר־ פְּעוֹר
Peor asunto-de por con-Yahweh de para-apartarse Balaam por-palabra-de Israel

וַתְּהִי הַמַּגֵּפָה בַּעֲדַת יְהוָה׃ וְעַתָּה הִרְגוּ כָל־
todo matad Y-ahora (17) Yahweh en-comunidad-de la-plaga e-hirió

זָכָר בַּטָּף וְכָל־ אִשָּׁה יֹדַעַת אִישׁ לְמִשְׁכַּב זָכָר הֲרֹגוּ׃
. matad varón para-yacer-con hombre conociendo mujer y-toda entre-el-niño varón

וְכֹל הַטַּף בַּנָּשִׁים אֲשֶׁר לֹא־ יָדְעוּ מִשְׁכַּב זָכָר
varón yacer-con conocen no que entre-las-niñas la-criatura Y-toda (18)

הַחֲיוּ לָכֶם׃ וְאַתֶּם חֲנוּ מִחוּץ לַמַּחֲנֶה שִׁבְעַת יָמִים
días siete de-el-campamento fuera quedad Y-vosotros (19) . para-vosotros salvad

כֹּל הֹרֵג נֶפֶשׁ וְכֹל ׀ נֹגֵעַ בֶּֽחָלָל
muerto que-ha-tocado y-todo persona matador todo

תִּֽתְחַטְּאוּ בַּיּוֹם הַשְּׁלִישִׁי וּבַיּוֹם הַשְּׁבִיעִי אַתֶּם
vosotros el-séptimo y-en-el-día el-tercero en-el-día os-purificaréis

וּשְׁבִיכֶם׃ וְכָל־ בֶּגֶד וְכָל־ כְּלִי־ עוֹר
cuero utensilio-de y-todo vestido Y-todo (20) . y-vuestros-cautivos

וְכָל־ מַעֲשֵׂה עִזִּים וְכָל־ כְּלִי־ עֵץ תִּתְחַטָּאוּ׃
. purificaréis madera utensilio-de y-todo piel-de-cabras objeto-de y-todo

וַיֹּאמֶר אֶלְעָזָר הַכֹּהֵן אֶל־ אַנְשֵׁי הַצָּבָא הַבָּאִים
los-que-iban el-ejército hombres-de a el-sacerdote Eleazar Y-dijo (21)

לַמִּלְחָמָה זֹאת חֻקַּת הַתּוֹרָה אֲשֶׁר־ צִוָּה יְהוָה אֶת־מֹשֶׁה׃
. Moisés a Yahweh mandó que la-ley ordenanza-de esto , a-la-batalla

אַךְ אֶת־ הַזָּהָב וְאֶת־ הַכֶּסֶף אֶת־ הַנְּחֹשֶׁת אֶת־הַבַּרְזֶל אֶת־הַבְּדִיל
el-estaño ** el-hierro ** el-bronce ** la-plata y-** el-oro ** Cierto (22)

וְאֶת־הָעֹפָרֶת׃ כָּל־דָּבָר אֲשֶׁר־יָבֹא בָאֵשׁ
en-el-fuego resiste que cosa Toda (23) . el-plomo y-**

תַּעֲבִירוּ בָאֵשׁ וְטָהֵר אַךְ בְּמֵי
con-aguas-de también , y-será-limpio por-el-fuego pasaréis

נִדָּה יִתְחַטָּא וְכֹל אֲשֶׁר לֹא־יָבֹא
resiste no que y-todo será-purificado limpieza

בָּאֵשׁ תַּעֲבִירוּ בַמָּיִם׃ וְכִבַּסְתֶּם
Y-lavaréis (24) . por-el-agua pasaréis en-el-fuego

בִּגְדֵיכֶם בַּיּוֹם הַשְּׁבִיעִי וּטְהַרְתֶּם וְאַחַר
y-después y-seréis-limpios el-séptimo en-el-día vuestros-vestidos

תָּבֹאוּ אֶל־הַמַּחֲנֶה׃ וַיֹּאמֶר יְהוָה אֶל־מֹשֶׁה לֵּאמֹר׃
. diciendo Moisés a Yahweh Y-dijo (25) . el-campamento en entraréis

שָׂא אֵת רֹאשׁ מַלְקוֹחַ הַשְּׁבִי בָּאָדָם וּבַבְּהֵמָה
y-de-la-bestia de-el-hombre el-cautivo botín-de cantidad-de ** Y-repartirás (27)

אַתָּה וְאֶלְעָזָר הַכֹּהֵן וְרָאשֵׁי אֲבוֹת הָעֵדָה׃
. la-comunidad padres-de y-jefes-de el-sacerdote y-Eleazar tú

וְחָצִיתָ אֶת־הַמַּלְקוֹחַ בֵּין תֹּפְשֵׂי הַמִּלְחָמָה
la-batalla luchadores-de entre el-botín ** Y-repartirás (27)

הַיֹּצְאִים לַצָּבָא וּבֵין כָּל־הָעֵדָה׃
. la-comunidad toda y-entre a-la-guerra los-que-salieron

וַהֲרֵמֹתָ מֶכֶס לַיהוָה מֵאֵת אַנְשֵׁי הַמִּלְחָמָה הַיֹּצְאִים
los-que-salieron la-batalla hombres-de de a-Yahweh tributo Y-apartarás (28)

לַצָּבָא אֶחָד נֶפֶשׁ מֵחֲמֵשׁ הַמֵּאוֹת מִן־הָאָדָם
el-hombre de los-cientos de-cinco . cosa una a-la-guerra

וּמִן־הַבָּקָר וּמִן־הַחֲמֹרִים וּמִן־הַצֹּאן׃
. las-ovejas y-de los-asnos y-de el-vacuno y-de

מִמַּחֲצִיתָם תִּקָּחוּ וְנָתַתָּה לְאֶלְעָזָר הַכֹּהֵן תְּרוּמַת
parte-de el-sacerdote a-Eleazar y-darás tomarás De-mitad-de-ellos (29)

יְהוָה׃ וּמִמַּחֲצִת בְּנֵי־יִשְׂרָאֵל תִּקַּח ׀ אֶחָד ׀ אָחֻז
tomado uno tomarás Israel hijos-de Y-de-mitad-de (30) . Yahweh

מִן־הַחֲמִשִּׁים מִן־הָאָדָם מִן־הַבָּקָר מִן־הַחֲמֹרִים
los-asnos de el-vacuno de el-hombre de los-cincuenta de

וּמִן־הַצֹּאן מִכָּל־הַבְּהֵמָה וְנָתַתָּה אֹתָם לַלְוִיִּם
a-los-levitas ellos y-darás la-bestia de-toda las-ovejas y-de

שֹׁמְרֵי מִשְׁמֶרֶת מִשְׁכַּן יְהוָה׃ וַיַּעַשׂ מֹשֶׁה
Moisés E-hizo (31) . Yahweh tabernáculo-de cuidado-de guardadores-de

וְאֶלְעָזָר הַכֹּהֵן כַּאֲשֶׁר צִוָּה יְהוָה אֶת־מֹשֶׁה׃ וַיְהִי
Y-fue (32) . Moisés a Yahweh mandó como el-sacerdote y-Eleazar

הַמַּלְקוֹחַ יֶתֶר הַבָּז אֲשֶׁר בָּזְזוּ עַם הַצָּבָא צֹאן
ovejas el-ejército pueblo-de tomaron que el-botín resto-de el-despojo

שֵׁשׁ־מֵאוֹת אֶלֶף וְשִׁבְעִים אֶלֶף וַחֲמֵשֶׁת אֲלָפִים׃ וּבָקָר
Y-vacuno (33) . mil y-cincuenta mil y-setenta mil cientas seis

שְׁנַיִם וְשִׁבְעִים אָלֶף׃ וַחֲמֹרִים אֶחָד וְשִׁשִּׁים אָלֶף׃
. mil y-sesenta uno Y-asnos (34) . mil y-setenta dos

וְנֶפֶשׁ אָדָם מִן־הַנָּשִׁים אֲשֶׁר לֹא־יָדְעוּ מִשְׁכַּב זָכָר
varón yacer-con conoció no que las-mujeres de humana Y-persona (35)

כָּל־נֶפֶשׁ שְׁנַיִם וּשְׁלֹשִׁים אָלֶף׃ וַתְּהִי הַמֶּחֱצָה חֵלֶק
parte la-mitad Y-fue (36) . mil y-treinta dos persona toda

הַיֹּצְאִים בַּצָּבָא מִסְפַּר הַצֹּאן שְׁלֹשׁ־מֵאוֹת
cientos tres las-ovejas número-de en-la-guerra los-que-salieron

אֶלֶף וּשְׁלֹשִׁים אֶלֶף וְשִׁבְעַת אֲלָפִים וַחֲמֵשׁ מֵאוֹת׃
. cientos y-cinco mil y-siete mil y-treinta mil

וַיְהִי הַמֶּכֶס לַיהוָה מִן־הַצֹּאן שֵׁשׁ מֵאוֹת חָמֵשׁ
cinco cientos seis las-ovejas de a-Yahweh el-tributo Y-fue (37)

וְשִׁבְעִים׃ וְהַבָּקָר שִׁשָּׁה וּשְׁלֹשִׁים אָלֶף וּמִכְסָם
y-tributos-de-ellos mil y-treinta seis Y-el-vacuno (38) . y-setenta

לַיהוָה שְׁנַיִם וְשִׁבְעִים׃ וַחֲמֹרִים שְׁלֹשִׁים אֶלֶף וַחֲמֵשׁ
y-cinco mil treinta Y-asnos (39) . y-setenta dos para-Yahweh

מֵאוֹת וּמִכְסָם לַיהוָה אֶחָד וְשִׁשִּׁים׃ וְנֶפֶשׁ אָדָם
humana Y-persona (40) . y-sesenta uno a-Yahweh y-tributo-de-ellos cientos

שִׁשָּׁה עָשָׂר אָלֶף וּמִכְסָם לַיהוָה שְׁנַיִם וּשְׁלֹשִׁים נָפֶשׁ׃
. persona y-treinta dos a-Yahweh y-tributo-de-ellos mil diez seis

וַיִּתֵּן מֹשֶׁה אֶת־מֶכֶס תְּרוּמַת יְהוָה לְאֶלְעָזָר הַכֹּהֵן
el-sacerdote a-Eleazar Yahweh parte-de tributo-de ** Moisés Y-dio (41)

כַּאֲשֶׁר צִוָּה יְהוָה אֶת־מֹשֶׁה׃ וּמִמַּחֲצִית בְּנֵי יִשְׂרָאֵל
Israel hijos-de Y-de-mitad-de (42) . Moisés a Yahweh mandó como

אֲשֶׁר חָצָה מֹשֶׁה מִן־הָאֲנָשִׁים הַצֹּבְאִים׃ וַתְּהִי
Y-fue (43) . los-guerreros los-hombres de Moisés apartó que

מֶחֱצַת הָעֵדָה מִן־הַצֹּאן שְׁלֹשׁ־מֵאוֹת אֶלֶף וּשְׁלֹשִׁים
y-treinta mil cientas tres las-ovejas de la-comunidad mitad-de

אֶלֶף שִׁבְעַת אֲלָפִים וַחֲמֵשׁ מֵאוֹת׃ וּבָקָר שִׁשָּׁה
seis Y-vacuno (44) cientos y-cinco mil siete mil

וּשְׁלֹשִׁים אָלֶף׃ וַחֲמֹרִים שְׁלֹשִׁים אֶלֶף וַחֲמֵשׁ מֵאוֹת׃
cientos y-cinco mil treinta Y-asnos (45) . mil y-treinta

וְנֶפֶשׁ אָדָם שִׁשָּׁה עָשָׂר אָלֶף׃ וַיִּקַּח מֹשֶׁה מִמַּחֲצִת
de-mitad-de Moisés Y-tomó (47) . mil diez seis humana Y-persona (46)

בְּנֵי־יִשְׂרָאֵל אֶת־הָאָחֻז אֶחָד מִן־הַחֲמִשִּׁים מִן־הָאָדָם
el-hombre de los-cincuenta de uno el-tomado ** Israel hijos-de

וּמִן־ הַבְּהֵמָה וַיִּתֵּן אֹתָם לַלְוִיִּם שֹׁמְרֵי
guardadores-de a-los-levitas ellos y-dio la-bestia y-de

מִשְׁמֶרֶת מִשְׁכַּן יְהוָה כַּאֲשֶׁר צִוָּה יְהוָה אֶת־ מֹשֶׁה׃
. Moisés a Yahweh mandó como Yahweh tabernáculo-de cuidado-de

וַיִּקְרְבוּ אֶל־ מֹשֶׁה הַפְּקֻדִים אֲשֶׁר לְאַלְפֵי
de-miles-de que los-oficiales Moisés a Y-dijeron (48)

הַצָּבָא שָׂרֵי הָאֲלָפִים וְשָׂרֵי הַמֵּאוֹת׃
. los-cientos y-comandantes-de los-miles comandantes-de el-ejército

וַיֹּאמְרוּ אֶל־ מֹשֶׁה עֲבָדֶיךָ נָשְׂאוּ אֶת־ רֹאשׁ אַנְשֵׁי
hombres-de cabeza-de ** contaron tus-siervos : Moisés a Y-dijeron (49)

הַמִּלְחָמָה אֲשֶׁר בְּיָדֵנוּ וְלֹא־ נִפְקַד מִמֶּנּוּ אִישׁ׃
. hombre de-él falta y-no en-nuestras-manos que la-batalla

וַנַּקְרֵב אֶת־ קָרְבַּן יְהוָה אִישׁ אֲשֶׁר מָצָא כְלִי־
utensilio-de halló lo-que cada-uno Yahweh ofrenda-de ** Y-ofrecimos (50)

זָהָב אֶצְעָדָה וְצָמִיד טַבַּעַת עָגִיל וְכוּמָז לְכַפֵּר עַל־
por para-expiar , y-collar pendiente anillo y-brazalete alhaja oro

נַפְשֹׁתֵינוּ לִפְנֵי יְהוָה׃ וַיִּקַּח מֹשֶׁה וְאֶלְעָזָר הַכֹּהֵן
el-sacerdote y-Eleazar Moisés Y-tomó (51) . Yahweh ante nosotros-mismos

אֶת־ הַזָּהָב מֵאִתָּם כֹּל כְּלִי מַעֲשֶׂה׃ וַיְהִי ׀ כָּל־
todo Y-fue (52) . obra adorno-de todo de-con-ellos el-oro **

זְהַב הַתְּרוּמָה אֲשֶׁר הֵרִימוּ לַיהוָה שִׁשָּׁה עָשָׂר אֶלֶף שְׁבַע־
siete mil diez seis a-Yahweh presentaron que la-parte oro-de

מֵאוֹת וַחֲמִשִּׁים שֶׁקֶל מֵאֵת שָׂרֵי הָאֲלָפִים וּמֵאֵת
y-de los-miles jefes-de de siclos y-cincuenta cientos

שָׂרֵי הַמֵּאוֹת׃ אַנְשֵׁי הַצָּבָא בָּזְזוּ אִישׁ לוֹ׃
. para-sí cada-uno despojaron el-ejército Hombres-de (53) . los-cientos jefes-de

וַיִּקַּח מֹשֶׁה וְאֶלְעָזָר הַכֹּהֵן אֶת־ הַזָּהָב מֵאֵת
de el-oro ** el-sacerdote y-Eleazar Moisés Y-tomó (54)

שָׂרֵי הָאֲלָפִים וְהַמֵּאוֹת וַיָּבִאוּ אֹתוֹ אֶל־
a a-él y-llevaron y-los-cientos los-miles jefes-de

אֹהֶל מוֹעֵד זִכָּרוֹן לִבְנֵי־ יִשְׂרָאֵל לִפְנֵי יְהוָה׃ וּמִקְנֶה ׀
Y-ganado (1) . Yahweh ante Israel para-hijos-de memorial reunión tienda-de Cap.

רַב הָיָה לִבְנֵי רְאוּבֵן וְלִבְנֵי־ גָד עָצוּם מְאֹד וַיִּרְאוּ
y-vieron , mucha cantidad Gad y-para-hijos-de Rubén para-hijos-de era mucho

אֶת־ אֶרֶץ יַעְזֵר וְאֶת־ אֶרֶץ גִּלְעָד וְהִנֵּה הַמָּקוֹם מְקוֹם מִקְנֶה׃
. ganado lugar-de el-lugar y-he-aquí Galaad tierra-de y-** Jazer tierra-de **

וַיָּבֹאוּ בְנֵי־ גָד וּבְנֵי רְאוּבֵן וַיֹּאמְרוּ אֶל־ מֹשֶׁה
Moisés a y-dijeron Rubén e-hijos-de Gad hijos-de Y-vinieron (2)

וְאֶל־ אֶלְעָזָר הַכֹּהֵן וְאֶל־ נְשִׂיאֵי הָעֵדָה לֵאמֹר׃ עֲטָרוֹת
Atarot (3) . diciendo la-comunidad jefes-de y-a el-sacerdote Eleazar y-a

וְדִיבֹן וְיַעְזֵר וְנִמְרָה וְחֶשְׁבּוֹן וְאֶלְעָלֵה וּשְׂבָם וּנְבוֹ
y-Nebo y-Sebam y-Eleale y-Hesbón y-Nimra y-Jazer y-Dibón

וּבְעֹן׃ הָאָרֶץ אֲשֶׁר הִכָּה יְהוָה לִפְנֵי עֲדַת יִשְׂרָאֵל אֶרֶץ
tierra-de Israel comunidad-de ante Yahweh sometió que La-tierra (4) . y-Beón

מִקְנֶה הִוא וְלַעֲבָדֶיךָ מִקְנֶה׃ וַיֹּאמְרוּ אִם־ מָצָאנוּ
hallamos si Y-dijeron (5) . ganado y-para-tus-siervos ella ganado

חֵן בְּעֵינֶיךָ יֻתַּן אֶת־ הָאָרֶץ הַזֹּאת לַעֲבָדֶיךָ
a-tus-siervos la-ésta la-tierra ** sea-dada en-tus-ojos gracia

לַאֲחֻזָּה אַל־ תַּעֲבִרֵנוּ אֶת־ הַיַּרְדֵּן׃ וַיֹּאמֶר מֹשֶׁה
Moisés Y-dijo (6) . el-Jordán ** nos-hagas-pasar no , por-posesión

לִבְנֵי־ גָד וְלִבְנֵי רְאוּבֵן הַאַחֵיכֶם יָבֹאוּ
irán ¿ acaso vuestros hermanos Rubén y a hijos-de Gad a hijos-de

לַמִּלְחָמָה וְאַתֶּם תֵּשְׁבוּ פֹה׃ וְלָמָּה תְנוּאוּן אֶת־ לֵב
corazón-de ** desanimáis Y-por-qué (7) . aquí quedaréis y-vosotros a-la-batalla

בְּנֵי יִשְׂרָאֵל מֵעֲבֹר אֶל־ הָאָרֶץ אֲשֶׁר־ נָתַן לָהֶם יְהוָה׃
. Yahweh a-ellos dio que la-tierra a de-pasar Israel hijos-de

כֹּה עָשׂוּ אֲבֹתֵיכֶם בְּשָׁלְחִי אֹתָם מִקָּדֵשׁ בַּרְנֵעַ
Barnea de-Cades a-ellos en-mi-enviar vuestros-padres hicieron Así (8)

לִרְאוֹת אֶת־ הָאָרֶץ׃ וַיַּעֲלוּ עַד־ נַחַל אֶשְׁכּוֹל
Escol valle-de hasta Y-subieron (9) . la-tierra ** para-mirar

וַיִּרְאוּ אֶת־ הָאָרֶץ וַיָּנִיאוּ אֶת־ לֵב בְּנֵי יִשְׂרָאֵל
Israel hijos-de corazón-de ** y-desanimaron la-tierra ** y-miraron

לְבִלְתִּי־בֹא אֶל־ הָאָרֶץ אֲשֶׁר־ נָתַן לָהֶם יְהוָה׃ וַיִּחַר־
Y-se-encendió (10) . Yahweh a-ellos dio que la-tierra a ir para-no

אַף יְהוָה בַּיּוֹם הַהוּא וַיִּשָּׁבַע לֵאמֹר׃ אִם־
No (11) . diciendo y-juró el-aquel en-el-día Yahweh ira-de

יִרְאוּ הָאֲנָשִׁים הָעֹלִים מִמִּצְרַיִם מִבֶּן עֶשְׂרִים שָׁנָה
año veinte de-hijo-de de-Egipto los-que-subieron los-hombres verán

וָמַעְלָה אֵת הָאֲדָמָה אֲשֶׁר נִשְׁבַּעְתִּי לְאַבְרָהָם לְיִצְחָק וּלְיַעֲקֹב כִּי
pues y-a-Jacob a-Isaac a-Abraham prometí que la-tierra ** y-más

לֹא־ מִלְאוּ אַחֲרָי׃ בִּלְתִּי כָּלֵב בֶּן־ יְפֻנֶּה
Jefone hijo-de Caleb Sólo (12) . tras-mí fueron-íntegros no

הַקְּנִזִּי וִיהוֹשֻׁעַ בִּן־ נוּן כִּי מִלְאוּ אַחֲרֵי יְהוָה׃
. Yahweh tras fueron-íntegros pues Nun hijo-de y-Josué el-cenecita

וַיִּחַר־ אַף יְהוָה בְּיִשְׂרָאֵל וַיְנִעֵם
y-les-hizo-errar contra-Israel Yahweh ira-de Y-ardió (13)

בַּמִּדְבָּר אַרְבָּעִים שָׁנָה עַד־ תֹּם כָּל־ הַדּוֹר הָעֹשֶׂה
la-que-hizo la-generación toda terminar hasta año cuarenta por-el-desierto

הָרַע בְּעֵינֵי יְהוָה׃ וְהִנֵּה קַמְתֶּם תַּחַת אֲבֹתֵיכֶם
vuestros-padres en-lugar-de estáis Y-he-aquí (14) . Yahweh a-ojos-de el-mal

תַּרְבּוּת אֲנָשִׁים חַטָּאִים לִסְפּוֹת עוֹד עַל חֲרוֹן אַף־ יְהוָה אֶל־
contra Yahweh ira-de furor-de a más para-añadir pecadores hombres prole-de

יִשְׂרָאֵל׃ כִּי תְשׁוּבֻן מֵאַחֲרָיו וְיָסַף עוֹד
otra-vez repetirá de-tras-él os-volvéis Si (15) . Israel

לְהַנִּיחוֹ בַּמִּדְבָּר וְשִׁחַתֶּם לְכָל־ הָעָם הַזֶּה׃
. el-éste el-pueblo a-todo y-destruiréis en-el-desierto su-abandonar

וַיִּגְּשׁוּ אֵלָיו וַיֹּאמְרוּ גִּדְרֹת צֹאן נִבְנֶה
edificaremos ovejas majadas-de : y-dijeron a-él Y-vinieron (16)

לְמִקְנֵנוּ פֹּה וְעָרִים לְטַפֵּנוּ׃ וַאֲנַחְנוּ נֵחָלֵץ
nos-armaremos Y-nosotros (17) . para-nuestros-niños y-ciudades aquí para-nuestro-rebaño

חֻשִׁים לִפְנֵי בְּנֵי יִשְׂרָאֵל עַד אֲשֶׁר אִם־ הֲבִיאֹנֻם
los-metamos cuando que hasta Israel hijos-de delante-de preparados

אֶל־ מְקוֹמָם וְיָשַׁב טַפֵּנוּ בְּעָרֵי הַמִּבְצָר
la-fortificación en-ciudades-de nuestros-niños pero-morarán , lugar-de-ellos a

מִפְּנֵי יֹשְׁבֵי הָאָרֶץ׃ לֹא נָשׁוּב אֶל־
a volveremos No (18) . la-tierra moradores-de de-presencia-de

בָּתֵּינוּ עַד הִתְנַחֵל בְּנֵי יִשְׂרָאֵל אִישׁ נַחֲלָתוֹ׃ כִּי
Pues (19) . su-posesión cada-uno Israel hijos-de posea hasta-que nuestras-casas

לֹא נִנְחַל אִתָּם מֵעֵבֶר לַיַּרְדֵּן וָהָלְאָה כִּי בָאָה
vino pues y-más-allá de-el-Jordán en-lado con-ellos poseeremos no

נַחֲלָתֵנוּ אֵלֵינוּ מֵעֵבֶר הַיַּרְדֵּן מִזְרָחָה׃ וַיֹּאמֶר
Y-dijo (20) . de-oriente el-Jordán de-lado-de a-nosotros nuestra-posesión

אֲלֵיהֶם מֹשֶׁה אִם־ תַּעֲשׂוּן אֶת־ הַדָּבָר הַזֶּה אִם־ תֵּחָלְצוּ
os-armáis si la-ésta la-cosa ** hacéis si : Moisés a-ellos

לִפְנֵי יְהוָה לַמִּלְחָמָה׃ וְעָבַר לָכֶם כָּל־
todo de-vosotros Y-pasará (21) . para-la-batalla Yahweh ante

חָלוּץ אֶת־ הַיַּרְדֵּן לִפְנֵי יְהוָה עַד הוֹרִישׁוֹ אֶת־
a expulsar-le hasta Yahweh ante el-Jordán ** armado

אֹיְבָיו מִפָּנָיו׃ וְנִכְבְּשָׁה הָאָרֶץ לִפְנֵי
ante la-tierra Y-sea-sometida (22) . de-delante-de-él enemigos-de-él

יְהוָה וְאַחַר תָּשֻׁבוּ וִהְיִיתֶם נְקִיִּם מֵיְהוָה
de-Yahweh libres y-seréis regresaréis y-después Yahweh

וּמִיִּשְׂרָאֵל וְהָיְתָה הָאָרֶץ הַזֹּאת לָכֶם לַאֲחֻזָּה
por-posesión para-vosotros la-ésta la-tierra y-será y-de-Israel

לִפְנֵי יְהוָה׃ וְאִם־ לֹא תַעֲשׂוּן כֵּן הִנֵּה חֲטָאתֶם לַיהוָה
contra-Yahweh pecasteis he-aquí así hacéis no Y-si (23) . Yahweh ante

וּדְעוּ חַטַּאתְכֶם אֲשֶׁר תִּמְצָא אֶתְכֶם׃ בְּנוּ־ לָכֶם
para-vosotros Edificad (24) . a-vosotros hallará que vuestro-pecado y-cierto

עָרִים לְטַפְּכֶם וּגְדֵרֹת לְצֹנַאֲכֶם וְהַיֹּצֵא
y-lo-que-sale para-vuestros-rebaños y-majadas para-vuestros-niños ciudades

מִפִּיכֶם תַּעֲשׂוּ׃ וַיֹּאמֶר בְּנֵי־ גָד וּבְנֵי רְאוּבֵן
Rubén e-hijos-de Gad hijos-de Y-dijo (25) . haced de-vuestra-boca

אֶל־מֹשֶׁה לֵאמֹר עֲבָדֶיךָ יַעֲשׂוּ כַּאֲשֶׁר אֲדֹנִי מְצַוֶּה׃
. ordenando mi-señor como harán tus-siervos : diciendo Moisés a

טַפֵּנוּ נָשֵׁינוּ מִקְנֵנוּ וְכָל־ בְּהֶמְתֵּנוּ יִהְיוּ־
estarán nuestro-ganado y-todo nuestro-rebaño nuestras-mujeres Nuestro-niño (26)

שָׁם בְּעָרֵי הַגִּלְעָד׃ וַעֲבָדֶיךָ יַעַבְרוּ
pasarán Y-tus-siervos (27) . la-Galaad en-ciudades-de aquí

כָּל־ חֲלוּץ צָבָא לִפְנֵי יְהוָה לַמִּלְחָמָה כַּאֲשֶׁר
como para-la-batalla Yahweh ante guerra armado-de todo

אֲדֹנִי דֹּבֵר׃ וַיְצַו לָהֶם מֹשֶׁה אֵת אֶלְעָזָר הַכֹּהֵן

el-sacerdote Eleazar a Moisés sobre-ellos Y-ordenó (28) . dice mi-señor

וְאֵת יְהוֹשֻׁעַ בִּן־נוּן וְאֶת־רָאשֵׁי אֲבוֹת הַמַּטּוֹת לִבְנֵי יִשְׂרָאֵל׃

. Israel de-hijos-de las-tribus padres-de cabeza-de y-a Nun hijo-de Josué y-a

וַיֹּאמֶר מֹשֶׁה אֲלֵהֶם אִם־יַעַבְרוּ בְנֵי־גָד וּבְנֵי־

e-hijos-de Gad hijos-de pasan si a-ellos Moisés Y-dijo (29)

רְאוּבֵן ׀ אִתְּכֶם אֶת־הַיַּרְדֵּן כָּל־חָלוּץ לַמִּלְחָמָה

para-la-batalla armado todo el-Jordán ** con-vosotros Rubén

לִפְנֵי יְהוָה וְנִכְבְּשָׁה הָאָרֶץ לִפְנֵיכֶם וּנְתַתֶּם לָהֶם

a-ellos entonces-daréis , ante-vosotros la-tierra y-se-someta , Yahweh ante

אֶת־אֶרֶץ הַגִּלְעָד לַאֲחֻזָּה׃ וְאִם־לֹא יַעַבְרוּ

pasan no Y-si (30) . por-posesión la-Galaad tierra-de **

חֲלוּצִים אִתְּכֶם וְנֹאחֲזוּ בְתֹכְכֶם בְּאֶרֶץ כְּנָעַן׃

. Canaán en-tierra-de con-vosotros entonces-poseerán con-vosotros armados

וַיַּעֲנוּ בְנֵי־גָד וּבְנֵי רְאוּבֵן לֵאמֹר אֵת אֲשֶׁר

lo-que ** : diciendo Rubén e-hijos-de Gad hijos-de Y-respondieron (31)

דִּבֶּר יְהוָה אֶל־עֲבָדֶיךָ כֵּן נַעֲשֶׂה׃ נַחְנוּ נַעֲבֹר

pasaremos Nosotros (32) . haremos así tus-siervos a Yahweh habló

חֲלוּצִים לִפְנֵי יְהוָה אֶרֶץ כְּנָעַן וְאִתָּנוּ אֲחֻזַּת

propiedad-de pero-para-nosotros Canaán tierra-de Yahweh ante armados

נַחֲלָתֵנוּ מֵעֵבֶר לַיַּרְדֵּן׃ וַיִּתֵּן לָהֶם ׀ מֹשֶׁה

Moisés a-ellos Y-dio (33) . de-el-Jordán en-este-lado nuestra-herencia

לִבְנֵי־גָד וְלִבְנֵי רְאוּבֵן וְלַחֲצִי ׀ שֵׁבֶט ׀ מְנַשֶּׁה בֶן־

hijo-de Manasés tribu-de y-a-mitad-de Rubén . y-a-hijos-de Gad a-hijos-de

יוֹסֵף אֶת־מַמְלֶכֶת סִיחֹן מֶלֶךְ הָאֱמֹרִי וְאֶת־מַמְלֶכֶת עוֹג מֶלֶךְ

rey-de Og reino-de y-** el-amorita rey-de Sihón reino-de ** José

הַבָּשָׁן הָאָרֶץ לְעָרֶיהָ בִּגְבֻלֹת עָרֵי הָאָרֶץ

la-tierra ciudades-de en-territorios con-sus-ciudades la-tierra , el-Basán

סָבִיב׃ וַיִּבְנוּ בְנֵי־ גָד אֶת־ דִּיבֹן וְאֶת־עֲטָרֹת וְאֵת עֲרֹעֵר׃

. Aroer y-** Atarot y-** Dibón ** Gad hijos-de Y-edificaron (34) . alrededor

וְאֶת־עַטְרֹת שׁוֹפָן וְאֶת־יַעְזֵר וְיָגְבְּהָה׃ וְאֶת־בֵּית נִמְרָה וְאֶת־

y-** Nimra Bet Y-** (36) . y-Jogheba Jazer y-** Sofán Atarot Y-** (35)

בֵּית הָרָן עָרֵי מִבְצָר וְגִדְרֹת צֹאן׃ וּבְנֵי רְאוּבֵן

Rubén E-hijos-de (37) . ovejas y-majadas-de fortificación ciudades-de Arán Bet

בָּנוּ אֶת־ חֶשְׁבּוֹן וְאֶת־אֶלְעָלֵא וְאֵת קִרְיָתָיִם׃ וְאֶת־ נְבוֹ וְאֶת־

y-** Nebo Y-** (38) . Quiriataim y-** Eleale y-** Hesbón ** edificaron

בַּעַל מְעוֹן מוּסַבֹּת שֵׁם וְאֶת־שִׂבְמָה וַיִּקְרְאוּ בְשֵׁמֹת אֶת־

** por-nombres y-llamaron Sibma y-** nombre cambiadas-de Meón Baal

שְׁמוֹת הֶעָרִים אֲשֶׁר בָּנוּ׃ וַיֵּלְכוּ בְּנֵי מָכִיר

Maquir hijos-de Y-fueron (39) . edificaron que las-ciudades nombres-de

בֶּן־ מְנַשֶּׁה גִּלְעָדָה וַיִּלְכְּדֻהָ וַיּוֹרֶשׁ אֶת־

** y-expulsó y-la-capturaron a-Galaad Manasés hijo-de

הָאֱמֹרִי אֲשֶׁר־ בָּהּ׃ וַיִּתֵּן מֹשֶׁה אֶת־ הַגִּלְעָד לְמָכִיר

a-Maquir la-Galaad ** Moisés Y-dio (40) . en-ella que el-amorita

בֶּן־ מְנַשֶּׁה וַיֵּשֶׁב בָּהּ׃ וְיָאִיר בֶּן־ מְנַשֶּׁה הָלַךְ

fue Manasés hijo-de Y-Jair (41) . en-ella y-moró Manasés hijo-de

וַיִּלְכֹּד אֶת־ חַוֹּתֵיהֶם וַיִּקְרָא אֶתְהֶן חַוֹּת יָאִיר׃

. Jair Havot a-ellas y-llamó sus-aldeas ** y-capturó

וְנֹבַח הָלַךְ וַיִּלְכֹּד אֶת־ קְנָת וְאֶת־ בְּנֹתֶיהָ

sus-aldeas y-** Kenat ** y-capturó fue Y-Noba (42)

וַיִּקְרָא לָה נֹבַח בִּשְׁמוֹ׃ אֵלֶּה מַסְעֵי

viajes-de Éstos (1) . por-su-nombre Noba a-ella y-llamó Cap. 33

בְנֵי־ יִשְׂרָאֵל אֲשֶׁר יָצְאוּ מֵאֶרֶץ מִצְרַיִם לְצִבְאֹתָם
por-sus-divisiones Egipto de-tierra-de salieron que Israel hijos-de

בְּיַד־ מֹשֶׁה וְאַהֲרֹן׃ וַיִּכְתֹּב מֹשֶׁה אֶת־ מוֹצָאֵיהֶם
sus-etapas ** Moisés Y-escribió (2) . y-Aarón Moisés por-mano-de

לְמַסְעֵיהֶם עַל־ פִּי יְהוָה וְאֵלֶּה מַסְעֵיהֶם
viajes-de-ellos y-éstos Yahweh orden-de por en-viajes-de-ellos

לְמוֹצָאֵיהֶם׃ וַיִּסְעוּ מֵרַעְמְסֵס בַּחֹדֶשׁ הָרִאשׁוֹן
el-primero en-el-mes de-Ramesés Y-partieron (3) . por-sus-etapas

בַּחֲמִשָּׁה עָשָׂר יוֹם לַחֹדֶשׁ הָרִאשׁוֹן מִמָּחֳרַת הַפֶּסַח
la-Pascua al-día-siguiente-de el-primero para-el-mes día diez en-el-cinco

יָצְאוּ בְנֵי־ יִשְׂרָאֵל בְּיָד רָמָה לְעֵינֵי כָּל־
todos a-ojos-de alzada con-mano Israel hijos-de salieron

מִצְרָיִם׃ וּמִצְרַיִם מְקַבְּרִים אֵת אֲשֶׁר הִכָּה יְהוָה
Yahweh hirió los-que a enterradores Y-egipcios (4) . egipcios

בָּהֶם . כָּל־ בְּכוֹר וּבֵאלֹהֵיהֶם עָשָׂה יְהוָה
Yahweh hizo y-en-dioses-de-ellos primogénito todo entre-ellos

שְׁפָטִים׃ וַיִּסְעוּ בְנֵי־ יִשְׂרָאֵל מֵרַעְמְסֵס וַיַּחֲנוּ
y-acamparon , de-Ramesés Israel hijos-de Y-partieron (5) . juicios

בְּסֻכֹּת׃ וַיִּסְעוּ מִסֻּכֹּת וַיַּחֲנוּ בְאֵתָם אֲשֶׁר
que en-Etam y-acamparon de-Sucot Y-partieron (6) en-Sucot

בִּקְצֵה הַמִּדְבָּר׃ וַיִּסְעוּ מֵאֵתָם וַיָּשָׁב עַל־
a y-volvieron de-Etam Y-partieron (7) . el-desierto en-borde-de

פִּי הַחִירֹת אֲשֶׁר עַל־ פְּנֵי בַּעַל צְפוֹן וַיַּחֲנוּ לִפְנֵי מִגְדֹּל׃
. Migdol ante y-acamparon Zefón Baal este-de a que Ha-Hirot Pi

וַיִּסְעוּ מִפְּנֵי הַחִירֹת וַיַּעַבְרוּ בְתוֹךְ־ הַיָּם
el-mar por-medio-de y-pasaron Ha-Hirot de-delante-de Y-partieron (8)

הַמִּדְבָּרָה וַיֵּלְכוּ דֶּרֶךְ שְׁלֹשֶׁת יָמִים בְּמִדְבַּר
en-desierto-de días tres camino-de y-marcharon a-el-desierto

אֵתָם וַיַּחֲנוּ בְּמָרָה׃ וַיִּסְעוּ מִמָּרָה וַיָּבֹאוּ
y-fueron de-Mara Y-partieron (9) . en-Mara y-acamparon Etam

אֵילִמָה וּבְאֵילִם שְׁתֵּים עֶשְׂרֵה עֵינֹת מַיִם וְשִׁבְעִים תְּמָרִים
palmeras y-setenta aguas fuentes-de diez dos y-en-Elim a-Elim

וַיַּחֲנוּ־ שָׁם׃ וַיִּסְעוּ מֵאֵילִם וַיַּחֲנוּ עַל־ יַם־
mar junto y-acamparon de-Elim Y-partieron (10) . allí y-acamparon

סוּף׃ וַיִּסְעוּ מִיַּם־ סוּף וַיַּחֲנוּ בְּמִדְבַּר־
en-desierto y-acamparon Junco de-Mar Y-partieron (11) . Junco

סִין׃ וַיִּסְעוּ מִמִּדְבַּר־ סִין וַיַּחֲנוּ בְּדָפְקָה׃
. en-Dofca y-acamparon Sin de-desierto-de Y-partieron (12) . Sin

וַיִּסְעוּ מִדָּפְקָה וַיַּחֲנוּ בְּאָלוּשׁ׃ וַיִּסְעוּ
Y-partieron (14) . en-Alús y-acamparon de-Dofca Y-partieron (13)

מֵאָלוּשׁ וַיַּחֲנוּ בִּרְפִידִם וְלֹא־ הָיָה שָׁם מַיִם
agua allí era y-no en-Refidim y-acamparon de-Alús

לָעָם לִשְׁתּוֹת׃ וַיִּסְעוּ מֵרְפִידִם וַיַּחֲנוּ
y-acamparon de-Refidim Y-partieron (15) . para-beber para-el-pueblo

בְּמִדְבַּר סִינָי׃ וַיִּסְעוּ מִמִּדְבַּר סִינָי וַיַּחֲנוּ
y-acamparon Sinaí de-desierto-de Y-partieron (16) . Sinaí en-desierto-de

בְּקִבְרֹת הַתַּאֲוָה׃ וַיִּסְעוּ מִקִּבְרֹת הַתַּאֲוָה וַיַּחֲנוּ
y-acamparon Ha-taava de-Kibrot Y-partieron (17) . Ha-taava en-Kibrot

בַּחֲצֵרֹת׃ וַיִּסְעוּ מֵחֲצֵרֹת וַיַּחֲנוּ בְּרִתְמָה׃
. en-Ritma y-acamparon de-Hazerot Y-partieron (18) . en-Hazerot

וַיִּסְעוּ מֵרִתְמָה וַיַּחֲנוּ בְּרִמֹּן פָּרֶץ׃
. Peres en-Rimón y-acamparon de-Ritma Y-partieron (19)

וַיִּסְעוּ מֵרִמֹּן פָּרֶץ וַיַּחֲנוּ בְּלִבְנָה׃
(20) Y-partieron de-Rimón Peres y-acamparon en-Libna.

וַיִּסְעוּ מִלִּבְנָה וַיַּחֲנוּ בְּרִסָּה׃ וַיִּסְעוּ
(21) Y-partieron de-Libna y-acamparon en-Risa. (22) Y-partieron

מֵרִסָּה וַיַּחֲנוּ בִּקְהֵלָתָה׃ וַיִּסְעוּ מִקְּהֵלָתָה
de-Risa y-acamparon en-Ceelata. (23) Y-partieron de-Ceelata

וַיַּחֲנוּ בְּהַר־שָׁפֶר׃ וַיִּסְעוּ מֵהַר־שָׁפֶר
y-acamparon en-monte Sefer. (24) Y-partieron de-monte-de Sefer

וַיַּחֲנוּ בַּחֲרָדָה׃ וַיִּסְעוּ מֵחֲרָדָה וַיַּחֲנוּ
y-acamparon en-Harada. (25) Y-partieron de-Harada y-acamparon

בְּמַקְהֵלֹת׃ וַיִּסְעוּ מִמַּקְהֵלֹת וַיַּחֲנוּ בְּתָחַת׃
en-Macelot. (26) Y-partieron de-Macelot y-acamparon en-Tahat.

וַיִּסְעוּ מִתָּחַת וַיַּחֲנוּ בְּתָרַח׃ וַיִּסְעוּ
(27) Y-partieron de-Tahat y-acamparon en-Taraj. (28) Y-partieron

מִתָּרַח וַיַּחֲנוּ בְּמִתְקָה׃ וַיִּסְעוּ מִמִּתְקָה
de-Taraj y-acamparon en-Mitca. (29) Y-partieron de-Mitca

וַיַּחֲנוּ בְּחַשְׁמֹנָה׃ וַיִּסְעוּ מֵחַשְׁמֹנָה וַיַּחֲנוּ
y-acamparon en-Hasmona. (30) Y-partieron de-Hasmona y-acamparon

בְּמֹסֵרוֹת׃ וַיִּסְעוּ מִמֹּסֵרוֹת וַיַּחֲנוּ בִּבְנֵי יַעֲקָן׃
en-Moserot. (31) Y-partieron de-Moserot y-acamparon en-Bene Jaacán.

וַיִּסְעוּ מִבְּנֵי יַעֲקָן וַיַּחֲנוּ בְּחֹר הַגִּדְגָּד׃
(32) Y-partieron de-Bene Jaacán y-acamparon en-monte el-Gidgad.

וַיִּסְעוּ מֵחֹר הַגִּדְגָּד וַיַּחֲנוּ בְּיָטְבָתָה׃
(33) Y-partieron de-monte el-Gidgad y-acamparon en-Jotbata.

וַיִּסְעוּ מִיָּטְבָתָה וַיַּחֲנוּ בְּעַבְרֹנָה׃ וַיִּסְעוּ
(34) Y-partieron de-Jotbata y-acamparon en-Abrona. (35) Y-partieron

מֵעַבְרֹנָה וַיַּחֲנוּ בְּעֶצְיֹן גָּבֶר׃ וַיִּסְעוּ מֵעֶצְיֹן

dc Ezión Y-partieron (36) . Geber en-Ezión y-acamparon de-Abrona

גָּבֶר וַיַּחֲנוּ בְמִדְבַּר־ צִן הִוא קָדֵשׁ׃ וַיִּסְעוּ

Y-partieron (37) . Cades que Sin en-desierto-de y-acamparon Geber

מִקָּדֵשׁ וַיַּחֲנוּ בְּהֹר הָהָר בִּקְצֵה אֶרֶץ אֱדוֹם׃

. Edom tierra-de al-borde-de el-monte en-Hor y-acamparon de-Cades

וַיַּעַל אַהֲרֹן הַכֹּהֵן אֶל־הֹר הָהָר עַל־ פִּי יְהוָה

Yahweh orden-de por el-monte Hor a el-sacerdote Aarón Y-subió (38)

וַיָּמָת שָׁם בִּשְׁנַת הָאַרְבָּעִים לְצֵאת בְּנֵי־ יִשְׂרָאֵל מֵאֶרֶץ

de-tierra-de Israel hijos-de de-salir el-cuarenta en-año-de allí y-murió

מִצְרַיִם בַּחֹדֶשׁ הַחֲמִישִׁי בְּאֶחָד לַחֹדֶשׁ׃ וְאַהֲרֹן בֶּן־

hijo-de Y-Aarón (39) . de-el-mes en-uno el-quinto en-el-mes Egipto

שָׁלֹשׁ וְעֶשְׂרִים וּמְאַת שָׁנָה בְּמֹתוֹ בְּהֹר הָהָר׃

. el-monte en-Hor en-su-morir año y-cien y-veinte tres

וַיִּשְׁמַע הַכְּנַעֲנִי מֶלֶךְ עֲרָד וְהוּא־ יֹשֵׁב בַּנֶּגֶב

en-el-Neguev morando y-él Arad rey-de el-cananita Y-oyó (40)

בְּאֶרֶץ כְּנָעַן בְּבֹא בְּנֵי יִשְׂרָאֵל׃ וַיִּסְעוּ מֵהֹר

de-Hor Y-partieron (41) . Israel hijos-de que-venir Canaán en-tierra-de

הָהָר וַיַּחֲנוּ בְּצַלְמֹנָה׃ וַיִּסְעוּ מִצַּלְמֹנָה

de-Zalmona Y-partieron (42) . en-Zalmona y-acamparon el-monte

וַיַּחֲנוּ בְּפוּנֹן׃ וַיִּסְעוּ מִפּוּנֹן וַיַּחֲנוּ

y-acamparon de-Punón Y-partieron (43) . en-Punón y-acamparon

בְּאֹבֹת׃ וַיִּסְעוּ מֵאֹבֹת וַיַּחֲנוּ בְּעִיֵּי הָעֲבָרִים

Ha-abarim en-Ije y-acamparon de-Obot Y-partieron (44) . en-Obot

בִּגְבוּל מוֹאָב׃ וַיִּסְעוּ מֵעִיִּים וַיַּחֲנוּ בְּדִיבֹן גָּד׃

. Gad en-Dibón y-acamparon de-Iyim Y-partieron (45) . Moab en-límite-de

וַיִּסְעוּ מִדִּיבֹן גָּד וַיַּחֲנוּ בְּעַלְמֹן דִּבְלָתָיְמָה׃

. Diblataim en-Almón y-acamparon Gad de-Dibón Y-partieron (46)

וַיִּסְעוּ מֵעַלְמֹן דִּבְלָתָיְמָה וַיַּחֲנוּ בְּהָרֵי

en-montes-de y-acamparon Diblataim de-Almón Y-partieron (47)

הָעֲבָרִים לִפְנֵי נְבוֹ׃ וַיִּסְעוּ מֵהָרֵי הָעֲבָרִים

el-Abarim de-montes-de Y-partieron (48) . Nebo delante-de el-Abarim

וַיַּחֲנוּ בְּעַרְבֹת מוֹאָב עַל יַרְדֵּן יְרֵחוֹ׃ וַיַּחֲנוּ

Y-acamparon (49) . Jericó Jordán-de junto-a Moab en-llanos-de y-acamparon

עַל־ הַיַּרְדֵּן מִבֵּית הַיְשִׁמֹת עַד אָבֵל הַשִּׁטִּים בְּעַרְבֹת

en-llanuras-de el-Sitim Abel hasta el-Jesimot de-Bet el-Jordán junto-a

מוֹאָב׃ וַיְדַבֵּר יְהוָה אֶל־ מֹשֶׁה בְּעַרְבֹת מוֹאָב עַל־ יַרְדֵּן

Jordán-de junto Moab en-llanuras-de Moisés a Yahweh Y-habló (50) . Moab

יְרֵחוֹ לֵאמֹר׃ דַּבֵּר אֶל־ בְּנֵי יִשְׂרָאֵל וְאָמַרְתָּ אֲלֵהֶם כִּי אַתֶּם

vosotros cuando : a-ellos y-di Israel hijos-de a Habla (51) . diciendo Jericó

עֹבְרִים אֶת־ הַיַּרְדֵּן אֶל־ אֶרֶץ כְּנָעַן׃ וְהוֹרַשְׁתֶּם אֶת־

** Entonces-expulsaréis (52) . Canaán tierra-de a el-Jordán ** paséis

כָּל־ יֹשְׁבֵי הָאָרֶץ מִפְּנֵיכֶם וְאִבַּדְתֶּם אֵת כָּל־

toda ** y-destruiréis de-delante-de-vosotros la-tierra morador-de todo

מַשְׂכִּיֹּתָם וְאֵת כָּל־ צַלְמֵי מַסֵּכֹתָם תְּאַבֵּדוּ וְאֵת

y-** destruiréis sus-fundiciones ídolos-de todos y-** sus-esculturas

כָּל־ בָּמֹתָם תַּשְׁמִידוּ׃ וְהוֹרַשְׁתֶּם אֶת־ . הָאָרֶץ

la-tierra ** Y-poseeréis (53) . destruiréis sus-lugares-altos todos

וִישַׁבְתֶּם־ בָּהּ כִּי לָכֶם נָתַתִּי אֶת־ הָאָרֶץ לָרֶשֶׁת אֹתָהּ׃

. a-ella para-poseer la-tierra ** di para-vosotros pues en-ella y-moraréis

וְהִתְנַחַלְתֶּם אֶת־ הָאָרֶץ בְּגוֹרָל לְמִשְׁפְּחֹתֵיכֶם לָרַב

a-el-grande por-vuestras-familias por-suerte la-tierra ** Y-distribuiréis (54)

תַּרְבּוּ אֶת־ נַחֲלָתוֹ וְלַמְעַט תַּמְעִיט אֶת־
** haréis-pequeño y-a-el-pequeño su-herencia ** haréis-grande

נַחֲלָתוֹ אֶל אֲשֶׁר־ יֵצֵא לוֹ שָׁמָּה הַגּוֹרָל לוֹ יִהְיֶה
será para-él la-suerte allí para-él caiga quien a su-herencia

לְמַטּוֹת אֲבֹתֵיכֶם תִּתְנֶחָלוּ׃ וְאִם־ לֹא תוֹרִישׁוּ אֶת־
** expulsáis no Y-si (55) . distribuiréis vuestros-padres por-tribus-de

יֹשְׁבֵי הָאָרֶץ מִפְּנֵיכֶם וְהָיָה אֲשֶׁר תּוֹתִירוּ
dejéis-quedar quienes entonces-sucederá-que de-delante-de-vosotros la-tierra moradores-de

מֵהֶם לְשִׂכִּים בְּעֵינֵיכֶם וְלִצְנִינִם בְּצִדֵּיכֶם
en-vuestros-costados y-por-espinos en-vuestros-ojos por-aguijones de-ellos

וְצָרְרוּ אֶתְכֶם עַל־ הָאָרֶץ אֲשֶׁר אַתֶּם יֹשְׁבִים בָּהּ׃
. en-ella moraréis vosotros que la-tierra en a-vosotros y-afligirán

וְהָיָה כַּאֲשֶׁר דִּמִּיתִי לַעֲשׂוֹת לָהֶם אֶעֱשֶׂה לָכֶם׃
. a-vosotros haré a-ellos hacer pensé como Y-será (56)

וַיְדַבֵּר יְהוָה אֶל־ מֹשֶׁה לֵּאמֹר׃ צַו אֶת־ בְּנֵי יִשְׂרָאֵל
Israel hijos-de a Manda (2) . diciendo Moisés a Yahweh Y-habló (1) Cap. 34

וְאָמַרְתָּ אֲלֵהֶם כִּי־ אַתֶּם בָּאִים אֶל־ הָאָרֶץ כְּנָעַן זֹאת הָאָרֶץ
la-tierra ésta , Canaán la-tierra-de a entréis vosotros cuando : a-ellos y-di

אֲשֶׁר תִּפֹּל לָכֶם בְּנַחֲלָה אֶרֶץ כְּנַעַן לִגְבֻלֹתֶיהָ׃
. por-sus-límites Canaán tierra-de en-herencia para-vosotros caerá que

וְהָיָה לָכֶם פְאַת־ נֶגֶב מִמִּדְבַּר־ צִן עַל־ יְדֵי
frontera-de por Sin de-desierto-de sur lado-de para-vosotros Y-será (3)

אֱדוֹם וְהָיָה לָכֶם גְּבוּל נֶגֶב מִקְצֵה יָם־ הַמֶּלַח קֵדְמָה׃
. al-este el-Salado Mar extremo-de sur límite-de para-vosotros y-será Edom

וְנָסַב לָכֶם הַגְּבוּל מִנֶּגֶב לְמַעֲלֵה עַקְרַבִּים
Acrabim a-collado-de del-sur el-límite-de para-vosotros Y-bordeará (4)

וְעָבַר צִנָה וְהָיָה תּוֹצְאֹתָיו מִנֶּגֶב לְקָדֵשׁ
de-Cades del-sur sus-extremos y-serán a-Zin y-continuará

בַּרְנֵעַ וְיָצָא חֲצַר־אַדָּר וְעָבַר עַצְמֹנָה׃ וְנָסַב
Y-rodeará (5) . a-Azmón y-pasará Adar Hazar y-saldrá Barnea

הַגְּבוּל מֵעַצְמוֹן נַחְלָה מִצְרָיִם וְהָיוּ תוֹצְאֹתָיו
sus-extremos y-serán Egipto a-torrente-de de-Azmón el-límite

הַיָּמָּה׃ וּגְבוּל יָם וְהָיָה לָכֶם הַיָּם הַגָּדוֹל
el-Grande el-Mar para-vosotros será oeste Y-límite-de (6) . en-el-mar

וּגְבוּל זֶה־יִהְיֶה לָכֶם גְּבוּל יָם׃ וְזֶה־יִהְיֶה
será Y-éste (7) . oeste límite-de para-vosotros será éste , y-costa

לָכֶם גְּבוּל צָפוֹן מִן־הַיָּם הַגָּדֹל תְּתָאוּ לָכֶם הֹר
Hor por-vosotros alineareis el-Grande el-Mar desde norte límite para-vosotros

הָהָר׃ מֵהֹר הָהָר תְּתָאוּ לְבֹא חֲמָת וְהָיוּ
y-serán Hamat Lebo alineareis el-monte Desde-Hor (8) . el-monte

תּוֹצְאֹת הַגְּבֻל צְדָדָה׃ וְיָצָא הַגְּבֻל זִפְרֹנָה
a-Zifrón el-límite Y-saldrá (9) . hasta-Zedad el-límite extremos-de

וְהָיוּ תוֹצְאֹתָיו חֲצַר עֵינָן זֶה־יִהְיֶה לָכֶם גְּבוּל
límite para-vosotros será éste , Enán Hazar sus-extremos y-serán

צָפוֹן׃ וְהִתְאַוִּיתֶם לָכֶם לִגְבוּל קֵדְמָה מֵחֲצַר עֵינָן
Enán de-Hazar al-este por-límite para-vosotros Y-alineareis (10) . norte

שְׁפָמָה׃ וְיָרַד הַגְּבֻל מִשְּׁפָם הָרִבְלָה
el-Ribla de-Sefam el-límite Y-descenderá (11) . a-Sefam

מִקֶּדֶם לָעָיִן וְיָרַד הַגְּבוּל וּמָחָה עַל־
por y-llegará el-límite y-descenderá de-el-Ain al-este

כֶּתֶף יָם־כִּנֶּרֶת קֵדְמָה׃ וְיָרַד הַגְּבוּל
el-límite Y-descenderá (12) . al-este Cineret Mar-de costa-de

הַיַּרְדֵּנָה וְהָיוּ תוֹצְאֹתָיו יָם הַמֶּלַח זֹאת תִּהְיֶה
será ésta , el-Salado Mar sus-extremos y-serán por-el-Jordán

לָכֶם הָאָרֶץ לִגְבֻלֹתֶיהָ סָבִיב׃ וַיְצַו מֹשֶׁה
Moisés Y-mandó (13) . alrededor con-sus-límites la-tierra para-vosotros

אֶת־ בְּנֵי יִשְׂרָאֵל לֵאמֹר זֹאת הָאָרֶץ אֲשֶׁר תִּתְנַחֲלוּ אֹתָהּ בְּגוֹרָל
por-suerte a-ella repartiréis que la-tierra ésta : diciendo Israel hijos-de a

אֲשֶׁר צִוָּה יְהוָה לָתֵת לְתִשְׁעַת הַמַּטּוֹת וַחֲצִי הַמַּטֶּה׃
. la-tribu y-media-de las-tribus a-nueve-de para-dar Yahweh ordenó que

כִּי לָקְחוּ מַטֵּה בְנֵי הָרְאוּבֵנִי לְבֵית
por-casa-de el-rubenita hijos-de tribu-de recibieron Pues (14)

אֲבֹתָם וּמַטֵּה בְנֵי־ הַגָּדִי לְבֵית אֲבֹתָם
sus-padres por-casa-de el-gadita hijos-de y-tribu-de sus-padres

וַחֲצִי מַטֵּה מְנַשֶּׁה לָקְחוּ נַחֲלָתָם׃ שְׁנֵי
Dos (15) . su-herencia recibieron Manasés tribu-de y-mitad-de

הַמַּטּוֹת וַחֲצִי הַמַּטֶּה לָקְחוּ נַחֲלָתָם מֵעֵבֶר
del-lado-de herencia-de-ellos recibieron la-tribu y-mitad-de las-tribus

לְיַרְדֵּן יְרֵחוֹ קֵדְמָה מִזְרָחָה׃ וַיְדַבֵּר יְהוָה אֶל־
a Yahweh Y-habló (16) . hacia-levante al-este Jericó de-Jordán-de

מֹשֶׁה לֵּאמֹר׃ אֵלֶּה שְׁמוֹת הָאֲנָשִׁים אֲשֶׁר־ יִנְחֲלוּ לָכֶם אֶת־
** para-vosotros repartirán que los-hombres nombres-de Éstos (17) . diciendo Moisés

הָאָרֶץ אֶלְעָזָר הַכֹּהֵן וִיהוֹשֻׁעַ בִּן־ נוּן׃ וְנָשִׂיא אֶחָד נָשִׂיא
jefe uno Y-jefe (18) . Nun hijo-de y-Josué el-sacerdote Eleazar la-tierra

אֶחָד מִמַּטֶּה תִּקְחוּ לִנְחֹל אֶת־ הָאָרֶץ׃ וְאֵלֶּה שְׁמוֹת
nombres-de Y-éstos (19) . la-tierra ** para-repartir tomaréis de-tribu jefe

הָאֲנָשִׁים לְמַטֵּה יְהוּדָה כָּלֵב בֶּן־ יְפֻנֶּה׃ וּלְמַטֵּה
Y-de-tribu-de (20) . Jefone hijo-de Caleb Judá de-tribu-de : los-hombres

בְּנֵי שִׁמְעוֹן שְׁמוּאֵל בֶּן־עַמִּיהוּד׃ לְמַטֵּה בִנְיָמִן אֱלִידָד

Elidad Benjamín De-tribu-de (21) . Amihud hijo-de Semuel Simeón hijos-de

בֶּן־כִּסְלוֹן׃ וּלְמַטֵּה בְנֵי־דָן נָשִׂיא בֻּקִּי בֶּן־יׇגְלִי׃

. Jogli hijo-de Buqui jefe Dan hijos-de Y-de-tribu-de (22) . Quislón hijo-de

לִבְנֵי יוֹסֵף לְמַטֵּה בְנֵי־מְנַשֶּׁה נָשִׂיא חַנִּיאֵל

Haniel jefe Manasés hijos-de de-tribu-de José De-hijos-de (23)

בֶּן־אֵפֹד׃ וּלְמַטֵּה בְנֵי־אֶפְרַיִם נָשִׂיא קְמוּאֵל בֶּן־

hijo-de Quemuel jefe Efraim hijos-de Y-de-tribu-de (24) . Efod hijo-de

שִׁפְטָן׃ וּלְמַטֵּה בְנֵי־זְבוּלֻן נָשִׂיא אֱלִיצָפָן בֶּן־

hijo-de Elizafán jefe Zabulón hijos-de Y-de-tribu-de (25) . Siftán

פַּרְנָךְ׃ וּלְמַטֵּה בְנֵי־יִשָּׂשכָר נָשִׂיא פַּלְטִיאֵל בֶּן־עַזָּן׃

. Azán hijo-de Paltiel jefe Isacar hijos-de Y-de-tribu-de (26) . Parnac

וּלְמַטֵּה בְנֵי־אָשֵׁר נָשִׂיא אֲחִיהוּד בֶּן־שְׁלֹמִי׃

.. Selomí hijo-de Ahiud jefe Aser hijos-de Y-de-tribu-de (27)

וּלְמַטֵּה בְנֵי־נַפְתָּלִי נָשִׂיא פְּדַהְאֵל בֶּן־עַמִּיהוּד׃

. Amiud hijo-de Pedael jefe Neftalí hijos-de Y-de-tribu-de (28)

אֵלֶּה אֲשֶׁר צִוָּה יְהוָה לְנַחֵל אֶת־בְּנֵי־יִשְׂרָאֵל בְּאֶרֶץ

en-tierra Israel hijos-de ** para-repartir Yahweh ordenó que Éstos (29)

כְּנָעַן׃ וַיְדַבֵּר יְהוָה אֶל־מֹשֶׁה בְּעַרְבֹת מוֹאָב עַל־יַרְדֵּן

Jordán-de junto-a Moab en-llanuras-de Moisés a Yahweh Y-habló (1) . Canaán Cap.

יְרֵחוֹ לֵאמֹר׃ צַו אֶת־בְּנֵי יִשְׂרָאֵל וְנָתְנוּ לַלְוִיִּם

a-los-levitas y-den Israel hijos-de a Manda (2) . diciendo Jericó

מִנַּחֲלַת אֲחֻזָּתָם עָרִים לָשָׁבֶת וּמִגְרָשׁ לֶעָרִים

por-las-ciudades y-pasto para-morar ciudades posesión-de-ellos de-herencia-de

סְבִיבֹתֵיהֶם תִּתְּנוּ לַלְוִיִּם׃ וְהָיוּ הֶעָרִים

las-ciudades Y-serán (3) . a-los-levitas den sus-alrededores

לָהֶם לָשָׁבֶת וּמִגְרְשֵׁיהֶם יִהְיוּ לִבְהֶמְתָּם

para-animal-de-ellos serán y-pastos-de-ellos para-morar para-ellos

וְלִרְכֻשָׁם וּלְכֹל חַיָּתָם׃ וּמִגְרְשֵׁי

Y-pastos-de (4) ganado-de-ellos y-para-todo y-para-rebaño-de-ellos

הֶעָרִים אֲשֶׁר תִּתְּנוּ לַלְוִיִּם מִקִּיר הָעִיר וָחוּצָה

y-afuera la-ciudad desde-muro-de a-los-levitas deis que las-ciudades

אֶלֶף אַמָּה סָבִיב׃ וּמַדֹּתֶם מִחוּץ לָעִיר אֶת־ פְּאַת־

lado-de ** de-la-ciudad afuera Y-mediréis (5) . alrededor codo mil

קֵדְמָה אַלְפַּיִם בָּאַמָּה וְאֶת־ פְּאַת־ נֶגֶב אַלְפַּיִם בָּאַמָּה

por-el-codo dos-mil sur lado-de y-** por-el-codo dos-mil al-este

וְאֶת־ פְּאַת־ יָם ׀ אַלְפַּיִם בָּאַמָּה וְאֵת פְּאַת צָפוֹן אַלְפַּיִם

dos-mil norte lado-de y-** por-el-codo dos-mil oeste lado-de y-**

בָּאַמָּה וְהָעִיר בַּתָּוֶךְ זֶה יִהְיֶה לָהֶם מִגְרְשֵׁי

pastos-de para-ellos será esto en-el-centro y-la-ciudad por-el-codo

הֶעָרִים׃ וְאֵת הֶעָרִים אֲשֶׁר תִּתְּנוּ לַלְוִיִּם אֵת שֵׁשׁ־ עָרֵי

ciudades-de seis ** a-los-levitas daréis que las-ciudades Y-** (6) . las-ciudades

הַמִּקְלָט אֲשֶׁר תִּתְּנוּ לָנֻס שָׁמָּה הָרֹצֵחַ וַעֲלֵיהֶם

y-a-ellos , el-homicida allí para-huir daréis que el-refugio

תִּתְּנוּ אַרְבָּעִים וּשְׁתַּיִם עִיר׃ כָּל־ הֶעָרִים אֲשֶׁר תִּתְּנוּ לַלְוִיִּם

a-los-levitas daréis que las-ciudades · Todas (7) . ciudad y-dos cuarenta daréis

אַרְבָּעִים וּשְׁמֹנֶה עִיר אֶתְהֶן וְאֶת־ מִגְרְשֵׁיהֶן׃ וְהֶעָרִים אֲשֶׁר

que Y-las-ciudades (8) . sus-pastos también con-ellas ciudad y-ocho cuarenta

תִּתְּנוּ מֵאֲחֻזַּת בְּנֵי־ יִשְׂרָאֵל מֵאֵת הָרַב תַּרְבּוּ

daréis-mucho el-mucho de Israel hijos-de de-posesión-de daréis

וּמֵאֵת הַמְעַט תַּמְעִיטוּ אִישׁ כְּפִי נַחֲלָתוֹ אֲשֶׁר

que su-herencia conforme cada-uno daréis-poco el-poco y-de

יִנְחָלוּ יִתֵּן מֵעָרָיו לַלְוִיִּם׃ וַיְדַבֵּר
Y-habló (9) . para-los-levitas de-ciudades-de-él dará heredaron

יְהוָה אֶל־מֹשֶׁה לֵּאמֹר׃ דַּבֵּר אֶל־בְּנֵי יִשְׂרָאֵל וְאָמַרְתָּ אֲלֵהֶם
a-ellos y-di Israel hijos-de a Habla (10) . diciendo Moisés a Yahweh

כִּי אַתֶּם עֹבְרִים אֶת־הַיַּרְדֵּן אַרְצָה כְּנָעַן׃ וְהִקְרִיתֶם
Entonces-señalaréis (11) . Canaán a-tierra-de el-Jordán ** paséis vosotros cuando

לָכֶם עָרִים עָרֵי מִקְלָט תִּהְיֶינָה לָכֶם וְנָס שָׁמָּה
allí y-huirá para-vosotros serán refugio ciudades-de ciudades para-vosotros

רֹצֵחַ מַכֵּה־נֶפֶשׁ בִּשְׁגָגָה׃ וְהָיוּ לָכֶם
para-vosotros Y-serán (12) . por-accidente persona heridor-de homicida

הֶעָרִים לְמִקְלָט מִגֹּאֵל וְלֹא יָמוּת הָרֹצֵחַ
el-homicida morirá y-no del-vengador para-refugio ciudades

עַד־עָמְדוֹ לִפְנֵי הָעֵדָה לַמִּשְׁפָּט׃ וְהֶעָרִים
Y-las-ciudades (13) . para-el-juicio la-comunidad ante su-presentar hasta

אֲשֶׁר תִּתֵּנוּ שֵׁשׁ־עָרֵי מִקְלָט תִּהְיֶינָה לָכֶם׃ אֵת ׀ שְׁלֹשׁ
tres-de ** (14) . para-vosotros serán refugio ciudades-de seis daréis que

הֶעָרִים תִּתְּנוּ מֵעֵבֶר לַיַּרְדֵּן וְאֵת שְׁלֹשׁ הֶעָרִים תִּתְּנוּ
daréis las-ciudades tres y-** de-el-Jordán de-lado daréis las-ciudades

בְּאֶרֶץ כְּנָעַן עָרֵי מִקְלָט תִּהְיֶינָה׃ לִבְנֵי יִשְׂרָאֵל
Israel Para-hijos-de (15) . serán refugio ciudades-de Canaán en-tierra-de

וְלַגֵּר וְלַתּוֹשָׁב בְּתוֹכָם תִּהְיֶינָה שֵׁשׁ־הֶעָרִים
las-ciudades seis serán entre-vosotros y-para-el-morador y-para-el-extranjero

הָאֵלֶּה לְמִקְלָט לָנוּס שָׁמָּה כָּל־מַכֵּה־נֶפֶשׁ
persona homicida-de todo allí para-huir para-refugio las-éstas

בִּשְׁגָגָה׃ וְאִם־בִּכְלִי בַרְזֶל ׀ הִכָּהוּ וַיָּמֹת
y-muere hiere-a-él hierro con-utensilio-de Y-si (16) . por-accidente

רֹצֵחַ הוּא מוֹת יוּמַת הָרֹצֵחַ׃ וְאִם
Y-si (17) . el-homicida morirá morir él homicida

בְּאֶבֶן יָד אֲשֶׁר־ יָמוּת בָּהּ הִכָּהוּ וַיָּמֹת
y-muere le-hiere con-ella puede-matar que mano con-piedra-de

רֹצֵחַ הוּא מוֹת יוּמַת הָרֹצֵחַ׃ אוֹ בִּכְלִי
con-utensilio-de O (18) . el-homicida morirá morir él homicida

עֵץ־ יָד אֲשֶׁר־ יָמוּת בּוֹ הִכָּהוּ וַיָּמֹת
y-muere le-hiere con-él puede-matar que mano madera-de

רֹצֵחַ הוּא מוֹת יוּמַת הָרֹצֵחַ׃ גֹּאֵל
Vengador-de (19) . el-homicida morirá morir él homicida

הַדָּם הוּא יָמִית אֶת־ הָרֹצֵחַ בְּפִגְעוֹ־ בוֹ
con-él en-su-encontrar el-homicida a matará él la-sangre

הוּא יְמִיתֶנּוּ׃ וְאִם־ בְּשִׂנְאָה יֶהְדָּפֶנּוּ אוֹ־ הִשְׁלִיךְ
arroja o le-empuja con-malicia Y-si (20) . le-matará él

עָלָיו בִּצְדִיָּה וַיָּמֹת׃ אוֹ בְאֵיבָה הִכָּהוּ
le-hiere por-odio O (21) . y-muere con-intención contra-él

בְיָדוֹ וַיָּמֹת מוֹת־ יוּמַת הַמַּכֶּה רֹצֵחַ
homicida el-que-hiere morirá morir y-muere con-su-puño

הוּא גֹּאֵל הַדָּם יָמִית אֶת־ הָרֹצֵחַ
el-homicida a matará la-sangre vengador-de él

בְּפִגְעוֹ־ בוֹ׃ וְאִם־ בְּפֶתַע בְּלֹא־ אֵיבָה
hostilidad sin con-accidente Y-si (22) . con-él en-su-encontrar

הֲדָפוֹ אוֹ־ הִשְׁלִיךְ עָלָיו כָּל־ כְּלִי בְּלֹא צְדִיָּה׃ אוֹ
O (23) . intención sin objeto cualquier contra-él arroja o le-empuja

בְכָל־ אֶבֶן אֲשֶׁר־ יָמוּת בָּהּ בְּלֹא רְאוֹת וַיַּפֵּל
y-deja-caer ver por-no con-ella podría-matar que piedra con-cualquier

עָלָיו וַיָּמֹת וְהוּא לֹא־ אוֹיֵב לוֹ וְלֹא מְבַקֵּשׁ
buscando y-no para-él enemigo no y-él y-muere sobre-él

רָעָתוֹ׃ וְשָׁפְטוּ הָעֵדָה בֵּין הַמַּכֶּה
el-que-mata entre la-asamblea Y-juzgarán (24) . su-mal

וּבֵין גֹּאֵל הַדָּם עַל הַמִּשְׁפָּטִים הָאֵלֶּה׃
. los-éstos los-mandamientos por la-sangre vengador-de y-entre

וְהִצִּילוּ הָעֵדָה אֶת־ הָרֹצֵחַ מִיַּד
de-mano-de el-homicida a la-comunidad Y-protegerá (25)

גֹּאֵל הַדָּם וְהֵשִׁיבוּ אֹתוֹ הָעֵדָה אֶל־ עִיר
ciudad-de a la-comunidad a-él y-harán-ir la-sangre vengador-de

מִקְלָטוֹ אֲשֶׁר־ נָס שָׁמָּה וְיָשַׁב בָּהּ עַד־ מוֹת
muerte-de hasta en-ella y-morará , allí huyó que su-refugio

הַכֹּהֵן הַגָּדֹל אֲשֶׁר־ מָשַׁח אֹתוֹ בְּשֶׁמֶן הַקֹּדֶשׁ׃ וְאִם־
'Y-si (26) . el-santo con-aceite-de a-él ungió que el-sumo sacerdote

יָצֹא יֵצֵא הָרֹצֵחַ אֶת־ גְּבוּל עִיר מִקְלָטוֹ
su-refugio ciudad-de límite-de a el-homicida sale salir

אֲשֶׁר יָנוּס שָׁמָּה׃ וּמָצָא אֹתוֹ גֹּאֵל הַדָּם
la-sangre vengador-de a-él Y-hallare (27) . allí huyó que

מִחוּץ לִגְבוּל עִיר מִקְלָטוֹ וְרָצַח גֹּאֵל
vengador-de entonces-matará , su-refugio ciudad-de límite-de fuera-de

הַדָּם אֶת־ הָרֹצֵחַ אֵין לוֹ דָּם׃ כִּי בְּעִיר
en-ciudad-de Pues (28) . sangre para-él no-hay , el-homicida ** la-sangre

מִקְלָטוֹ יֵשֵׁב עַד־ מוֹת הַכֹּהֵן הַגָּדֹל וְאַחֲרֵי
y-después-de el-sumo el-sacerdote muerte-de hasta morará su-refugio

מוֹת הַכֹּהֵן הַגָּדֹל יָשׁוּב הָרֹצֵחַ אֶל־ אֶרֶץ
tierra-de a el-homicida volverá el-sumo el-sacerdote muerte-de

אֲחֻזָּתוֹ׃ וְהָיוּ אֵלֶּה לָכֶם לְחֻקַּת מִשְׁפָּט
derecho por-ordenanza-de para-vosotros éstos Y-serán (29) . su-posesión

לְדֹרֹתֵיכֶם בְּכֹל מוֹשְׁבֹתֵיכֶם׃ כָּל־ מַכֵּה־
matador-de Todo (30) . vuestras-moradas en-todas , por-vuestras-generaciones

נֶפֶשׁ לְפִי עֵדִים יִרְצַח אֶת־ הָרֹצֵחַ וְעֵד
pero-testigo , el-homicida a matará testigos por-boca-de persona

אֶחָד לֹא־ יַעֲנֶה בְנֶפֶשׁ לָמוּת׃ וְלֹא־ תִקְחוּ כֹפֶר
rescate tomarás Y-no (31) . para-morir contra-persona testificará no uno

לְנֶפֶשׁ רֹצֵחַ אֲשֶׁר־הוּא רָשָׁע לָמוּת כִּי־ מוֹת יוּמָת׃
. morirá morir pues a-morir condenado él que homicida por-vida-de

וְלֹא־ תִקְחוּ כֹפֶר לָנוּס אֶל־ עִיר מִקְלָטוֹ לָשׁוּב
para-volver su-refugio ciudad-de a para-huir rescate tomaréis Y-no (32)

לָשֶׁבֶת בָּאָרֶץ עַד־ מוֹת הַכֹּהֵן׃ וְלֹא־ תַחֲנִיפוּ אֶת־
** contaminaréis Y-no (33) . el-sacerdote muerte-de hasta en-la-tierra a-morar

הָאָרֶץ אֲשֶׁר אַתֶּם בָּהּ כִּי הַדָּם הוּא יַחֲנִיף אֶת־ הָאָרֶץ
la-tierra ** contamina él la-sangre pues en-ella vosotros que la-tierra

וְלָאָרֶץ לֹא־ יְכֻפַּר לַדָּם אֲשֶׁר שֻׁפַּךְ־ בָּהּ
en-ella fue-derramada que para-la-sangre será-expiada no y-a-la-tierra

כִּי־ אִם בְּדַם שֹׁפְכוֹ׃ וְלֹא תְטַמֵּא אֶת־ הָאָרֶץ
la-tierra ** contaminéis Y-no (34) . . su-derramador por-sangre-de sólo excepto

אֲשֶׁר אַתֶּם יֹשְׁבִים בָּהּ אֲשֶׁר אֲנִי שֹׁכֵן בְּתוֹכָהּ כִּי אֲנִי יְהוָה
Yahweh yo pues en-ella habitando yo que en-ella moráis vosotros que

שֹׁכֵן בְּתוֹךְ בְּנֵי יִשְׂרָאֵל׃ וַיִּקְרְבוּ רָאשֵׁי הָאָבוֹת
los-padres cabezas-de Y-se-llegaron (1) . Israel hijos-de entre que-habito Cap. 36

לְמִשְׁפַּחַת בְּנֵי־ גִלְעָד בֶּן־ מָכִיר בֶּן־ מְנַשֶּׁה מִמִּשְׁפְּחֹת בְּנֵי
hijos-de de-familias-de Manasés hijo-de Maquir hijo-de Galaad hijos-de de-familia-de

יוֹסֵף וַיְדַבְּרוּ לִפְנֵי מֹשֶׁה וְלִפְנֵי הַנְּשִׂאִים רָאשֵׁי אָבוֹת
padres cabezas-de los-jefes y-ante Moisés ante y-dijeron José

לִבְנֵי יִשְׂרָאֵל׃ וַיֹּאמְרוּ אֶת־ אֲדֹנִי צִוָּה יְהוָה
Yahweh mandó señor-mío ** : Y-dijeron (2) . Israel de-hijos-de

לָתֵת אֶת־ הָאָרֶץ בְּנַחֲלָה בְּגוֹרָל לִבְנֵי יִשְׂרָאֵל וַאדֹנִי
y-mi-señor , Israel a-hijos-de por-suerte por-herencia la-tierra ** a-dar

צֻוָּה בַיהוָה לָתֵת אֶת־ נַחֲלַת צְלָפְחָד אָחִינוּ
nuestro-hermano Zelofehad herencia-de ** para-dar por-Yahweh fue-mandado

לִבְנֹתָיו׃ וְהָיוּ לְאֶחָד מִבְּנֵי שִׁבְטֵי בְנֵי־
hijos-de tribus-de de-hijos-de para-uno Si-son (3) . a-sus-hijas

יִשְׂרָאֵל לְנָשִׁים וְנִגְרְעָה נַחֲלָתָן מִנַּחֲלַת
de-herencia-de su-herencia entonces-será-quitada por-mujeres Israel

אֲבֹתֵינוּ וְנוֹסַף עַל נַחֲלַת הַמַּטֶּה אֲשֶׁר
que la-tribu herencia-de a y-será-añadida nuestros-padres

תִּהְיֶינָה לָהֶם וּמִגֹּרַל נַחֲלָתֵנוּ יִגָּרֵעַ׃
. será-quitado nuestra-herencia y-de-porción-de para-ellos serán

וְאִם־ יִהְיֶה הַיֹּבֵל לִבְנֵי יִשְׂרָאֵל וְנוֹסְפָה
entonces-será-añadida Israel para-hijos-de el-jubileo es Y-si (4)

נַחֲלָתָן עַל נַחֲלַת הַמַּטֶּה אֲשֶׁר תִּהְיֶינָה לָהֶם
para-ellos serán que la-tribu herencia-de a su-herencia

וּמִנַּחֲלַת מַטֵּה אֲבֹתֵינוּ יִגָּרַע
será-quitado nuestros-padres tribu-de y-de-herencia-de

נַחֲלָתָן׃ וַיְצַו מֹשֶׁה אֶת־ בְּנֵי יִשְׂרָאֵל עַל־ פִּי
boca-de por Israel hijos-de a Moisés Y-ordenó (5) . su-herencia

יְהוָה לֵאמֹר כֵּן מַטֵּה בְנֵי־ יוֹסֵף דֹּבְרִים׃ זֶה הַדָּבָר
la-cosa Esto (6) . hablando José hijos-de tribu-de bien : diciendo Yahweh

אֲשֶׁר־ צִוָּה יְהוָה לִבְנוֹת צְלָפְחָד לֵאמֹר לַטּוֹב
según-lo-bueno : diciendo Zelofehad a-hijas-de Yahweh mandó que

בְּעֵינֵיהֶם תִּהְיֶינָה לְנָשִׁים אַךְ לְמִשְׁפַּחַת מַטֵּה
tribu-de en-familia-de siempre-que por-mujeres serán en-ojos-de-ellos

אֲבִיהֶם תִּהְיֶינָה לְנָשִׁים׃ וְלֹא־ תִסֹּב נַחֲלָה
herencia pasará Y-no (7) . por-mujeres sean sus-padres

לִבְנֵי יִשְׂרָאֵל מִמַּטֶּה אֶל־ מַטֶּה כִּי אִישׁ בְּנַחֲלַת מַטֵּה
tribu-de a-herencia-de cada-uno pues tribu a de-tribu Israel de-hijos-de

אֲבֹתָיו יִדְבְּקוּ בְּנֵי יִשְׂרָאֵל׃ וְכָל־ בַּת
hija Y-toda (8) . Israel hijos de conservarán sus-padres

יֹרֶשֶׁת נַחֲלָה מִמַּטּוֹת בְּנֵי יִשְׂרָאֵל לְאֶחָד מִמִּשְׁפַּחַת מַטֵּה
tribu-de de-familia-de para-uno Israel hijos-de en-tribus-de herencia adquiriendo

אָבִיהָ תִּהְיֶה לְאִשָּׁה לְמַעַן יִירְשׁוּ בְּנֵי יִשְׂרָאֵל
Israel hijos-de posean para-que por-mujer será su-padre

אִישׁ נַחֲלַת אֲבֹתָיו׃ וְלֹא־ תִסֹּב נַחֲלָה
herencia pasará Y-no (9) . su-padre herencia-de cada-uno

מִמַּטֶּה לְמַטֶּה אַחֵר כִּי־ אִישׁ בְּנַחֲלָתוֹ יִדְבְּקוּ
conservarán a-su-herencia cada-uno pues , otra a-tribu de-tribu

מַטּוֹת בְּנֵי יִשְׂרָאֵל׃ כַּאֲשֶׁר צִוָּה יְהוָה אֶת־ מֹשֶׁה כֵּן
así Moisés a Yahweh mandó Como (10) . Israel hijos-de tribus-de

עָשׂוּ בְּנוֹת צְלָפְחָד׃ וַתִּהְיֶינָה מַחְלָה תִרְצָה
Tirsa Maala Y-fueron (11) . Zelofehad hijas-de hicieron

וְחָגְלָה וּמִלְכָּה וְנֹעָה בְּנוֹת צְלָפְחָד לִבְנֵי
para-hijos-de Zelofehad hijas-de y-Noa y-Milca y-Hogla

דֹדֵיהֶן לְנָשִׁים׃ מִמִּשְׁפְּחֹת בְּנֵי־ מְנַשֶּׁה בֶן־ יוֹסֵף
José hijo-de Manasés hijos-de En-familias-de (12) . por-mujeres sus-tíos

מַטֵּה	עַל־	נַחֲלָתָן	וַתְּהִי	לְנָשִׁים	הָיוּ
tribu-de	en	herencia-de-ellas	y-fue	por-mujeres	fueron

אֲשֶׁר	וְהַמִּשְׁפָּטִים	הַמִּצְוֺת	אֵלֶּה		אֲבִיהֶן׃	מִשְׁפַּחַת
que	y-los-estatutos	los-mandamientos	Éstos	(13)	. su-padre	familia-de

מוֹאָב	בְּעַרְבֹת	יִשְׂרָאֵל	בְּנֵי	אֶל־	מֹשֶׁה	בְּיַד־	יְהוָה	צִוָּה
Moab	en-llanuras-de	Israel	hijos-de	a	Moisés	por-mano-de	Yahweh	mandó

יְרֵחוֹ׃	יַרְדֵּן	עַל
. Jericó	Jordán-de	junto-a

DEUTERONOMIO

אֵלֶּה הַדְּבָרִים אֲשֶׁר דִּבֶּר מֹשֶׁה אֶל־ כָּל־ יִשְׂרָאֵל בְּעֵבֶר

al-este-de Israel todo a Moisés habló que las-palabras Éstas (1)

הַיַּרְדֵּן בַּמִּדְבָּר בָּעֲרָבָה מוֹל סוּף בֵּין־ פָּארָן וּבֵין־

y-entre Parán entre Suf frente-a en-el-Arabá en-el-desierto , el-Jordán

תֹּפֶל וְלָבָן וַחֲצֵרֹת וְדִי זָהָב׃ אַחַד עָשָׂר יוֹם מֵחֹרֵב

desde-Horeb día diez Uno (2) . Zahab y-Di y-Hazerot y-Labán Tofel

דֶּרֶךְ הַר־ שֵׂעִיר עַד קָדֵשׁ בַּרְנֵעַ׃ וַיְהִי בְּאַרְבָּעִים שָׁנָה בְּעַשְׁתֵּי־

en-uno año en-cuadragésimo Y-fue (3) . Barnea Cades hasta Seir monte camino-de

עָשָׂר חֹדֶשׁ בְּאֶחָד לַחֹדֶשׁ דִּבֶּר מֹשֶׁה אֶל־ בְּנֵי יִשְׂרָאֵל

Israel hijos-de a Moisés habló , de-el-mes en-uno mes diez

כְּכֹל אֲשֶׁר צִוָּה יְהוָה אֹתוֹ אֲלֵהֶם׃ אַחֲרֵי הַכֹּתוֹ אֵת

** su-derrotar Después-de (4) . a-ellos a-él Yahweh mandó lo-que como-todo

סִיחֹן מֶלֶךְ הָאֱמֹרִי אֲשֶׁר יוֹשֵׁב בְּחֶשְׁבּוֹן וְאֵת עוֹג מֶלֶךְ הַבָּשָׁן

el-Basán rey-de Og y-** en-Hebón habitando que el-amorita rey-de Sihón

אֲשֶׁר־ יוֹשֵׁב בְּעַשְׁתָּרֹת בְּאֶדְרֶעִי׃ בְּעֵבֶר הַיַּרְדֵּן בְּאֶרֶץ מוֹאָב

Moab en-tierra-de el-Jordán Al-este-de (5) . en-Edrei en-Astarot habitando que

הוֹאִיל מֹשֶׁה בֵּאֵר אֶת־ הַתּוֹרָה הַזֹּאת לֵאמֹר׃ יְהוָה אֱלֹהֵינוּ

nuestro-Dios Yahweh (6) . diciendo la-ésta la-ley ** explicó Moisés comenzó

דִּבֶּר אֵלֵינוּ בְּחֹרֵב לֵאמֹר רַב־ לָכֶם שֶׁבֶת בָּהָר הַזֶּה׃

. el-éste en-el-monte quedar para-vosotros basta : diciendo en-Horeb a-nosotros habló

פְּנוּ ׀ וּסְעוּ לָכֶם וּבֹאוּ הַר הָאֱמֹרִי

el-amoreo monte-de e-id para-vosotros y-partid Desacampad (7)

וְאֶל־ כָּל־ שְׁכֵנָיו בָּעֲרָבָה בָהָר וּבַשְּׁפֵלָה

y-en-el-llano en-el-monte en-el-Arabá sus-vecinos todo y-a

וּבַנֶּגֶב וּבְחוֹף הַיָּם אֶרֶץ הַכְּנַעֲנִי וְהַלְּבָנוֹן

y-el-Líbano el-cananita tierra-de el-mar y-en-costa-de y-en-el-Neguev

עַד־ הַנָּהָר הַגָּדֹל נְהַר־ פְּרָת׃ רְאֵה נָתַתִּי לִפְנֵיכֶם
ante-vosotros entregué Mirad (8) . Éufrates río-de el-grande el-río hasta

אֶת־ הָאָרֶץ בֹּאוּ וּרְשׁוּ אֶת־ הָאָרֶץ אֲשֶׁר נִשְׁבַּע יְהוָה
Yahweh juró que la-tierra ** y-poseed entrad la-tierra **

לַאֲבֹתֵיכֶם לְאַבְרָהָם לְיִצְחָק וּלְיַעֲקֹב לָתֵת לָהֶם
a-ellos para-dar y-a-Jacob a-Isaac a-Abraham a-vuestros-padres

וּלְזַרְעָם אַחֲרֵיהֶם׃ וָאֹמַר אֲלֵכֶם בָּעֵת
en-el-tiempo a-vosotros Y-dije (9) . tras-ellos y-a-descendencia-de-ellos

הַהִוא לֵאמֹר לֹא־ אוּכַל לְבַדִּי שְׂאֵת אֶתְכֶם׃ יְהוָה אֱלֹהֵיכֶם
vuestro-Dios Yahweh (10) . a-vosotros llevar solo puedo no : diciendo el-aquel

הִרְבָּה אֶתְכֶם וְהִנְּכֶם הַיּוֹם כְּכוֹכְבֵי הַשָּׁמַיִם לָרֹב׃
. en-multitud los-cielos como-estrellas-de hoy y-ved-vosotros , a-vosotros acrecentó

יְהוָה אֱלֹהֵי אֲבוֹתֵכֶם יֹסֵף עֲלֵיכֶם כָּכֶם אֶלֶף
mil como-vosotros a-vosotros aumente vuestros-padres Dios-de Yahweh (11)

פְּעָמִים וִיבָרֵךְ אֶתְכֶם כַּאֲשֶׁר דִּבֶּר לָכֶם׃ אֵיכָה אֶשָּׂא
llevaré ¿Cómo (12) . a-vosotros dijo como a-vosotros y-bendiga veces

לְבַדִּי טָרְחֲכֶם וּמַשַּׂאֲכֶם וְרִיבְכֶם׃ הָבוּ
Elegid (13) . y-vuestra-disputa y-vuestra-carga vuestro-problema solo

לָכֶם אֲנָשִׁים חֲכָמִים וּנְבֹנִים וִידֻעִים
y-conocedores y-entendidos sabios hombres para-vosotros

לְשִׁבְטֵיכֶם וַאֲשִׂימֵם בְּרָאשֵׁיכֶם׃ וַתַּעֲנוּ
Y-contestasteis (14) . por-vuestras-cabezas y-les-pondré de-vuestras-tribus

אֹתִי וַתֹּאמְרוּ טוֹב־ הַדָּבָר אֲשֶׁר־ דִּבַּרְתָּ לַעֲשׂוֹת׃ וָאֶקַּח אֶת־
** Y-tomé (15) . para-hacer hablas que la-cosa bien y-dijisteis a-mí

רָאשֵׁי שִׁבְטֵיכֶם אֲנָשִׁים חֲכָמִים וִידֻעִים וָאֶתֵּן
y-puse y-conocedores sabios hombres vuestras-tribus jefes-de

אֹתָם רָאשִׁים עֲלֵיכֶם שָׂרֵי אֲלָפִים וְשָׂרֵי מֵאוֹת

cientos comandantes-de miles comandantes-de sobre-vosotros jefe a-ellos

וְשָׂרֵי חֲמִשִּׁים וְשָׂרֵי עֲשָׂרֹת וְשֹׁטְרִים

y-oficiales dieces y-comandantes-de cincuenta y-comandantes-de

לְשִׁבְטֵיכֶם׃ וָאֲצַוֶּה אֶת־שֹׁפְטֵיכֶם בָּעֵת הַהִוא

el-aquel en-el-tiempo vuestros-jueces a Y-ordené (16) . de-vuestras-tribus

לֵאמֹר שָׁמֹעַ בֵּין־אֲחֵיכֶם וּשְׁפַטְתֶּם צֶדֶק בֵּין־אִישׁ

hombre entre justicia y-juzgad vuestros-hermanos entre oír : diciendo

וּבֵין־אָחִיו וּבֵין גֵּרוֹ׃ לֹא־תַכִּירוּ

discriminéis No (17) . su-extranjero y-entre su-hermano y-entre

פָנִים בַּמִּשְׁפָּט כַּקָּטֹן כַּגָּדֹל תִּשְׁמָעוּן לֹא תָגוּרוּ

temeréis no oiréis así-el-grande como-el-pequeño en-el-juicio personas

מִפְּנֵי־אִישׁ כִּי הַמִּשְׁפָּט לֵאלֹהִים הוּא וְהַדָּבָר אֲשֶׁר יִקְשֶׁה

difícil que y-el-asunto , él para-Dios el-juicio pues hombre de-faz-de

מִכֶּם תַּקְרִבוּן אֵלַי וּשְׁמַעְתִּיו׃ וָאֲצַוֶּה אֶתְכֶם בָּעֵת

en-el-tiempo a-vosotros Y-dije (18) . y-lo-oiré a-mí traed para-vosotros

הַהִוא אֵת כָּל־הַדְּבָרִים אֲשֶׁר תַּעֲשׂוּן׃ וַנִּסַּע

Y-partimos (19) . haríais que las-cosas todas ** el-aquel

מֵחֹרֵב וַנֵּלֶךְ אֵת כָּל־הַמִּדְבָּר הַגָּדוֹל וְהַנּוֹרָא

y-el-terrible el-grande el-desierto todo ** y-recorrimos de-Horeb

הַהוּא אֲשֶׁר רְאִיתֶם דֶּרֶךְ הַר הָאֱמֹרִי כַּאֲשֶׁר צִוָּה

mandó como el-amorita monte-de camino-de visteis que el-aquel

יְהוָה אֱלֹהֵינוּ אֹתָנוּ וַנָּבֹא עַד קָדֵשׁ בַּרְנֵעַ׃ וָאֹמַר אֲלֵכֶם

a-vosotros Y-dije (20) . Barnea Cades a y-llegamos a-nosotros nuestro-Dios Yahweh

בָּאתֶם עַד־הַר הָאֱמֹרִי אֲשֶׁר־יְהוָה אֱלֹהֵינוּ נֹתֵן

dando nuestro-Dios Yahweh que el-amorita monte-de a llegasteis

לָֽנוּ׃ רְאֵה נָתַן יְהוָה אֱלֹהֶיךָ לְפָנֶיךָ אֶת־הָאָרֶץ עֲלֵה
sube , la-tierra ** ante-ti tu-Dios Yahweh dio Mirad (21) . a-nosotros

רֵשׁ כַּאֲשֶׁר דִּבֶּר יְהוָה אֱלֹהֵי אֲבֹתֶיךָ לָךְ אַל־תִּירָא
temas no , a-ti tus-padres Dios-de Yahweh habló como posee

וְאַל־תֵּחָת׃ וַתִּקְרְבוּן אֵלַי כֻּלְּכֶם וַתֹּאמְרוּ
y-dijisteis todos-vosotros a-mí Y-vinisteis (22) . desmayes y-no

נִשְׁלְחָה אֲנָשִׁים לְפָנֵינוּ וְיַחְפְּרוּ־לָנוּ אֶת־הָאָרֶץ
la-tierra ** para-nosotros que-reconozcan ante-nosotros hombres enviemos

וְיָשִׁבוּ אֹתָנוּ דָּבָר אֶת־הַדֶּרֶךְ אֲשֶׁר נַעֲלֶה־בָּהּ וְאֵת
y-** por-ella subiremos que el-camino ** palabra a-nosotros y-traigan

הֶעָרִים אֲשֶׁר נָבֹא אֲלֵיהֶן׃ וַיִּיטַב בְּעֵינַי
en-mis-ojos Y-fue-bueno (23) . a-ellas iremos que las-ciudades

הַדָּבָר וָאֶקַּח מִכֶּם שְׁנֵים עָשָׂר אֲנָשִׁים אִישׁ אֶחָד לַשָּׁבֶט׃
. de-la-tribu uno hombre hombres diez dos de-vosotros y-tomé , la-cosa

וַיִּפְנוּ וַיַּעֲלוּ הָהָרָה וַיָּבֹאוּ עַד־
hasta y-llegaros a-el-monte y-subieron Y-partieron (24)

נַחַל אֶשְׁכֹּל וַיְרַגְּלוּ אֹתָהּ׃ וַיִּקְחוּ בְיָדָם
en-mano-de-ellos Y-tomaron (25) . a-ella y-exploraron Escol valle-de

מִפְּרִי הָאָרֶץ וַיּוֹרִדוּ אֵלֵינוּ וַיָּשִׁבוּ אֹתָנוּ דָבָר
palabra a-nosotros y-dieron para-nosotros y-bajaron la-tierra de-fruto-de

וַיֹּאמְרוּ טוֹבָה הָאָרֶץ אֲשֶׁר־יְהוָה אֱלֹהֵינוּ נֹתֵן לָנוּ׃ וְלֹא
Y-no (26) . a-nosotros dio nuestro-Dios Yahweh que la-tierra buena y-dijeron

אֲבִיתֶם לַעֲלֹת וַתַּמְרוּ אֶת־פִּי יְהוָה אֱלֹהֵיכֶם׃
. vuestro-Dios Yahweh boca-de a y-fuisteis-rebeldes subir quisisteis

וַתֵּרָגְנוּ בְאָהֳלֵיכֶם וַתֹּאמְרוּ בְּשִׂנְאַת יְהוָה אֹתָנוּ
a-nosotros Yahweh por-aborrecimiento-de : y-dijisteis en-vuestras-tiendas Y-murmurasteis (27)

הוֹצִיאָנוּ מֵאֶרֶץ מִצְרָיִם לָתֵת אֹתָנוּ בְּיַד הָאֱמֹרִי
el-amorita en-mano-de a-nosotros para-entregar Egipto de-tierra-de nos-hizo-salir

לְהַשְׁמִידֵנוּ׃ אָנָה ׀ אֲנַחְנוּ עֹלִים אַחֵינוּ הֵמַסּוּ אֶת־
** debilitaron nuestros-hermanos , iremos nosotros ¿ Dónde (28) . para-destruir-nos

לְבָבֵנוּ לֵאמֹר עַם גָּדוֹל וָרָם מִמֶּנּוּ עָרִים גְּדֹלֹת
grandes ciudades que-nosotros y-alto más-grande pueblo : diciendo nuestro-corazón

וּבְצוּרֹת בַּשָּׁמָיִם וְגַם־ בְּנֵי עֲנָקִים רָאִינוּ שָׁם׃ וָאֹמַר
Y-dije (29) . allí vimos anaceos hijos-de y-también en-los-cielos y-muros

אֲלֵכֶם לֹא־ תַעַרְצוּן וְלֹא־ תִירְאוּן מֵהֶם׃ יְהוָה אֱלֹהֵיכֶם
vuestro-Dios Yahweh (30) . de-ellos temáis y-no os-asustéis no a-vosotros

הַהֹלֵךְ לִפְנֵיכֶם הוּא יִלָּחֵם לָכֶם כְּכֹל אֲשֶׁר עָשָׂה אִתְּכֶם
por-vosotros hizo lo-que como-todo por-vosotros batallará él delante-de-vosotros el-que-va

בְּמִצְרַיִם לְעֵינֵיכֶם׃ וּבַמִּדְבָּר אֲשֶׁר רָאִיתָ אֲשֶׁר
.cómo has-visto que Y-en-el-desierto (31) . ante-vuestros-ojos en-Egipto

נְשָׂאֲךָ יְהוָה אֱלֹהֶיךָ כַּאֲשֶׁר יִשָּׂא־ אִישׁ אֶת־ בְּנוֹ
su-hijo a hombre trae como tu-Dios Yahweh te-ha-traído

בְּכָל־ הַדֶּרֶךְ אֲשֶׁר הֲלַכְתֶּם עַד־ בֹּאֲכֶם עַד־הַמָּקוֹם הַזֶּה׃
. el-éste el-lugar a vuestro-llegar hasta anduvisteis que el-camino en-todo

וּבַדָּבָר הַזֶּה אֵינְכֶם מַאֲמִינִם בַּיהוָה
en-Yahweh confiados vosotros-no la-ésta Y-a-pesar-de-la-cosa (32)

אֱלֹהֵיכֶם׃ הַהֹלֵךְ לִפְנֵיכֶם בַּדֶּרֶךְ לָתוּר לָכֶם
para-vosotros para-buscar en-el-camino delante-de-vosotros El-que-va (33) . vuestro-Dios

מָקוֹם לַחֲנֹתְכֶם בָּאֵשׁ ׀ לַיְלָה לַרְאֹתְכֶם בַּדֶּרֶךְ אֲשֶׁר תֵּלְכוּ־
andaríais que en-el-camino para-mostraros noche en-el-fuego para-vuestro-acampar lugar

בָהּ וּבֶעָנָן יוֹמָם׃ וַיִּשְׁמַע יְהוָה אֶת־ קוֹל
voz-de ** Yahweh Y-oyó (34) de-día y-en-la-nube en-ella

דִּבְרֵיכֶם וַיִּקְצֹף וַיִּשָּׁבַע לֵאמֹר׃ אִם־ יִרְאֶה אִישׁ
hombre verá No (35) . diciendo y-juró y-se-enojó vuestras-palabras

בָּאֲנָשִׁים הָאֵלֶּה הַדּוֹר הָרָע הַזֶּה אֵת הָאָרֶץ הַטּוֹבָה
la-buena la-tierra ** la-ésta la-mala la-generación los-éstos de-los-hombres

אֲשֶׁר נִשְׁבַּעְתִּי לָתֵת לַאֲבֹתֵיכֶם׃ זוּלָתִי כָּלֵב בֶּן־
hijo-de Caleb Reservando-me (36) . a-vuestros-padres dar juré que

יְפֻנֶּה הוּא יִרְאֶנָּה וְלוֹ־ אֶתֵּן אֶת־ הָאָרֶץ אֲשֶׁר
que la-tierra ** daré y-a-él la-verá él Jefone

דָּרַךְ־ בָּהּ וּלְבָנָיו יַעַן אֲשֶׁר מִלֵּא אַחֲרֵי
tras completo que pues y-a-sus-hijos en-ella pisó

יְהוָה׃ גַּם־ בִּי הִתְאַנַּף יְהוָה בִּגְלַלְכֶם לֵאמֹר גַּם־
también : diciendo a-causa-de-vosotros Yahweh se-enojó con-migo También (37) . Yahweh

אַתָּה לֹא־ תָבֹא שָׁם׃ יְהוֹשֻׁעַ בִּן־ נוּן הָעֹמֵד לְפָנֶיךָ
ante-ti el-que-ayuda Nun hijo-de Josué (38) . allí entrarás no tú

הוּא יָבֹא שָׁמָּה אֹתוֹ חַזֵּק כִּי־ הוּא יַנְחִלֶנָּה
hará-heredar él pues anima , a-él allí entrará él

אֶת־ יִשְׂרָאֵל׃ וְטַפְּכֶם אֲשֶׁר אֲמַרְתֶּם לָבַז יִהְיֶה
será como-cautivo dijisteis que Y-vuestro-niño (39) . Israel a

וּבְנֵיכֶם אֲשֶׁר לֹא־ יָדְעוּ הַיּוֹם טוֹב וָרָע הֵמָּה יָבֹאוּ
entrarán ellos y-malo bueno el-día conocían no que y-vuestros-hijos

שָׁמָּה וְלָהֶם אֶתְּנֶנָּה וְהֵם יִירָשׁוּהָ׃
. la-poseerán y-ellos la-daré y-para-ellos allí

וְאַתֶּם פְּנוּ לָכֶם וּסְעוּ הַמִּדְבָּרָה דֶּרֶךְ יַם־ סוּף׃
. Junco Mar-de camino-de a-el-desierto y-partid a-vosotros volveos Pero-vosotros (40)

וַתַּעֲנוּ וַתֹּאמְרוּ אֵלַי חָטָאנוּ לַיהוָה אֲנַחְנוּ
nosotros contra-Yahweh pecamos : a-mí y-dijisteis Y-contestasteis (41)

נַעֲלֶה וְנִלְחַמְנוּ כְּכֹל אֲשֶׁר־ צִוָּנוּ יְהוָה אֱלֹהֵינוּ
nuestro-Dios Yahweh nos-mandó que como-todo y-lucharemos subiremos

וַתַּחְגְּרוּ אִישׁ אֶת־ כְּלֵי מִלְחַמְתּוֹ וַתָּהִינוּ לַעֲלֹת
para-subir y-os-preparasteis su-guerra armas-de ** cada-uno y-os-pusisteis

הָהָרָה׃ וַיֹּאמֶר יְהוָה אֵלַי אֱמֹר לָהֶם לֹא
no a-ellos di : a-mí Yahweh Y-dijo (42) . a-el-monte

תַעֲלוּ וְלֹא־ תִלָּחֲמוּ כִּי אֵינֶנִּי בְּקִרְבְּכֶם וְלֹא תִּנָּגְפוּ
seáis-derrotados y-no ; entre-vosotros yo-no pues luchéis y-no subáis

לִפְנֵי אֹיְבֵיכֶם׃ וָאֲדַבֵּר אֲלֵיכֶם וְלֹא שְׁמַעְתֶּם
escuchasteis y-no a-vosotros Y-hablé (43) . vuestros-enemigos ante

וַתַּמְרוּ אֶת־ פִּי יְהוָה וַתָּזִדוּ וַתַּעֲלוּ
y-subisteis y-fuisteis-arrogantes Yahweh orden-de ** y-os-rebelasteis

הָהָרָה׃ וַיֵּצֵא הָאֱמֹרִי הַיֹּשֵׁב
el-morador el-amorita Y-salió (44) . a-el-monte

בָּהָר הַהוּא לִקְרַאתְכֶם וַיִּרְדְּפוּ אֶתְכֶם כַּאֲשֶׁר תַּעֲשֶׂינָה
hacen como a-vosotros y-persiguieron para-enfrentar-os el-aquel en-el-monte

הַדְּבֹרִים וַיַּכְּתוּ אֶתְכֶם בְּשֵׂעִיר עַד־ חָרְמָה׃ וַתָּשֻׁבוּ
Y-volvisteis (45) . Horma hasta desde-Seir a-vosotros y-derrotaron las-abejas

וַתִּבְכּוּ לִפְנֵי יְהוָה וְלֹא־ שָׁמַע יְהוָה בְּקֹלְכֶם וְלֹא
y-no a-vuestra-voz Yahweh oyó y-no Yahweh ante y-llorasteis

הֶאֱזִין אֲלֵיכֶם׃ וַתֵּשְׁבוּ בְקָדֵשׁ יָמִים רַבִּים כַּיָּמִים אֲשֶׁר
que como-los-días muchos días en-Cades Y-quedasteis (46) . a-vosotros prestó-oído

יְשַׁבְתֶּם׃ וַנֵּפֶן וַנִּסַּע הַמִּדְבָּרָה דֶּרֶךְ
camino-de a-el-desierto y-partimos Y-regresamos (1) . habéis-estado **Cap. 2**

יַם־ סוּף כַּאֲשֶׁר דִּבֶּר יְהוָה אֵלָי וַנָּסָב אֶת־ הַר־
monte-de ** y-rodeamos , a-mí Yahweh habló como Junco Mar-de

שֵׂעִיר יָמִים רַבִּים׃ וַיֹּאמֶר יְהוָה אֵלַי לֵאמֹר׃ רַב־ לָכֶם
para-vosotros Basta (3) . diciendo a-mí Yahweh Y-dijo (2) . muchos días Seir

סֹב אֶת־ הָהָר הַזֶּה פְּנוּ לָכֶם צָפֹנָה׃ וְאֶת־ הָעָם
el-pueblo Y-** (4) . al-norte para-vosotros volved ; el-éste el-monte ** rodear

צַו לֵאמֹר אַתֶּם עֹבְרִים בִּגְבוּל אֲחֵיכֶם בְּנֵי־
hijos-de vuestros-hermanos por-territorio-de pasando vosotros diciendo manda

עֵשָׂו הַיֹּשְׁבִים בְּשֵׂעִיר וְיִירְאוּ מִכֶּם וְנִשְׁמַרְתֶּם
pero-guardaos , de-vosotros y-temerán en-Seir los-que-moran Esaú

מְאֹד׃ אַל־ תִּתְגָּרוּ בָם כִּי לֹא־ אֶתֵּן לָכֶם
a-vosotros daré no pues contra-ellos peleéis No (5) . mucho

מֵאַרְצָם עַד מִדְרַךְ כַּף־ רָגֶל כִּי־ יְרֻשָּׁה לְעֵשָׂו נָתַתִּי
di a-Esaú posesión pues pie planta-de paso-de ni de-tierra-de-ellos

אֶת־ הַר שֵׂעִיר׃ אֹכֶל תִּשְׁבְּרוּ מֵאִתָּם בַּכֶּסֶף
con-la-plata de-ellos compraréis Alimento (6) . Seir monte-de **

וַאֲכַלְתֶּם וְגַם־ מַיִם תִּכְרוּ מֵאִתָּם בַּכֶּסֶף וּשְׁתִיתֶם׃
. y-beberéis con-la-plata de-ellos compraréis agua y-también ; y-comeréis

כִּי יְהוָה אֱלֹהֶיךָ בֵּרַכְךָ בְּכֹל מַעֲשֵׂה יָדֶךָ
tu-mano obra-de en-toda te-bendijo tu-Dios Yahweh Pues (7)

יָדַע לֶכְתְּךָ אֶת־ הַמִּדְבָּר הַגָּדֹל הַזֶּה זֶה ׀ אַרְבָּעִים שָׁנָה
año cuarenta éste , el-éste el-grande el-desierto ** tu-viaje conoció

יְהוָה אֱלֹהֶיךָ עִמָּךְ לֹא חָסַרְתָּ דָּבָר׃ וַנַּעֲבֹר מֵאֵת
por Y-pasamos (8) . cosa te-faltó no con-tigo tu-Dios Yahweh

אַחֵינוּ בְנֵי־ עֵשָׂו הַיֹּשְׁבִים בְּשֵׂעִיר מִדֶּרֶךְ הָעֲרָבָה
el-Arabá de-camino-de en-Seir los-que-moran Esaú hijos-de nuestros-hermanos

מֵאֵילַת וּמֵעֶצְיֹן גָּבֶר וַנֵּפֶן וַנַּעֲבֹר דֶּרֶךְ מִדְבַּר
desierto-de camino-de y-marchamos y-volvimos Geber y-de-Ezión de-Elat

מוֹאָב׃ וַיֹּאמֶר יְהוָה אֵלַי אַל־תָּצַר אֶת־מוֹאָב וְאַל־תִּתְגָּר
provoques y-no Moab ** molestes no : a-mí Yahweh Y-dijo (9) . Moab

בָּם מִלְחָמָה כִּי לֹא־אֶתֵּן לְךָ מֵאַרְצוֹ יְרֻשָּׁה כִּי
pues posesión de-su-tierra a-ti daré no pues batalla con-ellos

לִבְנֵי־לוֹט נָתַתִּי אֶת־עָר יְרֻשָּׁה׃ הָאֵמִים לְפָנִים יָשְׁבוּ
habitaron antes Los-emitas (10) . posesión Ar ** di Lot a-hijos-de

בָהּ עַם גָּדוֹל וְרַב וָרָם כָּעֲנָקִים׃ רְפָאִים
Refaítas (11) . como-los-anaquitas y-alto y-numeroso 'grande pueblo , en-ella

יֵחָשְׁבוּ אַף־הֵם כָּעֲנָקִים וְהַמֹּאָבִים יִקְרְאוּ
llamaban y-los-moabitas como-los-anaquitas ellos también eran-considerados

לָהֶם אֵמִים׃ וּבְשֵׂעִיר יָשְׁבוּ הַחֹרִים לְפָנִים וּבְנֵי
e-hijos-de antes los-horitas moraban Y-en-Seir (12) . emitas a-ellos

עֵשָׂו יִירָשׁוּם וַיַּשְׁמִידוּם מִפְּנֵיהֶם
de-delante-de-ellos y-les-destruyeron les-echaron Esaú

וַיֵּשְׁבוּ תַּחְתָּם כַּאֲשֶׁר עָשָׂה יִשְׂרָאֵל לְאֶרֶץ
en-tierra-de Israel hizo como en-lugar-de-ellos y-se-establecieron

יְרֻשָּׁתוֹ אֲשֶׁר־נָתַן יְהוָה לָהֶם׃ עַתָּה קֻמוּ וְעִבְרוּ
y-cruzad levantaos Ahora (13) . a-ellos Yahweh dio que su-posesión

לָכֶם אֶת־נַחַל זֶרֶד וַנַּעֲבֹר אֶת־נַחַל זָרֶד׃
. Zered valle-de ** y-cruzamos Zered valle-de ** para-vosotros

וְהַיָּמִים אֲשֶׁר־הָלַכְנוּ מִקָּדֵשׁ בַּרְנֵעַ עַד אֲשֶׁר־עָבַרְנוּ אֶת־
** pasamos que hasta Barnea de-Cades anduvimos que Y-los-días (14)

נַחַל זֶרֶד שְׁלֹשִׁים וּשְׁמֹנֶה שָׁנָה עַד־תֹּם כָּל־הַדּוֹר
la-generación toda perecer hasta año y-ocho treinta Zered valle-de

אַנְשֵׁי הַמִּלְחָמָה מִקֶּרֶב הַמַּחֲנֶה כַּאֲשֶׁר נִשְׁבַּע יְהוָה לָהֶם׃
. a-ellos Yahweh juró como el-campamento de-entre la-guerra hombres-de

וְגַם יַד־ יְהוָה הָיְתָה בָּם לְהֻמָּם מִקֶּרֶב

de-entre para-destruir-los contra-ellos estaba Yahweh mano-de Y-también (15)

הַמַּחֲנֶה עַד תֻּמָּם׃ וַיְהִי כַאֲשֶׁר־ תַּמּוּ כָּל־

todos acabaron que Y-sucedió (16) . acabar-los hasta el-campamento

אַנְשֵׁי הַמִּלְחָמָה לָמוּת מִקֶּרֶב הָעָם׃ וַיְדַבֵּר יְהוָה אֵלַי

a-mí Yahweh Y-habló (17) . el-pueblo de-entre de-morir la-guerra hombres-de

לֵאמֹר׃ אַתָּה עֹבֵר הַיּוֹם אֶת־ גְּבוּל מוֹאָב אֶת־עָר׃ וְקָרַבְתָּ

Y-te-acercarás (19) . Ar a Moab límite-de ** hoy pasando Tú (18) . diciendo

מוּל בְּנֵי עַמּוֹן אַל־ תְּצֻרֵם וְאַל־ תִּתְגָּר בָּם כִּי לֹא־

no pues contra-ellos pelearás y-no les-molestes no Amón hijos-de a

אֶתֵּן מֵאֶרֶץ בְּנֵי־ עַמּוֹן לְךָ יְרֻשָּׁה כִּי לִבְנֵי־ לוֹט

Lot a-hijos-de pues posesión a-ti Amón hijos-de de-tierra-de di

נְתַתִּיהָ יְרֻשָּׁה׃ אֶרֶץ־ רְפָאִים תֵּחָשֵׁב אַף־ הִוא

ella también era-tenida refaítas Tierra-de (20) . posesión la-di

רְפָאִים יָשְׁבוּ־ בָהּ לְפָנִים וְהָעַמֹּנִים יִקְרְאוּ לָהֶם

a-ellos llamaban pero-los-amonitas antes en-ella moraban refaítas

זַמְזֻמִּים׃ עַם גָּדוֹל וְרַב וָרָם כָּעֲנָקִים

como-anaquitas y-alto y-numeroso grande Pueblo (21) . zomzomitas

וַיַּשְׁמִידֵם יְהוָה מִפְּנֵיהֶם וַיִּירָשֻׁם

y-los-echaron de-delante-de-ellos Yahweh y-los-destruyó

וַיֵּשְׁבוּ תַחְתָּם׃ כַּאֲשֶׁר עָשָׂה לִבְנֵי עֵשָׂו

Esaú a-hijos-de hizo Como (22) . en-lugar-de-ellos y-moraron

הַיֹּשְׁבִים בְּשֵׂעִיר אֲשֶׁר הִשְׁמִיד אֶת־ הַחֹרִי מִפְּנֵיהֶם

de-delante-de-ellos el-horita ** destruyó que en-Seir los-habitantes

וַיִּירָשֻׁם וַיֵּשְׁבוּ תַחְתָּם עַד הַיּוֹם הַזֶּה׃

. el-éste el-día hasta en-lugar-de-ellos y-habitaron y-les-echaron

וְהָעַוִּים הַיֹּשְׁבִים בַּחֲצֵרִים עַד־עַזָּה כַּפְתֹּרִים

caftoritas , Gaza hasta en-pueblos los-que-habitan Y-los-avitas (23)

הַיֹּצְאִים מִכַּפְתּוֹר הִשְׁמִידֻם וַיֵּשְׁבוּ

y-habitaron les-destruyeron de-Caftor los-que-salen

תַּחְתָּם׃ קוּמוּ סְּעוּ וְעִבְרוּ אֶת־ נַחַל אַרְנֹן רְאֵה

mira , Amón valle-de ** y-pasad salid Levantad (24) . en-lugar-de-ellos

נָתַתִּי בְיָדְךָ אֶת־ סִיחֹן מֶלֶךְ־ חֶשְׁבּוֹן הָאֱמֹרִי וְאֶת־ אַרְצוֹ

su-tierra y-a el-amorita Hesbón rey-de Sehón ** en-tu-mano di

הָחֵל רָשׁ וְהִתְגָּר בּוֹ מִלְחָמָה׃ הַיּוֹם הַזֶּה אָחֵל

empezaré el-éste El-día (25) . batalla contra-él y-lucha posee empieza

תֵּת פַּחְדְּךָ וְיִרְאָתְךָ עַל־ פְּנֵי הָעַמִּים תַּחַת כָּל־

todos bajo los-pueblos faces-de sobre y-tu-temor tu-terror a-poner

הַשָּׁמָיִם אֲשֶׁר יִשְׁמְעוּן שִׁמְעֲךָ וְרָגְזוּ

y-temblarán tu-fama oirán que los-cielos

וְחָלוּ מִפָּנֶיךָ׃ וָאֶשְׁלַח מַלְאָכִים

mensajeros Y-envié (26) . de-tu-presencia y-se-angustiarán

מִמִּדְבַּר קְדֵמוֹת אֶל־סִיחוֹן מֶלֶךְ חֶשְׁבּוֹן דִּבְרֵי שָׁלוֹם לֵאמֹר׃

. diciendo paz palabras-de , Hesbón rey-de Sehón a Cademot desde-desierto-de

אֶעְבְּרָה בְאַרְצֶךָ בַּדֶּרֶךְ בַּדֶּרֶךְ אֵלֵךְ

, iré en-el-camino en-el-camino por-tu-tierra Pasaré (27)

לֹא אָסוּר יָמִין וּשְׂמֹאול׃ אֹכֶל בַּכֶּסֶף תַּשְׁבִּרֵנִי

me-venderás por-la-plata Alimento (28) . o-izquierda derecha giraré no

וְאָכַלְתִּי וּמַיִם בַּכֶּסֶף תִּתֶּן־ לִי וְשָׁתִיתִי רַק

sólo , y-beberé a-mí darás por-la-plata y-agua , y-comeré

אֶעְבְּרָה בְרַגְלָי׃ כַּאֲשֶׁר עָשׂוּ־ לִי בְּנֵי עֵשָׂו

Esaú hijos-de a-mí hicieron Como (29) . por-mi-pie pasaré

הַיֹּשְׁבִים בְּשֵׂעִיר וְהַמּוֹאָבִים הַיֹּשְׁבִים בְּעָר עַד אֲשֶׁר־
que hasta en-Ar los-que-moran y-los-moabitas en-Seir los-que-moran

אֶעֱבֹר אֶת־ הַיַּרְדֵּן אֶל־ הָאָרֶץ אֲשֶׁר־ יְהוָה אֱלֹהֵינוּ נֹתֵן לָנוּ׃
. a-nosotros da nuestro-Dios Yahweh que la-tierra a el-Jordán ** pase

וְלֹא אָבָה סִיחֹן מֶלֶךְ חֶשְׁבּוֹן הַעֲבִרֵנוּ בּוֹ כִּי־
pues , por-él dejar-nos-pasar Hesbón rey-de Sehón quiso Y-no (30)

הִקְשָׁה יְהוָה אֱלֹהֶיךָ אֶת־ רוּחוֹ וְאִמֵּץ
e-hizo-obstinado su-espíritu ** tu-Dios Yahweh endureció

אֶת־ לְבָבוֹ לְמַעַן תִּתּוֹ בְיָדְךָ כַּיּוֹם הַזֶּה׃
. el-éste como-el-día en-tu-mano dar-le para su-corazón **

וַיֹּאמֶר יְהוָה אֵלַי רְאֵה הַחִלֹּתִי תֵּת לְפָנֶיךָ אֶת־ סִיחֹן
Sehón a ante-ti a-dar empecé mira : a-mí Yahweh Y-dijo (31)

וְאֶת־ אַרְצוֹ הָחֵל רָשׁ לָרֶשֶׁת אֶת־ אַרְצוֹ׃ וַיֵּצֵא
Y-salió (32) . su-tierra ** para-poseer conquista empieza su-tierra y-a

סִיחֹן לִקְרָאתֵנוּ הוּא וְכָל־ עַמּוֹ לַמִּלְחָמָה יָהְצָה׃
. en-Jahaza para-la-batalla su-pueblo y-todo él a-encontrar-nos Sehón

וַיִּתְּנֵהוּ יְהוָה אֱלֹהֵינוּ לְפָנֵינוּ וַנַּךְ אֹתוֹ וְאֶת־
y-a a-él y-derrotamos ante-nosotros nuestro-Dios Yahweh Y-le-entregó (33)

בְּנָו וְאֶת־ כָּל־ עַמּוֹ׃ וַנִּלְכֹּד אֶת־ כָּל־ עָרָיו
sus-ciudades todas ** Y-tomamos (34) . su-pueblo todo y-a sus-hijos

בָּעֵת הַהִוא וַנַּחֲרֵם אֶת־ כָּל־ עִיר מְתִם וְהַנָּשִׁים
y-mujeres hombres ciudad toda ** y-destruimos el-aquel en-el-tiempo

וְהַטָּף לֹא הִשְׁאַרְנוּ שָׂרִיד׃ רַק הַבְּהֵמָה בָּזַזְנוּ לָנוּ
para-nosotros llevamos el-ganado Sólo (35) . superviviente dejamos no , y-el-niño

וּשְׁלַל הֶעָרִים אֲשֶׁר לָכָדְנוּ׃ מֵעֲרֹעֵר אֲשֶׁר עַל־ שְׂפַת־
ribera-de en que De-Aroer (36) . capturamos que las-ciudades y-botín-de

נַחַל אַרְנֹן וְהָעִיר אֲשֶׁר בַּנַּחַל וְעַד־הַגִּלְעָד לֹא הָיְתָה
estaba no el-Galaad y-hasta en-el-valle que y-la-ciudad Amón valle-de

קִרְיָה אֲשֶׁר שָׂגְבָה מִמֶּנּוּ אֶת־הַכֹּל נָתַן יְהוָה אֱלֹהֵינוּ
nuestro-Dios Yahweh dio el-todo . ** , ante-nosotros fortalecida que pueblo

לְפָנֵינוּ׃ רַק אֶל־אֶרֶץ בְּנֵי־עַמּוֹן לֹא קָרָבְתָּ כָּל־יַד
mano-de toda , llegaste no Amón hijos-de tierra-de a Sólo (37) . ante-nosotros

נַחַל יַבֹּק וְעָרֵי הָהָר וְכֹל אֲשֶׁר־צִוָּה יְהוָה
Yahweh mandó lo-que y-todo el-monte y-ciudades-de Jaboc valle-de

אֱלֹהֵינוּ׃ וַנֵּפֶן וַנַּעַל דֶּרֶךְ הַבָּשָׁן וַיֵּצֵא
y-salió el-Basán camino-de y-subimos Y-volvimos (1) . nuestro-Dios Cap. 3

עוֹג מֶלֶךְ־הַבָּשָׁן לִקְרָאתֵנוּ הוּא וְכָל־עַמּוֹ לַמִּלְחָמָה
para-la-batalla-de su-pueblo y-todo él a-encontrar-nos el-Basán rey-de Og

אֶדְרֶעִי׃ וַיֹּאמֶר יְהוָה אֵלַי אַל־תִּירָא אֹתוֹ כִּי בְיָדְךָ
en-tu-mano pues a-él temas no a-mí Yahweh Y-dijo (2) . Edrei

נָתַתִּי אֹתוֹ וְאֶת־כָּל־עַמּוֹ וְאֶת־אַרְצוֹ וְעָשִׂיתָ לּוֹ
a-él y-harás su-tierra y-a su-pueblo todo y-a a-él entregué

כַּאֲשֶׁר עָשִׂיתָ לְסִיחֹן מֶלֶךְ הָאֱמֹרִי אֲשֶׁר יוֹשֵׁב בְּחֶשְׁבּוֹן׃
. en-Hesbón mora que el-amorita rey-de a-Sehón hiciste como

וַיִּתֵּן יְהוָה אֱלֹהֵינוּ בְּיָדֵנוּ גַּם אֶת־עוֹג מֶלֶךְ־
rey-de Og a también en-nuestra-mano nuestro-Dios Yahweh Y-entregó (3)

הַבָּשָׁן וְאֶת־כָּל־עַמּוֹ וַנַּכֵּהוּ עַד־בִּלְתִּי הִשְׁאִיר־
quedó nada hasta y-le-derrotamos su-pueblo todo y-a el-Basán

לוֹ שָׂרִיד׃ וַנִּלְכֹּד אֶת־כָּל־עָרָיו בָּעֵת הַהִוא
el-aquel en-el-tiempo sus-ciudades todas ** Y-tomamos (4) . superviviente para-él

לֹא הָיְתָה קִרְיָה אֲשֶׁר לֹא־לָקַחְנוּ מֵאִתָּם שִׁשִּׁים עִיר כָּל־חֶבֶל
región-de toda ciudad sesenta de-ellos tomáramos no que aldea estaba no

אַרְגֹּב מַמְלֶכֶת עוֹג בַּבָּשָׁן׃ כָּל־אֵלֶּה עָרִים בְּצֻרוֹת

fortificadas ciudades estas Todas (5) . en-el-Basán Og reino-de Argob

חוֹמָה גְבֹהָה דְּלָתַיִם וּבְרִיחַ לְבַד מֵעָרֵי הַפְּרָזִי הַרְבֵּה מְאֹד׃

. muy mucha el-aldeano de-ciudades-de además y-barra puertas alta muralla

וַנַּחֲרֵם אוֹתָם כַּאֲשֶׁר עָשִׂינוּ לְסִיחֹן מֶלֶךְ חֶשְׁבּוֹן הַחֲרֵם

para-destruir Hesbón rey-de a-Sehón hicimos como a-ellos Y-destruimos (6)

כָּל־עִיר מְתִם הַנָּשִׁים וְהַטָּף׃ וְכָל־הַבְּהֵמָה

el-ganado Pero-todo (7) . y-el-niño y-mujeres hombres ciudad toda

וּשְׁלַל הֶעָרִים בַּזּוֹנוּ לָנוּ׃ וַנִּקַּח בָּעֵת

en-el-tiempo . Y-tomamos (8) . para-nosotros llevamos las-ciudades y-despojo-de

הַהִוא אֶת־הָאָרֶץ מִיַּד שְׁנֵי מַלְכֵי הָאֱמֹרִי אֲשֶׁר בְּעֵבֶר

al-este-de que el-amorita reyes-de dos-de de-mano-de la-tierra ** el-aquel

הַיַּרְדֵּן מִנַּחַל אַרְנֹן עַד־הַר חֶרְמוֹן׃ צִידֹנִים

Sidonios (9) . Ermón monte-de hasta Arnón de-torrente-de el-Jordán

יִקְרְאוּ לְחֶרְמוֹן שִׂרְיֹן וְהָאֱמֹרִי יִקְרְאוּ־לוֹ שְׂנִיר׃ כֹּל

Todas (10) . Senir a-él llaman y-el-amorita Sirión a-Hermón llaman

עָרֵי הַמִּישֹׁר וְכָל־הַגִּלְעָד וְכָל־הַבָּשָׁן עַד־

hasta el-Basán y-todo el-Galaad y-todo la-llanura ciudades-de

סַלְכָה וְאֶדְרֶעִי עָרֵי מַמְלֶכֶת עוֹג בַּבָּשָׁן׃ כִּי רַק־עוֹג

Og sólo Pues (11) . en-Basán Og reino-de ciudades-de y-Edrei Salca

מֶלֶךְ הַבָּשָׁן נִשְׁאַר מִיֶּתֶר הָרְפָאִים הִנֵּה עַרְשׂוֹ

su-cama he-aquí , los-refaítas de-resto-de quedó el-Basán rey-de

עֶרֶשׂ בַּרְזֶל הֲלֹה הִוא בְּרַבַּת בְּנֵי עַמּוֹן תֵּשַׁע אַמּוֹת אָרְכָּהּ

su-longitud codos nueve , Amón hijos-de en-Rabá-de ella ¿acaso-no , hierro cama-de

וְאַרְבַּע אַמּוֹת רָחְבָּהּ בְּאַמַּת־אִישׁ׃ וְאֶת־הָאָרֶץ הַזֹּאת

la-ésta la-tierra Y-** (12) . hombre por-antebrazo-de su-anchura codos y-cuatro

יָרַשְׁנוּ בָּעֵת הַהִוא מֵעֲרֹעֵר אֲשֶׁר־עַל־ נַחַל אַרְנֹן וַחֲצִי

y-mitad-de Amón torrente-de en que de-Aroer el-aquel en-el-tiempo tomamos

הַר־ הַגִּלְעָד וְעָרָיו נָתַתִּי לָרֻאוּבֵנִי

el-rubenita di y-sus-ciudades el-Galaad monte-de

וְלַגָּדִי׃ וְיֶתֶר הַגִּלְעָד וְכָל־ הַבָּשָׁן מַמְלֶכֶת

reino-de el-Basán y-todo el-Galaad Y-resto-de (13) . y-a-el-gadita

עוֹג נָתַתִּי לַחֲצִי שֵׁבֶט הַמְנַשֶּׁה כֹּל חֶבֶל הָאַרְגֹּב

el-Argob región-de toda , el-Manasés tribu-de a-mitad-de di Og

לְכָל־ הַבָּשָׁן הַהוּא יִקָּרֵא אֶרֶץ רְפָאִים׃ יָאִיר

Jair (14) . refaítas tierra-de era-llamado el-aquel el-Basán en-todo

בֶּן־ מְנַשֶּׁה לָקַח אֶת־ כָּל־ חֶבֶל אַרְגֹּב עַד־ גְּבוּל

límite-de hasta Argob región-de toda ** tomó Manasés hijo-de

הַגְּשׁוּרִי וְהַמַּעֲכָתִי וַיִּקְרָא אֹתָם עַל־ שְׁמוֹ אֶת־

** nombre-de-él por a-ellos y-llamó y-el-maacatita el-gerusita

הַבָּשָׁן חַוֺּת יָאִיר עַד הַיּוֹם הַזֶּה׃ וּלְמָכִיר נָתַתִּי אֶת־

** di Y-a-Maquir (15) . el-éste el-día hasta Jair Havot el-Basán

הַגִּלְעָד׃ וְלָרֻאוּבֵנִי וְלַגָּדִי נָתַתִּי מִן־ הַגִּלְעָד

el-Galaad de di y-a-el-gadita Y-a-el-rubenita (16) . el-Galaad

וְעַד־ נַחַל אַרְנֹן תּוֹךְ הַנַּחַל וּגְבֻל וְעַד יַבֹּק הַנַּחַל

el-torrente Jaboc y-hasta y-límite el-torrente medio-de Amón torrente-de y-hasta

גְּבוּל בְּנֵי עַמּוֹן׃ וְהָעֲרָבָה וְהַיַּרְדֵּן וּגְבֻל

y-límite y-el-Jordán Y-el-Arabá (17) . Amón hijos-de límite-de

מִכִּנֶּרֶת וְעַד יָם הָעֲרָבָה יָם הַמֶּלַח תַּחַת אַשְׁדֹּת

laderas-de bajo la-Sal mar-de el-Arabá mar-de y-hasta desde-Cineret

הַפִּסְגָּה מִזְרָחָה׃ וָאֲצַו אֶתְכֶם בָּעֵת הַהִוא לֵאמֹר

diciendo el-aquel en-el-tiempo a-vosotros Y-mandé (18) . al-este el-Pisga

יְהוָה אֱלֹהֵיכֶם נָתַן לָכֶם אֶת־ הָאָרֶץ הַזֹּאת לְרִשְׁתָּהּ

para-poseer-la la-ésta la-tierra ** a-vosotros dio vuestro-Dios Yahweh

חֲלוּצִים תַּעַבְרוּ לִפְנֵי אֲחֵיכֶם בְּנֵי־ יִשְׂרָאֵל כָּל־

todos Israel hijos-de vuestros-hermanos delante-de pasaréis armados

בְּנֵי־ חָיִל׃ רַק נְשֵׁיכֶם וְטַפְּכֶם וּמִקְנֵכֶם

y-vuestro-ganado y-vuestros-niños vuestras-mujeres Sólo (19) . fuerte hijos-de

יָדַעְתִּי כִּי־ מִקְנֶה רַב לָכֶם יֵשְׁבוּ בְּעָרֵיכֶם אֲשֶׁר נָתַתִּי

di que en-vuestras-ciudades quedarán , para-vosotros mucho ganado que conozco

לָכֶם׃ עַד אֲשֶׁר־ יָנִיחַ יְהוָה ׀ לַאֲחֵיכֶם כָּכֶם

como-vosotros a-vuestros-hermanos Yahweh haga-descansar que Hasta (20) . a-vosotros

וְיָרְשׁוּ גַם־ הֵם אֶת־ הָאָרֶץ אֲשֶׁר יְהוָה אֱלֹהֵיכֶם נֹתֵן

da vuestro-Dios Yahweh que la-tierra ** ellos también y-tomen

לָהֶם בְּעֵבֶר הַיַּרְדֵּן וְשַׁבְתֶּם אִישׁ לִירֻשָּׁתוֹ

a-su-posesión cada-uno y-volveréis el-Jordán en-otro-lado-de a-ellos

אֲשֶׁר נָתַתִּי לָכֶם׃ וְאֶת־יְהוֹשׁוּעַ צִוֵּיתִי בָּעֵת הַהִוא לֵאמֹר

diciendo el-aquel en-el-tiempo mandé Josué Y-** (21) . a-vosotros di que

עֵינֶיךָ הָרֹאֹת אֵת כָּל־אֲשֶׁר עָשָׂה יְהוָה אֱלֹהֵיכֶם לִשְׁנֵי

a-dos-de vuestro-Dios Yahweh hizo lo-que todo ** los-que-ven tus-ojos

הַמְּלָכִים הָאֵלֶּה כֵּן־ יַעֲשֶׂה יְהוָה לְכָל־ הַמַּמְלָכוֹת אֲשֶׁר אַתָּה

tú que los-reinos a-todos Yahweh hará así los-éstos los-reyes

עֹבֵר שָׁמָּה׃ לֹא תִּירָאוּם כִּי יְהוָה אֱלֹהֵיכֶם הוּא

él vuestro-Dios Yahweh pues les-temáis No (22) . allí yendo

הַנִּלְחָם לָכֶם׃ וָאֶתְחַנַּן אֶל־ יְהוָה בָּעֵת הַהִוא

el-aquel en-el-tiempo Yahweh a Y-oré (23) . por-vosotros el-que-lucha

לֵאמֹר׃ אֲדֹנָי יְהוִה אַתָּה הַחִלּוֹתָ לְהַרְאוֹת אֶת־ עַבְדְּךָ אֶת־

** tu-siervo a a-mostrar empezaste tú Yahweh Señor (24) . diciendo

גָּדְלְךָ וְאֶת־ יָדְךָ הַחֲזָקָה אֲשֶׁר מִי־ אֵל בַּשָּׁמַיִם
en-los-cielos Dios quién ? que , la-fuerte tu-mano y-** tu-grandeza

וּבָאָרֶץ אֲשֶׁר־ יַעֲשֶׂה כְמַעֲשֶׂיךָ וְכִגְבוּרֹתֶךָ׃
. y-como-tus-proezas como-tus-hechos haga que y-en-la-tierra

אֶעְבְּרָה־ נָּא וְאֶרְאֶה אֶת־הָאָרֶץ הַטּוֹבָה אֲשֶׁר בְּעֵבֶר
al-otro-lado-de que la-buena la-tierra ** y-veré por-favor Déjame-pasar (25)

הַיַּרְדֵּן הָהָר הַטּוֹב הַזֶּה וְהַלְּבָנוֹן׃
. y-el-Líbano el-éste el-bueno el-monte el-Jordán

וַיִּתְעַבֵּר יְהוָה בִּי לְמַעַנְכֶם וְלֹא שָׁמַע אֵלָי
a-mí escuchó y-no a-causa-de-vosotros con-migo Yahweh Y-se-enojó (26)

וַיֹּאמֶר יְהוָה אֵלַי רַב־ לָךְ אַל־ תּוֹסֶף דַּבֵּר אֵלַי עוֹד
más a-mí hablar repitas no para-ti basta a-mí Yahweh y-dijo

בַּדָּבָר הַזֶּה׃ עֲלֵה ׀ רֹאשׁ הַפִּסְגָּה וְשָׂא עֵינֶיךָ
tus-ojos y-alza el-Pisga cima-de Sube (27) . la-ésta de-la-cosa

יָמָּה וְצָפֹנָה וְתֵימָנָה וּמִזְרָחָה וּרְאֵה בְעֵינֶיךָ
con-tus-ojos y-mira , y-al-este y-al-sur y-al-norte al-oeste

כִּי־ לֹא תַעֲבֹר אֶת־ הַיַּרְדֵּן הַזֶּה׃ וְצַו אֶת־
a Y-manda (28) . el-éste el-Jordán ** pasarás no pues

יְהוֹשֻׁעַ וְחַזְּקֵהוּ וְאַמְּצֵהוּ כִּי־ הוּא יַעֲבֹר לִפְנֵי
delante-de pasará él pues y-fortalece-lo y-anima-lo Josué

הָעָם הַזֶּה וְהוּא יַנְחִיל אוֹתָם אֶת־ הָאָרֶץ אֲשֶׁר
que la-tierra ** a-ellos hará-heredar y-él el-éste el-pueblo

תִּרְאֶה׃ וַנֵּשֶׁב בַּגָּיְא מוּל בֵּית פְּעוֹר׃ וְעַתָּה
Y-ahora (1) . Peor Bet cerca-de en-el-valle Y-permanecimos (29) . verás **Cap. 4**

יִשְׂרָאֵל שְׁמַע אֶל־ הַחֻקִּים וְאֶל־ הַמִּשְׁפָּטִים אֲשֶׁר אָנֹכִי מְלַמֵּד אֶתְכֶם
a-vosotros enseño yo que los-decretos y-a los-estatutos a escucha Israel

לַעֲשׂוֹת לְמַעַן תִּחְיוּ וּבָאתֶם וִירִשְׁתֶּם אֶת־הָאָרֶץ
la-tierra ** y-poseáis y-entréis viváis para-que para-hacer

אֲשֶׁר יְהוָה אֱלֹהֵי אֲבֹתֵיכֶם נֹתֵן לָכֶם׃ לֹא תֹסִפוּ עַל־הַדָּבָר
la-palabra a añadiréis No (2) . a-vosotros dando vuestros-padres Dios-de Yahweh que

אֲשֶׁר אָנֹכִי מְצַוֶּה אֶתְכֶם וְלֹא תִגְרְעוּ מִמֶּנּוּ לִשְׁמֹר אֶת־מִצְוֹת
mandamientos-de ** para-guardar de-él disminuiréis y-no a-vosotros mando yo que

יְהוָה אֱלֹהֵיכֶם אֲשֶׁר אָנֹכִי מְצַוֶּה אֶתְכֶם׃ עֵינֵיכֶם הָרֹאֹת אֵת
** los-que-ven Vuestros-ojos (3) . a-vosotros ordeno yo que vuestro-Dios Yahweh

אֲשֶׁר־עָשָׂה יְהוָה בְּבַעַל פְּעוֹר כִּי כָל־הָאִישׁ אֲשֶׁר הָלַךְ אַחֲרֵי
tras anduvo que el-hombre todo que , Peor con-Baal Yahweh hizo lo-que

בַעַל־פְּעוֹר הִשְׁמִידוֹ יְהוָה אֱלֹהֶיךָ מִקִּרְבֶּךָ׃ וְאַתֶּם
Y-vosotros (4) . de-en-medio-de-ti tu-Dios Yahweh le-destruyó Peor Baal

הַדְּבֵקִים בַּיהוָה אֱלֹהֵיכֶם חַיִּים כֻּלְּכֶם הַיּוֹם׃
. hoy todos-vosotros vivos vuestro-Dios a-Yahweh los-que-os-aferrasteis

רְאֵה ׀ לִמַּדְתִּי אֶתְכֶם חֻקִּים וּמִשְׁפָּטִים כַּאֲשֶׁר צִוַּנִי יְהוָה
Yahweh me-mandó como y-decretos estatutos a-vosotros he-enseñado Mirad (5)

אֱלֹהָי לַעֲשׂוֹת כֵּן בְּקֶרֶב הָאָרֶץ אֲשֶׁר אַתֶּם בָּאִים שָׁמָּה
allí entráis vosotros que la-tierra en así para-hacer mi-Dios

לְרִשְׁתָּהּ׃ וּשְׁמַרְתֶּם וַעֲשִׂיתֶם כִּי הִוא חָכְמַתְכֶם
vuestra-sabiduría ello pues y-haréis Y-guardaréis (6) . para-poseer-la

וּבִינַתְכֶם לְעֵינֵי הָעַמִּים אֲשֶׁר יִשְׁמְעוּן אֵת
** oirán que los-pueblos a-ojos-de y-vuestra-inteligencia

כָּל־הַחֻקִּים הָאֵלֶּה וְאָמְרוּ רַק עַם־חָכָם
sabio pueblo ciertamente : y-dirán los-éstos los-estatutos todos

וְנָבוֹן הַגּוֹי הַגָּדוֹל הַזֶּה׃ כִּי מִי־גוֹי גָּדוֹל
grande nación qué ? Pues (7) . el-éste el-grande la-nación y-entendido

אֲשֶׁר־ לוֹ אֱלֹהִים קְרֹבִים אֵלָיו כַּיהוָה אֱלֹהֵינוּ בְּכָל־ קָרְאֵנוּ

nuestro-rogar en-todo nuestro-Dios como-Yahweh a-él cercanos dioses para-él que

אֵלָיו׃ וּמִי גּוֹי גָּדוֹל אֲשֶׁר־ לוֹ חֻקִּים וּמִשְׁפָּטִים צַדִּיקִם

, justos y-decretos estatutos para-él que grande nación Y-qué ? (8) . a-él

כְּכֹל הַתּוֹרָה הַזֹּאת אֲשֶׁר אָנֹכִי נֹתֵן לִפְנֵיכֶם הַיּוֹם׃ רַק

Sólo (9) . hoy ante-vosotros doy yo que la-ésta la-ley como-toda

הִשָּׁמֶר לְךָ וּשְׁמֹר נַפְשְׁךָ מְאֹד פֶּן־ תִּשְׁכַּח אֶת־

** olvides para-que-no mucho a-ti-mismo y-guarda para-ti vigila

הַדְּבָרִים אֲשֶׁר־ רָאוּ עֵינֶיךָ וּפֶן־ יָסוּרוּ מִלְּבָבְךָ

de-tu-corazón se-aparten y-para-que-no tus-ojos vieron que las-cosas

כֹּל יְמֵי חַיֶּיךָ וְהוֹדַעְתָּם לְבָנֶיךָ וְלִבְנֵי

y-a-los-hijos-de a-tus-hijos y-las-enseñes tu-vida días-de todos

בָנֶיךָ׃ יוֹם אֲשֶׁר עָמַדְתָּ לִפְנֵי יְהוָה אֱלֹהֶיךָ בְּחֹרֵב

en-Horeb tu-Dios Yahweh ante estuviste que Día (10) . tus-hijos

בֶּאֱמֹר יְהוָה אֵלַי הַקְהֶל־ לִי אֶת־ הָעָם וְאַשְׁמִעֵם

y-les-haré-oír el-pueblo ** para-mí reúne : a-mí Yahweh al-decir

אֶת־ דְּבָרָי אֲשֶׁר יִלְמְדוּן לְיִרְאָה אֹתִי כָּל־ הַיָּמִים אֲשֶׁר הֵם

ellos que los-días todos a-mí a-temer aprenderán que mis-palabras **

חַיִּים עַל־ הָאֲדָמָה וְאֶת־ בְּנֵיהֶם יְלַמֵּדוּן׃ וַתִּקְרְבוּן

Y-os-acercasteis (11) . enseñarán sus-hijos y-a la-tierra en viviendo

וַתַּעַמְדוּן תַּחַת הָהָר וְהָהָר בֹּעֵר בָּאֵשׁ

con-el-fuego ardiendo y-la-montaña la-montaña al-pie-de y-quedasteis

עַד־ לֵב הַשָּׁמַיִם חֹשֶׁךְ עָנָן וַעֲרָפֶל׃ וַיְדַבֵּר יְהוָה

Yahweh Y-habló (12) . y-oscuridad nube negro los-cielos corazón hasta

אֲלֵיכֶם מִתּוֹךְ הָאֵשׁ קוֹל דְּבָרִים אַתֶּם שֹׁמְעִים וּתְמוּנָה אֵינְכֶם

vosotros-no pero-figura oyendo vosotros palabras voz-de el-fuego desde a-vosotros

רֹאִים זוּלָתִי קוֹל׃ וַיַּגֵּד לָכֶם אֶת־ בְּרִיתוֹ אֲשֶׁר
que su-pacto ** a-vosotros Y-declaró (13) . voz solamente viendo

צִוָּה אֶתְכֶם לַעֲשׂוֹת עֲשֶׂרֶת הַדְּבָרִים וַיִּכְתְּבֵם עַל־
en y-las-escribió las-palabras diez para-hacer a-vosotros mandó

שְׁנֵי לֻחוֹת אֲבָנִים׃ וְאֹתִי צִוָּה יְהוָה בָּעֵת הַהִוא
el-aquel en-el-tiempo Yahweh mandó Y-a-mí (14) . piedra tablas-de dos

לְלַמֵּד אֶתְכֶם חֻקִּים וּמִשְׁפָּטִים לַעֲשֹׂתְכֶם אֹתָם בָּאָרֶץ אֲשֶׁר אַתֶּם
vosotros que en-la-tierra a-ellos para-hacer-vosotros y-decretos estatutos a-vosotros enseñar

עֹבְרִים שָׁמָּה לְרִשְׁתָּהּ׃ וְנִשְׁמַרְתֶּם מְאֹד
mucho Y-guardaréis (15) . para-poseer-la allí pasáis

לְנַפְשֹׁתֵיכֶם כִּי לֹא רְאִיתֶם כָּל־ תְּמוּנָה בְּיוֹם דִּבֶּר יְהוָה אֲלֵיכֶם
a-vosotros Yahweh habló en-día figura ninguna visteis no pues , a-vosotros-mismos

בְּחֹרֵב מִתּוֹךְ הָאֵשׁ׃ פֶּן־ תַּשְׁחִתוּן וַעֲשִׂיתֶם לָכֶם
para-vosotros y-hagáis os-corrompáis Para-que-no (16) . el-fuego desde en-Horeb

פֶּסֶל תְּמוּנַת כָּל־ סָמֶל תַּבְנִית זָכָר אוֹ נְקֵבָה׃ תַּבְנִית כָּל־ בְּהֵמָה
animal todo Figura-de (17) . hembra o varón imagen-de forma alguna figura-de ídolo

אֲשֶׁר בָּאָרֶץ תַּבְנִית כָּל־ צִפּוֹר כָּנָף אֲשֶׁר תָּעוּף בַּשָּׁמָיִם׃
. en-los-cielos vuela que ala ave-de toda figura-de la-tierra que

תַּבְנִית כָּל־ רֹמֵשׂ בָּאֲדָמָה תַּבְנִית כָּל־ דָּגָה אֲשֶׁר־
que pez todo figura-de en-la-tierra moviente todo Figura-de (18)

בַּמַּיִם מִתַּחַת לָאָרֶץ׃ וּפֶן־ תִּשָּׂא עֵינֶיךָ
tus-ojos alces Y-así-no (19) . de-la-tierra bajo en-el-agua

הַשָּׁמַיְמָה וְרָאִיתָ אֶת־ הַשֶּׁמֶשׁ וְאֶת־ הַיָּרֵחַ וְאֶת־הַכּוֹכָבִים כֹּל
todo las-estrellas y-** la-luna y-** el-sol ** y-veas a-los-cielos

צְבָא הַשָּׁמַיִם וְנִדַּחְתָּ וְהִשְׁתַּחֲוִיתָ לָהֶם
a-ellos y-te-inclines y-seas-arrastrado los-cielos ejército-de

וַעֲבַדְתָּם אֲשֶׁר חָלַק יְהוָה אֱלֹהֶיךָ אֹתָם לְכֹל
por-todos a-ellos tu-Dios Yahweh distribuyó que y-les-sirvas

הָעַמִּים תַּחַת כָּל־ הַשָּׁמָיִם׃ וְאֶתְכֶם לָקַח יְהוָה וַיּוֹצִא
y-sacó Yahweh tomó Y-a-vosotros (20) . los-cielos todos bajo los-pueblos

אֶתְכֶם מִכּוּר הַבַּרְזֶל מִמִּצְרָיִם לִהְיוֹת לוֹ לְעַם נַחֲלָה
herencia por-pueblo-de para-Él para-ser de-Egipto el-hierro de-horno-de a-vosotros

כַּיּוֹם הַזֶּה׃ וַיהוָה הִתְאַנַּף־ בִּי עַל־ דִּבְרֵיכֶם
causa-de-vosotros por con-migo se-enojó Y-Yahweh (21) . el-éste como-el-día

וַיִּשָּׁבַע לְבִלְתִּי עָבְרִי אֶת־ הַיַּרְדֵּן וּלְבִלְתִּי־ בֹא אֶל־ הָאָרֶץ
la-tierra a entrar y-no el-Jordán ** pasar-me no y-juró

הַטּוֹבָה אֲשֶׁר יְהוָה אֱלֹהֶיךָ נֹתֵן לְךָ נַחֲלָה׃ כִּי אָנֹכִי
yo Así (22) . herencia a-ti da tu-Dios Yahweh que la-buena

מֵת בָּאָרֶץ הַזֹּאת אֵינֶנִּי עֹבֵר אֶת־ הַיַּרְדֵּן וְאַתֶּם עֹבְרִים
pasáis y-vosotros el-Jordán ** paso yo-no la-ésta en-la-tierra muero

וִירִשְׁתֶּם אֶת־ הָאָרֶץ הַטּוֹבָה הַזֹּאת׃ הִשָּׁמְרוּ לָכֶם
a-vosotros Guardad (23) . la-ésta la-buena la-tierra ** y-poseeréis

פֶּן־ תִּשְׁכְּחוּ אֶת־ בְּרִית יְהוָה אֱלֹהֵיכֶם אֲשֶׁר כָּרַת עִמָּכֶם
con-vosotros cortó que vuestro-Dios Yahweh pacto-de ** olvidéis que-no

וַעֲשִׂיתֶם לָכֶם פֶּסֶל תְּמוּנַת כֹּל אֲשֶׁר צִוְּךָ יְהוָה
Yahweh te-prohibió que algo figura-de ídolo para-vosotros y-hagáis

אֱלֹהֶיךָ׃ כִּי יְהוָה אֱלֹהֶיךָ אֵשׁ אֹכְלָה הוּא אֵל קַנָּא׃ כִּי־
Pues (25) . celoso Dios , él devorador fuego tu-Dios Yahweh Pues (24) . tu-Dios

תוֹלִיד בָּנִים וּבְנֵי בָנִים וְנוֹשַׁנְתֶּם בָּאָרֶץ
en-la-tierra y-envejezcáis hijos e-hijos-de hijos engendréis

וְהִשְׁחַתֶּם וַעֲשִׂיתֶם פֶּסֶל תְּמוּנַת כֹּל וַעֲשִׂיתֶם הָרַע
lo-malo y-hacéis algo figura-de ídolo y-hacéis y-os-corrompéis

בְּעֵינֵי־ יְהוָה־ אֱלֹהֶיךָ לְהַכְעִיסוֹ׃ הַעִידֹתִי בָכֶם

contra-vosotros Pongo-por-testigo (26) . para-enojar-le tu-Dios Yahweh en-ojos-de

הַיּוֹם אֶת־ הַשָּׁמַיִם וְאֶת־ הָאָרֶץ כִּי־ אָבֹד תֹּאבֵדוּן מַהֵר

pronto pereceréis perecer que la-tierra y-** los-cielos ** hoy

מֵעַל הָאָרֶץ אֲשֶׁר אַתֶּם עֹבְרִים אֶת־ הַיַּרְדֵּן שָׁמָּה לְרִשְׁתָּהּ

para-poseer-la allí el-Jordán ** pasáis vosotros que la-tierra de-sobre

לֹא־ תַאֲרִיכֻן יָמִים עָלֶיהָ כִּי הִשָּׁמֵד תִּשָּׁמֵדוּן׃

. seréis-destruidos destruir pues sobre-ella días permaneceréis no

וְהֵפִיץ יְהוָה אֶתְכֶם בָּעַמִּים וְנִשְׁאַרְתֶּם

y-quedaréis entre-los-pueblos a-vosotros Yahweh Y-esparcirá (27)

מְתֵי מִסְפָּר בַּגּוֹיִם אֲשֶׁר יְנַהֵג יְהוָה אֶתְכֶם שָׁמָּה׃

. allí a-vosotros Yahweh llevará que entre-las-naciones número pocos-de

וַעֲבַדְתֶּם־ שָׁם אֱלֹהִים מַעֲשֵׂה יְדֵי אָדָם עֵץ וָאֶבֶן אֲשֶׁר

que y-piedra madera hombre mano-de hecho-de dioses allí Y-serviréis (28)

לֹא־ יִרְאוּן וְלֹא יִשְׁמְעוּן וְלֹא יֹאכְלוּן וְלֹא יְרִיחֻן׃

. huelen y-no comen y-no oyen y-no ven no

וּבִקַּשְׁתֶּם מִשָּׁם אֶת־ יְהוָה אֱלֹהֶיךָ וּמָצָאתָ כִּי

si , entonces-hallaréis tu-Dios Yahweh a desde-allí Pero-si-buscáis (29)

תִדְרְשֶׁנּוּ בְּכָל־ לְבָבְךָ וּבְכָל־ נַפְשֶׁךָ׃

. tu-alma y-con-toda tu-corazón con-todo le-buscáis

בַּצַּר לְךָ וּמְצָאוּךָ כֹּל הַדְּבָרִים

las-cosas todas y-te-alcancen para-ti Cuando-la-angustia (30)

הָאֵלֶּה בְּאַחֲרִית הַיָּמִים וְשַׁבְתָּ עַד־ יְהוָה אֱלֹהֶיךָ

tu-Dios Yahweh a y-volvieres los-días en-postreros , las-éstas

וְשָׁמַעְתָּ בְּקֹלוֹ׃ כִּי אֵל רַחוּם יְהוָה אֱלֹהֶיךָ

tu-Dios Yahweh misericordioso Dios Pues (31) . a-su-voz y-oyerés

לֹא יַרְפְּךָ וְלֹא יַשְׁחִיתֶךָ וְלֹא יִשְׁכַּח

olvidará y-no te-destruirá y-no te-abandonará no

אֶת־ בְּרִית אֲבֹתֶיךָ אֲשֶׁר נִשְׁבַּע לָהֶם׃ כִּי שְׁאַל־

pregunta Pues (32) . a-ellos juró que tus-padres pacto-de **

נָא לְיָמִים רִאשֹׁנִים אֲשֶׁר־ הָיוּ לְפָנֶיךָ לְמִן־ הַיּוֹם

el-día desde antes-de-ti fueron que anteriores por-días ahora

אֲשֶׁר בָּרָא אֱלֹהִים ׀ אָדָם עַל־ הָאָרֶץ וּלְמִקְצֵה הַשָּׁמַיִם

los-cielos si-desde-extremo-de la-tierra sobre hombre Dios ´creó que

וְעַד־ קְצֵה הַשָּׁמָיִם הֲנִהְיָה כַּדָּבָר הַגָּדוֹל הַזֶּה

la-ésta la-grande como-la-cosa si-ha-sucedido , los-cielos fin-de y-hasta

אוֹ הֲנִשְׁמַע כָּמֹהוּ׃ הֲשָׁמַע עָם קוֹל אֱלֹהִים

Dios voz-de pueblo ¿ Ha-oído (33) . como-él si-se-ha-oído o

מְדַבֵּר מִתּוֹךְ־ הָאֵשׁ כַּאֲשֶׁר־ שָׁמַעְתָּ אַתָּה וַיֶּחִי׃ אוֹ ׀

O (34) . y-vivió tú oíste como el-fuego de-entre hablando

הֲנִסָּה אֱלֹהִים לָבוֹא לָקַחַת לוֹ גוֹי מִקֶּרֶב גּוֹי בְּמַסֹּת

con-pruebas nación de-entre nación para-él a-tomar ir Dios intentó

בְּאֹתֹת וּבְמוֹפְתִים וּבְמִלְחָמָה וּבְיָד חֲזָקָה וּבִזְרוֹעַ

y-con-brazo poderosa y-con-mano y-con-batalla y-con-milagros con-señales

נְטוּיָה וּבְמוֹרָאִים גְּדֹלִים כְּכֹל אֲשֶׁר־ עָשָׂה

hizo lo-que como-todo , grandes y-con-portentos extendido

לָכֶם יְהוָה אֱלֹהֵיכֶם בְּמִצְרַיִם לְעֵינֶיךָ׃ אַתָּה הָרְאֵתָ

te-fue-mostrado A-ti (35) . ante-tus-ojos en-Egipto vuestro-Dios Yahweh por-vosotros

לָדַעַת כִּי יְהוָה הוּא הָאֱלֹהִים אֵין עוֹד מִלְבַדּוֹ׃ מִן־

Desde (36) . junto-a-él otro no-hay el-Dios él Yahweh que para-saber

הַשָּׁמַיִם הִשְׁמִיעֲךָ אֶת־ קֹלוֹ לְיַסְּרֶךָּ וְעַל־

y-en para-corregir-te su-voz ** te-hizo-oír los-cielos

הָאָרֶץ הֶרְאֲךָ אֶת־ אִשּׁוֹ הַגְּדוֹלָה וּדְבָרָיו שָׁמַעְתָּ
oíste y-sus-palabras el-grande su-fuego ** te-mostró la-tierra

מִתּוֹךְ הָאֵשׁ׃ וְתַחַת כִּי אָהַב אֶת־ אֲבֹתֶיךָ
tus-padres a amó que Y-porque (37) . el-fuego de-en-medio-de

וַיִּבְחַר בְּזַרְעוֹ אַחֲרָיו וַיּוֹצִאֲךָ
y-te-sacó después-de-él en-su-descendencia y-eligió

בְּפָנָיו בְּכֹחוֹ הַגָּדֹל מִמִּצְרָיִם׃ לְהוֹרִישׁ
Para-echar (38) . de-Egipto el-grande por-su-poder por-su-presencia

גּוֹיִם גְּדֹלִים וַעֲצֻמִים מִמְּךָ מִפָּנֶיךָ לַהֲבִיאֲךָ
para-meter-te de-delante-de-ti que-tú y-más-fuertes grandes naciones

לָתֶת־ לְךָ אֶת־ אַרְצָם נַחֲלָה כַּיּוֹם הַזֶּה׃
. el-éste como-el-día herencia tierra-de-ellos ** a-ti para-dar

וְיָדַעְתָּ הַיּוֹם וַהֲשֵׁבֹתָ אֶל־ לְבָבֶךָ כִּי יְהוָה הוּא
él Yahweh que tu-corazón en y-considera hoy Y-reconoce (39)

הָאֱלֹהִים בַּשָּׁמַיִם מִמַּעַל וְעַל־ הָאָרֶץ מִתָּחַת אֵין עוֹד׃
. otro no-hay , abajo la-tierra y-en de-arriba en-los-cielos el-Dios

וְשָׁמַרְתָּ אֶת־ חֻקָּיו וְאֶת־ מִצְוֹתָיו אֲשֶׁר אָנֹכִי מְצַוְּךָ
te-mando yo que sus-mandamientos y-** sus-estatutos ** Y-guarda (40)

הַיּוֹם אֲשֶׁר יִיטַב לְךָ וּלְבָנֶיךָ אַחֲרֶיךָ
después-de-ti y-a-tus-hijos a-ti vaya-bien que hoy

וּלְמַעַן תַּאֲרִיךְ יָמִים עַל־הָאֲדָמָה אֲשֶׁר יְהוָה אֱלֹהֶיךָ נֹתֵן
da tu-Dios Yahweh que la-tierra en días prolongues y-para-que

לְךָ כָּל־ הַיָּמִים׃ אָז יַבְדִּיל מֹשֶׁה שָׁלֹשׁ עָרִים בְּעֵבֶר
al-este-de ciudades tres Moisés apartó Entonces (41) . los-días todos a-ti

הַיַּרְדֵּן מִזְרְחָה שָׁמֶשׁ׃ לָנֻס שָׁמָּה רוֹצֵחַ אֲשֶׁר יִרְצַח
matara que homicida allí Para-huir (42) . sol hacia-salida-de el-Jordán

אֶת־ רֵעֵהוּ בִּבְלִי־ דַעַת וְהוּא לֹא־ שֹׂנֵא לוֹ
para-él malicioso no y-él conocimiento sin su-prójimo a

מִתְּמוֹל שִׁלְשׁוֹם וְנָס אֶל־ אַחַת מִן־ הֶעָרִים הָאֵל
las-éstas las-ciudades de una a y-huya , previamente de-antes

וָחָי׃ אֶת־ בֶּצֶר בַּמִּדְבָּר בְּאֶרֶץ הַמִּישֹׁר
la-llanura en-tierra-de en-el-desierto Beser ** (43) . y-viva

לָראוּבֵנִי וְאֶת־ רָאמֹת בַּגִּלְעָד לַגָּדִי וְאֶת־ גּוֹלָן
Golán y-** para-el-gadita en-el-Galaad Ramot y-** para-el-rubenita

בַּבָּשָׁן לַמְנַשִּׁי׃ וְזֹאת הַתּוֹרָה אֲשֶׁר־ שָׂם מֹשֶׁה
Moisés puso que la-ley Y-ésta (44) . para-el-manasita en-el-Basán

לִפְנֵי בְּנֵי יִשְׂרָאֵל׃ אֵלֶּה הָעֵדֹת וְהַחֻקִּים וְהַמִּשְׁפָּטִים
y-los-decretos y-los-estatutos los-testimonios Éstos (45) . Israel hijos-de ante

אֲשֶׁר דִּבֶּר מֹשֶׁה אֶל־ בְּנֵי יִשְׂרָאֵל בְּצֵאתָם מִמִּצְרָיִם׃
. de-Egipto en-venir-de-ellos Israel hijos-de a Moisés habló que

בְּעֵבֶר הַיַּרְדֵּן בַּגַּיְא מוּל בֵּית פְּעוֹר בְּאֶרֶץ סִיחֹן
Sehón en-tierra-de Peor Bet cerca-de en-el-valle el-Jordán Al-este-de (46)

מֶלֶךְ הָאֱמֹרִי אֲשֶׁר יוֹשֵׁב בְּחֶשְׁבּוֹן אֲשֶׁר הִכָּה מֹשֶׁה וּבְנֵי
e-hijos-de Moisés derrotó que en-Hesbón habitando que el-amorita rey-de

יִשְׂרָאֵל בְּצֵאתָם מִמִּצְרָיִם׃ וַיִּירְשׁוּ אֶת־ אַרְצוֹ וְאֶת־
y-** su-tierra ** Y-poseyeron (47) . de-Egipto en-venir-de-ellos Israel

אֶרֶץ ׀ עוֹג מֶלֶךְ־ הַבָּשָׁן שְׁנֵי מַלְכֵי הָאֱמֹרִי אֲשֶׁר בְּעֵבֶר
al-este-de que el-amorita reyes-de dos el-Basán rey-de Og tierra-de

הַיַּרְדֵּן מִזְרַח שָׁמֶשׁ׃ מֵעֲרֹעֵר אֲשֶׁר עַל־שְׂפַת־ נַחַל אַרְנֹן וְעַד־
y-hasta Arnón arroyo-de ribera-de en que De-Aroer (48) . sol salida-de el-Jordán

הַר שִׂיאֹן הוּא חֶרְמוֹן׃ וְכָל־ הָעֲרָבָה עֵבֶר הַיַּרְדֵּן
el-Jordán este-de el-Arabá Y-todo (49) . Hermón él Siryón monte-de

מִזְרָחָה וְעַד יָם הָעֲרָבָה תַּחַת אַשְׁדֹּת הַפִּסְגָּה׃
. el-Pisga laderas-de bajo el-Arabá mar-de y-hasta a-oriente

וַיִּקְרָא מֹשֶׁה אֶל־ כָּל־ יִשְׂרָאֵל וַיֹּאמֶר אֲלֵהֶם שְׁמַע
oye : a-ellos y-dijo Israel todo a Moisés Y-llamó (1)

יִשְׂרָאֵל אֶת־ הַחֻקִּים וְאֶת־הַמִּשְׁפָּטִים אֲשֶׁר אָנֹכִי דֹּבֵר בְּאָזְנֵיכֶם הַיּוֹם
hoy en-vuestros-oídos hablando yo que los-decretos y-** los-estatutos ** Israel

וּלְמַדְתֶּם אֹתָם וּשְׁמַרְתֶּם לַעֲשֹׂתָם׃ יְהוָה אֱלֹהֵינוּ
nuestro-Dios Yahweh (2) . para-hacer-los y-guardaos ellos y-aprended

כָּרַת עִמָּנוּ בְּרִית בְּחֹרֵב׃ לֹא אֶת־ אֲבֹתֵינוּ כָּרַת יְהוָה
Yahweh cortó nuestros-padres con No (3) . en-Horeb pacto con-nosotros cortó

אֶת־ הַבְּרִית הַזֹּאת כִּי אִתָּנוּ אֲנַחְנוּ אֵלֶּה פֹה הַיּוֹם כֻּלָּנוּ
todos-nosotros hoy aquí éstos nosotros con-nosotros sino , el-éste el-pacto **

חַיִּים׃ פָּנִים ׀ בְּפָנִים דִּבֶּר יְהוָה עִמָּכֶם בָּהָר מִתּוֹךְ
desde en-el-monte con-vosotros Yahweh habló con-caras Caras (4) . vivos

הָאֵשׁ׃ אָנֹכִי עֹמֵד בֵּין־ יְהוָה וּבֵינֵיכֶם בָּעֵת הַהִוא
el-aquel en-el-tiempo y-entre-vosotros Yahweh entre estando Yo (5) . el-fuego

לְהַגִּיד לָכֶם אֶת־ דְּבַר יְהוָה כִּי יְרֵאתֶם מִפְּנֵי
de-presencia-de temíais pues Yahweh palabra-de ** a-vosotros para-declarar

הָאֵשׁ וְלֹא־ עֲלִיתֶם בָּהָר לֵאמֹר׃ אָנֹכִי יְהוָה אֱלֹהֶיךָ
tu-Dios Yahweh Yo (6) . para-decir ; a-la-montaña subisteis y-no el-fuego

אֲשֶׁר הוֹצֵאתִיךָ מֵאֶרֶץ מִצְרַיִם מִבֵּית עֲבָדִים׃ לֹא
No (7) . servidumbre de-casa-de Egipto de-tierra-de te-saqué que

יִהְיֶה־ לְךָ אֱלֹהִים אֲחֵרִים עַל־ פָּנָי׃ לֹא־ תַעֲשֶׂה־
harás No (8) . mis-faces ante otros dioses para-ti será

לְךָ פֶסֶל ׀ כָּל־ תְּמוּנָה אֲשֶׁר בַּשָּׁמַיִם ׀ מִמַּעַל וַאֲשֶׁר בָּאָרֶץ
en-la-tierra o-que de-arriba en-los-cielos que imagen cualquier ídolo para-ti

מִתַּחַת וַאֲשֶׁר בַּמַּיִם ׀ מִתַּחַת לָאָרֶץ׃ לֹא־תִשְׁתַּחֲוֶה

te-inclinarás No (9) . de-la-tierra de-bajo en-las-aguas o-que de-abajo

לָהֶם וְלֹא תָעָבְדֵם כִּי אָנֹכִי יְהוָה אֱלֹהֶיךָ אֵל קַנָּא

celoso Dios tu-Dios Yahweh yo pues les-servirás y-no a-ellos

פֹּקֵד עֲוֹן אָבוֹת עַל־בָּנִים וְעַל־שִׁלֵּשִׁים וְעַל־רִבֵּעִים

cuartos y-en terceros y-en hijos en padres pecado-de castigando

לְשֹׂנְאָי׃ וְעֹשֶׂה חֶסֶד לַאֲלָפִים לְאֹהֲבַי

a-los-que-me-aman a-miles misericordia Y-haciendo (10) . a-los-que-me-aborrecen

וּלְשֹׁמְרֵי מִצְוֺתָו׃ לֹא תִשָּׂא אֶת־שֵׁם־

nombre-de ** tomarás No (11) . mis-mandamientos y-a-los-que-guardan

יְהוָה אֱלֹהֶיךָ לַשָּׁוְא כִּי לֹא יְנַקֶּה יְהוָה אֵת

** Yahweh tendrá-por-inocente no pues en-vano tu-Dios Yahweh

אֲשֶׁר־יִשָּׂא אֶת־שְׁמוֹ לַשָּׁוְא׃ שָׁמוֹר אֶת־יוֹם

día-de ** Guardar (12) . en-vano su-nombre ** tome quien

הַשַּׁבָּת לְקַדְּשׁוֹ כַּאֲשֶׁר צִוְּךָ ׀ יְהוָה אֱלֹהֶיךָ

tu-Dios Yahweh te-mandó como para-santificar-lo el-reposo

שֵׁשֶׁת יָמִים תַּעֲבֹד וְעָשִׂיתָ כָּל־מְלַאכְתֶּךָ׃

. tu-obra toda y-harás trabajarás días Seis (13)

וְיוֹם הַשְּׁבִיעִי שַׁבָּת ׀ לַיהוָה אֱלֹהֶיךָ לֹא תַעֲשֶׂה

harás no , tu-Dios para-Yahweh reposo el-séptimo Y-día (14)

כָל־מְלָאכָה אַתָּה וּבִנְךָ־ וּבִתֶּךָ וְעַבְדְּךָ־

ni-tu-siervo ni-tu-hija ni-tu-hijo tú obra ninguna

וַאֲמָתֶךָ וְשׁוֹרְךָ וַחֲמֹרְךָ וְכָל־בְּהֶמְתֶּךָ

bestia-tuya ni-ninguna ni-tu-asno ni-tu-buey ni-tu-sierva

וְגֵרְךָ אֲשֶׁר בִּשְׁעָרֶיךָ לְמַעַן יָנוּחַ עַבְדְּךָ

tu-siervo descanse para-que dentro-de-tus-puertas que ni-tu-forastero

וְאֲמָתֶךָ כָּמוֹךָ׃ וְזָכַרְתָּ כִּי־עֶבֶד הָיִיתָ ׀

fuiste siervo que Y-recuerda (15) . como-tú y-tu-sierva

בְּאֶרֶץ מִצְרַיִם וַיֹּצִאֲךָ יְהוָה אֱלֹהֶיךָ מִשָּׁם בְּיָד

con-mano de-allí tu-Dios Yahweh y-te-sacó Egipto en-tierra-de

חֲזָקָה וּבִזְרֹעַ נְטוּיָה עַל־כֵּן צִוְּךָ יְהוָה

Yahweh te-mandó eso por extendido y-brazo fuerte

אֱלֹהֶיךָ לַעֲשׂוֹת אֶת־יוֹם הַשַּׁבָּת׃ כַּבֵּד אֶת־אָבִיךָ

tu-padre a Honra (16) . el-reposo día-de ** para-hacer tu-Dios

וְאֶת־אִמֶּךָ כַּאֲשֶׁר צִוְּךָ יְהוָה אֱלֹהֶיךָ. לְמַעַן ׀

para-que tu-Dios Yahweh te-mandó como tu-madre y-a

יַאֲרִיכֻן יָמֶיךָ וּלְמַעַן יִיטַב לָךְ עַל הָאֲדָמָה

la-tierra en a-ti vaya-bien y-para-que tus-días se-alarguen

אֲשֶׁר־יְהוָה אֱלֹהֶיךָ נֹתֵן לָךְ׃ לֹא תִּרְצָח׃ וְלֹא

Y-no (18) . matarás No (17) . a-ti da tu-Dios Yahweh que

תִּנְאָף׃ וְלֹא תִּגְנֹב׃ וְלֹא־תַעֲנֶה

darás Y-no (20) . robarás Y-no (19) . cometerás-adulterio

בְרֵעֲךָ עֵד שָׁוְא׃ וְלֹא תַחְמֹד אֵשֶׁת

mujer-de codiciarás Y-no (21) . falso testimonio contra-tu-prójimo

רֵעֶךָ וְלֹא תִתְאַוֶּה בֵּית רֵעֶךָ שָׂדֵהוּ

su-campo tu-prójimo casa-de desearás y-no tu-prójimo

וְעַבְדּוֹ וַאֲמָתוֹ שׁוֹרוֹ וַחֲמֹרוֹ

ni-su-asno su-buey ni-su-sierva ni-su-siervo

וְכֹל אֲשֶׁר לְרֵעֶךָ׃ אֶת־הַדְּבָרִים הָאֵלֶּה

las-éstas las-palabras ** (22) . de-tu-prójimo que ni-nada

דִּבֶּר יְהוָה אֶל־כָּל־קְהַלְכֶם בָּהָר מִתּוֹךְ

desde en-el-monte vuestra-congregación toda a Yahweh habló

הָאֵשׁ הֶעָנָן וְהָעֲרָפֶל קוֹל גָּדוֹל וְלֹא יָסָף
; añadió y-no grande voz y-la-oscuridad la-nube el-fuego

וַיִּכְתְּבֵם עַל־ שְׁנֵי לֻחֹת אֲבָנִים וַיִּתְּנֵם אֵלָי׃
. a-mí y-las-dio piedras tablas-de dos en y-las-escribió

וַיְהִי כְּשָׁמְעֲכֶם אֶת־ הַקּוֹל מִתּוֹךְ הַחֹשֶׁךְ
la-oscuridad de-en-medio-de la-voz ** cuando-vuestro-oír Y-fue (23)

וְהָהָר בֹּעֵר בָּאֵשׁ וַתִּקְרְבוּן אֵלַי כָּל־ רָאשֵׁי
· cabezas-de todos a-mí y-vinisteis con-el-fuego ardiendo y-la-montaña

שִׁבְטֵיכֶם וְזִקְנֵיכֶם׃ וַתֹּאמְרוּ הֵן הֶרְאָנוּ יְהוָה
Yahweh nos-mostró he-aquí : Y-dijisteis (24) . y-vuestros-ancianos vuestras-tribus

אֱלֹהֵינוּ אֶת־ כְּבֹדוֹ וְאֶת־ גָּדְלוֹ וְאֶת־ קֹלוֹ שָׁמַעְנוּ
escuchamos su-voz y-** su-grandeza y-** su-gloria ** nuestro-Dios

מִתּוֹךְ הָאֵשׁ הַיּוֹם הַזֶּה רָאִינוּ כִּי־ יְדַבֵּר אֱלֹהִים אֶת־ הָאָדָם
el-hombre con Dios habla que vimos el-ése el-día ; el-fuego de-en-medio-de

וָחָי׃ וְעַתָּה לָמָּה נָמוּת כִּי תֹאכְלֵנוּ הָאֵשׁ
el-fuego nos-consumirá pues moriremos por-qué ? Y-ahora (25) . y-vive

הַגְּדֹלָה הַזֹּאת אִם־ יֹסְפִים ׀ אֲנַחְנוּ לִשְׁמֹעַ אֶת־ קוֹל יְהוָה
Yahweh voz-de ** oír nosotros continuando si , la-ésta la-grande

אֱלֹהֵינוּ עוֹד וָמָתְנוּ׃ כִּי מִי כָל־ בָּשָׂר אֲשֶׁר שָׁמַע
oyó que carne toda quién Pues (26) . entonces-moriremos aún nuestro-Dios

קוֹל אֱלֹהִים חַיִּים מְדַבֵּר מִתּוֹךְ־ הָאֵשׁ כָּמֹנוּ וַיֶּחִי׃ קְרַב
Acércate (27) . y-viva como-nosotros el-fuego desde hablando viviente Dios voz-de

אַתָּה וּשְׁמָע אֵת כָּל־ אֲשֶׁר יֹאמַר יְהוָה אֱלֹהֵינוּ וְאַתְּ ׀ תְּדַבֵּר
habla y-tú nuestro-Dios Yahweh dice lo-que todo ** y-escucha tú

אֵלֵינוּ אֵת כָּל־ אֲשֶׁר יְדַבֵּר יְהוָה אֱלֹהֵינוּ אֵלֶיךָ וְשָׁמַעְנוּ
y-escucharemos a-ti nuestro-Dios Yahweh hable lo-que todo ** a-nosotros

וְעָשִׂינוּ׃ וַיִּשְׁמַע יְהוָה אֶת־ קוֹל דִּבְרֵיכֶם
vuestras-palabras voz-de ** Yahweh Y-oyó (28) . y-haremos

בְּדַבֶּרְכֶם אֵלָי וַיֹּאמֶר יְהוָה אֵלַי שָׁמַעְתִּי אֶת־ קוֹל
voz-de ** oí : a-mí Yahweh y-dijo , a-mí en-vuestro-hablar

דִּבְרֵי הָעָם הַזֶּה אֲשֶׁר דִּבְּרוּ אֵלֶיךָ הֵיטִיבוּ כָּל־אֲשֶׁר
lo-que todo fueron-bien ; a-ti hablaron que el-éste el-pueblo palabras-de

דִּבֵּרוּ׃ מִי־ יִתֵּן וְהָיָה לְבָבָם זֶה
éste corazón-de-ellos que-fuera diera Quién (29) . dijeron

לָהֶם לְיִרְאָה אֹתִי וְלִשְׁמֹר אֶת־ כָּל־ מִצְוֹתַי כָּל־ הַיָּמִים
los-días todos mis-mandamientos todos ** y-para-guardar a-mí para-temer para-ellos

לְמַעַן יִיטַב לָהֶם וְלִבְנֵיהֶם לְעֹלָם׃
. para-siempre y-a-sus-hijos a-ellos vaya-bien para-que

לֵךְ אֱמֹר לָהֶם שׁוּבוּ לָכֶם לְאָהֳלֵיכֶם׃ וְאַתָּה פֹּה
aquí Y-tú (31) . a-vuestras-tiendas a-vosotros volved : a-ellos di Ve (30)

עֲמֹד עִמָּדִי וַאֲדַבְּרָה אֵלֶיךָ אֵת כָּל־ הַמִּצְוָה וְהַחֻקִּים
y-los-decretos el-mandamiento todo ** a-ti y-diré con-migo quedando

וְהַמִּשְׁפָּטִים אֲשֶׁר תְּלַמְּדֵם וְעָשׂוּ בָאָרֶץ אֲשֶׁר
que en-la-tierra y-harán les-enseñarás que y-las-leyes

אָנֹכִי נֹתֵן לָהֶם לְרִשְׁתָּהּ׃ וּשְׁמַרְתֶּם לַעֲשׂוֹת כַּאֲשֶׁר
como para-hacer Y-obedeceréis (32) . para-poseer-la a-ellos doy yo

צִוָּה יְהוָה אֱלֹהֵיכֶם אֶתְכֶם לֹא תָסֻרוּ יָמִין וּשְׂמֹאל׃ בְּכָל־
En-todo (33) . o-izquierda derecha volváis no a-vosotros vuestro-Dios Yahweh mandó

הַדֶּרֶךְ אֲשֶׁר צִוָּה יְהוָה אֱלֹהֵיכֶם אֶתְכֶם תֵּלֵכוּ לְמַעַן תִּחְיוּן
viváis para-que , andad a-vosotros vuestro-Dios Yahweh mandó que el-camino

וְטוֹב לָכֶם וְהַאֲרַכְתֶּם יָמִים בָּאָרֶץ אֲשֶׁר תִּירָשׁוּן׃
. poseeréis que en-la-tierra días y-alarguéis para-vosotros y-sea-bueno

וְזֹאת הַמִּצְוָה הַחֻקִּים וְהַמִּשְׁפָּטִים אֲשֶׁר צִוָּה יְהוָה

Yahweh mandó que y-las-leyes los-decretos el-mandamiento Y-éste (1)

אֱלֹהֵיכֶם לְלַמֵּד אֶתְכֶם לַעֲשׂוֹת בָּאָרֶץ אֲשֶׁר אַתֶּם עֹבְרִים

cruzáis vosotros que en-la-tierra para-hacer a-vosotros para-enseñar vuestro-Dios

שָׁמָּה לְרִשְׁתָּהּ׃ לְמַעַן תִּירָא אֶת־ יְהוָה אֱלֹהֶיךָ

tu-Dios Yahweh a temas Para-que (2) . para-poseer-la allí

לִשְׁמֹר אֶת־ כָּל־ חֻקֹּתָיו וּמִצְוֹתָיו אֲשֶׁר אָנֹכִי מְצַוֶּךָ

te-mando yo que y-sus-mandamientos sus-decretos todos ** para-guardar

אַתָּה וּבִנְךָ וּבֶן־ בִּנְךָ כֹּל יְמֵי חַיֶּיךָ

tu-vida días-de todos tu-hijo e-hijo-de y-tu-hijo tú

וּלְמַעַן יַאֲרִכֻן יָמֶיךָ׃ וְשָׁמַעְתָּ יִשְׂרָאֵל

Israel Y-escucha (3) . tus-días sean-alargados y-para-que

וְשָׁמַרְתָּ לַעֲשׂוֹת אֲשֶׁר יִיטַב לְךָ וַאֲשֶׁר

y-que para-ti sea-bueno que para-hacer y-guarda

תִּרְבּוּן מְאֹד כַּאֲשֶׁר דִּבֶּר יְהוָה אֱלֹהֵי אֲבֹתֶיךָ

tus-padres Dios-de Yahweh habló como mucho te-multipliques

לָךְ אֶרֶץ זָבַת חָלָב וּדְבָשׁ׃ שְׁמַע יִשְׂרָאֵל יְהוָה אֱלֹהֵינוּ

nuestro-Dios Yahweh Israel Oye (4) . y-miel leche fluyendo-de tierra-de a-ti

יְהוָה אֶחָד׃ וְאָהַבְתָּ אֵת יְהוָה אֱלֹהֶיךָ בְּכָל־

con-todo tu-Dios Yahweh a Y-amarás (5) . uno Yahweh

לְבָבְךָ וּבְכָל־ נַפְשְׁךָ וּבְכָל־ מְאֹדֶךָ׃

. tu-fuerza y-con-toda tu-alma y-con-toda tu-corazón

וְהָיוּ הַדְּבָרִים הָאֵלֶּה אֲשֶׁר אָנֹכִי מְצַוְּךָ הַיּוֹם עַל־

sobre hoy te-mando yo que las-éstas las-palabras Y-estarán (6)

לְבָבֶךָ׃ וְשִׁנַּנְתָּם לְבָנֶיךָ וְדִבַּרְתָּ

y-hablarás a-tus-hijos Y-las-inculcarás (7) . tu-corazón

בָּם בְּשִׁבְתְּךָ בְּבֵיתֶךָ וּבְלֶכְתְּךָ בַדֶּרֶךְ
en-el-camino y-en-tu-andar en-tu-casa en-tu-estar de-ellas

וּבְשָׁכְבְּךָ וּבְקוּמֶךָ׃ וּקְשַׁרְתָּם לְאוֹת
por-señal Y-las-atarás (8) . y-en-tu-levantarte y-en-tu-acostarte

עַל־ יָדֶךָ וְהָיוּ לְטֹטָפֹת בֵּין עֵינֶיךָ׃
. tus-ojos entre como-bandas y-estarán tu-mano sobre

וּכְתַבְתָּם עַל־ מְזֻזוֹת בֵּיתֶךָ וּבִשְׁעָרֶיךָ׃
. y-en-tus-puertas tu-casa postes-de sobre Y-las-escribirás (9)

וְהָיָה כִּי יְבִיאֲךָ ׀ יְהוָה אֱלֹהֶיךָ אֶל־ הָאָרֶץ אֲשֶׁר
que la-tierra a tu-Dios Yahweh te-introduzca cuando Y-será (10)

נִשְׁבַּע לַאֲבֹתֶיךָ לְאַבְרָהָם לְיִצְחָק וּלְיַעֲקֹב לָתֶת לָךְ
a-ti para-dar y-a-Jacob a-Isaac a-Abraham a-tus-padres juró

עָרִים גְּדֹלֹת וְטֹבֹת אֲשֶׁר לֹא־ בָנִיתָ׃ וּבָתִּים מְלֵאִים
llenas Y-casas (11) . edificaste no que y-buenas grandes ciudades

כָּל־ טוּב אֲשֶׁר לֹא־ מִלֵּאתָ וּבֹרֹת חֲצוּבִים אֲשֶׁר לֹא־ חָצַבְתָּ
excavaste no que excavados y-pozos llenaste no que bien todo

כְּרָמִים וְזֵיתִים אֲשֶׁר לֹא־ נָטָעְתָּ וְאָכַלְתָּ וְשָׂבָעְתָּ׃
. y-te-sacies y-comas plantaste no que y-olivares viñas

הִשָּׁמֶר לְךָ פֶּן־ תִּשְׁכַּח אֶת־ יְהוָה אֲשֶׁר הוֹצִיאֲךָ
te-sacó que Yahweh a olvides que-no a-ti Cuida (12)

מֵאֶרֶץ מִצְרַיִם מִבֵּית עֲבָדִים׃ אֶת־ יְהוָה אֱלֹהֶיךָ
tu-Dios Yahweh A (13) . siervos de-casa-de Egipto de-tierra-de

תִּירָא וְאֹתוֹ תַעֲבֹד וּבִשְׁמוֹ תִּשָּׁבֵעַ׃ לֹא
No (14) . jurarás y-por-su-nombre servirás y-a-él temerás

תֵלְכוּן אַחֲרֵי אֱלֹהִים אֲחֵרִים מֵאֱלֹהֵי הָעַמִּים אֲשֶׁר סְבִיבוֹתֵיכֶם׃
. alrededor-de-vosotros que los-pueblos de-dioses-de otros dioses tras andaréis

כִּי אֵל קַנָּא יְהוָה אֱלֹהֶיךָ בְּקִרְבֶּךָ פֶּן יֶחֱרֶה אַף־

ira-de arda para-que-no en-medio-de-ti tu-Dios Yahweh celoso Dios Pues (15)

יְהוָה אֱלֹהֶיךָ בָּךְ וְהִשְׁמִידְךָ מֵעַל פְּנֵי הָאֲדָמָה׃

. la-tierra faz-de de-sobre y-te-destruya contra-ti tu-Dios Yahweh

לֹא תְנַסּוּ אֶת־ יְהוָה אֱלֹהֵיכֶם כַּאֲשֶׁר נִסִּיתֶם בַּמַּסָּה׃

. en-el-Masah tentasteis como vuestro-Dios Yahweh a tentaréis No (16)

שָׁמוֹר תִּשְׁמְרוּן אֶת־ מִצְוֹת יְהוָה אֱלֹהֵיכֶם וְעֵדֹתָיו

y-sus-testimonios vuestro-Dios Yahweh mandamientos-de ** guardaréis Guardar (17)

וְחֻקָּיו אֲשֶׁר צִוָּךְ׃ וְעָשִׂיתָ הַיָּשָׁר וְהַטּוֹב

y-bueno lo-recto Y-harás (18) . te-mandó que y-sus-decretos

בְּעֵינֵי יְהוָה לְמַעַן יִיטַב לָךְ וּבָאתָ

y-entres a-ti vaya-bien para-que Yahweh en-ojos-de

וְיָרַשְׁתָּ אֶת־הָאָרֶץ הַטֹּבָה אֲשֶׁר־ נִשְׁבַּע יְהוָה לַאֲבֹתֶיךָ׃

. a-tus-padres Yahweh juró que la-buena la-tierra ** y-poseas

לַהֲדֹף אֶת־ כָּל־ אֹיְבֶיךָ מִפָּנֶיךָ כַּאֲשֶׁר

como de-delante-de-ti tus-enemigos todos a Para-arrojar (19)

דִּבֶּר יְהוָה׃ כִּי־ יִשְׁאָלְךָ בִנְךָ מָחָר לֵאמֹר מָה

¿ qué : diciendo mañana tu-hijo te-pregunte Cuando (20) . Yahweh habló

הָעֵדֹת וְהַחֻקִּים וְהַמִּשְׁפָּטִים אֲשֶׁר צִוָּה יְהוָה

Yahweh mandó que y-las-leyes y-los-decretos los-testimonios

אֱלֹהֵינוּ אֶתְכֶם׃ וְאָמַרְתָּ לְבִנְךָ עֲבָדִים הָיִינוּ לְפַרְעֹה

a-Faraón fuimos siervos a-tu-hijo Y-dirás (21) . a-vosotros nuestro-Dios

בְּמִצְרָיִם וַיּוֹצִיאֵנוּ יְהוָה מִמִּצְרַיִם בְּיָד חֲזָקָה׃ וַיִּתֵּן

Y-dio (22) . fuerte con-mano de-Egipto Yahweh y-nos-sacó en-Egipto

יְהוָה אוֹתֹת וּמֹפְתִים גְּדֹלִים וְרָעִים ׀ בְּמִצְרַיִם בְּפַרְעֹה

en-Faraón en-Egipto y-terribles grandes y-milagros señales Yahweh

וּבְכָל־ בֵּיתוֹ לְעֵינֵינוּ׃ וְאוֹתָנוּ הוֹצִיא

sacó Y-a-nosotros (23) . a-nuestros-ojos su-casa y-en-toda

מִשָּׁם לְמַעַן הָבִיא אֹתָנוּ לָתֶת לָנוּ אֶת־הָאָרֶץ אֲשֶׁר נִשְׁבַּע

juró que la-tierra ** a-nosotros para-dar a-nosotros introducir para de-allí

לַאֲבֹתֵינוּ׃ וַיְצַוֵּנוּ יְהוָה לַעֲשׂוֹת אֶת־ כָּל־

todos ** hacer Yahweh Y-nos-mandó (24) . a-nuestros-padres

הַחֻקִּים הָאֵלֶּה לְיִרְאָה אֶת־ יְהוָה אֱלֹהֵינוּ לְטוֹב לָנוּ כָּל־

todos para-nosotros para-bien nuestro-Dios Yahweh a para-temer los-éstos los-decretos

הַיָּמִים לְחַיֹּתֵנוּ כְּהַיּוֹם הַזֶּה׃ וּצְדָקָה

Y-justicia (25) . el-éste como-el-día para-darnos-vida los-días

תִּהְיֶה־ לָּנוּ כִּי־ נִשְׁמֹר לַעֲשׂוֹת אֶת־ כָּל־ הַמִּצְוָה הַזֹּאת

el-éste el-mandamiento todo ** para-hacer guardamos si para-nosotros será

לִפְנֵי יְהוָה אֱלֹהֵינוּ כַּאֲשֶׁר צִוָּנוּ׃ כִּי יְבִיאֲךָ

te-introduzca Cuando (1) . nos-mandó como nuestro-Dios Yahweh ante Ca

יְהוָה אֱלֹהֶיךָ אֶל־ הָאָרֶץ אֲשֶׁר־אַתָּה בָא־ שָׁמָּה לְרִשְׁתָּהּ

para-poseer-la allí entras tú que la-tierra a tu-Dios Yahweh

וְנָשַׁל גּוֹיִם־ רַבִּים ׀ מִפָּנֶיךָ הַחִתִּי וְהַגִּרְגָּשִׁי

el-girgasita el-hitita de-delante-de-ti muchas naciones y-expulse

וְהָאֱמֹרִי וְהַכְּנַעֲנִי וְהַפְּרִזִּי וְהַחִוִּי

el-hivita el-fericita el-cananita el-amorita

וְהַיְבוּסִי שִׁבְעָה גוֹיִם רַבִּים וַעֲצוּמִים מִמֶּךָּ׃

. que-tú y-más-fuertes mayores naciones siete el-jebusita

וּנְתָנָם יְהוָה אֱלֹהֶיךָ לְפָנֶיךָ וְהִכִּיתָם

y-las-derrotes delante-de-ti tu-Dios Yahweh Y-las-entregue (2)

הַחֲרֵם תַּחֲרִים אֹתָם לֹא־ תִכְרֹת לָהֶם בְּרִית וְלֹא

y-no pacto con-ellos harás no a-ellos destruirás destruir

תְּחָנֵּם׃ וְלֹא תִתְחַתֵּן בָּם בִּתְּךָ

tu-hija , con-ellos emparentarás Y-no (3) . los-compadecerás

לֹא־ תִתֵּן לִבְנוֹ וּבִתּוֹ לֹא־ תִקַּח לִבְנֶךָ׃

. para-tu-hijo tomarás no y-su-hija a-su-hijo darás no

כִּי־ יָסִיר אֶת־ בִּנְךָ מֵאַחֲרַי וְעָבְדוּ אֱלֹהִים

dioses y-servirán de-tras-mí tu-hijo a volverá Pues (4)

אֲחֵרִים וְחָרָה אַף־ יְהוָה בָּכֶם וְהִשְׁמִידְךָ

y-te-destruirá contra-vosotros Yahweh ira-de y-arderá , otros

מַהֵר׃ כִּי־ אִם־ כֹּה תַעֲשׂוּ לָהֶם מִזְבְּחֹתֵיהֶם תִּתֹּצוּ

derribaréis sus-altares , a-ellos haréis así cierto Pues (5) . rápido

וּמַצֵּבֹתָם תְּשַׁבֵּרוּ וַאֲשֵׁירֵהֶם תְּגַדֵּעוּן

cortaréis y-sus-ídolos-de-Asera romperéis y-sus-estatuas

וּפְסִילֵיהֶם תִּשְׂרְפוּן בָּאֵשׁ׃ כִּי עַם קָדוֹשׁ אַתָּה לַיהוָה

para-Yahweh tú santo pueblo Pues (6) . en-el-fuego quemaréis y-sus-imágenes

אֱלֹהֶיךָ בְּךָ בָּחַר ׀ יְהוָה אֱלֹהֶיךָ לִהְיוֹת לוֹ לְעַם

por-pueblo-de para-él para-ser tu-Dios Yahweh eligió a-ti tu-Dios

סְגֻלָּה מִכֹּל הָעַמִּים אֲשֶׁר עַל־ פְּנֵי הָאֲדָמָה׃ לֹא

No (7) . la-tierra faz-de sobre que los-pueblos de-todos tesoro

מֵרֻבְּכֶם מִכָּל־ הָעַמִּים חָשַׁק יְהוָה

Yahweh quiso los-pueblos más-que-todos por-ser-vosotros-muchos

בָּכֶם וַיִּבְחַר בָּכֶם כִּי־ אַתֶּם הַמְעַט מִכָּל־ הָעַמִּים׃ כִּי

Sino (8) . los-pueblos de-todos lo-menos vosotros pues a-vosotros y-eligió a-vosotros

מֵאַהֲבַת יְהוָה אֶתְכֶם וּמִשָּׁמְרוֹ אֶת־ הַשְּׁבֻעָה

el-juramento ** y-por-su-guardar a-vosotros Yahweh por-amor-de

אֲשֶׁר נִשְׁבַּע לַאֲבֹתֵיכֶם הוֹצִיא יְהוָה אֶתְכֶם בְּיָד חֲזָקָה

fuerte con-mano a-vosotros Yahweh sacó a-vuestros-padres juró que

וַיִּפְדְּךָ֙ מִבֵּ֣ית עֲבָדִ֔ים מִיַּ֖ד פַּרְעֹ֥ה מֶֽלֶךְ־מִצְרָֽיִם׃
. Egipto rey-de Faraón de-mano-de siervos de-casa-de y-te-redimió

וְיָדַעְתָּ֕ כִּֽי־יְהוָ֥ה אֱלֹהֶ֖יךָ ה֣וּא הָאֱלֹהִ֑ים הָאֵל֙ הַֽנֶּאֱמָ֔ן
el-fiel el-Dios el-Dios él tu-Dios Yahweh que Y-conoce (9)

שֹׁמֵ֧ר הַבְּרִ֣ית וְהַחֶ֗סֶד לְאֹהֲבָ֛יו וּלְשֹׁמְרֵ֥י
y-a-los-que-guardan a-los-que-le-aman y-la-misericordia el-pacto que-guarda

מִצְוֺתָ֖ו לְאֶ֥לֶף דּֽוֹר׃ וּמְשַׁלֵּ֧ם לְשֹׂנְאָ֛יו
al-que-le-aborrece Y-que-paga (10) . generaciones a-mil sus-mandamientos

אֶל־פָּנָ֖יו לְהַאֲבִיד֑וֹ לֹ֤א יְאַחֵר֙ לְשֹׂנְא֔וֹ אֶל־
a a-los-que-le-aborrecen será-lento no , para-destruir-lo sus-faces a

פָּנָ֖יו יְשַׁלֶּם־לֽוֹ׃ וְשָׁמַרְתָּ֙ אֶת־הַמִּצְוָ֜ה
el-mandamiento ** Y-guarda (11) . a-él pagará sus-faces

וְאֶת־הַחֻקִּ֣ים וְאֶת־הַמִּשְׁפָּטִ֗ים אֲשֶׁ֨ר אָנֹכִ֧י מְצַוְּךָ֛ הַיּ֖וֹם לַעֲשׂוֹתָֽם׃
. para-hacer-las hoy te-mando yo que las-leyes y-** los-decretos y-**

וְהָיָ֣ה ׀ עֵ֣קֶב תִּשְׁמְע֗וּן אֵ֤ת הַמִּשְׁפָּטִים֙ הָאֵ֔לֶּה וּשְׁמַרְתֶּ֥ם
y-guardáis las-éstas las-leyes ** escucháis si Y-será (12)

וַעֲשִׂיתֶ֖ם אֹתָ֑ם וְשָׁמַר֩ יְהוָ֨ה אֱלֹהֶ֜יךָ לְךָ֗ אֶֽת־
** para-ti tu-Dios Yahweh entonces-guardará **-ellas y-hacéis

הַבְּרִית֙ וְאֶת־הַחֶ֔סֶד אֲשֶׁ֥ר נִשְׁבַּ֖ע לַאֲבֹתֶֽיךָ׃
. a-tus-padres juró que la-misericordia y-** el-pacto

וַאֲהֵ֣בְךָ֔ וּבֵרַכְךָ֖ וְהִרְבֶּ֑ךָ
y-te-multiplicará y-te-bendecirá Y-te-amará (13)

וּבֵרַ֣ךְ פְּרִֽי־בִטְנְךָ֣ וּפְרִֽי־אַ֠דְמָתֶךָ דְּגָנְךָ֨
tu-grano tu-tierra y-fruto-de tu-vientre fruto-de y-bendecirá

וְתִירֹשְׁךָ֜ וְיִצְהָרֶ֗ךָ שְׁגַר־אֲלָפֶ֙יךָ֙ וְעַשְׁתְּרֹ֣ת
y-corderos-de tus-manadas terneros-de y-tu-aceite y-tu-mosto

צֹאנֶךָ עַל הָאֲדָמָה אֲשֶׁר־נִשְׁבַּע לַאֲבֹתֶיךָ לָתֶת לָךְ׃

. a-ti para-dar a-tus-padres juró que la-tierra en tu-rebaño

בָּרוּךְ תִּהְיֶה מִכָּל־הָעַמִּים לֹא־יִהְיֶה

será no los-pueblos más-que-todos serás Bendito (14)

בְךָ עָקָר וַעֲקָרָה וּבִבְהֶמְתֶּךָ׃

. ni-en-tu-ganado ni-mujer-estéril hombre-estéril con-tigo

וְהֵסִיר יְהוָה מִמְּךָ כָּל־חֹלִי וְכָל־

y-todas enfermedad toda de-ti Yahweh Y-quitará (15)

מַדְוֵי מִצְרַיִם הָרָעִים אֲשֶׁר יָדַעְתָּ לֹא יְשִׂימָם

las-pondrá no conociste que las-malas Egipto plagas-de

בָּךְ וּנְתָנָם בְּכָל־שֹׂנְאֶיךָ׃ וְאָכַלְתָּ

Y-destruirás (16) . los-que-te-aborrezcan en-todos sino-que-las-pondrá en-ti

אֶת־כָּל־הָעַמִּים אֲשֶׁר יְהוָה אֱלֹהֶיךָ נֹתֵן לָךְ לֹא־תָחֹס

perdonará no , a-ti entrega tu-Dios Yahweh que los-pueblos todos a

עֵינְךָ עֲלֵיהֶם וְלֹא תַעֲבֹד אֶת־אֱלֹהֵיהֶם כִּי־מוֹקֵשׁ הוּא לָךְ׃

. a-ti eso trampa pues sus-dioses a servirás y-no , a-ellos tu-ojo

כִּי תֹאמַר בִּלְבָבְךָ רַבִּים הַגּוֹיִם הָאֵלֶּה

las-éstas las-naciones más-numerosas en-tu-corazón dijeres Si (17)

מִמֶּנִּי אֵיכָה אוּכַל לְהוֹרִישָׁם׃ לֹא תִירָא מֵהֶם

de-ellos temas No (18) . expulsar-las podré ¿ cómo , que-yo

זָכֹר תִּזְכֹּר אֵת אֲשֶׁר־עָשָׂה יְהוָה אֱלֹהֶיךָ לְפַרְעֹה

a-Faraón tu-Dios Yahweh hizo que lo recordarás recordar

וּלְכָל־מִצְרָיִם׃ הַמַּסֹּת הַגְּדֹלֹת אֲשֶׁר־רָאוּ

vieron que las-grandes Y-las-pruebas (19) . Egipto y-a-todo

עֵינֶיךָ וְהָאֹתֹת וְהַמֹּפְתִים וְהַיָּד הַחֲזָקָה וְהַזְּרֹעַ

y-el-brazo la-fuerte y-la-mano y-las-maravillas y-las-señales tus-ojos

הַנְּטוּיָה אֲשֶׁר הוֹצִאֲךָ יְהוָה אֱלֹהֶיךָ כֵּן
así , tu-Dios Yahweh te-sacó que el-extendido

יַעֲשֶׂה יְהוָה אֱלֹהֶיךָ לְכָל־ הָעַמִּים אֲשֶׁר־ אַתָּה יָרֵא
temiendo tú que los-pueblos a-todos tu-Dios Yahweh hará

מִפְּנֵיהֶם׃ וְגַם אֶת־ הַצִּרְעָה יְשַׁלַּח יְהוָה
Yahweh enviará la-avispa ** Y-también (20) . de-su-presencia

אֱלֹהֶיךָ בָּם עַד־ אֲבֹד הַנִּשְׁאָרִים וְהַנִּסְתָּרִים
y-los-que-se-escondan los-que-queden perecer hasta , contra-ellos tu-Dios

מִפָּנֶיךָ׃ לֹא תַעֲרֹץ מִפְּנֵיהֶם כִּי־ יְהוָה
Yahweh pues de-su-presencia te-asustes No (21) . de-tu-presencia

אֱלֹהֶיךָ בְּקִרְבֶּךָ אֵל גָּדוֹל וְנוֹרָא׃ וְנָשַׁל
Y-echará (22) . y-temible grande Dios en-medio-de-ti tu-Dios

יְהוָה אֱלֹהֶיךָ אֶת־ הַגּוֹיִם הָאֵל מִפָּנֶיךָ מְעַט מְעָט
poco poco de-tu-presencia las-aquéllas las-naciones ** tu-Dios Yahweh

לֹא תוּכַל כַּלֹּתָם מַהֵר פֶּן־ תִּרְבֶּה עָלֶיךָ
a-tu-alrededor se-multiplique para-que-no rápido eliminar-las podrás no

חַיַּת הַשָּׂדֶה׃ וּנְתָנָם יְהוָה אֱלֹהֶיךָ לְפָנֶיךָ
ante-ti tu-Dios Yahweh Y-las-entregará (23) . el-campo animal-de

וְהָמָם מְהוּמָה גְדֹלָה עַד הִשָּׁמְדָם׃
. destruir-los hasta grande confusión y-los-confundirá

וְנָתַן מַלְכֵיהֶם בְּיָדֶךָ וְהַאֲבַדְתָּ
y-borrarás en-tu-mano sus-reyes Y-entregará (24)

אֶת־ שְׁמָם מִתַּחַת הַשָּׁמָיִם לֹא־ יִתְיַצֵּב אִישׁ
hombre permanecerá y-no , los-cielos de-bajo nombre-de-ellos **

בְּפָנֶיךָ עַד הִשְׁמִדְךָ אֹתָם׃ פְּסִילֵי אֱלֹהֵיהֶם
sus-dioses Imágenes-de (25) . a-ellos tu-destruir cuando contra-tu-presencia

תִּשְׂרְפוּן בָּאֵשׁ לֹא־תַחְמֹד כֶּסֶף וְזָהָב עֲלֵיהֶם וְלָקַחְתָּ לָךְ

para-ti ni-tomarás sobre-ellos u-oro plata codiciarás no , en-el-fuego quemarás

פֶּן תִּוָּקֵשׁ בּוֹ כִּי תוֹעֲבַת יְהוָה אֱלֹהֶיךָ הוּא׃

él tu-Dios Yahweh abominación-de pues en-ello tropieces para-que-no

וְלֹא־תָבִיא תוֹעֵבָה אֶל־בֵּיתֶךָ וְהָיִיתָ

y-seas tu-casa en abominación meterás Y-no (26)

חֵרֶם כָּמֹהוּ שַׁקֵּץ ׀ תְּשַׁקְּצֶנּוּ וְתַעֵב ׀ תְּתַעֲבֶנּוּ

abominarás y-completamente lo-aborrecerás totalmente , como-él anatema

כִּי־חֵרֶם הוּא׃ כָּל־הַמִּצְוָה אֲשֶׁר אָנֹכִי מְצַוְּךָ הַיּוֹם

hoy te-mando yo que el-mandamiento Todo (1) . él anatema pues Cap. 8

תִּשְׁמְרוּן לַעֲשׂוֹת לְמַעַן תִּחְיוּן וּרְבִיתֶם

y-os-multipliquéis viváis para-que para-hacer guardaréis

וּבָאתֶם וִירִשְׁתֶּם אֶת־הָאָרֶץ אֲשֶׁר־נִשְׁבַּע יְהוָה

Yahweh juró que la-tierra ** y-poseáis y-entréis

לַאֲבֹתֵיכֶם׃ וְזָכַרְתָּ אֶת־כָּל־הַדֶּרֶךְ אֲשֶׁר הֹלִיכְךָ

te-trajo que el-camino todo ** Y-recordarás (2) . a-vuestros-padres

יְהוָה אֱלֹהֶיךָ זֶה אַרְבָּעִים שָׁנָה בַּמִּדְבָּר לְמַעַן עַנֹּתְךָ

humillar-te para por-el-desierto año cuarenta éste tu-Dios Yahweh

לְנַסֹּתְךָ לָדַעַת אֶת־אֲשֶׁר בִּלְבָבְךָ הֲתִשְׁמֹר מִצְוֹתָו אִם־לֹא׃

. no o sus-mandamientos si-guardarías en-tu-corazón lo-que ** para-conocer para-probarte

וַיְעַנְּךָ וַיַּרְעִבֶךָ וַיַּאֲכִלְךָ אֶת־הַמָּן

el-maná ** y-te-dio-a-comer y-te-hizo-pasar-hambre Y-te-humilló (3)

אֲשֶׁר לֹא־יָדַעְתָּ וְלֹא יָדְעוּן אֲבֹתֶיךָ לְמַעַן הוֹדִעֲךָ

hacer-te-saber para tus-padres conocieron y-no conocías no que

כִּי לֹא עַל־הַלֶּחֶם לְבַדּוֹ יִחְיֶה הָאָדָם כִּי עַל־כָּל־מוֹצָא

saliendo todo por sino el-hombre vivirá sólo el-pan por no que

פִֽי־ יְהוָה יִחְיֶה הָאָדָם׃ שִׂמְלָתְךָ לֹא בָלְתָה

se-gastó no Tu-vestido (4) . el-hombre vivirá Yahweh boca-de

מֵעָלֶיךָ וְרַגְלְךָ לֹא בָצֵקָה זֶה אַרְבָּעִים שָׁנָה׃ וְיָדַעְתָּ

Y-conoce (5) . año cuarenta éste se-hinchó no y-tu-pie sobre-ti

עִם־ לְבָבֶךָ כִּי כַּאֲשֶׁר יְיַסֵּר אִישׁ אֶת־ בְּנוֹ יְהוָה

Yahweh su-hijo a hombre corrige como que tu-corazón con

אֱלֹהֶיךָ מְיַסְּרֶךָּ׃ וְשָׁמַרְתָּ אֶת־ מִצְוֹת יְהוָה

Yahweh mandamientos-de ** Y-guardarás (6) . te-corrige tu-Dios

אֱלֹהֶיךָ לָלֶכֶת בִּדְרָכָיו וּלְיִרְאָה אֹתוֹ׃ כִּי יְהוָה אֱלֹהֶיךָ

tu-Dios Yahweh Pues (7) . a-él y-para-temer en-sus-caminos para-andar tu-Dios

מְבִיאֲךָ אֶל־ אֶרֶץ טוֹבָה אֶרֶץ נַחֲלֵי מָיִם עֲיָנֹת וּתְהֹמֹת

y-manantiales de-fuentes agua arroyos-de tierra-de , buena tierra en te-introduce

יֹצְאִים בַּבִּקְעָה וּבָהָר׃ אֶרֶץ חִטָּה וּשְׂעֹרָה

y-cebada trigo Tierra-de (8) . y-por-la-mañana por-el-valle que-fluyen

וְגֶפֶן וּתְאֵנָה וְרִמּוֹן אֶרֶץ־ זֵית שֶׁמֶן וּדְבָשׁ׃ אֶרֶץ

Tierra (9) . y-miel aceite oliva-de tierra-de , y-granada e-higuera y-viña

אֲשֶׁר לֹא בְמִסְכֵּנֻת תֹּאכַל־ בָּהּ לֶחֶם לֹא־ תֶחְסַר כֹּל

nada te-faltará no pan en-ella comerás en-escasez no que

בָּהּ אֶרֶץ אֲשֶׁר אֲבָנֶיהָ בַרְזֶל וּמֵהֲרָרֶיהָ תַּחְצֹב נְחֹשֶׁת׃

. cobre extraerás y-de-sus-montes hierro sus-piedras que tierra , en-ella

וְאָכַלְתָּ וְשָׂבָעְתָּ וּבֵרַכְתָּ אֶת־ יְהוָה אֱלֹהֶיךָ

tu-Dios Yahweh a y-bendecirás y-te-saciarás Y-comerás (10)

עַל־ הָאָרֶץ הַטֹּבָה אֲשֶׁר נָתַן־ לָךְ׃ הִשָּׁמֶר לְךָ פֶּן־

que-no a-ti Cuida (11) . a-ti dio que la-buena la-tierra en

תִּשְׁכַּח אֶת־ יְהוָה אֱלֹהֶיךָ לְבִלְתִּי שְׁמֹר מִצְוֹתָיו

sus-mandamientos guardar para-no , tu-Dios Yahweh a olvides

וּמִשְׁפָּטָיו וְחֻקֹּתָיו אֲשֶׁר אָנֹכִי מְצַוְּךָ הַיּוֹם׃ פֶּן־
No-sea-que (12) . hoy te-doy yo que y-sus-decretos y-sus-leyes

תֹּאכַל וְשָׂבָעְתָּ וּבָתִּים טֹבִים תִּבְנֶה
edifiques buenas y-casas y-te-sacies comas

וְיָשָׁבְתָּ׃ וּבְקָרְךָ וְצֹאנְךָ יִרְבְּיֻן
aumenten y-tu-rebaño Y-tu-ganado (13) . y-te-aposentes

וְכֶסֶף וְזָהָב יִרְבֶּה־ לָּךְ וְכֹל אֲשֶׁר־ לְךָ יִרְבֶּה׃
aumente para-ti que y-todo , para-ti se-multiplique y-oro y-plata

וְרָם לְבָבֶךָ וְשָׁכַחְתָּ אֶת־ יְהוָה
Yahweh a y-olvides tu-corazón Y-se-enaltezca (14)

אֱלֹהֶיךָ הַמּוֹצִיאֲךָ מֵאֶרֶץ מִצְרַיִם מִבֵּית עֲבָדִים׃
. siervos de-casa-de Egipto de-tierra-de el-que-te-sacó tu-Dios

הַמּוֹלִיכְךָ בַּמִּדְבָּר ׀ הַגָּדֹל וְהַנּוֹרָא
y-el-terrible el-grande por-el-desierto El-que-te-hizo-marchar (15)

נָחָשׁ ׀ שָׂרָף וְעַקְרָב וְצִמָּאוֹן אֲשֶׁר אֵין־ מָיִם הַמּוֹצִיא
el-que-sacó , agua no-hay que y-sequedal y-escorpión venenosa serpiente

לְךָ מַיִם מִצּוּר הַחַלָּמִישׁ׃ הַמַּאֲכִלְךָ מָן
maná El-que-te-alimentó (16) . el-pedernal de-roca-de agua para-ti

בַּמִּדְבָּר אֲשֶׁר לֹא־ יָדְעוּן אֲבֹתֶיךָ לְמַעַן עַנֹּתְךָ
afligir-te para tus-padres conocieron no que en-el-desierto

וּלְמַעַן נַסֹּתֶךָ לְהֵיטִבְךָ בְּאַחֲרִיתֶךָ׃
. en-tu-final para-hacer-te-bien probar-te y-para

וְאָמַרְתָּ בִּלְבָבֶךָ כֹּחִי וְעֹצֶם יָדִי
mi-mano y-poder-de mi-fuerza en-tu-corazón Y-digas (17)

עָשָׂה לִי אֶת־ הַחַיִל הַזֶּה׃ וְזָכַרְתָּ אֶת־ יְהוָה
Yahweh a Y-recuerda (18) . la-ésta la-riqueza ** para-mí hizo

אֱלֹהֶיךָ כִּי הוּא הַנֹּתֵן לְךָ כֹּחַ לַעֲשׂוֹת חָיִל לְמַעַן
para riqueza para-hacer fuerza a-ti el-que-da él pues tu-Dios

הָקִים אֶת־ בְּרִיתוֹ אֲשֶׁר־ נִשְׁבַּע לַאֲבֹתֶיךָ כַּיּוֹם
como-el-día a-tus-padres juró que su-pacto ** confirmar

הַזֶּה׃ וְהָיָה אִם־ שָׁכֹחַ תִּשְׁכַּח אֶת־ יְהוָה אֱלֹהֶיךָ
tu-Dios Yahweh a olvidas olvidar si Y-será (19) . el-éste

וְהָלַכְתָּ אַחֲרֵי אֱלֹהִים אֲחֵרִים וַעֲבַדְתָּם וְהִשְׁתַּחֲוִיתָ
y-te-inclinas y-les-sirves otros dioses tras y-andas

לָהֶם הַעִדֹתִי בָכֶם הַיּוֹם כִּי אָבֹד תֹּאבֵדוּן׃
. pereceréis perecer que hoy contra-vosotros testifico , a-ellos

כַּגּוֹיִם אֲשֶׁר יְהוָה מַאֲבִיד מִפְּנֵיכֶם כֵּן תֹּאבֵדוּן
pereceréis así de-delante-de-vosotros destruyendo Yahweh que Como-las-naciones (20)

עֵקֶב לֹא תִשְׁמְעוּן בְּקוֹל יְהוָה אֱלֹהֵיכֶם׃ שְׁמַע יִשְׂרָאֵל אַתָּה
tú Israel Escucha (1) . vuestro-Dios Yahweh a-voz-de obedecisteis no pues Cap

עֹבֵר הַיּוֹם אֶת־ הַיַּרְדֵּן לָבֹא לָרֶשֶׁת גּוֹיִם גְּדֹלִים
mayores naciones a-desposeer para-entrar el-Jordán ** hoy cruzando

וַעֲצֻמִים מִמֶּךָּ עָרִים גְּדֹלֹת וּבְצֻרֹת בַּשָּׁמָיִם׃
. hasta-el-cielo y-murallas grandes ciudades que-tú y-más-fuertes

עַם־ גָּדוֹל וָרָם בְּנֵי עֲנָקִים אֲשֶׁר אַתָּה יָדַעְתָּ וְאַתָּה
y-tú conoces tú que anaquitas hijos-de y-alto fuerte Pueblo (2)

שָׁמַעְתָּ מִי יִתְיַצֵּב לִפְנֵי בְּנֵי עֲנָק׃ וְיָדַעְתָּ
Y-entiende (3) . Anac hijos-de ante resistirá ¿ quién : oíste

הַיּוֹם כִּי יְהוָה אֱלֹהֶיךָ הוּא־ הָעֹבֵר לְפָנֶיךָ אֵשׁ
fuego delante-de-ti el-que-pasa Él tu-Dios . Yahweh que hoy

אֹכְלָה הוּא יַשְׁמִידֵם וְהוּא יַכְנִיעֵם לְפָנֶיךָ
delante-de-ti les-someterá y-Él les-destruirá Él devorador

וְהוֹרַשְׁתָּם וְהַאֲבַדְתָּם מַהֵר כַּאֲשֶׁר
como rápidamente y-los-aniquilarás y-los-echarás

דִּבֶּר יְהוָה לָךְ׃ אַל־תֹּאמַר בִּלְבָבְךָ בַּהֲדֹף
al-expulsar en-tu-corazón digas No (4) . a-ti Yahweh habló

יְהוָה אֱלֹהֶיךָ אֹתָם׀ מִלְּפָנֶיךָ לֵאמֹר בְּצִדְקָתִי
por-mi-justicia : diciendo de-delante-de-ti a-ellos tu-Dios Yahweh

הֱבִיאַנִי יְהוָה לָרֶשֶׁת אֶת־הָאָרֶץ הַזֹּאת וּבְרִשְׁעַת
pues-por-maldad-de , la-ésta la-tierra ** a-poseer Yahweh me-trajo

הַגּוֹיִם הָאֵלֶּה יְהוָה מוֹרִישָׁם מִפָּנֶיךָ׃ לֹא
No (5) . de-delante-de-ti las-arroja Yahweh las-éstas las-naciones

בְצִדְקָתְךָ וּבְיֹשֶׁר לְבָבְךָ אַתָּה בָא
entrando tú tu-corazón o-por-rectitud-de por-tu-justicia

לָרֶשֶׁת אֶת־אַרְצָם כִּי בְּרִשְׁעַת׀ הַגּוֹיִם הָאֵלֶּה
las-éstas las-naciones por-maldad-de pues tierra-de-ellos ** a-poseer

יְהוָה אֱלֹהֶיךָ מוֹרִישָׁם מִפָּנֶיךָ וּלְמַעַן הָקִים
confirmar y-para de-delante-de-ti las-arroja tu-Dios Yahweh

אֶת־הַדָּבָר אֲשֶׁר נִשְׁבַּע יְהוָה לַאֲבֹתֶיךָ לְאַבְרָהָם לְיִצְחָק
a-Isaac a-Abraham a-tus-padres Yahweh juró que la-palabra **

וּלְיַעֲקֹב׃ וְיָדַעְתָּ כִּי לֹא בְצִדְקָתְךָ יְהוָה
Yahweh por-tu-justicia no que Y-entiende (6) . y-a-Jacob

אֱלֹהֶיךָ נֹתֵן לְךָ אֶת־הָאָרֶץ הַטּוֹבָה הַזֹּאת לְרִשְׁתָּהּ כִּי
pues para-poseer-la la-ésta la-buena la-tierra ** a-ti da tu-Dios

עַם־קְשֵׁה־עֹרֶף אָתָּה׃ זְכֹר אַל־תִּשְׁכַּח אֵת אֲשֶׁר־הִקְצַפְתָּ
irritaste cómo ** olvides no Recuerda (7) . tú cerviz duro-de pueblo

אֶת־יְהוָה אֱלֹהֶיךָ בַּמִּדְבָּר לְמִן־הַיּוֹם אֲשֶׁר־יָצָאתָ׀
saliste que el-día desde , en-el-desierto tu-Dios Yahweh a

מֵאֶרֶץ מִצְרַיִם עַד־ בֹּאֲכֶם עַד־הַמָּקוֹם הַזֶּה מַמְרִים
rebeldes el-éste el-lugar hasta tu-llegar hasta Egipto de-tierra-de

הֱיִיתֶם עִם־ יְהוָה׃ וּבְחֹרֵב הִקְצַפְתֶּם אֶת־ יְהוָה
Yahweh a irritásteis Y-en-Horeb (8) Yahweh con fuisteis

וַיִּתְאַנַּף יְהוָה בָּכֶם לְהַשְׁמִיד אֶתְכֶם׃ בַּעֲלֹתִי
En-mi-subir (9) . a-vosotros para-destruir con-vosotros Yahweh y-se-enojó

הָהָרָה לָקַחַת לוּחֹת הָאֲבָנִים לוּחֹת הַבְּרִית
el-pacto tablas-de las-piedras tablas-de para-recibir a-el-monte

אֲשֶׁר־ כָּרַת יְהוָה עִמָּכֶם וָאֵשֵׁב בָּהָר אַרְבָּעִים יוֹם
día cuarenta en-el-monte y-permanecí con-vosotros Yahweh cortó que

וְאַרְבָּעִים לַיְלָה לֶחֶם לֹא אָכַלְתִּי וּמַיִם לֹא שָׁתִיתִי׃ וַיִּתֵּן
Y-dio (10) . bebí no y-agua comí no pan noche y-cuarenta

יְהוָה אֵלַי אֶת־ שְׁנֵי לוּחֹת הָאֲבָנִים כְּתֻבִים
escritas las-piedras tablas-de dos ** a-mí Yahweh

בְּאֶצְבַּע אֱלֹהִים וַעֲלֵיהֶם כְּכָל־ הַדְּבָרִים אֲשֶׁר דִּבֶּר
habló que las-palabras todas y-sobre-ellas , Dios por-dedo-de

יְהוָה עִמָּכֶם בָּהָר מִתּוֹךְ הָאֵשׁ בְּיוֹם הַקָּהָל׃
. la-asamblea en-día-de el-fuego en-medio-de en-el-monte con-vosotros Yahweh

וַיְהִי מִקֵּץ אַרְבָּעִים יוֹם וְאַרְבָּעִים לַיְלָה נָתַן יְהוָה אֵלַי
a-mí Yahweh dio noche y-cuarenta día cuarenta al-fin-de Y-fue (11)

אֶת־ שְׁנֵי לֻחֹת הָאֲבָנִים לֻחוֹת הַבְּרִית׃ וַיֹּאמֶר
Y-dijo (12) . el-pacto tablas-de las-piedras tablas-de dos **

יְהוָה אֵלַי קוּם רֵד מַהֵר מִזֶּה כִּי שִׁחֵת
se-corrompió pues de-aquí rápido desciende levanta : a-mí Yahweh

עַמְּךָ אֲשֶׁר הוֹצֵאתָ מִמִּצְרָיִם סָרוּ מַהֵר מִן־ הַדֶּרֶךְ
el-camino de rápido se-apartaron de-Egipto sacaste que tu-pueblo

אֲשֶׁר צִוִּיתִם עָשׂוּ לָהֶם מַסֵּכָה׃ וַיֹּאמֶר יְהוָה
Yahweh Y-dijo (13) . imagen-de-fundición para-ellos hicieron , les-mandé que

אֵלַי לֵאמֹר רָאִיתִי אֶת־ הָעָם הַזֶּה וְהִנֵּה עַם־ קְשֵׁה־ עֹרֶף
cerviz duro-de pueblo y-he-aquí el-éste el-pueblo ** veo : diciendo a-mí

הוּא׃ הֶרֶף מִמֶּנִּי וְאַשְׁמִידֵם וְאֶמְחֶה אֶת־
** y-borraré y-los-destruiré de-mí Quita (14) . él

שְׁמָם מִתַּחַת הַשָּׁמָיִם וְאֶעֱשֶׂה אוֹתְךָ לְגוֹי־ עָצוּם
más-fuerte por-nación a-ti y-haré los-cielos de-bajo nombre-de-ellos

וָרָב מִמֶּנּוּ׃ וָאֵפֶן וָאֵרֵד מִן־ הָהָר
el-monte de y-descendí Y-volví (15) . que-él y mayor

וְהָהָר בֹּעֵר בָּאֵשׁ וּשְׁנֵי לֻחֹת הַבְּרִית
el-pacto tablas-de y-dos con-fuego ardiendo y-el-monte

עַל שְׁתֵּי יָדָי׃ וָאֵרֶא וְהִנֵּה חֲטָאתֶם לַיהוָה
contra-Yahweh pecasteis y-he-aquí Y-miré (16) . mis-manos dos en

אֱלֹהֵיכֶם עֲשִׂיתֶם לָכֶם עֵגֶל מַסֵּכָה סַרְתֶּם מַהֵר מִן־
de rápido os-volvisteis , imagen-fundida becerro para-vosotros hicisteis , vuestro-Dios

הַדֶּרֶךְ אֲשֶׁר־ צִוָּה יְהוָה אֶתְכֶם׃ וָאֶתְפֹּשׂ בִּשְׁנֵי הַלֻּחֹת
las-tablas dos Y-tomé (17) . a-vosotros Yahweh mandó que el-camino

וָאַשְׁלִכֵם מֵעַל שְׁתֵּי יָדָי וָאֲשַׁבְּרֵם לְעֵינֵיכֶם׃
. ante-vuestros-ojos y-las-rompí mis-manos dos de y-las-arrojé

וָאֶתְנַפַּל לִפְנֵי יְהוָה כָּרִאשֹׁנָה אַרְבָּעִים יוֹם וְאַרְבָּעִים לַיְלָה
noche y-cuarenta día cuarenta como-antes Yahweh ante Y-me-postré (18)

לֶחֶם לֹא אָכַלְתִּי וּמַיִם לֹא שָׁתִיתִי עַל כָּל־ חַטַּאתְכֶם אֲשֶׁר
que vuestro-pecado todo por bebí no y-agua comí no pan

חֲטָאתֶם לַעֲשׂוֹת הָרַע בְּעֵינֵי יְהוָה לְהַכְעִיסוֹ׃ כִּי
Pues (19) . para-enojar-le Yahweh en-ojos-de el-mal para-hacer pecasteis

יָגֹרְתִּי מִפְּנֵי הָאַף וְהַחֵמָה אֲשֶׁר קָצַף יְהוָה

Yahweh se-enojó pues y-la-cólera la-ira de-presencia-de temí

עֲלֵיכֶם לְהַשְׁמִיד אֶתְכֶם וַיִּשְׁמַע יְהוָה אֵלַי גַּם בַּפַּעַם

en-la-vez también a-mí Yahweh pero-escuchó , a-vosotros para-destruir con-vosotros

הַהִוא׃ וּבְאַהֲרֹן הִתְאַנַּף יְהוָה מְאֹד לְהַשְׁמִידוֹ

para-destruir-le mucho Yahweh se-enojó Y-con-Aarón (20) . la-ésta

וָאֶתְפַּלֵּל גַּם־ בְּעַד אַהֲרֹן בָּעֵת הַהִוא׃ וְאֶת־

Y-** (21) . el-aquel en-el-tiempo Aarón por también y-oré

חַטַּאתְכֶם אֲשֶׁר־ עֲשִׂיתֶם אֶת־ הָעֵגֶל לָקַחְתִּי וָאֶשְׂרֹף אֹתוֹ ׀

a-él y-quemé tomé el-becerro ** hicisteis que vuestro-objeto-pecaminoso

בָּאֵשׁ וָאֶכֹּת אֹתוֹ טָחוֹן הֵיטֵב עַד אֲשֶׁר־ דַּק

fino que hasta estar-bien moler a-él y-desmenucé en-el-fuego

לְעָפָר וָאַשְׁלִךְ אֶת־ עֲפָרוֹ אֶל־ הַנַּחַל הַיֹּרֵד מִן־

de el-que-baja el-arroyo a su-polvo ** y-arrojé como-polvo

הָהָר׃ וּבְתַבְעֵרָה וּבְמַסָּה וּבְקִבְרֹת הַתַּאֲוָה

Ha-Taava y-en-Kibrot y-en-Masah Y-en-Tabera (22) . el-monte

מַקְצִפִים הֱיִיתֶם אֶת־ יְהוָה׃ וּבִשְׁלֹחַ יְהוָה אֶתְכֶם

a-vosotros Yahweh Y-cuando-envió (23) . Yahweh ** fuisteis enojantes

מִקָּדֵשׁ בַּרְנֵעַ לֵאמֹר עֲלוּ וּרְשׁוּ אֶת־ הָאָרֶץ אֲשֶׁר נָתַתִּי

di que la-tierra ** y-poseed subid diciendo Barnea desde-Cades

לָכֶם וַתַּמְרוּ אֶת־ פִּי יְהוָה אֱלֹהֵיכֶם וְלֹא הֶאֱמַנְתֶּם

confiasteis y-no vuestro-Dios Yahweh mandamiento ** y-os-rebelasteis , a-vosotros

לוֹ וְלֹא שְׁמַעְתֶּם בְּקֹלוֹ׃ מַמְרִים הֱיִיתֶם

fuisteis Rebeldes (24) . a-su-voz obedecisteis y-no en-él

עִם־ יְהוָה מִיּוֹם דַּעְתִּי אֶתְכֶם׃ וָאֶתְנַפַּל לִפְנֵי יְהוָה אֶת

** Yahweh ante Y-me-postré (25) . a-vosotros conocí desde-día Yahweh contra

אַרְבָּעִים הַיּוֹם וְאֶת־ אַרְבָּעִים הַלַּיְלָה אֲשֶׁר הִתְנַפָּלְתִּי כִּֽי־ אָמַר יְהוָה

Yahweh dijo pues , me-postré que la-noche cuarenta y-** el-día cuarenta

לְהַשְׁמִיד אֶתְכֶם׃ וָאֶתְפַּלֵּל אֶל־ יְהוָה וָאֹמַר אֲדֹנָי יְהוִה אַל־

no Yahweh Señor-mío : y-dije Yahweh a Y-oré (26) . a-vosotros para-destruir

תַּשְׁחֵת עַמְּךָ וְנַחֲלָתְךָ אֲשֶׁר פָּדִיתָ

redimiste que y-tu-heredad tu-pueblo destruyas

בְּגָדְלֶךָ אֲשֶׁר־ הוֹצֵאתָ מִמִּצְרַיִם בְּיָד חֲזָקָה׃ זְכֹר

Recuerda (27) . fuerte con-mano de-Egipto sacaste que por-tu-grandeza

לַעֲבָדֶיךָ לְאַבְרָהָם לְיִצְחָק וּֽלְיַעֲקֹב אַל־ תֵּפֶן אֶל־

a mires no a-Jacob a Isaac a-Abraham a-tus-siervos

קְשִׁי הָעָם הַזֶּה וְאֶל־ רִשְׁעוֹ וְאֶל־

y-a su-maldad y-a el-éste el-pueblo terquedad-de

חַטָּאתוֹ׃ פֶּן־ יֹאמְרוּ הָאָרֶץ אֲשֶׁר הוֹצֵאתָנוּ

nos-sacaste que la-tierra digan No-sea-que (28) . su-pecado

מִשָּׁם מִבְּלִי יְכֹלֶת יְהוָה לַהֲבִיאָם אֶל־ הָאָרֶץ אֲשֶׁר־

que la-tierra a meter-los Yahweh pudo porque-no de-allí

דִּבֶּר לָהֶם וּמִשִּׂנְאָתוֹ אוֹתָם הוֹצִיאָם

los-sacó a-ellos y-por-su-aborrecer , a-ellos habló

לַהֲמִתָם בַּמִּדְבָּר׃ וְהֵם עַמְּךָ וְנַחֲלָתֶךָ

y-tu-heredad tu-pueblo Y-ellos (29) . en-el-desierto para-matar-los

אֲשֶׁר הוֹצֵאתָ בְּכֹחֲךָ הַגָּדֹל וּבִזְרֹעֲךָ

y-por-tu-brazo el-grande por-tu-poder sacaste que

הַנְּטוּיָה׃ בָּעֵת הַהִוא אָמַר יְהוָה אֵלַי

a-mí Yahweh dijo el-aquel En-el-tiempo (1) . . el-extendido Cap. 10

פְּסָל־ לְךָ שְׁנֵֽי־ לוּחֹת אֲבָנִים כָּרִאשֹׁנִים וַעֲלֵה

y-sube como-las-primeras piedras tablas-de dos para-ti labra

אֵלַי הָהָרָה וְעָשִׂיתָ לְּךָ אֲרוֹן עֵץ׃ וְאֶכְתֹּב
Y-escribiré (2) . madera arca-de para-ti y-haz a-la-montaña a-mí

עַל־ הַלֻּחֹת אֶת־ הַדְּבָרִים אֲשֶׁר הָיוּ עַל־ הַלֻּחֹת הָרִאשֹׁנִים
las-primeras las-tablas en estaban que las-palabras ** las-tablas en

אֲשֶׁר שִׁבַּרְתָּ וְשַׂמְתָּם בָּאָרוֹן׃ וָאַעַשׂ אֲרוֹן
arca-de E-hice (3) . en-el-arca y-las-pones rompiste que

עֲצֵי שִׁטִּים וָאֶפְסֹל שְׁנֵי־ לֻחֹת אֲבָנִים כָּרִאשֹׁנִים
como-las-primeras piedras tablas-de dos y-labré acacias maderas-de

וָאַעַל הָהָרָה וּשְׁנֵי הַלֻּחֹת בְּיָדִי׃
. en-mi-mano las-tablas y-dos a-el-monte y-subí

וַיִּכְתֹּב עַל־ הַלֻּחֹת כַּמִּכְתָּב הָרִאשׁוֹן אֵת עֲשֶׂרֶת
diez-de ** la-primera como-la-escritura las-tablas en Y-escribió (4)

הַדְּבָרִים אֲשֶׁר דִּבֶּר יְהוָה אֲלֵיכֶם בָּהָר מִתּוֹךְ
desde en-el-monte a-vosotros Yahweh habló que las-palabras

הָאֵשׁ בְּיוֹם הַקָּהָל וַיִּתְּנֵם יְהוָה אֵלָי׃ וָאֵפֶן
Y-volví (5) . a-mí Yahweh y-las-dio , la-asamblea en-día-de el-fuego

וָאֵרֵד מִן־ הָהָר וָאָשִׂם אֶת־ הַלֻּחֹת בָּאָרוֹן
en-el-arca las-tablas ** y-puse el-monte de y-descendí

אֲשֶׁר עָשִׂיתִי וַיִּהְיוּ שָׁם כַּאֲשֶׁר צִוַּנִי יְהוָה׃ וּבְנֵי
E-hijos-de (6) . Yahweh me-mandó como allí y-están , hice que

יִשְׂרָאֵל נָסְעוּ מִבְּאֵרֹת בְּנֵי־ יַעֲקָן מוֹסֵרָה שָׁם מֵת
murió allí , a-Mosera Jaacán hijos-de de-pozos-de marcharon Israel

אַהֲרֹן וַיִּקָּבֵר שָׁם וַיְכַהֵן אֶלְעָזָר בְּנוֹ
su-hijo Eleazar y-fue-sacerdote allí y-fue-sepultado Aarón

תַּחְתָּיו׃ מִשָּׁם נָסְעוּ הַגֻּדְגֹּדָה וּמִן־
y-de a-Gudgoda marcharon De-allí (7) . en-su-lugar

הַגֻּדְגֹּדָה יָטְבָתָה אֶרֶץ נַחֲלֵי מָיִם׃ בָּעֵת הַהִוא
el-aquel En-el-tiempo (8) . agua corrientes-de tierra-de a-Jotbata el-Gudgoda

הִבְדִּיל יְהוָה אֶת־ שֵׁבֶט הַלֵּוִי לָשֵׂאת אֶת־ אֲרוֹן בְּרִית־
pacto-de arca-de ** para-llevar el-Leví tribu-de ** Yahweh separó

יְהוָה לַעֲמֹד לִפְנֵי יְהוָה לְשָׁרְתוֹ וּלְבָרֵךְ בִּשְׁמוֹ
en-su-nombre y-para-bendecir para-servir-le Yahweh ante para-estar Yahweh

עַד הַיּוֹם הַזֶּה׃ עַל־ כֵּן לֹא־ הָיָה לְלֵוִי חֵלֶק וְנַחֲלָה
ni-herencia porción para-Leví es no tanto Por (9) . el-éste el-día hasta

עִם־ אֶחָיו יְהוָה הוּא נַחֲלָתוֹ כַּאֲשֶׁר דִּבֶּר יְהוָה
Yahweh habló como su-herencia él Yahweh , sus-hermanos con

אֱלֹהֶיךָ לוֹ׃ וְאָנֹכִי עָמַדְתִּי בָהָר כַּיָּמִים
como-los-días en-el-monte permanecí Y-yo (10) . a-él tu-Dios

הָרִאשֹׁנִים אַרְבָּעִים יוֹם וְאַרְבָּעִים לַיְלָה וַיִּשְׁמַע יְהוָה אֵלַי גַּם
también a-mí Yahweh y-oyó , noche y-cuarenta día cuarenta los-primeros

בַּפַּעַם הַהִוא לֹא־ אָבָה יְהוָה הַשְׁחִיתֶךָ׃ וַיֹּאמֶר
Y-dijo (11) . destruir-te Yahweh quiso no , la-aquélla en-la-vez

יְהוָה אֵלַי קוּם לֵךְ לְמַסַּע לִפְנֵי הָעָם וְיָבֹאוּ
y-entrarán el-pueblo ante para-marchar ve levanta : a-mí Yahweh

וְיִירְשׁוּ אֶת־ הָאָרֶץ אֲשֶׁר־ נִשְׁבַּעְתִּי לַאֲבֹתָם לָתֵת
para-dar a-sus-padres juré que la-tierra ** y-poseerán

לָהֶם׃ וְעַתָּה יִשְׂרָאֵל מָה יְהוָה אֱלֹהֶיךָ שֹׁאֵל מֵעִמָּךְ כִּי
sino de-ti pide tu-Dios Yahweh ¿ qué : Israel Y-ahora (12) . a-ellos

אִם־ לְיִרְאָה אֶת־ יְהוָה אֱלֹהֶיךָ לָלֶכֶת בְּכָל־ דְּרָכָיו וּלְאַהֲבָה
y-amar sus-caminos en-todos andar tu-Dios Yahweh a temer **

אֹתוֹ וְלַעֲבֹד אֶת־ יְהוָה אֱלֹהֶיךָ בְּכָל־ לְבָבְךָ
tu-corazón con-todo tu-Dios Yahweh a y-servir a-él

וּבְכָל־ נַפְשֶׁךָ׃ לִשְׁמֹר אֶת־ מִצְוֺת יְהוָה וְאֶת־

y-** Yahweh mandamientos-de ** Guardar (13) . tu-ser y-con-todo

חֻקֹּתָיו אֲשֶׁר אָנֹכִי מְצַוְּךָ הַיּוֹם לְטוֹב לָךְ׃ הֵן

He-aquí (14) . para-ti para-bien hoy te-mando yo que sus-estatutos

לַיהוָה אֱלֹהֶיךָ הַשָּׁמַיִם וּשְׁמֵי הַשָּׁמַיִם הָאָרֶץ וְכָל־

y-todo la-tierra los-cielos y-cielos-de los-cielos tu-Dios de-Yahweh

אֲשֶׁר־ בָּהּ׃ רַק בַּאֲבֹתֶיךָ חָשַׁק יְהוָה לְאַהֲבָה אוֹתָם

a-ellos para-amar Yahweh se-agradó en-tus-padres Sólo (15) . en-ella lo-que

וַיִּבְחַר בְּזַרְעָם אַחֲרֵיהֶם בָּכֶם מִכָּל־ הָעַמִּים

los-pueblos de-todos a-vosotros tras-ellos a-su-descendencia y-eligió

כַּיּוֹם הַזֶּה׃ וּמַלְתֶּם אֵת עָרְלַת לְבַבְכֶם

vuestro-corazón prepucio-de ** Y-circuncidaréis (16) . el-éste como-el-día

וְעָרְפְּכֶם לֹא תַקְשׁוּ עוֹד׃ כִּי יְהוָה אֱלֹהֵיכֶם הוּא

él vuestro-Dios Yahweh Pues (17) . más endurezcáis no y-vuestra-cerviz

אֱלֹהֵי הָאֱלֹהִים וַאֲדֹנֵי הָאֲדֹנִים הָאֵל הַגָּדֹל הַגִּבֹּר

el-poderoso el-grande el-Dios los-señores y-Señor-de los-dioses Dios-de

וְהַנּוֹרָא אֲשֶׁר לֹא־ יִשָּׂא פָנִים וְלֹא יִקַּח שֹׁחַד׃

. cohecho toma y-no rostros levanta no que y-el-terrible

עֹשֶׂה מִשְׁפַּט יָתוֹם וְאַלְמָנָה וְאֹהֵב גֵּר לָתֶת לוֹ

a-él para-dar extranjero y-ama y-viuda huérfano justicia Que-hace (18)

לֶחֶם וְשִׂמְלָה׃ וַאֲהַבְתֶּם אֶת־ הַגֵּר כִּי־ גֵרִים הֱיִיתֶם

fuisteis extranjeros pues el-extranjero a Y-amaréis (19) . y-vestido pan

בְּאֶרֶץ מִצְרָיִם׃ אֶת־ יְהוָה אֱלֹהֶיךָ תִּירָא אֹתוֹ תַעֲבֹד

servirás a-él temerás tu-Dios Yahweh A (20) . Egipto en-tierra-de

וּבוֹ תִדְבָּק וּבִשְׁמוֹ תִּשָּׁבֵעַ׃ הוּא

Él (21) . jurarás y-por-su-nombre te-asirás y-de-él

תְהִלָּתְךָ וְהוּא אֱלֹהֶיךָ אֲשֶׁר־ עָשָׂה אִתְּךָ אֶת־ הַגְּדֹלֹת
grandezas ** con-tigo hizo que tu-Dios y-él tu-alabanza

וְאֶת־ הַנּוֹרָאֹת הָאֵלֶּה אֲשֶׁר רָאוּ עֵינֶיךָ׃ בְּשִׁבְעִים
Con-setenta (22) . tus-ojos vieron que las-éstas las-maravillas y-**

נֶפֶשׁ יָרְדוּ אֲבֹתֶיךָ מִצְרָיְמָה וְעַתָּה שָׂמְךָ יְהוָה
Yahweh te-ha-hecho y-ahora de-Egipto tus-padres descendieron persona

אֱלֹהֶיךָ כְּכוֹכְבֵי הַשָּׁמַיִם לָרֹב׃ וְאָהַבְתָּ אֵת יְהוָה
Yahweh a Y-amarás (1) . por-multitud los-cielos como-estrellas-de tu-Dios Cap. 11

אֱלֹהֶיךָ וְשָׁמַרְתָּ מִשְׁמַרְתּוֹ וְחֻקֹּתָיו וּמִשְׁפָּטָיו
y-sus-leyes y-sus-decretos su-ordenanza y-guardarás tu-Dios

וּמִצְוֹתָיו כָּל־ הַיָּמִים׃ וִידַעְתֶּם הַיּוֹם כִּי לֹא
no que hoy Y-entended (2) . los-días todos y-sus-mandamientos

אֶת־ בְּנֵיכֶם אֲשֶׁר לֹא־ יָדְעוּ וַאֲשֶׁר לֹא־ רָאוּ אֶת־
** vieron no y-que conocieron no que vuestros-hijos a

מוּסַר יְהוָה אֱלֹהֵיכֶם אֶת־ גָּדְלוֹ אֶת־ יָדוֹ הַחֲזָקָה
la-fuerte su-mano ** su-grandeza ** vuestro-Dios Yahweh castigo-de

וּזְרֹעוֹ הַנְּטוּיָה׃ וְאֶת־ אֹתֹתָיו וְאֶת־ מַעֲשָׂיו
sus-obras y-** sus-señales Y-** (3) . el-extendido y-su-brazo

אֲשֶׁר עָשָׂה בְּתוֹךְ מִצְרָיִם לְפַרְעֹה מֶלֶךְ־ מִצְרַיִם וּלְכָל־
y-a-toda Egipto rey-de a-Faraón Egipto en-medio-de hizo que

אַרְצוֹ׃ וַאֲשֶׁר עָשָׂה לְחֵיל מִצְרַיִם לְסוּסָיו
a-sus-caballos Egipto a-ejército-de hizo Y-lo-que (4) . su-tierra

וּלְרִכְבּוֹ אֲשֶׁר הֵצִיף אֶת־ מֵי יַם־ סוּף עַל־
sobre Junco Mar-de aguas-de ** hizo-precipitar que y-a-su-carro

פְּנֵיהֶם בְּרָדְפָם אַחֲרֵיכֶם וַיְאַבְּדֵם יְהוָה עַד
hasta Yahweh y-los-destruyó tras-vosotros en-su-perseguir sus-rostros

הַיּוֹם הַזֶּה׃ וַאֲשֶׁר עָשָׂה לָכֶם בַּמִּדְבָּר עַד־בֹּאֲכֶם

vuestro-venir hasta en-el-desierto por-vosotros hizo Y-lo-que (5) el-éste el-día

עַד־הַמָּקוֹם הַזֶּה׃ וַאֲשֶׁר עָשָׂה לְדָתָן וְלַאֲבִירָם בְּנֵי

hijos-de y-a-Abiram a-Datán hizo Y-lo-que (6) . el-éste el-lugar a

אֱלִיאָב בֶּן־רְאוּבֵן אֲשֶׁר פָּצְתָה הָאָרֶץ אֶת־פִּיהָ

su-boca ** la-tierra abrió cuando Reuel hijo-de Eliab

וַתִּבְלָעֵם וְאֶת־בָּתֵּיהֶם וְאֶת־אָהֳלֵיהֶם וְאֵת כָּל־

toda y-** sus-tiendas y-** sus-casas y-** y-los-tragó

הַיְקוּם אֲשֶׁר בְּרַגְלֵיהֶם בְּקֶרֶב כָּל־יִשְׂרָאֵל׃ כִּי

Pero (7) . Israel todo en-medio-de bajo-sus-pies que la-cosa

עֵינֵיכֶם הָרֹאֹת אֶת־כָּל־מַעֲשֵׂה יְהוָה הַגָּדֹל אֲשֶׁר עָשָׂה׃

. hizo que la-grande Yahweh obra-de toda ** los-que-ven vuestros-ojos

וּשְׁמַרְתֶּם אֶת־כָּל־הַמִּצְוָה אֲשֶׁר אָנֹכִי מְצַוְּךָ הַיּוֹם לְמַעַן

para-que hoy te-mando yo que el-mandamiento todo ** Y-guardad (8)

תֶּחֶזְקוּ וּבָאתֶם וִירִשְׁתֶּם אֶת־הָאָרֶץ אֲשֶׁר

que la-tierra ** y-poseáis y-entréis seáis-fuertes

אַתֶּם עֹבְרִים שָׁמָּה לְרִשְׁתָּהּ׃ וּלְמַעַן תַּאֲרִיכוּ

se-prolonguen Y-para-que (9) . para-poseer-la . allí cruzáis vosotros

יָמִים עַל־הָאֲדָמָה אֲשֶׁר נִשְׁבַּע יְהוָה לַאֲבֹתֵיכֶם לָתֵת לָהֶם

a-ellos para-dar a-vuestros-padres Yahweh juró que la-tierra sobre días

וּלְזַרְעָם אֶרֶץ זָבַת חָלָב וּדְבָשׁ׃ כִּי הָאָרֶץ

la-tierra Pues (10) . y-miel leche fluyendo tierra , y-a-su-descendencia

אֲשֶׁר אַתָּה בָא־שָׁמָּה לְרִשְׁתָּהּ לֹא כְאֶרֶץ מִצְרַיִם הִוא

ella Egipto como-tierra-de no para-tomar-la a-ella entras tú que

אֲשֶׁר יְצָאתֶם מִשָּׁם אֲשֶׁר תִּזְרַע אֶת־זַרְעֲךָ וְהִשְׁקִיתָ

y-regabas tu-simiente ** sembrabas que de-allí salisteis que

בְרַגְלְךָ כְּגַן הַיָּרָק׃ וְהָאָרֶץ אֲשֶׁר אַתֶּם

vosotros que Pero-la-tierra (11) . la-hortaliza como-huerto-de por-tu-pie

עֹבְרִים שָׁמָּה לְרִשְׁתָּהּ אֶרֶץ הָרִים וּבְקָעֹת

y-valles montañas tierra-de para-poseer-la allí cruzáis

לִמְטַר הַשָּׁמַיִם תִּשְׁתֶּה־מָּיִם׃ אֶרֶץ אֲשֶׁר־יְהוָה אֱלֹהֶיךָ

tu-Dios Yahweh que Tierra (12) . aguas bebe los-cielos de-lluvia-de

דֹּרֵשׁ אֹתָהּ תָּמִיד עֵינֵי יְהוָה אֱלֹהֶיךָ בָּהּ מֵרֵשִׁית

de-principio-de en-ella tu-Dios Yahweh ojos-de siempre , a-ella cuida

הַשָּׁנָה וְעַד אַחֲרִית שָׁנָה׃ וְהָיָה אִם־שָׁמֹעַ תִּשְׁמְעוּ אֶל־

a obedecéis obedecer si Y-será (13) . año fin-de y-hasta el-año

מִצְוֹתַי אֲשֶׁר אָנֹכִי מְצַוֶּה אֶתְכֶם הַיּוֹם לְאַהֲבָה אֶת־יְהוָה אֱלֹהֵיכֶם

vuestro-Dios Yahweh a para-amar hoy a-vosotros mando yo que mandamientos

וּלְעָבְדוֹ בְּכָל־לְבַבְכֶם וּבְכָל־נַפְשְׁכֶם׃

. vuestro-ser y-de-todo vuestro-corazón de-todo y-para-servir-le

וְנָתַתִּי מְטַר־אַרְצְכֶם בְּעִתּוֹ יוֹרֶה

temprana en-su-tiempo vuestra-tierra lluvia-de Entonces-enviaré (14)

וּמַלְקוֹשׁ וְאָסַפְתָּ דְגָנֶךָ וְתִירֹשְׁךָ

y-tu-mosto tu-grano y-recogerás y-tardía

וְיִצְהָרֶךָ׃ וְנָתַתִּי עֵשֶׂב בְּשָׂדְךָ לִבְהֶמְתֶּךָ

para-tu-ganado en-tu-campo hierba Y-daré (15) . y-tu-aceite

וְאָכַלְתָּ וְשָׂבָעְתָּ׃ הִשָּׁמְרוּ לָכֶם פֶּן

que-no a-vosotros Guardaos (16) . y-te-saciarás y-comerás

יִפְתֶּה לְבַבְכֶם וְסַרְתֶּם וַעֲבַדְתֶּם אֱלֹהִים

dioses y-sirváis y-os-volváis vuestro-corazón se-engañe

אֲחֵרִים וְהִשְׁתַּחֲוִיתֶם לָהֶם׃ וְחָרָה אַף־יְהוָה

Yahweh ira-de Y-arderá (17) . a-ellos y-os-inclinéis otros

בָּכֶם וְעָצַר אֶת־ הַשָּׁמַיִם וְלֹא־ יִהְיֶה מָטָר
lluvia habrá y-no los-cielos ** y-cerrará contra-vosotros

וְהָאֲדָמָה לֹא תִתֵּן אֶת־ יְבוּלָהּ וַאֲבַדְתֶּם
y-pereceréis su-fruto ** dará no y-la-tierra

מְהֵרָה מֵעַל הָאָרֶץ הַטֹּבָה אֲשֶׁר יְהוָה נֹתֵן לָכֶם׃ וְשַׂמְתֶּם
Y-pondréis (18) . a-vosotros da Yahweh que la-buena la-tierra de-sobre pronto

אֶת־ דְּבָרַי אֵלֶּה עַל־ לְבַבְכֶם וְעַל־ נַפְשְׁכֶם וּקְשַׁרְתֶּם אֹתָם
**-ellas y-ataréis vuestra-alma y-sobre vuestro-corazón sobre éstas mis-palabras **

לְאוֹת עַל־ יֶדְכֶם וְהָיוּ לְטוֹטָפֹת בֵּין עֵינֵיכֶם׃
. vuestros-ojos entre como-tiaras y-estarán vuestra-mano sobre por-señal

וְלִמַּדְתֶּם אֹתָם אֶת־ בְּנֵיכֶם לְדַבֵּר בָּם בְּשִׁבְתְּךָ
en-tu-asentarte de-ellas para-hablar vuestros-hijos a ellas Y-enseñarás (19)

בְּבֵיתֶךָ וּבְלֶכְתְּךָ בַדֶּרֶךְ וּבְשָׁכְבְּךָ
y-en-tu-acostarte en-el-camino y-en-tu-andar en-tu-casa

וּבְקוּמֶךָ׃ וּכְתַבְתָּם עַל־ מְזוּזוֹת בֵּיתֶךָ
tu-casa dinteles-de sobre Y-las-escribirás (20) . y-en-tu-levantarte

וּבִשְׁעָרֶיךָ׃ לְמַעַן יִרְבּוּ יְמֵיכֶם וִימֵי
y-días-de vuestros-días se-multipliquen Para-que (21) . y-en-tus-puertas

בְנֵיכֶם עַל הָאֲדָמָה אֲשֶׁר נִשְׁבַּע יְהוָה לַאֲבֹתֵיכֶם לָתֵת
para-dar a-vuestros-padres Yahweh juró que la-tierra en vuestros-hijos

לָהֶם כִּימֵי הַשָּׁמַיִם עַל־ הָאָרֶץ׃ כִּי אִם־ שָׁמֹר
guardar si Pues (22) . la-tierra sobre los-cielos como-días-de , a-ellos

תִּשְׁמְרוּן אֶת־ כָּל־ הַמִּצְוָה הַזֹּאת אֲשֶׁר אָנֹכִי מְצַוֶּה אֶתְכֶם לַעֲשֹׂתָהּ
para-hacer-lo a-vosotros mando yo que el-éste el-mandamiento todo ** guardáis

לְאַהֲבָה אֶת־ יְהוָה אֱלֹהֵיכֶם לָלֶכֶת בְּכָל־ דְּרָכָיו וּלְדָבְקָה־
y-aferrarse sus-caminos en-todos para-andar vuestro-Dios Yahweh a para-amar

בּוֹ׃ וְהוֹרִישׁ יְהוָה אֶת־ כָּל־ הַגּוֹיִם הָאֵלֶּה
las-éstas las-naciones todas a Yahweh Entonces-echará (23) . a-él

מִלִּפְנֵיכֶם וִירִשְׁתֶּם גּוֹיִם גְּדֹלִים וַעֲצֻמִים
y-más-poderosas más-grandes naciones y-desposeeréis de-ante-vosotros

מִכֶּם׃ כָּל־ הַמָּקוֹם אֲשֶׁר תִּדְרֹךְ כַּף־ רַגְלְכֶם בּוֹ
en-él vuestro-pie planta-de pise que el-lugar Todo (24) . que-vosotros

לָכֶם יִהְיֶה מִן־ הַמִּדְבָּר וְהַלְּבָנוֹן מִן־ הַנָּהָר נְהַר־
río el-río desde hasta-el-Líbano el-desierto desde será para-vosotros

פְּרָת וְעַד הַיָּם הָאַחֲרוֹן יִהְיֶה גְּבֻלְכֶם׃ לֹא־
No (25) . vuestro-territorio será el-occidental el-mar hasta Éufrates

יִתְיַצֵּב אִישׁ בִּפְנֵיכֶם פַּחְדְּכֶם וּמוֹרַאֲכֶם
y-temor-de-vosotros miedo-de-vosotros , en-presencia-vuestra hombre se-sostendrá

יִתֵּן ׀ יְהוָה אֱלֹהֵיכֶם עַל־ פְּנֵי כָל־ הָאָרֶץ אֲשֶׁר תִּדְרְכוּ־
pisaréis que la-tierra toda faz-de sobre vuestro-Dios Yahweh dará

בָהּ כַּאֲשֶׁר דִּבֶּר לָכֶם׃ רְאֵה אָנֹכִי נֹתֵן לִפְנֵיכֶם הַיּוֹם
hoy ante-vosotros pongo yo He-aquí (26) . a-vosotros habló como en-ella

בְּרָכָה וּקְלָלָה׃ אֶת־ הַבְּרָכָה אֲשֶׁר תִּשְׁמְעוּ אֶל־ מִצְוֹת יְהוָה
Yahweh mandamientos-de a escucháis si la-bendición ** (27) . y-maldición bendición

אֱלֹהֵיכֶם אֲשֶׁר אָנֹכִי מְצַוֶּה אֶתְכֶם הַיּוֹם׃ וְהַקְּלָלָה אִם־ לֹא תִשְׁמְעוּ
escucháis no si Y-la-maldición (28) . hoy a-vosotros mando yo que vuestro-Dios

אֶל־ מִצְוֹת יְהוָה אֱלֹהֵיכֶם וְסַרְתֶּם מִן־ הַדֶּרֶךְ אֲשֶׁר אָנֹכִי
yo que el-camino de y-os-apartáis vuestro-Dios Yahweh mandamientos-de a

מְצַוֶּה אֶתְכֶם הַיּוֹם לָלֶכֶת אַחֲרֵי אֱלֹהִים אֲחֵרִים אֲשֶׁר לֹא־ יְדַעְתֶּם
conocéis no que otros dioses tras para-andar , hoy a-vosotros mando

וְהָיָה כִּי יְבִיאֲךָ יְהוָה אֱלֹהֶיךָ אֶל־ הָאָרֶץ אֲשֶׁר־
que la-tierra a tu-Dios Yahweh te-introduzca cuando Y-será (29)

אַתָּה בָא־ שָׁמָּה לְרִשְׁתָּהּ וְנָתַתָּה אֶת־ הַבְּרָכָה עַל־

sobre la-bendición ** entonces-pondrás , para-tomar-la allí entras tú

הַר גְּרִזִים וְאֶת־הַקְּלָלָה עַל־ הַר עֵיבָל׃ הֲלֹא־הֵמָּה בְּעֵבֶר

más-allá ellos ¿ No (30) . Ebal monte sobre la-maldición y-** Gerizim monte

הַיַּרְדֵּן אַחֲרֵי דֶּרֶךְ מְבוֹא הַשֶּׁמֶשׁ בְּאֶרֶץ הַכְּנַעֲנִי

el-cananita en-tierra-de el-sol puesta-de camino-de tras el-Jordán

הַיֹּשֵׁב בָּעֲרָבָה מוּל הַגִּלְגָּל אֵצֶל אֵלוֹנֵי מֹרֶה׃

. Mamre encinar-de junto-a el-Gilgal frente-a en-el-Arabá el-que-habita

כִּי אַתֶּם עֹבְרִים אֶת־ הַיַּרְדֵּן לָבֹא לָרֶשֶׁת אֶת־ הָאָרֶץ

la-tierra ** a-poseer para-ir el-Jordán ** pasáis vosotros Pues (31)

אֲשֶׁר־ יְהוָה אֱלֹהֵיכֶם נֹתֵן לָכֶם וִירִשְׁתֶּם אֹתָהּ וִישַׁבְתֶּם־

y-habitaréis a-ella y-tomaréis a-vosotros da vuestro-Dios Yahweh que

בָהּ׃ וּשְׁמַרְתֶּם לַעֲשׂוֹת אֵת כָּל־ הַחֻקִּים וְאֶת־הַמִּשְׁפָּטִים

los-decretos y-** los-estatutos todos ** para-hacer Y-cuidaréis (32) . en-ella

אֲשֶׁר אָנֹכִי נֹתֵן לִפְנֵיכֶם הַיּוֹם׃ אֵלֶּה הַחֻקִּים וְהַמִּשְׁפָּטִים

y-los-estatutos los-decretos Éstos (1) . hoy ante-vosotros doy yo que Cap

אֲשֶׁר תִּשְׁמְרוּן לַעֲשׂוֹת בָּאָרֶץ אֲשֶׁר נָתַן יְהוָה אֱלֹהֵי

Dios-de Yahweh dio que en-la-tierra para-hacer guardaréis que

אֲבֹתֶיךָ לְךָ לְרִשְׁתָּהּ כָּל־ הַיָּמִים אֲשֶׁר־אַתֶּם חַיִּים עַל־

sobre vivos vosotros que los-días todos para-poseer-la a-ti tus-padres

הָאֲדָמָה׃ אַבֵּד תְּאַבְּדוּן אֶת־ כָּל־ הַמְּקֹמוֹת אֲשֶׁר עָבְדוּ־

adoran que los-lugares todos ** destruiréis Destruir (2) . la-tierra

שָׁם הַגּוֹיִם אֲשֶׁר אַתֶּם יֹרְשִׁים אֹתָם אֶת־ אֱלֹהֵיהֶם עַל־

en sus-dioses ** a-ellas desposeéis vosotros que las-naciones allí

הֶהָרִים הָרָמִים וְעַל־ הַגְּבָעוֹת וְתַחַת כָּל־ עֵץ

árbol todo y-bajo los-collados y-en los-altos los-montes

רַעֲנָן׃ וְנִתַּצְתֶּם אֶת־ מִזְבְּחֹתָם וְשִׁבַּרְתֶּם אֶת־
** y-quebraréis sus-altares ** Y-derribaréis (3) . frondoso

מַצֵּבֹתָם וַאֲשֵׁרֵיהֶם תִּשְׂרְפוּן בָּאֵשׁ
en-el-fuego y-quemaréis y-sus-imágenes-de-Asera sus-estatuas

וּפְסִילֵי אֱלֹהֵיהֶם תְּגַדֵּעוּן וְאִבַּדְתֶּם אֶת־ שְׁמָם
su-nombre ** y-raeréis cortaréis sus-dioses e-ídolos-de

מִן־ הַמָּקוֹם הַהוּא׃ לֹא־ תַעֲשׂוּן כֵּן לַיהוָה אֱלֹהֵיכֶם׃
. vuestro-Dios a-Yahweh así haréis No (4) . el-aquel el-lugar de

כִּי אִם־ אֶל־הַמָּקוֹם אֲשֶׁר־ יִבְחַר יְהוָה אֱלֹהֵיכֶם מִכָּל־
de-todas vuestro-Dios Yahweh escogiere que el-lugar a que Sino (5)

שִׁבְטֵיכֶם לָשׂוּם אֶת־ שְׁמוֹ שָׁם לְשִׁכְנוֹ תִדְרְשׁוּ
buscaréis para-su-habitar allí su-nombre ** para-poner vuestras-tribus

וּבָאתָ שָׁמָּה׃ וַהֲבֵאתֶם שָׁמָּה עֹלֹתֵיכֶם
vuestros-holocaustos allí Y-traeréis (6) . allí e-irás

וְזִבְחֵיכֶם וְאֵת מַעְשְׂרֹתֵיכֶם וְאֵת תְּרוּמַת יֶדְכֶם
vuestra-mano ofrenda-de y-** vuestros-diezmos y-** y-vuestros-sacrificios

וְנִדְרֵיכֶם וְנִדְבֹתֵיכֶם וּבְכֹרֹת
y-primogénitos-de y-vuestras-ofrendas-voluntarias y-vuestros-votos

בְּקַרְכֶם וְצֹאנְכֶם׃ וַאֲכַלְתֶּם־ שָׁם לִפְנֵי יְהוָה אֱלֹהֵיכֶם
vuestro-Dios Yahweh ante allí Y-comeréis (7) . y-vuestro-rebaño vuestro-ganado

וּשְׂמַחְתֶּם בְּכֹל מִשְׁלַח יֶדְכֶם אַתֶּם וּבָתֵּיכֶם אֲשֶׁר
que y-vuestras-familias vosotros vuestra-mano obra-de en-toda y-os-alegraréis

בֵּרַכְךָ יְהוָה אֱלֹהֶיךָ׃ לֹא תַעֲשׂוּן כְּכֹל אֲשֶׁר אֲנַחְנוּ עֹשִׂים
haciendo nosotros que como-todo haréis No (8) . tu-Dios Yahweh te-bendijo

פֹּה הַיּוֹם אִישׁ כָּל־ הַיָּשָׁר בְּעֵינָיו׃ כִּי לֹא־
no Pues (9) . en-sus-ojos lo-que-parece cualquiera cada hoy aquí

בָּאתֶם עַד־עַתָּה אֶל־הַמְּנוּחָה וְאֶל־הַנַּחֲלָה אֲשֶׁר־יְהוָה

Yahweh que la-herencia y-a el-descanso a ahora hasta llegasteis

אֱלֹהֶיךָ נֹתֵן לָךְ׃ וַעֲבַרְתֶּם אֶת־הַיַּרְדֵּן

el-Jordán ** Y-cruzaréis (10) . a-ti da tu-Dios

וִישַׁבְתֶּם בָּאָרֶץ אֲשֶׁר־יְהוָה אֱלֹהֵיכֶם מַנְחִיל אֶתְכֶם

a-vosotros hace-heredar vuestro-Dios Yahweh que en-la-tierra y-habitaréis

וְהֵנִיחַ לָכֶם מִכָּל־אֹיְבֵיכֶם מִסָּבִיב

de-alrededor vuestros-enemigos de-todos a-vosotros y-dará-descanso

וִישַׁבְתֶּם־בֶּטַח׃ וְהָיָה הַמָּקוֹם אֲשֶׁר־יִבְחַר

escogerá · que el-lugar Y-será (11) . seguro y-habitaréis

יְהוָה אֱלֹהֵיכֶם בּוֹ לְשַׁכֵּן שְׁמוֹ שָׁם שָׁמָּה תָבִיאוּ

llevaréis allá , allí su-nombre para-poner en-él vuestro-Dios Yahweh

אֵת כָּל־אֲשֶׁר אָנֹכִי מְצַוֶּה אֶתְכֶם עוֹלֹתֵיכֶם וְזִבְחֵיכֶם

y-vuestros-sacrificios vuestros-holocaustos a-vosotros mando yo lo-que todo **

מַעְשְׂרֹתֵיכֶם וּתְרֻמַת יֶדְכֶם וְכֹל מִבְחַר נִדְרֵיכֶם

vuestras-posesiones selecto-de y-todo vuestra-mano y-ofrenda-de vuestros-diezmos

אֲשֶׁר תִּדְּרוּ לַיהוָה׃ וּשְׂמַחְתֶּם לִפְנֵי יְהוָה אֱלֹהֵיכֶם

vuestro-Dios Yahweh ante Y-os-alegraréis (12) . a-Yahweh prometisteis que

אַתֶּם וּבְנֵיכֶם וּבְנֹתֵיכֶם וְעַבְדֵיכֶם

y-vuestros-siervos y-vuestras-hijas y-vuestros-hijos vosotros

וְאַמְהֹתֵיכֶם וְהַלֵּוִי אֲשֶׁר בְּשַׁעֲרֵיכֶם כִּי אֵין לוֹ

para-él no-hay pues en-vuestras-puertas que y-el-levita y-vuestras-siervas

חֵלֶק וְנַחֲלָה אִתְּכֶם׃ הִשָּׁמֶר לְךָ פֶּן־תַּעֲלֶה

sacrifiques para-que-no a-ti Cuida (13) . con-vosotros o-herencia porción

עֹלֹתֶיךָ בְּכָל־מָקוֹם אֲשֶׁר תִּרְאֶה׃ כִּי אִם־בַּמָּקוֹם

en-el-lugar que Sino (14) . veas que lugar en-cualquier tu-holocausto

אֲשֶׁר־ יִבְחַר יְהוָה בְּאַחַד שְׁבָטֶיךָ שָׁם תַּעֲלֶה
ofrecerás allí tus-tribus en-una-de Yahweh escoja que

עֹלֹתֶיךָ וְשָׁם תַּעֲשֶׂה כֹּל אֲשֶׁר אָנֹכִי מְצַוֶּךָּ׃
. te-mando yo lo-que todo harás y-allí tu-holocausto

רַק בְּכָל־ אַוַּת נַפְשְׁךָ תִּזְבַּח ׀ וְאָכַלְתָּ
y-comerás sacrificarás tu-persona necesidad-de en-cualquier Sólo (15)

בָשָׂר כְּבִרְכַּת יְהוָה אֱלֹהֶיךָ אֲשֶׁר נָתַן לְךָ בְּכָל־
en-todas a-ti da que tu-Dios Yahweh como-bendición-de carne

שְׁעָרֶיךָ הַטָּמֵא וְהַטָּהוֹר יֹאכְלֶנּוּ כַּצְּבִי
como-la-gacela lo-comerá y-el-limpio el-inmundo tus-puertas

וְכָאַיָּל׃ רַק הַדָּם לֹא תֹאכֵלוּ עַל־ הָאָרֶץ תִּשְׁפְּכֶנּוּ
la-derramaréis la-tierra en comeréis no la-sangre Sólo (16) . o-como-el-ciervo

כַּמָּיִם׃ לֹא־ תוּכַל לֶאֱכֹל בִּשְׁעָרֶיךָ מַעְשַׂר
diezmo-de dentro-de-tus-puertas comer podéis No (17) . como-el-agua

דְּגָנְךָ וְתִירֹשְׁךָ וְיִצְהָרֶךָ וּבְכֹרֹת
o-primogénitos-de y-tu-aceite y-tu-mosto tu-grano

בְּקָרְךָ וְצֹאנֶךָ וְכָל־ נְדָרֶיךָ אֲשֶׁר תִּדֹּר
ofreciste que tus-dones o-cualquiera-de y-tu-rebaño tu-ganado

וְנִדְבֹתֶיךָ וּתְרוּמַת יָדֶךָ׃ כִּי אִם־ לִפְנֵי
ante que Sino (18) . tu-mano u-ofrenda-de o-tus-ofrendas-voluntarias

יְהוָה אֱלֹהֶיךָ תֹּאכְלֶנּוּ בַּמָּקוֹם אֲשֶׁר יִבְחַר יְהוָה
Yahweh eligiere que en-el-lugar comeréis tu-Dios Yahweh

אֱלֹהֶיךָ בּוֹ אַתָּה וּבִנְךָ וּבִתֶּךָ וְעַבְדְּךָ
y-tu-siervo y-tu-hija y-tu-hijo tú en-él tu-Dios

וַאֲמָתֶךָ וְהַלֵּוִי אֲשֶׁר בִּשְׁעָרֶיךָ וְשָׂמַחְתָּ
y-te-alegrarás dentro-de-tus-puertas que y-el-levita y-tu-sierva

לִפְנֵי יְהוָה אֱלֹהֶיךָ בְּכֹל מִשְׁלַח יָדֶךָ׃ הִשָּׁמֶר

Cuida (19) . tu-mano obra-de en-toda tu-Dios Yahweh ante

לְךָ פֶּן־תַּעֲזֹב אֶת־הַלֵּוִי כָּל־יָמֶיךָ עַל־אַדְמָתֶךָ׃

. tu-tierra en tus-días todos el-levita a desampares que-no a-ti

כִּי־יַרְחִיב יְהוָה אֱלֹהֶיךָ אֶת־גְּבוּלְךָ כַּאֲשֶׁר

como tu-territorio ** tu-Dios Yahweh ensanche Cuando (20)

דִּבֶּר־לָךְ וְאָמַרְתָּ אֹכְלָה בָשָׂר כִּי־תְאַוֶּה נַפְשְׁךָ

tu-alma desea pues carne comeré y-digas a-ti habló

לֶאֱכֹל בָּשָׂר בְּכָל־אַוַּת נַפְשְׁךָ תֹּאכַל בָּשָׂר׃ כִּי־יִרְחַק

está-lejos Si (21) . carne comerás tu-alma necesidad-de en-toda carne comer

מִמְּךָ הַמָּקוֹם אֲשֶׁר יִבְחַר יְהוָה אֱלֹהֶיךָ לָשׂוּם שְׁמוֹ

su-nombre para-poner tu-Dios Yahweh eligiere que el-lugar de-ti

שָׁם וְזָבַחְתָּ מִבְּקָרְךָ וּמִצֹּאנְךָ אֲשֶׁר

que y-de-tu-rebaño de-tu-ganado entonces-sacrificarás allí

נָתַן יְהוָה לְךָ כַּאֲשֶׁר צִוִּיתִךָ וְאָכַלְתָּ בִּשְׁעָרֶיךָ

dentro-de-tus-puertas y-comerás te-mandé como a-ti Yahweh dio

בְּכֹל אַוַּת נַפְשֶׁךָ׃ אַךְ כַּאֲשֶׁר יֵאָכֵל אֶת־הַצְּבִי

la-gacela ** se-come como Sólo (22) . tu-alma necesidad-de en-toda

וְאֶת־הָאַיָּל כֵּן תֹּאכְלֶנּוּ הַטָּמֵא וְהַטָּהוֹר יַחְדָּו יֹאכְלֶנּוּ׃

. lo-comerá ambos y-el-limpio el-inmundo lo-comerás así el-ciervo y-**

רַק חֲזַק לְבִלְתִּי אֲכֹל הַדָּם כִּי הַדָּם הוּא הַנָּפֶשׁ וְלֹא־

y-no la-vida él la-sangre pues la-sangre comer para-no asegura Sólo (23)

תֹאכַל הַנֶּפֶשׁ עִם־הַבָּשָׂר׃ לֹא תֹּאכְלֶנּוּ עַל־הָאָרֶץ

la-tierra en lo-comerás No (24) . la-carne con la-vida comerás

תִּשְׁפְּכֶנּוּ כַּמָּיִם׃ לֹא תֹּאכְלֶנּוּ לְמַעַן יִיטַב

vaya-bien para-que la-comeréis No (25) . como-agua la-derramaréis

לְךָ וּלְבָנֶיךָ אַחֲרֶיךָ כִּי־ תַעֲשֶׂה הַיָּשָׁר

lo-recto hicieres cuando después-de-ti y-a-tus-hijos a-ti

בְּעֵינֵי יְהוָה׃ רַק קָדָשֶׁיךָ אֲשֶׁר־ יִהְיוּ לְךָ

para-ti son que tus-cosas-santas Sólo (26) . Yahweh en-ojos-de

וּנְדָרֶיךָ תִּשָּׂא וּבָאתָ אֶל־ הַמָּקוֹם אֲשֶׁר־ יִבְחַר

escogiere que el-lugar a y-vendrás tomarás y-tus-ofrendas-votivas

יְהוָה׃ וְעָשִׂיתָ עֹלֹתֶיךָ הַבָּשָׂר וְהַדָּם

y-la-sangre la-carne tus-holocaustos Y-harás (27) . Yahweh

עַל־ מִזְבַּח יְהוָה אֱלֹהֶיךָ וְדַם־ זְבָחֶיךָ יִשָּׁפֵךְ

será-derramada tus-sacrificios y-sangre-de tu-Dios Yahweh altar-de sobre

עַל־ מִזְבַּח יְהוָה אֱלֹהֶיךָ וְהַבָּשָׂר תֹּאכֵל׃ שְׁמֹר

Guarda (28) . comerás y-la-carne tu-Dios Yahweh altar-de sobre

וְשָׁמַעְתָּ אֵת כָּל־ הַדְּבָרִים הָאֵלֶּה אֲשֶׁר אָנֹכִי מְצַוֶּךָּ לְמַעַן

para-que te-mando yo que las-éstas las-palabras todas ** y-escucha

יִיטַב לְךָ וּלְבָנֶיךָ אַחֲרֶיךָ עַד־ עוֹלָם כִּי

si siempre hasta después-de-ti y-a-tus-hijos a-ti vaya-bien

תַעֲשֶׂה הַטּוֹב וְהַיָּשָׁר בְּעֵינֵי יְהוָה אֱלֹהֶיךָ׃ כִּי־

Cuando (29) . tu-Dios Yahweh a-ojos-de y-lo-recto lo-bueno haces

יַכְרִית יְהוָה אֱלֹהֶיךָ אֶת־ הַגּוֹיִם אֲשֶׁר אַתָּה בָא־

entras tú que las-naciones ** tu-Dios Yahweh cortare

שָׁמָּה לָרֶשֶׁת אוֹתָם מִפָּנֶיךָ וִירִשְׁתָּ אֹתָם

a-ellas y-heredes de-delante-de-ti a-ellas para-poseer allí

וְיָשַׁבְתָּ בְּאַרְצָם׃ הִשָּׁמֶר לְךָ פֶּן־ תִּנָּקֵשׁ

tropieces para-que-no a-ti Guarda (30) . en-su-tierra y-habites

אַחֲרֵיהֶם אַחֲרֵי הִשָּׁמְדָם מִפָּנֶיךָ וּפֶן־ תִּדְרֹשׁ

inquieras y-que-no delante-de-ti sean-destruidas después-que , tras-ellos

לֵאלֹהֵיהֶם לֵאמֹר אֵיכָה יַעַבְדוּ הַגּוֹיִם הָאֵלֶּה אֶת־
a las-éstas las-naciones sirvieron Como : diciendo a-sus-dioses

אֱלֹהֵיהֶם וְאֶעֱשֶׂה כֵּן גַּם־אָנִי׃ לֹא־ תַעֲשֶׂה כֵן
así harás No (31) . yo también así haré sus-dioses

לַיהוָה אֱלֹהֶיךָ כִּי כָל־ תּוֹעֲבַת יְהוָה אֲשֶׁר שָׂנֵא עָשׂוּ
hicieron detesta que Yahweh abominación toda pues tu-Dios a-Yahweh

לֵאלֹהֵיהֶם כִּי גַם אֶת־ בְּנֵיהֶם וְאֶת־ בְּנֹתֵיהֶם יִשְׂרְפוּ
quemaban sus-hijas y-** sus-hijos ** también pues a-sus-dioses

בָאֵשׁ לֵאלֹהֵיהֶם׃ אֵת כָּל־ הַדָּבָר אֲשֶׁר אָנֹכִי מְצַוֶּה
mando yo que la-palabra toda ** (32) . a-sus-dioses en-el-fuego

אֶתְכֶם אֹתוֹ תִשְׁמְרוּ לַעֲשׂוֹת לֹא־ תֹסֵף עָלָיו וְלֹא תִגְרַע
quitarás y-no a-él añadirás no para-hacer cuidaréis él-** a-vosotros

מִמֶּנּוּ׃ כִּי־ יָקוּם בְּקִרְבְּךָ נָבִיא אוֹ חֹלֵם חֲלוֹם
sueño soñador-de o profeta entre-ti se-levante Cuando (1) . de-él Cap.

וְנָתַן אֵלֶיךָ אוֹת אוֹ מוֹפֵת׃ וּבָא הָאוֹת
la-señal Y-viniere (2) . prodigio o señal a-ti y-dé

וְהַמּוֹפֵת אֲשֶׁר־ דִּבֶּר אֵלֶיךָ לֵאמֹר נֵלְכָה אַחֲרֵי אֱלֹהִים אֲחֵרִים
otros dioses tras vayamos : diciendo a-ti habló que o-el-prodigio

אֲשֶׁר לֹא־ יְדַעְתָּם וְנָעָבְדֵם׃ לֹא תִשְׁמַע אֶל־
a escucharás No (3) . y-sirvamos-les conocisteis no que

דִּבְרֵי הַנָּבִיא הַהוּא אוֹ אֶל־ חוֹלֵם הַחֲלוֹם הַהוּא כִּי
pues , el-aquel el-sueño soñador-de a o el-aquel el-profeta palabras-de

מְנַסֶּה יְהוָה אֱלֹהֵיכֶם אֶתְכֶם לָדַעַת הֲיִשְׁכֶם אֹהֲבִים אֶת־ יְהוָה
Yahweh a amantes si-vosotros para-saber a-vosotros vuestro-Dios Yahweh probando

אֱלֹהֵיכֶם בְּכָל־ לְבַבְכֶם וּבְכָל־ נַפְשְׁכֶם׃ אַחֲרֵי
Tras (4) . vuestra-alma y-con-toda vuestro-corazón con-todo vuestro-Dios

יְהוָה אֱלֹהֵיכֶם תֵּלֵכוּ וְאֹתוֹ תִירָאוּ וְאֶת־ מִצְוֹתָיו
sus-mandamientos y-** temeréis y-a-él andaréis vuestro-Dios Yahweh

תִּשְׁמֹרוּ וּבְקֹלוֹ תִשְׁמָעוּ וְאֹתוֹ תַעֲבֹדוּ
serviréis y-a-él escucharéis y-a-su-voz guardaréis

וּבוֹ תִדְבָּקוּן׃ (5) וְהַנָּבִיא הַהוּא אוֹ חֹלֵם
soñador-de o el-aquel Y-el-profeta (5) . os-aferraréis y-a-él

הַחֲלוֹם הַהוּא יוּמָת כִּי דִבֶּר־ סָרָה עַל־ יְהוָה
Yahweh contra rebelión habló porque morirá el-aquel el-sueño

אֱלֹהֵיכֶם הַמּוֹצִיא אֶתְכֶם ׀ מֵאֶרֶץ מִצְרַיִם וְהַפֹּדְךָ
y-el-que-te-redimió Egipto de-tierra-de a-vosotros el-que sacó vuestro-Dios

מִבֵּית עֲבָדִים לְהַדִּיחֲךָ מִן־ הַדֶּרֶךְ אֲשֶׁר צִוְּךָ
te-mandó que el-camino de para-desviar-te , siervos de-casa-de

יְהוָה אֱלֹהֶיךָ לָלֶכֶת בָּהּ וּבִעַרְתָּ הָרָע מִקִּרְבֶּךָ׃
. de-en-medio-de-ti el-mal y-quitarás , en-él para-andar tu-Dios Yahweh

(6) כִּי יְסִיתְךָ אָחִיךָ בֶן־ אִמֶּךָ אוֹ־ בִנְךָ אוֹ־
o tu-hijo o tu-madre hijo-de tu-hermano te-incita Si (6)

בִתְּךָ אוֹ ׀ אֵשֶׁת חֵיקֶךָ אוֹ רֵעֲךָ אֲשֶׁר כְּנַפְשְׁךָ
como-tu-alma que tu-amigo o tu-amor mujer-de o tu-hija

בַּסֵּתֶר לֵאמֹר נֵלְכָה וְנַעַבְדָה אֱלֹהִים אֲחֵרִים אֲשֶׁר לֹא
no que otros dioses y-sirvamos andemos : diciendo en-el-secreto

יָדַעְתָּ אַתָּה וַאֲבֹתֶיךָ׃ (7) מֵאֱלֹהֵי הָעַמִּים אֲשֶׁר סְבִיבֹתֵיכֶם
alrededor-de-vosotros que los-pueblos De-dioses-de (7) . ni-tus-padres tú conociste

הַקְּרֹבִים אֵלֶיךָ אוֹ הָרְחֹקִים מִמֶּךָּ מִקְצֵה הָאָרֶץ וְעַד־
y-hasta la-tierra del-fin-de de-ti los-lejanos o a-ti los-cercanos

קְצֵה הָאָרֶץ׃ (8) לֹא־ תֹאבֶה לוֹ וְלֹא תִשְׁמַע אֵלָיו וְלֹא־
y-no a-él escucharás y-no a-él cederás No (8) . la-tierra fin-de

תָחוֹס עֵינְךָ עָלָיו וְלֹא־ תַחְמֹל וְלֹא־ תְכַסֶּה
cubrirás y-no perdonarás y-no de-él tu-ojo se-apiadará

עָלָיו׃ כִּי הָרֹג תַּהַרְגֶנּוּ יָדְךָ תִּהְיֶה־ בּוֹ
contra-él estará tu-mano , lo-matarás matar Sino-que (9) . sobre-él

בָרִאשׁוֹנָה לַהֲמִיתוֹ וְיַד כָּל־ הָעָם בָּאַחֲרֹנָה׃
. como-el-siguiente el-pueblo todo y-mano-de para-matar-le como-el-primero

וּסְקַלְתּוֹ בָאֲבָנִים וָמֵת כִּי בִקֵּשׁ לְהַדִּיחֲךָ
desviar-te intentó pues , y-morirá con-las-piedras Y-le-apedrearás (10)

מֵעַל יְהוָה אֱלֹהֶיךָ הַמּוֹצִיאֲךָ מֵאֶרֶץ מִצְרָיִם
Egipto de-tierra-de el-que-te-sacó tu-Dios Yahweh de-con

מִבֵּית עֲבָדִים׃ וְכָל־ יִשְׂרָאֵל יִשְׁמְעוּ
oirán Israel Y-todo (11) . siervos de-casa-de

וְיִרָאוּן וְלֹא־ יוֹסִפוּ לַעֲשׂוֹת כַּדָּבָר הָרָע
la-mala como-la-cosa a-hacer vuelvan y-no y-temerán

הַזֶּה בְּקִרְבֶּךָ׃ כִּי־ תִשְׁמַע בְּאַחַת עָרֶיךָ אֲשֶׁר יְהוָה
Yahweh que tus-ciudades de-una-de oyeres Si (12) . en-medio-de-ti la-ésta

אֱלֹהֶיךָ נֹתֵן לְךָ לָשֶׁבֶת שָׁם לֵאמֹר׃ יָצְאוּ אֲנָשִׁים בְּנֵי־
hijos-de hombres Salieron (13) . diciendo allí para-habitar a-ti da tu-Dios

בְלִיַּעַל מִקִּרְבֶּךָ וַיַּדִּיחוּ אֶת־ יֹשְׁבֵי עִירָם
sus-ciudades habitantes-de a y-desviaron de-en-medio-de-ti iniquidad

לֵאמֹר נֵלְכָה וְנַעַבְדָה אֱלֹהִים אֲחֵרִים אֲשֶׁר לֹא־ יְדַעְתֶּם׃
. conocéis no que otros dioses y-sirvamos vayamos diciendo

וְדָרַשְׁתָּ וְחָקַרְתָּ וְשָׁאַלְתָּ הֵיטֵב וְהִנֵּה אֱמֶת
verdad y-si , bien y-preguntarás e-investigarás E-inquirirás (14)

נָכוֹן הַדָּבָר נֶעֶשְׂתָה הַתּוֹעֵבָה הַזֹּאת בְּקִרְבֶּךָ׃
. en-medio-de-ti la-ésta la-abominación fue-hecha la-cosa probada

הַכָּה תַכֶּה אֶת־ יֹשְׁבֵי הָעִיר הַהִוא לְפִי־

a-filo-de la-aquella la-ciudad moradores-de a herirás Herir (15)

חֶרֶב הַחֲרֵם אֹתָהּ וְאֶת־כָּל־אֲשֶׁר־בָּהּ וְאֶת־ בְּהֶמְתָּהּ לְפִי־ חָרֶב׃

. espada a-filo-de su-ganado y-a en-ella que todo y-a a-ella destruye , espada

וְאֶת־ כָּל־ שְׁלָלָהּ תִּקְבֹּץ אֶל־ תּוֹךְ רְחֹבָהּ

su-plaza medio-de en juntarás su-botín todo Y-** (16)

וְשָׂרַפְתָּ בָאֵשׁ אֶת־ הָעִיר וְאֶת־ כָּל־ שְׁלָלָהּ

su-botín todo y-** la-ciudad ** con-el-fuego y-quemarás

כָּלִיל לַיהוָה אֱלֹהֶיךָ וְהָיְתָה תֵּל עוֹלָם לֹא

no , perpetua ruina y-será tu-Dios a-Yahweh ofrenda total

תִבָּנֶה עוֹד׃ וְלֹא־ יִדְבַּק בְּיָדְךָ מְאוּמָה

nada en-tu-mano se-hallará Y-no (17) . más será-edificada

מִן־ הַחֵרֶם לְמַעַן יָשׁוּב יְהוָה מֵחֲרוֹן אַפּוֹ

su-ira de-ardor-de Yahweh se-vuelva para-que el-anatema de

וְנָתַן־ לְךָ רַחֲמִים וְרִחַמְךָ

y-se-compadezca-de-ti misericordias a-ti y-dé

וְהִרְבֶּךָ כַּאֲשֶׁר נִשְׁבַּע לַאֲבֹתֶיךָ׃ כִּי תִשְׁמַע

escuches Cuando (18) . a-tus-padres juró como y-te-multiplique

בְּקוֹל יְהוָה אֱלֹהֶיךָ לִשְׁמֹר אֶת־ כָּל־ מִצְוֹתָיו אֲשֶׁר אָנֹכִי

yo que sus-mandamientos todos ** para-guardar tu-Dios Yahweh a-voz-de

מְצַוְּךָ הַיּוֹם לַעֲשׂוֹת הַיָּשָׁר בְּעֵינֵי יְהוָה אֱלֹהֶיךָ׃ בָּנִים

Hijos (1) . tu-Dios Yahweh a-ojos-de lo-recto para-hacer , hoy te-mando Cap. 14

אַתֶּם לַיהוָה אֱלֹהֵיכֶם לֹא תִתְגֹּדְדוּ וְלֹא־ תָשִׂימוּ קָרְחָה בֵּין

entre calvo os-raparéis y-no os-sajaréis no , vuestro-Dios de-Yahweh vosotros

עֵינֵיכֶם לָמֵת׃ כִּי עַם קָדוֹשׁ אַתָּה לַיהוָה אֱלֹהֶיךָ

tu-Dios a-Yahweh tú santo pueblo Pues (2) . por-muerto vuestros-ojos

וּבְךָ בָּחַר יְהוָה לִהְיוֹת לוֹ לְעַם סְגֻלָּה מִכֹּל

de-todos tesoro por-pueblo-de para-él para-ser Yahweh eligió y-a-ti

הָעַמִּים אֲשֶׁר עַל־ פְּנֵי הָאֲדָמָה׃ לֹא תֹאכַל כָּל־ תּוֹעֵבָה׃

. abominación ninguna comerás No (3) . la-tierra faz-de sobre que los-pueblos

זֹאת הַבְּהֵמָה אֲשֶׁר תֹּאכֵלוּ שׁוֹר שֵׂה כְשָׂבִים וְשֵׂה עִזִּים׃

. cabras y-cabra-de ovejas cordero-de buey : comeréis que animales Éstos (4)

אַיָּל וּצְבִי וְיַחְמוּר וְאַקּוֹ וְדִישֹׁן וּתְאוֹ

y-antílope e-íbice y-cabra-montés y-corzo y-gacela Ciervo (5)

וָזָמֶר׃ וְכָל־ בְּהֵמָה מַפְרֶסֶת פַּרְסָה וְשֹׁסַעַת

y-hendidura pezuña partida animal Y-todo (6) . y-carnero-montés

שֶׁסַע שְׁתֵּי פְרָסוֹת מַעֲלַת גֵּרָה בַּבְּהֵמָה אֹתָהּ תֹּאכֵלוּ׃

. comeréis a-ésta , entre-el-animal rumia rumiante-de , pezuñas dos hendida

אַךְ אֶת־ זֶה לֹא תֹאכְלוּ מִמַּעֲלֵי הַגֵּרָה

la-rumia de-los-rumiantes-de comeréis no esto ** Pero (7)

וּמִמַּפְרִיסֵי הַפַּרְסָה הַשְּׁסוּעָה אֶת־ הַגָּמָל וְאֶת־

y-** el-camello ** : la-hendida la-pezuña y-de-los-que-partida

הָאַרְנֶבֶת וְאֶת־ הַשָּׁפָן כִּי־ מַעֲלֵה גֵרָה הֵמָּה וּפַרְסָה לֹא הִפְרִיסוּ

hendidas no pero-pezuña ellos rumia rumiante-de pues la-liebre y-** el-conejo

טְמֵאִים הֵם לָכֶם׃ וְאֶת־ הַחֲזִיר כִּי־מַפְרִיס פַּרְסָה הוּא וְלֹא

pero-no él pezuña hendida pues el-cerdo Y-** (8) . para-vosotros ellos inmundos

גֵרָה טָמֵא הוּא לָכֶם מִבְּשָׂרָם לֹא תֹאכֵלוּ וּבְנִבְלָתָם

y-en-su-cadáver comeréis no de-su-carne , para-vosotros él inmundo , rumia

לֹא תִגָּעוּ׃ אֶת־ זֶה תֹּאכְלוּ מִכֹּל אֲשֶׁר בַּמָּיִם כֹּל אֲשֶׁר־

lo-que todo : en-el-agua lo-que de-todo comeréis esto , ** (9) . tocaréis no

לוֹ סְנַפִּיר וְקַשְׂקֶשֶׂת תֹּאכֵלוּ׃ וְכֹל אֲשֶׁר אֵין־לוֹ סְנַפִּיר וְקַשְׂקֶשֶׂת

y-escama aleta para-él no lo-que Y-todo (10) . comeréis y-escama aleta a-él

לֹא תֹאכֵלוּ טָמֵא הוּא לָכֶם׃ כָּל־צִפּוֹר טְהֹרָה תֹּאכֵלוּ׃
. comeréis limpia ave Toda (11) . para-vosotros él inmundo , comeréis no

וְזֶה אֲשֶׁר לֹא־תֹאכְלוּ מֵהֶם הַנֶּשֶׁר וְהַפֶּרֶס
y-el-buitre el-águila : de-ellos comeréis no lo-que Y-esto (12)

וְהָעָזְנִיָּה׃ וְהָרָאָה וְאֶת־הָאַיָּה וְהַדַּיָּה
y-el-halcón el-milano y-** Y-el-gallinazo (13) . y-el-azor

לְמִינָהּ׃ וְאֵת כָּל־עֹרֵב לְמִינוֹ׃ וְאֵת בַּת
hija-de Y-** (15) . según-su-especie cuervo todo Y-** (14) . según-su-especie

הַיַּעֲנָה וְאֶת־הַתַּחְמָס וְאֶת־הַשָּׁחַף וְאֶת־הַנֵּץ לְמִינֵהוּ׃
. según-su-especie el-gavilán y-** la-gaviota y-** la-lechuza y-** avestruz

אֶת־הַכּוֹס וְאֶת־הַיַּנְשׁוּף וְהַתִּנְשָׁמֶת׃ וְהַקָּאָת
Y-el-pelícano (17) . y-el-calamón el-ibis y-** el-búho ** (16)

וְאֶת־הָרָחָמָה וְאֶת־הַשָּׁלָךְ׃ וְהַחֲסִידָה וְהָאֲנָפָה
y-la-garza Y-la-cigüeña (18) . el-somormujo y-** el-pandión y-**

לְמִינָהּ וְהַדּוּכִיפַת וְהָעֲטַלֵּף׃ וְכֹל שֶׁרֶץ הָעוֹף
el-ala insecto-de Y-todo (19) . y-el-murciélago y-la-abubilla , según-su-especie

טָמֵא הוּא לָכֶם לֹא יֵאָכֵלוּ׃ כָּל־עוֹף טָהוֹר
limpia ave Toda (20) . comeréis no , para-vosotros él inmundo

תֹּאכֵלוּ׃ לֹא תֹאכְלוּ כָל־נְבֵלָה לַגֵּר אֲשֶׁר־
que para-el-extranjero animal-muerto ningún comeréis No (21) . comeréis

בִּשְׁעָרֶיךָ תִּתְּנֶנָּה וַאֲכָלָהּ אוֹ מָכֹר לְנָכְרִי
al-forastero vender o y-la-comerá la-darás en-tus-puertas

כִּי עַם קָדוֹשׁ אַתָּה לַיהוָה אֱלֹהֶיךָ לֹא־תְבַשֵּׁל גְּדִי בַּחֲלֵב
en-la-leche-de cabrito cocerás no tu-Dios a-Yahweh tú santo pueblo pues

אִמּוֹ׃ עַשֵּׂר תְּעַשֵּׂר אֵת כָּל־תְּבוּאַת
producto-de todo ** diezmarás Diezmar (22) . su-madre

זַרְעֶךָ הַיֹּצֵא הַשָּׂדֶה שָׁנָה שָׁנָה׃ וְאָכַלְתָּ לִפְנֵי ׀
ante Y-comerás (23) . año año el-campo el-que-produce tu-grano

יְהוָה אֱלֹהֶיךָ בַּמָּקוֹם אֲשֶׁר־יִבְחַר לְשַׁכֵּן שְׁמוֹ
su-nombre para-poner elija que en-el-lugar tu-Dios Yahweh

שָׁם מַעְשַׂר דְּגָנְךָ תִּירֹשְׁךָ וְיִצְהָרֶךָ
y-tu-aceite tu-mosto tu-grano diezmo-de allí

וּבְכֹרֹת בְּקָרְךָ וְצֹאנֶךָ לְמַעַן תִּלְמַד
aprendas para-que y-tu-rebaño tu-ganado y-primogénitos-de

לְיִרְאָה אֶת־יְהוָה אֱלֹהֶיךָ כָּל־הַיָּמִים׃ וְכִי־יִרְבֶּה
está-lejos Pero-si (24) . los-días todos tu-Dios Yahweh a a-temer

מִמְּךָ הַדֶּרֶךְ כִּי לֹא תוּכַל שְׂאֵתוֹ כִּי־יִרְחַק מִמְּךָ
de-ti está-distante pues llevar-lo puedes no y el-camino de-ti

הַמָּקוֹם אֲשֶׁר יִבְחַר יְהוָה אֱלֹהֶיךָ לָשׂוּם שְׁמוֹ שָׁם
allí su-nombre para-poner tu-Dios Yahweh elegirá que el-lugar

כִּי יְבָרֶכְךָ יְהוָה אֱלֹהֶיךָ׃ וְנָתַתָּה בַּכָּסֶף
por-la-plata Entonces-cambiarás (25) . tu-Dios Yahweh te-bendijere y

וְצַרְתָּ הַכֶּסֶף בְּיָדְךָ וְהָלַכְתָּ אֶל־הַמָּקוֹם אֲשֶׁר
que el-lugar a e-irás en-tu-mano la-plata y-tomarás

יִבְחַר יְהוָה אֱלֹהֶיךָ בּוֹ׃ וְנָתַתָּה הַכֶּסֶף
la-plata Y-darás (26) . para-él tu-Dios Yahweh eligiere

בְּכֹל אֲשֶׁר־תְּאַוֶּה נַפְשְׁךָ בַּבָּקָר וּבַצֹּאן
o-en-el-rebaño en-el-ganado tu-alma guste que por-algo

וּבַיַּיִן וּבַשֵּׁכָר וּבְכֹל אֲשֶׁר תִּשְׁאָלְךָ
te-pida que o-de-algo o-de-la-bebida-fermentada o-del-vino

נַפְשֶׁךָ וְאָכַלְתָּ שָּׁם לִפְנֵי יְהוָה אֱלֹהֶיךָ וְשָׂמַחְתָּ אַתָּה
tú y-te-alegrarás tu-Dios Yahweh ante allí y-comerás tu-alma

וּבֵיתֶךָ׃ (27) וְהַלֵּוִי אֲשֶׁר־ בִּשְׁעָרֶיךָ לֹא
no en-tus-puertas que Y-el-levita (27) . y-tu-casa

תַעַזְבֶנּוּ כִּי אֵין לוֹ חֵלֶק וְנַחֲלָה עִמָּךְ׃
. con-tigo o-herencia porción para-él no-hay pues le-desampararás

(28) מִקְצֵה ׀ שָׁלֹשׁ שָׁנִים תּוֹצִיא אֶת־ כָּל־ מַעְשַׂר תְּבוּאָתְךָ
tu-producto diezmo-de todo ** sacarás años tres Al-fin-de (28)

בַּשָּׁנָה הַהִוא וְהִנַּחְתָּ בִּשְׁעָרֶיךָ׃ (29) וּבָא
Y-vendrá (29) . en-tus-ciudades y-guardarás el-aquel en-el-año

הַלֵּוִי כִּי אֵין־ לוֹ חֵלֶק וְנַחֲלָה עִמָּךְ וְהַגֵּר
y-el-extranjero con tigo ni-herencia porción para-él no-hay que el-levita

וְהַיָּתוֹם וְהָאַלְמָנָה אֲשֶׁר בִּשְׁעָרֶיךָ וְאָכְלוּ
y-comerán en-tus-puertas que y-la-viuda y-el-huérfano

וְשָׂבֵעוּ לְמַעַן יְבָרֶכְךָ יְהוָה אֱלֹהֶיךָ
tu-Dios Yahweh te-bendiga para-que , y-se-saciarán

בְּכָל־ מַעֲשֵׂה יָדְךָ אֲשֶׁר תַּעֲשֶׂה׃ (1) מִקֵּץ שֶׁבַע־ שָׁנִים
años siete Al-fin-de (1) . hagas que tu-mano obra-de en-toda Cap. 15

תַּעֲשֶׂה שְׁמִטָּה׃ (2) וְזֶה דְּבַר הַשְּׁמִטָּה שָׁמוֹט
cancelar : la-remisión manera-de Y-ésta (2) . remisión harás

כָּל־ בַּעַל מַשֵּׁה יָדוֹ אֲשֶׁר יַשֶּׁה בְּרֵעֵהוּ לֹא־
no , a-su-prójimo prestó que su-mano préstamo-de dueño-de todo

יִגֹּשׂ אֶת־ רֵעֵהוּ וְאֶת־ אָחִיו כִּי־ קָרָא
proclamó pues su-hermano o-a su-prójimo a demandará

שְׁמִטָּה לַיהוָה׃ (3) אֶת־ הַנָּכְרִי תִּגֹּשׂ
demandarás el-forastero A (3) . para-Yahweh remisión

וַאֲשֶׁר יִהְיֶה לְךָ אֶת־ אָחִיךָ תַּשְׁמֵט יָדֶךָ׃
. tu-mano remitirá tu-hermano ** a-ti debe y-lo-que

אֶפֶס כִּי לֹא יִהְיֶה־ בְּךָ אֶבְיוֹן כִּי־ בָרֵךְ
bendecir pues , pobre con-tigo será no así Pues (4)

יְבָרֶכְךָ יְהוָה בָּאָרֶץ אֲשֶׁר יְהוָה אֱלֹהֶיךָ נֹתֵן־ לְךָ
a-ti da tu-Dios Yahweh que en-la-tierra Yahweh te-bendecirá

נַחֲלָה לְרִשְׁתָּהּ׃ רַק אִם־ שָׁמוֹעַ תִּשְׁמַע בְּקוֹל יְהוָה
Yahweh a-voz-de escuchas escuchar si Sólo (5) . para-poseer-la herencia

אֱלֹהֶיךָ לִשְׁמֹר לַעֲשׂוֹת אֶת־ כָּל־ הַמִּצְוָה הַזֹּאת אֲשֶׁר
que el-éste el-mandamiento todo ** para-hacer para-guardar tu-Dios

אָנֹכִי מְצַוְּךָ הַיּוֹם׃ כִּי־ יְהוָה אֱלֹהֶיךָ בֵּרַכְךָ כַּאֲשֶׁר
como te-bendecirá tu-Dios Yahweh Pues (6) . hoy te-mando yo

דִּבֶּר־ לָךְ וְהַעֲבַטְתָּ גּוֹיִם רַבִּים וְאַתָּה לֹא תַעֲבֹט
tomarás-prestado no y-tú muchas naciones y-prestarás a-ti habló

וּמָשַׁלְתָּ בְּגוֹיִם רַבִּים וּבְךָ לֹא יִמְשֹׁלוּ׃ כִּי־
Cuando (7) . dominarán no y-en-ti muchas en-naciones y-dominarás

יִהְיֶה בְךָ אֶבְיוֹן מֵאַחַד אַחֶיךָ בְּאַחַד שְׁעָרֶיךָ
tus-puertas dentro-de-una-de tus-hermanos de-uno-de pobre con-tigo haya

בְּאַרְצְךָ אֲשֶׁר־ יְהוָה אֱלֹהֶיךָ נֹתֵן לָךְ לֹא תְאַמֵּץ אֶת־
** endurezcas no a-ti da tu-Dios Yahweh que en-tu-tierra

לְבָבְךָ וְלֹא תִקְפֹּץ אֶת־ יָדְךָ מֵאָחִיךָ
hacia-tu-hermano tu-mano ** aprietes y-no tu-corazón

הָאֶבְיוֹן׃ כִּי־ פָתֹחַ תִּפְתַּח אֶת־ יָדְךָ לוֹ וְהַעֲבֵט
y-prestar , a-él tu-mano ** abrirás abrir Sino (8) . el-pobre

תַּעֲבִיטֶנּוּ דֵּי מַחְסֹרוֹ אֲשֶׁר יֶחְסַר לוֹ׃ הִשָּׁמֶר
Guarda (9) . para-él necesita que su-necesidad según le-prestarás

לְךָ פֶּן־ יִהְיֶה דָבָר עִם־ לְבָבְךָ בְלִיַּעַל לֵאמֹר קָרְבָה
está-cerca : diciendo maligna tu-corazón con intención haya que-no a-ti

שְׁנַת־ הַשֶּׁבַע שְׁנַת הַשְּׁמִטָּה וְרָעָה עֵֽינְךָ

tu-ojo y-es-malo la-remisión año-de el-séptimo año-de

בְּאָחִיךָ הָאֶבְיוֹן וְלֹא תִתֵּן לוֹ וְקָרָא

entonces-clamará , a-él das y-no el-necesitado contra-tu-hermano

עָלֶיךָ אֶל־ יְהוָה וְהָיָה בְךָ חֵטְא׃ נָתוֹן תִּתֵּן

darás Dar (10) . culpa en-ti y-estará Yahweh a contra-ti

לוֹ וְלֹא־ יֵרַע לְבָבְךָ בְּתִתְּךָ לוֹ כִּי

pues a-él en-tu-dar tu-corazón será-mezquino y-no a-él

בִּגְלַל ׀ הַדָּבָר הַזֶּה יְבָרֶכְךָ יְהוָה אֱלֹהֶיךָ בְּכָל־

en-toda tu-Dios Yahweh te-bendecirá la-ésta la-cosa a-causa-de

מַעֲשֶׂךָ וּבְכֹל מִשְׁלַח יָדֶךָ׃ כִּי לֹא־ יֶחְדַּל

faltará no Pues (11) . tu-mano actividad-de y-en-toda tu-obra

אֶבְיוֹן מִקֶּרֶב הָאָרֶץ עַל־ כֵּן אָנֹכִי מְצַוְּךָ לֵאמֹר פָּתֹחַ תִּפְתַּח

abrirás abrir : diciendo te-ordeno yo eso por , la-tierra en pobre

אֶת־ יָדְךָ לְאָחִיךָ לַעֲנִיֶּךָ וּלְאֶבְיֹנְךָ

y-a-tu-necesitado a-tu-pobre a-tu-hermano tu-mano **

בְּאַרְצֶךָ׃ כִּי־ יִמָּכֵר לְךָ אָחִיךָ הָעִבְרִי אוֹ

o el-hebreo tu-hermano a-ti se-vende Si (12) . en-tu-tierra

הָעִבְרִיָּה וַעֲבָדְךָ שֵׁשׁ שָׁנִים וּבַשָּׁנָה הַשְּׁבִיעִת

el-séptimo entonces-en-el-año años seis y-te-sirviere la-hebrea

תְּשַׁלְּחֶנּוּ חָפְשִׁי מֵעִמָּךְ׃ וְכִי־ תְשַׁלְּחֶנּוּ חָפְשִׁי

libre le-envíes Y-cuando (13) . de-con-tigo libre le-enviarás

מֵעִמָּךְ לֹא תְשַׁלְּחֶנּוּ רֵיקָם׃ הַעֲנֵיק תַּעֲנִיק

abastecerás Abastecer (14) . de-vacío le-enviarás no de-con-tigo

לוֹ מִצֹּאנְךָ וּמִגָּרְנְךָ וּמִיִּקְבֶךָ

y-de-tu-lagar y-de-tu-era de-tu-rebaño a-él

אֲשֶׁר בֵּרַכְךָ יְהוָה אֱלֹהֶיךָ תִּתֶּן־לוֹ׃ וְזָכַרְתָּ

Y-recuerda (15) . a-él da tu-Dios Yahweh te-bendijo como

כִּי עֶבֶד הָיִיתָ בְּאֶרֶץ מִצְרַיִם וַיִּפְדְּךָ יְהוָה אֱלֹהֶיךָ

tu-Dios Yahweh y-te-redimió Egipto en-tierra-de fuiste siervo que

עַל־כֵּן אָנֹכִי מְצַוְּךָ אֶת־הַדָּבָר הַזֶּה הַיּוֹם׃ וְהָיָה

Y-será (16) . hoy la-ésta la-palabra ** te-mando yo eso por

כִּי־יֹאמַר אֵלֶיךָ לֹא אֵצֵא מֵעִמָּךְ כִּי אֲהֵבְךָ וְאֶת־

y-a te-ama pues de-con-tigo saldré no a-ti dice si

בֵּיתֶךָ כִּי־טוֹב לוֹ עִמָּךְ׃ וְלָקַחְתָּ אֶת־הַמַּרְצֵעַ

la-lesna ** Y-tomarás (17) . con-tigo para-él bueno pues tu-casa

וְנָתַתָּה בְאָזְנוֹ וּבַדֶּלֶת וְהָיָה לְךָ

para-ti y-será y-contra-la-puerta en-su-oreja y-horadarás

עֶבֶד עוֹלָם וְאַף לַאֲמָתְךָ תַּעֲשֶׂה־כֵּן׃ לֹא־

No (18) . así harás para-tu-sierva y-también , siempre siervo

יִקְשֶׁה בְעֵינֶךָ בְּשַׁלֵּחֲךָ אֹתוֹ חָפְשִׁי מֵעִמָּךְ כִּי

pues de-con-tigo libre a-él en-tu-despedir a-tus-ojos será-duro

מִשְׁנֶה שְׂכַר שָׂכִיר עֲבָדְךָ שֵׁשׁ שָׁנִים וּבֵרַכְךָ

y-te-bendecirá años seis te-sirvió jornalero jornal-de por-mitad

יְהוָה אֱלֹהֶיךָ בְּכֹל אֲשֶׁר תַּעֲשֶׂה׃ כָּל־הַבְּכוֹר אֲשֶׁר

que el-primogénito Todo (19) . hicieres que en-todo tu-Dios Yahweh

יִוָּלֵד בִּבְקָרְךָ וּבְצֹאנְךָ הַזָּכָר תַּקְדִּישׁ

santificarás el-macho y-de-tus-ovejas de-tu-ganado nacido

לַיהוָה אֱלֹהֶיךָ לֹא תַעֲבֹד בִּבְכֹר שׁוֹרֶךָ וְלֹא

y-no tu-buey con-primogénito-de trabajarás no tu-Dios para-Yahweh

תָגֹז בְּכוֹר צֹאנֶךָ׃ לִפְנֵי יְהוָה אֱלֹהֶיךָ תֹאכְלֶנּוּ

los-comerás tu-Dios Yahweh Ante (20) . tus-ovejas primogénito-de trasquilarás

שָׁנָה בְשָׁנָה בַּמָּקוֹם אֲשֶׁר־יִבְחַר יְהוָה אַתָּה וּבֵיתֶךָ׃
. y-tu-casa tú ; Yahweh elegirá que en-el-lugar por-año año

וְכִי־יִהְיֶה בוֹ מוּם פִּסֵּחַ אוֹ עִוֵּר כֹּל מוּם רָע לֹא
no malo defecto cualquier ceguera o cojera defecto en-él hubiere Y-si (21)

תִזְבָּחֶנּוּ לַיהוָה אֱלֹהֶיךָ׃ בִּשְׁעָרֶיךָ תֹּאכְלֶנּוּ
lo-comerás Dentro-de-tus-puertas (22) . tu-Dios a-Yahweh lo-sacrificarás

הַטָּמֵא וְהַטָּהוֹר יַחְדָּו כַּצְּבִי וְכָאַיָּל׃ רַק אֶת־
**. Sólo (23) . y-como-el-ciervo como-la-gacela , igual y-el-limpio el-inmundo

דָּמוֹ לֹא תֹאכֵל עַל־הָאָרֶץ תִּשְׁפְּכֶנּוּ כַּמָּיִם׃
. como-el-agua la-derramarás la tierra sobre , comerás no su-sangre

שָׁמוֹר אֶת־חֹדֶשׁ הָאָבִיב וְעָשִׂיתָ פֶּסַח לַיהוָה
a-Yahweh pascua y-harás el-Abib mes-de ** Guarda (1) Cap. 16

אֱלֹהֶיךָ כִּי בְּחֹדֶשׁ הָאָבִיב הוֹצִיאֲךָ יְהוָה אֱלֹהֶיךָ
tu-Dios Yahweh te-sacó el-Abib en-mes-de pues tu-Dios

מִמִּצְרַיִם לָיְלָה׃ וְזָבַחְתָּ פֶּסַח לַיהוָה אֱלֹהֶיךָ צֹאן
oveja tu-Dios a-Yahweh pascua Y-sacrificarás (2) . de-noche de-Egipto

וּבָקָר בַּמָּקוֹם אֲשֶׁר־יִבְחַר יְהוָה לְשַׁכֵּן שְׁמוֹ
su-nombre para-hacer-habitar Yahweh escogiere que en-el-lugar y-vaca

שָׁם׃ לֹא־תֹאכַל עָלָיו חָמֵץ שִׁבְעַת יָמִים תֹּאכַל־עָלָיו
con-él comerás días siete leudado con-él comerás No (3) . allí

מַצּוֹת לֶחֶם עֹנִי כִּי בְחִפָּזוֹן יָצָאתָ מֵאֶרֶץ
de-tierra-de saliste con-prisa pues , aflicción pan-de ácimos

מִצְרַיִם לְמַעַן תִּזְכֹּר אֶת־יוֹם צֵאתְךָ מֵאֶרֶץ מִצְרַיִם
Egipto de-tierra-de tu-salida día-de ** recuerdes para-que , Egipto

כֹּל יְמֵי חַיֶּיךָ׃ וְלֹא־יֵרָאֶה לְךָ שְׂאֹר
leudado con-tigo se-verá Y-no (4) . tu-vida días-de todos

בְּכָל־ גְּבֻלְךָ שִׁבְעַת יָמִים וְלֹא־ יָלִין מִן־ הַבָּשָׂר אֲשֶׁר
que la-carne de quedará y-no días siete tu-territorio en-todo

תִּזְבַּח בָּעֶרֶב בַּיּוֹם הָרִאשׁוֹן לַבֹּקֶר׃ לֹא
No (5) . para-la-mañana el-primero en-el-día por-la-tarde sacrificares

תוּכַל לִזְבֹּחַ אֶת־ הַפָּסַח בְּאַחַד שְׁעָרֶיךָ אֲשֶׁר־ יְהוָה
Yahweh que tus-ciudades en-cualquiera-de la-pascua ** sacrificar podrás

אֱלֹהֶיךָ נֹתֵן לָךְ׃ כִּי אִם־ אֶל־ הַמָּקוֹם אֲשֶׁר־ יִבְחַר
escogiere que el-lugar a que Sino (6) . a-ti da tu-Dios

יְהוָה אֱלֹהֶיךָ לְשַׁכֵּן שְׁמוֹ שָׁם תִּזְבַּח אֶת־
** sacrificarás allí su-nombre para-hacer-habitar tu-Dios Yahweh

הַפֶּסַח בָּעֶרֶב כְּבוֹא הַשֶּׁמֶשׁ מוֹעֵד צֵאתְךָ
tu-salida tiempo-de el-sol según-se-pone en-la-tarde la-pascua

מִמִּצְרָיִם׃ וּבִשַּׁלְתָּ וְאָכַלְתָּ בַּמָּקוֹם אֲשֶׁר יִבְחַר
eligiere que en-el-lugar y-comerás Y-asarás (7) . de-Egipto

יְהוָה אֱלֹהֶיךָ בּוֹ וּפָנִיתָ בַבֹּקֶר וְהָלַכְתָּ
e-irás por-la-mañana y-regresarás , en-él tu-Dios Yahweh

לְאֹהָלֶיךָ׃ שֵׁשֶׁת יָמִים תֹּאכַל מַצּוֹת וּבַיּוֹם
y-en-el-día ácimos comerás días Seis (8) . a-tus-tiendas

הַשְּׁבִיעִי עֲצֶרֶת לַיהוָה אֱלֹהֶיךָ לֹא תַעֲשֶׂה מְלָאכָה׃ שִׁבְעָה שָׁבֻעֹת
semanas Siete (9) . obra harás no , tu-Dios a-Yahweh fiesta-solemne el-séptimo

תִּסְפָּר־ לָךְ מֵהָחֵל חֶרְמֵשׁ בַּקָּמָה תָּחֵל
empezarás en-la-mies la-hoz desde-comienza para-ti contarás

לִסְפֹּר שִׁבְעָה שָׁבֻעוֹת׃ וְעָשִׂיתָ חַג שָׁבֻעוֹת לַיהוָה
a-Yahweh semanas fiesta-solemne-de Y-harás (10) . semanas siete a-contar

אֱלֹהֶיךָ מִסַּת נִדְבַת יָדְךָ אֲשֶׁר תִּתֵּן
darás que tu-mano ofrenda-votiva-de de-abundancia-de tu-Dios

כַּאֲשֶׁר יְבָרֶכְךָ יְהוָה אֱלֹהֶיךָ׃ וְשָׂמַחְתָּ לִפְנֵי ׀ יְהוָה
Yahweh ante Y-te-alegrarás (11) . tu-Dios Yahweh te-bendijere según

אֱלֹהֶיךָ אַתָּה וּבִנְךָ וּבִתֶּךָ וְעַבְדְּךָ
y-tu-siervo y-tu-hija y-tu-hijo tú tu-Dios

וַאֲמָתֶךָ וְהַלֵּוִי אֲשֶׁר בִּשְׁעָרֶיךָ וְהַגֵּר
y-el-extranjero dentro-de-tus-puertas que y-el-levita y-tu-sierva

וְהַיָּתוֹם וְהָאַלְמָנָה אֲשֶׁר בְּקִרְבֶּךָ בַּמָּקוֹם אֲשֶׁר
que en-el-lugar en-medio-de-ti que y-la-viuda y-el-huérfano

יִבְחַר יְהוָה אֱלֹהֶיךָ לְשַׁכֵּן שְׁמוֹ שָׁם׃
. allí su-nombre para-hacer-habitar tu-Dios Yahweh eligiere

וְזָכַרְתָּ כִּי־ עֶבֶד הָיִיתָ בְּמִצְרָיִם וְשָׁמַרְתָּ
y-guardarás , en-Egipto fuiste siervo que Y-recuerda (12)

וְעָשִׂיתָ אֶת־ הַחֻקִּים הָאֵלֶּה׃ חַג הַסֻּכֹּת
los-tabernáculos Fiesta-de (13) . los-éstos los-estatutos ** y-harás

תַּעֲשֶׂה לְךָ שִׁבְעַת יָמִים בְּאָסְפְּךָ מִגָּרְנְךָ
de-tu-era en-tu-recoger días siete para-ti celebrarás

וּמִיִּקְבֶךָ׃ וְשָׂמַחְתָּ בְּחַגֶּךָ אַתָּה
tú en-tu-fiesta Y-te-alegrarás (14) . y-de-tu-lagar

וּבִנְךָ וּבִתֶּךָ וְעַבְדְּךָ וַאֲמָתֶךָ
y-tu-sierva y-tu-siervo y-tu-hija y-tu-hijo

וְהַלֵּוִי וְהַגֵּר וְהַיָּתוֹם וְהָאַלְמָנָה אֲשֶׁר
que y-la-viuda y-el-huérfano y-el-extranjero y-el-levita

בִּשְׁעָרֶיךָ׃ שִׁבְעַת יָמִים תָּחֹג לַיהוָה אֱלֹהֶיךָ
tu-Dios a-Yahweh harás-fiesta días Siete (15) . dentro-de-tus-puertas

בַּמָּקוֹם אֲשֶׁר־ יִבְחַר יְהוָה כִּי יְבָרֶכְךָ יְהוָה
Yahweh te-bendecirá pues , Yahweh eligiere que en-el-lugar

אֱלֹהֶיךָ בְּכֹל תְּבוּאָתְךָ וּבְכֹל מַעֲשֵׂה יָדֶיךָ

tus-manos obra-de y-en-toda tu-cosecha en-toda tu-Dios

וְהָיִיתָ אַךְ שָׂמֵחַ׃ שָׁלוֹשׁ פְּעָמִים ׀ בַּשָּׁנָה יֵרָאֶה

se-presentará en-el-año veces Tres (16) . alegre muy y-estarás

כָל־ זְכוּרְךָ אֶת־ פְּנֵי ׀ יְהוָה אֱלֹהֶיךָ בַּמָּקוֹם אֲשֶׁר

que en-el-lugar tu-Dios Yahweh delante-de ** tu-varón todo

יִבְחָר בְּחַג הַמַּצּוֹת וּבְחַג הַשָּׁבֻעוֹת

las-semanas y-en-fiesta-de los-ácimos en-fiesta-de elegirá

וּבְחַג הַסֻּכּוֹת וְלֹא יֵרָאֶה אֶת־ פְּנֵי יְהוָה

Yahweh delante-de ** se-presentará y-no los-tabernáculos y-en-fiesta-de

רֵיקָם׃ אִישׁ כְּמַתְּנַת יָדוֹ כְּבִרְכַּת יְהוָה

Yahweh según-bendición-de , su-mano según-ofrenda-de Cada-uno (17) . vacío

אֱלֹהֶיךָ אֲשֶׁר נָתַן־ לָךְ׃ שֹׁפְטִים וְשֹׁטְרִים

y-oficiales Jueces (18) . a-ti dio que tu-Dios

תִּתֶּן־ לְךָ בְּכָל־ שְׁעָרֶיךָ אֲשֶׁר יְהוָה אֱלֹהֶיךָ נֹתֵן

da tu-Dios Yahweh que tus-ciudades en-todas para-ti darás

לְךָ לִשְׁבָטֶיךָ וְשָׁפְטוּ אֶת־ הָעָם מִשְׁפַּט־ צֶדֶק׃

. justo de-juicio el-pueblo a y-juzgarán para-tus-tribus a-ti

לֹא־ תַטֶּה מִשְׁפָּט לֹא תַכִּיר פָּנִים וְלֹא־ תִקַּח שֹׁחַד

soborno tomarás y-no faces considerarás no juicio torcerás No (19)

כִּי הַשֹּׁחַד יְעַוֵּר עֵינֵי חֲכָמִים וִיסַלֵּף דִּבְרֵי צַדִּיקִם׃

justos palabras-de y-pervierte sabios ojos-de ciega el-soborno pues

צֶדֶק צֶדֶק תִּרְדֹּף לְמַעַן תִּחְיֶה וְיָרַשְׁתָּ אֶת־

** y-poseas vivas para-que seguirás justicia Justicia (20)

הָאָרֶץ אֲשֶׁר־ יְהוָה אֱלֹהֶיךָ נֹתֵן לָךְ׃ לֹא־ תִטַּע לְךָ

para-ti plantarás No (21) . a-ti da tu-Dios Yahweh que la-tierra

אֲשֵׁרָה כָּל־ עֵץ אֵצֶל מִזְבַּח יְהוָה אֱלֹהֶיךָ אֲשֶׁר תַּעֲשֶׂה־

hagas que tu-Dios Yahweh altar-de junto-a madera cualquier imagen-de-Asera

לָּךְ׃ וְלֹא־ תָקִים לְךָ מַצֵּבָה אֲשֶׁר שָׂנֵא יְהוָה

Yahweh aborrece lo-cual estatua para-ti erigirás Y-no (22) . para-ti

אֱלֹהֶיךָ׃ לֹא־ תִזְבַּח לַיהוָה אֱלֹהֶיךָ שׁוֹר וָשֶׂה אֲשֶׁר

que u-oveja buey tu-Dios a-Yahweh sacrificarás No (1) . tu-Dios Cap. 17

יִהְיֶה בוֹ מוּם כֹּל דָּבָר רָע כִּי תוֹעֲבַת יְהוָה אֱלֹהֶיךָ הוּא׃

. eso tu-Dios Yahweh abominación-de pues mala cosa alguno defecto en-él haya

כִּי־ יִמָּצֵא בְקִרְבְּךָ בְּאַחַד שְׁעָרֶיךָ אֲשֶׁר־ יְהוָה

Yahweh que tus-ciudades en-una-de en medio-de-ti se-hallare Si (2)

אֱלֹהֶיךָ נֹתֵן לָךְ אִישׁ אוֹ־ אִשָּׁה אֲשֶׁר יַעֲשֶׂה אֶת־ הָרַע בְּעֵינֵי

en-ojos-de lo-malo ** haga que mujer o hombre a-ti da tu-Dios

יְהוָה־ אֱלֹהֶיךָ לַעֲבֹר בְּרִיתוֹ׃ וַיֵּלֶךְ וַיַּעֲבֹד

y-sirve Y-va (3) . su-pacto para-violar tu-Dios Yahweh

אֱלֹהִים אֲחֵרִים וַיִּשְׁתַּחוּ לָהֶם וְלַשֶּׁמֶשׁ ׀ אוֹ לַיָּרֵחַ אוֹ לְכָל־

a-cualquier o a-la-luna o o-al-sol a-ellos y-se-inclina otros dioses

צְבָא הַשָּׁמַיִם אֲשֶׁר לֹא־ צִוִּיתִי׃ וְהֻגַּד־ לְךָ

a-ti Y-fuere-dicho (4) . mandé no que los-cielos multitud-de

וְשָׁמָעְתָּ וְדָרַשְׁתָּ הֵיטֵב וְהִנֵּה אֱמֶת

cierto y-he-aquí haciendo-bien e-indagares y-escuchares

נָכוֹן הַדָּבָר נֶעֶשְׂתָה הַתּוֹעֵבָה הַזֹּאת בְּיִשְׂרָאֵל׃

. en-Israel la-ésta la-abominación fue-hecha la-cosa probado

וְהוֹצֵאתָ אֶת־ הָאִישׁ הַהוּא אוֹ אֶת־ הָאִשָּׁה הַהִוא אֲשֶׁר

que la-aquella la-mujer ** o el-aquel el-hombre ** Entonces-sacarás (5)

עָשׂוּ אֶת־ הַדָּבָר הָרָע הַזֶּה אֶל־ שְׁעָרֶיךָ אֶת־ הָאִישׁ אוֹ אֶת־

** o el-hombre ** tus-puertas a la-ésta la-mala la-cosa ** hicieron

הָאִשָּׁה וּסְקַלְתָּם בָּאֲבָנִים וָמֵתוּ׃ עַל־ פִּי ׀
boca-de Por (6) . y-morirán con-piedras y-los-apedrearás la-mujer

שְׁנַיִם עֵדִים אוֹ שְׁלֹשָׁה עֵדִים יוּמַת הַמֵּת לֹא יוּמַת
morirá no , el-muerto morirá testigos tres o testigos dos

עַל־ פִּי עֵד אֶחָד׃ יַד הָעֵדִים תִּהְיֶה־ בּוֹ
contra-él será los-testigos Mano-de (7) . uno testigo boca-de por

בָרִאשֹׁנָה לַהֲמִיתוֹ וְיַד כָּל־ הָעָם בָּאַחֲרֹנָה
a-continuación el-pueblo todo y-mano-de para-matar-le en-la-primera

וּבִעַרְתָּ הָרָע מִקִּרְבֶּךָ׃ כִּי יִפָּלֵא מִמְּךָ
para-ti es-difícil Si (8) de-en-medio-de-ti el-mal y-quitarás

דָבָר לַמִּשְׁפָּט בֵּין־ דָּם ׀ לְדָם בֵּין־ דִּין לְדִין
para-pleito pleito entre para-sangre sangre entre para-el-juicio asunto

וּבֵין נֶגַע לָנֶגַע דִּבְרֵי רִיבֹת בִּשְׁעָרֶיךָ וְקַמְתָּ
y-te-levantarás , en-tus-puertas juicios casos-de a-herida herida y-entre

וְעָלִיתָ אֶל־ הַמָּקוֹם אֲשֶׁר יִבְחַר יְהוָה אֱלֹהֶיךָ בּוֹ׃
. a-él tu-Dios Yahweh elegirá que el-lugar a y-subirás

וּבָאתָ אֶל־ הַכֹּהֲנִים הַלְוִיִּם וְאֶל־ הַשֹּׁפֵט אֲשֶׁר יִהְיֶה
esté que el-juez y-a los-levitas los-sacerdotes a E-irás (9)

בַּיָּמִים הָהֵם וְדָרַשְׁתָּ וְהִגִּידוּ לְךָ אֵת דְּבַר
sentencia-de ** a-ti y-contestarán y-preguntarás los-aquellos en-los-días

הַמִּשְׁפָּט׃ וְעָשִׂיתָ עַל־ פִּי הַדָּבָר אֲשֶׁר
que la-sentencia acuerdo-con de Y-harás (10) . el-juicio

יַגִּידוּ לְךָ מִן־ הַמָּקוֹם הַהוּא אֲשֶׁר יִבְחַר יְהוָה
Yahweh elegirá que el-aquel el-lugar de a-ti declaren

וְשָׁמַרְתָּ לַעֲשׂוֹת כְּכֹל אֲשֶׁר יוֹרוּךָ׃ עַל־ פִּי
acuerdo-con De (11) . te-indiquen lo-que todo de-hacer y-cuidarás

הַתּוֹרָה אֲשֶׁר יוֹרוּךָ וְעַל־הַמִּשְׁפָּט אֲשֶׁר־יֹאמְרוּ לְךָ
a-ti digan que el-juicio y-por te-enseñen que la-ley

תַּעֲשֶׂה לֹא תָסוּר מִן־הַדָּבָר אֲשֶׁר־יַגִּידוּ לְךָ יָמִין וּשְׂמֹאל׃
. o-izquierda derecha a-ti declaren que la-sentencia de te-apartarás no , harás

וְהָאִישׁ אֲשֶׁר־יַעֲשֶׂה בְזָדוֹן לְבִלְתִּי שְׁמֹעַ אֶל־הַכֹּהֵן
el-sacerdote a obedecer sin con-soberbia actúe que Y-el-hombre (12)

הָעֹמֵד לְשָׁרֶת שָׁם אֶת־יְהוָה אֱלֹהֶיךָ אוֹ אֶל־הַשֹּׁפֵט
el-juez a o tu-Dios Yahweh a allí para-ministrar el-que-está

וּמֵת הָאִישׁ הַהוּא וּבִעַרְתָּ הָרָע מִיִּשְׂרָאֵל׃
. de-Israel el-mal y-quitarás el-aquel el-hombre entonces-morirá

וְכָל־הָעָם יִשְׁמְעוּ וְיִרָאוּ וְלֹא
y-no y-temerá oirá el-pueblo Y-todo (13)

יְזִידוּן עוֹד׃ כִּי־תָבֹא אֶל־הָאָרֶץ אֲשֶׁר יְהוָה
Yahweh que la-tierra a entres Cuando (14) . más se-ensorbebecerán

אֱלֹהֶיךָ נֹתֵן לָךְ וִירִשְׁתָּהּ וְיָשַׁבְתָּה בָּהּ וְאָמַרְתָּ
y-digas , en-ella y-habites y-la-poseas a-ti da tu-Dios

אָשִׂימָה עָלַי מֶלֶךְ כְּכָל־הַגּוֹיִם אֲשֶׁר סְבִיבֹתָי׃
. a-mi-alrededor que las-naciones como-todas rey sobre-mí pondré

שׂוֹם תָּשִׂים עָלֶיךָ מֶלֶךְ אֲשֶׁר יִבְחַר יְהוָה אֱלֹהֶיךָ
tu-Dios Yahweh elija que rey sobre-ti pondrás Poner (15)

בּוֹ מִקֶּרֶב אַחֶיךָ תָּשִׂים עָלֶיךָ מֶלֶךְ לֹא תוּכַל
puedes no rey sobre-ti pondrás tus-hermanos de-entre , para-él

לָתֵת עָלֶיךָ אִישׁ נָכְרִי אֲשֶׁר לֹא־אָחִיךָ הוּא׃ רַק לֹא־
no Sólo (16) . él tu-hermano no que extranjero hombre sobre-ti poner

יַרְבֶּה־לּוֹ סוּסִים וְלֹא־יָשִׁיב אֶת־הָעָם
el-pueblo ** hará-volver y-no caballos para-él aumentará

מִצְרַיְמָה לְמַעַן הַרְבּוֹת סוּס וַיהוָה אָמַר לָכֶם לֹא
no : a-vosotros dijo pues-Yahweh , caballo aumentar para-que a-Egipto

תֹסִפוּן לָשׁוּב בַּדֶּרֶךְ הַזֶּה עוֹד׃ וְלֹא
Y-no (17) . más el-éste por-el-camino para-volver repitáis

יַרְבֶּה־לּוֹ נָשִׁים וְלֹא יָסוּר לְבָבוֹ וְכֶסֶף
y-plata , a-su-corazón se-desvíe y-no mujeres para-él aumentará

וְזָהָב לֹא יַרְבֶּה־לּוֹ מְאֹד׃ וְהָיָה
Y-será (18) . mucho para-él aumentará no y-oro

כְשִׁבְתּוֹ עַל כִּסֵּא מַמְלַכְתּוֹ וְכָתַב לוֹ אֶת־
** para-él entonces-escribirá su-reino trono-de sobre cuando-su-entrar

מִשְׁנֵה הַתּוֹרָה הַזֹּאת עַל־סֵפֶר מִלִּפְנֵי הַכֹּהֲנִים הַלְוִיִּם׃
. los-levitas los-sacerdotes de-delante-de libro en la-ésta la-ley copia-de

וְהָיְתָה עִמּוֹ וְקָרָא בוֹ כָּל־יְמֵי
días-de todos en-él y-leerá con-él Y-estará (19)

חַיָּיו לְמַעַן יִלְמַד לְיִרְאָה אֶת־יְהוָה אֱלֹהָיו
su-Dios Yahweh a a-temer aprenda para-que su-vida

לִשְׁמֹר אֶת־כָּל־דִּבְרֵי הַתּוֹרָה הַזֹּאת וְאֶת־הַחֻקִּים הָאֵלֶּה
los-éstos los-estatutos y-** la-ésta la-ley palabras-de todas ** para-guardar

לַעֲשֹׂתָם׃ לְבִלְתִּי רוּם־לְבָבוֹ מֵאֶחָיו וּלְבִלְתִּי
y-para-que-no sobre-sus-hermanos su-corazón se-levante Para-que-no (20) . para-hacerlos

סוּר מִן־הַמִּצְוָה יָמִין וּשְׂמֹאול לְמַעַן יַאֲרִיךְ יָמִים עַל־
sobre días prolongue para-que o-izquierda derecha el-mandamiento de se-aparte

מַמְלַכְתּוֹ הוּא וּבָנָיו בְּקֶרֶב יִשְׂרָאֵל׃ לֹא־יִהְיֶה
será No (1) . Israel en-medio-de y-sus-hijos él su-reino Cap.

לַכֹּהֲנִים הַלְוִיִּם כָּל־שֵׁבֶט לֵוִי חֵלֶק וְנַחֲלָה
ni-heredad porción Leví tribu-de toda los-levitas para-los-sacerdotes

עַם־ יִשְׂרָאֵל אִשֵּׁי יְהוָה וְנַחֲלָתוֹ יֹאכֵלוּן׃

. comerán y-su-heredad Yahweh ofrendas-de-fuego-de Israel con

וְנַחֲלָה לֹא־ יִהְיֶה־ לּוֹ בְּקֶרֶב אֶחָיו יְהוָה

Yahweh , su-hermano en-medio-de para-él será no Y-heredad (2)

הוּא נַחֲלָתוֹ כַּאֲשֶׁר דִּבֶּר־ לוֹ׃ וְזֶה יִהְיֶה מִשְׁפַּט

derecho-de será Y-éste (3) . a-él habló como su-heredad él

הַכֹּהֲנִים מֵאֵת הָעָם מֵאֵת זֹבְחֵי הַזֶּבַח אִם־

con el-sacrificio los-que-sacrifican de el-pueblo de los-sacerdotes

שׁוֹר אִם־ שֶׂה וְנָתַן לַכֹּהֵן הַזְּרֹעַ וְהַלְּחָיַיִם

y-las-quijadas la-espaldilla a-el-sacerdote y-dará , cordero con buey

וְהַקֵּבָה׃ רֵאשִׁית דְּגָנְךָ תִּירֹשְׁךָ וְיִצְהָרֶךָ

y-tu-aceite tu-mosto tu-grano Primicias-de (4) . y-el-intestino

וְרֵאשִׁית גֵּז צֹאנְךָ תִּתֶּן־ לּוֹ׃ כִּי בוֹ בָּחַר

eligió a-él Pues (5) . a-él darás tus-ovejas lana-de y-primicias-de

יְהוָה אֱלֹהֶיךָ מִכָּל־ שְׁבָטֶיךָ לַעֲמֹד לְשָׁרֵת בְּשֵׁם־

en-nombre-de para-ministrar para-estar tus-tribus de-todas tu-Dios Yahweh

יְהוָה הוּא וּבָנָיו כָּל־ הַיָּמִים׃ וְכִי־ יָבֹא הַלֵּוִי

el-levita saliere Y-cuando (6) . los-días todos y-sus-hijos él Yahweh

מֵאַחַד שְׁעָרֶיךָ מִכָּל־ יִשְׂרָאֵל אֲשֶׁר־הוּא גָּר שָׁם וּבָא

y-viniere allí habitando él que Israel de-todo tus-puertas de-una-de

בְּכָל־ אַוַּת נַפְשׁוֹ אֶל־הַמָּקוֹם אֲשֶׁר־ יִבְחַר יְהוָה׃

. Yahweh eligió que el-lugar a su-alma deseo-de con-todo

וְשֵׁרֵת בְּשֵׁם יְהוָה אֱלֹהָיו כְּכָל־

como-todos su-Dios Yahweh en-nombre-de Entonces-ministrará (7)

אֶחָיו הַלְוִיִּם הָעֹמְדִים שָׁם לִפְנֵי יְהוָה׃

. Yahweh ante allí los-que-están los-levitas sus-hermanos

חֵלֶק כְּחֵלֶק יֹאכֵלוּ לְבַד מִמְכָּרָיו עַל־
de sus-ingresos a-pesar-de comerán como-porción Porción (8)

הָאָבוֹת׃ כִּֽי־ אַתָּה בָּא אֶל־ הָאָרֶץ אֲשֶׁר־ יְהוָה אֱלֹהֶיךָ
tu-Dios Yahweh que la-tierra a entres tú Cuando (9) . los-padres

נֹתֵן לָךְ לֹא־ תִלְמַד לַעֲשׂוֹת כְּתוֹעֲבֹת הַגּוֹיִם
las-naciones abominaciones-de a-hacer aprenderás no a-ti da

הָהֵם׃ לֹא־ יִמָּצֵא בְךָ מַעֲבִיר בְּנוֹ־
su-hijo el-que-ofrezca en-ti se-hallará No (10) . las-aquellas

וּבִתּוֹ בָּאֵשׁ קֹסֵם קְסָמִים מְעוֹנֵן
brujo adivinación adivinador-de en-el-fuego o-su-hija

וּמְנַחֵשׁ וּמְכַשֵּׁף׃ וְחֹבֵר חָבֶר
encanto Ni-echador-de (11) . ni-hechicero ni-sortílego

וְשֹׁאֵל אוֹב וְיִדְּעֹנִי וְדֹרֵשׁ אֶל־ הַמֵּתִים׃ כִּי־
Pues (12) . los-muertos a o-consultador ni-mago médium ni-inquiridor

תוֹעֲבַת יְהוָה כָּל־ עֹשֵׂה אֵלֶּה וּבִגְלַל הַתּוֹעֵבֹת
las-abominaciones y-por-causa-de , éstas hacedor todo Yahweh detestable-de

הָאֵלֶּה יְהוָה אֱלֹהֶיךָ מוֹרִישׁ אוֹתָם מִפָּנֶיךָ׃ תָּמִים
Perfecto (13) . de-delante-de-ti a-ellas expulsa tu-Dios Yahweh las-éstas

תִּהְיֶה עִם יְהוָה אֱלֹהֶיךָ׃ כִּי ׀ הַגּוֹיִם הָאֵלֶּה אֲשֶׁר
que las-éstas las-naciones Pues (14) . tu-Dios Yahweh con serás

אַתָּה יוֹרֵשׁ אוֹתָם אֶל־ מְעֹנְנִים וְאֶל־ קֹסְמִים
adivinos y-a brujos a a-ellas desposees tú

יִשְׁמָעוּ וְאַתָּה לֹא כֵן נָתַן לְךָ יְהוָה אֱלֹהֶיךָ׃ נָבִיא
Profeta (15) . tu-Dios Yahweh a-ti permitió así no y-tú ; oyen

מִקִּרְבְּךָ מֵאַחֶיךָ כָּמֹנִי יָקִים לְךָ יְהוָה
Yahweh para-ti levantará como-yo de-tus-hermanos de-entre-ti

אֱלֹהֶיךָ אֵלָיו תִּשְׁמָעוּן׃ כְּכֹל אֲשֶׁר־שָׁאַלְתָּ מֵעִם
de-con pediste lo-que Como-todo (16) . oiréis a-él ; tu-Dios

יְהוָה אֱלֹהֶיךָ בְּחֹרֵב בְּיוֹם הַקָּהָל לֵאמֹר לֹא אֹסֵף
siga no : diciendo la-asamblea en-día-de en-Horeb tu-Dios Yahweh

לִשְׁמֹעַ אֶת־קוֹל יְהוָה אֱלֹהָי וְאֶת־הָאֵשׁ הַגְּדֹלָה הַזֹּאת לֹא־
no el-éste el-grande el-fuego y-** mi-Dios Yahweh voz-de ** a-oír

אֶרְאֶה עוֹד וְלֹא אָמוּת׃ וַיֹּאמֶר יְהוָה אֵלָי הֵיטִיבוּ
son-buenas a-mí Yahweh Y-dijo (17) . muera y-no más vea

אֲשֶׁר דִּבֵּרוּ׃ נָבִיא אָקִים לָהֶם מִקֶּרֶב אֲחֵיהֶם
sus-hermanos de-entre para-ellos levantaré Profeta (18) . dicen lo-que

כָּמוֹךָ וְנָתַתִּי דְבָרַי בְּפִיו וְדִבֶּר אֲלֵיהֶם
a-ellos y-hablará en-su-boca mis-palabras y-daré como-tú

אֵת כָּל־אֲשֶׁר אֲצַוֶּנּוּ׃ וְהָיָה הָאִישׁ אֲשֶׁר לֹא־יִשְׁמַע
escuche no que el-hombre Y-será (19) . le-mando lo-que todo **

אֶל־דְּבָרַי אֲשֶׁר יְדַבֵּר בִּשְׁמִי אָנֹכִי אֶדְרֹשׁ
pediré-cuentas yo en-mi-nombre hablará que mis-palabras a

מֵעִמּוֹ׃ אַךְ הַנָּבִיא אֲשֶׁר יָזִיד לְדַבֵּר דָּבָר בִּשְׁמִי
en-mi-nombre palabra hablar presumiere que el-profeta Pero (20) . de-con-él

אֵת אֲשֶׁר לֹא־צִוִּיתִיו לְדַבֵּר וַאֲשֶׁר יְדַבֵּר בְּשֵׁם אֱלֹהִים
dioses en-nombre-de habla o-que para-hablar le-mandé no lo-que **

אֲחֵרִים וּמֵת הַנָּבִיא הַהוּא׃ וְכִי תֹאמַר
dijeres Y-si (21) . el-aquel el-profeta entonces-morirá , otros

בִּלְבָבֶךָ אֵיכָה נֵדַע אֶת־הַדָּבָר אֲשֶׁר לֹא־דִבְּרוֹ
le-habló no que la-palabra ** conoceremos ¿ cómo : en-tu-corazón

יְהוָה׃ אֲשֶׁר יְדַבֵּר הַנָּבִיא בְּשֵׁם יְהוָה וְלֹא־
y-no Yahweh en-nombre-de el-profeta hablare Cuando (22) . Yahweh

יִהְיֶה הַדָּבָר וְלֹא יָבֹא הוּא הַדָּבָר אֲשֶׁר לֹא־

no que la-cosa aquella ocurriera y-no la-cosa fuere

דִּבְּרוֹ יְהוָה בְּזָדוֹן דִּבְּרוֹ הַנָּבִיא לֹא תָגוּר

temas no el-profeta le-habló en-presunción Yahweh le-habló

מִמֶּנּוּ׃ כִּֽי־יַכְרִית יְהוָה אֱלֹהֶיךָ אֶת־הַגּוֹיִם אֲשֶׁר יְהוָה

Yahweh que las-naciones ** tu-Dios Yahweh destruya Cuando (1) . de-él

אֱלֹהֶיךָ נֹתֵן לְךָ אֶת־אַרְצָם וִירִשְׁתָּם

y-las-expulses tierra-de-ellos ** a-ti da tu-Dios

וְיָשַׁבְתָּ בְעָרֵיהֶם וּבְבָתֵּיהֶם׃ שָׁלוֹשׁ עָרִים

ciudades Tres (2) . y-en-sus-casas en-sus-ciudades y-te-establezcas

תַּבְדִּיל לָךְ בְּתוֹךְ אַרְצְךָ אֲשֶׁר יְהוָה אֱלֹהֶיךָ נֹתֵן

da tu-Dios Yahweh que tu-tierra en-medio-de para-ti apartarás

לְךָ לְרִשְׁתָּהּ׃ תָּכִין לְךָ הַדֶּרֶךְ וְשִׁלַּשְׁתָּ

y-dividirás-en-tres el-camino para-ti Arreglarás (3) . para-poseer-la a-ti

אֶת־גְּבוּל אַרְצְךָ אֲשֶׁר יַנְחִילְךָ יְהוָה אֱלֹהֶיךָ

tu-Dios Yahweh te-dará-en-heredad que tu-tierra límite-de **

וְהָיָה לָנוּס שָׁמָּה כָּל־רֹצֵחַ׃ וְזֶה דְּבַר

asunto-de Y-éste (4) . homicida todo allí para-huir y-será

הָרֹצֵחַ אֲשֶׁר־יָנוּס שָׁמָּה וָחָי אֲשֶׁר יַכֶּה אֶת־

a hiriere quien : y-vivirá allí huye que el-homicida

רֵעֵהוּ בִּבְלִי־דַעַת וְהוּא לֹא־שֹׂנֵא לוֹ מִתְּמֹל

de-ayer a-él odiando no y-él intención sin su-prójimo

שִׁלְשֹׁם׃ וַאֲשֶׁר יָבֹא אֶת־רֵעֵהוּ בַיַּעַר לַחְטֹב עֵצִים

maderas a-cortar en-el-bosque su-prójimo con fuere Y-quien (5) . antes

וְנִדְּחָה יָדוֹ בַגַּרְזֶן לִכְרֹת הָעֵץ וְנָשַׁל

y-se-suelta la-madera para-cortar con-el-hacha su-mano y-voltea

הַבַּרְזֶל מִן־ הָעֵץ וּמָצָא אֶת־ רֵעֵהוּ וָמֵת הוּא
él , y-muere su-prójimo a y-golpea el-mango de la-hoja

יָנוּס אֶל־ אַחַת הֶעָרִים־ הָאֵלֶּה וָחָי׃ פֶּן־
No-sea-que (6) . y-vivirá las-éstas las-ciudades una-de a huirá

יִרְדֹּף גֹּאֵל הַדָּם אַחֲרֵי הָרֹצֵחַ כִּי־
pues el-homicida tras la-sangre vengador-de persiga

יֵחַם לְבָבוֹ וְהִשִּׂיגוֹ כִּי־ יִרְבֶּה
se-alarga pues y-le-alcance en-su-corazón enfurecido

הַדֶּרֶךְ וְהִכָּהוּ נֶפֶשׁ וְלוֹ אֵין מִשְׁפַּט־מָוֶת
muerte juicio-de no-hay aunque-a-él mortalmente y-le-hiere el-camino

כִּי לֹא שֹׂנֵא הוּא לוֹ מִתְּמוֹל שִׁלְשׁוֹם׃ עַל־ כֵּן אָנֹכִי מְצַוְּךָ
te-mando yo tanto Por (7) . antes de-ayer a-él él odiando no pues

לֵאמֹר שָׁלֹשׁ עָרִים תַּבְדִּיל לָךְ׃ וְאִם־ יַרְחִיב יְהוָה
Yahweh ensanchare Y-si (8) . para-ti separarás ciudades tres : diciendo

אֱלֹהֶיךָ אֶת־ גְּבֻלְךָ כַּאֲשֶׁר נִשְׁבַּע לַאֲבֹתֶיךָ וְנָתַן
y-da a-tus-padres juró como tu-término ** tu-Dios

לְךָ אֶת־ כָּל־ הָאָרֶץ אֲשֶׁר דִּבֶּר לָתֵת לַאֲבֹתֶיךָ׃
. a-tus-padres dar dijo que la-tierra toda ** a-ti

כִּי־ תִשְׁמֹר אֶת־ כָּל־ הַמִּצְוָה הַזֹּאת לַעֲשֹׂתָהּ אֲשֶׁר
que para-hacer-lo los-éstos los-mandamientos todos ** guardarás Porque (9)

אָנֹכִי מְצַוְּךָ הַיּוֹם לְאַהֲבָה אֶת־ יְהוָה אֱלֹהֶיךָ וְלָלֶכֶת
y-para-andar tu-Dios Yahweh a para-amar hoy te-mando yo

בִּדְרָכָיו כָּל־ הַיָּמִים וְיָסַפְתָּ לְךָ עוֹד שָׁלֹשׁ עָרִים עַל
a ciudades tres aún para-ti entonces-añadirás , los-días todos en-sus-caminos

הַשָּׁלֹשׁ הָאֵלֶּה׃ וְלֹא יִשָּׁפֵךְ דָּם נָקִי בְּקֶרֶב
en-medio-de inocente sangre se-derramará Y-no (10) . las-éstas las-tres

ארצך אשר יהוה אלהיך נתן לך נחלה והיה
y-sea herencia a-ti da tu-Dios Yahweh que tu-tierra

עליך דמים׃ וכי־ יהיה איש שנא לרעהו וארב
y-espera de-su-prójimo aborrecedor hombre hubiere Y-si (11) . sangres sobre-ti

לו וקם עליו והכהו נפש ומת
y-muere mortalmente y-le-hiere contra-él y-se-levanta a-él

ונס אל־ אחת הערים האל׃ ושלחו
Entonces-enviarán (12) . las-éstas las-ciudades una-de a y-huye

זקני עירו ולקחו אתו משם ונתנו
y-entregarán de-allí a-él y-tomarán su-ciudad ancianos-de

אתו ביד גאל הדם ומת׃ לא־
No (13) . y-morirá la-sangre vengador-de en-mano-de a-él

תחוס עינך עליו ובערת דם־ הנקי
el-inocente sangre-de y-limpiarás a-él tu-ojo compadecerá

מישראל וטוב לך׃ לא תסיג גבול
límite-de moverás No (14) . para-ti y-será-bien de-Israel

רעך אשר גבלו ראשנים בנחלתך אשר
que en-tu-heredad , antecesores fijaron que tu-vecino

תנחל בארץ אשר יהוה אלהיך נתן לך לרשתה׃
. para-poseer-la a-ti da tu-Dios Yahweh que en-la-tierra recibes

לא־ יקום עד אחד באיש לכל־ עון ולכל־
o-de-toda crimen de-todo contra-hombre uno testigo se-levantará No (15)

חטאת בכל־ חטא אשר יחטא על־ פי | שני
dos boca-de por ofendió que ofensa en-toda ofensa

עדים או על־ פי שלשה־ עדים יקום דבר׃ כי־
Si (16) . asunto se-establecerá testigos tres boca-de por o testigos

יָקוּם עֵד־ חָמָס בְּאִישׁ לַעֲנוֹת בּוֹ סָרָה׃

. crimen contra-él para-acusar contra-alguno falso testigo se-levantare

וְעָמְדוּ שְׁנֵי־ הָאֲנָשִׁים אֲשֶׁר־ לָהֶם הָרִיב לִפְנֵי

ante la-disputa para-ellos que los-hombres dos Entonces-se-presentarán (17)

יְהוָה לִפְנֵי הַכֹּהֲנִים וְהַשֹּׁפְטִים אֲשֶׁר יִהְיוּ בַּיָּמִים

en-los-días estuvieren que y-los-jueces los-sacerdotes ante Yahweh

הָהֵם׃ וְדָרְשׁוּ הַשֹּׁפְטִים הֵיטֵב

bien los-jueces E-inquirirán (18) . los-aquellos

וְהִנֵּה עֵד־ שֶׁקֶר הָעֵד שֶׁקֶר עָנָה בְאָחִיו׃

contra-su-hermano testifica mentira el-testigo mentira testimonio-de y-si

וַעֲשִׂיתֶם לוֹ כַּאֲשֶׁר זָמַם לַעֲשׂוֹת לְאָחִיו

a-su-hermano hacer intentó como a-él Entonces-haréis (19)

וּבִעַרְתָּ הָרָע מִקִּרְבֶּךָ׃ וְהַנִּשְׁאָרִים

Y-los-que-queden (20) . de-en-medio-de-ti el-mal y-quitarás

יִשְׁמְעוּ וְיִרָאוּ וְלֹא־ יֹסִפוּ לַעֲשׂוֹת עוֹד

más hacer repetirán y-no y-temerán oirán

כַּדָּבָר הָרָע הַזֶּה בְּקִרְבֶּךָ׃ וְלֹא תָחוֹס עֵינֶךָ

tu-ojo compadecerá Y-no (21) . en-medio-de-ti la-ésa la-mala como-la-cosa

נֶפֶשׁ בְּנֶפֶשׁ עַיִן בְּעַיִן שֵׁן בְּשֵׁן יָד בְּיָד רֶגֶל בְּרָגֶל׃

. por-pie pie por-mano mano por-diente diente por-ojo ojo por-vida vida

כִּי־ תֵצֵא לַמִּלְחָמָה עַל־ אֹיְבֶךָ וְרָאִיתָ סוּס

caballo y-veas tus-enemigos contra a-la-batalla salgas Cuando (1) Cap. 20

וָרֶכֶב עַם רַב מִמְּךָ לֹא תִירָא מֵהֶם כִּי־ יְהוָה

Yahweh pues de-ellos temas no que-tú mayor pueblo y-carro

אֱלֹהֶיךָ עִמָּךְ הַמַּעַלְךָ מֵאֶרֶץ מִצְרָיִם׃ וְהָיָה

Y-será (2) . Egipto de-tierra-de el-que-te-trajo con-tigo tu-Dios

כְּקָרָבְכֶם אֶל־ הַמִּלְחָמָה וְנִגַּשׁ הַכֹּהֵן
el-sacerdote entonces-se-adelantará la-batalla a cuando-vuestro-acercar

וְדִבֶּר אֶל־ הָעָם׃ וְאָמַר אֲלֵהֶם שְׁמַע יִשְׂרָאֵל
Israel escucha : a-ellos Y-dirá (3) . el-pueblo a y-hablará

אַתֶּם קְרֵבִים הַיּוֹם לַמִּלְחָמָה עַל־ אֹיְבֵיכֶם אַל־
no , vuestros-enemigos contra a-la-batalla hoy os-acercáis vosotros

יֵרַךְ לְבַבְכֶם אַל־ תִּירְאוּ וְאַל־ תַּחְפְּזוּ וְאַל־
y-no os-asustéis y-no temáis no vuestro-corazón desmaye

תַּעַרְצוּ מִפְּנֵיהֶם׃ כִּי יְהוָה אֱלֹהֵיכֶם הַהֹלֵךְ עִמָּכֶם
con-vosotros el-que-anda vuestro-Dios Yahweh Pues (4) . ante-ellos os-aterroricéis

לְהִלָּחֵם לָכֶם עִם־ אֹיְבֵיכֶם לְהוֹשִׁיעַ אֶתְכֶם׃
. a-vosotros para-salvar vuestros-enemigos contra por-vosotros para-luchar

וְדִבְּרוּ הַשֹּׁטְרִים אֶל־ הָעָם לֵאמֹר מִי־ הָאִישׁ
el-hombre ¿quién : diciendo el-pueblo a los-oficiales Y-hablarán (5)

אֲשֶׁר בָּנָה בַיִת־ חָדָשׁ וְלֹא חֲנָכוֹ יֵלֵךְ וְיָשֹׁב
y-vuelva vaya la-estrenó? y-no nueva casa edificó que

לְבֵיתוֹ פֶּן־ יָמוּת בַּמִּלְחָמָה וְאִישׁ אַחֵר יַחְנְכֶנּוּ׃
. la-estrene otro y-hombre en-la-batalla muera no-sea-que a-su-casa

וּמִי־ הָאִישׁ אֲשֶׁר־ נָטַע כֶּרֶם וְלֹא חִלְּלוֹ
la-ha-disfrutado? y-no viña plantó que el-hombre ¿Y-quién (6)

יֵלֵךְ וְיָשֹׁב לְבֵיתוֹ פֶּן־ יָמוּת בַּמִּלְחָמָה
en-la-batalla muera no-sea-que a-su-casa y-vuelva vaya

וְאִישׁ אַחֵר יְחַלְּלֶנּוּ׃ וּמִי־ הָאִישׁ אֲשֶׁר־ אֵרַשׂ
se-prometió-a que el-hombre ¿Y-quién (7) . la-disfrute otro y-hombre

אִשָּׁה וְלֹא לְקָחָהּ יֵלֵךְ וְיָשֹׁב לְבֵיתוֹ
a-su-casa y-vuelva vaya la-tomó? y-no mujer

פֶּן־ יָמוּת בַּמִּלְחָמָה וְאִישׁ אַחֵר יִקָּחֶנָּה׃
. la-tome otro y-hombre en-la-batalla muera no-sea-que

וְיָסְפוּ הַשֹּׁטְרִים לְדַבֵּר אֶל־ הָעָם וְאָמְרוּ
: y-dirán el-pueblo a hablar los-oficiales Y-añadirán (8)

מִי־ הָאִישׁ הַיָּרֵא וְרַךְ הַלֵּבָב יֵלֵךְ וְיָשֹׁב
y-vuelva vaya , el-corazón o-débil-de el-miedoso el-hombre ¿quién

לְבֵיתוֹ וְלֹא יִמַּס אֶת־ לְבַב אֶחָיו
sus-hermanos corazón-de ** turbe y-no a-su-casa

כִּלְבָבוֹ׃ וְהָיָה כְּכַלֹּת הַשֹּׁטְרִים לְדַבֵּר
de-hablar los-oficiales cuando-acaben Y-será (9) . como-su-corazón

אֶל־ הָעָם וּפָקְדוּ שָׂרֵי צְבָאוֹת בְּרֹאשׁ הָעָם׃
. el-pueblo en-cabeza-de ejércitos capitanes-de entonces-nombrarán el-pueblo a

כִּי־ תִקְרַב אֶל־ עִיר לְהִלָּחֵם עָלֶיהָ וְקָרָאתָ אֵלֶיהָ
a-ella entonces-ofrecerás contra-ella para-luchar ciudad a te-acerques Cuando (10)

לְשָׁלוֹם׃ וְהָיָה אִם־ שָׁלוֹם תַּעַנְךָ וּפָתְחָה לָךְ
a-ti y-abre te-responde paz si Y-será (11) . para-paz

וְהָיָה כָּל־ הָעָם הַנִּמְצָא־ בָהּ יִהְיוּ לְךָ
para-ti serán en-ella el-hallado el-pueblo todo entonces-será

לָמַס וַעֲבָדוּךָ׃ וְאִם־ לֹא תַשְׁלִים
hace-paz no Y-si (12) . y-te-servirá sometido

עִמָּךְ וְעָשְׂתָה עִמְּךָ מִלְחָמָה וְצַרְתָּ עָלֶיהָ׃
. contra-ella entonces-pondrás-sitio batalla con-tigo y-entabla con-tigo

וּנְתָנָהּ יְהוָה אֱלֹהֶיךָ בְּיָדֶךָ וְהִכִּיתָ
entonces-herirás en-tu-mano tu-Dios Yahweh Cuando-la-entregue (13)

אֶת־ כָּל־ זְכוּרָהּ לְפִי־ חָרֶב׃ רַק הַנָּשִׁים וְהַטַּף
y-el-niño las-mujeres Sólo (14) . espada a-filo-de su-varón todo a

וְהַבְּהֵמָה וְכֹל אֲשֶׁר יִהְיֶה בָעִיר כָּל־ שְׁלָלָהּ
su-botín todo en-la-ciudad haya lo-que y-todo y-el-ganado

תָּבֹז לָךְ וְאָכַלְתָּ אֶת־ שְׁלַל אֹיְבֶיךָ
tus-enemigos botín-de ** y-comerás para-ti tomarás

אֲשֶׁר נָתַן יְהוָה אֱלֹהֶיךָ לָךְ׃ כֵּן תַּעֲשֶׂה לְכָל־
a-todas harás Así (15) . a-ti tu-Dios Yahweh dio que

הֶעָרִים הָרְחֹקֹת מִמְּךָ מְאֹד אֲשֶׁר לֹא־ מֵעָרֵי הַגּוֹיִם־
las-naciones de-ciudades-de no que mucho de-ti las-lejanas las-ciudades

הָאֵלֶּה הֵנָּה׃ רַק מֵעָרֵי הָעַמִּים הָאֵלֶּה אֲשֶׁר יְהוָה
Yahweh que los-estos los-pueblos de-ciudades-de Pero (16) . cerca las-estas

אֱלֹהֶיךָ נֹתֵן לְךָ נַחֲלָה לֹא תְחַיֶּה כָּל־
ninguna dejarás-con-vida no herencia a-ti da tu-Dios

נְשָׁמָה׃ כִּי־ הַחֲרֵם תַּחֲרִימֵם הַחִתִּי
el-hitita : los-destruirás destruir Pero (17) . criatura

וְהָאֱמֹרִי הַכְּנַעֲנִי וְהַפְּרִזִּי הַחִוִּי וְהַיְבוּסִי
y-el-jebusita el-hivita y-el-fericita el-cananita y-el-amorita

כַּאֲשֶׁר צִוְּךָ יְהוָה אֱלֹהֶיךָ׃ לְמַעַן אֲשֶׁר לֹא־ יְלַמְּדוּ
enseñen no que Para (18) . tu-Dios Yahweh te-mandó como

אֶתְכֶם לַעֲשׂוֹת כְּכֹל תּוֹעֲבֹתָם אֲשֶׁר עָשׂוּ
hacen que sus-abominaciones como-todas a-hacer a-vosotros

לֵאלֹהֵיהֶם וַחֲטָאתֶם לַיהוָה אֱלֹהֵיכֶם׃ כִּי־ תָצוּר
sities Cuando (19) . vuestro-Dios contra-Yahweh y-pequéis a-sus-dioses

אֶל־ עִיר יָמִים רַבִּים לְהִלָּחֵם עָלֶיהָ לְתָפְשָׂהּ לֹא־ תַשְׁחִית אֶת־
** destruirás no para-tomar-la contra-ella para-luchar muchos días ciudad a

עֵצָהּ לִנְדֹּחַ עָלָיו גַּרְזֶן כִּי מִמֶּנּוּ תֹאכֵל וְאֹתוֹ לֹא
no y-a-él comerás de-él pues hacha en-él para-meter su-árbol

תִכְרֹת כִּי הָאָדָם עֵץ הַשָּׂדֶה לָבֹא מִפָּנֶיךָ בַּמָּצוֹר׃
. en-el-sitio de-ante-ti para-ir el-campo árbol-de el-hombre pues cortarás

רַק עֵץ אֲשֶׁר־תֵּדַע כִּי־לֹא־עֵץ מַאֲכָל הוּא אֹתוֹ תַשְׁחִית
usarás a-él él comer árbol-de no que conoces que árbol Pero (20)

וְכָרָתָּ וּבָנִיתָ מָצוֹר עַל־הָעִיר אֲשֶׁר־הִוא עֹשָׂה
hace ella que la-ciudad contra baluarte y-construirás y-cortarás

עִמְּךָ מִלְחָמָה עַד רִדְתָּהּ׃ כִּי־יִמָּצֵא חָלָל בָּאֲדָמָה
en-la-tierra muerto se-halla Si (1) . derribar-la hasta batalla contra-ti Cap. 21

אֲשֶׁר יְהוָה אֱלֹהֶיךָ נֹתֵן לְךָ לְרִשְׁתָּהּ נֹפֵל בַּשָּׂדֶה לֹא
no en-el-campo caído para-poseer-la a-ti da tu-Dios Yahweh que

נוֹדַע מִי הִכָּהוּ׃ וְיָצְאוּ זְקֵנֶיךָ
tus-ancianos Entonces-saldrán (2) . le-mató quién sabiendo

וְשֹׁפְטֶיךָ וּמָדְדוּ אֶל־הֶעָרִים אֲשֶׁר סְבִיבֹת
alrededor-de que las-ciudades a y-medirán y-tus-jueces

הֶחָלָל׃ וְהָיָה הָעִיר הַקְּרֹבָה אֶל־הֶחָלָל וְלָקְחוּ
y-tomarán el-muerto a la-cercana la-ciudad Y-será (3) . el-muerto

זִקְנֵי הָעִיר הַהִוא עֶגְלַת בָּקָר אֲשֶׁר לֹא־עֻבַּד בָּהּ
con-ella se-trabajó no que vaca becerra-de la-aquella la-ciudad ancianos-de

אֲשֶׁר לֹא־מָשְׁכָה בְּעֹל׃ וְהוֹרִדוּ זִקְנֵי הָעִיר
la-ciudad ancianos-de Y-llevarán (4) . yugo ha-llevado no que

הַהִוא אֶת־הָעֶגְלָה אֶל־נַחַל אֵיתָן אֲשֶׁר לֹא־יֵעָבֵד
se-trabaja no que barranquera valle a la-becerra ** la-aquella

בּוֹ וְלֹא יִזָּרֵעַ וְעָרְפוּ־שָׁם אֶת־הָעֶגְלָה
la-becerra a allí y-desnucarán , sembrado y-no en-él

בַּנָּחַל׃ וְנִגְּשׁוּ הַכֹּהֲנִים בְּנֵי לֵוִי כִּי
pues Leví hijos-de los-sacerdotes Y-se-acercarán (5) . en-el-valle

בָם בָּחַר יְהוָה אֱלֹהֶיךָ לְשָׁרְתוֹ וּלְבָרֵךְ בְּשֵׁם
en-nombre-de y-para-bendecir para-servir-le tu-Dios Yahweh eligió a-ellos

יְהוָה וְעַל־ פִּיהֶם יִהְיֶה כָּל־ רִיב וְכָל־ נָגַע׃
. ofensa y-toda disputa toda será boca-de-ellos y-por Yahweh

וְכֹל זִקְנֵי הָעִיר הַהִוא הַקְּרֹבִים אֶל־ הֶחָלָל
el-muerto a la-cercana la-aquella la-ciudad los-ancianos-de Y-todos

יִרְחֲצוּ אֶת־ יְדֵיהֶם עַל־ הָעֶגְלָה הָעֲרוּפָה
la-desnucada la-becerra sobre sus-manos ** lavarán

בַנָּחַל׃ וְעָנוּ וְאָמְרוּ יָדֵינוּ לֹא
no nuestras-manos : y-dirán Y-declararán (7) . en-el-valle

שָׁפְכָה אֶת־ הַדָּם הַזֶּה וְעֵינֵינוּ לֹא רָאוּ׃ כַּפֵּר
Perdona (8) . vieron no y-nuestros-ojos la-esta la-sangre ** derramaron

לְעַמְּךָ יִשְׂרָאֵל אֲשֶׁר־ פָּדִיתָ יְהוָה וְאַל־ תִּתֵּן דָּם
sangre atribuyas y-no Yahweh redimiste que Israel a-tu-pueblo

נָקִי בְּקֶרֶב עַמְּךָ יִשְׂרָאֵל וְנִכַּפֵּר לָהֶם
a-ellos y-será-perdonada ; Israel tu-pueblo contra inocente

הַדָּם׃ וְאַתָּה תְּבַעֵר הַדָּם הַנָּקִי מִקִּרְבֶּךָ
de-en-medio-de-ti la-inocente la-sangre limpiarás Y-tú (9) . la-sangre

כִּי־ תַעֲשֶׂה הַיָּשָׁר בְּעֵינֵי יְהוָה׃ כִּי־ תֵצֵא לַמִּלְחָמָה עַל־
contra a-la-batalla salgas Cuando (10) . Yahweh a-ojos-de lo-recto hicieres cuando

אֹיְבֶיךָ וּנְתָנוֹ יְהוָה אֱלֹהֶיךָ בְּיָדֶךָ
en-tu-mano tu-Dios Yahweh y-lo-entrega tus-enemigos

וְשָׁבִיתָ שִׁבְיוֹ׃ וְרָאִיתָ בַּשִּׁבְיָה אֵשֶׁת
mujer entre-las-cautivas Y-vieres (11) . sus-cautivos y-cautivares

יְפַת־ תֹּאַר וְחָשַׁקְתָּ בָהּ וְלָקַחְתָּ לְךָ
para-ti y-tomas por-ella y-eres-atraído forma hermosa-de

לְאִשָּׁה׃ וַהֲבֵאתָהּ אֶל־ תּוֹךְ בֵּיתֶךָ וְגִלְּחָה

y-rapará , tu-casa dentro-de a Y-la-meterás (12) . por-mujer

אֶת־ רֹאשָׁהּ וְעָשְׂתָה אֶת־ צִפָּרְנֶיהָ׃ וְהֵסִירָה

Y-se-quitará (13) . sus-uñas ** y-arreglará su-cabeza **

אֶת־ שִׂמְלַת שִׁבְיָהּ מֵעָלֶיהָ וְיָשְׁבָה בְּבֵיתֶךָ

en-tu-casa y-habitará de-sobre-ella su-cautiverio vestido-de **

וּבָכְתָה אֶת־ אָבִיהָ וְאֶת־ אִמָּהּ יֶרַח יָמִים וְאַחַר

y-después días mes-de su-madre y-a su-padre a y-llorará

כֵּן תָּבוֹא אֵלֶיהָ וּבְעַלְתָּהּ וְהָיְתָה לְךָ לְאִשָּׁה׃

. por-mujer para-ti y-será y-la-desposarás a-ella irás **

וְהָיָה אִם־ לֹא חָפַצְתָּ בָּהּ וְשִׁלַּחְתָּהּ

entonces-la-despedirás en-ella te-agradas no si Y-será (14)

לְנַפְשָׁהּ וּמָכֹר לֹא־ תִמְכְּרֶנָּה בַּכָּסֶף לֹא־

no , por-el-dinero la-venderás no en-absoluto por-su-deseo

תִתְעַמֵּר בָּהּ תַּחַת אֲשֶׁר עִנִּיתָהּ׃ כִּי־ תִהְיֶיןָ

hubiere Si (15) . la-humillaste cuanto por a-ella tratarás-como-esclava

לְאִישׁ שְׁתֵּי נָשִׁים הָאַחַת אֲהוּבָה וְהָאַחַת שְׂנוּאָה

aborrecida y-la-otra la-amada la-una mujeres dos para-hombre

וְיָלְדוּ־ לוֹ בָנִים הָאֲהוּבָה וְהַשְּׂנוּאָה וְהָיָה

y-fuere y-la-aborrecida la-amada hijos para-él y-dieren-a-luz

הַבֵּן הַבְּכוֹר לַשְּׂנִיאָה׃ וְהָיָה בְּיוֹם הַנְחִילוֹ

le-hace-heredar en-día Y-será (16) . para-la-aborrecida el-primogénito el-hijo

אֶת־ בָּנָיו אֵת אֲשֶׁר־ יִהְיֶה לוֹ לֹא יוּכַל לְבַכֵּר אֶת־

a hacer-primogénito podrá no , de-él es lo-que ** sus-hijos a

בֶּן־ הָאֲהוּבָה עַל־ פְּנֵי בֶן־ הַשְּׂנוּאָה הַבְּכֹר׃

. el-primogénito la-aborrecida hijo-de preferencia-a con la-amada hijo-de

כִּי אֶת־ הַבְּכֹר בֶּן־ הַשְּׂנוּאָה יַכִּיר
reconocerá la-aborrecida hijo-de el-primogénito ** Pero (17)

לָתֶת לוֹ פִּי שְׁנַיִם בְּכֹל אֲשֶׁר־ יִמָּצֵא לוֹ כִּי־הוּא רֵאשִׁית
principio-de él pues de-él se-hallare lo-que de-todo doble boca a-él dando

אֹנוֹ לוֹ מִשְׁפַּט הַבְּכֹרָה׃ כִּי־ יִהְיֶה לְאִישׁ בֵּן
hijo para-hombre fuere Si (18) . la-primogenitura derecho-de para-él su-vigor

סוֹרֵר וּמוֹרֶה אֵינֶנּוּ שֹׁמֵעַ בְּקוֹל אָבִיו
su-padre a-voz-de escucha que-no y-rebelde contumaz

וּבְקוֹל אִמּוֹ וְיִסְּרוּ אֹתוֹ וְלֹא יִשְׁמַע
escucha y-no a-él y-castigan su-madre ni-a-voz-de

אֲלֵיהֶם׃ וְתָפְשׂוּ בוֹ אָבִיו וְאִמּוֹ
y-su-madre su-padre a-él Entonces-tomarán . a-ellos

וְהוֹצִיאוּ אֹתוֹ אֶל־ זִקְנֵי עִירוֹ וְאֶל־ שַׁעַר מְקֹמוֹ׃
. su-lugar puerta-de y-a su-ciudad ancianos-de a a-él y-llevarán

וְאָמְרוּ אֶל־ זִקְנֵי עִירוֹ בְּנֵנוּ זֶה סוֹרֵר
terco este hijo-nuestro : su-ciudad ancianos-de a Y-dirán (20)

וּמֹרֶה אֵינֶנּוּ שֹׁמֵעַ בְּקֹלֵנוּ זוֹלֵל
glotón a-nuestra-voz obediente él-no y-rebelde

וְסֹבֵא׃ וּרְגָמֻהוּ כָּל־ אַנְשֵׁי עִירוֹ
su-ciudad hombres-de todos Y-le-apedrearán (21) . y-borracho

בָאֲבָנִים וָמֵת וּבִעַרְתָּ הָרָע מִקִּרְבֶּךָ וְכָל־
y-todo de-en-medio-de-ti el-mal y-quitarás y-morirá con-las-piedras

יִשְׂרָאֵל יִשְׁמְעוּ וְיִרָאוּ׃ וְכִי־ יִהְיֶה בְאִישׁ
en-hombre es Y-si (22) . y-temerán oirán Israel

חֵטְא מִשְׁפַּט־ מָוֶת וְהוּמָת וְתָלִיתָ אֹתוֹ עַל־ עֵץ׃
. árbol en a-él y-cuelgas y-es-ejecutado muerte juicio-de pecado-de

לֹא־ תָלִין נִבְלָתוֹ עַל־ הָעֵץ כִּי־ קָבוֹר תִּקְבְּרֶנּוּ
enterraréis enterrar sino el-árbol en su-cuerpo dejaréis-de-noche No (23)

בַּיּוֹם הַהוּא כִּי־ קִלְלַת אֱלֹהִים תָּלוּי וְלֹא תְטַמֵּא אֶת־
** contaminarás y-no ; colgado Dios maldito-de pues el-aquel en-el-día

אַדְמָתְךָ אֲשֶׁר יְהוָה אֱלֹהֶיךָ נֹתֵן לְךָ נַחֲלָה׃ לֹא־
No (1) herencia a-ti da tu-Dios Yahweh que tu-tierra **Cap. 22**

תִרְאֶה אֶת־ שׁוֹר אָחִיךָ אוֹ אֶת־ שֵׂיוֹ נִדָּחִים
perdidos su-oveja ** o tu-hermano buey-de ** verás

וְהִתְעַלַּמְתָּ מֵהֶם הָשֵׁב תְּשִׁיבֵם לְאָחִיךָ׃
. a-tu-hermano los-devolverás devolver ; de-ellos y-te-inhibirás

וְאִם־ לֹא קָרוֹב אָחִיךָ אֵלֶיךָ וְלֹא יְדַעְתּוֹ
le-conoces y-no a-ti tu-hermano cerca no Y-si (2)

וַאֲסַפְתּוֹ אֶל־ תּוֹךְ בֵּיתֶךָ וְהָיָה עִמְּךָ עַד
hasta con-tigo y-estará tu-casa dentro-de a entonces-lo-meterás

דְּרֹשׁ אָחִיךָ אֹתוֹ וַהֲשֵׁבֹתוֹ לוֹ׃ וְכֵן
Y-así (3) . a-él y-lo-devolverás a-él tu-hermano buscar

תַּעֲשֶׂה לַחֲמֹרוֹ וְכֵן תַּעֲשֶׂה לְשִׂמְלָתוֹ וְכֵן תַּעֲשֶׂה
harás y-así con-su-vestido harás y-así a-su-asno harás

לְכָל־ אֲבֵדַת אָחִיךָ אֲשֶׁר־ תֹּאבַד מִמֶּנּוּ וּמְצָאתָהּ
; y-la-encuentres de-él se-pierda que tu-hermano pérdida-de a-toda

לֹא תוּכַל לְהִתְעַלֵּם׃ לֹא־ תִרְאֶה אֶת־ חֲמוֹר אָחִיךָ אוֹ
o tu-hermano asno-de ** verás No (4) . inhibir podrás no

שׁוֹרוֹ נֹפְלִים בַּדֶּרֶךְ וְהִתְעַלַּמְתָּ מֵהֶם הָקֵם
levantar ; de-ellos y-te-inhibirás en-el-camino caídos su-buey

תָּקִים עִמּוֹ׃ לֹא־ יִהְיֶה כְלִי־ גֶבֶר עַל־ אִשָּׁה וְלֹא־
y-no mujer sobre varón ropa-de estará No (5) . con-el levantarás

יִלְבַּשׁ גֶּבֶר שִׂמְלַת אִשָּׁה כִּי תוֹעֲבַת יְהוָה אֱלֹהֶיךָ
tu-Dios Yahweh abominación-de pues mujer ropa-de varón vestirá

כָּל־ עֹשֵׂה אֵלֶּה׃ כִּי יִקָּרֵא קַן־ צִפּוֹר ׀ לְפָנֶיךָ בַּדֶּרֶךְ
en-el-camino ante-ti ave nido-de se-halla Si (6) . estos el-que-hace todo

בְּכָל־ עֵץ ׀ אוֹ עַל־ הָאָרֶץ אֶפְרֹחִים אוֹ בֵיצִים וְהָאֵם רֹבֶצֶת
echada y-la-madre huevos o pollos la-tierra en o árbol en-algún

עַל־ הָאֶפְרֹחִים אוֹ עַל־הַבֵּיצִים לֹא־ תִקַּח הָאֵם עַל־ הַבָּנִים׃
. los-hijos con la-madre tomarás no los-huevos sobre o los-pollos sobre

שַׁלֵּחַ תְּשַׁלַּח אֶת־ הָאֵם וְאֶת־ הַבָּנִים תִּקַּח־
tomarás los-hijos y ** , la-madre ** enviarás Enviar (7)

לָךְ לְמַעַן יִיטַב לָךְ וְהַאֲרַכְתָּ יָמִים׃ כִּי
Cuando (8) . días y-prolongues a-ti vaya-bien para-que para-ti

תִבְנֶה בַּיִת חָדָשׁ וְעָשִׂיתָ מַעֲקֶה לְגַגֶּךָ וְלֹא־ תָשִׂים
pondrás y-no para-tu-terrado pretil entonces-harás nueva casa edifiques

דָּמִים בְּבֵיתֶךָ כִּי־ יִפֹּל הַנֹּפֵל מִמֶּנּוּ׃ לֹא־
No (9) . desde-él el-que-cae cae si en-tu-casa sangres

תִזְרַע כַּרְמְךָ כִּלְאָיִם פֶּן־ תִּקְדַּשׁ הַמְלֵאָה הַזֶּרַע אֲשֶׁר
que la-semilla cosecha-de contamines para-que-no , dos-clases tu-viña sembrarás

תִּזְרָע וּתְבוּאַת הַכָּרֶם׃ לֹא־ תַחֲרֹשׁ בְּשׁוֹר־
con-buey ararás No (10) . la-viña y-cosecha-de sembraste

וּבַחֲמֹר יַחְדָּו׃ לֹא תִלְבַּשׁ שַׁעַטְנֵז צֶמֶר וּפִשְׁתִּים
y-linos lana tejido-de vestirás No (11) . juntos y-con-asno

יַחְדָּו׃ גְּדִלִים תַּעֲשֶׂה־ לָּךְ עַל־אַרְבַּע כַּנְפוֹת כְּסוּתְךָ אֲשֶׁר
que tu-manto esquinas-de cuatro en para-ti harás Flecos (12) . juntos

תְּכַסֶּה־ בָּהּ׃ כִּי־ יִקַּח אִישׁ אִשָּׁה וּבָא אֵלֶיהָ
a-ella y-entra mujer hombre toma Si (13) . con-ella te-cubres

וּשְׂנֵאָהּ׃ וְשָׂם לָהּ עֲלִילֹת דְּבָרִים
cosas escandalosas a-ella y-atribuye (14) . y-la-aborrece

וְהוֹצִא עָלֶיהָ שֵׁם רָע וְאָמַר אֶת־ הָאִשָּׁה הַזֹּאת לָקַחְתִּי
tomé la-esta la-mujer ** : y-dice , malo nombre a-ella y-da

וָאֶקְרַב אֵלֶיהָ וְלֹא־ מָצָאתִי לָהּ בְּתוּלִים׃
signos-de-virginidad en-ella encontré y-no a-ella y-me-acerqué

וְלָקַח אֲבִי הַנַּעַר וְאִמָּהּ
y-su-madre la-muchacha padre-de Entonces-tomará

וְהוֹצִיאוּ אֶת־ בְּתוּלֵי הַנַּעַר אֶל־ זִקְנֵי הָעִיר
la-ciudad ancianos-de a la-muchacha signos-de-virginidad-de ** y-sacarán

הַשָּׁעְרָה׃ וְאָמַר אֲבִי הַנַּעַר אֶל־ הַזְּקֵנִים אֶת־
** los-ancianos a la-muchacha padre-de Y-dirá (16) . a-la-puerta

בִּתִּי נָתַתִּי לָאִישׁ הַזֶּה לְאִשָּׁה וַיִּשְׂנָאֶהָ׃
. y-la-aborrece por-mujer el-este a-el-hombre di mi-hija

וְהִנֵּה־ הוּא שָׂם עֲלִילֹת דְּבָרִים לֵאמֹר לֹא־ מָצָאתִי
hallé no : diciendo palabras faltas pone él Y-he-aquí (17)

לְבִתְּךָ בְּתוּלִים וְאֵלֶּה בְּתוּלֵי
signos-de-virginidad-de pero-estos , signos-de-virginidad a-tu-hija

בִתִּי וּפָרְשׂוּ הַשִּׂמְלָה לִפְנֵי זִקְנֵי הָעִיר׃
. la-ciudad ancianos-de ante la-vestidura y-extenderán ; mi-hija

וְלָקְחוּ זִקְנֵי הָעִיר־ הַהִוא אֶת־ הָאִישׁ
el-hombre a la-aquella la-ciudad ancianos-de Y-tomarán (18)

וְיִסְּרוּ אֹתוֹ׃ וְעָנְשׁוּ אֹתוֹ מֵאָה כֶסֶף
plata cien-de a-él Y-multarán (19) . a-él y-castigarán

וְנָתְנוּ לַאֲבִי הַנַּעֲרָה כִּי הוֹצִיא שֵׁם רָע עַל בְּתוּלַת
virgen-de sobre malo nombre esparció pues la-joven a-el-padre-de y-darán

יִשְׂרָאֵל וְלוֹ־ תִהְיֶה לְאִשָּׁה לֹא־ יוּכַל לְשַׁלְּחָהּ כָּל־
todos despedir-la podrá no , por-mujer será y-a-él Israel

יָמָיו׃ וְאִם־ אֱמֶת הָיָה הַדָּבָר הַזֶּה לֹא־ נִמְצְאוּ
se-hallaron no , la-esta la-cosa fuere verdad Y-si (20) . sus-días

בְתוּלִים לַנַּעֲרָ׃ וְהוֹצִיאוּ אֶת־ הַנַּעֲרָ אֶל־
a la-muchacha ** Y-sacarán (21) . a-la-muchacha signos-de-virginidad

פֶּתַח בֵּית־ אָבִיהָ וּסְקָלוּהָ אַנְשֵׁי עִירָהּ
su-ciudad hombres-de y-la-apedrearán su-padre casa-de puerta-de

בָּאֲבָנִים וָמֵתָה כִּי־ עָשְׂתָה נְבָלָה בְּיִשְׂרָאֵל לִזְנוֹת
fornicando en-Israel vileza hizo pues , y-morirá con-las-piedras

בֵּית אָבִיהָ וּבִעַרְתָּ הָרָע מִקִּרְבֶּךָ׃ כִּי־
Si (22) . de-en-medio-de-ti el-mal y-quitarás su-padre casa-de

יִמָּצֵא אִישׁ שֹׁכֵב ׀ עִם־ אִשָּׁה בְעֻלַת־ בַּעַל וּמֵתוּ
entonces-morirán señor casada-con mujer con yaciente hombre se-hallare

גַּם־ שְׁנֵיהֶם הָאִישׁ הַשֹּׁכֵב עִם־ הָאִשָּׁה וְהָאִשָּׁה
y-la-mujer la-mujer con el-yaciente el-hombre ellos-dos también

וּבִעַרְתָּ הָרָע מִיִּשְׂרָאֵל׃ כִּי יִהְיֶה נַעֲרָ בְתוּלָה מְאֹרָשָׂה
prometida virgen mucha hubiere Si (23) . de-Israel el-mal y-quitarás

לְאִישׁ וּמְצָאָהּ אִישׁ בָּעִיר וְשָׁכַב עִמָּהּ׃
. con-ella y-yaciere en-la-ciudad hombre y-la-hallare a-hombre

וְהוֹצֵאתֶם אֶת־ שְׁנֵיהֶם אֶל־ שַׁעַר ׀ הָעִיר הַהִוא
la-aquella la-ciudad puerta-de a ellos-dos ** Entonces-serán-sacados (24)

וּסְקַלְתֶּם אֹתָם בָּאֲבָנִים וָמֵתוּ אֶת־ הַנַּעֲרָ עַל־
por la-joven ** , y-morirán con-las-piedras a-ellos y-apedrearéis

דְּבַר אֲשֶׁר לֹא־ צָעֲקָה בָעִיר וְאֶת־ הָאִישׁ עַל־ דְּבַר אֲשֶׁר־
que razón por hombre y ** en-la-ciudad gritó no que razón

עִנָּה אֶת־ אֵשֶׁת רֵעֵהוּ וּבִעַרְתָּ הָרָע מִקִּרְבֶּךָ׃
. de-en-medio-de-ti el-mal y-quitarás su-prójimo mujer-de a humilló

וְאִם־ בַּשָּׂדֶה יִמְצָא הָאִישׁ אֶת־ הַנַּעֲרָ הַמְאֹרָשָׂה
la-prometida la-muchacha a el-hombre halló en-el-campo Y-si (25)

וְהֶחֱזִיק־ בָּהּ הָאִישׁ וְשָׁכַב עִמָּהּ וּמֵת
entonces-morirá con-ella y-yaciere el-hombre a-ella y-forzare

הָאִישׁ אֲשֶׁר־ שָׁכַב עִמָּהּ לְבַדּוֹ׃ וְלַנַּעֲרָ לֹא־ תַעֲשֶׂה דָבָר
nada harás no Pero-a-la-joven (26) . sólo con-ella yació que el-hombre

אֵין לַנַּעֲרָ חֵטְא מָוֶת כִּי כַּאֲשֶׁר יָקוּם אִישׁ עַל־ רֵעֵהוּ
su-vecino contra hombre se-levanta como pues muerte pecado-de a-la-joven no-hay

וּרְצָחוֹ נֶפֶשׁ כֵּן הַדָּבָר הַזֶּה׃ כִּי בַשָּׂדֶה
en-el-campo Pues (27) . el-este el-asunto así vida y-le-mata

מְצָאָהּ צָעֲקָה הַנַּעֲרָ הַמְאֹרָשָׂה וְאֵין מוֹשִׁיעַ
salvador y-no-hubo la-prometida la-joven gritó la-halló

לָהּ׃ כִּי־ יִמְצָא אִישׁ נַעֲרָ בְתוּלָה אֲשֶׁר לֹא־ אֹרָשָׂה
prometida no que virgen joven hombre hallare Cuando (28) . para-ella

וּתְפָשָׂהּ וְשָׁכַב עִמָּהּ וְנִמְצָאוּ׃
. y-fueren-descubiertos con-ella y-yaciere y-la-tomare

וְנָתַן הָאִישׁ הַשֹּׁכֵב עִמָּהּ לַאֲבִי הַנַּעֲרָ
la-joven a-el-padre-de con-ella que-yació el-hombre Entonces-dará (29)

חֲמִשִּׁים כָּסֶף וְלוֹ־ תִהְיֶה לְאִשָּׁה תַּחַת אֲשֶׁר עִנָּהּ לֹא־
no la-humilló cuanto por por-mujer será y-para-él plata cincuenta

יוּכַל שַׁלְּחָהּ כָּל־ יָמָיו׃ לֹא־ יִקַּח אִישׁ אֶת־
** nadie tomará No (30) . sus-días todos despedir-la puede

אֵשֶׁת אָבִיו וְלֹא יְגַלֶּה כְּנַף אָבִיו׃ לֹא־
No (1) . su-padre lecho-de profanará y-no su-padre mujer-de **Cap. 23**

יָבֹא פְצוּעַ־דַּכָּא וּכְרוּת שָׁפְכָה בִּקְהַל

en-congregación -de pene ni-cortado-de aplastado machacado-de entrará

יְהוָה׃ לֹא־יָבֹא מַמְזֵר בִּקְהַל יְהוָה גַּם

tampoco Yahweh en-congregación-de bastardo entrará No (2) . Yahweh

דּוֹר עֲשִׂירִי לֹא־יָבֹא לוֹ בִּקְהַל יְהוָה׃ לֹא־

No (3) . Yahweh en-congregación a-él entrará no décima generación

יָבֹא עַמּוֹנִי וּמוֹאָבִי בִּקְהַל יְהוָה גַּם דּוֹר עֲשִׂירִי

décima generación tampoco Yahweh en-congregación -de ni-moabita amonita entrará

לֹא־יָבֹא לָהֶם בִּקְהַל יְהוָה עַד־עוֹלָם׃ עַל־דְּבַר אֲשֶׁר

que asunto Por (4) . siempre hasta Yahweh en-congregación a-ellos entrará no

לֹא־קִדְּמוּ אֶתְכֶם בַּלֶּחֶם וּבַמַּיִם בַּדֶּרֶךְ בְּצֵאתְכֶם

en-vuestra-salida en-el-camino y-con-el-agua con-el-pan a-vosotros recibieron no

מִמִּצְרָיִם וַאֲשֶׁר שָׂכַר עָלֶיךָ אֶת־בִּלְעָם בֶּן־בְּעוֹר מִפְּתוֹר

de-Petor Beor hijo-de Balaam a contra-ti alquilaron y-porque de-Egipto

אֲרַם נַהֲרַיִם לְקַלְלֶךָּ׃ וְלֹא־אָבָה יְהוָה אֱלֹהֶיךָ לִשְׁמֹעַ

escuchar tu-Dios Yahweh quiso Y-no (5) . para-maldecir-te ríos Aram-de

אֶל־בִּלְעָם וַיַּהֲפֹךְ יְהוָה אֱלֹהֶיךָ לְּךָ אֶת־הַקְּלָלָה לִבְרָכָה

en-bendición la-maldición ** para-ti tu-Dios Yahweh y-convirtió Balaam a

כִּי אֲהֵבְךָ יְהוָה אֱלֹהֶיךָ׃ לֹא־תִדְרֹשׁ שְׁלֹמָם

su-paz procurarás No (6) . tu-Dios Yahweh te-amaba pues

וְטֹבָתָם כָּל־יָמֶיךָ לְעוֹלָם׃ לֹא־תְתַעֵב אֲדֹמִי כִּי

pues edomita odiarás No (7) . para-siempre tus-días todos ni-su-bienestar

אָחִיךָ הוּא לֹא־תְתַעֵב מִצְרִי כִּי־גֵר הָיִיתָ בְאַרְצוֹ׃

. en-su-tierra fuiste extranjero pues egipcio odiarás no , el tu-hermano

בָּנִים אֲשֶׁר־יִוָּלְדוּ לָהֶם דּוֹר שְׁלִישִׁי יָבֹא

entrará tercera generación a-ellos nacieron que Hijos (8)

לָהֶם בִּקְהַל יְהוָה׃ כִּֽי־ תֵצֵא מַחֲנֶה עַל־

contra campaña salgas Cuando (9) . Yahweh en-congregación-de a-ellos

אֹיְבֶיךָ וְנִשְׁמַרְתָּ מִכֹּל דָּבָר רָע׃ כִּֽי־

Si (10) . mala cosa de-toda entonces-te-guardarás tus-enemigos

יִהְיֶה בְךָ אִישׁ אֲשֶׁר לֹא־יִהְיֶה טָהוֹר מִקְּרֵה־ לָיְלָה וְיָצָא

entonces-saldrá nocturna de-impureza limpio fuere no que hombre entre-ti hubiere

אֶל־ מִחוּץ לַמַּחֲנֶה לֹא יָבֹא אֶל־ תּוֹךְ הַמַּחֲנֶה׃

. el-campamento dentro-de a entrará no de-el-campamento fuera a

וְהָיָה לִפְנוֹת־ עֶרֶב יִרְחַץ בַּמָּיִם

con-el-agua se-lavará atardecer al-caer Y-será (11)

וּכְבֹא הַשֶּׁמֶשׁ יָבֹא אֶל־ תּוֹךְ הַמַּחֲנֶה׃ וְיָד

Y-sitio (12) . el-campamento dentro-de a entrará el-sol y-cuando-se-ponga

תִּהְיֶה לְךָ מִחוּץ לַמַּחֲנֶה וְיָצָאתָ שָׁמָּה חוּץ׃

. fuera allí y-saldrás , de-el-campamento fuera para-ti habrá

וְיָתֵד תִּהְיֶה לְךָ עַל־ אֲזֵנֶךָ וְהָיָה

y-será tu-herramienta en para-ti será Y-utensilio (13)

בְּשִׁבְתְּךָ חוּץ וְחָפַרְתָּה בָהּ וְשַׁבְתָּ

y-regresarás con-ella que-excavarás afuera en-tu-sentarte

וְכִסִּיתָ אֶת־ צֵאָתֶךָ׃ כִּי יְהוָה אֱלֹהֶיךָ מִתְהַלֵּךְ ׀

anda tu-Dios Yahweh Pues (14) . tu-deposición ** y-cubrirás

בְּקֶרֶב מַחֲנֶךָ לְהַצִּילְךָ וְלָתֵת אֹיְבֶיךָ

tus-enemigos y-entregar para-librar-te tu-campamento en-medio-de

לְפָנֶיךָ וְהָיָה מַחֲנֶיךָ קָדוֹשׁ וְלֹא־ יִרְאֶה בְךָ

en-ti se-verá y-no santo tus-campamentos y-será delante-de-ti

עֶרְוַת דָּבָר וְשָׁב מֵאַחֲרֶיךָ׃ לֹא־ תַסְגִּיר

entregarás No (15) . de-en-pos-de-ti y-se-vuelva cosa inmunda-de

עֶבֶד אֶל־ אֲדֹנָיו אֲשֶׁר־ יִנָּצֵל אֵלֶיךָ מֵעִם אֲדֹנָיו׃
. su-señor de-con a-ti se-huyere que su-señor a siervo

עִמְּךָ יֵשֵׁב בְּקִרְבְּךָ בַּמָּקוֹם אֲשֶׁר־ יִבְחַר
elija que en-el-lugar en-medio-de-ti morará Con-tigo (16)

בְּאַחַד שְׁעָרֶיךָ בַּטּוֹב לוֹ לֹא תּוֹנֶנּוּ׃ לֹא־
No (17) . le-oprimirás no ; para-él en-lo-bueno tus-puertas en-una-de

תִהְיֶה קְדֵשָׁה מִבְּנוֹת יִשְׂרָאֵל וְלֹא־
y-no Israel de-hijas-de ramera haya

יִהְיֶה קָדֵשׁ מִבְּנֵי יִשְׂרָאֵל׃ לֹא־ תָבִיא
traigas . No (18) . Israel de-hijos-de hombre-prostituido haya

אֶתְנַן זוֹנָה וּמְחִיר כֶּלֶב בֵּית יְהוָה אֱלֹהֶיךָ
tu-Dios Yahweh casa-de perro o-precio-de prostituta paga-de

לְכָל־ נֶדֶר כִּי תוֹעֲבַת יְהוָה אֱלֹהֶיךָ גַּם־ שְׁנֵיהֶם׃
. ellos-dos también tu-Dios Yahweh abominación-de pues voto para-todo

לֹא־ תַשִּׁיךְ לְאָחִיךָ נֶשֶׁךְ כֶּסֶף נֶשֶׁךְ
interés-de plata interés-de a-tu-hermano exigirás-interés No (19)

אֹכֶל נֶשֶׁךְ כָּל־ דָּבָר אֲשֶׁר יִשָּׁךְ׃ לַנָּכְרִי
A-el-extranjero (20) . se-exige-interés que cosa cualquier interés-de alimento

תַשִּׁיךְ וּלְאָחִיךָ לֹא תַשִּׁיךְ לְמַעַן
para-que exigirás-interés no y-a-tu-hermano exigirás-interés

יְבָרֶכְךָ יְהוָה אֱלֹהֶיךָ בְּכֹל מִשְׁלַח יָדֶךָ עַל־
en tu-mano obra-de en-toda tu-Dios Yahweh te-bendiga

הָאָרֶץ אֲשֶׁר־ אַתָּה בָא־ שָׁמָּה לְרִשְׁתָּהּ׃ כִּי־ תִדֹּר נֶדֶר
voto haces (voto) Si (21) . para-poseer-la allí . entrando tú que la-tierra

לַיהוָה אֱלֹהֶיךָ לֹא תְאַחֵר לְשַׁלְּמוֹ כִּי־ דָרֹשׁ
demandar pues a-pagar-le demores no tu-Dios a-Yahweh

יִדְרְשֶׁנּוּ יְהוָה אֱלֹהֶיךָ מֵעִמָּךְ וְהָיָה בְךָ
en-ti y-será de-con-tigo tu-Dios Yahweh lo-demandará

חֵטְא׃ (22) וְכִי תֶחְדַּל לִנְדֹּר לֹא־יִהְיֶה בְךָ חֵטְא׃
. pecado en-ti será no de-prometer te-abstienes Pero-si (22) . pecado

(23) מוֹצָא שְׂפָתֶיךָ תִּשְׁמֹר וְעָשִׂיתָ כַּאֲשֶׁר נָדַרְתָּ
hiciste-voto como y-harás guardarás tus-labios Salido-de (23)

לַיהוָה אֱלֹהֶיךָ נְדָבָה אֲשֶׁר דִּבַּרְתָּ בְּפִיךָ׃ (24) כִּי
Si (24) . con-tu-boca hablaste que voluntaria tu-Dios a-Yahweh

תָבֹא בְּכֶרֶם רֵעֶךָ וְאָכַלְתָּ עֲנָבִים
uvas entonces-puedes-comer tu-prójimo en-viña-de entrares

כְּנַפְשְׁךָ שָׂבְעֶךָ וְאֶל־כֶּלְיְךָ לֹא תִתֵּן׃ (25) כִּי
Cuando (25) . pondrás no tu-cesta pero-en tu-necesidad según-tu-deseo

תָבֹא בְּקָמַת רֵעֶךָ וְקָטַפְתָּ מְלִילֹת
espigas entonces-podrás-arrancar tu-prójimo en-la-mies-de entrares

בְּיָדֶךָ וְחֶרְמֵשׁ לֹא תָנִיף עַל קָמַת רֵעֶךָ׃
. tu-prójimo mies-de en meterás no pero-hoz con-tu-mano

(1) כִּי־יִקַּח אִישׁ אִשָּׁה וּבְעָלָהּ וְהָיָה אִם־לֹא תִמְצָא־
halla-ella no si y-sucede y-se-casa-con-ella mujer hombre tomare Cuando (1) Cap. 2

חֵן בְּעֵינָיו כִּי־מָצָא בָהּ עֶרְוַת דָּבָר
cosa inmundicia-de en-ella halla pues en-ojos-de-él gracia

וְכָתַב לָהּ סֵפֶר כְּרִיתֻת וְנָתַן בְּיָדָהּ
en-su-mano y-entregare divorcio carta-de para-ella y-escribiere

וְשִׁלְּחָהּ מִבֵּיתוֹ׃ (2) וְיָצְאָה מִבֵּיתוֹ
de-casa-de-él Y-ella-marchare (2) . de-su-casa y-la-despidiere

וְהָלְכָה וְהָיְתָה לְאִישׁ־אַחֵר׃ (3) וּשְׂנֵאָהּ הָאִישׁ
el-hombre Y-la-aborrece (3) . otro para-hombre y-es y-ella-va

הָאַחֲרוֹן וְכָתַב לָהּ סֵפֶר כְּרִיתֻת וְנָתַן

y-entrega divorcio carta-de para-ella y-escribe el-segundo

בְּיָדָהּ וְשִׁלְּחָהּ מִבֵּיתוֹ אוֹ כִי יָמוּת הָאִישׁ

el-hombre muriere si o de-casa-de-él y-la-despide en-mano-de-ella

הָאַחֲרוֹן אֲשֶׁר־ לְקָחָהּ לוֹ לְאִשָּׁה׃ לֹא־ יוּכַל

podrá No (4) . por-mujer para-él la-tomó que el-segundo

בַּעְלָהּ הָרִאשׁוֹן אֲשֶׁר־ שִׁלְּחָהּ לָשׁוּב לְקַחְתָּהּ לִהְיוֹת

para-ser a-tomar-la para-volver la-despidió que el-primero su-marido

לוֹ לְאִשָּׁה אַחֲרֵי אֲשֶׁר הֻטַּמָּאָה כִּי־ תוֹעֵבָה הִוא לִפְנֵי יְהוָה

Yahweh ante esa abominación pues fue-envilecida que después por-mujer para-él

וְלֹא תַחֲטִיא אֶת־ הָאָרֶץ אֲשֶׁר יְהוָה אֱלֹהֶיךָ נֹתֵן לְךָ

a-ti da tu-Dios Yahweh que la-tierra ** corromperás y-no

נַחֲלָה׃ כִּי־ יִקַּח אִישׁ אִשָּׁה חֲדָשָׁה לֹא יֵצֵא בַּצָּבָא וְלֹא־

. y-no a-la-guerra saldrá no nueva mujer hombre tome Cuando (5) . herencia

יַעֲבֹר עָלָיו לְכָל־ דָּבָר נָקִי יִהְיֶה לְבֵיתוֹ שָׁנָה אֶחָת

uno año en-su-casa estará libre ; cosa ninguna sobre-él se-cargará

וְשִׂמַּח אֶת־ אִשְׁתּוֹ אֲשֶׁר־ לָקָח׃ לֹא־

No (6) . tomó que su-mujer a y-alegrará

יַחֲבֹל רֵחַיִם וָרָכֶב כִּי־ נֶפֶשׁ הוּא חֹבֵל׃

. prenda esa vida pues ni-la-superior dos-piedras-de-molino tomarás-en-prenda

כִּי־ יִמָּצֵא אִישׁ גֹּנֵב נֶפֶשׁ מֵאֶחָיו מִבְּנֵי יִשְׂרָאֵל

Israel de-hijos-de de-sus-hermanos vida robador-de alguien se-hallare Si (7)

וְהִתְעַמֶּר־ בּוֹ וּמְכָרוֹ וּמֵת הַגַּנָּב

el-ladrón entonces-morirá , o-la-vende con-él y-obra-violentamente

הַהוּא וּבִעַרְתָּ הָרָע מִקִּרְבֶּךָ׃ הִשָּׁמֶר בְּנֶגַע־

en-plaga-de Guárdate (8) . de-en-medio-de-ti el-mal y-quitarás el-aquel

הַצָּרַעַת לִשְׁמֹר מְאֹד וְלַעֲשׂוֹת כְּכֹל אֲשֶׁר־ יוֹרוּ אֶתְכֶם

a-vosotros enseñarán lo-que según -todo y-para-hacer mucho para-guardar la-lepra

הַכֹּהֲנִים הַלְוִיִּם כַּאֲשֶׁר צִוִּיתִם תִּשְׁמְרוּ לַעֲשׂוֹת׃

para-hacer guardaréis les-mandé como los-levitas los-sacerdotes

זָכוֹר אֵת אֲשֶׁר־ עָשָׂה יְהוָה אֱלֹהֶיךָ לְמִרְיָם בַּדֶּרֶךְ

en-el-camino a-Miriam tu-Dios Yahweh hizo que lo Recuerda (9)

בְּצֵאתְכֶם מִמִּצְרָיִם׃ כִּי־ תַשֶּׁה בְרֵעֲךָ

a-tu-prójimo prestes Cuando (10) . de-Egipto en-vuestra-salida

מַשַּׁאת מְאוּמָה לֹא־ תָבֹא אֶל־ בֵּיתוֹ לַעֲבֹט עֲבֹטוֹ׃

. su-garantía para-tomar su-casa a irás no cualquiera prenda

בַּחוּץ תַּעֲמֹד וְהָאִישׁ אֲשֶׁר אַתָּה נֹשֶׁה בוֹ יוֹצִיא

sacará a-él prestas tú que y-el-hombre quedarás Afuera (11)

אֵלֶיךָ אֶת־ הַעֲבוֹט הַחוּצָה׃ וְאִם־ אִישׁ עָנִי הוּא לֹא תִשְׁכַּב

te-acostarás no él pobre hombre Y-si (12) . a-el-exterior la-garantía ** a-ti

בַּעֲבֹטוֹ׃ הָשֵׁב תָּשִׁיב לוֹ אֶת־ הַעֲבוֹט כְּבֹא

al-ponerse la-garantía ** a-él devolverás Devolver (13) . con-su-garantía

הַשֶּׁמֶשׁ וְשָׁכַב בְּשַׂלְמָתוֹ וּבֵרְכֶךָּ וּלְךָ

y-para-ti ; y-te-bendiga en-su-ropa y-duerma el-sol

תִּהְיֶה צְדָקָה לִפְנֵי יְהוָה אֱלֹהֶיךָ׃ לֹא־ תַעֲשֹׁק

oprimirás No (14) . tu-Dios Yahweh ante justicia será

שָׂכִיר עָנִי וְאֶבְיוֹן מֵאַחֶיךָ אוֹ מִגֵּרְךָ אֲשֶׁר

que de-tu-extranjero o de-tus-hermanos y-necesitado pobre jornalero

בְּאַרְצְךָ בִּשְׁעָרֶיךָ׃ בְּיוֹמוֹ תִתֵּן שְׂכָרוֹ וְלֹא־

y-no su-jornal darás En-su-día (15) . en-tus-puertas en-tu-tierra

תָבוֹא עָלָיו הַשֶּׁמֶשׁ כִּי עָנִי הוּא וְאֵלָיו הוּא נֹשֵׂא אֶת־ נַפְשׁוֹ

su-vida ** sustenta él y-con-él él pobre pues el-sol sobre-él se-pondrá

וְלֹא־יִקְרָא עָלֶיךָ אֶל־יְהוָה וְהָיָה בְךָ חֵטְא׃ לֹא־
No (16) . pecado en-ti y-sea Yahweh a contra-ti clamará y-no

יוּמְתוּ אָבוֹת עַל־בָּנִים וּבָנִים לֹא־יוּמְתוּ עַל־
por morirán no e-hijos hijos por padres morirán

אָבוֹת אִישׁ בְּחֶטְאוֹ יוּמָתוּ׃ לֹא תַטֶּה מִשְׁפַּט
derecho torcerás No (17) . morirán por-su-pecado cada-uno ; padres

גֵּר יָתוֹם וְלֹא תַחֲבֹל בֶּגֶד אַלְמָנָה׃ וְזָכַרְתָּ
Y-recordarás (18) . viuda túnica-de tomarás-en-garantía y-no huérfano extranjero

כִּי עֶבֶד הָיִיתָ בְּמִצְרַיִם וַיִּפְדְּךָ יְהוָה אֱלֹהֶיךָ מִשָּׁם
de-allí tu-Dios Yahweh y-te-rescató en-Egipto fuiste siervo que

עַל־כֵּן אָנֹכִי מְצַוְּךָ לַעֲשׂוֹת אֶת־הַדָּבָר הַזֶּה׃ כִּי תִקְצֹר
siegues Cuando (19) . la-esta la-cosa ** hacer te-mando yo eso por

קְצִירְךָ בְשָׂדֶךָ וְשָׁכַחְתָּ עֹמֶר בַּשָּׂדֶה לֹא
no en-el-campo gavilla y-olvides en-tu-campo tu-mies

תָשׁוּב לְקַחְתּוֹ לַגֵּר לַיָּתוֹם וְלָאַלְמָנָה
para-la-viuda para-el-huérfano para-el-extranjero , a-coger-la volverás

יִהְיֶה לְמַעַן יְבָרֶכְךָ יְהוָה אֱלֹהֶיךָ בְּכֹל מַעֲשֵׂה
obra-de en-toda tu-Dios Yahweh te-bendiga para-que , será

יָדֶיךָ׃ כִּי תַחְבֹּט זֵיתְךָ לֹא תְפַאֵר אַחֲרֶיךָ
, tras-ti recogerás no tu-olivo sacudas Cuando (20) . tu-mano

לַגֵּר לַיָּתוֹם וְלָאַלְמָנָה יִהְיֶה׃ כִּי תִבְצֹר
vendimies Cuando (21) . será para-la-vida para-el-huérfano para-el-extranjero

כַּרְמְךָ לֹא תְעוֹלֵל אַחֲרֶיךָ לַגֵּר לַיָּתוֹם
para-el-huérfano para-el-extranjero , tras-ti rebuscarás no tu-viña

וְלָאַלְמָנָה יִהְיֶה׃ וְזָכַרְתָּ כִּי־עֶבֶד הָיִיתָ בְּאֶרֶץ
en-tierra-de fuiste siervo que Y-recuerda (22) . será para-la-viuda

מִצְרַיִם עַל־כֵּן אָנֹכִי מְצַוְּךָ לַעֲשׂוֹת אֶת־הַדָּבָר הַזֶּה׃ כִּי־

Cuando (1) . la-esta la-cosa ** hacer te-mando yo eso por Egipto

יִהְיֶה רִיב בֵּין אֲנָשִׁים וְנִגְּשׁוּ אֶל־הַמִּשְׁפָּט

el-tribunal a entonces-acudirán hombres entre pleito haya

וּשְׁפָטוּם וְהִצְדִּיקוּ אֶת־הַצַּדִּיק

el-justo a y-absolverán y-los-juzgarán

וְהִרְשִׁיעוּ אֶת־הָרָשָׁע׃ וְהָיָה אִם־בִּן

mereciere si Y-será (2) . el-culpable a y-condenarán

הַכּוֹת הָרָשָׁע וְהִפִּילוֹ הַשֹּׁפֵט

el-juez entonces-le-hará-poner-en-el-suelo el-culpable azotar

וְהִכָּהוּ לְפָנָיו כְּדֵי רִשְׁעָתוֹ בְּמִסְפָּר׃

. en-numero su-delito según-merezca ante-él y-le-azotará

אַרְבָּעִים יַכֶּנּוּ לֹא יֹסִיף פֶּן־יֹסִיף

da-más si , dará-más no le-azotará Cuarenta (3)

לְהַכֹּתוֹ עַל־אֵלֶּה מַכָּה רַבָּה וְנִקְלָה אָחִיךָ

tu-hermano entonces-se-envilecerá mucho azotes estos por azotar-le

לְעֵינֶיךָ׃ לֹא־תַחְסֹם שׁוֹר בְּדִישׁוֹ׃ כִּי־יֵשְׁבוּ

habitan Si (5) . cuando-lo-trilla buey pondrás-bozal No (4) . ante-tus-ojos

אַחִים יַחְדָּו וּמֵת אַחַד מֵהֶם וּבֵן אֵין־לוֹ לֹא־

no para-él no-hay e-hijo de-ellos uno y-muere juntos hermanos

תִהְיֶה אֵשֶׁת־הַמֵּת הַחוּצָה לְאִישׁ זָר

extraño para-hombre la-de-fuera el-muerto mujer-de será

יְבָמָהּ יָבֹא עָלֶיהָ וּלְקָחָהּ לוֹ

para-él y-la-tomará a-ella entrará su-cuñado

לְאִשָּׁה וְיִבְּמָהּ׃ וְהָיָה הַבְּכוֹר

el-primogénito Y-será (6) . y-la-emparentará por-mujer

אֲשֶׁר תֵּלֵד יָקוּם עַל־ שֵׁם אָחִיו הַמֵּת וְלֹא־
y-no , el-muerto su-hermano nombre-de por llevará dé-a-luz que

יִמָּחֶה שְׁמוֹ מִיִּשְׂרָאֵל׃ וְאִם־ לֹא יַחְפֹּץ הָאִישׁ
el-hombre quiere no Y-si (7) . de-Israel su-nombre se-borrará

לָקַחַת אֶת־ יְבִמְתּוֹ וְעָלְתָה יְבִמְתּוֹ
su-cuñada entonces-irá , su-cuñada a tomar

הַשַּׁעְרָה אֶל־ הַזְּקֵנִים וְאָמְרָה מֵאֵין יְבָמִי
mi-cuñado No-quiere : y-dirá los-ancianos a a-la-puerta

לְהָקִים לְאָחִיו שֵׁם בְּיִשְׂרָאֵל לֹא אָבָה יַבְּמִי׃
. emparentar-me quiere no , en-Israel nombre para-su-hermano continuar

וְקָרְאוּ לוֹ זִקְנֵי־ עִירוֹ וְדִבְּרוּ
y-hablarán su-ciudad ancianos-de a-él Y-llamarán (8)

אֵלָיו וְעָמַד וְאָמַר לֹא חָפַצְתִּי לְקַחְתָּהּ׃ וְנִגְּשָׁה
Entonces-se-acercará (9) . tomar-la quiero no : y-dice si-persiste , a-él

יְבִמְתּוֹ אֵלָיו לְעֵינֵי הַזְּקֵנִים וְחָלְצָה
y-ella-quitará los-ancianos a-ojos-de a-él su-cuñada

נַעֲלוֹ מֵעַל רַגְלוֹ וְיָרְקָה בְּפָנָיו
en-rostro-de-él y-escupirá su-pie de-sobre sandalia-de-él

וְעָנְתָה וְאָמְרָה כָּכָה יֵעָשֶׂה לָאִישׁ אֲשֶׁר לֹא־
no que a-el-hombre sea-hecho así : y-dirá y-hablará

יִבְנֶה אֶת־ בֵּית אָחִיו׃ וְנִקְרָא
Y-se-llamará (10) . su-hermano casa-de ** edifique

שְׁמוֹ בְּיִשְׂרָאֵל בֵּית חֲלוּץ הַנָּעַל׃ כִּי־ יִנָּצוּ
se-pelean Si (11) . la-sandalia se-quitó casa-de en-Israel su-nombre

אֲנָשִׁים יַחְדָּו אִישׁ וְאָחִיו וְקָרְבָה אֵשֶׁת הָאֶחָד לְהַצִּיל
para-librar el-uno mujer-de y-se-acerca y-su-hermano hombre juntos hombres

אֶת־ אִישָׁהּ מִיַּד מַכֵּהוּ וְשָׁלְחָה
y-ella-extiende su-atacante de-mano-de su-hombre-a a

יָדָהּ וְהֶחֱזִיקָה בִּמְבֻשָׁיו׃ וְקַצֹּתָה
Entonces-cortarás (12) . en-sus-partes y-agarra su-mano

אֶת־ כַּפָּהּ לֹא תָחוֹס עֵינֶךָ׃ לֹא־ יִהְיֶה לְךָ
para-ti será No (13) . tu-ojo se-compadecerá no , mano-de-ella **

בְּכִיסְךָ אֶבֶן וָאָבֶן גְּדוֹלָה וּקְטַנָּה׃ לֹא־ יִהְיֶה לְךָ
para-ti será No (14) . y-pequeña grande y-piedra piedra en-tu-bolsa

בְּבֵיתְךָ אֵיפָה וְאֵיפָה גְּדוֹלָה וּקְטַנָּה׃ אֶבֶן שְׁלֵמָה
exacta Piedra (15) . y-pequeña grande y-efa efa en-tu-casa

וָצֶדֶק יִהְיֶה־ לָּךְ אֵיפָה שְׁלֵמָה וָצֶדֶק יִהְיֶה־ לָּךְ
para-ti será y-justa exacta efa , para-ti será y-justa

לְמַעַן יַאֲרִיכוּ יָמֶיךָ עַל הָאֲדָמָה אֲשֶׁר־ יְהוָה אֱלֹהֶיךָ
tu-Dios Yahweh que la-tierra sobre tus-días se-alarguen para-que

נֹתֵן לָךְ׃ כִּי תוֹעֲבַת יְהוָה אֱלֹהֶיךָ כָּל־ עֹשֵׂה אֵלֶּה
esto el-que-hace todo tu-Dios Yahweh abominación Pues (16) . a-ti da

כֹּל עֹשֵׂה עָוֶל׃ זָכוֹר אֵת אֲשֶׁר־ עָשָׂה לְךָ עֲמָלֵק
Amalec a-ti hizo lo-que ** Recuerda (17) . injusticia el-que-hace todo

בַּדֶּרֶךְ בְּצֵאתְכֶם מִמִּצְרָיִם׃ אֲשֶׁר קָרְךָ בַּדֶּרֶךְ
en-el-camino te-encontró Cuando (18) . de-Egipto en-vuestra-salida en-el-camino

וַיְזַנֵּב בְּךָ כָּל־ הַנֶּחֱשָׁלִים אַחֲרֶיךָ וְאַתָּה עָיֵף
cansado y-tú tras-ti los-rezagados todos de-ti y-separó

וְיָגֵעַ וְלֹא יָרֵא אֱלֹהִים׃ וְהָיָה בְּהָנִיחַ
al-dar-descanso Y-será (19) . Dios temió y-no y-trabajado

יְהוָה אֱלֹהֶיךָ ׀ לְךָ מִכָּל־ אֹיְבֶיךָ מִסָּבִיב
de-alrededor tus-enemigos de-todos a-ti tu-Dios Yahweh

בָּאָרֶץ אֲשֶׁר יְהוָה־אֱלֹהֶיךָ נֹתֵן לְךָ נַחֲלָה לְרִשְׁתָּהּ
para-poseer-la herencia a-ti da tu-Dios Yahweh que en-la-tierra

תִּמְחֶה אֶת־ זֵכֶר עֲמָלֵק מִתַּחַת הַשָּׁמָיִם לֹא תִּשְׁכָּח׃
. no-olvides no , los-cielos de-bajo Amalec recuerdo-de ** borrarás

וְהָיָה כִּי־ תָבוֹא אֶל־ הָאָרֶץ אֲשֶׁר יְהוָה אֱלֹהֶיךָ
tu-Dios Yahweh que la-tierra a entres cuando Y-será (1)

נֹתֵן לְךָ נַחֲלָה וִירִשְׁתָּהּ וְיָשַׁבְתָּ בָּהּ׃
. en-ella y-habites y-la-poseas herencia a-ti da

וְלָקַחְתָּ מֵרֵאשִׁית ׀ כָּל־ פְּרִי הָאֲדָמָה אֲשֶׁר תָּבִיא
sacares que la-tierra fruto-de todo de-primicia-de Y-cojas (2)

מֵאַרְצְךָ אֲשֶׁר יְהוָה אֱלֹהֶיךָ נֹתֵן לָךְ וְשַׂמְתָּ
entonces-pondrás a-ti da tu-Dios Yahweh que de-tu-tierra

בַטֶּנֶא וְהָלַכְתָּ אֶל־הַמָּקוֹם אֲשֶׁר יִבְחַר יְהוָה אֱלֹהֶיךָ
tu-Dios Yahweh escogerá que el-lugar a e-irás en-la-cesta

לְשַׁכֵּן שְׁמוֹ שָׁם׃ וּבָאתָ אֶל־ הַכֹּהֵן אֲשֶׁר יִהְיֶה
esté que el-sacerdote a E-irás (3) . allí su-nombre para-hacer-habitar

בַּיָּמִים הָהֵם וְאָמַרְתָּ אֵלָיו הִגַּדְתִּי הַיּוֹם לַיהוָה
ante-Jahweh hoy declaro : a-él y-dirás los-aquellos en-los-días

אֱלֹהֶיךָ כִּי־ בָאתִי אֶל־ הָאָרֶץ אֲשֶׁר נִשְׁבַּע יְהוָה לַאֲבֹתֵינוּ
a-nuestros-padres Yahweh juró que la-tierra a entré que tu-Dios

לָתֶת לָנוּ׃ וְלָקַח הַכֹּהֵן הַטֶּנֶא מִיָּדֶךָ
de-tu-mano el-cesto el-sacerdote Y-tomará (4) . a-nosotros para-dar

וְהִנִּיחוֹ לִפְנֵי מִזְבַּח יְהוָה אֱלֹהֶיךָ׃ וְעָנִיתָ
Y-hablarás (5) . tu-Dios Yahweh altar-de delante-de y-lo-pondrá

וְאָמַרְתָּ לִפְנֵי ׀ יְהוָה . אֱלֹהֶיךָ אֲרַמִּי אֹבֵד אָבִי
mi-padre errante arameo : tu-Dios Yahweh ante y-dirás

וַיֵּרֶד מִצְרַיְמָה וַיָּגָר שָׁם בִּמְתֵי מְעָט וַיְהִי־
y-fue , poca con-gente allí y-vivió a-Egipto y-descendió

שָׁם לְגוֹי גָּדוֹל עָצוּם וָרָב׃ וַיָּרֵעוּ אֹתָנוּ
a-nosotros Y-maltrataron (6) . y-numeroso poderoso grande por-nación allí

הַמִּצְרִים וַיְעַנּוּנוּ וַיִּתְּנוּ עָלֵינוּ עֲבֹדָה קָשָׁה׃
. pesada servidumbre sobre-nosotros y-pusieron y-nos-afligieron los-egipcios

וַנִּצְעַק אֶל־ יְהוָה אֱלֹהֵי אֲבֹתֵינוּ וַיִּשְׁמַע יְהוָה אֶת־
** Yahweh y-oyó nuestros-padres Dios-de Yahweh a Y-clamamos (7)

קֹלֵנוּ וַיַּרְא אֶת־ עָנְיֵנוּ וְאֶת־ עֲמָלֵנוּ וְאֶת־ לַחֲצֵנוּ׃
y-nuestra-opresión y ** nuestro-trabajo y ** nuestra-aflicción ** y-vio nuestra-voz

וַיּוֹצִאֵנוּ יְהוָה מִמִּצְרַיִם בְּיָד חֲזָקָה וּבִזְרֹעַ
y-con-brazo fuerte con-mano de-Egipto Yahweh Y-nos-sacó (8)

נְטוּיָה וּבְמֹרָא גָּדֹל וּבְאֹתוֹת וּבְמֹפְתִים׃
. y-con-maravillas y-con-señales grande y-con-espanto extendido

וַיְבִאֵנוּ אֶל־ הַמָּקוֹם הַזֶּה וַיִּתֶּן־ לָנוּ אֶת־ הָאָרֶץ
la-tierra ** a-nosotros y-dio el-este el-lugar a Y-nos-trajo (9)

הַזֹּאת אֶרֶץ זָבַת חָלָב וּדְבָשׁ׃ וְעַתָּה הִנֵּה הֵבֵאתִי אֶת־
** traigo he-aquí Y-ahora (10) . y-miel

רֵאשִׁית פְּרִי הָאֲדָמָה אֲשֶׁר־ נָתַתָּה לִּי יְהוָה וְהִנַּחְתּוֹ
y-lo-colocarás ; Yahweh a-mi diste que la-tierra fruto-de primicias -de

לִפְנֵי יְהוָה אֱלֹהֶיךָ וְהִשְׁתַּחֲוִיתָ לִפְנֵי יְהוָה אֱלֹהֶיךָ׃
. tu-Dios Yahweh ante y-te-inclinarás tu-Dios Yahweh ante

וְשָׂמַחְתָּ בְכָל־ הַטּוֹב אֲשֶׁר נָתַן־ לְךָ יְהוָה אֱלֹהֶיךָ
tu-Dios Yahweh a-ti dio que el-bien en-todo Y-te-alegrarás (11)

וּלְבֵיתֶךָ אַתָּה וְהַלֵּוִי וְהַגֵּר אֲשֶׁר בְּקִרְבֶּךָ׃
. en-medio-de-ti que y-el-extranjero y-el-levita tú y-a-tu-casa

כִּי תְכַלֶּה לַעְשֵׂר אֶת־ כָּל־ מַעְשַׂר תְּבוּאָתְךָ
tu-producción diezmo-de todo ** de-diezmar acabes Cuando (12)

בַּשָּׁנָה הַשְּׁלִישִׁת שְׁנַת הַמַּעֲשֵׂר וְנָתַתָּה לַלֵּוִי
a-el-levita y-darás ; el-diezmo año-de el-tercero en-el-año

לַגֵּר לַיָּתוֹם וְלָאַלְמָנָה וְאָכְלוּ בִשְׁעָרֶיךָ
en-tus-puertas y-comerán y-a-la-viuda a-el-huérfano a-el-extranjero

וְשָׂבֵעוּ׃ וְאָמַרְתָּ לִפְנֵי יְהוָה אֱלֹהֶיךָ בִּעַרְתִּי
saqué : tu-Dios Yahweh ante Y-dirás (13) y-se-saciarán

הַקֹּדֶשׁ מִן־ הַבַּיִת וְגַם נְתַתִּיו לַלֵּוִי
a-el-levita le-di y-también la-casa de lo-santo

וְלַגֵּר לַיָּתוֹם וְלָאַלְמָנָה כְּכָל־ מִצְוָתְךָ
tu-mandamiento según-todo y-a-la-viuda a-el-huérfano y-a-el-extranjero

אֲשֶׁר צִוִּיתָנִי לֹא־ עָבַרְתִּי מִמִּצְוֺתֶיךָ וְלֹא שָׁכָחְתִּי׃
. olvidé y-no de-tus-mandamientos me-aparté no me-ordenaste que

לֹא־ אָכַלְתִּי בְאֹנִי מִמֶּנּוּ וְלֹא־ בִעַרְתִּי מִמֶּנּוּ
de-ello quité y-no de-ello en-mi-luto comí No (14)

בְּטָמֵא וְלֹא־ נָתַתִּי מִמֶּנּוּ לְמֵת שָׁמַעְתִּי בְּקוֹל
a-voz-de obedecí ; para-muerto de-ello di y-no en-inmundicia

יְהוָה אֱלֹהָי עָשִׂיתִי כְּכֹל אֲשֶׁר צִוִּיתָנִי׃ הַשְׁקִיפָה
Mira-abajo (15) . me-mandaste que según-todo hice , mi-Dios Yahweh

מִמְּעוֹן קָדְשְׁךָ מִן־ הַשָּׁמַיִם וּבָרֵךְ אֶת־ עַמְּךָ
tu-pueblo a y-bendice los-cielos desde tu-santidad desde-morada-de

אֶת־ יִשְׂרָאֵל וְאֵת הָאֲדָמָה אֲשֶׁר נָתַתָּה לָנוּ כַּאֲשֶׁר נִשְׁבַּעְתָּ
juraste como a-nosotros diste que la-tierra y-a Israel a

לַאֲבֹתֵינוּ אֶרֶץ זָבַת חָלָב וּדְבָשׁ׃ הַיּוֹם הַזֶּה יְהוָה
Yahweh el-este El-día (16) . y-miel leche que-fluye tierra , a-nuestros-padres

אֱלֹהֶיךָ מְצַוְּךָ לַעֲשׂוֹת אֶת־הַחֻקִּים הָאֵלֶּה וְאֶת־הַמִּשְׁפָּטִים
; las-leyes y ** los-estos los-decretos ** para-hacer te-manda tu-Dios

וְשָׁמַרְתָּ וְעָשִׂיתָ אוֹתָם בְּכָל־ לְבָבְךָ וּבְכָל־
y-con-todo tu-corazón con-todo ellos y-haz y-guarda

נַפְשֶׁךָ׃ אֶת־ יְהוָה הֶאֱמַרְתָּ הַיּוֹם לִהְיוֹת לְךָ לֵאלֹהִים
por-Dios para-ti para-ser , hoy has-confesado Yahweh A (17) . tu-alma

וְלָלֶכֶת בִּדְרָכָיו וְלִשְׁמֹר חֻקָּיו וּמִצְוֹתָיו
y-sus-mandamientos sus-decretos y-para-guardar en-sus-caminos y-para-andar

וּמִשְׁפָּטָיו וְלִשְׁמֹעַ בְּקֹלוֹ׃ וַיהוָה הֶאֱמִירְךָ
te-ha-declarado .Y-Yahweh (18) . a-su-voz y-obedecer y-sus-leyes

הַיּוֹם לִהְיוֹת לוֹ לְעַם סְגֻלָּה כַּאֲשֶׁר דִּבֶּר־ לָךְ
a-ti habló como tesoro por-pueblo-de . para-él para-ser hoy

וְלִשְׁמֹר כָּל־ מִצְוֹתָיו׃ וּלְתִתְּךָ עֶלְיוֹן עַל כָּל־
todas sobre alto Y-para-ponerte (19) . sus-mandamientos todos y-para-obedecer

הַגּוֹיִם אֲשֶׁר עָשָׂה לִתְהִלָּה וּלְשֵׁם וּלְתִפְאָרֶת וְלִהְיֹתְךָ
y-para-tu-ser y-para-gloria y-para-fama para-alabanza , hizo que las-naciones

עַם־ קָדֹשׁ לַיהוָה אֱלֹהֶיךָ כַּאֲשֶׁר דִּבֵּר׃ וַיְצַו
Y-mandó (1) . habló como tu-Dios a-Yahweh santo pueblo **Cap. 27**

מֹשֶׁה וְזִקְנֵי יִשְׂרָאֵל אֶת־ הָעָם לֵאמֹר שָׁמֹר אֶת־ כָּל־
todo ** Guarda : diciendo el-pueblo a Israel y-ancianos-de Moisés

הַמִּצְוָה אֲשֶׁר אָנֹכִי מְצַוֶּה אֶתְכֶם הַיּוֹם׃ וְהָיָה בַּיּוֹם אֲשֶׁר
que en-el-día Y-será (2) . hoy a-vosotros mando yo que el-mandamiento

תַּעַבְרוּ אֶת־ הַיַּרְדֵּן אֶל־ הָאָרֶץ אֲשֶׁר־ יְהוָה אֱלֹהֶיךָ נֹתֵן לָךְ
a-ti da tu-Dios Yahweh que la-tierra a el-Jordán ** pases

וַהֲקֵמֹתָ לְךָ אֲבָנִים גְּדֹלוֹת וְשַׂדְתָּ אֹתָם בַּשִּׂיד׃
. con-cal a-ellas y-revocarás grandes piedras para-ti que-levantarás

וְכָתַבְתָּ עֲלֵיהֶן אֶת־ כָּל־ דִּבְרֵי הַתּוֹרָה הַזֹּאת
la-esta la-ley palabras-de todas ** sobre-ellas Y-escribirás (3)

בְּעָבְרֶךָ לְמַעַן אֲשֶׁר תָּבֹא אֶל־ הָאָרֶץ אֲשֶׁר־ יְהוָה אֱלֹהֶיךָ ׀
tu-Dios Yahweh que la-tierra a entres que cuando , en-tu-cruzar

נֹתֵן לְךָ אֶרֶץ זָבַת חָלָב וּדְבַשׁ כַּאֲשֶׁר דִּבֶּר יְהוָה
Yahweh habló como y-miel leche que-fluye tierra , a-ti da

אֱלֹהֵי־ אֲבֹתֶיךָ לָךְ׃ וְהָיָה בְּעָבְרְכֶם אֶת־
** en-vuestro-cruzar Y-será (4) . a-ti tus-padres Dios-de

הַיַּרְדֵּן תָּקִימוּ אֶת־ הָאֲבָנִים הָאֵלֶּה אֲשֶׁר אָנֹכִי מְצַוֶּה אֶתְכֶם הַיּוֹם
hoy a-vosotros mando yo que las-estas las-piedras ** levantaréis el-Jordán

בְּהַר עֵיבָל וְשַׂדְתָּ אוֹתָם בַּשִּׂיד׃ וּבָנִיתָ שָּׁם מִזְבֵּחַ
altar allí Y-edificarás (5) . con-cal a-ellas y-revocarás Ebal en-monte

לַיהוָה אֱלֹהֶיךָ מִזְבַּח אֲבָנִים לֹא־ תָנִיף עֲלֵיהֶם בַּרְזֶל׃ אֲבָנִים
Piedras (6) . con-el-hierro sobre-ellas alzarás no , piedras altar-de , tu-Dios a-Yahweh

שְׁלֵמוֹת תִּבְנֶה אֶת־ מִזְבַּח יְהוָה אֱלֹהֶיךָ וְהַעֲלִיתָ עָלָיו
sobre-él y-ofrecerás tu-Dios Yahweh altar-de ** edificarás enteras

עוֹלֹת לַיהוָה אֱלֹהֶיךָ׃ וְזָבַחְתָּ שְׁלָמִים
ofrendas-de-paz Y-sacrificarás (7) . tu-Dios a-Yahweh holocaustos

וְאָכַלְתָּ שָּׁם וְשָׂמַחְתָּ לִפְנֵי יְהוָה אֱלֹהֶיךָ׃ וְכָתַבְתָּ
Y-escribirás (8) . tu-Dios Yahweh ante y-te-alegrarás ; allí y-comerás

עַל־ הָאֲבָנִים אֶת־ כָּל־ דִּבְרֵי הַתּוֹרָה הַזֹּאת בַּאֵר הֵיטֵב׃
. bien claramente la-esta la-ley palabras-de todas ** las-piedras sobre

וַיְדַבֵּר מֹשֶׁה וְהַכֹּהֲנִים הַלְוִיִּם אֶל כָּל־ יִשְׂרָאֵל
Israel todo a los-levitas y-los-sacerdotes Moisés Y-habló (9)

לֵאמֹר הַסְכֵּת ׀ וּשְׁמַע יִשְׂרָאֵל הַיּוֹם הַזֶּה נִהְיֵיתָ לְעָם
por-pueblo has-venido-a-ser el-este el-día : Israel y-escucha calla : diciendo

לַיהוָה אֱלֹהֶיךָ׃ וְשָׁמַעְתָּ בְּקוֹל יְהוָה אֱלֹהֶיךָ
tu-Dios Yahweh a-voz-de Y-oirás (10) . tu-Dios a-Yahweh

וְעָשִׂיתָ אֶת־ מִצְוֹתָו וְאֶת־ חֻקָּיו אֲשֶׁר אָנֹכִי מְצַוְּךָ
te-mando yo que sus-estatutos y ** sus-mandamientos ** y-harás

הַיּוֹם׃ וַיְצַו מֹשֶׁה אֶת־ הָעָם בַּיּוֹם הַהוּא לֵאמֹר
diciendo el-aquel en-el-día el-pueblo a Moisés Y-mandó (11) . hoy

אֵלֶּה יַעַמְדוּ לְבָרֵךְ אֶת־ הָעָם עַל־ הַר גְּרִזִּים
Gerizim monte-de sobre el-pueblo a para-bendecir estarán Éstos (12)

בְּעָבְרְכֶם אֶת־ הַיַּרְדֵּן שִׁמְעוֹן וְלֵוִי וִיהוּדָה וְיִשָּׂשכָר
e-Isacar y-Judá y-Leví Simeón ; el-Jordán ** en-vuestro-cruzar

וְיוֹסֵף וּבִנְיָמִן׃ וְאֵלֶּה יַעַמְדוּ עַל־ הַקְּלָלָה
la-maldición para estarán Y-éstos (13) . y-Benjamín y-José

בְּהַר עֵיבָל רְאוּבֵן גָּד וְאָשֵׁר וּזְבוּלֻן דָּן וְנַפְתָּלִי׃
. y-Neftalí Dan y-Zabulón y-Aser Gad Rubén : Ebal en-monte

וְעָנוּ הַלְוִיִּם וְאָמְרוּ אֶל־ כָּל־ אִישׁ
hombre-de todo a y-dirán los-levitas Y-responderán (14)

יִשְׂרָאֵל קוֹל רָם׃ אָרוּר הָאִישׁ אֲשֶׁר יַעֲשֶׂה פֶסֶל וּמַסֵּכָה
o-función escultura hiciere que el-hombre Maldito (15) . alta en-voz Israel

תּוֹעֲבַת יְהוָה מַעֲשֵׂה יְדֵי חָרָשׁ וְשָׂם בַּסָּתֶר
en-el-lugar-oculto y-pone artífice manos-de obra-de Yahweh abominación-de

וְעָנוּ כָל־ הָעָם וְאָמְרוּ אָמֵן׃
. amén y-dirán el-pueblo todo y-responderán

אָרוּר מַקְלֶה אָבִיו וְאִמּוֹ
; o-su-madre su-padre el-que-deshonrare Maldito (16)

וְאָמַר כָּל־ הָעָם אָמֵן׃ אָרוּר מַסִּיג
el-que-redujere Maldito (17) . amén el-pueblo todo y-dirá

גְּבוּל רֵעֵהוּ וְאָמַר כָּל־ הָעָם אָמֵן׃
. amén el-pueblo todo y-dirá su-vecino límite-de

אָרוּר מַשְׁגֶּה עִוֵּר בַּדָּרֶךְ וְאָמַר
y-dirá , en-el-camino ciego el-que-desviare Maldito (18)

כָּל־ הָעָם אָמֵן׃ אָרוּר מַטֶּה מִשְׁפַּט גֵּר־
extranjero derecho-de el-que-pervirtiere Maldito (19) . amén el-pueblo todo

יָתוֹם וְאַלְמָנָה וְאָמַר כָּל־ הָעָם אָמֵן׃ אָרוּר
Maldito (20) . amén el-pueblo todo y-dirá , o-viuda huérfano

שֹׁכֵב עִם־ אֵשֶׁת אָבִיו כִּי גִלָּה כְּנַף אָבִיו
; su-padre faldón-de descubre porque , su-padre esposa-de con el-que-yace

וְאָמַר כָּל־ הָעָם אָמֵן׃ אָרוּר שֹׁכֵב
el-que-yace Maldito (21) . amén el-pueblo todo y-dirá

עִם־ כָּל־ בְּהֵמָה וְאָמַר כָּל־ הָעָם אָמֵן׃ אָרוּר
Maldito (22) . amén el-pueblo todo y-dirá ; animal cualquier con

שֹׁכֵב עִם־ אֲחֹתוֹ בַּת־ אָבִיו אוֹ בַת־
hija-de o su-padre hija-de su-hermana con el-que-yaciere

אִמּוֹ וְאָמַר כָּל־ הָעָם אָמֵן׃ אָרוּר
Maldito (23) . amén el-pueblo todo y-dirá , su-madre

שֹׁכֵב עִם־ חֹתַנְתּוֹ וְאָמַר כָּל־ הָעָם
el-pueblo todo y-dirá , su-suegra con el-que-yaciere

אָמֵן׃ אָרוּר מַכֵּה רֵעֵהוּ בַּסָּתֶר
en-lo-oculto su-prójimo el-que-hiriere Maldito (24) . amén

וְאָמַר כָּל־ הָעָם אָמֵן׃ אָרוּר לֹקֵחַ
el-que-tomare Maldito (25) . amén el-pueblo todo y-dirá

שֹׁחַד לְהַכּוֹת נֶפֶשׁ דַּם נָקִי וְאָמַר כָּל־ הָעָם
el-pueblo todo y-dirá inocente sangre , persona para-matar soborno

אָמֵן׃ אָרוּר אֲשֶׁר לֹא־יָקִים אֶת־דִּבְרֵי הַתּוֹרָה־הַזֹּאת
la-esta la-ley palabras-de ** mantenga no quien Maldito (26) . amén

לַעֲשׂוֹת אוֹתָם וְאָמַר כָּל־הָעָם אָמֵן׃ וְהָיָה
Y-será (1) . amén el-pueblo todo y-dirá , ellas para-hacer **Cap. 28**

אִם־שָׁמוֹעַ תִּשְׁמַע בְּקוֹל יְהוָה אֱלֹהֶיךָ לִשְׁמֹר לַעֲשׂוֹת
para-seguir para-guardar tu-Dios Yahweh a-voz-de escuchas escuchar si

אֶת־כָּל־מִצְוֺתָיו אֲשֶׁר אָנֹכִי מְצַוְּךָ הַיּוֹם וּנְתָנְךָ
entonces-te-pondrá , hoy te-mando yo que sus-mandamientos todos **

יְהוָה אֱלֹהֶיךָ עֶלְיוֹן עַל כָּל־גּוֹיֵי הָאָרֶץ׃ וּבָאוּ
Y-vendrán (2) . la-tierra naciones-de todas sobre alto tu-Dios Yahweh

עָלֶיךָ כָּל־הַבְּרָכוֹת הָאֵלֶּה וְהִשִּׂיגֻךָ כִּי
si , y-te-acompañarán las-estas las-bendiciones todas sobre-ti

תִשְׁמַע בְּקוֹל יְהוָה אֱלֹהֶיךָ׃ בָּרוּךְ אַתָּה בָּעִיר
en-la-ciudad tú Bendito (3) . tu-Dios Yahweh a-voz-de escuchas

וּבָרוּךְ אַתָּה בַּשָּׂדֶה׃ בָּרוּךְ פְּרִי־בִטְנְךָ
tu-vientre fruto-de Bendito (4) . en-el-campo tú y-bendito

וּפְרִי אַדְמָתְךָ וּפְרִי בְהֶמְתֶּךָ שְׁגַר אֲלָפֶיךָ
tu-manada ternera-de , tu-ganado y-fruto-de tu-tierra y-fruto-de

וְעַשְׁתְּרוֹת צֹאנֶךָ׃ בָּרוּךְ טַנְאֲךָ
tu-cesto Bendito (5) . tus-rebaños y-corderos-de

וּמִשְׁאַרְתֶּךָ׃ בָּרוּךְ אַתָּה בְּבֹאֶךָ
en-tu-entrada tú Bendito (6) . y-tu-artesa

וּבָרוּךְ אַתָּה בְּצֵאתֶךָ׃ יִתֵּן יְהוָה אֶת־
** Yahweh Conceda (7) . en-tu-salir tú y-bendito

אֹיְבֶיךָ הַקָּמִים עָלֶיךָ נִגָּפִים לְפָנֶיךָ
; ante-ti derrotados contra-ti los-que-se-alzan tus-enemigos

בְּדֶרֶךְ אֶחָד יֵצְאוּ אֵלֶיךָ וּבְשִׁבְעָה דְרָכִים יָנוּסוּ

huirán caminos y-en-siete a-ti saldrán uno por-camino

לְפָנֶיךָ׃ יְצַו יְהוָה אִתְּךָ אֶת־הַבְּרָכָה בַּאֲסָמֶיךָ

en-tus-graneros la-bendición ** a-ti Yahweh Enviará (8) . ante-ti

וּבְכֹל מִשְׁלַח יָדֶךָ וּבֵרַכְךָ בָּאָרֶץ אֲשֶׁר־

que en-la-tierra y-te-bendecirá , tu-mano que-pongas y-en-todo

יְהוָה אֱלֹהֶיךָ נֹתֵן לָךְ׃ יְקִימְךָ יְהוָה לוֹ

para-él Yahweh Te-confirmará (9) . a-ti da tu-Dios Yahweh

לְעַם קָדוֹשׁ כַּאֲשֶׁר נִשְׁבַּע־לָךְ כִּי תִשְׁמֹר אֶת־מִצְוֹת יְהוָה

Yahweh mandamientos-de ** guardas si a-ti juró como santo por-pueblo

אֱלֹהֶיךָ וְהָלַכְתָּ בִּדְרָכָיו׃ וְרָאוּ כָּל־

todos Y-verán (10) . en-sus-caminos y-andas tu-Dios

עַמֵּי הָאָרֶץ כִּי שֵׁם יְהוָה נִקְרָא עָלֶיךָ וְיָרְאוּ

y-temerán sobre-ti es-invocado Yahweh nombre-de que la-tierra pueblos-de

מִמֶּךָּ׃ וְהוֹתִרְךָ יְהוָה לְטוֹבָה בִּפְרִי

en-fruto-de para-prosperidad Yahweh Y-te-concederá (11) . de-ti

בִטְנְךָ וּבִפְרִי בְהֶמְתְּךָ וּבִפְרִי אַדְמָתֶךָ עַל

sobre tu-tierra y-en-fruto-de tu-ganado y-en-fruto-de tu-vientre

הָאֲדָמָה אֲשֶׁר נִשְׁבַּע יְהוָה לַאֲבֹתֶיךָ לָתֶת לָךְ׃

. a-ti para-dar a-tus-padres Yahweh juró que la-tierra

יִפְתַּח יְהוָה ׀ לְךָ אֶת־אוֹצָרוֹ הַטּוֹב אֶת־

** el-bueno su-tesoro ** para-ti Yahweh Abrirá (12)

הַשָּׁמַיִם לָתֵת מְטַר־אַרְצְךָ בְּעִתּוֹ וּלְבָרֵךְ אֵת

** y-para-bendecir en-su-tiempo tu-tierra lluvia-de para-dar los-cielos

כָּל־מַעֲשֵׂה יָדֶךָ וְהִלְוִיתָ גּוֹיִם רַבִּים וְאַתָּה לֹא

no y-tú muchas naciones y-prestarás-a , tu-mano obra-de toda

תִּלְוֶה׃ וּנְתָנְךָ יְהוָה לְרֹאשׁ וְלֹא לְזָנָב
por-cola y-no por-cabeza Yahweh Y-te-pondrá (13) . tomarás-prestado

וְהָיִיתָ רַק לְמַעְלָה וְלֹא תִהְיֶה לְמָטָּה כִּי־ תִשְׁמַע אֶל־
a escuchas si , abajo estarás y-no arriba solo y-estarás

מִצְוֺת ׀ יְהוָה אֱלֹהֶיךָ אֲשֶׁר אָנֹכִי מְצַוְּךָ הַיּוֹם לִשְׁמֹר
para-guardar hoy te-mando yo que tu-Dios Yahweh mandamientos-de

וְלַעֲשׂוֹת׃ וְלֹא תָסוּר מִכָּל־ הַדְּבָרִים אֲשֶׁר אָנֹכִי מְצַוֶּה
mando yo que las-palabras de-ninguna-de te-desvíes Y-no (14) . y-para-hacer

אֶתְכֶם הַיּוֹם יָמִין וּשְׂמֹאול לָלֶכֶת אַחֲרֵי אֱלֹהִים אֲחֵרִים לְעָבְדָם׃
. para-servir-les otros dioses tras para-andar ni-izquierda derecha hoy a-vosotros

וְהָיָה אִם־ לֹא תִשְׁמַע בְּקוֹל יְהוָה אֱלֹהֶיךָ
tu-Dios Yahweh a-voz-de escuchas no si Y-será (15)

לִשְׁמֹר לַעֲשׂוֹת אֶת־ כָּל־ מִצְוֺתָיו וְחֻקֹּתָיו אֲשֶׁר
que y-sus-estatutos sus-mandamientos todos ** para-hacer para-guardar

אָנֹכִי מְצַוְּךָ הַיּוֹם וּבָאוּ עָלֶיךָ כָּל־ הַקְּלָלוֹת הָאֵלֶּה
las-estas las-maldiciones todas sobre-ti entonces-vendrán , hoy te-mando yo

וְהִשִּׂיגוּךָ׃ אָרוּר אַתָּה בָּעִיר וְאָרוּר
y-maldito en-la-ciudad tú Maldito (16) . y-te-alcanzarán

אַתָּה בַּשָּׂדֶה׃ אָרוּר טַנְאֲךָ וּמִשְׁאַרְתֶּךָ׃
. y-tu-artesa tu-cesto Maldito (17) . en-el-campo tú

אָרוּר פְּרִי־ בִטְנְךָ וּפְרִי אַדְמָתֶךָ שְׁגַר
cría-de , tu-tierra y-fruto-de tu-vientre fruto-de Maldito (18)

אֲלָפֶיךָ וְעַשְׁתְּרוֹת צֹאנֶךָ׃ אָרוּר אַתָּה בְּבֹאֶךָ
en-tu-entrar tú Maldito (19) . tus-ovejas y-jóvenes-de tus-vacas

וְאָרוּר אַתָּה בְּצֵאתֶךָ׃ יְשַׁלַּח יְהוָה ׀ בְּךָ אֶת־
** contra-ti Yahweh Enviará (20) . en-tu-salir tú y-maldito

הַמְּאֵרָה אֶת־ הַמְּהוּמָה וְאֶת־ הַמִּגְעֶרֶת בְּכָל־ מִשְׁלַח יָדְךָ
tu -mano que-envíes en-todo reprensión y ** turbación ** la-maldición

אֲשֶׁר תַּעֲשֶׂה עַד הִשָּׁמֶדְךָ וְעַד־ אֲבָדְךָ מַהֵר
rápido hacer-te-perecer y-hasta destruir-te hasta , hagas que

מִפְּנֵי רֹעַ מַעֲלָלֶיךָ אֲשֶׁר עֲזַבְתָּנִי׃ יַדְבֵּק יְהוָה
Yahweh Pegará (21) . me-abandonaste que tus-obras maldad-de a-causa -de

בְּךָ אֶת־ הַדָּבֶר עַד כַּלֹּתוֹ אֹתְךָ מֵעַל הָאֲדָמָה אֲשֶׁר־ אַתָּה
tú que la-tierra de-sobre a-ti su-consumir hasta , la-cosa ** en-ti

בָא־ שָׁמָּה לְרִשְׁתָּהּ׃ יַכְּכָה יְהוָה
Yahweh Herirá (22) . para-poseer-la allí entras

בַּשַּׁחֶפֶת וּבַקַּדַּחַת וּבַדַּלֶּקֶת
y-con-la-inflamación y-con-la-fiebre con-la-debilidad

וּבַחַרְחֻר וּבַחֶרֶב וּבַשִּׁדָּפוֹן וּבַיֵּרָקוֹן
y-con-mildiu y-con-la-erupción y-con-la-espada y-con-el-ardor

וּרְדָפוּךָ עַד אָבְדֶךָ׃ וְהָיוּ שָׁמֶיךָ
tus-cielos Y-serán (23) . tu-perecer hasta y-te-perseguirán

אֲשֶׁר עַל־ רֹאשְׁךָ נְחֹשֶׁת וְהָאָרֶץ אֲשֶׁר־ תַּחְתֶּיךָ בַּרְזֶל׃
. hierro bajo-ti que y-la-tierra , bronce tu-cabeza sobre que

יִתֵּן יְהוָה אֶת־ מְטַר אַרְצְךָ אָבָק וְעָפָר מִן־
desde , y-ceniza polvo tu-tierra lluvia-de ** Yahweh Dará (24)

הַשָּׁמַיִם יֵרֵד עָלֶיךָ עַד הִשָּׁמְדָךְ׃ יִתֶּנְךָ
Te-entregará (25) . tu-destrucción hasta sobre-ti descenderá los-cielos

יְהוָה נִגָּף לִפְנֵי אֹיְבֶיךָ בְּדֶרֶךְ אֶחָד
uno por-camino , tus-enemigos ante derrotado Yahweh

תֵּצֵא אֵלָיו וּבְשִׁבְעָה דְרָכִים תָּנוּס לְפָנָיו
ante-él huirás caminos y-por-siete a-él saldrás

וְהָיִיתָ לְזַעֲוָה לְכֹל מַמְלְכוֹת הָאָרֶץ׃
. la-tierra reinos-de a-todos por-horror Y-serás

וְהָיְתָה נִבְלָתְךָ לְמַאֲכָל לְכָל־ עוֹף הַשָּׁמַיִם
los-cielos ave-de a-toda por-comida tu-cadáver Y-será (26)

וּלְבֶהֱמַת הָאָרֶץ וְאֵין מַחֲרִיד׃ יַכְּכָה
Herirá (27) . espantador y-no-habrá la-tierra y-a-bestia-de

יְהוָה בִּשְׁחִין מִצְרַיִם וּבַעְפֹלִים וּבַגָּרָב
y-con-sarna y-con-tumores Egipto con-úlcera-de Yahweh

וּבֶחָרֶס אֲשֶׁר לֹא־ תוּכַל לְהֵרָפֵא׃ יַכְּכָה
Y-herira (28) . ser-curado puedes no que y-con-picor

יְהוָה בְּשִׁגָּעוֹן וּבְעִוָּרוֹן וּבְתִמְהוֹן לֵבָב׃
. corazón y-con-confusión-de , y-con-ceguera con-locura Yahweh

וְהָיִיתָ מְמַשֵּׁשׁ בַּצָּהֳרַיִם כַּאֲשֶׁר יְמַשֵּׁשׁ הָעִוֵּר
el-ciego palpa como al-mediodía palpando Y-serás (29)

בָּאֲפֵלָה וְלֹא תַצְלִיחַ אֶת־ דְּרָכֶיךָ וְהָיִיתָ אַךְ
también y-serás tus-caminos en prosperarás y-no en-la-oscuridad

עָשׁוּק וְגָזוּל כָּל־ הַיָּמִים וְאֵין מוֹשִׁיעַ׃
. rescatador y-no-habrá los-días todos y-robado oprimido

אִשָּׁה תְאָרֵשׂ וְאִישׁ אַחֵר יִשְׁגָּלֶנָּה בַּיִת
casa , la-violará otro y-hombre desposarás Mujer (30)

תִּבְנֶה וְלֹא־ תֵשֵׁב בּוֹ כֶּרֶם תִּטַּע וְלֹא
y-no plantarás viña , en-él habitarás y-no edificarás

תְּחַלְּלֶנּוּ׃ שׁוֹרְךָ טָבוּחַ לְעֵינֶיךָ
ante-tus-ojos será-matado Tu-buey (31) . la-disfrutarás

וְלֹא תֹאכַל מִמֶּנּוּ חֲמֹרְךָ גָּזוּל מִלְּפָנֶיךָ וְלֹא
y-no de-delante-de-ti será-arrebatado tu-asno , de-él comerás y-no

יָשׁוּב לָךְ צֹאנְךָ נְתֻנוֹת לְאֹיְבֶיךָ
volverá , a-ti tus-ovejas serán-dadas a-tus-enemigos

וְאֵין לְךָ מוֹשִׁיעַ׃ בָּנֶיךָ וּבְנֹתֶיךָ
y-no-habrá para-ti . rescatador (32) Tus-hijos y-tus-hijas

נְתֻנִים לְעַם אַחֵר וְעֵינֶיךָ רֹאוֹת
entragados a-pueblo otro y-tus-ojos viendo

וְכָלוֹת אֲלֵיהֶם כָּל־ הַיּוֹם וְאֵין לְאֵל יָדֶךָ׃
y-desfallecientes por-ellos todo el-día y-no-habrá con-poder . tu-mano

פְּרִי אַדְמָתְךָ וְכָל־ יְגִיעֲךָ יֹאכַל עַם אֲשֶׁר
(33) fruto-de tu-tierra y-de-todo tu-trabajo comerá pueblo que

לֹא־ יָדָעְתָּ וְהָיִיתָ רַק עָשׁוּק וְרָצוּץ כָּל־
no conoces y-serás sólo oprimido y-aplastado todos

הַיָּמִים׃ וְהָיִיתָ מְשֻׁגָּע מִמַּרְאֵה עֵינֶיךָ
. los-días (34) Y-serás enloquecido por-visión-de tus-ojos

אֲשֶׁר תִּרְאֶה׃ יַכְּכָה יְהוָה בִּשְׁחִין רָע עַל־
que . verás (35) Y-te-afligirá Yahweh con-pústula mala en

הַבִּרְכַּיִם וְעַל־ הַשֹּׁקַיִם אֲשֶׁר לֹא־ תוּכַל לְהֵרָפֵא מִכַּף
las-rodillas y-en las-piernas que no podrás ser-curado de-planta-de

רַגְלְךָ וְעַד קָדְקֳדֶךָ׃ יוֹלֵךְ יְהוָה אֹתְךָ וְאֶת־ מַלְכְּךָ
tu-pie y-hasta . tu-coronilla (36) Llevará Yahweh a-ti y-a tu-rey

אֲשֶׁר תָּקִים עָלֶיךָ אֶל־ גּוֹי אֲשֶׁר לֹא־ יָדַעְתָּ אַתָּה וַאֲבֹתֶיךָ
que pondrás sobre-ti a nación que no conoces tú ni-tus-padres

וְעָבַדְתָּ שָּׁם אֱלֹהִים אֲחֵרִים עֵץ וָאָבֶן׃ וְהָיִיתָ
y-servirás allí dioses otros madera . y-piedra (37) Y-serás

לְשַׁמָּה לְמָשָׁל . וְלִשְׁנִינָה בְּכֹל הָעַמִּים
por-horror por-refrán . y-por-burla en-todos los-pueblos

אֲשֶׁר־יְנַהֶגְךָ יְהוָה שָׁמָּה׃ זֶרַע רַב תּוֹצִיא

sembrarás mucha Simiente (38) . allí Yahweh te-conducirá que

הַשָּׂדֶה וּמְעַט תֶּאֱסֹף כִּי יַחְסְלֶנּוּ הָאַרְבֶּה׃

. la-langosta lo-devorará pues cosecharás y-poco el-campo

כְּרָמִים תִּטַּע וְעָבָדְתָּ וְיַיִן לֹא־תִשְׁתֶּה

beberás no y-vino , y-cuidarás plantarás Viñas (39)

וְלֹא תֶאֱגֹר כִּי תֹאכְלֶנּוּ הַתֹּלָעַת׃ זֵיתִים

Olivos (40) . el-gusano la-devorará pues recogerás y-no

יִהְיוּ לְךָ בְּכָל־גְּבוּלֶךָ וְשֶׁמֶן לֹא תָסוּךְ כִּי

pues usarás no y-aceite tu-país en-todo para-ti serán

יִשַּׁל זֵיתֶךָ׃ בָּנִים וּבָנוֹת תּוֹלִיד וְלֹא־

y-no engendrarás e-hijas Hijos (41) . tu-aceituna se-caerá

יִהְיוּ לָךְ כִּי יֵלְכוּ בַּשֶּׁבִי׃ כָּל־

Todo (42) . en-la-cautividad marcharán pues para-ti serán

עֵצְךָ וּפְרִי אַדְמָתֶךָ יְיָרֵשׁ הַצְּלָצַל׃

. la-langosta consumirá tu-tierra y-fruto-de árbol-tuyo

הַגֵּר אֲשֶׁר בְּקִרְבְּךָ יַעֲלֶה עָלֶיךָ מַעְלָה מָּעְלָה

más-alto más-alto sobre-ti se-levantará en-medio-de-ti que El-extranjero (43)

וְאַתָּה תֵרֵד מַטָּה מָּטָּה׃ הוּא יַלְוְךָ וְאַתָּה לֹא

no y-tú te-prestará Él (44) . abajo abajo descenderás y-tú

תַלְוֶנּוּ הוּא יִהְיֶה לְרֹאשׁ וְאַתָּה תִּהְיֶה לְזָנָב׃

. por-cola serás y-tú por-cabeza será él , le-prestarás

וּבָאוּ עָלֶיךָ כָּל־הַקְּלָלוֹת הָאֵלֶּה

las-estas las-maldiciones todas sobre-ti Y-vendrán (45)

וּרְדָפוּךָ וְהִשִּׂיגוּךָ עַד הִשָּׁמְדָךְ

; tu-destrucción hasta y-te-alcanzarán y-te-perseguirán

כִּי־לֹא שָׁמַעְתָּ בְּקוֹל יְהוָה אֱלֹהֶיךָ לִשְׁמֹר מִצְוֹתָיו

sus-mandamientos para-guardar tu-Dios Yahweh a-voz-de escuchaste no pues

וְחֻקֹּתָיו אֲשֶׁר צִוָּךְ׃ וְהָיוּ בְךָ לְאוֹת

por-señal a-ti Y-serán (46) . te-mandó que y-sus-estatutos

וּלְמֹפֵת וּבְזַרְעֲךָ עַד־עוֹלָם׃ תַּחַת אֲשֶׁר לֹא־

no cuanto Por (47) . siempre hasta y-a-tu-descendencia , y-por-maravilla

עָבַדְתָּ אֶת־יְהוָה אֱלֹהֶיךָ בְּשִׂמְחָה וּבְטוּב לֵבָב

de-corazón y-con-agrado con-alegría tu-Dios Yahweh a serviste

מֵרֹב כֹּל׃ וְעָבַדְתָּ אֶת־אֹיְבֶיךָ אֲשֶׁר

que tus-enemigos a Y-servirás (48) . todo por-abundancia -de

יְשַׁלְּחֶנּוּ יְהוָה בָּךְ בְּרָעָב וּבְצָמָא וּבְעֵירֹם

y-con-desnudez y-con-sed con-hambre contra-ti Yahweh lo-envía

וּבְחֹסֶר כֹּל וְנָתַן עֹל בַּרְזֶל עַל־צַוָּארֶךָ עַד

hasta tu-cuello sobre hierro yugo-de y-pondrá , total y-con-pobreza

הִשְׁמִידוֹ אֹתָךְ׃ יִשָּׂא יְהוָה עָלֶיךָ גּוֹי מֵרָחוֹק

de-lejos nación sobre-ti Yahweh Traerá (49) . a-ti su-destruir

מִקְצֵה הָאָרֶץ כַּאֲשֶׁר יִדְאֶה הַנָּשֶׁר גּוֹי אֲשֶׁר לֹא־

no que nación , el-águila se-lanza como la-tierra de-fin-de

תִשְׁמַע לְשֹׁנוֹ׃ גּוֹי עַז פָּנִים אֲשֶׁר לֹא־

no que rostro fiera-de Nación (50) . su-lengua entiendes

יִשָּׂא פָנִים לְזָקֵן וְנַעַר לֹא יָחֹן׃ וְאָכַל

Y-comerá (51) . compadece no y-joven , de-anciano rostro respeta

פְּרִי בְהֶמְתְּךָ וּפְרִי־אַדְמָתְךָ עַד הִשָּׁמְדָךְ אֲשֶׁר

que , destruir-te hasta tu-tierra y-fruto-de tu-bestia fruto-de

לֹא־יַשְׁאִיר לְךָ דָּגָן תִּירוֹשׁ וְיִצְהָר שְׁגַר אֲלָפֶיךָ

tus-vacas cría-de ni-aceite mosto grano para-ti dejará no

וְעַשְׁתְּרֹת צֹאנֶךָ עַד הַאֲבִידוֹ אֹתָךְ׃ (52) וְהֵצַר
Y-sitiará (52) . a-ti su-arruinar hasta tus-ovejas o-corderos-de

לְךָ בְּכָל־ שְׁעָרֶיךָ עַד רֶדֶת חֹמֹתֶיךָ הַגְּבֹהֹת
las-altas tus-murallas caer hasta tus-puertas en-todas a-ti

וְהַבְּצֻרוֹת אֲשֶׁר אַתָּה בֹּטֵחַ בָּהֵן בְּכָל־ אַרְצֶךָ
tu-tierra en-toda en-ellos · confiando tú que y-fortificarás

וְהֵצַר לְךָ בְּכָל־ שְׁעָרֶיךָ בְּכָל־ אַרְצְךָ אֲשֶׁר
que tu-tierra en-toda tus-cuidades en-todas a-ti y-sitiará

נָתַן יְהוָה אֱלֹהֶיךָ לָךְ׃ (53) וְאָכַלְתָּ פְרִי־ בִטְנְךָ
tu-vientre fruto-de Y-comerás (53) . a-ti tu-Dios Yahweh dio

בְּשַׂר בָּנֶיךָ וּבְנֹתֶיךָ אֲשֶׁר נָתַן־ לְךָ יְהוָה
Yahweh a-ti dio que y-tus-hijas tus-hijos carne-de

אֱלֹהֶיךָ בְּמָצוֹר וּבְמָצוֹק אֲשֶׁר־ יָצִיק לְךָ
a-ti angustiará que y-en-apuro en-asedio tu-Dios

אֹיְבֶךָ׃ (54) הָאִישׁ הָרַךְ בְּךָ וְהֶעָנֹג מְאֹד
mucho y-el-delicado en-medio-de-ti el-tierno El-hombre (54) . tu-enemigo

תֵּרַע עֵינוֹ בְאָחִיו וּבְאֵשֶׁת חֵיקוֹ
su-seno y-contra-mujer-de contra-su-hermano su-ojo será-malo

וּבְיֶתֶר בָּנָיו אֲשֶׁר יוֹתִיר׃ (55) מִתֵּת ׀ לְאַחַד
a-uno Para-no-dar (55) . ha-dejado que sus-hijos y-resto-de

מֵהֶם מִבְּשַׂר בָּנָיו אֲשֶׁר יֹאכֵל מִבְּלִי הִשְׁאִיר־
es-dejado porque-no comiere que sus-hijos de-carne-de de-ellos

לוֹ כֹּל בְּמָצוֹר וּבְמָצוֹק אֲשֶׁר יָצִיק
angustiará que y-en-apuro en-asedio ; nada para-él

לְךָ אֹיִבְךָ בְּכָל־ שְׁעָרֶיךָ׃ (56) הָרַכָּה
La-tierna (56) . tus-ciudades en-todas tu-enemigo a-ti

בְּךָ וְהָעֲנֻגָּה אֲשֶׁר לֹא־ נִסְּתָה כַף־ רַגְלָהּ
su-pie planta-de se-atrevería no que y-la-delicada en-medio-de-ti

הַצֵּג עַל־ הָאָרֶץ מֵהִתְעַנֵּג וּמֵרֹךְ תֵּרַע
será-malo , y-ternura por-delicadeza la-tierra sobre apoyar

עֵינָהּ בְּאִישׁ חֵיקָהּ וּבִבְנָהּ וּבְבִתָּהּ׃
. y-contra-su-hija y-contra-su-hijo su-seno contra-hombre-de su-ojo

(57) וּבְשִׁלְיָתָהּ הַיּוֹצֵת ׀ מִבֵּין רַגְלֶיהָ
sus-pies de-entre el-que-sale Y-contra-su-recién-nacido (57)

וּבְבָנֶיהָ אֲשֶׁר תֵּלֵד כִּי־ תֹאכְלֵם בְּחֹסֶר־ כֹּל
todo por-falta-de los-comerá pues dé-a-luz que y-contra-sus-hijos

בַּסֵּתֶר בְּמָצוֹר וּבְמָצוֹק אֲשֶׁר יָצִיק לְךָ
a-ti angustiará que y-en-apuro en-asedio en-secreto

אֹיִבְךָ בִּשְׁעָרֶיךָ׃ (58) אִם־ לֹא תִשְׁמֹר לַעֲשׂוֹת אֶת־
** para-hacer cuidas no Si (58) . dentro-de-tus-puertas tu-enemigo

כָּל־ דִּבְרֵי הַתּוֹרָה הַזֹּאת הַכְּתוּבִים בַּסֵּפֶר הַזֶּה
el-este en-el-libro las-escritas la-esta la-ley palabras-de todas

לְיִרְאָה אֶת־ הַשֵּׁם הַנִּכְבָּד וְהַנּוֹרָא הַזֶּה אֵת
a el-este y-el-temible el-glorioso el-nombre ** para-temer

יְהוָה אֱלֹהֶיךָ׃ (59) וְהִפְלָא יְהוָה אֶת־ מַכֹּתְךָ וְאֵת
y ** tus-plagas ** Yahweh Y-hará-extraordinarias (59) . tu-Dios Yahweh

מַכּוֹת זַרְעֶךָ מַכּוֹת גְּדֹלֹת וְנֶאֱמָנוֹת
y-permanentes grandes plagas tu-descendencia plagas-de

וָחֳלָיִם רָעִים וְנֶאֱמָנִים׃ (60) וְהֵשִׁיב בְּךָ
contra-ti Y-hará-venir (60) . y-duraderas malas y-enfermedades

אֵת כָּל־ מַדְוֵה מִצְרַיִם אֲשֶׁר יָגֹרְתָּ מִפְּנֵיהֶם וְדָבְקוּ
y-se-pegarán ante-ellos temiste que Egipto males-de todos **

בָּךְ׃ (61) גַּם כָּל־חֳלִי וְכָל־מַכָּה אֲשֶׁר לֹא
no que plaga y-toda enfermedad toda También (61) . a-ti

כָּתוּב בְּסֵפֶר הַתּוֹרָה הַזֹּאת יַעְלֵם יְהוָה עָלֶיךָ
contra-ti Yahweh levantará , la-esta la-ley en-libro-de escrito

עַד הִשָּׁמְדָךְ׃ (62) וְנִשְׁאַרְתֶּם בִּמְתֵי מְעָט תַּחַת אֲשֶׁר
que a-pesar-de poco por-gente-de Y-seréis-dejados (62) . destruir-te hasta

הֱיִיתֶם כְּכוֹכְבֵי הַשָּׁמַיִם לָרֹב כִּי־לֹא שָׁמַעְתָּ בְּקוֹל
a-voz-de escuchaste no pues , por-multitud los-cielos como-estrellas-de fuisteis

יְהוָה אֱלֹהֶיךָ׃ (63) וְהָיָה כַּאֲשֶׁר־שָׂשׂ יְהוָה עֲלֵיכֶם
por-vosotros Yahweh se-gozaba como Y-será (63) . tu-Dios Yahweh

לְהֵיטִיב אֶתְכֶם וּלְהַרְבּוֹת אֶתְכֶם כֵּן יָשִׂישׂ יְהוָה עֲלֵיכֶם
por-vosotros Yahweh se-gozará así a-vosotros y-para-multiplicar a-vosotros para-hacer-bien

לְהַאֲבִיד אֶתְכֶם וּלְהַשְׁמִיד אֶתְכֶם וְנִסַּחְתֶּם מֵעַל הָאֲדָמָה
la-tierra de-sobre y-seréis-arrancados a-vosotros y-destruir a-vosotros para-arruinar

אֲשֶׁר־אַתָּה בָא־שָׁמָּה לְרִשְׁתָּהּ׃ (64) וֶהֱפִיצְךָ
Y-te-esparcirá (64) . para-poseer-la allí entras tú que

יְהוָה בְּכָל־הָעַמִּים מִקְצֵה הָאָרֶץ וְעַד־קְצֵה
fin-de y-hasta la-tierra desde-fin-de los-pueblos por-todos Yahweh

הָאָרֶץ וְעָבַדְתָּ שָּׁם אֱלֹהִים אֲחֵרִים אֲשֶׁר לֹא־יָדַעְתָּ אַתָּה
tú conoces no que otros dioses allí y-servirás la-tierra

וַאֲבֹתֶיךָ עֵץ וָאָבֶן׃ (65) וּבַגּוֹיִם הָהֵם לֹא
no aquellas Y-entre-las-naciones (65) . y-piedra madera , ni-tus-padres

תַרְגִּיעַ וְלֹא־יִהְיֶה מָנוֹחַ לְכַף־רַגְלֶךָ
tu-pie para-planta-de descanso será y-no descansarás

וְנָתַן יְהוָה לְךָ שָׁם לֵב רַגָּז וְכִלְיוֹן עֵינַיִם
ojos y-abatimiento-de tembloroso corazón allí a-ti Yahweh y-dará

וְדַאֲבוֹן נָפֶשׁ׃ וְהָיוּ חַיֶּיךָ תְּלֻאִים
pendientes tu-vidas Y-serán (66) . alma y-tristeza-de

לְךָ מִנֶּגֶד וּפָחַדְתָּ לַיְלָה וְיוֹמָם וְלֹא תַאֲמִין
estarás-seguro y-no y-de-día de-noche y-temerás delante para-ti

בְּחַיֶּיךָ׃ בַּבֹּקֶר תֹּאמַר מִי־ יִתֵּן
diera quién : dirás Por-la-mañana (67) . por-tu-vida

עֶרֶב וּבָעֶרֶב תֹּאמַר מִי־ יִתֵּן בֹּקֶר
mañana diera quién : dirás y-por-la-tarde , tarde

מִפַּחַד לְבָבְךָ אֲשֶׁר תִּפְחָד וּמִמַּרְאֵה עֵינֶיךָ
tus-ojos y-de-la-visión-de tendrá-miedo que a-tu-corazón de-miedo

אֲשֶׁר תִּרְאֶה׃ וֶהֱשִׁיבְךָ יְהוָה מִצְרַיִם בָּאֳנִיּוֹת
en-naves Egipto Yahweh Y-te-hará-volver (68) . verás que

בַּדֶּרֶךְ אֲשֶׁר אָמַרְתִּי לְךָ לֹא־ תֹסִיף עוֹד לִרְאֹתָהּ
a-ver-lo más volverás no : a-ti dije que por-el-camino

וְהִתְמַכַּרְתֶּם שָׁם לְאֹיְבֶיךָ לַעֲבָדִים
por-esclavos a-tus-enemigos allí y-os-venderéis

וְלִשְׁפָחוֹת וְאֵין קֹנֶה׃ אֵלֶּה דִבְרֵי הַבְּרִית
el-pacto palabras-de Estas (1) . comprador y-no-habrá y-por-esclavas Cap. 29

אֲשֶׁר־ צִוָּה יְהוָה אֶת־ מֹשֶׁה לִכְרֹת אֶת־ בְּנֵי יִשְׂרָאֵל בְּאֶרֶץ
en-tierra-de Israel hijos-de con para-hacer Moisés a Yahweh mandó que

מוֹאָב מִלְּבַד הַבְּרִית אֲשֶׁר־ כָּרַת אִתָּם בְּחֹרֵב׃
. en-Horeb con-ellos hizo que el-pacto además-de Moab

וַיִּקְרָא מֹשֶׁה אֶל־ כָּל־ יִשְׂרָאֵל וַיֹּאמֶר אֲלֵהֶם אַתֶּם רְאִיתֶם
visteis vosotros : a-ellos y-dijo Israel todo a Moisés Y-llamó (2)

אֵת כָּל־ אֲשֶׁר עָשָׂה יְהוָה לְעֵינֵיכֶם בְּאֶרֶץ מִצְרַיִם לְפַרְעֹה
a-Faraón Egipto en-tierra-de ante-vuestros-ojos Yahweh hizo lo-que todo **

וּלְכָל־ עֲבָדָיו וּלְכָל־ אַרְצוֹ׃ הַמַּסּוֹת

Las pruebas (3) . su-tierra y-a-toda sus-siervos y-a-todos

הַגְּדֹלֹת אֲשֶׁר רָאוּ עֵינֶיךָ הָאֹתֹת וְהַמֹּפְתִים

y-las-maravillas las-señales tus-ojos vieron que las-grandes

הַגְּדֹלִים הָהֵם׃ וְלֹא־ נָתַן יְהוָה לָכֶם לֵב לָדַעַת

para-entender corazón a-vosotros Yahweh dio Y-no (4) . las-aquellas las-grandes

וְעֵינַיִם לִרְאוֹת וְאָזְנַיִם לִשְׁמֹעַ עַד הַיּוֹם הַזֶּה׃ וָאוֹלֵךְ אֶתְכֶם

a-vosotros Y-he-traído (5) . el-este el-día hasta para-oír ni-oídos para-ver ni-ojos

אַרְבָּעִים שָׁנָה בַּמִּדְבָּר לֹא־ בָלוּ שַׂלְמֹתֵיכֶם מֵעֲלֵיכֶם

de-sobre-vosotros vuestros-vestidos se-desgastaron no ; por-el-desierto año cuarenta

וְנַעַלְךָ לֹא־ בָלְתָה מֵעַל רַגְלֶךָ׃ לֶחֶם לֹא אֲכַלְתֶּם

comisteis no Pan (6) . tu-pie de-sobre se-desgastó no y-tu-sandalia

וְיַיִן וְשֵׁכָר לֹא שְׁתִיתֶם לְמַעַן תֵּדְעוּ כִּי אֲנִי

yo que conocierais para-que bebisteis no y-bebida-fermentada y-vino

יְהוָה אֱלֹהֵיכֶם׃ וַתָּבֹאוּ אֶל־ הַמָּקוֹם הַזֶּה וַיֵּצֵא

y-salió el-este el-lugar a Y-vinisteis (7) . vuestro-Dios Yahweh

סִיחֹן מֶלֶךְ־ חֶשְׁבּוֹן וְעוֹג מֶלֶךְ־ הַבָּשָׁן לִקְרָאתֵנוּ לַמִּלְחָמָה

en-la-batalla a-encontramos el-Basán rey-de y-Gog Hesbón rey-de Sehón

וַנַּכֵּם׃ וַנִּקַּח אֶת־ אַרְצָם וַנִּתְּנָהּ

y-la-dimos su-tierra ** Y-tomamos (8) . y-les-derrotamos

לְנַחֲלָה לָראוּבֵנִי וְלַגָּדִי וְלַחֲצִי שֵׁבֶט

tribu-de y-a-mitad-de ; y-a-el-gadita a-el-rubenita por-herencia

הַמְנַשִּׁי׃ וּשְׁמַרְתֶּם אֶת־ דִּבְרֵי הַבְּרִית הַזֹּאת

las-estas el-pacto palabras-de ** Ahora-guardad (9) . el-manasita

וַעֲשִׂיתֶם אֹתָם לְמַעַן תַּשְׂכִּילוּ אֵת כָּל־ אֲשֶׁר תַּעֲשׂוּן׃ אַתֶּם

Voso-tros (10) . hagáis lo-que todo ** prosperéis para-que a-ellas y-haced

נִצָּבִים הַיּוֹם כֻּלְּכֶם לִפְנֵי יְהוָה אֱלֹהֵיכֶם רָאשֵׁיכֶם

vuestros-jefes , vuestro-Dios Yahweh ante todos-vosotros hoy estáis

שִׁבְטֵיכֶם זִקְנֵיכֶם וְשֹׁטְרֵיכֶם כֹּל אִישׁ יִשְׂרָאֵל׃

. Israel hombre-de todo y-vuestros-oficiales vuestros-ancianos vuestros-dirigentes

טַפְּכֶם נְשֵׁיכֶם וְגֵרְךָ אֲשֶׁר בְּקֶרֶב מַחֲנֶיךָ

tu-campamento en-medio-de que y-tu-extranjero vuestras-mujeres Vuestros niños

מֵחֹטֵב עֵצֶיךָ עַד שֹׁאֵב מֵימֶיךָ׃

. tu-agua el-que-saca hasta tu-leña desde-el-que-corta

לְעָבְרְךָ בִּבְרִית יְהוָה אֱלֹהֶיךָ וּבְאָלָתוֹ

y-en-su-juramento tu-Dios Yahweh en-pacto-de Para-tu-entrar (12)

אֲשֶׁר יְהוָה אֱלֹהֶיךָ כֹּרֵת עִמְּךָ הַיּוֹם׃ לְמַעַן הָקִים־אֹתְךָ

a-ti confirmar A-fin-de (13) . hoy con-tigo hace tu-Dios Yahweh que

הַיּוֹם ׀ לוֹ לְעָם וְהוּא יִהְיֶה־לְּךָ לֵאלֹהִים כַּאֲשֶׁר דִּבֶּר־

habló como por-Dios para-ti será y-él por-pueblo para-él hoy

לָךְ וְכַאֲשֶׁר נִשְׁבַּע לַאֲבֹתֶיךָ לְאַבְרָהָם לְיִצְחָק וּלְיַעֲקֹב׃

. y-a-Jacob a-Isaac a-Abraham a-tus-padres juró y-como a-ti

וְלֹא אִתְּכֶם לְבַדְּכֶם אָנֹכִי כֹּרֵת אֶת־ הַבְּרִית הַזֹּאת

el-este el-pacto ** hago yo vosotros-solos con-vosotros Y-no (14)

וְאֶת־הָאָלָה הַזֹּאת׃ כִּי אֶת־ אֲשֶׁר יֶשְׁנוֹ פֹּה עִמָּנוּ

con-nosotros aquí está quien con Sino (15) . el-este el-juramento y **

עֹמֵד הַיּוֹם לִפְנֵי יְהוָה אֱלֹהֵינוּ וְאֵת אֲשֶׁר אֵינֶנּוּ פֹּה

aquí no-está-él quien y-con nuestro-Dios Yahweh ante hoy en-pie

עִמָּנוּ הַיּוֹם׃ כִּי־ אַתֶּם יְדַעְתֶּם אֵת אֲשֶׁר־יָשַׁבְנוּ בְּאֶרֶץ מִצְרָיִם

Egipto en-tierra-de vivíamos cómo ** sabéis vosotros Pues (16) . hoy con-nosotros

וְאֵת אֲשֶׁר־ עָבַרְנוּ בְּקֶרֶב הַגּוֹיִם אֲשֶׁר עֲבַרְתֶּם׃

. atravesasteis que las-naciones entre pasamos cómo y **

וַתִּרְאוּ אֶת־ שִׁקּוּצֵיהֶם וְאֵת גִּלֻּלֵיהֶם עֵץ
madera , sus-ídolos y ** sus-(imágenes) abominables ** Y-visteis (17)

וָאֶבֶן כֶּסֶף וְזָהָב אֲשֶׁר עִמָּהֶם׃ פֶּן־ יֵשׁ בָּכֶם אִישׁ
hombre entre-vosotros haya No-sea-que (18) . con-ellos que y-oro plata y-piedra

אוֹ־ אִשָּׁה אוֹ מִשְׁפָּחָה אוֹ־שֵׁבֶט אֲשֶׁר לְבָבוֹ פֹנֶה הַיּוֹם מֵעִם
de-con hoy se-aparte su-corazón que tribu o familia o mujer o

יְהוָה אֱלֹהֵינוּ לָלֶכֶת לַעֲבֹד אֶת־ אֱלֹהֵי הַגּוֹיִם הָהֵם פֶּן־
no-sea las-aquellas las-naciones dioses-de a a-servir para-ir nuestro-Dios Yahweh

יֵשׁ בָּכֶם שֹׁרֶשׁ פֹּרֶה רֹאשׁ וְלַעֲנָה׃ וְהָיָה
Y-sea (19) . y-ajenjo hiel que-produce raíz en-vosotros haya

בְּשָׁמְעוֹ אֶת־ דִּבְרֵי הָאָלָה הַזֹּאת וְהִתְבָּרֵךְ
y-se-bendiga la-esta la-maldición palabras-de ** en-su-oír

בִּלְבָבוֹ לֵאמֹר שָׁלוֹם יִהְיֶה־ לִּי כִּי בִּשְׁרִרוּת
en-terquedad-de aunque para-mi será paz diciendo en-su-corazón

לִבִּי אֵלֵךְ לְמַעַן סְפוֹת הָרָוָה אֶת־הַצְּמֵאָה׃ לֹא־
No (20) . lo-seco a lo-húmedo suprima para-que , ando mi-corazón

יֹאבֶה יְהוָה סְלֹחַ לוֹ כִּי אָז יֶעְשַׁן אַף־ יְהוָה
Yahweh ira-de humeará entonces pues a-él perdonar Yahweh querrá

וְקִנְאָתוֹ בָּאִישׁ הַהוּא וְרָבְצָה בּוֹ כָּל־
toda en-él y-caerá el-aquel contra-el-hombre y-su-celo

הָאָלָה הַכְּתוּבָה בַּסֵּפֶר הַזֶּה וּמָחָה יְהוָה
Yahweh y-borrará el-este en-el-libro la-escrita la-maldición

אֶת־ שְׁמוֹ מִתַּחַת הַשָּׁמָיִם׃ וְהִבְדִּילוֹ יְהוָה
Yahweh Y-lo-apartará (21) . los-cielos de-bajo su-nombre **

לְרָעָה מִכֹּל שִׁבְטֵי יִשְׂרָאֵל כְּכֹל אָלוֹת הַבְּרִית
el-pacto maldiciones-de según-todas Israel tribus-de de-todas para-mal

הַכְּתוּבָה בְּסֵפֶר הַתּוֹרָה הַזֶּה׃ וְאָמַר

Y-dirá (22) . el-este la-ley en-libro-de la-escrita

הַדּוֹר הָאַחֲרוֹן בְּנֵיכֶם אֲשֶׁר יָקוּמוּ מֵאַחֲרֵיכֶם

de-tras-vosotros se-levanten que vuestros-hijos la-posterior la-generación

וְהַנָּכְרִי אֲשֶׁר יָבֹא מֵאֶרֶץ רְחוֹקָה וְרָאוּ אֶת־

** y-vean lejana de-tierra venga que y-el-forastero

מַכּוֹת הָאָרֶץ הַהִוא וְאֶת־ תַּחֲלֻאֶיהָ אֲשֶׁר־ חִלָּה יְהוָה

Yahweh infligirá que sus-enfermedades y ** la-aquella la-tierra plagas-de

בָּהּ׃ גָּפְרִית וָמֶלַח שְׂרֵפָה כָל־ אַרְצָהּ לֹא תִזָּרַע

será-sembrada no , su-tierra toda quemada y-sal Azufre (23) . en-ella

וְלֹא תַצְמִחַ וְלֹא־ יַעֲלֶה בָהּ כָּל־ עֵשֶׂב כְּמַהְפֵּכַת

como-destrucción hierba ninguna en-ella brotará y-no germinará y-no

סְדֹם וַעֲמֹרָה אַדְמָה וּצְבֹיִים אֲשֶׁר הָפַךְ יְהוָה בְּאַפּוֹ

en-su-ira Yahweh destruyó que y-Zeboim Adma y-Gomorra Sodoma

וּבַחֲמָתוֹ׃ וְאָמְרוּ כָּל־ הַגּוֹיִם עַל־ מֶה עָשָׂה

hizo qué por : las-naciones todas Y-dirán (24) . y-en-su-furor

יְהוָה כָּכָה לָאָרֶץ הַזֹּאת מֶה חֳרִי הָאַף הַגָּדוֹל הַזֶּה׃

. la-esta la-grande la-ira ardor-de por-qué , la-esta a-la-tierra así Yahweh

וְאָמְרוּ עַל אֲשֶׁר עָזְבוּ אֶת־ בְּרִית יְהוָה

Yahweh pacto-de ** dejaron que por Y-dirán (25)

אֱלֹהֵי אֲבֹתָם אֲשֶׁר כָּרַת עִמָּם בְּהוֹצִיאוֹ אֹתָם

a-ellos en-su-sacar con-ellos hizo que sus-padres Dios-de

מֵאֶרֶץ מִצְרָיִם׃ וַיֵּלְכוּ וַיַּעַבְדוּ אֱלֹהִים אֲחֵרִים

otros dioses y-sirvieron Y-fueron (26) . Egipto de-tierra-de

וַיִּשְׁתַּחֲווּ לָהֶם אֱלֹהִים אֲשֶׁר לֹא־ יְדָעוּם וְלֹא חָלַק לָהֶם׃

. a-ellos dio-porción y-no conocían no que dioses , a-ellos y-se-inclinaron

וַיִּחַר־ אַף יְהוָה בָּאָרֶץ הַהִוא לְהָבִיא עָלֶיהָ
sobre-ella para-traer , la-aquella en-la-tierra Yahweh ira-de Y-se-encendió (27)

אֶת־ כָּל־ הַקְּלָלָה הַכְּתוּבָה בַּסֵּפֶר הַזֶּה׃
. el-este en-el-libro la-escrita la-maldición toda **

וַיִּתְּשֵׁם יְהוָה מֵעַל אַדְמָתָם בְּאַף וּבְחֵמָה
y-con-furor con-ira la-tierra de-sobre Yahweh Y-les-desarraigó (28)

וּבְקֶצֶף גָּדוֹל וַיַּשְׁלִכֵם אֶל־ אֶרֶץ אַחֶרֶת כַּיּוֹם הַזֶּה׃
. el-este como-el-día otra tierra a y-los-arrojó , grande y-con-indig nación

הַנִּסְתָּרֹת לַיהוָה אֱלֹהֵינוּ וְהַנִּגְלֹת
y-las-cosas-reveladas nuestro-Dios para-Yahweh Las-cosas-ocultas (29)

לָנוּ וּלְבָנֵינוּ עַד־ עוֹלָם לַעֲשׂוֹת אֶת־ כָּל־ דִּבְרֵי הַתּוֹרָה
la-ley palabras-de todas ** para-hacer siempre hasta y-para-nuestros-hijos para- nosotros

הַזֹּאת׃ וְהָיָה כִי־ יָבֹאוּ עָלֶיךָ כָּל־ הַדְּבָרִים
las-cosas todas sobre-ti vengan cuando Y-será (1) . la-esta Cap. 30

הָאֵלֶּה הַבְּרָכָה וְהַקְּלָלָה אֲשֶׁר נָתַתִּי לְפָנֶיךָ וַהֲשֵׁבֹתָ אֶל־
en y-pones ante-ti he-puesto que y-la-maldición la-bendición , las-estas

לְבָבֶךָ בְּכָל־ הַגּוֹיִם אֲשֶׁר הִדִּיחֲךָ יְהוָה אֱלֹהֶיךָ
tu-Dios Yahweh te-dispersa que las-naciones entre-todas , tu-corazón

שָׁמָּה׃ וְשַׁבְתָּ עַד־ יְהוָה אֱלֹהֶיךָ וְשָׁמַעְתָּ בְקֹלוֹ
a-su-voz y-escuchas tu-Dios Yahweh a Y-te-vuelves (2) . allí

כְּכֹל אֲשֶׁר־ אָנֹכִי מְצַוְּךָ הַיּוֹם אַתָּה וּבָנֶיךָ בְּכָל־
con-todo y-tus-hijos tú , hoy te-mando yo lo-que según -todo

לְבָבְךָ וּבְכָל־ נַפְשֶׁךָ׃ וְשָׁב יְהוָה
Yahweh Entonces-restaurará (3) . tu-alma y-con-toda tu-corazón

אֱלֹהֶיךָ אֶת־ שְׁבוּתְךָ וְרִחֲמֶךָ
y-te-compadecerá tu-cautividad ** tu-Dios

וְשָׁב וְקִבֶּצְךָ מִכָּל־ הָעַמִּים אֲשֶׁר
donde los-pueblos de-todos y-te-recogerá y-restaurará

הֱפִיצְךָ יְהוָה אֱלֹהֶיךָ שָׁמָּה׃ אִם־ יִהְיֶה נִדַּחֲךָ
destierro fuere Si (4) . allí tu-Dios Yahweh te-esparció

בִּקְצֵה הַשָּׁמָיִם מִשָּׁם יְקַבֶּצְךָ יְהוָה אֱלֹהֶיךָ
tu-Dios Yahweh te-recogerá de-allí , los-cielos en-fin-de

וּמִשָּׁם יִקָּחֶךָ׃ וֶהֱבִיאֲךָ יְהוָה
Yahweh Y-te-hará-regresar (5) . te-tomará y-de-allí

אֱלֹהֶיךָ אֶל־ הָאָרֶץ אֲשֶׁר־ יָרְשׁוּ אֲבֹתֶיךָ
tus-padres . poseyeron que la-tierra a tu-Dios

וִירִשְׁתָּהּ וְהֵיטִבְךָ וְהִרְבְּךָ
y-te-aumentará y-te-hará-bien y-la-poseerás

מֵאֲבֹתֶיךָ׃ וּמָל יְהוָה אֱלֹהֶיךָ אֶת־
** tu-Dios Yahweh Y-circuncidará (6) . más-que-a-tus-padres

לְבָבְךָ וְאֶת־ לְבַב זַרְעֶךָ לְאַהֲבָה אֶת־ יְהוָה אֱלֹהֶיךָ
tu-Dios Yahweh a para-amar tu-simiente corazón-de y ** tu-corazón

בְּכָל־ לְבָבְךָ וּבְכָל־ נַפְשְׁךָ לְמַעַן חַיֶּיךָ׃
. tus-vidas para tu-alma y-con-toda tu-corazón con-todo

וְנָתַן יְהוָה אֱלֹהֶיךָ אֵת כָּל־ הָאָלוֹת הָאֵלֶּה עַל־
sobre las-estas las-maldiciones todas ** tu-Dios Yahweh Y-pondrá (7)

אֹיְבֶיךָ וְעַל־ שֹׂנְאֶיךָ אֲשֶׁר רְדָפוּךָ׃
. te-persiguen que tus-aborrecedores y-sobre tus-enemigos

וְאַתָּה תָשׁוּב וְשָׁמַעְתָּ בְּקוֹל יְהוָה
Yahweh a-voz-de y-escucharás . volverás Y-tú (8)

וְעָשִׂיתָ אֶת־ כָּל־ מִצְוֺתָיו אֲשֶׁר אָנֹכִי מְצַוְּךָ הַיּוֹם׃
. hoy te-mando yo que sus-mandamientos todos ** y-harás

וְהוֹתִירְךָ יְהוָה אֱלֹהֶיךָ בְּכֹל ׀ מַעֲשֵׂה
obra-de en-toda tu-Dios Yahweh Y-te-hará-prosperar (9)

יָדֶךָ בִּפְרִי בִטְנְךָ וּבִפְרִי בְהֶמְתְּךָ וּבִפְרִי
y-en-fruto-de tu-ganado y-en-fruto-de tu-vientre en-fruto-de tu-mano

אַדְמָתְךָ לְטוֹבָה כִּי ׀ יָשׁוּב יְהוָה לָשׂוּשׂ עָלֶיךָ לְטוֹב
para-bien por-ti a-gozarse Yahweh volverá pues , para-bien tu-tierra

כַּאֲשֶׁר־ שָׂשׂ עַל־ אֲבֹתֶיךָ׃ כִּי תִשְׁמַע בְּקוֹל יְהוָה
Yahweh a-voz-de escuchas Si (10) . tus-padres por se-gozó como

אֱלֹהֶיךָ לִשְׁמֹר מִצְוֹתָיו וְחֻקֹּתָיו הַכְּתוּבָה
el-escrito y-sus-estatutos sus-mandamientos para-guardar tu-Dios

בְּסֵפֶר הַתּוֹרָה הַזֶּה כִּי תָשׁוּב אֶל־ יְהוָה אֱלֹהֶיךָ בְּכָל־
con-todo tu-Dios Yahweh a te-vuelves si , la-esta la-ley en-libro-de

לְבָבְךָ וּבְכָל־ נַפְשֶׁךָ׃ כִּי הַמִּצְוָה הַזֹּאת אֲשֶׁר
que el-este el-mandamiento Pues (11) . tu-alma y-con-toda tu-corazón

אָנֹכִי מְצַוְּךָ הַיּוֹם לֹא־ נִפְלֵאת הִוא מִמְּךָ וְלֹא רְחֹקָה
distante y-no para-ti ella es-demasiado-difícil no hoy te-mando yo

הִוא׃ לֹא בַשָּׁמַיִם הִוא לֵאמֹר מִי יַעֲלֶה־ לָּנוּ
para-nosotros subirá quién : para-decir ella en-los-cielos No (12) . ella

הַשָּׁמַיְמָה וְיִקָּחֶהָ לָּנוּ וְיַשְׁמִעֵנוּ אֹתָהּ
a-ella y-nos-hará-oír para-nosotros y-la-tomará a-los-cielos

וְנַעֲשֶׂנָּה׃ וְלֹא־ מֵעֵבֶר לַיָּם הִוא לֵאמֹר מִי
quién para-decir , ella de-el-mar más-allá Y-no (13) . y-la-haremos

יַעֲבָר־ לָנוּ אֶל־ עֵבֶר הַיָּם וְיִקָּחֶהָ לָּנוּ
para-nosotros y-la-tomará el-mar más-allá a para-nosotros cruzará

וְיַשְׁמִעֵנוּ אֹתָהּ וְנַעֲשֶׂנָּה׃ כִּי־ קָרוֹב אֵלֶיךָ
de-ti cerca Pues (14) . ya-la-haremos a-ella y-nos-hará-oír

הַדָּבָר מְאֹד בְּפִיךָ וּבִלְבָבְךָ לַעֲשֹׂתוֹ׃ רְאֵה נָתַתִּי

pongo , Mira (15) . para-hacer-lo y-en-tu-corazón en-tu-boca , mucho la-palabra

לְפָנֶיךָ הַיּוֹם אֶת־ הַחַיִּים וְאֶת־ הַטּוֹב וְאֶת־ הַמָּוֶת וְאֶת־

y ** la-muerte y ** , el-bien y ** la-vida ** hoy ante-ti

הָרָע׃ אֲשֶׁר אָנֹכִי מְצַוְּךָ הַיּוֹם לְאַהֲבָה אֶת־ יְהוָה

Yahweh a para-amar hoy te-mando yo Porque (16) . el-mal

אֱלֹהֶיךָ לָלֶכֶת בִּדְרָכָיו וְלִשְׁמֹר מִצְוֹתָיו

sus-mandamientos y-para-guardar en-sus-caminos para-andar tu-Dios

וְחֻקֹּתָיו וּמִשְׁפָּטָיו וְחָיִיתָ וְרָבִיתָ

y-aumentarás y-vivirás y-sus-leyes y-sus-estatutos

וּבֵרַכְךָ יְהוָה אֱלֹהֶיךָ בָּאָרֶץ אֲשֶׁר־ אַתָּה בָא־

entras tú que en-la-tierra tu-Dios Yahweh y-te-bendecirá

שָׁמָּה לְרִשְׁתָּהּ׃ וְאִם־ יִפְנֶה לְבָבְךָ וְלֹא

' y-no tu-corazón se-aparta Pero-si (17) . para-poseer-la allí

תִשְׁמָע וְנִדַּחְתָּ וְהִשְׁתַּחֲוִיתָ לֵאלֹהִים אֲחֵרִים

otros a-dioses y-te-inclinas y-eres-desviado escuchas

וַעֲבַדְתָּם׃ הִגַּדְתִּי לָכֶם הַיּוֹם כִּי אָבֹד

destruir que hoy a-vosotros Declaro (18) . y-les-sirves

תֹּאבֵדוּן לֹא־ תַאֲרִיכֻן יָמִים עַל־ הָאֲדָמָה אֲשֶׁר אַתָּה

tú que la-tierra sobre días prolongaréis no , seréis-destruidos

עֹבֵר אֶת־ הַיַּרְדֵּן לָבֹא שָׁמָּה לְרִשְׁתָּהּ׃ הַעִידֹתִי

Llamo-testigos (19) . para-poseer-la allí para-entrar el-Jordán ** cruzas

בָכֶם הַיּוֹם אֶת־ הַשָּׁמַיִם וְאֶת־ הָאָרֶץ הַחַיִּים וְהַמָּוֶת

y-la-muerte la-vida la-tierra y ** los-cielos ** hoy contra-vosotros

נָתַתִּי לְפָנֶיךָ הַבְּרָכָה וְהַקְּלָלָה וּבָחַרְתָּ בַּחַיִּים

las-vidas ahora-escoge , y-la-maldición la-bendición , ante-ti pongo

לְמַעַן תִּחְיֶה אַתָּה וְזַרְעֶךָ׃ לְאַהֲבָה אֶת־יְהוָה אֱלֹהֶיךָ
tu-Dios Yahweh ** Para-amar (20) . y-tu-descendencia tú vivas para-que

לִשְׁמֹעַ בְּקֹלוֹ וּלְדָבְקָה־בוֹ כִּי הוּא חַיֶּיךָ
tu-vida él pues de-él y-aferrarse a-su-voz para-oír

וְאֹרֶךְ יָמֶיךָ לָשֶׁבֶת עַל־הָאֲדָמָה אֲשֶׁר נִשְׁבַּע יְהוָה
Yahweh juró que la-tierra en para-habitar tus-días y-prolongación-de

לַאֲבֹתֶיךָ לְאַבְרָהָם לְיִצְחָק וּלְיַעֲקֹב לָתֵת לָהֶם׃
. a-ellos para-dar y-a-Jacob a-Isaac a-Abraham a-tus-padres

וַיֵּלֶךְ מֹשֶׁה וַיְדַבֵּר אֶת־הַדְּבָרִים הָאֵלֶּה אֶל־כָּל־
todo a las-éstas las-palabras ** y-habló Moisés Y-fue (1) Cap. 31

יִשְׂרָאֵל׃ וַיֹּאמֶר אֲלֵהֶם בֶּן־מֵאָה וְעֶשְׂרִים שָׁנָה אָנֹכִי הַיּוֹם
, hoy yo año y-veinte cien hijo-de : a-ellos Y-dijo (2) . Israel

לֹא־אוּכַל עוֹד לָצֵאת וְלָבוֹא וַיהוָה אָמַר אֵלַי לֹא
no a-mi dijo y-Yahweh , y-entrar salir más puedo no

תַעֲבֹר אֶת־הַיַּרְדֵּן הַזֶּה׃ יְהוָה אֱלֹהֶיךָ הוּא ׀ עֹבֵר
pasa él tu-Dios Yahweh (3) . el-este el-Jordán ** pasarás

לְפָנֶיךָ הוּא־יַשְׁמִיד אֶת־הַגּוֹיִם הָאֵלֶּה מִלְּפָנֶיךָ
de-delante-de-ti las-éstas las-naciones ** destruirá él delante-de-ti

וִירִשְׁתָּם יְהוֹשֻׁעַ הוּא עֹבֵר לְפָנֶיךָ כַּאֲשֶׁר דִּבֶּר
habló como delante-de-ti pasará él Josué ; y-las-desposeerás

יְהוָה׃ וְעָשָׂה יְהוָה לָהֶם כַּאֲשֶׁר עָשָׂה לְסִיחוֹן וּלְעוֹג
y-a-Gog a-Sehón hizo como a-ellos Yahweh Y-hará (4) . Yahweh

מַלְכֵי הָאֱמֹרִי וּלְאַרְצָם אֲשֶׁר הִשְׁמִיד אֹתָם׃
. a-ellos destruyó que ; y-a-sus-tierra los-amoritas reyes-de

וּנְתָנָם יְהוָה לִפְנֵיכֶם וַעֲשִׂיתֶם לָהֶם
a-ellos y-haréis ante-vosotros Yahweh Y-los-entregará (5)

כְּכָל־ הַמִּצְוָה אֲשֶׁר צִוִּיתִי אֶתְכֶם׃ חִזְקוּ וְאִמְצוּ
y-sed-valientes Sed-fuertes (6) . a-vosotros mandé que el-mandamiento según-todo

אַל־ תִּירְאוּ וְאַל־ תַּעַרְצוּ מִפְּנֵיהֶם כִּי ׀ יְהוָה אֱלֹהֶיךָ
tu-Dios Yahweh pues de-delante-de-ellos os-asustéis y-no temáis no

הוּא הַהֹלֵךְ עִמָּךְ לֹא יַרְפְּךָ וְלֹא יַעַזְבֶךָּ׃
. te-abandonará y-no te-dejará no con-tigo el-que-va él

וַיִּקְרָא מֹשֶׁה לִיהוֹשֻׁעַ וַיֹּאמֶר אֵלָיו לְעֵינֵי כָל־
todo a-ojos-de a-él y-dijo a-Josué Moisés Y-llamó (7)

יִשְׂרָאֵל חֲזַק וֶאֱמָץ כִּי אַתָּה תָּבוֹא אֶת־ הָעָם
el-pueblo con entrarás tú pues y-valiente sé-fuerte : Israel

הַזֶּה אֶל־ הָאָרֶץ אֲשֶׁר נִשְׁבַּע יְהוָה לַאֲבֹתָם לָתֵת
para-dar a-sus-padres Yahweh juró que la-tierra a el-este

לָהֶם וְאַתָּה תַּנְחִילֶנָּה אוֹתָם׃ וַיהוָה הוּא ׀
él Y-Yahweh (8) . a-ellos la-harás-poseer y-tú a-ellos

הַהֹלֵךְ לְפָנֶיךָ הוּא יִהְיֶה עִמָּךְ לֹא יַרְפְּךָ וְלֹא
y-no te-dejará no , con-tigo estará él delante-de-ti el-que-va

יַעַזְבֶךָּ לֹא תִירָא וְלֹא תֵחָת׃ וַיִּכְתֹּב
Y-escribió (9) . te-asustes y-no temas no ; te-abandonará

מֹשֶׁה אֶת־ הַתּוֹרָה הַזֹּאת וַיִּתְּנָהּ אֶל־ הַכֹּהֲנִים בְּנֵי לֵוִי
Leví hijos-de los-sacerdotes a y-la-dio la-esta la-ley ** Moisés

הַנֹּשְׂאִים אֶת־ אֲרוֹן בְּרִית יְהוָה וְאֶל־ כָּל־ זִקְנֵי
ancianos-de todos y-a ; Yahweh pacto-de arca-de ** los-portadores-de

יִשְׂרָאֵל׃ וַיְצַו מֹשֶׁה אוֹתָם לֵאמֹר מִקֵּץ ׀ שֶׁבַע שָׁנִים
años siete Al-fin-de : diciendo a-ellos Moisés Y-mandó (10) . Israel

בְּמֹעֵד שְׁנַת הַשְּׁמִטָּה בְּחַג הַסֻּכּוֹת׃
. los-tabenáculos en-fiesta-de la-remisión año-de en-tiempo-establecido

בְּבוֹא כָל־ יִשְׂרָאֵל לִרְאוֹת אֶת־ פְּנֵי יְהוָה אֱלֹהֶיךָ

tu-Dios Yahweh faz-de ** para-ver Israel todo Cuando-venga (11)

בַּמָּקוֹם אֲשֶׁר יִבְחָר תִּקְרָא אֶת־ הַתּוֹרָה הַזֹּאת נֶגֶד

ante la-esta la-ley ** proclamarás ; elija que en-el-lugar

כָּל־ יִשְׂרָאֵל בְּאָזְנֵיהֶם׃ הַקְהֵל אֶת־ הָעָם הָאֲנָשִׁים

los-hombres , el-pueblo ** Congrega (12) . a-oídos-de-ellos Israel todo

וְהַנָּשִׁים וְהַטַּף וְגֵרְךָ אֲשֶׁר בִּשְׁעָרֶיךָ לְמַעַן

para-que dentro-de-tus-puertas que y-tu-extranjero y-el-niño y-las-mujeres

יִשְׁמְעוּ וּלְמַעַן יִלְמְדוּ וְיָרְאוּ אֶת־ יְהוָה

Yahweh a y-teman aprendan y-para-que oigan

אֱלֹהֵיכֶם וְשָׁמְרוּ לַעֲשׂוֹת אֶת־ כָּל־ דִּבְרֵי הַתּוֹרָה

la-ley palabras-de todas ** para-hacer y-cuiden vuestro-Dios

הַזֹּאת׃ וּבְנֵיהֶם אֲשֶׁר לֹא־ יָדְעוּ יִשְׁמְעוּ

oirán , conocen no que E-hijos-de-ellos (13) . las-éstas

וְלָמְדוּ לְיִרְאָה אֶת־ יְהוָה אֱלֹהֵיכֶם כָּל־ הַיָּמִים אֲשֶׁר אַתֶּם

vosotros que los-días todos vuestro-Dios Yahweh a a-temer y-aprenderán

חַיִּים עַל־ הָאֲדָמָה אֲשֶׁר אַתֶּם עֹבְרִים אֶת־ הַיַּרְדֵּן שָׁמָּה

allí el-Jordán ** pasando vosotros que la-tierra en viviendo

לְרִשְׁתָּהּ׃ וַיֹּאמֶר יְהוָה אֶל־ מֹשֶׁה הֵן קָרְבוּ

se-acercan he-aquí : Moisés a Yahweh Y-dijo (14) . para-poseer-la

יָמֶיךָ לָמוּת קְרָא אֶת־ יְהוֹשֻׁעַ וְהִתְיַצְּבוּ בְּאֹהֶל מוֹעֵד

reunión en-tienda-de y-presentaos Josué a llama : para-morir tus-días

וַאֲצַוֶּנּוּ וַיֵּלֶךְ מֹשֶׁה וִיהוֹשֻׁעַ וַיִּתְיַצְּבוּ

y-se-presentaron y-Josué Moisés y-fue ; y-le-encargaré

בְּאֹהֶל מוֹעֵד׃ וַיֵּרָא יְהוָה בָּאֹהֶל בְּעַמּוּד עָנָן

nube en-columna-de en-la-tienda Yahweh Y-se-apareció (15) . reunión en-tienda-de

וַיֵּעָמֹד עַמּוּד הֶעָנָן עַל־פֶּתַח הָאֹהֶל׃ (16) וַיֹּאמֶר
Y-dijo (16) . la-tienda puerta-de en la-nube columna-de y-se-mantuvo

יְהוָה אֶל־מֹשֶׁה הִנְּךָ שֹׁכֵב עִם־אֲבֹתֶיךָ וְקָם
y-se-levantará tus-padres con durmiendo he-aquí-tú : Moisés a Yahweh

הָעָם הַזֶּה וְזָנָה ׀ אַחֲרֵי ׀ אֱלֹהֵי נֵכַר־הָאָרֶץ
la-tierra extraño-de dioses-de tras y-se-prosituirá

אֲשֶׁר הוּא בָא־שָׁמָּה בְּקִרְבּוֹ וַעֲזָבַנִי וְהֵפֵר
y-quebrantará y-me-abandonará ; en-medio-de-él allí entra él que

אֶת־בְּרִיתִי אֲשֶׁר כָּרַתִּי אִתּוֹ׃ (17) וְחָרָה אַפִּי
mi-ira Y-arderá (17) . con-él hice que mi-pacto **

בוֹ בַיּוֹם־הַהוּא וַעֲזַבְתִּים וְהִסְתַּרְתִּי
y-esconderé y-les-abandonaré el-aquel en-el-día contra-él

פָנַי מֵהֶם וְהָיָה לֶאֱכֹל וּמְצָאֻהוּ
y-le-sobrevendrán para-destruir y-será de-ellos mi-rostro

רָעוֹת רַבּוֹת וְצָרוֹת וְאָמַר בַּיּוֹם הַהוּא הֲלֹא
acaso-no : el-aquel en-el-día y-dirá ; y-adversidades muchos males

עַל כִּי־אֵין אֱלֹהַי בְּקִרְבִּי מְצָאוּנִי הָרָעוֹת
los-males me-sobrevinieron en-medio-de-mí mi-Dios no-está porque no

הָאֵלֶּה׃ (18) וְאָנֹכִי הַסְתֵּר אַסְתִּיר פָּנַי בַּיּוֹם הַהוּא
el-aquel en-el-día mi-rostro ocultaré ocultar Y-yo (18) ¿los-estos

עַל כָּל־הָרָעָה אֲשֶׁר עָשָׂה כִּי פָנָה אֶל־אֱלֹהִים אֲחֵרִים׃
. otros dioses a se-volvió pues ; hizo que la-maldad toda por

(19) וְעַתָּה כִּתְבוּ לָכֶם אֶת־הַשִּׁירָה הַזֹּאת וְלַמְּדָהּ אֶת־בְּנֵי־
hijos-de a y-enséña-la , la-esta la-canción ** para-vosotros escribir Y-ahora (19)

יִשְׂרָאֵל שִׂימָהּ בְּפִיהֶם לְמַעַן תִּהְיֶה־לִּי הַשִּׁירָה הַזֹּאת
la-esta la-canción para-mí sea para-que en-boca-de-ellos pon-la , Israel

לְעֵד בִּבְנֵי יִשְׂרָאֵל׃ כִּי־אֲבִיאֶנּוּ אֶל־הָאֲדָמָה ׀
la-tierra a le-lleve Cuando (20) . Israel contra-hijos-de para-testimonio

אֲשֶׁר־נִשְׁבַּעְתִּי לַאֲבֹתָיו זָבַת חָלָב וּדְבַשׁ וְאָכַל
y-coma y-miel leche que-fluye a-su-padre juré que

וְשָׂבַע וְדָשֵׁן וּפָנָה אֶל־אֱלֹהִים אֲחֵרִים
otros dioses a y-se-vuelva y-se-engorde y-se-sacie

וַעֲבָדוּם וְנִאֲצוּנִי וְהֵפֵר אֶת־
** y-rompa y-me-rechacen y-les-sirvan

בְּרִיתִי׃ וְהָיָה כִּי־תִמְצֶאןָ אֹתוֹ רָעוֹת רַבּוֹת
muchos males a-él sobrevengan cuando Y-será (21) . mi-pacto

וְצָרוֹת וְעָנְתָה הַשִּׁירָה הַזֹּאת לְפָנָיו
contra-él la-ésta la-canción y-testificará y-adversidades

לְעֵד כִּי לֹא תִשָּׁכַח מִפִּי זַרְעוֹ
su-descendencia de-boca-de se-olvidará no pues por-testigo

כִּי יָדַעְתִּי אֶת־יִצְרוֹ אֲשֶׁר הוּא עֹשֶׂה הַיּוֹם בְּטֶרֶם אֲבִיאֶנּוּ
introducir-le antes-de , hoy hace él que plan ** conozco pues

אֶל־הָאָרֶץ אֲשֶׁר נִשְׁבָּעְתִּי׃ וַיִּכְתֹּב מֹשֶׁה אֶת־הַשִּׁירָה הַזֹּאת
la-esta la-canción ** Moisés Y-escribió (22) . le-juré que la-tierra a

בַּיּוֹם הַהוּא וַיְלַמְּדָהּ אֶת־בְּנֵי יִשְׂרָאֵל׃ וַיְצַו
Y-mandó (23) . Israel hijos-de a y-la-enseñó el-aquel en-el-día

אֶת־יְהוֹשֻׁעַ בִּן־נוּן וַיֹּאמֶר חֲזַק וֶאֱמָץ כִּי אַתָּה
tú pues y-sé-valiente esfuérzate : y-dijo Nun hijo-de Josué a

תָּבִיא אֶת־בְּנֵי יִשְׂרָאֵל אֶל־הָאָרֶץ אֲשֶׁר־נִשְׁבַּעְתִּי לָהֶם
a-ellos juré que la-tierra a Israel hijos-de a llevarás

וְאָנֹכִי אֶהְיֶה עִמָּךְ׃ וַיְהִי ׀ כְּכַלּוֹת מֹשֶׁה לִכְתֹּב אֶת־
** de-escribir Moisés tras-acabar Y-fue (24) . con-tigo estaré y-yo

דִּבְרֵי הַתּוֹרָה־הַזֹּאת עַל־סֵפֶר עַד תֻּמָּם׃ וַיְצַו
Entonces-mandó (25) . terminar-las hasta , libro en la-ésta la-ley palabras-de

מֹשֶׁה אֶת־הַלְוִיִּם נֹשְׂאֵי אֲרוֹן בְּרִית־יְהוָה לֵאמֹר׃
. diciendo Yahweh pacto-de arca-de portadores-de los-levitas a Moisés

לָקֹחַ אֵת סֵפֶר הַתּוֹרָה הַזֶּה וְשַׂמְתֶּם אֹתוֹ מִצַּד
junto-a a-él y-poned la-ésta la-ley libro-de ** Tomad (26)

אֲרוֹן בְּרִית־יְהוָה אֱלֹהֵיכֶם וְהָיָה־שָׁם בְּךָ
contra-ti allí y-estará vuestro-Dios Yahweh pacto-de arca-de

לְעֵד׃ כִּי אָנֹכִי יָדַעְתִּי אֶת־מֶרְיְךָ וְאֶת־עָרְפְּךָ הַקָּשֶׁה
la-dura tu-cerviz y ** tu-rebelión ** conozco yo Pues (27) . por-testigo

הֵן בְּעוֹדֶנִּי חַי עִמָּכֶם הַיּוֹם מַמְרִים הֱיִתֶם עִם־יְהוָה
Yahweh contra sois rebeldes hoy con-vosotros vivo si-aún-yo he-aquí

וְאַף כִּי־אַחֲרֵי מוֹתִי׃ הַקְהִילוּ אֵלַי אֶת־
** ante-mí Congregad (28) . mi-muerte tras cuando ¿ entonces-cuando-más

כָּל־זִקְנֵי שִׁבְטֵיכֶם וְשֹׁטְרֵיכֶם וַאֲדַבְּרָה
y-hablaré y-vuestros-oficiales vuestras-tribus ancianos-de todos

בְאָזְנֵיהֶם אֵת הַדְּבָרִים הָאֵלֶּה וְאָעִידָה בָּם
contra-ellos y-testificaré las-éstas las-palabras ** a-sus-oídos

אֶת־הַשָּׁמַיִם וְאֶת־הָאָרֶץ׃ כִּי יָדַעְתִּי אַחֲרֵי מוֹתִי כִּי־
que mi-muerte tras conozco Pues (29) . la-tierra y ** los-cielos **

הַשְׁחֵת תַּשְׁחִתוּן וְסַרְתֶּם מִן־הַדֶּרֶךְ אֲשֶׁר
que el-camino de y-os-apartaréis os-corromperéis corromper

צִוִּיתִי אֶתְכֶם וְקָרָאת אֶתְכֶם הָרָעָה בְּאַחֲרִית הַיָּמִים
los-días en-posteridad-de el-mal sobre-vosotros y-caerá , a-vosotros mandé

כִּי־תַעֲשׂוּ אֶת־הָרַע בְּעֵינֵי יְהוָה לְהַכְעִיסוֹ בְּמַעֲשֵׂה
por-obra-de para-enojar-le Yahweh en-ojos-de el-mal ** haréis pues

יְדֵיכֶם׃ וַיְדַבֵּר מֹשֶׁה בְּאָזְנֵי כָּל־ קְהַל יִשְׂרָאֵל
Israel congregación-de toda a-oídos-de Moisés Y-habló (30) . vuestras-manos

אֶת־ דִּבְרֵי הַשִּׁירָה הַזֹּאת עַד תֻּמָּם׃ הַאֲזִינוּ הַשָּׁמַיִם
oh-cielos Prestad-oídos (1) . su-fin hasta , la-ésta la-canción palabras-de ** Cap. 32

וַאֲדַבֵּרָה וְתִשְׁמַע הָאָרֶץ אִמְרֵי־ פִי׃ יַעֲרֹף
Caiga (2) . mi-boca palabras-de la-tierra y-escuche , y-hablaré

כַּמָּטָר לִקְחִי תִּזַּל כַּטַּל אִמְרָתִי
mi-palabra como-el-rocío descienda mi-enseñanza como-la-lluvia

כִּשְׂעִירִם עֲלֵי־ דֶשֶׁא וְכִרְבִיבִים עֲלֵי־ עֵשֶׂב׃ כִּי שֵׁם
nombre-de Pues (3) . césped sobre y-como-aguaceros , hierba sobre como-llovizna

יְהוָה אֶקְרָא הָבוּ גֹדֶל לֵאלֹהֵינוּ׃ הַצּוּר תָּמִים
perfecto , La-roca (4) . a-nuestro-Dios grandeza alabad ; proclamaré Yahweh

פָּעֳלוֹ כִּי כָל־ דְּרָכָיו מִשְׁפָּט אֵל אֱמוּנָה וְאֵין עָוֶל
iniquidad y-sin fiel Dios justicia sus-caminos todos pues , su-obra

צַדִּיק וְיָשָׁר הוּא׃ שִׁחֵת לוֹ לֹא בָּנָיו
sus-hijos no para-él Obró-mal (5) . a-él y-recto justo

מוּמָם דּוֹר עִקֵּשׁ וּפְתַלְתֹּל׃ הַ־ לַיהוָה תִּגְמְלוּ־ זֹאת
esto pagáis a-Yahweh Así? (6) . y-perversa torcida generación vergüenza-de-ellos

עַם נָבָל וְלֹא חָכָם הֲלוֹא־ הוּא אָבִיךָ קָּנֶךָ הוּא
él te-creó tu-padre él ¿acaso-no , sabio y-no necio pueblo

עָשְׂךָ וַיְכֹנְנֶךָ׃ זְכֹר יְמוֹת עוֹלָם בִּינוּ שְׁנוֹת
años considera , antiguos tiempos Recuerda (7) . y-te-formó te-hizo

דּוֹר־ וָדוֹר שְׁאַל אָבִיךָ וְיַגֵּדְךָ
y-te-explicará tu-padre pregunta-a , y-generación generación

זְקֵנֶיךָ וְיֹאמְרוּ לָךְ׃ בְּהַנְחֵל
Cuando-hizo-heredar (8) . a-ti y-dirán tus-ancianos

עֶלְיוֹן גּוֹיִם בְּהַפְרִידוֹ בְּנֵי אָדָם יַצֵּב גְּבֻלֹת

límites-de fijó Adán hijos-de cuando-repartió naciones Altísimo

עַמִּים לְמִסְפַּר בְּנֵי יִשְׂרָאֵל׃ כִּי חֵלֶק יְהוָה עַמּוֹ

su-pueblo Yahweh porción-de Pues (9) . Israel hijos-de por-número-de pueblos

יַעֲקֹב חֶבֶל נַחֲלָתוֹ׃ יִמְצָאֵהוּ בְּאֶרֶץ מִדְבָּר

desierto en-tierra-de Le-halló (10) . su-heredad parte-de Jacob

וּבְתֹהוּ יְלֵל יְשִׁמֹן יְסֹבְבֶנְהוּ יְבוֹנְנֵהוּ

le-sustenta le-envuelve , soledad rugiente y-en-yermo

יִצְּרֶנְהוּ כְּאִישׁוֹן עֵינוֹ׃ כְּנֶשֶׁר יָעִיר קִנּוֹ

su-nidada incita Como-águila (11) . sus-ojos como-niña-de le-cuida

עַל־ גּוֹזָלָיו יְרַחֵף יִפְרֹשׂ כְּנָפָיו יִקָּחֵהוּ

le toma sus-alas extiende revolotea sus-polluelos sobre

יִשָּׂאֵהוּ עַל־ אֶבְרָתוֹ׃ יְהוָה בָּדָד יַנְחֶנּוּ וְאֵין

y-no-hay le-guía sólo Yahweh (12) . sus-plumas sobre le-lleva

עִמּוֹ אֵל נֵכָר׃ יַרְכִּבֵהוּ עַל־ בָּמֳתֵי אָרֶץ וַיֹּאכַל

y-comió tierra alturas-de por Le-hizo-cabalgar (13) . extraño Dios con-él

תְּנוּבֹת שָׂדָי וַיֵּנִקֵהוּ דְבַשׁ מִסֶּלַע וְשֶׁמֶן מֵחַלְמִישׁ

de-dura y-aceite de-peña miel-de y-le-alimentó ; campo frutos-de

צוּר׃ חֶמְאַת בָּקָר וַחֲלֵב צֹאן עִם־ חֵלֶב כָּרִים וְאֵילִים

y-carneros corderos grasa-de con ovejas y-leche-de vacas Cuajada-de (14) . roca

בְּנֵי־ בָשָׁן וְעַתּוּדִים עִם־ חֵלֶב כִּלְיוֹת חִטָּה וְדַם־ עֵנָב

uva y-sangre-de ; trigo espigas-de mejor-de con y-machos-cabríos Basán hijos-de

תִּשְׁתֶּה־ חָמֶר׃ וַיִּשְׁמַן יְשֻׁרוּן וַיִּבְעָט שָׁמַנְתָּ

te-llenaste y-dio-coces Jesurún Y-engordó (15) . vino bebiste

עָבִיתָ כָּשִׂיתָ וַיִּטֹּשׁ אֱלוֹהַּ עָשָׂהוּ

le-hizo Dios y-abandonó-a ; te-hiciste-suave te-hicieste-pesado

וַיְנַבֵּל צוּר יְשֻׁעָתוֹ׃ (16) יַקְנִאֻהוּ
Le-encelan (16) . su-salvación roca-de y-rechazó

בְּזָרִים בְּתוֹעֵבֹת יַכְעִיסֻהוּ׃ (17) יִזְבְּחוּ
Sacrificaron (17) . le-irritan con-ídolos-abominables con-dioses-extraños

לַשֵּׁדִים לֹא אֱלֹהַ אֱלֹהִים לֹא יְדָעוּם חֲדָשִׁים מִקָּרֹב
de-cerca nuevos ; los-conocían no dioses , Dios no a-los-demonios

בָּאוּ לֹא שְׂעָרוּם אֲבֹתֵיכֶם׃ (18) צוּר יְלָדְךָ
te-engendró Roca (18) . vuestros-padres respetaron no , llegados

תֶּשִׁי וַתִּשְׁכַּח אֵל מְחֹלְלֶךָ׃ (19) וַיַּרְא יְהוָה
Yahweh Y-vio (19) . de-tu-creación Dios y-olvidaste ; abandonaste

וַיִּנְאָץ מִכַּעַס בָּנָיו וּבְנֹתָיו׃
. y-sus-hijas sus-hijos por-cólera-de y-rechazó

(20) וַיֹּאמֶר אַסְתִּירָה פָנַי מֵהֶם אֶרְאֶה מָה
cuál veré de-ellos mi-rostro esconderé Y-dijo (20)

אַחֲרִיתָם כִּי דוֹר תַּהְפֻּכֹת הֵמָּה בָּנִים לֹא־אֵמֻן
fiel no hijos ellos perversa generación pues su-final

בָּם׃ (21) הֵם קִנְאוּנִי בְלֹא־אֵל כִּעֲסוּנִי
me-irritaron , Dios con-no me-encelaron Ellos (21) . entre-ellos

בְּהַבְלֵיהֶם וַאֲנִי אַקְנִיאֵם בְּלֹא־עָם
pueblo por-no los-moveré-a-celos y-yo ; con-sus-vanos-ídolos

בְּגוֹי נָבָל אַכְעִיסֵם׃ (22) כִּי־אֵשׁ קָדְחָה
se-encendió fuego Porque (22) . les-irritaré necia por-nación

בְאַפִּי וַתִּיקַד עַד־שְׁאוֹל תַּחְתִּית וַתֹּאכַל אֶרֶץ
tierra y-devorará , abajo Seol hasta y-arde por-mi-ira

וִיבֻלָהּ וַתְּלַהֵט מוֹסְדֵי הָרִים׃
. montañas fundamentos-de y-encenderá y-su-cosecha

אַסְפֶּה עָלֵימוֹ רָעוֹת חִצַּי אֲכַלֶּה־בָּם׃
. en-ellos empleаré mis-flechas , males sobre-ellos Amontonaré (23)

מְזֵי רָעָב וּלְחֻמֵי רֶשֶׁף וְקֶטֶב מְרִירִי
mortal y-plaga pestilencia y-devorados-de hambre Consumidos-de (24)

וְשֶׁן־ בְּהֵמוֹת אֲשַׁלַּח־ בָּם עִם־ חֲמַת זֹחֲלֵי
reptiles-de veneno-de con contra-ellos enviaré bestias y-diente-de

עָפָר׃ מִחוּץ תְּשַׁכֶּל־ חֶרֶב וּמֵחֲדָרִים אֵימָה
terror y-en-cámaras espada hará-huérfanos Por-fuera (25) . polvo

גַּם־ בָּחוּר גַּם־ בְּתוּלָה יוֹנֵק עִם־ אִישׁ שֵׂיבָה׃ אָמַרְתִּי
Dije (26) . cana hombre-de con infante , doncella como muchacho tanto

אַפְאֵיהֶם אַשְׁבִּיתָה מֵאֱנוֹשׁ זִכְרָם׃ לוּלֵי
Pero (27) . memoria-de-ellos de-humanidad borraría los-esparciría

כַּעַס אוֹיֵב אָגוּר פֶּן־ יְנַכְּרוּ צָרֵימוֹ
su-adversario mal-interpreten no-sea-que , temí enemigo vituperio-de

פֶּן־ יֹאמְרוּ יָדֵינוּ רָמָה וְלֹא יְהוָה פָּעַל כָּל־ זֹאת׃
. esto todo hizo Yahweh y-no prevalece nuestras-manos digan no-sea -que

כִּי־ גוֹי אֹבַד עֵצוֹת הֵמָּה וְאֵין בָּהֶם תְּבוּנָה׃ לוּ
Si (29) . discernimiento en-ellos y-no-hay ; ella sentidos privada-de nación Pues (28)

חָכְמוּ יַשְׂכִּילוּ זֹאת יָבִינוּ לְאַחֲרִיתָם׃
. sobre-su-fin discernirían , esto entenderían fuesen-sabios

אֵיכָה יִרְדֹּף אֶחָד אֶלֶף וּשְׁנַיִם יָנִיסוּ
harán-huir y-dos , mil uno perseguirá ¿Cómo (30)

רְבָבָה אִם־לֹא כִּי־ צוּרָם מְכָרָם וַיהוָה הִסְגִּירָם׃
. los-entregó? y-Yahweh los-vendió su-roca porque no si , diez-mil

כִּי לֹא כְצוּרֵנוּ צוּרָם וְאֹיְבֵינוּ פְּלִילִים׃
. admiten y-nuestros-enemigos su-roca como-nuestra-roca no Pues (31)

כִּֽי־מִגֶּפֶן סְדֹם גַּפְנָם וּמִשַּׁדְמֹת עֲמֹרָה

Gomorra y-de-campos-de su-viña Sodoma de-viña-de Pues (32)

עֲנָבֵמוֹ עִנְּבֵי־רוֹשׁ אַשְׁכְּלֹת מְרֹרֹת לָֽמוֹ׃ חֲמַת

Veneno-de (33) . para-ellos amargos racimos veneno uvas-de su-uva

תַּנִּינִם יֵינָם וְרֹאשׁ פְּתָנִים אַכְזָֽר׃ הֲלֹא־הוּא

esto ¿Acaso-no (34) . mortal áspides y-ponzoña-de su-vino serpientes

כָּמֻס עִמָּדִי חָתוּם בְּאוֹצְרֹתָֽי׃ לִי נָקָם

venganza Para-mí (35) . en-mis-cofres ? sellado con-migo guardado

וְשִׁלֵּם לְעֵת תָּמוּט רַגְלָם כִּי קָרוֹב יוֹם

día-de cerca pues pie-de-ellos resbalará a-tiempo , y-retribución

אֵידָם וְחָשׁ עֲתִדֹת לָֽמוֹ׃ כִּֽי־יָדִין יְהוָה

Yahweh juzgará Pues (36) . sobre-ellos ruinas y-se-apresura desastre-de-ellos

עַמּוֹ וְעַל־עֲבָדָיו יִתְנֶחָם כִּי יִרְאֶה

vea cuando se-compadecerá sus-siervos y-de su-pueblo

כִּי־אָזְלַת יָד וְאֶפֶס עָצוּר וְעָזֽוּב׃

. ni-libre esclavo y-no-queda fuerza se-agota que

וְאָמַר אֵי אֱלֹהֵימוֹ צוּר חָסָיוּ בֽוֹ׃

. en-el ? se-refugiaron roca , sus-dioses ¿dónde Y-dirá (37)

אֲשֶׁר חֵלֶב זְבָחֵימוֹ יֹאכֵלוּ יִשְׁתּוּ יֵין

vino-de bebían comían sus-sacrificios grasa-de Que (38)

נְסִיכָם יָקוּמוּ וְיַעְזְרֻכֶם יְהִי עֲלֵיכֶם

para-vosotros sea y-os-ayuden levántense , sus-libaciones

סִתְרָֽה׃ רְאוּ ׀ עַתָּה כִּי אֲנִי אֲנִי הוּא וְאֵין אֱלֹהִים עִמָּדִי אֲנִי

yo ; con-migo dioses y-no-hay él yo yo que ahora Ved (39) . refugio

אָמִית וַאֲחַיֶּה מָחַצְתִּי וַאֲנִי אֶרְפָּא וְאֵין

y-nadie sanaré y-yo yo-herí y-hago-vivir hago-morir

מִיָּדִי מַצִּיל: כִּי־ אֶשָּׂא אֶל־ שָׁמַיִם יָדִי
mi-mano cielos a alzo Ciertamente (40) . libra de-mi-mano

וְאָמַרְתִּי חַי אָנֹכִי לְעֹלָם: אִם־ שַׁנּוֹתִי בְּרַק חַרְבִּי
mi-espada destello-de afilo Cuando (41) . para-siempre yo vivo : y-declaro

וְתֹאחֵז בְּמִשְׁפָּט יָדִי אָשִׁיב נָקָם
venganza tomaré , mi-mano el-juicio y-empuñe

לְצָרָי וְלִמְשַׂנְאַי אֲשַׁלֵּם: אַשְׁכִּיר
Embriagaré (42) . yo-retribuiré y-a-mis-aborrecedores de-mis-adversarios

חִצַּי מִדָּם וְחַרְבִּי תֹּאכַל בָּשָׂר מִדַּם חָלָל
muertos de-sangre-de ; carne devorará y-mi-espada , de-sangre mis-flechas

וְשִׁבְיָה מֵרֹאשׁ פַּרְעוֹת אוֹיֵב: הַרְנִינוּ גוֹיִם
naciones Alegra-os (43) . enemigos caudillos de-cabeza-de y-cautivos

עַמּוֹ כִּי דַם־ עֲבָדָיו יִקּוֹם וְנָקָם
y-venganza , vengará sus-siervos sangre-de pues su-pueblo

יָשִׁיב לְצָרָיו וְכִפֶּר אַדְמָתוֹ עַמּוֹ:
. su-pueblo su-tierra y-expiará-por de-sus-adversarios tomará

וַיָּבֹא מֹשֶׁה וַיְדַבֵּר אֶת־ כָּל־ דִּבְרֵי הַשִּׁירָה־ הַזֹּאת
la-esta la-canción palabras-de todas ** y-habló Moisés Y-fue (44)

בְּאָזְנֵי הָעָם הוּא וְהוֹשֵׁעַ בִּן־ נוּן: וַיְכַל מֹשֶׁה
Moisés Y-acabó (45) . Nun hijo-de y-Josué él ; el-pueblo a-oídos-de

לְדַבֵּר אֶת־ כָּל־ הַדְּבָרִים הָאֵלֶּה אֶל־ כָּל־ יִשְׂרָאֵל: וַיֹּאמֶר
Y-dijo (46) . Israel todo a las-éstas las-palabras todas ** de-hablar

אֲלֵהֶם שִׂימוּ לְבַבְכֶם לְכָל־ הַדְּבָרִים אֲשֶׁר אָנֹכִי מֵעִיד
testificando yo que las-palabras a-todas vuestro-corazón aplicad : a-ellos

בָּכֶם הַיּוֹם אֲשֶׁר תְּצַוֻּם אֶת־ בְּנֵיכֶם לִשְׁמֹר
para-guardar vuestros-hijos a les-mandéis que , hoy a-vosotros

לַעֲשׂוֹת אֶת־כָּל־דִּבְרֵי הַתּוֹרָה הַזֹּאת׃ כִּי לֹא־דָבָר רֵק הוּא
él vana palabra no Pues (47) . la-ésta la-ley palabras-de todas ** para-hacer

מִכֶּם כִּי־הוּא חַיֵּיכֶם וּבַדָּבָר הַזֶּה תַּאֲרִיכוּ
prolongaréis la-ésta y-por-la-palabra ; vuestra-vida esto pues para-vosotros

יָמִים עַל־הָאֲדָמָה אֲשֶׁר אַתֶּם עֹבְרִים אֶת־הַיַּרְדֵּן שָׁמָּה
allí el-Jordán ** pasando vosotros que la-tierra sobre días

לְרִשְׁתָּהּ׃ וַיְדַבֵּר יְהוָה אֶל־מֹשֶׁה בְּעֶצֶם הַיּוֹם הַזֶּה
el-este el-día en-mismo Moisés a Yahweh Y-habló (48) . para-poseer-la

לֵאמֹר׃ עֲלֵה אֶל־הַר הָעֲבָרִים הַזֶּה הַר־נְבוֹ אֲשֶׁר
que Nebo monte-de el-este los-Abraim monte-de a Sube (49) . diciendo

בְּאֶרֶץ מוֹאָב אֲשֶׁר עַל־פְּנֵי יְרֵחוֹ וּרְאֵה אֶת־אֶרֶץ כְּנַעַן
Canaán tierra-de ** y-mira ; Jericó frente-de en que Moab en-tierra-de

אֲשֶׁר אֲנִי נֹתֵן לִבְנֵי יִשְׂרָאֵל לַאֲחֻזָּה׃ וּמֻת בָּהָר
en-el-monte Y-muere (50) . por-propiedad Israel a-hijos-de doy yo que

אֲשֶׁר אַתָּה עֹלֶה שָׁמָּה וְהֵאָסֵף אֶל־עַמֶּיךָ כַּאֲשֶׁר־מֵת
murió como ; tu-pueblo a y-reúnete allí subes tú que

אַהֲרֹן אָחִיךָ בְּהֹר הָהָר וַיֵּאָסֶף אֶל־עַמָּיו׃
. su-pueblo a y-se-reunió , el-monte en-Hor tu-hermano Aarón

עַל אֲשֶׁר מְעַלְתֶּם בִּי בְּתוֹךְ בְּנֵי יִשְׂרָאֵל
Israel hijos-de en-medio-de contra-mí fuisteis-infieles que Por-cuanto (51)

בְּמֵי־מְרִיבַת קָדֵשׁ מִדְבַּר־צִן עַל אֲשֶׁר לֹא־קִדַּשְׁתֶּם
santificasteis no cuanto por Sin desierto-de Cades Meriba-de en-aguas-de

אוֹתִי בְּתוֹךְ בְּנֵי יִשְׂרָאֵל׃ כִּי מִנֶּגֶד תִּרְאֶה אֶת־
** verás de-lejos Por-tanto (52) . Israel hijos-de en-medio-de a-mí

הָאָרֶץ וְשָׁמָּה לֹא תָבוֹא אֶל־הָאָרֶץ אֲשֶׁר־אֲנִי נֹתֵן
doy yo que la-tierra a ; entrarás no y-allí la-tierra

לִבְנֵי יִשְׂרָאֵל׃ וְזֹאת הַבְּרָכָה אֲשֶׁר בֵּרַךְ מֹשֶׁה אִישׁ
varón-de Moisés bendijo que la-bendición Y-esta (1) . Israel a-hijos-de

הָאֱלֹהִים אֶת־ בְּנֵי יִשְׂרָאֵל לִפְנֵי מוֹתוֹ׃ וַיֹּאמַר יְהוָה
Yahweh : Y-dijo (2) . su-muerte antes-de Israel hijos-de a el-Dios

מִסִּינַי בָּא וְזָרַח מִשֵּׂעִיר לָמוֹ הוֹפִיעַ מֵהַר
desde-monte-de brilló , para-ellos desde-Seir y-madrugó vino de-Sinaí

פָּארָן וְאָתָה מֵרִבְבֹת קֹדֶשׁ מִימִינוֹ אֵשְׁדָּת
ley-de-fuego de-su-diestra, el-santo con-diez-miles-de y-vino Parán

לָמוֹ׃ אַף חֹבֵב עַמִּים כָּל־ קְדֹשָׁיו בְּיָדֶךָ
en-tu-mano sus-santos todos , pueblos el-que-ama Cierto (3) . para-ellos

וְהֵם תֻּכּוּ לְרַגְלֶךָ יִשָּׂא מִדַּבְּרֹתֶיךָ׃
.de-tus-instrucciones recibe , a-tu-pie se-inclinan y-ellos

תּוֹרָה צִוָּה־ לָנוּ מֹשֶׁה מוֹרָשָׁה קְהִלַּת יַעֲקֹב׃ וַיְהִי
Y-fue (5) . Jacob asamblea-de herencia-de Moisés a-nosotros mandó Ley (4)

בִישֻׁרוּן מֶלֶךְ בְּהִתְאַסֵּף רָאשֵׁי עָם יַחַד שִׁבְטֵי יִשְׂרָאֵל׃
. Israel tribus-de con pueblo jefes-de al-reunirse , rey en-Jesurún

יְחִי רְאוּבֵן וְאַל־ יָמֹת וִיהִי מְתָיו מִסְפָּר׃
. poca su-gente ni-sea muera y-no Rubén Viva (6)

וְזֹאת לִיהוּדָה וַיֹּאמַר שְׁמַע יְהוָה קוֹל יְהוּדָה וְאֶל־
y-a Judá voz-de Yahweh escucha : y-dijo sobre-Judá Y-esto (7)

עַמּוֹ תְּבִיאֶנּוּ יָדָיו רָב לוֹ וְעֵזֶר
y-ayuda para-él defiende sus-manos ; lleva-le su-pueblo

מִצָּרָיו תִּהְיֶה׃ וּלְלֵוִי אָמַר תֻּמֶּיךָ
tu-Tumim : dijo Y-para-Leví (8) . serás contra-sus-adversarios

וְאוּרֶיךָ לְאִישׁ חֲסִידֶךָ אֲשֶׁר נִסִּיתוֹ בְּמַסָּה
en-Masa lo-probaste que tu-favor para-hombre-de y-tu-Urim

תְּרִיבֵהוּ עַל־ מֵי מְרִיבָה׃ הָאֹמֵר לְאָבִיו
a-su-padre El-que-dice (9) . Meriba aguas-de en contendiste-con-él

וּלְאִמּוֹ לֹא רְאִיתִיו וְאֶת־ אֶחָיו לֹא הִכִּיר
, reconoció no sus-hermanos y-a lo-he-visto no y-a-su-madre

וְאֶת־ בָּנָו לֹא יָדָע כִּי שָׁמְרוּ אִמְרָתֶךָ
tu-palabra guardaron pero , conoce no sus-hijos y-a

וּבְרִיתְךָ יִנְצֹרוּ׃ יוֹרוּ מִשְׁפָּטֶיךָ לְיַעֲקֹב
a-Jacob tus-preceptos Enseñan (10) . cumplieron y-tu-pacto

וְתוֹרָתְךָ לְיִשְׂרָאֵל יָשִׂימוּ קְטוֹרָה בְּאַפֶּךָ וְכָלִיל
y-ofrenda delante-de-tu-faz incienso ofrecen , a-Israel y-tu-ley

עַל־ מִזְבְּחֶךָ׃ בָּרֵךְ יְהוָה חֵילוֹ וּפֹעַל יָדָיו
su-mano y-obra-de su-destreza Yahweh Bendice (11) . tu-altar en

תִּרְצֶה מְחַץ מָתְנַיִם קָמָיו וּמְשַׂנְאָיו
y-sus-aborrecedores sus-contrincantes lomos-de rompe , acepta

מִן־ יְקוּמוּן לְבִנְיָמִן אָמַר יְדִיד יְהוָה יִשְׁכֹּן
descansa Yahweh amado-de : dijo Para-Benjamín (12) se-levanten no

לָבֶטַח עָלָיו חֹפֵף עָלָיו כָּל־ הַיּוֹם וּבֵין
y-entre el-día todo sobre-él el-que-protege , en-él con-seguridad

כְּתֵפָיו שָׁכֵן׃ וּלְיוֹסֵף אָמַר מְבֹרֶכֶת יְהוָה
Yahweh bendita-de : dijo Y-para-José (13) . reposa sus-hombros

אַרְצוֹ מִמֶּגֶד שָׁמַיִם מִטָּל וּמִתְּהוֹם רֹבֶצֶת תָּחַת׃
. abajo que-hay y-de-profundidad con rocío cielos con-tesoro-de , su-tierra

וּמִמֶּגֶד תְּבוּאֹת שָׁמֶשׁ וּמִמֶּגֶד גֶּרֶשׁ יְרָחִים׃
. lunas fruto-de y-lo-mejor-de , sol producto-de Y-lo-mejor-de (14)

וּמֵרֹאשׁ הַרְרֵי־ קֶדֶם וּמִמֶּגֶד גִּבְעוֹת
collados y-con-tesoro-de antiguo montes-de Y-con-lo-más-fino-de (15)

עוֹלָם׃ וּמִמֶּגֶד אֶרֶץ וּמְלֹאָהּ וּרְצוֹן

y-favor-de y-su-plenitud tierra Y-con-tesoro-de (16) . eternos

שֹׁכְנִי סְנֶה תָּבוֹאתָה לְרֹאשׁ יוֹסֵף וּלְקָדְקֹד

y-en-frente-de José en-cabeza-de caiga zarza-ardiente el-que-mora

נְזִיר אֶחָיו׃ בְּכוֹר שׁוֹרוֹ הָדָר לוֹ

a-él majestad su-toro Primogénito-de (17) . sus-hermanos príncipe-de

וְקַרְנֵי רְאֵם קַרְנָיו בָּהֶם עַמִּים יְנַגַּח יַחְדָּו

hasta acornea pueblos con-ellos sus-cuernos búfalo y-cuernos-de

אַפְסֵי־אָרֶץ וְהֵם רִבְבוֹת אֶפְרַיִם וְהֵם אַלְפֵי מְנַשֶּׁה׃

. Manasés miles-de y-ellos Efraím diez-miles-de y-ellos tierra fines-de

וְלִזְבוּלֻן אָמַר שְׂמַח זְבוּלֻן בְּצֵאתֶךָ

; en-tu-salida Zabulón alégrate : dijo Y-para-Zabulón (18)

וְיִשָּׂשכָר בְּאֹהָלֶיךָ׃ עַמִּים הַר־ יִקְרָאוּ שָׁם

allí convocarás monte Pueblos (19) . en-tus-tiendas e-Isacar

יִזְבְּחוּ זִבְחֵי־ צֶדֶק כִּי שֶׁפַע יַמִּים

mares abundancia-de pues justicia sacrificios-de ofrecerán

יִינָקוּ וּשְׂפֻנֵי טְמוּנֵי חוֹל׃

. arena tesoros-de y-ocultos disfrutarán

וּלְגָד אָמַר בָּרוּךְ מַרְחִיב גָּד כְּלָבִיא שָׁכֵן

echado como-león , Gad el-que-ensanchó bendito : dijo Y-para-Gad (20)

וְטָרַף זְרוֹעַ אַף־קָדְקֹד׃ וַיַּרְא רֵאשִׁית לוֹ כִּי־ שָׁם

allí pues , para-él primicia Y-eligió (21) . cabeza o brazo y-desgarra

חֶלְקַת מְחֹקֵק סָפוּן וַיֵּתֵא רָאשֵׁי עָם

pueblo cabezas-de y-reunió , reservada jefe porción-de

צִדְקַת יְהוָה עָשָׂה וּמִשְׁפָּטָיו עִם־יִשְׂרָאֵל׃

. Israel con y-sus-juicios hizo Yahweh justicia-de

וּלְדָן אָמַר דָּן גּוּר אַרְיֵה יְזַנֵּק מִן־הַבָּשָׁן׃
. el-Basán desde salta león cachorro-de Dan : dijo Y-a-Dan (22)

וּלְנַפְתָּלִי אָמַר נַפְתָּלִי שְׂבַע רָצוֹן וּמָלֵא
y-lleno favor saciado-de Neftalí dijo Y-a-Neftalí (23)

בִּרְכַּת יְהוָה יָם וְדָרוֹם יְרָשָׁה׃ וּלְאָשֵׁר אָמַר
dijo Y-a-Aser (24 . hereda y-mediodía mar Yahweh bendición-de

בָּרוּךְ מִבָּנִים, אָשֵׁר יְהִי רְצוּי אֶחָיו
sus-hermanos favorito-de sea , Aser de-hijos-de bendito

וְטֹבֵל בַּשֶּׁמֶן רַגְלוֹ׃ בַּרְזֶל וּנְחֹשֶׁת מִנְעָלֶיךָ
tus-cerrojos y-bronce Hierro (25) . su-pie en-el-aceite y-bañado

וּכְיָמֶיךָ דָּבְאֶךָ׃ אֵין כָּאֵל יְשֻׁרוּן
Jesurún como-Dios-de No-hay (26) . tu-fortaleza y-como-tus-días

רֹכֵב שָׁמַיִם בְּעֶזְרֶךָ וּבְגַאֲוָתוֹ שְׁחָקִים׃ מְעֹנָה
Refugio (27) . nubes y-en-su-majestad en-ayuda-de-ti cielos cabalgando

אֱלֹהֵי קֶדֶם וּמִתַּחַת זְרֹעֹת עוֹלָם וַיְגָרֶשׁ
y-expulsará , eterno brazos-de y-debajo-de antaño Dios-de

מִפָּנֶיךָ אוֹיֵב וַיֹּאמֶר הַשְׁמֵד׃ וַיִּשְׁכֹּן
Y-morará (28) . destruye : y-dirá enemigo de-delante-de-ti

יִשְׂרָאֵל בֶּטַח בָּדָד עֵין יַעֲקֹב אֶל־אֶרֶץ דָּגָן וְתִירוֹשׁ אַף־
también , y-mosto trigo tierra-de en Jacob fuente-de solo seguro Israel

שָׁמָיו יַעַרְפוּ־ טָל׃ אַשְׁרֶיךָ יִשְׂרָאֵל מִי כָמוֹךָ עַם
pueblo como-tú ¿quién : Israel Dichoso-tú (29) . rocío destilan sus-cielos

נוֹשַׁע בַּיהוָה מָגֵן עֶזְרֶךָ וַאֲשֶׁר־ חֶרֶב גַּאֲוָתֶךָ
tu-triunfo espada y-cuya tu-ayuda escudo por-Yahweh salvado

וְיִכָּחֲשׁוּ אֹיְבֶיךָ לָךְ וְאַתָּה עַל־
en y-tú ante-ti tus-enemigos y-se-acobardarán

בָּמוֹתֵימוֹ תִדְרֹךְ׃ וַיַּעַל מֹשֶׁה

Moisés Y-subió (1) . hollarás sus-lugares-altos

מֵעַרְבֹת מוֹאָב אֶל־ הַר נְבוֹ רֹאשׁ הַפִּסְגָּה אֲשֶׁר עַל־ פְּנֵי

frente-de por que el-Pisga cima-de Nebo monte-de a Moab de-llanos-de

יְרֵחוֹ וַיַּרְאֵהוּ יְהוָה אֶת־ כָּל־ הָאָרֶץ אֶת־ הַגִּלְעָד עַד־ דָּן׃

. Dan a el-Galaad ** la-tierra toda ** Yahweh y-le-mostró Jericó

וְאֵת כָּל־ נַפְתָּלִי וְאֶת־ אֶרֶץ אֶפְרַיִם וּמְנַשֶּׁה וְאֵת כָּל־ אֶרֶץ

tierra-de toda y ** y-Manasés Efraín tierra-de y ** Neftalí todo Y ** (2)

יְהוּדָה עַד הַיָּם הָאַחֲרוֹן׃ וְאֶת־ הַנֶּגֶב וְאֶת־ הַכִּכָּר בִּקְעַת

valle-de la-región y ** el-Neguev Y ** (3) . el-Occidental el-mar hasta Judá

יְרֵחוֹ עִיר הַתְּמָרִים עַד־ צֹעַר׃ וַיֹּאמֶר יְהוָה אֵלָיו זֹאת

esta : a-él Yahweh Y-dijo (4) . Zoar hasta las-palmeras ciudad-de Jericó

הָאָרֶץ אֲשֶׁר נִשְׁבַּעְתִּי לְאַבְרָהָם לְיִצְחָק וּלְיַעֲקֹב לֵאמֹר

diciendo y-a-Jacob a-Isaac a-Abraham juré que la-tierra

לְזַרְעֲךָ אֶתְּנֶנָּה הֶרְאִיתִיךָ בְעֵינֶיךָ

con-tus-ojos te-dejo-ver ; la-daré para-tu-simiente

וְשָׁמָּה לֹא תַעֲבֹר׃ וַיָּמָת שָׁם מֹשֶׁה עֶבֶד־

siervo-de Moisés allí Y-murió (5) . cruzarás no pero-allí

יְהוָה בְּאֶרֶץ מוֹאָב עַל־ פִּי יְהוָה׃ וַיִּקְבֹּר אֹתוֹ בַגַּי

en-el-valle a-él Y-sepultó (6) . Yahweh dicho-de por Moab en-tierra-de Yahweh

בְּאֶרֶץ מוֹאָב מוּל בֵּית פְּעוֹר וְלֹא־ יָדַע אִישׁ אֶת־ קְבֻרָתוֹ עַד

hasta su-sepulcro ** hombre sabe y-no Peor Bet frente Moab en-tierra

הַיּוֹם הַזֶּה׃ וּמֹשֶׁה בֶּן־ מֵאָה וְעֶשְׂרִים שָׁנָה בְּמֹתוֹ

en-su-muerte año y-veinte cien hijo-de Y-Moisés (7) . el-este el-día

לֹא־ כָהֲתָה עֵינוֹ וְלֹא־ נָס לֵחֹה׃

. su-fortaleza desaparecida y-no su-ojo era-débil no

וַיִּבְכּוּ בְנֵי יִשְׂרָאֵל אֶת־מֹשֶׁה בְּעַרְבֹת מוֹאָב שְׁלֹשִׁים יוֹם
día treinta Moab en-llanos-de Moisés a Israel hijos-de Y-lloraron (8)

וַיִּתְּמוּ יְמֵי בְכִי אֵבֶל מֹשֶׁה׃ וִיהוֹשֻׁעַ
Y-Josué (9) . Moisés duelo-de llanto días-de y-cumplieron

בִּן־נוּן מָלֵא רוּחַ חָכְמָה כִּי־סָמַךְ מֹשֶׁה אֶת־יָדָיו
sus-manos ** Moisés puso pues sabiduría espíritu-de fue-llenado Nun hijo-de

עָלָיו וַיִּשְׁמְעוּ אֵלָיו בְּנֵי־יִשְׂרָאֵל וַיַּעֲשׂוּ כַּאֲשֶׁר
como e-hicieron Israel hijos-de a-él y-escucharon sobre-él

צִוָּה יְהוָה אֶת־מֹשֶׁה׃ וְלֹא־קָם נָבִיא עוֹד בְּיִשְׂרָאֵל
en-Israel más profeta se-levantó Y-no (10) . Moisés a Yahweh mandó

כְּמֹשֶׁה אֲשֶׁר יְדָעוֹ יְהוָה פָּנִים אֶל־פָּנִים׃ לְכָל־הָאֹתֹת
las-señales Con-todas (11) . caras a caras Yahweh le-conoció que como-Moisés

וְהַמּוֹפְתִים אֲשֶׁר שְׁלָחוֹ יְהוָה לַעֲשׂוֹת בְּאֶרֶץ מִצְרָיִם לְפַרְעֹה
a-Faraón Egipto en-tierra-de para-hacer Yahweh le-envió que y-las-maravillas

וּלְכָל־עֲבָדָיו וּלְכָל־אַרְצוֹ׃
. su-tierra y-a-toda sus-servidores y-a-todos

וּלְכֹל הַיָּד הַחֲזָקָה וּלְכֹל הַמּוֹרָא
el-espanto y-con-todo la-fuerte la-mano Y-con-toda (12)

הַגָּדוֹל אֲשֶׁר עָשָׂה מֹשֶׁה לְעֵינֵי כָּל־יִשְׂרָאֵל׃
. Israel todo a-ojos-de Moisés hizo que el-grande